JN275953

現代安全保障用語事典

英文項目表記

Concise Encyclopedia of Security Affairs

編集代表
佐島直子

執筆者
岩本誠吾
佐島直子
関井裕二
田岡俊次
丸茂雄一

英語監修
今泉武久
佐島直子

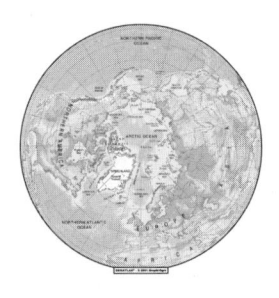

信山社

はしがき

　「安全保障」を冠する事典・辞書の類は，希少である。ましてや，今日的な安全保障問題を包括的に扱ったものは，皆無といって良い。その点，このたび上梓する『現代安全保障用語事典』は，9.11同時多発テロ後の変容著しい国際環境や自衛隊のイラク派遣といった近時の変化を捉え，安全保障に関わる情勢・法制度・経済・戦史などを網羅的に概説する本邦初の試みである。

　過去，同種の事（辞）典がなかなか刊行されなかった理由は，第2次世界大戦後の日本が抱えてきた安全保障上の根幹的な問題点と無縁ではないように思う。つまり，安全保障に関わる「事（辞）典」という広領域の編纂を，政治的・思想的な立場を超えて多くの執筆者が共同作業をするのは不可能であったろうし，政治思想を同じくする専門家集団による執筆では，内容が著しく偏向してしまうからである。

　幸い今回は，編集代表の非力さを補って余りある強力な執筆陣を得た。いずれも安全保障分野において極めてユニークな経験と揺るぎない実力を有する方々である。企画から2年あまりという，かくも短期間で本書が刊行にこぎつけることができたのは，一に執筆陣の博識と技量，それに見事なチーム・ワークによるところが大きい。まずは謝して，労いたい。

　実際のところ，第2次世界大戦後の日本において，「安全保障を巡る議論」は長く不健康なものであった。

　その第一の理由は，「日本国憲法」の平和主義の理念と「冷戦」の文脈の中で現実的妥協の産物として誕生した日米安全保障体制の基本構造から自ずと生じる矛盾に関して，常に慎重な政治的配慮が必要だったからであろう。その結果，日本の防衛態勢の具現化に際し，国会は憲法解釈を中心とした「神学論争」の場となり，安全保障研究の多くが法解釈を中心とした「教条主義」に陥った。

　第二に，冷戦の二極対立構造がそのまま国内の政治体制に持ちこま

れた日本では，安全保障に関する両者の政策上の現実的な歩み寄りが不可能となった。巷の政策論議には空疎な「理想主義」が蔓り，安全保障の現実から遊離した。その一方で，中央官庁の一員である防衛庁は安全保障政策の立案とは無縁な「自衛隊管理庁」と揶揄された。

第三に，平和的アプローチを志向する学界は軍事に関わる研究を極端に排除したため，戦争研究や戦史研究の発展が著しく阻害された。これらの専門家は極めて限定されたサークルの中で，自己増殖を続けた。

第四に，第2次世界大戦後，米国を主体とした連合国軍の占領政策において，日本では軍事や戦争に関わる語（句）の使用が厳しく制限され，独立達成後もメディアによって長くそれらが踏襲された経緯も見逃せない。これによって日本人の思想は「閉ざされた言語空間」に封じ込められ，国際常識を踏まえた自由闊達な「戦略的思考」を自ら抹殺してきた。

いずれにせよ，日本の安全保障を巡る議論は，寄るべき立場によって，ばらばらなまま，いたずらに時を経，いつまでも成熟しなかった。

こうした過去の「つけ」は，大きい。

安全保障問題のパラダイムが大きく転換しようとしている今日でも，日本では，賑々しくも「不整序で危うい」議論が，巷間跳梁跋扈している。

「見てこなかったもの」を急に「凝視」しようとしても見えるはずがない。眩しくてクラクラするだけだろう。ましてや，そのまま歩き出そうとしたら，小さな障害にも躓いてしまう。とりあえずは，大きく目を開き，じっと視点を合わせて，必要なら視力を矯正しなければならない。

しかし，そのためには，然るべき眼鏡やコンタクト・レンズが必要だ。

要は今こそ，皆，無知を悟り，何を学ぶべきか真摯に考える必要がある。安全保障について議論を始める前に学んでほしい事柄が山のようにある。

本書はそのための一助である。

したがって，本書の執筆陣は，共に「これまで多勢が無視してきたもの」に「あえて関わり続け」，「誰も見てこなかったもの」を「見つめ続けた」と自負する者ばかりである。

　第一章担当の編集代表・佐島直子と岩本誠吾氏（第二章担当），それに丸茂雄一氏（第三章担当）は共に防衛庁や防衛研究所において少なくない行政経験や研究業績を有し，互いに切磋琢磨してきた同志である。第四章を担当した関井裕二氏は若手の金融アナリストだが工学部の出身で，国際政治学の修士号を有し安全保障問題にも精通した異型の人材である。さらに第五章を担当した田岡俊次氏は超ベテランの朝日新聞記者であり日本屈指の軍事アナリストであって，田岡氏には本書にそれなりの重みと信頼性を加えていただいた。

　本書は，執筆者がそれぞれの専門領域を各章として，自己責任で論述しているが，単に5つの章をとりまとめたというわけではない。各章で取り上げる項目（見出し）や含まれる語（句），資料などの選定については，全員で時間をかけて議論して決めた。重複する分野や意見の別れるテーマに関しても同様である。その結果，異論・反論のある項目については，いくつかの「コラム」を添えて，内容が僻することのないように留意した。本書に思想的・政治的な偏向はないものと確信している。

　また，本書は，各章を通読してそれぞれの分野の理解を深めるのはもちろんのこと，巻末に，詳細な五十音順索引と英語索引を整備しているので，「安全保障用語（句）辞典」として活用されることをも期待している。

　さらに，本書内の全ての英語表記については，今泉武久氏に監修していただいた。かつて防衛庁国際室長を務められ，防衛大学校でも教鞭を執られた今泉氏に参画いただいたことで，本書が「安全保障英語辞典」としての機能を併せ持つものと自負している。

　想定した読者対象としては，大学3・4年生，大学院生，新社会人，若い政治記者，自衛隊員などであるが，安全保障問題全般に関心のある一般読者にも是非活用していただきたい。

　いずれにせよ，本書を通じた責任の全ては編集代表にあることは言うまでもない。種々足らざる点についてご批判・ご叱正をお受けした

はしがき

い。本書は，特段の表記がない限り，2004年1月末時点の内容となっているが，同時代について述する事典の性として，今後時機を得た改訂が必然であることから，逐次筆削を加える所存である。

最後に，本書を企画し，個性豊かな執筆陣との困難な共同作業を最後まで支えて下さった信山社の村岡俞衛氏に深謝したい。村岡氏の強靭な体力・忍耐力がなければ，本書の刊行はありえなかった。本当にありがとうございました。

2004年4月20日

はからずも愛娘 裕美の七回忌に

編集代表 佐 島 直 子

目　次

第1章　安全保障情勢を読む ……………………［佐島直子］　1
第2章　安全保障と国際法 …………………………［岩本誠吾］135
第3章　防衛政策・防衛行政 ………………………［丸茂雄一］221
第4章　安全保障と経済・金融……………………［関井裕二］371
第5章　現代の戦争・紛争 …………………………［田岡俊次］415

［資料及び索引］……………………………………………………525
　1　主要兵器 ……………………………………［田岡俊次］526
　2　階級(日英呼称)対照表(自衛隊・米軍・英軍)…［今泉武久］569
　3　組織用語（日英）対照表 …………………［今泉武久］573
　4　自衛隊イラク派遣関連資料一覧 …………［丸茂雄一］578
　5　在日米軍の部隊……………………………［田岡俊次］600
　6　英略語表 ……………………………………［今泉武久］602
　7　索　　引 ……………………………………［佐島直子］616
　8　英語索引 ……………………………………［今泉武久］656

```
┌─────────────────────────────────┐
│            コラム一覧             │
│◆憲法改正は是か非か？…………………［佐島直子］ 20 │
│◆自衛隊にはこれが必要だ！──自衛隊による       │
│　「戦争以外の軍事作戦」対処方法 ……［岩本誠吾］160│
│◆動物兵士を知っていますか？…………［岩本誠吾］192│
│◆グローバリゼーションの衝撃 …………［丸茂雄一］344│
│◆「日本は米軍に守られている」は本当か？…［田岡俊次］454│
│◆米国の情報分析能力に疑問符 …………［田岡俊次］469│
│◆戦力としてのメディア…………………［田岡俊次］506│
└─────────────────────────────────┘
```

細目次

第1章 安全保障情勢を読む　佐島直子

1　基本用語

- 1-1　核戦略　2
- 1-2　危機管理　3
- 1-3　脅威　3
- 1-4　グローバリゼーション　4
- 1-5　軍事力の役割　5
- 1-6　構造的暴力　5
- 1-7　国益　6
- 1-8　国際公共財　6
- 1-9　国際レジーム　7
- 1-10　コンストラクティビズム　7
- 1-11　コンセンサス方式　7
- 1-12　人道的介入　7
- 1-13　信頼醸成措置　8
- 1-14　勢力均衡　9
- 1-15　世界システム論　9
- 1-16　戦略的関係　9
- 1-17　戦力投射能力　10
- 1-18　双極化・多極化　10
- 1-19　相互依存　11
- 1-20　大国　11
- 1-21　多国間協調　12
- 1-22　地域主義　12
- 1-23　知的共同体　13
- 1-24　低強度紛争　13
- 1-25　統治機能　14
- 1-26　同盟　14
- 1-27　内政不干渉　15
- 1-28　人間の安全保障　15
- 1-29　覇権安定論　16
- 1-30　非対称的脅威　16
- 1-31　非政府組織　17
- 1-32　不透明性・不確実性　17
- 1-33　紛争予防　18
- 1-34　文明の衝突　18
- 1-35　ポスト覇権システム　18
- 1-36　民主的平和論　19
- 1-37　ユニラテラリズム　19
- 1-38　抑圧の体制　20
- 1-39　リアリズム　22
- 1-40　リベラリズム　23
- 1-41　冷戦　23

2　新たな脅威

- 1-42　9.11同時多発テロ　24
- 1-43　イスラム原理主義　25
- 1-44　国際テロ組織　26
- 1-45　国際犯罪　27
- 1-46　新型肺炎　27
- 1-47　地球温暖化問題　28
- 1-48　テロ支援国家　29

1-49　テロとの闘い　30
1-50　テロリズム　31
1-51　難民問題　32
1-52　武器拡散　33
1-53　民族紛争　34

3　軍備管理・軍縮

1-54　軍備管理・軍縮　35
1-55　遺棄化学兵器　35
1-56　ウィーン文書　35
1-57　欧州通常戦力条約　36
1-58　オーストラリア・グループ　36
1-59　オープン・スカイズ条約　36
1-60　化学兵器禁止条約　37
1-61　核の検証/核査察/保障措置　38
1-62　拡散対抗措置　38
1-63　核実験モラトリアム　39
1-64　核不拡散条約　39
1-65　カットオフ条約　40
1-66　協力的脅威低減計画　40
1-67　小型武器規制　40
1-68　国際原子力機関　41
1-69　国連通常兵器登録制度　41
1-70　新アジェンダ連合　41
1-71　生物毒素兵器禁止条約　42
1-72　戦略兵器削減条約　42
1-73　対人地雷禁止条約　43
1-74　弾道ミサイル迎撃システム制限条約　43
1-75　中距離核戦力条約　44
1-76　特定通常兵器（使用禁止制限）条約　44
1-77　非核（兵器）地帯　44
1-78　包括的核実験禁止条約　45
1-79　米露戦略核兵器削減条約　45

1-80　ミサイル技術管理レジーム　46
1-81　未臨界核実験　46
1-82　ワッセナー・アレンジメント　47

4　主要国（米国，ロシア，英国，フランス）

1-83　米国・国家安全保障戦略　47
1-84　4年ごとの国防計画の見直し　49
1-85　アジア太平洋地域における前方展開戦力　50
1-86　核態勢の見直し　50
1-87　ミサイル防衛　51
1-88　軍の変革　52
1-89　国土安全保障省　53
1-90　悪の枢軸　54
1-91　ネオ・コンサーバティブ　55
1-92　イラクに対する軍事作戦（経緯）　55
1-93　イラクに対する軍事作戦（評価）　57
1-94　米露の新たな戦略的関係　57
1-95　ロシア連邦国家安全保障コンセプト　59
1-96　ロシア連邦軍事ドクトリン　59
1-97　ロシア軍の改革と武器輸出　60
1-98　英国の国防政策　61
1-99　フランスの国防政策　61

5　アジア太平洋（米国と同盟国）

1-100　ハブ・アンド・スポークス　62
1-101　米軍のプレゼンス　63
1-102　えひめ丸事件　64
1-103　シンガポール・米国物品役務相互提供協定　64
1-104　米・タイ安全保障関係　64

細目次

1-105 「コブラ・ゴールド」演習　*65*
1-106 アンザス条約　*65*
1-107 「タンデム・スラスト」演習　*66*
1-108 米韓相互防衛条約　*67*
1-109 「バリカタン」演習　*67*
1-110 台湾関係法　*68*

6　アジア太平洋（領有権問題）

1-111 竹島　*68*
1-112 尖閣諸島　*69*
1-113 南沙諸島　*70*
1-114 サバ・サラワク問題　*70*
1-115 北方領土　*71*

7　アジア太平洋（地域情勢）

1-116 極東ロシア　*72*
1-117 台湾海峡問題　*72*
1-118 中台間の軍事バランス　*73*
1-119 チベット問題　*73*
1-120 朝鮮半島　*74*
1-121 バリ島爆弾テロ事件　*75*
1-122 東トルキスタン問題　*75*
1-123 不安定の弧　*76*
1-124 マラッカ海峡　*77*

8　アジア太平洋（2国間関係）

1-125 中露関係　*78*
1-126 日露関係　*78*
1-127 中越関係　*79*
1-128 日中関係　*79*
1-129 米中関係　*80*
1-130 中朝・中韓関係　*81*
1-131 日朝国交正常化交渉　*82*
1-132 日韓関係　*82*
1-133 米朝協議　*83*

9　アジア太平洋（多国間の枠組み）

1-134 東南アジア諸国連合　*84*
1-135 アセアン地域フォーラム　*85*
1-136 五カ国防衛取極　*86*
1-137 上海協力機構　*87*
1-138 太平洋・島サミット　*87*
1-139 太平洋諸国フォーラム　*88*
1-140 朝鮮半島エネルギー開発機構　*89*
1-141 アジア太平洋安全保障協力会議　*90*
1-142 アジア安全保障会議　*90*
1-143 アジア欧州会合　*91*

10　アジア太平洋（各国情勢）

1-144 朝鮮民主主義人民共和国　*91*
1-145 大韓民国　*93*
1-146 台湾　*94*
1-147 中華人民共和国　*94*
1-148 インドネシア共和国　*96*
1-149 フィリピン共和国　*98*
1-150 ベトナム社会主義共和国　*99*
1-151 ラオス人民民主共和国　*99*
1-152 カンボジア王国　*100*
1-153 タイ王国　*101*
1-154 マレーシア　*102*
1-155 シンガポール共和国　*103*
1-156 ミャンマー連邦　*103*
1-157 ブルネイ・ダルサラーム国　*104*
1-158 東ティモール民主共和国　*105*
1-159 ソロモン諸島　*106*
1-160 オーストラリア連邦　*106*
1-161 ニュージーランド　*108*

11 南アジア

1-162 インド 110
1-163 印パ関係 111
1-164 スリランカ民主社会主義共和国 112
1-165 ネパール王国 113
1-166 パキスタン・イスラム共和国 114
1-167 南アジア地域協力連合 115

12 中東・アフリカ

1-168 アラブ連盟 115
1-169 イスラエル国 116
1-170 イスラム諸国会議機構 117
1-171 イラン・イスラム共和国 118
1-172 クルド 119
1-173 中東和平プロセス 119
1-174 リビアの国際社会復帰 121
1-175 湾岸協力会議 122
1-176 アフリカの紛争 122
1-177 アフリカ連合 124

13 ラテンアメリカ

1-178 イベロアメリカ・サミット 125
1-179 解放の神学 125
1-180 米州機構 125
1-181 ラテンアメリカ諸国の紛争 125
1-182 リオ・グループ 126

14 欧州・CIS

1-183 EU緊急展開戦力 127
1-184 欧州安全保障協力機構 127
1-185 北大西洋条約機構 129
1-186 西欧同盟 130
1-187 ドイツ連邦共和国 130
1-188 バスク民族運動 131
1-189 北アイルランド問題 131
1-190 独立国家共同体 132

第2章 安全保障と国際法　　岩本誠吾

1 領域空間

2-1 主権国家 136
2-2 領海と無害通航権 137
2-3 国際海峡と通過通航権 138
2-4 スエズ運河とパナマ運河 138
2-5 接続水域・排他的経済水域・群島水域・公海 139
2-6 継続追跡権 140
2-7 海賊行為 141
2-8 領空 141
2-9 領空侵犯 142
2-10 防空識別圏 142
2-11 オープン・スカイズ条約 143
2-12 ミグ25事件 144
2-13 大韓航空機撃墜事件 144
2-14 米中軍用機接触事件 145
2-15 宇宙空間 145
2-16 北方領土 146
2-17 竹島 146
2-18 尖閣諸島 147

2　国際関係における国家機関

- 2-19　国家機関と外交特権　*147*
- 2-20　地位協定　*148*
- 2-21　軍　艦　*149*
- 2-22　軍用航空機　*149*
- 2-23　潜水艦　*150*

3　国際刑事法

- 2-24　犯罪人引渡し　*151*
- 2-25　テロ関連条約　*151*
- 2-26　9.11同時多発テロ（国際法的視点から）　*153*
- 2-27　対テロ武力行使　*154*
- 2-28　ロッカビー航空機事故事件　*155*
- 2-29　サイバー犯罪条約　*155*

4　国連体制

- 2-30　国際紛争の平和的解決　*156*
- 2-31　国連事務総長　*157*
- 2-32　旧敵国条項（敵国条項）　*158*
- 2-33　中国代表権問題　*158*
- 2-34　安保理改革　*159*
- 2-35　平和維持活動　*159*
- 2-36　戦争の違法化　*162*
- 2-37　集団安全保障体制　*163*
- 2-38　侵略の定義　*164*
- 2-39　多国籍軍の分類　*165*
- 2-40　朝鮮国連軍　*166*
- 2-41　自衛権　*167*
- 2-42　ニカラグア事件　*167*
- 2-43　在外自国民保護のための武力行使　*168*
- 2-44　サイバー戦・サイバー攻撃（コンピューター・ネットワーク攻撃）　*169*

5　人道法

- 2-45　ユス・アド・ベリウムとユス・イン・ベロ　*170*
- 2-46　国際人道法　*170*
- 2-47　ジュネーヴ諸条約（戦争犠牲者保護条約）　*171*
- 2-48　ジュネーヴ諸条約追加議定書（戦争犠牲者保護条約追加議定書）　*172*
- 2-49　内　戦　*172*
- 2-50　総加入条項　*173*
- 2-51　中立法規　*173*
- 2-52　戦時禁制品　*174*
- 2-53　戦争の開始と終了　*175*
- 2-54　休　戦　*175*

6　交戦者

- 2-55　交戦資格　*176*
- 2-56　戦闘員　*176*
- 2-57　交戦団体　*177*
- 2-58　民族解放団体　*177*
- 2-59　民族解放戦争　*178*
- 2-60　児童兵士（子ども兵士）　*178*
- 2-61　傭　兵　*179*
- 2-62　捕　虜　*179*
- 2-63　アル・カイダ兵とタリバーン兵の捕虜待遇問題　*180*

7　交戦法規

- 2-64　軍事目標主義　*181*
- 2-65　空戦規則　*182*
- 2-66　武力紛争の際の文化財の保護のための条約　*182*
- 2-67　背信行為と奇計　*183*

2-68 戦利品 183	2-91 人類の平和と安全に対する犯罪法典草案 204
2-69 国際的に認められた保護標識・標章 184	2-92 人道に対する罪 205
2-70 病院・安全地帯 187	2-93 戦争犯罪 205
2-71 民間防衛 187	2-94 軍法会議と軍事法廷（軍律法廷）206
2-72 無防備地域 188	2-95 ニュールンベルグ裁判 207
2-73 非武装地帯 189	2-96 旧ユーゴ国際刑事裁判所及びルワンダ国際刑事裁判所 207

8 害敵手段（兵器）

2-74 環境改変技術敵対的使用禁止条約 189	2-97 国際刑事裁判所 208
2-75 生物毒素兵器禁止条約 190	2-98 日本における国際人道法の適用 209
2-76 化学兵器禁止条約 190	2-99 東京裁判（極東国際軍事裁判）210
2-77 特定通常兵器（使用禁止制限）条約 191	2-100 原爆判決（下田事件）210
2-78 地 雷 193	
2-79 盲目化レーザー兵器 195	### 10 イラク関連事例
2-80 疑わしい兵器（燃料気体爆薬・小口径兵器・劣化ウラン弾・集束爆弾）196	2-101 湾岸危機と湾岸戦争 211
	2-102 イラク飛行禁止空域 212
	2-103 イラク空爆 213
2-81 核兵器の威嚇又は使用の合法性に関する勧告的意見 197	2-104 イラク戦争とその後 213
2-82 新兵器 197	2-105 連合国暫定当局による占領 214

9 人道法適用

11 対日講和

2-83 国際人道法の履行確保手段 198	2-106 対日平和条約 215
2-84 赤十字国際委員会 200	2-107 日華平和条約 216
2-85 戦争犯罪及び人道に対する罪に対する時効不適用条約 200	2-108 日中共同声明・日中平和友好条約 217
2-86 上官責任 201	2-109 日ソ共同宣言 217
2-87 上官命令 201	2-110 日韓基本条約 218
2-88 軍事教範と交戦規則 202	
2-89 海上武力紛争法サンレモ・マニュアル 203	
2-90 平和に対する罪 204	

第3章　防衛政策・防衛行政　　丸茂雄一

1　憲法と自衛隊

❶ 憲法と自衛権
3-1　憲法と自衛権　223
3-2　自衛力の限界　224
3-3　自衛権発動の要件　224
3-4　自衛権行使の地理的範囲　225
3-5　核兵器の保有　225
3-6　海外派兵と海外派遣　226

2　防衛政策

❶ 防衛政策の基本原則
3-7　国防の基本方針　227
3-8　専守防衛　228
3-9　非核三原則　228
3-10　自衛隊と文民統制　229
3-11　武器輸出三原則と例外　231
3-12　自衛隊の衛星利用　232

❷ 旧防衛計画の大綱
3-13　旧大綱策定の経緯　233
3-14　国際情勢認識　234
3-15　基盤的防衛力構想　234
3-16　限定的小規模侵略　235

❸ 現防衛計画の大綱
3-17　防衛問題懇談会　236
3-18　現大綱策定の背景　237
3-19　旧大綱との比較　238
3-20　防衛力の役割　238

3　日米安保

❶ 日米安全保障体制
3-21　日米安全保障体制の意義　240
3-22　日米安保共同宣言　241

❷ 日米防衛協力のための指針
3-23　旧日米防衛協力のための指針　242
3-24　旧指針の見直し　243
3-25　新日米防衛協力のための指針　244
3-26　平素から行う協力　245
3-27　武力攻撃事態等における協力の基本　246
3-28　作戦構想及び作戦に係る諸活動　246
3-29　周辺事態　247
3-30　周辺事態における協力事例　249
3-31　包括的なメカニズムと調整メカニズム　250

❸ 周辺事態安全確保法
3-32　周辺事態安全確保法の体系　251
3-33　周辺事態安全確保法に基づく自衛隊の活動　252
3-34　地方公共団体・民間の協力　253

❹ 船舶検査活動法
3-35　船舶検査活動法の体系　254
3-36　船舶検査活動法に基づく自衛隊の活動　255

❺ 日米間の安全保障協議
3-37　日米安全保障協議委員会　256
3-38　日米合同委員会　257
3-39　その他の日米間の協議　258

❻ 日米間の広範な協力
3-40　日米物品役務相互提供協定　259
3-41　日米相互防衛援助協定　260

3-42	日米共同研究	*261*
3-43	弾道ミサイル防衛	*262*
3-44	在日米軍駐留経費負担	*262*

4　防衛力整備

❶ 中期計画

| 3-45 | 中期防衛力整備計画 | *264* |
| 3-46 | 新中期防策定の背景 | *265* |

❷ 新中期防衛力整備計画

3-47	計画の方針	*265*
3-48	基幹部隊の見直し	*266*
3-49	主要事業	*268*
3-50	新規装備	*269*

❸ 年度計画

| 3-51 | 年度業務計画 | *270* |
| 3-52 | 防衛関係費 | *271* |

5　防衛基盤

❶ 自衛隊の組織

3-53	防衛庁・自衛隊の法的側面	*273*
3-54	内部部局	*273*
3-55	幕僚長	*274*
3-56	幕僚監部	*274*
3-57	統合幕僚会議	*275*
3-58	情報本部	*276*
3-59	陸上自衛隊の組織	*276*
3-60	自衛隊地方連絡部	*277*
3-61	海上自衛隊の組織	*278*
3-62	航空自衛隊の組織	*278*
3-63	防衛大学校	*279*
3-64	防衛医科大学校	*280*
3-65	防衛研究所	*281*
3-66	技術研究本部	*282*
3-67	契約本部	*283*
3-68	防衛施設庁	*284*

| 3-69 | 中央省庁等改革 | *285* |

❷ 内　閣

| 3-70 | 安全保障会議 | *285* |
| 3-71 | 内閣官房と安全保障 | *287* |

❸ 人事制度

3-72	自衛隊員	*288*
3-73	自衛官の階級・定年	*289*
3-74	若年定年退職者給付金	*289*
3-75	職種・職域	*290*
3-76	自衛官の採用（幹部候補生）	*291*
3-77	自衛官の採用（曹士，選考）	*291*
3-78	自衛官の処遇	*293*
3-79	服　務	*294*
3-80	自衛隊員倫理法	*294*
3-81	予備自衛官	*295*
3-82	即応予備自衛官	*296*
3-83	予備自衛官補	*297*
3-84	婦人（女性）自衛官	*298*

❹ 教育訓練

3-85	陸自の教育訓練の体系	*299*
3-86	海自の教育訓練の体系	*300*
3-87	空自の教育訓練の体系	*301*
3-88	自衛隊の学校	*302*
3-89	部隊訓練の制約	*303*
3-90	日米共同訓練	*304*

❺ 防衛生産・技術基盤

3-91	防衛産業	*305*
3-92	技術研究開発	*306*
3-93	調達制度改革	*307*

❻ 情　報

| 3-94 | 情報セキュリティ | *308* |
| 3-95 | 秘密保全 | *309* |

6　有事法制

❶ 武力攻撃事態対処法

細目次

3-96 武力攻撃事態対処法の目的及び基本理念 *311*
3-97 行政機関・公共機関の責務及び国民の協力 *312*
3-98 対処基本方針 *313*
3-99 対策本部 *314*
3-100 事態対処法制 *315*
3-101 国民保護法制 *315*
❷ 自衛隊法の改正
3-102 防衛出動と展開予定地域 *316*
3-103 防衛出動後の権限等 *317*
3-104 土地の使用, 物資の収用等 *319*
3-105 防衛出動と関係法律 *320*

7 運 用

❶ 平時の活動
3-106 対領空侵犯措置 *321*
3-107 警戒監視活動 *322*
❷ 各種事態への対処
3-108 治安出動 *323*
3-109 治安出動下令前に行う情報収集 *324*
3-110 治安出動後の権限等 *324*
3-111 災害派遣 *326*
3-112 地震防災派遣 *327*
3-113 原子力災害派遣 *327*
3-114 海上警備行動 *328*
3-115 不審船 *329*
3-116 武装工作員 *330*
3-117 生物兵器 *331*
3-118 化学兵器 *332*
3-119 サイバー攻撃 *333*
3-120 在外邦人の輸送 *334*
❸ テロリズムへの取組
3-121 警護出動 *335*

3-122 テロ対策特別措置法の目的 *336*
3-123 テロ対策特別措置法の手続 *337*
3-124 テロ対策特別措置法に基づく活動 *338*
❹ 運用その他
3-125 自衛官の武器使用規定 *339*
3-126 統合運用 *340*
3-127 情報 RMA *341*

8 国際貢献

❶ 自衛隊の PKO 活動
3-128 国際平和協力業務 *343*
3-129 PKO 5 原則 *345*
3-130 国際平和協力法の手続 *347*
3-131 国際平和協力法の見直し *348*
❷ 国際緊急援助活動
3-132 国際緊急援助隊法 *349*
❸ イラク復興支援
3-133 イラク人道復興支援特別措置法の基本原則 *350*
3-134 イラク人道復興支援特別措置法の手続 *351*
3-135 イラク人道復興支援特別措置法に基づく活動 *353*
❹ 安全保障対話・防衛交流
3-136 アジア太平洋地域における意義 *354*
3-137 2 国間防衛交流 *355*
3-138 多国間安全保障対話 *356*
❺ 軍備管理・軍縮
3-139 自衛隊の協力 *357*

9 防衛行政と公益

❶ 国民と自衛隊
3-140 民生協力 *358*

3-141　官庁間協力　*359*
3-142　情報公開　*359*
　❷　基地対策
3-143　環境整備法の体系　*361*
　❸　在日米軍施設・区域
3-144　地位協定と施設・区域　*362*
3-145　SACO 設置の経緯　*363*

3-146　SACO 最終報告　*364*
3-147　普天間飛行場の返還　*365*
3-148　実弾射撃訓練の本土移転　*366*
3-149　空母艦載機着陸訓練場　*367*
　❹　防衛と環境
3-150　環境保全　*368*

第4章　安全保障と経済・金融　　関井裕二

1　国際機構

4-1　主要国首脳会議　*372*
4-2　先進7カ国財務相・中央銀行総裁会議　*373*
4-3　国際通貨基金　*374*
4-4　関税及び貿易に関する一般協定　*375*
4-5　世界貿易機関　*376*
4-6　中国のWTO加盟　*376*
4-7　経済協力開発機構　*377*
4-8　国際決済銀行　*378*
4-9　世界銀行　*378*
4-10　国連貿易開発会議　*379*
4-11　国連食糧農業機関　*380*
4-12　国際原子力機関　*380*

2　地域機構

4-13　アジア太平洋経済協力会議　*381*
4-14　東南アジア諸国連合　*382*
4-15　アジア開発銀行　*383*
4-16　欧州連合　*384*
4-17　欧州通貨統合　*385*
4-18　欧州中央銀行　*386*

4-19　北米自由貿易協定　*387*
4-20　自由貿易協定　*387*
4-21　ASEAN 自由貿易地域　*388*
4-22　アジア自由貿易圏構想　*388*

3　国際経済

4-23　グローバリゼーション　*389*
4-24　IT 革命　*390*
4-25　市場経済化　*390*
4-26　デフレ不況　*391*
4-27　雁行型経済発展　*392*
4-28　新興工業国　*392*
4-29　開発独裁　*393*
4-30　世界同時不況　*393*
4-31　南北問題　*394*
4-32　西暦2000年問題　*395*

4　金　　融

4-33　リスクマネー　*395*
4-34　国際資本移動　*396*
4-35　累積債務問題　*397*
4-36　アジア通貨危機　*397*
4-37　通貨危機への緊急支援　*398*
4-38　金融ビッグバン　*398*

4-39	BIS規制 *399*		4-50	ODA大綱 *407*
4-40	マネー・ロンダリング *400*		4-51	環境ODA *407*

5 貿易

7 資源問題

4-41	日米経済摩擦 *400*		4-52	エネルギー安全保障 *408*
4-42	日米構造協議 *401*		4-53	石油輸出国機構 *409*
4-43	ダンピング提訴 *402*		4-54	アラブ石油輸出国機構 *409*
4-44	通商摩擦と日米安保体制 *402*		4-55	食糧安全保障 *410*
4-45	戦略的貿易政策 *403*		4-56	ローマクラブ *410*
4-46	オープン・スカイズ政策 *404*			
4-47	戦略物資 *404*			

8 地球環境問題

6 経済援助

4-48	政府開発援助 *405*		4-57	地球環境サミット *411*
4-49	国際協力銀行 *406*		4-58	京都議定書 *412*
			4-59	排出権取引 *412*
			4-60	モントリオール議定書 *413*

第5章　現代の戦争・紛争　　　田岡俊次

1 第2次大戦以前

			5-15	山東出兵 *433*
			5-16	満州事変 *434*
5-1	ボーア戦争 *417*		5-17	上海事変 *435*
5-2	米国のフィリピン征服 *418*		5-18	日中戦争 *435*
5-3	義和団事件 *418*		5-19	第2次世界大戦 *436*
5-4	日露戦争 *419*			

2 第2次大戦後

5-5	辛亥革命と内戦 *420*			
5-6	バルカン戦争 *421*		5-20	中国の国共内戦 *443*
5-7	第1次世界大戦 *422*		5-21	インドネシア独立戦争 *444*
5-8	アイルランドの反乱 *427*		5-22	ギリシャ内戦 *445*
5-9	ロシア革命と列強の介入 *427*		5-23	フク団の反乱 *446*
5-10	ソ連・ポーランド戦争 *428*		5-24	インドシナ独立戦争 *447*
5-11	伊のエチオピア征服 *429*		5-25	カシミール紛争 *448*
5-12	スペイン内戦 *430*		5-26	台湾の2・28事件 *449*
5-13	スターリンの「大粛清」 *431*		5-27	マラヤの共産党反乱 *450*
5-14	ソ芬（フィン）戦争 *432*		5-28	第1次中東戦争 *451*

5-29	ベルリン封鎖　*453*		5-48	中越戦争　*485*
5-30	朝鮮戦争　*454*		5-49	ニカラグア内戦　*486*
5-31	アルジェリア戦争　*458*		5-50	イラン革命　*488*
5-32	第2次中東戦争　*460*		5-51	ソ連のアフガニスタン侵攻　*489*
5-33	金門島・馬祖島砲撃　*461*		5-52	イラン・イラク戦争　*492*
5-34	ハンガリー動乱　*462*		5-53	フォークランド紛争　*495*
5-35	キューバ革命とピッグス湾事件　*463*		5-54	クルド人の反乱　*498*
5-36	チベットの反乱　*464*		5-55	米国のグレナダ侵攻　*499*
5-37	キューバ・ミサイル危機　*465*		**3　冷戦後**	
5-38	ベトナム戦争　*466*		5-56	米国のパナマ侵攻　*500*
5-39	第3次中東戦争　*470*		5-57	湾岸戦争　*501*
5-40	チェコ事件　*473*		5-58	ユーゴスラビア内戦　*505*
5-41	北アイルランド紛争　*474*		5-59	チェチェン紛争　*510*
5-42	中ソ紛争　*475*		5-60	コソボ紛争とNATOの攻撃　*512*
5-43	第3次印パ戦争　*477*		5-61	パレスチナ紛争　*514*
5-44	第4次中東戦争　*478*		5-62	9.11同時多発テロ　*515*
5-45	南沙・西沙諸島紛争　*480*		5-63	米国のアフガニスタン攻撃　*517*
5-46	東ティモール紛争　*481*		5-64	イラク戦争　*519*
5-47	カンボジア侵攻　*483*			

［資料及び索引］

1	主要兵器	………………………………………	［田岡俊次］	*526*
2	階級（日英呼称）対照表（自衛隊・米軍・英軍）	…………	［今泉武久］	*569*
3	組織用語（日英）対照表	…………………………………	［今泉武久］	*573*
4	自衛隊イラク派遣関連資料一覧	…………………………	［丸茂雄一］	*578*
5	在日米軍の部隊	……………………………………………	［田岡俊次］	*600*
6	英略語表	…………………………………………………	［今泉武久］	*602*
7	索　　引	…………………………………………………	［佐島直子］	*616*
8	英語索引	…………………………………………………	［今泉武久］	*656*

凡　例

① 各章は，区分と事項項目で編成されている。
② 章の最初にその章の構成などについて，執筆者による解説を置いている。
③ 事項項目
　・原則として日本語による名称を項目名としてゴチック体で示し，その後に英語表記（外国語表記）を示した。
　・項目名については，必要に応じて，略語，別称を示した。
　・本事典に参照すべき関連項目がある場合には，⇒ のあとに，「章（◇内に数字で示した）」と「項目名」を示した。
　・特に必要と思われる場合には，解説文中に「出典」及び「参考文献」を付した。
④ 本編の各章に加え，資料編を収載した。
⑤ 頻出の英略語については，巻末に略語表を付した。
⑥ 巻末に五十音索引，英語索引を収載した。
⑦ 用字用語は，常用漢字，現代仮名遣いを原則とした。外国語の表記は基本的に原音，国名は公式略国名としたが，必要に応じ，米，英，仏，露，中なども用いた。条約名，法律名，国際機関名などで公式名称が極めて長いものについては，一般的に用いられている名称を用いた。
⑧ 英語表記については，正式名称に the のあるもの，また意味上定冠詞を要するもの以外は，定冠詞を省略して示した。但し，本事典の構成上必要なタイトル等はその限りではない。
⑨ 英語索引の配列を簡便なものにするために，用語のはじめに付く冠詞は省略した。
⑩ 史実，法律，法令，条約，人名（に由来するものも含む），歴史的慣例によって固有名詞化しているもの，及び防衛政策に関わる特定使用用語の英語表記は大文字書き出しとした。
⑪ 略語の表記は大文字使用としたが，必ずしも固有名詞とは限らない。
⑫ 英語表記は基本的に米国式英語とした。但し，当該国固有の語（綴り）はその限りではない。

第1章　安全保障情勢を読む

佐島　直子

1 基本用語
2 新たな脅威
3 軍備管理・軍縮
4 主要国（米国, ロシア, 英国, フランス）
5 アジア太平洋(米国と同盟国)
6 アジア太平洋（領有権問題）
7 アジア太平洋（地域情勢）
8 アジア太平洋（2国間関係）
9 アジア太平洋（多国間の枠組み）
10 アジア太平洋（各国情勢）
11 南アジア
12 中東・アフリカ
13 ラテンアメリカ
14 欧州・ＣＩＳ

第1章 安全保障情勢を読む

第1章の構成

　本章は，近時の安全保障情勢の基礎的理解に必要と思われる190用語（項目）を厳選し，収載した。もとより，9.11同時多発テロ後の変容著しい国際安全保障環境に関わる全ての事柄を網羅的に掲載することは不可能であるため，自ずと日本の所在する「アジア太平洋」地域の情勢解説を主眼とした。

　収載語は，「1　基本用語」「2　新たな脅威」「3　軍備管理・軍縮」「4　主要国（米国，ロシア，英国，フランス）」「5〜10　アジア太平洋（米国と同盟国，領有権問題，地域情勢，2国間関係，多国間の枠組み，各国情勢）」「11　南アジア」「12　中東・アフリカ」「13　ラテンアメリカ」「14　欧州・CIS」に区分され，その区分（小区分）内で概ね五〇音順に配列されている。但し，項目間の相互関係や，内容を理解するうえでの便宜を考慮して，適宜並べ替えてあるので，検索には巻末の索引を併用されたい。

　なお，特段の表記がない限り，軍事力に関しては *The Military Balance 2002–2003* に依拠し，各国の国勢現況については，外務省ホームページ「各国・地域情勢」を参照している。また情勢の記述に際しては，個々に一次資料で事実関係を確認しているが，同時に，適宜『日本の防衛』（防衛白書）を参照し，内容に齟齬が生じないよう留意した。

1　基本用語

1-1
核　戦　略

nuclear strategy

別称 核抑止（nuclear deterrence）戦略

　核抑止戦略ともいう。攻撃を受けた場合，核兵器による反撃が可能であることをあらかじめ，潜在的な敵対者に明示し，相手に攻撃を未然に思いとどまらせる戦略。核兵器の破壊力を現実に使用するのではなく，その強大な破壊力の恐怖によって，抑止力として用いる考え方。冷戦期の米ソの核保有を正当化し，そのために必要な核兵器の開発と配備を進める論拠となった。拡大抑止とは，この抑止の効果（核の傘）を同盟国に拡大することを指し，理論上は，米ソ両国の核兵器が質量ともに必要最小限度で均衡し，核管理が厳格に維持され，戦略的安定による

抑止の効果が世界中に及べば，人類は世界核戦争の恐怖から解放されるはずであった。冷戦期，核抑止に関する様々な理論が生まれたが，米ソは自国に優位な抑止力を維持するために，互いに報復能力の非脆弱化（invulnerability）を追求し，その結果，米ソはともに相手を確実に破壊する第二撃能力をもつ「相互確証破壊（MAD：mutual assured destruction）」状況となった。さらに，核兵器の小型化，低威力化によって限定核戦争の可能性が浮上すると，通常兵器の役割が見直され，国際紛争の多様な局面に応じた段階的で柔軟な核戦略も模索された。しかし冷戦の終焉した1994年，米露は各々の核兵器の照準をはずして，警戒態勢解除を行ったので，米ソ二超大国による核抑止戦略もまた終焉した。とまれ，核抑止戦略は，核兵器の能力と反撃の意思が敵対者に正しく認識され，合理的に判断されることが不可避であって，合理的な損失計算をしない攻撃者を抑止することはできないし，抑止の意思表示はそれ自体が威嚇となって，軍備拡張，核拡散を誘発する。また，核の管理にはきわめて高度な技術力と経済力が必要で，危機的な状況下における事故や偶発的核使用の危険をはらむうえ，核兵器それ自体の違法性が指摘されるなど，問題点が数多く指摘されてきた。また，2004年現在も，米露は，核兵器の先制使用さえ排除していない。精度の高い先制攻撃によって報復能力が確実に破壊される場合，核保有の論拠が根底から崩れるからである。冷戦後の核問題は，国際的な核不拡散の取組と同時に中国などを含めた現有の核保有国の核使用を現実に抑止するための新たな核戦略の理論化と具体的な政策実現であろう。

⇒ ①冷戦

1-2
危機管理
crisis management

危険が急迫した際にそれを回避し，あるいは最小化するための手立てを講じること。およそあらゆる組織体，個人にとって，「危機」は不可避であり，「危機管理」は必然である。しかし，一般的に，「危機管理」とは，1962年の「キューバ危機」のような軍事的な非常事態における国家の対応を指す。また，96年の「阪神・淡路大震災」のような大規模な天変地異によって国民の生命や財産が脅かされた場合や73年の「石油危機」のように世界規模の経済的な非常事態の場合などにおいても，強く国家主導の「危機管理」の重要性が意識されている。とまれ，「危機」は主観的，心理的に認知される。例えば，85年の「ANZUS（アンザス）危機」は，米国とニュージーランドの「同盟の危機」を指す。

⇒ ①アンザス条約，③地震防災派遣，④エネルギー安全保障，④石油輸出国機構，④アラブ石油輸出国機構，⑤キューバ・ミサイル危機

1-3
脅　威
threat

別称 敵；潜在的な敵

敵ないし，潜在的な敵。純軍事的な意味に限らず，経済的，政治・思想・心理的な場面でも用いる。軍事的「脅威」は，意図と能力からなる。たとえ，軍事的に対峙する関係があり，「我」に対し侵略を企図する国があっても，あきらかに「我」の力が優勢で侵略が阻止できるような場合，その国は「脅威」とはならない。さらに，強大な力を有し，自律的な侵略・侵攻が可能な他国であっても，友好的な関係が存在し，まったく敵対的な心理状態にない場合にもこれは「脅威」と言わない。さらに客観的には敵対関係にあり，侵略するに十分な軍事力を有している国家関係の場合であっても，当事国どうしが外交的手段による解決を優先し，軍事的対応を戦略的な選択肢としていないことがあきらかな場合には，軍事的「脅威」とは呼ばない。また，「抑止」や「勢力均衡」は，互いに「脅威」と認め合う国，ないしグループの間で，相互の能力，行動原理，軍事ドクトリンなどについて実態と認識にギャップが少なければ少ないほど，安定的であって，不必要な軍事的競争を避けることができる。この際，問題となるのは，いかにして，相手の意図と能力を正しく見積もるか，ということである。加えて，「脅威」は相対的なものであって，著しい軍事バランスの偏りは，その状況自体が「脅威」を形成しがちである。たとえば，戦争終結後，ある国の武装解除がなされた場合，その国自体がもはや「脅威」に足る能力を持たないにもかかわらず，その結果，一定地域に「力の空白」が生じれば，周辺地域に侵略の動機を誘発し，不安定要因となる。つまり急激な軍事力変化はそれ自体が「脅威」である，ということもできる。

1-4
グローバリゼーション
globalization
別称 グローバリズム

冷戦後の国際社会においては，資本主義経済の普遍化と情報通信技術の飛躍的な進歩によって，ヒト，モノ，カネが広く国際的，合理的な選択を求めて，地理的に広範な広がりをみせるようになった。これらグローバリゼーションの進行によって，市場競争が激化し，経済的合理性が価値決定の絶対基準となり，経済活動の依拠すべき規格や手続の標準（グローバル・スタンダード）化，具体的には米国中心主義が加速している。しかし，その結果，個々人がこれらのダイナミズムから直接的な影響を受けるようになり，世界各地で伝統的な社会システムや価値観，商慣習が崩壊し，心理的にも厳しい競争社会となった。先進国と途上国の格差は広がり，国内社会は勝者と敗者に分断された。このような潮流に対して，1999年，シアトルの世界貿易機関（WTO：World Trade Organization）会議に対する大規模な反グローバリズム・デモが行われ，以後グローバリゼーションに反対する激しい運動が世界に拡大している。しかしながら皮肉なことに，国際的な反グローバリズム運動そのものも，インターネットの活用など，情報のグ

ローバル化と無縁ではない。
　　⇒ ④グローバリゼーション，④世界貿易機関

1-5
軍事力の役割
role of military forces

　国家がその安全を図るため，もしくはその対外政策を効果的に展開する手段として保持する力が軍事力である。その本質は主として破壊力であり，占領・支配する力，すなわち強制力である。伝統的な軍事力は外敵の排除，部族または国家の統一，支配者の力の誇示，あるいは領土や富の獲得といった政治目的達成のための積極的な手段であった。しかし，冷戦下において，核兵器を含む軍事力の全面使用は，世界の壊滅的被害へとつながることから，使用せざる「軍事力」の意味（「抑止（deterrence）」）が問われるようになった。「抑止」とは，侵攻する企図を持つ敵に対し報復する十分な能力を保持することによって，間接的に敵の戦争意思をくじく戦略である。今日，軍事力には，①侵略を未然に防ぐ「抑止」の効果と②侵略に対して直接「対処（encountering）」するための能力が求められている。すなわち，軍事力は，質，量を勘案して，適正な「整備（building, developing）」をし，抑止の効果を高めるとともに，同時に敵の具体的な軍事行動に対しては，直接対処してその成果を「拒否（denial）」することが希求される。しかし，今日でも，軍事力は，他の戦略手段と吻合し，政治目的達成の手段のために，様々な形で統合されて用いられている。国際的な平和維持活動もそのひとつである。また，保有する軍事力の能力を開示しその使用目的を明示することなどによって，緊張関係を緩和したり，不信や誤解を拭い去って，国家関係を強化したりすることにも利用できる。こうした役割を「確証（assurance）」という。

1-6
構造的暴力
structural violence

　社会制度や国際経済システムという「構造」が貧困，飢餓，抑圧，教育機会の喪失など平和を損なう「暴力」の原因である，という考え方。この考え方では，通常の暴力（直接的な暴力）のない状態は，単に消極的な平和にすぎない。つまり，ここでいう積極的平和とは，次のとおりである。たとえば，かろうじて自給可能な最貧国が一次産品の輸出をめざしても，通常，品質が悪く生産量も低くてそのままでは国際競争力を持たない。そこで，輸出用作物に特化して生産することになるが，その場合，今度は先進国の消費の動向や天変地異による相場の変動に大きく左右され，場合によっては，自国民の需給をまかなうことすらできなくなって，飢餓を生み，従前よりも貧しい状態に陥る。このような状況は，直接的な暴力が存在する状態と似通っているが，暴力を行使した主体は無自覚で，結果との因果関係も不明瞭である。したがって，このような社会構造や国際経済システムに内在している暴力の解消なくして積極

的な平和は訪れないという。

1-7
国　　益
national interest

別称 ナショナル・インタレスト

国家にとって最良の価値ないし利益。狭義には国家の生存（安全保障）にとって，死活的に重要なものを指す。広義には，経済的繁栄，国力の増進，国家的威信，国際的地位の保持・向上，政治文化やイデオロギーの拡張などを含む。国際政治学上，「国益」を重視する立場は，主としてリアリズム（現実主義）のアプローチである。これに対し，アイデアリズム（理想主義）の立場は，国境を越えた普遍的利益をより重視し，「国益」概念を批判的にとらえる。なぜなら，「国益」は，実際の対外政策の決定過程では，政策決定者の恣意的な主観によって，状況に左右されがちで，政治指導者によって主観的に自己の行動と政策を正当化するためのツールとして用いられることが多いからである。特に，第2次世界大戦後の日本のアカデミズムは，戦前の経験から「国益」概念を嫌悪してきた。しかしながら，およそ一国の外交，安全保障には，数ある戦略的選択肢の中から，「国益」に鑑みた政策を採用することが肝要であって，いたずらに「国益」を巡る議論を遠ざけても，実際的ではない。国際環境が大きく変化する際，「国益」に関わる議論を喚起し，国民のコンセンサスを得ることは民主主義国家において不可避であろう。この点，日本では，オイル・ショック後の1970年代に広義の「国益」を平和的総合的な手段で追求する「総合安全保障（comprehensive security）」の考え方が提言されたものの，冷戦後の日本の「国益」に関する議論はいまだ不活発である。

⇒ ①リアリズム，①勢力均衡

1-8
国際公共財
international public goods

公共財とは，社会にひとたび供給されると，誰でもそれを自由に使うことができ，同時に誰かが用いたからといって，他の人の効用を減ずるものでもない財やサービスをいう。国際関係における類似のものは，たとえば，国際的な秩序や平和，公海の自由，自由貿易体制，基軸通貨などである。さらに国連や世界貿易機関（WTO：World Trade Organization），度量衡基準なども国際公共財である。したがって，国連平和維持活動に自国の軍隊を提供することは，安全保障上の国際公共財を担任する行為といえよう。また，アジア太平洋地域における米軍のプレゼンスも，地域の平和と安定のための一種の国際公共財とみることもできる。しかし，国際公共財はその維持にコストや負担がかかる。それらを提供せずタダ乗りをする国家が現れたり，タダ乗りを排するために排他的な手法が用いられたりする場合，結局全体の利益とはならない事態が生起する。国際公共財のコストと負担をいかにしてまかなうかが国際社会の課題である。

⇒ ②平和維持活動，③国際平和協力業務，④世界貿易機関

1-9
国際レジーム
international regime

特定の問題領域において，各国政府が原則，規範，規則，政策決定手続などについて合意し，国際協力の制度化を目指す枠組み。相互依存関係の共同管理的な形態であって，国連のような超国家的な国際機構とは区別される。冷戦期に成立した金融，通貨管理，関税，資源管理，海洋秩序などに関する国際協力形態がその典型。これらの形成プロセスに関する実証研究の場では，当初は米国主導の覇権安定論が主流だったが，次第に参加主体の自律性に，より着目する国際レジーム論へと移っていった。また，冷戦期には，レジームが形成される動機について，「囚人のジレンマ」などのゲーム理論や国際公共財理論など主として構造的原因から分析する手法が多かったが，冷戦の終焉後は，国内問題や安全保障などとの関連に研究者の関心が移っている。

⇒ ①相互依存，①国際公共財，①覇権安定論

1-10
コンストラクティビズム
constructivism

国際社会における国家など行為主体の資質や自己認識，共有概念などを重視して，その主体的な発展過程に焦点をあてた理論。国家間システムは，合理的科学的な実在ではなく，観念や意識などによる能動的な構成過程の結果であり，その継続的な自己組織性である，とみる。グローバリゼーションとの関係では，対抗する理論ではなく，国家を単位とした国際社会から個人を単位とした地球世界への変化の可能性を示唆した理論として，とらえることができる。軍事や安全保障面での国家の特性に着目した「戦略文化（strategic culture）」論もコンストラクティビズムの一形態であろう。

1-11
コンセンサス方式
consensus system

対立点を明確にしたうえで多数決によって意思決定するのではなく，黙示の合意によって，一定の意見の一致をみるように試みる会議のまとめ方。1967年に設立された東南アジア諸国連合（ASEAN）では，加盟国間の不協和音をできるだけ目立たせずに，一致して域外国に対抗するためコンセンサス方式による会議運営を採用した。これをアセアン方式（ASEAN way）という。但し，2004年現在，ASEANは，加盟国が10カ国と拡大し，加盟国間の経済格差や政治的思惑も大きく異なるとともに，東南アジア全体を包摂する主体的な組織としての役割が期待されており，従来のコンセンサス方式による運営は難しくなっている。

⇒ ①④東南アジア諸国連合

1-12
人道的介入

humanitarian intervention

国家主権の不可侵性に則った旧来の「内政不干渉原則」を超えて，他国で侵害されている人権の擁護のため，外交的圧力，経済制裁，救援・停戦・警察・行政の要員派遣，あるいは軍事力行使などの介入を行うこと。多くは，緊急的な人道援助活動（humanitarian aid activities）を伴う。冷戦後，急激に増加した。その背景には，グローバリゼーションの進展や情報技術の急激な進歩によって，人権の普遍性に対する世界的な意識が高まり，報道を通じて他国の人権侵害に対する国際的な関心が集まりやすくなったことがあげられる。現在では，緊急性が高い人道的介入には，当事国の同意がなくとも許される，という考え方が支配的である。しかしながら，どのような人権侵害があれば，介入が許されるのか，どこまで軍事的な手段の行使が有効なのか，そのための国際的合意はどのように形成されるべきか，について明確な指針はない。クルド，ソマリア，ボスニアにおいては国連の安保理決議が根拠とされたが，コソボ紛争におけるユーゴへの空爆は，EU首脳会議の決定に基づいて実行された。東ティモール問題では，国連安保理の決議を根拠としながらも，実質的にはオーストラリア主導の軍事介入となった。

⇒ ①内政不干渉，②主権国家，①アフリカの紛争，⑤クルド人の反乱

1-13
信頼醸成措置

confidence building measures：trust building measures

[略語] CBMs [別称] 信頼・安全醸成措置（CSBM）

本来的には，敵対する国家あるいは勢力間で紛争を回避しようという明示的あるいは非明示的な合意が存在し，共通安全保障（common security）の枠組みが成立するときに，誤解や不信をできるだけ低減して，緊張緩和するために，試みる様々な手段を指す。1963年の米ソ間のホットライン（ホワイトハウスとクレムリンの直通テレタイプ回線）の設置は先駆的な試み。75年の欧州安全保障会議（CSCE）のヘルシンキ宣言以降，軍事演習や軍隊移動の事前通告，軍事演習へのオブザーバーの相互招聘など，冷戦下の欧州において，制度化された。しかし，友敵関係の曖昧な冷戦後の世界では，より安定的な安全保障環境を構築していくために，協調的安全保障（cooperative security）関係の重要性が認識されるようになった。とりわけ，冷戦後も多国間の安全保障上の枠組みを持たないアジア太平洋地域では，軍事交流（安全保障対話や防衛交流）などを通じ，各国間が安全保障分野の相互理解を深化させることが肝要となったので，「信頼醸成措置」という言葉も，より一般的，包括的な相互理解と友好を企図した安全保障上のアプローチ（trust building measures）を指す用語として用いられている。また英国では，これらの手法を国益追求の手段として用いた防衛外交（defence diplomacy）が推進されている。

⇒ ①多国間協調，①欧州安全保障協力機構，③多国間安全保障対話，③2国間防衛交流

1-14
勢力均衡
balance of power
[別称] バランス・オブ・パワー

国際政治学上のリアリズム（現実主義）は，国際関係を主権国家間の権力闘争とみなし，「勢力均衡」をこの権力闘争に相対的な安定と平和をもたらす行動原理ととらえる。なぜならば，対立するパワーが「均衡」する場合，安易な軍事力の行使が抑制されて，国家の生存の相互尊重が期待されるからである。欧州の政治体系では，1648年にウェストファリア条約によって，主権国家システムが明文化された時から，長らく「勢力均衡」が各国の行動原理となってきた。つまり，構成国のひとつが他のすべてにとって潜在的な脅威とならないように，組合わせを変えて連携することで，安定的な国家関係が模索されてきたのである。現代の国際社会では，国家以外の行動主体が増加する傾向にあるが，国家を単位とした「勢力均衡」という考え方の意味が失われたわけではない。とりわけ，冷戦後のアジア太平洋地域では，人種や文化の異なる多様な国家が並立し，国家の成熟度も異なるため，友敵関係は曖昧で，いまだに安全保障上の多間の枠組みは成立していない。域内の「勢力均衡」が地域の平和と安定に不可欠であろう。とまれ，均衡状態は，客観的な軍事バランスによっ

てのみ成立するわけではなく，外交や国際体系そのものとの関係など，複雑な要素を包摂したものである。
⇒ ①リアリズム，①国益

1-15
世界システム論
modern world system

近代世界は①主権国家体系（政治），②資本主義経済体制（経済），③文化体系（文化）から構成され，それらは，先端的技術を持つ①先進国（地域），すなわち中心（center）から，②中間層（semi-periphery），③周辺（periphery）への三層構造になっているという考え方。同時に，「世界システム」は，世界を政府，自治体，国際組織，多国籍企業，非政府組織（NGO），市民など多様な行動主体が活動するひとつの単位とみなす認識的枠組みでもある。つまり国際社会を，国家を主体とした権力関係としてだけではなく，経済や文化など多元的な相互関係が複雑にからみあったものととらえている。1970年代に，ウォーラースティンによって唱えられた。その後，経済的相互依存が高まり，国境の壁が次々と低くなって，国家の主権性が制約され，内政と外政の区分が不明瞭となったので，このような「世界システム」の考え方が広く受け入れられるようになった。

1-16
戦略的関係

第1章 安全保障情勢を読む

strategic relations

「戦略」とは，目標または目的を最も効果的に達成するための戦いの理論や手法を指す。しかしながら，およそ「戦略」は，戦術や兵站などの兵力運用の概念にとどまらず，有事，平時を問わず，戦域の内外に軍事，非軍事の別なく，グローバルなレベルから末端の事業レベルまで，思索，思考，理論及び計画，行動を包摂する広大な概念である。ゆえに，国際関係における「戦略的関係」とは，両者の関係が単に二国間や地域にとどまらないグローバルな影響力と国際社会に対する責任を有する大国間関係を指す。冷戦期の米ソ関係が典型である。冷戦後の世界では，中国が，クリントン政権下の米国と「建設的な戦略的パートナーシップ」を謳い，ロシアとも「戦略的パートナーシップ」を宣言して，国際社会への影響力を最大限活用しようとしている。確かに，中国の潜在的な力は計り知れず，国際社会への心理的影響力も大きい。しかし実際には，経済的にも社会的にもいまだ発展途上にあり，国際的影響力も近隣国に限定されている。ジョージ・W・ブッシュ政権も，中国を「戦略的競争相手」と呼んで警戒心を表にしており，米中関係がグローバル・レベルの「戦略的関係」を築いているとまではいえないだろう。

⇒ ①米露の新たな戦略的関係

1-17
戦力投射能力
power projection capability

広義の「戦力（power）」は，国家の一切の戦争遂行能力をいう。軍事のみならず，政治，経済，産業，科学技術，社会，心理的様相を含む。狭義では，軍備または軍隊を指す。つまり戦争遂行を任務とした武力または軍事力を意味する。軍事力（military capability）は，兵員，装備のような有形な力と戦意，統率，士気，軍紀，訓練などの無形の要素からなる。「戦力投射能力」とは，この狭義の「戦力」の有形，無形の要素が常に有機的即応的に機能し，一定の軍事目的を遂行するように維持されている状態を指す。およそ，戦力は，保有することのみならず，その投射（projection）能力の信頼性と相俟ってこそ，「抑止（deterrence）」の効果を持つ。

⇒ ①軍事力の役割

1-18
双極化・多極化
bipolarization; multipolarization

冷戦期には，主要勢力が二つに分かれて対峙する「双極化」と三つ以上の求心力が存在する「多極化」と，どちらのシステムが安定しているか，という議論が盛んに行われた。強大な軍事力を背景にした二大勢力の抗する双極構造は政治的安定と軍事的抑止の効果が期待できるが，同時に軍拡競争が加速化したり，システムが硬直化したりする危険を内在している。一方，軍事一辺倒のパワー・ポリティクス論とは異なり，経済を重視する相互依存論やネオ・リベラリズムの観点からは，多極構造のほうが様々な調整機能や交渉の余地を持つので，より柔軟

なシステムである，と考えられる．しかし，多極化によって，相互作用は複雑化し，友敵関係が曖昧になるので，政治的な安定には，協調的レジームが不可欠である．とまれ，冷戦後の世界では，グローバリゼーションの進展で，経済的な極構造を議論する意味は減じ，同時に軍事的には米国の圧倒的優位が明白になったので，それらを背景にした米国のユニラテラリズムの傾向が顕著となっている．また，類似の議論で安全保障関係（同盟関係）における2国間主義と多国間主義について，どちらがより効果的で安定的な同盟であるか，という議論がある．一般に，大国と小国の関係では，大国は自らが主導しやすい2国間関係を志向し，小国は大国と対等な立場で一定のルールの下に議論できる多国間関係を志向する，と言われる．しかし，前者では，当事国の個別の事情を反映した独自の関係を形成できるのに対し，後者では，戦略的選択肢が多様化し，特定の同盟国間の問題にも当事国以外が関与して問題を拡大する可能性がある．

⇒ ①ユニラテラリズム

1-19
相互依存

interdependence

別称 経済的相互依存関係

広義には，国家間の高度な関連性．狭義には，主として経済的な結びつきを中心とした国家主権の制約を伴う共生関係を意味する．第2次世界大戦後の国際社会の急激な変化を，経済を中心とした関係（繁栄）と国際政治（協調）という側面からとらえるのが，相互依存論である．しかし，経済的な相互依存関係の深化は，平和と安定の担保であると同時に，現実には国家間の友敵関係をより複雑化している．さらに，環境や人権などグローバルな課題が浮上すると，主権国家間の経済関係のみならず，国家以外の団体や個人の相互関係の重要性も強く意識されるようになった．したがって，現在では国際安全保障の観点からも，個々人，政府，企業など様々なレベルで高度な自制と協力を伴う相互依存関係の維持が，重要性を増している．

⇒ ②主権国家，①④グローバリゼーション

1-20
大　　国

great power

別称 軍事大国（military power）；主要国（major powers）

古典的には，人口や領土の観点からの「大国（power）」を指す．19世紀以降は，国際社会において軍事力を背景にした強大な影響力を有する「軍事大国（military power）」を意味する．第2次世界大戦後の世界の秩序維持には「大国」の主導が重要視され，その結果米国，英国，フランス，中華民国（後に中華人民共和国），ソ連（後にロシア）の五大国が国連安全保障理事会の常任理事国となること（P5）で制度化された．しかし，冷戦の進展とともに米ソの二超大国（superpower）が世界の構造的支配をする

に至ると，他の五大国の地位は相対的に低下した。さらに，経済的な相互依存関係の深化や国際機構の発達で，国際政治の場において，軍事力の持つ意味が低下するにつれ，大国概念も多様化した。軍事的には国際的な影響力を持たない日本も経済的には「大国」と呼ばれている。1975年に主として経済問題を話し合うために始まった主要国首脳会議は，現在も主要先進8カ国（米，英，仏，独，伊，日，加，露）（G8）にEUを加え，議長国持回りで毎年開催されており，これらの国々は，国際経済秩序の形成を実質的に主導している。また，冷戦後の世界において中国は「地域大国（regional power）」としての存在感を見せている。とまれ，2001年9月11日の同時多発テロ以降は，軍事力の圧倒的な優位を背景にした米国のユニラテラリズムが顕著になっており，「大国」観のパラダイムも新たな時代に入ったといえる。

⇒ ①ユニラテラリズム，④主要国首脳会議

1-21
多国間協調

multilateral cooperation

別称 多国間レジーム（multilateral regime）

国際的な協調関係は，形式的には，「植民地体制」や米ソ間の「デタント」のように黙示的な協調関係，外交主導の大国間協調（concert diplomacy），さらに国連システムのように常設化，機構化されたものとがある。目的的には，機能的，地域的に特化したレジームとグローバルな枠組みに関わるレジームがある。機能的に専門化したレジームは，自律性が高いが，普遍性の高い問題を総合的に扱うのが難しくなる。したがって，高度に政治的でかつ複雑な専門問題を扱う安全保障関係では，第一に，より明示的な脅威を対象とした集団的安全保障（collective security）が政策の中心に据えられる。また対立関係が明白な枠組みの下では，対立する両者の共通の利害を基盤にした共通安全保障（common security）のシステムが可能となる。しかし，友敵関係の曖昧な国家間関係の場合は，外交努力と軍事力や防衛政策を開示して協調的安全保障（cooperative security）関係を構築することが安定的関係を維持するうえで不可欠となる。この点，冷戦後のアジア太平洋地域には，地域全体を包摂する安全保障上の多国間の枠組みが存在せず，この地域の平和と安定には，安全保障対話や防衛交流による多国間協調（防衛外交）の深化が死活的に重要であると認識されている。

⇒ ③多国間安全保障対話，③2国間防衛交流

1-22
地域主義

regionalism

経済や安全保障に関し，地理的に隣接する複数の国家が結びつき，一国では実現できず，国連のような世界全体を対象とした機構による制度化にもなじまない政策の遂行や国際的影響力行使のために，

関係を強化していく過程。文化の共通性や経済関係の緊密さが基盤となる。欧州連合（EU），東南アジア諸国連合（ASEAN），が典型。旧ソ連邦の独立国家共同体（CIS）や南太平洋フォーラム（SPF）（現太平洋諸国フォーラム）では，より機構性が定着し，中南米，南部アフリカなどでも地域的連携が広がっている。また，EU拡大，米州貿易圏構想，アジア太平洋経済協力会議（APEC）などのより広域的で多様な国家群を含む場合もある。中には，グローバリゼーションの加速に対し，国々が一定のまとまりとなってその影響力を制限しようという傾向もある。しかし，排他的なブロック化は各国の利益に反することから，多くの地域主義的アプローチでは「開かれた地域主義」が標榜されている。国際的な地域主義は，たとえばロシアの地域主義というような一国内の地域化（localization）とは区別される。

⇒ ①独立国家共同体，④欧州連合，①④東南アジア諸国連合，④アジア太平洋経済協力会議

1-23
知的共同体
intellectual community
別称 知識共同体（epistemic community）

狭義では，大学，教育機関や学会のような特定の学問分野の専門家サークルを指す。広義には，共通の「知識」や「教養」を前提とした有形，無形のヒトや組織の集合体を意味する。このような集合体の内部では，共通の「知識」が前提とされ，論争も共通の土俵で争われる。議論が対立・論争・誤解などを含みつつも，とにかく共通の基盤のもとで展開されるということが「知的共同体」の存在の証であり，それを保証するのが共有財産たる「教養」である。冷戦の終焉を促した「東欧の崩壊」に至る過程では，東西の政治的枠組みを越えたヨーロッパ知識人の交流が次第に知的共同体を形成し，共通の平和や安定に対する考え方を醸成していったことが大きな役割を果たした。しかしながら，冷戦後のアジア太平洋地域には，その平和と安定を担保する安全保障上の枠組みが存在しない。この点，1993年に始まったアジア太平洋安全保障協力会議（CSCAP : Council of Security Cooperation for the Asia Pacific）は，アジア太平洋地域の専門家や軍人がそれぞれの政府の立場を離れ，個人の資格で安全保障上の問題を議論する多国間対話の場であって，いわばこの地域に安全保障上の知的共同体を形成しようという画期的な試みである。

⇒ ①アジア太平洋安全保障協力会議

1-24
低強度紛争
low intensity conflict
略語 LIC 別称 低烈度紛争

冷戦下，軍事紛争の態様は，核を含む全面戦争を高強度紛争，正規軍が参加した国家間の通常兵器による紛争を中強度紛争として，それ以外の主として準国家，

民族グループなどが関わる武力闘争とそれに対する国家の対応である「低強度紛争（LIC：low intensity conflict）」と区別した。当初は，ゲリラ戦，内戦，革命戦，代理戦争といった低次限定戦争（sub‒limited warfare）を意味していたが，冷戦後の現在では，テロリズム，麻薬取引，宗教紛争，民族対立，その他非国家主体や不正規軍による軍事行動が多発していることから，主として後者の意味で用いられている。しかしながら，グローバリゼーションの深化にともなう，軍事技術の急激な拡散，IT化，超小型化などによって，戦争の態様そのものが革命的に変化しており（「軍事革命（RMA）」），非国家主体が多様化，高度化した兵器を取得することも可能になったことから，低強度紛争という呼び方はあまり意味を持たなくなってきた。

⇒ ②民族解放戦争，③情報RMA

1-25
統治機能
governance

別称 ガヴァナンス

旧来，領土と人民に対する統治は，国家の機能であり，専権事項であるとされてきた。しかし，グローバリゼーションの急速な進展によって，貧困，飢餓，環境破壊，人権侵害，難民増加，核拡散など地球的規模の諸問題には，国家の枠組みを超えた管理制度（グローバル・ガヴァナンス）の必要性が認識されるようになった。同時に，人間性を否定されるような悲惨な状況を克服し，正義を達成するためには，国家主権を離れた地球規模の市民社会の役割が重要となってきている。現在，一国家だけでは，十分に対応できない問題群に関して，国際社会がそれらを放置せず，個人，国際機構，民間組織などを活用した新しいガヴァナンス（統治機能）のあり方を模索する動きが活発になっている。

⇒ ①人間の安全保障

1-26
同　　盟
alliance

伝統的な「同盟」は，敵（脅威）の存在を前提として，特定の状況下での軍事的共同行動を明示した国家間の協定関係を指す。1648年のウェストファリア条約以降の欧州世界で，勢力均衡による安定した国家関係が模索される過程で，基本概念が形成された。「同盟」の中心的要素は安全保障であって，軍事的な義務規定のない「協商（entente）」と区別されているが，多くの場合，経済関係や，友好関係を包摂したものである。この点，戦時に限定された「連合（coalition）」とは異なる。しかしながら，第2次世界大戦後，グローバルに展開した冷戦構造の下で，国連憲章に規定された集団的自衛権（collective defense）による国家協定が増大し，伝統的な勢力均衡の同盟関係は影を潜めた。したがって，「同盟」の定義や分類は，様々で，条約上の軍事的な結びつきの程度も一様ではない。「同盟」を形成し，維持する動機も，個別的である。たとえば，米国，豪州，ニ

ュージーランドによるアンザス（AN-ZUS）同盟（51年）の場合，条約上の軍事的義務は軽いものであるが，その文化的歴史的な緊密関係を背景に，長らく効果的な軍事同盟として機能した。しかし，「核兵器」に対する態度の違いを唯一の対立点として，米国は86年にニュージーランドに対する安全保障義務を停止してしまった。また，日米同盟では，同盟条約上の軍事的義務の片務性が特徴的である。さらに，米国と台湾の安全保障関係は，78年に米華相互防衛条約が破棄されたが，同時に米国の国内法である台湾関係法が制定されて，実質的な同盟関係は継続している。

⇒ ①アンザス条約，①台湾関係法，③日米安全保障体制の意義，①勢力均衡

1-27
内政不干渉
non‐intervention

国内管轄事項に他国や国際組織が干渉してはならない，という考え方。主権国家による最終最高で唯一の政治的意思を尊重する国際関係の基本原則である。しかし，集団的安全保障機構である国連が，「国際の平和及び安全の維持を危くする虞のあるもの」に至ったと判断する場合には，たとえ一国内の出来事であっても，国際関心事項として取り上げ，安保理決議を受けた措置には国内問題への介入の合法性も主張されている。とりわけ，著しい人権侵害に対しては，積極的に干渉を許す趨勢にある。1991年に多国籍軍がクルド難民保護のための安全地帯をイラク国内に設置したケース，99年のNATO軍によるユーゴ空爆，東ティモールへの国際部隊の派遣などがその例である。しかしながら，安易に国際的な干渉を許すことは，大国支配につながるとして，かつて植民地支配に苦しんだ第2次世界大戦後の新興独立国には激しい反発がある。しかし環境問題などの地球的課題については，より積極的に干渉すべきという意見も多い。とまれ，2003年3月，米国は国連による武力攻撃を容認する安保理決議無しにイラク攻撃に踏みきった。今後，大国の「正義」を実現するために，内政不干渉原則は形骸化していくことになるかもしれない。

⇒ ②主権国家，①クルド，⑤クルド人の反乱，①東ティモール民主共和国，①イラクに対する軍事作戦（経緯），①イラクに対する軍事作戦（評価），②イラク戦争とその後，⑤イラク戦争

1-28
人間の安全保障
human security

ヒト・モノ・カネ・サービス，それに情報が急速に移動するグローバル化の急激な進展とともに，人や武器，不正薬物の密輸を始めとする国際組織犯罪や，HIV／AIDS等の感染症，地球環境問題といった国境を越える問題が従来とは比較にならないほどのスピードと規模で深刻なものとなった。このような人間一人ひとりの生存，生活，尊厳を直接に脅か

す深刻かつ広範な問題を克服するためには，国の政府が国の安全と繁栄を維持し，国民の生命，財産を守るという伝統的な「国家の安全保障」という考え方だけでは，対応することが難しい。国際社会の平和と安定には，それぞれの国民国家が「国家の安全保障」を確保するために安全保障政策や経済政策を行うと同時に，個人やコミュニティ，非政府組織（NGO）による「人間の安全保障」の取組も重要となってきている。

⇒ ①非政府組織

1-29
覇権安定論
theory of hegemonic stability

一般に強大な軍事力，政治力，経済力，資源などの支配権を持つ覇権国が存在すれば，世界の政治経済システムが安定し，覇権国が衰退もしくは消滅すれば，世界秩序は混乱し，国際経済も不安定なものとなる，という理論。そして，新たな覇権国の登場によって，新世界秩序が形成される，という。この世界秩序（world order）に対峙する概念が，国際レジーム（international regime）概念である。これによれば，いったん確立された国際レジームは，諸国家の行動を制約し，覇権国が衰退してもレジームの崩壊は生じない，と考えられる。とまれ，冷戦後の世界で，米国の軍事的経済的優位は絶対的なものとなった。米ソの二超大国が覇権を競った冷戦時代と異なり，現在の米国の行動様式はユニラテラルなものになりつつある。2003年3月，米国は，国連安保理の武力容認決議を得ずにイラク攻撃に踏みきったが，これは，米国単独の覇権によって世界秩序が安定へ向かう予兆だろうか。それとも国連安保理を舞台にした各国の外交努力が示すように，確立された国際レジームは，まだまだ諸国家の行動を制約しており，国際システムの構造的な変革と新たなレジームの形成にはまだ時間がかかるということだろうか。定かではない。

⇒ ①国際レジーム，①ユニラテラリズム

1-30
非対称的脅威
asymmetrical threat

一般的な戦争概念は，同種の兵器を有する拮抗する勢力間の軍事対決（例えば通常兵器による国家間の軍事対決，米ソの核戦争）を想定しているが，グローバリゼーションの進展とともに，国家間の経済格差が広がって，軍事力にも大きな差が生じてくると，非対称な兵器による戦争の可能性が高まった。つまり，高度な情報システムを利用する軍事革命（RMA）型の軍隊に，同種の武器で対抗することのできない国が，サイバー攻撃や大量破壊兵器の使用などによる「非対称な武器による戦い」を挑むことが予想されたからである。しかし，2001年9月11日の同時多発テロ事件以降，国家間の正規軍による「戦争」に対して，非国家主体による大規模なテロ活動が現実のものとなり，「非対称な戦い」という言い方は，主として「国家対非国家」という

主体の非対称性（非対称的脅威）を意味するようになっている。

⇒ ①④グローバリゼーション，②主権国家，③サイバー攻撃，③情報RMA

1-31
非政府組織
non-governmental organization
[略語] NGO

一般に「非政府組織」と訳されるが，営利組織は含まれない。実際は，非政府非営利組織の意。もともとは，国連憲章第71条で，「（国連）経済社会理事会は関係のある民間団体と協議するために，適当な取極を行うことができる」と規定されていることから，複数の国にまたがった国際的な団体（INGO：international non-governmental organization）を意味し，国連と協議関係にある団体は特に国連NGOと呼ばれている。代表的なものは，国際赤十字委員会，アムネスティ・インターナショナルなどである。一方，日本では，従来，国際的な協力活動を行う市民団体をNGOと呼んできたが，現在では，国際協力団体に限らずに，環境や女性問題などの活動を行う団体全般を含むようになった。また，広く社会的な使命を持った継続的な民間の非営利組織全般をNPO（non-profit organization）と呼び，日本では，1998年に特定非営利活動促進法（NPO法）が制定されたことから，NPOの数が飛躍的に増加した。該当する団体は法人格を有する。NGOは，人権，開発，軍縮，環境などに関し，今日の国際社会において，無視することのできない重要な役割を果たしている。

1-32
不透明性・不確実性
opacity and uncertainty
[別称] 曖昧さ（ambiguity）

冷戦の終焉によって，圧倒的な軍事力を背景とする東西間の軍事的対峙の構造は消滅し，世界的な規模の武力紛争が生起する可能性は少なくなったが，国際情勢は，むしろより「不透明・不確実」な要素をはらんでいる，といわれている。各地に固有の領土問題は依然として存在し，冷戦下の国際環境で封じ込められていた宗教や民族に根ざす対立が顕在化して，複雑で多様な地域紛争が発生してきている。また大量破壊兵器（核，生物兵器，化学兵器）やミサイルの拡散といった危険が増大し，それらは国家だけではなく，テロリストなどの非国家集団にも拡散する懸念が広がっている。グローバリゼーションの進展に伴う国家間の相互依存の拡大と深化によって，安全保障問題のグローバル化も急速に進んだ。深刻な人権侵害や難民問題，テロなどの多様な事態が，国内問題にとどまらず国際社会の安全保障上の問題として認識されるケースが増加している。したがって，国際関係の平和と安定には，軍備管理・軍縮の努力とともに，力の均衡や軍事的な抑止力，外交努力による国家関係の安定，さらに新たな国際協力のアプローチなど，多様な手法が必要となっている。

⇒ ①冷戦，①民族紛争，①テロリ

ズム，①グローバリゼーション，①相互依存，①勢力均衡，①軍事力の役割，①軍備管理・軍縮，②主権国家，③現大綱策定の背景

1-33
紛争予防
conflict prevention

[別称] 予防外交

　紛争の発生や再発を予防するには，広範な分野にまたがる多くの複雑な課題に取り組まなければならない。まず過剰に集積された武器を削減し，難民を元の居住地に帰還させ，帰還した難民は通常の日常生活ができるように，社会づくりそのものを行わなければならない。同時に，対立する民族・部族間の和解を進めたり，複数民族からなる共同体を構築したり，地域の統治体制を強化したりすることも必要である。長期的には，ガヴァナンスの維持と持続可能な開発のための人材開発という視点もかかせない。こうした「紛争予防」の取組には，現在，多くの主体（国連，国際機関，地域機関，国家，NGO，企業，個人など）が参加しており，各々の主体の長所や優位点を踏まえた主体間の調整が必要になってきている。とりわけ国連の調整能力や地域的機構の自立的な取り組みが重要である。

　⇒ ②国際紛争の平和的解決

1-34
文明の衝突
clash of civilizations

　冷戦時のイデオロギー対立に代わり，冷戦後の世界では，文明間の対立が紛争の主要因になるという仮説。1993年，米ハーバード大学のサミュエル・ハンチントン教授が『フォーリン・アフェアーズ』誌で発表し，議論を呼んだ。ハンチントンは，主要文明をまず，西欧文明，東方正教会文明，儒教文明，日本文明，イスラム文明，ヒンドゥー文明，ラテンアメリカ文明，アフリカ文明（まだ確固たる姿を見せてきていない）の8つに分類し，文明圏を単位とした地域主義や原理主義の台頭を冷戦後の傾向であると分析した。その上で，現代史は西欧文明の圧倒的優位からイスラム・儒教文明の台頭という文明間の力関係の変化の構図であると総括し，今後，西欧文明と非西欧文明との間で深刻な戦争の危険があると予告している。しかし，浅薄でステレオ・タイプな文明観は説得力を欠き，米国の対イスラム政策を正当化しているにすぎない，という批判も根強い。なお，日本については一民族一文明の孤立国家として描かれている。

　⇒ ①イスラム原理主義

1-35
ポスト覇権システム
post‒hegemonic system

　「ポスト覇権システム」論者は，「覇権システム」に内在する構造的不安定さを指摘する。「ポスト覇権システム」論では，覇権システムのように一大強国が他国との国力の圧倒的な格差を前提に国際秩序を単独で提供するのではなくて，リーダーシップを発揮する中心的な国家

が存在するとしても，国際政治経済の各領域にもっと深く関わる関係各国が相互に，そして外部とも絶え間ない利害の微調整を行いながら，政策協調と共同管理システムによって秩序を維持する国際システムを志向する，と考える。その特徴は，問題領域別の重層性，政策の連動性と利害の微調整機能，国際公共財の共同負担などであり，主要先進国サミットや各種の分野別，地域別の協議体の重層的ネットワークがその一端である。これらの秩序維持能力は不確実だが，「ポスト覇権システム」論では，これら国際社会の内発的な自己組織化プロセスを肯定的にとらえ，評価しようとしている。

⇒ ①覇権安定論，①国際公共財

1-36
民主的平和論
democratic peace theory

民主主義国の間では戦争は起きない，という理論。民主的な国家が平和的であると実証するのは難しいが，2国間関係の共有属性としての民主主義に着目し，双方が民主主義であれば，両国間の戦争蓋然性は減少する，という仮説。米国の対外民主化支援政策の支柱となった考え方。しかし，民主化された国は，他の民主主義国との関係において不戦構造を築くかもしれないが，国内的には民主化の過程でナショナリズムが高まったり，非民主国家に対する攻撃性を高めたりする恐れが指摘できる。形式的で短絡的な民主的平和論は，レトリックであり，非現実的である。したがって，内戦や抑圧的体制を克服して民主化を目指す国々への支援は長期的かつ慎重でなければならない。

⇒ ①抑圧的体制，②内戦，②民族解放戦争

1-37
ユニラテラリズム
unilateralism
[別称] 単独行動主義

国際協調や規範よりも，自国の理念や国益を優先する外交手法。2国間の交渉と合意を重視するバイラテラリズム（2国間主義）や3カ国以上の関係国が対等な立場で政治的枠組みを形成するマルチラテラリズム（多国間主義）と対比される概念。2001年に誕生した米国のジョージ・W・ブッシュ政権では，強大な軍事力を背景にしたユニラテラリズム（単独行動主義）が顕著になった。包括的核実験禁止条約（CTBT）は批准せず，弾道ミサイル迎撃システム制限条約（ABM条約）からも離脱した。ミサイル防衛（MD）構想も米国本土の防衛を最重要視するもので，同盟国との関係を不安定にしている。元来，米国の外交は，国際協調主義（ウィルソニズム）よりも孤立主義（モンローイズム）を志向し，同時に他国（主として欧州諸国）による干渉を極端に嫌う自由主義（ジェファーソニズム）を標榜してきた。しかし，民主主義の伝道者たらんとする過剰な自意識があり，冒険主義（ジャクソニズム）に陥りがちで，その外交政策には単独主義的傾向があった。とまれ，イラクへの先制

攻撃（2003年3月）の是非を巡っては，国際社会からの批判をかわすために，国連安保理に再三の提案を繰り返すなど，国際協調とのバランスに苦慮したが，結局武力行使容認決議を得ずに先制的武力攻撃を行った。

⇒ ①包括的核実験禁止条約，①弾道ミサイル迎撃システム制限条約，①ミサイル防衛，③弾道ミサイル防衛，⑤イラク戦争，①イラクに対する軍事作戦（経緯），①イラクに対する軍事作戦（評価），②イラク戦争とその後，①ネオ・コンサーバティブ

1-38
抑圧的体制
repressive regime

形式的な政治体制がどのようなものであれ，国民の自由が不当に制限され，相

コラム　憲法改正は是か非か？　　　　　　　　　　佐島直子

憲法改正，とりわけ9条の扱いを巡る論議が賑々しい。

2003年3月に『読売新聞』が実施した「世論調査」によれば，54.3%が「憲法を改正する方がよい」と回答，「改正しない方がよい」は29.9%にすぎない。9月に実施された『毎日新聞』の調査でも，前者が46%，後者が16%という結果になっている。また同年4月の（社）日本青年会議所が行った「憲法改正について政策モニター意識調査結果」では，「改正すべきだ」が実に84.83%，「改正すべきではない」はわずか8.29%である。

憲法改正は，「各議院の総議員の3分の2以上の賛成で，国会がこれを発議し，国民にその案をしめして，国民投票で国民（有権者）の有効投票の過半数の賛成を得なければならない（日本国憲法第96条）」となっているから，

これら調査の結果だけをみれば，国民投票で憲法改正が過半数の支持を得ることも，もはや不可能ではない。

ただし，「改正する方がよい」と思う理由は，「アメリカに押し付けられた憲法だから」といういわゆる伝統的な改憲派は27.2%にすぎず，「国際貢献など今の憲法では対応できない新たな問題が生じているから」という新しいタイプの改憲派が54.5%を占める。護憲派の方も同様で，「改正すると軍事大国への道を開くおそれがあるから」といった旧来の護憲論者はわずか25.4%である。多数派は「すでに国民の中に定着しているから」（46.7%），「世界に誇る平和憲法だから」（42.2%）といった表現で現行憲法への愛着をみせる穏健派である（いずれも『読売新聞』調査。複数回答）。

つまり，変容著しい21世紀にあって，

互監視と不信が社会に蔓延し，人権弾圧の行われている国家体制を総括して「抑圧的体制」という。具体的には，旧東側諸国や旧南アフリカ，イラン，フセイン政権下のイラク，北朝鮮などを指す。政治形態は，「専制（despotism）」的で，体制支持への積極的な動員を伴う「全体主義（totalitarianism）」の手法を伴う場合が多い。また，近代化を急ぐ発展途上国の中には，形式的には民主制が採用されているものの，実態は官僚や軍人が主体となった「権威主義（authoritarianism）体制」の国が数多くあり，抑圧的な制度が内在されている。現在では，国家主権の絶対性は認めつつも，著しい人権侵害が行われている抑圧的体制には，国際社会の介入を許す趨勢である。たとえば，1999年，東ティモールに関連して，インドネシア軍の東ティモールにおける人権弾圧が国際世論によって厳し

現行憲法が想定していなかった様々な新しい「国家的試練」に直面するとき，今後日本がそれらをどのように担っていくべきか，が改憲論議の最大の争点であって，もはや現行憲法の出自や過去のトラウマにとらわれている国民は少ないといえる。

9条についても，「解釈や運用で対応するのは限界なので改正する」が42.0％，「これまでどおり，解釈や運用で対応する」が30.3％で，「9条を厳密に守り，解釈や運用では対応しない」（17.9％）を凌駕している。

言い換えれば，改憲派にしても護憲派にしても，多数の国民は，現行の安全保障政策とその法秩序を受け入れており，問題はそれを憲法との関係でどのようにとらえているか，の違いに収斂する。当然ながら非武装中立論者や独自防衛論者は払拭されつつある。

しかしながら，護憲派は，基本的に現状を良しとして，「制服を着て武装した公務員が構成する行政組織」による「専守防衛」態勢を是認しているものの，その論拠は幅広い。拡張する安全保障上の課題に関する態度も多様である。日本に課せられている制約や限界をやむを得ないものだと受け止めている者も多いが，一方で集団的自衛権を「解釈」で認めようという者や，「安全保障基本法」を制定して憲法を補完する法体系を整備したりすれば憲法改正までは必要ないと考えている者も含まれている。護憲派の政策的柔軟性は非常に高い。

一方，改憲論者は，そうしたわかりにくさ，曖昧さ，「手かせ足かせ」に「いらつき」を覚え，憲法を改正して「国軍」を保有し，他国と同じように「軍隊」を活用できるようにすればいろんなことがすっきりするだろう，という。しかし，現状では「国軍」を持つことによって生じる戦略的選択肢の拡張にまでは，改憲派の議論は及んでいないようだ。

しかし，様々な意見の中で，「自衛

く糾弾され，その結果，独立の是非を問う住民投票に際しては，インドネシア政府の同意を得て，オーストラリアを中心にした多国籍部隊が治安確保に介入した。

⇒ ①人道的介入，④開発独裁

1-39
リアリズム
realism

[別称] 現実主義；リアリスト（現実主義者）

国際政治学上の「リアリズム」とは，国際社会を「並存するパワー主体（国家）の不可避な闘争社会」とみる考え方である。「リアリズム」の考え方では，国家はパワーの最大化を追求するがゆえに，国際社会は権力政治が支配する世界である，という。結果，「国益（ナショナル・インタレスト）」の定義が実践の場でも

隊はどうみても軍隊だから，憲法上も正式に軍隊にしてしまった方がいい」という主張だけは看過できない。これは現行憲法下で粛々と形成されてきた防衛法の体系と自衛隊の規範をないがしろにする実に不見識で乱暴な主張である。これではまるで，「制服を着て警棒を手にしたガードマンは一見警官にみえるから，これからはおまわりさん呼ぼう」と言っているようなものである。この論旨に基づく憲法改正だけは間違っている。9条を改正しただけで，自衛隊が軍隊になることはありえない。

現行憲法下，軍法を持たず，交戦権を否認されている自衛隊は法制度上「軍隊」とはまったく別の行政組織であり，その主任務はあくまでも「専守防衛」に限定されている。それがイラクに派遣されている自衛官達にどのような危険をもたらそうとも，揺るがせにはできない基本原則である。

したがって，もし仮に憲法が改正され，日本が国軍を保有することとなったとしても，創設されるのは新憲法下のまったく新しい武装組織である。そして，新憲法下で「国軍」が機能するために不可欠なのは，新しい緻密な法体系を構築することである。

たとえ，旧自衛隊を母体として「国軍」が形成されるとしても，自衛隊そのものは現行憲法の失効とともに消えてなくなる。自衛官にだって職業選択の自由があるわけだから，希望しない者は，国軍に加わる義務はない。

9条を改正して国軍を持つか，現行憲法を維持してこれからも自衛隊を活用していくか，そのどちらを選ぶかは，日本国民の意思である。しかし，いずれを選んだとしても，法秩序は維持されなければならず，「乱暴で声高な意見」に惑わされ，いたずらに新たな法的混乱を招くことだけは忌避したいものである。

分析手法としても非常に重要である。そして、「リアリズム」の国際社会においては、勢力均衡（バランス・オブ・パワー）のみが相対的な安定と平和をもたらす行動原理である、と認識された。しかし、超大国が対峙する冷戦下の硬直化した国際環境を背景に、従来のパワー概念が修正され、国家の行動は国際社会の構造によって制約される、というネオ・リアリズム（新現実主義）の考え方も誕生した。いずれにせよ、リアリズムは、思想的には悲観主義的であり、非発展的な方法論であることから、国際社会の規範化を志すアイデアリズム（理想主義）(ideallism)や科学的合理主義からは厳しく批判された。同時に経済的な相互依存関係の進展によって協調と問題処理のメカニズムが形成され、国際システムの中の国家の役割は相対化されつつある、と考えるネオ・リベラリズムの立場からも、時代おくれの国家中心主義とみなされた。とまれ、冷戦の終焉によって、国際社会は、多様化し、増大する様々なアクターを巻き込んだ「力を背景にした闘争」と「国家機能の抑制を伴う規範化」、が重層的に進行する時代に突入した。地域大国と新興独立国が混在し、安全保障上の多国間の枠組みをもたないアジア太平洋地域の情勢分析には、古典的なリアリストの手法も無意味ではない。

⇒ ⓘ国益、ⓘ勢力均衡、ⓘ相互依存

1-40
リベラリズム
liberalism

リベラリズムの意味は多様である。一般的には、自由主義経済の恩恵を最大限に評価し、国家権力を最小限の任務に限定する「小さな政府論」のイメージである。また、米国では、社会福祉などを重視する自由主義者を「リベラル」と呼ぶ。法学上の自由主義は民主主義と対比する概念であって、自由権や権力分立を指す。また、経済的相互依存がもたらす緊密な国際関係や協調と問題処理のメカニズムによる平和の可能性を重視する考え方を「ネオ・リベラリズム」という。「ネオ・リベラリズム」は、国家の軍事中心主義を警戒する視点から、国際機関などの非国家主体の役割に着目している。

1-41
冷　戦
Cold War

現実の戦争（hot war）に対峙する概念。高い軍事的緊張があっても、政治的な抑止力が働いて、実際の戦いには至らない状態。具体的には第二次世界大戦後、米国とソ連の二超大国がそれぞれ核兵器を含む強大な軍事力を対峙させながら、資本主義と共産主義というイデオロギーの対立を背景にあらゆる面で世界を二分していた国際的な緊張状態を指す。1940年代半ばにまず欧州が二分され、その後米ソの覇権は世界各地に拡張した。しかし冷戦期、北大西洋条約機構（NATO）とワルシャワ条約機構（WPO）の東西両陣営が直接対峙していた欧州正面では最後まで戦火をまみえることはなかった。

一方，東アジアやアフリカなど旧植民地地域では，独立への体制選択を巡る政変や内乱が，米ソを巻き込む激しい戦いに拡大した。62年のキューバ危機以降，米ソが平和共存政策に転じると，70年代には軍備管理・軍縮に向けた交渉が開始され緊張緩和（デタント）が進んだが，79年のソ連のアフガニスタン侵攻を機に再び緊張が高まり，80年代は新冷戦（New Cold War）と呼ばれる軍備拡張競争が進んだ。しかし，85年にソ連にゴルバチョフ政権が誕生すると，グラスノスチ（公開性）・ペレストロイカ（改革）政策が推進され，東欧各国の自由化も急速に拡大して，89年に冷戦の象徴ともいうべきベルリンの壁（ドイツを東西に分断していた壁）が崩壊，90年にドイツが統一され，91年にソ連が解体し，冷戦は終焉した。とまれ，冷戦期，人類は核兵器というデモクレスの剣の下，核兵器による世界の滅亡を免れる知恵を様々に模索し，実際に核戦争を回避した。しかし，その論拠が，核抑止論者のいう「恐怖の均衡」の合理的帰結なのか，世界核戦争へのエスカレーションを忌避する政治指導者の善なる意思なのか，についての答えは出ていない。

⇒ ⑤キューバ・ミサイル危機，⑤ソ連のアフガニスタン侵攻，⑤ベルリン封鎖，①核戦略

2　新たな脅威

9.11同時多発テロ
Terrorist Attacks on September 11, 2001 in the United States
別称 同時多発テロ

2001年9月11日，19人のテロリストによって，4機の旅客機が乗っ取られ，同時多発的に米国内でテロ攻撃が実行された。2機（アメリカン航空11便，ユナイテッド航空175便）は，米国ニューヨークの世界貿易センター（WTC：World Trade Center）の北棟，南棟に相次いで激突，WTCはまもなく全壊。1機（アメリカン航空77便）は，ワシントンの国防省（the Pentagon）に墜落，一部を焼失させた。残り1機（ユナイテッド航空93便）は，ピッツバーグ郊外に墜落した。ブッシュ政権は，翌12日の声明で，この事件を単なるテロを超えた「戦争行為」と規定，13日には，このテロに対する戦いを「21世紀最初の戦争」，「新しい種類の戦争」と位置づけ，14日には国家非常事態宣言を発した。同日連邦議会は救援，復興，国土防衛，軍事作戦のための400億ドルの緊急予算と大統領に軍事力行使を認める決議を可決。ジョージ・W・ブッシュ大統領は20日に，オサマ・ビン・ラーデン率いる国際テロ組織「アル・カイダ（al Qaeda）」の犯行と断

定し、これを保護する国家や組織も攻撃の対象とする報復戦争を宣言した。一方、国連も12日、安保理決議第1368号を全会一致で採択し、同時多発テロを非難するとともに、これを国際の平和と安全に対する脅威と認定した。また、NATOは、条約第5条の集団的自衛権の行使を適用し、オーストラリアも集団的自衛権の行使を定めるANZUS条約の第4条の適用を決定するなど、米国は、広範な「反テロの国際的連帯」を形成し（2003年3月までに136カ国が軍事支援を申し出、142カ国がテロリスト関連資産を凍結している）、10月に、「アル・カイダ」を匿うアフガニスタンのタリバーン政権に対する軍事攻撃（対テロ戦争「不朽の自由（Enduring Freedom）作戦」）を開始した。また同じ頃、米国内で炭疽菌入りの郵便物が送付される事態が多発したため、米国は国土防衛の強化（「高貴の鷲（Noble Eagle）作戦」）にも乗り出した。同時多発テロで、80以上の国々の3,000名以上の命が失われた。

⇒ ①アンザス条約、①国土安全保障省、①国際テロ組織、②自衛権、②⑤9.11同時多発テロ

1-43
イスラム原理主義
Islamic Fundamentalism
別称 イスラム復興主義運動

　イスラム復興主義運動ともいう。近代化政策や西欧型社会を否定して、イスラム法の厳格な実践を通して、イスラム社会を正し、イスラム共同体の再興をめざすイスラムの政治運動。サウジアラビアは、1930年代にワッハーブ家が興した原理主義国家である。79年のイラン革命もホメイニ師に指導されたイスラム原理主義運動である。原理主義の思想には、エジプト最大の政治勢力であるスンニ派の「モスリム同胞団（Muslim Brotherhood）」の影響を受けたもの、イラン革命やアフガニスタン解放運動に感化されたもの、さらに伝統的なサラフィーヤ運動などがある。主要な組織としては、レバノンとパレスチナで行動している「イスラム聖戦機構（Islamic Jihad）」、全パレスチナで幅広い支持を持つ「ハマス（Hamas）」、レバノンのシーア派による「ヒズボラ（神の党）」などである。いわゆる「ジハード運動」とは、パレスチナ解放機構（PLO）の世俗主義を否定し、パレスチナのイスラム的解放をめざす運動をいう。これらの多くが自爆テロなどを含む非合法で残虐な手段も辞さない。特に過激な組織としては、9.11同時多発テロを起こした「アル・カイダ（al Qaeda）」などが属する「ユダヤ人と十字軍に対する聖戦のための国際イスラム戦線」がある。冷戦後のテロの潮流は、これらイスラム原理主義勢力の国際ネット・ワークによるものである。「アル・カイダ」を匿っていたアフガニスタンの「タリバーン（Taliban）」は、イスラム神学校学生及び求道者の意で、パキスタンにあるアフガニスタン難民の学校において、ムハンマド・オマル師を最高指導者として94年に結成され、2001年には、アフガニスタン全土の掌握を目前に、米

国による武力行使で崩壊した。しかし、原理主義勢力は世界的な広がりをみせている。中央アジアでは「タジキスタン・イスラム復興党（IRTP）」が、内戦終結後の2000年、中央アジア初の合法的宗教政党となった。ウズベキスタンでも「ウズベキスタン・イスラム運動（IMU）」や「イスラム解放党」などの過激派勢力のテロ活動が活発化している。また、2002年10月12日にインドネシア・バリ島で爆破事件を起こした「ジェマー・イスラミア（JI）」やフィリピンのアブ・サヤフ（Abu Sayyaf）も「アル・カイダ」と繋がりを持つなど、東南アジア諸国にも浸透している。また、「アル・カイダ」と深い関係を有していたチェチェンの武装勢力（ロシアからの独立を目指す）は、2002年10月23日に人質800人を盾にモスクワの劇場を占拠したが、事件はロシア特殊部隊の強行突入によって解決をみた。これに関して、国際社会は概ねロシアの態度を支持しており、ロシア軍によるチェチェンへの武力行使が各国の理解を得た形である。さらに、中国からの独立運動が活発な新疆ウィグル自治区でも、イスラム新主党や東トルキスタン・ウィグル戦線組織などによるテロが頻発しており、中国当局はこれらも「アル・カイダ」と結んだ「東トルキスタン・テロ」であるとして、撲滅をめざしている。既存政権とイスラム原理主義勢力の闘いは激しさを増している。

⇒ ①国際テロ組織、①②⑤9.11同時多発テロ

1-44
国際テロ組織
international terrorist organization

別称 国際テロリスト集団

冷戦後、宗教勢力によるテロ、なかでもイスラム系テロ組織の動きが活発になった。これらは、国家の枠に限定されず、冷戦後唯一の超大国となったアメリカとその盟友イスラエルを主たる標的として拡張を続けている。これらイスラム系テロ組織によると思われる主な事件だけでも、1993年のニューヨークの世界貿易センター（WTC：World Trade Center）爆破事件、96年のサウジアラビアの米軍基地爆弾テロ、98年のケニア、タンザニアの米国大使館爆破事件、2000年10月のイエメン・アデン港での対米海軍駆逐艦攻撃などがある。2001年9月11日には、米国で世界貿易センター・ビルと国防省に同時多発テロが行われ、3000人以上の死者を出した。首謀したオサマ・ビン・ラーデン率いる「アル・カイダ」は、他にも数多くのテロ事件に関与していると見られている。米国は2001年12月、「アル・カイダ」に軍事訓練所などを提供していたアフガニスタンのタリバーン政権を崩壊させたものの、ビン・ラーデン自身の捕縛には至っていない（2004年1月現在）。ロシア・チェチェン共和国の過激派組織「イスラム国際旅団」など3組織や中国・新疆ウィグル自治区の東トルキスタン・テロ・グループなども「アル・カイダ」との繋がりが指摘されている。他に冷戦期から活動しているイスラム系過激派組織としては、レバノンの

「ヒズボラ（神の党）」，パレスチナのイスラム抵抗運動「ハマス」などが有名である。また，フィリピンの「アブ・サヤフ」や2002年10月14日にインドネシア・バリ島で爆弾テロ事件を起こした「ジェマー・イスラミア」（JI：Jemah Islamiah）など，イスラム勢力は東南アジア地域にも広がりをみせている。

⇒ ①イスラム原理主義，①②⑤9. 11同時多発テロ

1-45
国際犯罪

transnational crime

別称 国際組織犯罪（transnational organized crime）

冷戦後のグローバリゼーションの進展で，銃器や薬物の密輸，人の不法出入国，ハイテク犯罪，資金洗浄（マネー・ロンダリング）等国境を越えて組織的に行われる国際組織犯罪が増加している。国際組織犯罪は，「治安」と「法の支配」を前提とする民主主義的統治機構と人権，ルールに基づいた競争を前提とする市場経済の基盤を揺るがす深刻な問題である。1995年には，ハリファックスで開催された主要国首脳会議（サミット）において上級専門家会合（通称「リヨン・グループ」）の設置が決定され，ここでは，ハイテク犯罪，法執行プロジェクト，司法協力等の分科会を設置して，刑事法制から具体的捜査手法に至るまで幅広く企画立案と政策調整を行っている。2003年1月には，アジア地域を中心とした30を超える国と地域から，法執行機関の幹部約230名が参加して，「アジア太平洋国際組織犯罪対策会議」が開催され，銃器対策，薬物対策，ハイテク犯罪対策などの分野で協議を行った。なかでも，国際的な関心の高いのが薬物対策である。国際的な薬物対策としては，1961年に麻薬単一条約が，71年には向精神薬条約が，更に88年には麻薬新条約がそれぞれ採択され，国連経済社会理事会の下部機関として53カ国のメンバーで構成されている麻薬委員会で，薬物関連諸条約履行の監視，薬物統制の強化に関する勧告等，薬物統制にかかる政策などを決定している。91年には，国連薬物統制計画（UNDCP：United Nations International Drug Control Programme）が創設されて，薬物問題を包括的かつ一体的に取り扱っている。98年6月には，国連麻薬特別総会（麻薬特総）も開催された。2000年の九州・沖縄サミットでも，薬物及び原料物質の不正流用等に対する国際的な協力を強化し，アドホックな専門家会合を開催することがコミュニケに表明され，同年12月，「G8薬物専門家宮崎会合」が宮崎で開催された。他にも薬物問題に関するさまざまな先進国間協議メカニズムがあり，米及び欧州による非公式会議「国際麻薬統制サミット」は，98年以来，年一度開催されている。

⇒ ①④グローバリゼーション，②犯罪人引渡し，④主要国首脳会議

1-46
新型肺炎

Severe Acute Respiratory Syndrome

[略語] SARS [別称] 重症急性呼吸器症候群；新興（指定）感染症

2003年2月，中国広東省，香港，ベトナムで原因不明の重症肺炎が集団発生し，その後カナダ，台湾，シンガポールなど世界各地に感染者が広がった。広東省の医師が2月下旬，香港のホテルに投宿したことで宿泊客に感染を広げ，感染者の一部がカナダ，シンガポール，ベトナムに渡って発病したものとみられている。症状は，38度以上の高熱や，せき，呼吸困難など，これまでの肺炎やインフルエンザと似ているが，世界保健機関（WHO）は新型のコロナウイルスが原因（SARSウイルス）と発表した。感染症対策では「初動対応」が極めて重要だが，SARSでは中国の対応の遅れが世界的な流行を招いた。実際，中国・広東省では，2002年11月ごろから患者が出ていたが，中国政府は情報をほとんど公開せず，WHOが実態把握に手間取るうちに医療関係者や患者の家族を中心に感染が広がり，被害が拡大した。ベトナムは患者の隔離と院内感染予防策の徹底で，病院外への拡大をほぼ防いだが，香港では感染者が市中に広がり，封じ込めに失敗した。また台湾はWHO加盟が中国によって阻止されていたために，事態がより深刻化した。7月5日，WHOによって「感染地域」として最後まで残されていた台湾が感染地域の指定から外され，SARSは終焉したが，亡くなった人は800人以上，感染者（感染可能性例も含む）も8,400人以上に及んだ。SARS騒動は，中国の硬直化した社会制度や医療関係者の意識の後進性に起因するが，急激なグローバル化が進行する国際社会の脆弱性をも露呈した。医療面での協力制度の確立が国際的な緊急課題であり，2003年6月の主要国首脳会議（エビアン・サミット）では，SARS制圧のために主要8カ国（G8）が共同して行動することを盛り込んだ「保健に関するG8行動計画」が採択された。行動計画では，「SARSの蔓延（まんえん）は，世界規模の疾病監視，研究，診断および研究における努力，また予防，ケア，治療を含む世界規模の協力の重要性を実証する」と指摘し，「国際協力の強化は，この疾病を制圧し，治療し，最終的には根絶するうえで鍵となる」とうたっている。

⇒ ④主要国首脳会議

1-47
地球温暖化問題

Global Warming

[別称] 「京都議定書」離脱問題

大気中の温室効果ガス（二酸化炭素，メタン等）の増大が，地球を温暖化し自然の生態系等に悪影響を及ぼすおそれがあることを背景に，大気中の温室効果ガスの濃度を安定化させることを目的として，1992年の地球環境サミット（リオ・デジャネイロ）で「気候変動枠組条約」が署名のため開放された。94年に発効。2003年2月現在，我が国を含む187カ国及び欧州共同体が締結している。97年，地球温暖化防止京都会議が開かれ，上記

枠組条約の目的を達成するため，先進国等に対し温室効果ガスを90年比で，2008年～2012年に一定数値（日本6％，米7％，EU 8％）を削減することを義務づける議定書（京都議定書）が採択された。「京都議定書」の発効要件は，55カ国以上の批准，及び締結した附属書Ⅰ国（先進国等）の90年における二酸化炭素の排出量の合計が全附属書Ⅰ国の90年の二酸化炭素の総排出量の55％以上を占めることとなっている。日本は，2002年6月4日に締結した。「京都議定書」は，国・地域ごとの削減目標も定めると同時に排出削減努力を補完する手段を認めた。補完手段には森林によるCO_2吸収のほかに，各国の排出枠を国際的に取り引きし，分け合う「京都メカニズム」と呼ばれる仕組みがある。具体的には「排出権取引」，「クリーン開発メカニズム」，「共同実施」の3つを指す。日本はこうしたメカニズムを積極的に活用し，京都議定書の批准を拡大していく立場をとっている。しかし，米国は2001年3月，京都議定書が経済に悪影響を及ぼす懸念があり，発展途上国に排出削減義務が課されておらず公平さを欠く，といった理由で，「京都議定書」の枠組みから離脱する方針を明らかにし，6月には国際協力による地球温暖化の仕組みの解明やCO_2吸収技術の開発を強化するなど独自の温暖化防止策を発表した。2003年現在，「京都議定書」は104カ国及び欧州共同体が締結しているが，未発効。もし排出量の一番大きな米国が批准しない場合には，ロシアの批准が議定書発効の必要条件となる。

⇒ ④京都議定書，①④グローバリゼーション

1-48
テロ支援国家
state‒sponsored terrorism
[別称]ならず者国家（rogue state）

アフガニスタンは，同時多発テロを主導した「アル・カイダ」を匿い，テロリスト訓練キャンプを置くなど長年にわたって，テロ支援を続けていたが，米国を主体とする反テロの国際的連帯によって，2001年12月，タリバーン政権が放逐された。しかし米国は，キューバ，イラン，イラク，リビア，北朝鮮，シリア，スーダンの7カ国を，「テロ支援国家」いわゆる「ならず者国家（rogue state）」に指定し，「テロリスト・リスト」に載せ，次の4種の制裁措置を適用した。①武器関連の輸出・販売の禁止。②2重の用途がある品目の輸出の管理。すなわち，テロ支援国家指定国の軍事力またはテロ支援能力を著しく増強する可能性のあるモノやサービスの輸出については，30日前に議会への通知を義務付ける。③経済援助の禁止。④金融やその他のさまざまな規制（世界銀行やその他の国際金融機関による融資に対して米国が反対する。テロ犠牲者の家族が米国の裁判所で民事訴訟を起こせるように，外交特権を剥奪する。企業または個人が支援国家指定国で得た収入については税額控除を認めない。米国へ輸出されるモノの免税措置を認めない。米国人が，財務省の許可なくしてテロ支援国家との金融取引を行うことを

禁止する。国防省がテロ支援国家の管理する企業と10万ドルを超える契約を結ぶことを禁止する)。なかでも、ジョージ・W・ブッシュ大統領は、イラク、イラン、北朝鮮の3カ国を「悪の枢軸」と名指し(2002年1月29日の一般教書演説)、これらの国々による生物・化学・核兵器などの開発を阻止する決意を示した。

　　⇒ ③化学兵器、③生物兵器、①②⑤9.11同時多発テロ

1-49
テロとの闘い

war against terrorism

別称 対(反)テロ対策(counter (anti-) terrorism measures)

　9.11同時多発テロ後、米国は「反テロの国際的連帯」を形成し、「テロとの闘い」に乗り出した。まず、同時多発テロを主導したイスラム過激派「アル・カイダ(al Qaeda)」撲滅のためアフガニスタンへの軍事作戦が開始され、60を超える国々が部隊の派遣、領空通過や基地使用の容認などによって、米軍を支援した。米軍は2001年10月7日に空爆を開始、反政府勢力「北部同盟」を支援して、12月には「アル・カイダ」を匿ってきたタリバーン政権を崩壊させた。米軍はその後も「アル・カイダ／タリバーン」の掃討作戦(アナコンダ作戦、マウンテン・ライオン作戦など)を継続したが、アフガニスタンは、欧州諸国が中心となった国際治安支援部隊(ISAF：International Security Assistance Force)が治安を回復、暫定政権を経て、2002年6月19日に新政権を発足させた。この間、米国の国際関係は大きく変化した。とりわけ「ミサイル防衛」問題などで対立していた米国とロシアの戦略的関係は協力関係へと転換した。同時にロシアが中央アジア諸国の領空通過や基地使用を米軍に認めたため、米国とこの地域の関係がかつてなく強化された。また、核実験を理由に経済制裁が課せられていたパキスタンと米国の関係も改善した。一方、「テロとの闘い」は、目に見えない国際テロ・ネットワークとの闘いになったので、軍事力のみならず、外交、情報収集、警察、司法、経済、資金の封鎖・凍結、人道援助など、あらゆる手段を用いる「新しい種類の戦争」の概念を誕生させた。加えて「テロとの闘い」は国外のみならず国内でも闘わなければならない「二正面」の闘いとなったので、米国は国土安全保障局(のちに省)を発足させるとともに、国境、沿岸、空港、航空機、重要施設の警備、生物テロへの対処などを強化した。さらに、アフガニスタンでの軍事作戦で米軍の最先端の軍事技術が威力を発揮したことから、「軍の変革(transformation)」を内外に印象づけた。とまれ、米国が最も懸念したのは、大量破壊兵器が「テロ支援国家」を通じてテロリストの手にわたる危険であり、とりわけ、イラン、イラク、北朝鮮の3国をジョージ・W・ブッシュ大統領は「悪の枢軸」と呼んで対決姿勢を明らかにした。しかしながら、「テロとの闘い」は、すべての国の闘いでもある。まず各国が各々自国内の「テロとの戦い」を継続することが肝要であって、米国も

必要があれば軍隊の訓練や装備などの支援を各国にしていく方針を示している。フィリピンでは，「アル・カイダ」との繋がりが噂されている「アブ・サヤフ」の追討を目的として，米比合同軍事演習「バリカタン02-1」を本格化した。他にも米国はイエメン，グルジアに要員を派遣し，訓練の支援を行っている。「テロとの闘い」は「第2段階」に入ったといえる。

⇒ ①②⑤9.11同時多発テロ，①米露の新たな戦略的関係，①国土安全保障省，①軍の変革，①テロ支援国家，①「バリカタン」演習，②アル・カイダ兵とタリバーン兵の捕虜待遇問題

1-50
テロリズム
terrorism
別称 テロ事件（terrorist attack）

　テロリズムとは，暴力的手段によって特定の政治的社会的目的を達成しようとする非合法活動であって，交戦時の戦闘行為や警察活動などの合法的暴力以外のあらゆる暴力行使を指す。フランス革命でギロチンによる処刑が人々に恐怖（terror）を与えたことが語源。革命暴力主義者をテロリスト（terrorist）と呼んだ。したがって，正規軍の補助的役割を持つ武装集団によってなされる戦時のゲリラ活動とは区別される。テロの動機や目的は様々だが，共通するのは，残虐な方法で社会一般を恐怖に陥れ，人道的配慮を否定して，社会の安定を崩壊させようとする点にある。空港や都市中枢に爆弾をしかけて，無差別殺戮を行ったり，特定の人物を暗殺したり，ハイジャックや誘拐によって身代金を要求したり拘束されている仲間の釈放を求めるなど，手法も様々だが，多くは意外性を画策し，劇的な展開と高い注目度を狙う。結果的に既存体制に動揺が広がることを狙っている。従来は，政治的過激派組織によるテロが大半であった。民族解放運動の一環としてテロを実行してきた組織としては，パレスチナ解放機構（PLO：Palestine Liberation Organization），スリランカの「タミル・イーラム解放の虎（LTTE：Liberation Tigers of Tamil Eelam）」，北アイルランドのカトリック系過激派組織「アイルランド共和軍（IRA：Irish Republican Army）（その政治組織がシンフェイン党）」（IRAが武装解除後に分離独立したのが「真のIRA（Real IRA）」），同じくプロテスタント過激派の「アルスター防衛協会（UDA：Ulster Defence Association）」や「アルスター義勇軍（UVF：Ulster Volunteer Force）」，スペインの「バスク祖国と自由（ETA：Euskadi Ta Azkatasuna）」などがある。1970年代までは，西ドイツ赤軍派，フランスの直接行動，イタリアの赤い旅団，日本の赤軍派など極左グループによるテロが活発であった。また，ラングーン事件（83年）や大韓航空機爆破事件（87年）は北朝鮮による，虹の戦士号事件（85年）はフランスによる国家テロであった。90年代になって，少数民族と急進化した左翼集団が結びついたテ

ロ（例えば，96年のペルー日本大使公邸人質事件やネパールのマオイストによる警察襲撃事件など）や宗教集団によるテロが急増し，用いられる手段や規模も多様化した。95年3月にはカルト集団「オウム真理教」が化学兵器（サリン）による地下鉄サリン事件を起こした。とりわけ，過激なイスラム原理主義勢力（別掲）による国際的なテロ組織は世界的に拡張し，2001年9月11日に米国で同時多発テロを生起させた。従来，テロリズムは国家の警察権の対象たる犯罪と分類され，戦争行為とは明確に区別されてきたが，9.11同時多発テロによって，国際的なテロ組織による大規模なテロや，国家に支援されたテロには，正規軍による軍事攻撃で報復をする，という非対称な「新しい戦争」の形が生まれた。2002年10月には，モスクワにおいてチェチェン武装勢力による劇場占拠事件，インドネシア・バリ島の爆弾テロ事件が発生，国際テロ組織によるテロ攻撃は，もはやどの国をも例外とせずに及んでいる。今後は，サイバー・テロのような高度な技術を用いた広域的な新形態のテロ活動が予想されており，その対処が課題となっている。

⇒ ②民族解放戦争，③化学兵器，③生物兵器，①イスラム原理主義，①国際テロ組織，①非対称的脅威，③サイバー攻撃，①②⑤9.11同時多発テロ，②テロ関連条約，②内戦

1-51
難民問題

refugee problem

広義には，避難民，亡命者を含む。一般的には，戦争や政治的宗教的迫害などの危険を逃れるために他国に庇護を求める人々で，認定されれば，難民条約上の保護が与えられる。冷戦後，急増した地域紛争によってクルド，ルワンダ，コソボ，東ティモールなどに大量の難民が発生し，「難民問題」に対する国際社会の取組みの必要性が強く認識されるようになった。そもそも「難民」は，第1次世界大戦後，ロシア革命やトルコ帝国の崩壊を契機に国際問題化し，国際連盟の下，ロシア難民やユダヤ人難民に対処するための国際機関が設置された。しかし，これらの機関の活動は地域的・人種的・時間的に限定されていた。そこで第2次世界大戦後，より大量かつ広範な地域での難民の発生を受け1950年12月に採択された国連総会決議に基づき，26カ国の代表からなる全権会議がジュネーブで開催され，51年7月，「難民の地位に関する条約」が採択された。また67年には難民条約を補足する「難民の地位に関する議定書」が採択された（両者をいわゆる「難民条約」という。対象は政治的迫害を受ける者に限定されている）。他に，「難民」問題に普遍的に対処する国際機関として，50年に設立された国連難民高等弁務官事務所（UNHCR：(Office of the) United Nations High Commissioner for Refugees）がある。パレスチナ難民については，国連パレスチナ難民救済事業機関（UNRWA：United Nations Relief and Works Agency for Palestine Refugees in the Near East）が設置されている。UNHCRの主な役割は難民条約の各国による締結・加入を促進し，各国によるその適用を監督することにあり，政府と協定を結び，難民の状態を改善し保護を必要とする人々の人数を減らす為の措置をとる，と同時に難民の自発的帰還，または新国家社会内での同化を促進する為の政府または民間団体の活動を援助している。基本的に，国家には難民保護の法的義務はないといわれているが，難民条約が，世界人権宣言や国際人権規約とともに難民の国際的支援の拠り所となって広く適用されており，少なくとも迫害の待つところに送還してはならないという世界人権宣言や国際人権規約は，一般的な承認を得ているようだ。しかしながら，2004年現在，世界各地には約2,500万人の難民が存在するといわれており，UNHCRを通じた「難民問題」への国際的取組みとともに各国固有の難民救援活動が肝要となっている。

⇒ ①東ティモール民主共和国，①クルド問題，①アフリカの紛争，⑤コソボ紛争

1-52
武器拡散
arms proliferation

冷戦後，大量破壊兵器（WMD）（核・生物・化学兵器）や弾道ミサイルなどの運搬手段の移転，拡散が新たな脅威としてクローズ・アップされるようになった。これらが，通常戦力において劣る国やテロリストなどによって先進国に対する非対称な攻撃手段として利用される危険が懸念される。核兵器については，核不拡散条約（NPT）への加入を拒んでいる国が依然としてあり，1998年にはインドとパキスタンが相次いで核実験を行った。イラクや北朝鮮などの核兵器の保有，開発も疑われた。また，生物・化学兵器は，安価で製造が容易であるうえ，原材料や技術の多くが民間で用いられることから（例えばワクチン），国家のみならずテロリストなどによっても容易に使用される。95年3月には地下鉄内にサリンを散布するテロ事件が，9.11同時多発テロ後には米国で炭疽菌入りの郵便物が送付される事件などが実際に起こっている。また，弾道ミサイルは，核兵器の運搬手段として効果的であり，通常戦力において勝る国に対する攻撃や威嚇の手段として利用できるので，その配備は軍事的緊張を高め，地域の不安定化要因となる。冷戦後，ソ連製，中国製の弾道ミサイルが，相当数の国に拡散したとみられており，北朝鮮，イラン，インド，パキスタンなどは長射化を目指した発射実験を行った。これらの国々からさらに他国やテロリストへ技術が流出，拡散した。さらに，各国の安全保障に直接関わる通常兵器についても，その無整序な拡散によって地域紛争が激化する傾向にある。その移転の実態について透明性を高め，国際的な管理を行うことが肝要である。

⇒ ①非対称的脅威，③化学兵器，③生物兵器，①軍備管理・軍縮，①核不拡散条約，①核の検証／核査察／保障措置，①ミサイル技術

管理レジーム，①小型武器規制，①国連通常兵器登録制度，①②生物毒素兵器禁止条約，①②化学兵器禁止条約

1-53
民族紛争
ethnic conflict

別称 民族対立

冷戦後，世界各地で民族対立が顕在化したが，その多くは民族間固有の問題というよりも植民地時代の宗主国の統治方法や冷戦期の対大国関係に起因している。例えば，植民地期に民族的少数派に特権を与え多数派を統治させた（例えばルワンダのツチ族とフツ族の関係）り，宗主国が特定の民族を労働者として強制移住させた（例えばスリランカのタミル人）り，したことが，現地の民族間の対立的感情の源泉となっているケースも多い。それらが，その後の独立の過程でまったく和解や政治的解決を図られず，そのまま冷戦時の大国関係の中に封じ込められてしまい，冷戦後になってようやく対立の構図を顕在化させたのである。また，冷戦期に凍結されていた民族間の武力抗争（例えばキプロス）が，冷戦後の国際環境の変化によって再燃するケースもあった。さらに，多くの新興国の独立の過程で人工的に作り出された主権国家の枠組みが，宗教や言語，生活様式や文化的伝統などで結ばれた民族のアイデンティティーとは異なっていた（例えば，旧ユーゴスラビアの大セルビア主義やインドネシアの建国5原則）ため，既存の政権の基盤が弱体化すると，混在化していた各民族のエスノ・ナショナリズム（自集団に基礎を置く国家形成）を覚醒し，対立を激化させた。これら過去，長期にわたって形成された拭い去りがたい憎悪の感情は，時として大量虐殺を伴う「民族浄化（ethnic cleansing）」といった激しい手法を伴った。また，冷戦後加速したグローバリゼーションによって，抑圧されていた少数民族（東ティモール，チベット，チェチェンなど）や複数の国家に分属させられていた民族集団（クルド，バスクなど）の政治意識が高まり，国外の支援グループとの連携も強化されたので，これらの問題に対する国際的な関心を高めることになった。

⇒ ①④グローバリゼーション，①アフリカの紛争，①東ティモール民主共和国，①スリランカ民主社会主義共和国，①バスク民族運動，①クルド，⑤ユーゴスラビア内戦，⑤チェチェン紛争，⑤クルド人の反乱，⑤東ティモール紛争，⑤コソボ紛争とNATOの攻撃

3　軍備管理・軍縮

1-54
軍備管理・軍縮
　arms control and disarmament

　軍備管理・軍縮に関わる兵器体系の規制としては，①核実験の規制，②核拡散の規制，③米ソによる戦略的核兵器体系の規制，④生物・化学兵器，環境破壊兵器などの大量破壊兵器の規制，⑤「非核（兵器）地帯」条約，⑥兵器の国際取引の規制などがある。しかし，「軍縮」が削減を目指す概念であるのに対して，「軍備管理」は，軍備の安定的均衡を求めることによって，一定の安全保障目的を達成しようとする。したがって，理論的には，「軍備管理」は軍備増強を伴う場合もあり得る。核兵器の「軍備管理・軍縮」に関して言えば，核兵器を絶対悪と考え，究極的な廃絶を企図するのが核軍縮政策の基本的理念であるのに対し，「核軍備管理」は，核兵器の存在を必要悪として認めたうえで，保有数や配備を厳重に規制し，核戦略理論上の安定的均衡を確証できる最少のレベルで維持することを目指すものである。冷戦期，核兵器の保有数で劣っていた旧ソ連が主として「軍縮」を，優っていた米国が「軍備管理」を主張したが，米ソの核兵器が均衡に近づくにつれ，旧ソ連も部分的核軍縮の名の下に米国と協同して「軍備管理」を推進した。軍縮と軍備管理のための常設の多国間交渉機関としては，「軍縮会議（CD：Conference on Disarmament）」がジュネーブに設置されている。

　⇒ ①核戦略，③化学兵器，③生物兵器，①戦略兵器削減条約，①非核（兵器）地帯，①米露戦略核兵器削減条約，①②化学兵器禁止条約，①②生物毒素兵器禁止条約，②核兵器威嚇又は使用の合法性に関する勧告的意見

1-55
遺棄化学兵器
　abandoned chemical weapons

　化学兵器禁止条約は，他国の領域に遺棄された化学兵器について，遺棄した締約国とそれが所在する締約国の双方に廃棄義務を課している。しかし，その検証付属書では，そのために必要な資金，技術，専門家，施設その他の資源は遺棄締約国が提供することになっている。旧日本軍は，第2次世界大戦中に中国大陸に約70万発の化学兵器を遺棄しており，それらを2007年までに廃棄する義務が生じた。そのために日中間の覚書が1999年7月30日に署名され，2000年9月から処理作業が始まっている。

　⇒ ③化学兵器，①②化学兵器禁止条約

1-56
ウィーン文書
　Vienna Document

欧州における「信頼・安全醸成措置（CSBM：Confidence and Security Building Measures）」を目的とする一連の合意文書。欧州では1970年代から「欧州安全保障協力会議（CSCE：Conference on Security and Cooperation in Europe）（95年に〔欧州安全保障協力機構 OSCE：Organization for Security and Cooperation in Europe〕へ発展的に解消）」の枠組みの中で，軍事演習の事前通告や軍事演習に対する監視や検証が導入されてきたが，1989年からこれら「信頼・安全醸成措置」の公式化交渉が行われてきた。その結果，92年の全体会議において，軍事情報の年次交換，一定規模以上の演習などの通報・査察・制限などに関する「ウィーン文書1992」が，94年には，同文書における軍事活動の範囲の拡大，各国の防衛計画などに関する透明性の向上や軍事関係者の接触の増大に関する限定を追加した「ウィーン文書1994」が，それぞれ採択された。99年には，主要兵器・装備システムが使われなくなった場合の通報，交流に関する情報提供，演習実施に関する砲，走行戦闘車などの自主的な同意に基づく「信頼・安全醸成措置」の実施などを追加した「ウィーン文書1999」が採択された。

⇒ ①欧州安全保障協力機構

1-57
欧州通常戦力条約
Treaty on Conventional Armed Forces in Europe
[略語] CFE条約

冷戦時の東西両陣営の対峙を前提として，北大西洋条約機構（NATO）とワルシャワ条約機構（WPO）との間で，低いレベルで通常戦力の均衡を図ることを目的として締結された軍備管理条約。1990年11月署名，92年11月発効。対象兵器は，戦車，装甲車，火砲，戦闘機，戦闘ヘリコプターである。ソ連解体により当事国は30カ国となったが，99年11月19日には，条約の修正合意が署名され，それまでのブロック別から各国別の規制に改められるとともに，約10％の削減に合意している。

⇒ ①北大西洋条約機構

1-58
オーストラリア・グループ
Australia Group
[略語] AG

化学兵器・生物兵器の開発・製造に使用しうる関連汎用品及び技術の輸出管理を通じて，化学・生物兵器の拡散を防止することを目的とする輸出管理レジーム。1985年に発足。33カ国及び欧州委員会で構成されている。対象地域は全世界で，化学兵器原材料，生物剤，反応器などの化学兵器汎用製造設備と発効槽などの生物兵器汎用製造設備が規制対象となっている。

⇒ ③化学兵器，③生物兵器，①②生物毒素兵器禁止条約，①②化学兵器禁止条約

1-59
オープン・スカイズ条約

Treaty on Open Skies

別称 オープン・スカイズ政策

　欧州では，1992年に25カ国によってオープン・スカイズ条約が署名され，2002年に発効している。これは，相互の査察飛行により，締約国の軍事活動の公開性と透明性を増進させるとともに，軍備管理の検証手段を補足するものである。査察対象地域は，締約国の主権下にある領土であり，締約国が自国領土以外に有する在外基地は含まない。査察飛行によって，定められた種類のセンサーを装備した非武装の航空機により収集されたデータは，全ての締約国が入手できる。この条約は発効6カ月以降，欧州以外の諸国が条約に加入することができることとなっており，締約国が拡大している。

　⇒ ②オープン・スカイズ条約，③オープン・スカイズ政策

1-60
化学兵器禁止条約

Chemical Weapons Convention

略語 CWC 別称 化学兵器の開発，生産，貯蔵及び使用の禁止並びに廃棄に関する条約

　正式名称は「化学兵器の開発，生産，貯蔵及び使用の禁止並びに廃棄に関する条約」。開発，生産，保有を含めた化学兵器の全面的禁止と厳密な検証制度を特長とする。従来，化学兵器に関しては，1925年のジュネーブ議定書により「窒息性ガス，毒性ガス等の戦争における使用」が禁止されていたものの，その開発，生産および貯蔵までは禁止されていなかった。69年，ウ・タント国連事務総長が「化学・細菌兵器とその使用の影響」と題する報告書を提出したことを契機として，化学兵器の禁止が活発に議論されるようになり，その後，80年，軍縮委員会（その後の軍縮会議）に化学兵器禁止特別委員会が設立されて，化学兵器禁止のための交渉が本格化したが，東西間，南北間の対立のために作業は難航した。しかし，イラン・イラク戦争および湾岸危機の後，条約の早期妥結へ向けた気運が高まり，92年9月，条約案が軍縮会議において採択された。93年1月にパリで署名式が開催され，97年4月に条約は発効し，同年5月には化学兵器禁止機関（OPCW：Organization for the Prohibition of Chemical Weapons）が設立された。原締約国は87。この条約は，サリンなどの化学兵器の開発，生産，保有などを包括的に禁止するとともに，締約国は保有する化学兵器及び化学兵器生産施設を申告し，原則として条約発効後10年以内に廃棄することとなっている。また締約国は，老朽化した化学兵器及び他の締約国の領域内に遺棄した化学兵器に関しても廃棄義務を負う。条約で禁止されていない目的のために毒性化学物質等を開発，生産することは認められるが，一定の毒性化学物質及び関連施設は検証措置の対象となる。条約違反の懸念が生じる場合には，OPCWは締約国の要請に応じ，疑義の対象となる施設・区域に対してチャレンジ査察（抜き打ち査察）を行うことも認められている。つまりこの条約は，核不拡散条約（NPT：Treaty on the Non-Proliferation of Nuclear Weapons）と異なり，米国やロシアが保有している化学兵器も全廃することを定めたものであって，一つの範疇の大量破壊兵器を完全に禁止し，廃棄させるのみならず，これらの義務の遵守を確保する実効的な検証制度を持つという点で軍縮史上，画期的な条約である。

⇒ ③化学兵器，⑤イラン・イラク戦争，⑤湾岸戦争，①核不拡散条約，②化学兵器禁止条約，②ジュネーブ諸条約

1-61
核の検証/核査察/保障措置
nuclear verification/ nuclear inspection/ safeguards

核の「検証」とは軍備管理・軍縮条約の規定を締約国が遵守していることの確認作業を指す。検証方法は条約ごとに異なる。冷戦期は基地への立ち入りが許容されないことが多く，偵察衛星や地震観測，レーダーなどによる検証技術手段が主だった。冷戦後，当事国以外が現地に立ち入る「査察」による「検証」の比重が増大した。核不拡散条約及び非核（兵器）地帯条約を締結した非核兵器国は，「国際原子力機関（IAEA）」と「保障措置」協定を結ぶことを義務付けられている。これにより，締約国は，民生用核関連施設の設計情報・核物質の貯蔵場所・量を報告し，IAEAは民生用核物質が核兵器製造に転用されていないことを検証するために，非核国に対し，「査察」を行い，核物質の出入りを調べ，行方不明がないか点検する。このIAEAの「査察」には，①核関連施設に関し装置を設置し，試料を採取する定期的な通常査察のほか，②新たに協定を結んだ場合や核物質の国際輸送の場合の特定査察，③核物質損失が報告された場合や独自判断で実施する特別査察がある。

⇒ ①核不拡散条約，①非核（兵器）地帯，①④国際原子力機関

1-62
拡散対抗措置
counter-proliferation initiative

別称 対抗拡散

大量破壊兵器（WMD）の拡散に対抗する米国の軍事技術計画。1993年12月にアスペン国防長官（当時）が発表した。それは，冷戦後，顕著になった大量破壊兵器の拡散防止には，条約や外交だけでは限界があるので，米国は大量破壊兵器で攻撃された場合に備え，防衛，対処する手段を持つという計画であった。つまり従来の，説得，技術の拒否，軍備管理，国際的圧力などによる拡散の「防止（prevention）」だけではなく，生起している拡散に対して，緩和，抑止，攻撃，防御を想定し，これら「防護（protection）」のための新たな兵器調達計画を推進することとした。具体的には，大量破壊兵器の開発や製造を，探知・破壊・無力化し，攻撃を迎え撃つ兵器を開発して，攻撃から生じる被害を限定しようというものである。具体的には，戦域ミサイル防衛（TMD：Theater Missile Defense），本土ミサイル防衛（NMD：National Missile

Defense）といった計画であり，移動式の目標または地下の目標を攻撃する能力の開発が強調されている。しかし，これらの計画は米国が軍事施設などを先制攻撃する可能性を含んでおり，大量破壊兵器の保有・開発国がさらに対抗して軍備を拡張し，非対称な軍拡競争を加速する危険も指摘されている。

⇒ ①ミサイル防衛，③弾道ミサイル防衛，①非対称的脅威

1-63
核実験モラトリアム
moratorium on nuclear weapon test explosions or any other nuclear explosions

別称 一次休止

核保有国が自主的に核実験を一時停止すること。核保有国が「核実験モラトリアム」を維持していれば，1996年に国連総会で採択された「包括的核実験禁止条約（CTBT）」と実質的に同様の効果を発揮することから，CTBTそのものの批准が国内の政治状況から困難な国にも強く「核実験モラトリアム」が求められている。実際のところ，CTBT採択後に核実験を行った国（インド，パキスタン）も含め，2004年1月現在，核兵器を公式に保有する全ての国が「核実験モラトリアム」を宣言している。

⇒ ①包括的実験禁止条約

1-64
核不拡散条約
Treaty on the Non-Proliferation of Nuclear Weapons

略語 NPT 別称 核拡散防止条約

核拡散を防止する国際体制の基軸。1968年調印，70年発効。核兵器国（nuclear weapon state）の地位を67年1月以前に核兵器を製造，爆発させた米，露（旧ソ連），英，仏，中の5カ国に限定し，それ以外はすべて非核兵器国（non-nuclear weapon state）とする。この条約は，非核保有国に核兵器の製造と保有を禁止し，「保障措置」を義務付け，同時に核兵器国には核軍縮の追及を義務づけているが，核兵器国の新たな核開発を認めるなど，根本的に差別的体制である点が長年批判されてきた。このため，5年ごとに条約の検討をしている「核不拡散条約再検討・延長会議（NPT Review and Extension Conference）」は，95年に条約の無期限延長を決定し，核兵器国にも究極的な核廃絶に向けたより具体的な目標を設定した。しかし，その後，同会議で公約された「包括的核実験禁止条約（CTBT）」を米上院が批准せず，「カットオフ条約」交渉も停滞し，未加盟のインドとパキスタンが98年5月に核実験を実施するなど，NPTの権威は著しく傷つけられた。そのため，2000年の同会議では，NPT体制の維持に対する危機感から，「新アジェンダ連合（NAC：New Agenda Coalition）」（ブラジル，アイルランド，メキシコ，ニュージーランド，南アフリカ，スウェーデンの7カ国。当初はスロベニアを含む8カ国）が中心となって，「核兵器の全廃を達成するという核兵器国に

よる明確な合意」を含む最終文書をコンセンサス方式で採択した。

⇒ ①新アジェンダ連合，①包括的核実験禁止条約，①印パ関係，①カットオフ条約

1-65
カットオフ条約
Fissile Material Cut–off Treaty (Convention Banning the Production of Fissile Material for Weapon Purposes)

[別称] 兵器用核分裂性物質生産停止条約

核兵器の製造に不可欠な高濃縮ウランやプルトニウムの生産を禁止し，核兵器の新たな生産に歯止めをかける目的の条約案。1993年，米国クリントン大統領などが提唱し，国連総会で決議されたが，正式の交渉は開始されていない。米国，ロシア，英国，フランスは既に兵器用核物質を大量に備蓄し，生産停止を宣言しているため，この条約は，中国，インド，パキスタン，イスラエルなどの核兵器生産を規制し，新たな核兵器の取得を阻止しようというもの。新たな生産のみを禁止し，生産済みの備蓄物質の廃棄を含まない不平等性への批判が多い。また，中国は米国のミサイル防衛を念頭に置き，宇宙軍備競争の防止が優先されるべきであると主張しており，交渉の開始は困難視されている。

⇒ ①核不拡散条約

1-66
協力的脅威低減計画
Cooperative Threat Reduction Program

[略語] CTR計画（CTR Program）

冷戦後のロシアの国内的混乱やそれに伴う経済危機のために，核兵器や核物質の管理が危うくなることから生じる脅威に対応するため，米国国防省が実施している計画で，1992年から，ロシア以外の旧ソ連邦共和国の非核化，ロシアの核兵器と運搬手段の解体，ロシアの核兵器と核物質の安全確保などが実施されている。米露の研究所間の協力や，ロシアの核施設のある地方の民需拡大計画も実施されている。また，核科学者や技術者の流出を防ぐためにモスクワに国際科学技術センターが設置されている。

1-67
小型武器規制
regulation of small arms

「小型武器」とは，拳銃，機関銃から携帯用対戦車ミサイルまでを含む。弾薬や爆発物を含めることもある。冷戦期に大国が紛争地域に大量に投入し，各地に過剰に蓄積されているうえ，冷戦後は，旧東側諸国から多数流出した。近年の国内紛争での主要武器は「小型武器」であり，「小型武器」による犯罪の増加や凶悪化が世界各国で加速している。こうした無整序な「小型武器」の拡散を防止するための国際的対応が肝要である。しかし，①大量破壊兵器と異なり，国際的な規制の枠組みが存在しない，②非合法取引の実態が掌握できない，③廉価・簡便

である（反政府軍，犯罪組織テロリスト等）にとり恰好の武器となっている），④操作が容易で少年も扱える（児童兵の問題），⑤国家の治安能力・規制能力の欠如を補っている側面がある，⑥小型武器問題に苦しむ小国では，反政府運動やテロが横行し，政府自身の統治能力が著しく欠如している，⑦治安が悪化すれば市民が自衛のため銃に向かうことを止められない，など様々な問題があり，解決は容易ではない。2001年7月に，ニューヨークで国連小型武器会議が開催され，同会議において，小型武器非合法取引の防止，除去，撲滅に向けた「行動計画」がようやく採択された段階である。

⇒ ②児童兵士，②疑わしい兵器

1-68
国際原子力機関
International Atomic Energy Agency

略語 IAEA

1953年にアイゼンハワー米大統領が国連総会で，平和利用のために原子力技術を開放するという「アトムズ・フォア・ピース」演説を行い，原子力の平和利用を推進する国際機関の設立を提唱，57年に設立された。国際的な核不拡散体制を維持し，原子力の軍事目的への転用を防ぐために核分裂物質の監視や「保障措置」を実施し，同時に平和利用分野での原子力開発の推進，情報配布，安全基準の設定や条約策定といった幅広い活動を行う。国連決議に基づく専門機関ではないものの，これに準じた扱いをされている。本部はウィーン。総会と理事会，事務局からなる。

⇒ ④国際原子力機関

1-69
国連通常兵器登録制度
United Nations Register of Conventional Arms

別称 通常兵器の移転登録制度；国連軍備登録制度

日本が中心となって国連に提案した通常兵器の移転登録制度（国連軍備登録制度）が1992年に発足し，93年から登録が開始されている。通常兵器の国際的な移転を中心とする軍備の透明性や公開性を向上させ，各国の信頼醸成，過度の軍備の蓄積の防止などを図ることを目的としている制度。国連加盟国が一定のカテゴリーの通常兵器の輸出入に関する情報（1年間の輸出数量及びその相手国）を国連事務局に通報する。

1-70
新アジェンダ連合
New Agenda Coalition

略語 NAC 別称 新アジェンダ・イニシアティブ（New Agenda Initiative）

現実的な「核軍縮」を推進する国家グループ。非同盟諸国穏健派を中心とする非核7カ国（ブラジル，エジプト，アイルランド，メキシコ，ニュージーランド，南アフリカ，スウェーデン。当初はスロベニアを含む8カ国）。「核不拡散」の義務を果たしている「非核国」の立場を代表し，「核兵器国」に対し「核軍縮」の

具体的な推進を要求している。従来の非同盟諸国が、核廃絶をめざす核軍縮決議案を国連総会に提出していたのに対し、国際社会からのより広範な支持を得ることを目指して、緩やかな「核軍縮」のアプローチを内容とする「核兵器のない世界：新たな課題（アジェンダ）の必要性」と題する決議案を1998年から国連総会に提出している。2000年の「NPT再検討会議」では、「核兵器国による核廃絶への明確な誓約」を最終文書に盛り込むのに貢献した。

⇒ ①核不拡散条約

1-71
生物毒素兵器禁止条約
Biochemical Weapons Convention

〔略語〕BWC 〔別称〕細菌兵器（生物兵器）及び毒素兵器の開発、生産及び貯蔵の禁止並びに廃棄に関する条約

開発、生産、保有を含めた生物兵器の全面的禁止及び保有する生物兵器の廃棄を目的とする条約。1972年署名、75年発効。BWCは、生物兵器を包括的に禁止することに合意した点で画期的な軍縮条約だが、加盟国による条約の遵守を図る手段がないため条約を強化する必要があることがかねてより指摘されていた。そのため91年の締約国会議で専門家会合を設けてこの強化手段について検討することが決定された。その報告を受けて開催された締約国特別会議（94年）では、「検証措置を含めた新たな法的枠組み」（検証議定書）を検討することを決定した。以来、6年以上にわたって検証議定書交渉が続けられたが、2001年、米国が議定書作成に反対する姿勢に転じたため、交渉は中断した。同時に、米国は、BWC強化のためには生物剤（病原菌など）の特性に応じた新たな手法（各国による条約の国内実施措置の強化、危険な病原菌の管理の強化など）の導入を検討すべきであるとの提案を行ったが、各国の意見がまとまらず、会議は中断されていた。しかし、2001年秋の米国における炭疽菌事件以降の生物テロの脅威の高まりを受け、同年11月の締約国会議では、条約強化のための今後の作業計画を全会一致で採択している。作業計画には、①条約の禁止事項を実施するための国内措置、②病原体・毒素の安全管理・管理体制を確立・維持するための国内措置、③生物兵器の使用の疑惑及び疑義のある疾病の発生に対処し、調査・被害の緩和を行うための国際的対応能力の強化、④感染症の監視・探知・診断に対処するための国内・国際的努力の強化、⑤科学者のための行動規範が含まれる。

⇒ ③生物兵器、②生物毒素兵器禁止条約

1-72
戦略兵器削減条約
Strategic Arms Reduction Treaty

〔略語〕START 〔別称〕START-Ⅰ；START-Ⅱ

戦略核兵器を削減する米ソ（露）間の条約。1960年代から重ねられた戦略兵器削減交渉（SALT：Strategic Arms

Limitation Talks）は，暫定的な総量規制協定や「ABM条約」の締結などの成果を得たSALT-Iを経て，質的規制を含めたSALT-II交渉へと進んだが，80年代に入ると，米ソの新たな緊張関係の高まりとともに難航した。しかし，冷戦終結後の91年，ブッシュ・ゴルバチョフ両大統領は，戦略核弾頭の半減を定めた第1次戦略兵器削減条約（START-I）に調印し，同条約は，94年に発効した。さらに，93年，ブッシュ・エリツィン両大統領は，戦略核弾頭をさらに半減して，3000-3500個に制限する第2次戦略兵器削減条約（START-II）に調印した。しかし，96年に米上院が批准したものの，しロシアの批准が遅れ，97年3月の米露首脳会談では，その履行制限を2003年から2007年に延長することとなった。2000年4月，ロシア議会は，米がABM条約から離脱すればロシアはSTART-IIを破棄する権利があるという条件を付けて，ようやく批准承認案を可決した。

⇒ ①弾道ミサイル迎撃システム制限条約

1-73
対人地雷禁止条約
Convention on Anti–Personnel Mines and on Their Destruction (Convention on the Prohibition of the Use, Stockpiling, Production and Transfer of Anti–Personnel Mines and on Their Destruction)

[別称] 対人地雷の使用，貯蔵，生産及び移譲の禁止並びに廃棄に関する条約；オタワ条約

安価で高い技術が不要な地雷は，貧者の兵器とも呼ばれ，世界68カ国において，1億1千万個以上存在し，毎年2万6千人もの死傷者を出している。冷戦後，その非人道性に高い関心が寄せられ，世界各地でNGOが地雷除去キャンペーンを展開した。これらを端緒として，1996年10月に，カナダ政府が会議を招集，オタワ・プロセスとして交渉が開始され，対人地雷の使用，生産などを禁止し，貯蔵地雷の廃棄，埋設地雷の除去を義務づける条約が97年9月のオスロ条約交渉会議で署名された。99年3月に発効。参加国は，保有地雷を4年以内に廃棄し，埋設地雷を10年以内に除去することが義務付けられている。2004年現在，既に100カ国以上が批准しているが，米国，ロシア，中国，インド，韓国，北朝鮮，イスラエルなどは署名していない。日本は2000年1月より処分を開始している。

⇒ ②地雷

1-74
弾道ミサイル迎撃システム制限条約
Treaty on the Limitation of Anti-Ballistic Missile Systems

[略語] ABM条約（ABM Treaty）

弾道ミサイル攻撃をミサイルで迎撃する兵器体系（ABM）の配備を制限した米ソ（露）間の条約。ABMは，米ソ核抑止を不安定化させるとの考えから，1972年，その配備を首都とICBM基地の2箇所に制限するABM条約を締結した。さらに74年の議定書で，設置場所を

43

一箇所に削減することが合意された。しかし，83年に米国が戦略防衛構想（SDI構想）を提唱後，ABM条約との抵触が問題化した。さらに，米国がミサイル防衛構想を推進するジョージ・W・ブッシュ政権は，2002年6月，同構想の障害になるとして，ABM条約の失効を宣言し，同時にアラスカ州での迎撃ミサイル用のサイロ建設に着手した。

⇒ ①ミサイル防衛，③弾道ミサイル防衛

1-75
中距離核戦力条約
Treaty on Intermediate-range Nuclear Force
[略語] INF条約

地上配備の中距離核ミサイル（射程1,000～5,500km）及び準中距離核ミサイル（同500～1,000km）の全廃を定めた米ソ（露）の取り決め。1987年調印，88年発効。91年には廃棄を完了した。米ソ間の特定核兵器の初の全廃条約であり，冷戦終結の契機となった。

1-76
特定通常兵器（使用禁止制限）条約
Convention on Prohibition on the Use of Certain Conventional Weapons
[略語] CCW

非人道的と認められる特定の通常兵器（地雷，ナパーム弾など）の使用を禁止または制限する条約。1980年採択。83年発効。本体条約と4つの付属議定書からなる。条約は，国家間の紛争だけでなくその他の武力紛争，植民地解放闘争にも適用される。また，この条約は紛争当事者の一国が非締約国である場合でも，その他の締約国である紛争当事者間では適用されることになっている。

⇒ ②地雷，②特定通常兵器（使用禁止制限）条約

1-77
非核（兵器）地帯
Nuclear (Weapon) Free Zone
[略語] NWFZ

冷戦の終焉は，核管理問題の主眼を東西間の軍備管理交渉から核不拡散体制への強化と様変わりさせたが，同時に伝統的な軍縮概念に基づく人道法的な規範を成熟させる絶好の機会となった。非（核兵器）地帯はその有力なアプローチのひとつとしてグローバルな拡充が期待されている。1995年12月に東南アジア非核兵器地帯条約（バンコク条約）が（97年3月発効），96年4月には，アフリカ非核兵器地帯条約（ペリンダバ条約）があいついで署名された。冷戦下，既にラテン・アメリカ核兵器禁止条約（トラテロルコ条約。67年署名，68年4月発効），南太平洋非核地帯条約（ラロトンガ条約。85年8月署名，86年12月発効）が成立しているので，国際条約による非核（兵器）地帯は南極を含めた南半球全体に実現した形である。北東アジアの非核化についても，「限定的北東アジア非核兵器地帯構想」などの提案が行われている。非核地帯として設定された地域では，共通し

て核兵器の製造，実験，取得，配備などを禁止しているが，「核」の範囲をどのように定義するのかによって，2種類に大別される。主として安全保障上の観点から核兵器に焦点を当てている「非核兵器地帯」と，核による環境破壊の観点から核爆発や放射性物質の投棄まで禁ずる文字通りの「非核地帯」である。また，非国家的な行為主体の行動までを含むのか，あるいは，核兵器使用に不可欠は通信基地などの施設や「平和目的」の核実験，原子力発電所，核燃料などを含むのか，「核兵器」に限定した場合にそれをどのように定義するのか，「存在しない」ことの意味をどの程度厳密に捉えるのか（単なる通過も認めないのか）なども争点となる。さらに，非核（兵器）地帯を核廃絶への合目的的手段と考えるか，核軍備管理上の施策のひとつと考えるか，によって政治的評価も異なる。核不拡散条約（NPT）第7条は，非核（兵器）地帯（核兵器の展開が禁止される地域）を設置する権利を確認しているが，75年に国連総会が採択した非核（兵器）地帯の定義において，締約国の任意性が強調され，実際の非核（兵器）地帯条約はNPTよりもはるかに厳格な規定を備えているのはそのためである。しかし，地域安全保障，国家安全保障の観点からみた非核（兵器）地帯の効用は疑問視されており，通常兵器による軍備拡張を心理的に鼓舞するという指摘もある。

⇒ ①冷戦，①核不拡散条約，②核兵器威嚇又は使用の合法性に関する勧告的意見

1-78
包括的核実験禁止条約
Comprehensive Nuclear Test Ban Treaty
[略語] CTBT

あらゆる「核兵器の実験的爆発または他の核爆発」を禁止する条約。1963年に作成された部分的核実験禁止条約（PTBT）が地下核実験を対象としていなかったことから，地下核実験ばかりか，平和目的の核爆発，低威力の核爆発を伴う流体核実験を含め，爆発を伴う全ての核実験を禁止する条約として策定された。これにより新型核兵器の開発と現有核兵器の維持に制約を課すが，核実験場の閉鎖を定めず，既に技術開発した未臨界核実験（sub-critical experiments）などの爆発を伴わない核実験は禁止されておらず，現有核兵器の信頼性の確認や，核保有国による新しい核兵器の開発の可能性を排除していない。96年9月に国連総会にて採択。条約の発効には，条約の付属書二に列記されている44カ国（発効要件国）の批准が必要であるが，2004年1月現在，未発効。米国は，99年10月，上院が同条約の批准案を否決し，ジョージ・W・ブッシュ政権も批准放棄の方針をとっている。条約発効時には，包括的核実験禁止条約機関（CTBTO）が設立されることになっており（条約第2条1），96年11月よりCTBT準備委員会が毎年3回ウィーンで開催されている。

1-79
米露戦略核兵器削減条約
Treaty between the United States

of America and the Russian Federation on Strategic Offensive Reductions

別称 モスクワ条約

　米国・ロシア両国は，2002年に戦略核兵器削減条約（モスクワ条約）を締結し，2012年までに核弾頭数を1,700～2,200発に削減することで合意した。2001年にSTART-Ⅰ所定の削減が達成された後，START-Ⅱの発効やSTART-Ⅲ交渉開始の遅れが生じていたが，同年，米国にジョージ・W・ブッシュ政権が，ロシアにプーチン政権が誕生し，冷戦思考を脱した戦略関係を構築する機運が高まって，一気にSTART-Ⅲレベルまでの削減で合意したものである。両国は同時に署名された共同宣言で，冷戦後の新たな戦略的関係を再確認した上で，「テロとの闘い」，「大量破壊兵器」の拡散の阻止，「アフガニスタンの復興」，「中東問題」などの様々な分野での協力をうたい，「ミサイル防衛」に関しても協力の検討に合意した。但し，各々の核戦力の構成や構造はこの上限内で独自に決定することとされている。この条約は，両国が「準同盟関係」となった象徴と評価される一方で，なお多数の核弾頭が配備されていることから，両国間には拭い去りがたい不振が残っているとも指摘されている。

　　⇒ ①ミサイル防衛，③弾道ミサイル防衛，④米露の新たな戦略的関係，②テロとの闘い，⑤米国のアフガニスタン攻撃

1-80
ミサイル技術管理レジーム
Missile Technology Control Regime

略語 MTCR

　大量破壊兵器の運搬手段となるミサイル及び有人航空機以外のその他の運搬手段（宇宙ロケット，観測ロケット，無人航空機）並びにその開発に寄与し得る関連汎用品・技術の輸出規制を目的とする輸出管理レジーム。兵器拡散の危険が高まる中で，1987年発足。当初，核ミサイルのみを規制対象としたが，93年，化学兵器・生物兵器用ミサイルも含めた。共通のガイドラインと規制対象リストに基づき，参加国が国内法令で輸出管理を実施するがガイドラインには法的拘束力はない。米国の場合，国内法で違反国に対する制裁を規定，非加盟国である中国や北朝鮮との交渉でガイドラインの遵守を要求している。核兵器開発に使用されうる資機材・技術などの関連品目の輸出規制については，70年代に発足した原子力供給国グループ（NSG：Nuclear Supplier Group）があり，通常兵器については，ワッセナー・アレンジメントが95年に合意されている。

　　⇒ ①ワッセナー・アレンジメント

1-81
未臨界核実験
sub-critical experiments

別称 臨界前核実験

　現有核弾頭の長期保存と作動性の維持のために，米国とロシアが採用しているもっとも効率的な核兵器の信頼性の確認

手段。過去に蓄積された膨大な技術データに基づいて、核爆発直前の核物質の様子を調べる実験。「包括的核実験禁止条約」には違反しないとされているが、新たな核兵器開発の可能性は否定できない。

⇒ ①包括的核実験禁止条約

1-82
ワッセナー・アレンジメント
Wassenaar Arrangement

[略語] WA

冷戦終結に伴い、旧共産圏に対する戦略物資及び技術の輸出規制を目的とした対共産圏輸出規制委員会（COCOM：Coordinating Committee for Multilateral Strategic Export Controls）（1949年設立）に代わる新しい輸出管理体制について、93年から交渉が行われてきたが、96年、設立総会が開催され、ワッセナー・アレンジメント（WA）がロシアを含む33カ国で正式発足した。COCOMは、94年に撤廃された。WAは、あらかじめ特定の地域を対象とすることなく、通常兵器及び機微な汎用品・技術の移転に関する透明性の増大や、より責任ある管理を実現することにより、地域の安定を損なうおそれのある通常兵器の過度の移転と蓄積を防止することを目的としている。通常兵器と軍民両用技術の2つのガイドラインが設定されており、そのうち輸出許可が必要な品目は114である。

4 主要国（米国、ロシア、英国、フランス）

1-83
米国・国家安全保障戦略
The National Security Strategy of the United States of America

2002年9月ジョージ・W・ブッシュ大統領は、『国家安全保障戦略（大統領報告）』を発表し、唯一の超大国としての圧倒的な軍事的優位を堅持していくことを明確にした。これによれば、米国の国家安全保障戦略の基盤は米国の価値観と国益の統合を反映した明確な米国的国際主義であり、このために、次のことを実行するとした。①人間の尊厳の追求を擁護する。②国際テロを打破するための同盟を強化し、米国と友好国に対する攻撃の阻止に努める。②地域紛争の緩和のために他国と協力する。③敵が大量破壊兵器によって米国とその同盟国友好国を脅かすことを阻止する。④自由市場と自由貿易を通じて世界的な経済成長の新たな時代をつくる。④社会を開放し、民主主義の基盤を築くことで発展の輪を広げる。⑤国際勢力の中心となる他国との協力活動の計画を作成する。⑥米国の国家安全保障組織を変革し、21世紀の課題と機会に対応できるようにする。そして、こうした戦略を展開するに当たって、米国は、脅威が米国の国境に達する前に、その脅威を確認し破壊し、米国とその国民及び

第1章　安全保障情勢を読む

国内外の国益を守ると宣言しており，その骨子は次のとおり。第1に，脅威認識について，当面の国家安全保障上の焦点は，大量破壊兵器の入手や使用を試みるテロリストとテロ支援国家である。冷戦時代において，米国は同盟国と共に敵の武力行使の抑止を強調する必要があり，相互確証破壊という戦略が生まれた。ソ連の崩壊と冷戦の終結とともに，安全保障環境は大きく変化し，対ロシア関係は対決から強調へと移行した。しかし，一方でならず者国家やテロリストによる新たな脅威が登場した。ならず者国家は，①自国民を虐待し，支配者の個人的利益のために国家の資源を浪費する。②国際法を無視し，近隣諸国を脅かし，国際条約に躊躇なく違反する。③威嚇や攻撃により自らの意図を実現するため，大量破壊兵器や先端軍事技術を入手しようとしている。④世界各地でテロを支援している。⑤基本的な人間の価値観を否定し，米国及び米国を表象するものすべてを憎悪するという特徴がある。冷戦時代，特にキューバ・ミサイル危機の後に米国が直面した敵には，抑止が防衛手段として効果的だった。しかし，①ならず者国家の指導者は，自国民の生命と国家の富を賭けてリスクを冒す意志を持ち，報復の脅威のみに基づく抑止効果は薄れる可能性が高い。②冷戦時代には，大量破壊兵器の使用は，破壊のリスクを意味する最後の手段であると考えられていたが，ならず者国家は，大量破壊兵器を採り得る選択肢と見なしており，近隣諸国に対する威嚇と軍事侵略の手段となっている。③ならず者国家は，大量破壊兵器を，米国の伝統的な優位性を覆す最善の手段とも見なしている。④テロリストは罪のない者を標的とする戦術を明白にしており，国家を持たないことが最も強力な保護となっている。このような敵に対しては，従来の抑止の概念は効果を持たない。⑤テロ支援国家と大量破壊兵器を求める国とが重なっている。第2に，このような脅威に対抗するためには，米国は，国際社会の支持を得るべく常に努力するが，必要ならば単独で行動し，先制して自衛権を行使することをためらわない。国際法では，国家が攻撃を受けなくとも，攻撃の差し迫った危険性をもたらす勢力に対しては合法的な自衛措置を取ってよいことを認めているが，従来の「差し迫った脅威」とは，主として，陸海空軍が目に見える形で動員され，攻撃準備をすることであると解されてきた。しかし，ならず者国家やテロリストは，従来の手段で攻撃を仕掛けてくるつもりではない。したがって，米国は，差し迫った脅威の概念を，今日の敵の能力と目的に適応させなければならない。米国は，新たな脅威に対する先制攻撃として，米国は必ず軍事力を使用するわけではないものの，敵によるそのような敵対行為を未然に防ぐために，米国は必要ならば先制的に行動する。しかし，米国も国家が侵略の口実として先制攻撃を利用すべきではないとしている。

　⇒　①冷戦，①国益，①核戦略，①米露の新たな戦略的関係，⑤キューバ・ミサイル危機，①国際テ

ロ組織，⑪テロ支援国家，⑪テロとの闘い，⑪テロリズム，⑪ユニラテラリズム，⑪非対称的脅威，⑪悪の枢軸

1-84
4年ごとの国防計画の見直し
Quadrennial Defense Review
略語 QDR

国防授権法の規定により，国防長官は，4年ごとに国防計画を見直すことになっている。9.11同時多発テロ直後の2001年9月，1997年以来2回目の報告書が，米国議会に提出された。安全保障環境の認識については，①冷戦時代とは異なる脅威の不確実性，②冷戦後の新たな脅威である非対称的脅威の出現（テロ，大量破壊兵器，弾道ミサイル，サイバー攻撃など），③9.11同時多発テロが明らかにした国土防衛の重要性を強調している。地域情勢については，中東から北東アジアに至る地域を「不安定の弧」と呼ぶとともに，中国を念頭に置いた「強大な資源基盤を有する軍事的競争相手」が出現する可能性に言及している。このような地域情勢にもかかわらず，アジアにおける米軍基地の密度が低いことから，港湾や空港へのアクセスの確保や緊急展開基地，中継基地の確保の必要性を指摘している。QDRによれば米国の国防政策の目標は，次の4つである。①同盟国・友好国に対する米国のコミットメント（関与）の保証，②軍事的競争の予防，③前方展開戦力による脅威や威圧の抑止，④抑止に失敗した場合の敵の撃破である。さらに，国防戦略を組み立てる上で，従来の敵の「脅威」に基づく見積から，敵の「能力」に基づく見積へと転換している。しかし，米国の通常戦力が圧倒的であることから，敵は非対称的な攻撃手段を用いるものと考えられ，非対称的脅威への対処能力の向上が重要であると指摘している。このような敵に関する見積の転換も踏まえ，2001年の国防計画の見直しでは，2つの大規模通常戦争（湾岸地域と朝鮮半島）に対処するための前方展開戦力というクリントン政権の戦力構成を放棄し，次の4つの目的のために戦力を構成する方針である。①米国の本土防衛，②4つの重要地域における前方抑止，③同時に2つの戦域において敵を迅速に打破し，うち1つの戦域においては，敵を決定的に打破すること，④小規模緊急事態（非戦闘員退避活動，PKO活動，人道援助活動等）への対処である。この新たな作戦シナリオは，国土防衛を米軍の最優先事項と位置付け，弾道ミサイル防衛やテロ対策を重視するとともに，小規模緊急事態対処の増加という国際軍事情勢に対応しようとするものであるとともに，過去10年間，米軍の組織と調達が縮小する一方で，米軍に対する任務と要求が増大してきたために生じた，戦略と戦力構成と資源の間の不均衡を是正しようとするものである（平成15年版『日本の防衛』参照）。

⇒ ①冷戦，⑪不透明性・不確実性，⑪非対称的脅威，⑪ミサイル防衛，③弾道ミサイル防衛，②サイバー戦・サイバー攻撃，①②⑤9.11同時多発テロ，⑪国土安全保障省，

①不安定の弧,①米中関係,①アジア太平洋地域における前方展開戦力,②平和維持活動,③サイバー攻撃

1-85
アジア太平洋地域における前方展開戦力
US Forward Deployment Force in the Asia–Pacific Region

1998年11月,アジア太平洋地域における米国の包括的な安全保障戦略の報告書である『東アジア戦略報告(EASR)』が発表された。その中で,米軍のプレゼンスは,侵略を抑止するという重要な役割を果たしており,アジア太平洋地域における米軍の前方展開戦力は,この地域における米国,同盟国及び友好国の利益を守るという確固とした決意を示すものである旨記述されている。2001年に米国防省が公表した『4年ごとの国防計画の見直し(QDR)』においても,4つの重要な地域(欧州,北東アジア,東アジア沿岸部,中東・南西アジア)における前方抑止態勢の強化を重視している。アジア太平洋地域に関する具体的な記述としては,西太平洋地域における空母戦闘群の増強や3ないし4隻の水上艦艇,巡航ミサイル搭載潜水艦の母港を設定する際の選択肢の検討などがある。アジア太平洋地域における陸・海・空軍及び海兵隊の統合軍である太平洋軍は,ハワイに司令部を置き,海・空軍を主体とする戦力を太平洋とインド洋に前方展開している。陸軍は,2個師団約5万3千人から構成され,韓国に1個師団を配置している。海軍は,ハワイに司令部を置く太平洋艦隊の下,西太平洋とインド洋を担当する第7艦隊,東太平洋やベーリング海などを担当する第3艦隊などから構成される。両艦隊は,米本土西海岸,ハワイ,日本,グアム,ディエゴ・ガルシアなどの基地を主要拠点として展開している。海兵隊は,太平洋艦隊の下に,米本土と日本にそれぞれ1個海兵機動展開部隊を配置している。空軍は,ハワイに司令部を置く太平洋空軍の下に,日本に第5空軍,韓国に第7空軍を配置している(平成12年版及び15年版『日本の防衛』参照)。

⇒ ①4年ごとの国防計画の見直し,
(資料編)在日米軍の部隊

1-86
核態勢の見直し
Nuclear Posture Review
(略語) NPR

冷戦時代における米国の核戦略は,ソ連との間で戦略核戦力を均衡させ,恐怖の均衡に基づく相互確証破壊によって抑止を図るものであった。しかしながら,冷戦後は米国とロシアは,新たな戦略的関係を築きつつある。同時に,テロの頻発や大量破壊兵器や弾道ミサイルが拡散する中で,冷戦後に出現した非対称的脅威が高まっている。このため,誰が,いつ,どこから米国に攻撃するかを予測することが困難であり,核戦力による抑止に依存する冷戦時代の手法が時代遅れとなりつつある。2002年1月,米国防省は,「核態勢の見直し(NPR)」に関する報告

書を議会に提出した。NPRは米国が核兵器で対処すべき非常事態を，即時，潜在的，不意の3事態に分類している。①即時の非常事態としては，イラクによるイスラエル等への攻撃，北朝鮮による韓国への攻撃，台湾に関連する軍事対決を事例として挙げている。②潜在的な非常事態は，米国に敵対する軍事同盟の登場であり，③不意の事態は，米国に敵対的な勢力が核保有国における政権交代で核を保持すること，あるいは敵の大量破壊兵器保持が突然明白になることと定義している。冷戦後における国際軍事情勢の変化を反映し，NPRでは，ロシアとの相互確証破壊という理論から核戦力を算出するのを止め，米国と同盟国・友好国の安全保障上，必要最低限の水準の核戦力を維持することとしている。その際，核戦力のみならず，通常戦力及びミサイル防衛システムを含めた新たな抑止力が必要であると指摘している。すなわち，従来の戦略核戦力の3本柱（①戦略爆撃機，②大陸間弾道ミサイル（ICBM），③潜水艦発射弾道ミサイル（SLBM））から，①核戦力と通常戦力からなる攻撃能力，②ミサイル防衛システム，③国防基盤（国防産業，技術基盤等）という新3本柱に移行するとしている。新たな3本柱は，ミサイル防衛システムや精密誘導兵器などの通常戦力も重視することにより，核兵器への依存を低下させるとともに，大量破壊兵器が拡散している中での抑止力の向上を狙っているものである。一方，核兵器を特別扱いせず，通常兵器と一体化して理論を構築するため，核兵器使用の敷居が低くなりやすいとの批判がある。

　⇒ ①冷戦，①核戦略，①テロとの闘い，①非対称的脅威，①ミサイル防衛，③弾道ミサイル防衛，①米露の戦略的な関係

1-87
ミサイル防衛
missile defense
[略語] MD

　ミサイル防衛（MD）とは，敵が発射した弾道ミサイルを人工衛星，地上配備型レーダなどのセンサーで探知・追尾し，迎撃ミサイルで撃破するシステムである。ジョージ・W・ブッシュ大統領は，2002年12月17日限定的なミサイル防衛システムの配備を発表した。ミサイル防衛構想の源流は，レーガン政権時代のSDI構想（別称：スターウォーズ計画）にさかのぼる。弾道ミサイルの経路は，①発射された直後でロケット・エンジンが燃焼しているブースト段階，②ロケット・エンジンの燃焼が終了し，慣性運動によって大気圏外の宇宙空間を飛んでいるミッド・コース段階，③大気圏に再突入して着弾するまでのターミナル段階の3つに分類できる。米国は，様々な防衛システムを組み合わせた多層的なミサイル防衛システムの研究開発を進めている。クリントン政権は，海外に展開する米軍や同盟国を対象にした戦域ミサイル防衛（TMD）と，自国を守る本土ミサイル防衛（NMD）の開発計画を進めてきた。しかしながら，NMDが欧州諸国，ロシ

アの反発を招いたため，ブッシュ政権は2つの区別を取りやめた。ブッシュ政権は，弾道ミサイルが拡散し，相互確証破壊に基づく抑止力に疑問符がつく，冷戦後の安全保障環境の変化を強く意識して，ミサイル防衛体制の構築を推進している。このため，1972年に米ソ間で締結した弾道ミサイル迎撃システム制限条約（ABM条約）から2002年6月に脱退した。ブッシュ大統領が発表した初期のミサイル防衛システムは，①長距離ミサイルをそのミッド・コース段階で迎撃する地上配備型迎撃ミサイル，②短中距離ミサイルをミッド・コース段階で迎撃するイージス艦搭載型の海上配備型迎撃ミサイル，③短中距離ミサイルをターミナル段階で迎撃する空輸可能なペトリオットPAC-3システム，④地上・海上・宇宙配備のセンサーなどから構成されている。初期能力の運用を2004年あるいは2005年に開始する予定である。ブッシュ政権は，英国及びデンマークに，それぞれの領土に設置された早期警戒レーダの改良について同意を求めたところ，2003年2月に英国は受諾した。ロシアは，米国のABM条約脱退の決定は誤りであるとはしたものの，ロシアの安全保障上の脅威とはならないと受け止めている。ロシアが冷静なのは，①米露は，テロとの闘いを通じて新たな戦略的な関係を築きつつあること，②両国はソ連時代を含め戦略兵器制限交渉を通じ，戦略兵器の軍備管理について，一定の信頼関係があること，③ロシアの保有する核弾頭が，4桁あることなどが考えられる。一方，大陸間弾道ミサイル戦力で著しく見劣りする中国は，自国の戦略兵器が無力化されかねず，さらにこの問題が台湾の独立問題と連動しかねないため懸念を強めている。

⇒ ①弾道ミサイル迎撃システム制限条約,①米露の新たな戦略的関係,①米中関係, ③弾道ミサイル防衛

1-88
軍の変革
transformation

米統合参謀本部が1996年に発表した『統合ビジョン2010』において，①情報優位（迅速な情報の収集，処理，配布）の重要性の増大，②精密誘導兵器等の発達，③各軍の統合の必要性の増大，④同盟国との共同作戦の必要性の増大を重要な戦略環境の変化として指摘している。2000年に発表された『統合ビジョン2020』においては，『統合ビジョン2010』の4つの作戦概念を継承している一方，国防基盤（民間の工業・技術基盤）のボーダレス化に伴い，米国の技術的な優位性はいずれ失われるとして，人的資質の向上，組織の変革，ドクトリンの革新に努めることによって，自らの優位性を確保するとしている。両ビジョンによって示された「軍事における革命（RMA）」が達成された軍隊の主要な特徴は，次の6つである。①情報優位により状況を的確に把握し，優越した速度と即応性をもって，期待する効果を得る戦闘を実施，②ミサイル防衛を始めとする各種防護策により，情報優位を活用した攻撃・防御作戦を的確に実施，③情報優位及び指揮官の意思

決定の優位によって効果的な指揮・統制を実施，④統合部隊が機敏かつ柔軟な対処行動を実施，⑤軍種間の相互運用性（インター・オペラビリティ）を確保し，効率的な統合作戦，多国籍軍による作戦等を実施，⑥質・量ともに適切な兵站支援を実施。このような米軍を巡る状況を背景にして，ラムズフェルド国防長官は，『2002年国防報告』において，21世紀の安全保障環境において，国防を全うするためには，「軍の変革」が必要であるとし，次の6つの目標を掲げている。①作戦に必要な重要拠点の防衛及び大量破壊兵器とその運搬手段の撃破，②遠隔地で接近が困難あるいは不可能な地域に対する戦力の投射及び接近が困難あるいは不可能な脅威の撃破，③持続的な監視，追跡及び統合した兵力による迅速で大規模な精密攻撃による敵の聖域の否定，④情報技術の活用による統合されたC^4ISR（指揮・統制・通信・コンピュータ・情報・監視・偵察）の構築，⑤攻撃に耐えうる情報システムの確保と情報作戦の遂行，⑥宇宙システムの能力と生存性，支援基盤の向上。米軍のアフガニスタン及びイラクにおける軍事作戦の態様は，従来経験してきた戦闘様相とはまったく異なり，軍の変革の進展を如実に示したものとなっている（平成15年版『日本の防衛』，防衛庁ホームページ「情報RMAについて」参照）。

⇒ ③情報RMA，④ミサイル防衛，③弾道ミサイル防衛，④戦力投射能力，④イラクに対する軍事作戦（経緯），④イラクに対する軍事作戦（評価）

1-89
国土安全保障省
Department of Homeland Security
略語 DHS

2001年9月11日の同時多発テロ直後の9月14日，ジョージ・W・ブッシュ大統領は非常事態を宣言し，国内の警備を強化した。強大な前方展開戦力により脅威を抑止してきた米国にとって，「米本土が攻撃されるとは，思いも寄らぬこと」（ラムズフェルド国防長官）だった。ライス大統領補佐官（国家安全保障担当）は「安全保障の考え方について何かが根本的に変わってしまった」と述べた。国防省は，同年9月末までに議会に提出することになっていた「4年ごとの国防計画見直し（QDR）」の報告書を，事件直後加筆修正し，「米軍の最優先課題は，あらゆる敵から米本土を防衛することだ」と指摘した。ブッシュ大統領は当初，ホワイトハウスにテロ対策を統括する国土安全保障局を設置したが，その権限があいまいであるとの批判を受けた。同大統領は，2002年6月6日の全米向けテレビ演説で，「100近くもの政府機関が，国土安全保障に関して何らかの責任を負っているのにもかかわらず，どの機関も最終的な説明責任を負っていない」ことを問題として指摘した上で，テロ対策を統括する「国土安全保障省」の創設を提案した。ブッシュ政権の提唱する国土安全保障構想は，同年7月16日に発表された「国土安全保障戦略（The National

Strategy for Homeland Security)」において示されており，テロから米国本土を守るためには，効率良く情報を収集，分析する必要があり，情報技術の重点的活用が必須であると指摘している。「国土安全保障省」は，沿岸警備隊，国境警備隊，税関局，移民帰化局，連邦緊急事態管理庁（FEMA）など22の機関を統合し，人員の規模は約17万人。国土安全保障業務を一手に担い，最大の任務は，食料，飲料水，電力，通信ネットワーク，輸送網，郵便，金融システムなど，インフラや公益事業をテロリストから防衛することである。このため，省内に①国境・交通の保全，②緊急事態への対応，③化学・生物・放射性・核兵器テロ対策，④情報分析・インフラ防衛といった4つの部局が設置される。国土安全保障省の設置は，戦後最大級の連邦政府の再編である。一方，従来テロの対処に関与してきた連邦捜査局（FBI）と情報機関である中央情報局（CIA）が，ほぼそのままの形で存続することになったため，これらの組織間の縄張り争いが懸念されている。なお，情報セキュリティにも重点が置かれており，FBI，国防省，商務省，エネルギー省等に責任が分散していた関連業務が統括される。

⇒ ①②⑤9.11同時多発テロ，①国際テロ組織，①テロ支援国家，①テロとの闘い，①テロリズム，①非対称的脅威，①アジア太平洋地域における前方展開戦力，①4年ごとの国防計画の見直し，③情報セキュリティ

1-90
悪の枢軸
Axis of Evil

2002年1月29日，米国議会でジョージ・W・ブッシュ大統領は一般教書演説を行った。その中で，①北朝鮮は，自国民を飢えさせる一方で，ミサイルや大量破壊兵器で武装している政権である，②イランは，これらの兵器を求め，テロを輸出している。そして，選挙で選ばれていない少数の者がイラン国民の自由への望みを絶っている，③イラクは，引き続き米国への敵意を誇示して，テロを支援しつづけている。イラク政権は，10年以上にわたり，炭疽菌，神経ガス，そして核兵器の開発をたくらんできた。この政権は，既に毒ガスを使い，何千人もの自国民を殺害していると指摘し，これらの3カ国をミサイルや大量破壊兵器を拡散し，あるいはテロリストを支援している国家として，「悪の枢軸」と名指しした。テロとの闘いの目的について，同大統領は，①テロリスト基地を壊滅し，テロのたくらみを打ち砕き，そして彼等を裁きにかけること，②テロを支援する政権が，大量破壊兵器によって米国や友好・同盟国を脅かすのを阻止することであると述べている。テロ撲滅のためには，①連合諸国と緊密に連携をとり，テロリストやテロ支援国家が大量破壊兵器の製造と運搬に必要とする材料や技術，そして専門知識を入手できないようにする。②米国と同盟国を守るために，効果的なミサイル防衛（MD）を開発・配備する。③米国は国家の安全を確保するために，必要なことを行う。危機が近づくなかで，傍

観するようなことはしないと述べている。すなわち，「我々は慎重に行動する」とはいうものの，先制して自衛権を行使することを示唆している。さらに，「テロに対する戦いは，順調に始まったが，まだ，始まったばかりである。この戦いは，我々の時代に終了しないかもしれない。」と述べ，その長期化を指摘した。

⇒ ①ミサイル防衛，③弾道ミサイル防衛，②自衛権，①米国・国家安全保障戦略，①テロとの闘い

1-91
ネオ・コンサーバティブ
neo-conservative

略語 ネオ・コン 別称 新保守主義

ジョージ・W・ブッシュ政権の国防政策に重大な影響を及ぼしている現状変革を目指す思想あるいは思想家集団。保守系政治雑誌『ウィークリー・スタンダード』誌の編集長のウィリアム・クリストルが，「新アメリカ世紀のためのプロジェクト（PNAC）」を発足させてから，注目されだした。PNACの設立に賛同する著名人としては，チェイニー副大統領，ラムズフェルド国防長官，ウォルフォヴィッツ国防副長官，カークパトリック元国連大使（レーガン政権時）らがいる。ブッシュ政権では，副大統領，国防長官のみならず，国防次官，国務次官，国務次官補など，安全保障に直結する政府の要職をネオ・コンサーバティブが占めている。広義のネオ・コンサーバティブは，ユダヤ系言論人が率いる元来のネオ・コンサーバティブにキリスト教右派（保守派），国防関係者，国防産業のロビイスト，反共主義者が大同団結した連合体であると考えられる。PNACの綱領などから推測すると，彼らの世界観は，①民主主義の同盟国と絆を強め，アメリカ型の民主主義を世界に広めること，②アメリカの圧倒的な軍事力を背景に，アメリカの利益や価値観と敵対する勢力とは対決すべきであり，先制攻撃も辞さず，③中東政策は極めてイスラエル寄り，④国連のように非効率な多国間の国際機構を軽視し，同盟国・友好国による有志連合あるいはユニラテラリズム（単独行動主義）を好むという特徴がある。歴史的には，1970年代にネオ・コンサーバティブは，反ソ連，軍備拡張を唱えたが，民主党に所属していたため，勢力を思うように拡張できなかった。79年のソ連のアフガニスタン侵攻を経て，「強いアメリカ」を掲げるレーガン政権が誕生すると，彼らは活躍の場を共和党に移す。この頃から，ネオ・コンサーバティブは，国防産業や国防省関係者と次第に接点を持つようになる。イランにおけるイスラム革命を転機として，ユダヤ系言論人の多いネオ・コンサーバティブとキリスト教右派（保守派）が共闘するようになる。イスラムの脅威に対抗するためである。

⇒ ①ユニラテラリズム，⑤イラン革命

1-92
イラクに対する軍事作戦（経緯）
Military Operation against Iraq (process and progress)

第1章 安全保障情勢を読む

　1991年の湾岸戦争後，国連安全保障理事会において，イラクが保有する大量破壊兵器の査察等に関して様々な決議が採択された。しかしながら，イラクは国連特別委員会，国際原子力機関（IAEA）の査察を拒否し，あるいは妨害を繰り返したので，2002年11月8日国連安全保障理事会は，イラクに対し，即時，無条件，無制限の査察受入れを要求した。イラクは表面的には査察に協力する態度をみせたものの，過去の疑惑に関する新規情報をほとんど提供しないままであった。米国はイラク周辺に戦力を展開し，イラクに圧力をかける一方，国連安全保障理事会を中心に各国の協議が行われた。しかし，フランス・ドイツと米国は，共にNATOの一員であるにもかかわらず，イラクへの軍事力行使の方針について，溝が埋まらず，協議は難航した。ネオ・コンサーバティブが政府の要職を占めるジョージ・W・ブッシュ政権は，脅威をこれ以上放置することはできないと認識した結果，満足し得る決議がなかなか採択できない国連安全保障理事会における事態の打開よりも，同盟国・友好国による有志連合による軍事力行使の道を選択し，イラクのフセイン政権に対し最後通告を行った後，①大量破壊兵器の武装解除，②フセイン政権の圧制からイラク国民を解放することを目的として，英国と共に，2003年3月20日に軍事行動を開始した。戦端が開かれると，トマホーク巡航ミサイルやステルス爆撃機から発射された精密誘導兵器による限定的な空爆が開始された。米英軍の攻撃は，当初イラクの政権中枢，防空施設，レーダ・通信施設などに重点が置かれた。空爆開始と同時に，クウェート北部からの地上作戦が開始された。英軍がバスラを中心とする主にイラク南部地域を攻略する一方，米軍は首都バグダッドを目標に，イラク南部の砂漠地帯を2方向から進撃した。激しい砂嵐のため進撃が一時停滞したり，兵站支援の能力不足が危惧された時期があったものの，全般として米陸軍部隊の進撃は，極めて迅速であった。開戦3日で約500kmを前進し，従来の軍事常識を根底から覆すものとなった。米軍の支援を受けたイラク反体制派のクルド人勢力は，北部の要衝であるモスル，キルクークに向けて進撃した。米軍が投入した特殊部隊の活躍や激しい空爆により指揮系統が麻痺したイラク軍は有効な反撃を実施できず，投降が相次いだ。イラク軍よりも装備に優れる共和国防衛隊もカルバラ付近における激戦の結果，大損害を被った。米軍は，4月4日に首都近郊のサダム国際空港をほぼ制圧し，翌5日には一部部隊がバグダッド市内に進攻した。バグダッド市内においては，事前の大方の予想に反し，頑強な抵抗はみられず，激しい市街戦が行われなかった。バグダッド陥落後，米軍は，バグダッド北方約170kmに所在するフセイン大統領の出身地であるティクリートを14日制圧し，イラクのほぼ全域を制圧した。ブッシュ大統領は，5月1日，空母の艦上で，イラクにおける主要な軍事作戦の終了を宣言した（平成15年版『日本の防衛』参照）。

　⇒　①④国際原子力機関，①ネオ・

コンサーバティブ，②イラク飛行禁止空域，②イラク空爆，②湾岸危機と湾岸戦争，⑤湾岸戦争，⑤イラク戦争

1-93
イラクに対する軍事作戦（評価）
Military Operation againset Iraq (assessment)

イラクに対する軍事作戦の特徴は，①地上部隊の進撃の迅速性，②作戦の柔軟性，③目標攻撃の正確性である。トルコの国会運営の混乱から，当初予定していたトルコからの地上兵力の投入が不可能になったにもかかわらず，地上部隊が迅速に進撃できた理由は，①フセイン政権が軍のクーデターを怖れたため，共和国防衛隊の強化を優先し，クウェート侵攻後のイラク軍は弱体化していた。②米軍は装備を事前集積するとともに，大型運搬船，大型輸送機を活用し，兵力を迅速に展開した。③開戦当初の空爆で，イラク軍の指揮系統，防空施設，レーダ・通信施設などに打撃を与え，一貫して航空優勢を確保した。④湾岸戦争，アフガニスタンでの軍事作戦の教訓を踏まえ，精密誘導兵器の導入に拍車をかけた。⑤情報通信を活用し，戦場の様子がリアルタイムで作戦中枢へ伝達されたこと及び特殊部隊を大量に投入した戦争指導が，作戦の柔軟性を確保した。⑥作戦の指揮統制は，卓越したC^{4}ISRによって支援されていたからである。これらの軍事技術及び作戦運用上の革新は，非戦闘員に対する損害，市民生活への影響を最小限に抑え，米軍兵士の戦闘損耗を最小限に抑えることに繋がった。「軍事における革命（RMA）」が達成された軍隊を目標に，「軍の変革（transformation）」を進めてきた成果が如実に表れているといる。しかし問題は，①今回の作戦は国連のような国際機関を軽視し，形式的な有志連合やユニラテラリズム（単独行動主義）に傾くものである。②RMAや特殊部隊の活用は，軍事作戦の迅速化には有益だが，治安の維持や戦後の復興には役立たない。必要なのは，精密誘導兵器ではなくマン・パワーとノウ・ハウである。このため，米国は戦後の復興を軍事行動を支持した同盟国や友好国に期待しており特に，①経済力・技術力からみて戦費を負担していない日本や②マン・パワーからみて東欧諸国への期待が高まっている。実際のところ5月1日作戦の終了宣言後も，占領軍や国際機関へのテロが絶えない。2003年12月13日にフセイン元大統領が拘束されたものの，治安の改善はなされていない。しかし，日本も，2003年12月9日，自衛隊のイラク派遣を閣議決定した（2004年1月現在）。

⇒ ③情報RMA，①軍の変革，①ネオ・コンサーバティブ，①ユニラテラリズム，②イラク戦争とその後，⑤イラク戦争

1-94
米露の新たな戦略的関係
New Strategic Relationship between the United States and Russia

第1章 安全保障情勢を読む

2001年、4回にわたり米露首脳会談が開催され、ジョージ・W・ブッシュ大統領とプーチン大統領の間の信頼関係が深まるとともに、テロの脅威にそれぞれ直面している米露関係に進展がみられた。同年11月の首脳会談において発表された共同声明は、①両国は、民主主義、自由市場、法の支配に基礎を置く、②冷戦の遺産を乗り越え、いずれの国も他方を脅威と見なさないと述べ、冷戦時代とはまったく異なる21世紀における両国関係の基本を示している。さらに、首脳会談では、核弾頭数の削減についても協議された。ブッシュ大統領は、①ABM条約は「ならず者国家」によるミサイル攻撃から防衛する手段の開発を阻害している、②冷戦時代とは異なり、米露間に敵対的な関係は存在しないと主張し、2001年12月、米国はABM条約からの脱退をロシアに通告した。その際、ブッシュ大統領は、米露間で新たな戦略的関係を構築する意向を示した。プーチン大統領は、声明を発表し、①米国のABM条約脱退の決定は誤りであるが、ロシアの安全保障上の脅威とはならない、②米露の新たな戦略的枠組みの必要性を訴えるとともに、核弾頭数を1,500～2,200発に削減することを提案した。このような状況を受け、2002年5月24日、訪露中のブッシュ大統領とプーチン大統領は、クレムリンで「戦略核兵器削減に関する条約（モスクワ条約）」及び「新たな戦略的関係」と題した共同宣言に調印した。同条約は、①2012年12月31日までに米ロ双方が核弾頭を1700～2200発に削減する、②核戦力の構成と構造はこの上限内で各国が独自に決定する（米国は除去した弾頭を備蓄する意向だが、ロシアは備蓄の経費負担が困難であり、実質上米国に有利な条項）旨規定している。共同宣言では、「米露の新たな戦略的関係」を再確認した上で、テロとの闘い、大量破壊兵器の拡散の阻止、アフガニスタンの復興、エネルギー問題など、様々な分野での協力をうたっている。このような両国の戦略的関係が構築された背景としては、次の4点が考えられる。①グローバルな枠組みが、冷戦時代の「ゼロ・サム・ゲーム」ではなくなり、主要国が協調すれば「ウィン・ウィン」になり得る状況にある。②テロリズム、大量破壊兵器の拡散、難民、麻薬などの問題は、国際協力、少なくとも主要国の共同歩調なしには解決できない性質のものであり、具体的に両国は、テロ対策、大量破壊兵器の拡散やイスラム原理主義への対応に共通の利害を有している。③米軍のアクセスが難しい「不安定の弧」の中央に所在する中央アジアに、ロシアは歴史的に一定の影響力を保持しており、米国はその力を活用できる。④ロシアは、モスクワ条約によって、冷戦時代の戦略兵器削減交渉と同様に、米国と少なくとも形式的に対等な関係を国際的にアピールできるとともに、共同宣言の対米協調路線によって、今後の経済発展のための実利を得られる。米露の「新たな戦略的関係」の副作用としては、中国の孤立化が指摘されている。中国は、近年の経済発展と軍事建設が目覚しく、QDRでも婉曲に軍事的競争相手と記述

されている。この状況は，冷戦時代のソ連を見据えた米国の対中接近策（チャイナ・カード）と対照的である（平成14年版『日本の防衛』参照）。

⇒ ◊冷戦，◊戦略兵器削減条約，◊米露戦略核兵器削減条約，◊弾道ミサイル迎撃システム制限条約，◊悪の枢軸，◊テロとの闘い，◊イスラム原理主義，◊不安定の弧，◊4年ごとの国防計画の見直し

1-95
ロシア連邦国家安全保障コンセプト
National Security Concept of the Russian Federation
別称 新コンセプト

NATOの東方拡大，イスラム原理主義の台頭という安全保障環境で，かつ，厳しい経済情勢という内憂外患の状況下で，大統領選挙を経て，2000年5月にプーチン大統領代行が大統領に就任した。プーチン大統領は，法秩序の確立と強い大国ロシアが目標であることを強調している。大統領代行に就任以来，第2次戦略兵器削減条約（START II）や包括的核実験禁止条約（CTBT）を批准するなど軍備管理・軍縮政策を推進するとともに，1997年に策定された「国家安全保障コンセプト」を2000年1月に改定した。同コンセプトの骨子は，次のとおり。①現在の世界情勢について，ロシアを含む多極的な世界の形成を推進する勢力と，米国を中心とした国際的な支配網を確立しようとする勢力が存在する。②ロシアは大国の一つではあるが，経済発展を基盤としてのみ，国益の追求が可能である。③軍事上の国益は，国家主権の確保，領土の防衛，侵略の防止などである。④国内外の脅威としては，国際テロリズム，国連などの役割を弱体化する動き，NATOの東方拡大，独立国家共同体（CIS）統合プロセスを妨害する動き，ロシアに対する領土要求などがある。⑤旧西側諸国におけるハイテク兵器の増大が，ロシア軍の危機的状況とあいまって，ロシアの安全保障の弱体化につながっている。⑥抑止力を実現するため，核戦力を保有する（平成14年版『日本の防衛』参照）。

⇒ ◊イスラム原理主義，◊戦略兵器削減条約，◊包括的核実験禁止条約，◊国際テロ組織，◊独立国家共同体，◊核戦略，◊国益

1-96
ロシア連邦軍事ドクトリン
Military Doctrine of the Russian Federation
別称 新ドクトリン

プーチン大統領代行（当時）は2000年4月，1993年に策定された「ロシア連邦軍事ドクトリンの主要規定」を改定する「ロシア連邦軍事ドクトリン」の批准に関する命令に署名した。同ドクトリンは，ロシア国防政策の基本理念を記したもので，軍事政治基本理論，軍事戦略基本理論，軍事経済基本理論の3部から成る。①軍事政治基本理論では，主要な外部の脅威として，領土要求，内政干渉，国境付近の武力衝突，ロシアの安全保障を損

なう軍事ブロック・軍事同盟の拡大などを挙げている。主要な内部の脅威として，憲法体制を武力で覆そうとする行為，過激な民族主義，テロ活動，犯罪組織などを挙げている。②軍事戦略基本理論では，ロシアが武装衝突に参与するのは，ロシアへの侵略を防ぎ，撃退するためのものであることを強調している。③軍事経済基本理論では，軍と軍需産業への資源配分を重視している。さらに，新軍事ドクトリンは，軍事行動の規模による戦争区分として大規模戦争，地域戦争，局地戦争の3つがあり，現在核戦争を含む大規模戦争の可能性は少ないが，地域戦争，局地戦争の可能性は決して低下していないと指摘している。厳しい経済状況を反映し，通常兵器の近代化でNATO諸国に後れをとっているロシアは，戦術核兵器への依存度を高めざるを得ない。このため，核兵器の使用について新軍事ドクトリンは，核兵器その他の大量破壊兵器が使用された場合のみならず，地域戦争の場合を含む通常兵器を使用する大規模侵攻に対する報復手段として，使用する権利を留保すると述べている。他方，核不拡散条約（NPT）に参加し，かつ，核兵器を保有しない国に対しては，ロシアを侵略しない限り，核兵器を使用しないことを規定している。

⇒ ①核不拡散条約，①独立国家共同体

1-97
ロシア軍の改革と武器輸出
military reform and arms exports of Russia

ソ連崩壊後の軍の改革は，エリツィン大統領時代の経済混乱，軍内部の路線闘争，未熟な文民統制から，全般的に遅れていた。プーチン大統領は，大統領就任前後に相次ぎ，安全保障分野の大統領令に署名し，意欲的に軍の改革に乗り出している。「ロシア連邦軍事ドクトリン（新ドクトリン）」は，核抑止力のため大規模戦争の可能性は低く，地域戦争対処が当面の重要な課題であると述べている。この情勢分析を踏まえ，2001年に軍改革に関する大統領令が署名された。軍改革の基本方針は，厳しい経済状況を勘案しながら，核抑止力の下，情報化時代に対応する近代的な軍を建設することであり，2005年を目途に骨幹組織を整備することとなっている。まず，①連邦軍の定員を，2005年までに170万人から100万人へ削減する。②すでに，陸海空3軍のほか，戦略ロケット軍，防空軍を加えた5軍種制というソ連軍以来の編成から，3軍種制への移行した。③地上軍の整備のために地上軍総司令部が復活するとともに，ロシア独特の基本的な軍事行政単位である軍管区を統合（ザバイカル軍管区とシベリア軍管区，沿ボルガ軍管区とウラル軍管区）し，8個軍管区制から6個軍管区制へ移行した。原油などの国際価格の上昇などによりロシア経済は回復基調にあり，近年国防予算の増額が決定されている。一方，武器輸出の目的について，新ドクトリンは，軍事産業基盤の維持，経済的利益（外貨の獲得）のほか，政治的影響力の確保という外交政策への寄与を

列記している。ロシアは，中国，インド，ベトナム，マレーシア，ミャンマーなどソ連時代から軍事交流のあった諸国を中心に武器を輸出し，2001年10月にはイランと軍事技術協力協定に調印した。さらに2002年12月には同国における原子力発電所の建設に関する協定を締結している。

⇒ ①核戦略，⑤チェチェン紛争，①ロシア連邦軍事ドクトリン

1-98
英国の国防政策
Defence Policy of the United Kingdom

英国の冷戦後の国防政策は，1998年に発表された「戦略防衛見直し（SDR：Strategic Defence Review）」を基礎とする。SDRでは，冷戦後の防衛力の役割を広く，外交の手段ととらえ，「防衛外交（defence diplomacy）」の重要性を説いている。つまり，英国軍には，NATO地域への侵攻対処や，NATOへの戦略的攻撃への対処（核使用）といった本来的な役割はもとより，軍備管理や，防衛交流などを通じて，緊張緩和や友好関係の構築に貢献することが期待されている。また，英国軍は，NATO域外の地域紛争・危機への対処，海外領土（ジブラルタルやフォークランドなどの植民地）の保全，より広範な国益確保のため準同盟国を支援し（例えば，「五カ国防衛取極（FPDA：Five Power Defence Arrangements）」との関係を重視し，重要な訓練へ参加したり，輸出支援を行ったりする），同時に，テロ対処を含む平時の治安維持を担う。したがって，このような幅広い任務を遂行するために，即応性のある展開や共同対処，様々なレベルの紛争への的確な対応を可能にするため，バランスのとれた能力と最新技術の導入，戦闘手法の趨勢をふまえた近代化を目指している。具体的には，湾岸戦争規模のひとつの事態か，ボスニア紛争のようなふたつの中規模事態に同時に対処できる能力である。そのために，核戦力を削減（核弾頭を200発以下に）し，統合戦闘能力や，NBC防護能力を強化している。また，9.11同時多発テロ以降，ブレア政権は，国際テロへの対処能力の向上とともに，イラク戦争における米国軍との連携など，対米協力を強化・推進している。

⇒ ①五カ国防衛取極，⑤湾岸戦争，①核戦略，①②⑤9.11同時多発テロ，①国際テロ組織，①国益，⑤コソボ紛争とNATO攻撃，①イラクに対する軍事作戦（経緯），①イラクに対する軍事作戦（評価）

1-99
フランスの国防政策
Defence Policy of France

フランスは，1996年に信頼に足りる欧州防衛を構築するために，2015年までのフランス軍の近代化計画を発表した。この中で，軍隊の役割は，①死活的国益の防衛，②欧州と地中海地域の安保・防衛への貢献，③平和と国際法の尊重への貢献，④公共の秩序の維持とされている。なお従前から，フランス軍には，地方の

第1章　安全保障情勢を読む

一般警察事務も担当する軍官警察隊（国家憲兵隊）が含まれている。また，統合作戦，戦略機動，情報などを重視しつつも，規模の縮小や国防産業の再編を行い，徴兵制を廃止し，段階的に志願制による職業軍人制を確立して，兵力を35万人体制に削減する，となっている。陸軍については，大規模作戦に5万人，又は第1正面に3万人を1年間派遣しつつ第2正面に交代で常時5千人を派遣しうる能力を，海軍については空母群などを数千km派遣しうる態勢を，空軍については空中給油機や基地機能を伴った作戦機約千機を保有するとしている。また，核抑止力は引き続きフランスの防衛政策の根幹として維持するかたわら，従来以上に欧州共通の防衛体制に配意し，欧州全体の防衛の中に位置づけることとした。欧州軍の一員としてフランス軍の責務を果たすために，ドイツなど同盟国との相互運用能力を確保し，EU緊急展開部隊の中核として機動展開能力の強化を図り，同時に国内治安維持機能の強化も決定している。またフランスは，対イラク戦争（2003年）を巡って，米国と激しく対立するなど，グローバルな安全保障問題にも独自のアプローチを際立たせている。

⇒ ①核戦略，①イラクに対する軍事作戦（経緯），①イラクに対する軍事作戦（評価），①国益，①EU緊急展開戦力，②イラク戦争とその後，⑤イラク戦争

5　アジア太平洋（米国と同盟国）

1-100
ハブ・アンド・スポークス
hub and spokes

自転車の車軸（ハブ）と輻（ヤ）（スポーク）の関係のように，大国を中心とした2国間の同盟関係が形成されていること。具体的には，アジア太平洋における米国とその同盟国の関係を指す。冷戦構造の形成期に，米国は，アジア太平洋の各国と主として2国間の同盟関係を構築したが，これは，文化や歴史，民族が多様で，国家の発展段階が様々なアジア太平洋地域においては，欧州におけるNATOのような多国間同盟を構築することが困難で，各国の個別の事情を勘案できる2国間の同盟が適当であると考えたからであると言われている。同時に，中小国が大国と対等な立場で参画する多国間関係と異なり，2国間関係では一般的に大国側に有利である。実際にこれら同盟国は，米国によって提供される核の傘の下で，自由主義経済による繁栄を謳歌すると同時に，米国の前方展開戦略にもよく貢献した。しかしながら，冷戦終焉後，アジア太平洋地域の安全保障上の最大の課題は，地域の安全保障問題を議論する包括的な多国間の政治，安全保障

5 アジア太平洋（米国と同盟国）

上の枠組みをいかに構築するか，ということにある。これに関して，ARFのような安全保障上の多国間対話の場を通じた協調的安全保障関係の構築と同時に，米国を通じた間接的な同盟国（いいかえれば，車輪）関係の安全保障上の協力関係の重要性が着目されている。とまれ，憲法によって集団的自衛権が禁止されていると解釈している日本には，これら「ハブ・アンド・スポークス」の関係にある国々との安全保障関係構築にも厳しい制約があるといわざるを得ない。

⇒ ①アジア太平洋地域における前方展開戦力，①アセアン地域フォーラム，①同盟

1-101
米軍のプレゼンス

presence of U.S. forces

米国は，米ソ対決の冷戦時代を通じ，ソ連本土周辺地・海域に兵力を抑止力として常時駐留させる前方展開戦略をとった。冷戦の終焉後もこのような米軍の存在（プレゼンス）が，それぞれの地域の平和と安定を構築するうえで，無視できない重要な要素となっている。すわなち，既に常態となっているこれら米軍のプレゼンスの急激な変更は，それ自体が地域の戦略環境の不安定要因となりうるからである。とりわけ，未解決な領土問題や，朝鮮半島などの安全保障上の不安定要因を有するアジア太平洋地域は，多国間の政治的枠組みを持たないため，依然米軍のプレゼンスが地域の平和と安定の要となっている。アジア太平洋地域における米国の軍事態勢は，1991年に在フィリピンの米軍基地こそ撤退したものの，その後も地域の紛争を抑止し，米国と同盟国の利益を守るため維持されている。ハワイに司令部を置く米太平洋軍は，太平洋とインド洋の前方展開能力を確保しており，アジア太平洋に配備されている米軍の態勢としては，2003年現在，陸軍：韓国に約2万9千人，日本に約2千人。海軍：日本，グアムを主要拠点として，空母1隻を含む艦艇約40隻，作戦機約70機，兵員1万9千を展開（作戦部隊である第7艦隊は，西太平洋やインド洋に展開する海軍と海兵隊の大部分を隷下に置き，平時のプレゼンスの維持，有事における海上交通の確保，沿岸地域に対する航空攻撃，強襲上陸などを任務とし，空母，水陸両用戦艦艇やイージス巡洋艦などを配備している）。海兵隊：日本に第3海兵師団とF/A-18などを装備する第1海兵航空団を配置し，洋上兵力を含め約2万人，作戦機約40機を展開（このほか，重装備などを積載した事前集積船が西太平洋に配備されている）。空軍：第5空軍の2個航空団（F-15，F-16を装備）を日本に第7空軍の2個航空団（F-16を装備）を韓国に配備しており，作戦機約190機，兵員約2万2千人。このように西太平洋地域における米軍の最重要拠点は，沖縄をはじめとする日本の在日米軍基地である。

⇒ ①アジア太平洋地域における前方展開戦力，②地位協定，③地位協定と施設・区域，資料編 在日米軍の部隊

1-102 えひめ丸事件
Ehime Maru incident

2001年2月10日、ハワイ州オアフ島沖で愛媛県宇和島水産高等学校の練習船「えひめ丸」（35名乗船）が、緊急浮上した米原子力潜水艦「グリーンビル」に衝突され沈没、乗員35名中9名（内高校生4名）が行方不明となった。米国はあらゆる面での責任を認め、引き揚げ及び船内捜索・回収作業に際しては、日本政府も協力した。3月5日から20日まで海軍審問委員会が開催され、日本の海上自衛隊幹部もアドバイザーとして参加した。その結果、4月24日、ファーゴ太平洋艦隊司令官は事故原因等に関する審問委員会の報告書を公表し、同委員会の勧告を踏まえた処罰、民間人乗船プログラムの見直しなどの指示を発表した。ワドル元艦長は統一軍法典の規定に違反し有罪とされた。賠償交渉は難航したが、事故から2年後の2003年1月に被害者全員との和解が成立、決着した。日本には無い軍法制度による処分であることなど日米の法制度の違いが浮き彫りとなったものの、米国側は、日米安全保障関係の重要性を強く意識し、極めて誠実に対応し、9.11同時多発テロ後も船体回収作業を中断しなかった。

⇒ ③日米安全保障体制の意義、③日米安保共同宣言

1-103 シンガポール・米国物品役務相互提供協定
Singapore – the United States Acquisition and Cross Service Agreement

[略語] Singapore – the United States ACSA

シンガポールと米国は、1998年、シンガポール国内の海軍基地に米軍艦艇の寄航を認めることで合意し、2001年3月に初寄港を果たした。2000年4月には、両国間で、物品役務相互提供協定の署名が行われている。

⇒ ③日米物品役務相互提供協定、①シンガポール共和国

1-104 米・タイ安全保障関係
U.S. – Thailand security relations

タイと米国との安全保障関係は1950年に締結された「米・タイ経済技術協力協定」、「米・タイ軍事援助協定」以来、経済・軍事の両面で非常に緊密である。また、タイは54年に東南アジア条約機構（SEATO）に参加し、その後積極的なSEATO支持政策をとった。ベトナム戦争の進展に伴い、64年、米国に対しタイ国内各地の空軍基地使用を認め、67年には約2,000名の地上戦闘部隊を自らベトナムに派兵するなど、一貫して対米協調策をとった。こうした米国寄りのタイの外交姿勢は75年にインドシナが共産化され、76年にセーニー内閣の下で軍事顧問団を除く全ての駐留米軍が撤退、タイ国内各地の米軍基地は閉鎖されるなど一時変化をみせたが、78年のベトナムのカンボジア侵攻を契機とするインドシナ情勢の新たな展開に伴い、再び協力強化の方向に

5　アジア太平洋（米国と同盟国）

向かった。82年からは，合同軍事演習「コブラ・ゴールド」が開始された。しかしタイは，米国の軍事援助は期待するものの，その軍事プレゼンス復活は求めないとの姿勢を貫き，その軍事援助も，89年以降米国の軍事予算全体の減少を理由に減額された。さらに，91年2月にスッチンダ将軍による軍事クーデターが生起し，米国は経済援助を凍結し，両国関係は冷却化した。しかし92年9月のチュアン文民政権が成立するに伴い，関係は改善，96年11月には米国大統領としては27年振りにクリントン大統領がタイを訪問した。97年の経済危機の際も，米がIMFを通じた対タイ支援に参加しなかったため，一時対米世論が冷却したが，98年3月にチュアン首相が訪米し，米国も対タイ支援の姿勢を強く打ち出すこととなった。2001年9月の同時多発テロ後，タイ政界では中立の立場を主張する声がかなり出たものの12月にはタクシン首相が訪米し，関係改善に務めるとともに経済関係の強化を図った。

⇒　①タイ王国，⑤ベトナム戦争，①米軍のプレゼンス，①②⑤9.11同時多発テロ，①「コブラ・ゴールド」演習

1-105
「コブラ・ゴールド」演習
Cobra Gold Exercise

タイは，米国との軍事援助条約（1950年10月17日締結）により，毎年米国から軍事援助を得るとともに（2001年実績で約300万USドル），82年からは米国との合同軍事演習「コブラ・ゴールド」を実施している。「コブラ・ゴールド」は，当初は共産圏を牽制する示威行動としての色彩が強かったが，冷戦終結後には平和維持活動の演習を採り入れるとともに，毎年オブザーバー参加国を拡大して，アジアにおける多国間軍事協力をめざしてきた。2000年には，シンガポールが正式参加し，多国間演習となった。2002年には日本，中国，ロシアなど計18カ国がオブザーバー参加した。しかし，2003年は，米国の対イラク戦への反発が地域的に広がり，既に正式参加に合意していたマレーシアが一転して不参加となった。さらに東南アジアで新型肺炎（SARS）の影響もあって，参加国は11カ国に留まった。「コブラ・ゴールド」が東南アジアで最大の演習であることに変わりはないが，規模は大幅に縮小され，米軍約5,200人，タイ軍約7,000人のほか少数のシンガポール軍によって実施された。米軍部隊だけをみると，2002年は約1万4,000人がタイ入りしていたから，半分以下となった。

⇒　①タイ王国，①イラクに対する軍事作戦（評価），①新型肺炎

1-106
アンザス条約
Security Treaty between Australia, New Zealand and the United State of America

略語 ANZUS　別称 太平洋条約；ANZUS条約（ANZUS Treaty）

1951年に締結されたオーストラリア，

ニュージーランド，米国の安全保障条約。オーストラリア，ニュージーランド両国が日本の独立と再軍備に対する懸念から米国に対し安全保障を担保する手段を求めたものであったが，冷戦の進展とともに，アジア太平洋地域の反共同盟としての役割を積極的に担った。朝鮮戦争，ベトナム戦争にもオーストラリアとニュージーランドは参画した。米国は日米安保とANZUSを太平洋における自由主義社会の「南北の錨」と呼んでいる。条約第4条は，「太平洋地域におけるいずれかの締約国に対する武力攻撃」があった場合の共同対処を宣言しており，集団的自衛権に基づく双務的な同盟条約である。しかし，80年代初頭からニュージーランドでは反核意識が高まり，85年に米国の核兵器搭載可能な駆逐艦の寄港を巡り激しく対立した（ANZUS危機）ため，86年には米国はニュージーランドに対する安全保障義務を停止し，爾来，実質的には，米国とオーストラリアの2国間同盟となった。96年7月，「米豪安保共同宣言（シドニー宣言）」で，冷戦後の米豪安全保障関係の重要性を再確認するとともに，この同盟がオーストラリアの防衛のみならず，アジア太平洋地域の安全保障強化に必要な「米国の永続的なプレゼンス確保のために死活的重要性を持つ」ことが確認されている。米豪間では，共同軍事演習，訓練，情報交換，通信，兵たん面での協力など幅広い軍事協力，人事交流が進展しており，オーストラリアの港湾や訓練施設，修理施設への米軍のアクセスが認められている。97年には，第2次世界大戦後最大規模の共同軍事演習「タンデム・スラスト」を開始した。他にも年数回（最大2,500人）の米海兵隊の演習がオーストラリア北部で実施されており，これには沖縄駐留部隊が参加しているが，沖縄に代替する恒久的な基地建設は，オーストラリアの国内事情から否定されている。9.11同時多発テロ後，米国とオーストラリアは，「ANZUS条約で定めた集団的自衛権を行使する条件を満たすという合意に達した」との声明を発表し，オーストラリアは米軍の主導する対テロ戦支援のため，艦艇，兵員の派遣を行った。2003年の対イラク戦争でもオーストラリア軍は英国と共に米国を支援している。

⇒ ⑤朝鮮戦争，⑤ベトナム戦争，①冷戦，⑤米軍のプレゼンス，③SACO設置の経緯，①②⑤9.11同時多発テロ，①テロとの闘い，①ニュージーランド，①オーストラリア連邦，①同盟，①ハブ・アンド・スポークス

1-107
「タンデム・スラスト」演習
Tandem Thrust Exercise
別称 米豪合同軍事演習

米国とオーストラリアが実施している2〜3万人規模の合同軍事演習。冷戦後，アジア太平洋地域における多国間の軍事協力を推進する米国は，2001年から，米比「バリカタン」演習，米タイ「コブラ・ゴールド」演習，及び米豪「タンデム・スラスト」演習を「チーム・チャレンジ」

演習と総称し，強化している。2001年の「タンデム・スラスト」演習には，カナダ海軍，空軍も参加した。

⇒ ①オーストラリア連邦，①アンザス条約，①バリカタン演習，①コブラ・ゴールド演習

1-108
米韓相互防衛条約
Mutual Defense Treaty between the United States of America and the Republic of Korea

朝鮮戦争の休戦協定が締約された直後の1953年10月1日，北朝鮮からの軍事的攻撃を防衛・抑止することを目的に調印され，54年11月に発効した。本条約は，「相互合意により，米陸海空軍を大韓民国の領土内とその付近に配置する」こととしており，66年には，駐留米軍地位協定（SOFA）が締結された。2003年現在，約38,000人の米軍部隊が配備されている。両国は，朝鮮半島における不測事態に対処する共同防衛能力を高めるために各種，共同演習を行っている。76年から94年まで「米韓合同軍事演習（チーム・スピリット）」がほぼ毎年実施され，80年代にはその参加規模が約20万人に及んだ。また，米韓合同大規模野外機動演習として例年実施されていた後方地域における合同演習「フォール・イーグル」は2002年から「戦時増援演習（RSO & I）」と統合され実施されている。94年に，平時における作戦統制権が在韓米軍司令官から韓国軍合同参謀議長に返還されたものの，有事の作戦統制権は，依然在韓米軍司令官にある。2002年3月に，連合土地管理計画（LPP：Land Partnership Plan）が署名され，2011年までに在韓米軍の統廃合を進め，供与されている土地の半分が韓国に返還されることとなっている。

⇒ ⑤朝鮮戦争，①朝鮮半島，①大韓民国，①米朝協議，②地位協定

1-109
「バリカタン」演習
Balikatan Exercise
别称 米比合同軍事演習

1999年にフィリピンと米国との間で，「訪問米軍の地位に関する米比協定」が発効し，2000年1月から3月にかけて95年以来中断していた両国間の大規模演習である「バリカタン」が行われた。2002年には，国軍本部において，両国軍当局の間で，「相互後方援助協定（MLSA：Mutual Logistics Support Agreement）」が署名された。同協定は，軍事演習の際の燃料や食料供給，輸送，修理・整備，施設利用などの役務提供について定めたものである。フィリピン政府は9.11同時多発テロ後，テロ組織「アブ・サヤフ」の掃討作戦を強化。米国政府もテロ対策支援として，米軍顧問団をフィリピンに派遣したほか，合同軍事演習「バリカタン02-1」（2002年1月31日～7月31日）を実施した。「バリカタン02-1」ではフィリピン軍の対テロ戦闘能力向上を目的にミンダナオ島サンボアンガ及びバシラン島などで米軍600名，フィリピン軍3,800名が参加して，実戦さながらの本格的戦闘訓練が行われた。なお，米軍は直

接戦闘行為には参加しないものとされた。また，2003年2月からは13カ月間の予定で，合同演習「バニヤン」が実施された。

⇒ ①②⑤9.11同時多発テロ，①国際テロ組織，①テロとの闘い，①イスラム原理主義，①フィリピン共和国

1-110
台湾関係法
Taiwan Relations Act

1979年，米中の国交樹立に伴い，米華相互防衛条約（Mutual Defense Treaty between the United States of America and the Republic of China）は破棄され，米台（中華民国）関係は断交するが，その後も実質的な同盟関係を維持するために，米議会が主導し，米国の国内法として「台湾関係法」が制定された。ここでは，台湾への武力行使を「米国の重大な関心事」とし，台湾への防衛的武器の供与を規定している。これに基づき歴代米政権は台湾への武器売却を継続してきた。また，台湾の人々の安全が脅威を受けた場合，大統領と議会は「適切な行動を決定する」となっており，米国の台湾防衛の意思を実質的に表明しているものといえる。さらに2000年，米下院は，「台湾安全強化法」を可決するが，これに対してクリントン大統領は署名を拒否した。

⇒ ①台湾，①台湾海峡問題，①中台の軍事バランス，①米中関係

6　アジア太平洋（領有権問題）

1-111
竹　　島
Takeshima：East Island（Onnajima）and West Island（Otokojima）
別称 独島（ドクト）

島根県隠岐島北西85海里（北緯37度9分，東経131度55分）に位置する東島（女島），西島（男島）と呼ばれる2つの小島とその周辺の数十の岩礁。総面積は約0.23平方km。韓国名は独島（ドクト）。日韓両国がその領有権を主張しているが，1954年7月頃から韓国警備隊員（警察）が常駐し，実効支配している。しかし，日本では古くから，「松島」の名によって今日の竹島がよく知られていた。例えば，1650年代に伯耆藩（鳥取）の大谷，村川両家が「松島」を幕府から拝領し経営していたという記録があり，また，経緯線投影の刊行日本図として最も代表的な長久保赤水の「改正日本輿地路程全図」（1779年）では現在の竹島を位置関係正しく記載されている。一方，韓国では，15～16世紀頃の古文献に，于山島又は三峰島という名で竹島の記述があるものの，于山島や三峰島が竹島に該当していることを実証できる積極的根拠はない。05年（明治38年）2月，日本政府は閣議決定

及びそれに続く島根県告示により，近代国家として竹島を領有する意志を再確認しているが，これに対し韓国は，この島根県告示は，むしろ日本がそれまで竹島をその領土の一部と考えていなかった有力な証拠としている。その後，第2次世界大戦後の対日占領政策において，46年1月29日付総司令部覚書第677号が，小笠原諸島等の若干の外郭地域の日本からの分離を行った際，竹島は日本領土から分離され，日本漁船の操業区域を規定したマッカーサー・ラインの設置にあたっても，竹島がその線の外におかれた。しかし，同覚書には，対日平和条約前の一連の措置は，いずれも日本国領土の最終決定に関するものではないと明記されており，日韓基本条約でもこの問題は棚上げにされた。99年に国連海洋法条約の批准に伴う日韓新漁業協定の基本合意がなされ，99年1月に発効した。この協定では，竹島付近に暫定水域をもうけ，共同で資源管理を行うこととしている。

⇒ ①日韓関係，②日韓基本条約，②竹島

1-112
尖閣諸島

Senkaku Islands

別称 尖閣列島；魚釣島（Diaoyu Island）

南西諸島西端に位置する魚釣島，北小島，南小島，久場島（黄尾嶼），大正島（赤尾嶼），沖の北岩，沖の南岩，飛瀬からなる島々の総称。尖閣諸島は，1885年以降日本政府が再三にわたり現地調査を行ない，単にこれが無人島であるのみならず，清国の支配が及んでいる痕跡がないことを慎重に確認の上，1895年1月14日に現地に標杭を建設する旨の閣議決定を行なって正式に日本の領土に編入することとした。爾来歴史的に一貫して日本の領土たる南西諸島の一部を構成しており，1895年5月発効の下関条約第2条に基づき清国より割譲を受けた台湾及び彭湖諸島には含まれていない。対日平和条約（サンフランシスコ平和条約）においても，尖閣諸島は，同条約第2条に基づきわが国が放棄した領土のうちには含まれず，第3条に基づき南西諸島の一部としてアメリカ合衆国の施政下に置かれ，1971年6月17日署名の琉球諸島及び大東諸島に関する日本国とアメリカ合衆国との間の協定（沖縄返還協定）により返還された地域の中に含まれている。ところが，92年，中国は，新領海法（「領海及びその隣接区法」）を制定し，尖閣諸島の領有を主張した。しかし，従来中華人民共和国政府及び台湾当局がいわゆる歴史的，地理的ないし地質的根拠等として挙げている諸点はいずれも尖閣諸島に対する中国の領有権の主張を裏付けるに足る国際法上有効な論拠とはいえない。中華人民共和国政府の場合も台湾当局も，従来，サン・フランシスコ平和条約に同諸島が含まれていることに，何等異議を唱えず，70年後半，東シナ海大陸棚の石油開発の動きが表面化するに及びはじめて尖閣諸島の領有権を問題とするに至ったにすぎない。

⇒ ①日中関係，②尖閣諸島

1-113
南沙諸島
Spratly Islands

別称 南沙群島

　北緯4度から12度の南シナ海中南部海域に点在する400余りの小島や環礁で，豊富な漁業資源に恵まれ，海上交通の要衝でもあるが，同諸島の領有権が注目を浴びる最大の理由は石油・ガスの埋蔵（の可能性）である。中国，台湾，ベトナム，マレーシア，フィリピン，ブルネイの6カ国が全部または一部の領有権を主張し，軍事施設などの建造物を構築している。中国とベトナムとの間で1974年と88年に軍事衝突が起きている。両国は，西沙諸島（Paracel Islands）の領有権でも対立している。中国は，冷戦終結後の東アジアにおける米・露の軍事プレゼンスの低下をつくようにして，海軍力を増強し，とりわけ92年に新領海法（「領海及びその隣接区法」）を定めて同諸島の領有を明記したため，緊張が高まった。ASEAN各国は同年7月のASEAN外相会議で南シナ海宣言を採択し，領有権問題を棚上げして共同で資源開発を進める文書に合意した。しかし，フィリピンが実効支配していたミスチーフ環礁に中国やマレーシアが漁民避難施設などを構築したため緊張が再燃，漁船の拿捕や航空機の追跡・銃撃事件などが起きた。2001年7月のASEAN外相会議で紛争防止のための「南シナ海行動規範」を協議したが，2004年1月現在，具体化はされていない。

　⇒ ①米軍のプレゼンス，①④東南アジア諸国連合，⑤南沙・西沙諸島紛争

1-114
サバ・サラワク問題
Sabah and Sarawak problem

別称 マレーシア・サバ州，サラワク州

　マレーシアのサバ州，サラワク州は，ボルネオ島に所在し，インドネシアと陸の国境を接している。もともとマレーシアとインドネシアは同一文化圏に属するが，両国が別の国になったのは，英国とオランダの間の植民地争奪戦の結果に由縁する。独立の気運の盛り上がった第2次世界大戦から「大インドネシア構想」といわれる両者統一の独立国の考え方もあったが，独立にいたる経緯で結局，別の国となった。しかし旧英国領のマラヤ連邦とシンガポール，サバ，サラワクを統合させようという「マレーシア構想」が浮上すると，インドネシアのスカルノ大統領（当時）が「植民地主義」であると反発し，1963年9月，同構想によるマレーシア連邦の結成目前，軍事行動に及んだ。サバの所在する北ボルネオに関しては，1841年にブルネイのスルタンから派遣されていた領主が英国人に割譲したという経緯があるものの，フィリピンも潜在的主権を主張し，インドネシアに同調した。フィリピンによれば，サバは，もともとミンダナオ島南部のスルタンの領土であった，という。フィリピンは，「マレーシア構想」に対抗して，マラヤ連邦，インドネシア，フィリピンの3カ国による「マフィリンド構想」を提唱し

た．しかし，その後，インドネシア，マレーシア両国の和解が成立（66年）し，ASEANが結成されたためフィリピンのサバ州に対する領有権の主張も目立たぬものになった．しかし，マレーシアとフィリピンの長年の対立の火種となっており，自立志向が強いサバ州に対するマレーシア政府の警戒感も高い．また，2004年現在，フィリピンの治安の悪化から，ミンダナオ島のイスラム教徒が多数サバ州に流入しており，緊張感が高まっている．

⇒ ①マレーシア，①④東南アジア諸国連合，⑤インドネシア独立戦争，⑤マラヤの共産党反乱

1-115
北方領土

Northern Territories

別称 北方四島（歯舞群島，色丹島，国後島，択捉島：Habomai, Shikotan, Kunashiri and Etorofu）；クリル諸島（Kuril Island）

1855年，日本とロシアとの間で平和的，友好的な形で締結された日露通好条約（下田条約）は，当時自然に成立していた択捉島とウルップ島の間の国境を確認したものであり，北方四島（歯舞群島，色丹島，国後島，択捉島）に対する日本の統治は，それ以前に既に確立していた．1875年に締結された樺太・千島交換条約も，千島列島を日本領，樺太をロシア領としたうえで，千島列島の18の島名を全て列挙しているが，北方四島をその中に含ませていない．これは，元々日本領である北方四島が千島列島と明確に区別されていた証左である．しかしながら，第2次大戦末期の1945年，ソ連は，日ソ中立条約に違反して参戦し，日本がポツダム宣言を受諾した後の8月28日から9月5日までの間に北方四島の全てを占領した．当時四島にはロシア人は一人もおらず，日本人は四島全体で約1万7千人が住んでいたが，ソ連は46年に四島を一方的に自国領に編入し，49年までに全ての日本人を強制退去させて，以来今日まで占有をつづけている．51年の対日平和条約（サンフランシスコ平和条約）で，日本は千島列島こそ放棄したが，当然ながら北方四島まで放棄したものではない．56年の日ソ共同宣言によって両国の外交関係は回復された際も，領土問題について両国の立場は一致せず，共同宣言第9項で，両国は平和条約の締結に関する交渉を継続することに同意し，ソ連は歯舞・色丹両島を平和条約締結後に日本に引き渡すことで合意するに留まった．93年，日本とロシアは，北方四島の島名を列挙したうえで，①歴史的・法的事実に立脚し，②両国の間で合意の上作成された諸文書及び③法と正義の原則を基礎として領土問題を解決し，平和条約を締結するとの明確な交渉指針（東京宣言）を示した．2001年のイルクーツク声明も，北方四島の帰属の問題を解決することにより，平和条約を締結すべきことを再確認している．この間，一部の政治家や外務官僚が2島先行返還論を主張したり，支援策を巡るスキャンダル（鈴木宗男問題）が生じたりするなどの混乱もあった

が，日本政府は公式には，一貫して四島一括返還を求めている。

⇒ ①日露関係，②北方領土，②日ソ共同宣言

7 アジア太平洋（地域情勢）

1-116
極東ロシア
Russian Far East

ウラル山脈以東のシベリア・極東地域は全ロシアの約7割を占める面積を有しているが，人口密度は希薄で，その上，自然条件が非常に厳しいため，生活環境も悪く，旧ソ連崩壊後，人口の流出が著しい。一方，同地域は石油などの地下資源が豊富であり，その開発のために，日本や中国などのアジア太平洋地域の国々との経済関係の強化が必要とされている。また，極東ロシア軍は，艦艇，航空機の行動に減少傾向が見られるとともに，日本に近接した地域における演習・訓練も低調となっている。徴兵忌避者の増加などにより充足率も減少していることから，即応態勢が維持されているのも戦略核部隊などに限定され，一般部隊では低下している。しかし，装備の近代化こそ緩やかなものとなっているものの，2003年現在，極東地域には，1990年にCFE条約が締結された後ヨーロッパ戦域から移管された通常兵器や核戦力を含む大規模な戦力が依然蓄積されている。また，旧ソ連時代から比べれば大幅に削減されたものの，日本固有の領土である北方領土におけるロシア軍の駐留も継続している。極東ロシア軍の将来は，ロシアの政治・経済状況や軍改革の動向と相まって不透明・不確実なものである。

⇒ ①ロシア軍の改革と武器輸出，①欧州通常戦力条約，①不透明性・不確実性，①②北方領土

1-117
台湾海峡問題
Taiwan Strait

中国は，台湾は中国の一部であり，台湾問題は中国の内政問題であるとの原則を堅持している。また，平和的な統一を目指すものの，外国勢力による中国統一への干渉や台湾独立をねらう動きに対しては，武力行使を放棄していないことを度々表明している。一方，台湾も「中華民国が中国全土を代表する政権」である，との立場をとってきたが，1999年に李登輝総統が中台関係を「特殊な国と国との関係」（二国論）と表現したことで，中国は，「ひとつの中国」の原則を否定し，国家分裂を促すものとして強い反発を示し，両国の対話は中断した。その後，中国は，2000年2月に発表した「一つの中国の原則と台湾問題」白書（台湾白書）を発表し，台湾当局が交渉による両岸統一問題の平和解決を無期限に拒否するなら武力行使を含むあらゆる可能な断固た

7 アジア太平洋（地域情勢）

る措置をとる旨明言した。これに対して、台湾の陳水扁総統は2000年の就任演説で、中国が武力行使をしない限り、独立宣言しないこと、「中華民国」の名称を変更しないこと、「二国論」を憲法に盛り込まないこと、統一か独立かを問う住民投票を行わないこと、などを明らかにした。また、「一つの中国」問題については、中台が対等な立場で解決していきたい意向を表明した。このように統一問題に関する公式対話は膠着状態が継続している。しかし、中台間の貿易、投資、文化・学術の交流を通じた経済関係、人的交流は急激に進展している。2001年1月から「小三通」が始まったが、中国側は早急に「三通」の実現を目指している（三通とは、中台間の通信、通商、通航を指し、小三通とは、中国本土と金門・馬祖島に限った三通をいう）。また、台湾側の対中経済政策もこれまでの抑制的な「戒急用忍」政策から、積極的に投資を認める「積極開放、有効管理」政策に転換している。2001年12月に中国が、2002年1月に台湾がWTOの加盟を実現しており、中台の経済面での相互依存は加速している。

⇒ ①台湾関係法、①台湾、④世界貿易機関、⑤中国の国共内戦、⑤金門島、馬祖島砲撃

	中　国	台　湾
人口	1,293,129,000人	22,124,000人
GDP	US$1,200,000,000,000	US$290,000,000,000
防衛支出 （GDP比）	US$47,000,000,000 （3.9%）	US$10,700,000,000 （3.7%）
兵力数 （予備役数）	2,270,000(500-600,000)	370,000(1,657,500)
兵一人当たりの国民数	451人	11人
陸軍力	1,600,000人	240,000人
海軍力	250,000人 （艦艇770隻931,000トン）	62,000人 （艦艇350隻206,000トン）
空軍力	420,000人 （作戦機3,460機）	68,000人 （作戦機530機）
核兵器	ICBM20基以上	無し

出典：*The Military Balance 2002-2003*

比較だけでは意味をなさないが、一般的には次のような特長が指摘されている。①陸軍力については、中国が圧倒的な兵力を有しているが、台湾本島への着上陸侵攻能力は限定的である。②海、空軍力については、中国が量的には圧倒しているが、質では台湾が優位である。③ミサイル攻撃能力については、中国は台湾を射程に納める短距離弾道ミサイルを保有している。台湾は米国からの武器売却などを得て、装備の近代化を推進しているが、中国人民解放軍の大幅な近代化が台湾に与える脅威は、単純な数量的優勢にとどまらず、質的な競争へと変化しつつある。

⇒ ①中華人民共和国、①台湾関係法、⑤金門島、馬祖島砲撃、①台湾海峡問題、①台湾

1-118
中台間の軍事バランス
military balance between China and Taiwan

中台の軍事バランスは、単なる量的な

1-119
チベット問題
case of Tibet

中国は1951年にチベットを「解放」し、

自治区に編入した。中国は、「民主改革」を標榜し、①チベットは中国の一部で軍事・外交の権限は中国にある。②チベットの自治権とチベットの精神的指導者であるダライ・ラマの地位、宗教・風習は維持する——など17条から成る「チベットの平和解放に関する協定」をダライ・ラマ14世との間で締結した。農奴主らは協定に反対、59年に2万人が蜂起したが、中国解放軍によって武力鎮圧された。ダライ・ラマ14世も「中国によるチベット併合後、協定は反故にされた」と主張して、同年インドに亡命し、国外からチベットの独立運動を開始した。89年、ダライ・ラマ亡命後のチベットで北京政府との関係を維持してきた指導者パンチェン・ラマが急死し、その後大規模な反乱が起こった。2000年1月には、宗教的権威だったカギュ派の最高位活仏カルマパ17世もインドに亡命した。2004年現在、外国で亡命するチベット人はダライ・ラマをはじめ40万人に上るとされ、チベット自治区では、大量移入した漢民族によるチベット族への抑圧的支配体制が継続しており、反政府勢力による反乱も頻発している。

⇒ ⑤チベットの反乱、①中華人民共和国

1-120
朝鮮半島

Korean Peninsula

第2次世界大戦後の朝鮮をどのような形で独立させるか、ということを巡り、カイロ会談（1943年11月）では、「自由かつ独立のものとする」ことが宣言されたにもかかわらず、ヤルタでのルーズベルトとスターリンの非公式会談（45年2月）で暫定的な国際管理（米ソ中英の4カ国による信託統治）が合意され、その後の米ソ対立の激化とともに、問題が複雑化していった。48年8月には、国連監視下の総選挙を経て南に李承晩を大統領とする大韓民国（韓国）が成立し、同年9月には、北にも金日成を首相とする朝鮮民主主義人民共和国（北朝鮮）が樹立された。50年6月25日、北朝鮮軍は、ソ連の支援のもとで武力南侵し、韓国の首都ソウルはわずか3日で陥落した。しかし、国連決議に基づいて米国中心に編成された16カ国による「国連軍」が参戦、鴨緑江に迫ると、10月には中国人民（志願）軍も参戦した。53年7月27日に国連軍、北朝鮮、中国の代表による休戦協定が締結され、軍事境界線や非武装地帯（DMZ：Demilitarized Zone）が設定され、板門店に軍事休戦委員会が設置されたが、「北進統一」を唱える韓国は協定への署名を拒絶した。53年10月に米韓相互防衛条約が、61年7月に北朝鮮とソ連、中国がそれぞれ軍事同盟条約を締結し、以後、韓国と北朝鮮をあわせて約150万人の兵力が対峙したまま、朝鮮半島では、日本の約60％の面積に同一民族が南北に分断された状態が継続している。冷戦後、90年には韓国とソ連が国交を樹立するなど、北朝鮮の国際的孤立と経済的困窮が深刻化するとともに、核兵器開発疑惑問題が浮上した。2000年6月には、北朝鮮に対して「包容（太陽）政策」を進める

金大中大統領が訪朝し，初めての南北首脳会談が実現し，7月には，閣僚級会議でソウルと新義州を結ぶ「京義線」の連結などで合意したが，軍事分野の信頼醸成は進んでいない。北朝鮮側は自らに有利な海上軍事境界線を一方的に設定し，韓国側が実効支配する島への通航水路（五島通航秩序）を指定しており，北方限界線（NLL：Northern Limit Line）を越境した北朝鮮艦艇と韓国艦艇との間の銃撃戦が繰り返されている。脱北者が相次ぐ国民の困窮をよそに，北朝鮮では「強盛大国」建設のための「先軍政治」の下で，対南工作や浸透訓練が継続している。南北に離散した家族の再会事業も進んでいない。

⇒ ①大韓民国，①朝鮮民主主義人民共和国，⑤朝鮮戦争，②朝鮮国連軍，②非武装地帯，①中朝，中韓関係，①朝鮮半島エネルギー開発機構，①米韓相互防衛条約

1-121
バリ島爆弾テロ事件
October 2002 Bali bombings

2002年10月12日にインドネシア・バリ島の繁華街で起こった爆発事件は180人以上の死者と300名以上の負傷者を出すというインドネシアの歴史上まれに見る大惨事となった。事件のあったサリ・クラブは特に外人専用ともいうべき高級ディスコ・クラブで，犠牲者の大半が外国人，とりわけオーストラリア人観光客であった。逮捕された実行犯は，9.11同時多発テロを主導したアル・カイダと繋がりがあるジェマー・イスラミヤ（JI：Jemaah Islamiya）の一派であったが，使われたC-4爆弾が米国製であり，インドネシア国軍の特殊部隊「コパスス」によって使われているものであることから，国軍関係者の関与が取りざたされた。バリ島爆弾テロ事件には軍部の一部が関与し，東ティモールでオーストラリアに仕返しをする意図を持っていたのではないか，また彼らは同時に政治的に国軍の復権によって利益を得ようとしているグループではないか，という風説も流布した。いずれにせよ，同事件はインドネシアの国内政治との関連を否定できず，特に「暗黒の作戦」に長い経験をもつ軍事グループとの関係が深い，と見られている。例えば，インドネシアのイスラム教徒による暴力組織「コマンド・ジハド」は1970年代にスハルトによってつくられ，共産主義者と戦う「暗黒の（暴力）組織」であったが，この組織は長年インドネシア国内で特定のグループの商業的および政治的利益のためにテロ事件を起こしてきたからである。

⇒ ①②⑤9.11同時多発テロ，①国際テロ組織，①イスラム原理主義，①インドネシア共和国，①東ティモール民主共和国，①オーストラリア連邦

1-122
東トルキスタン問題
East Turkistan problem

別称 新疆ウィグル紛争（Xinjiang-Uygur conflict）

中央アジアに位置する新疆地区は，歴史的に人種構成が複雑で，キルギス人，カザフスタン人，ウイグル人，ウズベク人，タジク人らが居住していたが，1955年に，中国の2番目の自治区「新疆ウイグル自治区」となってから漢民族の流入が加速し，多数派住民となった。しかし，中国政府の少数民族に対する抑圧的な政策が継続してきたことや改革・開放政策によって漢民族と少数民族との経済格差が拡大したなどから，反政府運動が激化している。また，ソ連崩壊とともに隣接する中央アジアに次々とイスラム国家が成立した影響を受けて，一部のトルコ系住民は独立国家「東トルキスタン」の樹立をめざしている。89年，91年，96-97年には独立派による大規模な暴動や爆弾テロが発生した。これに対し当局は99年に国家分裂罪で10人を処刑するなど厳しい態度で臨んでいる。とりわけ，9.11同時多発テロ後，中国政府は，新疆ウィグル自治区やその周辺で活動する反体制イスラム過激派が，アル・カイダやタリバーン，そしてアフガニスタンやその他の地域の過激派から訓練を受け武器を供与され，また思想的影響を受けていることに強い懸念を表明した。ウイグル族がチェチェンを含む旧ソ連のイスラム組織と共に訓練をしたり戦ったりしているという情報もあるうえ，特に懸念されるのは，東トルキスタン・イスラム党（ETIP：East Turkistan Islamic Party）と東トルキスタン解放党（SHAT：Sharki Turkistan Azatlik Tashkilati）の2つの組織による「東突恐怖（東トルキスタン・テロ）」である。ETIPは80年代初め，東トルキスタン独立国の設立を目的として誕生し，武力闘争を支持している。SHATは，メンバーがさまざまな爆破計画や銃撃戦に関与したと報告されている。

⇒ ①②⑤9.11同時多発テロ，①国際テロ組織，①イスラム原理主義，①民族紛争，⑤チェチェン紛争，①中華人民共和国

1-123
不安定の弧

arc of instability

2001年9月，米国防省は米国の安全保障政策の根幹である「4年ごとの国防計画の見直し」（QDR：Quadrennial Defense Review）を発表し，その中で，新たな安全保障環境の全般的特徴として，不確実性，非対称的脅威の出現，国土防衛の重要性を指摘するとともに，特に中東から北東アジアに至る地域を「不安定の弧」と呼んで警戒感を示した。一方，オーストラリアは，オーストラリアの国益にとって戦略的に重要なオーストラリア北部の海洋諸国，すなわちインドネシアからパプア・ニューギニアを経て南太平洋の島嶼部に至る国々の内政がいずれも政治的な不安定状況にあることから，これらの地域を「不安定の弧」と呼んでいる。東ティモール独立後，各地で分離独立運動が起こっているインドネシアはもとより，例えばフィジーでは2000年に武装グループによるクーデターが起こり，その後も政情不安が続いている。ソロモ

ン諸島でも1998年前後から内戦が激化，2003年7月，ソロモン政府および議会はオーストラリアとPIF加盟国に対し，治安維持のための警察および軍の派遣を要請した。パプア・ニューギニアでは，ブーゲンビル島がニュージーランド政府の仲介で，自治政府樹立をめざして中央政府と交渉を続けている。フランス領のニューカレドニアやタヒチでも独立運動が盛んである。なかでも，ナウルは，2002年末に国家が事実上破産し，経済援助と引き換えにアフガニスタン，イラクなどの難民約1,000人をオーストラリアから受け入れ，難民収容施設を「自主管理下」に置いたものの，国内で暴動が起き，大統領官邸も焼失してしまった。ナウル政府は，長年にわたりリン鉱石の採掘問題でオーストラリア，ニュージーランド，英国と対立関係にあり，最終和解に応じたばかりだった。

⇒ ①不透明性・不確実性，①非対称的脅威，①国土安全保障省，①インドネシア共和国，①東ティモール民主共和国，①オーストラリア連邦，①ソロモン諸島，①ニュージーランド，①4年ごとの国防計画の見直し

1-124
マラッカ海峡
Malacca Strait

東西交通の要衝に位置し，多くの人々，多くの物資が行き交う文化・経済の十字路であったマラッカ海峡は，歴史的に見て常に紛争の舞台であった。かつて，ポルトガル，オランダ，英国が覇権を争い500年にわたり紛争を繰り返した。日本にとっても石油・鉄鉱石などエネルギー・原材料輸送の重要な航路である。しかし，近年では海賊行為の発生率が急増している（国連海洋法条約では，海賊行為とは公海上で行われたもののみを指すと定義しているが，マラッカ海峡のようなすべてどこかの国の領海に属する海域で起こった海上の掠奪行為も実質的な海賊行為である）。原因としては，もともと地勢的にマラッカ海峡においては船舶が低速航行を強いられ海賊行為が容易であること，多数国の領海が入り組んで取締りが困難であること，アジア通貨危機以降の経済不況によって周辺住民が窮乏していること，インドネシアやフィリピンの政情が不安定で反政府勢力が資金源として海賊行為を行っていることなどが挙げられる。冷戦の終焉によって，米露の海軍のプレゼンスが縮小されたものの，周辺国の海軍力が不十分で海洋の安全保障秩序が構築されていないこともその背景にあるとみられる。日本も，1998年のテンユウ号事件，99年のアロンドラ・レインボー号事件，2000年のグローバル・マース号事件など船舶被害が多数生起している。マレーシア，インドネシア，シンガポール3カ国によるパトロールが強化されているが対応は十分とはいえない。より効果的な海賊対策には，多国間による地域協力が不可欠である。日本政府は，2000年「海賊対策国際会議」を，2001年には「海賊対策アジア協力会議」を主催し，関係国の国際的な協力体制の構築を

呼びかけ，日本の海上保安庁も，2000年からインド，マレーシア，タイ，インドネシア，フィリピンとの共同訓練を開始している。

⇒ ②海賊行為，②国際海峡と通航権，②領海と無害通航権，①アセアン地域フォーラム

8 アジア太平洋（2国間関係）

1-125
中露関係

China – Russia relations

中国とロシアの間では，1997年に東部国境画定問題の実質的な解決がなされ，98年には西部国境が画定宣言された。さらに99年に国境河川の島々を共同利用，開発することで合意し，両国の国境問題はほぼ解決した。また，96年には，両国にカザフスタン，キルギス，タジキスタンを加えた5カ国によって，国境地帯の兵力などについての「国境地帯における軍事分野の信頼強化に関する協定」が署名され，97年には，これら5カ国による国境兵力削減協定の署名も行われた。中露間では，2001年7月，「露中善隣友好協力条約」が調印された。この条約では，政治，経済など幅広い分野での協力強化を目指しており，軍事面では，国境地域の軍事分野における信頼醸成及び相互兵力削減の強化，軍事及び軍事技術協力，平和への脅威を認識した場合の協議の実施などが約束された。この他，ロシアから中国への武器移転分野の関係進展もあり，2003年現在の中露国境地域の軍事的緊張は冷戦期と比べて，飛躍的に改善されている。米国の「一極化」に警戒心を持つ両国は，「戦略的パートナーシップ」を確立したといえる。

⇒ ①信頼醸成措置，①上海協力機構

1-126
日露関係

Russia – Japan relations

冷戦後，日露は未解決の北方領土問題はあるものの，着実に政治，経済関係を深化させてきた。その間，北方四島住民支援事業に関して一部政治家と外務官僚との不適切な関係が生まれ，2002年，不祥事が発覚した。しかし，2003年1月，小泉首相の訪露の際に「日露行動計画」が採択され，今後，①政治対話の深化，②平和条約交渉，③国際舞台における協力，④貿易経済分野における協力，⑤防衛・治安分野における関係の発展，⑥文化・国民間交流の進展を中心として，幅広い分野で日露関係を進展させていくことで合意した。この中で，平和条約交渉については，1956年日ソ共同宣言，93年東京宣言，2001年イルクーツク声明という，帰属の問題を解決するための実質的な基礎となる文書を具体的に列挙し，今

後の平和条約交渉を進めていく基盤を明らかにしたうえで，引き続き残る諸問題の早期解決のために交渉を加速することとした。実際，日露間では，イラク情勢，朝鮮半島情勢，テロ対策等国際社会の喫緊の課題について，緊密な協議が行われ，協力関係が進展している。また，エネルギー分野における協力，なかでも太平洋パイプライン・プロジェクトに関する日露協力が推進している。既に，ロシア最大の石油・ガス開発プロジェクトの一つであるサハリン1，2・プロジェクトに，日本企業が参加し，サハリン1は2005年からの原油生産開始，サハリン2は2006年からの天然ガスの生産開始を目指し，開発を本格化させつつある。防衛関係でも，96年に初めて臼井防衛庁長官の訪露が行われて以来，防衛当局間のハイレベルの交流が進展し，99年に防衛庁長官とロシア国防大臣によって「対話及び交流の発展のための基盤構築に関する覚書」が署名され，日露両防衛当局がこの「覚書」にそって着実に日露防衛交流を進めている。2003年現在，両国間の防衛交流の進め方全般について協議する共同作業グループの会合，日露海上事故防止協定締結に基づく年次会合などの防衛当局間の定期協議を行い，艦艇の相互訪問，共同訓練等の部隊間交流を積極的に進めるなど，日露両防衛当局が相互に防衛交流の重要性を認識し，交流の活発化に向け努力を行っている（平成15年版『日本の防衛』参照）。

⇒ ①②北方領土，②日ソ共同宣言，③2国間防衛交流

1-127
中越関係
China – Vietnam relations

中国とベトナムとの間では，2000年に陸上国境条約が発効し，トンキン湾の領海確定に関する協定への署名も行われた。2001年には国境線標識の設置が開始され，中国軍艦のベトナム訪問が実現した。2002年2月には，中国江沢民主席が訪越し，経済交流の拡大，中国からの1億元の（約16億円）の資金援助（半分が無償，残りが低利融資）などを盛り込んだ文書に調印した。中国からベトナムへの直接投資は急速な伸びをみせており，両国の経済関係が著しく緊密化している。

⇒ ①ベトナム社会主義共和国，①中華人民共和国

1-128
日中関係
China – Japan relations

日中関係は，協調，協力と，懸念や不信が錯綜している。1998年11月の江沢民主席訪日の際，日中共同声明（72年），日中平和友好条約（78年）に続く第三の文書として，「平和と発展のための友好協力パートナーシップ」を謳った「日中共同宣言」を発表，両国間の防衛交流の推進を含む33項目の協力を打ち出し，国際社会における日中協力を強調した。2000年10月の朱鎔基首相訪日時には，朱総理から対中ODAへの評価と特別円借款への謝意が表明された。2002年の日中首脳会談では，国交正常化30周年を契機として，各分野における協力関係の強化を確認し，「日中経済パートナーシップ

協議」の設立について合意した。しかし、2001年には、歴史教科書問題、李登輝元台湾総統の訪日、（小泉首相の）靖国神社参拝等をめぐり、中国側から厳しい反応が示されている。2002年4月、2003年1月、2004年1月の小泉首相の靖国神社参拝に対しても、中国側は強い不満を表明した。一方、主として日本の排他的経済水域で繰り返される中国の海洋調査船による活動に対する日本側の懸念も強い。2001年2月に日中双方が東シナ海における相手国近海（領海を除く）で行う海洋の科学的調査活動に関し、「海洋調査活動の相互事前通報の枠組み」が成立したものの、その後（2004年現在まで）、同枠組みによる中国側からの通報はなく、日本側は繰り返し枠組みの遵守を求めている。さらに近年、日本近海における中国の海軍艦艇の航行や遠洋航海が活発に行われており、将来的な「外洋海軍」を目指す中国海軍の動向に日本は神経を尖らせている。同時に、2002年4月、中国領海内での日本による北朝鮮工作船の引揚げについて、中国は理解を示した。さらに、両国間における人的往来の緊密化に伴い領事関係の問題解決の重要性が増していることを踏まえ、2003年4月の日中外相会談では、邦人保護、治安協力等の観点から領事通報の義務化等を目指す領事関係国際約束締結交渉を開始することを決定した。また、2002年9月、中国黒龍江省孫呉県において、日本政府は、旧日本軍遺棄化学兵器の発掘回収作業を実施している。北朝鮮問題についても、中国は日朝国交正常化に向けた日本側努力を高く評価・支持し、核問題の解決に積極的な役割を果たそうとしている。

⇒ ②日中共同声明・日中平和友好条約、②接続水域・排他的経済水域・群島水域・公海、③不審船、③化学兵器、④政府開発援助、④ODA大綱、①日朝国交正常化交渉、③2国間防衛交流、①中華人民共和国、①②化学兵器禁止条約、①遺棄化学兵器

1-129
米中関係

U.S. – China relations

米中関係には、中国の人権問題や大量破壊兵器の拡散問題、米国の台湾への武器売却などの多数の懸案事項が存在している。ジョージ・W・ブッシュ政権は、クリントン政権が「戦略的パートナー」と位置づけた中国への方針を転換、「戦略的競争相手」と定義して、警戒的な外交姿勢を示している。1999年5月にはNATO軍機による在ユーゴスラビア中国大使館「誤爆」事件が、2001年4月には米海軍のEP-3電子偵察機と中国海軍のJ-8II（F-8II）が海南島南東の公海上空で接触し、中国機が墜落しパイロットが行方不明になるとともに、EP-3機が海南島の陵水飛行場に緊急着陸する事案が生起し、緊張が高まった。しかし両国政府は、いずれの場合も慎重に事態の収拾を図った。その後、9.11同時多発テロ後のテロとの闘いにおいて中国が米国に一定の協力を示したことで、関係は改善されている。2002年2月のブ

ッシュ大統領訪中，10月の江沢民主席訪米など，米中双方は首脳外交を軸に「建設的協力関係」の促進を図った。2003年のイラク戦でも，中国は反対の立場をとりつつ，ロシアやフランス，ドイツなどと比較すれば抑制的な対応であった。2002年11月には，米艦艇が中国を訪問し，米中軍用機接触事故以来停滞していた米中軍事交流も本格的に再開された。しかしながら，中国は米国の対テロ戦を通じた国際的影響力の増大や，中央アジアにおける米軍のプレゼンス増大への警戒感を抱いており，党大会の「報告」でも世界の多極化の推進を打ち出し，米国の「一極化」への動きを警戒している。いずれにせよ，安定的な米中関係は中国が経済建設を行っていくうえで必須条件であり，同時に米中関係の緊張は東アジアの安全保障関係に重大な影響をもたらす，という認識の下，両国関係が維持されている。北朝鮮問題についても，米中が平和的解決のため協力することで一致している。

⇒ ①台湾関係法，①②⑤9.11同時多発テロ，①テロとの闘い，①イラクに対する軍事作戦（経緯），①イラクに対する軍事作戦（評価），①アジア太平洋地域における前方展開戦力，①米軍のプレゼンス，①ユニラテラリズム，②イラク戦争とその後，②米中軍用機接触事件，⑤イラク戦争

China – North and South Korea relations

中国と北朝鮮は，1961年に「中朝友好協力及び相互援助条約」を締結し，現在に至っている。中国は北朝鮮との関係を「伝統的友誼」と評してきたが，92年に中国が韓国と国交を樹立した後，冷却化した。2000年，2001年と続いて金正日総書記が訪中し，2001年9月には江沢民主席が訪朝して関係が一定の改善をみた。北朝鮮は依然，食糧支援やエネルギー供給において，中国に依存しており，中国は北朝鮮に対し強い影響力を有している。しかし，中国北東部には北朝鮮の脱出者が多数流入しており，その取り扱いに関して，人権を無視した中国の措置に国際的な非難が集まることもあり，北朝鮮以外の他国との関係に配慮する中国はその対応に苦慮している。一方，国交樹立後の中韓の軍事交流は漸進的なものにすぎなかったが，2000年に遅浩田中国国防部長の訪韓が実現し，軍高官の相互交流の拡大で合意している。2002年には中国艦艇の初めての韓国訪問も実現し，韓国と中国の関係は政治経済のみならず，安全保障の分野でも拡大しつつある。核問題においては，中国は一貫して朝鮮半島の非核化と核問題の平和的解決を主張しており，2003年，北京において米中朝協議，6カ国協議を開催するなど，積極的な役割を果たそうとしている。

⇒ ①中華人民共和国，①朝鮮民主主義人民共和国，①大韓民国

1-131
日朝国交正常化交渉
normalization of diplomatic relationship between Japan and North Korea

日朝間には国交がなく，1991年1月に第1回国交正常化交渉が行われて以来，中断，再開を繰り返してきたが，2002年9月17日，膠着状態を打開する形で，小泉首相が日本の現役首相として初めて北朝鮮を訪問，金正日総書記と会談し，「日朝平壌宣言」に署名した。この首脳会談及び宣言における意義として，「北朝鮮側がはじめて拉致及び不審船についての事実を認め，謝罪したこと」，「日本の植民地支配に対して，日本側の反省とお詫びが表明され，その補償問題については，経済協力方式という形で合意したこと」，「核やミサイル問題について国際的合意の遵守が盛り込まれ，両国の安全保障協議の場が設定されたこと」，などが挙げられる。北朝鮮がこの時点で小泉首相訪問を受け入れた背景には，日本の経済援助と対米関係の改善に向けての協力に対する期待があった。しかし，北朝鮮は，10月に訪朝した米国のケリー国務次官補に対し，核兵器用ウラン濃縮計画の事実を明らかにし，その後核関連施設の再稼動を宣言するなど，強硬な態度をとった。また生存が確認された5人の拉致被害者こそ帰国したものの，北朝鮮側は家族の帰国を拒み，死亡とされた8人の死亡証明書や遺骨も真偽に疑いが多いものであったため日本の世論は反発した。10月に再開された日朝国交正常化交渉でも，北朝鮮は，核問題について米国との協議のみによって解決するという姿勢を示し，宣言で合意された日本との安全保障協議も無期延期となっている。このような情況下，2004年2月26日，日本は，単独で北朝鮮などへの経済制裁を可能とする改正外為法を施行した。改正外為法は，対北朝鮮外交における制裁カードと位置づけられているが，発動には至っていない（2004年2月現在）。

⇒ ①朝鮮民主主義人民共和国，③不審船

1-132
日韓関係
Japan－South Korea relations

日韓関係は，1998年の金大中大統領訪日や同大統領の主導による対日文化開放政策を契機に著しく進展した。2001年には歴史教科書問題，小泉首相の靖国神社参拝問題及び北方四島周辺水域における韓国漁船のサンマ漁問題等が政治問題化したものの，その後関係は改善されている。とりわけ天皇陛下のお誕生日に際して述べられた韓国と日本の皇室のゆかりに関するお言葉は，朝野を問わず広く韓国の人々に好意をもって受け入れられた。日韓国民交流年とされた2002年には「サッカーW杯」が共同開催され，首脳会談では「日韓首脳の未来に向けた共同メッセージ」が発表された。日韓関係は，未来志向的な関係構築の方向に動いていることは間違いない。竹島問題も，2002年8月に韓国環境部が鬱陵島及び竹島とその周辺海域の国立公園化を計画している旨の報道がなされたものの，その後沈静

化している。2003年2月に就任した盧武鉉大統領は，就任直後の訪日で，小泉首相と会談し，日韓両国が，地域の平和と繁栄のために協力することの重要性を確認し，それらの協力の基盤は，特に若者を中心とした両国民の友情と信頼関係であり，この観点から，青少年・スポーツ交流の更なる拡大を目指すことで一致した。対北朝鮮政策についても，金大中大統領の「包容（太陽）政策」を継承することとしており，核問題では，米国を含めた3カ国の緊密な協調体制で平和的解決を図ることで意見が一致した。また，98年の日韓首脳会談で発表された「21世紀に向けた新たな日韓パートナーシップ共同宣言」の中で，両国間の安全保障対話，防衛交流を推進していくことが合意され，以後，日韓の防衛関係は「防衛首脳クラスなどのハイレベルの交流」「防衛当局者間の定期協議」「部隊間の交流」など幅広く強化拡張されている。99年には海上自衛隊と韓国艦艇の初の相互訪問が行われ，日韓捜索・救難共同訓練も始まった。

⇒ ①大韓民国，①②竹島，③2国間防衛交流

1-133
米朝協議

U.S.–North Korea negotiations

クリントン政権下，米朝関係は一定の進展を見せた。1993年3月に北朝鮮が国際原子力機関（IAEA）の特別査察要求を拒否し，NPTの脱退を宣言するなど，米朝間の緊張が高まったが，94年10月，北朝鮮の核開発凍結と引き換えに，同国に軽水炉2基と年間50万トンの重油提供を約束し（いわゆる「米朝枠組み合意」），危機を回避した。95年3月には，軽水炉建設のための国際事業体「朝鮮半島エネルギー開発機構（KEDO）」が，米国や韓国，日本，欧州連合などによって組織され，北朝鮮支援の母体になった。また，98年のクムチャンニ地下核施設建設疑惑の浮上やミサイル発射事案の発生の後も，ペリー北朝鮮政策調整官（元国防長官）による北朝鮮政策の見直しが行われた。99年に公表された報告書（ペリー報告）は，北朝鮮に対して，日米韓が連携した「包括的かつ統合されたアプローチ」によって「脅威」を削減し，仮に北朝鮮が挑発的行動に出た際には，日米韓が強制的な抑止を図るべきである，としている。その後，数次の米朝協議が行われ，2000年10月には趙明録国防委員会第一副委員長が金正日国防委員会委員長の特使として訪米し，「米朝共同コミュニケ」が発表された。さらにオルブライト国務長官の訪朝も実現した。しかし2001年1月に発足したジョージ・W・ブッシュ政権は，北朝鮮政策の見直しを行い，同年6月に北朝鮮に対し，①「枠組み合意」の改善された履行，②北朝鮮のミサイル・プログラムの検証可能な制限とミサイル輸出の禁止，③より脅威の少ない通常兵力の態勢などを求めていくと同時に，北朝鮮の肯定的な態度には，制裁の緩和や支援を拡大していく方針を発表した。また，2001年の一般教書演説では，ジョージ・W・ブッシュ大統領は，北朝鮮をイラン，

第1章 安全保障情勢を読む

イラクとともに「悪の枢軸」と呼び，これらの国々によるテロ支援と大量破壊兵器の開発を許さないとする強い決意を示した。これに対し北朝鮮は，2002年10月，訪朝したケリー国務次官補に核兵器用ウラン濃縮計画を認め，再び NPT からの脱退を宣言した。そこで，2002年11月にKEDOは重油の供給を停止，その後IAEA査察官は北朝鮮により退去させられた。12月には，ヨンビョンの核関連施設の凍結も解除，既に核兵器を保有していることを示唆するなど，北朝鮮は国際的な緊張を高めることで，体制維持と支援確保を図る「瀬戸際外交」を繰り広げている。北朝鮮は，核問題については，米国のみと対話すると主張し，同時に米国に対し「不可侵条約」の締結を求めているが，米国は，北朝鮮を攻撃する意思

はない，とする一方で北朝鮮と交渉し，核兵器開発を断念させることで何らかの見返りを与える意思はないこと，核問題は米朝間の2国間問題ではなく，国際的な問題であることを明確にしている。2003年4月には，中国が主導し，米朝中協議が北京で開催されたが新たな展開はみられなかった。その後，日本，韓国，ロシアを加えた6カ国協議も行なわれているが，目に見える進展はない（2004年2月現在）。

⇒ ①朝鮮民主主義人民共和国，①④国際原子力機関，①核不拡散条約，①朝鮮半島エネルギー開発機構，①テロ支援国家，①朝鮮半島

9　アジア太平洋（多国間の枠組み）

1-134
東南アジア諸国連合

Association of Southeast Asian Nations

[略語] ASEAN　[別称] アセアン

1967年8月，タイ，インドネシア，マレーシア，フィリピン，シンガポールの東南アジア5カ国が結成した地域協力機構。84年1月にブルネイ，95年7月にベトナム，97年7月にミャンマーとラオス，99年4月にカンボジアが加盟し，東南アジア域内のすべての国を包摂する「ASEAN10」を達成している。設立宣言（通称「バンコク宣言」）では，経済文化面の国際協力がうたわれたが，真の目的は，激化するベトナム戦争を背景に，各国が大国間対立からできるだけ距離をおき，国家建設と経済発展を最優先させることができる国際環境を形成することにあった。そのために，互いに現存の政権の正当性を承認し「内政不干渉原則」を確認するとともに，各国間の対立を棚上げして，域外の大国の干渉には一致して対抗しようと試みたのである。71年には「東南アジア平和・自由・中立地帯構想（ZOPFAN：Zone of Peace, Freedom and Neutrality）」（「クアラ・ルンプール

9 アジア太平洋（多国間の枠組み）

宣言」）を打ち出し，76年2月の公式首脳会議において，「東南アジア友好協力条約（TAC：Treaty of Amity and Cooperation in Southeast Asia）」を採択した。しかし，国家の発展段階の相違や文化の違い，不安定なインドシナ情勢などから，域内の経済協力はほとんど進展しなかった。むしろ，ASEANは実質的に西側自由主義経済圏に組み入れられて，各国は米国や日本との経済関係を強化していったのである。ところが冷戦が終焉し，カンボジア内戦問題の解決した90年代に入ると，経済力をつけたASEAN各国の国際的な存在感が増し，多国間の安全保障上の枠組みを持たないアジア・太平洋地域にあって，唯一の政治・経済協力機構としてのASEANの役割も注目されるようになった。94年7月には，アジア・太平洋地域の政治・安全保障問題の全域的な対話の場として，ASEAN拡大外相会議を母体とする「アセアン地域フォーラム（ARF：ASEAN Regional Forum）」が創設された。95年12月には，「東南アジア非核兵器地帯条約（SEANWFZ：Southeast Asia Nuclear Weapon Free Zone）」を署名した。他にASEANを中心にした多国間会合としては，日中韓3カ国との「ASEAN＋3」会合や欧州各国とアジア欧州会合（ASEM）などがある。96年6月に起こったカンボジアのクーデターの際には，ASEANは，従来の「内政不干渉原則」を踏み越え，ASEANトロイカといわれる主要国を中心にした体制で一致して解決に努力した。しかし，

97年のタイ・バーツの暴落に端を発したアジア通貨危機は，ASEAN各国の政治経済的な脆弱性を露呈し，インドネシアの内政が不安定化した99年，東ティモールの独立問題の解決では，ASEANは何ら指導力を発揮できなかった。9.11同時多発テロ後，再び結束し，2001年11月の首脳会議で「反テロ共同宣言」を採択，2002年5月のASEAN対テロ特別閣僚会議では，具体的な協力手段を決定した。とはいえ，軍事政権下にあるミャンマーの民主化，拡大した加盟国間の経済格差など，ポスト「冷戦後」にASEANがその国際的な役割を再確認し，一体性の保持をしていくためには，克服しなければならない課題は多い。

⇒ ④東南アジア諸国連合，①内政不干渉，②主権国家，⑤カンボジア紛争，①アセアン地域フォーラム，①非核（兵器）地帯，①アジア欧州会合，①東ティモール民主共和国，①②⑤9.11同時多発テロ

1-135
アセアン地域フォーラム
ASEAN Regional Forum

(略語) ARF (別称) アセアン・リージョナル・フォーラム；ASEAN地域フォーラム

アジア・太平洋地域における安全保障に関する唯一の全域的な対話のフォーラム。政治，安全保障問題の対話と協力を通じて，地域の安全保障環境を向上させることを目的とする。1993年5月のA-

SEAN外相会議及び同拡大外相会議において、アジア・太平洋地域の17カ国及び欧州共同体（EC）（当時）により合意され、94年5月のARF高級事務レベル会合を経て、7月に第1回閣僚会議（外相レベル）が実施された。その後年1回の閣僚会合が恒例化している。各会合では、時機を得て、インド・パキスタンの核実験、朝鮮民主主義人民共和国（北朝鮮）のミサイル発射問題などの個別の地域情勢について、率直な意見交換が実施された。また、95年の第2回閣僚級会合において、ARFの中期的なアプローチとして「信頼醸成」「予防外交」「紛争解決」の三段階に沿って漸進的に安全保障問題を協議していくことが合意され、インターセッショナル支援グループ（ISG：Inter-sessional Group）が具体的な施策の検討を開始した。実際のところ、「信頼醸成」分野では、各国間の防衛交流の促進、ARF国防学校長会議の実施、国防白書の発刊など、着実な成果をみせている。一方、「予防外交」については、2000年閣僚級会合において、概念と原則に関する文書がようやく採択された段階である。同会合では、ARFの機能強化のため、ASEAN加盟国に限定されている議長の権限を強化し、支援していく方向で、「安全保障専門家、有識者登録制度」も発足させた。しかし、6カ国・1地域が領有権を主張している南沙諸島問題については、具体的な解決策の手がかりを見出せていない。とまれ、2003年現在で、23カ国及びEUが参加。国防当局者の参加も増えて、各種政府間会合が開催されており、ARFに期待される地域安全保障上の役割は大きい。

⇒ ①④東南アジア諸国連合、③多国間安全保障対話、①南沙諸島

1-136
五カ国防衛取極
Five Power Defence Arrangements
[略語] FPDA

五カ国防衛取極は、1971年、英国軍のスエズ以東からの撤退に際して、英連邦5カ国すなわち英国、オーストラリア、ニュージーランド、シンガポール、及びマレーシアが締結した防衛取極であり、2004年現在アジア・太平洋地域で唯一公式に機能している多国間の防衛協力システムである。FPDAは、基本的に有事の際の協議を主体とした緩やかな枠組みであるが、マレーシアとシンガポールの戦略的一体性を前提に、マレイ半島の防衛を目的とした「統合防衛システム」（司令部はマレーシアのバターワース）を設置しており、恒常的に防空演習が行われている。また5カ国全体の大規模な総合演習が年2回実施されるとともに、FPDAの枠組の中で2国間、多国間の共同演習や訓練を適宜実施している。しかしながら、冷戦下、反共連合としてのASEANが活性化していく過程で、旧植民地宗主国との連携であるFPDAの安全保障上の役割は比較的目立たないものとなっていた。ところが、冷戦後のアジア・太平洋において、各国間の安全保障協力の必要性が高まるにつれ、FPDA

は植民地秩序の残滓としてのイメージを払拭し，多国間の地域的な安全保障協力の基盤的枠組として新たな価値が再確認されることになった。95年には，オーストラリアとインドネシアとの間で安全保障維持協定が成立したため，かつてFPDAが潜在的な脅威としていたインドネシアとFPDA各国との安全保障協力も強化され，その他のASEAN各国間の連携と共に，地域安全保障上のFPDAの意義と役割が増している（オーストラリアとインドネシアの安保維持協定は98年に東ティモール問題で両国間が険悪化し，インドネシア側から破棄通告されているものの，公式には有効であり，その後両国の政治関係は改善している）。

⇒ ①④東南アジア諸国連合，①東ティモール民主共和国，①オーストラリア連邦，①インドネシア共和国

1-137
上海協力機構
Shanghai Cooperation Organization
[略語] SCO　[別称] 上海ファイブ
(Shanghai Five)

ロシア，中国，カザフスタン，キルギス，タジキスタン，ウズベキスタンの6カ国の協力機構。中国の主導による。1996年4月に，ウズベキスタンを除く5カ国の首脳が上海に集まって国境地域での兵力削減などで合意したのを契機に，5カ国の首脳会議が毎年開催されるようになり，「上海ファイブ」と通称された。主としてイスラム原理主義，国際テロ，分離主義，民族紛争，麻薬や武器の密輸，治安など各国に共通の安全保障上の問題が話し合われている。2001年にウズベキスタンが加わって「上海協力機構」と名称が変更された。9.11同時多発テロへの対応では，事件勃発直後に6カ国はカザフスタンで会合を開き，「地球規模の脅威を撲滅するため，あらゆる国家，国際組織と共同して戦う用意がある」という緊急声明を発表し，米国を中心とした対テロの国際的連携を強く支持した。しかし，機構が独自に機能することはなく，2002年1月北京で開催された臨時外相会議の共同声明では，タリバーン政権の崩壊後のアフガニスタンについて「平和，中立的な国家」となるよう希望するとの立場を表明し，米国の影響力がアフガニスタンに残ることを強く牽制するにとどまった。米軍はアフガニスタンでの軍事作戦終了後も経済協力と引き換えに，周辺の中央アジア各国に長期駐留する方針を打ち出しており，これに対する各国の立場の違いが顕在化している。2002年6月のサントペテルブルグ会議では「上海協力機構憲章」，「地域反テロ機構に関する協定」，「上海協力機構加盟国首脳宣言」が署名された。

⇒ ①②⑤9.11同時多発テロ，①国際テロ組織，①テロとの闘い，①イスラム原理主義，①民族紛争

1-138
太平洋・島サミット
Japan – Pacific Islands Forum

(PIF) Summit Meeting

別称 日本・太平洋諸国フォーラム首脳会議

　日本・太平洋諸国フォーラム首脳会議（通称：太平洋・島サミット）は1997年東京において第1回会議が開催され，日本と太平洋諸国フォーラム（PIF：Pacific Islands Forum）メンバー国が首脳レベルでの対話を構築した。2000年に宮崎で開催された第2回首脳会議では，「開発途上国の持続可能な開発への支援」，「地球的規模及び太平洋地域共通の課題への取り組み」，「日本と島嶼国のパートナーシップの維持・強化」の3つを柱とする「太平洋フロンティア外交」とこれを具体化するための「宮崎イニシアティブ」が発表された。2003年5月の第3回太平洋・島サミットでは，太平洋島嶼地域の「持続可能な開発」の実現に向けて，「より豊かで安全な太平洋のための地域開発戦略及び共同行動計画」を，「沖縄イニシアティブ」としてとりまとめ，日本としての具体的な支援策として，①ソロモンにおける元武装兵の社会復帰の促進，②貿易・投資促進のための展示会やワークショップの開催，③医薬供給センターや病院の整備・建設，④今後3年間で，初等教育施設の新・増・改築の機材供与を100件，初等教育分野を中心とする青年協力隊を100人派遣すること，④ゴミ処理に関する総合戦略策定の支援，モデルプロジェクトの実施などを示した。また，島嶼国に対する援助総額の60％近くを占めている日・豪・NZの3カ国で，島嶼国援助における協力の重要性を確認し，これを共同文書として発表した。3カ国は経済協力について政策対話を行うと共に，沖縄イニシアティブで特定された分野である次の5分野，環境保全及び改善，基礎教育及び南太平洋大学の遠隔教育能力，HIV/AIDS及びSARS等の感染症対策，貿易・投資の民間部門の活動の促進，ソロモン及びパプア・ニューギニアのブーゲンビルにおける復興の分野で調整を行うことを確認した。さらに，日朝間の最大の懸案である「拉致問題」についても，その早期解決に関し，豪，NZを含むPIF諸国からの支援と支持が確約された。

　⇒　①ソロモン諸島，①オーストラリア連邦，①ニュージーランド

1-139
太平洋諸国フォーラム
Pacific Islands Forum

略語 PIF　別称 南太平洋フォーラム（SPF：South Pacific Forum）

　1971年8月，第1回南太平洋フォーラム（SPF：PIFの旧名称）首脳会議がニュージーランド（NZ）のウェリントンにおいて開催されて以来，政治・経済・安全保障等の域内共通関心事項に関する大洋州諸国首脳の対話の場として発展した。2003年現在，豪州，NZ，PNG，フィジー，サモア，ソロモン諸島，ヴァヌアツ，トンガ，ナウル，キリバス，トゥヴァル，ミクロネシア連邦，マーシャル諸島，パラオ，クック諸島，ニウエの16カ国・地域が加盟し，フィジーに事務局を有する。また，89年からは，援助国を

中心とする域外国との対話を開始した。域外国対話の相手は，日，米，英，仏，加，中国，EU（91年から），韓国（95年から），マレーシア（97年から），フィリピン（2000年から），インドネシア（2001年から），インド（2003年から参加予定）である。2000年10月の総会より，太平洋諸国フォーラム（PIF）に名称を変更した。PIFの決定は全てコンセンサスに基づき，毎年総会において，PIFとしての政策の意思・方向性がコミュニケの形で採択される。総会（年1回）には加盟国・地域の首脳が出席し，議長は加盟国が1年ごとに持ち回りで務める。総会の他に，分野別の専門家委員会が年数回開催されている。

⇒ ④欧州連合，①オーストラリア連邦，①ニュージーランド

1-140
朝鮮半島エネルギー開発機構
Korean Peninsula Energy Development Organization

略語 KEDO

北朝鮮は1993年3月，核不拡散条約（NPT）からの脱退を表明し，IAEA保障措置協定の遵守を拒否した。94年6月に，国連安保理において対北朝鮮制裁決議について非公式の協議が行われたが，これに反発した北朝鮮はIAEAから脱退，危機感が強まった。この危機を打開するため，同月カーター米国元大統領が訪朝し，故金日成主席と会談した。その結果10月には，米朝間で「合意された枠組み」が署名され，①北朝鮮が独自に建設した既存の黒鉛減速炉（核兵器の原料であるプルトニウムの生産が容易）の活動を凍結し最終的には解体する。②代わりに，米国が軽水炉（核兵器の原料であるプルトニウムの生産が比較的困難で国際的監視に服させやすい）2基を建設，提供し，また軽水炉第1基目の完成までの代替エネルギーとして年間重油50万トンを供給することとなった。この「合意された枠組み」を受けて，95年3月，日米韓3か国は北朝鮮における軽水炉プロジェクトの資金手当，その供与並びに暫定的な代替エネルギーの供与を目的とした朝鮮半島エネルギー開発機構（KEDO）が設立された。95年12月，KEDOと北朝鮮との間で軽水炉プロジェクトに関する供給取極が締結され，KEDOが北朝鮮に対し出力1,000メガワットの軽水炉2基を提供すること，軽水炉完成後北朝鮮は3年の据え置き期間を含む20年間で無利子返済することが合意され，プロジェクトがスタートした。46億ドルの建設費は韓国が32億ドル，日本が10億ドルを負担し，残りは他国が拠出することとなった。KEDOの意思決定は理事会で行われ，理事会は，原加盟国である日本，米国，韓国と97年9月に加盟したEUの各代表により構成され，他にフィンランド，ニュージーランド，オーストラリア，カナダ，インドネシア，チリ，アルゼンチン，ポーランド，チェコが一般メンバーとして参加している。軽水炉は当初，2003年完工とされたが，着工は大幅に遅れ，97年8月，北朝鮮咸鏡南道（ハムギョンナムド）琴湖（クムホ）地

区の軽水炉建設用地において、ようやく開始され、同時に「合意された枠組み」及びKEDOとの供給取極により、北朝鮮はヨンビョン以外の凍結の対象となっていない施設についてもIAEAによる査察の再開を認めるとともに、IAEAが必要と考える全ての措置を受け入れることになった。しかし、2002年、北朝鮮は核兵器用ウラン濃縮計画の事実を明らかにし、各関連施設の再稼動を宣言、再びNPTからの脱退を宣言した。このためKEDOは重油の供給を停止した。これに対して、北朝鮮は、IAEAの査察官を強制退去させ、ヨンビョンの核関連施設の凍結も解除したため、KEDOは実質的に機能停止となった。

⇒ ①核不拡散条約、①④国際原子力機関、④欧州連合、①朝鮮半島、①米朝協議、①朝鮮民主主義人民共和国

1-141
アジア太平洋安全保障協力会議
Council for Security Cooperation in the Asia Pacific
[略語] CSCAP

アジア太平洋地域の安全保障協力については、アセアン地域フォーラム（ARF）の開催など政府レベルでも多国間の対話が発展しているが、この地域において信頼醸成を促進し、安全保障協力を強化するためには、政府間協議（トラックI）と並行して非政府間での協議（トラックII）の制度化も急務であるとの認識から域内の計11カ国の研究機関が共同で構想したフォーラムが、アジア太平洋安全保障協力会議（CSCAP）である。CSCAPは1994年6月、クアラルンプールにおいて民間の国際機関として正式に発足した。CSCAPには、安全保障問題の専門家が個人の資格で参加することとなっているため、各々の政府の政策に縛られない自由な発意が可能であり、ARFなどの政府間協議に先行的に幅広い議論が行われている。具体的な活動は、国際運営委員会に加え、この地域の安全保障協力に重要な項目に関する作業部会を通じた研究交流や政策提言などである。CSCAPは憲章上、各メンバーが委員会を形成して加盟することになっている。

⇒ ①アセアン地域フォーラム、①信頼醸成措置

1-142
アジア安全保障会議
Asia Security Conference

英国の国際戦略研究所（IISS：International Institute for Strategic Studies）の主催により2002年6月にシンガポールでアジア太平洋地域各国の国防大臣が参加した第1回「アジア安全保障会議」が開催され、地域全体の平和と安定のための枠組などが話し合われた。2003年5月に開かれた第2回会議では、テロ対策や北朝鮮の核開発問題などについて討議された。会議を主催したIISSのチップマン所長は、「会議では朝鮮半島が核武装される可能性に対する懸念を共有した」と総括し、日本を含め出席した約20カ国の国防相らが、北朝鮮の核保有がもたら

す地域情勢の悪化に不安を抱いていると述べた。IISSは民間のシンクタンクながら、様々な安全保障問題に大きな国際的影響力を有する機関であって、多国間の政治、安全保障上の枠組を持たないアジア・太平洋地域にあって、各国国防相が一同に会し、率直な意見交換を行う貴重な機会である。いずれの会議でも日本の防衛庁長官がスピーチを行っている。2004年の第3回会議も同じくシンガポールで予定されている。

1-143
アジア欧州会合
Asia–Europe Meeting
[略語] ASEM

1994年10月、シンガポールのゴー首相は、アジア欧州サミット構想を打ち上げた。その目的は、アジア、欧州、北米の三角関係の中で相対的に希薄であったアジアと欧州の関係を強化することにあった。96年3月に、第1回首脳会合がバンコクで開催された。ASEMは、アジア（10カ国）と欧州（15カ国と欧州委員会）の首脳レベルによる定期的なフォーラムであり、過去に宗主国と植民地の関係にあった国々が、経済のみならず、政治、文化等、広範囲な分野を対象に、対等な立場で率直な対話と協力をする場である。98年4月にはロンドンで第2回首脳会合が開催され、「アジア欧州協力枠組み（AECF：Asia–Europe Cooperation Framework）」が採択されるとともに、ASEMの将来の方向性につき検討するため、「ヴィジョン・グループ」が発足した。さらに、2000年10月に韓国・ソウルで開催された第3回首脳会合では、今後10年のASEMの方向性を示す「アジア欧州協力枠組み2000（AECF2000：Asia–Europe Cooperation Framework 2000）」と「朝鮮半島の平和のためのソウル宣言」が採択されている。

10 アジア太平洋（各国情勢）

1-144
朝鮮民主主義人民共和国
Democratic People's Republic of Korea
[略語] DPRK [別称] 北朝鮮

北朝鮮は、冷戦の終焉に伴って旧ソ連や東欧などとの経済協力関係が縮小し、慢性的な経済不振に陥っている。深刻な経済的困難に直面し、脱出を試みる国民も絶えない。食料やエネルギーの多くも国際社会の支援に依存している。しかしそれにもかかわらず、思想、政治、軍事、経済などすべての分野でも「主体思想」による社会主義的強国の建設を目指し、「強盛大国」建設を標榜している。その実現のために、「軍事先行の原則に立って革命と建設に定期されるすべての問題

を解決し，軍隊を革命の柱として前面に出し，社会主義偉業全般を推進する領導する」(先軍政治)こととしている。具体的には，金正日朝鮮労働党総書記が国防委員会委員長として軍を完全に掌握する立場にあり，国家の運営において，軍事を重視し，軍事に依存する政治方式をとっている。2003年現在，国家予算に占める公表された国防費は15.4％だが，これは実際に国防に投入された国家資源のごく一部である。北朝鮮は，2000年の南北首脳会談後も，戦力，即応態勢の維持，強化を行い，浸透訓練を実施している。総兵力は陸軍を主体に110万人に及び，その大半はDMZ付近に展開している。人口の約5％が現役の軍人であり，予備役，準軍隊を含めれば国民の4人にひとりが軍関係者である。兵役は最長で10年に及ぶ。装備の多くは旧式であるが，情報収集や破壊工作，ゲリラ戦などに従事する大規模な特殊部隊を保有し，その勢力は約10万人に達する。2001年12月には，北朝鮮工作船と日本の海上保安庁の巡視船の間で銃撃戦があり，工作船が自爆後沈没するという事件も起こった。また，1970年代に多発した日本人拉致事件について，2002年の日朝首脳会談で，金正日総書記が特殊部隊の活動であることを認め，謝罪した。同時に対外的には，意図的に緊張を高めることで何らかの見返りを得ようとするいわゆる「瀬戸際外交」を繰りかえしている。例えば，93年には，IAEAの特別査察要求を拒否し，NPTからの脱退も宣言したことから，核兵器開発を行っているのではないか，という疑惑が深まったが，94年に米朝間で「枠組合意」が成立するという「見返り」を得た。この「枠組合意」では，軽水炉の供与を行う機関として朝鮮半島エネルギー開発機構（KEDO）が設立されるとともに，軽水炉が完成するまでは米国が代替エネルギーとして重油を提供することとなった。しかし，2002年10月には，北朝鮮はウラン濃縮計画の存在を認め，IAEAの査察官を強制退去させるとともに，ヨンビョンの黒鉛減速炉を再稼動させた。このためKEDOによる重油の提供は停止されたが，北朝鮮はその解決に，米国との「不可侵条約」を求めている。

また，北朝鮮は，弾道ミサイルの開発，配備，拡散も行っている。北朝鮮は80年代半ば以降弾道ミサイルを中東諸国に輸出してきたが，長距離ミサイルについても，93年にノドン・ミサイルの，98年にはテポドン・ミサイルの発射実験を行った。ノドンは既に実戦配備されている。加えて，北朝鮮は，生物・化学兵器の生産基盤も有していると見られている。テロについては，9.11同時多発テロ後，北朝鮮はあらゆるテロとそれに対するいかなる支援にも反対する立場を表明し，人質をとる行為に関する国際条約やテロに対する資金供与の防止に関する国際条約に加入する意思表示を行ったものの，実質的な措置は何一つ採らなかった。現実には，国際テロ組織への武器輸出や，テロ支援国家への弾道ミサイル技術の売却などが行われており，米国は北朝鮮をテロ支援国家に指定している。北朝鮮は，近年，西欧諸国と国交を樹立するなど，

対外関係の拡大を試みてきたが，これら一連の行動から，国際社会は懸念を高めている。北朝鮮の軍事的な動向は，朝鮮半島のみならず，東アジア全域の安全を脅かすとともに，国際社会全体を不安定化させる要因である。

⇒ ①冷戦，②非武装地帯，①大韓民国，①朝鮮半島，③海上警備行動，③不審船，②武装工作員，①日朝国交正常化交渉，①④国際原子力機関，①核不拡散条約，①核の検証／核査察／保障措置，①米朝協議，①朝鮮半島エネルギー開発機構，①ミサイル防衛，③弾道ミサイル防衛，③化学兵器，③生物兵器，①②⑤9.11同時多発テロ，①国際テロ組織，①テロ支援国家

1-145
大韓民国

Republic of Korea

略語 ROK　別称 韓国

北朝鮮を「主敵」と位置付ける韓国は，全人口の約4分の1が集中する首都ソウルがDMZから至近距離にあるという防衛上の弱点を抱えていることから，「先進精鋭国防」の建設をスローガンに，国内総生産（GDP）の2～3％を国防費に投入してきた。2003年現在，陸上戦力は約59万人，海上戦力は3個艦隊約210隻（約14.4万トン），航空戦力は空軍海軍を合わせて作戦機約600機からなる。最長30カ月の徴兵制が維持されており，予備役，準軍隊を含め，国民の約9人にひとりが国防関係者であって，社会における軍の存在が大きい。国防政策の基本としては，①北朝鮮の脅威に備え同時に将来の不確実な脅威に備える。②（対脅威ではなく）能力に基づいた国防発展により国力にみあった防衛力を整備する。③対外的軍事関係を強化し，2国間，多国間の戦略的協力関係を構築する，と設定されており，その中核は，米韓相互防衛条約による米国との緊密な同盟関係である。韓国内には，朝鮮戦争の停戦以降，陸軍を中心とする米軍部隊（国連軍）約3万8千人が駐留している。韓国は9.11同時多発テロに際しても，アフガニスタンに医療部隊を派遣するとともに，その後の軍事作戦でも海軍艦艇1隻，空軍機4機などによる輸送支援を行い，2003年2月には新たに工兵部隊を派遣した。4月にはイラク戦後の復興支援の工兵部隊，医療部隊を派遣している。しかしながら，在韓米軍の度重なる事故や事件への反発から，抗議デモや地位協定改正要求がしばしば起こるなど，国内には根強い反米感情があり，米韓関係への影響が懸念されている。2003年に就任した盧武鉉大統領は，北朝鮮政策について，金大中前大統領の「包容（太陽）政策」を継承するとともに，米国とも「水平的」米韓関係を主張している。

⇒ ②非武装地帯，①米韓相互防衛条約，①朝鮮半島，①朝鮮民主主義人民共和国，⑤朝鮮戦争，①②⑤9.11同時多発テロ，③地位協定と施設・区域

1-146
台　　湾
Taiwan

別称 中華民国（Republic of China）

　台湾では，2002年3月に「国防法」が施行された。同法は，軍令，軍政の一元化，すなわち「総統」と文民である「国防部長」による統帥，及び軍の政治的中立を明記している。これは，1996年に住民の直接投票による総統選出が制度化され，2000年には民進党の陳水扁総統が誕生したことにあわせ，台湾における文民統制（シビリアン・コントロール）を確立しようというものである。つまり，これにより台湾軍は，国共内戦を戦った国民党の軍隊を起源とするのではなく，民主化された台湾のための軍隊を形成することになった。しかしながら，同法も，「台湾の防衛は『全民防衛』であり，軍事，政治，経済，心理及びその他の国家防衛に直接又は間接的に貢献する要素を包摂する」としていて，民間の能力をも防衛に活用する総合的な防衛力の増強を目指している。また，防衛態勢としては，台湾人民や財産への被害を極限かするために，台湾領域での戦争や紛争を防衛することを原則とし，「友好抑止，防衛固守」戦略をとることとしている。台湾軍の勢力は，1997年から開始された「精実案」と称する防衛力見直しにより，総兵力が40万人にまで削減された。2003年現在，陸軍が約27万人，海上戦力が約340隻20万7千トン，航空戦力が空軍，海軍を合わせて，作戦機約530機であるが，兵役は22カ月で，予備役，準軍隊を含めると，依然国民約11人にひとりが軍関係者である。しかし，2006年までにさらに総兵力を35万人に削減し，同時に装備の近代化に力を入れていく方針が示されている。また，78年に米華相互防衛条約が破棄され，79年に米国との国交が断絶された後も，米国の国内法である「台湾関係法」に基づいて，台湾には米国からの武器供給が継続している。「台湾関係法」は，米国が台湾に対して，台湾が十分な自衛能力を保持できるように防衛的性格の武器を供給することとなっており，実質的な準同盟関係が維持されているといえよう。

⇒ ③自衛隊と文民統制，⑤中国の国共内戦，⑤台湾の2.28事件，①台湾海峡問題，①中台の軍事バランス，①台湾関係法

1-147
中華人民共和国
People's Republic of China

別称 中国

　中国は，14の国との長い国境線と太平洋に面する長い海岸線に囲まれた広大な国土に，13億人が居住する巨大な国家である。人口の約98％は漢民族だが，他にも様々な少数民族，宗教，言語が混在しており，世界各地の在外華人も少なくない国際的影響力を有している。中国は，古来数千年にわたり，固有の文化，文明を形成し，周辺地域に対しては，中国を世界の中心とする考え方（中華思想）に基づいた「華夷秩序」の伝統を維持してきた。しかし，19世紀以降の欧州列強による半植民地化という屈辱の経験を経て，

第2次世界大戦後は，中国共産党の指導下，「富強」「民主」「文明」を旗印とした社会主義体制による近代国家建設にまい進してきた。とりわけ1980年代の「改革・解放」政策以降は，「社会主義市場経済」（92年の第14回党大会の決定）のメカニズムを導入し，着実に成長を続けている。この間，経済建設を国家の最重要課題ととらえた中国は，国内外の安定的な環境の形成に腐心し，国内的には社会的安定と団結，対外的には先進諸国や周辺国との協力関係の維持促進を推進した。その結果，GDPの規模では世界第6位となり，2001年には世界貿易機関（WTO：World Trade Organization）への正式加盟をも果たした。これらに対応するため，中国は「対外開放路線」のさらなる促進とともに，中央省庁や産業構造の改革を迫られている。政治思想の面でも，2000年に江沢民総書記によって「3つの代表」が共産党規約に盛り込まれ，本来階級闘争の対象であった私営企業主らの入党を認めるなど，抜本的な変化がみられる。また，北朝鮮の核問題の平和的解決に関して主導的な役割が期待されるなど，国際社会における存在感も増している。このように中国は経済的なダイナミズムを梃子に政治的にも着実に地域大国としての地位を築き始めているが，共産党幹部の腐敗問題，チベットや新疆ウィグル自治区などの分離・独立運動，「法輪功」集団などの抵抗運動，経済格差の拡大，都市部への人口集中など，国内に少なくない問題を抱えている。2003年に中国から発生した新型肺炎（SARS）への対応では，中国社会の閉鎖性，後進性が露呈した。とまれ，中国及び中国人は大国としての威信を取り戻さんとする強い願望とナショナリズムを有しており，近年，党も中華振興の民族精神の発揚と「愛国主義教育」に力を入れている。さらに国防政策では，覇権主義や強権主義に反対し，国の安全と近代化を推進するために，国防力の強化が不可欠であるとして，「国防建設と経済建設を協調して発展させる」（『2002年中国の国防』）方針を堅持している。このために，「新しい時期における積極的防御（攻撃されなければ，自ら攻撃することはないが，一度攻撃を受けたときに攻勢的に反撃する）」戦略を採用している。加えて，国際社会における発言力を確立し，報復的な核反撃を遂行するために核兵器及び弾道ミサイルを保有している。また人民解放軍は近年，大幅な人員削減や組織・機構の簡素化による編成，運用の効率化，装備の近代化，研究開発の強化を進めている。従来，中国は広大な国土と膨大な人口を利用して持久戦に持ち込む，ゲリラ戦を重視した「人民戦争」戦略（毛沢東主席が確立）を採用してきた。しかし，軍の肥大化や非能率化などの弊害が生じたことに加え，80年代前半から，世界規模の戦争が生起する確率が減ったとの認識にたって，領土，領海をめぐる局地戦への対処に重点を置くようになった。このため，軍事力を「量」から「質」へ転換し，近代戦に対応できる正規戦主体の態勢へ移行するため，陸軍を中心とした兵員の削減と核・ミサイル

第1章 安全保障情勢を読む

戦力や海・空軍を中心とした全軍の近代化が行われている。とりわけ海軍力は沿岸地域の防衛から、遠方の近海を防衛する外洋海軍への転換を図っている。92年には、領土、領海、領空の安全と並んで海洋権益の擁護を明記した「国防法（中国・領海法）」を制定し、南沙・西沙諸島における活動拠点を強化するとともに、日本近海における情報収集活動、海洋調査活動をさかんに行っている。遠洋航海も活発である。さらに、91年の湾岸戦争後、中国はハイテク技術を取り入れた「科技練兵」を重視し、その財政的裏付けの必要性を唱えている。これらの結果、中国の公表されている国防費の額は軍事目的の支出のごく一部である、と考えられるが、それでも近年の国防予算の伸びはGDPの伸びを大幅に上回っている。また、中国の軍事力は、人民解放軍、人民武装警察部隊、民兵から成るが、人民解放軍は、あくまで中国共産党が直接指導する「党の軍隊」であって、民主主義国の「国民の軍隊」とはその性格を異にする。

⇒ ④世界貿易機関、①中朝、中韓関係、①朝鮮半島、①東トルキスタン問題、①チベット問題、①新型肺炎、①ミサイル防衛、③弾道ミサイル防衛、①南沙諸島、⑤南沙・西沙諸島紛争

1-148
インドネシア共和国
Republic of Indonesia
別称 インドネシア

約17,000余の島々からなる世界最大の島嶼国家。西太平洋中央部に位置し、東西約5,110km、南北約1,888km（赤道を挟む）に及ぶ。人口は、2億1千万人で、中国、インド、米国に次いで世界第4位の大国。大半がマレー系（ジャワ、スンダ等27種族に大別される）で、華人人口が約3％。イスラム教徒が87.1％を占める世界最大のイスラム国家だが、他にキリスト教徒が10.1％、ヒンズー教徒も1.8％である。国語は共通語であるインドネシア語で、全国に広く普及しているものの、ジャワ語、スンダ語等約300以上の種族語がある。このように多民族、多文化のインドネシアが国家を形成したのは、第2次世界大戦後のことで、オランダの植民地支配を受けた地域の人々が中心となって、熾烈な独立戦争を戦い1949年に建国された。独立後は、非同盟中立を標榜するアジア・アフリカ地域の新興独立諸国の中心的存在としてインドとともに存在感を示したが、63年、初代スカルノ大統領は隣国「マレーシア連邦」の結成を「新植民地主義の陰謀」と非難し、対決政策（コンフロンタシ）を開始し、共産圏に接近した。しかしその後、65年9月30日未明のクーデター未遂事件（9月30日事件）によってスカルノが失脚し、66年にスハルト政権が成立すると、「反共」と「開発独裁」による「新秩序（オルデ・バルー）」政策が採用され、67年に成立した東南アジア諸国連合（ASEAN）に加盟し、実質的に西側の一員となった。スハルトは、全軍人・公務員によって組織された翼賛政治組織「ゴルカ

ル」を政治基盤に，インドネシアの経済発展を実現した。69年にはイリアン・ジャヤを帰属させ，74年にはポルトガル領だった東ティモールを併合し，これら地域へのインドネシア人の入植が進んだ。この間，陸軍を主体とするインドネシア国軍（国防治安軍）は，国家統一，国家建設を主導し，地域行政を直接担い，政治，経済，社会全般へ強大な影響力を有した。しかし97年のアジア通貨危機によって，インドネシア経済は壊滅的な打撃を受け，スハルト長期政権に対する批判が高まった。98年5月，スハルトはハビビ副大統領に政権を移譲，ハビビ政権は東ティモールの独立の是非を問う住民投票の実施を決断した。しかし東ティモールでは，軍や民兵と住民の対立が激化し，国際的非難にさらされたハビビは，事態収拾のためにオーストラリアを主体とする多国籍軍の受け入れを余儀なくされた。インドネシア国内からも民主化を求める声が高まり，99年6月に新しい選挙制度の下でインドネシア初の民主的な総選挙が実施され，10月には国民協議会においてアブドゥルラフマン・ワヒドが第4代大統領に選出された。その後，2001年7月23日，ワヒドは国民協議会特別総会で解任され，同日，メガワティ副大統領（初代スカルノ大統領の長女）が大統領に昇格した。メガワティ大統領の就任以降，東ティモールでの人権侵害を理由に停止されていた米国との軍事交流が再開されるなど，対外関係は改善されている。しかし，インドネシアは，2000年に東ティモールが独立した後もナングル・アチェ・ダルサラム州（旧アチェ州）やパプア州（旧イリアン・ジャヤ州）などの地方で分離・独立を求める動きが見られるほか，マルク地方ではイスラム教徒とキリスト教徒の抗争が継続している。2002年12月には東京でインドネシア政府と分離独立派武装組織「自由アチェ運動（GAM）」との和平協議が行われたが，交渉は決裂している。メガワティ大統領は，「国土保全・国家統一」を明確に打ち出し，過激な独立運動には，軍事力行使を含めた断固たる態度で臨む方針である。しかしながら，総人口の約6割に当たる1億人強が，全国土面積の約7％に過ぎないジャワ島に集中していることから，経済発展の恩恵に浴せず，長年にわたり搾取されてきた地方の，中央政府に対する不満は根強い。また2001年10月12日には，バリ島で過激派イスラム組織ジェマー・イスラミア（JI）による爆破事件が生起，2003年8月5にはジャカルタのホテル爆破事件などテロも頻発しており，不安定な社会状況が継続している。2000年には，治安全般を統括していた国軍から国家警察組織を分離し，軍の近代化を試みているが，2003年3月に発表された『国防戦略白書』によれば，分離・独立運動やテロなどの脅威に対する国軍の役割が依然重要であることが指摘されており，メガワテイ大統領の「大インドネシアの統一」の号令の下で，国軍の政治的影響力が復活している。2003年現在，予備役，準軍隊を含め国防，治安に従事する者は，892,000人（国民240人に1人）である。兵役は2年。

⇒ ⑤インドネシア独立戦争，①④東南アジア諸国連合，④開発独裁，①東ティモール民主共和国，④アジア通貨危機，①国際テロ組織，①イスラム原理主義，①バリ島爆弾テロ事件

1-149
フィリピン共和国
Republic of the Philippines

別称 フィリピン

1986年の2月革命（人民革命）でマルコス独裁政権を打倒してアキノ政権を誕生させたフィリピン民衆は，同様に2001年，エストラダ大統領の政治腐敗を糾弾して，アロヨ政権を成立させた。しかし，アロヨ政権の支持基盤は，財界，中間層，軍といったエリート層であって，国民の7割を占める貧困層のエリート層に対する不信と反発は根深く，フィリピンの治安を脅かしている。国内の反政府勢力の活動も，爆弾事件，誘拐などが続発し，凶悪化している。96年9月に，フィリピン政府はモロ民族解放戦線（MNLF：Moro National Liberation Front）とミンダナオ自治地域の創設に関する最終和平合意をし，長年にわたるミンダナオ紛争の決着を図ったが，自治区の運営などを巡って分裂したモロ・イスラム解放戦線（MILF：Moro Islamic Liberation Front）は，政府軍と激戦を継続してきた。2001年にMILFもようやく和平交渉に合意したものの，南部では同じくMNLFから分裂したイスラム原理主義勢力アブ・サヤフ（Abu Sayyaf）が，誘拐やテロ事件を繰り返している。また，断続的に行われている共産主義勢力民族民主戦線（NDF：National Democratic Front）との和平交渉も大きな進展を見せていない。さらに，91年の在比米軍基地撤去後，南シナ海への進出が著しい中国軍がフィリピン臨海部のミスチーフ環礁に軍事施設を建設するなど，対外的な安全保障問題も生起した。政府は，軍近代化を急ぐとともに，とりわけ9.11同時多発テロ後は，アブ・サヤフの掃討作戦を強化，米国から軍顧問団を受け入れ，合同軍事演習を実施した。さらに2002年11月には，米比両軍の間で軍事演習等の際の燃料や食料供給，輸送，修理・整備，施設利用などの役務提供について定めた「相互後方援助協定（MLSA：Mutual Logistics Support Agreement）」を締結し，米軍の恒常的駐留を可能とした。一方東南アジア諸国との間では，2002年5月，テロとの戦いにおける協力促進を目的とする「情報交換・連絡手続策定に関する合意（Agreement on Information Exchange and Establishment of Communication Procedures）」をフィリピン，インドネシア，マレーシアの3カ国の間で署名した（その後，カンボジア，タイが加盟）。3カ国は，テロ活動，資金洗浄，密輸，海賊，ハイジャック，麻薬，出入国管理規定違反，海洋汚染等を防止するコミットメントを表明し，国境を越える犯罪及びその他の犯罪行為が発生した場合，便宜を図り，共同行動を行うとしている。

⇒ ①イスラム原理主義，①②⑤9.

11同時多発テロ、①「バリカタン」演習、①④東南アジア諸国連合

1-150
ベトナム社会主義共和国
Socialist Republic of Viet Nam
別称 ベトナム；ヴィエトナム

千年を超える中国支配を経験した中国文化圏最南端の国。人口約8千万人のうちキン族（越人）が90％を占めるが、他に約60の少数民族が居住する。宗教は、仏教徒80％、他にカトリック、カオダイ教など。1883年にフランスが植民地化し、その後、第2次世界大戦中の日本軍による一部間接統治を経て、1945年にベトナム民主共和国が成立したが、植民地支配を再開しようとするフランスとの独立戦争が激化、49年には親仏政権のベトナム国も誕生したため、54年にジュネーヴ協定により南北に分割された。55年、南部では共和制（南ベトナム）が成立した。65年、激化した内戦に米軍が直接介入を開始。73年のパリ和平協定後、米軍が撤収を完了すると、75年に南ベトナムが崩壊。76年に南北統一によって、社会主義共和国となった。86年に市場経済システムの導入と対外開放化を柱としたドイモイ（刷新）路線を採用、以後外資導入に向けた構造改革や国際競争力強化に取り組んでいるが、貧富の差の拡大、汚職の蔓延、官僚主義の弊害なども顕在化している。対外的には全方位外交を展開し、95年7月に米国と国交を正常化、同年ASEANへの加盟も達成した。中国とは、79年に戦火を交えたが、91年11月に関係を正常化。99年末には中越陸上国境協定が締結された。さらに2000年末には、トンキン湾海上国境画定に関する協定に調印、両国の国境画定交渉が決着した。但し、両国を含めた6カ国が領有権を主張している南沙諸島問題は依然未解決のままである。2002年5月には、カムラン湾に所在するロシア軍基地の撤収が完了した。ベトナムは、今後カムラン湾にいかなる外国の軍隊の駐留も認めない方針である。米越通商協定が2000年7月に署名され、2001年12月に発効した。ベトナム戦争を戦った米国との軍事交流も開始され、2002年には米国がタイで実施した合同軍事演習「コブラ・ゴールド」にもオブザーバー参加している。兵役は徴兵制で18～27歳間の2～3年間が標準。兵力48.4万人の主体は陸軍で、海、空軍の近代化は進んでいない。

⇒ ⑤インドシナ独立戦争、①④東南アジア諸国連合、⑤中越戦争、①南沙諸島、①「コブラ・ゴールド」演習、⑤南沙・西沙諸島紛争

1-151
ラオス人民民主共和国
Lao People's Democratic Republic
別称 ラオス

1353年、ランサーン王国として国家統一。1899年、フランスのインドシナ連邦に編入される。1949年仏連合の枠内での独立。53年10月22日仏・ラオス条約により完全独立を達成。その後内戦が繰返されたが、73年2月「ラオスにおける平和の回復及び民族和解に関する協定」が締

結され，75年12月には社会主義政権によるラオス人民民主共和国が成立した。人口は，537.7万人。低地ラオ族が60％，その他約60以上の種族が居住する。国民の大半は仏教徒である。86年以降，経済面を主とする諸改革の方針を踏襲しているが，1人当たりGDPは329米ドルとASEANの中で最貧国である。外交関係は，平和5原則に基づき，特に近隣諸国との友好関係の維持拡大を図っている。とりわけ，ベトナムとは，「特別な関係」である。国軍は約3万人（18カ月以上の徴兵制）だが，他に民兵による自衛隊が10万人以上いる。2003年8月，先住民族の反政府勢力による爆破テロが首都ビエンチャンで生起，治安は悪化している。

⇒ ①④東南アジア諸国連合

1-152
カンボジア王国
Kingdom of Cambodia

別称 カンボジア；クメール

9世紀頃に誕生したアンコール朝が14世紀前後に滅亡すると，カンボジアは弱体化し，両隣のタイやベトナムに領土を侵食され，1863年フランスの植民地となった。第2次世界大戦期の日本軍による一部間接統治を経て，1945年3月にシアヌークが独立を宣言。53年に完全独立を達成した。しかし，69年3月，親米派のロンノルによるクーデターが生起，米軍によるカンボジア爆撃も行われ，内戦状態となった。その後，78年のベトナム軍の民主カンプチア（親中派ポル・ポト政権）侵攻によって，中ソ両国はもとより，ASEAN諸国を直接間接に巻き込んだ国際紛争に発展した。カンボジア紛争は，91年のパリ和平会議において和平6文書が調印され，終結した。93年5月，パリ協定に基づき設置された国連カンボジア暫定機構（UNTAC）によって総選挙が実施され（ポル・ポト派はボイコット），9月に新生「カンボジア王国（シアヌーク国王）」が発足した。新政権は第1党人民党と第2党フンシンペック党とによる連立政権を樹立した。97年7月には，首都プノンペンにおいて武力衝突が発生するなど政府部内の根強い対立が表面化したが，98年7月の総選挙を経て，フン・セン首相率いる人民党主導の政府が誕生したことで沈静化された。同政権は他国との平和共存を外交の基本方針に，行財政制度の確立と国際社会からの援助や投資の取り付けを推進，99年にはASEANへの正式加盟が実現している。また，フン・セン首相は，99年1月，軍の中立化のため最高司令官の地位を参謀総長に譲位。同時に国内各派の寄せ集めだった国軍の近代的軍組織としての再構築を企図し，余剰人員約3万1,500名を削減した。2003年現在，97年の武力衝突以降，一時分裂していたラナリット派軍も王国軍に統合されて，国軍の兵員数は約12万5千人となっている。他に準軍隊が6万7千人いる。また，93年以来国内最大の不安定要因であったクメール・ルージュ（ポルポト派）は，その国内拠点が98年4月に政府軍によって制圧され，ポル・ポトが死亡。幹部の投降や逮捕が相次ぎ，崩壊した。しかしながらポル・ポト時代の

国家指導者に対する裁判は，国際法廷の設置を主張する国連と，自国の主導権を確保したうえで国際社会の支援を得ようとするカンボジア政府の対立で進捗していない。

⇒ ①④東南アジア諸国連合，⑤カンボジア紛争

1-153
タイ王国

Kingdom of Thailand

別称 タイ

　タイ王国の基礎は13世紀のスコータイ王朝より築かれ，その後アユタヤ王朝（14〜18世紀），トンブリー王朝（1767〜1782）を経て，チャックリー王朝（1782〜）に至っている。また，他の東南アジア諸国と異なり，列強各国との外交関係を維持し，植民地支配を免れた。人口約6,200万人の大多数がタイ族で，他に華人，マレー族，山岳少数民族等が居住している。宗教は95％が仏教徒，他にイスラム教徒が4％である。タイでは1932年の立憲革命以降，軍部主導の政治が続いていたが，92年の軍と民主化勢力との衝突（5月事件）以降，軍部は政治関与を控え，専門化，近代化を目指すこととなった（2003年現在，予備役，準軍隊を含めた兵力は619,000人。兵役は2年）。民主的な政権交代手続も定着している。また80年代後半から日本を始め外国投資を梃子に急速な経済発展を遂げたが，97年7月，為替を変動相場制に移行するとバーツが大幅に下落し，経済危機が発生した。しかしその後，IMF及び日本を始めとする国際社会の支援を受け，不良債権処理など構造改革を含む経済再建に努力し，回復基調に転じた。また，タイは伝統的に柔軟な全方位外交を維持しつつ，ASEAN諸国との連携と日本，米国，中国といった主要国との協調を外交の基本方針としており，2001年に成立したタクシン政権も近隣諸国との関係の強化，各国との自由貿易協定（FTA：Free Trade Agreement）の締結，アジア協力対話(ACD：Asia Cooperation Dialogue)の提唱等，主導的にさまざまな地域政策を打ち出している。周辺国との関係は，不安定なカンボジア情勢が長年に亘る安全保障上の最大の懸案だったが，同国で98年7月の総選挙を経て新政権が成立し，安定した。ベトナムとは，97年8月に海上境界協定が締結され友好関係が深化している。ラオスとの間の紛争は88年には停戦が成立，94年4月には両国間を流れるメコン河にタイ・ラオス友好橋が開通し，プーミポン国王陛下のラオス訪問も実現するなど改善されている。インドネシア関係では，東ティモールの多国籍軍にASEAN各国の中では最大規模である1,500名規模の派遣を実施し，UNTAETにも貢献したが，アチェ，マルク問題については，タイはインドネシアの統一を支持する立場を維持している。したがって残された懸案は2,400キロの国境を接するミャンマーとの関係である。加えてタイはインドシナ及びミャンマーに囲まれている地理的条件から，70年代以降難民の流入問題に長年悩まされ続けてきたが，国内世論に配慮し，難民条約

には加入していないため，問題の解決を困難にしている。

⇒ ④国際通貨基金，①④東南アジア諸国連合，④自由貿易協定，①東ティモール民主共和国，①インドネシア共和国，①難民問題

1-154
マレーシア
Malaysia

13世紀のイスラム商人を皮切りに，ポルトガル人，オランダ人，続いて英国人がマレー半島に上陸した。また，19世紀には錫の鉱脈発見とともに華人労働者が，ゴムの栽培とともにインド人労働者が集められ，多彩な生活習俗，宗教，文化がこの地にもたらされたが，1824年に英蘭協定よりマラッカを含め，マレー半島はすべて英国の勢力下におかれた。また，1840年に北ボルネオのサラワク州で英国人がブルネイのスルタンからラジャに任命され，1906年にはサバ州が英国領に，さらに09年，北部3州の宗主権も英国に割譲され英国のマレーシア支配は完成した。その後，第2次世界大戦中の日本軍による一部間接統治を経て，48年にマラヤ連邦が成立，57年に独立国となった。1963年には，連合4州，非連合5州，ペナン，マラッカ，シンガポールとサバ，サラワクを加えたマレーシア連邦が結成されるが，華人の多いシンガポールは65年に分離し現在に至っている。このようにマレーシアは多民族国家であり（人口2,200万人。人種構成比はマレー系62.8％，中国系26.3％，インド系7.5％，その他3.5％），人種間の融和を図りつつ，非マレー系に比して相対的に貧困なマレー系の経済的地位を向上させること（ブミプトラ政策）が歴代政権の重要な課題である。対外政策の基本は，ASEAN協力の強化，イスラム諸国との協力，大国との等距離外交，南々協力，対外経済関係の強化などで，欧米中心の大国主義には一貫して批判的な立場を堅持している。途上国・小国の立場や権利の擁護を主張し，イスラム国家（憲法においてイスラム教を「連邦の宗教」と規定）として積極的にイスラム諸国との協力関係を強化している。安全保障面では，89年12月，マラヤ共産党が41年間の武装闘争を終結したことにより，国軍にとっての最大の脅威が取り除かれ，以来マレーシア国軍は，ゲリラ戦争遂行型から通常戦争遂行型への脱皮を狙いとした近代化を図っている。国防の主眼は，自国防衛と国内治安維持であるが，「五カ国防衛取極」（71年4月成立。英，豪，NZ，シンガポール，マレーシア）やASEAN各国との防衛関係を重視している。予備役，準軍隊を含めた総人員数は，16万1,700人（内訳：陸軍8万人，海軍1.25万人，空軍8千人）。兵役は志願制である。9.11同時多発テロを契機にテロ組織取り締まりの必要性を強調しており，共産党勢力駆逐以降，組織的に弱体化していた情報機関の組織強化，制度充実を図っている。

⇒ ⑤マラヤの共産党反乱，①④東南アジア諸国連合，①五カ国防衛取極，①②⑤9.11同時多発テロ

1-155
シンガポール共和国
Republic of Singapore
別称 シンガポール

1959年，英国より自治権を獲得，シンガポール自治州となる。1963年，マレーシア連邦成立に伴い，その一州となったが，1965年8月9日マレーシアより分離，シンガポール共和国として独立した。建国以来，与党・人民行動党（PAP）が国会における圧倒的多数を占め政権運営を担ってきており，内政状況は安定している。90年11月，31年間首相を務めたリー・クァンユー首相（現上級相）からゴー・チョクトン首相が政権を継承した。約370万人の人口のうち，中華系が76.7％，マレー系13.9％，インド系7.9％，その他1.4％である。国語はマレー語だが，公用語として英語，中国語，マレー語，タミール語が指定されている。自国のおかれた不利な条件（狭い国土と少ない人口，資源のなさ）を直視した戦略的な外交政策で，東アジア地域における安定した国際環境を維持するとともに，多角的自由貿易体制の維持・強化を通じ世界経済へのアクセスを確保することを重視している。このため冷戦終結後もアジア太平洋地域における米国の軍事的プレゼンス及び政治的コミットメントの維持を主張（但し，非同盟諸国の一員でもある）している。国防の主眼としては，多民族の融和による社会的安定及び政府，国民が一体となった「トータル・ディフェンス」を標榜し，このため国防予算は全歳出予算の約30％を占める。兵役は2～2.5年の義務兵役制度（訓練終了後は，予備役に編入）で，正規6.05万名（陸軍50,000名，海軍4,500名，空軍6,000名），予備役，準軍隊の総計は469,300人。国民7.8人に1人が国防関係者という軍事大国である。オーストラリア，ニュージーランド，英国，マレーシアと共に「五カ国防衛取極」のメンバーであり，シンガポールの空軍士官学校及び飛行訓練場はオーストラリア国内に所在している。9.11同時多発テロ以降は，反テロの立場を明確にし，国内及び域内におけるイスラム過激派によるテロ活動に対する警戒を強化。2001年12月及び2003年8月，当局は，国内の米国関連施設等へのテロ攻撃の準備を行っていたとされるイスラム過激派組織ジェマー・イスラミヤ（JI）のメンバー等，計34名を逮捕している。

⇒ ①マレーシア，①米軍のプレゼンス，①五カ国防衛取極，①②⑤9.11同時多発テロ，①国際テロ組織，①イスラム原理主義，①④東南アジア諸国連合

1-156
ミャンマー連邦
Union of Myanmar
略語 ミャンマー；ビルマ

中国とインドという2つの大国に挟まれた戦略的要衝地域に，諸部族割拠の時代を経て，ビルマ族による統一王朝（パガン王朝，1044年～1287年）が成立したのは，11世紀半ば頃である。その後タウングー王朝，コンバウン王朝等が成立したが，1886年に英領インドに編入された。第2次世界大戦中には日本軍の支援でビ

ルマ独立義勇軍が結成され，1943年に独立を宣言したが，完全な独立を達成したのは大戦後の48年1月4日である。約4,800万人の人口の大半はビルマ族（約70％）だが，他に約135の少数民族が居住している多民族国家である。宗教は仏教が90％で，その他キリスト教，イスラム教等。88年，約26年間続いた社会主義政権が全国的な民主化要求デモにより崩壊，国軍がデモを鎮圧するとともに政権を掌握した。軍事政権は，ビルマ族の優越的支配を表象する旧国名のビルマを嫌い，古来の国名であるミャンマーに変更，90年には総選挙が実施された。総選挙では，アウン・サン・スー・チー女史率いる国民民主連盟（NLD）が圧勝したが，2003年現在まで政権の移譲は実現していない。のみならず軍事政権は，89年から95年の間スー・チー女史に対し自宅軟禁措置を課し，国際的な非難を浴びた。95年に自宅軟禁を解除し，2000年10月からは政府とスー・チー女史との間で直接対話が開始され，拘束していた政治犯を釈放するとともに，NLDの活動再開を認めたが，その後もスー・チー女史と支援者に対する厳しい監視は続いている。また，少数民族との武力衝突や難民の流出問題も深刻である。70年代には，旧英領時代にミャンマー西南部のラカイン州に移住したイスラム教徒を弾圧したため，バングラデシュへ流出した難民が25万人を超えた。他にも80年代前半に国軍がカレン族居住地域に大攻勢をかけたことから，大量のカレン難民が発生した。92年に軍事政権は一部の少数民族と停戦合意したものの，カレン民族同盟（KNU）とは停戦合意できず，その後もカレン族難民がタイへ流出している。国軍に国家警察軍や民兵組織を加えた軍事政権の兵力は54万4千人であり，2003年現在も多数の反政府組織，武装派グループとの武力衝突が続いている。ミャンマーの軍事政権に対する国際社会の目には厳しいものがあるが，97年7月にはASEANへの加盟を実現，積極外交の促進と経済的な開放を進めている。

⇒ ①④東南アジア諸国連合，①タイ，⑤第2次世界大戦

1-157
ブルネイ・ダルサラーム国
Brunei Darussalam

別称 ブルネイ

15世紀初頭，初代スルタン・モハマッドがブルネイ王国の基礎を確立。19世紀英国の侵入で領土を数度に渡り割譲し，1888年には英国の保護国となった。1971年内政の自治を回復，84年完全独立した。人口34.5万人のうち，先住民族を含むマレー系が74.0％，中国系15.0％，その他11.0％。石油と天然ガス産出により高い経済水準を維持し，内政は非常に安定している。1人当り名目GDPは約12,500米ドル。現スルタンは国政全般を掌握し，首相，国防相及び蔵相を兼任，外相はスルタンの実弟が務めている。ブルネイ人の約7割が公務員であり，医療，教育等が無料で提供されるなど，国民の生活は国家財政に大きく依存している。大多数の国民は敬虔なイスラム教徒で，「マレー

主義，イスラム国教，王政擁護」を国是とする一方，国民の不満が顕在化しないようにブルネイの就業人口の7割を占める公務員に対する優遇策や社会福祉制度の充実等，国民生活の向上に努めている。外交的には，独立後直ちに英連邦，ASEAN，イスラム諸国会議機構に加盟し，これら諸国，米国，韓国及び日本との関係緊密化を促進している。84年9月に国連加盟。92年に非同盟諸国首脳会議に加わった。兵役は志願制で，予備役，王立警察及びグルカ予備軍（英国軍に属する）約2,000人を含めて約1万1,500人である。

⇒ ①④東南アジア諸国連合

1-158
東ティモール民主共和国
Democratic Republic of Timor-Leste

別称 東ティモール（East Timor）

　16世紀前半，ポルトガルがティモール島を征服。17世紀半ばにオランダが西ティモールを占領した後，1701年にポルトガルが再び全島を領有した。1859年のリスボン条約で，ポルトガルとオランダが東西ティモールを分割した。第2次世界大戦中の1942年には日本軍が全島を占領したが，45年のインドネシア共和国の成立（8月17日）に伴い，西ティモールは同国の一部として独立した。74年ポルトガル本国で社会主義クーデター発生すると，東ティモールでは独立の機運が高まり，75年独立派政党（フレテリン等）が東ティモール民主共和国の独立を宣言した。しかしその後，インドネシア国軍及び併合派と独立派の間の抗争が激化したため，フレテリンは活動拠点を海外に移した。76年，インドネシア政府は東ティモールを第27番目の州として併合，フレテリンの軍事部門であるファリンティルはゲリラ活動を継続した。91年11月，サンタクルス墓地で大暴動が生起し（サンタクルス事件），フレテリンの指導者シャナナ・グスマンは逮捕された（99年2月に釈放）。しかし，98年5月，スハルト・インドネシア大統領が退陣し，ハビビ副大統領が大統領に就任すると東ティモールの独立の是非を問う住民投票の実施が決定され，99年8月30日，国連東ティモール・ミッション（UNAMET）の監視下で直接投票が実施された。選挙では，独立派が多数を占めたが，この選挙結果に反対する勢力による破壊・暴力行為が急増し，現地情勢が急激に悪化したため，国連安保理は治安回復のために，オーストラリア軍を主体とする多国籍軍（INTERFET）の派遣を認めた。10月20日，インドネシア国民協議会は東ティモールの分離独立を決定，25日，国連安保理は国連東ティモール暫定行政機構（UNTAET）の設立を決議した。2000年，UNTAET統治下，東ティモール暫定政府（ETTA）と国民評議会（National Council）が発足，2001年9月，東ティモール行政府（ETPA）発足，2002年5月20日，東ティモール民主共和国が成立した。初代大統領にシャナナ・グスマン。9月には国連へ加盟した。2003年現在，国連東ティモール支援ミッション（UNMISET）の多国籍軍5,200

人が治安維持などを担当しているが，2004年までに1500名の正規兵及び1500名の予備役からなる東ティモール国防軍の創設が予定されている。人口は約79万人のうちキリスト教徒（大半がカトリック）が99.1％，他にイスラム教0.72％。公用語はポルトガル語とされるが，テトゥン語，インドネシア語，英語，その他様々な種族語が使用されている。

⇒ ②平和維持活動，③国際平和協力業務，③PKO 5原則，③国際平和協力法の手続，①インドネシア共和国

1-159
ソロモン諸島
Solomon Islands

別称 ソロモン

16世紀にスペイン人が来航，1893年に南ソロモン諸島を，1900年に北ソロモン諸島を英国が領有し，植民地とした。第2次世界大戦中は日本軍が占有，激戦地となる。その後米軍の駐留を経て，76年に自治政府が樹立され，78年に英国から正式に独立した。人口43万人のうち，メラネシア系が約94％で，その他ポリネシア系，ミクロネシア系，ヨーロッパ系，中国系。外交的にはPIF等地域協力機構に積極的に参加し，一貫して英，豪等英連邦及び近隣諸国との友好関係を推進している。しかし内政は，98年末より首都ホニアラがあるガダルカナル島において先住民ガダルカナル人と移民マライタ人との間で部族対立が激しくなり，2000年6月，マライタ人武装勢力による首相拘束事件が発生，7月にはソガワレ政権が発足し，10月には和平協定が結ばれたが騒擾事態は悪化した。2001年12月，国際選挙監視団が監視する中総選挙が実施され，ケマケザ政権が発足。同首相は，法秩序の回復と財政再建に取り組んだが，その後も事態は深刻化し，自力では解決できないと判断して，2003年4月に豪州に支援を求めた。6月30日にシドニーにてPIF外相会合が開かれ，警察及び軍隊派遣を含む対ソロモン支援について合意した。その後，ソロモン政府より豪州政府に対して，正式にPIF数カ国による警察及び軍隊の派遣が依頼され，7月24日より豪州，NZ，フィジー，PNG，トンガの警察及び軍隊が派遣された。その後，国際的な警察機構の創設が検討されるなど，軍や警察の能力が不十分なマイクロ・ステーツにおける治安維持と内政不干渉原則のあり方に課題を残した。台湾と外交関係がある。

⇒ ①太平洋諸島フォーラム，①内政不干渉，②主権国家，①オーストラリア連邦，②ニュージーランド

1-160
オーストラリア連邦
Commonwealth of Australia

別称 オーストラリア；豪州

1770年英国人探検家クックが現在のシドニー郊外ボタニー湾に上陸，英国による領有を宣言し，1788年，英国人フィリップ海軍大佐（初代総督）一行がシドニー湾付近に入植を開始した。初期の開拓は

解放された囚人によってなされ，その後の移民政策でも有色人種を排除する差別的な「白豪主義」が採用された。同時に，先住民であるアボリジニに対する搾取や人権の侵害が甚だ顕著であった。1901年に6つの英国植民地による豪州連邦が成立（現在は6州2特別地域，連邦の立法権限は，国防，外交，通商，租税，通貨，移民等の特定の事項に限定，その他は州の権限）し，実質的な独立国となった。その後，42年には英国のウェストミンスター法を受諾し，英国議会から独立した立法機能を取得，75年に連邦最高裁の英国枢密院への上訴権を放棄，さらに86年のオーストラリア法制定（州最高裁の上訴権を放棄する等）により英国からの司法上の完全独立を獲得した。安全保障面では歴史的文化的に繋がりの深い欧州から遠く離れていることに対する経済的，心理的な脅威観（「距離の暴虐」といわれる）から，大国である同盟国との一体性を維持することが長く主眼となっていた。オーストラリア軍は，ニュージーランド軍と共にANZAC軍と呼ばれ，かつては英国の，冷戦期には米国の軍事作戦に積極的に参加し，貢献した。第1次世界大戦のガリポリ（トルコ）におけるANZAC軍の戦闘は特に著名である。また51年に締結されたANZUS条約は，日本の独立に伴う軍事的復活を恐れるオーストラリア，ニュージーランドが米国に対し安全保障上の担保を求めて締結された3国間条約であるが，冷戦期の国際環境の変化に伴い，中東，朝鮮半島，マレー半島，ベトナムにおいて，西側の

一員として戦い，米国の核抑止戦略を支えた。ANZUSは理想的な同盟関係と称され，オーストラリアと日本は，太平洋における自由主義世界の「南北の錨」と呼ばれた。しかし，85年にニュージーランドが核に対する態度の違いから米国からの安全保障義務を停止されたため（ANZUS危機），以後，ANZUS同盟は米豪の2国間同盟として機能している。とまれ，冷戦期の「長い平和」と国際的な相互依存関係の深化によって，中小国の相対的な国際的地位が向上し，同時に英国のEC加盟後オーストラリアとアジア諸国との通商関係が飛躍的に拡大すると，オーストラリアは次第に対外関係の自立を志向するようになった。さらに72年に英国軍がスエズ以東から撤退して，五カ国防衛取極（英国，マレーシア，シンガポール，ニュージーランド，オーストラリア）が締結されたため，オーストラリアの安全保障上の主導的な役割も増した。83年から12年続いた労働党政権は，外交上の多国間関係を重視し，防衛面では「自主・自助」的な防衛態勢の構築を目指し同時に安全保障上の地域主義的アプローチを拡充した。南太平洋諸国やASEAN各国との安全保障関係を進展させ，95年にはインドネシアとの「安全保障維持協定」を締結した。国際的な平和維持活動にも熱心で，92年のカンボジアPKO（UNTAC）では司令官ポストを獲得し，南太平洋地域には地域各国による自主的なPKOを展開した。しかし，96年に発足した保守連立政権は伝統的な価値観に回帰し，外交面で欧米との関係

第1章　安全保障情勢を読む

をより重視するとともに，米国との同盟関係を再構築し，一方で，共和制移行問題には消極的な態度を示した。移民政策では規制を強化，急増していたイスラム系難民の認定にも極めて厳しい対応をした。このためアジア各国からは反発する声が上がった。98年の東ティモール問題を巡る対応でも，インドネシアとの関係が悪化，安保協定もインドネシア側から破棄通告される事態となった（公的には協定は維持されており，実質的な防衛協力も継続している）。しかし，東ティモールの治安維持回復の為に結成された多国籍軍（INTERFET）には6千名を投入し，「（米国に代わる）地域の副保安官」（ハワード首相の発言とされる）の役割を担った。9.11同時多発テロ事件後の米国を主体としたテロとの戦いに際してはいち早く派兵を決定し，2003年の対イラク戦でも英国とともに米国を支援している。また，2002年10月12日にバリ島で生起した爆破テロ事件では，犠牲者の多くがオーストラリア人であったことなどから，テロの脅威に対しては米国同様「先制攻撃も辞さない」（同首相）構えである。また，2003年2月に発表された「国防アップデート」によれば，テロ同様，北朝鮮の核問題でも米国に同調し，強い態度で臨む姿勢を示している。さらに，2003年7月，治安の悪化したソロモン諸島へPIF諸国と共同派兵。ハワード首相は，この地域における国際警察軍の創設を提案している。

　　⇒ ⑤第1次世界大戦，①アンザス条約，①核戦略，①五カ国防衛取極，①インドネシア共和国，②平和維持活動，①東ティモール民主共和国，①②⑤9.11同時多発テロ，①テロとの闘い，①イラクに対する軍事作戦（経緯），①イラクに対する軍事作戦（評価），①バリ島爆弾テロ事件，①太平洋諸国フォーラム，①ソロモン諸島

1-161
ニュージーランド
New Zealand

略語　NZ　別称　アオテアロア

1642年，オランダ人タスマンにより発見され，1769年，英国人探検家クックが南北両島を探検，その後ウェークフィールド植民会社などによって英国人の入植が始まった。1840年には英国代表と先住民マオリの首長との間でワイタンギ条約が署名され，公式に英国の植民地となった。1907年に自治領，47年には英帝国議会のウェストミンスター法を受諾し，英国法から独立した立法機能を取得した。国民380万人のうち先住民マオリ人系が14.5％を占め，宗教の主体はキリスト教だが様々な教派（英国国教会18.4％，長老派13.4％，カトリック13.8％，メソジスト派3.5％）が活動している。「社会の実験室」と呼ばれるほど社会改革に熱心で1893年には世界で始めて女性に参政権を付与している。ニュージーランドの対外関係は伝統的に英国との関係が中心だったが，73年の英国のEC加入後，積極的な対アジア外交を展開し，アジアからの移民も増加する中，「アジア2000基金」

を設立して国民のアジア理解を促進するとともに，APEC，ARF等の地域協力機関を通じたこの地域の経済緊密化と安全保障協力を推進している。またニュージーランドは，51年に締結されたANZUS条約によって米国，オーストラリアと長年同盟関係にあったが，85年に米海軍の核兵器搭載可能な駆逐艦「ブキャナン」の寄港を巡って米国と対立し（ANZUS危機），ロンギ労働党政権（当時）がその入港を拒否したため，米国によって条約上の対ニュージーランド防衛義務の遂行を停止されている。87年6月には原子力推進艦船の寄港，核兵器の持ち込み等を禁ずる厳格な非核法が成立しており，核に対する態度において米国との歩み寄りはみられない。したがって安全保障面では，英国やオーストラリアとの同盟関係（五カ国防衛取極など）が中心となっている。特にオーストラリアとの関係は，83年に締結されたCER（Closer Economic Relations）と呼ばれる経済緊密化協定によって経済的な統一化が進んでおり，軍事的にも91年に提唱されたCDR（Closer Defence Relations）関係に基づき，調達，演習，部隊編成，展開で補完的協力関係を維持している。しかし，99年に成立したクラーク労働党政権は，オーストラリアと共同開発した海軍のフリゲート艦建造計画を白紙撤回するとともに，空軍の戦闘部隊を廃止，PKO活動を主体として陸軍中心の軍隊への転換を目指しており（2001年に発表された「新国防政策」），オーストラリアとの共同軍事行動を難しくしている。ニュージーランドは9.11同時多発テロ後の対テロ戦においては米国を支援したものの，2003年の対イラク戦には反対してオーストラリアと態度を異にした。他にも移民問題，社会福祉協定問題などのオーストラリアとの懸案事項は多い。その他，太平洋諸島各国とは，貿易，防衛，経済協力，移民受け入れ等，幅広い分野で独自の関係を有しており，太平洋諸国フォーラム（PIF）等の地域国際機関を通じ地域全体の問題にも積極的な役割を果たしている。さらにニュージーランドは国連外交を重視し，軍縮，人権，環境などといった分野で指導的な役割を担っている。加えて，国際的な平和維持活動にも積極的で2003年現在，東ティモールをはじめ数多くの国連PKOに要員を派遣している他，ブーゲンビル島の平和監視グループへの派遣やソロモン諸島の治安維持部隊など独自の展開を行っている。

⇒ ④アジア太平洋経済協力会議，①アセアン地域フォーラム，①アンザス条約，①5カ国防衛取極，①オーストラリア連邦，②平和維持活動，①②⑤9.11同時多発テロ，①イラクに対する軍事作戦（経緯），①イラクに対する軍事作戦（評価），①太平洋諸国フォーラム，①東ティモール民主共和国，①ソロモン諸島，②イラク戦とその後，⑤イラク戦争

11 南アジア

1-162
インド
India

 10億人を越える人口と広大な国土を持つインドは，南アジア地域で大きな影響力を有している地域大国である。インド・アーリヤ族，ドラビダ族，モンゴロイド族など多数の民族が居住，公用語はヒンドゥー語だが他に憲法で公認されている州の言語だけで17ある。1947年に英国領より独立，50年代～90年代はインド国民会議派が長期間政権を担当し，外交的には伝統的に非同盟を標榜したが，ソ連崩壊後，西側諸国との関係強化に努力した。98年にインド人民党（BJP）を第一党とする連立政権が成立，米国はじめ先進主要国との関係が強化されている。安全保障政策としては，大量破壊兵器の脅威に対する最小限の抑止力として最低限度の信頼性ある核抑止力と核の先制不使用政策を維持している。98年の核実験後，自主的にモラトリアム（一次休止）を継続しているが，インドは，非核保有国にとって差別的な条約に反対するとの立場に立ち，「核不拡散条約（NPT）」には未署名。「包括的核実験禁止条約（CTBT）」も締結していない。さらに，生物・化学兵器による攻撃を受けた際の核による報復の選択肢を放棄していない。インド軍は，陸上戦力として12個軍団役110万人，海上戦力として2個艦隊約150隻役2万6,000トン，航空戦力として19個戦闘航空団などを含む作戦機約800機を保有している。空母も，2003年現在1隻保有しているが，新たに国産空母1隻の建造計画を進めるとともに，ロシアからも購入する計画である。2001年には，インドの安全保障システム全般に渡る見直しを求める「カルギル検討委員会」報告を受けて，陸・海・空3軍を統轄する統合部隊を創設，国防参謀長制度や国防情報組織も新設された。周辺国との関係では，インドはパキスタンとカシミールの帰属問題で長年対立関係にあるほか，98年に両国は相次いで核実験を行い，その後もインド国内でイスラム過激派によるテロ事件が続発し，緊張が高まっている。またインドは中国とも国境問題を有し，中国の核及びミサイルにも強い警戒心を示しているが，2000年前後から対中関係の改善を努め，その結果，2003年6月にはバジパイ首相がインドの首相としては10年ぶりに訪中し，「2国関係及び包括的協力に関する宣言」に署名するに至った。本宣言で印中は軍関係者の相互訪問を含めた交流を拡大し，未画定の国境問題に関しても，解決に向けた相互の特別代表の任命することで合意した。チベット問題についてはインドが「チベット自治区は中国の領土の一部である」ことを認めた。ロシアとの関係は，伝統的に近しいが，2000年に「戦略的パートナーシップ宣言」が，2002年には「戦略的パー

トナーシップの一層の強化に関するデリー共同宣言」が調印され，強化が図られると共に，各種の兵器移転が進展している。また98年のインドの核実験後，冷却していた米国との関係も，9.11同時多発テロ後インドが米国に対し最大限の協力を行うとの立場を表明したため急激に改善された。ジョージ・W・ブッシュ政権は，対インド経済制裁を解除，2001年11月のバジパイ首相の訪米時には米印共同宣言がなされるとともに，政治的・軍事的協力関係を急速に拡大している。2002年には，マラッカ海峡で，米印海軍による共同パトロールが行われたほか，陸海空軍の合同演習がそれぞれ実施されるなど軍事交流が活発化している。ASEAN諸国との関係も良好で，2002年11月には，カンボジアで初のインド・ASEAN首脳会議が開催され，メガワティ・インドネシア大統領のインド訪問や，バジパイ首相のシンガポール，カンボジア訪問（いずれも2002年4月）等，首脳レベルで活発な要人往来が行われている。しかし，2002年2月末から3月にかけ，グジャラート州において，ヒンドゥー教徒とイスラム教徒との宗派間対立により1000人近い死者が発生したほか，爆破テロ事件も続発しており，国内の情勢は不安定である。

⇒ ①核不拡散条約，①包括的核実験禁止条約，②核兵器，①印パ関係，①イスラム原理主義，①チベット問題，①②⑤9.11同時多発テロ，①④東南アジア諸国連合，①パキスタン・イスラム共和国，①

印パ関係

1-163
印パ関係
relations between India and Pakistan

　第2次世界大戦後，旧英領インド独立を巡って，統一インドを主張するグループ（国民会議派）とパキスタンの独立を主張するグループ（ムスリム運動）が対立していた。結局インドとパキスタンは別の国として分離・独立したが，両国はカシミール地方の帰属問題などで対立してきた。インドがカシミール藩王のインドへの帰属文書を根拠にインドへの帰属を主張するのに対し，パキスタンは1948年の国連決議を根拠に住民投票の実施によって決めるべきだと主張している。また，インドが2国間対話による解決を求めるのに対し，パキスタンは第三者の仲介を求めており，その解決に対する態度が基本的に異なっている。カシミールを巡っては，これまで3次にわたる大規模な武力紛争が生起したほか，99年には，インド側カシミールに侵入したイスラム武装勢力とインド軍との間で武力衝突が発生している（カルギル紛争）。両国の対立は，核や弾道ミサイルの開発といった分野にも及んでいる。両国は共に，核不拡散条約（NPT）に加盟せず，包括的核実験禁止条約（CTBT）にも署名していなかったため，かねてより核兵器開発の動きが伝えられていたが，98年相次いで核実験を行った。また，両国は近年弾道ミサイルの開発も積極的に進めてい

111

第1章　安全保障情勢を読む

る。インドは，2002年1月に中距離弾道ミサイル「アグニ」の発射試験を行い，一方パキスタンは2003年1月，同じく「ガウリ」を部隊配備した。2001年7月にムシャラフ・パキスタン大統領のインド訪問が実現し1999年以来途絶えていた対話が再開したが，12月にインド国会議事堂が武装グループの襲撃を受けたことから緊張が高まり，さらに2002年5月にカシミールのインド軍駐屯地が武装グループの襲撃を受けるなど，情勢は悪化している。インド政府は，これらがイスラム過激派の犯行であり，パキスタン政府が関与していると非難した。そこで，核兵器を保有する両国のこのような緊張関係を懸念して，関係各国による外交努力が集中的に行われ，6月には米国の仲介で，パキスタン政府は72年に画定したカシミールの管理ライン（LOC：Line of Control）越えの侵入停止の恒久化を約束，インドもパキスタン機の領空禁止措置を解除し，国境沿いに増強していた両国の部隊が撤収されて，軍事的緊張はやや緩和した。しかし，その後も武装テロが頻発したため，2003年1月に予定されていた第12回SAARC首脳会議は延期された。両国の対話による関係解決の道のりは険しい。

　　⇒⑤第3次印パ戦争，①核不拡散条約，①核の検証／核査察／保障措置，①包括的核実験禁止条約，①イスラム原理主義，①南アジア地域協力連合

1-164
スリランカ民主社会主義共和国
Democratic Socialist Republic of Sri Lanka

別称　スリランカ，セイロン

　インド洋上に浮かぶ小さな島国で，約1,800万人が居住しているが，シンハラ人が81.9％を占め，他にはタミル人（9.4％），スリランカ・ムーア人（8.0％）などである。公用語はシンハラ語とタミル語だが，両者の連結語として英語が用いられている。紀元前483年，ヴィジャヤ王子（シンハラ族の祖）がスリランカに上陸しシンハラ王朝を建設したとされる。紀元1505年にポルトガル人が，1658年にオランダ人が来航，1802年にアミアン条約により英国植民地となった。1948年，英連邦内の自治領として独立し，72年に国名をセイロンよりスリランカに改称，政体も共和制に変更した。仏教の伝来は紀元前250年と古く，2003年現在も仏教徒が76.7％を占める。他にヒンドゥー教徒（7.9％），イスラム教徒（8.5％），カトリック教徒（7.0％）など。外交の基本方針は非同盟であるが，先進諸国との関係を重視している。また，隣国インドとは歴史的，文化的にも関係が深く，政治・安全保障上極めて重要な関係にある。南アジア地域協力連合（SAARC）の加盟国であり，発足当初よりその発展に積極的に関与してきた。近年は，東南アジア諸国やインド洋地域との協力関係にも力を入れている。しかし，国内的では，多数派のシンハラ人優遇政策に対して，少数派のタミル人による独立国家建設をめざす過激派組織「タ

ミール・イーラム解放の虎」（LTTE：Liberation Tigers of Tamil Eelam）による武装闘争が継続されてきた。83年には大騒擾事件が発生、87年7月にはインドによる平和維持軍（IPKF）がスリランカに進駐している（90年3月に撤退）。スリランカ政府はLTTEの戦争関連物資の購入が欧米諸国のタミル人コミュニティ等から集められた資金によるとみて、海外でのLTTEの活動の取り締まり強化を要請したため、米国は97年10月にテロ規制法に基づきLTTEをテロ組織として認定、インドもLTTEの印国内での活動を禁止した。英国は2000年3月、新テロリズム法に基づきLTTEを非合法団体に指定した。更に2001年には、米、英、加、豪がLTTEの資産凍結措置を決めた。しかしその後、2002年2月22日、スリランカ政府とLTTEは無期限停戦合意文書に署名、停戦合意に基づいて北欧諸国からなる停戦監視委員会がスリランカに派遣され、ノルウェーの仲介で和平交渉が開始した。12月には、タミル人の多く居住する北部、東部につき、統一国家の枠内で連邦制を導入して問題解決をすることで合意している。

⇒ ①国際テロ組織、①南アジア地域協力連合

1-165
ネパール王国
Kingdom of Nepal
別称 ネパール

インド北部に位置する山岳国。国土面積14.7万㎢、人口2,321万人。リンブー、ライ、タマン、ネワール、グルン、マガル、タカリー等の多民族国家。公用語はネパール語、国境はヒンドゥー教。1769年、シャー王朝の初代プリトゥビ大王が国家統一した。1846年からラナ将軍家による専制政治が行われていたが、1951年にインドの調停のもとに王制復古した。その後、90年の民主化運動を経て、国王親政体制から議会制民主主義、複数政党制に移行した。対外政策では、中印両大国に挟まれた内陸国との事情もあり、伝統的に非同盟中立主義を掲げ、インド、中国他の近隣諸国及びその他友好国との関係の維持強化に努めているが、カルカタ港がネパールの対外的な「出口」となっていることもあり、インドとの友好関係維持は死活的重要性を持っている。同国との間では内国民に準ずる待遇の付与、安全保障上の特別な関係等を有する。国内的には治安問題と不安定な政局が最大の課題となっている。ネパール共産党毛沢東派（マオイスト）は、議会制民主主義と立憲君主制の廃止、共和制の確立等を目指す極左組織で96年2月以後、人民闘争と称し、中西部山岳地帯を中心に警察署や政府施設等に対する襲撃等を行ってきた。これに対し、政府は軍を動員して治安回復・維持にあたりつつ、対話の方途を模索してきた。99年に成立したコングレス党による単独過半数政権が、2002年5月、党内の確執を原因に下院解散となった後、ギャネンドラ国王は王室寄りの国民民主党のチャンドを首相に任命。チャンド政権はマオイストとの停戦合意及び2回の和平交渉を実施したが、2003年

5月30日に辞任した。6月4日、国王は国民民主党幹部で首相経験者のタパを新首相に任命したが、各党の確執からその後も不安定な政局が続いている。なお2001年6月1日に起きた王宮内の事件により、ビレンドラ国王王妃両陛下をはじめとする王族多数が逝去、故ビレンドラ国王陛下の弟君であるギャネンドラ殿下が第12代国王として即位した。2002年1月にはネパールが議長国となり、約3年半振りに南アジア地域協力連合（SAARC）首脳会議がカトマンズにおいて開催されている。ネパールは、SAARCの常設事務局をカトマンズに誘致する等、地域協力推進にも力を入れている。また、91年頃からブータンに在住していたネパール系住民約10万人がネパール東部に流入したため、両国間で問題解決のための協議が継続している。

⇒ ①南アジア地域協力連合

1-166
パキスタン・イスラム共和国
Islamic Republic of Pakistan

別称 パキスタン

1947年、英領インドより独立。人口、1億4,903万人。パンジャブ人、シンド人、パターン人、バルーチ人などの多民族国家である。国語はウルドゥー語だが、公用語は英語。国教であるイスラム教徒が人口の97％を占める。他にヒンドゥー教徒1.5％、キリスト教徒1.3％、拝火教徒0.2％など。パキスタンは、独立の手法やカシミールの帰属問題などを巡り、長年インドと対立関係にあり、48年から71年までの間に3回の武力紛争を生起した。両国は核不拡散条約（NPT）に非加盟で、98年には共に核実験を実施し、核保有国として対峙している（その後共に核実験モラトリアムを継続）。外交的には、非同盟やイスラム諸国との連帯を重視しつつ、インドとの対抗上、中国との関係を重視し、西側諸国との友好関係を強化する路線をとっている。99年10月に無血クーデターでムシャラフ陸軍参謀長が軍政を開始、2001年6月には自ら大統領となり8月には、民政移管プロセスを発表した。これに従って2002年10月の総選挙を経て、11月ジャマリ政権が発足している。2003年現在、核兵器以外の軍事力は、陸上戦力として9個軍団約55万人、海上戦力として1個艦隊約40隻約8万6,000トン、航空戦力として12個戦闘航空団などを含む作戦機約330機を有している。また、パキスタンはアフガニスタンのタリバーン政権と国交を有する数少ない国であったが、9.11同時多発テロ後、米国を始めとする国際社会に全面協力を表明、米国の要求に応じて対アフガニスタン政策を抜本的に変更した。これに対して国内各地で一部宗教政党等による散発的なデモ等抗議運動が発生したが、全体として国内の治安は維持され、タリバーン政権崩壊後、同種のデモはほとんど無くなった。一方、2001年12月13日、5名の武装グループがインド国会を襲撃し、銃撃戦の結果、武装グループ全員とインド治安当局関係者7名が死亡する事件が生起し、インドが本事件をカシミール過激派2組織によるものと断定したた

め，両国間で著しく緊張が多かった。しかし，2002年1月12日，ムシャラフ大統領は国民向け演説を行い，カシミールによるものも含めた全てのテロリズムの拒否を明確にし，上記2組織の存続禁止，モスク及び宗教学校における急進的活動禁止等の措置を表明，その後米国を含む国際社会の外交努力もあって，パキスタンは，カシミールのLOC越えの侵入を恒久的に停止するなど緊張はやや緩和されている。とまれ，2002年10月の下院及び州議会選挙，2003年2月の上院選挙で反米的なイスラム政党の躍進，国内のイスラム勢力の動きは予断を許さない状況にある。

⇒ ⑤第3次印パ戦争，①印パ関係，①核不拡散条約，①②⑤9.11同時多発テロ，①イスラム原理主義

1-167
南アジア地域協力連合
South Asian Association for Regional Cooperation
(略語) SAARC

南アジア7カ国による地域協力組織。1985年発足。加盟国は，インド，パキスタン，バングラデシュ，スリランカ，ネパール，ブータン，モルディブの7カ国。ネパールのカトマンズに事務局を置き，首脳会議を年1回，外相理事会を年2回以上開くことになっている。97年の第9回首脳会議では2001年までに7カ国の貿易を自由化し，南アジア自由貿易圏（SAFTA）を実現することで合意，印パ両首脳間でホットラインを設置することなどで合意した。まもなくホットラインは実現したが，SAFTAの前進はみられなかった。98年の印パ核実験で緊張が高まり，パキスタンに軍事政権が登場したことから，98年7月の首脳会議以降は，2001年まで首脳会議の開催ができなかった。2001年のSAFTAでも印パ首脳会談は実現しなかった。

⇒ ①印パ関係

12 中東・アフリカ

1-168
アラブ連盟
League of Arab States

1945年，カイロの汎アラブ会議で，アラブ民族の独立と主権の確保，平和と繁栄の中立地帯の形成を目的に，エジプト，シリア，レバノン，イラク，ヨルダン，サウジアラビア，イエメンが組織した政治的な連盟。本部はカイロにある。2004年現在，加盟国はPLOを含めて23カ国である。後に加盟したジブチ，モーリタニア，ソマリアの人々はアラビア語を日常で使わず，アラブ人の意識はそれ程強くないことから，アラブというよりはイスラム組織という色合いが強い。最高意

思決定機関は，アラブ首脳会議で，下部組織として加盟国代表によって構成される理事会，その他16の委員会がある。アラブ連盟は，「アラブの統一」を旗印に組織されたが，79年のエジプト・イスラエル和平条約締結によって約10年間，エジプトは資格停止処分を受け，この間，本部はチュニスに移転，90年に復帰した経緯がある。90年の湾岸戦争への対応でも加盟国間の対立が顕在化した。2003年2月，米国が対イラク武力行使の圧力を強める中で開催された定例首脳会議でも，アラブの一致した方針を打ち出して戦争を回避する方策を探ったが，成功しなかった。また，6月にはアラブ連盟加盟国でありながらイスラエルと国交を維持しているモーリタニアでクーデターが生起したが，軍内のイスラム原理主義者の反発が事件の背景になっているとみられている。またイラク戦争終結後，アラブ連盟は多様な部族や宗教を十分に反映していない米国主体のイラク暫定統治評議会を，イラクの合法的な議会として受け入れることに慎重な姿勢を示している。

⇒ ⑤湾岸戦争，①中東和平プロセス，①イスラム原理主義，①イラクに関する軍事作戦（経緯），①イラクに関する軍事作戦（評価），②湾岸危機と湾岸戦争，②イラク戦争とその後，⑤イラク戦争

1-169
イスラエル国

State of Israel

略語 イスラエル

紀元前10世紀古代ユダヤ王国が栄えるが，やがて王国は北と南に分列し，アッシリアと新バビロニアによって滅ぼされた。その後ローマの圧政に鎮圧されて古代ユダヤ史は幕を閉じ，以後2千年近くにわたりユダヤ民族は世界各地に離散した。19世紀末に欧州でシオニズム運動（ユダヤ人国家建国運動）が起こり，20世紀初頭よりユダヤ人のパレスチナ移住が増大した。1947年に国連総会はパレスチナをアラブ国家とユダヤ国家に分割する決議を採択したため，イスラエルはこれを受入れて48年に独立を宣言した。しかし，48年，56年，67年，73年とアラブ周辺諸国と4度にわたり戦争が生起，その後79年にエジプトと94年にヨルダンと平和条約を締結した。パレスチナ解放機構（PLO：Palestine Liberation Organization）とは93年9月に相互承認を行い，暫定自治原則宣言（オスロ合意）に署名，イスラエル軍は西岸ガザの主要都市から撤退し，代わってパレスチナ暫定自治政府による自治が実施された。また，冷戦後，湾岸戦争を経て，旧ソ連邦，東欧，アフリカ，アジア諸国との外交関係を相次いで再開・樹立，94年から96年にかけてモロッコ，チュニジア，オマーン，カタールなどのアラブ諸国とも通商・連絡事務所を開設し，99年にはモーリタニアと外交関係を樹立するなど，長期に亘る国際的孤立から脱却した。しかし，2000年9月にシャロン・リクード党首（後首相）がエルサレムの「神殿の丘」（ユダヤ教の神殿跡地であるがイスラム教の聖地でもある）を訪問したことを契機にイ

スラエル・パレスチナ間の武力衝突が激化したのを受けて，2003年現在，アラブ・イスラム諸国はイスラエルとの外交関係は冷却している。人口約620万人のうちユダヤが81.2％を占め，宗教はユダヤ教77.4％，イスラム教15.3％，キリスト教2.12％，ドゥルーズ教1.6％などである。国防政策は，狭い国土と限られた人口そして軍事力を含めた資源の量的制限という戦略環境から，一度でも負ければ国家の生存が危うくなるという認識を持っており，最小の損害で，可能な限り短期間に脅威を排除する最も軍事的合理性を追求し，侵略を受けたとき及びその可能性が顕著であるときには，躊躇せず実力を行使する軍事戦略を採用している。正規軍は軍の骨幹をなす少数の職業軍人と義務兵役から構成されている。兵役は男子3年，女子2年，将校は48カ月で，さらに義務兵役期間終了後，一般男子は42歳まで（スペシャリストは54歳まで），一般女子は既婚者を除き24歳までの間（スペシャリストは子供のないものは34歳まで，職域毎に毎年定められた日数（1カ月程度）予備役勤務の義務を負う。ただし，ユダヤ教宗教家及びドゥルーズ教徒は義務兵役だが，キリスト教徒，イスラム教徒は志願者のみである。2003年現在，正規軍161,500人，予備役425,000人，準軍隊8,050人に及ぶ。湾岸戦争後の92年には民間防衛軍も編成されている。陸軍の主力は予備役（400,000人）であり，有事の際には合同で機動部隊（530,000人）を編成する。主力装備としては，戦車3900両，装甲戦闘車6000両，潜水艦6隻，艦艇がコルベット（エイラート級）3隻，ミサイル艇21隻，哨戒艇35隻，戦闘機620機，攻撃ヘリコプター129機などである。核兵器も保有していると見られており，軍事支出はGDPの約10％を占める。

⇒ ⑤第1次中東戦争，⑤第2次中東戦争，⑤第3次中東戦争，⑤第4次中東戦争，①中東和平プロセス，⑤湾岸戦争

1-170
イスラム諸国会議機構
Organization of the Islamic Conference
略語 OIC

1969年，モロッコで開催されたイスラム首脳会議で設立された，イスラム諸国の政治協力と連帯のための組織。71年にサウジアラビアのジェッダに事務総局を置いて活動を開始した。加盟国57カ国のほかオブザーバーが3カ国である。外相会議は毎年，首脳会議を3年毎に開催している。常設委員会の1つであるアル・クッズ委員会は，聖地エルサレムのイスラエルからの奪回，パレスチナ人民の闘争支援，占領地の解放及びそこにおけるパレスチナ人の権利回復などの活動をしている。加盟国のイスラム教徒の総数は12億人に上る。主たる活動は，イスラム諸国の関係する政治問題について連携し，相互に支援しあうことだが，2003年3月，緊張の高まるイラク問題を協議するためにカタールで開催された緊急首脳会議では，イラクとクウェート両国の代表が激しく対立，各国首脳からは，米国のイラ

ク攻撃に反対する意見が相次いだものの，クウェートのほかにもトルコ，カタール，バーレーンなどイラク攻撃に協力する国も参加していたため，一致した態度を示せなかった。

　　⇒ ①イラクに対する軍事作戦（経緯），①イラクに対する軍事作戦（評価），⑤イラク戦争，②イラク戦争とその後

1-171
イラン・イスラム共和国
Islamic Republic of Iran

別称 イラン

ペルシャ（1935年までのイラン（Iran）の旧称）は，アケメネス朝ペルシア（紀元前5世紀），ササン朝ペルシャ（紀元3世紀）時代に大版図を築くが，その後，アラブ，モンゴル，トルコ等の異民族支配を受けつつもペルシャ人としてのアイデンティティーを保持し，25年にパフラヴィ（パーレビ）朝が成立した。79年，ホメイニ師の指導のもと成就したイラン・イスラム革命により現体制となる。イラン・イラク戦争（80年～90年）及びホメイニ師逝去後，89年にハメネイ大統領が「最高指導者」に選出され，ラフサンジャニ政権（2期8年）を経て，97年にハタミ政権が発足。2001年には，第2次ハタミ政権が発足した。ハタミ政権は，革命以降関係が悪化していた近隣諸国及び欧州諸国との関係改善を進めている。しかし米国との関係は，在テヘラン米国大使館占拠・人質事件によって，80年4月以来外交関係が断絶状態にある。ジョージ・W・ブッシュ政権も対イラン制裁を継続し，2001年3月には，95年以来実施されている対イラン貿易・投資禁止措置大統領令を更新した。「イラン・リビア制裁法（ILSA）」（2001年8月期限切れ）についても，米国上下両院にて超党派議員より5年間の延長を求める法案が提出・可決され，8月ブッシュ大統領の署名により延長法が発効した。9.11同時多発テロ後のアフガニスタン問題を巡っては，米国もイランの協力的姿勢を一定程度評価していたが，2002年1月，ブッシュ大統領は一般教書演説で，イランを北朝鮮，イラクと共に「悪の枢軸」と名指しし，これら諸国が大量破壊兵器により米国の脅威となることを阻止すると厳しい口調で非難した。大量破壊兵器開発疑惑に関しては，イランはIAEAのチームによる環境サンプリングにも応じているものの，疑惑が払拭されたわけではない。また，イランが開発しているシャハブ3・ミサイルは，北朝鮮から輸入したノドン・ミサイルを改良したもので，射程距離は1,300kmに及ぶ。一方，2000年末頃から日本とイランの間でアザデガン油田の開発（民間ベース）交渉が進められているが，これに関しても米国は警戒感をみせている。イランは，「最高指導者」を最高司令官とする国防組織を有し，軍隊は，「正規軍」「革命ガード」「治安維持軍」から構成されている。前二者が国防，後者は国内の治安維持を担当している。総兵力52万人（徴兵22万人を含む）。

　　⇒ ⑤イラン革命，⑤イラン・イラク戦争，①②⑤9.11同時多発テ

ロ，①テロ支援国家，①②④国際原子力機関，①悪の枢軸

1-172
クルド
Kurd

イラン，イラク，シリア，トルコ，アゼルバイジャン，アルメニアの国境地帯に居住する約3,000万人のクルド人は，独自の言語，文化を持ちながら独立国家を樹立できず，悲劇の民族と言われている。住民の大半はスンニ派イスラム教徒である。1920年のセーブル条約で英国がクルドの独立を約束したが，イラクとの関係悪化を恐れて，反故にした。イランの総人口の10％強，700万人を占めるクルド人は，45年にクルド民主党（KDP：Kurdistan Democratic Party）を結成し独立や自治を求めている。イラク人口の4分の1，約500万人のクルド人は，イラン・イラク戦争でイランと手を組んだとして，フセイン政権から虐殺，強制移動，化学兵器による攻撃を受けた。湾岸戦争後には，英米の呼びかけに呼応して，フセイン体制打倒に立ち上がったが，英米は動かず，フセイン体制に鎮圧された。イラクのクルド人組織としては，イランのKDP結成に触発され46年に結成された同名の組織やKDPから分かれたクルド愛国同盟（PUK：Patriotic Union of Kurdistan）などがある。94年にはKDPとPUKの利害対立から武力闘争に発展した。また，トルコには，総人口の4分の1にあたる1,500万人のクルド人が居住しているといわれているが，トルコ政府はクルド人を「母国語を忘れた山岳トルコ人」であるとして武力鎮圧を繰り返してきた。78年にクルド民族のトルコからの分離独立を掲げて創設されたクルド労働者党（PKK）は，政府の弾圧を受け，84年に武装集団に転換，ゲリラ戦を開始した。しかし，99年にオジャラン党首が逮捕され，死刑判決を受けたことから（2002年に無期懲役に減刑），PKK（現在はクルド人民会議：KONGRA）の活動は停滞している。

⇒ ⑤イラン・イラク戦争，⑤クルド人の反乱，③化学兵器，⑤湾岸戦争，②湾岸危機と湾岸戦争

1-173
中東和平プロセス
Middle East peace process

1948年に建国されたイスラエルは，アラブ諸国と4次にわたる中東戦争を経て，78年にカーター米大統領がエジプトのサダト大統領とイスラエルのベギン首相を招いて行った集中的な交渉によって「キャンプ・デービッド合意」が成立し，79年にエジプトと平和条約を締結した。その後，冷戦の終焉と湾岸戦争を経た91年10月，スペインの首都マドリードで中東和平国際会議が開催され，爾来「中東和平プロセス」と呼ばれる交渉が開始された。92年6月に誕生したイスラエルの労働党ラビン政権は，ノルウェーのオスロでパレスチナ解放機構（PLO：Palestine Liberation Organization）と秘密交渉を進め，交渉は8月に「オスロ合意」として結実，9月にはワシントンのホワ

第1章　安全保障情勢を読む

イトハウスで調印式が行われた。これによって，イスラエルとPLOは相互承認し，ガザ地帯とエリコでのパレスチナ人の暫定的な自治の開始，自治拡大のための交渉，そして占領地の最終的な地位の決定のための交渉などの骨子が決められた。こうした進展を受けて94年，ヨルダンがイスラエルと国交を樹立した。この結果，イスラエルと国境を接しながら国交がないのは，シリアとレバノンのみとなった。95年に，イスラエル軍はエルサレムとヘブロンを除くヨルダン川西岸の主要都市から撤退し，パレスチナ人の自治が拡大されたが，11月にラビン首相が暗殺されたため，後継者のペレス首相は96年に総選挙を行って，国民に和平への信を問うた。ところが，連続爆破事件が発生するなどイスラエル国内が大混乱し，野党リクードの支持が急上昇した。そして，イスラエル史上初の首相の直接選挙で，リクード党首のネタニエフが当選したため，和平プロセスは停滞せざるを得なくなった。しかし，99年7月，国民の圧倒的指示を背景にバラク左派政権（7党・75議席）が成立，ネタニヤフ右派政権で停滞した中東和平プロセスの進展への取り組みを再開した。バラクは，2000年5月，対レバノン和平交渉に関し南レバノンからの撤退という成果を達成した後，対パレスチナ和平交渉の最終合意実現を目指した。2000年7月にクリントン米大統領はキャンプ・デービッドにバラク首相とPLOのアラファト議長を招き首脳会談を実施，エルサレムの帰属を含む将来のパレスチナ国家とイスラエルとの最終的な国境線，占領地内のユダヤ人入植地や水資源の管理などに関する最終地位交渉が行われ，バラクはエルサレム旧市街分割など歴代のイスラエル政権の方針を越える思い切った提案をしたが，結局交渉は失敗に終わった。2000年9月には，シャロン・リクード党首がエルサレム旧市街「神殿の丘」を訪問したため，これを契機にイスラエル・パレスチナ間の武力衝突が激化，イスラエル国内の世論も右傾化し，2001年2月の特別首相選挙では国内の治安確保を最重要の政策目標とするシャロン・リクード党首が新首相に選出された。同首相はパレスチナ側からのテロに対し報復攻撃で応酬ため，現地情勢は悪化した。2002年2月，サウジアラビアのアブドッラー皇太子が，イスラエルの占領地からの撤退を条件にアラブ諸国によるイスラエルとの関係正常化を提案した（アブドッラー提案）。3月，アラブ首脳会議は，アブドッラー提案を基にアラブ和平提案を採択したが，その後，大規模な自爆テロが連続して発生，これに対してイスラエル軍はパレスチナ自治区への大規模な侵攻を行い，ラマッラではアラファト議長府を包囲し，自治区の主要8都市のうち7都市を制圧した。これに対し国際社会が反発，国連安保理は，即時の停戦を両当事者に要請。またアラブ各地では，反米，反イスラエルのデモ活動が頻発した。その後，イスラエル軍は上記7都市から一旦撤退し，包囲を継続していたラマッラの議長府のアラファト議長の監禁を解除した。6月，米国のジョージ・W・ブッシュ大統領は，

新指導部の選出を含むパレスチナ改革，暫定的な国境及び主権を有するパレスチナ国家の樹立と，3年以内の最終合意を目指すと共に，イスラエルには自治区からの撤退，入植活動の停止を求めることなどを柱とする米政府の新たな中東和平方針を発表した。12月には，米，露，EU，国連による4者協議がワシントンにて開催され，イスラエル，パレスチナ間の即時停戦等を求める声明が発表された。これらを受けて，パレスチナ自治政府は新たに首相職を創設，3月アッバス首相による新内閣が発足したため，米国は4月に2005年までのパレスチナ国家樹立を目指すことを含めた包括的和平への道程（いわゆるロード・マップ）を示し，双方とも一旦はこれらの受け入れを表明した。しかし，2003年9月アッバス首相は退陣，後任のクレイ首相は，ロード・マップに定められた過激派組織の解体を拒否し，一方シャロン・イスラエル首相も12月にパレスチナ領の分離を発表，ロード・マップ放棄が懸念されている。いずれも和平に反対する勢力を抱えているため，テロとそれに対する報復という暴力の悪循環は継続している。93年以降のオスロ合意を始めとする和平諸合意の結果，2003年現在，ガザ地区（但し入植地が約40％を占める）とヨルダン川西岸の約40％がパレスチナ自治区となっている。

⇒ ⑤第1次中東戦争，⑤第2次中東戦争，⑤第3次中東戦争，⑤第4次中東戦争，①冷戦，⑤湾岸戦争，①イスラム原理主義，①イスラエル国，④欧州連合，②湾岸危機と湾岸戦争

1-174
リビアの国際社会復帰
return of Libya to the international community

1951年12月，リビア連邦王国（イドリス王国）として独立，69年9月1日，カダフィ大尉（当時）が無血クーデターで政権を奪取，リビア・アラブ共和国に改称したが，77年に社会主義人民リビア・アラブ国（Socialist People's Libyan Arab Jamahiriya）に改称した。カダフィは，西側に叛旗を翻し，PLO，IRAなどのテロ組織への支持を鮮明にしたため，86年1月に米国は，対リビア経済制裁措置を発表した。88年には英国スコットランド上空で米パンナム機爆破事件（ロッカビー事件）が発生。国連安保理は，リビアに対して航空機爆破事件への捜査協力などを要求したものの，拒否され，92年に，国連安保理で対リビア制裁決議748号が，93年11月には，対リビア制裁強化決議883号が採択された。これ以降リビアは国際社会から隔離された状態となって，経済的にも政治的にも逼塞した状況が続いていた。しかし，対リビア国連制裁は，98年のロッカビー事件被疑者引き渡しを受けて99年に停止，その後リビアは国際社会への復帰に向けた国際協調的な外交を展開した。2002年5月には，経済制裁の解除を願うリビアのビジネスマン代表が交渉代理人として，「国際社会復帰のためのライセンス料」

との位置づけで，米パンナム機爆破事件に関して総額27億ドルの支払いを提示，7月には，ほぼ20年ぶりに英国外務大臣のリビア訪問が実現した。結局，対リビア国連政策は，ロッカビー事件遺族との補償交渉決着を受けて2003年9月に解除された。また，米国によるフセイン・イラク元大統領の拘束後の2003年12月19日，リビアのカダフィ指導者及びシャルガム外相は，同国におけるすべての大量破壊兵器の開発計画を廃棄するとともに，国際機関による即時の査察を受け入れる旨の声明を発表，ジョージ・W・ブッシュ米大統領及びブレア英首相が同旨の発表を行った。

⇒ ①テロリズム，①イラクに対する軍事作戦（経緯），①イラクに対する軍事作戦（評価），②ロッカビー航空機事件，②イラク戦争とその後，⑤イラク戦争

1-175
湾岸協力会議
Gulf Cooperation Council

[略語] GCC

サウジアラビア，クウェート，アラブ首長国連邦，バーレーン，カタール，オマーンの6カ国がイラン革命後の不安定な国際情勢の中で地域協力を誓い，1981年に結成した。構成メンバーは，すべて君主制の国であり，オマーンのみイバディー派だが，オマーン以外の国の支配層はスンニ派のイスラム教国である。また，バーレーン以外はエネルギー輸出国である。6カ国は中東地域に大きな影響力を有するイラン及びイラクとの政治的なバランスをとりつつ，安全保障では米国に依存してきたが，90年のイラクによるクウェート侵攻を教訓に，合同防衛軍を設立。「（アラビア）半島の盾」として，イラク国境に近いサウジアラビアの北部地域などに常備軍を置いている。常備軍の規模は，イラク情勢が緊迫し始めた2001年に約5千人から約2万人に増強された。また，9.11同時多発テロ以降，各国はテロを強く非難，国際社会によるテロとの闘いに協力してきたが，一方で同時多発テロの実行犯にサウジアラビア国籍の者が多かったことから，サウジアラビアは米国との関係で苦しい立場に置かれるようになった。2002年にイラクの大量破壊兵器等の開発・保有をめぐって国際社会の緊張が高まった際には，湾岸6カ国はイラクへの武力行使に慎重な立場を示していたが，戦闘が始まると自国内基地の利用を認め，一致して米国を支援した。しかし，各国間には未解決の領土紛争を含む様々な対立があり，団結力には疑問もある。

⇒ ⑤湾岸戦争，①②⑤9.11同時多発テロ，①テロとの闘い，①イラクに対する軍事作戦（経緯），①イラクに対する軍事作戦（評価），②湾岸危機と湾岸戦争

1-176
アフリカの紛争
conflicts in Africa

① ルワンダとブルンジでは，1994年以降，部族対立から虐殺や難民・国内避

難民が発生した。コンゴ民主共和国（旧ザイール）でも98年に内戦が勃発し，ルワンダ，ウガンダが両国の反政府勢力の掃討を名目に派兵，アンゴラ，ナミビア，ジンバブエなどはコンゴ政府支援を名目に軍事介入したため，紛争が激化した。99年，紛争関係6カ国及び反政府勢力との合意が成立し，国連コンゴ民主共和国ミッション（MONUC）が創設されたが，2003年9月現在，部族紛争が再燃し，虐殺や難民の発生が起きたため，国連の安保理決議に基づく，暫定緊急多国籍軍が派遣されている。

② コートジボワール共和国では，2002年9月，退役を拒否する軍人らの反乱が勃発，国土の北半分を制圧した。その後，旧宗主国フランス及び西アフリカ諸国経済共同体（ECOWAS：Economic Community of West African States）などの調停努力で停戦合意が成立したものの，政府側が合意内容の履行に消極的なため不安定な情勢が継続している。

③ ソマリアでは91年6月に，69年から実権を掌握していたバーレ政権が崩壊して，「氏族」集団による内戦が勃発した。その後，内戦の激化に干ばつが重なり，深刻な飢餓が発生したため，国連は被災民救済のために92年4月に，国連ソマリア活動（UNOSOM：United Nations Operation in Somalia）を設立，93年5月には，米国をはじめとする22カ国に，武装解除などの強制措置を認めた（UNOSOM II）。しかし，現地武装勢力との間で武力衝突が勃発したため，95年3月にUNOSOMは完全撤収され，その後紛争状態が継続している。

④ 98年5月にエリトリア軍がエチオピアとの国境地域を占領，両国は戦闘状態に入ったが，2000年12月，アフリカ統一機構（OAU：Organization of African Unity，現アフリカ連合）の仲介で和平条約が結ばれ，25kmに及ぶ緩衝地帯が設置された。

⑤ 83年，スーダンは，政府のイスラム化政策の強行によって，内戦状態となった。米国はスーダンをテロ支援国家と非難してきたが，9.11同時多発テロ後，スーダン政府がただちに米国を支持したことから，経済制裁措置を解除，内戦終結の仲介を図り，2002年に一部激戦地での停戦が実現した。

⑥ 旧スペイン領西サハラの領有権を巡り，モロッコ，モーリタニアと民族自決を求めるポリサリオ戦線との紛争（西サハラ紛争）が長年続いていたが，OAUや国連の調停努力が続いている。

⑦ 米国の解放奴隷が移住して1847年に建国されたリベリアでは，彼らの子孫による先住民族支配が継続していたが，80年に先住民派のクーデターが勃発，その後89年からは断続的に内戦状態が続いていたが，2003年8月，テイラー大統領がナイジェリアに亡命したのを受けて，リベリア政府と反政府勢力であるリベリア和解・民主連合（LURD）およびリベリア民主運動（MODEL）等との間で，包括和平合意が署名され，西アフリカ諸国経済共同体（ECOWAS）は，ナイジェリア兵300人を先遣隊とした西アフリカ諸国多国籍軍（ECOMIL：Ecowas

Mission in Liberia) を派遣。2003年9月現在，ECOMIL と米軍との協力による平和維持や人道支援活動が展開されている。

⑧ 2002年4月アンゴラ政府軍と反政府組織アンゴラ全面独立民族同盟（UNITA：Uniao Nacional para a Independencia Total de Angola）が停戦協定に調印し，75年の独立以来継続していた内戦は一応の決着をみている。

⑨ ジンバブエでは，植民地主義の一掃を掲げるムガベ政権による白人農場占拠などによって，不安定な状態が続いており，旧宗主国英国との対立を高めている。

⑩ 南アフリカ共和国では，94年4月アパルトヘイト政策を解消し，5月に初の黒人大統領によるマンデラ政権を発足させた。その後，99年にムベキ政権が発足，積極的な経済，外交政策を推進しているが，内政では，民族協調，失業問題など未解決の問題が山積している。

⑪ 83年以降，軍政が続いていたナイジェリアでは，99年にオバサンジョ大統領による新政権が発足，民主化へむけ大きく動き出している。

⑫ 99年，ロメ合意に基づき，国連シエラレオネ派遣団（UNAMSIL：United Nations Mission in Sierra Leone）がシエラレオネ内戦の停戦監視と武装解除のために派遣され，2002年5月にはUNAMSIL の監視下で大統領選挙が実際された。

⇒ ①テロ支援国家，①②⑤9.11同時多発テロ

1-177
アフリカ連合
African Union

[略語] AU [別称] アフリカ統一機構（OAU：Organization of African Unity）

1963年，アフリカの統一と団結の促進，アフリカ諸国民の生活向上のための協力・努力の強化等を目的としてアフリカ統一機構（OAU）が設立された。本部アディス・アベバ。1年毎に各国が議長を勤め，首脳会議を開催してきたが，2000年の首脳会議でリビアのカダフィ大佐が，従来よりも強力で緻密なアフリカ連合（AU）への移行を提案，2002年7月，正式に AU が発足した。AU は EU をモデルとし，これまでの先進国，国際機関からの援助依存体質を改め，民間投資と貿易によって経済発展を図ろうとしている。そのための年平均7％の経済成長率の達成，2015年までの貧困層半減という数値目標を掲げている。また多発している国際紛争や政府汚職一掃のための自助努力を明確にした。2003年現在，加盟国53。但し，日本未承認の西サハラを含む。モロッコは西サハラの会議出席に抗議して脱退している。

⇒ ④欧州連合

13　ラテンアメリカ

1-178
イベロアメリカ・サミット
Iberoamerican Summit

スペイン，ポルトガルとその旧植民地（計21カ国）による年1回開催の首脳会議。第1回会議は1991年にメキシコのグアダラハラで開催された。共通の歴史，文化，言語などを持つ各国が地域の問題解決のために意見を交換し，協力をめざす。

1-179
解放の神学
liberation theory

1960年代末頃からラテンアメリカに登場した革新的なカトリシズムの潮流。キリスト教の今日的課題を貧困や不正から大衆を解放する「実践」に求める。ラテンアメリカでは，伝統的にカトリック教会は保守勢力と結びついていたが，第2次世界大戦後，社会問題が激化するにつれて，法王庁も南北問題や貧困問題に強い関心を示すようになり，68年のラテンアメリカ司教会議（メデジン会議）において，大衆を取り巻く貧困や不正を「構造的暴力」をとらえ，「教会は貧者のためにある」と決議されたことで「解放の神学」が誕生した。「解放の神学」は，ニカラグアのサンディニスタ政権（79-90）に大きな役割を果たすなど，70-80年代の軍政時代のラテンアメリカ各国で影響力を持った。しかし法王庁は，84年に「解放の神学」の批判に転じ，85年にはブラジルのボフ神父が著作活動と教育活動を停止された他，ニカラグアの3閣僚も司祭職を停止されるなどした。ハイチのアリスティド大統領（90年に総選挙で大統領となり，その後クーデターで米国に亡命。94年に米国の武力行使後，大統領に再選され，2000年に3度，大統領に選出された）も，元「解放の神学」派の神父である。

⇒　①構造的暴力，⑤ニカラグア内戦

1-180
米州機構
Organization of American States
[略語] **OAS**

1948年コロンビアのボゴタで調印されたボゴタ憲章に基づく，米州地域の平和と安全保障及び相互理解の促進などを謳った地域協力機構。当初は，米国主導の反共同盟的色彩が濃かったが，民族主義の高揚と共に中南米諸国が結束して米国に対抗する場となった。2001年の総会では，加盟国を民主主義国に限定しようという米国の提案が採択されず，2002年にも米国の意に反し，ベネズエラのチャベス政権の正統性を認めた。

1-181
ラテンアメリカ諸国の紛争

conflicts in Latin American and Caribbean countries

メキシコ以南のアメリカ大陸とカリブ海の33カ国をラテンアメリカと総称する。多くがスペイン，ポルトガルなどのラテン系諸国の植民地であったために北のアングロアメリカと対比される。中でも，スペイン，ポルトガルの旧植民地はイベロアメリカと呼ばれる。これらの地域では，歴史，社会経済機構の共通性から一体感が強く，ラテンアメリカニズムを形成してきた。また，長年にわたり，歴史的，地理的に繋がりの深い，米国の勢力圏に組み込まれていたが，冷戦の終焉後，特にその傾向が顕著となっている。いずれにせよ，先住民，スペイン，ポルトガル人，奴隷としてアフリカから連れてこられた黒人に加え，独立後移民してきたヨーロッパ人，アジア系移民など多様な人種が複雑に混交した混血社会であり，不安定な政情の国が多く，ニカラグア，エルサルバドル，グアテマラなどの内戦が長年にわたり，泥沼化していた。しかし，1987年，中米5カ国首脳会議における「グアテマラ合意」で，停戦だけでなく，政治経済社会改革や軍部の浄化などを盛り込んだ内戦終結の道筋が示されて後，このような方式が各国で引き継がれるようになった。とまれ，和平が実現した後，いずれの国でも極右政権が成立，貧困問題が深刻化するなど，治安が悪化している。反政府武装勢力の動きも依然活発で，例えば，2001年にコロンビアでゲリラ組織コロンビア革命軍（FARC）が政府との和平協定に調印したものの，その勢力は依然強大である。とりわけ，メキシコのサパティスタ国民解放軍（EZLN）の最高指導者マルコス副司令官は，全世界の反グローバリズムの偶像的存在となっている。

⇒ ⑤米のグレナダ侵攻，⑤米のパナマ侵攻，①テロリズム，⑤ニカラグア内戦，①④グローバリゼーション

1-182
リオ・グループ
Rio Group

ラテンアメリカ18カ国が構成する非公式な政策協議機構で，1987年以来，毎年首脳会議が開催されている。83年に結集したコンタドーラ・グループ（パナマ，メキシコ，コロンビア，ベネズエラ）と85年に成立したコンタドーラ支援グループ（ペルー，アルゼンチン，ブラジル，ウルグアイ）が，86年10月にリオデジャネイロで合同したもの。これらに，エクアドル，ボリビア，チリ，パラグアイが加わり，2000年からは，中米5カ国とドミニカ共和国が加わった。中南米地域における民主化の定着，域内経済統合，核不拡散，域外国との対話促進などの意見調整，政治協力の場となっている。

14 欧州・CIS

1-183
EU 緊急展開戦力

EU Rapid Deployment Force

1998年のサンマロ宣言で欧州連合（EU：Europe Union）が信頼に足る軍事力に支えられた自律した行動力を保持することで英仏が合意，99年のヘルシンキ欧州理事会において，NATOが関与しない場合にEU主導の軍事作戦を行うためにEUが独自の軍事能力「EU緊急展開戦力」を保有することを決定した。加盟各国が合計で兵員10万人以上（予備役を含む），作戦機約400機，艦艇約100隻のプールを拠出し，2003年までに紛争防止や危機管理などの任務を遂行できる5～6万人規模の部隊を60日以内に展開し，最低1年間は維持できる態勢を整備することとなっている。2001年12月に開催されたラーケン欧州理事会においては，EUがいくつかの危機管理作戦を遂行する能力を有するにいたったことが表明された。また，NATOとEUの間でも，協力と調整に必要な枠組みが整備されつつあり，2000年に政治・安全保障委員会，軍事委員会及び幕僚部が発足した。EUは，これまでNATOが行ってきたマケドニアにおける和平合意の履行を監督する要員警護のための作戦（アライド・ハーモニー作戦）を引き継いで，2003年3月よりEUとしては初の軍人を派遣した平和維持活動（コンコルディア作戦）を開始した。さらに2003年4月，仏独など欧州4カ国は，NATOの能力に依存することなく作戦を立案，指揮する機関の創設を提唱，EUの独自性を強める動きを見せたが，米国やトルコなどEUに加盟していないNATO加盟国とEUに加盟している欧州のNATO加盟国との関係をいかに調整し，NATOとEUの政策の整合性を確保するのか，さらにロシアなどの域外国との関係をいかに調整していくのかが課題となっている。2002年10月，EU首脳会議は，創設が予定されている「EU緊急展開戦力」に関して，トルコなどのEU非加盟のNATO加盟国6カ国の関与を認め，12月のEU・NATOの合同会議で正式に調印された。

⇒ ①英国の国防政策，④欧州連合，①北大西洋条約機構，①フランスの国防政策，①ドイツ連邦共和国

1-184
欧州安全保障協力機構

Organization for Security and Co-operation in Europe

[略語] OSCE　[別称] 欧州安全保障協力会議（CSCE：Conference on Security and Cooperation in Europe）

欧州の緊張緩和と相互安全保障について討議するため，1975年7月に欧州各国及び米・加の35カ国の首脳が参加してヘルシンキで開催された「欧州安全保障協

力会議（CSCE）」は冷戦の終焉を受けて，制度化，機構化が進められ，95年1月に「欧州安全保障協力機構（OSCE）」と改称された。2003年現在，米，加及び欧州から中央アジアに至る55カ国が加盟する欧州最大の安全保障機構である。OSCEの特徴は，軍事的な側面からの安全保障のみならず，経済から人権に至るまで包括的な分野を対象として，コンセンサス・ルール，予防外交（紛争当事者に対する早期警告，事実調査等），非強制的手段（第三国により構成されるミッションの派遣，紛争に対する加盟国の共通の意思表明等）を基本とした活動を行っている点にある。冷戦終焉後は，それまでの東西対話の場の提供という役割から予防外交を行う機関へとその役割の拡大を図り，安全保障対話から，人権の保護，民主主義の促進，紛争の予防等の分野にも力点をおき，より広い意味での安全保障に貢献する機能を果たしている。99年11月にイスタンブルで開催された首脳会議では，平和維持への積極的取組，紛争予防へのより効果的な取組等を提言する「欧州安全保障憲章」を採択し，「国家間の紛争のみならず国内紛争がOSCE加盟国にとっての脅威となり得る」との認識を示すとともに，平和維持に対するOSCEの役割の強化，紛争予防へのより効果的な取組への方策を提示した。具体的には，緊急専門家支援・協力チーム（REACT）の創設（紛争予防，紛争管理及び紛争後の復旧に際し民生及び警察分野での専門的知識を役立たせるとともに，必要とされる場合には平和維持活動の民生部門でも活動するもの），オペレーション・センターの創設（OSCEの各種フィールド・オペレーションの計画や展開を担当するとともに，各種国際機関との連絡を行うもの）等が示された。9.11同時多発テロ事件に対しても，OSCEは事件発生直後に非難決議を採択したほか，米国主導の対テロ行動への支持を明確にするとともに，2001年12月のブカレスト外相理事会において，具体的な行動指針について言及した「テロ対策に関する決定及び行動計画」を採択した。また引き続いてビシュケク（キルギス）にて開催された「中央アジアの安全保障・安定強化のためのビシュケク国際会議：テロ対策のための包括的取組の強化」に際しても，主要な役割を果たした。さらに，2002年12月のポルト外相理事会においては，「テロ対策に関するOSCE憲章」及び「21世紀における安全保障及び安定への脅威に対応するためのOSCE戦略に関する決定」を採択し，引き続きテロ対策に積極的に取り組む決意を示した。OSCEは，コンセンサスによる意思決定の尊重という特色を生かし，政治・軍事，経済・環境，人道等の幅広い分野からメッセージを発し，加盟国相互の信頼醸成を高めていくことにより，欧州の安定と平和に寄与しているが，今後は，テロをはじめとする新たな脅威に対応しつつ，より迅速にかつ効果的にその機能を発揮するため，どのように具体的な活動や改革を行っていくか，また，OSCEと国連，EU，NATO等他の国際機関との関係が如何に律せられていくの

か，が注目されている。

⇒ ①冷戦，①②⑤9.11同時多発テロ事件，①テロとの闘い，④欧州連合，①北大西洋条約機構，①信頼醸成措置

1-185
北大西洋条約機構
North Atlantic Treaty Organization
略語 NATO

1949年に設立された集団安全保障体制。冷戦後の欧州では，北大西洋条約機構とワルシャワ条約機構（WPO：Warsaw Pact Organization）が対峙していた冷戦時代と異なり，大規模な紛争が生起する危険は遠のいたものの，安全保障上の空白地帯となった中東欧地域における地域紛争など新たな問題に直面している。NATOは，旧ユーゴ地域における紛争に対し，和平履行部隊（IFOR：Implementation Force）やコソボ安定化部隊（SFOR：Stabilization Force），国際安全保障部隊（KFOR：Kosovo Force）を派遣するなど，平和維持努力を継続してきたが，99年4月に，「新戦略概念（同盟の戦略概念）」を採択し，加盟国への武力攻撃に対する集団防衛（5条事態）に加え，紛争予防や危機管理，平和維持などの任務（非5条任務）を正式に追加した。しかし，非5条任務の地理的範囲については，加盟国間の考え方に相違があり，コンセンサス方式を採用しているNATOでは，意思決定に全加盟国の同意が必要であるため，具体的な態様は必ずしも明確でない。同時にNATOは「平和のためのパートナーシップ（PfP：Partner for Peace）」を採択し，信頼醸成や相互運用性の確保などを目的にNATOと中東欧諸国が個別に協定を締結できることとなったため，これに基づいて平和維持活動や難民問題対処などの演習が実施されるようになった。さらにNATOは即応能力を強化するため，指揮系統を簡素化，柔軟化して，NATO即応部隊（NRF：NATO Response Force）を創設することで合意している。加えて，2002年11月に米欧間の軍事能力の格差縮小を目指す「プラハ能力コミットメント（PCC：Prague Capabilities Commitment）にも合意した。9.11同時多発テロでは，史上初めて5条の適用を決定し，常設艦隊を東地中海に派遣するなどの支援を実施した。また，同時多発テロ後，NATOとロシアの関係が強化され，2002年5月には，NATO・ロシア首脳会議で，NATO・ロシア理事会の設置が決定された。しかし，2003年2月，イラクへの対応をめぐって，NATO加盟国内の意見が分裂，米国を支援する英，スペインに対し，仏独は反対したためしこりを残した。原加盟国は英国，フランス，イタリア，カナダ，ベルギー，オランダ，ルクセンブルグ，ポルトガル，デンマーク，ノルウェー，アイスランド。これらにギリシアとトルコ（52年），西ドイツ（55年），スペイン（82年）が加わった（但し，フランスは66年7月以降，軍事機構からは脱退している）。99年には，ポーランド，チェコ，

ハンガリーが加盟。2004年にはルーマニア，スロベニア，エストニア，リトアニア，ラトビア，ブルガリア，スロバキアの7カ国が加盟の予定であり，NATOの東方拡大がすすんでいる。

⇒ ②集団安全保障体制，①冷戦，⑤コソボ紛争とNATOの空爆，①危機管理，①信頼醸成措置，①②⑤9.11同時多発テロ，①イラクに対する軍事作戦（経緯），①イラクに対する軍事作戦（評価），②イラク戦争とその後，⑤イラク戦争

1-186
西欧同盟
Western European Union
[略語] WEU [別称] 西欧連合

1948年に締結されたブリュッセル条約を修正して，55年に結成された西ヨーロッパ諸国の共同防衛の枠組。本部はロンドン。常備部隊は備えていない。加盟国はギリシア，英国，フランス，ドイツ，イタリア，ベルギー，オランダ，ルクセンブルグ，スペイン，ポルトガル。EC原加盟国が欧州防衛共同体（EDC）設立に失敗したためその代わりに設立された。冷戦後，欧州独自の安全保障体制樹立の観点から再活性化が図られ，92年のペータースベルク宣言により，人道援助，救援，平和維持と危機管理の任務が追加された（ペータースベルク任務）。しかしWEUは，2000年11月のマルセイユ理事会において，政治・安全保障委員会，軍事委員会及び幕僚部を欧州連合（EU）に移管することを決定したため，危機管理の主体としては，機能しえなくなった。しかし，集団的防衛任務は大幅に縮小されたものの維持されている。

⇒ ①危機管理，④欧州連合

1-187
ドイツ連邦共和国
Federal Republic of Germany
[別称] ドイツ；独

ドイツは，1990年10月の東西ドイツ統一以来，兵力の削減に努めてきたが，2000年に新たな改革計画を決定した。これによれば，大型兵器を削減するものの，敵撃退能力を改善し，NATOやEUにおけるドイツ軍の役割に見合う軍事能力を備えることとしている。具体的には，1つの大規模作戦（最大5万人の兵力が関与）又は，2つの中規模作戦（それぞれ最大1万人の兵力が関与）などに投入される即応部隊（15万人）とこれを支える基礎軍事組織など約28万人の兵力を保有することになっている。軍種別では，陸14万，空5万，海2万，衛生2万，統合支援軍5万であり，EU緊急展開軍に対し，1万8千を派遣可能な態勢を維持する。兵役期間は9カ月に短縮されたが徴兵制は維持された。また，ドイツは国際平和維持活動等への連邦軍の派遣を通じた国際貢献を積極的に進めている。なお，武力行使を伴う連邦軍のNATO域外への派遣に関しては，国連の枠内の活動であること及び連邦議会の過半数による承認を条件として合憲とした連邦憲法裁判所の判決（94年7月）があり，域外

派遣に際してはその都度議会の承認を経て派遣している。同盟関係では，ドイツはNATOをその安全保障の軸に捉え，良好な対米関係の維持に努め，9.11同時多発テロ事件の際には，シュレーダー首相が米との無制限の連帯を迅速に表明した。しかし，2002年にシュレーダー首相が米主導の対イラク軍事行動への不参加を明言して以降，軋みが生じた。軍事行動後，総額7,500万ユーロの人道支援を実施し，復興支援については前向きな姿勢を示した。2003年5月に発表された「防衛政策指針」では，ドイツの領土に対する従来型の脅威は消滅したものの，テロや大量破壊兵器の拡散など新たな脅威が広がっているという認識の下，国連やNATO，EUの枠組の中で行う紛争予防や危機管理を連邦軍の任務の重点として位置付けている。

⇒ ④欧州連合，①EU緊急展開戦力，①②⑤9.11同時多発テロ事件，①イラクに対する軍事作戦（経緯），①イラクに対する軍事作戦（評価），①テロとの闘い，①北大西洋条約機構，②イラク戦争とその後，⑤イラク戦争

1-188
バスク民族運動
Basque nationalist movement

スペインとフランスにまたがるピレネー山脈西部のバスク地方には，独自の言語（バスク語）と文化を持つ約80万人のバスク人が居住している。バスク人は14世紀にスペインに統合されてからも準独立国的地域を認められていたが，1949年にフランコ独裁政権が樹立されるとバスク語の使用を禁止されるなど，厳しい弾圧を受けた。59年には，バスク民族運動の中心的政党だった「バスク国民党（PNV）」（1895年に創設）から急進派が脱党し，「バスク祖国と自由（ETA）」を結成した。68年からETAは，テロをも辞さない武装闘争を本格化した。フランコ後の79年，バスク地方には自治権が付与されたが，ETAは完全独立を目指してテロ活動を継続した。98年，バスク自治州政府を目指すPNVがスペイン政府と和解，ETAも無期停戦を宣言した。しかし，ETAとスペイン政府との直接対話は決裂，2000年1月からETAはテロ活動を再開した。これに対する地元住民の批判が高まり，2001年5月の自治州選挙で，ETA系政党は議席を減らした。与党はPNVである。

⇒ ①テロリズム

1-189
北アイルランド問題
Northern Ireland problem

北アイルランド地方は，1922年のアイルランド独立（自治領）において，英国に帰属。それ以後，多数派であるプロテスタント系住民の少数派であるカトリック系住民に対する，政治的，経済的，社会的な差別が行われた。55年には，カトリック系過激派組織「アイルランド共和国軍（IRA）」が北部統合を掲げて武力闘争を開始する。また，60年代後半に，公民権運動が暴力で封じられると，IRA

はテロ活動を開始し，多くの一般市民を巻き込むことになった。90年代に入ると，和平交渉が進展を見せはじめ，97年9月には，IRAの政権組織であるシン・フェイン党が和平交渉のための円卓会議に初参加し，98年4月，関係諸政党による和平合意が成立し，99年12月には27年ぶりとなる自治政府（北アイルランド議会執行委員会）が発足した。しかし，過激派組織の武装解除問題を巡ってプロテスタント，カトリック両宗派の対立が再燃，英国政府は2002年10月，4度目となる自治政府の権限停止に踏み切った。2003年5月29日に実施予定であった北アイルランド議会選挙は11月30日に延期されて実施されたものの，和平合意・実施反対派の民主統一党（プロテスタント）とシン・フェイン党が議席を伸ばしたため自治再開の目途は立っていない。

⇒ ①テロリズム，⑤北アイルランド紛争

1-190
独立国家共同体

Commonwealth of Independent States

略語 CIS

バルト三国を除く旧ソ連諸国の共同体。1991年，ベラルーシのベロロージでソ連邦の消滅と独立国家共同体（CIS）の創立を宣言した（ベロロージ宣言）。CISは，独自の憲法や議会は持たず，調整機関として国家元首評議会，政府首脳評議会が設けられ，必要に応じて首脳会議，外相会議，国防相会議が開かれている。

92年には，CIS集団安全保障条約（CIS Collective Security Pact）が調印され，共同防衛を図ると同時に，ロシア軍の各国駐留が正当化された。2001年5月には各国で活発化している反政府勢力の伸張に対応するため，緊急展開部隊の早期創出を盛り込んだ共同声明を採択した。また実際のところ，トルクメニスタン以外のCIS諸国は，自立に必要なエネルギー・燃料資源を持っていないことから，旧ソ連時代は，モスクワへの政治的忠誠の見返りとして，安価なエネルギー資源の供給を受けていたが，この構造はロシア・CIS国間でも基本的に変化しておらず，ソ連崩壊後も，ロシアは各国の政治スタンスに応じてエネルギーの供給を約束するという「エネルギー外交」を展開している。なかでも，ロシア，ベラルーシ，カザフスタン，キルギスの4カ国は96年に，単一経済圏の創出を目指した「統合強化条約」に調印。さらにベラルーシ，カザフスタン，タジキスタン，キルギス，アルメニアはロシアとの緊密な関係を基礎にして，2000年10月に「ユーラシア経済共同体」を発足させた。さらにロシアとベラルーシは，99年に「連邦国家創設条約」に調印，両国は各々の主権，領土，憲法を維持しつつ，外交，国防，経済などの分野で段階的統合を目指すこととなった。一方，2001年12月に，カザフスタン，ウズベキスタン，キルギス，タジキスタンが「中央アジア協力機構」を組織し一定のまとまりをみせている。これに対して，グルジア，ウズベキスタン，ウクライナ，アゼルバイジャン，モ

ルドバは「5カ国グループ(各国の頭文字を取りGUUAMという)」を97年に結成,ロシアとは距離を置き,欧州寄りの姿勢をとっている(ウズベキスタンは2002年に脱退を表明)。

⇒ ①ロシア連邦国家安全保障コンセプト

第2章　安全保障と国際法

岩本　誠吾

- 1　領域空間
- 2　国際関係における国家機関
- 3　国際刑事法
- 4　国連体制
- 5　人道法
- 6　交戦者
- 7　交戦法規
- 8　害敵手段（兵器）
- 9　人道法適用
- 10　イラク関連事例
- 11　対日講和

第 2 章　安全保障と国際法

> ### 第 2 章の構成
>
> 　安全保障を理解する上で欠かせない視点として，国際法がある。国際法はよく侵害されるので，無用である（国際法無用論）と主張されることがあるが，それはまったくの誤解である。国際法が遵守されているからこそ，国際社会が成立しているのである。もっとも，国際社会の安全保障が国内社会ほど確保されていないことは事実であるが，それは主権国家の併存構造や国際社会の組織化の現状に起因すると思われる。また，「パワー・ポリティックス（権力政治）」に支配されていると言われる国際社会において，大国といえども，法的解釈の対立はあるが，国際法的正当性を根拠にその外交政策を推進していることは明らかであり，国際法を無視した外交政策などありえない。
> 　本章では，現在の安全保障に関連する基本的な国際法知識の修得，国際法上の論点整理及び具体的事例での国際法的側面の指摘を念頭に，110項目を取り上げ，次のような区分でまとめた。国際法が適用される「領域空間」，国家を体現する「国際関係における国家機関」，テロ関連で注目される「国際刑事法」，現代の国際社会においてもっとも基本的な組織上の枠組みを提供している「国連体制」，武力紛争時に適用される「人道法」総則，武力紛争時に実際の法適用対象者となる「交戦者」，具体的な敵対行為に関する「交戦法規」，武力紛争で使用される「害敵手段（兵器）」，履行確保に関連する「人道法適用」，具体的な「イラク関連事例」，そして日本関連の「対日講和」，である。国際法の項目も，他の章にある関連項目を参照しながら，総合的に理解することが望まれる。

1　領域空間

2-1
主権国家

sovereign state

　国際的な経済・貿易の急増及び人的・文化的交流の増加により，国家間の緊密化は一層拍車がかかり，国際社会はボーダレス化したと言われる。しかしながら，現在でもなお，厳然と国境という地理的概念は存在し，自然人は国籍という法的紐帯によって領域空間を保有する国家に所属している。国際社会は，中央集権化された国内社会と違って，統合された世界政府を有せず，190余の主権国家が併

存する状況である。主権を有する国家は，対外的には他のいかなる国家にも従属せず（対外主権＝独立権），対内的には当該領域内のすべての人，物及び事象に対して排他的な統治を行い，当該領域を自由に処分できる（対内主権＝領域権）のである。しかしながら，国家が明示的又は黙示的同意に基づき国際法（条約法及び慣習法）に拘束されることは，主権の否定には当たらない。

冷戦期では，東西間に平和共存原則が適用されるが，社会主義国間では社会主義の共同体利益が優先されるという制限主権論（ブレジネフ・ドクトリン）が主張されたことがあった（現在では否定されている）。国家は，主権を有するがゆえに，相互に平等であり，他国からの内政干渉を排除することができる。もっとも，人権問題は国際関心事項であるので，その部分において国際社会が国家に関与することは可能である。

国際組織化が進むことで国家主権が制限されると主張されることがあるが，国際組織からの脱退権を最終的に保有していることから，国家主権は堅持されている。また，核不拡散条約体制（NPT体制）において主権国家間（核保有国と非核保有国）の不平等が指摘される。未加入のインド・パキスタン及び2003年1月に脱退した北朝鮮は，NPT体制に規制されないので，核保有国と同様に，主権国家として核兵器を保有することは法的に可能であろう。但し，核の保有が国際社会への脅威又は平和の破壊になるかは，国際政治上の問題であり，主権国家の平等とは別問題である。

2-2
領海と無害通航権
territorial sea and the right of innocent passage

領海は，国家の沿岸に沿った一定の帯状の海域で，沿岸国の主権が及ぶ。国連海洋法条約によって，領海の幅員は12海里を越えない範囲とされ，低潮線を基線として測定される。但し，海岸線が著しく曲折しているか海岸に沿って至近距離に一連の島がある場合には，適当な点を結ぶ直線基線を用いることができる。日本は，1977年の領海法により領海12海里と定めた。但し，国際海峡（宗谷海峡，津軽海峡，対馬海峡東水道，同西水道，大隈海峡）は当分の間領海3海里とし，航行のための公海部分を残した。

海上交通の利益と沿岸国の領域主権を調和させるために，すべての国の船舶は，沿岸国の主権が及ぶ領海内で許可なく無害通航する権利を付与されている。通航は，沿岸国の平和，秩序又は安全を害しない方法で継続的且つ迅速に行われなければならない。無害性の基準は，船舶の行為・態様の場合（行為態様基準）だけに限らず，船舶の種類や通航目的なども含む解釈がある。日本政府は，核搭載艦の通航が無害通航に該当しないと解している。潜水船その他の水中航行機器は，領海に於いて浮上航行し，且つ，旗の掲揚が要求される。

軍艦が無害通航権を有するか否かに関する国家実行は一致しておらず，軍艦も

無害通航権があるとする立場，外国軍艦の自国領海通航に事前通告を要求する立場及び事前許可を要求する立場が対立している。軍艦が領海通航に関する沿岸国の法令を遵守しない場合に，沿岸国は当該軍艦に対して領海からの即時退去を要求できる。

⇒ ②国際海峡と通過通航権

2-3
国際海峡と通過通航権
straits used for international navigation（通称 international straits）and the right of transit passage

1982年の国連海洋法条約によれば，国際海峡とは「公海又は排他的経済水域の一部分と公海又は排他的経済水域の他の部分との間にある国際航行に使用されている海峡」をいう（37条）。従来の領海3海里制では公海部分を残していたが，領海12海里制となれば公海部分が消滅し，いずれかの国の領海に含まれる国際海峡が100箇所以上あった。その場合に，公海部分での船舶の自由航行及び航空機の上空飛行（公海自由の原則）が認められなくなり，領海での無害通航及び領空での飛行禁止となる。

国際海峡での自由航行を確保しようとする海運国や海軍国と，自国の安全保障や環境保全の視点から領海の無害通航制度に服させようとする海峡沿岸国との対立があった。妥協策として，国連海洋法条約は通過通航制度を創設した。通過通航権とは，すべての船舶及び航空機が国際海峡において航行及び上空飛行の自由を行使する権利である。船舶及び航空機は，遅滞なく通過すること，継続的且つ迅速な通過の通常の形態に付随する活動以外のいかなる活動も差し控えることを義務付けられた。潜水艦の場合，浮上航行の規定がなく，「通常の形態」での航行，すなわち潜水航行が許容されると解される。国際海峡での通過通航は，公海での自由通航と領海での無害通航の中間に位置する制度であるといえる。

日本にある国際海峡（宗谷海峡，津軽海峡，対馬海峡東水道，同西水道，大隅海峡）は，特別に領海3海里なので，公海部分を残している。

⇒ ②領海と無害通航権

2-4
スエズ運河とパナマ運河
Suez Canal and Panama Canal

スエズ運河（1869年開通）は，エジプト領内にあって，地中海と紅海を結ぶ交通の要衝である。1888年にエジプトの宗主国トルコと運河の運営・管理に関心のある欧州8カ国が「スエズ運河の自由航行に関する条約（コンスタンチノープル条約）」を締結した（同年発効）。スエズ運河は，すべての国の商船及び軍艦に対して，平時・戦時とも，常に開放され，自由航行が保障された。また，同運河の中立化のために，たとえトルコが交戦国でも，運河内での交戦権・敵対行為及び自由航行への妨害行為が禁止された。但し，エジプトの防衛と公序の維持のための軍事的措置は認められた。エジプトは，1956年にスエズ運河の国有化を宣言した

1 領域空間

後も，コンスタンチノープル条約の効力を一方的宣言の形で承認した（57年）。中東戦争時にイスラエル船舶及び同国向け船舶に対して運河が閉鎖されていたが，それも79年のイスラエル・エジプト平和条約により解除された。

パナマ運河（1914年開通）は，パナマ領内にあって，太平洋と大西洋を結ぶ交通の要衝である。独立直後のパナマが米国と締結したヘイ・ビュノー・ヴァリヤ条約は，米国に運河の建設・運営のために運河地域の使用・占有・支配の永久的権利を付与するとともに，運河の中立とすべての国の商船・軍艦の通航の自由を保障した。その後，米国による運河地帯の永久的支配に対する不満から，米国・パナマ間で77年に「パナマ運河条約」と「パナマ運河の永久中立と運営に関する条約」が締結された。前者は，従来の永久租借を廃止し，条約の失効日である99年12月31日までパナマが領域主権国として米国に運河の管理運営権を付与した。その後，運河はパナマに完全返還された。後者は，パナマ運河が国際水路として永久中立であり，戦時・平時ともすべての国の商船・軍艦による平和的通航に開放されると規定した。なお，永久中立制度の強化のために，運河の中立制度に賛同し遵守・尊重する国の加入に一般開放した付属議定書がある。

⇒ ⑤第2次中東戦争

2-5
接続水域・排他的経済水域・群島水域・公海

contiguous zone, exclusive economic zone（EEZ）, archipelagic waters, high seas

320カ条からなる国連海洋法条約（署名1982年12月10日，発効94年11月16日）は，海洋に関する包括的且つ統一的な法体系をもたらす最も重要な法文書である。それによれば，沿岸国は，領海の外側に接続している接続水域において，通関上，財政上，出入国管理上又は衛生上の法令の違反を防止・処罰することができる。更に，接続水域内にいる当該法令違反の外国船舶に対して継続追跡権を有する。接続水域の幅員は，基線から24海里までとされた。日本の領海法（96年改正）も接続水域の規定を設けた。

沿岸国は，基線から200海里までの範囲で排他的経済水域（EEZ）を設定することができ，領海の拡張に伴う包括的な「主権」ではなく，経済・資源に限定された機能的な「主権的権利」を有する。具体的には，海底，上部水域及び海底下の天然資源（生物及び非生物を含む）の探査，開発，保存，管理のための主権的権利である。日本は，日中漁業協定（00年6月発効）及び日韓漁業協定（99年1月発効）によってEEZの境界確定や相互の漁獲許可を規定している。排他的経済水域は，海洋資源の開発を除けば，基本的には公海部分となるので，すべての国は伝統的な公海自由（航行，上空飛行，海底電線敷設などの自由）を享有している。

群島の最も外側にある島・礁の最も外側の点を結ぶ群島基線の内側の水域を群

139

島水域という（水域面積と陸地面積の比が１：１〜９：１まで，基線の長さが100海里以内など条件あり）。群島国家（フィリピンやインドネシアなど）は，群島水域の外側に領海，接続水域，排他的経済水域，大陸棚を設定することができる。当該水域内では外国船舶一般に無害通航権が認められ，群島国が指定する同水域内の群島航路帯では，船舶及び航空機に対して群島航路帯通航権（継続的で迅速な通常の形態での航行及び上空飛行の権利）が認められる。これは，国際海峡での通過通航権と同様に，自由航行を確保しようとする海運国・海軍国の要請により規定された。

公海は，以前では国家の領海又は内水を除く海洋部分と規定されていたけれども，国連海洋法条約では国家の排他的経済水域，領海，内水，群島水域を除く海洋部分と規定され，その範囲はかなり縮小された。公海はいずれの国の領域主権に服さず，すべての国に開放され，公海の自由（航行，上空飛行，海底電線の敷設，人工島建設，漁獲，科学調査）がある。公海上の船舶は旗国の排他的管轄権に服するが，例外として海賊行為，奴隷取引，無許可放送に従事している船舶にはいずれの国も管轄権が認められる。また，旗国以外の国が公海上で外国船舶に継続追跡権を行使することがある。

⇒ ②海賊行為，②継続追跡権，②領海と無害通航権，②国際海峡と通過通航権

2-6
継続追跡権
right of hot pursuit

沿岸国の権限ある当局が，自国の法令違反について充分な容疑のある外国船舶を管轄権外の水域において追跡する権利。公海自由の原則や船舶の旗国主義に対する例外として，沿岸国にその権限が認められている。国連海洋法条約111条に規定されているように，外国船舶が内水，群島水域，領海又は接続水域内において当該水域に設定された法令に違反して，なお当該水域内にある時に，追跡を開始しなければならない。接続水域では通関上，財政上，出入国管理上，衛生上の法令が適用される。追跡権は，排他的経済水域又は大陸棚においてもそれらに適用される沿岸国の法令違反がある場合にも準用される。

追跡は，視覚的又は聴覚的停船信号を発した後にしか開始できない。追跡の主体は，軍艦，軍用航空機その他の政府の船舶や航空機でそのための権限が付与されているものに限られる。追跡船が別の追跡船又は追跡航空機と交替することは可能であるが，追跡が中断することなく継続して実施されなければならない。追跡権は，被追跡船舶がその旗国又は第三国の領海に入ると同時に消滅する。

追跡船舶は，被追跡船舶を停船，乗船，捜索，拿捕，回航のために合理的な実力を行使することができる。1999年３月23日に能登半島沖の領海内で不審船２隻を発見し，巡視船，護衛艦，自衛隊機が追跡した。その際に停船命令，警告射撃及び警告のための爆弾投下を実施した。24

日に不審船が日本の防空識別圏外に出たために，他国に無用の刺激になりかねないとの政策的判断から追尾を終了した。01年12月21日に奄美大島沖の排他的経済水域内で不審船が発見されて，巡視船がそれを追跡，停船命令及び船体射撃を実施した（日本国政府は後に北朝鮮の工作船と断定）。

> ⇒ ②接続水域・排他的経済水域・群島水域・公海，②防空識別圏，③海上警備行動，③不審船

2-7
海賊行為
piracy

海賊は古くから「人類共通の敵」とみなされていた。公海上の船舶は一般的には旗国に排他的管轄権があるが，公海自由の原則に対する例外として海賊に対する各国の普遍的管轄権が認められ，公海秩序の維持が図られた。現在では，国連海洋法条約（1982年署名，94年発効）の100条から107条まで海賊行為が規定されている。定義によれば，「私有の船舶又は航空機の乗組員又は旅客が私的目的のために行うすべての不法な暴力行為，抑留又は略奪行為」であって，公海や国家管轄圏外にある船舶，航空機，人又は財産に対して行われるものである（101条）。軍艦，軍用航空機，政府船舶，政府航空機が同種の行為をしても，乗組員が反乱してそれらを支配していない限り，海賊行為に該当しない（102条）。すべての国が海賊船舶や海賊航空機を拿捕する権利があり，拿捕国の裁判所が国内法に従って海賊に対する刑罰を決定する（105条）。拿捕は，軍艦，軍用航空機その他政府の船舶・航空機でそのための権限が付与されているものによってのみ実行可能である（107条）。日本では海上保安庁が担当している。近年，東南アジアを中心に海賊被害が多発しているため，アジア各国の担当者が対策を協議する「海賊対策国際会議」が東京で00年4月に開催されたほどである。

なお，85年にイタリア客船アキレ・ラウロ号が地中海でパレスチナ人ゲリラに乗っ取られた事件は，海賊船が他の船舶を襲うという形態でなく，海洋法条約上の海賊に該当せず，同一船舶内で生じたテロ事件と理解された。

> ⇒ ②接続水域・排他的経済水域・群島水域・公海，②テロ関連条約

2-8
領　　空
territorial airspace

領空とは，領土・領水の上空で，国家主権の行使が認められている空域をいう。空域に対する主権の主張は，飛行船や航空機の登場により，下土国の安全保障が懸念されるようになってから登場してきた。第1次世界大戦までは，空域の法的地位について自由説と主権説が対立し統一的な慣行も存在しなかったが，大戦中に中立国が交戦国航空機に対して自国の空域を閉鎖したことから，戦後の1919年のパリ国際航空条約で国家が「領域上の空間において完全且つ排他的な主権を有する」と規定した。その後，同一の国家

141

第2章　安全保障と国際法

実行もあり，パリ条約と同一規定を再現した44年のシカゴ国際民間航空条約は，慣習国際法を確認したものと言える。領空主権により，外国航空機は国家の同意なく同空域を飛行できず，領海において認められる外国船舶の無害通航権のような権利は空域にはない。

水平的限界は領土・領水の限界線であり，それ以外の公海上空（公空）はすべての国家による飛行の自由に開放されている。66年の宇宙条約で宇宙空間の領有禁止が規定されたことから，垂直的限界（空域と宇宙空間の境界）の確定が必要となり，様々な学説（実効的支配説，地球引力説，大気圏説，航空力学説，宇宙活動最低高度説など）が主張されたが，今なお未確定である。スペースシャトルの出現やミサイル発射（テポドン・ミサイルの部分的な日本の領空侵犯）によって垂直的限界の定義の必要性が再認識されている。

　⇒　②領空侵犯，②防空識別圏，②宇宙空間

2-9
領空侵犯
airspace incursion

国家は領空に対して完全且つ排他的な主権を有する（シカゴ国際民間航空条約1条）ので，国家の許可なく侵入する外国航空機は，機種（民間機か軍用機か），目的（偵察か亡命か）又は原因（天候によるか航法ミスによるか）の如何に関わらず，侵犯した事実により領域国の主権侵害・違法行為となる。領域国は，当該主権侵害を排除するために，法益侵害に比例する限度内で武器の使用を含めて必要な措置をとり得る。通常の要撃手続きは，通信手段（無線通信）や視覚手段（翼の振りや航空灯の点滅）による侵入機に対する警告，退去要求，強制着陸の誘導，従わない場合に警告射撃，進路妨害，最終的に射撃（結果として撃墜）となる。特に，民間航空機に対する要撃手続きは，シカゴ条約第2附属書添付Aによるが，大韓航空機撃墜事件を契機に，民間機の撃墜により保護される領域国の法益と航空機乗客の喪失利益との不均衡があまりにも大きすぎるので，民間航空機に対する武器の不使用規定（シカゴ条約3条の2）が追加された（1998年発効）。他方，軍用機と識別できる外国航空機が侵入した場合は国家に対する危険度が高いので，当該機に対する武器使用の敷居が低くなる。侵入機による武力攻撃に対しては，自衛権行使で対抗できる。

日本では，1987年12月9日に沖縄の領空を2度侵犯したソ連の電子偵察機バジャーに対して警告射撃（えい光弾と実弾）が実施された。後に外務省の抗議により，ソ連は再発防止策とパイロットの降格処分を発表した。

　⇒　②大韓航空機撃墜事件，②ミグ25事件，②米中軍用機接触事件，②軍用航空機，②自衛権，③対領空侵犯措置

2-10
防空識別圏
air defense identification zone

1 領域空間

[略語] ADIZ

沿岸国が，領海上空（領空）に接する公海上空（公空）に国内法措置として設定する一定空域で，当該空域を飛行する航空機に飛行計画の提出と位置報告を要求する区域をいう。1950年の朝鮮戦争を契機に防空意識の高揚により，米国が最初に設定して以来，カナダ，日本，韓国，中国，台湾等が設定している。当該空域が国際法の公海上空飛行の自由原則と抵触し，国際法上対抗力を有しないと考えられる。しかしながら，地上施設との交信による航空機側の利点（気象・航空情報の通報や遭難時における捜索・救助の即時対応）と，安全確認という沿岸国の利点が合致して，一般的に遵守されている。

ADIZは，航空機に対して法的義務を設定するのではなく，不作為が敵対的又は疑わしい行為であると判断する基準を設定しているのであって，沿岸国が防衛措置（確認，管制，迎撃）をとるための前提条件であるといえる。沿岸国はADIZに侵入してきた識別不明機に対してその侵入を根拠に武器を使用できないが，領空外からの攻撃のような自国の安全に対する現実の脅威が存在する場合，公海上空においても自衛権の行使は可能と思われる。日本と韓国とのADIZの境界線（東経133度）が68年に米軍より移管されたことから，竹島が韓国ADIZ内に含められることになった。また，沖縄復帰により73年に米軍から移管された台湾とのADIZの境界線（東経123度）も与那国島を通過し，同島の西半分は台湾ADIZに含まれている。ADIZについて戦後処理はまだ終わっていない。

⇒ ②領空，②竹島

2-11
オープン・スカイズ条約
Treaty on Open Skies

1992年3月24日に署名開放，02年1月1日発効。オープン・スカイズ（領空開放）構想を最初に提案したのは，アイゼンハワー米国大統領であった（55年）。その後，北大西洋条約機構（NATO）諸国と旧ワルシャワ条約機構（WPO）諸国との間で，「バンクーバーからウラジオストックまで」の領空を開放して上空からの相互査察による軍事力の透明化（信頼醸成措置の一環として）を目的とする条約が作成された。査察国は，72時間前に査察の通告をし，96時間以内に非武装の査察飛行を終了する。情報収集のための装備可能なセンサーは，解像度30cmの光学パノラマ式フレーム・カメラ，解像度30cmのモニター付ビデオ・カメラ，解像度50cmの赤外線走査装置，分解能3mの側方監視合成開口レーダーである。全締約国は収集された情報を共有できる。年間査察受け入れ回数は米国・ロシアの42回からポルトガルの2回まで国により異なる。

条約発効後6カ月以内に他の欧州安全保障協力機構（OSCE）加盟国は加入申請が可能であり，条約発効後6カ月以降に非OSCE諸国の加入申請が可能となる。条約発効後02年に加入申請が承認されて03年1月1日現在，新加盟が承認さ

れたフィンランド，ラトビア，スウェーデンを含めて，加盟国数が29カ国となった。日本も，オープン・スカイズ協議委員会における全会一致の承認で，加盟が可能である。

軍事衛星による査察が十分可能であることから，領空からの相互査察の実施はNATOとロシアとの信頼醸成のシンボルであると称される。

⇒ ①信頼醸成措置，①北大西洋条約機構，①オープン・スカイズ条約，①欧州安全保障協力機構

2-12
ミグ25事件
MIG – 25 Incident

1976年9月6日，ソ連空軍の最新鋭戦闘機ミグ25が日本の領空を侵犯して，函館空港に強行着陸した。操縦士のベレンコ中尉は，米国への亡命を希望し，9月9日に日本を出国した。機体は百里基地（茨城県）に移送され，日米合同の性能調査が行われた後に，11月12日に日立港においてソ連に引き渡された。日本政府は，パリ国際航空条約32条を根拠に，外国の軍用航空機が領域国の承諾を得て領域内に入った場合には，通常軍艦に許与されている不可侵権を有するが，承諾なしに入城した場合には，不可侵権を認める必要がないと述べた。このように，軍用機でも無許可着陸や強制着陸の場合には，許可を受けての着陸の場合に認められる不可侵権及び裁判権免除が認められないばかりでなく，搭乗員の取り調べ・処罰及び機体の調査・没収は国際法上，通例である。日本は，機体を没収することが可能であったにも関わらず，ソ連に引き渡したのはむしろ国際礼譲といえる。

⇒ ②米中軍用機接触事件，②軍用航空機

2-13
大韓航空機撃墜事件
Soviet downing of KAL Incident

1983年9月1日未明，ニューヨーク発アンカレッジ経由ソウル行きの大韓航空機（乗員乗客269名）が予定航路をずれてサハリン付近上空で，ソ連空軍機のミサイル攻撃により撃墜された（全員死亡）。領空侵犯機，特に民間機に対する撃墜の合法性が議論となった。国際民間航空機関（ICAO）理事会の報告書（83年12月及び93年6月）では，大韓機の航法ミスによる領空侵犯及び同機をスパイ機と誤認をした上での撃墜という双方に過失があったとされた。特にソ連機が大韓機に警告発砲と航空灯点滅での注意喚起をしたが，無線による接触がなく，スパイ機との認識の元で徹底的な確認作業をしなかったと指摘された。本事件で死亡した日本人乗客の遺族が大韓航空に損害賠償を求めた訴訟判決（東京地裁97年7月16日）は，ICAO条約第2附属書添付A7・1が民間航空機に対する要撃時の武器使用を禁じているが，その要撃手続きはあくまで指針であって法的拘束力がないと判示した。

本事件を契機に，ICAO条約が改正されて，3条の2（民間航空機に対する武器の不使用）が追加された（84年5月改

正議定書採択，98年10月発効)。更に，事故の再発防止のために85年7月には，東京・ハバロフスクの両管制センター間に新たな専用電話通信回線を設置し，86年8月より運用を開始している（日米ソホットライン協定）。

⇒ ②領空侵犯

2-14
米中軍用機接触事件

U.S. – Chinese Military Planes Collision Incident

2001年4月1日に，偵察中の米海軍偵察機EP3が，中国海南島より百キロ離れた中国の排他的経済水域上空においてスクランブルで上がってきた中国F8戦闘機と接触して，緊急遭難信号を発しながら海南島による中国空軍基地に緊急着陸した。偵察活動空域は，公海上空なので領空侵犯に該当しない。本事件では，緊急着陸時の軍用航空機の特権免除が問題となる。1919年のパリ国際航空条約によれば，軍用機も含めて航空機の緊急着陸は事前の許可がなくとも可能であり，不可抗力による着陸と証明されれば乗員は責任を問われないが，機体への立ち入り禁止といった軍用機の特権は無許可の着陸ならば主張できない。接触原因は不明であるが，もし中国機が意図的に米国機を遭難状態に陥れて緊急着陸させたことが証明されるのであれば，米軍機の特権を認めないことは不合理である。最終的には，米国側が，「中国の領空に入ったことおよび口頭の着陸許可を得ずに着陸したことを非常に遺憾に思う（very sorry)」と述べて，乗員の解放及び機体の返還が実現した。

⇒ ②ミグ25事件，②軍用航空機

2-15
宇宙空間

outer space

地球以外の天体を含めて，国家の領空を越えた空間をいう。1957年にソ連の人工衛星スプートニク1号が打ち上げられて以来，宇宙での活動は急速に発展してきた。それに伴い，国連総会に設置された宇宙空間平和利用委員会は，原則宣言や条約の起草作業を行ってきた。66年の宇宙条約は，宇宙活動の基本原則を定め，探査・利用の自由（1条)，領有の禁止（2条）が規定された。平和利用に関して（4条)，宇宙空間では大量破壊兵器の軌道への配置が禁止されたが，一時的に通過する大陸間弾道弾（ICBM）や軌道に乗るが一周しない部分的軌道爆破装置（FOBS）が禁止されたかは解釈が分かれる。一般的に宇宙空間の平和利用とは，非軍事的利用（一切の軍事目的の利用禁止）ではなく，非侵略的利用（自衛権行使の留保）と解釈されており，偵察・観測・情報収集の軍事衛星が実際に打ち上げられ運用されている。米国は，航法衛星を利用した汎地球測位システム（GPS）を軍事利用している（GPSはカーナビゲーションとして一般的にも利用されている)。天体での軍事利用は，包括的に禁止された。

基本原則を規定する宇宙条約の補完及び具体化のために，宇宙飛行士の救助・

送還や宇宙物体の返還についての宇宙救助返還協定（68年），宇宙損害責任条約（72年），宇宙物体登録条約（75年），月協定（79年）が締結されている。

⇒ ②領空

2-16
北方領土
Japan's northern territories

北海道の北東に位置する択捉島，国後島，色丹島及び歯舞群島（総面積約5,000k㎡）を指し，現在日露間で領有権争いがある。歴史的には，1855年の日露通好条約でウルップ島以北のクリル諸島をロシア領とし，択捉島以南を日本領とした。1875年の樺太・千島交換条約でウルップ島からシュムシュ島までのクリル諸島を日本領とした。現在の北方領土は，第2次世界大戦終了直後にソ連が軍事占領して以来，ソ連・ロシアの支配下にある。北方領土は歴史的にも武力で奪取したものでなく，第2次世界大戦後の対日平和条約（ソ連は非締約国）で放棄した千島列島に元来含まれていないと日本は主張する。連合国が宣言した領土不拡大原則（カイロ宣言及びポツダム宣言に規定）から，ヤルタ秘密協定による千島列島のソ連引渡しには問題がある。1956年に締結された日ソ共同宣言では，平和条約の締結後に歯舞群島と色丹島の「引渡し」が規定された。その後ソ連は，冷戦期に欧州との関係で現状不変更の立場を取り，日ソ間の領土問題は解決済みとした。冷戦後はソ連・ロシアが柔軟な姿勢を示し，平和条約締結に向けての領土交渉の継続が合意され（93年の東京宣言），00年までに平和条約の締結に努力すると同意された（97年のクラスノヤルスク合意）。しかし，現在も未解決のままであり，日本では従来の4島一括返還論だけでなく，2島先行返還論や国境線確定提案など様々な提案が考慮されている。

⇒ ①北方領土，②対日平和条約，②日ソ共同宣言，②尖閣諸島，②竹島

2-17
竹　　島
Takeshima

島根県隠岐島の西北159km，韓国鬱陵島の東南92kmにある2つの小島と無数の岩礁からなる（総面積0.23k㎡）。日本は，1905年の閣議決定及び島根県告示により領域編入して以来，46年のGHQ覚書により権力行使の停止まで竹島を実効的に支配していた。51年の対日平和条約で朝鮮に放棄した地域の中には含まれなかったが，52年に韓国の李承晩大統領が独島（ドクト，韓国名）を含む水域に主権宣言をしたこと（李承晩ラインの設定）から，日韓間の領土紛争となった。韓国は，54年以降今日まで沿岸警備隊の常駐や灯台・無線通信所の設置など実効的支配のための権力行使を行っているが，その都度日本は抗議し，国際司法裁判所への付託も提案した（韓国の拒否）。竹島紛争は，65年の日韓基本条約でも解決できず，交換公文において未解決問題を外交経路による調停で解決することが合意された。しかし，韓国は当該問題の付託を拒否し

て，今なお未解決問題である。竹島が現実に日本の施政下にないことから，日米安保条約の適用範囲外となる。また，その上空は韓国の防空識別圏内にある。

⇒ ①竹島，②日韓基本条約，②尖閣諸島，②北方領土，②対日平和条約，②防空識別圏

2-18
尖閣諸島
Senkaku Islands

沖縄県八重山諸島の北方約90海里，台湾の北東約120海里の東シナ海に点在する魚釣島（うおつりじま）を含む五つの小島と三つの岩礁からなる（総面積6.3k㎡）。日本は，尖閣諸島が無人島であり清国領でないこと確認した上で，日清戦争中の1895年1月14日に標杭を建設する旨の閣議決定をして，正式に領土編入した。下関条約で日本に割譲された台湾及び澎湖諸島には含まれていない。第2次世界大戦後の対日平和条約でも，日本が放棄した領土には該当せず，南西諸島の一部として米国の施政下に置かれた。1971年の沖縄返還協定により施政権が返還されて以降，日本は同諸島に対して一貫して実効的支配を及ぼしている。同諸島は，日本の施政下にあるので，日米安保条約の共同防衛の対象地域である。68年にアジア極東経済委員会が同諸島の周辺に石油資源の埋蔵可能性があることを報告して以来，中国は領有権を主張し始め，78年の日中平和友好条約の調印時に鄧小平副主席が棚上げ論を主張しつつ，92年に同諸島を中国領と明記した領海法まで制定した。しかし，70年まで抗議を受けることなく日本の領有が認知れていたことから，同諸島は日本に帰属すると考えられる。

⇒ ①尖閣諸島，②竹島，②北方領土，②対日平和条約

2　国際関係における国家機関

2-19
国家機関と外交特権
state agents and diplomatic privileges

国際社会で国家を代表して外交活動をする国家機関には，特別の任務を帯びて一時的に外国に派遣される特別使節と派遣先の外国（接受国）において派遣国を代表する常駐使節がある。前者には，国家元首（君主又は大統領），政府の長（首相），外務大臣，その他国際機関の会合や国際会議に派遣される政府代表団などがある。後者には，常駐外交使節，領事機関及び国際機関への政府代表部がある。

特に，外交使節の特権・免除（例えば，公館の不可侵権）や外交官の特権・免除（例えば，身体の不可侵権や裁判権及び行政権からの免除）が外交関係条約

(1961年署名，1964年発効)に詳細に規定されている。派遣国を代表して接受国政府と交渉する外交使節と異なり，派遣国の経済的利益及び自国民の保護を任務とする領事機関は，外交使節とほぼ類似の特権・免除を付与されているが，制限的な点もある（領事関係条約，1963年署名，1967年発効)。2002年5月8日の瀋陽総領事館事件では，領事公館の不可侵権が問題となった。公館の不可侵権に関連して，自国政府の政治的迫害を理由に外国公館に逃げ込む個人に保護を与える外交的庇護権は国際法上認められていないが，多くの事例では関係国の協議で処理されている。

国家の軍事機関も対外的には国家を代表する重要な機関であり，軍隊派遣国と入港・駐留する国との合意に従って，軍艦，軍用航空機，軍隊，それらの構成員や乗組員に対して一定の特権免除が付与される。日本は，イラク人道復興支援活動に関連して，2003年12月22日にクウェート政府と自衛隊の法的地位に関する交換公文を締結した。内容は，クウェート派遣の自衛隊員等に関して接受国（クウェート）の刑事裁判権からの免除，公務の範囲外での行為を除く接受国の民事・刑事裁判権からの免除など規定されている。

⇒ ②地位協定，②軍艦，②軍用航空機

2-20
地位協定
Status of Forces Agreement

[略語] SOFA

第2次世界大戦後，国連憲章51条の集団的自衛権に基づき，準永続的に常駐する外国軍隊の基地及び当該構成員の法的地位（特権・免除）について関係国間で締結された協定をいう。現在，日本では，日米安全保障条約に基づく在日米軍地位協定（1960年6月発効）と朝鮮国連軍への参加国との国連軍地位協定(54年6月)がある。前者は，以前の日米行政協定（52年4月発効，53年10月改正）を承継するものである。

刑事裁判権について行政協定は，当初，米軍軍人，軍属及び家族による日本国内でのすべての犯罪に対して米軍の専属的裁判権を認めていた。後にNATO地位協定の方式による改正で，米国軍人・軍属を米国法によって罰することができるが，日本法によって罰することができない犯罪に米軍の専属的裁判権を限定し，日米間で裁判権が競合する場合には，公務遂行中（公務遂行の過程においてであって，勤務時間中という意味ではない）の犯罪などに対して米軍に第1次的裁判権を認め，その他の事項については駐在国（日本）が第1次的裁判権を有するとした。この改正事項は，在日米軍地位協定で踏襲されている（国連軍地位協定も）。日本が裁判権を有するとしても，95年の沖縄での少女暴行事件で明らかになったように，被疑者の身柄の引渡しを要請しても，起訴まで米軍内での勾留を続けることができるという地位協定の原則が問題となった。同年の日米合同委員会で，殺人や強姦といった凶悪犯罪について，日

本当局の要請があれば，米国は起訴前の身柄引渡しに好意的考慮を払うという運用改善が合意されたが，規定改正には至っていない。

民事裁判権については，駐留軍隊構成員による私法上の活動（不法行為）については，駐在国が原則として裁判権を有する。しかし，米軍関係者が損害賠償の支払能力に欠ける場合，現在の被害者の救済制度ははなはだ不充分である。駐留経費のうち米軍の維持的経費は，米国負担と規定されているが，米軍負担の軽減のために思いやり予算（78年度以降），労務費特別協定（87年），駐留経費特別協定（91年）に基づき，在日米軍従業員の労務費等を日本側が負担している。

国連PKOについては，国連とPKO受入国との間での国連軍地位協定においてPKO要員の特権免除が規定される。

⇒ ②国家機関と外交特権，③地位協定と施設・区域，③在日米軍駐留経費負担

2-21
軍　　艦
warship

軍艦とは，1982年の国連海洋法条約29条によれば，「一の国の軍隊に属する船舶であって，当該国の国籍を有するそのような船舶であることを示す外部標識を掲げ，当該国の政府によって正式に任命されてその氏名が軍務に従事する者の適当な名簿又はこれに相当するものに記載されている士官の指揮の下にあり，かつ，正規の軍隊の規律に服する乗組員が配置

されているもの」である。水上艦だけでなく，潜水艦も含む。平時において，軍艦は公海上では旗国の完全な管轄権に服し，外国の領水内では沿岸国より特権免除（不可侵権と民事・刑事の裁判権免除）が付与される。外国領海での無害通航権を認める説が有力ではあるが，事前通告制ないし事前許可制を主張する説との対立は，今も未解決のままである。軍艦は，公海上の海賊行為や奴隷貿易等を取り締まるために外国船舶を臨検できる。軍艦には庇護権が認められないとの説が一般的である。武力紛争時では，海上捕獲その他の敵対行為を行なう権利（交戦権）があり，他方，病院船や降伏した艦船以外，それ自体適法な軍事目標である。

⇒ ②海賊行為，②継続追跡権，②領海と無害通航権，②国際海峡と通過通航権

2-22
軍用航空機
military aircraft

航空機は，1944年のシカゴ国際民間航空条約によれば，国の航空機と民間航空機に大別される。更に，前者は，19年のパリ国際航空条約では，軍用航空機，税関用・警察用航空機，郵便用その他の国の航空機と細分化され，「航空機の指揮を命ぜられたる軍務従事者が指揮する一切の航空機」が軍用機である（31条）。慣習法となっている空戦規則（23年）によれば，軍用機は，国籍及び軍事的性質を示す外部標識を掲げ，国の軍務に関し正式に任命されるか，又は軍役に編入さ

第2章　安全保障と国際法

れた者の指揮の下に置かれ，その乗員は，軍人でなければならない。日本の政府専用機は，軍用機である。

　平時においては，軍用機の法的地位は，軍艦と類似している。他国に同意を得て入域した場合，軍用機は，不可侵権（領域国の官憲は機長の同意なく立入り不可能）及び領域国の裁判権免除の特権が認められる。公海上では，海賊船舶・航空機の拿捕や海上犯罪の取り締まりのための臨検の権利を保有している。武力紛争時において，軍用機は航空機の中で敵対行為に唯一従事することが可能である反面，敵国による無警告の攻撃対象となっている。もっとも，軍用機の中でも衛生航空機は，ジュネーヴ諸条約及びジュネーヴ諸条約第1追加議定書に従って保護・尊重される。

　　⇒ ②軍艦，②空戦規則

2-23
潜水艦
submarine

　潜水艦は，潜水航行できる軍艦の一種である。他国の領海を無害通航する際には，沿岸国の安全を考慮して，浮上航行及び旗の掲揚が要求される（国連海洋法条約20条）。沿岸国は，当該要件に違反した潜水艦に対して退去要求できる（同条約30条）。要求方法は，武力に至らないあらゆる手段を講じた後に，初めて限定的な武力行使（浮上又は退去の警告・強要のために爆雷投下の事例あり）が認められる。国際海峡を通過通航する場合には，「通常の形態」，すなわち潜水航行が許容されると解釈されている。

　潜水艦が戦時に商船に対して行う海上捕獲行動が問題となった。浮上時の脆弱性や拿捕の際の人的余裕の欠如から，第1次世界大戦では商船を無警告で撃沈する傾向が見られた。第2次世界大戦でも無制限潜水艦戦が見られた。戦後のデーニッツ提督裁判は，商船の武装化，護送船団下での航行，敵潜水艦に関する情報提供のような戦争遂行努力への統合化といった状況から，敵商船に対する無警告攻撃を正当化した。もっとも，潜水艦と水上艦を法的に区別しない1936年のロンドン議定書が否定されていないことから，商船を撃沈できるのは，停船命令を受けた商船が拒否するか，臨検・捜索に抵抗する場合であり，それ以外に商船を破壊する場合には，乗客，船員及び船舶書類を事前に安全な場所に置かなければならない。

　なお，潜水艦による識別のために，病院船は水中音響信号を使用できる（94年の改正識別規則）。

　　⇒ ②軍艦，②領海と無害通航権，
　　　②国際海峡と通過通航権

3 国際刑事法

2-24
犯罪人引渡し
extradition

外国の法律に違反した犯罪容疑者又は有罪判決を受けた犯罪人が自国に逃亡し滞在している場合に，外国が当該人物を訴追・処罰するために身柄の引渡を請求したことに応じて，当該人物を引渡すことをいう。犯罪人滞在国が外国の引渡請求に応じる国際法上の一般的な義務はなく，自由裁量の範囲内にある。犯罪人引渡に関する国内法に基づき，又は外交政策として犯罪人を引渡すことがある。2国間又は多数国間での犯罪人引渡し条約及び犯罪人引渡条項のある刑事関連条約（例えば，テロ関連条約）は，条約当事国に引渡の法的義務を設定している。日本関連では，日米犯罪人引渡し条約（1978年3月3日署名，80年3月26日発効）及び日韓犯罪人引渡し条約（02年4月8日署名，同年6月21日発効）がある。

引渡犯罪は，犯罪人引渡し条約の中で具体的な犯罪類型の列挙又は犯罪の量刑の指定により限定されている。その場合，政治犯罪は引渡犯罪から除外される（政治犯不引渡しの原則）が，条約によっては，国家元首や政府首長又はその家族に対する加害行為は政治犯罪に含まれないとする条項（加害条項）が挿入されることがある。通常，被請求国の国民は引き渡されない（自国民不引渡しの原則）。

テロ関連条約に共通して，締約国は，条約上の犯罪類型を国内法上の犯罪とした上で，容疑者を引渡すか，引渡さない場合には犯罪行為が自国領域内で行われたか否かに関わらず，訴追するか，どちらかの義務を負う。更に，テロ犯罪行為は締約国間の現行の犯罪人引渡し条約における引渡犯罪とみなされ，締約国の相互間で将来締結される犯罪人引渡し条約の中に引渡犯罪としてテロ犯罪行為を含めることも義務付けられている。

旧ユーゴ国際刑事裁判所にしろ国際刑事裁判所にしろ，各国当局が司法共助として容疑者・被告人の逮捕，裁判所への引渡又は移送を如何に実施するかが，裁判所の実効性に大いに影響を与える。

⇒ ②テロ関連条約，②国際刑事裁判所

2-25
テロ関連条約
Conventions on Terrorism

国際法は，テロリズムに対して二つのアプローチを取ってきた。一つは，テロリズムという政治問題化しやすい概念を定義することなく，テロリズムに利用される犯罪類型を取り上げ防止処罰する方法である。国連及び国連専門機関が採択する条約はこの方法による。

先ず，1960年代のハイジャックの増加に対応すべく，国際民間航空機関（ICAO）は次の条約を採択した。①航

空機内犯罪防止条約（東京条約，1963.9.14作成，69.12.4発効，2003年10月現在176カ国），②航空機不法奪取防止条約（ハーグ条約，70.12.16署名，発効71.10.14，177カ国），③民間航空機不法行為防止条約（モントリオール条約，71.9.23署名，73.1.26発効，179カ国），④空港不法行為防止議定書（88.2.24署名，89.8.6発効，139カ国），⑤可塑性爆薬識別条約（91.3.1署名，98.6.21発効，100カ国）。①は，航空機犯罪に関する初めての条約であったが，ハイジャックされた航空機の管理を機長に回復させる適当な措置をとるよう締約国に義務付けただけで，ハイジャックへの対応は不十分であった。その欠点を補うために②は，ハイジャックを犯罪と規定し犯人が必ず訴追・処罰されるように規定した。更に，③は，飛行中の航空機の安全を損なう行為を犯罪行為とした。④は，③の犯罪対象を空港に拡大するために採択された。⑤は，探知不可能なプラスチック爆薬の製造・輸出入の禁止を禁止した。

国連総会は，以下の条約を作成した。⑥外交官等保護条約（73.12.14採択，77.2.20発効，144カ国）は，従来から国際テロの標的とされてきた外交使節団の保護を目的とする。⑦人質行為防止条約（79.12.17採択，83.6.3発効，136カ国）は，②や⑥でも対象とされているが，場所や対象を限定しない人質行為自体を犯罪類型とした。⑧国連要員等安全条約（94.12.8採択，99.1.15発効，69カ国）は，冷戦終結後の国連平和維持活動の拡大とともに殺傷誘拐事件が多発する状況に対応する。93年のニューヨーク世界貿易センタービル爆破事件，95年のオクラホマシティー連邦ビル爆破事件や96年のサウジアラビアでの駐留米軍施設爆破事件などを契機に，⑨テロリスト爆弾使用防止条約（97.12.15採択，01.5.23発効，115カ国）が作成された。90年代では，テロ活動の組織化とテロ組織間の連携強化の傾向（例えば，オサマ・ビン・ラーデン指導下のアル・カイダ）が見られることから，資金源を断つ必要があり，⑩テロ資金供与防止条約（99.12.9採択，02.4.10発効，104カ国）が採択された。

国際原子力機関（IAEA）は，テロリストによる窃取の危険性を考慮して，特に核物質の国際輸送中の安全を確保するために，⑪核物質防護条約（80.3.3署名，87.2.8発効，80カ国）を作成した。

国際海事機関（IMO）は，85年にイタリア船籍の客船アキレ・ラウロ号がエジプト沖の公海上でパレスチナ武装グループによって乗っ取られた事件（アキレ・ラウロ号事件）を契機に，海上犯罪・海上テロ行為を規制するためにハーグ条約やモントリオール条約に倣って，⑫海洋航行不法行為防止条約（88.3.10採択，92.3.1発効，97カ国）を採択した。更に，⑫を大陸棚に設置された固定プラットフォームにも拡大適用するために，⑬プラットフォーム不法行為防止議定書（88.3.10採択，92.3.1発効，89カ国）を同時に採択した。現在，国連第6委員会で検討されている包括的テロ防止条約案は，自決のための闘争がテロ行為に該当するか否か，正式な軍隊による行動がテロ行

為に該当しない（軍隊適用除外条項）か否か，について意見の対立がある。

①と⑤を除いた諸条約の共通点は，締約国は条約上の犯罪類型を国内法上の犯罪とした上で，容疑者を自国で訴追するか他国に引き渡すか，どちらかの義務を負う。

テロリズムに対するもう一つのアプローチは共通の価値観や政治意識を有する諸国が地域的な条約を作る方法であり，次のとおりである。a 米州テロ行為防止処罰条約（71.2.2締結，15カ国），b テロ行為防止欧州条約（77.1.27署名，78.8.4発効，41カ国），c 南アジア地域協力機構のテロ防止条約（87.11.4署名），d アラブ連盟のテロ防止アラブ条約（98.4.22署名），e 独立国家共同体加盟国間対テロ協力条約（99.6.4署名），f イスラム諸国会議機構の対国際テロ条約（99.7.1採択），g アフリカ統一機構のテロ行為防止条約（99.7.14採択）。

⇒ ①テロリズム，②ロッカビー航空機事故事件，②対テロ武力行使

2-26
9.11同時多発テロ（国際法的視点から）

Terrorist Attacks on September 11, 2001 in the United States (from the viewpoints of International Law)

略称 The September 11th Attack

2001年9月11日に，テロリストにハイジャックされた航空機が米国ニューヨークの世界貿易センタービル及びワシントンD.C.の国防総省に激突し，3,000人以上の死傷者を出した事件。翌日，米国は単なるテロ行為を超えた戦争行為であるとみなした。国連安保理は国連憲章上の自衛権に言及しつつ，当該テロ事件を「平和に対する脅威」と認定し，犯罪者の裁判やテロ行為の防止のための国際協力を要請する決議を採択した。アフガニスタンのタリバーン政権は，犯人と推定されるアル・カイダの指導者，オサマ・ビン・ラーデンの引渡しを拒否したことから，国連安保理は，9月28日の決議で，テロ行為への資金提供の防止及びテロ関連資産の凍結を決定した。NATO理事会は，12日に武力攻撃に対する共同防衛条項（5条）に該当する事態であると認定した（正式決定10月2日）。アンザス条約や米州相互援助条約においても，同様に認識された。米国は，10月7日にアフガニスタンに対して反政府勢力を支援する形で軍事作戦を開始するとともに，安保理に，タリバーン政権に支援されたアル・カイダによる武力攻撃に対して自衛権を行使したことを報告した。米大統領によるタリバーン政権消滅宣言（12月7日）後に，暫定行政機構が成立した（12月22日）。

米国による軍事行動の目的は2つある。一方は，テロリストを匿うタリバーン政権（テロリストと同罪と判断して）の打倒であり，他方はテロリストの捕捉，処罰及び壊滅であった。前者に関して，国際法では私人（テロリスト）の行為に対して国家による自衛権の行使が認められ

ないので，領域国（アフガニスタン）のテロ行為への実質的関与があったか否か（侵略の定義3条 g）が問題となる。国家による関与の程度，規模及び効果並びにテロリストに対する統制が証明された上で，自衛権行使の緊急性（新たなテロ行為の蓋然性）及び均衡性（政権の打倒まで必要か）が検証されなければならない。米国の軍事行動は，現代の国際法では自衛権でしか正当化を主張し得ないが，それは法解釈上困難なように思われる。

では，国家とは別個の行為主体（テロリスト）が国家と同等かそれ以上の被害を発生させる大規模テロ事件の場合に犯人の処罰・組織の壊滅（警察的行動）について，現代国際法が十分に対応しているのであろうか。9.11事件を契機に，対テロ戦争が国家主権に優先して許容されるとの主張が見られるが，国際法秩序の中でそれがどのように位置付けられるかは今後の各国の対テロ政策に依存している。

⇒ ①9.11同時多発テロ，①アンザス条約，②ロッカビー航空機事故事件，②対テロ武力行使，②自衛権，⑤9.11同時多発テロ

2-27
対テロ武力行使
use of force against terrorism

リビア空爆事件：1985年12月のローマ・ウィーン両空港襲撃事件，86年4月2日の米民間航空機（TWA）爆破事件や同月5日の西ベルリン・ディスコ爆破事件で米国人がリビア政府の関与により殺害されたとして，86年4月15日に米空軍機が，リビア国内の軍事施設を空爆した。同日，米国は，国連安保理において国連憲章51条の自衛権の行使であり，将来のテロ行為の防止を理由としたものであると主張した。米国の行為を憲章違反と非難する安保理決議案は，米・英・仏の拒否権により否決された（賛成9，反対5，棄権1）。

アフガニスタン・スーダン爆破事件：98年8月7日にケニアとタンザニアの米国大使館が爆破され，5,500人以上の死傷者を出した。米国は，オサマ・ビン・ラーデンの犯行と断定し，同年8月20日に同人の関連施設とされたアフガニスタン（タリバーン政権）のテロ基地と同人との繋がりがあるとされたスーダンの化学兵器工場（米国主張）をトマホーク巡航ミサイルで攻撃した（21名死亡，30名負傷）。米国は，憲章51条の個別的自衛権の行使と根拠付け，更なるテロ行為の防止，特にスーダン爆撃はテロ集団への化学兵器の移転防止のための先制自衛と正当化した。国連安保理は，これに対して何らかの立場も表明せず，むしろタリバーン政権による国家支援テロとの認識から，99年10月15日にタリバーン制裁決議（国内でのテロ基地・訓練所の排除及びビン・ラーデンの引渡しの要求，航空機の離発着禁止並びに資産凍結），要請に応じないので，2000年12月19日に追加制裁措置決議（武器，軍事物資，軍事援助の供与禁止）を採択した。

上記の事例から，テロ行為と国との関係において，直接的関与（リビアの工作

員のように）の場合には，国家責任を直接追及するし，間接的関与（自国内での行動の許容や管理能力の欠如）の場合には，領域使用の管理責任が追及される。その場合に，武力行使が正当化されるかについて意見が対立している。

⇒ ②ロッカビー航空機事故事件，②テロ関連条約，②自衛権

2-28
ロッカビー航空機事故事件
Aerial Incident at Lockerbie

1988年12月21日，米国パンナム航空機が英国スコットランドのロッカビー上空で爆発し墜落した（270人死亡）。容疑者はリビアの情報機関員2名と断定し，英・米はリビアに容疑者の引渡しを要求した。リビアは，民間航空機不法行為防止条約（モントリオール条約）により自国での裁判管轄権ありと主張し，容疑者の引渡しを拒否した。安保理は，リビアに対する引渡し要請決議731（92.1.21）を採択した。リビアは引渡し強要が違法であるとして，国際司法裁判所に提訴した（92.3.3）が，他方，安保理は制裁決議748（3.31）及び883（11.11）を採択し，国家支援テロに対する国連の対決姿勢を示した。

99年4月にリビアがオランダで裁判されることを条件に容疑者2名の引き渡しに同意したことで，国連の対リビア制裁は凍結された。そして，00年5月からオランダに設けられた英スコットランド法廷で裁判が開始され，01年2月に2名に判決が下された（終身刑と無罪）。03年8月に，リビアは情報機関員の行為について国家責任を認め，遺族に対する賠償金の支払いについて英・米と合意をしたことで，安保理決議1506（03.9.12）は対リビア制裁を解除した。関連して，89年のフランスUTA航空機爆破事件の遺族への補償増額についてもフランスとリビア間で合意が成立した。リビアは，国連制裁の解除だけではなく，米国による経済制裁解除及びテロ支援国家指定の解除を求めて，外交政策を変更したと思われる。

⇒ ①テロ支援国家

2-29
サイバー犯罪条約
Convention on Cybercrime
[略語] CCC

欧州評議会（Council of Europe，45カ国）の閣僚委員会が2001年11月8日に条約を採択し，11月23日にブダペストにて署名のために開放した。条約起草過程は欧州評議会加盟国以外に米国，カナダ，南アフリカ，日本が参加した。03年6月現在，署名34カ国，批准3カ国。発効には，少なくとも3カ国の欧州評議会加盟国を含む5カ国の批准が必要。本条約は，コンピュータウィルスが蔓延し，ハッキングが横行している現在の国際社会において初めての包括的なコンピュータ関連犯罪対策条約である。内容は，a）国内法でサイバー犯罪とすべき犯罪類型を規定した刑事実体法，b）当該犯罪を捜査・訴追するための刑事手続法，そしてc）犯罪の国際性から司法共助や犯罪人引渡

しなどの国際協力に大別される。

サイバー犯罪として、ハッキングのような違法アクセス、違法傍受、クラッキングのようなデータ妨害、サービス拒否攻撃のようなシステム妨害、コンピュータ関連犯罪（詐欺、偽造）、コンテンツ関連犯罪（児童ポルノ）、著作権侵害犯罪が列挙されている。サイバー犯罪の特徴は一瞬にして証拠を隠滅できるということから、犯人の特定・捜査のために、サービスプロバイダーに対してコンピュータデータの迅速な保全、通信記録の部分的開示、加入者情報の提供、データの差押を命令する権限が国内当局に付与される。

もう一つの特徴が国際性であることから、犯罪人引渡し、データの保全・開示の共助、24時間対応可能な連絡部局の指名など捜査・訴追の国際協力が規定された。裁判管轄権に関して、犯罪の属地主義と犯人の属人主義の組合せにより、抜け穴はない。

本条約は欧州評議会非加盟国への加入手続きもある。ハッカー達は国内法の未整備国や条約非当事国を抜け穴として犯行に及ぶ可能性もあるので、条約の普遍性確保が重要課題となる。

⇒ ②サイバー戦・サイバー攻撃、③サイバー攻撃

4　国連体制

2-30
国際紛争の平和的解決

peaceful settlement of international disputes

国家間の紛争（国際紛争）は、国際法違法行為を前提として発生するだけでなく、政治的、経済的、社会的な利害対立から生じることもあり、それらの放置は国際秩序の不安定化に至る恐れがある。伝統的国際法では、国際紛争の処理方法として、平和的手段と復仇や戦争を含む強制的手段が存在していた。しかし、戦争の違法化に伴い、国際紛争の解決のための戦争又は武力行使はもはや認められない。国連憲章でも、2条4項に規定されている「武力不行使原則」のコロラリーとして、2条3項に「国際紛争の平和的解決原則」が規定されているのである。

平和的解決手段は外交手段と国際裁判に大別される（国連憲章33条参照）。外交手段として、次のものがある。①協議（consultation）を含めて、紛争当事国が直接対話をする交渉（negotiation）：交渉中及びその結果に当事国の力関係が反映される恐れがある。②第三者（国家、国際機関、個人）が当事国に交渉場所などを提供して平和的解決交渉を側面から促進する友好的行為である周旋（good office）：国家の体面を保持する上で第三国での交渉は有効である。③周旋に加えて、交渉の解決案を提供する仲介

（mediation，居中調停ともいう）：国（キャンプ・デービッド合意の米国），個人（ビーグル海峡事件のローマ法王特使）及び国際機関（国連事務総長）など国際社会において政治的影響力のある第三者が仲介者となる。④当事国の同意に基づき，公平な第三者機関に事実関係を明らかにさせる国際審査（inquiry）：事実認定（fact-finding）や調査（investigation）も同義語であり，その結果の活用は当事国に委ねられている。⑤紛争当事国により特別に又は常設的に設置された委員会が法律的側面だけでなく，非法律的側面を含む紛争のすべての面を審理し，受け入れ可能な解決案を提示する調停（conciliation）：調停委員会の報告書は，あくまで非拘束的な勧告である。

　紛争の付託に関する当事国の同意を前提に，原則として国際法に基づき，紛争当事国に対して法的拘束力のある判決を下す国際裁判には，⑥発生する事件ごとに当事国の合意により設置される仲裁裁判（arbitration）と⑦多数国間条約により予め設置され，不特定の期間に不特定の紛争を対象とする司法的解決（judicial settlement）がある。近年，国際社会の組織化とともに，司法的解決の代表的な国連の国際司法裁判所以外にも，国際海洋法裁判所が発足し（1996年），国際刑事裁判所の設立条約が発効した（2002年）。

　⇒ ②戦争の違法化，②国際刑事裁判所

2-31
国連事務総長
Secretary-General of the United Nations

　国連事務総長の任務は，主席行政官として，総会，安全保障理事会，経済社会理事会及び信託統治理事会のすべての会議において事務総長の資格で行動し，それらから付託される任務を果たし，国連事業に関する年次報告を総会に行うことである（98条）。特に，平和維持に関する事項について安保理に注意を喚起する（99条）という国際連盟時代にはなかった広範で且つ独自の政治活動の権限が付与されている。このように，事務総長は行政機能と政治機能を併せ持つ。人によっては官僚型と政治家・外交官型の間の中でニュアンスの相違が見られる。任命は，安全保障理事会の勧告（実質事項として）に基づいて総会によって行われる（憲章97条）ので，5常任理事国の賛成が必要である。事務総長は国連憲章の番人としてその理念に忠実であろうとするが，それは政治問題への中立性や不介入を意味するのではなく，時として一方の政治的反発を引き起こすこともある。慣例として任期5年で再任可能であるが，『平和のための課題』を執筆するなど野心的活動をしたガリは米国の反発により再選されなかった。

　歴代の事務総長は，以下のとおりである。①トリグブ・リー（1946-53，ノルウェー），②ダグ・ハマショルド（53-61，スウェーデン），③ウ・タント（61-71，ビルマ），④クルト・ワルトハイム（72-81，オーストリア），⑤ハビエ

ル・ペレス・デクエヤル（82-91，ペルー），⑥ブトロス・ブトロス・ガリ（92-96，エジプト），⑦コフィー・アナン（97-現在，ガーナ）。

2-32
旧敵国条項（敵国条項）
ex-enemy states provisions (enemy clauses)

第2次世界大戦の連合国（1942年の連合国宣言の署名国及び後の加入国を合わせて47カ国）が戦った枢軸国及びその加入国（日，独，伊，ブルガリア，ハンガリー，ルーマニア，フィンランド）を対象とした国連憲章上の規定をいう。国連憲章では，旧敵国に対する地域的取極又は地域的機関の強制行動は，安保理の許可を必要とせず（53条1項後段），終戦時に旧敵国を対象として締結された取極が国連憲章に優先する（107条）。ソ連は，旧敵国条項に基づいて，ドイツや日本を名指しした同盟条約（ソ連・ルーマニア相互援助条約，中ソ同盟条約など）を締結した。

しかし，交戦国の一方である連合国によって作られた国連に旧敵国が加盟している状況（55年にハンガリー，イタリア，ルーマニア，ブルガリア，フィンランド，56年に日本，73年にドイツが加入）においては，もはや旧敵国条項は死文化しているといえる。95年の総会で，旧敵国条項削除のための憲章改正手続きを早期に開始する意思を表明する決議（賛成155，反対0，棄権3）が採択された。

⇒ ⑤第2次世界大戦

2-33
中国代表権問題
Chinese representative problem

国連の原加盟国であり，安全保障理事会の常任理事国の一つとして指名されたのは，「中華民国（Republic of China）」であった。それは，国民党政府を示していた。しかし，国民党政府と共産党の内戦の結果，1949年10月に北京に樹立された中華人民共和国政府が中国本土を支配し，従来中国を代表していた国民党政府が台湾にのがれることによって，対立する二つの政権が正統政府として国連での中国の議席を争うことになった。

50年に東西対立を反映して，北京政府が中国を代表するとのソ連提案が安保理で否決されて以降，本問題は総会で審議されることとなった。50年代は，北京政府の朝鮮戦争への介入もあって，自由主義陣営が多数派を占める総会では審議が棚上げされた。しかし，新加盟国が増え審議棚上げに対する批判が強まり，米国は61年に政策を変更した。それは，審議に応じるが，本問題は憲章18条の重要事項であるから，その決定には総会の過半数ではなく，3分の2の多数が必要であると主張し，その決議案が総会で可決された（重要事項方式）。北京政府を支持する機運の高まりから，70年からは米国と日本は，北京政府の国連参加には反対しないが，国民党政府の追放は重要事項であるから，3分の2の多数を必要とするという逆重要事項方式を主張した。しかし，71年のニクソン訪中発表後の国連総会では，逆重要事項決議案が否決され，国民党政府を追放し北京政府を中国の正

統な代表とするアルバニア案が3分の2以上の多数で採択された。こうして，北京政府が国連内で中国の正統政府として取扱われるようになった。

国民党政府は，これを契機に国連をはじめ多数の国際機関から脱退したけれども，現在台湾と外交関係を有する国が少数ながら27カ国あり，台湾の独立及び国連加盟の申請を求める動きもある。また，台湾は外交的孤立からの脱却の一環として，97年以降世界保健機関（WHO）にオブザーバー参加を働きかけていたが，新型肺炎（SARS：Severe Acute Respiratory Syndrome）に関連してより一層WHO参加に向けて外交努力をしている。

⇒ ①台湾，②日中共同声明・日中平和友好条約，⑤中国の国共内戦

2-34
安保理改革
Reform of the Security Council

国連の加盟国は，1945年の設立当時51カ国であったのが，2004年1月現在では191カ国に増加している。その結果，第2次世界大戦の戦勝国中心の国際秩序を前提とした国連の構造や機能が変容せざるを得ない。行財政問題の解決とともに国連の機能向上のための国連改革が1993年に作業部会の設置により検討され始めた。その議題の一つとして，安全保障理事会の改革問題がある。

安保理は，拒否権を有する常任理事国5カ国（米，英，仏，露，中）と拒否権のない非常任理事国10カ国（2年任期で地域ごとに選出）の計15カ国から構成される（当初非常任理事国が6カ国の計11カ国であったが，1963年に改正された）。しかし，国連の通常分担金は，米22％，日19.5％，独9.8％，仏6.5％，英5.5％，中1.5％，露1.2％（2003年度）であり，日本の分担金は常任理事国4カ国（仏，英，中，露）の合計額よりも多い。「代表なきところに課税なし」という法諺からすれば，日本とドイツに安保理での特権（常任理事国）を付与すべきであるとの議論が当然出てくる。

国際社会の実勢に対応させるために安保理構成国数の拡大に反対はないが，その構成国数を21カ国（米国主張），24カ国（日本主張）又は26カ国（アフリカ諸国）とするかについて意見が対立している。更に，拒否権の取り扱い（現状維持派と制限派）も議論の的である。イタリアやパキスタンその他の常任理事国になれそうにない国が「コーヒークラブ」というグループを結成し，改革の阻止を図っている。国連憲章の改正は全加盟国の3分の2以上の多数で採択され，すべての安保理常任理事国を含む全加盟国の3分の2以上によって批准されなければ成立せず，安保理改革の実現化は困難な状況にあるといえる。

2-35
平和維持活動
Peacekeeping Operations
略語 PKO

平和維持活動（PKO）とは，国連が国際紛争を強制的に解決させるのではな

く，停戦後に小規模・軽武装（又は非武装）の多国籍軍（国連軍）を介在させ，国連の権威によって紛争の激化を防止・沈静化させ，和平への環境を整えるためにする活動（兵力の引き離しや停戦監視など）をいう。その派遣・実施は，①紛争当事者の受け入れ同意，②活動の中立性（国内管轄事項への不介入，利害関係国や大国の排除など），③国連（安保理又は総会－事務総長－国連任命の現地軍司令官）の指揮系統下での活動，④武器使用の自衛限定（自己防衛，任務妨害の排除，宿営地攻撃の排除）の原則の下で行われる。PKOは，安保理及び総会が設置した補助機関であると言えるが，その行動は元来国連憲章に予定されておらず，第6章と第7章の間の「第6章半」の措置と言われる。その法的根拠は憲章採択後の実行の集積及び国連の黙示的権限であると考えられる。

PKOの型は3種類あって，①伝統的なPKO（軍事監視団と平和維持軍による停戦監視など），②紛争の終結から民主政権樹立までの包括的和平プロセスとしてのPKO（ナミビア，カンボジア，コソボ，東ティモール），③停戦合意のない段階から介入して人道的救援活動の援助などのために一定の強制措置をとる

コラム 自衛隊にはこれが必要だ！——自衛隊による「戦争以外の軍事作戦」対処方法　　　岩本誠吾

自衛隊のイラク派遣に関する従来の議論の中心は，戦後イラクはなお危険な状態にあり，日本人の死傷者が出るかもしれないという「殺される側」の論理から，派遣の正当性（国連PKOの枠外での国際貢献の是非），防御の技術論（輸送機の防御手段や宿営地の設計）及び携行武器の種類（対戦車弾や装甲車）などが議論された。しかし，派遣の決定以後は，自衛官の武器使用により現地住民の死傷者が出るかもしれないという「殺す側」の論理から，武器使用の範囲の妥当性（自己及び指揮下の者の生命防御並びに武器防護以外の拡大の是非），武器使用の手順（部隊行動基準の策定）及び発砲時の法適用（日本国の刑法適用・処罰）の議論も加わった。

被害者になるか加害者になるかは，発砲時の判断によって左右される。判断を躊躇すれば，被害者になりかねないし，相手の十分な確認作業を怠り尚早の判断をすれば，誤射や誤想防衛の加害者（後に処罰）になりかねない。自衛官は，瞬時に適切な判断が要求される。実際に1993年6月のソマリアPKOでのパキスタン兵発砲事件にも，また映画「英雄の条件（Rules of Engagement）」の中でもあったように，群衆の中にまぎれている狙撃手がまさ

権限のある PKO（ボスニア・ヘルツェゴビナ，ソマリア）がある。特に，③は1992年にガリ事務総長が『平和のための課題』において提唱され実現したものである。しかし，ガリ事務総長はソマリアでの失敗をみとめて，95年の『平和のための課題・追補』では，伝統的 PKO への回帰に方向転換した。

PKO の法的枠組みは，①国連と PKO 受入国間の国連軍地位協定，②国連と PKO 要員派遣国間の兵力提供協定，③PKO の内部規則・軍規則である。①によって，PKO 要員は移動の自由，刑事・民事裁判権の免除及び宿営地の不可侵その他の便益を享受する。②によって，PKO の軍司令官は各国からの派遣部隊に対する作戦指揮権（operational command）を有するが，派遣要員の刑事裁判権や懲戒処分権は派遣国にある。また，派遣国は部隊の撤収を自由に決める権利を有する。③に関して，99年8月12日の事務総長からの布告「国連部隊による国際人道法の遵守」や軍規則に規定されているように，PKO 要員は，戦闘のための部隊ではないが，国際人道法の諸原則及び精神を遵守する義務がある。更に，武器使用のために，各国部隊の「交戦規則」（ROE：Rules of Engagement）に発砲しようとしているその瞬間，自分を守るために法的にも政策的にも群集に向かって発砲できるのか，すべきなのかという究極の判断が求められる事態も当然予想される。

そこで，個人にかかる相当な心理的負担問題を幾分でも解決するためには，装備面及び法的保障面での再検討が必要である。装備面では，イラク派遣部隊は，軽火器中心ではあるが，敵制圧用の殺傷兵器しか携行していない。イラク派遣の目的が敵の制圧ではないので，自衛隊は保有していないが，非殺傷兵器（non-lethal weapons，たとえば，暴徒鎮圧用武器）の導入を早急に検討すべきである。携行武器として，従来の兵器と非殺傷兵器を組み合わせれば，誤射や誤想防衛による殺傷の危険性が軽減される。更に，非殺傷兵器を使用すれば，武器使用に伴う躊躇が回避され，究極の判断を迫られる前に自己の生命の危険性を解消することができる。もっとも，手軽さから来る非殺傷兵器の濫用には十分注意しなければならない。

法的保障面では，武器使用に関する手順が部隊行動基準（一般的用語としては，交戦規則 ROE）に明記され，派遣隊員に周知徹底されている。それにとどまらず，部隊行動基準を適切に遵守していれば，国内法で個人責任が問われないとの法的保障を派遣隊員に事前に確約しておく必要がある。誤射であれ誤想防衛であれ，民間人の殺害事件は，発砲した自衛官に結果の絶対責任ではなく，手続き面での過失責任

該当する PKO のための「標準作戦規則」（SOP：Standing Operations Procedure）が存在する。

　冷戦終結後の PKO の飛躍的拡大及び内戦への派遣の増大に比例して，PKO 要員の死傷者も多数発生した。そのために，PKO 要員への攻撃は，国際犯罪であり（国連要員等安全条約），かつ戦争犯罪（国際刑事裁判所規程）であると規定され，その処罰が予定されている。

　　⇒ ②テロ関連条約，②国連事務総長，②多国籍軍の分類，②国際刑事裁判所，②国際人道法

2-36 戦争の違法化
outlawry of war

　近世初頭，戦争を正当原因（たとえば，グロチウスは自己防衛，財産の回復，処罰を列挙）を有する正戦とそれ以外の不正戦に区別する正戦論が支配的であった。しかし，どちらの交戦国も自ら正当と主張し，それを判定する者が存在しないことから，双方とも正当と取り扱わざるを得なくなった（克服し得ざる無知理論）。そのため18世紀後半以降は，国家が戦争に訴える行為は各国の自由裁量であり，正式に戦争を開始すれば，交戦国は平等の地位に立ち，戦争開始の手続きや戦争

を問うのでなければならない。誤射の危険性を完全に回避するには，被害発生前及び相手の十分な確認前の反撃の禁止か又は部隊派遣そのものの禁止しかない。部隊を派遣するのであれば，隊員の被害発生を前提とする武器使用に関する部隊行動基準は，そもそも不合理であり，存続しがたい。部隊行動基準は，政府の自衛隊に対するシビリアン・コントロールの有効な手段であるとともに，自衛官による武器使用の法的な正当化根拠でもある。もっとも，殺害事件を司法判断に委ねた場合に，他国の軍法会議に見られるように，軍人に有利な判断傾向が指摘されていることからも，公平な判断が求められるのはいうまでもない。また，過失のない個人が国内法上の処罰・処分を負わないとしても，国際法上の国家責任（住民の死亡に対する賠償責任）は別である。

　軍事力は，従来，戦争において圧倒的な武力で敵を制圧することを目的として活用されてきた。しかし，第2次世界大戦後は，敵の制圧目的以外に「戦争以外の軍事作戦（Military Operations Other Than War, MOOTW）」と称される限定的で抑制的な軍事力の政治的活用が多用されてきた。たとえば，国連 PKO や多国籍軍による秩序安定化活動である。今後，日本が自衛隊をそれらに参加させる意思があるのならば，装備面及び法的保障面の整備の再検討が喫緊の課題であるといえる。

4 国連体制

遂行方法のみ規制されることとなる（無差別戦争観）。こうして，戦時国際法又は戦争法（交戦法規及び中立法規）が発達してきた。

植民地分割が完了する19世紀以降は，その再分割のための戦争によって帝国主義の崩壊の危険性が生じて，資本主義体制の維持のためにも戦争の発生自体の規制が必要となってきた。限定的ではあるが，戦争開始を規制する初めての多国間条約として，1907年の「契約上の債務回収のためにする兵力使用制限条約（ポーター条約）」が締結された。戦争開始を一定期間停止する戦争モラトリアムを規定したのは，13・14年に米国が19カ国とそれぞれ締結したブライアン条約である。それによれば，締結国は外交交渉が失敗した紛争を国際委員会に付託し，その調査・報告中に戦争を開始してはならないのである。19年の国際連盟規約では，連盟国は，国交断絶に至る恐れのある紛争が発生した場合には，当該事件を仲裁裁判，司法的解決又は連盟理事会の審査に付託しなければならず，裁判の判決や理事会の報告から3カ月が経過するまで戦争を開始してはならない（12条）。また，3カ月経過後も，判決に服する国や紛争当事国を除く全会一致による理事会報告書の勧告に応じる国に対して戦争を開始してはならない（13条4項，15条6項）。反対に，理事会の全会一致による勧告がなければ，国家は正義公道を維持するために必要な措置をとることができる（15条7項）。

28年の「戦争放棄に関する条約（不戦条約）」（締約国数60カ国）によって，当時の世界のほとんどすべての国が，自衛戦争を除き，国際紛争解決のための戦争を禁止し，国家の政策の手段としての戦争を放棄した。しかし，放棄対象の「戦争」という用語が，満州事変のような戦意の表明のない武力紛争を除外するとの恣意的な解釈の余地を生み，また国際紛争の平和的解決手続きや安全保障制度の不備から第2次世界大戦を防止することができなかった。その反省から，45年の国連憲章は，戦争ではなく「武力の行使」，更に「武力による威嚇」までも全面的に禁止した（2条4項）。例外は，安全保障理事会による集団措置，自衛権及び旧敵国条項（現在は死文化）による武力行使である。近年，人民自決権による武力闘争の合法性が主張されてきた。武力不行使原則は現代国際法の強行規範（ユスコーゲンス）であると言われている。

⇒ ②侵略の定義，②集団安全保障体制，②民族解放闘争，②旧敵国条項

2-37
集団安全保障体制
    collective security system

主権国家が並存する分権的な国際社会において，国家の安全を保障する方法として19世紀の欧州では「勢力均衡（balance of power）」原則が支配的となり，各国は仮想敵国に対抗するために同盟関係を模索した。しかし，仮想敵国の軍事を含む包括的評価が困難であるがゆえに，双方の勢力拡大競争になる危険性

があった。その勢力均衡が崩れた際に勃発したのが，第1次世界大戦であった。

その反省から，仮想敵国も含めた多数国間条約において全加盟国が他国に対する武力の不行使を約束し，その約束の違反行為が発生した場合には，違反国を除くすべての加盟国が違反国に対して共同して違反行為を鎮圧して，被害国の主権を回復させるという「集団安全保障」体制が考え出された。最初に導入した国際連盟規約は，a 武力行使を全面的に禁止していなかった点，b 違反国に対して非軍事的制裁が中心であった点，c 違反行為の判断が各国に委ねられ，国際連盟全体として統一的な制裁措置が取れなかった点，d 国際連盟が普遍的な組織でなかった点（米国不参加，日・独・伊の脱退，ソ連除名）から，不十分な集団安全保障体制であった。

国際連合の集団安全保障体制は，国際連盟のものと比較して，次の点で改善・強化された。a 自衛権の場合を除いて，個別国家による武力行使が一般的に禁止された，b 安全保障理事会は国際平和の回復のために非軍事的措置及び軍事的措置を予定した，c 平和に対する脅威，平和の破壊又は侵略行為の存在及び国際平和・安全の維持・回復のためにとるべき措置は，安全保障理事会が集権的に決定する，d 国連は軍事大国を含めて普遍的な組織である。

しかし，冷戦期では，憲章に基づく国連軍が武力紛争に強制介入し解決するといった当初の構想は，安保理常任理事国の意見の対立及び拒否権の存在により，実現しなかった。その後，冷戦終結後の国際情勢の変化により，集団安全保障措置の一環として多国籍軍に対して武力行使を授権する安保理決議が成立するようになった。たとえば，湾岸戦争での多国籍軍，ソマリアでの統一作戦部隊UNITAF，ボスニア・ヘルツェゴビナでの和平履行部隊IFOR（Implementation Force）（後に安定化部隊SFOR：Stabilization Force），東チモール国際軍INTERFET（International Force in East Timor），アフガニスタンでの国際治安支援部隊ISAF（International Security Assistance Force）など。国連には手足となるべき国連軍が存在しない以上，多国籍軍がその任務の一端を担っているのが現状である。

⇒ ②戦争の違法化，②多国籍軍の分類，⑤第1次世界大戦

2-38
侵略の定義
Definition of Aggression

国際法上，戦争の違法化が確立する過程において，自衛権に基づく合法的武力行使と，違法な武力行使である侵略を明確化する必要が生じてきた。国際連盟時代では，ソ連を含む7カ国間の「侵略の定義に関する条約（1933年）」が締結された。安保理が国連憲章39条により「平和に対する脅威，平和の破壊又は侵略行為の存在を決定する」権限を有することから，その判定のための指針として，74年に国連総会決議3314「侵略の定義」が採択された。

一般的定義によれば，侵略とは，「一国による他国の主権，領土保全もしくは政治的独立に対する，または国際連合憲章と両立しないその他の方法による武力の行使」である（1条）。憲章に違反する武力の先制使用は侵略行為の一応の証拠となる（2条）。具体的には，a 武力侵入，武力攻撃，軍事占領，併合；b 砲爆撃；c 港湾・沿岸封鎖；d 他国の陸海空軍や船隊・航空隊への攻撃；e 軍隊の駐留条件に反する使用や駐留終了後の駐留継続；f 第3国への侵略行為のための自国領域の使用許可；g 前記行為を実行する武装部隊等の派遣または当該行為への実質的関与（3条），と列挙しているが，網羅的ではない。3条g項は間接武力侵略に関連するが，他方，植民地体制や人種差別体制下での人民が解放闘争し，支援を要請し受ける権利は，害されない（7条）。

侵略の定義は，総会決議のため法的拘束力を有しないが，現代の諸国家の共通理解を表明したものとして解釈されている。

⇒ ②戦争の違法化，②集団安全保障体制，②人類の平和と安全に対する犯罪法典草案

2-39
多国籍軍の分類
category of the multinational forces

軍隊を大別すると，各国家単独の軍隊以外に2カ国以上の軍隊が構成する国際軍・多国籍軍（広義）があり，更に国連軍と多国籍軍（狭義）に分かれる。国連軍には憲章上の国連軍と憲章外の国連軍がある。憲章上の国連軍とは，安保理と各国との間に締結される特別協定（43条）に基づいて軍隊が義務的に提供され軍事的措置（42条）を実施する①いわゆる「正規国連軍」である。特別協定が存在しない現在，正規国連軍も存在しない。朝鮮国連軍は，安保理の勧告決議に基づき多国籍軍が自発的に集結したこと及び統一指揮権が国連から米国に移譲され国連旗の使用も認められたことから，②準正規国連軍と言える。根拠規定として39条が主張された。憲章外の国連軍としては，③平和維持活動（PKO：Peace-keeping Operations）を実施している国連軍がある。PKO国連軍は，国際武力紛争に直接介入してそれを強制的に解決するのではなく，武力紛争の停戦後に派遣されて最終的な平和的解決に向けて事態の平穏化を図ることを目的とした国連の統一指揮下にある軍隊である。

国連軍以外の多国籍軍は，国連安保理決議により武力行使が容認された多国籍軍とそれ以外の多国籍軍に分けられる。④武力容認型多国籍軍の指揮権は，国連とは独立しているが，決議の中でその任務や期限など制約事項が規定されている。安保理決議では，根拠規定を具体的に列挙せず，包括的に憲章第7章に基づくと言及している。具体例としては，湾岸戦争での多国籍軍，ソマリアでの統一作戦部隊UNITAF，ボスニア・ヘルツェゴビナでの和平履行部隊IFOR（後の安定化部隊SFOR），東ティモールの東テ

ィモール国際軍 INTERFET，アフガニスタンでの国際治安支援部隊 ISAF などがある。このように，安保理の授権決議による多国籍軍が近年多用されている。⑤通常の多国籍軍の例として，国連レバノン暫定軍とは別に1982年にベイルート地区の安全確保のために米，仏，伊，英の多国籍軍が駐留した（法的根拠は集団的自衛権）。それらは，国連の枠外であることから中立性に問題があり，米軍司令部や仏軍宿舎の爆破事件の発生後撤退した。以上，多国籍軍は，5種類考えられる。

⇒ ②朝鮮国連軍，②集団安全保障体制，②平和維持活動，②湾岸危機と湾岸戦争

2-40
朝鮮国連軍

United Nations Forces in Korea

[略語] UNFK

1950年6月25日に北朝鮮が南進して始まった朝鮮戦争において，国連加盟国が安保理の勧告決議に応じて北朝鮮軍及び中国義勇軍と戦った国際軍をいう。安保理は，平和の破壊を認定し，敵対行為の即時停止及び38度線までの撤退を要請（6月25日），加盟国に対して韓国への軍事的援助の提供を勧告（6月27日），提供軍隊の統一指揮権の米国移譲，米国の指揮官指名，国連旗の使用を容認（7月7日）する諸決議を採択した。軍事援助提供国は26カ国，そのうち16カ国が戦闘部隊を提供し，朝鮮国連軍が形成された（米軍の占有率は，陸軍50％，海軍86％，空軍93％）。総司令官はマッカーサーで，国連軍司令部は東京に設置された。上記の安保理決議が採択された理由は，ソ連が中国代表権問題で欠席していたからであり，ソ連が復帰した8月から安保理決議は採択されなくなった。

朝鮮国連軍は当初，現状回復を目的としていたが，10月に38度線突破承認の総会決議が採択された後に，38度線を突破し北上した。そのため中国義勇軍の参戦を招き，戦闘は膠着状態となり，53年7月27日に国連軍対朝鮮軍・中国義勇軍の間で朝鮮休戦協定が締結された。38度線に沿って軍事境界線が引かれ，そこから2kmずつ非武装地帯が設置された。54年には，日本と朝鮮国連軍参加国（豪，加，英，米，伊，仏，南ア，フィリピン，タイ，トルコ，ニュージーランド）との間で国連軍地位協定が締結された。現在，韓国に国連軍司令部，神奈川県座間に国連軍後方司令部がある。朝鮮国連軍は72年にタイ軍が撤収してから在韓米軍のみであるが，他国軍隊の復帰の可能性は残されている。

朝鮮国連軍は，国連安保理の勧告決議に基づいていることから，集団安全保障体制上の軍隊と見ることが可能である（準正規国連軍）が，指揮・命令系統が国連と関連しておらず，経費も国連で賄われていないことから，韓国と米国との集団的自衛権に基づく軍隊（同盟軍）であるとも言える。近年国連安保理が多国籍軍を容認する傾向からすれば，朝鮮国連軍も単なる同盟軍ではなく，ある種の正当性を有する多国籍軍と思われる。

⇒ ②休戦，②多国籍軍の分類，⑤朝鮮戦争

2-41
自衛権
right of self – defense

伝統的国際法では，自衛権は，「目前に差し迫った圧倒的な自衛の必要があり，手段の選択の余地がなく，また熟慮の時間もないこと」が証明され，反撃行為が「その必要性によって限定され，その限度内にとどまる」場合に認められるとされた（1841年のキャロライン号事件におけるウェブスター米国国務長官発言）。しかし，当時は自己保存権，自力救済権又は自助が認められていたので，自衛権を違法性阻却事由として主張する積極的意義はなかった。その後，自衛権は，戦争の違法化に伴い，実定法上の国家の基本権として確立していく。

国連憲章51条は，従来の自衛権を個別的自衛権と称し，新たに集団的自衛権を追加した。後者は，ある国が武力攻撃を受けた場合に，被害国と密接な関係にある他国が自国への攻撃とみなし，共同して被害国の防衛にあたる権利をいう。両者の発動要件は，国家に対する武力攻撃の発生である。すなわち，保護法益は国家の領土保全及び政治的独立であり，侵害形態は武力攻撃に限定される。武力攻撃の発生は，攻撃による被害発生時ではなく攻撃着手時である。攻撃着手時前に脅威が存在する段階でも，「先制自衛」が許されるかについて論争はあるが，一般的には否定されている。

行使条件に関して，①自衛権行使国は実施措置を安全保障理事会に報告する義務があり，②自衛権は「安全保障理事会が国際の平和及び安全の維持に必要な措置をとるまでの間」しか行使できない。②について，安保理が軍事的な強制措置を決定し軍事行動が実施された場合や，勧告の場合には加盟国が軍事的措置に自主参加した段階で，自衛権は消滅する。非軍事的措置（経済制裁）が決定された場合には，その決定内容によって自衛権の消滅が判断される。

自衛権は国対国の全面的な敵対関係で議論されるが，武力攻撃に至らない武力行使，例えば国境での撃ち合いや公海上での船舶・航空機（特に軍艦・軍用航空機）への発砲の場合には，現場での攻撃排除が必要となり，その正当化として「マイナー自衛権」が主張されることがある。

⇒ ②侵略の定義，②在外自国民保護のための武力行使，②ニカラグア事件，②戦争の違法化，②集団安全保障体制，③自衛権発動の要件

2-42
ニカラグア事件
Nicaragua Case

1979年にニカラグアで発足したサンディニスタ左翼革命政権が近隣諸国の反政府勢力への軍事支援をしたとの理由から，米国（レーガン政権）はニカラグアの反政府勢力「コントラ」への軍事援助を強化し，同国への軍事的・準軍事的活動

(米国の中央情報局 CIA 支援による機雷敷設や石油貯蔵施設への攻撃)を実施した。ニカラグアは、84年、国際司法裁判所に米国による行動の違法性の確認と賠償請求のために提訴した。裁判所は、5月に米国による機雷敷設の即時停止と紛争の悪化防止のための仮保全措置を指示した。裁判所が本件を審理する管轄権を有し、ニカラグアの請求が受理可能であるとの判決(11月)後、米国は本案審理の出廷を拒否した。本案判決(86年6月27日)は、武力行使及び集団的自衛権に関する問題を正面から取り組み、関連する国際法原則を明確にした。

まず、慣習法上の集団的自衛権の行使要件は、必要性と均衡性に加えて、①被攻撃国による武力攻撃の存在宣言と②被攻撃国による集団的自衛権行使国に対する援助要請の存在、である。①に関して、武力攻撃は侵略の定義3条gの行為も含むが、反乱軍への武器や兵站その他の援助の提供による支援は武力攻撃に該当せず、武力の脅威・行使又は干渉行為にあたる。単なる資金供与は、武力行使ではなく内政干渉行為である。また、武力攻撃に至らない行動に対して、武力の行使を含む集団的な対抗措置は正当化できない。②は、他国がある事態について自らの判断を根拠に集団的自衛権を行使することは容認されないということを意味する。米州相互援助条約3条2項では被攻撃国による要請の要件が規定されている。

人道法関連では、米国が警告も通報もなく機雷を敷設したことは、07年の自動触発機雷敷設条約の根底にある人道法原則に違反する。また、米国 CIA によりコントラに配布された手引書『ゲリラ戦における心理作戦』が抑圧者糾弾のために住民を集め、裁判官・警官を無力化するよう助言していることは、ジュネーヴ諸条約共通第3条(正当な裁判なしの判決・刑の執行禁止)の人道法原則に違反する。

⇒ ②侵略の定義、②自衛権、②戦争の違法化、⑤ニカラグア内戦

2-43
在外自国民保護のための武力行使
use of force to protect nationals abroad

国連憲章は、一般的な武力不行使原則を規定し、その例外として、武力攻撃が発生した場合に自衛権による被害国の武力行使を認めた。では、在外自国民の生命が危険に晒されているにもかかわらず、領域国は彼らを保護する意思も能力も有しない場合、又は領域国の行政機能が崩壊した場合に、国籍国が急迫した危害から自国民を救出するために領域国の同意なく限定的な武力行使を行うことも国連憲章上認められないのか(主権侵害にあたるのか)、法的に問題となる。

代表的な事例として、次の3つがある。①1976年7月3日のエンテベ空港事件:6月27日にテロリストがテルアビブ発のフランス機をハイジャックし、ウガンダのエンテベ空港に着陸した。ハイジャック犯はウガンダ政府と協力関係にあるとの証言があり(否定する証言もある)、彼らはイスラエル国籍の乗客・乗務員を

人質にしてイスラエルその他で拘置されている自由戦士の解放を要求した。その要求の最終期限である7月4日の前日深夜に，イスラエル軍特殊部隊がエンテベ空港を急襲し，テロリスト及びウガンダ兵と交戦した後に人質全員を救出して帰国した。②80年4月24日の在テヘラン人質救出作戦：79年11月4日に在テヘラン米国大使館がイスラム学生に占拠され，大使館員が人質となった。イラン政府は，米国大使館の保護措置を取らなかっただけでなく，その占拠行動を容認した。領域国の保護が期待できない米国は，翌年4月24日に軍隊による人質救出作戦を試みたが，機器の故障により失敗し，同作戦を断念した。③97年3月14日のアルバニア救出作戦：96年頃からねずみ講が流行し，97年初め頃にねずみ講が破綻すると，全土で暴動が発生した。無政府状態となった3月14日に首都ティラナにおいてドイツ軍ヘリコプター6機が銃撃戦の中，自国民その他98名（ドイツ人21名，22カ国の外国人77名）を救出した。

　これらの軍事作戦は，事前に武力攻撃が発生しておらず，国連憲章上の自衛権に該当しないので，主権侵害・違法行為であるとの意見がある。他方，a）自国民への攻撃は国家への攻撃であり，国連憲章上の自衛権は一般慣習法上の自衛権を制限するものではなく，当該行為は自衛権として正当化される，b）自衛権ではなく，緊急状態（necessity）として違法性が阻却される，との意見もある。これらの事例は，国連憲章が武力攻撃以外の違法行為の救済手続きを完備していないこと（制度上の不備）から生じる必然的な現象と言える。

⇒ ②自衛権，②戦争の違法化，②集団安全保障体制，②侵略の定義

2-44
サイバー戦・サイバー攻撃（コンピューター・ネットワーク攻撃）
cyber warfare, cyber attack (computer network attack)

　サイバー攻撃とは，平時であれ戦時であれ，コンピューターとそれを結ぶネットワークが作り出す「サイバースペース（電脳空間）」を介して別のコンピューターに不正に侵入し，コンピューター内のプログラムやデータを盗み，改ざんし，破壊する行為（ハッキング）及び特殊なプログラムをサイバースペースに送り込み特定又は不特定のプログラムやデータを改ざんし，破壊する行為（コンピュータウィルス・ロジックボム）をいう。特徴として，非殺傷性，非破壊性（ハード面を破壊しない），非侵入性（他国領域に物理的に侵入しない），攻撃容易性（誰でも，いつでも，どこからでも実行可能），実行者の特定困難性（追跡調査の困難性）などがある。

　サイバー攻撃は，従来の解釈では，上記の特徴から国連憲章上武力攻撃に該当せず，自衛権の発動が不可能のように思われる。しかし，当該攻撃によるコンピューターシステムの破壊（石油パイプライン，核施設の冷却装置，交通管制システムの破壊など）が人的・物的被害を誘発する場合が考えられる。それ故，IT

時代での攻撃の新奇性，武力攻撃に匹敵するほどの被害の深刻性，サイバー攻撃と人的・物的被害の直接的因果関連性などを考慮して，国連憲章上の自衛権の発動要件について再解釈が必要と思われる。

サイバー攻撃が，武力紛争時において軍事作戦の一環として行われる場合も予想される。その場合に，従来の国際人道法がどこまで適用可能か，今後検討すべき未解決の問題である。具体的な問題点として，①戦闘員資格を有するハッカーの限定可能性（文民ハッカーの排除は可能か？），②軍事目標主義・文民保護規定の適用可能性（コンピューターウィルスの効果は限定可能か？），③データ改ざんが背信行為となる事例の明確化，④中継国となる第三国の法的義務の有無（中立義務─防止義務─はあるのか？）がある。

⇒ ②サイバー犯罪条約，③サイバー攻撃

5　人　道　法

2-45
ユス・アド・ベリウムとユス・イン・ベロ

jus ad bellum（law into war）and *jus in bello*（law in war）

戦争に関する法は，戦争の開始時に戦争自体の合法性を判断する法（jus ad bellum）と戦争の開始後に行われる個別の戦闘行為の合法性を判断する法（jus in bello）の2面ある。前者は，正戦論の下で発達して，現在，国連憲章に代表される法体系（自衛権の行使か侵略行為か）である。後者は，無差別戦争観の下で発達してきた戦時国際法又は戦争法，現在では人道法と称される法体系（戦争犯罪か否か）である。

国際社会は，主権国家の併存状況にあり，国際法の履行確保制度が国内社会と比較して分権的なので，jus ad bellumの判断とjus in belloの判断は，別個に行なわれる。例えば，侵略国と判断されても，人道法は交戦国双方に平等適用され，個別戦闘行為の合法性が判断される。従って，戦争を国際法上判断する場合，jus ad bellumとjus in belloの次元を区別して議論しなければならない。合法性の判断は，①自衛戦争で人道法上合法な行為，②自衛戦争であるが，人道法上違法な行為，③侵略戦争だが，人道法上合法な行為，④侵略戦争で人道法上違法な行為，に区分できる。

⇒ ②戦争の違法化

2-46
国際人道法

International Humanitarian Law

略語　IHL

1971年の赤十字国際委員会（ICRC）主催の「武力紛争に適用される国際人道法の再確認と発展のための政府派遣専門家会議」において、当該用語が初めて公式に使われた。国際人道法とは、ICRCの定義によれば、性質上明白に人道的な武力紛争法の規則、即ち人間及び彼らに不可欠の財産を保護する規則であり、具体的にはジュネーヴ諸条約（ジュネーヴ法）だけでなく、人道的理由から戦闘行為、兵器の使用、戦闘員の行動や復仇に関する条約・慣習法（ハーグ法）と履行確保規則である。対象外は、戦闘の開始・終了、交戦者間の非敵対的関係、敵産の処分、海戦（経済戦）、空軍間の戦闘に関する規則と中立法規である。後の国際人道法外交会議の結果、ジュネーヴ法とハーグ法を統合したジュネーヴ諸条約追加議定書（Ⅰ及びⅡ）が77年に作成された。人道的理由に基づき個人の尊重と保護を確保する法と言える。従来の戦争法（law of war）や武力紛争法（law of armed conflict）より制限的である。人権法と人道法は、ともに人道的考慮に基づくけれども、前者は平時に国対国民の関係を規律し、後者は武力紛争時に軍事的必要性を考慮して国対敵国・敵国民の関係を規律するので、法の適用される次元が異なる。内戦の場合、人道法と人権法がともに関連する。

⇒ ②赤十字国際委員会、②ジュネーヴ諸条約、②ジュネーヴ諸条約追加議定書、②国際人道法の履行確保手段

2-47
ジュネーヴ諸条約（戦争犠牲者保護条約）

Geneva Conventions for the Protection of War Victims

署名1949年8月12日、発効50年10月21日、2003年2月現在の締約国数190カ国。戦地にある軍隊の傷病者の状態の改善に関する条約（第1条約）、海上にある軍隊の傷病者及び難船者の状態の改善に関する条約（第2条約）、捕虜待遇に関する条約（第3条約）、並びに戦時における文民保護に関する条約（第4条約）の4つの条約から成り、戦争犠牲者保護条約とも言われる。全429カ条にも及び、第2次世界大戦の経験から従来の赤十字条約を次の点で改善した。①戦争状態の承認に関係なく国家間の武力紛争に適用される、②非締約国が武力紛争に関与していても、締約国間では適用される、③交戦団体承認とは関係なく内乱時に最低限の人道規則が適用される、④履行確保のために、諸条約の重大な違反行為について処罰規定の立法、容疑者の捜査、公訴、引渡しを義務付けた、⑤文民保護の条約として初めて第4条約が締結された。戦争直後の漸進的な改訂を集大成したものとして現在でも戦争犠牲者保護の中核的な条約であるが、害敵手段・方法の規制に直接関連しない分、当初より保護自体に内在的限界があった。戦後の軍事技術や戦略・戦術の新展開もあって、1977年に二つの追加議定書が補完するものとして作成された。

⇒ ②国際人道法、②ジュネーヴ諸条約追加議定書

2-48
ジュネーヴ諸条約追加議定書（戦争犠牲者保護条約追加議定書）
Additional Protocols to the Geneva Conventions

署名開放1977年12月12日，発効78年12月7日。49年のジュネーヴ諸条約に追加される国際的武力紛争の犠牲者保護に関する議定書（第1追加議定書，03年2月現在161カ国）とジュネーヴ諸条約に追加される非国際的武力紛争の犠牲者保護に関する議定書（第2追加議定書，151カ国）から成る。日本は双方とも未批准。第1追加議定書は，保護の強化策として，文民保護条約での限定的な文民概念を一般住民も含む非戦闘員すべてに拡大し，民間防衛を初めて導入した。しかし，総力戦や戦略兵器の出現により，戦争犠牲者の保護のためには直接的な犠牲者保護規定（ジュネーヴ法）の強化だけでは不充分であるとの反省から，文民等に影響を及ぼす害敵手段・方法の規制（ハーグ法）の改正・強化をも取り込んだ（軍事目標主義・無差別攻撃禁止原則を明確化，民用物の中でも特別な保護対象を明記）。また，非植民地化の過程を反映して，内戦と考えられていた民族解放戦争を国際的武力紛争に格上げし，戦闘員の要件を緩和することでゲリラ兵にも捕虜資格を付与した。履行確保手段として，新たに国際事実調査委員会を規定した。他方，海戦法規は取り扱わず，核兵器への適用は除外され，具体的な通常兵器の使用規制は1980年の特定通常兵器条約に委ねた。ジュネーヴ諸条約の内乱条項より詳細な人道規定を有する第2追加議定書は，単なる国内的な騒擾・緊張状態ではない内戦に限定して適用される。

⇒ ②ジュネーヴ諸条約，②民族解放戦争，②内戦

2-49
内　　戦
civil war

1国内における政府と反政府組織との武力闘争を内乱，内戦又は非国際的武力紛争という。内戦に関する不干渉義務について，伝統的国際法では，合法政府による援助要請に基づく外国支援は干渉に該当せず，反政府組織への支援は違法な干渉にあたると主張されてきた。しかし，合法政府の統治能力が欠如している状態での援助要請を外国支援の根拠にすることが妥当であるか疑問視され，内戦時の外国による援助・介入は禁止されるとの学説が一般的である（1970年の国連総会決議「友好関係宣言」参照）。自決権に基づく民族解放闘争では，反政府組織への支援・援助が正当化されるとの意見もある。

内戦は，交戦団体の承認がなければ，国際的武力紛争に準ずることはなく，あくまで国内問題の枠を出ない。そのため，内戦は，国際人道法の適用がなく，国内法の適用（国家転覆罪の適用で極刑・死刑）及び内戦当事者間の相互作用により，国際的武力紛争以上に凄惨で残虐な様相を呈する。

そのために，49年のジュネーヴ諸条約は，非国際的武力紛争に適用すべき人道的取り扱いに関する最低基準を規定した

（共通第3条）。更に，共通第3条を補完するために，最終条項を除く18カ条にわたり詳細に規定した77年のジュネーヴ諸条約第2追加議定書が採択された。但し，第1追加議定書は民族解放戦争を国際的武力紛争に格上げしたことから，非国際的武力紛争とは，民族解放戦争を除いて，責任を負う指揮の下で持続的且つ協同的軍事行動を実行し，第2追加議定書の実施が可能なほどの領域的支配を及ぼす組織的武装集団との武力紛争でなければならない。また，暴動，単発的及び散発的な暴力行為や国内的騒擾又は緊張事態には適用されないことから，第2追加議定書の適用範囲は，共通第3条よりも限定的である。

現在，不干渉義務及び人道法の適用の両側面から，外国の介入による内戦の国際化問題がクローズ・アップされている。

⇒ ②民族解放戦争，②交戦団体，②ジュネーヴ諸条約，②ジュネーブ諸条約追加議定書

2-50
総加入条項
general participation clause

国家主権観念を尊重し締約国数を増やすために，1868年のサンクト・ペテルブルグ宣言から第1次世界大戦までの戦争法規関連の条約は，交戦国のすべてが条約当事国である場合に限り，締約国相互間で条約は適用される旨の条項を含んでいた。即ち，交戦国中に非締約国が1国でも存在すれば，交戦国でかつ条約当事国の相互間でも条約は適用されなくなる。

もっとも，第2次世界大戦後の軍事裁判で確認されたように，慣習法を法典化した条約は当該条項によって形式的効力を失うも実質的に有効なので，個別具体的な適用は慣習法の確認作業が必要となる。第1次世界大戦後，当該条項の挿入はなく，1929年の捕虜待遇条約や49年のジュネーブ諸条約などは当該条項を明確に否定し，紛争当事国中に条約の非締約国が存在しても，締約国間では依然効力を有すると規定した。これは，条約の形式的効力の確保と適用の明確化を強化したものといえる。

⇒ ②ジュネーヴ諸条約

2-51
中立法規
law of neutrality

無差別戦争観の時代においては，戦争が発生すれば，平時国際法の適用が停止して，戦時国際法又は戦争法が適用される。その中でも交戦国間では交戦法規が，交戦国と非交戦国（中立）間では中立法規が適用される。中立国の基本理念は，戦争に対する不関与と交戦国双方に対する公平性を維持することである。

具体的には，中立国が交戦国に負う義務（中立義務）は，黙認義務（交戦国が敵国と中立国との通商を捕獲や封鎖で妨害し，中立国に損害を与えても黙認しなければならない）並びに公平義務（中立国が交戦国の一方に軍資金や武器の提供など直接的・間接的援助をしてはならない避止義務と，戦闘部隊の編成や通過など自国領域が交戦国の一方によって軍事

的に利用されることを防止しなければならない防止義務）である。避止義務は，国家としての義務であって，中立国人の私人としての援助活動（民間企業の武器輸出や志願兵）を禁止していない。これら中立義務の見返りとして，中立国は，交戦国から不可侵権が保障されるのである。中立法規の存在意義は，中立商業の保護と戦争拡大の防止機能にある。

第1次・第2次世界大戦が大規模・総力戦となり，航空機や潜水艦が登場したことで，伝統的な中立法規の適用が困難となった。その後の国連憲章で戦争の違法化・集団安全保障体制が確立したことから，中立法規の妥当性が問題視されるようになった。例えば，安全保障理事会が第7章に従って平和の破壊や侵略行為を認定し，平和破壊国への軍事的・非軍事的な制裁決議又は被害国や多国籍軍への支援提供の要請決議が採択されれば，非紛争当事国（中立国）は公平義務から解除される。国連加盟国は，国連憲章103条により，中立義務よりも国連憲章上の義務（安保理決議）を優先しなければならないからである。中立法規はその部分において修正されるが，そのような国連決議が成立しない場合，言い換えれば，集団安全保障体制が機能しない場合には，中立法規の適用が可能であり，その存在意義は現在でも十分認められる。

2-52
戦時禁制品
contraband of war

戦争の用に供される物品をいう。交戦国は，敵の戦争遂行能力を向上させないために，敵交戦国と中立国との通商において戦時禁制品を捕獲・没収することができる。中立国はその不利益を黙認しなければならない（黙認義務）。交戦国が海上捕獲できるのは，①中立船の場合には，敵貨の戦時禁制品及び中立貨の戦時禁制品，②敵船の場合には，敵貨及び中立貨の戦時禁制品である（1856年のパリ宣言）。

1909年のロンドン宣言は，絶対的戦時禁制品（武器・弾薬など）と条件付戦時禁制品（軍民両用の食料，燃料，輸送手段など）に区別し，それ以外の物（自由品）は拿捕されない。絶対的戦時禁制品は敵国領域，占領地又は敵軍に仕向けられたことを証明されれば，条件付戦時禁制品は敵軍又は敵行政庁に仕向けらたことを証明されれば，拿捕できる。しかしながら，第2次世界大戦では，総力戦となり，軍隊用と文民用の区別が無意味となり，交戦国と中立国の力関係により影響されることから，戦時禁制品の拡大及び絶対的・条件付戦時禁制品の区別の消滅が生じた。

戦後は，絶対的と条件付の区別はしていないが，戦時禁制品の範囲を限定する傾向が見られる。特に現代では，武器・弾薬以外に，核物資や電子機器など軍事転用が可能な汎用品や関連技術が含まれる。そこで，戦時禁制品の範囲を考える指標として，対共産圏輸出統制委員会（ココム，94年3月終了）や国際輸出管理機構（ワッセナー・アレンジメント，96年7月発足）のリストが参考になるだ

ろう。

> ①ワッセナー・アレンジメント，②中立法規

2-53
戦争の開始と終了
commencement and termination of war

伝統的国際法では，戦争状態に入る意思を宣戦布告（開戦宣言ともいう）で明示的に表明する場合と敵対行為の開始をもって黙示的に表明する場合がある。1904年に宣戦布告なく日露戦争が勃発したことが契機となって締結された07年の開戦条約（2003年現在の締約国数は日本を含む43カ国）は，理由を付したる開戦宣言又は条件付開戦宣言を含む最後通牒の形式による明瞭且つ事前の通告（期限が明示されていない欠点あり）が必要と規定した。日米開戦において真珠湾攻撃後に日本から覚書が手渡されたことは条約違反の責任を発生させるが，戦争自体は開始されている。戦争開始の効果として，外交関係の断絶，敵国民の退去，又は敵国公有財産の凍結や没収が行われる。しかし，戦争の違法化により，上記のような宣戦布告が侵略とみなされかねず，それを避ける傾向がある。49年のジュネーヴ諸条約も，宣戦の有無に関係なく，武力紛争に適用される。

戦争状態は，通常，平和条約の発効をもって終了する。もっとも，日ソ共同宣言や日中共同声明のように，平和条約の締結前に，戦争状態が終結する場合もある。82年のフォークランド紛争でも，英国とアルゼンチンは89年に主権問題を棚上げにしながら敵対関係を終結させた。平和条約には，戦争の終了以外に，賠償問題及び領土確定問題も規定されることから，それらが未解決であれば，戦争の終了だけを取り上げて外交関係の正常化を図ることは合理的である。また，中東紛争や朝鮮戦争の休戦協定のように，軍事行動の全般的終結を目的としている場合に，平和条約に類似した効果（戦争の終了）を持つ場合がある。但し，休戦協定の場合でも，領土問題は平和条約で確定しなければならない。

> ②日ソ共同宣言，②日中共同声明，②休戦，⑤日露戦争

2-54
休　　戦
armistice

休戦とは，1907年のハーグ陸戦規則によれば，交戦者間の合意による敵対行動の停止を意味し，重大な休戦違反があれば，他の当事者は戦闘を再開できる。戦争状態は平和条約の締結をもって終了する。種類として，平和条約の交渉のため交戦者間の全面的軍事行動を停止させる全般的休戦と特定地域の特定部隊間の敵対行動を停止させる部分的休戦がある。休戦協定を締結する軍司令官は，前者の場合，政府からの授権が必要である。第2次世界大戦後の休戦協定（第1次中東戦争や朝鮮戦争など）は，交戦者間の平和的解決まで永続的に有効であることから，戦争状態を終了させる法的効果を有する。休戦協定が，平和条約とまったく

同一ではないが一部類似した機能を果たす分，暫定的な敵対行為の停止を意味する用語として，国連決議（例えば，91年の湾岸戦争に関する決議687）でも見られるように，停戦（cease‒fire；truce）が使用される。

⇒ ②戦争の開始と終了，⑤第１次中東戦争，⑤朝鮮戦争

6　交戦者

2-55
交戦資格
facultas bellandi（ラテン語）

国際的武力紛争において国際法の認める範囲内で害敵手段を行使することができる（交戦資格を有する）のは，戦闘員，軍艦，軍用航空機である。戦闘員は，衛生要員及び宗教要員を除く軍隊構成員で，交戦時又は攻撃開始前の軍事展開の際に，公然と武器を携行するという条件を満たさなければならない。海戦及び空戦においては，戦闘単位としての軍艦及び軍用航空機に交戦資格が認められる。軍艦は，一国の軍隊に所属し，国籍及び軍事的性質を示す外部標識を掲げ，軍隊構成員に指揮され，軍隊の規律に服する乗組員が配置されている船舶をいう。同様に軍用航空機も，国籍及び軍事的性質を示す外部標識を掲げ，軍隊構成員の指揮下にあり，乗員が軍人である航空機をいう。戦闘員以外の者が敵対行為を行えば，戦争犯罪となり処罰される。軍艦以外の船舶が敵対行為を行えば，商船でも軍事目標となる。軍用航空機以外の航空機は，交戦者が直接使用するための軍事情報を航空中に伝達することを含めて，敵対行為に従事できないし，もし行えば，軍事目標となる。

⇒ ②戦闘員，②軍艦，②軍用航空機

2-56
戦闘員
combatants

一般住民である非戦闘員と異なり，戦闘員は，国際法上禁止されない限りあらゆる害敵手段を用いて敵対行為に直接参加する権利を有する一方で，敵の合法的な軍事目標となる。但し，戦闘員でも，傷病兵や投降兵のように戦闘外に置かれた者はもはや攻撃対象ではなく，敵の権力内に陥った者は捕虜待遇が付与される。1949年のジュネーヴ諸条約での戦闘員には，正規の軍隊構成員の他，①責任者による指揮統制，②固着特殊標章の着用，③公然と武器携行，④戦争法の遵守の4条件を満たす民兵隊，義勇隊，組織的抵抗運動団体と①公然と武器携行，②戦争法の遵守という2条件を満たす群民蜂起の構成員が含まれる。しかしながら，第２次世界大戦後の民族解放戦争でゲリラ

戦が一般化したことから，77年のジュネーヴ諸条約第1追加議定書では，上記4条件のうち②と③の条件を緩和して，ゲリラ戦の交戦時や攻撃前の軍事展開時に公然と武器を携行していれば，戦闘員の地位が保持される。このような条件緩和が文民保護に役立つか疑問である。傭兵は戦闘員の権利を有しない。同追加議定書や89年の児童権利条約は児童保護のために戦闘員資格を15歳以上としたが，00年の児童権利条約選択議定書はそれを15歳以上から18歳以上に引き上げた。

⇒ ②ジュネーヴ諸条約，②ジュネーヴ諸条約追加議定書，②傭兵，②児童兵士

2-57
交戦団体
belligerency

アメリカ南北戦争において1861年にイギリスが中立宣言を発したことが，イギリスによる南部連合に対する交戦団体の承認といわれた。このように，一国内で叛徒が一定地域を支配し，事実上の政府を樹立するほど中央政府と対峙した場合に，外国は当該地域内の自国民及び権益の保護について叛徒側と交渉する必要がある。中央政府も，叛徒を国内法の国家転覆罪で対処するより，人道的考慮から交戦法規の適用（捕虜待遇）が相互主義の観点から必要と判断したり，叛徒支配地域での外国の権益の保護に責任が現実的に負えない場合に，叛徒を交戦団体承認する。このように，叛徒を交戦団体承認することで，限定的な国際法主体としての地位を付与するのである。しかし，外国による承認は中央政府に対する内政干渉であると批判されたり，中央政府による承認は自らの統治能力の欠如を示すことから，いずれの交戦団体承認もその後ほとんど行われていない。交戦団体の承認制度に内包されていた内戦への戦争法の適用という人道的要請は，形を変えて国際人道法の発展過程の中（ジュネーヴ諸条約共通第3条やジュネーヴ諸条約第2追加議定書）に見出せる。

⇒ ②内戦，②国際人道法，②民族解放団体

2-58
民族解放団体
national liberation movements

植民地支配，外国による占領及び人種差別体制に対して，自決権に基づき独立を目指して武力闘争をしている人民の団体。伝統的に植民地での武力闘争は，植民地本国の国内管轄事項（内戦）であり，交戦団体の承認がなされない限り，国内法の処罰対象であった。しかし，1960年代以降，自決権が国際法上の権利であり，それに基づく民族解放戦争が国際的武力紛争とみなされるようになって，その行為主体である民族解放団体は国家に準ずる特別の地位があると認められるようになった。①武力紛争の法主体として，植民地本国との停戦や独立に関する協定の締結権を有する（例えば，アルジェリア独立に関する62年のエヴィアン協定）。77年のジュネーヴ諸条約第1追加議定書により，解放団体の一方的宣言で締約国

と平等な立場で人道法の権利義務の主体となれる。②形成途上の国家（原国家）として，国際機構や国際会議でオブザーバー資格が付与され，同時に任務遂行に必要な特権・免除も付与される。国際機構への正式加盟が認められ（パレスチナ解放機構は，イスラム諸国会議機構やアラブ連盟に加盟），更に国家として承認され外交特権を認められる場合もある。但し，このような解放団体は限られており，国際機構や諸国家の対応も一様ではない。

⇒ ①アラブ連盟，①イスラム諸国会議機構，②内戦，②交戦団体，②民族解放戦争，⑤アルジェリア戦争

2-59
民族解放戦争
national liberation war

植民地支配，外国による占領及び人種差別体制下にいる人民が独立や自決のために行う武力闘争。伝統的に植民地での武力闘争は，本国の国内管轄事項（内戦）として理解されていた。しかし，国連総会で1960年の植民地独立付与宣言以降当該紛争の根拠である自決原則が法的権利として主張されるにつれて，自決権の実現手段である武力闘争の正当性も主張された（70年の植民地独立付与宣言履行行動計画や国連25周年記念宣言，73年の総会決議3070）。自衛権に根拠付ける見解もあり，一般的に合法性を認める傾向が強い。それに伴い，外国による解放闘争への軍事支援を認める意見もあるが，内政干渉との関連で意見の対立がある。他方，解放戦争自体の合法性に関係なく，現実的要請から解放戦争に人道法を適用するために，77年のジュネーヴ諸条約第1追加議定書は，解放戦争を国際的武力紛争と認め，戦闘員資格を緩和することでゲリラ兵に捕虜資格を与えたり，解放団体の一方的宣言で締約国と平等な立場で人道法の権利義務の主体となれるようにした。

⇒ ②ジュネーヴ諸条約追加議定書，②内戦，②戦争の違法化，②戦闘員

2-60
児童兵士（子ども兵士）
child soldiers

地域紛争に動員される18歳未満の児童兵士は，約30カ国30万人に及ぶと推定される。その活用や増加の原因は，内戦の続発による戦闘員の不足，児童兵士が恐怖心なく命令に従順であり敵から兵士として警戒されないこと，軽量で且つ操作が容易な高性能の軽火器（旧ソ連製のAK-47や米国製のM-16）の普及などが指摘される。

1949年のジュネーヴ第4条約（文民保護条約）は15歳未満の児童を特別の保護対象としており，更に，77年の第1追加議定書も15歳未満の児童が敵対行為に直接参加しないよう実行可能な措置を締約国に義務付け，当該児童の締約国軍隊への徴募を禁止した。また，15歳以上18歳未満の者を徴募する場合には，最年長者を優先する努力義務もある。89年の児童権利条約にも同様の規定が置かれた。98

年の国際刑事裁判所規程でも、15歳未満の児童を徴募したり、敵対行為へ直接参加させることを戦争犯罪とした。

武力紛争時における児童の保護を強化するために、「武力紛争への児童の関与に関する児童権利条約選択議定書（2000年5月25日採択、02年2月12日発効、03年10月現在締約国数67カ国）」が作成された。それによれば、18歳未満の軍隊構成員による敵対行為への直接参加の禁止、18歳未満の徴兵制の禁止、志願制の場合には現行の最低年齢（15歳）の引き上げ（各国による引き上げ年齢の申告）、非政府軍による18歳未満の徴募及び敵対行為の参加など全面禁止、が規定された。

17歳以下の兵士を国内法で認めている国（米国17歳、英国16歳、インド16歳など）が50カ国以上あることから、上記のごとく、志願制については最低年齢の判断は各国に委ねられた。日本には15歳以上が自発的に応募する「自衛隊生徒」制度があるが、軍隊の運営・管理する学校には年齢の引き上げ義務は適用されないので、適用上問題はない（日本は選択議定書を未批准）。

国連も、PKOに参加する兵士の年齢について、18歳未満を禁止し、できれば21歳以上が望ましい、とする政策をとっている（98年10月29日）。

⇒ ②戦闘員、③自衛官の採用（曹士・選考）

2-61
傭　兵
mercenaries

国連やアフリカ統一機構OAU（2002年7月に解消し、アフリカ連合AUとなる）は、傭兵使用を第2次世界大戦後の非植民地化の過程における自決権行使の阻害要因として非難し続けている。ジュネーヴ諸条約第1追加議定書47条によれば、傭兵とは、武力紛争で戦闘するために特別に徴募され、実際に戦闘行為に直接参加し、主として私的利益のために参加し他の戦闘員と比較して法外な物質的報酬を約束され、紛争当事国国民でも紛争当事国支配地域住民でもなく、紛争当事国軍隊構成員でなく、かつ非紛争当事国の軍隊構成員として公務派遣された者でない者をいう。私的利益の追求という心理的要素の導入及び敵対行為に直接参加しない外国軍事顧問団、紛争当事国軍隊に編入されたフランスの外人部隊、ネパールのグルカ兵その他外人志願兵の排除が問題点として指摘される。傭兵は戦闘員資格又は捕虜資格の権利を有しないが、地位の確定まで捕虜待遇を受け、傭兵との判定後も基本的保障を受ける。77年のOAU傭兵撤廃条約（85年発効）及び89年の傭兵国際条約（未発効）は、傭兵の徴募、使用、資金提供及び訓練を禁止し、それらを犯罪と位置付けた。

⇒ ②戦闘員、②ジュネーヴ諸条約追加議定書

2-62
捕　虜
prisoner of war, prisonnier de guerre
別称　POW, PW, PG

武力紛争において敵の権力内に陥った者を捕虜（又は俘虜(ふりょ)）という。捕虜資格者は，戦闘員以外に，軍隊構成員ではなく軍隊に随伴する非戦闘員（従軍記者や需品供給者等），紛争当事国の商船及び民間航空機の乗組員等である。文民は抑留されても，捕虜とはされない。戦闘員は交戦法規違反によっても捕虜資格を奪われないが，傭兵及び間諜は捕虜資格がない。敵国は捕虜を敵対行為に参加しないよう抑留できるが，常に人道的に待遇しなければならない。捕虜に対する復仇は禁止される。捕虜は尋問に際して氏名，階級，生年月日及び軍番号を答える義務がある。当該情報は，紛争当事国内の捕虜情報局や中立国内の中央捕虜情報局を通じて関係国に直ちに通知される。抑留中，捕虜の階級は維持され，下士官に監督者としての労働のみを要求でき，将校には労働を強制できない。労賃は，抑留当局より直接支払われる。捕虜の地位は，逃走の成功，重傷病者の直接送還・中立国での入院，事実上の敵対行為終了後の解放・送還及び死亡により終了する。国連決議によれば，捕虜の意思に反する本国送還は禁止される。1949年の捕虜条約には143カ条の詳細な規定がある。

⇒ ②戦闘員，②傭兵

2-63
アル・カイダ兵とタリバーン兵の捕虜待遇問題
Prisoner of War Status regarding al Qaeda Fighters and Taliban Fighters

2001年10月7日から開始された米国による対テロ戦争（アフガニスタン戦争）で，米国はタリバーン兵及びアル・カイダ兵を拘束した後に，02年1月以降キューバにあるグアンタナモ米軍基地に移送した。03年12月現在，44カ国約650人が収容されている。02年2月7日の米国政府の決定によれば，アフガニスタンはジュネーヴ諸条約の締約国であり，捕虜条約が適用可能であるが，タリバーン兵は条約の捕虜資格の要件を満たしていない（文民との区別義務や戦争法の遵守義務）。アル・カイダ兵はテロリストであり，条約締約国でもないのでジュネーヴ諸条約の適用外である。そこでの抑留者は「不法な戦闘員」であり，捕虜待遇の資格がない，と米国は主張する。

米国大統領は，抑留者の裁判方法として，米国籍以外のテロリスト及びその支援者を対象とする「軍事法廷（military commission）」を設置する軍令（military order）を発し（01年11月13日），それ基づき，国防長官が裁判手続きの「軍事法廷規則（Military Commission Order No.1）を制定した（02年3月21日）。更に同日，米国防長官は，無罪裁定でも対テロ戦争終結まで彼らを拘留すると表明した。

米国が彼らに捕虜待遇を付与しないのは，捕虜条約上，捕虜であれば氏名・階級その他最低限答えなければならないが，それ以上の取調べに応じる義務はないし，敵対行為の終了後遅滞なく送還されなければならないからである。また，軍事法廷を設置したのは，それが通常の裁判手

続きや自国軍隊構成員を対象とする軍法会議の手続きと比較して，証拠認定の緩和（伝聞証拠の採用など）や機密保持のため非公開を採用できるからである。

上記の対応に対して，赤十字国際委員会その他人権擁護団体は，捕虜条約5条（捕虜か否か疑わしい場合には，抑留者は権限ある裁判所による決定まで捕虜待遇を受ける）及び85条（拘束される前の戦争犯罪について訴追されたとしても，捕虜待遇を受ける）により，抑留者に捕虜待遇を付与すべきであると主張する。

更に，テロリストを戦闘員としてでなく犯罪者として処罰する場合でも，弁護人との接見や黙秘権など公平且つ正式な裁判を受ける権利が文民保護条約において保障されている，と。

⇒ ①テロとの闘い，②9.11同時多発テロ事件，②捕虜，②ジュネーヴ諸条約，②軍法会議と軍事法廷，②赤十字国際委員会

7　交戦法規

2-64
軍事目標主義

doctrine of military objectives

人道的精神（不必要な殺傷や無益の破壊の回避）と軍事的必要性・精力集中法則（限られた力で相手を屈服させるために最も効果的な点に打撃を集中させること）の双方のバランスの上に人道法が成立する。武力による攻撃対象を軍事目標に限定するという考えは，正に人道法の成立要因を満たすものである。

1907年のハーグ陸戦規則は，占領軍に抵抗する軍隊を保有する「防守都市」とそうでない「無防守都市」を区別し，前者への無差別攻撃は許されるが，後者ではその中の軍事目標への攻撃しか認められなかった。22年の空戦規則は，「防守地域」に替わり「陸上軍隊の作戦行動の直近地域」を用いたが，より軍事目標主義を鮮明にしている。攻撃は軍事目標に限定すると規定した77年のジュネーヴ諸条約第1追加議定書52条は，軍事目標を「性質，位置，用途又は使用が軍事活動に効果的に貢献する物で，その全面的又は部分的な破壊，奪取又は無効化がその時点における状況の下において明確な軍事的利益をもたらすもの」と定義した。比較的狭い地域で多数の分離した別個の軍事目標を特定することなく地域全体を目標とする爆撃（目標区域爆撃）は禁止された。

同議定書では軍事目標の具体的事例は列挙されていないが，軍隊，軍事工作物，軍事建設物，軍事貯蔵所，軍需工場，軍用交通線・運輸線（空戦規則において），更にテレビ・ラジオ局，電信電話局，電力・ガス生産設備（56年の赤十字国際委員会規則案において）などが考えられる。もっとも，後者は軍民用（デュワルユー

ス）であり，軍事目標とみなされないことも考えられる。軍事目標以外はすべて非軍事目標，いわゆる民用物（civilian objects）であり，保護対象となる。その中でも特に，礼拝所，家屋，学校，文化財，食料，農業地域，作物・家畜・飲料水施設，灌漑設備，ダム，堤防，原子力発電所が保護されるべきものとして同議定書に規定されている。

人的軍事目標は戦闘員資格を有する者であり，それ以外の文民及び一般住民は該当しない。もっとも，軍事目標内にいる文民等（たとえば，軍需工場での作業者）は攻撃の被害を受ける危険性を有するが，当該個所から離れれば保護対象に戻る。

⇒ ②空戦規則，②国際的に認められた保護標識・標章

2-65
空戦規則
rules of air warfare

空戦規則は，1922年2月4日のワシントン軍縮会議の決議で設置された戦時法規改正委員会（日，英，蘭，米，仏，伊）が23年2月19日にハーグで署名した報告書の中に戦時無線通信取締規則とともに規定されたものであり，両者とも条約としては成立していない。空戦規則は各国に報告されたが，航空機の軍事利用の将来が予測できないことから，拘束されることを嫌い，国際条約化されなかった。しかし，8章62カ条から成るそれは，空戦法規を明確に規則化する権威的な試み又は慣習法の法典化として現在でも引用

されている。

空戦規則によれば，軍人が運航し国籍と軍用の標識を掲げる軍用航空機だけが交戦権を有し，それ以外の非軍用航空機及び私航空機は敵対行為（交戦者が直接使用するための軍事情報の提供も含む）が禁止される。一般住民保護の観点から，軍事目標に限った空襲を適法とする。交戦国は，中立国の航空機に自国軍隊の直近地域における飛行の制限・禁止を命ずることができる。交戦国の軍用機は，敵国の公航空機を捕獲手続きなしで没収し，敵国の私航空機を捕獲することができる。中立国の私航空機は，非中立的役務（軍事的幇助）に従事した場合に捕獲される。

⇒ ②軍用航空機，②軍事目標主義

2-66
武力紛争の際の文化財の保護のための条約
Convention for the Protection of Cultural Property in the Event of Armed Conflict

署名1954年5月14日，発効56年8月7日，2002年1月現在の締約国数102カ国，日本は未批准。文化財の保護は1907年のハーグ陸戦規則等に規定され，地域的には米州諸国間の35年のレーリッヒ条約があった。本条約は，第2次世界大戦後，ユネスコ主導で包括的で普遍的な条約として実施規則とともに採択された。占領地からの文化財の輸出防止や違法に輸出された文化財の返還を規定した議定書（83カ国）も同時に作成された。締約国は平時に文化財の保全，武力紛争時に文

化財の尊重（軍事利用，攻撃，徴発，復仇の禁止）の義務がある。文化財集中地区は特別保護文化財国際登録簿への登録により特別保護を受ける。これらの措置は利益保護国の調停やユネスコの援助により実施される。文化財保護の強化のために軍事的必要性の制限，個人の刑事責任，履行監視委員会を規定した第2議定書が99年3月26日に採択された（未発効）。

⇒ ②国際的に認められた保護標識・標章

2-67
背信行為と奇計
perfidy and ruse of war

敵対行為中に，相手交戦国軍隊を欺瞞する行為には，背信行為と奇計がある。背信行為とは，「敵の信頼を裏切る意図をもって武力紛争の際に適用される国際法の諸規則に基づく保護を受ける権利を有するか又は保護を与える義務があると敵が信じるように敵の信頼をさそう行為」であり，当該行為による殺傷行為は違法であり，禁止される（1977年のジュネーヴ諸条約第1追加議定書37条1項）。具体例として，休戦旗や降伏旗の悪用，傷病兵や文民を装う行為，国連や中立国の標識，標章及び制服の使用，赤十字などの特別保護標章の悪用，更に敵国の国旗，軍用標識，制服の使用がある。

奇計は，「敵を誤導し又は無謀に行動させることを意図した行為であるが，武力紛争の際に適用される国際法の諸規則を侵害せずかつ国際法に基づく保護に関して敵の信頼を誘うものではないために背信的ではない行為」であり，敵法である（同条2項）。例えば，偽装（カモフラージュ），囮（デコイ），陽動作戦及び虚偽の情報の使用である。もっとも，背信行為と奇計の区別が困難な場合もある。

⇒ ②国際的に認められた保護標識・標章

2-68
戦利品
booty of war

交戦者が，占領地及び戦場で，適法に押収し且つ没収した敵の動産をいう。占領地での対象物は，現形で直接又は間接に軍事上の用途にあてられ得る敵の国有動産である。例えば，現金，基金及び有価証券，貯蔵兵器，輸送手段，在庫品及び食料品などである（ハーグ陸戦規則53条）。私有財産は，原則として没収できず（同規則46条），直接に軍事上の用途にあてられ得る私有動産（伝送・輸送の機関，貯蔵兵器その他の軍需品など）であっても，押収はできるが，平和回復後に返還又は賠償しなければならず，戦利品となり得ない。

戦場では，国有であれ私有であれ，兵器，個人用輸送手段，軍用装具及び軍用書類は没収できるけれども，捕虜から個人用の防護装具や衣食のための物品は，取り上げられない（捕虜条約18条）。文化財及びその輸送手段も没収できない（文化財保護条約14条）。戦利品は国家に帰属する。没収可能な物以外を奪取したり，没収可能な物であっても奪取者自身の所有とすれば，略奪となる。陸戦での

戦利品の所有権は，海戦の場合と異なり，敵に取り戻されない状態に至れば，移転する。

⇒ ②戦争犯罪，②ジュネーヴ諸条約，②武力紛争の際の文化財の保護のための条約

2-69
国際的に認められた保護標識・標章
internationally recognized protective emblems and signs

国際人道法上，国際的に認められた保護標識・標章が使用目的及び使用主体別に規定され，それらに表示される対象（人及び物）は攻撃から免除される。

① 赤十字（Red Cross），赤新月（Red Crescent）。軍・民の衛生機関，部隊，要員，輸送手段，軍・民の宗教要員に対して使用。赤新月はイスラム教国で使用。

② 赤の獅子と太陽（Red Lion and Sun）。赤の獅子と太陽は，1979年までイランで赤十字・赤新月と同じ用法で使用されていたが，現在では使用国なし。

③ 病院・安全地帯（hospital and safety zone）。ジュネーヴ第1条約23条。

④ 捕虜収容所（Prisoners of War Camps, Camps de Prisonniers de Guerre）。ジュネーヴ第3条約23条。

⑤ 文民収容所（Internment Camps）。ジュネーヴ第4条約83条。

⑥ 民間防衛のための特殊標識。ジュネーヴ諸条約第1追加議定書66条。

⑦ 文化財保護のための特殊標章。54年の武力紛争時における文化財保護条約16・17条。1個のみの標識は，特別保護下にない文化財，文化財管理者，文化財保護要員，及び身分証明書において使用。

⑧ 文化財保護のための特殊標章。3個を並べての標識は，特別保護下にある不動産文化財，文化財輸送，文化財の臨時避難施設のために使用。

⑨ 芸術・科学施設及び歴史的記念物の保護のための標識。1935年のレーリッヒ条約（米州諸国のみ）3条。

⑩ 宗教・技芸・学術・慈善の建物，歴史記念建造物，病院，傷病者収容所の保護のための標識。07年の戦時海軍力砲撃条約5条。

⑪ 危険な威力を内蔵する工作物（ダム，堤防，原子力発電所）の保護のための標識。ジュネーヴ諸条約第1追加議定書56条。

⑫ 白旗（white flag）。軍使による使用（ハーグ陸戦規則32条）。休戦旗・降伏旗として使用（同議定書37条）。

⑬ 難船の標識。74年の海上人命安全条約付属書B。アルファベットのNとCから構成。

⑭ なお，イスラエルが衛生機関その他で「ダビデの赤盾」を使用しているが，国際条約では承認されていない。

⇒ ②ジュネーヴ諸条約，②ジュネーヴ諸条約追加議定書，②武力紛争の際の文化財の保護のための条約，②軍事目標主義，②背信行為と奇計

7　交戦法規

① 赤十字　　　　赤新月　　② 赤の獅子と太陽

③ 病院・安全地帯 　　　　④ 捕虜収容所

PG　PW

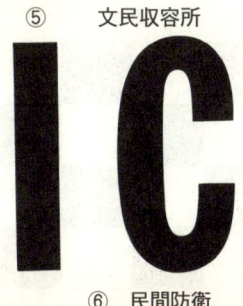

⑦ 文化財保護

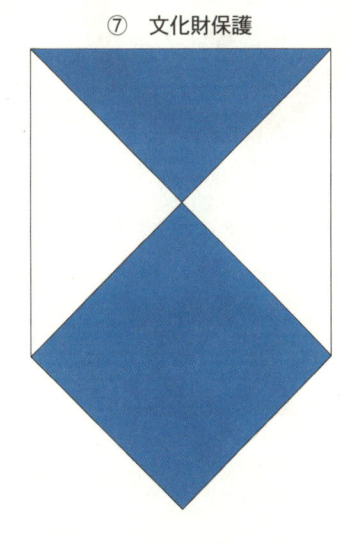

⑤ 文民収容所

IC

⑥ 民間防衛

185

第 2 章　安全保障と国際法

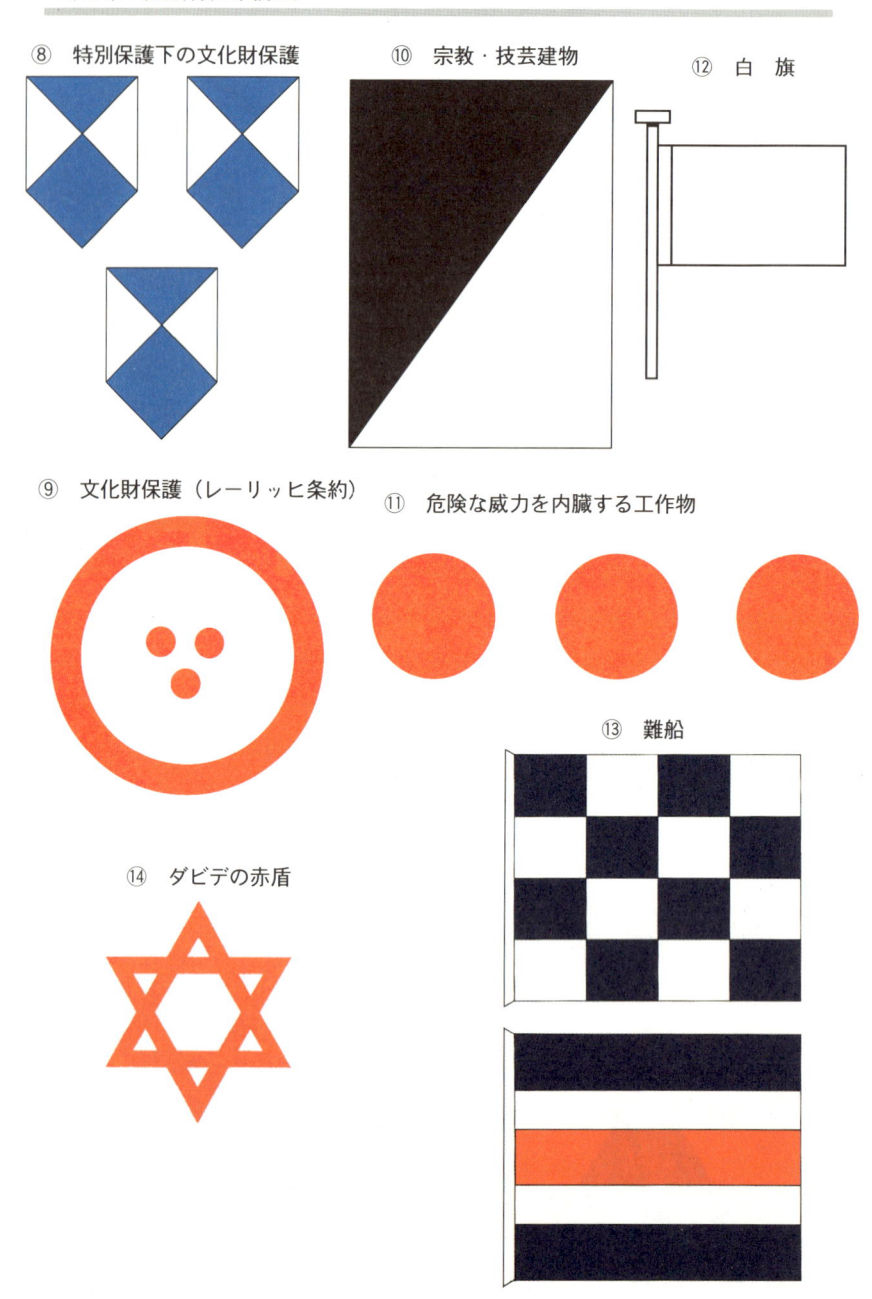

⑧　特別保護下の文化財保護

⑩　宗教・技芸建物

⑫　白　旗

⑨　文化財保護（レーリッヒ条約）

⑪　危険な威力を内臓する工作物

⑬　難船

⑭　ダビデの赤盾

2-70
病院・安全地帯
hospital and safety zone

人道法上既に保護が付与されている傷病兵や一般住民，その中でも特に虚弱者に対する戦争の影響からの保護を一層有効にするために，設定される保護地帯をいう。1949年のジュネーヴ第1条約23条では，軍隊の傷病兵を対象とする病院地帯・地区について，そしてジュネーヴ第4条約14条では，一般住民のうち傷者，病者，老者，15歳未満の児童，妊産婦及び7歳未満の幼児の母を対象とする病院・安全地帯について規定している。

それらはあくまで任意規定であり，国家は国内措置として，平時及び武力紛争時に自国領域又は占領地域において当該地帯を設定することができる。しかし，他の紛争当事国にそれらを攻撃対象とせず，保護し，尊重させる義務を設定するためには，敵対行為の開始時又はその期間中に，関係当事国間で当該地帯を承認する協定が締結されなければならない。第1条約及び第4条約の第1附属書にモデル協定案が規定されている。軍人又は一般住民の傷病者のための病院地帯は，白地に赤十字又は赤新月で，そして傷病者以外の虚弱者のための安全地帯は，白地に赤の斜めの帯で表示しなければならない。

もっとも，当該地帯に関する協定がないとしても，ジュネーヴ諸条約により傷病兵及び一般住民が享受する保護は，影響を受けない。すなわち，衛生機関の固定施設及び移動衛生部隊，並びに一般住民のうちの傷病者，虚弱者及び妊婦を看護する文民病院は，いかなる場合においても攻撃してはならず，常に紛争当事国の保護及び尊重を受ける（第1条約19条，第4条約18条）。

類似のものとして，93年にボスニア紛争に関連して国連により設定された安全地域（safety area）がある。国連防護軍（UNPROFOR：United Nations Protection Force）が当該地域内にいるムスリム勢力へのセルビア人勢力による攻撃を抑止し停戦を監視する任務を遂行した（安保理決議819，824，836）。

⇒ ②国際的に認められた保護標識・標章，⑤ユーゴスラビア内戦

2-71
民間防衛
civil defense

民間防衛（市民防衛とも称される）は，敵対行為又は自然災害から一般住民を保護し，生存のための必要な条件を提供する非軍事活動の総称である。第1次世界大戦中に英国で小規模の民間人が防護活動をしたのが始まりと言われ，総力戦となった第2次世界大戦において国家指導の下で灯火管制，防空壕，消火活動等で組織的対空襲施策として，積極的に活用された（例えば，日本では，1937年の防空法）。民間防衛の存在は，49年のジュネーヴ第4条約（文民保護条約）でも，限定的ではあるが，認められた（占領地域での活動について，63条2項）。冷戦期では，核兵器の脅威から米・ソをはじめ東西欧州諸国やスイスなどの中立国が，民間防衛を国家政策として計画的に導入していった。その必要性が十分認識され

るようになって，77年の第1追加議定書で詳細に規定されるようになった（61～67条）。

警報，灯火管制，応急手当，消防，汚染除去などの人道的活動を紛争当事国の権限ある当局により構成され又は認められた民間防衛団体が行う（61条）。民間防衛任務の遂行中，民間防衛団体，要員，建物，機材は一般的保護を受ける（62条）。その国際的特殊標識はオレンジ色地に青の正三角形である（66条）。それらの保護は，本来の任務から逸脱し敵に有害な行為を行った場合に，消滅する。もっとも，その任務が軍当局の指令又は監督下で実施されること，文民の要員が軍人と協力すること，軍人が当該団体に配属されること，文民要員が秩序維持や自衛のために個人用の軽量武器（拳銃）を携行することは，有害行為とみなされない（65条）。当該団体に配属された軍人は，民間防衛任務に専念し，軍事的活動に従事してはならない（67条）。

上記のように民間防衛は，もともと戦時での住民保護から考え出されたが，近年，平時における自然災害や人為災害に対しても活用が可能であることから，重要視されている。

⇒ ②国際的に認められた保護標識・標章，③国民保護法制

2-72
無防備地域
non－defended localities

1907年の陸戦規則25条に規定された「無防守都市（undefended places）」とは，敵の地上軍による占領に抵抗する地域（防守都市）以外の地域をいい，それに対する攻撃は軍事目標以外禁止された。第2次世界大戦中では，当該観念に取って代わり，軍事攻撃を回避するためにパリ，マニラ及びローマが開放都市（open city, open town）として宣言された。その流れを受けて，ジュネーヴ諸条約第1追加議定書59条の「無防備地域」が規定された。

無防備地域への攻撃は，禁止される。その設定方法は2種類あり，1つは，紛争当事国の適当な当局が，ある地域が，a戦闘員，移動兵器及び移動軍用設備の撤去，b固定軍用施設の使用禁止，c当局や住民のよる敵対行為禁止，d軍事行動の支援活動禁止の4条件を満たしている場合で，軍隊が接触している地帯の付近又はその中にある居住地で敵対する紛争当事国による占領の為に開放されている地域を無防備地域と宣言する方法である。もう1つは，紛争当事国が，ある地域が4条件を満たしていなくとも，無防備地域の設定に関する取極をする方法である。無防備地域の宣言主体である「適当な当局」とは，第1に中央政府であり，第2に中央政府が戦闘地域の軍隊と連絡をとり，状況判断し，宣言することが困難な場合には，政府に代わり現地の軍司令官が宣言する。第3に，例外的に文民の地方自治当局も宣言主体として考えられる。但し，それが軍隊への指揮権を有するのでなければ，現地の軍当局の了解を取りつけて，軍隊を移動させた後でなければ，無防備地域宣言はできない。

⇒ ②非武装地帯

2-73
非武装地帯
demilitarized zone
[略語] DMZ

条約により，2以上の国が軍隊の駐留，軍事基地・施設の建設や維持などを行わないと約束した地域をいう。従来，国境線・軍事境界線沿い，国際水路及び諸島などに設定されたが，対象地域は限定されない。設定の目的は，第1に国境紛争のような小規模衝突の防止による武力紛争への拡大阻止，第2に関係国間の信頼醸成・関係改善，第3に航行の安全確保，及び第4に武力紛争時における敵対行為の影響からの一般住民の保護である。第1の例として，休戦協定によって緩衝地帯として軍事境界線から一定の距離が非武装化された（1953年の朝鮮休戦協定，54年のインドシナ休戦協定）。イラク・クウェート間では国連が国境線沿いに非武装地帯を設定し，監視のために国連イラク・クウェート監視団を派遣した（91年の安保理停戦決議）。

第4の例として，77年のジュネーヴ諸条約第1追加議定書60条が特別保護地帯としての非武装地帯を規定している。それによれば，紛争当事国は，平時か又は敵対行為の開始後に，4条件（aすべての戦闘員及び移動式の兵器・軍用設備の撤去，b軍用固定施設の使用禁止，c敵対行為の禁止，d軍事努力の活動終了）を満たす地帯を非武装地帯として設定し，それへの軍事活動の拡大を禁止する取極（明示的合意による）を締結することができる。

また，第2次世界大戦以降，軍事基地・防備施設の設定及び核兵器その他の大量破壊兵器の設置を禁止している南極地域，宇宙の天体上及び海底区域のように，広範囲にわたる非武装地帯がみられる。

⇒ ②無防備地域

8 害敵手段（兵器）

2-74
環境改変技術敵対的使用禁止条約
Convention on the Prohibition of Military or Any Other Hostile Use of Environmental Modification Techniques
[略語] ENMOD

1976年12月10日国連総会採択，署名開放77年5月18日，発効78年10月5日，03年10月現在締約国数69カ国。

ベトナム戦争での枯葉作戦などによる環境破壊が契機となり，72年の人間環境宣言の採択に刺激され，戦時における環境破壊兵器に関する条約が国連総会で採択された。当初，環境改変技術（環境破壊兵器）の研究，実験，開発等の禁止も検討されたが，最終的には当該技術の敵

対的使用のみ禁止対象となった。具体的には，地震，津波，天候や海流の変更及びオゾン層や電離層の変更など考えられるが，将来開発される恐れのある兵器を予防的に禁止する意味合いが強い。破壊規模は，広範（数百平方キロメートル），長期（数カ月か一季節）又は深刻（人命・環境に対する重大な破壊・損害）であり，使用禁止の条件が厳しい。言い換えれば，その基準に達しないものは，合法ということになる。使用禁止の対象は敵国であり，内戦の場合両当事者が同意しない限り，適用されない。また，使用禁止を目的とする条約であって，開発研究を禁止する軍縮条約ではなく，逆に開発研究が自由に実施できることになる。

77年のジュネーヴ諸条約第1追加議定書も同趣旨の規定（35条3項）があるが，そこでは「広範，長期かつ深刻」となっている。

⇒ ⑤ベトナム戦争

2-75
生物毒素兵器禁止条約
Bacteriological (Biological) and Toxic Weapons Convention ; Biological Weapons Convention
[略語] BTWC；BWC

大量破壊兵器（ABC兵器）（WMD）の一つである生物（細菌）兵器（bacteriological or biological weapons, B兵器）は，微生物の感染性物質の増殖やそれらが排出する毒素により人体に悪影響を与える兵器であり，主としてウィルス（天然痘，オウム病，黄熱病，エボラ出血熱など），リケッチャ，細菌（炭疽菌，コレラ菌，ペスト菌，赤痢菌など），真菌（かび），毒素（ボツリヌス）が考えられる。1925年のジュネーヴ・ガス議定書で戦争における細菌学的手段の使用が禁止されたが，平時でのその開発，生産，貯蔵などの禁止については，69年のウ・タント報告の影響により軍縮問題として取り上げられた。生物毒素兵器禁止条約は，その開発，生産，貯蔵，取得，保有，移譲又は取得援助を禁止し，発効後9カ月以内の廃棄を義務付けた（72年4月10日署名，75年3月26日発効，03年10月現在の締約国数151カ国）。但し，平和目的の研究は除く。

生物・細菌兵器は，化学兵器と違って，潜伏期があるので戦術的使用には不適切であり，伝染の可能性があるので味方に対する不測の危害の危険性もある。現在まで公然と使用された事例はないが，生物テロが懸念される現在，条約の履行検証制度がないので，検証議定書案が1995年以降検討されている。

⇒ ①生物毒素兵器禁止条約，②化学兵器禁止条約，③生物兵器

2-76
化学兵器禁止条約
Chemical Weapons Convention
[略語] CWC

大量破壊兵器（ABC兵器）（WMD）の一つである化学兵器（C兵器）は，人間や動物を殺傷する有毒化学剤又はそれを充填した砲弾をいい，①神経伝達を阻害する神経剤，②皮膚を損傷させるびらん剤，③血液の酸素循環を阻害する血液

剤，④肺に作用する窒息剤がある。

1899年の「窒息セシムヘキ瓦斯又ハ有毒質ノ瓦斯ヲ撒布スルヲ唯一ノ目的トスル投射物ノ使用ヲ各自ニ禁止スル宣言（ハーグ宣言）」はあったが，第1次世界大戦中ドイツ軍及び連合国軍によって窒息剤，血液剤及びびらん剤が大量に使用された。その結果，1925年に「窒息性ガス，毒性ガス又はこれらに類するガス及び細菌学的手段の戦争における使用の禁止に関する議定書（ジュネーヴ・ガス議定書）」が締結された（03年10月現在，締約国数132カ国）。当該兵器の使用は禁止されたが，復仇としての第二使用は合法であるとの留保や非致死性の暴徒鎮圧剤や枯葉剤が化学兵器に該当せずとの主張があった。

ベトナム戦争での米軍による暴徒鎮圧剤や枯葉剤の大量使用を契機に化学兵器の禁止問題が注目を浴び，イラン・イラク戦争や湾岸戦争で「貧者の核兵器」と言われる化学兵器の拡散が懸念される状況の中で，「化学兵器の開発，生産，貯蔵及び使用の禁止並びに廃棄に関する条約（化学兵器禁止条約）」が署名された（署名93年1月13日，発効97年4月29日，03年10月現在締約国数157カ国）。イラク，シリア，リビア，北朝鮮などはまだ未署名。当条約は，暴徒鎮圧剤が化学兵器に該当しないこと（但し，戦争の手段としての使用禁止），復仇としての使用禁止，戦争での使用禁止に限定しないこと，非締約国への使用禁止を明記した。また，本条約は使用の禁止だけではなく，開発，生産，取得，貯蔵，保有及び移譲を禁止

し，原則10年以内に現存化学兵器及び生産施設の破壊を義務付けている軍縮条約となっている。条約の検証のために化学兵器禁止機関（OPCW）が設立され，その技術事務局が関連産業施設へのチャレンジ査察を実施している。

日本は95年3月20日の地下鉄サリン事件により，国内法（化学兵器禁止法）を先に成立させて（4月5日），後に当該条約に批准した（9月15日）。日本は，本条約に基づき，第2次世界大戦中に中国東北部に遺棄した化学兵器の廃棄作業を中国内で実施している。

⇒ ①化学兵器禁止条約，①遺棄化学兵器，②生物毒素兵器禁止条約，③化学兵器，⑤第1次世界大戦

2-77
特定通常兵器（使用禁止制限）条約
Convention on Prohibitions or Restrictions on the Use of Certain Conventional Weapons Which May be Deemed to be Excessively Injurious or to Have Indiscriminate Effects

[略語] CCW

［正式名称］過度に傷害を与え又は無差別に効果を及ぼすことがあると認められる通常兵器の使用の禁止又は制限に関する条約，採択1980年10月10日，発効83年12月2日，日本発効83年12月2日。

国際法上，国家は害敵手段（兵器）の選択について無制限の権利を有しておらず，戦闘員に対して不必要な苦痛を与える兵器の使用は禁止される。また，戦闘

191

員と文民，軍事目標と民用物の区別をして，それぞれ前者に対してのみ攻撃が認められ，無差別的効果を及ぼす兵器の使用も禁止される。これら法原則の解釈・適用の面から，特定の兵器を対象とした条約化の一つが，人道法外交会議（74〜77年）の後を受けて79・80年に開催された国連会議で採択された特定通常兵器条約である。

本条約は，基本的な枠組条約としての性格を有する条約本体と具体的な規制対象である兵器について規定している条約付属の議定書から構成される。条約は，ジュネーヴ諸条約共通第2条の事態（国際的武力紛争）に適用される。但し，ジュネーヴ諸条約第1追加議定書で国際的武力紛争に含められた民族解放戦争にも適用される。締約国となるためには，2以上の付属議定書に同意しなければならず，批准・加入国が20カ国以上で条約は発効する。本条約には，議定書の改正，追加及び議定書の適用範囲・運用について再検討会議を開催する手続きがあり，現在，再検討会議による法定立作業が実施されている。

過度に傷害を与え又は無差別に効果を及ぼすことがあると特定された兵器の付属議定書は，当初，X線で検出不可

| コラム | 動物兵士を知っていますか？ | 岩本誠吾 |

戦争は人間だけで行うものでなく，古代より現代に至るまで様々な場面で色々な動物が参戦してきた。最も身近な動物兵士は，乗用（移動用），牽引用及び輸送用に適した動物であり，それらは，海戦法規の中でも絶対的戦時禁制品として列挙されている（1909年のロンドン宣言22条）。主たる対象動物は馬であろうが，ロバ，ラバ（雄ロバと牝馬の子），牛，ラクダ及び象（インドシナ戦争やベトナム戦争で活躍）も該当する。

羊は人間の体重と同じぐらいの重さであることから，連合軍がノルマンディー上陸作戦後の地雷撤去のために羊の群れを先に歩かせて地雷を爆破させた。中国も中越紛争の対地雷作戦で羊を行進させたという。

軍馬とともに馴染みのある動物兵士として，軍用犬が指摘できる。犬は古代では攻撃・戦闘犬として活躍していたが，20世紀以降は補助戦闘員としての役割を果たしている。例えば，歩哨犬，偵察犬，伝令犬（通信犬ともいう），赤十字のマークをつけて，行方不明の負傷兵を捜索する衛生犬，食料，弾薬及び武器を運ぶ運搬犬及び電話線のリールを背負い，寸断された通信網を復旧する電信犬などである。第2次世界大戦では，ソ連は対独戦で時限発火

8　害敵手段（兵器）

な破片を利用した兵器（例えば，プラスチックやガラス片）に関する議定書Ⅰ，地雷，ブービートラップ（おもちゃ爆弾など）などに関する議定書Ⅱ，焼夷兵器に関する議定書Ⅲであった。その後，95・96年に第1回再検討会議，01年に第2回再検討会議が開催された。95年に失明をもたらすレーザー兵器に関する議定書Ⅳが追加され（98年7月30日発効），96年に議定書Ⅱが改正され（98年12月3日発効）そして01年に第1条（適用範囲）が改正された（非国際的武力紛争への適用拡大－未発効）。第3回再検討会議は，06年までに開催予定。なお，当事国数は，条約90カ国，議定書Ⅰ88カ国，議定書Ⅱ80カ国，議定書Ⅲ85カ国，議定書Ⅳ70カ国，改正議定書Ⅱ71カ国，改正第1条17カ国（03年9月2日現在）。

⇒ ①特定通常兵器（使用禁止制限）条約，②地雷，②盲目化レーザー兵器，②疑わしい兵器

2-78
地　　雷
landmine

土地や物の表面又はその下に敷設されて，人や車両の接近や接触によって爆発するよう設計された爆薬類をいう。一般的には，対戦車地雷（anti-tank（AT）

装置付き地雷をつけ，戦車の下に餌を探しに行くよう訓練された対戦車犬（自爆犬）を使った。ベトナム戦争では，米国はトンネルに潜むベトコン兵士を追う追跡犬や地雷探知犬を大いに活用した。日本は，日露戦争以降，軍用犬を活用してきた。

鳥については，地下鉄サリン事件でオウム真理教の関連施設を捜索した際に化学兵器防護服を着た警察官が「カナリア」を手にしていたことが思い出される。現在でも，南北朝鮮の休戦ラインにおいて北朝鮮が掘ったとされる地下トンネルの中で，韓国軍がカナリアを飼っていると言われているが，それも，毒ガス感知器としての鳥の軍事利用例である。

鳥の中でも鳩（軍用伝書鳩）は，普仏戦争で戦時下の通信手段として本格的に利用され始め，日本でも第2次世界大戦まで運用していた。冷戦期でも，核戦争による電磁パルスの発生で通信が不能となることから，軍用鳩の意義が指摘されていた。湾岸戦争では，衛星通信網の不通といった不測の事態を想定して，多国籍軍はスイス（永世中立国にも関わらず，国際協力の貢献を選択）から軍用伝書鳩3,500羽を貸与され，予備軍として待機させた。スイスが伝書鳩通信部隊を1994年に廃止したので，現在，軍用鳩の部隊を維持しているのはフランス軍だけである。通信手段以外に，1910年頃，特殊小型カメラを装着して地上撮影する「スパイ鳩」もいたし，1990年頃まで米国安全保障局（NSA）が旧ソ連大使館に住

第2章　安全保障と国際法

landmine）及び対人地雷（anti‐personnel（AP）landmine）がある。ロケットや迫撃砲などからの投射や航空機からの投下による遠隔散布地雷の登場により，防御的・戦術的兵器から攻撃的・戦略的兵器へとその機能が拡大した。地雷は，敷設時と起爆時が異なり，起爆させるのは攻撃側ではなく被攻撃側であり，敷設後起爆まで長期間有効である。そのため，特に対人地雷のよる文民被害が紛争終了後も多発し，その無差別攻撃的な特徴が指摘される。

使用規制として，1980年に特定通常兵器条約（CCW）の議定書Ⅱ（地雷議定書）が採択され，無差別的使用の禁止や敷設位置の記録を義務付けた。だが，地雷の著しい拡散により，90年代に地雷議定書では対処不可能な「地雷危機」が発生したために，CCW再検討会議により96年に改正地雷議定書が採択された。非国際的武力紛争への適用範囲の拡大，探知不可能な対人地雷の使用禁止（8gの鉄片を内蔵・装着するよう義務化），遠隔散布対人地雷に自己破壊・自己不活性化装置の装着（敷設後120日以内に99.9％不活性化するよう義務化）など，従来よりも使用規制が強化・改善された。

しかし，地雷危機の解決には対人地雷

む鳩に小型マイクを仕掛けて実際に盗聴活動をしていた。

海戦に関連して，米国は，1959年から海洋哺乳動物の軍事利用を研究し始め，サンディエゴ海軍基地でイルカに特殊訓練を施していた。主任務は，海底に仕掛けられた磁気感応式機雷や潜水工作員（フログマン）の攻撃から艦艇を守ることである。ロシアの黒海艦隊にもイルカ部隊があるという。イラン・イラク戦争時の1987年10月22日に米海軍は，ペルシャ湾での掃海作業支援のためにイルカを実践配備した。2003年のイラク戦争でも，米国は，兵たん補給や人道支援を積み降ろす港湾整備のために南部港湾都市ウンムカスル沖にバーレーン沖に駐留していたイルカ及びアシカを派遣した。イルカは掃海作業の支援を，アシカは海中作業の兵士の警護をしたという。

このように，動物は，武力紛争時に軍事利用されてきた。しかし，その行動能力を生かして，戦後の復興活動（掃海作業や地雷除去作業など）及び平時の活動（麻薬捜査や災害救助など）においても大いに活用されている。例えば，2003年にイスラエルでは，優れた嗅覚が買われて，地雷探知犬ならぬ，地雷探知豚の訓練が始められたという。今後とも平和目的のために様々な動物の能力を活用する研究開発が推進されると思われる。

の全面禁止が必要であるというカナダ主導のオタワ・プロセスから，97年に対人地雷禁止条約（オタワ条約）が採択された。それは，対人地雷の使用，開発，生産，貯蔵，保有の包括的禁止及び貯蔵地雷の破棄を義務付けた。オタワ条約の締約国は，130カ国以上であるが，その中には，軍事大国の米国，中国およびロシアが含まれていない。現在,対戦車地雷・対人地雷の法規制に関して，その合法性を前提とする地雷議定書（83年発効），改正地雷議定書（98年発効）及び対人地雷を違法兵器とするオタワ条約（99年発効）の3条約が相互補完的に併存している。各条約の運用状況を検討するために，第2回CCW再検討会議（01年），改正地雷議定書について年次締約国会議，そしてオタワ条約について締約国会議（発効5年まで毎年）が開催されている。そこでは，特に，文民被害をより軽減するために対人地雷以外の地雷（対車両地雷）や処理防止装置つきの対戦車地雷の使用規制が議論されている。

⇒ ①対人地雷禁止条約，②特定通常兵器条約

2-79
盲目化レーザー兵器
blinding laser weapons

1960年に出現したレーザー（laser）は，測遠機（range finder）や目標指示機（target designator）として，近代戦闘では不可欠の存在となっている。戦闘での補助装置としてだけでなく，更に対物使用（センサー破壊用）及び対人使用（兵士の盲目化用）としてのレーザー兵器の開発が，80年代に促進された。レーザーの対人使用の場合，盲目化は不必要な苦痛を与えるという視点から，対人レーザー兵器の違法化を求める国や赤十字国際委員会と，レーザー装置の利用による付随的・偶発的な盲目化が許される状況の中で，殺傷よりも盲目化の方がまだ人道的であると主張し，その合法性を主張する国が対立していた。95年の特定通常兵器条約の再検討会議で，新しい議定書Ⅳ（盲目化レーザー兵器議定書）が採択された。

当該議定書によれば，「その唯一の戦闘のための機能又は戦闘のための機能の一つとして，視力の強化されていない眼（裸眼又は視力矯正装置をつけたものをいう）に永久に失明をもたらすように特に設計されたレーザー兵器を使用すること」が禁止された。更に，当該兵器の国又は国以外の主体への移譲も禁止された（第1条）。但し，「レーザー装置（光学機器に対して使用されるものを含む）の正当な軍事的使用の付随的又は副次的な効果としてもたらされる失明」は，禁止の対象外とされた（第3条）。双眼鏡，夜間暗視装置，望遠鏡等を使用する兵士に対するレーザー使用は，第1条から禁止対象ではないと解釈するか，第3条から付随的ではなく意図的効果ゆえに禁止対象となると解釈するか，意見の対立するところである。

95年の再検討会議前には，対人用レーザー兵器として，中国が兵器フェアに「ZM-87」という携行型レーザー妨害機

を出品したり（後に回収），米国が陸軍用「レーザー対抗措置システム（LCMS）」の生産を承認した（後に生産中止）が，最終的に当該兵器が戦場で使用される前に禁止されたことは，1868年のサンクト・ペテルブルク宣言以来初めてであると高く評価された。

　　⇒ ②特定通常兵器条約

2-80
疑わしい兵器（燃料気体爆薬・小口径兵器・劣化ウラン弾・集束爆弾）

dubious weapons (fuel air explosives, small caliber weapons, depleted uranium weapons, cluster bombs)

国際法上，以下の通常兵器は，合法性の疑わしいものとしてしばしば指摘されている。

①燃料気体爆薬（fuel air explosives）これは，可燃性と揮発性の燃料から構成され，空中に散布された際に空気と燃料との混合状態（エアロゾル雲）を形成する。これが遅動発火装置によりTNT爆薬の数倍の爆風効果を発生させる。ベトナム戦争でも湾岸戦争でも使用された（BLU-82B，通称「デイジーカッター」）。地雷原の啓開として使用されるも，地域兵器（area weapons）として制御不可能な無差別的効果が非難され，人道法外交会議及び特定通常兵器国連会議で取り上げられた。しかし，禁止するまでには至っておらず，むしろ対物使用の合法性が認められている。

②小口径兵器（small caliber weapons）

1950年代までは，口径7.62mmの弾薬（NATO弾）が一般的に使用されていたが，その後5.56mmや5.45mm口径弾が開発された。弾薬の小口径化は，兵士の弾薬携行の負担を軽減し大量携行を可能にする軍事的利益（女性兵士や児童兵士による利用も可能）がある反面，害敵効果を維持するために高速度の発射が必要となり，結果的に投射された人体内で転倒効果及び複雑な組織破壊（ダムダム弾のような効果）が発生する。そのために，不必要な苦痛を与える兵器として違法であり明示的に禁止すべきとの提案が強く主張され，79年の特定通常兵器国連会議で「小口径兵器体系決議」が採択された。また，01年の特定通常兵器条約第2回再検討会議の最終宣言でもその継続的検討が確認されている。しかし，未だに当該兵器が違法であると断定されていない。

③劣化ウラン弾（depleted uranium weapons）天然ウランの濃縮の際に副産物として生じる劣化ウランが装甲を突き破る対戦車砲弾として活用されている。貫通する瞬間に燃焼するが，核爆発を伴わないので通常兵器に分類されている。その放射能汚染が，湾岸戦争症候群やボスニア紛争やユーゴ空爆でのバルカン症候群の原因として主張されている。しかし，その因果関係が充分証明されておらず，当該兵器の合法性は疑わしいが，使用禁止には至っていない。

④集束爆弾（クラスター爆弾，cluster bomb）ベトナム戦争，湾岸戦争，コソボ紛争，アフガン紛争その他の紛争で大量に使用されたクラスター爆弾

(CBU 87) は，高高度から投下された本体（親爆弾）から約200個の子爆弾が広範囲に散布され，その子爆弾が爆発することで300ぐらいの鉄片が飛び散り，広域にわたり車両や兵員を破壊・殺傷する。しかし，不発弾の発生率が高いことから，「第二の対人地雷」として無差別殺戮兵器であると非難され，特定通常兵器条約第2回再検討会議（2001年）において，クラスター爆弾規制のための専門家部会を設置し，「爆発性戦争残存物（ERW：explosive remnant of war）」との議題の下で当該兵器の使用規制を議論した。その結果，03年11月28日に「爆発性戦争残存物（ERW）に関する議定書」が採択された。

⇒ ②地雷，②特定通常兵器条約，②児童兵士

2-81
核兵器の威嚇又は使用の合法性に関する勧告的意見

advisory opinion on legality of the threat or use of nuclear weapons

国際司法裁判所（ICJ）は，1993年に世界保健機関（WHO）から，94年に国連総会から「核兵器の威嚇又は使用は，国際法の下でいかなる状況においても許容されないのか」について勧告的意見を与えるよう要請された。ICJは，WHOの活動範囲外との理由でWHOからの要請を拒否し，総会からの要請に対して96年7月8日に勧告的意見を付与した。

勧告的意見は次のようである。勧告的意見の要請に答える（13：1）。核兵器の威嚇又は使用を特別に許可する慣習法も条約法もない（全員一致）。核兵器の威嚇又は使用それ自体を包括的に禁止する慣習法も条約法もない（11：3）。国連憲章2条4項や51条の要件を満たさない核兵器による武力の威嚇又は行使は違法である（全員一致）。核兵器の威嚇又は使用は，国際人道法の原則（区別原則及び不必要な苦痛を与える兵器の使用禁止原則）並びに規則の要件と両立しなければならない（全員一致）。以上から，核兵器の威嚇又は使用は，国際人道法の原則及び規則に一般的には違反する。ただし，国家存亡の危機である自衛のような極限状況では，核兵器の威嚇又は使用が合法か違法かについて結論付けることができない（7：7，裁判長の決定投票により8：7）。

この勧告的意見について，核兵器使用の違法性が確認されたと判断する者もいれば，自衛の場合に核兵器使用の違法性を結論付けられないということは違法ではないと理解して，核兵器使用の合法性が確認されたと判断する者もいる。その場合の自衛とは，個別的自衛権に限定するのか，それとも集団的自衛権の場合も含むのか不明である。また，自衛の場合でも核兵器使用が違法であると判断しても，核兵器の第2使用が同種復仇として違法性が阻却されるのかも，議論の余地を残している。

⇒ ②原爆判決

2-82
新 兵 器

new weapons

国際法上,害敵手段(兵器)は,実体法として,「不必要な苦痛を与える兵器の使用禁止原則」及び「無差別的効果を及ぼす兵器の使用禁止原則」という一般原則と特定兵器の使用を禁止・制限する個別具体的な条約の双方によって相互補完的に規制されている。また,手続法として,新兵器の合法性に関する国内審査手続き(ジュネーヴ諸条約第1追加議定書36条)及び特定通常兵器条約の再検討会議という枠組みにおける国際審査手続き(特定通常兵器条約8条)により,法規制の強化が図られている。

この中で,新兵器の合法性に関する国内審査手続きは,従来から,軍事機関の内部規則として実施されていたことがあった。しかし,科学技術の飛躍的な発展状況の中で,当該手続きを第1追加議定書締約国の法的義務として明示することで,合法性問題が注意深く検討されずに戦争の手段・方法が採択されることのないように締約国は努力することが期待された。具体的には,国家が新兵器の研究,開発,取得又は採用に当たって,自国が締約国になっている条約その他国際法に照らして,その使用の合法性を判断する。

その結果,特定兵器の使用を容認するか,規制するか又は禁止するかが決定される。もっとも,国内の法的判断は,一国の判断であり,国際法的には拘束力はない。法審査の実施国は,兵器の製造国及び購入国である。日本が第1追加議定書を批准した際には,新兵器の合法性に関する国内手続きを制度化する必要があろう。

たとえば,米国は,1993年に爆発力5kt以下の小型(低威力)核兵器の研究・開発を禁止した「スプラット・ファース条項」の廃止・修正問題が検討された結果,2004年度国防権限法では小型核兵器及び地下貫通型核兵器の研究 が認められた(03年5月)。米国は第1追加議定書当事国ではないが,国内審査制度を有しており,今後,開発,製造,配備及び使用の各段階において,国内手続きとして当該兵器に関する国際法審査が実施されることになると思われる。

⇒ ②特定通常兵器(使用禁止制限)条約,②疑わしい兵器

9　人道法適用

2-83
国際人道法の履行確保手段
ensured measures of enforcement of the International Humanitarian Law

国際人道法の履行を確保する手段は,国家単独の措置で事前予防措置(公知,法律顧問),国家単独の措置で事後措置(戦時復仇,軍法会議,軍事法廷),国際

的な事前予防措置（利益保護国制度，赤十字国際委員会）及び国際的な事後措置（国際事実調査委員会，国際軍事裁判）に大別できる。

公知（dissemination）及び法律顧問（legal advisers）：国家は，従来，軍隊に対する訓令（1907年のハーグ陸戦条約1条）及び軍事教範によって人道法の履行を確保しようとしてきた。しかし，第2次世界大戦では人道法の履行確保が十分でなかったことから，ジュネーヴ諸条約は，平時であれ戦時であれ，締約国に軍隊及び住民に対する諸条約の普及義務を課した（Ⅰ47条，Ⅱ48条，Ⅲ127条，Ⅳ144条）。第1追加議定書でも，人道法の普及義務が課せられた（83条）。他方，諸条約429か条，追加議定書130か条その他人道関連条約の増加（人道法の複雑化及び当該範囲の拡大化）により，軍隊内に人道法に精通した法律顧問を設置する必要性が急速に認識されるようになった。こうして，第1追加議定書は，軍隊内に人道法の適用や軍隊向けの訓令について指揮官に助言する法律顧問の設置を義務付けた（82条）。更に締約国は人道法の適用を容易にするために資格要員の訓練しなければならない（6条）。

戦時復仇（belligerent reprisals）：一般的な復仇概念は，他国の国際法違反行為に同程度の違反行為で対抗することをいう。特に，戦時復仇は，文民の地位を利用した個人による戦争法違反の敵対行為に対抗して，交戦者が文民や捕虜に対して行う報復行為であった。戦時復仇は，均衡性の条件が不明確であり，乱用され相互に拡大する危険性があり，履行確保手段としては不適切であった。それ故，ジュネーヴ諸条約では，被保護者（傷病兵，難船者，捕虜，文民）に対する復仇は禁止され，人質をとる行為も禁止された。更に武力紛争時文化財保護条約により文化財を，第1追加議定書により一般住民，礼拝所，住民の生存に不可欠な物，自然環境及び危険な威力を内蔵する工作物を復仇の対象とすることが禁止された。通常兵器の使用による違法行為に対する大量破壊兵器による復仇は，均衡性の条件から正当化されないが，大量破壊兵器の使用に対する同種復仇については意見が対立している。

利益保護国制度（protecting power system）：ジュネーヴ諸条約では，紛争当事国以外の第三国に紛争当事国の人道法の履行監視を依頼する利益保護国制度及び代理制度を規定した。しかし，任務を遂行する第三国の受諾と相手紛争当事国の承認が必要であり，相手紛争当事国は第三者が自国領域や占領地域内に入ることを望まないから，当該制度はあまり利用されていない。替わって，赤十字国際委員会が代理機関として任務を引き受けて活動する場合がしばしばある。

国際事実調査委員会（International Fact-Finding Commission）：1977年の第1追加議定書は，人道法の重大な違反行為の申し立てに対する事実調査機関として個人資格の15名から成る常設の国際事実調査委員会を規定した（90条，91年に設置）。但し，事実調査及び周旋は，当委員会の権限を同一の義務を受諾する

他の締約国との関係で事前に受諾した締約国において行われるか,一方の紛争当事国が調査を要請し,他の紛争当事国が同意した場合にのみ実施される。03年6月現在,第1追加議定書締約国161カ国のうち,65カ国が同委員会の権限を受諾する宣言をした。

　　⇒ ②国際人道法,②軍法会議と軍事法廷,②赤十字国際委員会,②国際刑事裁判所,②軍事教範と交戦規則,②ジュネーヴ諸条約,②ジュネーヴ諸条約追加議定書

2-84
赤十字国際委員会
International Committee of the Red Cross

[略語] ICRC

アンリ・デュナンの発案で戦争犠牲者の救護活動のために1863年に設立され,1876年に名称を「負傷兵救護国際委員会」から現在のものに変更した。定款によれば,15～25名までのスイス人で構成するスイス民法に基づいた法人である。本部はジュネーヴにあり,50カ国以上で約8,500人の職員が活動している。紋章はデュナンの母国スイスに敬意を表するためにその国旗の配色を転倒して作成した白地に赤十字,標語は「戦いの中にも慈悲を」である。任務は,中立・公平・独立機関として戦争犠牲者の保護と援助,各国赤十字・赤新月社の承認,国際人道法の改善・普及等である。国際赤十字・赤新月社連盟や各国赤十字・赤新月社とともに,国際赤十字の重要な構成要素である。スイスの国内NGOでありながら,1949年のジュネーヴ諸条約で人道的イニシアチブの権利(利益保護国任務の引受け,捕虜訪問,救済品援助等)が認められている。但し,関係紛争当事国の同意がなければ,活動は不可能である。また,90年の国連総会決議によって総会オブザーバーの地位も付与された。

　　⇒ ②ジュネーヴ諸条約,②国際人道法の履行確保手段

2-85
戦争犯罪及び人道に対する罪に対する時効不適用条約
Convention on the Non-applicability of Statutory Limitations to War Crimes and Crimes against Humanity

1968年11月26日国連総会採択,70年11月11日発効,02年3月現在の締約国数46カ国。日本は未批准。60年代半ばに第2次世界大戦のドイツ戦争犯罪人のうち未逮捕者が時効成立によって訴追されなくなる恐れが出てきたために,国連人権委員会がこの問題を取り上げ,国連総会が本条約を採択した。国際法上の重大犯罪であって犯行の時期に関係なく時効が適用されない犯罪は,戦争犯罪(ニュールンベルグ裁判所条例及びニュールンベルグ原則での戦争犯罪,特にジュネーヴ諸条約での重大な違反行為)と人道に対する罪(上記の条例・原則での人道に対する罪,武力攻撃や占領による追立て,アパルトヘイト政策での非人道的行為,ジェノサイド条約でのジェノサイド(集団

殺害）罪）である。締約国は犯罪人引渡しや時効の不適用に必要な国内立法措置の義務がある。欧州審議会諸国は，人道に対する罪の広範な定義のため本条約を受け入れがたく，別に欧州時効不適用条約を採択した（欧州審議会1974.1.25採択，未発効）。なお，98年の国際刑事裁判所規程にも裁判所管轄の犯罪について時効の不適用が規定された（29条）。

　　⇒ ②戦争犯罪，②人道に対する罪，②国際刑事裁判所

2-86
上官責任
command responsibility

軍隊において部下が戦争犯罪を行った場合に，上官はどのような責任を負うのかについて，上官自らが部下に命令した行為についてのみ責任を負うとする説と部下の戦争犯罪行為すべてについて責任を負うとする説が対立していた。1977年のジュネーヴ諸条約第1追加議定書はその中間説を取り，部下の違法行為を知っていたか若しくは知りうる状況にあったにもかかわらず，当該行為の防止のために自己の権限内にある実行可能なすべての措置を取らなかった場合に，刑事責任・懲戒責任を負う（86条2項）とした。また，国際刑事裁判所規程でも，軍司令官その他の上官が権限下にある軍隊を適切に統制することを怠った結果として当該軍隊が戦争犯罪等を行った場合に，犯罪を了知していたか，了知すべき状況にあったとき，又は権限内の必要かつ合理的な犯罪の防止措置を怠ったときに，刑事責任を負うとした（28条）。

　上記以外に，上官は自己の指揮下にある軍隊の構成員が人道法に基づく義務を知るように確保する義務があり（第1追加議定書87条2項），軍隊に対して適当な指示を与えるために指揮官に助言する軍の法律顧問を利用できる（82条）。

　　⇒ ②上官命令，②国際刑事裁判所

2-87
上官命令
superior's order

戦闘員が戦争犯罪を行えば，個人が責任を負い，処罰される。しかし，命令服従関係から成り立つ軍隊において，上官の命令により部下が戦争犯罪を行った場合に，部下はその戦争犯罪の責任を負わない（免責事由）とするかについて議論があった。第2次世界大戦前の米国・英国は，その軍事教範で上官命令を免責事由としていたが，戦争発生後，ドイツによる戦争法犯罪が増加するにつれて，部下は上官の合法な命令のみ遵守し，違法な命令の遵守は刑罰の軽減事由であるとの意見に変更していった。

　戦後のニュールンベルグ裁判所条例・東京裁判所条例（8条，6条）では，政府や上官の命令に従った事実は，刑罰の軽減のために考慮することはあっても，被告の責任を免除しないと規定した。1996年の「人類の平和と安全に対する犯罪法典草案」も同趣旨である（6条）。部下の刑事責任の明確化と軍の規律保持の要請との調和点を規定することは困難であり，ジュネーヴ諸条約及びジュネー

ヴ諸条約第1追加議定書では，上官命令に関する規定が置かれなかった。98年の国際刑事裁判所規程（2002年7月1日発効）では，①部下が政府又は上官の命令に従うべき法的義務を負っていること，②部下が命令の違法性を知らなかったこと，及び③命令が明白には違法でないこと，の三条件を満たす場合を除いて，上官命令によって部下個人の刑事責任を免除しないと規定した（33条1項）。集団殺害（ジェノサイド）や人道に対する罪を命ずることは明白に違法である（同条2項）。言い換えれば，部下による犯罪行動の実行拒否の可能性がなく，部下による明白な違法性の認識がない場合には，免責される可能性があるということである。

⇒ ②上官責任，②人類の平和と安全に対する犯罪法典草案，②国際刑事裁判所

2-88
軍事教範と交戦規則
military manuals and rules of engagement

各国軍隊は，軍隊構成員に国際人道法の理念や概要を理解させ，具体的にそれを実施・適用させるために，軍事教範（又は軍事提要）や交戦規則（ROE：Rules of Engagement）を作成することがある。国際法（国際人道法）は，国内法と比較して，未整備及び不明確の部分がしばしばあり，その適用上各国の解釈に依存せざるを得ない余地がある。国家は，人道法に関して自国の解釈・法的立場を事前に軍隊構成員に対して明示しておく必要性から，1863年の米国陸戦訓令（リーバー法）以来，自国の法解釈に基づいて人道法の概要を説明した教範を数多く公表してきた（例えば，米国のFM 27-10，AFP110-34，NWP9A）。しかし，それはあくまで1国軍隊の内部文書なので，国際法上有効であるというわけではないが，慣習法形成における証拠・国家実行となり得る。

ROEとは，国家・指揮当局が特定の軍事作戦で前線の軍隊構成員による軍事力の行使を統制する（戦闘行為の開始，継続及び停止に関する状況及び限界の提示）ために発する簡便で且つ具体的な指令・命令（通常，非公開）をいう。また，個別作戦用ROEのダイジェスト版である「ROEカード（英軍ではオレンジ・カード）」を従軍戦闘員全員への配布用に作成することもある。米国がそれを朝鮮戦争以降に導入し始めた当初は，米ソ冷戦期において前線部隊の不用意な交戦による核戦争の危険性を回避するためであった。冷戦後には，敵の殲滅を目的とする戦争とは別に，多様な政治目的のために武力行使を限定的に使用する「戦争以外の軍事作戦（MOOTW：Military Operations Other Than War）」が飛躍的に活用されてきた。たとえば，国連PKO並びに政情安定化，治安維持及び人道支援などの諸活動（単独軍又は多国籍軍による）のように，政治が軍事組織を統制し外交の延長として軍事力を利用することから，ROEの重要性がより一層増加してきた。ROEは，1国の軍隊

用と多国籍軍用（たとえば，国連PKOのSOPやNATOの統合共同ROE），また標準用と個別作戦用に分類できる。これは，西欧民主国家及び国連や国際的枠組みの指揮当局にとってシビリアン・コントロールの重要な手段と言える。

ROEは国際人道法上合法なものでなければならないが，その時の作戦，政策目標及び外交上の考慮により一層制約された行動準則となる。ROEも，軍事教範と同様に軍隊の内部文書なので，国際法上有効というわけではないが，戦闘員が人道法上違法行為を犯した場合に，ROEの違反事実があったか否かは個人責任の追及において重要な争点となる（1968年のソンミ村事件）。なお，日本の防衛庁は，2000年に包括的なROEの作成を3自衛隊に指示し，現在「部隊行動基準」として作成中である。

⇒ ②国際人道法，②多国籍軍の分類，②平和維持活動

2-89
海上武力紛争法サンレモ・マニュアル
San Remo Manual on International Law Applicable to Armed Conflicts at Sea

伝統的な海戦法規は19世紀までの国家実行を基に形成され，大部分が慣習国際法である。その後，2度の世界大戦を経て軍事技術の進歩により海戦の手段・方法が大変革したこと（潜水艦，長距離ミサイル，航空機）や新しい国際法（国連憲章，海洋法，環境法，航空法）が登場したことで海戦法規がどのような影響を受けどのように変化したのか明確にしなければならない状況にあった。また，1977年のジュネーヴ諸条約追加議定書は主として陸戦法規を対象としていたこと及び海戦が勃発した（フォークランド紛争，イラン・イラク戦争）ことにより，海戦法規の現代化が急務の課題となった。イタリア・サンレモにある人道法国際研究所での円卓会議（個人資格の政府，海軍，大学，赤十字委員会の専門家が出席）において87年から94年まで検討し完成させたのが，本マニュアルである。その位置付けは，現代海戦法規の普及と理解を図り，各国海軍の統一的なマニュアル作成のための指針となり，将来の条約化のための基礎を提供することである。

本マニュアルには次の特徴がある。①国連の集団安全保障体制との関連で伝統的中立法規の修正。安保理が平和の破壊等を認定した場合，加害国への援助は禁止され被害国への援助が可能（中立法規の公平義務からの解除）となり，安保理による経済制裁を含む強制行動が採択された場合には安保理決定が中立法規に優先する。②国連海洋法条約との調整。中立国の排他的経済水域及び大陸棚又はその上部水域での敵対行動は可能であるが，中立国の主権的権利への配慮が条件となる。中立国の群島水域や国際海峡での敵対行動は禁止する。③軍事目標概念の導入及び拡大。商船・民間機でも敵の情報システムに統合された場合には攻撃目標となる。④戦争区域（war zones）について。戦争区域を設定しても非軍事目標

への無差別攻撃は正当化されない。⑤病院船の暗号について。病院船は暗号通信装備の使用を許容されるべきである。

　以上，本マニュアルは，慣習法の法典化とともに法の漸進的発達及びあるべき法を包含するものであって，今後，海戦法規の法典化作業において重要な資料となる。

　　⇒ ②中立法規，②軍事教範と交戦規則，⑤イラン・イラク戦争，⑤フォークランド紛争

2-90
平和に対する罪
crime against peace

　平和に対する罪は，ニュールンベルグ及び東京の国際軍事裁判所条例で初めて規定された。その定義によれば，侵略戦争又は国際法違反の戦争の計画，準備，開始，実行，若しくは当該行為への共同計画・共同謀議への参画をいう。侵略戦争が戦争の違法化過程の中で国際法違反であるとしても，国際犯罪との法認識が当時確立していたかについては疑問が残る。更に，戦争という国家行為の責任を個人に負わせる条項も事後立法との批判がある。そのため，1946年の国連総会は決議によりニュールンベルグ原則を確認し，51年に国際法委員会が作成した人類の平和と安全に対する犯罪法典草案は，侵略を人類の平和と安全に対する罪とし，責任ある個人を処罰すると規定した。国連総会決議である70年の友好関係宣言や74年の侵略の定義においても，侵略戦争が平和に対する罪であることが再確認され，更に96年の人類の平和と安全に対する犯罪法典草案及び98年の国際刑事裁判所規程において，侵略の罪が国際犯罪の一類型として規定された。このような国際立法化過程から，侵略や侵略戦争は，国際法上の犯罪であることは今日否定し得ない。

　　⇒ ②侵略の定義，②人類の平和と安全に対する犯罪法典草案，②国際刑事裁判所

2-91
人類の平和と安全に対する犯罪法典草案
Draft Code of Crimes against the Peace and Security of Mankind

　1947年に国連総会は，国際法委員会（ILC）にニュールンベルグ裁判で承認された国際法原則の定式化とその原則に付与されるべき地位を明確に示す「人類の平和と安全に対する犯罪（offences，87年以降 crimes against the peace and security of mankind）法典草案」の準備を命じた。54年に4カ条から成る法典草案が提出された総会は，密接な関係にある侵略の定義の報告書が提出されるまで法典草案の検討を延期した。74年の総会で「侵略の定義」決議が採択されて，法典草案の検討が再開された。ILCは，90年以降議論され始めた国際刑事裁判所問題を法典草案から切り離して（94年に国際刑事裁判所規程草案を採択），96年に第2読会を終了した20カ条から成る法典草案を総会に提出した。それによれば，当該犯罪は国際法上の犯罪であり，責任

を有する個人は処罰される。当該犯罪類型に該当するものは，特別報告者による以前の報告書で言及されていた植民地支配，国際テロリズム，麻薬の不正取引，重大な環境破壊は削除されて，侵略罪，ジェノサイド（集団殺害）罪，人道に対する罪，組織的又は大規模な戦争犯罪に，新たに国連及び国連職員に対する罪を加えた5つの犯罪に限定された。

⇒ ②ニュールンベルグ裁判，②侵略の定義，②国際刑事裁判所，②人道に対する罪，②戦争犯罪

2-92
人道に対する罪
crime against humanity

第2次世界大戦でナチス・ドイツが枢軸国地域のユダヤ人（自国民を含む）を集団殺害したことから，ニュールンベルグ国際軍事裁判所条例は，人道に対する罪という新たな戦争犯罪概念を規定した。その定義によれば，戦前又は戦時中のすべての一般住民に対する，殺人，殲滅，奴隷化，強制的移送その他の非人道的行為若しくは政治的，人種的又は宗教的理由に基づく迫害で，平和の罪又は通例の戦争犯罪との関連で行われる行為を指す。1948年に，戦時・平時を問わず当該行為の中核である集団殺害を国際法上の犯罪として禁止するジェノサイド条約が成立した。68年の戦争犯罪及び人道に対する罪に対する時効不適用条約は，前記条例の定義に，武力攻撃や占領による追立て，アパルトヘイト政策での非人道的行為及びジェノサイド条約での集団殺害罪を加えて，独立した犯罪類型としての当該概念を拡大した。93年の旧ユーゴ国際刑事裁判所規程は，人道に対する罪から集団殺害を除き独立させるとともに，民族浄化や集団レイプの多発を考慮して，残りの部分に新たに拘禁，拷問及びレイプを加えた（1994年のルワンダ国際刑事裁判所規程，1996年の人類の平和と安全に対する犯罪法典草案及び1998年の国際刑事裁判所規程も同様）。本犯罪類型は，もはや慣習法化している。

⇒ ②ニュールンベルグ裁判，②戦争犯罪及び人道に対する罪に対する時効不適用条約，②旧ユーゴ国際刑事裁判所及びルワンダ国際刑事裁判所

2-93
戦争犯罪
war crimes

第2次世界大戦前の戦争犯罪（戦時犯罪又は戦時重罪）は，①軍隊構成員による交戦法規違反，②非戦闘員による武力敵対行為，③スパイ（間諜）と戦時反逆（利敵行為），④剽盗（戦場での略奪など）をいい，交戦国は交戦中にのみ当該実行者を捕らえて処罰することができた。1949年のジュネーヴ諸条約は，中でも当該条約に対する重大な違反行為について，締約国に処罰規定の立法及び容疑者の捜査，公訴又は引渡しを義務付けた。77年の第1追加議定書は，住民又は民用物への無差別攻撃などを追加し拡大した重大な違反行為を戦争犯罪と位置付けた（85条）。他方，ニュールンベルグ及び東京

の国際軍事裁判所は，通例の戦争犯罪と称する上記のもの（狭義の戦争犯罪）に，新たに平和に対する罪と人道に対する罪を加えて（広義の戦争犯罪），戦後に戦争犯罪人を処罰した。その後，国連安全保障理事会によって設置された旧ユーゴ（1993年）及びルワンダ（1994年）の国際刑事裁判所は，人道法違反，集団殺害及び人道に対する罪について管轄権を有し，更に1998年の国際刑事裁判所規程（2002年7月1日発効）は集団殺害罪，人道に対する罪，戦争犯罪，侵略の罪の4つの国際犯罪について裁判権を有し，ともに個人の刑事責任を追及する。戦争犯罪に関して，①内容の拡大，②国際犯罪化，③管轄する国内裁判所の普遍化だけでなく，国際刑事裁判所による刑事責任の追及方法の追加，といった特徴が見られる。

⇒ ②平和に対する罪，②人道に対する罪

2-94
軍法会議と軍事法廷（軍律法廷）
Court Martial and Military Commission

戦争犯罪人を裁くためには，国際裁判所として，東京裁判やニュールンベルグ裁判のように戦勝国が臨時に設置した国際軍事裁判所，安全保障理事会決議によって特設された旧ユーゴ国際刑事裁判所（1993年）・ルワンダ国際刑事裁判所（94年），更に多数国間条約により常設機関として設立された国際刑事裁判所（02年発効）がある。

他方，個別国家が独自に設置する軍事裁判所として，軍法会議（Court Martial）と軍事法廷（Military Commission，日本では軍律法廷と称された）がある。前者は，自国の軍人・軍属を主たる対象とし，軍規の維持のために法律（日本では陸軍刑法・海軍刑法）に基づき審判する特別裁判所・司法機関である。違反者には，刑罰（死刑，懲役，追放，科料，没収など）が課せられる。一方，後者は，作戦地・占領地の安寧，自軍の安全確保及び戦争作戦行動や占領地行政の円滑化のために，軍規則（Military Regulation，日本陸軍では軍律，日本海軍では軍罰規則）を敵国・第三国の戦闘員・非戦闘員に適用し，その違反者を審判する行政機関・準司法機関である。違反者には，軍罰（死，監禁，追放，過料，没取）が課せられる。前者は法律（日本では陸軍軍法会議法・海軍軍法会議法）により設置された機関であるのに対して，後者は作戦地・占領地の軍最高指揮官が適宜設置した機関である。軍規則（軍律又は軍罰規則）も当該最高指揮官が必要に応じて制定したものである。軍規則は，主として敵国軍人による国際法違反行為（戦争犯罪），並びに主として非戦闘員による自軍への敵対行為（軍用鉄道の破壊，間諜，兵器奪取など戦時反逆罪・敵軍幇助罪）を規定する。軍事法廷の手続きは，軍法会議の司法手続きに準じているが，非公開・非弁護・一審終審制など人権保障を欠くとの批判がある。

第2次世界大戦に関する米軍によるBC級戦犯法廷である横浜法廷やマニラ

法廷は，米国のMilitary Commissionであり，日本の軍律法廷に該当する。また，01年9月11日のテロに関連したアフガン紛争で拘束され，キューバ・グアンタナモ米軍基地に移送されたアル・カイダ兵・タリバーン兵を戦争犯罪人として処罰するために米国が設置した法廷も，このMilitary Commissionである。

⇒ ②東京裁判，②ニュールンベルグ裁判，②旧ユーゴ国際刑事裁判所及びルワンダ国際刑事裁判所，②国際刑事裁判所，②アル・カイダ兵とタリバーン兵の捕虜待遇問題

2-95
ニュールンベルグ裁判
Nuremberg Trial

1943年のモスクワ宣言に従って，米・英・仏・ソ連の4カ国が45年8月8日に欧州枢軸諸国（ナチス・ドイツを想定）の主要戦争犯罪人を訴追・処罰するためのロンドン協定（19カ国が後に加入）及び同付属書（国際軍事裁判所条例）を締結した。ニュールンベルグに設置された国際軍事裁判所は，当該4カ国の裁判官から構成され，平和に対する罪，戦争犯罪，そして人道に対する罪に関して個人責任を追及した。ゲーリングを含む被告人22名は，事後立法による処罰禁止，罪刑法定主義の違反及び個人責任の追及不可を主張したけれども，裁判所はこれを排し，46年9月30日と10月1日に判決（絞首刑12名，無期禁固刑3名，20年～10年禁固刑4名，無罪3名）を下した。

初めて国際裁判という形式で個人が戦争責任を追及・処罰された。国連総会は同年12月にニュールンベルグ裁判所条例及び判決により認められた国際法の諸原則を全会一致の決議で確認し，48年に人道に対する罪に関連するジェノサイド条約を採択した。その後もニュールンベルグ原則の法制化は進められた。一般的にニュールンベルグ裁判は，上記の主要戦争犯罪人の国際裁判を指すが，それとは別にドイツ管理理事会法律第10号によるニュールンベルグ米軍事裁判所（47年－49年）もある。

⇒ ②平和に対する罪，②人道に対する罪，②戦争犯罪

2-96
旧ユーゴ国際刑事裁判所及びルワンダ国際刑事裁判所
International Criminal Tribunal for the Former Yugoslavia (ICTY) and International Criminal Tribunal for Rwanda (ICTR)

国連安全保障理事会は，1993年2月22日に，91年以降に旧ユーゴスラヴィアにおいて集団殺害，強制収容，レイプ，民族浄化などの非人道的行為が生じた状況は国際の平和及び安全に対する脅威であると認定し，国際裁判所を設立すべきことを決定した（決議808）。そして，5月25日に裁判所規程に関する事務総長の報告書を承認して，旧ユーゴ国際刑事裁判所を設立した（決議827）。同裁判所は，国連憲章第7章の下で取られる強制措置として設置された安保理の補助機関であ

り，ハーグに設置され11月に開廷した。同裁判所への各被告人の引渡し及び移送は，強制措置の一環として，国連憲章25条・41条・103条より各国の義務とされた。

裁判所は，91年1月1日以降の①ジュネーヴ諸条約の重大な違反，②戦争の法規慣例の違反，③集団殺害，④人道に対する罪を犯した個人の刑事責任を追及するが，国内裁判所との管轄権の競合を認めている。二審制（第1審裁判部二つと上訴裁判部一つ）で，11名の裁判官で構成される。刑罰に死刑がなく，拘禁刑に限る。ミロシェビッチ前ユーゴ大統領も戦犯として起訴されていたが，身柄が法廷に引き渡されたことにより，01年7月から罪状認否が行われ，02年2月から公判が始まった。

ルワンダでは，多数派のフツ族と少数派のツチ族との内戦が90年以降継続していた。94年4月6日の大統領機撃墜事件で部族抗争が激化し，双方による集団殺害を含む非人道的行為（死者50万人以上）の責任者を訴追すべきであると国連内で考えられた。既に設置されている旧ユーゴ国際刑事裁判所が権限を拡大してルワンダ事態を取り扱うべきとの意見には反対意見もあり，別組織として設立されることになった。安保理事会は，94年11月8日に，ルワンダの国内事態が国際の平和及び安全に対する脅威であると認定して，憲章第7章の下でルワンダ国際刑事裁判所を設置した（決議955）。内戦ゆえに適用法規は旧ユーゴ裁判所と異なるが，裁判所規程及び手続き証拠規則はそれに準拠して作成され，上訴裁判部裁判官及び主席検事は，旧ユーゴ裁判所と兼務である。

裁判所は，94年1月1日から同年12月31日までにルワンダ領域内で発生した①集団殺害,②人道に対する罪,③ジュネーヴ諸条約共通第3条及び第2追加議定書の違反を犯した個人の刑事責任を追及する。法廷は，隣国タンザニアのアルーシャに設置された。

⇒ ②内戦，⑤コソボ紛争とNATO攻撃

2-97
国際刑事裁判所
International Criminal Court
略語 ICC

1948年の集団殺害防止処罰条約（ジェノサイド条約，51年発効）及び73年のアパルトヘイト犯罪抑圧処罰条約（76年発効）において，それぞれの犯罪処罰のために犯罪行為地国の国内裁判所以外に国際刑事裁判所を予定していた。国際法委員会は，従来，同裁判所問題を「人類の平和と安全に対する犯罪法典草案」の中で審議していたが，90年以降当該事項を法典草案から切り離して，94年に国際刑事裁判所規程草案を採択した。その後，国連外交会議により国際刑事裁判所設立条約（ローマ条約）が採択された（98年7月17日）。管轄権を有する犯罪類型及び刑事手続きから成る全128カ条の裁判所規程は，60カ国の批准により02年7月1日に発効した（03年9月現在，締約国数92カ国）。

裁判官18名から成る常設の同裁判所（ハーグに所在）は，本規程の発効後の①集団殺害罪，②人道に対する犯罪，③戦争犯罪，及び④侵略の犯罪（④は構成要件などの採択後に適用可能）を行った個人を，国内裁判所を補完するものとして，訴追・処罰する。

米国は，海外に派遣した自国兵士が政治的理由で戦争犯罪人として訴追されることを懸念し，02年5月にローマ条約の署名を拒否し，同年7月12日にPKO要員の訴追を7月1日からの1年間猶予させる安保理決議1422を採択させた（03年6月12日にも同様の決議1487採択）。更に，米国兵士が派遣されている外国と同兵士の身柄をICCに引き渡さないという二国間協定を締結して，ICCの裁判管轄権を無力化しようとしている。

⇒ ②人類の平和と安全に対する犯罪法典草案，②平和に対する罪，②人道に対する罪，②戦争犯罪

2-98
日本における国際人道法の適用
application of the International Humanitarian Law in Japan

日本で初めて国際人道法（戦争法）の考え方が導入されたのは，高松凌雲（幕府奥詰医師），佐野常民（佐賀藩），花房義質（備前藩）が1867年のパリ万博で負傷兵救護国際委員会（後の赤十字国際委員会）による赤十字活動の展示館を見学したことに始まる。高松は，帰国後榎本武揚軍に合流し，函館戦争（1869年）において赤十字の理念を実践して，敵味方区別なく負傷者を治療した。1877年の西南戦争では，大給恒と佐野常民が有栖川宮熾仁親王の許可を得て博愛社（1886年に日本赤十字社と改名，博愛社の記章は日の丸の下に赤で横一本棒）を設立した。その後，日本は1886年に1864年の赤十字条約に加入した。

日清戦争では，「国際法ニ戻ラサル限リ」一切の手段を尽くすようにと戦争宣言で言及されていたように，日本は当該条約を忠実に実践した。更に，1899年のハーグ会議で戦争法関連の2条約3宣言を無留保で署名し，翌年に批准した。日露戦争でも「凡ソ国際条規ノ範囲内ニ於テ（第1次世界大戦も同文）」一切の手段を尽くすようにと戦争宣言で述べていたように，開戦早々に俘虜関連の諸規則を整備した。もっとも，文明国入りを目指す日本は，日清・日露戦争及び第1次世界大戦で敵国や欧米先進中立国に対して戦争法を遵守したと言えるが，朝鮮・中国に対してそうではなかったとの批判がある。

太平洋戦争の戦争宣言に国際法遵守の文言が欠落していることも明らかなように，東条英機の「戦陣訓（生きて虜囚の辱めを受けず）」による捕虜の軽視その他戦争法違反（戦争犯罪）が多発し，4,300名余りの軍人がBC級裁判で処罰された。その反省から，日本は1951年の対日平和条約締結時の宣言で同条約発効後1年以内に1949年のジュネーヴ諸条約に加入することを約束させられ，1953年に同条約に加入した。しかし，憲法問題や世論により，2003年の有事関連法の成立

時までジュネーヴ諸条約関連の国内法整備に関心が払われなかった。2003年10月現在、日本は1954年の武力紛争時文化財保護条約や1977年のジュネーヴ諸条約追加議定書Ⅰ・Ⅱを批准していないが、人道法先進国となるためには特に後者の批准及びその国内法整備が喫緊の課題である。

　　⇒ ②赤十字国際委員会, ②ジュネーヴ諸条約, ②ジュネーヴ諸条約追加議定書

2-99
東京裁判（極東国際軍事裁判）
Tokyo Trial (International Military Tribunal for the Far East)

1945年のポツダム宣言にある戦争犯罪人処罰条項に基づき、翌年1月に連合国最高司令官の命令により、極東国際軍事裁判所条例が公布された。連合国による占領管理の一環としての本裁判は、極東委員会を構成する連合国から1名ずつ計11名の裁判官で構成され、ニュールンベルグ裁判と同様、平和に対する罪、通例の戦争犯罪及び人道に対する罪について個人責任を追及した。46年5月から48年11月までの審理の結果、平和に対する罪・戦争犯罪により政・官・軍からの被告人（絞首刑7名、終身禁固刑16名、20年〜7年禁固刑2名）全員に有罪判決が下された（人道に対する罪の訴因は認められず）。インド出身のパル判事は、多数意見を批判して、全員無罪の反対意見書を提出した。ニュールンベルグ裁判と同様に、平和に対する罪のような事後立法による処罰が罪刑法定主義に反すること、これまで国際法上国家行為に対して個人責任を追及しなかったこと、裁判官がすべて戦勝国出身であり、敗戦国の行為のみを裁判する「勝者の裁き」であったこと、などの批判がある。しかし、本裁判は、戦後のニュールンベルグ原則の定式化を経て1998年の国際刑事裁判所規程の採択へと至る国際犯罪を行った個人の処罰制度に関する国際法の発展過程における出発点としての意義は極めて大きい。

　　⇒ ②ニュールンベルグ裁判, ②平和に対する罪, ②戦争犯罪

2-100
原爆判決（下田事件）
Shimoda Case

広島及び長崎の原爆被爆者5名（下田隆一他4名）が、国際法違反の原爆投下により生じた賠償責任は米国にあるが、対日平和条約において米国に対する請求権を放棄したために日本政府がその賠償責任を負うと主張して、日本政府を相手に被爆による損害賠償を求めた民事訴訟事件である（東京地裁、1963年12月7日判決、下民集14巻12号2435）。

判決は、被害者個人が加害国への損害賠償請求権を保有しておらず、国内法上の請求権も日米両国の国内裁判所は認めないことから、対日平和条約で放棄した権利を保有してないとして、原告の請求を棄却した。しかしながら、原告は、原爆投下の違法性に関する判決の評価に賛成し控訴を放棄して、第1審判決が確

定した。

判決によれば，慣習法上，防守都市・地域（地上兵力による占領の企図に抵抗している都市・地域）に対しては無差別砲爆撃が許されるが，無防守都市・地域では軍事目標のみ攻撃可能であった。当時の広島・長崎は，無防守都市であり，軍事目標しか攻撃できなかったにもかかわらず，原爆投下はその巨大な破壊力から無防守都市に対する無差別攻撃であり，国際法上違法な戦闘行為である。更に原爆のもたらす苦痛は，毒・毒ガス以上のものであり，不必要な苦痛を与える害敵手段は禁止されるという戦争法の基本原則に違反する。

本判決は，核兵器使用の合法性に関する初めての判決であり，外国では「シモダ・ケース」として有名である。核兵器の合法性・違法性に関する学説は，大別して，①核兵器の使用を禁止した条約がないということから合法説，②軍事目標主義に合致するか否かで判断する条件付合法説（条件付違法説），③区別原則や不必要な苦痛を与える兵器禁止原則にその特殊性から本来的に反するという違法説に分かれる。判決は，最初に，②に基づいて，原爆投下も軍事目標に限定できれば合法であり，軍事目標に限定できなかったから違法と判断している。しかし，更に③に基づいて，不必要な苦痛を与える兵器の禁止原則を援用している。このように，判決の根拠付けが動揺していることから，本判決が核兵器の使用の違法性に関して採用したのは条件付違法説なのか，それとも絶対的違法説なのか，なお疑問が残されている。

⇒ ②軍事目標主義，②核兵器の威嚇又は使用の合法性に関する勧告的意見

10　イラク関連事例

2-101
湾岸危機と湾岸戦争

Gulf Crisis and Gulf War

1990年8月2日にイラクがクウェートに武力侵攻したことを受けて，同日国連安全保障理事会は憲章39・40条に基づき，「国際社会の平和及び安全の破壊」の存在を認定して，イラクに即時無条件の撤退要求決議660を採択した。その後無条件の撤退が実現していないことから，8月6日に41条に基づき，経済制裁決議661が採択された。米国を含む多国籍軍は，51条の集団的自衛権の基づいてサウジアラビアやペルシャ湾に派遣されていたが，経済制裁決議の実施のために航行中の船舶に介入するに及び，海上阻止行動（interdiction at sea）の法的根拠が問題となった。そのために，8月25日に決議661の厳格な履行確保するために出入り船舶に対する限定的武力行使の容認決議665が採択された（武力行使は容認さ

れていないとの解釈もある）。更に，9月25日には空域封鎖決議670が採択された。それは，航空運輸の安全確保（決議661実施のための武力行使の否定）を前提に，イラク向けの空輸を禁止することであった。そして，安保理は，11月29日にイラクに対して「善意の猶予」として諸決議を遵守する「最後の機会」を与えると規定し，多国籍軍に対して91年1月15日以降の武力行使を容認する決議678を採択した。限定的であれ全面的であれ，武力行使の法的根拠について様々な議論があるが，安保理による後の実行からすれば，国連の内在的権限又は黙示的権限により多国籍軍に武力行使を容認したと考えられる。

様々な平和的解決努力の甲斐もなく，91年1月17日にクウェート解放のために湾岸戦争「砂漠の嵐作戦」が航空戦から始まった。2月24日に地上戦となり，2月28日には多国籍軍及びイラク軍の戦闘停止命令が出された。3月2日には，正式な停戦に向かうためにイラクの遵守すべき条件が提示され（決議686），停戦のための軍司令官協議が行われた。4月3日の決議687は，正式な停戦のための条件（国境の画定，大量破壊兵器解体のための委員会設置，損害賠償など）を提示した。イラクは，4月6日に停戦決議の受諾を安保理議長に通知し，安保理議長が4月11日に正式な停戦の発効を宣言した。

  ⇒ ②集団安全保障体制，②戦争の開始と終了，②多国籍軍の分類，⑤湾岸戦争

2-102
イラク飛行禁止空域
non‒fly zone in Iraq

湾岸戦争直後に，イラク北部でクルド人が，そして南部でシーア派住民が中央政府に反乱を起こしたが，米・英の軍事介入もなく，イラク政府によって鎮圧された。国内での弾圧停止や近隣諸国に避難した住民の帰国促進のために，1991年4月5日に安保理はクルド人その他民間人弾圧の即時停止決議688を採択した。米国は，同日，イラク北部に飛行禁止区域（北緯36度以北）の設定を宣言し，英・仏と共同して同区域での監視飛行を実施した。同決議は，飛行禁止区域への言及が具体的にないにもかかわらず，その法的根拠とされた。南部については92年8月18日に北緯32度以南に設定した（北部区域と違って，イラク地上軍の駐留は禁止されず）。更に，96年8月31日にイラク政府がクルド人勢力下のアルビルに進攻したことで，米軍は9月3日にイラク南部の軍事施設を爆撃し，9月4日にイラク南部の飛行禁止区域を北緯33度以南に拡大すると発表した。それ以降の監視活動は，米・英軍だけとなった。国連の大量破壊兵器廃棄特別委員会（UNSCOM：United Nations Special Commission）の活動が中断した99年以降，イラクにより地対空ミサイルの発射及びそれに対する米・英による防衛施設への爆撃が断続的に行われた。

クルド人及びシーア派住民の人権保護は決議688に規定されているが，その実施方法の決定はあくまで安保理の権限である。飛行禁止区域の設定事例として，

92年10月9日にボスニア・ヘルツェゴビナ上空の全域を飛行禁止区域と設定し（安保理決議781），1993年3月31日に国連の要請によりNATOのAWACSによる監視活動・飛行禁止措置強化決議816（違反機の撃墜容認）が採択されたことがある。停戦状況という特殊事情があるとはいえ，ボスニアの事例と比較すれば，3カ国の軍事監視行動及び限定的武力行使は法的根拠に乏しいと言わざるを得ない。

⇒ ②湾岸危機と湾岸戦争

2-103
イラク空爆
air–strike in Iraq

イラクは，湾岸戦争の停戦決議の受諾により，国連大量破壊兵器破棄特別委員会（UNSCOM：United Nations Special Commission）の活動を受け入れる義務があったにもかかわらず，しばしば非協力的な態度を示し，妨害活動すらした。UNSCOMの米国人査察員の活動（スパイ容疑で）及び大統領宮殿への査察を拒否したことから，1998年3月2日に安保理は，イラクに対してUNSCOMの即時・無条件・無制限の立ち入り査察を遵守するよう要請し，「違反した場合には，最も深刻な結果（severest consequences）をもたらす」と強調した決議1154を採択した。

バース党本部の査察拒否などイラクの態度はその後も改まらず，98年12月15日にUNSCOMがイラクの全面協力を否定する内容の報告書を事務総長に提出した2日後の12月17日から19日まで，米・英軍はイラクの軍事施設に大規模空爆（砂漠の狐作戦）を敢行した。武力行使の法的根拠として決議678，687（停戦決議）及び1154（対イラク警告決議）が指摘された。決議1154の「最も深刻な結果」について，米・英は武力行使を含むとし，露・仏・中は必ずしも武力行使を意味しないと解釈が対立した。決議の主要提案国であった日本が直ちに武力行使を意味するわけではないと露・仏に働きかけ了承を取り付けた経緯はあるが，当時の軍事的対立状況からすれば，決議に軍事的行動が含まれると解釈する方が自然であった。ただし，手続き的に多国籍軍側に自動的に違反認定をする権限が付与されているのか，改めて安保理が違反認定し具体的行動を決定するのかは，意見の対立するところである。

⇒ ②湾岸危機と湾岸戦争

2-104
イラク戦争とその後
Iraqi War and its aftermath

1998年のイラク空爆以来，イラクでのUNSCOMによる査察が停止状態であった。事態打開のために，99年12月17日の安保理決議1284は，中立性が批判されたUNSCOMに替えて国連監視検証査察委員会（UNMOVIC：United Nations Monitoring, Verification and Inspection Commission，40カ国以上から230人の査察官を募り国連職員の地位を付与）を設置したけれども，イラクは査察に非協力的なままであった。米国は，単独での武

力行使も辞さない姿勢を取りつつ国際協調を探ったことで，02年11月8日に安保理決議1441が全会一致で採択された。そこには，イラクに軍縮義務を遵守する「最後の機会」を付与するとして，決議採択から7日以内に査察受け入れの回答，30日以内に大量破壊兵器関連物資の申告，45日以内に査察再開，査察開始60日以内に査察報告などを義務付け，義務違反の場合に「深刻な結果（serious consequences）に直面する」と規定された。

イラクの査察受け入れにより，11月27日からUNMOVIC及び国際原子力機関（IAEA）の活動が再開された。しかし，その後もイラクの不誠実な態度から，米・英・スペイン3カ国はイラクが軍縮の最後の機会を逸したと断定し，武力行使を容認する決議案を提案するが，仏・露・独の反対により決議案の採決を断念した。遂に，米国は03年3月17日にフセインと家族の48時間以内の国外退去を要求し，不履行の場合に武力により排除すると公表し，3月20日に米・英軍によるイラク戦争が開始された。法的根拠は決議678，687及び1441が主張された。安保理による米・英軍の非難決議は拒否権により成立不可能なので，国連は軍事行動の違法性を断定できない。しかし，査察活動が継続中であったこと，仏・露も査察活動の最終期限を検討していた事実及び義務違反の認定と「重大な結果」の具体的な実施措置の決定権限は安保理にあることから，米・英軍によるイラク戦争の法的正当性が疑問視された。5月1日に米大統領は戦闘終結宣言を発した。

それ以降，米国防総省内に既に設置されていた「復興人道支援庁（ORHA：Office of Reconstruction and Humanitarian Assistance，6月2日にCPA：Coalition Provisional Authorityに統合化）」がイラクで活動を開始するとともに，イラク人による政権成立までの移行期間に暫定的統治権を行使する米・英を中心とする最高執行機関「連合国暫定当局（CPA：Coalition Provisional Authority）が設置された（5月16日付け規則1）。5月22日に，国連安保理は決議1483で「当局」によるイラク統治を追認するとともに，1990年からの経済制裁（決議661）を解除した。10月16日の安保理決議1511は，「統合化された指揮下の多国籍軍がイラクの安全と安定の維持に貢献するためにあらゆる必要な措置をとる権限を付与（authorize）」した。イラク戦争開始の法的評価は別にして，CPAは暫定的統治機関として安保理に追認され，その多国籍軍は武力行使が容認された。

⇒ ②湾岸危機と湾岸戦争，②イラク空爆，②集団安全保障体制，②多国籍軍の分類，⑤イラク戦争

2-105
連合国暫定当局による占領
Occupation by the Coalition Provisional Authority

占領とは，他国の領域を自国の軍隊の権力下に置くことである。その場合に，占領国と占領地域との関係を規律する占領法規（1907年のハーグ陸戦規則42-56

条，1949年の文民保護条約47-78条，1977年の第1追加議定書14，15，63，69条その他）が適用される。戦時占領の場合，併合と異なり，占領地域の主権は占領国に移管しない。もっとも，準主権的な権限（立法権，行政権及び司法権）を行使する。占領国は，支障のない限り，占領地域の現行法令及び私有財産を尊重し，秩序を維持し，住民への食糧や医療品の供給を確保する義務がある。そして，占領地域の住民を人道的に待遇し，強制移送や追放，労働及び敵軍情報の提供を強要してはならない。占領地域の刑罰法令は，占領国が廃止・停止しない限り有効であり，また占領国が制定する刑罰規定も有効となる。

具体的な例として，イラク戦争後の連合国暫定当局（CPA）が占領統治をしている。CPA規則1号（2003年5月16日付）によれば，CPAは，ポール・ブレマーCPA行政官を長として，安保理決議1483（2003年）及び戦争の法規慣例に基づき，イラク人による政権成立までの期間，暫定的な統治権（行政，立法，司法）が付与された。米軍中央軍司令官が，連合軍司令官（Commander of the Coalition Forces）として，敵対行為の抑止，領域保全の維持，大量破壊兵器の捜索・破壊等を行うことによってCPAを直接支援する。CPAが停止又は廃止しない限り，03年4月16日に有効であるイラク法がCPAの権限行使を阻害しない範囲でイラク国内で引き続き適用される。CPA行政官は，統治するために規則（regulation）及び命令（order），それらの解釈や適用のための覚書（memorandum），公示（official notices）を発する。

CPA命令17号（03年6月26日付）によれば，CPA，連合軍，外交使節団及びその財産はイラクの裁判管轄権から免除される。すべての外交要員及び連合国要員（連合軍司令官の指揮下にある非イラク人の軍事・民間要員）は，イラク法及びCPAの発する規則等を尊重しなければならないが，現地の刑事・民事・行政管轄権から免除されて，もっぱら国籍国の排他的管轄権に従う。

⇒ ②イラク戦争とその後

11 対日講和

2-106
対日平和条約
Treaty of Peace with Japan

朝鮮戦争の最中という東西冷戦時の1951年9月8日に，サンフランシスコ講和会議において48カ国の連合国との間で署名，52年4月28日に発効。日本と戦争状態にあった連合国は55カ国で，同会議にソ連，ポーランド，チェコスロバキアは参加したが署名せず，中国は北京政府と国民党政府の対立から招請されず，イ

ンド，ビルマ，ユーゴは招請に応じなかった。ソ連以下社会主義国が署名しなかったために，全面講和とならず，多数講和，片面講和又は部分講和と称された。その後，ソ連と日ソ共同宣言（56年），ポーランドと国交回復協定（57年），チェコと国交回復議定書（57年），北京政府と72年に日中共同声明（国民党政府と52年に日華平和条約を締結するも72年に失効を声明），インドやビルマと二国間の平和条約（52，55年），条約発効日のユーゴによる戦争終結宣言（52年）によって，すべての連合国との戦争状態は終結した。

　本条約は，戦争状態の終結や日本の主権回復を規定する（1条）とともに，米国に琉球諸島を含む南西諸島の施政権を付与（3条）し，占領終了後にも二国間協定による外国軍隊の駐留を認めた（6条）。同時署名の日米（旧）安保条約とともに，独立後の日本を米国の自由主義陣営に組込む体制が確立された。領土問題も，冷戦期を反映して，日本が朝鮮，台湾，千島列島を放棄した（2条）けれども，放棄先の国は明記されず，後の二国間の平和条約交渉に委ねられた（26条）。日本の賠償責任は追及されるも，賠償支払能力に限界があることも理解され，役務賠償を含む寛大な賠償となった（14条）。占領期に行われた戦争犯罪に関する極東国際軍事裁判所その他の裁判は日本の受諾・執行によって正当化された（11条）。

　また，一つの議定書と二つの宣言が付属している。宣言の一つは，39年9月に日本が当事国であった多数国間条約の有効性を承認するとともに，対日平和条約発効後1年以内に加入することを約束した多数国間条約（たとえば，49年の戦争犠牲者保護に関するジュネーヴ諸条約）を列挙している。

　⇒ ②日華平和条約，②日韓基本条約，②日ソ共同宣言，②日中共同声明・日中平和友好条約，

2-107
日華平和条約

Treaty of Peace between Japan and the Republic of China

1952年4月28日署名，8月5日発効。中国代表権問題（北京政府か国民政府か）について主要連合国間で合意がなく，双方ともサンフランシスコ講和会議に招請されず，日本は独立後に日本独自の判断で対日平和条約26条に従ってどちらかと同一内容の二国間平和条約を締結することとなった。日本は，米国の強い要請により国民政府との平和条約を選択した。主要な内容は，戦争状態の終了（1条），日本の台湾放棄に対する承認（2条），国民政府の賠償請求権の放棄（議定書1項）である。交換公文1号において条約の適用範囲が国民政府の現に支配し，及び今後入るすべての領域に限定したことで，本条約は「中国」との講和条約足り得るかが，疑問視された。

　72年9月29日に日本は，北京政府との日中共同声明において北京政府を政府承認して国交を正常化するとともに，外相談話で日華平和条約の終了を発表した。同日深夜，国民政府は，対日外交関係の

断絶を宣言した。但し，共同声明後も，台湾は亜東協会を，日本は交流協会を設立して，日台間での貿易・観光等の民間交流を継続している。

　　⇒ ②対日平和条約，②日中共同声明・日中平和友好条約，②中国代表権問題

2-108
日中共同声明・日中平和友好条約
Joint Communique of the Government of Japan and the Government of the People's Republic of China ; Treaty of Peace and Friendship between Japan and the People's Republic of China

1949年10月1日に中華人民共和国が成立したことで，国連では中国代表権問題が取り上げられ，議論されるようになった。70年代に入り北京政府側が急速に有利となり，71年10月の国連総会で代表権が中華民国から中華人民共和国に変更された。71年7月の米大統領訪中の発表及び72年2月の訪中を契機として，日中国交正常化交渉が促進された。その成果としての日中共同声明（72年9月29日）で，戦争状態の終結は日中間の「不正常な状態の終了」（1項）という政治的表現で表され，台湾の領土的帰属問題は中共の復交三原則（日華平和条約の無効を含む）を理解し（前文），台湾が中共の領土の不可分の一部であることを尊重し，ポツダム宣言（台湾の返還を規定するカイロ宣言に言及）の立場を堅持（3項）すると規定された。また，中国側の戦争賠償の請求が放棄された。日本政府は，本声明と同時に，日華平和条約の失効を発表した。

同声明8項に基づき平和友好条約の締結交渉が行われた結果，外交関係樹立以降の日中関係に法的基礎を与える日中平和友好条約が78年8月12日に署名され，同年10月23日に発効した。条約交渉で難航したのは，中ソ対立の激化の中でソ連の覇権主義を非難する中国が共同声明7項で言及された反覇権条項の挿入を強く主張したことによる。中ソ対立及び米ソ対立の中での日中交渉の結果，反覇権条項（2条）の挿入とともに，本条約が第三国との関係に影響しないとする第三国条項（4条）が規定された。

　　⇒ ②日華平和条約，②中国代表権問題

2-109
日ソ共同宣言
Joint Declaration by Japan and the Union of Soviet Socialist Republics

1956年10月19日署名，12月12日発効。51年の対日平和条約は，日米安保条約の同時締結を伴うことで，自由主義陣営との講和の色彩が強くなり，ソ連を含む少数の国は調印を拒否した（部分講和）。そのため，日ソ間では，45年8月8日にソ連が対日開戦を通告して以来，法的な戦争状態が継続していた。日ソ国交正常化交渉の後に締結された日ソ共同宣言は，日ソ間の戦争状態の終了（1項），外交関係の回復（2項），日本の国連加盟支

持（4項），日本人抑留者の釈放（5項），賠償請求権の放棄（6項）を規定した。本宣言により，シベリア抑留者の引き揚げが同年完了し，日本は12月18日に80番目の国連加盟国となった。

本文書は，「共同宣言」という名称ではあるが，批准を必要とする条約（10項）であり，戦争状態の終了及び賠償請求権問題を取り扱っていることから，部分的な「講和条約」的性格を有する。但し，日ソ間の最大の交渉課題である領土問題を解決していないことから，「平和条約の締結」は後の交渉に委ねられた。9項によれば，平和条約の締結後にソ連から日本に歯舞群島及び色丹島が引き渡される。ソ連は，60年の日米安保条約の改定時に，事情変更を理由に歯舞群島・色丹島の引渡し条項の失効を宣言し，「領土問題は解決済み」との態度をとった。しかし，ソ連は，新思考外交により89年以降領土問題の存在を認め，93年の日露東京宣言では，日露両国が，択捉島，国後島，色丹島，歯舞群島の帰属問題を法文書に基づき解決することにより，平和条約を早期締結することに合意した。法文書の中に日ソ共同宣言が含まれることも確認された。

⇒ ②対日平和条約，②北方領土

2-110
日韓基本条約

Treaty on Basic Relations between Japan and the Republic of Korea

1965年6月22日署名，同年12月18日発効。51年9月8日の対日平和条約は，朝鮮関連で，朝鮮の独立と日本の朝鮮に対する権利，権原及び請求権の放棄（2条），請求権の処理は日本と朝鮮間の特別取極の主題とすること（4条），漁業協定の締結交渉の開始（9条），通商航海条約の締結交渉の開始（12条）を規定した。上記の問題以外に戦後日本に残った在日朝鮮人の国籍・処遇問題が国交正常化交渉の重要課題となった。朝鮮戦争の最中の51年10月から65年6月まで14年近くの交渉の末に，日韓基本条約，日韓漁業協定，日韓請求権協定，日韓法的地位協定，日韓文化財協定その他関連文書（紛争解決に関する交換公文も含む）が締結された。

7カ条からなる日韓基本条約は，外交・領事関係の開設（1条），旧条約の無効確認（2条），韓国政府の唯一合法性の確認（3条），国連憲章原則の遵守（4条），通商航海条約及び民間航空協定の締結交渉の開始（5，6条）を規定した。2条は，1905年の保護条約や1910年の併合条約などすべて初めから無効であると主張する韓国と，それらは有効であったが既に失効したと主張する日本の意見が対立して，最終的に「もはや無効（already null and void）」という表現となった。韓国側にとって，今でも朝鮮植民地化に関する責任を追及する余地が残されている。3条の韓国政府の地位について，北緯38度以南の朝鮮における唯一の政府であると韓国政府の有効な地理的範囲を限定しようと解する日本と，全朝鮮における唯一正統政府であるとの国際的地位を確認しようとする韓国の意見が

対立して，国連決議195に言及して，「朝鮮にある唯一の合法的な政府」と規定された。後者の解釈が主張されているということ自体が，日朝関係の大きな障害となった。

日韓請求権協定は，総額8億ドル（無償3億ドル，政府借款2億ドル，民間借款3億ドル）の経済協力（1条）と韓国側の対日請求権の放棄（2条）を規定した。従って，韓国政府は，日本に対する戦後補償問題を追求することが困難となり，国民感情に火種を残した。在日韓国人（66年当時25万人）は，日韓法的地位協定によって永住許可が付与された。その分，在日朝鮮人（当時34万人）の法的地位が不安定となった。52年1月に設定した李承晩ラインが引き起こした竹島の帰属問題を解決するために，交換公文が締結されたが，現在も竹島問題は未解決のままである。

⇒ ②対日平和条約，②竹島

第3章　防衛政策・防衛行政

丸茂　雄一

1　憲法と自衛隊
2　防衛政策
3　日米安保
4　防衛力整備
5　防衛基盤
6　有事法制
7　運　用
8　国際貢献
9　防衛行政と公益

第3章の構成

　本章においては，防衛政策・防衛行政を巡る問題を理解するために必要である150項目を採り上げている。冷戦後の日本周辺の安全保障環境は大幅に変貌している。さらに，国民が自衛隊に期待する役割も拡大しつつある。このため，近年，防衛政策・防衛行政はダイナミックに変化しつつある。本章では，これらの問題を理解するきっかけを読者に提供するため，制度や法令上の根拠を中心に解説を加えている。刻々と変化する自衛隊の最新の活動状況は，首相官邸や防衛庁の公式ホームページ，『日本の防衛』（防衛白書）などを参照されたい。

　収載語（項目）は，「憲法と自衛隊」「防衛政策」「日米安保」「防衛力整備」「防衛基盤」「有事法制」「運用」「国際貢献」「防衛行政と公益」に区分され，それぞれの区分では，おおむね制度が確立した年代順，法令上の根拠の順番に並べてある。

　収載スペースの関係から，法令用語は一般に使用されている略称を使用している。その一覧は次のとおり。①**日米相互防衛援助協定**：日本国とアメリカ合衆国との間の相互防衛援助協定（昭和29年条約第6号），②**日米安保条約**：日本国とアメリカ合衆国との間の相互協力及び安全保障条約（昭和35年条約第6号），③**地位協定**：日本国とアメリカ合衆国との間の相互協力及び安全保障条約第6条に基づく施設及び区域並びに日本国における合衆国軍隊の地位に関する協定（昭和35年条約第7条），④**日米物品役務相互提供協定**：日本国の自衛隊とアメリカ合衆国軍隊との間の後方支援，物品又は役務の相互の提供に関する日本国政府とアメリカ合衆国政府との間の協定（平成8年条約第4号），⑤**駐留軍用地特別措置法**：日本国とアメリカ合衆国との間の相互協力及び安全保障条約第6条に基づく施設及び区域並びに日本国における合衆国軍隊の地位に関する協定の実施に伴う土地等の使用等に関する特別措置法（昭和27年法律第140号），⑥**防衛庁職員給与法**：防衛庁の職員の給与等に関する法律（昭和27年法律第266号），⑦**環境整備法**：防衛施設周辺の生活環境の整備等に関する法律（昭和49年法律第101号），⑧**国際緊急援助隊法**：国際緊急援助隊の派遣に関する法律（昭和62年法律第93号），⑨**国際平和協力法**：国際連合平和維持活動等に対する協力に関する法律（平成4年法律第79号），⑩**周辺事態安全確保法**：周辺事態に際して我が国の平和及び安全を確保するための措置に関する法律（平成11年法律第60号），⑪**船舶検査活動法**：周辺事態に際して実施

する船舶検査活動に関する法律（平成12年法律第145号），⑫テロ対策特別措置法：平成13年9月11日のアメリカ合衆国において発生したテロリストによる攻撃等に対応して行われる国際連合憲章の目的達成のための諸外国の活動に対して我が国が実施する措置及び関連する国際連合決議等に基づく人道的措置に関する特別措置法（平成13年法律第113号），⑬武力攻撃事態対処法：武力攻撃事態等における我が国の平和と独立並びに国及び国民の安全の確保に関する法律（平成15年法律第79号），⑭イラク人道復興支援特別措置法：イラクにおける人道復興支援活動及び安全確保支援活動の実施に関する特別措置法（平成15年法律第137号），⑮旧防衛計画の大綱（旧大綱）：（昭和52年度以降に係る）防衛計画の大綱（昭和51年10月29日国防会議及び閣議決定），⑯現防衛計画の大綱（現大綱）：平成8年度以降に係る防衛計画の大綱（平成7年11月28日安全保障会議及び閣議決定）。

　引用文の表記法は次のとおりである。①国会答弁及び条約・法律・訓令の条文を正確に引用する場合には，「　」付きで表記する。②国会答弁等の一部を省略又は修正する場合には，「（答弁抜粋）」又は「（筆者一部修正の上抜粋）」と表記する。③官庁の白書，公表資料，ホームページの一節を要約して引用する場合には，「　」なしで，単に（資料名を参照）と表記した。なお，首相官邸ホームページ，防衛庁ホームページのように検索機能，サイトマップが充実しているものから引用する場合には，URLを割愛した。

1　憲法と自衛隊
The Constitution of Japan and the Self–Defense Forces

❶ 憲法と自衛権
the Constitution of Japan and the Right of Self–Defense

3-1
憲法と自衛権
constitution and the right of self–defense

　日本国憲法の前文は平和主義の理想を掲げ，第9条は戦争放棄，戦力不保持及び交戦権の否認を規定している。しかし，非軍事的手段のみによって，日本の安全を確保することは困難であるのも事実である。防衛力は，万一日本が侵略を受けた場合には，これを排除する機能を有す

るため，日本の安全を最終的に担保する手段である。この機能は，他のいかなる手段によっても代替し得ない。憲法第9条は，「いわゆる戦争を放棄し，いわゆる戦力の保持を禁止しているのであるが，しかしもちろんこれによりわが国が主権国として持つ固有の自衛権は何ら否定されたものではなく，わが憲法の平和主義は決して無防備，無抵抗を定めたものではないのである（昭和34年12月16日砂川事件最高裁大法廷判決）」。日本政府は，自衛権が否定されない以上，その行使を裏付ける自衛のための必要最小限度の実力を保持することは，憲法上認められると解している。この憲法解釈の下，日本政府は，保持し得る自衛力に制約を設けつつ，実力組織としての自衛隊を保持し，運用している。

⇒ ①軍事力の役割

3-2
自衛力の限界

limitations of the self–defense capability

自衛力とは，日本の自衛のために必要な最小限度の実力を指す。憲法第9条が保持を禁止している「戦力」というレベルに該当してはならない。「戦力」に当たるか否かは，保持する全体の実力について判断すべきである。保持し得る自衛力の限界は，具体的な数量で示すことはできないというのが政府見解である。日本の位置する安全保障環境，例えば国際軍事情勢，周辺諸国の軍事技術動向により変わり得る相対的な面を有するからである。国民の代表である国会が，防衛予算の規模，自衛隊の組織，新規に導入する兵器を民主的に審議しているので，自衛力が「戦力」に該当しない仕組みになっている。「どの線が憲法上の防衛力の限界であるというふうに一律的に一概に申し上げることはできない（昭和56年5月14日衆議院内閣委員会政府委員答弁抜粋）」。一方，自衛隊が特定の兵器を保持できない場合がある。いわゆる攻撃的兵器を導入することはできない。攻撃的兵器とは，大陸間弾道ミサイル，長距離戦略爆撃機，攻撃型空母のように，性能上専ら相手国の国土を壊滅的に破壊するためにのみ用いられる兵器のことである。これらの兵器を保持することによって，自衛隊の実力全体が，直ちに自衛のための必要最小限度の範囲を超えることとなる。このため，「他国に対して壊滅的打撃を与えるような兵器は憲法上持てない（同上答弁抜粋）」。

⇒ ②軍事目標主義

3-3
自衛権発動の要件

conditions for the exercise of the right of self–defense

自衛権とは，外国からの急迫不正の侵害に対し，国家が自らを防衛する国際法上の権利である。自らを防衛するためにとった措置が，自衛権発動の要件を備えていれば，相手国の権利を侵害しても違法性が阻却されるとともに，損害を与えても賠償する責任が生じないものと解されている。日本政府は，自衛権を発動す

るためには，次の3つの要件を備える必要があるとしている。①日本に対する急迫不正の侵害があること，②侵害を排除するために他に適当な手段がないこと，③侵害の排除に当たり必要最小限度の実力行使にとどまるべきことの3要件である。「防衛出動を下令しても，我が国が自衛権の行使として武力を行使しますためには，御存じのとおり，急迫不正の侵害があり，ほかに取るべき手段がなく，かてて加えて必要最小限ということが自衛権発動の三要件として必要（平成15年3月26日参議院外交防衛委員会石破防衛庁長官答弁）」である。なお，国連憲章第51条は，「自衛権の行使に当つて加盟国がとつた措置は，直ちに安全保障理事会に報告しなければならない。」と規定している。

⇒ ②自衛権，②戦争の違法化，②国際紛争の平和的解決，③防衛出動と展開予定地域

3-4
自衛権行使の地理的範囲
geographical scope of the exercise of the right of self-defense

日本政府見解によれば，自衛権の行使として，日本を防衛するために必要な最小限度の実力（自衛力）を行使できる地理的範囲は，必ずしも日本の領土，領海，領空に限定されているものではない。公海，公空に及び得る。それが具体的にどこまで及ぶかは，個別の状況に応じて異なる。他国の領域に対する日本の武力行動で，自衛権発動の3要件に該当するも

のがあるとすれば，法理論上，自衛権を行使できる場合がある。「攻撃を防ぐのに万やむを得ない必要最小限度の措置をとること，たとえば誘導弾等による攻撃を防御するのに，他に手段がないと認められる限り，誘導弾等の基地をたたくことは，法理的には自衛の範囲に含まれ，可能である（昭和31年2月29日衆議院内閣委員会船田防衛庁長官答弁。政府統一見解）」。「ミサイルが飛んできた基地を攻撃するということは自衛権の枠の中であるという30年代初めの考え方はまだ生きている（平成10年9月10日衆議院安全保障委員会額賀防衛庁長官答弁）」。しかしながら，法理論上敵基地の攻撃が可能である場合があるということと，実際に自衛隊の能力からみて敵基地の攻撃が可能であることとは，別問題である。「現在の自衛隊は敵基地攻撃を目的とした装備体系になっておらず，これに適した装備品を有していない（平成11年4月15日衆議院日米防衛協力のための指針に関する特別委員会野呂田防衛庁長官答弁）」。なお，武力行使の目的をもって，自衛隊を他国の領土，領海，領空に派遣することは，自衛のための必要最小限度を超えるものであり，憲法上許されないと一般に解されている。

⇒ ②接続水域・排他的経済水域・群島水域・公海，③周辺事態

3-5
核兵器の保有
possession of nuclear weapons

日本政府見解によれば，核兵器とは，

第3章　防衛政策・防衛行政

原子核の分裂又は核融合反応より生ずる放射エネルギーを破壊力又は殺傷力として使用する兵器を指す。これに対して，通常兵器とは，おおむね非核兵器を総称したものである。トマホークのように，核・非核両弾頭を装着できる兵器については，核弾頭を装着している場合は核兵器として，非核弾頭を装着している場合は通常兵器として分類される。一方，大陸間弾道ミサイルのように，化学弾頭等を装着することも可能であるが，相手国の国土を壊滅的に破壊するという兵器の特性から判断して，本来核弾頭が装着されるものは核兵器として分類される（以上『防衛問題の基礎知識【世界の中の日本】』日本加除出版参照）。非核三原則は日本国の政策としての表明であり，憲法上核兵器を保有できるか否かという問題と区別されなければならない。日本が保持し得る自衛力とは，自衛のために必要な最小限度の実力と解されており，核・非核の区分は論点となっていない。「理論的に申し上げれば，核兵器であっても，そのような限度（自衛のための必要最小限度の実力）にとどまるものであればこれを保有することは憲法自体が禁止しているわけではない（昭和59年3月1日衆議院内閣委員会政府委員答弁抜粋）」。しかしながら，日本政府は「国是」として，政策的な選択として，非核三原則を堅持し，再三表明している。大陸間弾道ミサイルのような攻撃的兵器は，自衛のための必要最小限度の範囲を直ちに超えるため，その保有はいかなる場合にも許されない。

⇒ ①核不拡散条約，②核兵器の威嚇又は使用の合法性に関する勧告的意見，③自衛力の限界，③非核三原則

3-6
海外派兵と海外派遣
dispatch of SDF to foreign countries with/without the purpose of using force

海外派兵とは，日本政府見解によれば，武力行使の目的をもって，武装した部隊を他国の領土，領海，領空に派遣することであると定義されている。対照的に，海外派遣とは，武力行使の目的をもたないで，あるいは武力行使を伴わない態様で武装した又は非武装の部隊を他国の領土，領海，領空に派遣することであると定義される（平成2年10月18日衆議院本会議海部内閣総理大臣答弁参照）。武力行使の目的をもって，自衛隊を他国の領土，領海，領空に派遣することは，自衛のための必要最小限度を超えるものであり，憲法上許されないと一般に解されている。このため，自衛隊の海外派兵は許されない。自衛隊の海外派遣は，武力行使の目的をもたず，あるいは武力行使を伴わない形態なので，憲法上の問題は生じないものの，法治行政の観点から，自衛隊を海外に派遣する具体的な法律上の根拠規定を必要とする。主要な法律としては，①自衛隊法，②国際緊急援助隊法，③国際平和協力法，④テロ対策特別措置法，⑤イラク人道復興支援特別措置法がある。自衛隊を海外に派遣する主な形態

としては，①海外における教育訓練，②南極地域観測に対する協力，③国賓等の輸送，④国際緊急援助隊活動，⑤国際平和協力業務，⑥在外邦人の輸送，⑦テロ対策特別措置法に基づく協力支援活動，⑧イラク人道復興支援特別措置法に基づく対応措置がある。

　　⇒　③在外邦人の輸送，③国際緊急援助隊法，③国際平和協力業務，③テロ対策特別措置法に基づく活動，③イラク人道復興支援特別措置法に基づく活動

2　防衛政策
Defense Policy

❶　防衛政策の基本原則
Basic Principles of Defense Policy

3-7
国防の基本方針

Basic Policy for National Defense of 1957

防衛政策の最も基本的な原則は，昭和32年5月20日に当時の国防会議及び閣議決定された国防の基本方針に示されている。日本国憲法や防衛2法（①防衛庁の組織を規定した防衛庁設置法，②自衛隊の任務，行動等を規定した自衛隊法）には，防衛政策の基本原則は，特段示されていない。国防の基本方針は，「国防の目的は，直接及び間接の侵略を未然に防止し，万一侵略が行われるときはこれを排除し，もって民主主義を基調とするわが国の独立と平和を守ることにある。」と述べている。この目的を達成するために，次の4つの基本方針が定められている。①国際連合の活動を支持し，国際間の協調をはかり，世界平和の実現を期する。②民生を安定し，愛国心を高揚し，国家の安全を保障するに必要な基盤を確立する。③国力国情に応じ自衛のため必要な限度において，効率的な防衛力を漸進的に整備する。④外部からの侵略に対しては，将来国際連合が有効にこれを阻止する機能を果し得るに至るまでは，米国との安全保障体制を基調としてこれに対処する。基本方針の第3項は，第1次から第4次までの防衛力整備計画の策定根拠となってきた。第4次防衛力整備計画終了後（ポスト4次防）に策定された防衛力の整備，維持及び運用に関する基本的方針である「防衛計画の大綱」も，国防の基本方針に基づいている。なお，国防の基本方針は今日に至るまで，修正を加えられていない。

　　⇒　③旧大綱策定の経緯

3-8

専守防衛

exclusively defense-oriented policy

専守防衛とは，①相手から武力攻撃を受けたとき初めて防衛力を行使し，②その防衛力行使の態様も自衛のための必要最小限にとどめ，③保持する防衛力も自衛のための必要最小限のものに限られるなど，日本国憲法の精神にのっとった受動的な防衛戦略の姿勢を指し，防衛政策の基本原則の一つである。③の保持する防衛力については，過去しばしば議論されてきたところである。まず，自衛隊は，いわゆる攻撃的兵器を導入することはできない。攻撃的兵器とは，大陸間弾道ミサイル，長距離戦略爆撃機，攻撃型空母のように，性能上専ら相手国の国土を壊滅的に破壊するためにのみ用いられる兵器のことである。これらの兵器を保持することによって，自衛隊の実力全体が，直ちに自衛のための必要最小限度の範囲を超えることとなり，専守防衛の枠を逸脱することとなる。このため，自衛隊は，いかなる場合にも攻撃的兵器を保持することは許されていない。具体的な装備の導入事案としては，航空自衛隊がF-4戦闘機を導入する際，その性能が専守防衛の枠を超えるのではないかとの議論が国会（昭和47年11月7日衆議院予算委員会）で繰り広げられた。当時F-4戦闘機は，日本を攻撃するために侵入する他国の航空機を速やかに迎え撃つ要撃性能において優れているばかりでなく，「爆撃装置」を用いる対地攻撃の機能においてもかなり優れた性能を有していた。同機の行動半径の長さを考慮すれば，「爆撃装置」を搭載したままでは，他国に侵略的，攻撃的脅威を与えるようなものとの誤解を生じかねない状況であった。これらの議論を踏まえ，F-4戦闘機には「爆撃装置」が搭載されなかった。さらに，航空自衛隊が空中給油機を導入する際にも，同機が専守防衛に反し，諸外国の脅威となるのではないかと国会（平成13年2月27日衆議院安全保障委員会）で議論された。航空自衛隊が保有する要撃戦闘機は，空対地誘導弾や地形追随装置を搭載していないため，諸外国の戦闘機と比較すると，対地攻撃能力は限定的である。専守防衛という受動的な防衛戦略の下で，今後日本の防空を全うしていくためには，空中給油機能により要撃戦闘機の滞空時間を延伸し，空中警戒待機の態勢をとることが必要不可欠である。日本政府見解によれば，このような状況においては，仮に空中給油による要撃戦闘機の行動半径が延伸しても，他国に侵略的，攻撃的脅威を与えるとの誤解を生じさせるおそれはなく，憲法上問題はないばかりか，空中給油機能の保有はかえって専守防衛の趣旨にかなうものとされた。

⇒ ③自衛力の限界

3-9

非核三原則

Three Non-Nuclear Principles

非核三原則とは，核兵器を持たず，作らず，持ち込ませずという原則を指し，日本は国是としてこれを堅持している。佐藤内閣総理大臣が，昭和42年12月11日

衆議院予算委員会において，非核三原則を初めて表明した。非核三原則は核兵器に関する政策の選択の結果であり，憲法上核兵器を保有できるか否かという問題と区別されなければならない。原子力基本法第2条は，「原子力の研究，開発及び利用は，平和の目的に限り，安全の確保を旨として，民主的な運営の下に，自主的にこれを行う（中略）」と規定しており，核兵器の製造・保有は禁止されている。さらに，昭和51年に日本が批准した核兵器の不拡散に関する条約第2条は，「締約国である各非核兵器国は，核兵器その他の核爆発装置又はその管理をいかなる者からも直接又は間接に受領しないこと，核兵器その他の核爆発装置を製造せず又はその他の方法によって取得しないこと及び核兵器その他の核爆発装置の製造についていかなる援助をも求めず又は受けないことを約束する。」と規定し，日本は非核兵器国として，核兵器の製造・取得をしない義務を負っている。非核三原則は，過去様々な観点から，国会で取り上げられてきた。米軍艦船の「核の持ち込み」に関し，高村外務大臣は平成11年2月10日の衆議院外務委員会において，「米軍艦船については，日米安全保障条約及びその関連取決めにおいて，我が国の港への出入りが認められておりますが，日米安全保障条約上，いかなる核の持ち込みも事前協議の対象であり，核の持ち込みについての事前協議が行われた場合には政府として常にこれを拒否する所存ですので，非核三原則は堅持するとの我が国の立場は確保されているわ

けであります。」と答弁し，事前協議制が有効に機能している旨の認識を示した。さらに，日本が米国の核抑止力に依存していること（いわゆる核の傘）と非核三原則の関係について，国会で議論された。日本政府の見解は，次のとおりである。冷戦構造の崩壊にもかかわらず，いまだ核兵器を含む多大な軍事力が存在しており，現実の国際社会は依然として多くの不安定要因を内包していることは，厳然たる事実である。唯一の被爆国であり非核三原則を堅持している我が国の平和と安全を確保するために，民主主義的価値等を共有する米国との安全保障条約を堅持し，その抑止力の下で自国の安全を確保する必要がある。米国の核抑止力に依存することと非核三原則を堅持することは，矛盾するものではない（以上平成11年5月28日衆議院外務委員会における高村外務大臣答弁抜粋）。なお，国際司法裁判所は，核兵器による威嚇とその使用が一般的に国際人道法の原則及び規則に違反するとの勧告的意見を表明している。

⇒ ①核戦略，①核不拡散条約，②核兵器の威嚇又は使用に関する勧告的意見，②国際人道法，③核兵器の保有

3-10
自衛隊と文民統制
civilian control of the SDF
別称 シビリアン・コントロール

軍事に対する政治優先あるいは軍事に対する民主主義的な政治統制。民主主義国家における政軍関係を規律する概念。

別称シビリアン・コントロール。戦前の日本には，文民統制という概念は，存在しなかった。すなわち，大日本帝国憲法下においては，軍令と軍政が区別されていた。軍令の概念は，同憲法第11条（天皇の統帥大権）の規定に由来し，軍の統帥，例えば作戦用兵に関する事項及びこれに密接な関係を有する事務（教育，規律，懲罰）を指すものと考えられた。軍政の概念は，同憲法第12条（天皇の編制大権）の規定に由来し，軍事に関する行政，例えば軍の建設，維持，管理を指すものと考えられた。しかしながら，軍の編制事項のように両者にかかわる事項があり，軍令と軍政の境界は明瞭ではなかった。組織上も軍令機関と軍政機関が並立し，調整機能を欠くという欠陥が露呈した。このため，統帥権の行使に関し，国務大臣の輔弼や議会の関与を巡り争いが絶えず，統一的な国家意思の形成が困難であった。さらに，軍部大臣現役武官制が導入されると，ますます統帥権が独立する弊害が強まり，軍事が国政に不当な影響を与えることとなった。戦後自衛隊の発足とともに，上記の弊害を除去するため，民主主義国の例に倣い，文民統制の制度が採り入れられた。①国民の代表である国会と自衛隊の関係をみると，会計年度ごとの自衛隊の予算規模，自衛官の定数，部隊の新改編，新規装備の導入については，防衛予算あるいは予算関連法案として，国会で審議される。大規模な部隊行動に際しては，国会の承認を必要とする例が多い。例えば，防衛出動及び命令による治安出動には，国会の承認を要する（自衛隊法第76条，78条及び武力攻撃事態対処法第9条）。PKO活動について，PKF本体業務の実施及び同本体業務を2年を超えて引き続き実施する場合，国会の承認を要する（国際平和協力法第6条）。周辺事態に際し，基本計画に定められた自衛隊が実施する後方地域支援，後方地域捜索救助活動又は船舶検査活動の実施については，国会の承認を要する（周辺事態安全確保法第5条）。テロ対策特別措置法に関し，基本計画に定められた自衛隊が実施する協力支援活動，捜索救助活動又は被災民救援活動については，国会の承認を要する（テロ対策特別措置法第5条）。防衛行政は，当然国政調査権の対象である（日本国憲法第62条）。②政府と自衛隊の関係をみると，防衛庁設置法第2条の規定により防衛庁は内閣府の外局であり，国の行政機関の一員である。憲法第76条は，軍法会議の存在を明確に否定している。すなわち，防衛行政は内閣の行政権に属し，内閣総理大臣は，内閣を代表して自衛隊の最高の指揮監督権を有している（自衛隊法第7条）。防衛庁長官は，文民たる国務大臣を充てなければならない（同憲法第66条，防衛庁設置法第3条）。さらに，内閣には，国防に関する重要事項を審議する機関として，安全保障会議が置かれている（安全保障会議設置法第1条）。防衛庁の所掌事務に関する基本的方針の策定について防衛庁長官を補佐するため，文官である防衛参事官が置かれている（防衛庁設置法第9条）。

⇒ ③安全保障会議，③防衛出動と

展開予定地域，③国際平和協力業務，③周辺事態安全確保法の体系，③テロ対策特別措置法の手続

3-11
武器輸出三原則と例外
Three Principles and Exceptions on Arms Export

武器の輸出は，国際的な平和及び安全の維持を妨げることとなると認められるものとして，外国為替及び外国貿易法（旧外国為替及び外国貿易管理法の法律名改正）第48条及び輸出貿易管理令別表第1の規定により，経済産業大臣の許可を受けなければならない。武器輸出三原則とは，次の3つの場合には武器輸出を認めないという政策を指す。①共産圏諸国向けの場合，②国連決議により武器等の輸出が禁止されている国向けの場合，③国際紛争の当事国又はそのおそれのある国向けの場合。この原則は，佐藤内閣総理大臣が昭和42年4月21日の衆議院決算委員会において，初めて表明したものである。さらに，昭和51年2月27日の衆議院予算委員会において，三木内閣総理大臣が示した武器輸出に関する政府統一見解は，次のとおりである。①三原則対象地域については武器の輸出を認めない。②三原則対象地域以外の地域については，憲法及び外国為替及び外国貿易管理法の精神にのっとり，武器の輸出を慎むものとする。③武器製造関連設備の輸出については，武器に準じて取り扱うものとする。これは，平和国家日本の立場から，武器輸出によって国際紛争等を助長することを回避するため，武器輸出に慎重に対処し，その輸出を促進することはしないという方針に基づくものである。しかしながら，国際情勢の変化，日米の防衛交流の進展に伴い，武器輸出三原則により難い事案が出現した場合には，内閣官房長官談話を発表し，内閣の意思統一を図ってきた。①対米武器技術供与についての内閣官房長官談話（昭和58年1月14日）：日本の技術水準の向上に伴い，日米安保体制の効果的運用を確保する上で，防衛分野における米国との技術の相互交流を図ることが極めて重要となった。本交流は，日米間の相互協力を定めた日米安保条約及び関連取極の趣旨に沿うゆえんであり，日本及び極東の平和と安全に資するものである。このため，米国への武器技術供与に当たっては，武器技術三原則によらないこととした。②日米物品役務相互提供協定についての内閣官房長官談話（平成8年4月15日）：日米物品役務相互提供協定の締結は，自衛隊と米軍が共同訓練，国連平和維持活動，人道的な国際救助活動を実施する上で，緊密な協力関係を促進するために必要である。この協力関係の構築は，日米安保体制の円滑かつ効果的な運用を図るとともに，国際連合を中心とする国際平和のための努力に積極的に寄与するものである。本協定に基づく物品又は役務には，武器輸出三原則における武器に当たるものが含まれる可能性があるが，協定の内容及び意義にかんがみ，本協定の下で行われる武器等の提供は武器輸出三原則によらないこととする。なお，本協定においては，

第3章　防衛政策・防衛行政

受領側の義務として，提供される物品又は役務の国連憲章と両立しない使用の禁止及び提供側政府の事前同意なく第三者へ移転を行うことの禁止が定められていることから，国際紛争等を助長することを回避するという武器輸出三原則の基本理念は確保されている。この外，③人道的な対人地雷除去活動に係る支援についての内閣官房長官談話（平成9年12月2日），④テロ対策特別措置法案についての内閣官房長官談話（平成13年10月5日），⑤イラク人道復興支援特別措置法案についての内閣官房長官談話（平成15年6月13日）がある。

　　⇒ ③日米物品役務相互提供協定，③テロ対策特別措置法に基づく活動，③イラク人道復興支援特別措置法に基づく活動

3-12
自衛隊の衛星利用
utilization of satellite functions by SDF

宇宙開発事業団の設立に伴い，昭和44年5月9日衆議院本会議で「わが国における宇宙の開発及び利用の基本に関する決議」が採択され，「宇宙に打ち上げられる物体及びその打上げ用ロケットの開発及び利用は，平和の目的に限り」行うものとされた。宇宙開発事業団を所管する旧科学技術庁は，「平和の目的」とは「非軍事」であるとの見解を示していた。本決議が自衛隊の衛星利用との関連で初めて国会で議論されたのは，硫黄島に所在する自衛隊が，宇宙開発事業団が打ち上げた通信衛星を介して，電話回線を利用しようとした時である。政府見解によれば，①日本電信電話公社（当時）の公衆電気通信業務は，平和の目的に反しない。②硫黄島を電話加入区域に指定することは，公衆電気通信法に定める枠組みのなかで行われるものであり，特段の問題はない。③公衆電気通信役務の提供は，公衆電気通信法により，あまねくかつ公平に行い，差別的取扱いをしてはならないことから，国会決議に反しないとされた。次に国会で取り上げられたのは，米軍事衛星であるフリートサット衛星の受信装置を自衛艦に設置する予算が審議された時である。昭和60年2月6日の衆議院予算委員会で，政府見解が次のとおり示された。①自衛隊が衛星を直接，殺傷力，破壊力として利用することを認めない。②平和の目的とは，その利用が一般化しない段階における自衛隊による衛星の利用を制約する趣旨のものである。③その利用が一般化している衛星及びそれと同様の機能を有する衛星については，自衛隊による利用が認められる。フリートサット衛星は，米軍用の通信衛星であるが，既にその利用が一般化しているインテルサット，インマルサット，CS2（さくら二号）のような衛星と同様な通信中継機能を有するものであり，フリートサット衛星を自衛隊が利用することは，平和の目的の趣旨に反しない。平成10年8月31日に北朝鮮が日本上空を飛び越える弾道ミサイルを発射した。これを契機として，日本政府は衛星による画像情報の利用方法について検討を行い，平成10

年12月22日，外交，国防などの安全保障，大規模災害などへの対応など危機管理のために必要な情報の収集を主な目的として，平成14年度をめどに情報収集衛星を導入することを閣議決定した。内閣官房を中心として開発に取り組んだ結果，平成15年3月28日，初の打ち上げに成功したものの，同年11月29日の持ち上げには失敗した。国会の議論において，情報収集衛星の導入は，国会決議上問題はないとされている。なお，自衛隊は衛星の機能を直接利用するほか，昭和59年度以来，ランドサット等商用の地球観測衛星の画像データを活用して，軍事的観点から他国の基地などについて分析を行っている（平成15年版『日本の防衛』参照）。

❷ 旧防衛計画の大綱
National Defense Program Outline of 1976

3-13
旧大綱策定の経緯
process of formulation of National Defense Program Outline of 1976

昭和32年に防衛政策の最も基本的な原則である「国防の基本方針」が，閣議決定された。効率的な防衛力を漸進的に整備するという第3項を具体化するために，第1次から第4次までの防衛力整備計画が策定された。第3次防衛力整備計画及び第4次防衛力整備計画（4次防）のそれぞれの大綱は，「わが国が整備すべき防衛力は，通常兵器による局地戦以下の侵略事態に対し，最も有効に対応しうる効率的なものを目標とする。」と述べている。すなわち，4次防終了時（昭和51年度）までは，日本への侵略能力を算定し，日本が整備すべき防衛力の規模，内容を決定する所要防衛力論あるいは脅威対応論に基本的に立脚しているものである。4次防策定時の国際情勢をみると，昭和47年には沖縄返還，日中国交正常化が達成され，デタント（緊張緩和）の傾向が強まっている時期であった。一方，第4次防衛力整備計画5か年間（昭和47年度から昭和51年度）の予算総額は，第3次防衛力整備計画5か年間（昭和42年度から昭和46年度）と比較し，倍増する勢いであった。緊張緩和の時期に意欲的な中期計画が提出されたため，国会で様々な議論が生起した。その中で，4次防までの計画は単なる兵器の調達リストであって，具体的な防衛構想との関連が不明確であるとの指摘や，そもそも防衛力整備の考え方や理論が抽象的であり，目標とすべき防衛力の具体的な規模が不明確との指摘が多かった。このような状況を反映し，防衛庁は防衛問題に関する国民の理解を得るため，防衛庁長官の私的諮問機関として「防衛を考える会」を設置する等，国民各層の意見聴取に努めた。4次防が昭和51年度をもって終了することに伴い，旧防衛計画の大綱は，日本が平時から保有すべき防衛力の水準を明らかにし，防衛力の整備，維持及び運用に関する基本的方針を示すために，昭和51年10月29日に当時の国防会議及び閣議決定された。旧防衛計画の大綱は，①目的

及び趣旨，②国際情勢，③防衛の構想，④防衛の態勢，⑤陸上，海上及び航空自衛隊の体制，⑥防衛力整備実施上の方針及び留意事項に区分される本文と自衛隊の基幹部隊，主要装備を示した別表から構成される。

⇒ ③国防の基本方針，③基盤的防衛力構想

3-14
国際情勢認識
understanding of the international situation

旧防衛計画の大綱は，大綱の策定に当たって考慮した国際情勢のすう勢を次のように述べている。「最近の国際社会においては，国際関係の多元化の傾向が一層顕著になるとともに，諸国のナショナリズムに根ざす動きがますます活発化しており，他方，国際的相互依存関係が著しく深まりつつある。このような状況の下で，特に軍事面で依然圧倒的比重を維持している米ソ両国の関係を中心に，東西間では，核戦争を回避し相互関係の改善を図るための対話が種々の曲折を経ながらも継続されており，また，各地域において，紛争を防止し国際関係の安定化を図るための各般の努力がなされている。しかしながら，米ソ両国を中心とする東西関係においては，各種の対立要因が根強く存在しており，また，各地域においては，情勢の流動的な局面も多く，様々な不安定要因が見られる。わが国周辺地域においては，米・ソ・中三国間に一種の均衡が成立しているが，他方，朝鮮半島の緊張が持続し，また，わが国近隣諸国の軍事力の増強も引き続き行われている。このような情勢にあって，核相互抑止を含む軍事均衡や各般の国際関係安定化の努力により，東西間の全面的軍事衝突又はこれを引き起こすおそれのある大規模な武力紛争が生起する可能性は少ない。また，わが国周辺においては，限定的な武力紛争が生起する可能性を否定することはできないが，大国間の均衡の関係及び日米安全保障体制の存在が国際関係の安定維持及びわが国に対する本格的侵略の防止に大きな役割を果たし続けるものと考えられる。」

⇒ ①核戦略

3-15
基盤的防衛力構想
Concept of Basic Defense Force

基盤的防衛力構想とは，日本に対する軍事的脅威に直接対抗するよりも，自らが力の空白となって日本周辺地域における不安定要因とならないように，独立国として必要最小限の基盤的な防衛力を保有するという概念（現防衛計画の大綱より抜粋）のこと。相手国の日本への侵略能力を算定し，日本が整備すべき防衛力の規模，内容を決定する所要防衛力論あるいは脅威対応論と対比される。旧防衛計画の大綱が初めてこの構想を採用し，現防衛計画の大綱に引き継がれた。旧防衛計画の大綱は，国際情勢認識などが当分の間大きく変化しないという前提に立って，基盤的防衛力構想を取り入れた。すなわち，①全世界的な戦略環境につい

ては，核相互抑制を含む軍事均衡や各般の国際関係安定化の努力により，東西間の全面的軍事衝突又はこれを引き起こすおそれのある大規模な武力紛争が生起する可能性は少ない。②わが国周辺においては，限定的な武力紛争が生起することは否定できないが，米・ソ・中という大国間の均衡的関係及び日米安全保障体制の存在が国際関係の安定維持及びわが国に対する本格的侵攻の防止に大きな役割を果たし続けるというのが，旧防衛計画の大綱の国際情勢認識である。基盤的防衛力構想から導かれる防衛力の水準について，旧防衛計画の大綱は，次のように述べている。①防衛上必要な各種の機能を備え，後方支援体制を含めてその組織及び配備において均衡のとれた態勢を保有するものであること。②平時において十分な警戒態勢をとり得るものであること。③限定的かつ小規模な侵略までの事態に有効に対処し得るものであること。④情勢に重要な変化が生じ，新たな防衛力の態勢が必要とされるに至ったときには，円滑にこれに移行し得るよう配意された基盤的なものであること（以上防衛庁ホームページ「防衛大綱解説」より抜粋）。

⇒ ①核戦略

3-16
限定的小規模侵略

limited and small-scale aggression

　限定的小規模侵略とは，限定した政治目的に基づき，核戦争や通常型の大規模武力紛争に至らない規模の限定戦争（制限戦争）のうち，規模が相対的に小規模な侵略を指す。その態様は，侵略の意図が相手国に察知されないように，大規模な事前準備なしに開始され，短期間のうちに既成事実を作ろうとするものが多い。旧防衛計画の大綱は，「限定的かつ小規模な侵略については，原則として独力で排除する」と述べている。旧防衛計画の大綱が策定された昭和51年は，第4次防衛力整備計画最終年度に当たる。「当時の防衛力を評価すると，正面は相当な能力があるが，後方支援，抗たん性（敵の攻撃とりわけ打撃力をしのぎ，もちこたえる施設等の性能・能力。筆者注）が薄弱であり，正面と後方のバランスがとれていない問題があった。このため，『局地戦以下の小規模侵略』に対して自衛隊が独力で対処することは不可能であった。さらに，日本を巡る国際情勢はデタントであり，日米安保条約が有効に機能しているならば，生起すべき侵略事態というものは非常に限定的なものであると想定された。したがって，自衛隊は『限定的かつ小規模な侵略』に対して独力で対処することとなった（昭和50年11月20日及び12月9日衆議院内閣委員会坂田防衛庁長官答弁抜粋）」。限定的小規模侵略に独力対処の方針は，以後現防衛計画の大綱が策定されるまでの間，防衛力整備の指針とされた。なお，旧防衛計画の大綱では，「侵略の規模，態様等により，独力での排除が困難な場合にも，あらゆる方法による強じんな抵抗を継続し，米国からの協力をまってこれを排除する」と記

第3章 防衛政策・防衛行政

述され，米軍の来援を期待している。

❸ 現防衛計画の大綱
National Defense Program Outline of 1995

3-17
防衛問題懇談会
Advisory Group on Defense Issues
別称 樋口レポート

　旧防衛計画の大綱策定後十数年が経過するうちに，海外においては冷戦が終結し，安全保障環境が大きく変化した。国内においては国際平和協力法が成立するとともに，雲仙普賢岳にみられる大規模な災害派遣の実施等を踏まえ，公益上の観点から自衛隊の役割拡大に対する国民の期待が高まってきた。この環境変化の中で，安全保障問題を正面から取り上げる政治機運が生じ，平成6年2月，細川内閣総理大臣（当時）の私的諮問機関として「防衛問題懇談会」が設置された。同懇談会の目的は，防衛力のあり方の指針となってきた防衛計画の大綱を見直し，それに代わる指針の骨格となる考え方を提示することである。同懇談会は，同年8月，報告書「日本の安全保障と防衛力のあり方──21世紀へ向けての展望」を村山内閣総理大臣（当時）に提出した。座長が樋口廣太郎氏であるので，樋口レポートとも呼ばれる。同報告書は，「分散的で予測困難な危険が存在する不透明な国際秩序そのものが，われわれの不安感の原因となっている」と分析し，「日本は，これまでのどちらかと言えば受動的な安全保障上の役割から脱して，今後は，能動的な秩序形成者として行動すべきである」と指摘している。このため，「能動的・建設的な安全保障政策」を提唱している。具体的には，次の3点から成る「整合性のある総合的な安全保障政策」の構築が必要とされる。①世界的ならびに地域的規模での多角的安全保障協力の促進，②日米安全保障関係の機能充実，③一段と強化された情報能力，機敏な危機対処能力を基礎とする信頼性の高い効率的な防衛力の保持である。①は斬新な発想であり，「外交，経済，防衛などすべての政策手段を駆使」して，平和維持活動への積極的な参加，紛争収拾後の平和建設，ODA政策の活用，NGO活動の活性化，大量破壊兵器の拡散防止，安全保障対話の促進に日本が取り組むべきであるとしている。さらに，同報告書は，国際情勢の変化，軍事技術の動向，若年人口の減少を考慮し，新しい防衛力についての基本的考え方として，基盤的防衛力の概念を生かしつつ，新たな戦略環境に適応させるのに必要な修正を加える必要があると指摘している。具体的には，次の3点である。①不透明な安全保障環境に対応し得るような情報機能を充実させるとともに，多様な危険に対し的確に対応できるように運用態勢を整える。②戦闘部隊について，より効率的なものに編成し直し，装備のハイテク化・近代化をはかるなどの方法を講じて，機能と質を充実させる一方，その規模を全体として縮小させる。③より重大な事態が生じた場合，それに対応できるように，弾

力性に配慮する。最後に，このような考え方に基づいた防衛力の改革・改編は，今後十年程度を目途に，順を追って実施されることを期待すると締めくくっている。

⇒ ①武器拡散，②平和維持活動，③国際平和協力業務，③災害派遣，③２国間防衛交流，③多国間安全保障対話，④政府開発援助

3-18
現大綱策定の背景
process of formulation of the National Defense Program Outline of 1995

旧大綱策定後約20年が経過し，その間に国際情勢が大きく変化した。すなわち，冷戦構造が消滅し，世界的な規模の武力紛争が生起する可能性は遠のく一方，地域紛争の発生や大量破壊兵器の拡散等安全保障上考慮すべき事態が多様化している。この状況の中で，二国間対話の拡大，地域的な安全保障への取組等，国家間の協調関係を深め，地域の安定を図ろうとする種々の動きがみられる。自衛隊の役割については，主たる任務である日本の防衛に加えて，近年，新たな役割に対して国民の期待が高まってきている。まず，平成４年の国際平和協力法の制定以来，自衛隊はこれまでカンボディア，モザンビーク及びザイール等における国際平和協力業務を実施し，国際的にも高い評価を受けてきた。また，阪神・淡路大震災や地下鉄サリン事件における活動により，自衛隊が国民の生命と財産を守る存在であることが改めて広く認識されてきている。こうした活動実績を背景として，日本としても，「大規模災害等各種の事態への対応」や「より安定した安全保障環境の構築への貢献」に積極的に取り組んでいく必要が生じている。すなわち，冷戦期においては，「外国の侵略」に対する「防衛」や「抑止」の役割に焦点が置かれていたため，防衛力の整備を着実に進めることが中心的な課題であった。これに対し，冷戦終結後の今日においては，国際協力を推進し，国際関係の一層の安定化が重視される一方，大量破壊兵器の拡散，大規模な自然災害・テロリズムにいかに効果的に対応するかということが重要になっている。このような，国際情勢の変化や自衛隊の役割に対する期待の高まりとともに，近年における科学技術の進歩，若年人口の減少傾向，厳しい経済財政事情等を踏まえ，旧大綱を見直し現大綱を策定した（以上平成７年11月28日に行われた防衛庁長官談話から抜粋）。現大綱の策定手続としては，まず防衛庁長官を議長とする「防衛力の在り方検討会議」において防衛庁内の議論を行うとともに，防衛問題懇談会において防衛力の在り方の指針について有識者から意見を聴取した。最後に安全保障会議において，今後の防衛力の在り方について幅広い観点から総合的に審議を行った。現防衛計画の大綱（正式には平成８年度以降に係る防衛計画の大綱）は，平成７年11月28日安全保障会議及び閣議決定された。

⇒ ③安全保障会議

第3章　防衛政策・防衛行政

3-19
旧大綱との比較
comparison between the '76 and '95 NDPOs

　平成8年度以降に係る防衛計画の大綱（現大綱）を旧防衛計画の大綱（旧大綱）と比較すると，次のとおり。第一に，現大綱は，専守防衛，非核三原則などの防衛政策の基本原則を旧大綱と同様に堅持している。第二に，冷戦構造消滅後の国際情勢を現大綱は，次のように認識している。①世界的な規模の武力紛争が生起する可能性は遠のく一方，宗教上の対立や民族問題等に根ざす対立が顕在化し，複雑で多様な地域紛争が発している。②大量破壊兵器やミサイルなどの拡散といった新たな危険が増大するなど，国際情勢は不透明・不確実な要素をはらんでいる。第三に，現大綱は，旧大綱の基盤的防衛力構想を基本的には踏襲した。これは，旧大綱策定後冷戦構造が消滅し，国際情勢が大きく変化したものの，①今後のすう勢として，不透明・不確実な要素をはらみながらも，国際関係の安定化努力が継続し，②日米安保体制が重要な役割を果たし続けるという点において，現大綱は旧大綱と基本的に同様の情勢認識を有していることによる。第四に，現大綱は，保有すべき防衛力の内容を見直した。この見直しは，①国際情勢の変化，②自衛隊の役割に対する期待の高まり，③近年における科学技術の進歩，若年人口の減少傾向，厳しい経済財政事情等に対応するために実施された。現大綱は，保有すべき防衛力の内容について，「現行の防衛力の規模及び機能について見直しを行い，その合理化・効率化・コンパクト化を一層進めるとともに，必要な機能の充実と防衛力の質的な向上を図ることにより，多様な事態に対して有効に対応し得る防衛力を整備し，同時に事態の推移にも円滑に対応できるよう適切な弾力性を確保し得るものとすることが適当である」と述べている。第五に，現大綱は，日米安全保障体制が日本周辺地域の平和と安定及びより安定した安全保障環境の構築という面で果たす役割について，再確認している。その信頼性向上のためには，①情報交換，政策協議，②共同研究，共同演習・訓練，③装備・技術面での交流，④在日米軍駐留支援に関する施策の実施を強調している。さらに，日米安全保障体制を基調とした，地域的な安全保障対話等に言及している。第六に，現大綱は，今後の防衛力が果たすべき役割として，自衛隊の伝統的な任務である「我が国の防衛」に，①平時における「大規模災害等各種の事態への対応」という役割や②国際平和協力業務の実施，安全保障対話の実施，大量破壊兵器の拡散防止等「より安定した安全保障環境の構築への貢献」という平和構築の役割を加え，新しい防衛力の構想を提示している（防衛庁ホームページ「防衛大綱解説」参照）。

　⇒　①武器拡散，③基盤的防衛力構想，③２国間防衛交流，③多国間安全保障対話，③在日米軍駐留経費負担

3-20
防衛力の役割

roles of defense capability

　現防衛計画の大綱（現大綱）は，今後の防衛力が果たすべき役割として，自衛隊の伝統的な任務である「我が国の防衛」の外に，新たに平時における「大規模災害等各種の事態への対応」という役割及び「より安定した安全保障環境の構築への貢献」という平和構築の役割を加え，新しい防衛力の構想を提示している。①我が国の防衛のうち，抑止政策及び間接侵略対処について現大綱は，旧大綱とほぼ同様の考え方である。一方，直接侵略対処については，「直接侵略事態が発生した場合には，これに即応して行動しつつ，米国との適切な協力の下，防衛力の総合的・有機的な運用を図ることによって，極力早期にこれを排除する」と記述し，限定的小規模侵略については原則独力対処という旧大綱の考え方から日米防衛協力の進展を踏まえた表現に改められている。②大規模災害等各種の事態への対応について現大綱は，「大規模な自然災害，テロリズムにより引き起こされた特殊な災害その他の人命又は財産の保護を必要とする各種の事態に際して，関係機関から自衛隊による対応が要請された場合などに，関係機関との緊密な協力の下，適時適切に災害救援等の所要の行動を実施することとし，もって民生の安定に寄与する」と記述している。災害への対応は，第一義的には消防，警察の役割であるが，阪神・淡路大震災のような大規模自然災害や地下鉄サリン事件のようなテロリズムによる災害に対する対応の反省から，自衛隊が関係機関との緊密な協力の下，災害救援を行うことが重要であると認識されている。この項目は，平時において自衛隊の能力を国民生活のために積極的に活用するという公益上の観点から規定されており，旧大綱と比較し自衛隊の役割が拡大している。さらに，「我が国周辺地域において我が国の平和と安全に重要な影響を与えるような事態が発生した場合には，憲法及び関係法令に従い，必要に応じ国際連合の活動を適切に支持しつつ，日米安全保障体制の円滑かつ効果的な運用を図ること等により適切に対応する」と述べ，将来の周辺事態安全確保法に連なる表現がみられる。事態の具体例としては，大量の難民の到来，在外邦人の緊急避難のための輸送などが，想定されている。③より安定した安全保障環境の構築への貢献について現大綱は，国際平和協力業務や国際緊急援助活動の実施，安全保障対話・防衛交流の実施，大量破壊兵器やミサイルの拡散防止等を強調し，自衛隊に平和構築の役割を加えている。なお，大量破壊兵器や弾道ミサイルの拡散，国際テロ組織の活動等日本を巡る安全保障環境は，近年根本的に変化しつつある。このような新たな安全保障環境やBMDシステムの導入を踏まえれば，防衛力全般について見直しが必要な状況が生じている。本格的な侵略事態にも配意しつつ，従来の防衛力整備構想や装備体系について抜本的な見直しを行い，適切に規模の縮小を図るとともに，国際社会の平和と安定のための自衛隊の活動の位置付けを含む今後の防衛力の在り方を明らかにするため，中期

第 3 章　防衛政策・防衛行政

防衛力整備計画の策定の前提として，現防衛計画の大綱に代わる新防衛計画の大綱を策定することとなった（「弾道ミサイル防衛システムの整備等について（平成15年12月19日安全保障会議及び閣議決定）」より抜粋）。

⇒　①武器拡散，①国際テロ組織，②平和維持活動，③限定的小規模侵略，③周辺事態，③2国間防衛交流，③多国間安全保障対話，③国際平和協力業務，③国際緊急援助隊法，③弾道ミサイル防衛

3　日米安保
Japan – U.S. Security Relations

❶ 日米安全保障体制
Japan – U.S. Security Arrangements

3-21
日米安全保障体制の意義
significance of the Japan – U.S. security arrangements

日米安全保障体制の意義は，3つある。第一の意義は，日本の防衛である。日米安保条約第5条は，「各締約国は，日本国の施政の下にある領域における，いずれか一方に対する武力攻撃が，自国の平和及び安全を危うくするものであることを認め，自国の憲法上の規定及び手続に従つて共通の危険に対処するように行動することを宣言する。」と述べ，日本への武力攻撃があった場合，日米両国が共同対処を行うことを定めている。この規定により米国は，日本を防衛する義務が生じる。日本への武力攻撃は，自衛隊のみならず，強力な軍事力を有する米軍とも直接対決することとなる。敵対する勢力が合理的に判断するならば，日本侵略はコストからみて引き合わない。このため，日本侵略は抑止される。第二の意義は，日米同盟関係の基礎となる幅広い分野における友好協力関係の促進である。日米安保条約は，「両国の間に伝統的に存在する平和及び友好の関係を強化し，並びに民主主義の諸原則，個人の自由及び法の支配を擁護することを希望し，また，両国の間の一層緊密な経済的協力を促進し，並びにそれぞれの国における経済的安定及び福祉の条件を助長することを希望」すると述べている。すなわち，日米安保条約は，安全保障分野を中核とするが，同盟関係の根底となる政治，経済，社会など分野における友好協力関係に言及している。第三の意義は，アジア太平洋地域の平和と安定の要である。日米安保条約第6条は，「日本国の安全に寄与し，並びに極東における国際の平和及び安全の維持に寄与するため，アメリ

カ合衆国は，その陸軍，空軍及び海軍が日本国において施設及び区域を使用することを許される。」と規定している。アジア太平洋地域においては，欧州とは異なり，歴史的に多国間の安全保障機構が確立しなかった。アジア太平洋地域における安全保障対話の場であるARF（ASEAN地域フォーラム）の現状は，関係者の意見交換の場にすぎない。同条に基づき，駐留する在日米軍と自衛隊の協力関係は，米国と地域諸国との間で構築された同盟・友好関係とあいまって，アジア太平洋地域における平和と安定に寄与している。なお，日米安全保障体制の新たな意義については，別項「日米安保共同宣言」参照。

3-22
日米安保共同宣言

Japan–U.S. Joint Declaration on Security

平成8年4月訪日したクリントン米国大統領と橋本内閣総理大臣が，冷戦後の日米安保体制の重要性を再確認した共同宣言。その概要は次のとおり。第一に前文においては，①日米安保体制は，冷戦期間中，アジア太平洋地域の平和と安全の確保に有益。②両国の協力の基盤は堅固であり，21世紀においてもこのパートナーシップが極めて重要であると記述。第二に地域情勢については，①冷戦の終結以来，世界的な規模の武力紛争が生起する可能性は遠のく。②アジア太平洋地域は，今や世界で最も活力ある地域となっているものの，朝鮮半島における緊張は継続。大量破壊兵器と運搬手段の拡散は地域の不安定化をもたらす要因であると記述。第三に日米安全保障体制は，21世紀に向けてアジア太平洋地域において，安定的で繁栄した情勢を維持するための基礎であり続けることを再確認。具体的には，以下の事項を確認。①日本防衛のための最も効果的な枠組みは，自衛隊の適切な防衛能力と日米安保体制の組み合わせに基づいた日米両国間の緊密な防衛協力。日米安保条約に基づく米国の抑止力は，引き続き日本の安全保障の拠り所。②米国が軍事的プレゼンスを維持することは，地域の平和と安定の維持のためにも不可欠。米国のコミットメントを守るためには，日本におけるほぼ現在の水準を含め，この地域において，約10万人の前方展開軍事要員からなる現在の兵力構成を維持することが必要。③日本は，日米安保条約に基づく施設及び区域の提供並びに接受国支援等を通じ，適切な寄与を継続。第四に安全保障分野における2国間協力については，同盟関係の信頼性を強化するため，以下の分野で意見が一致。①国勢情勢，とりわけアジア太平洋地域についての情報や意見の交換を一層強化。防衛政策及び日本における米軍の兵力構成を含む軍事態勢について引き続き緊密に協議。②緊密な協力関係を増進するため，日米防衛協力のための指針の見直しを開始。日本周辺地域において発生し得る事態で，日本の平和と安全に重要な影響を与える場合における日米間の協力に関する研究を始め，日米間の政策調整を促進。③日米物品役務相互提供協

定による協力関係を促進。④相互運用性の重要性に留意し，日米共同研究開発を始めとする技術と装備の分野における相互交流を充実。⑤大量破壊兵器と運搬手段の拡散は，両国の共通の安全保障にとり重要な意味合いを有するもの。拡散防止のため共同行動するとともに，既に進行中の弾道ミサイル防衛に関する研究において引き続き協力。⑥日米安保条約の目的との調和を図りつつ，米軍の施設及び区域の整理統合を推進。平成8年11月までに，沖縄に関する特別行動委員会（SACO）の作業を成功裡に結実。第五に地域における協力については，①アジア太平洋地域への米国の関与が，この地域の安全保障情勢をより平和的で安定的なものとする努力の基盤，②多数国間の地域的安全保障についての対話及び協力の仕組みを発展させるため，共同で作業すると記述。第六に地球的規模での協力について，日米安保体制は，平和維持活動や人道的な国際救援活動，軍備管理・軍縮など，地球的規模の問題についての日米協力の基盤たる相互信頼関係の土台となっていると記述。第六の指摘は斬新であり，日米安保体制の新たな意義として，日米安保共同宣言以降強調されている。

⇒ ①軍備管理・軍縮，①武器拡散，②地位協定，③地位協定と施設・区域，③日米物品役務相互提供協定，③SACO設置の経緯，③弾道ミサイル防衛

❷ 日米防衛協力のための指針
Guidelines for Japan–U.S. Defense Cooperation ("Guidelines")

3-23
旧日米防衛協力のための指針
Guidelines for Japan–U.S. Defense Cooperation of 1978

別称 旧ガイドライン

「シビリアンコントロールのもとにおいて米軍と自衛隊との整合のとれた共同対処行動を研究する（昭和54年2月16日衆議院予算委員会山下防衛庁長官答弁）」ため，防衛協力小委員会が取りまとめた日米間で実施すべき防衛協力に関する研究作業のガイドライン。昭和53年11月，上部機関である日米安全保障協議委員会に報告し，了承された。その構成は，前文の外，①侵略を未然に防止するための態勢，②日本に対する武力攻撃に際しての対処行動等，③日本以外の極東における事態で日本の安全に重要な影響を与える場合の日米間の協力の3項目から成る。研究に当たっての前提条件としては，①事前協議に関する諸問題，日本の憲法上の制約に関する諸問題及び非核三原則は，対象としない。②結論は，日米安全保障協議委員会に報告し，その取扱いは，日米両国政府のそれぞれの判断に委ねられる。すなわち，立法，予算ないし行政上の措置を両国政府に対し，拘束しないということである。その概要は次のとおり。第1項においては，「日米両国は，日本に対する武力攻撃がなされた場合に共同

対処行動を円滑に実施し得るよう、作戦、情報、後方支援等の分野における自衛隊と米軍との間の協力態勢の整備に努める。」と記述されている。第2項は、2つの場合に区分されている。まず、日本に対する武力攻撃がなされるおそれのある場合において、「日米両国は、連絡を一層密にして、それぞれ所要の措置をとるとともに、情勢の変化に応じて必要と認めるときは、自衛隊と米軍との間の調整機関の開設を含め、整合のとれた共同対処行動を確保するために必要な準備を行う。」とされ、「自衛隊及び米軍は、それぞれが実施する作戦準備に関し、日米両国が整合のとれた共通の準備段階を選択し自衛隊及び米軍がそれぞれ効果的な作戦準備を協力して行うことを確保することができるよう、共通の基準をあらかじめ定めておく。」と記述されている。次に、日本に対する武力攻撃がなされた場合において、「日本は、原則として、限定的かつ小規模な侵略を独力で排除する。侵略の規模、態様等により独力で排除することが困難な場合には、米国の協力をまって、これを排除する。」と記述されている。これは、旧防衛計画の大綱の限定的小規模侵略に独力対処の方針と一致している。作戦構想の原則は、「自衛隊は主として日本の領域及びその周辺海域において防勢作戦を行い、米軍は自衛隊の行う作戦を支援する。米軍は、また、自衛隊の能力の及ばない機能を補完するための作戦を実施する。」ことである。以下、陸上・海上・航空の各作戦ごとに、それぞれ自衛隊、米軍の役割が記載されている。指揮及び調整については、「自衛隊及び米軍は、緊密な協力の下に、それぞれの指揮系統に従って行動する。自衛隊及び米軍は、整合のとれた作戦を共同して効果的に実施することができるよう、あらかじめ調整された作戦運用上の手続に従って行動する。」とされる。第3項の協力については、「あらかじめ相互に研究を行う」と記述されている。

⇒ ③非核三原則、③日米安全保障協議委員会、③限定的小規模侵略

3-24
旧指針の見直し
review of the Guidelines of 1978

冷戦後の国際情勢の変化や自衛隊の役割に対する国民の期待の高まりを反映し、旧防衛計画の大綱（旧大綱）が見直され、平成7年11月現防衛計画の大綱（現大綱）が策定された。旧日米防衛協力のための指針（旧指針）と旧大綱は、直接侵略対処に関し、限定的小規模侵略へ自衛隊が独力で対処する方針で一致していた。一方、現大綱は直接侵略対処に関し、「米国との適切な協力の下、防衛力の総合的・有機的な運用を図る」としており、日米防衛協力の進展を踏まえた表現に改められている。さらに、平成8年4月日米安保共同宣言において、①日米の緊密な協力関係を増進するため、日米防衛協力のための指針の見直しを開始する。②日本周辺地域において発生し得る事態で、日本の平和と安全に重要な影響を与える場合における日米間の協力に関する研究を始め、日米間の政策調整を促進すると

第3章　防衛政策・防衛行政

うたわれた。このような状況を受け，平成8年6月日米両国政府は，旧指針の見直しを行うため，日米安全保障協議委員会の下にある防衛協力小委員会を改組した。旧指針の見直し作業は，次の3点を中心に実施された。①平素から行う協力，②日本に対する武力攻撃に際しての対処行動等，③日本周辺地域における事態で日本の平和と安全に重要な影響を与える場合（「周辺事態」）の協力。見直し作業の前提は，次のとおりである。①日米安全保障条約及び日米同盟関係の基本的な枠組みは，変更しない。②日本の行為は憲法の範囲内において，専守防衛，非核三原則等の防衛政策の基本原則に従って行われる。③日米両国のすべての行為は，国際法の基本原則及び国際連合憲章を始めとする関連する国際約束に合致する。④見直し作業は，いずれの政府にも，立法上，予算上又は行政上の措置をとることを義務づけるものではないものの，日米両国政府が，各々の判断に従い，具体的な政策や措置に適切な形で反映することが期待される。防衛庁ホームページ「日米防衛協力のための指針の見直しに関する中間とりまとめ」及び「日米防衛協力のための指針の見直しの終了」参照。

⇒　③日米安保共同宣言，③日米安全保障協議委員会，③周辺事態，③専守防衛，③非核三原則

3-25
新日米防衛協力のための指針
Guidelines of 1997
別称　新ガイドライン

新日米防衛協力のための指針（新指針）は，平成9年9月ニューヨークで開催された日米安全保障協議委員会において了承された。旧指針の見直しは，日米安全保障協議委員会による指示を受け，防衛協力小委員会が平成8年6月より行っていた。見直し過程において，手続の透明性を確保するため，平成9年6月には中間とりまとめが作成されている。旧指針の見直し作業は，次の3点を中心に実施された。①平素から行う協力，②日本に対する武力攻撃に際しての対処行動等，③日本周辺地域における事態で日本の平和と安全に重要な影響を与える場合（「周辺事態」）の協力。新指針の目的は，「平素から並びに日本に対する武力攻撃及び周辺事態に際してより効果的かつ信頼性のある日米協力を行うための，堅固な基礎を構築することである。また，指針は，平素からの及び緊急事態における日米両国の役割並びに協力及び調整の在り方について，一般的な大枠及び方向性を示すものである」。新指針の基本的な前提及び考え方は，見直し作業の前提と同様である（別項旧指針の見直し参照）。新指針の構成は，①指針の目的，②基本的な前提及び考え方の外，③平素から行う協力，④日本に対する武力攻撃に際しての対処行動等，⑤日本周辺地域における事態で日本の平和と安全に重要な影響を与える場合（周辺事態）の協力，⑥指針の下で行われる効果的な防衛協力のための日米共同の取組み，⑦指針の適時かつ適切な見直しの7部から成る。新指針の実効性を確保するため，「法的側面を

含め，政府全体として検討の上，必要な措置を適切に講ずることとする」との閣議決定が，平成9年9月29日なされた。

　　⇒　③日米安全保障協議委員会，③周辺事態

3-26
平素から行う協力
cooperation under normal circumstances

　新指針の重要な目的の一つである平素から行う協力の概要は，次のとおり。①日米両国政府は，日米安全保障体制を堅持し，各々所要の防衛態勢の維持に努める。日本は，防衛計画の大綱にのっとり，自衛のために必要な範囲内で防衛力を保持する。米国は，そのコミットメントを達成するため，核抑止力を保持するとともに，アジア太平洋地域における前方展開兵力を維持し，かつ，来援し得る兵力を保持する。②日米両国政府は，日本の防衛及びより安定した国際的な安全保障環境の構築のため，平素から密接な協力を維持する。この協力には，日米物品役務相互提供協定等に基づく相互支援活動が含まれる。具体的な項目として，第一に情報交換及び政策協議がある。①日米両国政府は，アジア太平洋地域の情勢を中心として，国際情勢についての情報及び意見の交換を強化するとともに，防衛政策及び軍事態勢についての緊密な協議を継続する。②このような情報交換及び政策協議は，日米安全保障協議委員会及び日米安全保障高級事務レベル協議を含むあらゆる機会をとらえ，広範なレベル及び分野において行われる。具体的な項目の第二は，安全保障面での種々の協力である。①安全保障面での地域的な及び地球的規模の諸活動を促進するための日米協力は，より安定した国際的な安全保障環境の構築に寄与する。②日米両国政府は，この地域における安全保障対話・防衛交流及び国際的な軍備管理・軍縮の意義と重要性を認識し，これらの活動を促進するとともに，必要に応じて協力する。③国際連合平和維持活動又は人道的な国際救援活動に参加する場合には，日米両国政府は，相互支援のために密接に協力する。日米両国政府は，輸送，衛生，情報交換，教育訓練等の分野における協力の要領を準備する。④大規模災害の発生を受け，関係政府又は国際機関の要請に応じて緊急援助活動を行う場合には，日米両国政府は，密接に協力する。具体的な項目の第三は，日米共同の取組みである。①日米両国政府は，日本に対する武力攻撃に際しての共同作戦計画についての検討及び周辺事態に際しての相互協力計画についての検討を含む共同作業を行う。このような努力は，双方の関係機関の関与を得た包括的なメカニズムにおいて行われ，日米協力の基礎を構築する。②日米両国政府は，このような共同作業を検証するとともに，自衛隊及び米軍を始めとする日米両国の公的機関及び民間の機関による円滑かつ効果的な対応を可能とするため，共同演習・訓練を強化する。③日米両国政府は，緊急事態において関係機関の関与を得て運用される日米間の調整メカニズムを平素から構築して

おく。
　　⇒ ①アジア太平洋地域における前方展開戦力，①軍備管理・軍縮，③日米物品役務相互提供協定，③日米安全保障協議委員会，③2国間防衛交流，③多国間安全保障対話，③国際平和協力業務，③包括的なメカニズムと調整メカニズム

3-27
武力攻撃事態等における協力の基本
basics of cooperation in situations of armed attack against Japan

日本に対する武力攻撃に際しての共同対処行動等は，日米防衛協力の中核的要素である。武力攻撃事態等における日米防衛協力の基本は，新指針によれば次のとおり。第一に，日本に対する武力攻撃が差し迫っている場合には，①日米両国政府は，情報交換及び政策協議を強化するとともに，日米間の調整メカニズムの運用を早期に開始する。②日本は，米軍の来援基盤を構築し，維持する。日米両国政府は，情勢の変化に応じ，情報収集及び警戒監視を強化するとともに，日本に対する武力攻撃に発展し得る行為に対応するための準備を行う。③日米両国政府は，事態の拡大を抑制するため，外交上のものを含むあらゆる努力を払う。④日本の防衛のための準備と周辺事態への対応又はそのための準備との間の密接な相互関係に留意する。第二に，日本に対する武力攻撃がなされた場合には，①日本は，日本に対する武力攻撃に即応して主体的に行動し，極力早期にこれを排除する。その際，米国は，日本に対して適切に協力する。日米協力には，整合のとれた共同の作戦の実施及びそのための準備，事態の拡大を抑制するための措置，警戒監視並びに情報交換についての協力が含まれる。②自衛隊及び米軍が作戦を共同して実施する場合には，双方は，整合性を確保しつつ，適時かつ適切な形で，各々の防衛力を運用する。その際，双方は，各々の陸・海・空部隊の効果的な統合運用を行う。自衛隊は，主として日本の領域及びその周辺海空域において防勢作戦を行う。米軍は，自衛隊の作戦を支援するとともに，自衛隊の能力を補完するための作戦を実施する。③米国は兵力を適時に来援させ，日本は来援のための基盤を構築し維持する。
　　⇒ ③包括的なメカニズムと調整メカニズム，③周辺事態，③警戒監視活動，③統合運用

3-28
作戦構想及び作戦に係る諸活動
concept of operations and diverse activities for the operations

日本に対する武力攻撃がなされた場合の作戦構想の概略は，新指針によれば次のとおり。第一に，日本に対する航空侵攻に対処するための作戦において，自衛隊及び米軍は，共同して作戦を実施する。具体的には，自衛隊は，防空のための作戦を主体的に実施する。米軍は，自衛隊の行う作戦を支援するとともに，打撃力を使用する作戦を含め，自衛隊の能力を補完するための作戦を実施する。第二に，

日本周辺海域の防衛及び海上交通の保護のための作戦において，自衛隊及び米軍は，共同して作戦を実施する。具体的には，自衛隊は，日本の重要な港湾及び海峡の防備，日本周辺海域における船舶の保護並びにその他の作戦を主体的に実施する。米軍は，自衛隊の行う作戦を支援するとともに，機動打撃力を使用する作戦を含め，自衛隊の能力を補完するための作戦を実施する。第三に，日本に対する着上陸侵攻に処するための作戦において，自衛隊及び米軍は，共同して作戦を実施する。具体的には，自衛隊は，着上陸侵攻を阻止し排除するための作戦を主体的に実施する。米軍は，主として自衛隊の能力を補完するための作戦を実施する。その際，米国は，侵攻の規模，態様その他の要素に応じ，極力早期に兵力を来援させ，自衛隊の行う作戦を支援する。第四に，その他の脅威への対応において，①自衛隊は，ゲリラ・コマンドウ攻撃（ゲリラや特殊部隊による攻撃）等日本領域に軍事力を潜入させて行う不正規型の攻撃を極力早期に阻止し排除するための作戦を主体的に実施する。その際，関係機関と密接に協力し調整するとともに，事態に応じて米軍の適切な支援を得る。②自衛隊及び米軍は，弾道ミサイル攻撃に対応するために密接に協力し調整する。米軍は，日本に対し必要な情報を提供するとともに，必要に応じ，打撃力を有する部隊の使用を考慮する。一方，作戦に係る諸活動及びそれに必要な事項の概略は，次のとおり。①自衛隊及び米軍は，緊密な協力の下，各々の指揮系統に従って行動する。自衛隊及び米軍は，効果的な作戦を共同して実施するため，役割分担の決定，作戦行動の整合性の確保等についての手続をあらかじめ定めておく。②日米両国の関係機関の間における必要な調整は，日米間の調整メカニズムを通じて行われる。自衛隊及び米軍は，効果的な作戦を共同して実施するため，作戦，情報活動及び後方支援について，日米共同調整所の活用を含め，この調整メカニズムを通じて相互に緊密に調整する。③日米両国政府は，通信電子能力の効果的な活用を確保するため，相互に支援する。④日米両国政府は，効果的な作戦を共同して実施するため，情報活動について協力する。⑤自衛隊及び米軍は，日米間の適切な取決めに従い，効率的かつ適切に後方支援活動を実施する。日米両国政府は，後方支援の効率性を向上させ，かつ，各々の能力不足を軽減するよう，中央政府及び地方公共団体が有する権限及び能力並びに民間が有する能力を適切に活用しつつ，相互支援活動を実施する。その際，特に補給，輸送，整備，施設，衛生に関する事項（細部省略）に配慮する。

⇒ ③弾道ミサイル防衛，③包括的なメカニズムと調整メカニズム

3-29
周辺事態
Situations in Areas Surrounding Japan

　周辺事態とは，日本周辺地域における事態で日本の平和と安全に重要な影響を

与える場合である。周辺事態の概念は、地理的なものではなく、事態の性質に着目したものである。特定の事態を念頭に置いているわけではないが、一般的には、日本周辺地域において日本の平和と安全に重要な影響を与えるような実力の行使を伴う紛争が発生する場合を指す。①大量の避難民が発生している状況、②特定の国の行動により国際の平和及び安全の維持又は回復のために経済制裁が課されたような状況であって、それぞれ日本の平和と安全に重要な影響を与える場合も周辺事態に含まれると解されている（防衛庁ホームページ「日米防衛協力のための指針Q&A」より抜粋）。新指針によれば、まず周辺事態が予想される場合には、日米両国政府は、その事態について共通の認識に到達するための努力を含め、情報交換及び政策協議を強化する。同時に、日米両国政府は、事態の拡大を抑制するため、外交上のものを含むあらゆる努力を払うとともに、日米共同調整所の活用を含め、日米間の調整メカニズムの運用を早期に開始する。また、日米両国政府は、適切に協力しつつ、合意によって選択された準備段階に従い、整合のとれた対応を確保するために必要な準備を行う。日米両国政府は、情勢の変化に応じ、情報収集及び警戒監視を強化するとともに、情勢に対応するための即応態勢を強化する。さらに周辺事態への対応に際しては、日米両国政府は、事態の拡大の抑制のためのものを含む適切な措置をとる。これらの措置は、基本的な前提及び考え方に従い、かつ、各々の判断に基づいてとられる。日米両国政府は、適切な取決めに従って、必要に応じて相互支援を行う。協力の対象となる分野は、以下のとおり。第一に、日米両国政府が各々主体的に行う活動における協力に関する分野としては、①救援活動及び避難民への対応のための措置、②捜索・救難、③非戦闘員を退避させるための活動、④国際の平和と安定の維持を目的とする経済制裁の実効性を確保するための活動が列挙されている。このうち、②に関し、日本は日本領域及び戦闘行動が行われている地域とは一線を画される日本の周囲の海域において捜索・救難活動を実施する。一方、米国は米軍が活動している際には、活動区域内及びその付近での捜索・救難活動を実施する。③に関しては、日本国民又は米国国民である非戦闘員を第三国から安全な地域に退避させる活動が主な対象であり、日米両国政府は、自国の国民の退避及び現地当局の関係において各々責任を有する。両国国民以外の非戦闘員について、退避に関連する援助を検討する場合がある。第二に、米軍の活動に対する日本の支援に関する分野としては、①施設の使用、②後方地域支援が列挙されている。このうち、②後方地域支援は、日米安全保障条約の目的の達成のため活動する米軍が、施設の使用及び種々の活動を効果的に行うことを可能とすることを主眼とするものである。この性質から、後方地域支援は、主として日本の領域において行われるが、戦闘行動が行われている地域とは一線を画される日本の周囲の公海及びその上空におい

て行われることもあると考えられる。後方地域支援を行うに当たって，日本は，中央政府及び地方公共団体が有する権限及び能力並びに民間が有する能力を適切に活用する。第三に，運用面における日米協力に関する分野としては，①警戒監視，②機雷除去，③海・空域調整が列挙されている。

⇒ ②戦闘員，③周辺事態安全確保法の体系，③包括的なメカニズムと調整メカニズム，③警戒監視活動

3-30
周辺事態における協力事例
specified examples of cooperation in Situations in Areas Surrounding Japan

新指針の別表には，周辺事態において，分野ごとに日米両国の協力の対象となり得る事例が掲示されている。代表的な事例を挙げると次のとおり。第一に，日米両国政府が各々主体的に行う活動における協力に関する分野のうち，①救援活動及び避難民への対応のための措置については，⑦被災地における衛生，通信及び輸送，⑦避難民に対する応急物資の支給等が事例となっている。②捜索・救難については，日本領域及び日本の周囲の海域における捜索・救難活動並びにこれに関する情報の交換が事例となっている。③非戦闘員を退避させるための活動については，⑦情報の交換並びに非戦闘員との連絡及び非戦闘員の集結・輸送，⑦非戦闘員の輸送のための米航空機・船舶による自衛隊施設及び民間空港・港湾の使用，⑦日本国内における一時的な宿泊，輸送及び衛生に係る非戦闘員への援助等が事例となっている。④国際の平和と安定の維持を目的とする経済制裁の実効性を確保するための活動については，⑦国連安全保障理事会決議に基づいて行われる船舶の検査及びこのような検査に関連する活動，⑦情報の交換が事例となっている。第二に，米軍の活動に対する日本の支援に関する分野のうち，①施設の使用については，⑦自衛隊施設及び民間空港・港湾の米航空機・船舶による使用，⑦運用時間の延長，⑦保管施設の確保等が事例となっている。②後方地域支援のうち，補給については，米航空機・船舶に対する物資（武器・弾薬を除く）及び燃料・油脂・潤滑油の提供等が事例となっている。輸送については，人員，物資及び燃料・油脂・潤滑油の日本国内における陸上・海上・航空輸送等が事例となっている。整備については，米航空機・船舶・車両の修理・整備等が事例となっている。衛生については，⑦日本国内における傷病者の治療及び輸送，⑦医薬品及び衛生機具の提供が事例となっている。警備については，⑦米軍施設・区域の警備，⑦その周囲海域の警戒監視，⑦情報の交換等が事例となっている。通信については，周波数の確保及び器材の提供が事例となっている。その他の区分として，米船舶の出入港に対する支援，米軍施設・区域従業員の一時増員等が事例となっている。第三に，運用面における日米協力に関する分野のうち，①警戒監視及

び②機雷除去については，情報の交換が事例となっており，③海・空域調整については，海上運航調整あるいは航空交通管制，空域調整が事例となっている。

⇒ ②戦闘員，③船舶検査活動法の体系

3-31
包括的なメカニズムと調整メカニズム
comprehensive mechanism and coordination mechanism

新指針の下で日米防衛協力を効果的に進めるため，日米両国政府は，次の２つのメカニズムを構築する。包括的なメカニズムは，平素から日米防衛協力のための指針に基づく計画についての検討を行うとともに，共通の基準，実施要領等を確立するため，構築する。日米安全保障協議委員会は，このメカニズムの行う作業の方針を提示し，作業の進捗を確認し，必要に応じて指示を発出する。防衛協力小委員会は，日米安全保障協議委員会を補佐する。包括的なメカニズムにおいては，①から③の共同作業を計画的に実施する。作業の進捗状況は，適宜日米安全保障協議委員会及び防衛協力小委員会に対して報告される。①共同作戦計画等の検討　自衛隊及び米軍は，日本に対する武力攻撃に際して整合のとれた行動を円滑かつ効果的に実施し得るよう，平素から共同作戦計画についての検討を行う。さらに，日米両国政府は，周辺事態に円滑かつ効果的に対応し得るよう，平素から相互協力計画についての検討を行う。日米両国政府は，共同作戦計画についての検討と相互協力計画についての検討との間の整合を図るよう留意することにより，周辺事態が日本に対する武力攻撃に波及する可能性のある場合又は両者が同時に生起する場合に適切に対応し得るようにする。②準備のための共通の基準の確立　日米両国政府は，日本の防衛のための準備に関し，共通の基準を平素から確立する。この基準は，各々の準備段階における情報活動，部隊の活動，移動，後方支援その他の事項を明らかにするものである。日本に対する武力攻撃が差し迫っている場合には，日米両国政府の合意により共通の準備段階が選択され，これが，自衛隊，米軍その他の関係機関による日本の防衛のための準備のレベルに反映される。日米両国政府は，周辺事態における協力措置の準備に関しても，合意により共通の準備段階を選択し得るよう，共通の基準を確立する。③共通の実施要領の確立　日米両国政府は，日本の防衛のための整合のとれた作戦を円滑かつ効果的に実施できるよう，共通の実施要領等をあらかじめ準備しておく。これには，通信，目標位置の伝達，情報活動及び後方支援並びに相撃防止のための要領とともに，各々の部隊の活動を適切に律するための基準が含まれる。通信電子活動等に関する相互運用性の重要性を考慮し，相互に必要な事項をあらかじめ定める。一方，調整メカニズムは，日本に対する武力攻撃及び周辺事態に際して各々が行う活動の間の調整を行うため，日米両国政府は，日米両国の関係機関の関

与を得て，平素から構築する。調整の要領には，調整会議の開催，連絡員の相互派遣及び連絡窓口の指定が含まれる。自衛隊及び米軍は，この調整メカニズムの一環として，双方の活動について調整するため，必要なハードウェア及びソフトウェアを備えた日米共同調整所（日本側が統合幕僚会議，陸上幕僚監部，海上幕僚監部及び航空幕僚監部の代表者，合衆国側が在日米軍司令部の代表者）を平素から準備する。なお，包括的なメカニズム及び調整メカニズムの構成図は，平成14年版『日本の防衛』参照。

⇒ ❸日米安全保障協議委員会，❸周辺事態，❸統合幕僚会議，❸幕僚監部

❸ 周辺事態安全確保法
Law Concerning Measures to Ensure the Peace and Security of Japan in Situations in Areas Surrounding Japan

3-32
周辺事態安全確保法の体系

scheme of the Law Concerning Measures to Ensure the Peace and Security of Japan in Situations in Areas Surrounding Japan

周辺事態とは，そのまま放置すれば我が国に対する直接の武力攻撃に至るおそれのある事態等我が国周辺の地域における我が国の平和及び安全に重要な影響を与える事態である（周辺事態安全確保法第1条）。同法の目的は，周辺事態に対応して我が国が実施する措置，その実施の手続その他の必要な事項を定め，日米安保条約の効果的な運用に寄与し，我が国の平和及び安全の確保に資することである（同法第1条）。内閣総理大臣は，周辺事態に際して，①自衛隊が実施する後方地域支援，②特に内閣が関与することにより総合的かつ効果的に実施する必要のある関係行政機関が実施する後方地域支援，③後方地域捜索救助活動，④船舶検査活動のいずれかを実施する必要があると認めるときは，その措置を実施すること及び対応措置に関する基本計画の案につき閣議の決定を求めなければならない（同法第4条）。ここにおいて，後方地域とは，我が国領域並びに現に戦闘行為が行われておらず，かつ，そこで実施される活動の期間を通じて戦闘行為が行われることがないと認められる我が国周辺の公海（排他的経済水域を含む）及びその上空の範囲をいう。後方地域支援とは，周辺事態に際して日米安保条約の目的の達成に寄与する活動を行っているアメリカ合衆国の軍隊に対する物品及び役務の提供，便宜の供与その他の支援措置であって，後方地域において我が国が実施するものをいう。後方地域捜索救助活動とは，周辺事態において行われた戦闘行為によって遭難した戦闘参加者について，その捜索又は救助を行う活動（救助した者の輸送を含む）であって，後方地域において我が国が実施するものをいう（同法第3条）。基本計画で定める事項は，①対応措置に関する基本方針，②

自衛隊又は関係行政機関が実施する後方地域支援に係る基本的事項、種類及び内容、実施区域の範囲及び指定その他重要事項、③後方地域捜索救助活動に係る基本的事項、実施区域の範囲及び指定、合衆国軍隊への物品及び役務の提供に関する重要事項その他重要事項、④船舶検査活動に係る基本的事項、自衛隊の部隊等の規模及び構成、実施区域の範囲及び指定等、船舶検査活動法第4条に規定する事項、⑤特に内閣が関与することにより総合的かつ効果的に実施する必要のある関係行政機関が実施する対応措置に関する重要事項、⑥地方公共団体などに対し協力を要請する種類及び内容等である（同法第4条）。基本計画に定められた自衛隊の部隊等が実施する後方地域支援、後方地域捜索救助活動又は船舶検査活動については、内閣総理大臣は、これらの対応措置の実施前に、これらの対応措置を実施することにつき国会の承認を得なければならない。ただし、緊急の必要がある場合には、国会の承認を得ないでこれらの対応措置を実施することができる。国会の承認を得ないで対応措置を実施した場合には、内閣総理大臣は、速やかに、これらの対応措置の実施につき国会の承認を求めなければならない。不承認の議決があったときは、政府は、速やかに、その対応措置を終了させなければならない（同法第5条）。内閣総理大臣は、①基本計画の決定又は変更があったとき、②基本計画に定める対応措置が終了したときは、遅滞なく、国会に報告しなければならない（同法第10条）。

⇒ ②接続水域・排他的経済水域・群島水域・公海、③周辺事態、③船舶検査活動法の体系

3-33
周辺事態安全確保法に基づく自衛隊の活動
SDF activities under the Law Concerning Measures to Ensure the Peace and Security of Japan in Situations in Areas Surrounding Japan

周辺事態安全確保法第6条によれば、自衛隊による後方地域支援としての合衆国軍隊に対する物品及び役務の提供は、次のような手順で実施される。①自衛隊に属する物品の提供に関し、内閣総理大臣又はその委任を受けた者は、基本計画に従い、業務を実施する。②役務の提供に関し、防衛庁長官は、基本計画に従い、後方地域支援の実施区域を指定した実施要項を定める。内閣総理大臣から実施要項の承認を得た後、自衛隊の部隊等にその実施を命ずる。防衛庁長官は、実施区域の全部又は一部がこの法律又は基本計画に定められた要件を満たさないものとなった場合には、速やかに、指定の変更又は活動の中断を命じなければならない。一方、同法第7条によれば、後方地域捜索救助活動の実施は、次のような手順で実施される。防衛庁長官は、基本計画に従い、後方地域捜索救助活動の実施区域を指定した実施要項を定める。内閣総理大臣から実施要領の承認を得た後、自衛隊の部隊等にその実施を命ずる。実施区

域に戦闘参加者以外の遭難者が在るときは，救助する。実施区域に隣接する外国の領海に在る遭難者を認めたときは，当該外国の同意を得て，救助を行うことができる。ただし，当該海域において，現に戦闘行為が行われておらず，かつ，当該活動の期間を通じて戦闘行為が行われることがないと認められる場合に限る。防衛庁長官は，実施区域の全部又は一部がこの法律又は基本計画に定められた要件を満たさないものとなった場合には，速やかに，指定の変更又は活動の中断を命じなければならない。後方地域支援として行う自衛隊に属する物品の提供及び自衛隊による役務の提供の種類及び内容は，同法別表第1に示されている。具体的な種類は，ⓐ補給，ⓑ輸送，ⓒ修理及び整備，ⓓ医療，ⓔ通信，ⓕ空港及び港湾業務，ⓖ基地業務である。ただし，①物品の提供には，武器・弾薬の提供を含まない。②物品及び役務の提供には，戦闘作戦行動のために発進準備中の航空機に対する給油及び整備を含まない。③物品及び役務の提供は，公海及びその上空で行われる輸送を除き，我が国領域において行われる。一方，後方地域捜索救助活動に伴い，合衆国軍隊の部隊へ後方地域支援を行う場合がある。その際，自衛隊に属する物品の提供及び自衛隊による役務の提供の種類及び内容は，同法別表第2に示されている。具体的な種類は，ⓐ補給，ⓑ輸送，ⓒ修理及び整備，ⓓ医療，ⓔ通信，ⓕ宿泊，ⓖ消毒である。ただし，①物品の提供には，武器・弾薬の提供を含まない。②物品及び役務の提供

には，戦闘作戦行動のために発進準備中の航空機に対する給油及び整備を含まない。同法第11条によれば，自衛官の武器の使用については，次のとおり。後方地域支援を行う自衛官はその職務を行うに際し，さらに後方地域捜索救助活動を行う自衛官は遭難者の救助の職務を行うに際し，自己又は自己とともにその職務に従事する者の生命又は身体の防護のためやむを得ない必要があると認める相当の理由がある場合には，その事態に応じ合理的に必要と判断される限度で武器を使用することができる。武器の使用に際しては，刑法第36条（正当防衛）又は第37条（緊急避難）に該当する場合のほか，人に危害を与えてはならない。

3-34
地方公共団体・民間の協力
cooperation from local government and private sector

周辺事態安全確保法第9条によれば，地方公共団体・民間の協力について，次のとおり規定している。①関係行政機関の長は，法令及び基本計画に従い，地方公共団体の長に対し，その有する権限の行使について必要な協力を求めることができる（同条第1項）。②関係行政機関の長は，法令及び基本計画に従い，①を除く国以外の者に対し，必要な協力を依頼することができる（同条第2項）。③国以外の者が①，②の協力により損失を受けた場合には，その損失に関し，必要な財政上の措置を講ずる（同条第3項）。第9条の解釈について，内閣安全保障・

危機管理室（当時），防衛庁及び外務省が平成12年7月25日付けで連名で作成した「周辺事態安全確保法第9条（地方公共団体・民間の協力）の解説」より抜粋すると，次のとおり。同条第1項は，地方公共団体の長の有する権限の行使，例えば公共施設の使用に際しての許可について，「協力を求める」ことができる旨を規定するものである。協力の求めを受けた地方公共団体の長は，求めのあったことを前提として，権限を適切に行使することが法的に期待される立場に置かれることとなる。これを一般的な協力義務という。例えば，自衛隊艦船や米軍艦船が地方公共団体の管理する港湾施設を使用しようとする場合，周辺事態においても，通常と同様，地方公共団体の長（港湾管理者）の許可を得る必要がある。協力を求める主体は関係行政機関の長である。港湾施設の例では，運輸大臣（当時。現在は国土交通大臣）が該当する。この条項により，地方公共団体が現行法令を超えた対応を求められるものではない。本法では，協力拒否に対する罰則等の規定は設けていない。したがって，地方公共団体の長の対応が法令に基づく限り，制裁的措置がとられることはあり得ない。ただし，本法以外の個別法令には，停止・変更命令等の措置をとることができる旨の規定が置かれている場合がある。対応が，本法以外の個別法令に違反する場合には，これらの規定による措置がとられることは考えられる。同条第1項に基づく協力依頼の項目としては，港湾施設の使用以外に，例えば①空港施設の使用，②消防法，建築基準法等に基づく許認可，③傷病者の救急搬送が想定される。一方，同条第2項は，国以外の者に「協力を依頼する」ことができる旨を規定するものである。例えば，自衛隊が自らの人員や物資を輸送してもらうため，民間業者との契約により協力を得る必要がある場合が考えられる。この場合，協力の依頼を受けた者は，自らの判断で輸送契約の締結を行えばよく，何ら協力義務を負うものではない。協力拒否に対する制裁的措置がとられることはない。同条第2項に基づく協力依頼の項目としては，次のような事例が想定される。第一に民間に対する依頼項目として，民間運送事業者の協力の外，①廃棄物の処理に関する協力，②民間医療機関への患者の受入れ，③物品，施設の貸与又は売却等が考えられる。第二に地方自治体に対する依頼項目として，①公営の輸送手段に関する協力，②給水，③公立医療機関への患者の受入れ，④物品の貸与等が考えられる。

❹ 船舶検査活動法
Ship Inspection Operations Law

3-35
船舶検査活動法の体系
scheme of the Ship Inspection Operations Law

新日米防衛協力のための指針の実効性を確保するため，「法的側面を含め，政府全体として検討の上，必要な措置を適

切に講ずることとする」との閣議決定が、平成9年9月29日なされた。この成果として、①周辺事態安全確保法が成立し、②自衛隊法第100条の8（在外邦人等の輸送）関連の規定が整備され、③日米物品役務相互提供協定を改正する協定が承認された。さらに、船舶検査活動法案が平成12年10月国会に提出され、11月に成立した。「船舶検査活動につきましては、昨年4月、周辺事態安全確保法案の国会審議の過程で、別途立法措置を講ずることを前提として同法案から削除されましたが、その後、与党間で鋭意協議され、今般、船舶検査活動に関する法案の要旨等について合意された（平成12年11月22日参議院本会議虎島防衛庁長官提案理由説明）」経緯がある。船舶検査活動法の目的は、周辺事態に対応して我が国が実施する船舶検査活動に関し、その実施の態様、手続その他の必要な事項を定め、周辺事態安全確保法と相まって、日米安保条約の効果的な運用に寄与し、我が国の平和及び安全の確保に資することである（船舶検査活動法第1条抜粋）。船舶検査活動とは、周辺事態に際し、貿易その他の経済活動に係る規制措置であって我が国が参加するものの厳格な実施を確保する目的で、国際連合安全保障理事会の決議に基づいて、又は旗国（海洋法に関する国際連合条約第91条に規定するその旗を掲げる権利を有する国をいう）の同意を得て、船舶（軍艦等を除く）の積荷及び目的地を検査し、確認する活動並びに必要に応じ当該船舶の航路又は目的港若しくは目的地の変更を要請する活動

であって、我が国領海又は我が国周辺の公海（排他的経済水域を含む）において我が国が実施するものをいう（同法第2条抜粋）。船舶検査活動の実施に際しては、次の事項を周辺事態安全確保法第4条に規定する基本計画に定める。①船舶検査活動に係る基本的事項、②船舶検査活動を行う自衛隊の部隊等の規模及び構成、③船舶検査活動を実施する区域の範囲及び指定に関する事項、④規制措置の対象物品の範囲、⑤船舶検査活動の実施に伴う後方地域支援の実施に関する重要事項（後方地域支援を実施する区域の範囲及び指定に関する事項を含む）、⑥その他重要事項。

⇒ ②軍艦、②接続水域・排他的経済水域・群島水域・公海、③周辺事態安全確保法の体系、③在外邦人の輸送、③日米物品役務相互提供協定

3-36
船舶検査活動法に基づく自衛隊の活動
　SDF activities under the Ship Inspection Operations Law

　船舶検査活動は、自衛隊の部隊等が実施する。その際、船舶検査活動に相当する活動を行う日米安保条約の目的の達成に寄与する活動を行っているアメリカ合衆国の軍隊の部隊に対して、後方地域支援として自衛隊に属する物品の提供及び自衛隊による役務の提供を行うことができる（船舶検査活動法第3条抜粋）。同法第5条によれば、船舶検査活動の実施は、次のような手順で実施される。防衛

庁長官は，基本計画に従い，船舶検査活動について，実施要項を定める。内閣総理大臣から実施要領の承認を得た後，自衛隊の部隊等にその実施を命ずる。防衛庁長官は，実施要項において，船舶検査活動の実施区域を指定する。この場合において，実施区域は，自衛隊の部隊等が実施する船舶検査活動が外国による船舶検査活動に相当する活動と混交して行われることがないよう，明確に区別して指定しなければならない。防衛庁長官は，実施区域の全部又は一部がこの法律又は基本計画に定められた要件を満たさないものとなった場合には，速やかに，指定の変更又は活動の中断を命じなければならない。船舶検査活動の実施の態様は，同法別表によれば次のとおりである。①航行状況の監視，②自己の存在の顕示（航行する船舶に対し，必要に応じて，呼びかけ，信号弾及び照明弾の使用その他の適当な手段（実弾の使用を除く）により自己の存在を示すこと），③船舶の名称等の照会（無線その他の通信手段を用いて，船舶の名称，船籍港，船長の氏名，直前の出発港又は出発地，目的港又は目的地，積荷その他の必要な事項を照会すること），④乗船しての検査・確認（軍艦等を除く船舶の船長又は船長に代わって船舶を指揮する者に対し船舶の停止を求め，船長等の承諾を得て，停止した船舶に乗船して書類及び積荷を検査し，確認すること），⑤航路等の変更の要請（船舶に規制措置の対象物品が積載されていないことが確認できない場合において，船舶の船長等に対しその航路又は目的港若しくは目的地の変更を要請すること），⑥船長等に対する説得（④の求め又は⑤の変更の要請に応じない船舶の船長等に対し，これに応じるよう説得を行うこと），⑦接近，追尾等（⑥の説得を行うため必要な限度において，船舶に対し，接近，追尾，伴走及び進路前方における待機を行うこと）。同法第6条によれば，自衛官の武器の使用については，次のとおり。船舶検査活動の実施を命ぜられた自衛隊の部隊等の自衛官は，船舶検査活動の対象船舶に乗船してその職務を行うに際し，自己又は自己と共に当該職務に従事する者の生命又は身体の防護のためやむを得ない必要があると認める相当の理由がある場合には，その事態に応じ合理的に必要と判断される限度で武器を使用することができる。武器の使用に際しては，刑法第36条（正当防衛）又は第37条（緊急避難）に該当する場合のほか，人に危害を与えてはならない。

❺ 日米間の安全保障協議
Policy Consultations on Security between Japan and the United States

3-37
日米安全保障協議委員会
Security Consultative Committee
(略語) SCC

　日米安全保障協議委員会は，「締約国は，この条約の実施に関して随時協議」するという日米安全保障条約第4条を根

拠として，昭和35年に，内閣総理大臣と米国国務長官の往復書簡に基づき設置された。その目的は，日米両政府間の理解の促進に役立ち，及び安全保障の分野における協力関係の強化に貢献するような問題で安全保障の基盤をなし，かつ，これに関連するものについて検討を行うためである。発足当初の構成員は，日本側が外務大臣と防衛庁長官，米側が駐日米大使と太平洋軍司令官であり，非対称的な構成であった。平成2年12月以降，米側の構成員を国務長官と国防長官へ格上げした結果，日米間が完全に対等な関係となった。この変更は，日米間の外交，防衛問題を担当する4閣僚が一堂に会した方が，より効果的な協議ができるとの観点から，実施された。日米の4閣僚がそろって出席したのは，平成7年9月27日にニューヨークにおいて開催された改編後の第2回会合が初めてである。近年の開催状況は，以下のとおりである。平成12年9月，ニューヨークにおいて開催された会合において，①アジア太平洋地域における国際情勢認識と日米安保体制の重要性の再確認，②在日米軍駐留経費負担に関する新特別協定への署名，③在日米軍施設・区域に関連する環境原則の共同発表，④日米防衛協力のための指針の実効性確保（調整メカニズムの構築），⑤沖縄に関する特別行動委員会（SACO）最終報告の実施について，協議された（以上，平成13年版『日本の防衛』参照）。平成14年12月，ワシントンにおいて川口外務大臣，石破防衛庁長官，パウエル国務長官，ウォルフォビッツ国防副長官が出席し，日米安全保障協議委員会が開催された。米国における同時多発テロ発生後の新たな安全保障環境において，①国際テロリズムへの取組，②大量破壊兵器等の拡散に対抗するための防衛と抑止に関する新たなアプローチ，③イラクにおける査察及び武装解除のプロセス，④アジア太平洋地域における国際情勢，⑤北朝鮮情勢，⑥弾道ミサイル防衛，⑦日米防衛協力のための指針の下での検討作業，⑧在日米軍の駐留に関する諸課題の解決（環境分野での協力，沖縄に関する特別行動委員会（SACO）最終報告の実施），⑨新たな安全保障環境における日米両国の防衛態勢を見直し（日米安全保障高級事務レベル協議への指示）について，協議が行われた（外務省ホームページ「共同発表日米安全保障協議委員会」http://www.mofa.go.jp/mofaj/area/usa/hosho/参照）。

⇒ ①武器拡散，①国際テロ組織，①軍備管理・軍縮，②テロ関連条約，③在日米軍駐留経費負担，③新日米防衛協力のための指針，③包括的なメカニズムと調整メカニズム，③SACO最終報告，③弾道ミサイル防衛

3-38
日米合同委員会
Japan－U.S. Joint Committee

日米間の条約である地位協定第25条第1項は，日米合同委員会について，次のように規定している。「この（地位）協定の実施に関して相互間の協議を必要と

するすべての事項に関する日本国政府と合衆国政府との間の協議機関として，合同委員会を設置する。合同委員会は，特に，合衆国が相互協力及び安全保障条約の目的の遂行に当たって使用するため必要とされる日本国内の施設及び区域を決定する協議機関として，任務を行なう」。参加者は，日本側が外務省北米局長，防衛施設庁長官等であり，米国側が在日米軍司令部副司令官，在日米大使館公使等である。日米合同委員会は，同協定第25条第2項に基づき，分野ごとに分科委員会等の下部組織を有している。そのうち，最も重要なものは，個々の施設及び区域の提供又は返還に関する問題を取り扱う施設特別委員会である。昭和28年10月27日に閣議了解された「在日合衆国軍に対する施設区域の提供並びに返還手続に関する件」によれば，①在日合衆国軍に対する施設及び区域の提供並びに返還については，従来外務省が取り扱っている国内事務は，今後防衛施設庁が取り扱う。②防衛施設庁は業務の円滑，迅速な処理を図るため事務機構を重点的に再配備することとし，関係各省庁は防衛施設庁の行う業務に対し特段の協力をする。③施設特別委員会の日本側首席代表は防衛施設庁長官とする。④個々の施設及び区域の提供又は返還の要求は，すべて直接施設特別委員会に提案する。施設特別委員会は，協議の結果を合同委員会に報告し，承認を求める。⑤関係行政機関，都道府県の長，市町村の長，学識経験者等に対する照会その他の国内関係事務は，一切防衛施設庁の責任において行う。施設特別委員会の外，環境に対する意識の高まりから，近年注目を集めている下部組織として，環境分科委員会がある。同協定第16条は，次のとおり規定している。「日本国において，日本国の法令を尊重し，及びこの協定の精神に反する活動，特に政治的活動を慎むことは，合衆国軍隊の構成員及び軍属並びにそれらの家族の義務である」。すなわち，在日米軍には日本国の環境法令は直接適用されないものの，日本国の法令を尊重し，公共の安全に妥当な配慮を払わなければならない。環境省ホームページ http://www.env.go.jp/air/info/esc.html によると，日米両国の環境法令を勘案した日本環境管理基準（JEGS：Japan Environmental Governing Standards）が，在日米軍によって環境保全の規範として，作成されている。

⇒ ②地位協定，③地位協定と施設・区域

3-39
その他の日米間の協議

other Japan – U.S. policy consultations

日米安全保障協議委員会の外，閣僚レベルの協議として，防衛庁長官と米国国防長官との日米防衛首脳会談が，ほぼ毎年実施されている。事務レベルの協議の根拠，目的，構成員・参加者について，平成15年版『日本の防衛』より抜粋すると，以下のとおり。①日米安全保障高級事務レベル協議（SSC：Security Subcommittee）は，日米安全保障条約第4

条を根拠としている。その目的は，日米相互にとって関心のある安全保障上の諸問題について意見交換することであり，包括的である。協議内容が変化に富むため，参加者は一定していない。通常，次官クラスが出席する。②防衛協力小委員会（SDC：Subcommittee for Defense Cooperation）は，昭和51年7月8日に開催された日米安全保障協議委員会において，同委員会の下部機構として設置され，平成8年に改組された。その目的は，緊急時における自衛隊と米軍との間の整合のとれた共同対処行動を確保するためにとるべき指針など，日米間の協力の在り方に関する研究について協議することである。参加者は，日本側が防衛庁防衛局長，同運用局長（内部部局の改編に伴い，平成9年9月より参加），統合幕僚会議の代表，外務省北米局長であり，米国側が国防次官補，国務次官補及び，駐日米国大使館，在日米軍，統合参謀本部，太平洋軍の代表である。

⇒ ③統合幕僚会議，③包括的なメカニズムと調整メカニズム

❻ 日米間の広範な協力
Broad Security Cooperations between Japan and the United States

3-40
日米物品役務相互提供協定
Acquisition and Cross–Servicing Agreement between Japan and the United States

略語 ACSA

日米物品役務相互提供協定の正式名称は，「日本国の自衛隊とアメリカ合衆国軍隊との間における後方支援，物品又は役務の相互の提供に関する日本国政府とアメリカ合衆国政府との間の協定」である。日米安保条約の円滑かつ効果的な運用及び国際連合を中心とした国際平和のための努力に寄与するため，日米間で平成8年4月に署名され，同年6月に国会で承認（条約第4号）された協定である。さらに，平成10年4月には当初の協定を改正する協定が署名された。この改正協定は，平成11年6月に国会で承認（条約第5号）された（『時の動き』1999年8月号財務省印刷局参照）。当初の協定の概要は，次のとおり。第一に，協定の目的は，「共同訓練，国際連合平和維持活動又は人道的な国際救援活動に必要な後方支援，物品又は役務の日本国の自衛隊とアメリカ合衆国軍隊との間における相互の提供に関する基本的な条件を定めること（第1条第2項）」である。目的実現のため，「この協定は，相互主義の原則に基づく後方支援，物品又は役務の提供のための枠組みについて定める（同条第3項）」。第二に，自衛隊又は米軍のいずれか一方が，日米共同訓練，国際連合平和維持活動又は人道的な国際救援活動のために必要な後方支援，物品又は役務の提供を他方に対して要請する場合には，他方は，その権限の範囲内で，要請された後方支援，物品又は役務を提供することができると規定している（第2条第1

項及び第3条第1項抜粋)。第三に，提供される後方支援，物品又は役務は，食料，水，宿泊，輸送（空輸を含む），燃料・油脂・潤滑油，被服，通信，衛生業務，基地支援，保管，施設の利用，訓練業務，部品・構成品，修理・整備及び空港・港湾業務である。ただし，弾薬の提供を除く（第2条第2項及び第3条第2項)。第四に，物品の提供に関する決済の手続は，①提供当事国政府にとって満足のできる状態及び方法で物品を返還する方法，②同種，同等及び同量の物品を提供当事国政府にとって満足のできる状態及び方法で返還する方法，③提供当事国政府の指定する通貨により償還する方法がある。役務の提供に関する決済の手続は，①提供当事国政府の指定する通貨により提供された役務を償還する方法，②同種であり，かつ，同等の価値を有する役務を提供する方法がある（第4条。改正後は第5条)。第五に，提供当事国政府の書面による事前の同意を得ないで，提供される後方支援，物品又は役務の第三者への移転禁止規定がある（第6条。改正後は第7条)。第六に，協定の有効期間は十年であり，順次十年ずつ自動延長する規定がある（第9条。改正後は第10条)。協定の改正は，周辺事態に対応するため，目的の改正や技術的な規定の整備が行われた。なお，この場合においても，武器又は弾薬の提供は，適用除外である。この改正は，新日米防衛協力のための指針の実効性を確保する措置の一環として，①周辺事態安全確保法の制定，②自衛隊法第100条の8（在外邦人等の輸送）関連の規定の整備とともに，実施された。なお，本協定に関する内閣官房長官談話について，別項「武器輸出三原則と例外」参照。

⇒ ③日米共同訓練，③国際平和協力業務，③国際緊急援助隊法，③新日米防衛協力のための指針，③周辺事態安全確保法の体系，③在外邦人の輸送

3-41
日米相互防衛援助協定
Mutual Defense Assistance Agreement between Japan and the United States
略語 MDA協定

日米相互防衛援助協定第1条第1項は，「各政府は，……（中略)……他方の政府に対し，及びこの協定の両署名政府が各場合に合意するその他の政府に対し，援助を供与する政府が承認することがある装備，資材，役務その他の援助を，両署名政府の間で行うべき細目取極に従って，使用に供するものとする。」と規定している。この協定に基づく米国から日本への無償軍事援助（MAP：Military Assistance Program）は，自衛隊創設期の防衛力整備に大いに貢献した。米国が先進国への無償援助を停止した後は，協定の実質的な意義が変化している。現在この協定は，イージス艦に搭載するイージス・システムのような有償軍事援助（FMS：Foreign Military Sales）や次期支援戦闘機システム（現F-2支援戦闘機）のような日米共同開発の根拠規定と

して，機能している。同協定第1条第4項は，「各政府は，共通の安全保障のため，この協定に従って受ける装備，資材又は役務の所有権又は占有権を，これらの援助を供与する政府の事前の同意を得ないで，自国政府の職員若しくは委託を受けた者以外の者又は他の政府に移転しないことを約束する。」と規定し，供与された装備等の第三者への移転に歯止めをかけている。この規定を反映し，例えば武器輸出三原則の例外に当たる日米物品役務相互提供協定には，提供側政府の事前同意がない場合における第三者への移転禁止が定められている（『防衛問題の基礎知識』参照）。なお，特別防衛秘密を保護する「日米相互防衛援助協定等に伴う秘密保護法」は，同協定第3条第1項の各政府が執るべき秘密保持の措置を踏まえ，制定されている。

⇒ ③武器輸出三原則と例外，③秘密保全

3-42
日米共同研究

Japan–U.S. joint research

日米共同研究の根拠規定は，日米相互防衛援助協定第1条である。具体的なプロジェクトを実施するためには，同条第1項に規定する細目取極に当たる交換公文を両国政府間で締結するとともに，実施細目となる了解覚書（MOU：Memorandum of Understanding）を締結する。プロジェクトの実施に伴い，日本から米国に武器技術（試作品を含む）を移転する場合には，昭和58年に締結された対米武器技術供与取極の枠組みの下で行われる。具体的なプロジェクトについては，日米間の意見交換の場である日米装備・技術定期協議（S&TF：Systems and Technology Forum）などで検討される。防衛産業・技術基盤研究会報告書「防衛産業・技術基盤の維持・育成に関する基本的方向」（平成12年11月）によると，日米安保体制の効果的運用に資することを目的として，これまでにF-2の開発や弾道ミサイル防衛技術の研究等を含め10件にのぼる日米共同研究開発・改修プロジェクトが実施されている。その後，「P-3Cの後継機の搭載電子機器」及び「ソフトウェア無線機」のプロジェクトが開始された。同報告書は，日米共同プロジェクトの教訓を次のように取りまとめている。①一方が経費を全額負担する場合には，他方にコスト削減インセンティブ（動機）を与えることは難しいこと，②ワークシェアの比率を予め固定することは，コスト意識を低下させる懸念を生じさせる可能性があること，③相手国の最先端技術を共同研究開発に十分活用できるようにするとともに，より広範な技術使用を可能とするためには，バーゲニングパワーとしての自己技術の蓄積が必要であること，④プロジェクトが長期化する場合には，一部技術が陳腐化する可能性があること，⑤できる限り早い段階から共同作業を行うことが望ましいこと。

⇒ ③日米相互防衛援助協定，③弾道ミサイル防衛

3-43
弾道ミサイル防衛
Ballistic Missile Defense

[略語] BMD；MD

近年，弾道ミサイルの移転やミサイル技術の拡散が国際的に進行しており，弾道ミサイル防衛は，冷戦終結後の国際社会が抱える大きな課題となっている。弾道ミサイルが日本に向けて発射された場合に，国民の生命・財産を守るためにはどう対応することが必要なのかといった観点から，弾道ミサイル防衛について，検討が行われてきた。防衛庁は，平成7年度から米国の協力を得ながら，弾道ミサイルの脅威や弾道ミサイル防衛の技術的実現可能性等について，検討を重ねてきた。弾道ミサイル防衛システムは，発射された弾道ミサイルに対処する純粋に防衛的なシステムであり，専守防衛という基本原則に適うものである。当時の防衛庁は，その技術的実現可能性等を見極めるに当たっては，海上配備型上層システムを対象として，米国と共同技術研究を行うことが適切であると判断していた。日本政府は，安全保障会議の了承及び閣議決定を経て，海上配備型上層システムを対象とした米国との共同技術研究に着手することを決定し，必要な経費を平成11年度予算案に計上した（以上，平成14年4月に防衛庁が作成したパンフレット「弾道ミサイル防衛（BMD）に関する研究について」より抜粋）。その後，平成16年度防衛予算（政府案）においては，「弾道ミサイル防衛システムの整備等について（平成15年12月19日安全保障会議及び閣議決定）」を踏まえ，「大量破壊兵器等の拡散状況を踏まえ，我が国国民の生命・財産を守るため，弾道ミサイル防衛に関する諸施策を推進する。」との基本方針の下，次のとおり，必要な経費を国会に要求することとなった。第一に，BMDシステムの整備［正面］として，①海上配備型上層ウェポンシステム（イージス艦の改修，SM-3ミサイルの取得），②地上配備型下層ウェポンシステム（ペトリオットシステムの改修，PAC-3ミサイルの取得），に合計922億円を要求する。第二に，BMDシステムの整備関連経費〔後方〕（バッジシステムへの弾道ミサイル対処機能の付加等）及び日米共同技術研究等の経費として，146億円を要求する。第三に，BMD推進体制を強化するため，弾道ミサイル防衛室（仮称）を新設を要求する（以上，「平成16年度防衛力整備と予算のポイント」より抜粋）。

⇒ ①弾道ミサイル迎撃システム制限条約，③専守防衛

3-44
在日米軍駐留経費負担
Japan's cost sharing for U.S. Forces in Japan

[別称] 思いやり予算

日米安全保障体制は，日本の防衛及びアジア太平洋地域の平和と安定の要である。在日米軍の駐留は，日米安全保障体制の中核的な要素であり，かつ，日本及び当地域に対し，米国が関与するという明確な意思表示である。地位協定第24条第2項は，日本国は，すべての施設及び

区域を合衆国に負担をかけないで提供する旨規定する一方、同条第1項は、すべての駐留経費は、第2項により日本国が負担すべきものを除くほか、日本国に負担をかけないで合衆国が負担する旨規定している。しかしながら、米側が負担する駐留経費は、昭和40年代後半、特に石油ショック以降の物価、賃金の急騰や円高ドル安を反映し、相当逼迫している。このような状況を踏まえ、日本政府は、在日米軍の駐留を円滑かつ安定的にするための施策を推進してきた。その概略は、次のとおりである（平成13年版『日本の防衛』参照）。第一に、現行の地位協定で対応し得る施策として、①昭和54年度より、施設・区域内で隊舎、家族住宅、消音装置、汚水処理施設などの整備を行い、在日米軍に提供している。②在日米軍従業員の雇用主は日本政府であり、その労務を在日米軍に提供する間接雇用の形態が採用されている。これらの労務費については、従来米側が負担してきたが、在日米軍が負担する経費の軽減を図り、かつ、日本人従業員の雇用の安定を図るため、昭和53年度より福利費などを、昭和54年度から国家公務員の給与条件を超える部分を日本政府が負担している。第二に、その後の経済情勢の変化に伴い、期間を区切って、地位協定第24条に対する特別の措置を定める協定を、日米両政府間において逐次締結している。特別協定上の施策として、①昭和62年度より、調整手当など8手当を負担している。②平成3年度より、在日米軍従業員の基本給、諸手当全項目及び在日米軍が公用のため調達する電気、ガス、水道、下水道、燃料に要する経費を負担している。日本側の負担割合を段階的に引き上げ、平成7年度以降、上限の範囲内でその全額を負担している。③日本政府は、在日米軍に対し、訓練実施地域を集中している地域からそれ以外の地域へ移転するように要請している。平成8年度より、訓練移転に伴う追加的経費を負担している。第三に、平成8年度から12年度までを対象とした特別協定の失効に伴い、在日米軍駐留経費負担の在り方について、見直しを行った。厳しい経済・財政事情を考慮すれば、米側に一定の節約・合理化を求める必要があるからである。平成13年度から17年度までを対象とする新特別協定の概要は、次のとおりである。①米側の節約努力を協定本文に明記する。②日本政府の負担の対象は、前協定と同様に労務費、光熱水料など及び訓練移転費とする。③労務費については、日本政府が負担する上限労働者数（23,055人）を据え置く。④光熱水料などについては、施設・区域外の米軍住宅のために調達される分を、日本政府は負担しない。従前の上限調達量から除外する住宅分を差し引き、さらに10%引き下げた値を新たな上限調達量とする。⑤訓練移転費については、前協定と同様とする。

⇒ ②地位協定、③日米安全保障体制の意義、③地位協定と施設・区域、③防衛施設庁

4 防衛力整備
Defense Buildup

❶ 中期計画
Mid–Term Program

3-45
中期防衛力整備計画
Mid–Term Defense Program
[略語] MTDP；中期防

　昭和32年に防衛政策の最も基本的な原則である「国防の基本方針」が閣議決定された。効率的な防衛力を漸進的に整備するという第3項を具体化するために、第1次防衛力整備計画（昭和33年度から昭和35年度）、第2次防衛力整備計画（昭和37年度から昭和41年度）、第3次防衛力整備計画（昭和42年度から昭和46年度）及び第4次防衛力整備計画（昭和47年度から昭和51年度）が策定された。これらは、閣議了解又は閣議決定されており、いずれも日本政府レベルの中期計画である。昭和36年度は、単年度の事業が計画された。4次防までの中期計画は単なる兵器の調達リストであって、具体的な防衛構想との関連が不明確であるとの国会での指摘を踏まえ、旧防衛計画の大綱（旧大綱）が、昭和51年10月29日に国防会議及び閣議決定された。旧大綱は、平時から保有すべき防衛力の水準を明らかにし、防衛力の整備、維持及び運用に関する基本的方針を示している。旧大綱策定後、しばらく単年度の事業を計画した後、防衛庁は昭和54年7月にいわゆる「53中業」を策定した。53中業とは、昭和55年度から昭和59年度までを対象とした第1回目の中期業務見積りの作業年度に着目した呼称である。中期業務見積りは、旧大綱に基づく防衛庁限りの中期計画である。原則として、作成年度の翌々年度以降5年間を対象としている。その目的は、陸・海・空自衛隊の主要事業を見積り、各年度の年度業務計画、予算概算要求の参考とするためである。中期業務見積りは、固定的な計画ではなく、適宜必要な見直しを行うとともに、3年ごとに新たな見積りを作成している。第2回目の中期業務見積り、すなわち「56中業」は昭和58年度から昭和62年度までを対象としており、昭和57年7月に策定された。昭和60年には、中期業務見積り第3回目に当たる「59中業」の策定作業が行われていた。その検討過程において、厳しい財政事情を勘案し、より適切な文民統制を確保しつつ、防衛計画の大綱に定める防衛力の水準を達成するためには、中期計画を防衛庁限りから政府レベルに格上げすべきとの判断が政府部内でなされた。その結果策定されたのが、「中期防衛力整備計画（昭和61年度～平成2年度）」であり、昭和60年9月18日に国防会議及び閣議決定された。以後、「中期

防衛力整備計画（平成3年度〜平成7年度）」，「中期防衛力整備計画（平成8年度〜平成12年度）」，「中期防衛力整備計画（平成13年度〜平成17年度）」が策定されている。これらの中期計画は，いずれも防衛計画の大綱の基本的な枠組みの下で立案されている。なお，平成8年度以降の中期計画は，現防衛計画の大綱に基づいている。

⇒ ③自衛隊と文民統制

3-46
新中期防策定の背景
background of the Mid−Term Defense Program 2001〜2005

　防衛力の整備は，一朝一夕にできるものではない。例えば，艦船や航空機の研究開発には長期間を要する。装備品の契約から取得まで通常2年から5年を要するほか，その要員の養成にはさらに数年が必要となる。このため，日本政府は，防衛力を効率的に整備するため，防衛力整備の基本方針を示す防衛計画の大綱に基づき，中期防衛力整備計画を策定してきた。「中期防衛力整備計画（平成8年度〜平成12年度）」（前中期防）は，新防衛計画の大綱に基づき，平成7年12月14日安全保障会議決定，12月15日閣議決定された。前中期防は，策定から3年後に計画の見直しを行うこととなっていた。しかしながら，厳しさを増す財政事情の状況の下，日本政府は財政構造改革に強力に取り組む必要があり，前中期防の見直しを前倒しで実施した（平成9年12月19日安全保障会議及び閣議決定）。計画に定められた事業を一部見送った結果，5年間に必要とする経費の総額の限度を9,200億円削減し，24兆2,300億円程度とした。前中期防が平成12年度で終了することから，国際情勢，軍事科学技術の動向，長期経済見通し，自衛隊の主要事業などに関する安全保障会議の審議を経て，平成12年12月15日「中期防衛力整備計画（平成13年度〜平成17年度）」（新中期防）が安全保障会議及び閣議で決定された。新中期防は，現防衛計画の大綱に基づく2回目の中期計画である。現防衛の大綱に示された防衛力の水準への円滑な移行を行い，その水準をおおむね達成することを大きな柱としている。新中期防は，前中期防と同様に，計画期間5カ年間における防衛関係費の総額の限度を明示する総額明示方式を採用している。なお，新中期防は，①計画の方針，②基幹部隊の見直し等，③自衛隊の能力等に関する主要事業，④日米安全保障体制の信頼性の向上を図るための施策，⑤より安定した安全保障環境の構築への貢献，⑥整備規模，⑦所要経費，⑧その他に区分される本文と陸・海・空自衛隊ごとの装備品の具体的な整備規模を示した別表から構成される。

❷ 新中期防衛力整備計画
Mid−Term Defense Program 2001〜2005

3-47
計画の方針
guiding principles

平成12年12月15日安全保障会議及び閣議決定された「中期防衛力整備計画（平成13年度～平成17年度）」（新中期防）は，次の4点を計画の方針として掲げている。第一に，基幹部隊，主要装備などについては，引き続き，防衛力の合理化・効率化・コンパクト化を推進し，防衛大綱に定める体制への移行をおおむね達成する。この際，次の4点に留意する。①情報通信技術の急速な進歩・普及に伴い，戦闘様相の広域化・高速化や兵器の高性能化が促進される可能性があること及びサイバー攻撃の可能性等を踏まえ，情報通信技術を積極的に取り込みつつ，高度なネットワーク環境の整備，各種指揮通信システムの整備，情報セキュリティの確保などの諸施策を重点的に推進する。②ゲリラや特殊部隊による攻撃，核・生物・化学兵器による攻撃などの攻撃形態への対処能力の向上を図る。③災害に対してきめ細かく対応できるよう災害派遣能力の充実・強化を図る。④防衛力を支える人的基盤の重要性に鑑み，精強で質の高い人材の確保・育成，秘密保全を含む服務規律の徹底，処遇改善等の人事教育施策を幅広く進める。自衛隊の活動に対する国民の理解を促進するため，国民各層との様々な交流などの諸施策を推進する。第二に，日米安保体制の信頼性の向上を図るため，一層の努力を傾注し，平素から日米間の安全保障面での緊密な協力関係を増進する。日米安全保障体制は，我が国の安全を確保するために必要不可欠なものであり，アジア太平洋地域における平和と安定を維持するために引き続き重要な役割を果たしている。第三に，より安定した安全保障環境の構築に貢献するため，同盟国である米国とも密接に連携しつつ，安全保障対話，防衛交流などの各種施策を推進する。第四に，その時々の経済情勢，防衛大綱策定以降更に一段と厳しさを増している財政事情等を勘案し，国の他の諸施策との調和を図りつつ，節度ある防衛力の整備に一層努力する。

⇒ ③サイバー攻撃，③情報セキュリティ，③日米安全保障体制の意義，③災害派遣

3-48
基幹部隊の見直し
reorganization of major units

現防衛計画の大綱（現大綱）の別表に示された自衛隊の主要な編成，整備等に関する目標値を前中期防までに事業化した実績及び新中期防期間中の事業計画と比較することによって，自衛隊の基幹部隊の見直しを概観すると次のとおり（平成13年版『日本の防衛』より抜粋）。①陸上自衛隊について，現大綱は，13個師団・2個混成団などを基幹部隊とする18万人の体制から，9個師団・6個旅団などを基幹部隊とする16万人（常備自衛官14万5千人，即応予備自衛官1万5千人）の体制に改めることとしている。前中期防期間末までに，11個師団・2個旅団・2個混成団などを基幹部隊とする17万2千人程度（常備自衛官16万7千人，即応予備自衛官5千人）の体制となった。新中期防では，装備の近代化にも配意しつ

4　防衛力整備［❷新中期防衛力整備計画］

(現大綱別表)

陸上自衛隊	編成定数 　常備自衛官定員 　即応予備自衛官員数		16万人 14万5千人 1万5千人
	基幹部隊	平時地域配備する部隊	8個師団 6個旅団
		機動運用部隊	1個機甲師団 1個空挺団 1個ヘリコプター団
		地対空誘導弾部隊	8個高射特科群
	主要装備	戦車 主要特科装備	約900両 約900門／両
海上自衛隊	基幹部隊	護衛艦部隊（機動運用） 護衛艦部隊（地方隊） 潜水艦部隊 掃海部隊 陸上哨戒機部隊	4個護衛隊群 7個隊 6個隊 1個掃海隊群 13個隊
	主要装備	護衛艦 潜水艦 作戦用航空機	約50隻 16隻 約170機
航空自衛隊	基幹部隊	航空警戒管制部隊 要撃戦闘機部隊 支援戦闘機部隊 航空偵察部隊 航空輸送部隊 地対空誘導弾部隊	8個警戒群 20個警戒隊 1個飛行隊 9個飛行隊 3個飛行隊 1個飛行隊 3個飛行隊 6個高射群
	主要装備	作戦用航空機 　うち戦闘機	約400機 約300機

つ，新たに5個師団及び1個混成団を改編する。その際，1個師団と1個混成団は旅団に改編するとともに，改編した師団と旅団のそれぞれについて，その一部の部隊を，即応性の高い予備自衛官（即応予備自衛官）を主体として編成する。これらの改編に伴い，編成定数を引き続き計画的かつ段階的に削減し，新中期防期間末には10個師団・4個旅団・1個混成団などを基幹部隊とする16万6千人程度（常備自衛官15万6千人，即応予備自衛官1万人）の体制とする。なお，常備自衛官の充足については，前中期防期間末において14万7千人程度としていたものを新中期防期間末において14万6千人程度とする。また，3個の師団について，

第3章　防衛政策・防衛行政

改編を前提とした装備品の調達などに着手し、基幹部隊の体制移行をおおむね達成する。②海上自衛隊について、現大綱は、護衛艦部隊のうち地方隊の10個護衛隊を7個護衛隊に、掃海部隊を2個掃海隊群から1個掃海隊群に、陸上哨戒機部隊を16個航空隊から13個航空隊にそれぞれ改めることとしている。前中期防期間末において、護衛艦部隊のうち地方隊は8個護衛隊となっている。掃海部隊と陸上哨戒機部隊については、新体制への移行を完了している。新中期防では、護衛艦部隊のうち地方隊の1個護衛隊を廃止し、基幹部隊の体制移行を完了する。③航空自衛隊について、現大綱は、航空警戒管制部隊を28個警戒群から8個警戒群と20個警戒隊の体制に、戦闘機部隊を13個飛行隊から12個飛行隊の体制にそれぞれ改めることとしている。前中期防期間末までに、12個の警戒群を警戒隊に改編した結果、16個警戒群と12個警戒隊の体制となっている。戦闘機部隊については、新体制への移行を完了している。新中期防では、残りの8個警戒群を警戒隊に改編し、基幹部隊の体制移行を完了する。

⇒　③陸上自衛隊の組織、③海上自衛隊の組織、③航空自衛隊の組織、③即応予備自衛官

3-49
主要事業

major programs

　自衛隊の能力などに関する主要事業に関する新中期防衛力整備計画の記述の概略は、次のとおり。①防空能力：現有の要撃戦闘機（F-15）の近代化のための改修に着手する。重要地域などの防空火力について、現有の地対空誘導弾（ペトリオット）の能力向上を行う。将来の経空脅威の動向に対応するため、新中距離地対空誘導弾を整備する。②周辺海域の防衛能力及び海上交通の安全確保能力：艦艇については、護衛艦、潜水艦などを建造する。ミサイル護衛艦（DDG）は対空能力の充実を図り、ヘリコプター搭載護衛艦（DDH）は指揮通信機能、ヘリコプター運用能力の充実を図る。航空機については、固定翼哨戒機（P-3C）の能力向上の改修を行うとともに、哨戒ヘリコプター及び新掃海・輸送ヘリコプターを整備する。③着上陸侵攻対処能力：洋上・水際撃破のため支援戦闘機（F-2）を整備する。火力、装甲機動力、対戦車火力については、老朽装備の更新・近代化を主体に整備する。空中火力の向上のため、戦闘ヘリコプターを新たに整備する。④ゲリラによる攻撃など各種の攻撃形態への対処能力：ゲリラや特殊部隊による攻撃に効果的に対処できるよう、専門の部隊を新編する。島嶼部への侵略や災害に適切に対処できるよう、所要の部隊を新編する。NBC攻撃に対して、人員、装備などの面で機能の充実を図る。生物兵器に対処するため、研究・教育の充実を図る。⑤災害救援：各種の災害の特性に応じた災害派遣能力の向上を図る。災害派遣に即応すべき部隊の指定などによる即応態勢の強化を図る。⑥在外邦人等の輸送：外国における災害、騒乱などの緊急事態に際し、保護を要す

る邦人等の輸送活動を実施する。⑦情報能力：我が国周辺の安全保障環境を始めとする国際情勢などの各種情報をより迅速・正確に把握するため、情報収集器材・装置の充実を図る。偵察機（RF-4）及び電子戦データ収集機（EP-3）の改善に着手するとともに、能力の高い専門家を確保する。⑧警戒監視能力：自動警戒管制組織（バッジシステム）の航空警戒管制機能の近代化に着手するとともに、固定式3次元レーダー装置及び移動式警戒監視システムを整備する。艦艇、航空機による警戒監視態勢を維持・強化する。⑨情報通信能力：防衛統合ディジタル通信網（IDDN：Integrated Defense Digital Network）の整備を完了する。防衛庁・自衛隊を通じた高度なネットワーク環境を整備する。各種指揮通信システムを整備する。情報セキュリティの確保を図るため、ネットワークの監視、緊急対処を一元的に実施する組織を設置するとともに、情報セキュリティ要員を確保し育成する施策を推進する。⑩技術研究開発：固定翼哨戒機（P-3C）の後継機、輸送機（C-1）の後継機、現有戦車の後継戦車などについて研究開発を推進する。研究開発の一層の効率性を確保し、評価結果を適切に事業に反映すべく、評価体制を含む技術研究開発体制の見直しを行う。⑪空中給油機能：空中における航空機に対する給油機能及び国際協力活動にも利用できる輸送機能を有する航空機を整備する。⑫弾道ミサイル防衛：海上配備型上層システムを対象とした日米共同技術研究を引き続き推進するとともに、技術的な実現可能性などについて検討の上、必要な措置を講ずる。

⇒ ③弾道ミサイル防衛、③生物兵器、③化学兵器、③在外邦人の輸送、③情報セキュリティ

3-50
新規装備
new equipment

新中期防衛力整備計画に盛り込まれた主要な新規装備品は、次の4つである（平成13年版『日本の防衛』より抜粋）。①空中給油・輸送機：空中給油機能及び多目的な輸送機能を併せ有する航空機のこと。防衛庁は、この航空機について、「中期防衛力整備計画（昭和61年度～平成2年度）」以来長年にわたり研究、検討を行っており、前中期防（平成3年度～平成7年度）は、「空中給油機の性能、運用構想等空中給油機能に関する検討を行い、結論を得、対処する」と記述している。安全保障会議を含めた日本政府部内で検討を重ねた結果、この航空機を活用することによって、防空能力の向上を図り、人道支援等の国際協力活動を迅速に実施できるとともに、戦闘機の訓練の効率化、基地周辺における騒音の軽減に資するため、新中期防において4機を整備する方針である。②ヘリコプター搭載護衛艦（DDH）：海上自衛隊は、4個護衛隊群に旗艦・対潜中枢艦として、哨戒ヘリコプター3機を搭載する護衛艦（DDH）を1隻ずつ配備している。新中期防においては、代替更新のため新たに2隻を建造する。新型護衛艦は、大規模

第3章 防衛政策・防衛行政

災害派遣や在外邦人の輸送などの多様な事態に対応するため，高い情報・指揮通信能力を有するとともに，哨戒ヘリコプター3機に加えて掃海・輸送ヘリコプター1機を運用し得る能力を獲得する。③固定翼哨戒機（P-3C）の後継機及び輸送機（C-1）の後継機：海上自衛隊の固定翼哨戒機（P-3C）及び航空自衛隊の輸送機（C-1）は，それぞれ平成20年代初めには，就役している機数が所要機数を割り込む見込みである。このため，これらの後継機の開発に着手する。なお，両機種の開発に当たっては，コストを抑制するため，機体構造などの一部の共用化を図る方針である。④現有戦車の後継戦車：今後74式戦車の大量の用途廃止が見込まれることから，新戦車の開発に着手する。

❸ 年度計画
Annual Plan

3-51
年度業務計画
annual project

略語 業計

防衛諸計画における年度業務計画は，政府が決定する中期防衛力整備計画を踏まえて，当該業務計画の対象とする年度において実施すべき防衛力の整備，維持等に係る事項について，その達成の目標及び方途を明らかにし，予算の見積り及び執行の基礎とすることを目的としている（防衛諸計画の作成等に関する訓令第12条）。年度業務計画は，統合幕僚会議議長又は陸・海・空幕僚長（幕僚長等）が作成し防衛庁長官（長官）の承認を得る基本計画と幕僚長等が作成し長官に報告する細部計画から構成される。基本計画は主要事項を内容としており，計画の方針及び①編成事項，②情報・通信事項，③部隊運用事項，④人事，衛生事項，⑤教育訓練事項，⑥装備事項，⑦施設事項，⑧研究開発事項，⑨その他の事項に区分される。細部計画には，上記の区分に従い，達成目標，達成時期及び所要の人員，資材，経費，法令等を具体的に表示した達成方法が記載される。平成16年度業務計画の基本方針は，次のとおりである（「平成16年度防衛力整備と予算のポイント」より抜粋）。大量破壊兵器等の拡散，テロ等の非対称的脅威の顕在化をはじめとした新たな安全保障環境の下，有事関連3法案が成立し防衛力を支える基盤が充実してきていることを踏まえつつ，将来を展望した防衛力の整備を目指すことを基本として，国民の安心・安全を確保するとともに，国際的な安全保障環境の一層の安定化に努めるものとする。その際，現下の厳しい財政事情の下，一層の効率化・合理化を図るとともに，将来にわたって必要な機能の充実と防衛力の質的向上を図りながら，的確に防衛力整備を行っていくために，「弾道ミサイル防衛システムの整備等について（平成15年12月19日安全保障会議及び閣議決定）」を踏まえ，次の諸点を重視するものとする。①大量破壊兵器等の拡散状況を踏ま

え，我が国国民の生命・財産を守るため，弾道ミサイル防衛に関する諸施策を推進する。②国内関係機関との連携を図りつつ，ゲリラ・特殊部隊への対応，不審船への対応，核・生物・化学兵器への対応，サイバー攻撃への対応など新たな脅威や多様な事態への対応に係る能力の充実・強化を図る。また，各種災害に適切に対処し得る態勢を保持する。③「統合運用に関する検討」成果報告書を踏まえつつ，平成17年度に新たな統合運用態勢に円滑に移行し得るよう，必要な諸施策を推進する。④より安定した安全保障環境の構築に我が国としてより一層積極的・能動的に取り組むため，国連平和維持活動を始めとする各種の国際的な活動のほか，多国間共同訓練，安全保障対話・防衛交流を積極的に推進する。⑤軍事科学技術の動向を踏まえ，重点化を図りつつ，先進的な技術研究開発を推進する。⑥情報機能の充実・強化を図るため，情報収集・分析・保全体制等の整備を推進するとともに，ITを活用した情報通信機能の強化や情報セキュリティの確保等の各種施策を推進する。また，人事教育・訓練施策を推進し，高い規律と士気を保持した質の高い要員を確保・育成する。⑦基地周辺対策について，引き続き周辺環境整備事業の充実に努めるとともに，在日米軍駐留経費を確保する。なお，この外に，装備品等の技術研究開発に関する訓令に基づき，技術研究本部長が作成する技術研究開発に関する年度業務計画がある。

⇒ ①非対称的脅威,②サイバー戦・サイバー攻撃，③不審船，③生物兵器，③化学兵器，③サイバー攻撃，③情報セキュリティ，③統合運用，③２国間防衛交流，③多国間安全保障対話，③環境保全，③在日米軍駐留経費負担，③弾道ミサイル防衛，④IT革命

3-52
防衛関係費

defense－related expenditures

別称 防衛費；国防費

　防衛関係費は，陸・海・空自衛隊の維持運用に必要な経費のほか，防衛施設庁が担当する基地対策や在日米軍駐留支援に要する経費，安全保障会議の運営費を含んでおり，日本政府の予算区分では，一般会計に属する。平成15年度の防衛関係費の総額は，４兆9,265億円であり，前年度と比べて130億円（0.3％）の減となっている。この外，平成15年度予算では，沖縄に関する特別行動委員会（SACO）関係経費として265億円が予算措置されており，これを含めた防衛関係費の総額は，前年度と比べて30億円（0.1％）減の４兆9,530億円となる。防衛関係費を経費別にみると，隊員の給与や食事のための「人件・糧食費」（45.0％）と，装備品の修理・整備，油の購入，教育訓練，装備品の調達などのための「物件費」（55.0％）とに大別される。さらに，物件費は，過去の契約に基づき支払われる「歳出化経費」（36.2％）と，その年度の契約に基づき支払われる「一般物件費」（18.8％）とに分けられる。こ

のような分類の仕方を経費別分類と呼ぶ。平成15年度歳出予算で見た防衛関係費は，人件・糧食費と歳出化経費という義務的な経費が約8割を占めている。また，一般物件費についても，装備品の修理や教育訓練に要する経費，在日米軍駐留経費負担，基地周辺対策経費のような，維持的又は義務的な経費がかなりの部分を占めている。このため，政府予算案策定作業における裁量の余地は大幅に低下している。義務的な経費の割合が高いのは，①自衛隊が徴兵制ではなく志願兵制を採用していることから，人件・糧食費の歳出が膨張すること，②艦船，航空機など主要な装備品の調達には最長5年を要し，当年度予算で支払われる前金以外は後年度予算の負担となり，後年度予算を拘束する予算構造になっていること，③自衛隊の錬度を維持するためには，一定水準の教育訓練経費を予算に計上せざるを得ないこと，④日本を巡る国際情勢や基地周辺住民の環境に対する意識の高まりから，必要な在日米軍駐留経費負担や基地周辺対策経費を計上せざるを得ないこと，⑤現下の厳しい財政事情を反映していることなどの要因による。平成15年度予算の機関別内訳は，陸上自衛隊37.8％，海上自衛隊22.9％，航空自衛隊22.5％，防衛施設庁11.3％，その他5.6％となっている。平成15年度予算の使途別内訳は，人件・糧食費45.0％，維持費等（教育訓練経費，修理費等）18.4％，装備品等購入費18.3％，基地対策経費10.5％，施設整備費3.1％，研究開発費3.0％，その他1.7％となっている。なお，「当面，各年度の防衛関係費の総額が当該年度の国民総生産の100分の1に相当する額を超えないこと」をめどとした昭和51年11月5日の国防会議及び閣議決定「当面の防衛力整備について」に代えて，新たな指針「今後の防衛力整備について」に関する安全保障会議及び閣議決定が昭和62年1月24日に行われた。すなわち，①中期防衛力整備計画の期間中は所要経費を固定し，その枠内で各年度の防衛関係費を定める。②その後における防衛関係費の在り方については，改めて国際情勢及び経済財政事情等を勘案し，防衛政策の基本理念の下で定める。③節度ある防衛力の整備を行うという昭和51年の閣議決定の精神は，引き続き尊重することとされた（平成15年版『日本の防衛』参照）。

⇒ ③SACO設置の経緯

5　防衛基盤
Basis of Defense Capability

❶　自衛隊の組織
Organization of the SDF

3-53
防衛庁・自衛隊の法的側面

legal characteristics of the Japan Defense Agency and the Self – Defense Forces

　国務大臣をもってその長に充てることと定められている内閣府の外局である委員会及び庁の設置及び廃止は，法律で定めると規定されている（内閣府設置法第49条）。この規定を受けて，防衛庁設置法第2条は，「内閣府の外局として，防衛庁を置く。」と規定している。すなわち，防衛庁は内閣府の外局であり，特殊な事務を処理する国の行政機関という位置付けとなる。ちなみに，中央省庁等改革基本法では，「防衛庁は，内閣府に，その外局として置くものとし，国務大臣をその長とするものとする（抜粋）」と規定されていた。一方，自衛隊法は，有事の際に自衛権の行使の一環である部隊行動を行う陸・海・空自衛隊に着目して規定したものである。いうなれば，防衛庁設置法は行政組織からみた静的概念であり，自衛隊法は実力組織からみた動的概念である。さらに，憲法76条第2項は，「特別裁判所は，これを設置することができない。行政機関は，終審として裁判を行ふことができない。」と規定しており，諸外国の軍事組織内部に通常設置されている軍法会議の存在を明確に否定している。これらの憲法，法律の趣旨を踏まえると，自衛隊を巡る法令上の特色は，①自衛隊を法的に純軍事組織としてではなく，国家行政組織の一員として捉え，②内閣総理大臣が，内閣を代表して自衛隊の最高の指揮指導監督権を有する（自衛隊法第7条）点にある。自衛隊は法令上軍隊よりも行政機関であることから，「国民の権利義務に関わる行政の権限は法律に基づいて行使されるという近代行政法の原則に従い，自衛隊の行動は限定列挙方式（ポジティブ・リスト）で定められている。言い換えれば，自衛隊は，法律に明記されないことはできないことになっている（『防衛年鑑2002年版』防衛メディアセンター）」。

⇒　②軍法会議と軍事法廷

3-54
内部部局

Internal Bureau

（略語）内局

　内部部局とは，行政法上一般に「外局」に対する用語である。国家行政組織法第7条の規定により，「省」には，内部部局に官房及び局を置き，「庁」の内部部

273

局には，官房及び部を置くこととなる。しかしながら，防衛庁は内閣府の外局であり，防衛庁設置法第3条の規定により，その長に国務大臣を充てることと定められているので，内閣府設置法第53条の規定に基づき，内部部局に官房及び局を置くことができる。防衛庁の内部部局は，長官官房，防衛局，運用局，人事教育局，管理局の「1官房4局」から成る。内部部局は，防衛庁長官を補佐する機関であり，その所掌事務は防衛庁設置法第10条に規定されている。具体的には，①防衛及び警備に関する基本及び調整，②自衛隊の行動，組織，定員，編成，装備及び配置に関する基本，③情報の収集整理，④職員の人事，⑤予算決算，会計監査，⑥教育訓練の基本，⑦施設の取得及び管理の基本，⑧装備品等の調達に関する基本，⑨研究開発の基本，⑩原価計算，原価監査等自衛隊の管理運営に関する基本的な事項を所掌している。なお，文民統制を実効あるものにするため，官房長及び局長は，防衛庁長官が行う，①各自衛隊に関する各般の方針，②基本的な実施計画の作成についての3幕僚長に対する指示，③3幕僚長が作成した方針及び基本的な実施計画についての承認，④統合幕僚会議に対する指示又は承認，⑤各自衛隊に関する一般的な監督について，その所掌事務に関し，防衛庁長官を直接補佐するものと規定されている（防衛庁設置法第16条）。

⇒ ③自衛隊と文民統制

3-55
幕僚長
Chief of Staff, Ground/ Maritime/ Air Self–Defense Force

陸上幕僚監部は陸上自衛隊の，海上幕僚監部は海上自衛隊の，航空幕僚監部は航空自衛隊のそれぞれの隊務に関する防衛庁長官の幕僚機関である（防衛庁設置法第21条）。陸・海・空幕僚監部の長が，それぞれ陸上幕僚長，海上幕僚長，航空幕僚長であり，自衛官をもって充てる。陸・海・空幕僚長は，防衛庁長官の指揮監督を受け，幕僚監部の事務を掌理する（同法第22条）。陸上幕僚長は陸上自衛隊の隊務に関し，海上幕僚長は海上自衛隊の隊務に関し，航空幕僚長は航空自衛隊の隊務に関しそれぞれ最高の専門的助言者として防衛庁長官を補佐する。陸・海・空幕僚長は，それぞれ部隊及び機関に対する防衛庁長官の命令を執行する（自衛隊法第9条）。陸上幕僚副長，海上幕僚副長，航空幕僚副長は，それぞれ陸上幕僚長，海上幕僚長，航空幕僚長を助け，幕僚長に事故があるとき，又は幕僚長が欠けたときは，その職務を行う（防衛庁設置法第24条）。なお，陸・海・空幕僚長の監督を受ける部隊及び機関に対する防衛庁長官の指揮監督は，それぞれ当該幕僚長を通じて行うものとする（自衛隊法第8条）。

3-56
幕僚監部
Ground/Maritime/Air Staff Office

陸上幕僚監部は陸上自衛隊の，海上幕僚監部は海上自衛隊の，航空幕僚監部は

航空自衛隊のそれぞれの隊務に関する防衛庁長官の幕僚機関である（防衛庁設置法第21条）。陸上幕僚監部は陸上自衛隊について，海上幕僚監部は海上自衛隊について，航空幕僚監部は航空自衛隊についてそれぞれ次の事務を所掌する（同法第23条）。①防衛及び警備に関する計画の立案に関すること，②教育訓練，行動，編成，装備，配置，情報，経理，調達，補給及び保健衛生並びに職員の人事及び補充の計画の立案に関すること，③隊務の能率的運営の調査及び研究に関すること，④部隊等の管理及び運営の調整に関すること，⑤防衛庁長官の定めた方針又は計画の執行に関すること，⑥その他防衛庁長官の命じた事項に関すること。陸・海・空幕僚監部の長が，それぞれ陸上幕僚長，海上幕僚長，航空幕僚長である（同法第22条）。陸上幕僚副長，海上幕僚副長，航空幕僚副長は，それぞれ陸上幕僚長，海上幕僚長，航空幕僚長を助け，幕僚長に事故があるとき，又は幕僚長が欠けたときは，その職務を行う（同法第24条）。

3-57
統合幕僚会議
Joint Staff Council

略語 統幕会議；統幕

統合幕僚会議は，統合幕僚会議議長（統幕議長），陸上幕僚長，海上幕僚長及び航空幕僚長で組織する。議長は専任とし，自衛官の最高位にあり，統合幕僚会議の会務を総理する（防衛庁設置法第27条）。統合幕僚会議は，次の事項について防衛庁長官（長官）を補佐する（同法第26条）。①統合防衛計画，統合警備計画の作成及び幕僚監部の作成する防衛計画，警備計画の調整，②統合後方補給計画の作成及び幕僚監部の作成する後方補給計画の調整，③統合訓練計画の方針の作成及び幕僚監部の作成する訓練計画の方針の調整，④防衛出動時，治安出動時，警護出動時その他「統合運用が必要な場合」において統合部隊（陸上自衛隊の部隊，海上自衛隊の部隊又は航空自衛隊の部隊のいずれか2以上から成るもの）に対する指揮命令の基本及び統合調整，統合部隊の運用に係る長官の指揮命令，⑤防衛に関する情報の収集及び調査，⑥統合幕僚会議に附置する機関の管理，⑦その他長官の命じた事項に関すること。ここにおいて「統合運用が必要な場合」とは，長官が統合部隊に対し，次に掲げる業務を命ずるか又は命ずることが予測される場合を指す。①海上警備行動，②災害派遣，地震防災派遣，原子力災害派遣，③国際緊急援助活動，④国際平和協力業務の実施，⑤在外邦人等の輸送，⑥周辺事態安全確保法の規定する対応措置等（統合幕僚会議ホームページ参照）。統幕議長の職務には，前述した統合幕僚会議の会務の総理のほか，次のようなものがある。①防衛出動時，治安出動時，警護出動時その他統合運用が必要な場合において統合部隊が編成された場合は，当該部隊の運用に係る長官の指揮は，議長を通じて行われ，長官の命令は議長が執行すること（自衛隊法第22条）。②安全保障会議の議長である内閣総理大臣が必要

と認めたときに安全保障会議に出席して意見を述べること（安全保障会議設置法第7条）。③統合防災演習，日米共同統合演習等の統合訓練における統裁官。なお，別項「統合運用」参照。

> ⇒ ③防衛出動後の権限等，③治安出動，③警護出動，③海上警備行動，③災害派遣，③地震防災派遣，③原子力災害派遣，③国際緊急援助隊法，③国際平和協力業務，③在外邦人の輸送，③安全保障会議，③日米共同訓練，③周辺事態安全確保法の体系

3-58
情報本部
Defense Intelligence Headquarters

従来，防衛庁においては，軍事情報の収集・分析を，内部部局，統合幕僚会議，陸・海・空自衛隊の部隊等において独自に行っていた。これらの情報組織の活動には統一性がなかったので，防衛庁全体としての軍事情報の収集・分析は必ずしも効率的ではなかった。情報機能の充実，効率化を図るため，防衛庁は情報組織を整理・再編することとし，平成9年1月，情報本部が統合幕僚会議に設置（防衛庁設置法第28条の2）された。情報本部は，公開情報，電波情報，画像情報等の各種情報を収集・分析し，自衛隊全般を通じて必要となる戦略情報を作成する防衛庁の中央情報組織である。情報本部の本部長は，将の階級にある自衛官が配置され，副本部長は事務官である。定員約1,800名であり，6部と各地に所在する通信所から構成される。6部とは，総務部，計画部，分析部（情報の総合的な分析等に関する業務を担当），緊急・動態部（緊急の処理を要する情報及び外国軍隊の動態に関する情報に関する業務を担当），画像部（画像情報に関する業務を担当）及び電波部（電波情報に関する業務及び装備品の技術研究等に関する業務を担当）である（以上情報本部ホームページより抜粋）。

3-59
陸上自衛隊の組織
organization of the Ground Self-Defense Force

陸上自衛隊の部隊編成の基本は，次のとおりである。陸上自衛隊の部隊は，方面隊その他の長官直轄部隊とする。方面隊は，方面総監部及び師団，旅団その他の直轄部隊から成る。師団は，師団司令部及び連隊その他の直轄部隊から成る。旅団は，旅団司令部及び連隊その他の直轄部隊から成る（自衛隊法第10条）。方面隊は，数個の師団等を基幹として編成された陸上自衛隊最大の部隊である。北部方面隊（北海道地区），東北方面隊（東北地区），東部方面隊（関東・甲信越地区），中部方面隊（中部・近畿・中国・四国地区），西部方面隊（九州・沖縄地区）の5個方面隊が配置されている。師団は方面隊の基幹部隊であり，3ないし4個の普通科連隊を基幹として編成される通常の師団と3個戦車連隊と1個普通科連隊を基幹として編成される機甲師団

がある。旅団は師団と同様に方面隊の基幹部隊であり，4個普通科連隊を基幹として編成される。師団及び旅団は，戦闘部隊と戦闘部隊を後方支援する部隊から編成される。一方，陸上自衛隊に置かれる機関の種類は，①学校，②研究本部，③補給処，④病院，⑤地方連絡部である（自衛隊法第24条）。学校には，幹部学校，幹部候補生学校，少年工科学校のように共通の教育を施す学校，職種ごとの学校のほか，3自衛隊共同機関としての自衛隊体育学校がある。研究本部は，陸上自衛隊の部隊運用等に関する調査研究を実施する。補給処は，中央の補給統制本部と方面隊ごとの補給処に区分され，装備品等の調達・整備及び調査研究を実施する。（自衛隊）地方連絡部は3自衛隊共同機関であり，方面総監の監督の下に，自衛官の募集，就職援護，予備自衛官の管理等の業務を実施する（陸上自衛隊ホームページ「主要な部隊・機関の説明」参照）。なお，現防衛計画の大綱は，陸上自衛隊の編成について，旧防衛計画の大綱時の13個師団・2個混成団などを基幹部隊とする18万人の体制から，9個師団・6個旅団などを基幹部隊とする16万人（常備自衛官14万5千人，即応予備自衛官1万5千人）の体制に移行することとしている。

⇒ ③職種・職域，④自衛隊地方連絡部，③予備自衛官，③即応予備自衛官，③基幹部隊の見直し

3-60
自衛隊地方連絡部

SDF Prefectual Liaison Office

自衛隊地方連絡部は，自衛隊法第24条の規定に基づき設置された3自衛隊共同機関であり，次の事務をつかさどる（自衛隊地方連絡部の組織等に関する訓令第1条）。①自衛官，予備自衛官，即応予備自衛官，予備自衛官補，防衛大学校又は防衛医科大学校の学生等の募集に関すること，②予備自衛官及び予備自衛官補の人事，人事記録，招集及び手当等に関すること，③即応予備自衛官の招集等に関すること，④自衛官等の募集に伴う広報に関すること，⑤自衛官の再就職援護業務の実施に関すること，⑥情報公開に係る開示請求に関する総合的な案内，開示請求の受付，開示の実施及び手数料の徴収に関すること，⑦その他長官から特に命ぜられた事項に関すること。近年の自衛官の募集状況は，自衛隊に対する国民の理解と認識が深まったこと，長引く景気の低迷などの要因により，応募倍率が高くなっている。他方，自衛官の再就職援護については，厳しい状況が続いている。このため，自衛隊地方連絡部では，退職する自衛官の再就職援護業務の実施に重点を置いている。自衛隊は，精強さを保つため，自衛官の若年定年制や任期制自衛官という制度を採用している。若年定年制の自衛官は，一般の公務員より若い年齢での退職となり，その多くは再就職を必要としている。一方，任期制の自衛官は，任期満了により大半が20歳代に退職するため，再就職が必要である。地方連絡部は，全国50か所（各都府県庁の所在地に1か所と北海道に4か所）に

第3章　防衛政策・防衛行政

所在し，地方連絡部長は，当該地方連絡部の所在地を警備区域とする陸上自衛隊の方面隊の方面総監の指揮監督を受ける（同訓令第2条）。地方連絡部に対する防衛庁長官の指揮監督は，陸上幕僚長を通じて行う（同訓令第9条）。

⇒ ③予備自衛官，③予備自衛官補，③即応予備自衛官，③若年定年退職者給付金

3-61
海上自衛隊の組織
organization of the Maritime Self-Defense Force

海上自衛隊の部隊編成の基本は，次のとおりである。海上自衛隊の部隊は，自衛艦隊，地方隊，教育航空集団，練習艦隊その他の長官直轄部隊とする。自衛艦隊は，自衛艦隊司令部及び護衛艦隊，航空集団，潜水艦隊，掃海隊群その他の直轄部隊から成る。護衛艦隊は，護衛艦隊司令部及び護衛隊群その他の直轄部隊から成る。航空集団は，航空集団司令部及び航空群その他の直轄部隊から成る。潜水艦隊は，潜水艦隊司令部及び潜水隊群その他の直轄部隊から成る。地方隊は，地方総監部及び護衛隊，掃海隊，基地隊，航空隊その他の直轄部隊から成る。教育航空集団は，教育航空集団司令部及び教育航空群その他の直轄部隊から成る。練習艦隊は，練習艦隊司令部及び練習隊その他の直轄部隊から成る（自衛隊法第15条）。自衛艦隊（司令部横須賀市）は，海上部隊と航空部隊の機動的な運用により，日本の領海及び周辺海域の防衛に当たる。

一方，5個の地方隊（横須賀，呉，佐世保，舞鶴，大湊）は，特定の警備区域内の沿岸や港湾の警備を担当するとともに，艦艇に対する補給，整備の支援業務を実施する。教育航空集団は，海上自衛隊が保有する航空機の操縦，整備に関する教育訓練を実施する。練習艦隊は，海上実習を担当しており，幹部候補生学校の学生の乗艦実習や遠洋練習航海を実施する。海上自衛隊に置かれる機関の種類は，①学校，②補給処（補給本部及び艦船補給処，航空補給処），③病院である（自衛隊法第24条）。なお，海上自衛隊の編成について，現防衛計画の大綱は，旧防衛計画の大綱時と比較して，護衛艦部隊のうち地方隊の10個護衛隊を7個護衛隊に，掃海部隊を2個掃海隊群から1個掃海隊群に，陸上哨戒機部隊を16個航空隊から13個航空隊の体制に移行することとしている。

⇒ ③基幹部隊の見直し

3-62
航空自衛隊の組織
organization of the Air Self-Defense Force

航空自衛隊の部隊編成の基本は，次のとおりである。航空自衛隊の部隊は，航空総隊，航空支援集団，航空教育集団，航空開発実験集団その他の長官直轄部隊とする。航空総隊は，航空総隊司令部及び航空方面隊，航空混成団その他の直轄部隊から成る。航空方面隊は，航空方面隊司令部及び航空団その他の直轄部隊から成る。航空混成団は，航空混成団司令

部及び航空隊その他の直轄部隊から成る。航空支援集団は，航空支援集団司令部及び航空救難団，輸送航空隊，航空保安管制群，航空気象群その他の直轄部隊から成る。航空教育集団は，航空教育集団司令部及び航空団，飛行教育団その他の直轄部隊から成る。航空団は，航空団司令部及び飛行群その他の直轄部隊から成る。航空開発実験集団は，航空開発実験集団司令部及び飛行開発実験団その他の直轄部隊から成る（自衛隊法第20条）。航空総隊（司令部府中市）は，航空戦闘任務を付与された実戦部隊であり，隷下には3個航空方面隊（北部，中部，西部），南西航空混成団がある。航空方面隊の隷下には，2個航空団（飛行群，整備補給群，基地業務群等から編成），航空警戒管制団（航空警戒，要撃管制，防空情報を担当），1ないし2個の高射群（地対空誘導弾部隊）がある。航空支援集団は，作戦部隊である航空総隊を支援する組織である。航空教育集団は，教育訓練部門を担当する組織であり，航空団，飛行教育団のみならず，幹部候補生学校や術科学校をも統括する点がユニークである。航空開発実験集団の隷下には，飛行開発実験団（航空機，誘導武器等の試験，評価及び基礎研究を担当）のほか，電子開発実験群（地上通信電子器材等の試験，評価及び基礎研究を担当），航空医学実験隊がある。航空自衛隊に置かれる機関の種類は，①学校，②補給処（補給本部及び補給処），③病院である（自衛隊法第24条）。幹部学校以外の学校は，航空教育集団司令官の指揮監督を受ける（自衛隊法施行令第38条の2）。航空自衛隊の編成について，現防衛計画の大綱は，旧防衛計画の大綱時と比較して，航空警戒管制部隊を28個警戒群から8個警戒群と20個警戒隊の体制に，戦闘機部隊を13個飛行隊から12個飛行隊の体制に移行することとしている。

⇒ ③基幹部隊の見直し

3-63
防衛大学校
National Defense Academy
[略語] 防大

防衛大学校（防大）は，幹部自衛官（3等陸尉，3等海尉及び3等空尉以上の自衛官）となるべき者を教育訓練する防衛本庁に置かれる施設等機関である（防衛庁設置法第17条）。海外の陸・海・空軍ごとの士官学校を統合した組織形態である。本科の教育課程においては，大学設置基準に準拠して，一般教育の科目と専門科目（人文・社会科学専攻又は理工学専攻）を一般大学と同様に教育するとともに，防大独自の防衛学の教育を実施する。訓練課程においては，自衛隊の必要とする基礎的な訓練事項について錬成し，幹部自衛官としての職責を理解してこれに適応する資質及び技能を育成する（防衛大学校規則第5条）。訓練課程には，主に第1学年時に履修する共通訓練と，第2学年から陸・海・空自衛隊の各要員に指定され，この要員区分別に履修する専門訓練がある。修業年限は，4年である（同規則7条）。卒業生には大学評価・学位授与機構から学士の学位が

授与される。防衛大学校の学生は，定員外の防衛庁職員であり（防衛庁設置法第20条），学生舎で生活することが義務づけられ，学生手当及び期末手当が支給される（防衛庁職員給与法第25条）。防大卒業後は，自衛官に任官し，陸・海・空曹長に任命され，陸・海・空の幹部候補生学校の教育を受ける。防大卒業後約1年で3等陸尉，3等海尉又は3等空尉に任命される。平成4年には，女子学生の入学を開始した。防大には，一般大学の大学院に相当する研究科（理工学研究科前期課程，総合安全保障研究科）が設置されている。修業年限は2年間で卒業時，大学評価・学位授与機構の審査に合格すると，修士の学位が授与される。平成13年度からは理工学研究科後期課程（修業年限3年）も開設され，博士の学位が授与されるべく，大学評価・学位授与機構に申請を予定している。研究科の受験は，防衛庁各機関の長の推薦を受けることが条件となっている（防衛大学校ホームページ参照）。

3-64
防衛医科大学校

National Defense Medical College
[略語] 防衛医大

防衛医科大学校（防衛医大）は，医師である幹部自衛官（医官）となるべき者を養成するとともに，自衛隊医官に対して任務遂行に必要な医学についての高度の理論，応用についての知識とこれらに関する研究能力を修得させるほか，臨床についての教育訓練を行うことを目的として，防衛本庁に置かれる施設等機関である（防衛庁設置法第18条）。防衛医大は，自衛隊に勤務する医官の慢性的な不足を解消するため，昭和48年に設置された。医学教育部には，大学設置基準に準拠した医学科（終業年限6年）と大学院設置基準に準拠した医学研究科（終業年限4年）が設けられている。医学科においては，進学課程と専門課程及び訓練課程を通じて一貫した教育を行い，自衛隊医官の特性を基調とした人格，識見ともに優れた有能な総合臨床医の養成を目的としている。医学科学生は，定員外の防衛庁職員であり（防衛庁設置法第20条），学生舎で生活することが義務づけられ，学生手当及び期末手当が支給される（防衛庁職員給与法第25条）。医学科学生は，卒業後，自衛官に任官し，曹長に任命され，陸・海・空の幹部候補生学校の教育を受ける。医師国家試験に合格した者には，医師免許が与えられるとともに，幹部自衛官（2尉）に昇任する。防衛医大病院及び自衛隊中央病院において，総合臨床医として必要な診療各科にわたる基本的知識及び技能を修得するため，初任実務研修（医師法に定める2年間の臨床研修）を行う。約2年間の部隊勤務の後，更に2年間の専門研修を行う。医学科の卒業生は，卒業後9年間を経過するまでは，自衛隊員として勤続するよう努めなければならず，この期間内に離職する場合には，償還金を償還しなければならない（自衛隊法第98条の2）。医学研究科においては，専攻分野における近年の進展著しい医学の現状及び将来に対応した

研究活動を行うに必要な高度の研究能力とその基礎となる豊かな学識の育成を目標としている。研究科学生を選抜するための試験は、防衛庁各機関の長の推薦を受けた者について行う。医学科を卒業した者には学士が、また医学研究科を修了した者には博士の学位が、それぞれ大学評価・学位授与機構が行う審査に合格した者に授与される。防衛医大病院は18診療科、800床を有する大規模病院である。重篤な救急患者の救命救急医療センターを運営し地域医療に貢献するとともに、高度先端医療を施す特定機能病院の指定を受けている。本病院は、一般の医学部附属病院と同様に、自衛隊員とその家族のみならず、広く一般市民に開放されている。平成8年、防衛医大に防衛医学研究センターが設置された。本センターにおいては、他の一般大学では行っていない、自衛隊医療に関連する救命救急医学に関する総合的な研究を実施している。防衛医大には、このほか、防衛医大病院に勤務する看護師を養成する高等看護学院が併設されている（防衛医科大学校ホームページ参照）。

3-65
防衛研究所
National Institute for Defense Studies

(略語) 防研

防衛研究所は、防衛庁組織令第44条に基づき、防衛本庁に置かれる施設等機関である。防衛庁の政策部門に直結した調査研究体制を確立するため、昭和60年に旧防衛研修所を改称したものである。防衛研究所は、①安全保障に関する国立のシンクタンク、②諸外国の国防大学に相当する教育機関、③戦史研究センターの性格を併せ有する国際的にみてもユニークな組織である。各部の所掌事務としては、第1研究部は安全保障理論、防衛政策、国際法等に関する調査研究、第2研究部は国際関係、地域情勢に関する調査研究、戦史部は戦史に関する調査研究及び戦史編纂、教育部は幹部自衛官等への安全保障に関する教育を担当することとなっている（平成16年度予算成立後に、組織の改編を予定）。安全保障に関するシンクタンクとしては、近年、学際的な組織横断的なグループ研究を重視している。これは、ポスト冷戦の複雑な国際情勢を踏まえたものである。また、防衛政策の立案に当たっての重要な課題について、政策立案当局に随時ブリーフィングを行っている。平成11年からは、政治、経済、社会、文化等様々な要因に配慮しつつ、日本の防衛戦略構想を検討するため、有識者から成る防衛戦略研究会議を開催している。諸外国の国防大学に相当する教育機関として、防衛研究所は、毎年一般課程及び特別課程の教育を実施している。一般課程は、主として1佐・2佐クラスの幹部自衛官等を対象として行われる。10か月間の教育内容は、安全保障、軍事史、科学技術、経済、国際関係、防衛政策等多岐にわたる。研修員には、シビリアンのみならず、アジア太平洋地域からの留学生や民間人も参加している。特別課程は、約3週間の短期集中コース

で，将補・1佐クラスの幹部自衛官等を対象としている。戦史研究センターとして，防衛研究所は，内外の戦史研究を行うとともに，明治期以来の旧陸・海軍の公文書類等（陸軍史料約81,000冊，海軍史料約35,000冊）を一般に公開している。図書館史料閲覧室は，行政機関の保有する情報の公開に関する法律施行令に基づき，歴史的資料を適切に管理する公文書館に類する機関として，総務大臣より平成13年3月30日指定を受けている。現防衛計画の大綱で記述された，「より安定した安全保障環境の構築への貢献」という平和構築の役割を担うため，防衛研究所は安全保障対話を積極的に行っている。具体的には，外国の国防大学や国防研究機関などのカウンターパートとの間で，2国間の研究交流事業を実施している。多国間の交流事業としては，アセアン地域フォーラム（ARF）の国防大学校長等会議に参加するとともに，毎年アジア・太平洋諸国安全保障セミナーを主催している。これは，信頼醸成措置の一助とするため，約20か国から佐官クラスの軍人を招へいし，地域の安全保障問題に関する意見交換の場を提供しているものである。なお，防衛研究所の出版物としては，東アジア戦略概観，戦史叢書等がある（防衛研究所ホームページ参照）。

⇒ ①アセアン地域フォーラム，①信頼醸成措置，③2国間防衛交流，③多国間安全保障対話

3-66
技術研究本部

Technical Research and Development Institute

略語 技本

技術研究本部は，自衛隊の装備品等についての技術的調査研究，考案，設計，試作及び試験並びに自衛隊において必要とされる事項についての科学的調査研究を行う機関である（防衛庁設置法第30条）。技術研究本部は，陸・海・空自衛隊又は統合幕僚会議が使用する車両・船舶・航空機・誘導武器を始めとして食糧・防護服にいたる幅広い分野の研究開発を一元的に実施している。これらの研究開発のうち，開発に関する業務は，装備体系別に陸上・船舶・航空機又は誘導武器担当の技術開発官4名が行い，その基礎となる研究に関する業務は，専門別の5研究所が行っている（平成16年度予算成立後に，技術開発官の新設を予定）。第1研究所（東京都目黒区）は，火砲，弾火薬類，耐弾材料，耐弾構造，人間工学，放射線防護，化学防護，船舶などの研究を担当する。第2研究所（東京都世田谷区）は，通信，情報処理，レーダ，光波技術などの研究を担当する。第3研究所（立川市）は，航空機，航空機用エンジン，ミサイル，ロケットエンジンなどの研究を担当する。第4研究所（相模原市）は，施設器材，車両，車両用機器などの研究を担当する。第5研究所（横須賀市）は，水中武器，音響器材，磁気器材及び掃海器材などの研究を担当する。また，5試験場（札幌，下北，土浦，新島，岐阜）は，試作品などの試験を実施する（以上技術研究本部ホームページより抜粋）。

「中期防衛力整備計画（平成13年度〜平成17年度）」は，技術研究開発について，次のように記述している。「固定翼哨戒機（P-3C）の後継機，輸送機（C-1）の後継機，現有戦車の後継戦車，各種指揮統制システムその他の装備，器材等について研究開発を推進するとともに，技術進歩のすう勢等を十分に勘案して，先端的な技術の確立に資するため，技術実証型研究（技術的なリスクの高い先進技術の有効性及びシステムとしての実現性の検証を行うため，具体的な装備品の開発を前提とせずに，当該技術を適用したプロトタイプ的なものを試作する研究。筆者注）を含む各種研究を行う。…（中略）…情報通信技術を含めた科学技術の動向，官民の技術水準等を踏まえ，技術研究開発の実施の在り方を幅広く見直す。また，研究開発の一層の効率性等を確保し，評価結果を適切に事業に反映すべく，評価体制を含む技術研究開発体制の見直しを行う」。さらに，技術研究本部は，日米安全保障体制の信頼性の向上を図るため，弾道ミサイル防衛技術のほか，先進ハイブリッド推進技術，野戦砲用高安全発射薬技術，P-3C後継機の搭載電子機器，ソフトウェア無線機について，日米共同研究を実施している。

⇒ ③主要事業，④弾道ミサイル防衛

3-67
契約本部
Central Contract Office

略語 契本

契約本部は，自衛隊の任務遂行に必要な装備品等及び役務の調達に関する契約に関する中央調達の事務（原価計算及び原価監査を除く）を行う機関である（防衛庁設置法第31条）。必要な装備品とは，火器・弾薬，燃料，誘導武器，船舶，航空機，車両等である。防衛関係費全体の約3割に相当する1兆数千億円に上る予算額を執行している。本部と5つの支部（東京，横浜，名古屋，大阪，長崎）から構成されている。契約本部は，旧調達実施本部（調本）を巡る背任事件の反省に基づき，設立された。そもそも，装備品等の調達には，際だった特性がある。それは，防衛という任務に起因するため特殊な仕様や最先端の技術を必要とすることから，市場性に乏しく，その製造に長期間を要するとともに，関係法令や，特許などの制約が多いという特徴である。外部から隔絶した専門家集団を生みやすい組織上の特性がある。このため，新中央調達機関の在り方としては，調本の契約部門と原価計算部門の分離による相互牽制強化のための組織改編を行うとともに，業務体制を強化するため所要の増員を実施することとされた。具体的には，①調達実施本部を解体し，原価計算部門を内部部局に吸収するとともに，契約部門については，特別の機関として契約本部を設置する，②内部部局の経理局と装備局の機能を統合して管理局を新設（別項「中央省庁等改革」参照）し，同局に原価計算部を置くこととされた。機構改革以外の措置として，契約本部において，平成11年度以降，統一的な調達研修を実施

283

している。各自衛隊の地方調達機関においても、契約部門と原価計算部門を組織的に分離するとともに、調達関係職員の補職を業者との癒着を防止するため、原則3年以内としている。さらに、防衛庁組織令第43条の3に基づき、防衛庁長官に意見具申する審議会として、防衛調達審議会が設置された。同審議会は、防衛調達の透明性・公正性の向上を図るため、部外有識者からなる、サンプリング方式により個々の契約の妥当性などについて調査審議している。

3-68
防衛施設庁
Defense Facilities Administration Agency

[略語] 施設庁

防衛施設庁は、防衛施設(自衛隊が使用する施設と在日米軍が使用する施設・区域との総称)の取得及びその安定的な運用の確保並びに相互防衛援助協定の規定に基づく在日米軍の任務遂行に伴う事務で他の行政機関の所掌に属しないものを行うことを任務(防衛庁設置法第41条)とする同法第39条に基づき設置された防衛庁の機関である。本庁に総務部、施設部、建設部、業務部の4部があり、地方支分部局として8防衛施設局(札幌、仙台、東京、横浜、大阪、広島、福岡、那覇)がある。主要な業務は、①防衛施設の取得管理、②基地周辺対策、③損失補償、損害賠償、④建設工事、⑤在日米軍従業員の労務管理、⑥在日米軍駐留関連施策である。①は、自衛隊や在日米軍が使用する不動産の購入、借上げに関する業務である。防衛施設庁は、在日米軍基地内に存在する民公有地については、所有者と購入又は賃貸借の契約を締結する方針であるが、所有者の合意が得られない場合には、駐留軍用地特別措置法(土地収用法の特別法)に規定する手続にのっとり、使用権原を取得する場合がある。②は、環境整備法の体系(別項参照)が中心となる。施策の内容としては、障害防止工事の助成、学校等の防音工事、航空機の騒音を防止する住宅防音工事の助成、移転補償、土地の買入れ及び緑地帯の整備、民生安定施設の助成並びに特定防衛施設周辺整備調整交付金の交付などがある。環境整備法は、基地周辺住民の侵害された法益を多少なりとも回復し、基地問題に関する国民負担の公平化を図り、均衡ある地域社会を発展させるという公益上の配慮に基づく法律である。③は、防衛施設の設置又は運用に伴う事業経営上の損失補償や在日米軍に起因する事故に関する損害賠償の業務である。④は、自衛隊や在日米軍が使用する施設に関する土木、建築、設備等の工事に関する業務である。⑤は、在日米軍基地内で通訳・翻訳、運転、警備、販売等に携わる従業員約2万5千名の募集、給与、福利厚生などに関する業務である。在日米軍従業員の雇用は、国が従業員の雇用主として責任を持ち、その労務を在日米軍に提供するという間接雇用の枠組みで行われている。中央省庁等改革に関連し、この枠組みを維持しつつ、平成14年4月から事務の一部が独立行政法人駐留軍等

労働者労務管理機構に移行された。⑥については，別項「在日米軍駐留経費負担」参照。

3-69
中央省庁等改革
central government reform

中央省庁等改革の骨子は，①中央省庁を1府22省庁から1府12省庁に再編成する。官房・局の数を128から96（中央省庁等改革基本法第47条では，できる限り90に近い数と規定）に削減し，基本政策を審議する審議会の数を大幅に削減する，②内閣官房の機能を充実するとともに，内閣府及び特命担当大臣を新設し，内閣総理大臣の補佐機能を強化する，③大臣の下に副大臣や大臣政務官を設置し，政治主導の行政運営を目指す，④国の事務・事業の廃止・民営化，民間委託の推進，独立行政法人化，規制緩和，地方分権，補助金等の見直しにより，行政をスリム化することである（総理官邸ホームページ「中央省庁等改革」より抜粋）。平成13年1月より，中央省庁は新体制へ移行した。この結果，防衛庁は国家行政組織上，総理府の外局から内閣府の外局になった。中央省庁等改革に関連した防衛庁の主な組織改編については，次のとおりである。第一に，政務次官が廃止され，副長官1名，長官政務官2名が置かれた。第二に，官房・局の総数削減のため，内部部局の経理局と装備局の機能を統合し，管理局を新設（1局削減）した。さらに，調達実施本部の契約部門と原価計算部門を分離することによって，相互牽制強化するという調達改革の趣旨を踏まえ，調達実施本部を廃止した。同本部の原価計算部門を内部部局に吸収するため，管理局に原価計算部を新設した。同本部の契約部門を母体として，契約本部を新設した。第三に，審議会の整理統廃合の方針を踏まえ，自衛隊離職者就職審査会を廃止した。その機能を公正審査会に統合した上で，防衛人事審議会に改組した。防衛調達の透明性・公正性を向上させるため，防衛調達審議会を新設した。第四に，行政組織のスリム化を踏まえて，防衛施設庁が担当してきた在日米軍従業員の労務管理等に関する事務については，その事務の一部を独立行政法人駐留軍等労働者労務管理機構に移管した。その際，国が従業員の雇用主として責任を持ち，その労務を在日米軍に提供するという間接雇用の枠組みは維持されている（平成13年版『日本の防衛』より抜粋）。

❷ 内 閣
Cabinet

3-70
安全保障会議
Security Council of Japan
[略語] 安保会議

安全保障会議は，国防に関する重要事項及び重大緊急事態への対処に関する重要事項を審議するため，内閣に設置された機関である（安全保障会議設置法第1条）。旧国防会議は，防衛庁設置法に基

づき，内閣に置かれ，国防に関する重要事項（例えば，国防の基本方針，防衛計画の大綱，1次防から4次防までの中期防衛力整備計画）を審議してきた。昭和61年旧国防会議を廃止し，内閣に安全保障会議が設置されたのは，日本社会の複雑化・高度化や国際情勢に適切に対応するためである。すなわち，昭和51年のミグ25事件，昭和52年のダッカでのハイジャック事件，昭和58年の大韓航空機事件のような日本の防衛以外の緊急事態であって，日本の安全に重大な影響を及ぼすおそれがある国家的な緊急事態に対処する必要性が高まったためである。安全保障会議発足当初の構成は，内閣総理大臣を議長（安全保障会議設置法第4条）とし，①内閣法第9条の規定によりあらかじめ指定された国務大臣，②外務大臣，③大蔵大臣（その後，財務大臣に改正），④内閣官房長官，⑤国家公安委員会委員長，⑥防衛庁長官，⑦経済企画庁長官（その後，経済財政政策担当大臣が置かれている場合にあっては，経済財政政策担当大臣に改正）を議員としていた（改正前の同法第5条）。同法の成立により，内閣に置く閣僚レベルの会議を，一省庁の設置法で規定するという変則的な立法技術上の問題も解消した。同法第5条は，武力攻撃事態関連三法のうち，平成15年法律第78号により一部改正された。その結果，①総務大臣，②経済産業大臣，③国土交通大臣を議員に加え，経済財政政策担当大臣を議員から除いた。さらに，議長が必要があると認めるときは，議員である国務大臣以外の国務大臣を，議案を限って，議員として，臨時に会議に参加させることができることとした。議長及び議員は，非常勤である（同法第6条）。内閣総理大臣の安全保障会議への諮問事項としては，①国防の基本方針，②防衛計画の大綱，③前号の計画に関連する産業等の調整計画の大綱，④武力攻撃事態等への対処に関する基本的な方針，⑤内閣総理大臣が必要と認める武力攻撃事態等への対処に関する重要事項，⑥その他内閣総理大臣が必要と認める国防に関する重要事項，⑦内閣総理大臣が必要と認める重大緊急事態への対処に関する重要事項が，列記されている（同法第2条）。旧第5条の改正に伴い，武力攻撃事態等への対処に関し，事態の分析及び評価について特に集中して審議する必要があると認める場合は，議員を限って（当初からの議員である①，②，④，⑤，⑥及び国土交通大臣）事案について審議を行うことができるものとした。議長は，必要があると認めるときは，統合幕僚会議議長その他の関係者を会議に出席させ，意見を述べさせることができる（同法第7条）。事態対処に関する安全保障の審議を迅速かつ的確に実施するため，必要な事項に関する調査・分析を行い，その結果に基づき，安全保障会議に進言する組織として，事態対処専門委員会を，安全保障会議に置く。委員長は内閣官房長官をもって充てる（同法第8条）。安全保障会議に関する事務は，内閣官房において処理し，命を受けて内閣官房副長官補が掌理する（同法第10条）。

3-71
内閣官房と安全保障
Cabinet Secretariat and national security

　旧内閣法第4条第2項は，「閣議は，内閣総理大臣がこれを主宰する。」とのみ規定していたものを平成11年の法改正で「閣議は，内閣総理大臣がこれを主宰する。この場合において，内閣総理大臣は，内閣の重要政策に関する基本的な方針その他の案件を発議することができる。」と改められ，併せて「内閣の重要政策に関する基本的な方針に関する企画及び立案」に関する事務は，内閣官房がつかさどる事務に追加された。この改正は，従来必ずしも明確でなかった内閣総理大臣の閣議の発議権を明記することによって，内閣総理大臣のリーダーシップを確保し，行政に対する政治の優位を図るものである。内閣総理大臣の補佐機能を強化するため，内閣官房の機能を充実するのは，中央省庁等改革の骨子の一つである。内閣官房の補佐機能強化については，前述の法改正前年の平成10年に内閣危機管理監が新設されている。内閣危機管理監は，内閣官房長官及び内閣官房副長官を助け，命を受けて内閣官房の事務のうち危機管理（国民の生命，身体又は財産に重大な被害が生じ，又は生じるおそれがある緊急の事態への対処及び当該事態の発生の防止をいう）に関するもの（国の防衛に関するものを除く）を統理する（内閣法第15条）。平成11年の法改正では，内閣官房に，内閣官房副長官補3人が置かれた（同法第16条）。内閣官房副長官補は，内閣官房長官，内閣官房副長官及び内閣危機管理監を助け，命を受けて内閣官房の事務（閣議事項の整理その他内閣の庶務並びに内閣広報官及び内閣情報官の所掌に属するものを除く）を掌理する。これらの者の任免は，内閣総理大臣の申出により，内閣において行われる。内閣官房副長官補（安全保障，危機管理担当）は，安全保障会議に関する事務を掌理する（安全保障会議設置法第10条参照）ほか，重大緊急事態への対処に関連する重要施策などの企画及び立案並びに総合調整を実施している。近年は，特にテロ対策特別措置法や有事関連法案などの重要施策を担当している。また，平素から，大規模な自然災害，ハイジャック・テロ等の重大事件，航空機・原子力事故等の重大事故，武装不審船事案等の緊急事態の発生に備えている。当該事態の発生時には，初動の対応を総理大臣官邸にある危機管理センターにおいて措置する。さらに，平成13年には，内閣官房の内閣情報調査室の下に，内閣衛星情報センターが置かれた（内閣官房組織令第4条の2）。これは，情報収集衛星の運用，画像情報の収集・分析を行うため設置された組織である。このように，内閣官房の組織は逐次整備されてきた。今後の課題としては，①従来運用部門と比較して，低い地位に甘んじていた情報専門家の養成，②官僚の思考様式から脱却した，戦略的思考に基づく情報のトップへの伝達，③政府レベルの情報サイクルの確立があり，ポスト冷戦の不透明・不確実な国際情勢において，専守防衛を旨とする日本が解決しなければなら

第3章　防衛政策・防衛行政

ないものである。なお，別項「情報セキュリティ」参照。

⇒ ②テロ関連条約，③国民保護法制，③サイバー攻撃

❸ 人事制度
Personnel System

3-72
自衛隊員

SDF members

[略語] 隊員

自衛隊法第2条第1項の定義によれば，自衛隊には，①防衛庁長官，防衛庁副長官及び防衛庁長官政務官，②防衛庁の事務次官，防衛参事官，③防衛庁本庁の内部部局，防衛大学校，防衛医科大学校，統合幕僚会議，技術研究本部，契約本部その他の機関（合議制の機関である防衛人事審議会，自衛隊員倫理審査会，防衛調達審議会,防衛施設中央審議会を除く），④陸上自衛隊，⑤海上自衛隊，⑥航空自衛隊，⑦防衛施設庁（合議制の機関である防衛施設地方審議会及び業務部の労務調査官及び労務管理課を除く）が含まれる。同条第5項によれば，自衛隊員（正式には自衛隊の隊員）とは，防衛庁の職員から，次に掲げる者を除いたものである。①防衛庁長官，防衛庁副長官及び防衛庁長官政務官，②自衛隊から除かれる合議制の機関の委員，すなわち防衛人事審議会，自衛隊員倫理審査会，防衛調達審議会，防衛施設中央審議会，防衛施設地方審議会の委員，③防衛施設庁業務部の労務調査官及び労務管理課に勤務する職員。①は政治的任用がなされる職員であり，②は非常勤（定員外）の職員であり，③は特別職の自衛隊員とは異なり，業務内容から判断して一般職であると解されている。自衛隊員には，直接戦闘任務に従事する自衛官のほか，①防衛事務次官及びその一部が官房長，局長に充てられる防衛参事官，②内部部局に勤務する書記官（課長級）及び部員，③他省庁と同様に事務官，技官，教官などがいる。防衛大学校及び防衛医科大学校の学生並びに即応予備自衛官及び予備自衛官は，自衛隊員であるが，定員外の防衛庁職員である。自衛隊員の身分取扱いについては，自衛隊法第5章に規定されている。自衛隊員全般に適用される主な規定は，任命権者及び人事管理の基準（同法第31条），隊員の採用（同法第35条），隊員の昇任（同法第37条），欠格事項（同法第38条），条件附採用（同法第41条），身分保障（同法第42条，第43条），懲戒処分（同法第46条），不服申立ての処理（同法第49条），服務の本旨（同法第52条），服務の宣誓（同法第53条），勤務態勢及び勤務時間等（同法第54条），職務遂行の義務（同法第56条），上官の命令に服従する義務（同法第57条），品位を保つ義務（同法第58条），秘密を守る義務（同法第59条），職務に専念する義務（同法第60条），政治的行為の制限（同法第61条），私企業からの隔離（同法第62条），他の職又は事業の関与制限(同法第63条)，団体の結成等の禁止（同法第64条）であ

る。これらの規定のほか，自衛官に特有の規定がある。

⇒ ③自衛官の処遇，③服務，③自衛隊員倫理法，③即応予備自衛官，③予備自衛官

3-73
自衛官の階級・定年
rank and retirement age of Self－Defense Forces uniformed regular personnel

陸上自衛隊の自衛官の階級は，陸将，陸将補，1等陸佐，2等陸佐，3等陸佐，1等陸尉，2等陸尉，3等陸尉，准陸尉，陸曹長，1等陸曹，2等陸曹，3等陸曹，陸士長，1等陸士，2等陸士，3等陸士に分類される（自衛隊法第32条）。17階級のうち，3等陸尉以上の8階級が幹部自衛官である。海上自衛隊及び航空自衛隊の自衛官の階級も同様に分類される。陸上自衛官の定年年齢は，①陸将，陸将補が60歳，②1等陸佐が56歳，③2等陸佐，3等陸佐が55歳，④1等陸尉から1等陸曹までが54歳，⑤2等陸曹，3等陸曹が53歳である。海上自衛官，航空自衛官も同様である（同法施行令第60条）。自衛官の定年年齢は，人材の有効活用等の観点から，逐次延長されてきた。例えば，1等陸佐・1等海佐・1等空佐の定年年齢は，昭和55年の制度改正以前は53歳であったが，改正以後54歳となり，昭和59年の改正で55歳，平成7年の改正で56歳に改められた。階級ごと定年年齢を定める例外としては，平成2年度から，特定の職種・職域の自衛官の定年年齢を60歳になるまで隔年1年ずつ延長した。医師，歯科医師，薬剤師である自衛官及び音楽，警務，通信情報の収集・分析の職務に携わる自衛官の定年年齢は，最終的には階級にかかわらず，一律60歳となる。統合幕僚会議議長の職にある陸・海・空将の定年年齢は，62歳である。自衛官は，定年に達したときは，定年に達した日の翌日に退職する（同法第45条）。一方，陸士長，1等陸士，2等陸士，3等陸士は，2年（特殊の技術を必要とする職務は3年）を任用期間として任用される。海士長，1等海士，2等海士，3等海士及び空士長，1等空士，2等空士，3等空士は3年を任用期間として任用される（自衛隊法第36条）。これらの自衛官は，任期制自衛官と呼称される。任期制自衛官の任用期間が満了した場合において，引き続き2年を任用期間として再任用することができる。任期制の規定は，陸曹候補者，海曹候補者又は空曹候補者の指定を受けた者には，適用しない。

⇒ ③職種・職域，資料編 階級（日英呼称）対照表

3-74
若年定年退職者給付金
early retirement severance pay

自衛隊員のうち事務官等の定年年齢は，一般職と同様に通常60歳となっている。一方，自衛官の定年年齢は，任務遂行上事務官等よりも高い体力が要求されるため，60歳よりも若年となっている。自衛官の定年年齢は階級によって異なるが，1佐から3曹までの自衛官は53歳から56

歳で定年を迎える（別項「自衛官の階級・定年」参照）。すなわち，定年年齢が60歳である将官，まったく異なる任用制度が適用される任期制自衛官を除く大部分の自衛官は，若年で定年退職となるため，60歳まで勤務を続けられる国家公務員と比べると収入面での格差が生じている。さらに，50歳を超えてからの再就職は困難であるばかりか，年金の受給年齢の引上げも計画されている。若年定年退職者給付金は，若年定年の自衛官が定年退職してから60歳までの間に生じる収入格差相当分について，国から一定の給付が受けられる制度である。若年定年退職者給付金は，引き続き20年以上在職した1佐以下の自衛官が定年退職する場合に支給される。ただし，退職の日又はその翌日に国家公務員又は地方公務員となったときは，適用除外である（防衛庁職員給与法第27条の2）。若年定年退職者給付金の支給は，2回に分割して支給される（同法第27条の3）。若年定年退職者の退職翌年における所得金額がその者に係る支給調整上限額以上である場合には，2回目の給付金は，支給されない。1回目の給付金の支給を受けた若年定年退職者の退職翌年における所得金額が一定の金額を超える場合には，給付金の返納を求められる場合がある（同法第27条の4）。これらの場合，退職翌年における所得金額が社会通念上相当な水準にあり，収入面での格差が生じているとはいえないからである。

3-75
職種・職域
occupational area and position

陸上自衛隊は人事制度上「職種」という用語を伝統的に使用し，海上，航空自衛隊は「職域」という用語を使用する。陸上自衛官に対する職種の指定は，個人の素質及び技能に基づいて行い，その配置及び教育訓練を適正にし，もって個人及び部隊の能率を向上し，かつ，人事管理を容易にすることを目的としている（陸上自衛官の職種に関する訓令第1条）。陸将及び陸将補たる自衛官については，職種は設けない。1等陸佐以下の陸上自衛官の職種は，次のとおり14ある。①普通科，②機甲科，③特科，④航空科，⑤施設科，⑥通信科，⑦武器科，⑧需品科，⑨輸送科，⑩化学科，⑪警務科，⑫会計科，⑬衛生科，⑭音楽科（同訓令第2条）。陸上自衛官は，すべて職種に応じて補職されることを原則とする（同訓令第7条）。3等海尉以上の幹部自衛官の職域には，大職域と小職域がある。大職域は人事管理の，小職域は教育訓練の計画及び実施の資とする。准尉及び曹士については，小職域をもって人事管理及び教育訓練の計画及び実施の資とする（海上自衛隊の職の分類制度の実施に関する達第3条）。ここで「職域」とは，人事管理又は教育訓練上の必要に応じ職務の種類が比較的類似している「特技職」をまとめたものをいう。「特技職」とは，職務の種類及び複雑の度と責任の度が十分類似している職をまとめたものをいう（陸上自衛隊，海上自衛隊及び航空自衛隊における職の分類制度に関する訓令第3条）。3等海

尉以上の幹部自衛官の大職域は，①共通，②用兵，③装備，④経補，⑤衛生，⑥施設，⑦法警，⑧音楽の8職域がある。例えば，大職域用兵は，艦艇用兵，艦艇，航海，船務，射撃，水雷，機雷掃海，機関，航空用兵，飛行，航空管制，地上救難，情報，通信，気象海洋の15の小職域に区分される。3等空尉以上の幹部自衛官の小職域は，飛行，航空管制，要撃管制，高射，プログラム，情報，気象，通信電子，高射整備，武装，整備，施設，輸送，補給，生産調達，会計，監理，総務人事，教育，音楽，警備，警務，法務，研究開発，衛生に区分される（特技制度に関する達第7条）。航空幹部自衛官について，大職域の区分は存在しない。

3-76
自衛官の採用（幹部候補生）
recruitment of officer candidates

自衛官，学生の採用は原則として，試験による（自衛隊法施行規則第21条抜粋）。幹部候補生を採用する大学卒業程度の試験としては，まず，一般幹部候補生がある。これは，一般大学の文系又は理工系出身者を対象としている。合格者は採用と同時に陸・海・空曹長に任命され，それぞれ陸・海・空の幹部候補生学校で教育を受けた後，3等陸・海・空尉に昇任し，幹部自衛官となる。その後の人事管理は，防衛大学校出身の幹部と同様である。この外，海上自衛隊の技術分野で活躍する海上技術幹部候補生及び医官・歯科医官・薬剤官となる医科・歯科，薬剤科幹部候補生がある。さらに，将来の技術幹部候補生である理工系の大学（大学院）生に学資金を貸与する貸費学生の制度がある。幹部候補生を採用する高校卒業程度の試験としては，防衛大学校，防衛医科大学校（別項参照）の学生がある。さらに，将来飛行幹部候補生となる曹候補者を採用する高校卒業程度の試験として，航空学生がある。航空学生は，海・空自衛隊の操縦士，戦術航空士となるための教育を受ける。航空学生試験に合格した高校卒業者，高専3年次修了者等は，2等海士又は2等空士に任命される。合格した者が自衛官である場合は，その者の現階級において又はこれと同位の階級の海上自衛官若しくは航空自衛官に異動させて航空学生を命ずる（航空学生たる自衛官の任用等に関する訓令第2条）。航空学生は，海曹候補者又は空曹候補者に指定され，任期制自衛官とは異なる人事管理となる（同訓令第1条）。航空学生の教育を修了する入隊から約2年後に3等海曹又は3等空曹に昇任し，それぞれの操縦課程に進むことになる。飛行幹部候補生として，2曹，1曹と昇任し，入隊後約4年でウイングマークを授与され，約5年で曹長に昇任する。入隊後約6年で3等海尉又は3等空尉に昇任し，幹部自衛官となる（防衛庁ホームページ「自衛官等採用試験情報」参照）。

3-77
自衛官の採用（曹士，選考）
recruitment of enlisted men and technical experts

自衛官，学生の採用は試験による。た

だし，長官の定める特殊又は高度の技術及び知識を必要とする職務を担当する自衛官に採用する場合は選考によることができる（自衛隊法施行規則第21条抜粋）。曹候補者を採用する高校卒業程度の試験としては，陸上自衛隊看護学生がある。試験に合格した高校卒業者，高専3年次修了者等は，2等陸士に任命される。看護学生は，自衛隊中央病院高等看護学院で3年間，看護業務に携わる女性自衛官としての専門教育を受ける。看護学生は陸曹候補者であり，任期制自衛官とは異なる人事管理を受ける（陸上自衛隊看護学生の任用等に関する訓令参照）。看護師免許を取得後，2等陸曹に昇任し，卒業後は自衛隊病院等に勤務する。この外，曹候補者を採用する高校卒業程度の試験として一般曹候補学生，曹候補士がある。一般曹候補学生試験又は曹候補士試験に合格した者は，2等陸・海・空士に採用され，一般曹候補学生又は曹候補士を命ずる。合格した者が自衛官である場合は，その者の現階級において又はこれと同位の階級の陸・海・空自衛官に異動させて，一般曹候補学生又は曹候補士を命ずる。一般曹候補学生又は曹候補士は，曹候補者に指定され，任期制自衛官とは異なる人事管理となる（一般曹候補学生である自衛官の任用等に関する訓令及び曹候補士である自衛官の任用等に関する訓令参照）。一般曹候補学生は，入隊後2年間にわたって教育隊及び部隊で，中堅陸・海・空曹としての資質を養うとともに，必要な基礎的知識及び技能を修得し，基礎体力の向上に努める。一般曹候補学生は，教育が修了すると3等陸・海・空曹に昇任し，曹の基幹要員として部隊で勤務する。一方，曹候補士は，陸・海・空自衛隊の部隊勤務を通じて，その基幹隊員となる陸・海・空曹を養成する制度である。応募資格年齢の幅が比較的広いため，高校新卒者はもちろん，大卒，社会人経験者まで多様な経歴を持った人材が曹候補士として入隊する。曹候補士は，採用後約3年経過以降，選考により3曹に昇任する。任期制自衛官については，自衛官の階級・定年の項参照。曹候補者を採用する中学卒業程度の試験としては，自衛隊生徒がある。これは，専門技術者としての陸・海・空曹を養成するために，中学校卒業者（男子）を対象とした制度である。自衛隊生徒は，自衛隊法施行規則第24条第2項の規定により3等陸・海・空士として採用される陸・海・空曹候補者たる自衛官をそれぞれ陸上自衛隊生徒，海上自衛隊生徒又は航空自衛隊生徒と称する。陸上自衛隊生徒が従事する業務の種類は，通信，武器，施設であり，海上自衛隊生徒が従事する業務の種類は，通信，水測，電子整備であり，航空自衛隊生徒が従事する業務の種類は，通信，レーダー，整備である（自衛隊生徒の任用等に関する訓令参照）。自衛隊生徒は，教育期間中に，2士，1士，士長と昇任し，4年間の教育終了時に3曹に昇任する。免許取得者，国家資格保有者を自衛官に選考採用するケースとしては，①医科・歯科幹部自衛官，②海上自衛隊技術幹部，③陸上自衛官（看護），④技術海曹がある（平成15年度）（防衛庁ホーム

ページ「自衛官等採用試験」参照)。

⇒ ③婦人（女性）自衛官

3-78
自衛官の処遇
remuneration for SDF uniformed regular personnel

自衛官は，自衛隊員の主力をなす特別職の国家公務員である。自衛隊員全般に適用される身分の取扱いに関する主な規定としては，①隊員は，服務の宣誓をしなければならないという自衛隊法第53条，②隊員は，何時でも職務に従事することのできる態勢になければならないという同法第54条，③隊員は，職務上の危険若しくは責任を回避し，又は上官の許可を受けないで職務を離れてはならないという同法第56条，④上官の命令に服従する義務を規定した同法第57条がある（別項「自衛隊員」参照）。これらの外，自衛官に特有の規定としては，①制服に関する同法第33条，②指定場所の居住に関する同法第55条がある。例えば，曹長以下の自衛官は，原則として営舎内に居住しなければならないことになっている（自衛隊法施行規則第51条及び第52条）。自衛官は，その職務遂行上，一般職の国家公務員にない規制を受けるが，その身分は，自衛隊法第42条及び第43条で保障されている。自衛官の職務の内容は，航空機の搭乗，長期間の艦艇や潜水艦への乗組，落下傘降下など，一般職の国家公務員と比較すると厳しいものがある。このため，自衛官の職務の特殊性を考慮した俸給や航空手当，乗組手当，落下傘隊員手当，特別警備隊員手当，特殊作戦隊員手当（本手当に関する規定は，平成16年3月31日までの間において政令で定める日から施行），航海手当などの諸手当を支給している（防衛庁職員給与法第16条及び第17条）。さらに，武力攻撃事態対処関連三法のうち，平成15年法律第80号により，防衛出動を命ぜられた職員（制度上事務官等を含む）に防衛出動手当を支給することとなった（同法第15条）。自衛官には被服が支給又は貸与される（同法第21条）ほか，営舎居住の自衛官や艦艇の乗組員に対して食事の支給を行う（同法第20条）。自衛官が公務又は通勤によらないで負傷し，又は病気にかかった場合には，療養の給付等を行う（同法第22条）。自衛隊は，精強さを保つため，自衛官の若年定年制や任期制自衛官という制度を採用している。若年定年制の自衛官は，53歳から56歳という一般の公務員より若い年齢での退職となり，その多くは再就職を必要としている。また，任期制自衛官は，任期満了により大半が20歳代で退職しているため，再就職が必要である。このため，自衛隊地方連絡部では，退職する自衛官の再就職援護業務の実施に重点を置いている。さらに，若年定年の自衛官と60歳定年である国家公務員との収入格差を是正するため，若年定年退職者給付金の制度が導入された（別項「若年定年退職者給付金」参照）。

⇒ ③服務，③自衛官の階級・定年，③自衛隊地方連絡部

3-79
服　　務
service regulations

自衛隊法第52条は、次のとおり服務の本旨を規定している。「隊員は、わが国の平和と独立を守る自衛隊の使命を自覚し、一致団結、厳正な規律を保持し、常に徳操を養い、人格を尊重し、心身をきたえ、技能をみがき、強い責任感をもって専心その職務の遂行にあたり、事に臨んでは危険を顧みず、身をもって責務の完遂に努め、もって国民の負託にこたえることを期するものとする」。特に、自衛官に対する服務に関する教育は、昭和36年に制定された「自衛官の心がまえ」に準拠して行われている。「自衛官の心がまえ」は、「われわれは自衛官の本質にかえりみ、政治的活動に関与せず、自衛官としての名誉ある使命に深く思いをいたし、高い誇りをもち、次に掲げるところを基本として日夜訓練に励み、修養を怠らず、ことに臨んでは、身をもって職責を完遂する覚悟がなくてはならない。」と述べている。次に掲げるところとは、①使命の自覚、②個人の充実、③責任の遂行、④規律の厳守、⑤団結の強化である。自衛隊法第53条は、「隊員は、内閣府令で定めるところにより、服務の宣誓をしなければならない。」と規定している。これを受け、同法施行規則第39条は、隊員となった者（自衛官の採用のみならず、事務官、技官、教官等の採用を含む）は、次の宣誓文を記載した宣誓書に署名押印して服務の宣誓を行わなければならないと規定している。「宣誓　私は、我が国の平和と独立を守る自衛隊の使命を自覚し、日本国憲法及び法令を遵守し、一致団結、厳正な規律を保持し、常に徳操を養い、人格を尊重し、心身を鍛え、技能を磨き、政治的活動に関与せず、強い責任感をもって専心職務の遂行に当たり、事に臨んでは危険を顧みず、身をもって責務の完遂に努め、もって国民の負託にこたえることを誓います」。なお、①防衛大学校学生、防衛医科大学校学生、予備自衛官、即応予備自衛官及び予備自衛官補の採用時、②幹部自衛官への昇任時には、別途服務の宣誓を行う（同法施行規則第40条から第42条）。

⇒ ③自衛隊員、③防衛大学校、③防衛医科大学校、③予備自衛官、③即応予備自衛官、③予備自衛官補

3-80
自衛隊員倫理法
SDF Members Ethics Code

自衛隊員倫理法の目的は、自衛隊員の職務に係る倫理の保持に資するため必要な措置を講ずることにより、職務の執行の公正さに対する国民の疑惑や不信を招くような行為の防止を図り、もって公務に対する国民の信頼を確保することである（同法第1条抜粋）。自衛隊員が遵守すべき職務に係る倫理原則としては、①自衛隊員は、国民全体の奉仕者であり、職務上知り得た情報について国民の一部に対してのみ有利な取扱いをする等国民に対し不当な差別的取扱いをしてはならず、常に公正な職務の執行に当たらなければならない。②自衛隊員は、その職務

や地位を私的利益のために用いてはならない。③自衛隊員は，法律により与えられた権限の行使に当たっては，当該権限の行使の対象となる者からの贈与等を受けること等の国民の疑惑や不信を招くような行為をしてはならない（同法第3条）。内閣は，前述の倫理原則を踏まえ，自衛隊員倫理規程を，一般職国家公務員の例に準じて政令で定めるものとする（同法第5条）。部員級以上の自衛隊員は，事業者等から，贈与等を受けたとき又は報酬として自衛隊員倫理規程で定める報酬の支払を受けたとき（一件につき五千円を超える場合に限る）は，四半期ごとに，贈与等報告書を，防衛庁長官又は防衛施設庁長官に提出しなければならない（同法第6条）。本庁審議官級以上の自衛隊員は，前年において行った株券等の取得又は譲渡について，株取引等報告書を，毎年，防衛庁長官又は防衛施設庁長官に提出しなければならない（同法第7条）。本庁審議官級以上の自衛隊員は，所得等報告書を，毎年防衛庁長官又は防衛施設庁長官に提出しなければならない（同法第8条）。自衛隊員の職務に係る倫理の保持を図るため，防衛庁本庁及び防衛施設庁に，それぞれ倫理監督官一人を置く。倫理監督官は，自衛隊員の職務に係る倫理の保持に関し，必要な指導及び助言並びに体制の整備を行う（同法第24条）。なお，自衛隊員の倫理保持に関する防衛庁長官の事務を補佐するため，同法第10条に基づき，自衛隊員倫理審査会が防衛庁本庁に置かれている。その所掌事務及び権限は，次のとおりである（同法第11条）。①自衛隊員倫理規程，懲戒処分の基準に関する事項及び倫理の保持に関する事項の調査研究，企画，研修等に関し，必要と認める事項を調査審議し，防衛庁長官に建議すること，②各種報告書の審査を行うこと，③法律又は政令に違反している疑いがあると思料する行為又は違反する行為について調査を行うこと，④防衛庁長官の諮問に応じて意見を述べること等。

⇒ ③自衛隊員

3-81
予備自衛官

SDF uniformed reserve personnel

予備自衛官は，防衛招集命令又は災害招集命令により招集された場合において自衛官となって勤務し，訓練招集命令により招集された場合において訓練に従事する。予備自衛官の員数は，47,900人とし，防衛庁職員の定員外である（自衛隊法第66条）。陸海空の内訳は，陸上予備自衛官46,000人，海上予備自衛官1,100人，航空予備自衛官800人である。予備自衛官は，防衛招集命令により招集された場合には，後方支援，基地警備などの要員として勤務する。予備自衛官の採用は，自衛官であった者又は予備自衛官に任用されたことがある者の志願に基づき，選考によって行う（同法第67条）。ただし，①自衛官としての勤務期間が1年に満たない者，②現に自衛隊員である者，③身体検査の基準に該当しない者，④自衛官としての勤務成績が不良であつた者等は，予備自衛官に任用してはならない

（予備自衛官の任免，服務，服装等に関する訓令第7条）。予備自衛官の任用期間は，任用の日から起算して3年である。任用期間満了時，志願に基づき，引き続き3年任用することができる（同法第68条）。予備自衛官は，指定の日時に，指定の場所に出頭して，訓練招集に応じなければならない。招集期間は，1年を通じて20日をこえないものとする（同法第71条）。実際の運用上は，年間5日の訓練となっている。すべて使用者は，被用者が予備自衛官であること又は予備自衛官になろうとしたことを理由として，解雇等の不利益な取扱いをしてはならない（同法第73条）。この規定は，予備自衛官が円滑に訓練参加できるように制定されたものである。予備自衛官には，月額4,000円の予備自衛官手当を支給する（防衛庁職員給与法第24条の2）。訓練招集に応じた予備自衛官には，訓練招集に応じた期間1日につき，政令で定める額（8,100円）の訓練招集手当を支給する（同法第24条の4）。予備自衛官には，住所変更，長期療養等の届出義務がある（自衛隊法第74条）。

⇒ ③自衛隊員

3-82
即応予備自衛官

SDF uniformed ready reserve personnel

現防衛計画の大綱は，陸上自衛隊の一部の部隊については，即応性の高い予備自衛官を主体として充てることとし，18万人の体制から，16万人（常備自衛官14万5千人，即応予備自衛官1万5千人）の体制に改めることとしている。即応予備自衛官は，防衛招集命令，治安招集命令又は災害等招集命令により招集された場合において，自衛官となってあらかじめ指定された陸上自衛隊の部隊において勤務し，訓練招集命令により招集された場合において訓練に従事する。即応予備自衛官の員数は，7,668人とし，防衛庁の職員の定員外である（自衛隊法第75条の2。ただし，平成16年3月31日までの間において政令で定める日から施行。改正前の員数は，5,726人）。即応予備自衛官の採用は，自衛官であった者又は予備自衛官に任用されたことがある者の志願に基づき，選考によって行う（同法第75条の8で準用する第67条）。ただし，①自衛官としての勤務期間が1年に満たない者，②現に自衛隊員である者，③身体検査の基準に該当しない者，④継続任用の際に，3等陸曹以上の階級を指定することとなる即応予備自衛官にあっては，当該階級の定年年齢から3歳を減じた年齢以上の者，⑤継続任用の際に，陸士長又は1等陸士の階級を指定することとなる即応予備自衛官にあっては，体力測定の結果が，陸上幕僚長が定める基準に達しない者，⑥自衛官としての勤務成績が不良であつた者等は，即応予備自衛官に任用してはならない（即応予備自衛官の任免，服務，服装等に関する訓令第7条）。即応予備自衛官の任用期間は，任用の日から起算して3年である。任用期間満了時，志願に基づき，引き続き3年任用することができる（同法第75条の8で準用

する第68条)。即応予備自衛官は，必要とされる練度を確保するため，年間30日の訓練を受ける（同法第75条の5）。訓練の日時，場所の指定に関しては，複数の訓練機会から選択できるようにしている。これは，即応予備自衛官の職場での都合に配慮したものである。すべて使用者は，被用者が即応予備自衛官であること又は即応予備自衛官になろうとしたことを理由として，解雇等の不利益な取扱いをしてはならない（同法第75条の8で準用する第73条）。即応予備自衛官には，月額16,000円の即応予備自衛官手当を支給する（防衛庁職員給与法第24条の3）。訓練招集に応じた即応予備自衛官には，訓練招集に応じた期間一日につき，政令で定める額（階級に応じ日額10,400円～14,200円）の訓練招集手当を支給する（同法第24条の4）。即応予備自衛官には，住所変更，長期療養等の届出義務がある（自衛隊法第75条の8で準用する第74条）。即応予備自衛官を雇用している企業の負担を考慮し，申請により，雇用企業に対し，即応予備自衛官雇用企業給付金を支給している。

⇒ ③自衛隊員

3-83
予備自衛官補

candidate for SDF uniformed reserve personnel

予備自衛官補の制度の導入は，予備自衛官の勢力を安定的に確保し，民間の優れた専門技術を有効に活用することを目的とし，防衛基盤の育成・拡大を図る観点から，平成13年度に行われた。予備自衛官補の採用は，平成14年度から開始した。予備自衛官補は，教育訓練招集命令により招集された場合において，予備自衛官として必要な知識及び技能を修得させるための教育訓練を受ける。予備自衛官補の員数は，防衛庁の職員の定員外であり，その員数は680人である（自衛隊法第75条の9及び予備自衛官補の員数を定める訓令）。予備自衛官補は，採用の日から起算して3年を超えない範囲内で長官の定める期限（一般3年，技能2年）までに，教育訓練のすべてを修了する（同法第75条の10）。教育訓練のすべてを修了した者は，予備自衛官に任用され，2等陸士，2等海士又は2等空士の階級を指定される。ただし，防衛庁長官の定める特殊又は高度の技術及び知識を有する場合にあっては，3等陸曹，3等海曹又は3等空曹以上の階級を指定することができる。（自衛隊法第67条及び同法施行規則第34条）。予備自衛官補の採用は，自衛官未経験者の志願に基づき，試験（一般公募）又は選考（技能公募）によって行う（予備自衛官補の任免，服務，服装等に関する訓令第4条）。平成15年度の募集要項によると，一般公募は約140名，技能公募は衛生（医師，薬剤師，理学療法士，臨床検査技師，栄養士，看護師等)，語学（英語，ロシア語，中国語，朝鮮語)，整備，情報処理（システムアナリスト，ソフトウェア開発技術者，第1種情報処理技術者等)，通信，電気，建設の分野から合計約70名を採用する計画である。予備自衛官補は，指定の日時

に，指定の場所に出頭して，教育訓練招集に応じなければならない。招集期間は，1年を通じて50日を超えないものとする（同法第75条の11）。すべて使用者は，被用者が予備自衛官補であること又は予備自衛官補になろうとしたことを理由として，解雇等の不利益な取扱いをしてはならない（同法第75条の13で準用する第73条）。この規定は，予備自衛官補が円滑に訓練参加できるように制定されたものである。教育訓練招集に応じた予備自衛官補には，訓練招集に応じた期間1日につき，政令で定める額（7,900円）の教育訓練招集手当を支給する（防衛庁職員給与法第24条の5）。予備自衛官補には，住所変更，長期療養等の届出義務がある（自衛隊法第75条の13で準用する第74条）。

⇒ ③予備自衛官

3-84
婦人（女性）自衛官

female SDF uniformed regular personnel

陸 WAC（Women's Army Corps）
海 WAVE（Women's Appointed Volunteer Emergency Service）
空 WAF（Women in the Air Force）

自衛隊法第108条は，労働組合法，労働関係調整法，労働基準法，労働安全衛生法等の法律及びこれらに基づく命令の規定は，自衛隊員には適用しないと規定している。このため，自衛隊員には労働3権（団結権，団体交渉権，争議権）がないばかりか，母性の保護や女性の危険有害業務への就業制限に関する労働基準法の規定が適用されない。このような法制度や女性は保護の対象であって，実力組織である自衛隊には女性は向かないという男性の固定観念から，昭和43年に陸上自衛隊に婦人自衛官の制度が発足するまで，自衛官への女性の進出は，逆に男性が進出しにくい看護職域というごく一部にとどまっていた。海上，航空自衛隊の婦人自衛官の制度は，昭和49年に発足した。制度発足直後の婦人自衛官の配置は，文書，人事，会計，通信等の後方（非戦闘）職域に限定されていた（『防衛問題の基礎知識』参照）。昭和61年に旧男女雇用機会均等法が施行され，さらに平成6年には男女共同参画社会の形成の促進に関する施策を推進するため，内閣に男女共同参画推進本部が設置された。防衛庁長官はその構成員となっている。このような社会的な動向を受け，逐次婦人自衛官の就くことができる職域の拡大が実施されてきた。平成5年6月には，基本的にすべての職域が婦人自衛官に制度上開放された。平成15年3月31日現在の婦人自衛官の現員は，幹部1,504名，准尉2名，曹4,324名，士4,784名である。自衛官の採用に関しても，曹候補者を採用する中学卒業程度の試験である自衛隊生徒を除く，すべての採用試験が女性に開かれている。幹部自衛官への登竜門である防衛大学校，防衛医科大学校も女子の学生を採用している。現在，婦人（女性）自衛官は，国内の部隊，機関で勤務するのみならず，国際平和協力業務や災害派遣を実施する部隊の一員として，内外で活躍している。婦人自衛官の呼称は，

男女共同参画の観点から，平成15年4月1日以降，「女性自衛官」に改められた。
⇒ ③職種・職域，③防衛大学校，③防衛医科大学校，③国際平和協力業務，③災害派遣

❹ 教育訓練
Education and Training

3-85
陸自の教育訓練の体系

education and training system of GSDF

陸上自衛隊の教育訓練は，基本教育及び練成訓練に区分する（陸上自衛隊の教育訓練に関する訓令第4条）。基本教育の目的は，隊員としての必要な資質を養うとともに，職務遂行の基礎となる知識及び技能を修得させることである（同訓令第11条）。基本教育は，自衛官に対し，部隊等において陸士，陸曹候補者等，陸曹及び准陸尉，幹部候補者等，幹部の区分に応じ，課程の教育及び集合教育により実施する。陸上幕僚長は，必要と認めるときは，事務官等に対し基本教育を実施することができる（同訓令第12条）。陸士の基本教育のため，新隊員課程及び陸士特技課程を置く（同訓令第14条）。陸曹候補者等の基本教育のため，生徒課程，一般陸曹候補学生課程，陸曹候補士課程，陸曹候補生課程及び看護学生課程を置く（同訓令第18条）。陸曹の基本教育のため，公募陸曹課程，陸曹上級課程，初級陸曹特技課程及び上級陸曹特技課程を置く。陸曹航空操縦学生の基本教育のため，陸曹航空操縦課程を置く（同訓令第23条）。幹部候補者の基本教育のため，一般幹部候補生課程及び医科歯科幹部候補生課程を置く。一般幹部候補生（部内選抜試験の合格者を除く）及び薬剤科幹部候補生の基本教育のため，隊付教育を実施する。3等陸尉への昇任試験に合格した准陸尉及び陸曹長（看護師たる女性自衛官を除く）の基本教育のため，3尉候補者課程を置く（同訓令第28条）。幹部の基本教育のため，幹部初級課程，幹部上級課程，幹部特修課程，指揮幕僚課程，幹部高級課程，技術高級課程，幹部特別課程及び幹部特技課程を置く（同訓令第33条）。一方，練成訓練の目的は，隊員の練度を向上するとともに，精強な部隊等を練成することである（同訓令第44条）。練成訓練は，各級の部隊等において各個訓練及び部隊訓練により実施する。練成訓練の実施に当たっては，部隊等の特性及び実情に応じ訓練の進度を定めて実施するとともに，逐年訓練の内容を深めて部隊等の進歩向上を図るものとする（同訓令第45条）。各個訓練の目的は，隊員に対し，部隊等の一員としてそれぞれの地位に応ずる資質並びに職務遂行に必要な知識及び技能の向上を図り，部隊等の練成の基礎をつくることである（同訓令第46条）。各個訓練は，陸士，陸曹及び准陸尉，幹部，必要に応じ事務官等の区分又は職務配置等の区分に応じ実施する（同訓令第47条）。部隊訓練の目的は，部隊等に対し，厳正な規律，強固

第3章　防衛政策・防衛行政

な団結及びおう盛な士気を保持させるとともに，部隊行動に習熟させ，その機能を十分に発揮できるようにすることである（同訓令第48条）。部隊訓練は，部隊等の編制区分に従い各級の部隊等ごとに，また所要に応じ訓練のため必要な部隊を編組（一時的に組織すること。筆者注）して，部隊訓練基準に基づき実施する。必要に応じ，海上自衛隊，航空自衛隊等と協同して訓練する。陸上幕僚長は，アメリカ合衆国軍隊と協同して部隊訓練を実施しようとする場合には，あらかじめ訓練の大綱を防衛庁長官に報告するとともに，訓練実施後速やかに成果に関する報告書を提出する（同訓令第49条）。訓練検閲は，部隊等の教育訓練の成果を評価するとともに，その進歩向上を促すために実施する（同訓令第50条）。技能検定は，隊員の特技等の資格又は練度を評価判定するとともに，その進歩向上を促すために実施する（同訓令第52条）。

⇒ ③幕僚長

3-86
海自の教育訓練の体系
education and training system of MSDF

海上自衛隊の教育訓練は，基本教育及び練成訓練に区分する（海上自衛隊の教育訓練に関する訓令第4条）。基本教育の目的は，隊員として必要な資質を養い，又は向上させるとともに，職務遂行の基礎となる知識及び技能を修得させることである（同訓令第7条）。基本教育は，素養教育及び術科教育に区分する（同訓令第8条）。基本教育は，自衛官に対し，課程の教育，部隊実習，講習及び委託教育により実施する。海上幕僚長は，必要と認めるときは，事務官等に対し基本教育を実施することができる（同訓令第9条）。素養教育は，海士，海曹候補者，海曹，幹部候補者等，幹部自衛官それぞれの素養教育に区分する。海士の素養教育のため，練習員課程を置く。海曹候補者の素養教育のため，生徒前期課程，生徒海曹予定者課程，航空学生課程，一般海曹候補学生基礎課程，一般海曹候補学生海曹予定者課程及び海曹候補士課程を置く。海曹の素養教育のため，公募海曹課程及び初任海曹課程を置く。幹部候補者等の素養教育のため，一般幹部候補生課程，飛行幹部候補生課程，医科歯科幹部候補生課程及び幹部予定者課程を置く。幹部自衛官の素養教育のため，公募幹部課程，指揮幕僚課程，幹部高級課程及び幹部特別課程を置く。一般幹部候補生課程及び飛行幹部候補生課程を修了した者に対しては，幹部自衛官の素養教育として，初級幹部の部隊実習を実施する（同訓令第11条）。術科教育は，一般術科教育，潜水艦教育，飛行教育に区分し，所要の課程を置く（同訓令第27条）。一方，練成訓練の目的は，隊員の練度を向上し，精強な部隊等を練成することである（同訓令第39条）。練成訓練は，個人訓練及び部隊訓練に区分する（同訓令第40条）。練成訓練は，各級の部隊等ごとに，部隊等の特性及び実情に応じ，実施する（同訓令第41条）。個人訓練の目的は，隊員に対し，その地位に応ずる資質並びに職

務遂行に必要な知識及び技能を向上させることである（同訓令第42条）。個人訓練は，基本教育と連接し，実施する（同訓令第43条）。部隊訓練の目的は，部隊等をして強固な団結のもとに部隊等の任務達成に必要な総合的実力を練成させることである（同訓令第44条）。部隊訓練は，各部隊種別ごとに基本的な訓練から応用的な訓練に段階的に進めるものとし，海上幕僚長が定める実施の基準に基づき実施する。部隊訓練の実施に当たっては，必要に応じ，陸上自衛隊，航空自衛隊等と協同して訓練する。海上幕僚長は，アメリカ合衆国軍隊と協同して部隊訓練を実施し，又は特殊な部隊訓練を実施しようとする場合には，あらかじめ訓練の大綱を防衛庁長官に報告し，及び訓練実施後速やかにその成果に関する報告書を提出する（同訓令第45条）。演習は，自衛隊法第6章に定める行動時における各指揮官の部隊の指揮運用，各部隊の協同連係等について総合的に訓練するために実施する。演習の大綱は，防衛庁長官がその都度定める（同訓令第46条）。教育訓練の検閲は，部隊等の教育訓練の成果を評価するとともに，その進歩向上を促すために実施する（同訓令第47条）。技能検定は，隊員の練度を評価判定するとともに，その進歩向上を促すために実施する（同訓令第49条）。

⇒ ③幕僚長

3-87
空自の教育訓練の体系

education and training system of ASDF

航空自衛隊の教育訓練は，基本教育及び練成訓練に区分する（航空自衛隊の教育訓練に関する訓令第4条）。基本教育の目的は，隊員として必要な資質を養い，又は向上させるとともに，職務遂行の基礎となる知識及び技能を修得させることである（同訓令第9条）。基本教育は，一般教育及び技術教育に区分する（同訓令第10条）。基本教育は，自衛官に対し，課程，隊付教育，部隊実習，講習及び委託教育により実施する。航空幕僚長は，必要と認めるときは，事務官等に対し基本教育を実施することができる（同訓令第11条）。一般教育は，空士，空曹候補者，空曹，幹部候補者等，幹部自衛官それぞれの一般教育に区分する（同訓令第14条）。空士の一般教育のため，新隊員課程を置く（同訓令第15条）。空曹候補者の一般教育のため，生徒基礎課程，生徒空曹候補者課程，航空学生課程，一般空曹候補学生基礎課程，一般空曹候補学生空曹候補者課程及び空曹候補士課程を置く（同訓令第18条，第21条，第22条の2及び第22条の5）。空曹の一般教育のため，初任空曹課程を置く（同訓令第24条）。幹部候補者等の一般教育のため，一般幹部候補生課程，飛行幹部候補生課程，医科歯科幹部候補生課程及び3尉候補者課程を置く。一般幹部候補生課程又は飛行幹部候補生課程を修了した者の一般教育として，隊付教育を実施する（同訓令第27条）。幹部自衛官の一般教育のため，公募幹部課程，幹部補備課程，幹部普通課程，指揮幕僚課程及び幹部高級

課程を置く（同訓令第33条）。技術教育は，飛行教育と術科教育に区分する（同訓令第41条）。飛行教育は，初級操縦教育，上級操縦教育，初級戦技教育，上級戦技教育その他の飛行教育に区分し，所要の課程を置く（同訓令第42条）。術科教育は，准尉曹士術科教育と幹部術科教育に区分し，所要の課程を置く（同訓令第49条）。一方，練成訓練の目的は，隊員の練度を向上し，精強な部隊等を練成することである（同訓令第62条）。練成訓練は，個人訓練及び部隊訓練に区分する（同訓令第63条）。練成訓練は，部隊等の特性及び実情に応じ，基本的な訓練から応用的な訓練に段階的に進めるものとする（同訓令第64条）。個人訓練の目的は，部隊訓練の基礎を確立するため，部隊等の一員としてそれぞれの地位に応ずる資質並びに職務遂行に必要な知識及び技能を向上させることである（同訓令第65条）。個人訓練は，基本教育と連係し，実施する（同訓令第66条）。部隊訓練の目的は，部隊等がその組織としての行動に習熟し，与えられた機能を十分に発揮できるように練度を向上させることである（同訓令第68条）。部隊訓練は，各級の部隊等ごとに航空幕僚長が定める実施基準に基づき実施する。必要に応じ，陸上自衛隊，海上自衛隊等と協同して訓練する。航空幕僚長は，アメリカ合衆国軍隊と協同して部隊訓練を実施しようとする場合には，あらかじめ訓練の大綱を防衛庁長官に報告するとともに，訓練実施後速やかに成果に関する報告書を提出する（同訓令第69条）。教育訓練の検閲の目的は，部隊等の教育訓練の成果を評価するとともに，その進歩向上を促すことである（同訓令第70条）。技能検定の目的は，隊員の練度を評価判定するとともに，その進歩向上を促すことである（同訓令第72条）。

⇒ ③幕僚長

3-88
自衛隊の学校

educational institutions of SDF

陸・海・空自衛隊に置かれる機関の一つとして学校がある（自衛隊法第24条）。具体的には，同法第25条及び同法施行令第33条から第35条までの規定に基づき，設置されている。自衛隊体育学校は3自衛隊の共同機関（同法第24条第4項）であり，体育指導者の教育訓練と体育に関する調査研究を実施している。陸上自衛隊の幹部学校は，指揮幕僚課程，幹部高級課程など上級部隊指揮官又は上級幕僚に対する教育訓練を実施している。海・空自衛隊の各幹部学校は，これらの教育訓練のほか，大部隊の運用等に関する調査研究を実施している。陸上自衛隊の幹部学校，各職種学校の部隊運用に関する調査研究機能は，平成12年度に新編された研究本部（同法施行令第48の4）に移管された。陸・海・空自衛隊の各幹部候補生学校は，一般幹部候補生課程，医科歯科幹部候補生課程など初級幹部に対する教育訓練を実施している。陸上自衛隊の職種ごとに置かれた学校（高射学校，航空学校，施設学校，通信学校，武器学校，需品学校，輸送学校，衛生学校，化

学学校）は，それぞれ職種に関する教育訓練を実施している。ただし，陸上自衛隊富士学校は，普通科，特科及び機甲科並びに3科相互協同に必要な教育訓練を実施している。陸上自衛隊小平学校は，情報，人事，業務管理等に必要な教育訓練及び警務科，会計科に関する教育訓練を実施している。陸上自衛隊少年工科学校は，自衛隊生徒として採用された陸上自衛官に対して，教育訓練を実施している。海上自衛隊生徒は第一術科学校で，航空自衛隊生徒は航空教育隊で教育を受ける。海上自衛隊の第一から第四までの術科学校及び航空自衛隊の第一から第五までの術科学校は，術科（職域に関する技能区分）に関する教育訓練を行うとともに，術科に関する部隊運用等に関する調査研究を実施している。海上自衛隊の操縦士，航空士を養成する課程は，各地の教育航空隊で実施されている。航空自衛隊の飛行教育は，各地の飛行教育団，航空団，輸送航空隊等で実施されている。一方，統合幕僚学校は，自衛隊法ではなく，防衛庁設置法第28条の3及び防衛庁組織令第155条に基づき，統合幕僚会議に附置されている。統合幕僚学校は，上級部隊指揮官又は上級幕僚に対する自衛隊の統合運用に関する教育訓練を行うとともに，統合運用に関する基本的な調査研究を実施している。自衛隊の学校は，自衛隊法第100条の2に基づき，留学生，自衛隊員以外の他省庁職員等を受け入れることがある。独立の機関である防衛大学校，防衛医科大学校，防衛研究所については，各々別項参照。

⇒ ③職種・職域，③統合幕僚会議，③自衛隊員

3-89
部隊訓練の制約
restrictions on SDF unit training

　練成訓練は，隊員の錬度を向上するとともに，精強な部隊等を練成することを目的とする（陸上自衛隊の教育訓練に関する訓令第44条。海上，航空自衛隊訓令にも同様の規定あり）。自衛隊における練成訓練は，各個訓練（陸）又は個人訓練（海・空）と部隊訓練に区分される。個々の隊員に対する各個訓練又は個人訓練は，職種・職域などの専門性，隊員の能力に応じて段階的に行われる。部隊訓練は，小部隊から大部隊へと規模を拡大しつつ訓練を積み重ね，総合的に能力を発揮できることを目標としている。陸上自衛隊の大部隊が，戦車，ミサイル，長射程火砲等の射撃訓練を十分に実施するためには，広大な演習場を必要とする。火薬取締上，弾薬庫の設置には住宅地等から一定の保安距離を必要とするが，自衛隊施設周辺の都市化に伴い，その確保に頭を痛めている。日本の国土は狭隘であり，演習場や弾薬庫の適地は限られているため，円滑な部隊訓練に支障を来しつつある。このため，大規模な実動演習を北海道に所在する大演習場へ移動して実施するとともに，射程が長く国内では射撃できない地対空誘導弾，地対艦誘導弾のほか，国内では十分に訓練できない対戦車ヘリコプター，戦車等の実射訓練を米国の演習場で行っている。陸上自

衛隊が短SAM（短距離地対空誘導弾）を発射し、海上自衛隊が機雷の掃海訓練を行うためには、一定の海域を必要とする。そのような海域には通常漁業権が設定されている。部隊訓練を実施するためには、危険防止のための船舶の航行制限のみならず、漁業権の消滅に伴う補償あるいは操業停止中の漁業経営上の損失補償をしなければならない。また、日本の周辺には電子戦の訓練に適した海域がないことから、部隊をハワイ沖へ派遣し訓練を行っている。日本の周辺空域は民間機の航空路線が錯綜しており、かつ、在日米軍に提供した訓練空域が存在するため、航空自衛隊の訓練空域は狭く、基地との往復に長時間を要する個所が多い。航空機の騒音訴訟や自衛隊と基地周辺の自治体との協定のため、早朝や夜間の飛行訓練に制約がある。このため、国内では得られない訓練環境を得るため、米国において地対空誘導弾の実射訓練を行うとともに、日米共同訓練を実施している。

⇒ ③職種・職域、③日米共同訓練

3-90
日米共同訓練
Japan – U.S. joint exercise

「自衛隊が米軍と日米共同訓練を実施し、戦術技量の向上を図るとともに、平素から戦術面などにおける相互理解と意思疎通を促進し、日米間のインターオペラビリティ（相互運用性）を向上させておくことは、日本有事における日米共同対処行動を円滑に行うために不可欠である。この努力は、日米安全保障体制の信頼性と抑止効果の維持向上に資する。さらに、周辺事態安全確保法により自衛隊に与えられた任務を遂行する上で、日米の連携要領を訓練することも重要である。このため、自衛隊は米軍との間で各種の共同訓練を実施している（平成14年版『日本の防衛』より抜粋）」。現防衛計画の大綱においても、日米安全保障体制の信頼性の向上を図り、有効に機能させる方策の一つとして、共同演習・共同訓練及びこれらに関する相互協力の充実等を含む運用面における効果的な協力態勢の構築がうたわれている。手続上各幕僚長は、アメリカ合衆国軍隊と協同して部隊訓練を実施しようとする場合には、あらかじめ訓練の大綱を防衛庁長官に報告するとともに、訓練実施後速やかに成果に関する報告書を提出する（陸上自衛隊の教育訓練に関する訓令第49条。海上、航空自衛隊訓令にも同様の規定あり）。平成15年版『日本の防衛』資料編によると、平成14年度における日米共同訓練の実績は、次のとおりである。①統合幕僚会議は、実動演習として、日米共同統合演習を日本及び日本周辺海・空域で実施した。②陸上自衛隊は、方面隊の指揮所演習（指揮機関のみを対象とし、部隊の行動を伴わない演習）や実動訓練をハワイあるいは日本で実施した。③海上自衛隊は、掃海特別訓練、基地警備特別訓練を日本周辺海域で、指揮所演習を米海軍大学で実施した。④航空自衛隊は、防空戦闘訓練、戦闘機戦闘訓練、救難訓練等を日本あるいは米国の基地・周辺空域で実施した。

⇒ ③日米安全保障体制の意義，③周辺事態安全確保法の体系，③旧大綱との比較，③幕僚長，③統合幕僚会議

❺ 防衛生産・技術基盤
Defense Production and Technological Bases

3-91
防衛産業
　　defense industry

　防衛産業とは，最終需要者が防衛庁に限定されている産業の総称である。日本の防衛産業の特色は次のとおりである。①防衛庁への依存度は，分野ごとに相当ばらつきがある。防衛産業全体が日本の総工業生産額に占める割合は，0.6％程度に過ぎない。②防衛庁からの受注に基づく多品種少量生産が基本であり，量産効果は期待できない。③武器輸出三原則等により市場が国内に限定されているため，量産効果が一層期待できない。④民生品とは異なる特殊な技術と設備が必要であるため，一度産業基盤を喪失すると回復が困難である。⑤自衛隊には旧軍のような工廠（旧陸海軍直属の兵器等の製造工場。筆者注）がないため，研究開発における試作品の製造は民間企業に委託されている。すなわち，民間企業が生産基盤と技術基盤の両方を担っている（以上防衛産業・技術基盤研究会報告書「防衛産業・技術基盤の維持・育成に関する基本的方向」（平成12年11月）より抜粋）。このような種々の制約の中，防衛産業の基盤は，民間部門を兼営している企業の自助努力に委ねられている部分が多い。しかしながら，現在日本の防衛産業は，次に示すような取り巻く環境の変化により，大きな岐路に立たされ，生産ラインの維持，熟練技術者の確保に苦慮している。①現防衛計画の大綱が，防衛力の合理化・効率化・コンパクト化を推進していること。現防衛計画の大綱は旧防衛計画の大綱と比べ，正面装備について，陸上自衛隊の戦車約300両，海上自衛隊の護衛艦約10隻，作戦用航空機約50機，航空自衛隊の戦闘機約50機をそれぞれ縮減した（『防衛年鑑2002年版』より抜粋）。②厳しい財政事情を反映して，前中期防が減額修正されたこと。③毎年度の防衛予算も厳しく査定されていること。正面装備費や研究開発費の減少傾向が続いている。④取得改革の一環として，平成11年度から3年間で調達コストの10％を削減したこと。⑤冷戦構造崩壊に伴う経済のボーダレス化とデフレ経済の影響を受け，兼営している民間部門が不振の民間企業が多数あること。⑥防衛産業にも通商摩擦の波が押し寄せ，先端技術の囲い込みの傾向が強まり，ライセンス国産に外国政府が非寛容になりつつあること。このような環境の変化を踏まえ，前記報告書は，防衛産業に関連した今後の課題として，概略次のとおり指摘している。第一に，防衛産業が経営計画を策定するためには，中期的な防衛力整備計画は必要である。その際，防衛上のニーズのみ

ならず，可能な限り調達数量の確保及び平準化という防衛産業の基盤維持にも配意することが重要である。第二に，効率的・効果的な調達補給を推進するために，①装備品，部品の共用化を図るとともに，民生品，民生技術を活用する。②CALS（Continuous Acquisition and Life‐cycle Support：装備品の研究開発，調達，維持，修理，補給といったライフサイクルの各段階における情報をコンピュータネットワークにより共有し，ライフサイクルコスト全般を通じたコストの低減を図ること）の活用や電子商取引への移行などITを利用する。③企業へコスト低減インセンティブを付与する。第三に，企業体質を強化し，防衛産業を効率化するため，①先端技術の研究開発を支援する。②産業活力の活性化に資する法律を活用する。③防衛庁向け債権の流動化策を検討する。

⇒ ③武器輸出三原則と例外，③調達制度改革

3-92
技術研究開発

technological research and development

自衛隊には旧軍のような工廠がないため，防衛庁は民間企業の技術力を活用して研究開発を行ってきた。例えば，研究開発における試作品の製造は民間企業に委託されている。しかしながら，防衛産業の経営環境が近年悪化（別項「防衛産業」参照）しており，生産ラインの維持，熟練技術者の確保に支障を来し，研究開発体制に懸念が生じかねない状況となっている。従来と同じ取組を継続していたのでは，戦後国産化等を通じ築き上げてきた防衛技術基盤（生産基盤を含む）が崩壊する危険性があり得るとの強い危機感から，防衛庁は平成13年6月「研究開発の実施に関わるガイドライン」を策定した。その概要は次のとおりである。第一に，防衛力の質的水準の維持向上に資する研究開発の基本的考え方としては，①優れた民生技術を積極的に導入・応用する一方，軍事特有の性格が強く，民間技術力のみに依存できない技術分野については，適切な基盤の維持育成を図る。②独自性を必要とする技術分野については，引き続き自主的な取組を行う。相互運用性の確保等を踏まえ，米国との技術協力を促進するとともに，諸外国からの技術導入等の可能性に留意する。第二に，防衛技術分野で，当面特に重点的に取り組むべき分野は，①防衛の成否に大きな影響を与え，重要性が極めて高くなる分野として，IT分野，無人機技術，誘導関連技術がある。②装備品の中核技術であり，外国から技術導入が期待できない分野で，戦略的な取組が必要なものとして，航空機用エンジン技術，アビオニクス技術がある。なお，各自衛隊の装備品の共用化等統合的な運用に資する技術，システムインテグレーションに関する技術，民生技術との相互波及・相乗効果が期待できる技術，共同技術研究開発に関しては，重点的な対応が必要であると指摘している。第三に，研究開発体制を多様化するため，①国内の研究機関（国立試験

研究機関，独立行政法人，大学など）との連携を強化する。②米国と技術交流をより一層促進する。③米国以外の諸外国とも技術交流を促進する。第四に，効果的・効率的な実施方策を推進するため，要求性能と経費，技術的実現可能性，スケジュールなどの最適化を検討するとともに，ITを活用した新たな開発手法を導入する。これは，従来の研究開発の方式のままでは，近年のように外部環境の変化が激しい時代に柔軟な対応をとることが困難であり，さらに自衛隊相互間の装備品共用化が難しいからである。従来の研究開発とは，各自衛隊の要求性能を大前提として，構想設計，システム設計，詳細設計を行った後，試作品等を作成し，その性能を確認するプロセスが一般的であった。この方式は，要求性能を変更する必要がない時代には効率的であった。当然のことながら，各自衛隊の個別プロジェクトごとの開発体制に帰着する。以上の項目のほか，①研究開発評価の充実強化，②研究開発段階での競争原理の在り方，③特許権等の取扱い，④技術研究本部の体制の見直し，⑤研究開発要員の人事管理の在り方，⑥研究開発経費の確保について指摘されている。

3-93
調達制度改革
procurement system reform

平成5年以降，装備品等の調達に当たり，防衛産業が過大な請求を国（旧調達実施本部）に行い，国に損害を与える事案が相次いで発覚した。これらの企業のうち2社が，旧調達実施本部幹部と共謀し，国への返還額を不正に減額した。旧調達実施本部幹部は，国に損害を与えたとして，背任罪で逮捕・起訴された。この背任事件によって失われた国民の信頼を回復するため，平成10年防衛庁長官を本部長とする防衛調達改革本部を設置した。防衛調達改革本部は，部外有識者から構成される防衛調達制度調査検討会などの検討成果を踏まえて，平成11年「調達改革の具体的措置」を取りまとめた。この措置には，①調達制度改革，②調達機構等改革，③自衛隊員の再就職の在り方の見直しに関する方策が示されている。本項では，これらのうち，調達制度改革について，前記措置及び平成13年版『日本の防衛』に基づき解説する。具体的な調達制度改革の施策としては，第一に，供給ソースを多様化し競争原理を強化する施策として，次のとおり実施する。①防衛庁規格・仕様書を見直す。具体的には，民生品・部品の活用を図るとともに，材料等を指定しない機能性能仕様書へ移行する。②装備品の導入段階における競争性を確保するため，仕様書作成手続及び契約の相手方を指示する「長官指示」の在り方を見直す。随意契約においても，複数の企業から提案を聴取し，実質的に競争契約と同じ手続をとり企業を概定する。③新たな供給ソースを発掘するため，インターネットによる規格・仕様書の概要の公開を推進する。市販されている衣類，車両等の装備品への導入に配意し，一般競争契約への移行を推進する。④随意契約の透明性を向上させるため，品目，

価格,契約相手方を公表するとともに,随意契約の理由を公表する。第二に,原価計算方式の妥当性を確保する施策として,部外有識者の提言を踏まえ,支払利子率,利益率などについての計算方式を改善した。第三に,企業側提出資料の信頼性確保のための施策として,入札参加者,契約締結者が守らなければならない事項を規定した「入札及び契約心得」(契約本部公示)を改正し,制度調査(原価計算システムが適正かどうかを確認するための調査)の受入義務,経費率資料の提出及び虚偽資料提出の禁止について規定した。さらに,契約完了年度の翌年度末までの資料保存義務,虚偽の資料提出に対する違約金を個別の特約条項として規定した。第四に,工数をマクロ的にチェックするための施策として,一部の企業における工数のオフライン集計を試験的に実施している。将来,CALSのネットワークを利用して,一元的なオンライン工数集計を行うためのシステム開発を行う。これらの施策の外,「調達改革の具体的措置」は,監査担当官の巡回・派遣制度の整備,過払事案処理に関する統一的かつ明確な基準の策定,企業側のコスト削減に向けたインセンティブ向上のための施策等について,指摘している。平成16年度よりCALSのうち,電子入札・開札システム及び企業連接システム(企業と契約本部との間の契約に基づく申請・届出文書等の交換システム)が運用を開始した。調達機構等改革については,別項「契約本部」参照。

⇒ ③防衛産業,③自衛隊員倫理法

❻ 情　　報
Information and Intelligence

3-94
情報セキュリティ
cyber security

情報セキュリティ対策の日本政府レベルにおける企画,立案,総合調整に関する業務は,平成12年内閣官房に設置された情報セキュリティ対策推進室が担当している(情報セキュリティ対策推進室の設置に関する規則第1条。平成12年2月29日内閣総理大臣決定)。同対策推進室には,各省庁に対し技術的な調査や助言を行う専門調査チーム及び緊急対応支援チームを置く(同規則第3条,第4条)。内閣官房副長官(事務)を議長,内閣危機管理監を副議長,内閣官房副長官補2名(内政,安全保障・危機管理)や各省庁の官房長等を構成員とする情報セキュリティ対策推進会議が,「情報セキュリティポリシーに関するガイドライン」を平成12年7月18日決定(平成14年11月28日一部改定)した。本ガイドラインには,情報セキュリティの定義が示されている。「情報セキュリティ」とは,情報資産の機密性,完全性及び可用性を維持することである。「情報資産」とは,情報及び情報を管理する仕組み(情報システム並びにシステム開発,運用及び保守のための資料等)の総称である。「情報セキュリティポリシー」とは,各省庁が所有する情報資産の情報セキュリティ対策について,各省庁が総合的・体系的かつ具体

的に取りまとめたものである。どのような情報資産をどのような脅威から，どのようにして守るのかについての基本的な考え方並びに情報セキュリティを確保するための体制，組織及び運用を含めた規定を含む。情報セキュリティに関連する法律としては，①高度情報通信ネットワーク社会形成基本法（IT基本法），②電子署名及び認証業務に関する法律，③不正アクセス行為の禁止等に関する法律がある。「防衛庁・自衛隊における情報通信技術革命への対応に係る総合的施策の推進要綱（平成12年12月防衛庁）」によれば，「平成15年度までに，セキュリティが確保され統合化された高度なネットワーク環境の整備に係る基盤を構築する。また，情報・指揮通信機能の強化を推進する。」とうたわれている。従来，防衛庁・自衛隊のネットワークは基本的に外部と接続しないこととされてきたが，近年のネットワーク化の進展にかんがみ，同推進要綱は情報セキュリティの確保に関し，次の事業を行うと指摘している。①情報セキュリティポリシーの策定，②情報セキュリティ基盤（高度な知識・経験・技術を蓄積すること等）の整備，③サイバー攻撃対処組織（部隊）体系の構築，④電子政府等への貢献。

装備品の製造を受注した防衛産業から，情報が外部へ漏えいする事案の発生を受け，防衛庁は平成15年10月「調達における情報セキュリティ基本方針」及び「調達における情報セキュリティ基準」を策定した。この新施策は，平成16年4月より，情報システムの契約に適用される。

なお，別項「サイバー攻撃」参照。
⇒ ④IT革命

3-95
秘密保全
protection of classified information

平成12年9月，秘密漏えい事件が発生した。海上幹部自衛官が在日ロシア大使館付武官へ秘密文書を手渡し，逮捕された。防衛庁は，再発防止対策のため委員会を設置し，秘密保全に関する提言を取りまとめた。委員会の指摘を受けて，同年12月防衛事務次官は，①秘密漏えい防止のための取扱い環境の整備（関係職員の厳正な峻別・限定，秘密区分の指定の適正化，秘密文書の的確な管理等），②米国を除く各国駐在武官等との接触要領，③防衛庁情報保全委員会の設置，④隊員の服務指導（個人的弱点を抱える隊員の把握と弱点の解消等）について，一連の通達を発出し，庁内での周知徹底を図った。情報保全（秘密保全，隊員保全，組織・行動等の保全，施設・装備等の保全を含む）に関連する体制を強化するため，平成13年4月，防衛局調査課に情報保全企画室を，各幕僚監部調査部調査課に情報保全室を，情報本部に情報保全課を設置した。さらに，平成14年度末には，情報保全に従事する部隊の指揮系統を統一し，各国駐在武官からのアプローチに対応するため，陸・海・空自衛隊にある調査隊を情報保全隊に改編した（平成14年度政策評価書（総合評価）のうち「秘密保全体制」参照）。従来，自衛隊員の守

秘義務については,「隊員は,職務上知ることのできた秘密を漏らしてはならない。その職を離れた後も,同様とする。」と自衛隊法第59条に規定されていた。この規定に違反した者は,同法第118条により,1年以下の懲役又は3万円以下の罰金に処せられ,教唆又はほう助をした者も処罰される。未遂又は過失を処罰する規定はない。この規定の仕方は,自衛隊の服務規律の維持が主な目的であるためと解される。その後,「我が国の安全が損なわれないよう,我が国の防衛上特に秘匿することが必要な秘密について,その保全と仮にそれが漏えいした場合の罰則の整備の必要(平成13年10月10日衆議院本会議における法律案提案理由説明)」が生じたため,自衛隊法が一部改正され,平成14年11月1日から施行された。「(防衛庁)長官は,自衛隊についての別表第4に掲げる事項であつて,公になつていないもののうち,我が国の防衛上特に秘匿することが必要であるものを防衛秘密として指定するものとする(同法第96条の2第1項抜粋)」。別表第4には,この規定が対象とする具体的な保護法益(例えば,①自衛隊の運用又はこれに関する見積り若しくは計画若しくは研究,②防衛に関し収集した電波情報,画像情報その他の重要な情報)が列記されている。「(防衛庁)長官は,自衛隊の任務遂行上特段の必要がある場合に限り,国の行政機関の職員のうち防衛に関連する職務に従事する者又は防衛庁との契約に基づき防衛秘密に係る物件の製造若しくは役務の提供を業とする者に,防衛秘密の取扱いの業務を行わせることができる(同条第3項抜粋)」。これらの規定に違反した防衛秘密を取り扱うことを業務とする者は,同法第122条により,5年以下の懲役に処せられる。業務としなくなった後においても,同様であり,未遂罪は処罰される。過失犯は,1年以下の禁錮又は3万円以下の罰金に処せられ,犯罪行為の遂行を共謀し,教唆し,又は煽動した者は,3年以下の懲役に処せられる。刑法第3条の例に従い,日本国民の国外犯を処罰する。なお,自衛隊法の一部改正に伴い,従来日米相互防衛援助協定等に伴う秘密保護法で保護されてきた「防衛秘密」は,用語が競合するため「特別防衛秘密」に改められた。

⇒ ③服務,③自衛隊員倫理法,③幕僚監部,③情報本部,③日米相互防衛援助協定

6 有事法制
Emergency Legislation

❶ 武力攻撃事態対処法
Law Concerning Measures to Ensure National Independence and Security in a Situation of Armed Attack

3-96
武力攻撃事態対処法の目的及び基本理念

purposes and fundamental principles of the Law Concerning Measures to Ensure National Independence and Security in a Situation of Armed Attack

武力攻撃事態対処法の目的は，武力攻撃事態及び武力攻撃予測事態への対処について，基本理念，国，地方公共団体等の責務，国民の協力その他の基本となる事項を定めることにより，武力攻撃事態等への対処のための態勢を整備し，併せて武力攻撃事態等への対処に関して必要となる法制の整備に関する事項を定め，もって我が国の平和と独立並びに国及び国民の安全の確保に資することである（同法第1条）。同法第2条によれば，この法律で用いられる用語の意義は，次のとおり定義されている。武力攻撃とは，我が国に対する外部からの武力攻撃をいう。武力攻撃事態とは，武力攻撃が発生した事態又は武力攻撃が発生する明白な危険が切迫していると認められるに至った事態をいう。武力攻撃予測事態とは，武力攻撃事態には至っていないが，事態が緊迫し，武力攻撃が予測されるに至った事態をいう。指定公共機関とは，独立行政法人，日本銀行，日本赤十字社，日本放送協会その他の公共的機関及び電気，ガス，輸送，通信その他の公益的事業を営む法人で，政令で定めるものをいう。対処措置とは，対処基本方針が定められてから廃止されるまでの間に，指定行政機関，地方公共団体又は指定公共機関が法律の規定に基づいて実施する次の措置をいう。第一に，武力攻撃事態等を終結させるためにその推移に応じて実施する措置として，①自衛隊が実施する武力の行使，部隊等の展開その他の行動，②自衛隊の行動及び日米安保条約に従って武力攻撃を排除するために必要な米軍の行動が円滑かつ効果的に行われるために実施する物品，施設又は役務の提供その他の措置，③外交上の措置その他の措置がある。第二に，武力攻撃から国民の生命，身体及び財産を保護するため，又は武力攻撃が国民生活及び国民経済に影響を及ぼす場合において当該影響が最小となるようにするために武力攻撃事態等の推移に応じて実施する措置として，①警報の発令，避難の指示，被災者の救助，施設及び設備の応急の復旧その他の措置，②

生活関連物資等の価格安定，配分その他の措置がある。同法の基本理念は，第3条に述べられている。①武力攻撃事態等への対処においては，国，地方公共団体及び指定公共機関が，国民の協力を得つつ，相互に連携協力し，万全の措置が講じられなければならない。②武力攻撃予測事態においては，武力攻撃の発生が回避されるようにしなければならない。③武力攻撃事態においては，武力攻撃の発生に備えるとともに，武力攻撃が発生した場合には，これを排除しつつ，その速やかな終結を図らなければならない。ただし，武力攻撃が発生した場合においてこれを排除するに当たっては，武力の行使は，事態に応じ合理的に必要と判断される限度においてなされなければならない。④武力攻撃事態等への対処においては，日本国憲法の保障する国民の自由と権利が尊重されなければならず，これに制限が加えられる場合にあっても，その制限は当該武力攻撃事態等に対処するため必要最小限のものに限られ，かつ，公正かつ適正な手続の下に行われなければならない。この場合において，日本国憲法第14条，第18条，第19条，第21条その他の基本的人権に関する規定は，最大限に尊重されなければならない。⑤武力攻撃事態等においては，当該武力攻撃事態等及びこれへの対処に関する状況について，適時に，かつ，適切な方法で国民に明らかにされるようにしなければならない。⑥武力攻撃事態等への対処においては，日米安保条約に基づいて米国と緊密に協力しつつ，国際連合を始めとする国際社会の理解及び協調的な行動が得られるようにしなければならない。

3-97
行政機関・公共機関の責務及び国民の協力

responsibilities of governmental organs and public institutions and cooperation of the people

　国の責務は，我が国の平和と独立を守り，国及び国民の安全を保つため，武力攻撃事態等において，我が国を防衛し，国土並びに国民の生命，身体及び財産を保護する固有の使命を有することから，基本理念にのっとり，組織及び機能のすべてを挙げて，武力攻撃事態等に対処するとともに，国全体として万全の措置が講じられるようにすることである（武力攻撃事態対処法第4条）。地方公共団体の責務は，当該地方公共団体の地域並びに当該地方公共団体の住民の生命，身体及び財産を保護する使命を有することにかんがみ，国及び他の地方公共団体その他の機関と相互に協力し，武力攻撃事態等への対処に関し，必要な措置を実施することである（同法第5条）。指定公共機関の責務は，国及び地方公共団体その他の機関と相互に協力し，武力攻撃事態等への対処に関し，その業務について，必要な措置を実施することである（同法第6条）。国と地方公共団体との役割分担については，国においては武力攻撃事態等への対処に関する主要な役割を担い，地方公共団体においては武力攻撃事態等における当該地方公共団体の住民の生命，

身体及び財産の保護に関して，国の方針に基づく措置の実施その他適切な役割を担うことを基本とする（同法第7条）。国民は，国及び国民の安全を確保することの重要性にかんがみ，指定行政機関，地方公共団体又は指定公共機関が対処措置を実施する際は，必要な協力をするよう努める（同法第8条）。国民の協力とは，法律上の義務を生じるものではない。国民の自発的な協力が得られることが望ましい。

3-98
対処基本方針
basic response plan

対処基本方針とは，武力攻撃事態等に至ったときに政府が定める武力攻撃事態等への対処に関する基本的な方針である（武力攻撃事態対処法第9条第1項）。内閣総理大臣は，対処基本方針の案を作成し，閣議決定の後，直ちに，国会の承認を求めなければならない（同条第6項及び第7項）。対処基本方針の閣議決定又は国会の承認があったときは，内閣総理大臣は，直ちに，公示しなければならない（同条第8項及び第9項）。対処基本方針に定める事項は，①武力攻撃事態又は武力攻撃予測事態であることの認定及び認定の前提となった事実，②対処に関する全般的な方針，③対処措置に関する重要事項である（同条第2項）。武力攻撃事態においては，対処措置に関する重要事項として，それぞれ自衛隊法に根拠規定がある①予備自衛官への防衛招集命令に関する内閣総理大臣の承認，②即応予備自衛官への防衛招集命令に関する内閣総理大臣の承認，③防衛出動待機命令に関する内閣総理大臣の承認，④展開予定地域内における防御施設構築の措置に関する内閣総理大臣の承認，⑤内閣総理大臣が防衛出動を命ずることについての国会承認の求め又は内閣総理大臣が命ずる防衛出動（特に緊急の必要があり事前に国会の承認を得るいとまがない場合）を記載しなければならない（同条第3項及び第4項）。一方，武力攻撃予測事態においては，対処措置に関する重要事項として，武力攻撃事態における重要事項の①から④までを記載しなければならない（同条第5項）。対処基本方針の承認の求めに対し，国会で不承認の議決があったときは，当該議決に係る対処措置は，速やかに，終了されなければならない。この場合において，内閣総理大臣は，防衛出動を命じた自衛隊については，直ちに撤収を命じなければならない（同条第11項）。内閣総理大臣は，対処措置を実施するに当たり，対処基本方針に基づいて，内閣を代表して行政各部を指揮監督する（同条第12項）。内閣総理大臣は，対処措置を実施する必要がなくなったと認めるとき又は国会が対処措置を終了すべきことを議決したときは，対処基本方針の廃止につき，閣議の決定を求めなければならない（同条第14項）。

⇒ ③予備自衛官，③即応予備自衛官，③防衛出動と展開予定地域，③防衛出動後の権限等

対策本部
"Task Force" for Situations of Armed Attack

　内閣総理大臣は，対処基本方針が定められたときは，対処措置の実施を推進するため，閣議にかけて，臨時に内閣に武力攻撃事態等対策本部（対策本部）を設置する。内閣総理大臣は，対策本部を置いたときは，国会に報告するとともに，公示しなければならない（武力攻撃事態対処法第10条）。対策本部長は，内閣総理大臣をもって充てる。対策副本部長は，国務大臣をもって充てる。対策本部員は，対策本部長及び対策副本部長以外のすべての国務大臣をもって充てる（同法第11条）。対策本部は，①指定行政機関，地方公共団体及び指定公共機関が実施する対処措置に関する対処基本方針に基づく総合的な推進に関すること，②法令の規定によりその権限に属する事務をつかさどる（同法第12条）。対策本部長は，対処措置を的確かつ迅速に実施するため必要があると認めるときは，対処基本方針に基づき，指定行政機関の長，関係する地方公共団体の長，関係する指定公共機関等に対し，指定行政機関，関係する地方公共団体及び関係する指定公共機関が実施する対処措置に関する総合調整を行うことができる（同法第14条）。内閣総理大臣は，国民の生命，身体若しくは財産の保護又は武力攻撃の排除に支障があり，特に必要があると認める場合であって，総合調整に基づく所要の対処措置が実施されないときは，対策本部長の求めに応じ，別に法律で定めるところにより，関係する地方公共団体の長等に対し，対処措置を実施すべきことを指示することができる。内閣総理大臣は，①指示に基づく所要の対処措置が実施されないとき，②国民の生命，身体若しくは財産の保護又は武力攻撃の排除に支障があり，特に必要があると認める場合であって，事態に照らし緊急を要すると認めるときは，対策本部長の求めに応じ，別に法律で定めるところにより，関係する地方公共団体の長等に通知した上で，自ら又は対処措置に係る事務を所掌する大臣を指揮し，地方公共団体又は指定公共機関が実施すべき対処措置を実施し，又は実施させることができる（同法第15条）。政府は，第14条又は第15条の規定により，対処措置の実施に関し，総合調整又は指示に基づく措置の実施により地方公共団体又は指定公共機関が損失を受けたときは，その損失に関し，必要な財政上の措置を講ずる（同法第16条）。政府は，地方公共団体及び指定公共機関が実施する対処措置について，その内容に応じ，安全の確保に配慮しなければならない（同法第17条）。対策本部は，対処基本方針が廃止されたときに，廃止される（同法第19条）。政府は，国際連合憲章第51条及び日米安保条約第5条第2項の規定に従って，武力攻撃の排除に当たって我が国が講じた措置について，直ちに国際連合安全保障理事会に報告しなければならない（同法第18条）。ただし，第14条から第16条までの規定は，別に法律で定める日から施行する（同法附則）。この措置は，これらの規定を国民保護法制が整備されるま

3-100
事態対処法制
legislation for responses to situations of armed attack and other situations

事態対処法制は，基本理念にのっとり，武力攻撃事態等への対処に関して必要となる法制であり，その基本方針は次のとおり（武力攻撃事態対処法第21条）。①事態対処法制は，国際的な武力紛争において適用される国際人道法の的確な実施が確保されたものでなければならない。②政府は，事態対処法制の整備に当たっては，対処措置について，その内容に応じ，安全の確保のために必要な措置を講ずる。③政府は，事態対処法制の整備に当たっては，対処措置及び被害の復旧に関する措置が的確に実施されるよう必要な財政上の措置を講ずる。④政府は，事態対処法制の整備に当たっては，武力攻撃事態等への対処において国民の協力が得られるよう必要な措置を講ずる。この場合において，国民が協力をしたことにより受けた損失に関し，必要な財政上の措置を併せて講ずる。⑤政府は，事態対処法制について国民の理解を得るために適切な措置を講ずる。政府は，事態対処法制の整備に当たっては，次に掲げる措置が適切かつ効果的に実施されるようにする（同法第22条）。第一に，国民の生命，身体及び財産を保護するため，又は武力攻撃が国民生活及び国民経済に影響を及ぼす場合において当該影響が最小となるようにするための措置（国民保護法制に関連する措置）として，①警報の発令，避難の指示，被災者の救助，消防等に関する措置，②施設及び設備の応急の復旧に関する措置，③保健衛生の確保及び社会秩序の維持に関する措置，④輸送及び通信に関する措置，⑤国民の生活の安定に関する措置，⑥被害の復旧に関する措置。第二に，自衛隊が実施する行動が円滑かつ効果的に実施されるための措置その他の武力攻撃事態等を終結させるための措置として，①捕虜の取扱いに関する措置，②電波の利用その他通信に関する措置，③船舶及び航空機の航行に関する措置。第三に，日米安保条約に従って武力攻撃を排除するために必要な米軍の行動が円滑かつ効果的に実施されるための措置。政府は，事態対処法制の整備を総合的，計画的かつ速やかに実施しなければならない（同法第23条）。

⇒ ②国際人道法，②捕虜

3-101
国民保護法制
legislation to protect the people

国民保護法制は，事態対処法制のうち，武力攻撃から国民の生命，身体及び財産を保護するため，又は武力攻撃が国民生活及び国民経済に影響を及ぼす場合において当該影響が最小となるようにするための措置に係る法制である。国民保護法制に関し，武力攻撃事態対処法第24条は，概略次のように述べている。国民保護法制に関し広く国民の意見を求め，その整備を迅速かつ集中的に推進するため，内

閣に，国民保護法制整備本部（整備本部）を置く。整備本部は，①国民の保護のための法制の整備に関する総合調整に関すること，②国民の保護のための法制の整備のために必要な法律案及び政令案の立案に関すること，③国民の保護のための法制の整備に関する地方公共団体その他の関係団体及び関係機関との連絡調整に関することをつかさどる。整備本部長は，内閣官房長官をもって充てる。整備本部員は，整備本部長以外のすべての国務大臣（内閣総理大臣を除く）をもって充てる。整備本部に関する事務は，内閣官房において処理し，命を受けて内閣官房副長官補が掌理する。「国民の保護のための法制の整備を迅速かつ集中的に推進するため，内閣に国民保護法制整備本部を設置する旨の規定（平成15年5月15日衆議院本会議中谷元議員による与党三党及び民主党提出の修正案についての賛成討論抜粋）」が，武力攻撃事態対処法に盛り込まれた。国民保護法制の現時点における輪郭は，平成15年版『日本の防衛』及び首相官邸ホームページ「国民保護法制整備本部」参照のこと。国民保護法制における国民の具体的な協力は，首相官邸ホームページ「武力攻撃事態対処関連三法」中「国民の保護のための法制」に関するQ&Aによれば，次の4点に限定し，住民に協力を要請する範囲を明確にする意向を示している。①住民の避難や被災者の救援の援助，②消火活動，負傷者の搬送又は被災者の救助の援助，③保健衛生の確保に関する措置への援助，④避難に関する訓練への参加。国民にこれらの協力を要請した場合において，国民が応ずるか否かについては任意であり，義務とはしない方針である。

⇒ ③行政機関・公共機関の責務及び国民の協力，③事態対処法制

❷ 自衛隊法の改正
Amendment to the Self–Defense Forces Law

3-102
防衛出動と展開予定地域
defense operations and the expected deployment area

防衛出動とは，我が国に対する外部からの武力攻撃が発生した事態又は武力攻撃が発生する明白な危険が切迫していると認められるに至った事態に際して，内閣総理大臣が我が国を防衛するため必要があると認める場合に，自衛隊の全部又は一部の出動を命ずることである（自衛隊法第76条）。「武力攻撃が発生する明白な危険が切迫していると認められるに至った事態」とは，「我が国を取り巻く国際情勢の緊張が高まり，我が国への攻撃のため，部隊の充足を高め，軍隊を集結し，予備役を招集し，軍の要員に非常呼集をかけ，あるいは軍事施設の新たな構築を行うなど，我が国への武力攻撃の意図が推測され，我が国に対して武力攻撃を行う可能性が高いと客観的に判断される場合を指す（平成15年6月3日参議院武力攻撃事態への対処に関する特別委員

会福田内閣官房長官答弁を筆者一部修正）」。内閣総理大臣が防衛出動を命ずるためには，武力攻撃事態対処法第9条の定めるところにより，国会の承認を得なければならない。内閣総理大臣は，出動の必要がなくなつたときは，直ちに，自衛隊の撤収を命じなければならない。防衛出動を命ぜられた自衛隊は，我が国を防衛するため，必要な武力を行使することができる。武力行使に際しては，国際の法規及び慣例を遵守し，かつ，事態に応じ合理的に必要と判断される限度をこえてはならない（自衛隊法第88条）。防衛出動の前段階として，防衛出動待機命令がある。防衛庁長官は，事態が緊迫し，防衛出動命令が発せられることが予測される場合において，必要があると認めるときは，内閣総理大臣の承認を得て，自衛隊の全部又は一部に対し出動待機命令を発することができる（同法第77条）。防衛庁長官は，事態が緊迫し，防衛出動命令が発せられることが予測される場合において，自衛隊の部隊を展開させることが見込まれ，かつ，防備をあらかじめ強化しておく必要があると認める地域（展開予定地域）があるときは，内閣総理大臣の承認を得た上，その範囲を定めて，自衛隊の部隊等に展開予定地域内において陣地その他の防御のための施設を構築する措置を命ずることができる（同法第77条の2）。展開予定地域内において職務に従事する自衛官は，自己又は自己と共に当該職務に従事する隊員の生命又は身体の防護のためやむを得ない必要があると認める相当の理由がある場合に

は，その事態に応じ合理的に必要と判断される限度で武器を使用することができる。ただし，刑法第36条（正当防衛）又は第37条（緊急避難）に該当する場合のほか，人に危害を与えてはならない（同法第92条の3）。防御施設構築の措置を命ぜられた自衛隊の部隊等の任務遂行上必要があると認められるときは，都道府県知事は，展開予定地域内において，防衛庁長官又は政令で定める者の要請に基づき，土地を使用することができる。立木等が自衛隊の任務遂行の妨げとなると認められるときは，都道府県知事は，立木等を移転することができる。この場合において，事態に照らし移転が著しく困難であると認めるときは，立木等を処分することができる。土地の使用，立木等の移転，処分に関する手続及び損失補償については，防衛出動時における規定である同法103条を準用する（同法第103条の2）。武力攻撃事態関連三法のうち，平成15年法律第80号により，自衛隊法第76条は一部改正されるとともに，同法第77条の2，第92条の3及び同法第103条の2が新設された。

⇒ ②自衛権，②戦争の開始と終了，③武力攻撃事態対処法の目的及び基本理念，③自衛権発動の要件，③自衛権行使の地理的範囲，③自衛官の武器使用規定

3-103
防衛出動後の権限等
authorities during the execution of defense operations

第3章　防衛政策・防衛行政

　防衛出動を命ぜられた自衛隊は，我が国を防衛するため，必要な武力を行使することができる（自衛隊法第88条）。さらに，防衛出動を命ぜられた自衛隊の自衛官は，自衛隊の行動に係る地域内を緊急に移動する場合において，通行に支障がある場所をう回するため必要があるときは，一般交通の用に供しない通路又は公共の用に供しない空地若しくは水面を通行することができる。この場合において，当該通行のために損害を受けた者から損失の補償の要求があるときは，政令で定めるところにより，その損失を補償する（同法第92条の2）。この規定は，武力攻撃事態関連三法のうち，平成15年法律第80号により，新設された。自衛隊は，同法第92条に基づき，必要に応じ，公共の秩序を維持するため行動することができる。警察官職務執行法の規定（質問，保護，避難等の措置，犯罪の予防及び制止，立入，武器の使用等）及び治安出動時の武器使用の規定（自衛隊法第90条第1項）は，防衛出動を命ぜられた自衛官が公共の秩序の維持のため行う職務の執行について，準用する。海上保安庁法第16条，第17条第1項及び第18条の規定（協力要請，立入検査等）は，防衛出動を命ぜられた海上自衛隊の3等海曹以上の自衛官が公共の秩序の維持のため行う職務の執行について，準用する。同法第20条第2項の規定（武器の使用）は，防衛出動を命ぜられた海上自衛隊の自衛官が公共の秩序の維持のため行う職務の執行について準用する。以上の規定により自衛官が武器を使用する場合，刑法第36条（正当防衛）又は第37条（緊急避難）に該当する場合を除き，部隊指揮官の命令によらなければならない（自衛隊法第92条第3項で準用する同法第89条第2項）。内閣総理大臣は，防衛出動命令があった場合において，特別の必要があると認めるときは，海上保安庁の全部又は一部を統制下に入れ，防衛庁長官にこれを指揮させることができる（同法第80条）。防衛出動を命ぜられた自衛隊の部隊等が行動する場合には，当該部隊等及び当該部隊等に関係のある都道府県知事，市町村長，警察消防機関その他の国又は地方公共団体の機関は，相互に緊密に連絡し，及び協力するものとする（同法第86条）。内閣総理大臣は，防衛出動を命じた場合には，特別の部隊を編成し，又は所要の部隊をその隷属する指揮官以外の指揮官の一部指揮下に置くことができる（同法第22条）。防衛出動命令を受けた者で，上官の職務上の命令に反抗し，又はこれに服従しないもの等は，7年以下の懲役又は禁こに処する（同法第123条）。この外，防衛出動後の自衛隊の権限等に関する規定としては，士長等の任期制隊員の任用期間の延長（同法第36条），自衛官の定年延長（同法第45条），予備自衛官の防衛招集（同法第70条），即応予備自衛官の防衛招集（同法第75条の4）がある。

　　⇒　③治安出動，③自衛官の武器使用規定，③予備自衛官，③即応予備自衛官

土地の使用，物資の収用等
use of land and expropriation of properties, etc.

　自衛隊法第103条は，武力攻撃事態関連三法のうち，平成15年法律第80号により大幅に改正された結果，次のように規定している。自衛隊が防衛出動を命ぜられ，自衛隊の行動に係る地域において，自衛隊の任務遂行上必要があると認められる場合には，都道府県知事は，防衛庁長官又は政令で定める者の要請に基づき，①病院，診療所その他政令で定める施設を管理し，②土地，家屋若しくは物資を使用し（土地等の使用），③物資の生産，集荷，販売，配給，保管若しくは輸送を業とする者に対してその取り扱う物資の保管を命じ，④又はこれらの物資を収用することができる。ただし，事態に照らし緊急を要すると認めるときは，防衛庁長官又は政令で定める者は，都道府県知事に通知した上で，自らこれらの権限を行うことができる（同条第1項）。土地等の使用，物資の収用等の措置又は一定の業務従事命令は，自衛隊の行動に係る地域以外の地域においても，都道府県知事は，防衛庁長官又は政令で定める者の要請に基づき，自衛隊の任務遂行上特に必要があると認めるときは，内閣総理大臣が告示して定めた地域内に限り，命ずることができる（同条第2項）。これらの規定により土地を使用する場合において，土地の上にある立木等が自衛隊の任務遂行の妨げとなると認められるときは，都道府県知事（緊急の場合にあっては，防衛庁長官又は政令で定める者。第4項，第7項，第13項及び第14項において同じ）は，立木等を移転することができる。この場合において，事態に照らし移転が著しく困難であると認めるときは，立木等を処分することができる（同条第3項）。自衛隊の行動に係る地域において家屋を使用する場合，自衛隊の任務遂行上やむを得ない必要があると認められるときは，都道府県知事は，必要な限度において，家屋の形状を変更することができる（同条第4項）。第1項から第4項までの規定による処分を行う場合には，都道府県知事は，政令で定めるところにより公用令書を交付して行わなければならない。ただし，土地の使用に際して相手方の所在が知れない場合その他の政令で定める場合にあっては，事後に交付すれば足りる（同条第7項）。都道府県（第1項ただし書の場合にあっては，国）は，第1項から第4項までの規定による処分が行われたときは，当該処分により通常生ずべき損失を補償しなければならない（同条第10項）。都道府県は，第2項の規定による業務従事命令により業務に従事した者に対して，政令で定める基準に従い，その実費を弁償しなければならない（同条第11項）。都道府県知事は，第1項又は第2項の規定による処分のため必要があるときは，その職員に施設，土地，家屋若しくは物資の所在する場所又は取扱物資を保管させる場所に立ち入り，当該施設，土地，家屋又は物資の状況を検査させることができる（同条第13項）。都道府県知事は，取扱物資を保管させたときは，保管を命じた者に対し必要な報告

を求め，又はその職員に当該物資を保管させてある場所に立ち入り，当該物資の保管の状況を検査させることができる（同条第14項）。同条により都道府県知事が実施する事務に要する費用は，国庫の負担とする（同条第19項）。第103条第13項又は第14項の規定による立入検査を拒み，妨げ，若しくは忌避し，又は同項の規定による報告をせず，若しくは虚偽の報告をした者は，20万円以下の罰金に処する（同法第124条）。第103条第1項又は第2項の規定による取扱物資の保管命令に違反して当該物資を隠匿し，毀棄し，又は搬出した者は，六月以下の懲役又は30万円以下の罰金に処する（同法第125条）。前2条の両罰規定あり（同法第126条）。

3-105
防衛出動と関係法律

relevant laws during the execution of defense operations

防衛庁長官は，防衛出動を命ぜられた自衛隊の任務遂行上必要があると認める場合には，緊急を要する通信を確保するため，総務大臣に対し，電気通信事業法又は有線電気通信法上の電気通信設備を優先的に利用し，又は使用することに関し必要な措置をとることを求めることができる（同法第104条）。防衛出動時の関係法律の特例に関する規定は，従来第104条と航空法の適用除外を規定した第107条のみであったが，武力攻撃事態対処関連三法のうち，平成15年法律第80号により，大幅に拡充された。その概要は，平成15年版『日本の防衛』によれば，次のとおり。第一に，部隊の移動，輸送に関しては，①道路法の特例として，防衛出動を命ぜられた自衛隊の部隊等が，通行のために応急措置として道路工事をする際に必要な道路管理者に対する手続を緩和し，防衛出動又は防御施設構築措置を命ぜられた自衛隊の部隊等が，道路予定区域内で建築等をする際に必要な道路管理者に対する手続を緩和した。②道路交通法の特例として，防衛出動を命ぜられた自衛隊の部隊等が，道路工事等のために道路の使用をする際に必要な警察署長に対する手続を緩和した。第二に，土地の利用に関しては，①海岸法，河川法，自然公園法，都市緑地保全法の特例として，防衛出動又は防御施設構築措置を命ぜられた自衛隊の部隊等が，それぞれ海岸保全区域，河川区域，特別地域，緑地保全地区等において建築等をする際に必要な海岸管理者，河川管理者，環境大臣，都道府県知事等に対する手続を緩和した。②森林法の特例として，防衛出動又は防御施設構築措置を命ぜられた自衛隊の部隊等が，保安林において立木の伐採等をする際に必要な都道府県知事に対する手続を緩和した。③港湾法の特例として，防衛出動又は防御施設構築措置を命ぜられた自衛隊の部隊等が，港湾区域内等で水域の占用等をする際に必要な港湾管理者に対する手続を緩和した。④都市公園法の特例として，防衛出動又は防御施設構築措置を命ぜられた自衛隊の部隊等が，都市公園等を占用する際に必要な公園管理者に対する手続を緩和した。⑤土地収

用法の特例として，起業地の形質の変更に関する規制は，防衛出動又は防御施設構築措置を命ぜられた自衛隊の部隊等については適用を除外した。⑥土地区画整理法，都市計画法の特例として，それぞれ土地区画整理事業施行地区内，開発区域等内における建築に関する規制は，防衛出動又は防御施設構築措置を命ぜられた自衛隊の部隊等については適用を除外した。第三に，建築物の建造に関しては，①建築基準法の特例として，防衛出動又は防御施設構築措置を命ぜられた自衛隊の部隊等が建築する建築物に建築基準法第85条を準用し，応急仮設建築物と同様に建築基準法令の規定を適用しない。②消防法の特例として，防衛出動又は防御施設構築措置を命ぜられた自衛隊の部隊等が，応急措置として新築等の工事を行った防火対象物で政令で定めるもの（野戦病院，航空機用掩体（敵の攻撃に備えるための航空機用格納施設。筆者注）等）には，消防用設備の設置義務の適用を除外した。第四に，衛生医療に関しては，防衛出動命令又は出動待機命令を受けた自衛隊の開設する野戦病院には，医療法の適用を除外した。第五に，戦死者の取扱いに関しては，防衛出動を命ぜられた自衛隊の隊員の埋葬及び火葬には，「墓地，埋葬等に関する法律」の適用を除外した。

7 運 用
Operations

❶ 平時の活動
Operations in Peacetime

3-106
対領空侵犯措置
warning and scrambling activities against violations of territorial airspace

別称 領空侵犯に対する措置

外国の航空機が国際法規又は航空法その他の法令の規定に違反して我が国の領域の上空に侵入したときに，防衛庁長官が自衛隊の部隊に対し，これを着陸させ，又は我が国の領域の上空から退去させるため必要な措置を講じさせること（自衛隊法第84条）。「具体的には，同条に基づき，航空自衛隊の要撃機は，①領空侵犯機の確認，②領空侵犯機に対する領域外への退去または最寄りの飛行場への着陸の警告，③領空侵犯機を着陸させる場合の飛行場への誘導，④警告，誘導に従わず，発砲するなどの実力をもって抵抗するような場合，対抗措置をとる（平成14年4月4日衆議院安全保障委員会中谷防衛庁長官答弁）」。対領空侵犯措置は航空

自衛隊の要撃戦闘機が実施するものの,その本質は自衛権の発動ではなく,国際法上国家が行い得る警察権の行使である。対領空侵犯措置における武器の使用については,明文の規定はないが,第84条中の「必要な措置」に含まれると解されている。「(領空侵犯に対する措置の一環としての武器の使用は)刑法上の違法性阻却事由である36条(正当防衛),あるいは37条(緊急避難)の規定を具体的に根拠とするものではなく,自衛隊法第84条に基づき,国際法上『必要な措置』の範囲内で行われる限り,武器の使用は適法であり,刑事上の責任が生じるものではない(平成12年8月4日衆議院安全保障委員会鈴木防衛政務次官答弁を筆者一部修正)」。

⇒ ②領空,②領空侵犯,②防空識別圏,③自衛官の武器使用規定

3-107
警戒監視活動

warning and surveillance activities

　防衛力の整備,維持及び運用に関する基本的方針である現防衛計画の大綱は,「我が国が保有すべき防衛力の内容」のうち「警戒,情報及び指揮通信の態勢」の項において,「情勢の変化を早期に察知し,機敏な意思決定に資するため,常時継続的に警戒監視を行う」と述べている。自衛隊は,平素から領海及び領空とその周辺の海空域の警戒監視を次のように実施し,日本の防衛に必要な情報を収集している。「海上自衛隊は,哨戒機(P-3C)により,北海道の周辺海域,日本海及び東シナ海を1日に1回の割合で海上における船舶などの状況を監視している。その他ミサイル発射に対する監視活動など必要に応じて,随時,艦艇・航空機による監視活動を行っている。さらに,主要海峡では,陸上自衛隊の沿岸監視隊や海上自衛隊の警備所が,24時間体制で監視活動を行っている。特に,対馬海峡と宗谷海峡(結氷期は津軽海峡)には,常に艦艇を配備している。航空自衛隊は,全国28か所のレーダーサイトと早期警戒機(E-2C),早期警戒管制機(E-767)などによって,わが国及びその周辺の上空を24時間体制で監視している。また,戦闘機は,直ちに発進できるよう常に待機している。領空侵犯のおそれのある航空機を発見した場合には,緊急発進(スクランブル)した要撃戦闘機がその航空機に接近して,状況を確認し,必要に応じて退去の警告などを発する(平成14年版『日本の防衛』)」。「通常の警戒監視活動を行っていた海上自衛隊のP-3Cが昨年12月21日撮影した写真を総合的に分析した結果,22日午前零時半ごろ,平成11年に能登半島沖で確認された不審船舶と同様な性格の船舶である可能性が高いとの判断に至った(平成14年3月26日衆議院本会議中谷防衛庁長官答弁)」という事例もある。「情報収集のための法的根拠は,防衛庁設置法第5条第18号(所掌事務の遂行に必要な調査及び研究を行うこと)が根拠でありまして,これによりまして,レーダーサイトや航空機,艦艇による警戒監視の実施をいた

7 運用［❷各種事態への対処］

しております（平成13年11月22日衆議院本会議中谷防衛庁長官答弁抜粋）」。米国空母が横須賀基地を出港する際に、海上自衛隊の護衛艦が活動する法的根拠について、「御指摘の、米空母の横須賀出港に際しての自衛隊の活動は、このような警戒監視の一環として行われたものです。その法的根拠は、『所掌事務の遂行に必要な調査及び研究を行うこと。』について規定した防衛庁設置法第5条第18号であり、自衛隊の通常の警戒監視活動と同様である（平成13年10月1日衆議院本会議小泉内閣総理大臣答弁）」。

⇒ ③対領空侵犯措置、③不審船

❷ 各種事態への対処
Responses toward Various Situations

3-108
治安出動
public security operations

治安出動には、命令による治安出動と要請による治安出動がある。命令による治安出動とは、間接侵略その他の緊急事態に際して、内閣総理大臣が一般の警察力をもっては、治安を維持することができないと認められる場合に、自衛隊の全部又は一部の出動を命ずることである（自衛隊法第78条）。「間接侵略」について国際的に確立した定義はないが、自衛隊法上、「一または二以上の外国の教唆または干渉によって引き起こされた大規模な内乱または騒擾（昭和48年9月23日参議院本会議山中防衛庁長官答弁）」と解されている。「その他の緊急事態」とは、「外国の教唆または干渉と関係なく発生する大規模な内乱その他で、たとえば数都道府県にわたり同時発生する形態の騒擾事態、または著しく長期にわたり継続するような騒擾事態、さらに警察の装備する武器等では対処し得ないような凶器類を暴徒が使用しているような騒擾事態（同上答弁）」と解されている。内閣総理大臣は、治安出動を命じた場合には、20日以内に国会に付議して、承認を求めなければならない。ただし、国会が閉会中の場合又は衆議院が解散されている場合には、その後最初に召集される国会において、速やかに承認を求めなければならない。国会で不承認の議決があったとき、又は治安出動の必要がなくなったときは、内閣総理大臣は、速やか自衛隊の撤収を命じなければならない（同法第78条）。一方、要請による治安出動とは、都道府県知事が、治安維持上重大な事態につきやむを得ない必要があると認め、当該都道府県の都道府県公安委員会と協議の上、内閣総理大臣に対し自衛隊の部隊等の出動を要請する場合において、内閣総理大臣が事態やむを得ないと認め、部隊等の出動を命ずることである。内閣総理大臣は、都道府県知事から撤収の要請があった場合又は部隊等の出動の必要がなくなったと認める場合には、速やかに部隊等の撤収を命じなければならない（同法第81条）。内閣総理大臣は、治安出動命令を発するに際しては、防衛庁長官

と国家公安委員会との相互の間に緊密な連絡を保たせるものとする(同法第85条)。防衛庁と警察庁は,昭和29年に治安出動に関する協定を締結した。これは,主として暴動への対処を当時想定したものであるが,平成12年12月武装工作員等が我が国に侵入した場合などの事態に柔軟に対応し得るように改正された。治安出動の前段階として,治安出動待機命令がある。防衛庁長官は,事態が緊迫し,治安出動命令が発せられることが予測される場合において,必要があると認めるときは,内閣総理大臣の承認を得て,自衛隊の全部又は一部に対し出動待機命令を発することができる。この場合においては,防衛庁長官は,国家公安委員会と緊密な連絡を保つものとする(同法第79条)。

⇒ ②内戦,③治安出動下令前に行う情報収集,③武装工作員

3-109
治安出動下令前に行う情報収集
information–gathering prior to the order of public security operations

治安出動下令前に行う情報収集は,自衛隊法第79条の2に規定されている。「防衛庁長官は,事態が緊迫し治安出動命令が発せられること及び小銃,機関銃,砲,化学兵器,生物兵器その他その殺傷力がこれらに類する武器を所持した者による不法行為が行われることが予測される場合において,当該事態の状況の把握に資する情報の収集を行うため特別の必要があると認めるときは,国家公安委員会と協議の上,内閣総理大臣の承認を得て,武器を携行する自衛隊の部隊に当該者が所在すると見込まれる場所及びその近傍において当該情報の収集を行うことを命ずることができる(同条抜粋)」。この規定は,「平成13年9月11日にアメリカ合衆国で発生したテロリストによる攻撃等にかんがみ,我が国における同様の攻撃等への備えに万全を期すことが必要(平成13年10月10日衆議院本会議,中谷防衛庁長官による自衛隊法の一部を改正する法律案の提案理由説明)」なため,武装工作員や不審船等の事案へ対処する一環として,整備された。武器の使用に関しては,次の規定のとおりである。治安出動下令前に行う情報収集の職務に従事する自衛官は,当該職務を行うに際し,自己又は自己と共に当該職務に従事する隊員の生命又は身体の防護のためやむを得ない必要があると認める相当の理由がある場合には,その事態に応じ合理的に必要と判断される限度で武器を使用することができる。ただし,刑法第36条(正当防衛)又は第37条(緊急避難)に該当する場合のほか,人に危害を与えてはならない(同法第92条の4)。

⇒ ①9.11同時多発テロ,②9.11同時多発テロ(国際法的視点から),③武装工作員,③不審船,③化学兵器,③生物兵器,③自衛官の武器使用規定,④9.11同時多発テロ

3-110
治安出動後の権限等

authorities during the execution of public security operations

　治安出動後の自衛隊の権限等に関する規定は，次のとおり。警察官職務執行法の規定（質問，保護，避難等の措置，犯罪の予防及び制止，立入，武器の使用等）は，治安出動を命ぜられた自衛官の職務の執行について準用する。同法第7条の規定により自衛官が武器を使用するには，刑法第36条（正当防衛）又は又は第37条（緊急避難）に該当する場合を除き，部隊指揮官の命令によらなければならない（自衛隊法第89条）。次の①から③に掲げる場合に該当すると認める相当の理由があるときは，その事態に応じ合理的に必要と判断される限度で武器を使用することができる。ただし，刑法第36条（正当防衛）又は第37条（緊急避難）に該当する場合を除き，部隊指揮官の命令によらなければならない（自衛隊法第90条抜粋）。①職務上警護する人，施設又は物件に対する暴行又は侵害を排除する場合，②多衆集合して行う暴行又は脅迫を鎮圧し，又は防止する場合，③小銃，機関銃，砲，化学兵器，生物兵器などの武器を所持し，又は所持していると疑うに足りる相当の理由のある者による暴行又は脅迫を鎮圧し，又は防止する場合（③は平成13年追加）。海上保安庁法第16条，第17条第1項及び第18条の規定（協力要請，立入検査等）は，治安出動を命ぜられた海上自衛隊の3等海曹以上の自衛官の職務の執行について準用する。同法第20条第2項の規定（武器の使用）は，治安出動を命ぜられた海上自衛隊の自衛官の職務の執行について準用する。ただし，自衛官が武器を使用するには，刑法第36条（正当防衛）又は又は第37条（緊急避難）に該当する場合を除き，部隊指揮官の命令によらなければならない（自衛隊法第91条）。命令による治安出動命令があった場合において，内閣総理大臣が特別の必要があると認めるときは，海上保安庁の全部又は一部を統制下に入れ，防衛庁長官にこれを指揮させることができる（同法第80条）。内閣総理大臣は，治安出動命令を発するに際しては，防衛庁長官と国家公安委員会との相互の間に緊密な連絡を保たせるものとする（同法第85条）。治安出動を命ぜられた自衛隊の部隊等が行動する場合には，当該部隊等及び当該部隊等に関係のある都道府県知事，市町村長，警察消防機関その他の国又は地方公共団体の機関は，相互に緊密に連絡し，及び協力するものとする（同法第86条）。内閣総理大臣は，治安出動を命じた場合には，特別の部隊を編成し，又は所要の部隊をその隷属する指揮官以外の指揮官の一部指揮下に置くことができる（同法第22条）。治安出動命令を受けた者で，上官の職務上の命令に反抗し，又はこれに服従しないものは，3年以下の懲役又は禁こに処する（同法第119条）。治安出動命令を受けた者で，①上官の職務上の命令に対し多数共同して反抗したもの，②正当な権限がなくて又は上官の職務上の命令に違反して自衛隊の部隊を指揮したもの等は，5年以下の懲役又は禁こに処する（同法第120条）。この外，治安出動後の自衛隊の権限等に関する規

定としては，即応予備自衛官の治安招集（同法第75条の4），航空法の一部の規定の適用除外（自衛隊法第107条）がある。
　　⇒ ③自衛官の武器使用規定，③即応予備自衛官，③化学兵器，③生物兵器

3-111
災害派遣
dispatch for disaster relief

　自衛隊法第83条第1項は，「都道府県知事その他政令で定める者は，天災地変その他の災害に際して，人命又は財産の保護のため必要があると認める場合には，部隊等の派遣を（防衛庁）長官又はその指定する者に要請することができる。」と規定している。これが自衛隊の災害派遣のうち，一般的な派遣あるいは要請による派遣とよばれる形態である。一方，同法第83条第2項ただし書は，「（防衛庁）長官又はその指定する者は，…（中略）…天災地変その他の災害に際し，その事態に照らし特に緊急を要し，前項の要請を待ついとまがないと認められるときは，同項の要請を待たないで，部隊等を派遣することができる。」と規定している。これは，自主派遣とよばれる形態である。阪神・淡路大震災の教訓を踏まえ，円滑な自主派遣を実施するため，派遣の判断基準を明確化した。災害派遣時の自衛隊の権限については，同法第94条に規定されている。警察官職務執行法第4条（避難等の措置）並びに第6条第1項，第3項及び第4項（立入）の規定は，警察官がその場にいない場合に限り，自主派遣の規定により派遣を命ぜられた部隊等の自衛官の職務の執行について準用する。海上保安庁法第16条（協力要請）の規定は，自主派遣の規定により派遣を命ぜられた海上自衛隊の3等海曹以上の自衛官の職務の執行について準用する。さらに自衛隊法第94条の2によれば，自主派遣の規定により派遣を命ぜられた部隊等の自衛官は，災害対策基本法の定めるところにより，同法第5章第4節（応急措置）に規定する応急措置をとることができる。救援活動のために必要な権限を自衛官に付与する規定が，このように整備されたのは平成7年である。同年，大震災の教訓を生かすため，災害対策基本法，自衛隊等の一部が改正された。この結果，「災害派遣された部隊等の自衛官は，市町村長等，警察官及び海上保安官がその場にいない場合に限り，人の生命等に対する危険を防止するため，警戒区域を設定し，並びに応急措置を実施するため，土地，建物等の一時使用等をし，及び住民等を応急措置の業務に従事させることができる（平成7年11月10日参議院本会議池端国土庁長官提案理由説明）」こととなった。関係機関との連絡及び協力については，「（自主派遣の）規定により部隊等が行動する場合には，当該部隊等及び当該部隊等に関係のある都道府県知事，市町村長，警察消防機関その他の国又は地方公共団体の機関は，相互に緊密に連絡し，及び協力するものとする（自衛隊法第86条抜粋）。」と規定されている。同法第22条によれば，防衛庁長官は，自主派遣の際，必要がある場合には，特別の

7 運 用 [❷各種事態への対処]

部隊を臨時に編成し，又は所要の部隊をその隷属する指揮官以外の指揮官の一部指揮下に置くことができる。この外，災害派遣時の自衛隊の権限等に関する規定としては，予備自衛官の災害招集（同法第70条），即応予備自衛官の災害等招集（同法第75条の4），航空法の一部の規定の適用除外（自衛隊法第107条）がある。

⇒ ③予備自衛官，③即応予備自衛官

3-112
地震防災派遣
dispatch for earthquake disaster relief

大規模地震対策特別措置法第9条の地震災害に関する警戒宣言が発せられた場合に，地震災害警戒本部長（内閣総理大臣）から，同法第13条の規定に基づき，地震防災応急対策を的確かつ迅速に実施するため自衛隊の支援を求める要請があったときに，防衛庁長官が自衛隊の部隊等を支援のため派遣すること（自衛隊法第83条の2）。防衛庁長官は，地震発生前でも地震防災派遣を命じることができる。地震防災派遣時の自衛隊の権限については，同法第94条に規定されている。警察官職務執行法第4条（避難等の措置）並びに第6条第1項，第3項及び第4項（立入）の規定は，警察官がその場にいない場合に限り，地震防災派遣の規定により派遣を命ぜられた部隊等の自衛官の職務の執行について準用する。海上保安庁法第16条（協力要請）の規定は，地震防災派遣の規定により派遣を命ぜられた海上自衛隊の3等海曹以上の自衛官の職務の執行について準用する。関係機関との連絡及び協力については，「（地震防災派遣の）規定により部隊等が行動する場合には，当該部隊等及び当該部隊等に関係のある都道府県知事，市町村長，警察消防機関その他の国又は地方公共団体の機関は，相互に緊密に連絡し，及び協力するものとする（自衛隊法第86条抜粋）。」と規定されている。同法第22条によれば，防衛庁長官は，地震防災派遣の際，必要がある場合には，特別の部隊を臨時に編成し，又は所要の部隊をその隷属する指揮官以外の指揮官の一部指揮下に置くことができる。なお，防衛庁防災業務計画（平成14年7月17日）によれば，地震防災派遣は，警戒宣言に係る大規模地震が発生したとき，又は警戒解除宣言が発せられたときまでの間において実施するものとし，発災後は大規模震災時における災害派遣により対処することとなる。この外，地震防災派遣時の自衛隊の権限等に関する規定としては，即応予備自衛官の災害等招集（同法第75条の4）がある。

⇒ ③即応予備自衛官

3-113
原子力災害派遣
dispatch for nuclear disaster

原子力災害対策特別措置法第15条の原子力緊急事態宣言が発せられた場合に，原子力災害対策本部長（内閣総理大臣）から同法第20条の規定に基づき，緊急事態応急対策実施区域における緊急事態応急対策を的確かつ迅速に実施するため自

衛隊の支援を求める要請があったときに，防衛庁長官が自衛隊の部隊等を支援のため派遣すること（自衛隊法第83条の3）。原子力災害派遣時の自衛隊の権限については，同法第94条に規定されている。警察官職務執行法第4条（避難等の措置）並びに第6条第1項，第3項及び第4項（立入）の規定は，警察官がその場にいない場合に限り，原子力災害派遣の規定により派遣を命ぜられた部隊等の自衛官の職務の執行について準用する。海上保安庁法第16条（協力要請）の規定は，原子力災害派遣の規定により派遣を命ぜられた海上自衛隊の3等海曹以上の自衛官の職務の執行について準用する。さらに自衛隊法第94条の3によれば，原子力災害派遣の規定により派遣を命ぜられた部隊等の自衛官は，原子力災害対策特別措置法第28条の規定により読み替えて適用される災害対策基本法法第5章第4節（応急措置）に規定する応急措置をとることができる。関係機関との連絡及び協力については，「（原子力災害派遣の）規定により部隊等が行動する場合には，当該部隊等及び当該部隊等に関係のある都道府県知事，市町村長，警察消防機関その他の国又は地方公共団体の機関は，相互に緊密に連絡し，及び協力するものとする（自衛隊法第86条抜粋）。」と規定されている。同法第22条によれば，防衛庁長官は，原子力災害派遣の際，必要がある場合には，特別の部隊を臨時に編成し，又は所要の部隊をその隷属する指揮官以外の指揮官の一部指揮下に置くことができる。なお，防衛庁防災業務計画（平成14年7月17日）によれば，原子力災害派遣は，原子力緊急事態解除宣言が発せられるまでの間，実施することとなる。この外，原子力災害派遣時の自衛隊の権限等に関する規定としては，即応予備自衛官の災害等招集（同法第75条の4）がある。

⇒ ③即応予備自衛官

3-114
海上警備行動
maritime security operations
[別称] 海上における警備行動

海上における人命若しくは財産の保護又は治安の維持のため特別の必要がある場合に，内閣総理大臣の承認を得て，防衛庁長官が自衛隊の部隊に海上において必要な行動をとることを命ずること（自衛隊法第82条）。平成11年，北朝鮮の工作船と思われる船が日本の領海内に侵入し，海上自衛隊に対し，初めて海上警備行動が発令された。不審船を停船させ，立入検査を行うという目的を十分に達成するとの観点から，自衛隊法第93条が平成13年一部改正され，武器の使用等海上警備行動時の権限に関する規定が整備された。警察官職務執行法第7条の規定（武器の使用）は，海上警備行動を命ぜられた自衛隊の自衛官の職務の執行について準用する。海上保安庁法第16条，第17条第1項及び第18条の規定（協力要請，立入検査等）は，海上警備行動を命ぜられた海上自衛隊の3等海曹以上の自衛官の職務の執行について準用する。同法第20条第2項の規定（武器の使用）は，海

7 運用 [❷各種事態への対処]

上警備行動を命ぜられた海上自衛隊の自衛官の職務の執行について準用する。自衛官が武器を使用するには，刑法第36条（正当防衛）又は第37条（緊急避難）に該当する場合を除き，当該部隊指揮官の命令によらなければならない（自衛隊法第93条）。例えば，海上警備行動を命ぜられた海上自衛官は，立入検査を行う目的で船舶の進行の停止を繰り返し命じても乗組員などがこれに応じずなお抵抗し，又は逃亡しようとする場合において，船舶の進行を停止させるために他に手段がないと信ずるに足りる相当な理由のあるときには，この規定に基づき，その事態に応じ合理的に必要と判断される限度において，武器を使用することができる。その結果として人に危害を与えたとしても法律に基づく正当な行為であり，違法性が阻却される。防衛庁長官は，必要がある場合には，特別の部隊を臨時に編成し，又は所要の部隊をその隷属する指揮官以外の指揮官の一部指揮下に置くことができる（同法第22条）。海上自衛隊と海上保安庁の連携については，次の国会答弁がある。「海上における人命，財産の保護，または海上における治安の維持については，第一義的には海上保安庁の責務でありまして，海上保安庁によって対処が不可能もしくは困難な場合には，海上警備行動等によって自衛隊が対処する…（中略）…海上警備行動の法的枠組みは，まずは海上保安庁が実際に対処した後でなければ自衛隊は対処しないというものではなくて，相手の武装等から判断して，あらかじめ海上保安庁によって対処が不可能または著しく困難であると考えられる場合には，当初から自衛隊が対処するということは可能でございます（平成14年7月9日衆議院安全保障委員会中谷防衛庁長官答弁）」。なお，不審船へ迅速に対応するため，海上警備行動の発令に必要な閣議開催の手続は，簡素化されている（別項「不審船」参照）。

⇒ ③武装工作員，③自衛官の武器使用規定

3-115
不審船
unidentified boats

平成11年3月，北朝鮮の工作船と思われる2隻の不審船に対し，初めて海上警備行動が発令され，護衛艦による停戦命令，警告射撃や対潜哨戒機による警告としての爆弾投下などの対処を行った（平成14年版『日本の防衛』抜粋）。平成11年6月「能登半島沖不審船事案における教訓・反省事項」が，関係閣僚会議において取りまとめられた。主な項目は，①関係省庁間の情報連絡や協力の在り方，②海上保安庁及び自衛隊の対応能力の整備，③海上警備行動の迅速かつ適切な発令の在り方，④実際の対応に当たっての問題点，⑤適切な武器使用の在り方である。防衛庁はこの指摘事項を受け，次のような事業を実施してきた。装備の面においては，①新型ミサイル艇の速力向上，②護衛艦などへの機関銃の装備，③強制停船用装備品（平頭弾）の装備がある。組織の面においては，①不審船の武装解除・無力化を担当する部隊として，特別

警戒隊を江田島に新編し，②所要の艦艇要員を確保するため，海上自衛官の充足率（予算上の定員に対する現員の割合）を向上した。海上保安庁との間では，「不審船に係る共同対処マニュアル」を策定するとともに，情報交換，共同訓練を行い，連携の強化を図っている（平成15年版『日本の防衛』参照）。さらに，教訓・反省事項の⑤の指摘を踏まえ，不審船を停船させ，立入検査を行うという目的を十分に達成するとの観点から，自衛隊法が平成13年一部改正され，武器の使用等海上警備行動時の権限に関する規定が整備された（別項「海上警備行動」参照）。平成13年12月の九州南西海域不審船事案を踏まえた政府レベルの検証においては，不審船対処に関する関係省庁の連携について，次のとおり指摘している。①不審船に対し，第一義的には海上保安庁が対処する。海上保安庁では対処することが不可能又は著しく困難と認められる場合には，海上警備行動により自衛隊が対処する。②工作船の可能性が高い不審船については，政府の方針として，当初から自衛隊の艦艇を派遣する。さらに，対潜哨戒機（P-3C）の画像伝送能力の強化や遠距離から正確な射撃を行うための武器の整備等も指摘されており，防衛庁は現在必要な事業を実施している。平成13年11月2日付け閣議決定「我が国周辺を航行する不審船への対処について」は，次のとおり規定している。①不審船への対応に当たっては，必要に応じて内閣総理大臣が主宰する関係閣僚会議を開催し，基本的対処方針その他の対処に係る重要事項について協議する。②海上警備行動の発令に関する内閣総理大臣の承認等のために閣議を開催する必要がある場合において，特に緊急な判断を必要とし，かつ，国務大臣全員が参集しての速やかな臨時閣議の開催が困難であるときは，内閣総理大臣の主宰により，電話等により各国務大臣の了解を得て閣議決定を行う。この場合，連絡を取ることができなかった国務大臣に対しては，事後速やかに連絡を行う。なお，排他的経済水域で発見した不審船を取り締まる法的根拠や不審船に対する武器使用要件の緩和については，今後の検討課題である。平成15年に成立した武力攻撃事態対処法第25条は，政府は，武装した不審船の出現，大規模なテロリズムの発生等の我が国を取り巻く諸情勢の変化を踏まえ，必要な施策を速やかに講ずるものとすると述べている。

⇒ ②接続水域・排他的経済水域・群島水域・公海，②継続追跡権

3-116
武装工作員
 armed spy agents

平成8年北朝鮮の特殊部隊輸送用潜水艦が韓国領海内で座礁した。韓国政府は，韓国領土内に侵入した武装工作員を捜索し鎮圧するため，韓国軍約6万人と多数の治安機関を投入したといわれている（平成14年版『日本の防衛』抜粋）。そもそも武装工作員の不法行為が生起し，それが防衛出動発動の要件である外部からの武力攻撃に該当しない場合，第一義的には警察機関が対処することになる。た

7 運用 [❷各種事態への対処]

だし、警察機関では対処が不可能であり、又は著しく困難と認められる事態が発生したときには、自衛隊が海上警備行動や治安出動により対処することになる。しかしながら、従来の自衛隊法上の規定のみでは、このような事態に対処するためには不十分ではないかとの指摘がなされた結果、平成13年自衛隊法の一部が改正され、治安出動下令前に行う情報収集（同法第79条の2）及び治安出動下令前に行う情報収集の際の武器の使用（同法第92条の2。平成15年法律第80号により第92条の4に繰下げ）の規定が新設されるとともに、治安出動時の武器を使用できる場合に「小銃、機関銃、砲、化学兵器、生物兵器などの武器を所持し、又は所持していると疑うに足りる相当の理由のある者による暴行又は脅迫を鎮圧し、又は防止する場合」が追加（同法第90条の改正抜粋）された。新中期防衛力整備計画の計画の方針においては、「ゲリラや特殊部隊による攻撃、核・生物・化学兵器による攻撃等各種の攻撃形態への対処能力の向上を図る」と記述され、武装工作員への対処が重視されている。平成14年度から16年度の防衛予算においても、ゲリラや特殊部隊の侵入対処として、①沿岸監視能力の強化、②実動訓練の実施、③対処専門部隊の新編、④訓練用施設の整備、⑤警察機関との連携強化等について必要な経費を盛り込んでいる。なお、武力攻撃事態対処法第25条参照。

⇒ ②領海と無害通航権、③防衛出動と展開予定地域、③海上警備行動、③治安出動、③治安出動下令前に行う情報収集、③自衛官の武器使用規定、③計画の方針、③生物兵器、③化学兵器

3-117
生物兵器
biological weapons

平成13年に米国で炭疽菌事件が発生した。平成15年には生物兵器ではないものの、未知の病原菌 SARS（重症急性呼吸器症候群）が国際的に猛威を振るっている。生物兵器にいかに対処するかは、現実のしかも喫緊の課題となりつつある。新中期防衛力整備計画の計画の方針においては、「ゲリラや特殊部隊による攻撃、核・生物・化学兵器による攻撃等各種の攻撃形態への対処能力の向上を図る」と記述され、生物兵器への対処が重視されている。防衛庁は、平成14年1月「生物兵器対処に係る基本的考え方」を取りまとめた。これは、平成13年4月に防衛庁長官に提出された「生物兵器への対処に関する懇談会報告書」を踏まえ、生物兵器対処に取り組むべき施策の全体像及び方向性を示すとともに、各種の施策を一体的・体系的に推進するための指針としての性格を有する。その概要は次のとおり。①生物兵器の脅威　冷戦終結後、非対称的な攻撃手段を求める国家やテロリストが生物兵器を取得し、使用することが新たな脅威として懸念されている。生物兵器の特徴は、軍事目標や一般市民への攻撃とテロのいずれにも使用可能であるということである。当面脅威となる生物剤は、炭疽菌と天然痘ウイルスが中心

である。②自衛隊が果たすべき役割　我が国において生物テロが生じた場合，第一義的には，警察消防機関のほか厚生労働省等が対応することとなる。自衛隊としては，官庁間協力を行うほか，都道府県知事等の要請による災害派遣を行うことが想定される。武装工作員が侵入し生物剤が使用され，一般の警察力をもって治安を維持することが不可能な場合には，自衛隊が治安出動により鎮圧する。なお，外部からの武力攻撃があり自衛隊が防衛出動している際に，生物兵器による被害が一般国民に生じた場合における政府全体の対処体制整備は，今後の課題となっている。③基本方針　自衛隊は，厳しい財政事情の制約を踏まえつつ，広範多岐に亘る生物兵器対処能力とそれに必要となる基盤整備を早期に実施すべきである。④基盤整備の在り方　生物兵器に対処する基盤を整備するためには，検知及びサーベイランス（生物剤の有無の検査及び汚染地域の特定並びに感染症発生状況の把握），同定（微生物の種類の特定及び病原性等の特徴の把握），防護，予防，診断・治療，除染という広範多岐にわたる分野の知見や情報を総合的に集約する必要がある。防衛庁は，平成13年度から16年度にかけて，基盤整備等に必要な予算要求を続け，生物兵器対処能力を段階的に高める事業を実施している。

⇒　①非対称的脅威，①②生物毒素兵器禁止条約，③災害派遣，③計画の方針，③武装工作員，③治安出動，③治安出動下令前に行う情報収集，③防衛出動と展開予定地域

3-118
化学兵器
chemical weapons

化学兵器は，第1次世界大戦において初めて実戦で使用された。化学兵器は，①製造に必要な化学物質の汎用性が高く軍民両用であるため，製造が安価かつ容易である，②製造設備に農薬等の化学工場を転用することが可能なため，偽装が容易である，③大量殺戮が可能であるという特徴を有している。このため，「化学兵器は非対称的な攻撃手段を求める国家やテロリストにとって魅力のある兵器となっている。例えば，北朝鮮は，化学兵器については，化学剤を生産できる複数の施設を維持しており，既に相当量の化学剤などを保有しているとみられている（平成14年版『日本の防衛』）。」日本国内においても，平成7年東京で地下鉄サリン事件が生起し，安全保障の専門家から注目されている。化学兵器にいかに対処するかは，現実の課題となりつつある。新中期防衛力整備計画の計画の方針においては，「ゲリラや特殊部隊による攻撃，核・生物・化学兵器による攻撃等各種の攻撃形態への対処能力の向上を図る」と記述され，化学兵器への対処が重視されている。化学兵器を使用したテロが発生した場合，生物兵器と同様に第一義的には，警察消防機関などが対応することになる。自衛隊としては，官庁間協力に基づく緊急輸送を行うほか，都道府県知事等の要請による災害派遣を行うこ

7 運用［❷各種事態への対処］

とが想定される。平成13年10月26日，NBC（核・生物・化学）テロ対策についての関係省庁会議が開催された。化学テロの発生に備えた措置として，防衛庁は化学防護部隊の24時間待機態勢の確立することを確認した。具体的には，①化学防護部隊が1時間を基準に初動措置のための出動ができる態勢を確立する。②全国で化学防護部隊を含め，約2,700人の災害派遣待機態勢を実施する。平成13年11月22日，NBCテロ対策会議幹事会（事務局：内閣官房副長官補付（安全保障，危機管理担当））は，化学テロ発生時の初動措置の一部について，NBCテロ対処現地関係機関連携モデルを作成した。これは，化学テロが発生した際，現場において効果的に対処するため，救助・救急搬送，救急医療，原因物質の特定及び除染について，関係機関相互間の基本的な連携モデルを取りまとめたものである。自衛隊における化学防護に関する教育・研究は，陸上自衛隊化学学校を中心に行っている。自衛隊は，軍縮条約の履行に協力するため，化学兵器禁止条約の定める検証措置を担当する化学兵器禁止機関に専門家を派遣するとともに，陸上自衛隊化学学校は同機関が実施する査察を受け入れている。さらに，中国遺棄化学兵器廃棄処理事業についても，自衛隊は協力を行っている（平成15年版『日本の防衛』参照）。

⇒ ①非対称的脅威，①遺棄化学兵器，①②化学兵器禁止条約，③災害派遣，③治安出動下令前に行う情報収集，③計画の方針，④第1次世界大戦

3-119
サイバー攻撃
cyber attack

国際電気通信連合（ITU：International Telecommunication Union）が発表した平成14年時点のブロードバンド利用実態報告書によると，ブロードバンド（高速大容量）通信の分野において，毎秒100kbpsの通信測度を実現するのに必要な費用が，世界で最も安いのは日本である。一方，ブロードバンドの普及率トップは韓国で，日本は10位である。なお，国連が平成15年に発表した電子政府ランキングでは，日本は総合評価で18位にとどまっている。いつでもどこでもブロードバンドを享受できるネット社会は至極便利な反面，サイバー攻撃という思わぬ危険が潜む。平成15年1月25日，韓国などアジア地域を中心に世界規模でインターネットの接続障害が発生した。ブロードバンド大国を自認する韓国では，全国的に大規模な障害が発生した。「米国においては，高度な技術を有する犯罪者集団やテロリスト集団などが重要なネットワークを攻撃することによる，経済的な被害，混乱，死傷者等をもたらす脅威に対して，国家計画の策定などに取り組んでいる（平成12年12月15日情報セキュリティ対策推進会議が取りまとめた「重要インフラのサイバーテロ対策に係る特別行動計画」より抜粋）」。すなわち，サイバー攻撃の脅威は現実のものとなっている。『Yahoo! コンピュータ用語辞

典』によれば，サイバー攻撃とは，「インターネット経由で他のコンピュータに不正アクセスを行い，相手の国家や企業にダメージを与えようとする行動のこと」と定義される。「政治的な意図を持って行われる不正アクセスがサイバー攻撃と呼ばれる傾向にある。サイバー攻撃は大きく分けて2種類ある。一つはターゲットとなるサーバをピンポイントで決めておき，そのサーバのみを対象にありとあらゆる不正アクセスを試みるもので，主にターゲットとなった企業などに恨みがあるなどの動機で行われる。もう一つはターゲットのサーバを特定せず，大量のサーバにセキュリティホールを悪用するデータを無差別に送りつけるもので，主に社会全体に混乱をもたらす目的で行われる（同用語辞典抜粋）」。日本政府におけるサイバーテロ対策は，内閣官房を中心として立案されている。前出の特別行動計画は，サイバーテロの脅威により，国民生活や社会経済活動に重大な影響を与えると考えられる重要インフラ分野を，当面，情報通信，金融，航空，鉄道，電力，ガス，政府・行政サービス（地方公共団体を含む）と規定している。官民におけるサイバーテロ対策として，①被害の予防（セキュリティ水準の向上），②官民の連絡・連携体制の確立・強化，③官民連携によるサイバー攻撃の検知と緊急対処，④情報セキュリティ基盤の構築，⑤国際連携について指摘している。なお，別項「情報セキュリティ」参照。

⇒ ①非対称的脅威，②サイバー犯罪条約，②サイバー戦・サイバー攻撃，③内閣官房と安全保障，④IT革命

3-120
在外邦人の輸送
transport of Japanese nationals overseas

防衛庁は，従来自衛隊法第100条の8の規定に基づき，外国における災害，騒乱その他の緊急事態に際して，外務大臣からの依頼を受けて，生命又は身体の保護を必要とする在外邦人（保護を要する外国人を含む）を政府専用機（国賓等の輸送の用に主として供するための航空機）又は航空自衛隊の輸送機を使用して輸送する態勢をとってきた（平成12年版『日本の防衛』抜粋）。しかしながら，邦人の輸送手段が限定されており，武器の使用を認める規定が含まれていなかったため，運用上の問題点を指摘されていた。「政府部内で進めてきた緊急事態対応策の検討結果を踏まえ，在外邦人の輸送体制の強化を図るため，また，新たな日米防衛協力のための指針において，周辺事態における日米間の協力の一つとして，非戦闘員を退避させるための活動が挙げられたことを受け，その実効性を確保するため（平成11年3月12日衆議院本会議野呂田防衛庁長官提案理由説明）」，平成11年5月に自衛隊法が一部改正された。この結果，①邦人の輸送手段として，自衛隊の船舶及びその船舶に搭載されたヘリコプターが追加された。②武器の使用に関しては，「（在外邦人の輸送の）職務に従事する自衛官は，当該輸送に用いる

航空機若しくは船舶の所在する場所又はその保護の下に入った当該輸送の対象である邦人若しくは外国人を当該航空機若しくは船舶まで誘導する経路においてその職務を行うに際し，自己若しくは自己と共に当該輸送の職務に従事する隊員又は当該邦人若しくは外国人の生命又は身体の防護のためやむを得ない必要があると認める相当の理由がある場合には，その事態に応じ合理的に必要と判断される限度で武器を使用することができる。ただし，刑法第36条（正当防衛）又は第37条（緊急避難）に該当する場合のほか，人に危害を与えてはならない（同法第100条の8第3項抜粋）。」という規定が追加され，自衛隊員や邦人を防護するための必要最小限の武器使用が可能となった。

　　⇒ ②在外自国民保護のための武力行使，③新日米防衛協力のための指針，③周辺事態，③自衛官の武器使用規定

❸ テロリズムへの取組
Responses to International Terrorism

3-121
警護出動
　　guarding operations

本邦内にある自衛隊施設又は在日米軍施設及び区域において，テロ行為が行われるおそれがあり，かつ，その被害を防止するため特別の必要があると内閣総理大臣が認める場合に，当該施設又は施設及び区域の警護のため自衛隊の部隊等の出動を命ずること（自衛隊法第81条の2）。テロ行為とは，政治上その他の主義主張に基づき，国家若しくは他人にこれを強要し，又は社会に不安若しくは恐怖を与える目的で多数の人を殺傷し，又は重要な施設その他の物を破壊する行為と事実上定義されている。内閣総理大臣が警護出動を命ずるためには，あらかじめ，関係都道府県知事の意見を聴くとともに，防衛庁長官と国家公安委員会との間で協議をさせた上で，警護を行うべき施設又は施設及び区域並びに期間を指定しなければならない。指定した期間内であっても，出動の必要がなくなったと認める場合には，速やかに，部隊等の撤収を命じなければならない（同法同条）。警護出動時の権限は，警察官職務執行法（警職法）の準用について，自衛隊法第91条の2に規定されている。警護出動を命ぜられた部隊等の自衛官の職務の執行について，警職法の第2条（質問），第4条（避難等の措置），第5条（犯罪の予防及び制止），第6条第1項，第3項及び第4項（立入）並びに第7条（武器の使用）の規定を準用する。ただし，警職法第2条，第4条，第6条の規定の準用は，警察官がその場にいない場合に限る。警職法第7条の規定により武器を使用する場合のほか，警護出動を命ぜられた部隊等の自衛官は，職務上警護する施設が大規模な破壊に至るおそれのある侵害を受ける明白な危険があり，武器を使用するほか，他にこれを排除する適当な手段がな

第3章　防衛政策・防衛行政

いと認める相当の理由があるときは，その事態に応じ合理的に必要と判断される限度で武器を使用できる。その結果，人に危害を与えたとしても違法性が阻却される。上記の権限は，指定された施設等の警護のためやむを得ない必要があるときは，その必要な限度において，当該施設等の外部においても行使することができる。警護出動を命ぜられた部隊等の自衛官が武器を使用するには，刑法第36条（正当防衛）又は第37条（緊急避難）に該当する場合を除き，当該部隊指揮官の命令によらなければならない。この規定は，平成13年9月11日にアメリカ合衆国で発生したテロリストによる攻撃等にかんがみ整備された。「その立法過程において，警護出動の対象施設に関しいろいろ議論があったが，重要施設の特定の仕方，領域警備との兼ね合いから，自衛隊及び米軍に限定したものである（平成15年3月26日参議院外交防衛委員会石破防衛庁長官答弁を筆者一部修正）」。警護出動を命ぜられた自衛隊の部隊等が行動する場合には，当該部隊等及び当該部隊等に関係のある都道府県知事，市町村長，警察消防機関その他の国又は地方公共団体の機関は，相互に緊密に連絡し，及び協力するものとする（同法第86条）。内閣総理大臣は，警護出動を命じた場合には，特別の部隊を編成し，又は所要の部隊をその隷属する指揮官以外の指揮官の一部指揮下に置くことができる（自衛隊法第22条）。

⇒ ①9.11同時多発テロ，②9.11同時多発テロ（国際法的視点から），③自衛官の武器使用規定，⑤9.11同時多発テロ

3-122
テロ対策特別措置法の目的
purposes of the Anti‒Terrorism Special Measures Law

テロ対策特別措置法の目的は，平成13年9月11日に米国において発生したテロ攻撃が国連安全保障理事会決議第1368号において国際の平和と安全に対する脅威と認められたことを踏まえ，あわせて，同理事会決議第1267号，第1269号，第1333号その他の同理事会決議が，国際的なテロリズムの行為を非難し，国連加盟国に対しその防止等のために適切な措置をとることを求めていることにかんがみ，我が国が国際的なテロリズムの防止及び根絶のための国際社会の取組に積極的かつ主体的に寄与するため，①テロ攻撃による脅威の除去に努めることにより国連憲章の目的達成に寄与する米国等の軍隊その他これに類する組織の活動に対して我が国が実施する措置，実施の手続その他の必要な事項，②国連の総会，安全保障理事会等が行う決議又は国連等の要請に基づき，我が国が人道的精神に基づいて実施する措置，実施の手続その他の必要な事項に関する事項を定め，もって我が国を含む国際社会の平和及び安全の確保に資することである（同法第1条抜粋）。

⇒ ①9.11同時多発テロ，①国際テロ組織，①テロ支援国家，①テロとの闘い，②9.11同時多発テロ（国際法的視点から），⑤9.11同時

多発テロ

3-123
テロ対策特別措置法の手続
procedures of the Anti‐Terrorism Special Measures Law

内閣総理大臣は，①自衛隊による協力支援活動，②特に内閣が関与することにより総合的かつ効果的に実施する必要がある関係行政機関の行う協力支援活動，③捜索救助活動，④自衛隊による被災民救援活動，⑤特に内閣が関与することにより総合的かつ効果的に実施する必要がある関係行政機関の行う被災民救援活動のいずれかを実施することが必要であると認めるときは，その対応措置を実施すること及び対応措置に関する基本計画の案につき閣議の決定を求めなければならない（テロ対策特別措置法第4条）。ここにおいて，協力支援活動とは，諸外国の軍隊等に対する物品及び役務の提供，便宜の供与その他の措置であって，自衛隊を含む関係行政機関が実施する。捜索救助活動とは，戦闘行為によって遭難した戦闘参加者の捜索又は救助を行う活動であって，自衛隊が実施する。被災民救援活動とは，テロ攻撃に関連した国連の総会，安全保障理事会等が行う決議又は国連等の要請に基づき，被災民を救援するために実施する食糧，衣料，医薬品等の生活関連物資の輸送，医療その他の人道的精神に基づいて行われる活動であって，自衛隊を含む関係行政機関が実施する（同法第3条及び首相官邸ホームページ「テロ対策特別措置法（概要）抜粋」）。

対応措置は，協力支援活動，捜索救助活動，被災民救援活動その他の必要な措置を指す。対応措置は，我が国領域及び現に戦闘行為が行われておらず，かつ，そこで実施される活動の期間を通じて戦闘行為が行われることがないと認められる①公海（排他的経済水域を含む）及びその上空，②外国の領域（当該外国の同意がある場合に限る）において実施する（同法第2条）。基本計画で定める事項は，①対応措置に関する基本方針，②上記各活動に関する基本的事項，種類及び内容，実施区域の範囲及び指定，当該活動を自衛隊が外国の領域で実施する場合には自衛隊の部隊等の規模，構成，装備及び派遣期間，③その他重要事項である。対応措置を外国の領域で実施する場合には，当該外国と協議して，実施する区域の範囲を定める（同法第4条抜粋）。基本計画に定められた自衛隊の部隊等が実施する協力支援活動，捜索救助活動又は被災民救援活動については，内閣総理大臣は，これらの対応措置を開始した日から20日以内に国会に付議して，これらの対応措置の実施につき国会の承認を求めなければならない。ただし，国会が閉会中の場合又は衆議院が解散されている場合には，その後最初に召集される国会において，速やかに，その承認を求めなければならない。不承認の議決があったときは，速やかに，活動を終了させなければならない（同法第5条）。内閣総理大臣は，①基本計画の決定又は変更があったとき，②基本計画に定める対応措置が終了したときは，遅滞なく，国会に報告しなけれ

ばならない（同法第11条）。この法律は，施行の日から4年で効力を失うが，必要がある場合，別に法律で定めるところにより，2年以内の期間を定めて効力を延長することができる。再延長においても同様である（同法附則抜粋）。当初，同法はその附則によれば，平成15年11月1日までの2年間の限時法であった。日本政府は，同法に基づき，協力支援活動（艦船による補給及び輸送，航空機による輸送等），被災民救援活動（生活関連物資の艦船による輸送）等を実施してきた。しかしながら，アル・カイダによるテロの脅威は継続しており，国際テロの根絶は，引き続き国際社会の大きな課題となっているため，同法の効力を2年延長し，4年としたものである。

⇒ ②接続水域・排他的経済水域・群島水域・公海

3-124
テロ対策特別措置法に基づく活動
activities under the Anti–Terrorism Special Measures Law

自衛隊に属する物品の提供に関し，内閣総理大臣又はその委任を受けた者は，基本計画に従い，業務を実施する（テロ対策特別措置法第6条）。同法第6条から8条によれば，①自衛隊による協力支援活動としての役務の提供，②捜索救助活動，③自衛隊による被災民救援活動の実施は，次のような手順で実施される。防衛庁長官は，基本計画に従い，各活動の実施区域を指定した実施要項を定める。内閣総理大臣から実施要項の承認を得た後，自衛隊の部隊等にその実施を命ずる。防衛庁長官は，各活動の実施区域の全部又は一部がこの法律又は基本計画に定められた要件を満たさないものとなった場合には，速やかに，指定の変更又は活動の中断を命じなければならない。捜索救助活動を実施する場合において，戦闘参加者以外の遭難者が在るときは，救助する。協力支援活動として行う自衛隊に属する物品の提供及び自衛隊による役務の提供は，同法別表第1のとおり，①補給，②輸送，③修理及び整備，④医療，⑤通信，⑥空港及び港湾業務，⑦基地業務について実施する。ただし，①物品の提供には，武器・弾薬の提供を含まない。②物品及び役務の提供には，戦闘作戦行動のために発進準備中の航空機に対する給油及び整備を含まない。③物品の輸送には，外国の領域における武器，弾薬の陸上輸送を含まない。一方，捜索救助活動に伴い，諸外国の軍隊等の部隊等に対して協力支援活動として行う自衛隊に属する物品の提供及び自衛隊による役務の提供は，同法別表第2のとおり①補給，②輸送，③修理及び整備，④医療，⑤通信，⑥宿泊，⑦消毒について実施する。ただし，①物品の提供には，武器，弾薬の提供を含まない。②物品及び役務の提供には，戦闘作戦行動のために発進準備中の航空機に対する給油及び整備を含まない。③物品の輸送には，外国の領域における武器，弾薬の陸上輸送を含まない。同法第12条によれば，自衛官の武器の使用については，次のとおり。協力支援活動，捜索救助活動又は被災民救援活動の実施

を命ぜられた自衛官は，自己又は自己と共に現場に所在する他の自衛隊員若しくはその職務を行うに伴い自己の管理の下に入った者の生命又は身体の防護のためやむを得ない必要があると認める相当の理由がある場合には，その事態に応じ合理的に必要と判断される限度で，武器を使用することができる。武器の使用は，当該現場に上官が在るときは，原則としてその命令によらなければならない。この場合，上官は，統制を欠いた武器の使用によりかえって生命・身体に対する危険又は事態の混乱を招くこととなることを未然に防止し，武器の使用が適正に行われることを確保する見地から必要な命令をする。武器の使用に際し，刑法第36条（正当防衛）又は第37条（緊急避難）に該当する場合のほか，人に危害を与えてはならない。自衛隊法第95条（武器等防護のための武器使用）は適用される。ただし，正当防衛又は緊急避難に該当する場合のほか，人に危害を与えてはならない。テロ対策特別措置法に基づく対応措置に関する基本計画は，平成13年11月16日安全保障会議及び閣議決定され，その後逐次変更が加えられている。基本計画や具体的な自衛隊の活動内容については，首相官邸及び防衛庁のホームページを参照のこと。なお，別項「武器輸出三原則と例外」参照。

　　⇒ ③自衛官の武器使用規定，③安全保障会議

❹ 運用その他
Others

3-125
自衛官の武器使用規定

statutory provisions regarding the use of weapons by SDF uniformed regular personnel

法令上，自衛官が武器を使用できる規定は，次のとおりである。第一に，自衛隊法上の規定として，①対領空侵犯措置における武器の使用（同法第84条の解釈），②治安出動時の武器の使用（同法第89条，第90条及び第91条），③警護出動時の武器の使用（同法第91条の2），④防衛出動時の公共の秩序の維持のための武器の使用（同法第92条），⑤展開予定地域内における武器の使用（同法第92条の3），⑥治安出動下令前に行う情報収集時の武器の使用（同法第92条の4），⑦海上警備行動時の武器の使用（同法第93条），⑧武器等の防護のための武器の使用（同法第95条），⑨自衛隊施設の警護のための武器の使用（同法第95条の2），⑩自衛隊の秩序維持に専従する者の武器の使用（同法第96条），⑪在外邦人等の輸送時の武器の使用（同法第第100条の8）がある。第二に，自衛隊法以外の法律上の規定として，①国際平和協力法第24条，②周辺事態安全確保法第11条，③船舶検査活動法第6条，④テロ対策特別措置法第12条，⑤イラク人道復興支援特別措置法第17条がある。「自衛隊が行う武力の行使というのは自衛権の行使である。こ

れに至る前の段階の武器使用というのは、治安出動、警護出動、海警行動(海上警備行動)時などにおいて、自衛隊法で準用する警職法7条に基づく行為、また在外邦人の輸送やPKO、テロ対策特措法に基づく活動時などにおいて、いわば自己保存のための自然権的権利というべきものである。いずれも自衛権行使としての武力の行使に当たるものではなく、また、憲法第9条で禁止されている武力の行使に当たるものではない(平成14年4月4日衆議院安全保障委員会中谷防衛庁長官答弁抜粋)」。すなわち、本項における自衛官の武器使用には、日本を防衛するための自衛権の行使に伴う武力の行使(武力攻撃事態対処法第3条、自衛隊法第88条)を含まない(平成15年版『日本の防衛』資料34参照)。

> ⇒ ③対領空侵犯措置、③治安出動後の権限等、③警護出動、③防衛出動後の権限等、③治安出動下令前に行う情報収集、③海上警備行動、③在外邦人の輸送、③国際平和協力法の見直し、③周辺事態安全確保法に基づく自衛隊の活動、③船舶検査活動法に基づく自衛隊の活動、③テロ対策特別措置法に基づく活動

3-126
統合運用
joint operations

平成14年4月に発出された防衛庁長官指示に基づき、統合運用に関する検討が統合幕僚会議において実施され、同年12月に成果報告書が提出された。この検討は、科学技術の進展や自衛隊の活動に対する国民の期待の高まりを踏まえると、今後ますます複雑化する各種事態に対し、自衛隊は短時間で対応しなければならないことが予想さるため、対処の初期段階から陸・海・空自衛隊の一体的な統合運用への要求が高まることが想定されるため実施された。成果報告書の骨子は、次のとおりである。統合運用態勢を強化する必要性は、①陸・海・空自衛隊を一体的に運用し、迅速かつ効果的な対応を行うためである。現行の運用態勢では、各自衛隊が個別に行動し、必要に応じて統合調整を行って対処することとなっている。このような態勢は、迅速性、適時性の観点から問題がある。さらに、作戦の成否を左右する情報通信技術を駆使し、軍事科学技術を最大限に活用するためには、統合運用態勢を整備することが必要である。②軍事専門的見地からの防衛庁長官(長官)の補佐を一元化するためである。現在は、各幕僚長と統合幕僚会議がそれぞれの軍事専門的見地から長官を補佐する運用態勢のため、異なる状況認識に基づき作戦方針が複数存在することも考えられ、迅速かつ効果的な事態対処に支障を来たすおそれがある。③日米安全保障体制の実効性を向上するためである。現行の運用態勢では、統合軍である米軍と共同作戦を実施する場合、米軍が1人の指揮官の下、4軍が同一の作戦構想の下で行動するのに対し、自衛隊の行動は、陸・海・空自衛隊ごとに行うものと協同や統合部隊により行うものとがあり、運

用形態が一定でないことから、米軍との共同調整が煩雑となっている。新たな統合運用態勢の考え方としては、①統合幕僚長（仮称）が、自衛隊の運用に関し各自衛隊を代表して一元的に長官を補佐する。自衛隊の運用に関する自衛隊に対する長官の指揮は統合幕僚長（仮称）を通じて行い、自衛隊に対する長官の命令は統合幕僚長（仮称）が執行する。各幕僚長は、運用を除く隊務に関して長官を補佐する。ただし、各幕僚長は各々の立場から統合幕僚長（仮称）に意見を述べることができる。②自衛隊の運用に関し、軍事専門的見地から一元的に長官を補佐するため、現統幕事務局を廃止して統合幕僚組織を創設するとともに、各幕僚監部から統合運用にかかわる機能を移管し、集約する。③各自衛隊の主要部隊指揮官（各方面総監、自衛艦隊司令官、航空総隊司令官など）は、指定された他自衛隊の部隊を指揮・統制して各種の事態に対処する統合任務部隊指揮官に指定される。④新たな統合運用の態勢の実効性を確保するため、統合運用の基盤となる人事・監理、教育、情報、訓練、後方補給、防衛・研究、通信電子の各種の機能を充実させる。⑤関係省庁との関係では、主として政策的見地からの連絡調整は内部部局が、主として軍事専門的見地からの連絡調整は統合幕僚組織（必要により各幕僚監部）が内部部局と連携を図り実施する。防衛庁は、成果報告書の趣旨を踏まえ、その実現を図るための具体的な検討を行っている。早期に実行すべきと判断されるものは、平成15年度以降、単年度の事業で行い、中期的なものは、現在防衛庁で行っている「防衛力の在り方検討」に反映させることとなる（平成15年版『日本の防衛』参照）。なお、平成16年度業務計画の基本方針には、「『統合運用に関する検討』成果報告書を踏まえつつ、平成17年度に新たな統合運用態勢に移行し得るよう、必要な諸施策を推進する」と記述されている（「平成16年度防衛力整備と予算のポイント」より抜粋）。

⇒ ③幕僚長、③幕僚監部、③統合幕僚会議、③内部部局、③情報RMA、③年度業務計画

3-127
情報RMA
information – based RMA

防衛庁防衛局防衛政策課研究室が平成12年9月に取りまとめた冊子「情報RMAについて」の概要は、次のとおり。RMA（revolution in military affairs）とは、軍事における革命を指す。過去における軍事革命の例として、①ナポレオン時代における国民軍の出現、②航空機の登場、③ドイツ軍が第2次世界大戦の初期に採用した電撃戦を挙げている。米国は、湾岸戦争の経験から、戦力の向上を図るため、個別の装備システムの連携を強化し、全体としてシステム化し、相乗効果を発揮させるという「システム・オブ・システムズ」（システムのシステム化）概念を確立し、RMAに積極的に取り組んできた。1999会計年度米国防報告や米統合参謀本部が発表した「統合ビジョン2010」、「統合ビジョン2020」の記

341

述から，米国は以下の基本的な考え方に基づいて，RMAに向けた施策を推進していると考えられる。①将来においては，情報技術が軍事力の優劣を決する中核的な要素となること。②個別の装備システムを連携させ，全体としてシステム化することによって，システム間の相乗効果を発揮させ，飛躍的に効率的な戦闘が可能になること。③単に軍事技術上の変革にとどまらず，組織，戦術，訓練等にわたる広範な変革が伴うべきこと。これらのことから，本冊子は，RMAを「軍事力の目標達成効率を飛躍的に向上させるために，情報技術を中核とした先進技術を軍事分野に応用することによって生起する，装備体系，組織，戦術，訓練等を含む軍事上の変革」と定義するとともに，情報技術の革新が不可欠の要素であるため，特に「情報RMA」と呼称している。防衛庁・自衛隊として情報RMAを施策化することは有力な選択肢の一つであると考えられる。さらに，情報RMAに必要な装備，組織編成等の開発・整備には多大な時間を要することを併せ考慮すれば，情報RMAに関して，現時点から組織的・計画的な研究を始めることが必要である。本冊子は，防衛庁・自衛隊が情報RMAを推進する上で考慮すべき要素として，次の6項目を列記している。①我が国の防衛戦略への考慮，②米国との共同作戦を考慮した相互運用性の確保，③従来型軍隊等の非対称戦への対応の必要，④防衛力の役割の多様化，⑤社会の情報化の進展に伴う脆弱性，⑥財政事情。本冊子は，将来戦の様相や日本に特有の考慮要因を踏まえれば，情報RMAを施策化する場合には，以下の原則に従って，防衛力整備事業の選択・決定を行うこととなるであろうと指摘している。①情報化（ネットワークの構築による情報の共有化），②統合化（統合された防衛力），③迅速化（意思決定および行動の迅速化），④効率化（単位部隊当たりの戦闘効率の向上），⑤柔軟化（ニーズに応じた柔軟な組織・編成），⑥防護化（防護の強化，多重性，抗たん性の確保），⑦相互運用性（米軍との円滑な共同作戦の実施等）。

⇒ ①非対称的脅威，⑤湾岸戦争

8 国際貢献
International Contribution

❶ 自衛隊のＰＫＯ活動
Peacekeeping Operations by SDF

3-128
国際平和協力業務

international peace cooperation activities

日本がPKO活動に参加する法的根拠は，国際平和協力法（平成4年法律第79号）によって整備された。同法の目的は，①国際連合平和維持活動（国連PKO：SDF's cooperation in peacekeeping operations），②人道的な国際救援活動（国連総会，安全保障理事会の決議又は国連難民高等弁務官事務所などの要請に基づき，紛争による被災民の救済や被害復旧のために行う活動），③国際的な選挙監視活動に対し適切かつ迅速な協力を行い，我が国が国際連合を中心とした国際平和のための努力に積極的に寄与することである（同法第1条，第3条抜粋）。国際平和協力業務のうち，国際連合平和維持活動のために実施される業務は，同法第3条で次のとおり分類されている。①武力紛争の停止の遵守状況の監視又は紛争当事者間で合意された軍隊の再配置・撤退，武装解除の履行の監視，②緩衝地帯等における駐留及び巡回，③武器の搬入又は搬出の有無の検査又は確認，④放棄された武器の収集，保管又は処分，⑤紛争当事者が行う停戦線その他これに類する境界線の設定の援助，⑥紛争当事者間の捕虜交換の援助，⑦議会の議員の選挙，住民投票等の公正な執行の監視又は管理，⑧警察行政事務に関する助言，指導，監視，⑨警察行政事務以外の行政事務に関する助言，指導，⑩医療（防疫上の措置を含む），⑪被災民の捜索，救出，帰還の援助，⑫被災民に対する食糧，衣料，医薬品等の生活関連物資の配布，⑬被災民を収容するための施設，設備の設置，⑭紛争によって被害を受けた施設，設備であって被災民の生活上必要なものの復旧，整備のための措置，⑮紛争によって汚染等の被害を受けた自然環境の復旧のための措置，⑯輸送，保管（備蓄を含む），通信，建設又は機械器具の据付け，検査，修理，⑰前記業務に類するものとして政令で定める業務。これらの業務のうち，①から⑥までの業務及びこれに類する⑰の業務は，平和維持隊（PKF：Peacekeeping Forces）本体業務といわれ，平成13年に同法が改正されるまでの間，その効力が凍結されていた。「いわゆるPKF本体業務については，国会審議の過程において，別に法律で定める日までの間は，これを実施しないと修正されたものでありますが，その際，凍結の理由については，我が国として初めての試み

第3章　防衛政策・防衛行政

である国際平和協力業務の経験を実際に積み，内外のより広い理解を得てからPKF本体業務を実施することとしたものと説明をされたもの（平成13年12月3日参議院本会議中谷防衛庁長官答弁抜粋）」である。なお，凍結が解除されても，法律上の根拠がないため，自衛隊の部隊等は警護任務を実施することはできない。

⇒ ②平和維持活動，②捕虜

コラム　　グローバリゼーションの衝撃　　　　　　　　丸茂雄一

1989年12月，マルタで歴史的な米ソ首脳会談が実施され，冷戦は終焉した。さらにドイツが統一され，ソ連邦が崩壊すると，平和の配当論が一世を風靡した。核戦争の危険が遠のいたのだから，国防支出を削り，社会保障や福祉関連予算に振り向けろという主張だ。しかしながら，ポスト冷戦の十数年間を分析すると，冷戦構造から真に解放されたのは，資本主義であることが明らかである。それも，IT革命を伴った激烈な資本主義である。この趨勢は，人類の歴史上，不可逆な転換であろう。

伝統的な経済学（比較優位論）は，特定の財・サービスの貿易に伴い資源の最適配分が行われ，マクロ経済全体ではプラスに作用すると唱えられてきた。この理論は，冷戦時代の先進国の相互間には，かなり適用できたといえよう。先進国には，社会福祉という社会的弱者に対するセーフティー・ネットが，それなりに整備されていたし，インドを含めた社会主義体制の国々は，グローバルな交易の埒外に置かれていたからである。いかに優秀な企業であれ，勤勉な国民であれ，1年間の生産性をほんの数％向上させるのが，せいいっぱいであろう。毎年毎年，科学史に残るような技術的なブレーク・スルーが考案される訳ではない。

ところが，冷戦構造の崩壊に伴い，中国，インド，ロシアの労働者や優秀な技術者が，突如共通のプレーヤーとして，土俵にあがってきた。その影響は，凄まじいものであった。平和の配当論のような，のんびりとした単純な話ではない。歴史を紐解けば，資本主義は世界経済恐慌のように暴力的な調整を繰り替えしてきた。しかし，冷戦時代においてのみ，世界の市場が事実上西側に限定されていたこと，米国が第2次世界大戦後の復興に指導力を発揮したこと，国際機構が相対的にうまく機能したことで，資本主義はかなりマイルドになっていた。今回の資本主義の衝撃は，①世界の労働市場が急激に拡大したこと，②同時にIT革命が進行していることが，特徴である。そ

PKO 5原則
Five Principles for PKO participation

日本が国際連合平和維持隊に参加するに際しての基本的な5つの原則（PKO 5原則）とは，①紛争当事者の間で停戦の合意が成立していること，②当該平和維持隊が活動する地域の属する国を含む紛争当事者が当該平和維持隊の活動及び当該平和維持隊への日本の参加に同意していること，③当該平和維持隊が特定の紛争当事者に偏ることなく，中立的な立

の結果，①「勝ち組」と「負け組」に産業や企業が明確に区別され，②産業構造の転換や金融政策に失敗したエマージング・マーケット（発展途上国市場）において通貨危機が頻発し，③グローバリゼーションは先進国，途上国を問わず地域文化との軋轢を各地で惹起している。その象徴が，サミットやWTO会議への執拗な反対運動である。

先進国の労働力の合計より巨大な中国やインドの労働力が一挙に市場に参入し，かつ，資本主義がIT化され，否応なしの激烈な産業構造の調整が世界中で行われているため，従来の経済制度やセーフティー・ネットが機能不全になりつつある。構造的な障壁が少なく，産業構造の転換が最も円滑に進んでいると賞賛されている米国のホワイトカラーでさえも，怯えるほどの衝撃である。グローバルな経営展開を志向する米国の経営者が一株当たりの価値をさらに高めるため，ITを活用することによって，資格を必要とするようなホワイトカラーの職まで中国やインドの労働者に奪われかねないという経済レポートも出ている。雇用なき景気回復が，米国経済の状況を端的に表現するキーワードとなっている。いずれにせよ，日本を含めた先進国の経済改革のためには，1990年代に米国が成し遂げたように，経済のニュー・フロンティアを切り拓く以外に根本的な処方箋はない。公共事業は，循環的な景気変動の波に対処するためには効果があるものの，経済の構造改革には，その効果が疑問視されている。

幸いなことに，2004年2月末現在の東京証券取引所第1部の株価指数は底固く，日本の将来に明るい展望をいだかせるものがある。IT革命の次の段階である家電のデジタル化を象徴する「新三種の神器」（薄型ＴＶ，ＤＶＤレコーダー，デジタル・カメラ）は，最終製品，基幹部品ともに日本企業が世界を大きくリードしている。株価指数の動向は，今ひとつ元気のない国内の機関投資家よりも，海外の機関投資家が日本経済の将来性を信認しているということができる。

前述したとおり，IT化されたグローバリゼーションの影響は，激烈である。日本は世界有数の貯蓄国であり，米国は旧共産圏を含め世界中から頭脳を集

場を厳守すること，④上記の原則のいずれかが満たされない状況が生じた場合には，我が国から参加した部隊は撤収することができること，⑤武器の使用は，要員の生命等の防護のために必要な最小限のものに限られることである。自衛隊の部隊等が平和維持隊本体業務（別項「国際平和協力業務」の項中①から⑥までの業務）行う場合には，内閣総理大臣は，自衛隊の部隊等の海外への派遣の開始前に，PKO5原則及びこの法律の目的に照らし，当該国際平和協力業務を実施す

めている。その両国ですら，構造改革に呻吟している。デジタル・デバイドされそうな発展途上国の事情は，より一層深刻である。社会主義市場経済に邁進する中国は，中国脅威論が登場するほど経済成長が著しい。先進国の経営者は，中国政府から各種の許可を得るべく，中国訪問を繰り返している。2003年現在，中国の国内格差（1人当たりのGDP）は，70倍に達する。すなわち，経済のグローバル化の恩恵を受ける人と受けられない人の格差が，これだけあるということだ。先進国の中でも，最も経済的な格差が少ないといわれる日本の国内格差は，2倍である。数十倍にものぼる経済格差は，政治的に許容しがたいものがある。

　江沢民時代には，統治の正当性維持ためのお手軽な手段として，ナショナリズムが利用された。反日である。政府への批判がご法度の中国の電脳空間を飛び交う排他的な反日を旗印とする民族主義は，中国政府が種を蒔いたとはいえ，制御不能になりつつあるといわれている。その一つの現れが，若年者の失業率の高い西安における大学生の暴動であろう。国内の統治に問題をかかえた為政者にとって，排外的なナショナリズムは，即効性があり逃れられなくなるという意味で，麻薬のような手段である。韓国の盧武鉉政権を産み出し，いわゆる反日法を許容する民族主義や台湾若年層の独立志向の「ナショナリズム」も懸念の種である。したがって，日本にとって心配なのは，グローバリゼーションの経済的な影響ではなく，国際政治に対する影響である。政治においても経済関係と同様に，ウィン・ウィンという相互依存の関係を構築することが，肝要である。

　ともあれ，朝鮮半島の分断や中国の政治体制は，冷戦構造の残滓であり，短期間には解決できない問題である。日本を取り巻く国際情勢を踏まえると，日本の生き残り戦略のためには，日米同盟の価値はますます高まるであろう。日米の経済関係は，過去の経済摩擦を回避するための米国での現地生産のみならず，円高阻止のための為替介入に伴い，大量の米財務省証券を購入している状況にある。両国は，首脳同士の信頼関係のみならず，経済関係も既に一体化しているといえる。

ることにつき国会の承認を得なければならない。ただし，国会が閉会中の場合又は衆議院が解散されている場合には，当該国際平和協力業務に従事する自衛隊の部隊等の海外への派遣の開始後最初に召集される国会において，遅滞なく，その承認を求めなければならない（国際平和協力法第6条第7項）。「もとより，伝統的な国連平和維持活動は，強制的手段によって平和を回復しようとするものではない。これを踏まえ，国際平和協力法では，国連平和維持隊への参加に当たっての基本方針（参加5原則）が法制化されている。したがって，この法律に基づき自衛隊が参加することは，憲法第9条で禁止された武力の行使，あるいは，武力の行使の目的をもって武装した部隊を他国に派遣するいわゆる海外派兵に当たるものではない（平成14年版『日本の防衛』）」。なお，人道的な国際救援活動を紛争当事国の周辺において実施する場合には，停戦の合意は必ずしも法律上の要件であるとは解されていない。

⇒ ③自衛官の武器使用規定

3-130
国際平和協力法の手続

procedures of the International Peace Cooperation Law

内閣総理大臣は，国際平和協力業務を実施することが適当であると認める場合であって，紛争当事者（国際連合平和維持活動の場合）及び活動が行われる国の同意（すべての活動の場合）があるときは，国際平和協力業務を実施すること及び実施計画の案につき閣議の決定を求めなければならない。実施計画に定める事項は，次のとおりである。第一に，当該国際平和協力業務実施に関する基本方針。第二に，協力隊の設置その他当該国際平和協力業務の実施に関する事項として，①実施すべき国際平和協力業務の種類及び内容，②派遣先国及び期間，③協力隊の規模，構成及び装備，④海上保安庁の船舶又は航空機を用いて業務を行う場合における国際平和協力業務の種類及び内容並びに職員の規模，構成及び装備，⑤自衛隊の部隊等が国際平和協力業務を行う場合における国際平和協力業務の種類及び内容並びに部隊等の規模，構成及び装備，⑥海上保安庁長官又は防衛庁長官に委託する輸送の範囲，⑦関係行政機関の協力に関する重要事項，⑧その他重要事項。海上保安庁の船舶又は航空機を用いて行われる国際平和協力業務は，別項「国際平和協力業務」の項中，⑦から⑯までの業務又はこれらの業務に類するものとして政令で定める⑰の業務であって，海上保安庁の任務遂行に支障を生じない限度において，実施計画に定める。自衛隊の部隊等が行う国際平和協力業務は，別項「国際平和協力業務」の項中，①から⑥までの業務（平和維持隊本体業務），⑩から⑯までの業務又はこれらの業務に類するものとして政令で定める⑰の業務であって，自衛隊の任務遂行に支障を生じない限度において，実施計画に定める。自衛隊の部隊等が平和維持隊本体業務行う場合には，内閣総理大臣は，自衛隊の部隊等の海外への派遣の開始前に，PKO

5原則及びこの法律の目的に照らし，当該国際平和協力業務を実施することにつき国会の承認を得なければならない。ただし，国会が閉会中の場合又は衆議院が解散されている場合には，当該国際平和協力業務に従事する自衛隊の部隊等の海外への派遣の開始後最初に召集される国会において，遅滞なく，その承認を求めなければならない。政府は，不承認の議決があったときは，遅滞なく，国際平和協力業務を終了させなければならない。平和維持隊本体業務については，国会の承認を得た日から2年を経過する日を超えて引き続きこれを行おうとするときは，内閣総理大臣は，国会に付議して，その承認を求めなければならない（以上国際平和協力法第6条参照）。内閣総理大臣は，①実施計画の決定又は変更があったときは，決定又は変更に係る実施計画の内容を，②国際平和協力業務が終了したときは，実施結果を，③期間の変更があったときは，変更前の期間における実施状況を遅滞なく，国会に報告しなければならない（同法第7条）。国際平和協力本部長（内閣総理大臣）は，実施計画に従い，実施要領を作成し，必要に応じこれを変更する。実施要領の作成及び変更は，国際連合平和維持活動として実施される国際平和協力業務に関しては，国連事務総長又は派遣先国においてその権限を行使する者が行う指図に適合するように行う（同法第5条及び第8条）。具体的な自衛隊の活動内容については，『日本の防衛』及び防衛庁のホームページを参照のこと。

3-131
国際平和協力法の見直し
revision of the International Peace Cooperation Law

国際平和協力法が平成7年8月に施行後3年を迎えたことから，同法附則に基づき，見直し作業が開始され，平成10年6月に改正法が成立した。以下の3点に関する改正が行われた。「①国連PKO以外の形態により国連や一定の地域的機関が関与して行われる国際的な選挙監視活動への協力を行えるようにする。②停戦合意がない場合であっても，一定の国際機関によって実施される人道的な国際救援活動のための物資協力を可能とする。③部隊として参加した自衛官等の武器使用を，原則として現場にいる上官の命令によらなければならないとする（以上平成11年版『外交青書』抜粋）」。「従来個々の隊員の判断によるものとされていた武器の使用について，隊員の心理的負担が大きかったことなどの教訓・課題を踏まえて，現場に上官が在るときは，生命又は身体に対する侵害又は危難が切迫し，この上官の命令を受けるいとまがない場合を除き，その命令によらなければならないものとした。これは，統制を欠いた武器の使用によりかえって生命若しくは身体に対する危険又は事態の混乱を招くことを未然に防止するためである（以上平成12年版『日本の防衛』抜粋）」。さらに，平成13年12月同法の一部を改正する法律が成立した。その内容は，①いわゆる平和維持隊本体業務の凍結解除，②武器の使用による防護対象の拡大，③武器等防護のための武器使用である。①に関

し，別項「国際平和協力業務」参照。②に関し，改正前の同法第24条によれば，国際平和協力業務に従事する自衛官等が，武器を使用し防衛する対象は，「自己又は自己と共に現場に所在する我が国要員」とされていた。これは，法制定時においては，平和維持隊に参加する各国の部隊は，地域ごとに展開しており，同種の業務を行う他国の平和維持隊要員と同一の場所で活動するということは，基本的に想定されないと考えられたためである。この規定が改正され，「自己と共に現場に所在する……その職務を行うに伴い自己の管理の下に入った者」の生命又は身体を防衛するために武器を使用することができることされた（国際平和協力本部事務局ホームページ参照）。「一般論としては，部隊行動している武装した他国のPKO部隊は，防衛対象とならない。他方，例えば，我が国の施設部隊が業務を実施している場所に，業務上の連絡調整や視察のために訪れている他国の要員のように，武器を所持した他国のPKO要員であっても，不測の攻撃を受けて自衛官等と共通の危険にさらされたという具体的な状況のもとで，独自の対処によりその生命または身体の安全を確保することが難しく，自衛官等の指示に従って統制のとれた行動をすることが適切かつ合理的である場合には，防衛の対象となり得る（平成13年12月3日参議院本会議中谷防衛庁長官答弁抜粋）」。③に関し，従来武器等を防護するための自衛隊法第95条の適用は除外されていた。自衛隊派遣の経験を踏まえると，武器等の破壊，奪取を看過すれば，かえって緊急事態への対応能力の低下や治安の悪化につながりかねないことが認識された。このため，国際平和協力業務に従事する自衛官については，自衛隊法第95条の適用除外規定が削除された（前記ホームページ参照）。

⇒ ③自衛官の武器使用規定

❷ 国際緊急援助活動
International Disaster Relief Operations

3-132
国際緊急援助隊法
Law Concerning the Dispatch of International Disaster Relief Teams

国際緊急援助隊法の目的は，海外の地域，特に開発途上にある海外の地域において大規模な災害が発生し，又は正に発生しようとしている場合に，被災国政府又は国際機関の要請に応じ，国際緊急援助活動を行う人員を構成員とする国際緊急援助隊を派遣するために必要な措置を定め，もって国際協力の推進に寄与することである（同法第1条抜粋）。国際緊急援助隊の任務は，①救助活動，②医療活動（防疫活動を含む），③災害応急対策及び災害復旧のための活動を行うことである（同法第2条）。外務大臣は，被災国政府等より国際緊急援助隊の派遣の要請があった場合において，その派遣が適当であると認めるときは，被災国政府等からの当該要請の内容，災害の種類等

を勘案して，関係行政機関の長及び国家公安委員会と協議を行う。外務大臣は，特に必要があると認めるときは，自衛隊の部隊等による①国際緊急援助活動，②国際緊急援助活動を行う人員，機材その他の物資の海外の地域への輸送につき協力を求めるため，防衛庁長官と協議を行う。②の輸送を海上保安庁の船舶又は航空機を用いて行う場合には，海上保安庁長官と協議を行う（同法第3条）。外務大臣は，被災国政府等と連絡を密にし，その要請等を考慮して，国際緊急援助隊の活動の調整を行う（同法第6条）。国際緊急援助隊の派遣及びこれに必要な業務は，独立行政法人国際協力機構（旧国際協力事業団）が行う。ただし，自衛隊の部隊等及び海上保安庁の船舶又は航空機を用いて行う人員，機材その他の物資の海外の地域への輸送を除く（同法第7条）。自衛隊が国際緊急援助活動に参加できるようになったのは，同法が平成4年に一部改正されたからである。その理由は，国際協力事業団などによる国際緊急援助活動を通じ，①災害の規模によってはさらに大規模な援助隊を派遣する必要があること，②被災地において自己完結的に活動を行える体制を充実すべきこと，③輸送手段の改善を図る必要があることなどの課題が明らかとなったためである（平成14年版『日本の防衛』抜粋）。具体的な活動については，独立行政法人国際協力機構のホームページ又は関係省庁の白書を参照のこと。

❸ イラク復興支援
Support for Humanitarian Relief and Reconstruction of Iraq

3-133
イラク人道復興支援特別措置法の基本原則
basic principles of the Law Concerning the Special Measures on Humanitarian and Reconstruction Assistance in Iraq

イラク人道復興支援特別措置法の目的は，国連安全保障理事会決議第678号，第687号及び第1441号並びにこれらに関連する同理事会決議に基づき国連加盟国によりイラクに対して行われた武力行使並びにこれに引き続く事態（イラク特別事態）を受けて，国家の速やかな再建を図るためにイラクにおいて行われている国民生活の安定と向上，民主的な手段による統治組織の設立等に向けたイラクの国民による自主的な努力を支援し，及び促進しようとする国際社会の取組に関し，我が国がこれに主体的かつ積極的に寄与するため，国連安全保障理事会決議第1483号を踏まえ，人道復興支援活動及び安全確保支援活動を行うこととし，もってイラクの国家の再建を通じて我が国を含む国際社会の平和及び安全の確保に資することである（同法第1条）。人道復興支援活動とは，イラクの国民に対して医療その他の人道上の支援を行い若しくはイラクの復興を支援することを国連加盟国に対して要請する国連安全保障理事

会決議第1483号又はこれに関連する政令で定める国連の総会若しくは安全保障理事会の決議に基づき，人道的精神に基づいてイラク特別事態によって被害を受け若しくは受けるおそれがあるイラクの住民その他の者（被災民）を救援し若しくはイラク特別事態によって生じた被害を復旧するため，又はイラクの復興を支援するために我が国が実施する措置をいう。安全確保支援活動とは，イラクの国内における安全及び安定を回復するために貢献することを国連加盟国に対して要請する国連安全保障理事会決議第1483号又はこれに関連する政令で定める国連の総会若しくは安全保障理事会の決議に基づき，国連加盟国が行うイラクの国内における安全及び安定を回復する活動を支援するために我が国が実施する措置をいう（同法第3条）。イラク復興支援の基本原則は，第一に，対応措置（人道復興支援活動又は安全確保支援活動）は，武力による威嚇又は武力の行使に当たるものであってはならない。第二に，対応措置については，我が国領域及び現に戦闘行為が行われておらず，かつ，そこで実施される活動の期間を通じて戦闘行為が行われることがないと認められる①外国の領域，②公海（排他的経済水域を含む）及びその上空において実施する。第三に，外国で活動する場合，当該外国の同意がある場合に限る。イラクにあっては，安全保障理事会決議第1483号等に従ってイラクにおいて施政を行う機関の同意によることができる（同法第2条）。「本法案に基づく活動の区域を，いわゆる非戦闘地域の要件を満たすように設定するに際しては，我が国が独自に収集した情報や諸外国等から得た情報を総合的に分析し，活動期間中の状況変化の可能性なども含めて，合理的に判断することが可能である…（中略）…イラクの領域において活動を実施する際に必要とされる同意については，決議1483において米英の統合された司令部の権限とされている範囲内で，当該機関より取得する（平成15年6月24日衆議院本会議小泉内閣総理大臣答弁）」。「対応措置の実施は，いわゆる非戦闘地域において実施することとされておりますが，これは，我が国が憲法の禁ずる武力の行使をしたとの評価を受けないよう，他国による武力行使との一体化の問題を生じないことを制度的に担保する仕組みの一環として設けたもの（平成15年6月24日衆議院本会議石破防衛庁長官答弁）」である。

⇒ ①イラクに対する軍事作戦（経緯），②イラク戦争とその後，②連合国暫定当局による占領，②接続水域・排他的経済水域・群島水域・公海

3-134
イラク人道復興支援特別措置法の手続

procedures of the Law Concerning the Special Measures on Humanitarian and Reconstruction Assistance in Iraq

人道復興支援活動として実施される業務（附帯業務を含む）は，①医療，②被

災民の帰還の援助，食糧，衣料，医薬品その他の生活関連物資の配布又は被災民の収容施設の設置，③被災民の生活若しくはイラクの復興を支援する上で必要な施設・設備の復旧・整備又は自然環境の復旧，④行政事務に関する助言又は指導，⑤人道的精神に基づいて被災民を救援し若しくは被害を復旧するため，又はイラクの復興を支援するために実施する輸送，保管（備蓄を含む），通信，建設，修理若しくは整備，補給又は消毒である。安全確保支援活動として実施される業務（附帯業務を含む）は，国連加盟国が行うイラクの国内における安全及び安定を回復する活動を支援するために我が国が実施する医療，輸送，保管（備蓄を含む），通信，建設，修理若しくは整備，補給又は消毒である（イラク人道復興支援特別措置法第3条）。内閣総理大臣は，対応措置（人道復興支援活動又は安全確保支援活動）の基本計画の案につき閣議の決定を求めなければならない。基本計画に定める事項は，第一に対応措置に関する基本方針，第二に対応措置を実施する場合における①基本的事項，②種類及び内容，③実施区域の範囲及び区域の指定に関する事項，④自衛隊が外国の領域で実施する場合には，自衛隊の部隊等の規模・構成，装備及び派遣期間，⑤国連，人道復興関係国際機関等に無償又は時価よりも低い対価で譲渡するために関係行政機関が物品を調達する場合には，その実施に係る重要事項，⑥その他重要事項である。対応措置を外国の領域で実施する場合には，当該外国及び関係国際機関等と協議し，実施区域の範囲を定める（同法第4条）。内閣総理大臣は，①基本計画の決定又は変更があったとき，②基本計画に定める対応措置が終了したときは遅滞なく，国会に報告しなければならない（同法第5条）。内閣総理大臣は，自衛隊の部隊等が実施する対応措置については，対応措置を開始した日から20日以内に国会に付議して，国会の承認を求めなければならない。ただし，国会が閉会中の場合又は衆議院が解散されている場合には，その後最初に召集される国会において，速やかに，その承認を求めなければならない。政府は，不承認の議決があったときは，速やかに，対応措置を終了させなければならない（同法第6条）。「本法案が成立すれば，イラクの復興支援のための自衛隊の派遣について，いわば国会の承認が得られたとみなし得ることに加え，迅速な派遣を目指す観点から，国会との関係については，事後承認を規定しているもの（平成15年6月24日衆議院本会議小泉内閣総理大臣答弁）」である。この法律は，施行の日から起算して4年を経過した日に，その効力を失う（同法附則第2条）。別に法律で定めるところにより，4年以内の期間を定めて，その効力を延長することができる（同法附則第3条）。「4年を有効期限としたのは，イラクの復興にはある程度期間がかかると見込まれること及び我が国による国際協力の観点からは余り短い期間は適当でないことから，テロ対策特措法と同様の2年は短い（前出小泉内閣総理大臣答弁）」と考えられるからである。

⇒ ③テロ対策特別措置法の手続

3-135
イラク人道復興支援特別措置法に基づく活動
activities under the Law Concerning the Special Measures on Humanitarian and Reconstruction Assistance in Iraq

対応措置は，内閣府本府のイラク復興支援職員及び自衛隊の部隊等により実施する（イラク人道復興支援特別措置法第7条及び第8条）。イラク復興支援職員は，内閣府に置かれ，関係行政機関からの一般職の職員の派遣，地方公務員・民間人の新規採用により構成される（同法第7条及び第10条）。同法第7条によれば，内閣府本府による対応措置の実施として，①内閣総理大臣又はその委任を受けた者は，基本計画に従い，物品の提供を行う。②内閣総理大臣は，基本計画に従い，イラク復興支援職員に対し，役務の提供の実施を命ずる。③対応措置の実施に関し必要な事項は，政令で定める。同法第8条によれば，自衛隊による対応措置の実施として，①内閣総理大臣又はその委任を受けた者は，基本計画に従い，物品の提供を行う。②防衛庁長官は，基本計画に従い，実施区域を指定した役務の提供について実施要項を定め，内閣総理大臣の承認を得て，自衛隊の部隊等にその実施を命ずる。③自衛隊の部隊等の長又はその指定する者は，活動を実施している場所の近傍において，戦闘行為が行われるに至った場合又は付近の状況等に照らして戦闘行為が行われることが予測される場合には，活動の実施を一時休止し又は避難するなどして戦闘行為による危険を回避する。防衛庁長官は，実施区域の全部又は一部が法律又は基本計画に定められた要件を満たさないものとなった場合には，速やかに，その指定を変更し，又はそこで実施されている活動の中断を命じなければならない。④自衛隊による対応措置には，武器・弾薬の提供，戦闘作戦行動のために発進準備中の航空機に対する給油及び整備を含まない。「イラクの復興に当たり，我が国としてふさわしい貢献を行うためには，厳しい環境にあっても効果的な活動を遂行できるよう，建設，輸送，通信，医療，給食，給水，発電等の活動をほかの力をかりずにみずからの組織だけで実施することができるという自己完結性を備えた自衛隊の能力や，PKO活動等への参加など，これまでに積み重ねてまいりました他国の軍隊との協力に関する自衛隊の経験等を活用する必要がある（平成15年6月24日衆議院本会議石破防衛庁長官答弁）」。内閣総理大臣及び防衛庁長官は，対応措置の実施に当たっては，その円滑かつ効果的な推進に努めるとともに，イラク復興支援職員及び自衛隊の部隊等の安全の確保に配慮しなければならない（同法第9条）。我が国以外の領域（公海を含む）において対応措置に従事する者には，対応措置が行われる地域の勤務環境及び対応措置の特質にかんがみ，イラク人道復興支援等手当を支給することができる（同法第14条）。同法第17条による武器の

第3章 防衛政策・防衛行政

使用は次のとおりであり、国際平和協力法、テロ対策特別措置法と同様である。自衛隊の部隊等の自衛官は、自己又は自己と共に現場に所在する他の自衛隊員、イラク復興支援職員若しくはその職務を行うに伴い自己の管理の下に入った者の生命又は身体を防衛するためやむを得ない必要があると認める相当の理由がある場合には、その事態に応じ合理的に必要と判断される限度で、基本計画に定める装備である武器を使用することができる。武器の使用は、現場に上官が在るときは、その命令によらなければならない。ただし、生命又は身体に対する侵害又は危難が切迫し、その命令を受けるいとまがないときは、この限りでない。自衛隊法第95条（武器等防護のための武器使用）は適用される（別項「武器輸出三原則と例外」参照）。

⇒ ③自衛官の武器使用規定、③国際平和協力法の見直し、③テロ対策特別措置法に基づく活動

❹ 安全保障対話・防衛交流
Security Dialogues and Defense Exchanges

3-136
アジア太平洋地域における意義
significance in the Asia–Pacific Region

「東西両陣営が軍事的に対峙していた冷戦期の欧州では、欧州安全保障協力会議（CSCE）の場を中心に、大規模軍事演習など一定の軍事行動の規制などによる、奇襲攻撃の防止や情勢緊迫時の危機管理に重点が置かれた信頼醸成のための制度が確立した。一方、アジア太平洋地域は、地理的、歴史的に多様性に富み、各国の安全保障観も多様である。また、冷戦期にも、中国という第三極が存在していたため、欧州におけるような明確な東西対立は存在していなかった。このような諸要因を背景として、この地域では、今日に至るまで欧州のような多国間の安全保障の枠組みが構築されていない（平成12年版『日本の防衛』抜粋）」。アジア太平洋地域において、日米安全保障体制を始めとした米国を中核とした2国間の安全保障取極の積み重ねが、事実上地域の平和と安定を維持してきた。「冷戦構造の崩壊により、我が国の安全保障環境は、不透明かつ流動的なものとなった。冷戦崩壊後においては、各国間の利害対立軸が多様化し、我が国防衛当局としても、安全保障環境の把握のため、より広範な国々と交流を行うことにより、各国の国防面での意図・能力を把握する必要性が大きくなってきた（平成15年3月31日に防衛庁が取りまとめた平成14年度政策評価書（総合評価）のうち「二国間防衛交流」より抜粋）」。「日本は、アジア太平洋地域の平和と安定を確保していくためには、この地域における米国の存在と関与を前提としつつ、二国間及びASEAN地域フォーラム（ARF）等の多国間の対話の枠組みを幾重にも重ねる形で整備し、強化していくことが現実的で適切な方策であると考えている。こうし

た考えに従って，日本を取り巻く安定した安全保障環境の整備に取り組んでおり，そのために，安全保障対話や防衛交流の進展を通じて，相互の信頼関係を高め，安全保障分野における協力関係を進展させるよう努めている（平成15年版『外交青書』）」。なお，平成7年に策定された現防衛計画の大綱は，我が国の防衛力の役割について，「より安定した安全保障環境の構築への貢献」を掲げ，その中で「安全保障対話・防衛交流を引き続き推進し，我が国の周辺諸国を含む関係諸国との間の信頼関係の増進を図る」と記述している。

⇒ ①危機管理，①信頼醸成措置，①アセアン地域フォーラム，③防衛力の役割

3-137
2 国間防衛交流
bilateral defense exchanges

防衛庁は，2国間防衛交流を次のように分類している（平成14年版『日本の防衛』及び平成14年度政策評価書（総合評価）のうち「二国間防衛交流」参照）。①ハイレベル交流，②実務者交流，③部隊間交流，④留学生交流，⑤研究交流である。第一に，ハイレベル交流の意義は，意思決定者レベルでの重要事項に関する率直な意見交換により，相互理解や信頼関係を増進するとともに，爾後の交流に弾みをつけることである。その態様は，①防衛庁長官と各国国防大臣の対話・相互訪問，②統合幕僚会議議長，陸・海・空各幕僚長クラスの対話・相互訪問である。第二に，実務者交流の意義は，政策の企画立案者レベルでの継続的な意見交換により，ハイレベル交流の基礎を構築するとともに，相互理解や信頼関係の増進に寄与することである。その態様は，①局長・審議官クラスの実務者同士による協議，②統合幕僚会議事務局，陸・海・空各自衛隊と関係諸国の統合参謀本部，陸・海・空軍との間の対話である。第三に，部隊間交流の意義は，共同訓練や交流行事等を通じて，現場レベルでの相互理解や信頼関係を増進することである。その態様は，①練習艦隊などの艦艇，航空機の相互訪問，②捜索・救難に関する共同訓練の実施である。第四に，留学生交流の意義は，本来の教育上の目的のほかに，比較的長期の滞在による人的交流を通じて友好親善を増進し，相手国の防衛政策や部隊の実態などに対する理解や信頼関係の増進に寄与することである。その態様は，①外国からの留学生の受け入れ，②海外軍関係機関へ留学生の派遣である。第五に，研究交流の意義は，政策を担当する実務者とは異なり，研究者という自由な立場からの意見交換により，相互理解を深め，防衛交流の幅を広げることに寄与することである。その態様は，防衛研究所と諸外国の軍関係の研究機関などとの研究交流である。各国との具体的な2国間防衛交流の実態については，各年版『日本の防衛』参照。なお，米国は日本の同盟国であり，通常日米間の防衛に関する協議，協力は，本項の「2国間防衛交流」には含めない。別項「❺日米間の安全保障協議」及び「❻日米間の

⇒ ③統合幕僚会議，③幕僚長，③防衛研究所

3-138
多国間安全保障対話

multilateral security dialogues

防衛庁が主催する多国間安全保障対話を主催する機関別に分類すると，次のとおり（平成14年版『日本の防衛』参照）。①内部部局が主催するものとして，アジア・太平洋地域防衛当局者フォーラムがある。当地域においては，既にアセアン地域フォーラム（ARF）がある。ARFはその経緯から外交当局が運営上主導的役割を果たしているため，防衛当局の意向が反映されにくい面がある。このため，内部部局は本フォーラムを主催し，当地域各国の防衛政策担当局長・局次長クラスの防衛当局者が一堂に会し，地域の安全保障問題や各国の防衛政策に関する直接対話を行う場を提供している。この外，内部部局は，日米韓防衛実務者協議，アジア太平洋地域後方補給セミナー，アジア太平洋防衛分析会議に参加している。②防衛大学校が主催するものとして，国際防衛学セミナーがある。このセミナーは，防衛学教育・研究の充実，発展及び参加国間の相互理解の促進を目的としたものであり，アジア太平洋諸国の軍学校の教官などが参加している。この外，国際士官候補生会議を開催している。③防衛研究所が主催するものとして，アジア・太平洋諸国安全保障セミナーがある。その目的は，参加各国軍人間の相互理解を深め，信頼醸成措置の一助とするとともに，幹部自衛官等の国際性の向上に資することである。また，東南アジア諸国との防衛研究交流を実施している。④陸上自衛隊が主催するものとして，陸軍兵站実務者交流がある。この交流は，後方支援体制のあり方などについて意見を交換するものである。この外，太平洋地域陸軍管理セミナー，太平洋地域陸軍参謀総長等会議に参加している。⑤海上自衛隊が主催するものとして，アジア・太平洋諸国海軍大学セミナーがある。このセミナーは，参加者相互の意見交換及び交流を通じ，相互理解を深めるとともに，参加国間の信頼醸成に寄与することなどを目的としている。この外，国際シーパワーシンポジウム，西太平洋海軍シンポジウムに参加している。⑥航空自衛隊が主催するものとして，国際航空防衛教育セミナーがある。このセミナーは，アジア太平洋地域から各国の空軍大学関係者などを招待し，防衛教育などについて意見交換を行うものである。この外，太平洋地域空軍参謀総長等会議，環太平洋空軍作戦部長会議に参加している。なお，外務省が主催する安全保障対話については，外務省ホームページ参照。

⇒ ①アセアン地域フォーラム，①信頼醸成措置，③内部部局，③防衛大学校，③防衛研究所

❺ 軍備管理・軍縮
Arms Control and Disarmament

3-139
自衛隊の協力
cooperation of SDF

軍備管理・軍縮の分野において，自衛隊は様々な協力を行っている。第一に，軍備の透明性の確保については，①国連軍備登録制度に協力し，戦車，装甲戦闘車両，大口径火砲システム，戦闘用航空機，攻撃ヘリコプター，軍用艦艇，ミサイル及びミサイル発射装置の7種類の装備品について年間輸出入数量を国連に登録している。同制度は，軍備の透明性の向上をねらいとして，日本が欧州諸国とともに提案し，平成3年の国連総会で採択された「軍備の透明性」決議に基づき発足したものである。②防衛白書によって日本の防衛政策を説明するとともに，部隊の配置，保有する装備品の種類・数量に関する情報を公開している。③ホームページによって，調達情報，審議会・懇談会の検討状況，政策評価の実績を公開している。④国会議員の国政調査権に基づく質問主意書や情報公開制度にも対応している。⑤信頼醸成措置のうち，多国間の安全保障対話として，アジア・太平洋地域防衛当局者フォーラムやアジア・太平洋諸国安全保障セミナーを主催し，地域の安全保障問題や各国の国防政策について対話する場を提供している。第二に，軍備管理・軍縮問題を協議する国際機関あるいは会合に専門家を派遣している。第三に，陸上自衛隊化学学校は，化学兵器禁止条約の定める検証措置を担当する化学兵器禁止機関が実施する査察を受け入れている。第四に，対人地雷禁止条約（オタワ条約）で義務づけられている貯蔵対人地雷（約100万個）を廃棄するため，自衛隊が貯蔵していた対人地雷の廃棄を業者に委託した。平成15年2月，条約で認められた訓練などのための必要最小限の例外的な保有分を除き，すべての対人地雷を廃棄した。廃棄期までに対人地雷の廃棄が完了したことを周知するため，小泉首相出席の下，航空自衛隊饗庭野分屯基地で対人地雷廃棄完了式典を行った。第五に，中国遺棄化学兵器廃棄処理事業について，担当している内閣府に職員を出向させるなどの協力を行っている。これまでの調査の結果，中国に遺棄されている旧日本軍の化学兵器は約70万発に上ると推定される。平成14年の処理事業としては，中国黒龍江省孫呉県で，遺棄化学兵器の発掘・回収作業を実施した（平成15年版『日本の防衛』参照）。

⇒ ①軍備管理・軍縮，①信頼醸成措置，①国連通常兵器登録制度，①対人地雷禁止条約，①遺棄化学兵器，①②化学兵器禁止条約，②地雷，①②特定通常兵器（使用制限禁止）条約，③多国間安全保障対話

9　防衛行政と公益
Defense Administration and Public Interests

❶ 国民と自衛隊
People and the SDF

3-140
民生協力
contribution to national life

　自衛隊が行う代表的な民生協力として，第一に，危険物処理がある。陸上自衛隊が担当する不発弾処理と海上自衛隊が担当する機雷除去に区分される。不発弾処理は自衛隊法附則第14項，機雷除去は同法第99条をそれぞれ根拠規定としている。これらの活動は，国民生活や地域社会の安定に貢献するので，公益性がある（公益とは，国民，地域社会の視点からみた社会公共の利益であり，防衛行政をチェックする役割が期待される）。第二に，医療協力がある。防衛医科大学校は，医師である幹部自衛官となるべき者を教育訓練する防衛庁の機関として設置されている（防衛庁設置法第18条）。防衛医科大学校病院は，広く一般市民に診療が開放されており，埼玉県所沢市を始めとする地域医療に大いに貢献している。したがって，医療協力には，公益性がある。第三に，運動競技会への協力がある。自衛隊は，自衛隊法100条の3に基づき，自衛隊の任務遂行に支障を生じない限度において，国内で開催されるオリンピック競技大会，ワールドカップ・サッカー大会，駅伝大会などの運動競技会に対し，式典，通信，輸送，音楽演奏，医療・救急などの面で支援を行っている。運動競技への協力は，国民生活の利便性が向上するので，公益性がある。第四に，教育訓練の受託がある。防衛研究所一般課程などの教育課程には，自衛隊の任務遂行に支障を生じない限度において，民間企業からの研修員を受け入れている。これは，自衛隊法第100条の2を根拠としている。民間企業からの研修員の受入れは，自衛隊員と異なった価値観の者を受け入れ，自衛隊員と切磋琢磨することによって，教育効果を高めるのが主な目的であるが，民間企業から受け入れている研修員にも教育効果が及ぶ範囲において，部分的に公益性があるといえよう。第五に，土木工事の受託がある。これは，自衛隊のブルドーザーなどを保有する施設部隊の訓練の目的に適合する場合であって，かつ，民間の活動を阻害しない場合，例えば僻地において，地方自治体から受託するものである。この活動は自衛隊法第100条に基づくものであり，国民生活が安定しあるいは利便性が向上するので，公益性がある。第六に，輸送事業の受託がある。これは，土木工事の受託と同様に，自衛隊法第100条を根拠規定としているものである。この活動は，例えば僻

地における病院移転に伴う患者輸送について地方自治体から受託するものであり，国民生活が安定しあるいは利便性が向上するので，公益性がある。

⇒ ③防衛医科大学校，③防衛研究所

3-141
官庁間協力
support activities to other central government organs

国家行政組織法第2条第2項は，「国の行政機関は，内閣の統轄の下に，その政策について，自ら評価し，企画及び立案を行い，並びに国の行政機関相互の調整を図るとともに，その相互の連絡を図り，すべて，一体として，行政機能を発揮するようにしなければならない。内閣府との政策についての調整及び連絡についても，同様とする。」と規定している。この規定に基づき，防衛庁が他省庁に対し行う官庁間協力の典型的な類型は，次のとおり。第一に，南極地域観測への協力がある。そもそも南極地域の観測は，文部科学省の事業である。海上自衛隊は，自衛隊法第100条の4に基づき砕氷艦を運航することによって，他省庁の事業に協力しているに過ぎない。このため，南極地域観測への協力には，公益性がないものと考えられる。仮に，文部科学省の事業それ自体に公益性が認められるとしても，自衛隊活動の国民生活への公益性は，間接的なものにとどまる。第二に，国賓等の輸送がある。自衛隊法第100条の5によれば，防衛庁長官は国の機関から依頼があった場合には，自衛隊の任務遂行に支障を生じない限度において，航空機による国賓等の輸送を行うことができる。国賓等の輸送に関する自衛隊の協力は，他の国家機関からの依頼に基づくものであり，国民生活に対する公益性はない。第三に，火山観測，海氷観測及び高空浮遊塵収集，放射能分析がある。自衛隊は，気象庁の要請による航空機での火山観測や北海道沿岸地域の海氷観測など各種の観測支援，放射能対策本部の要請による高空の浮遊塵の収集や放射能分析を行っている。これらの自衛隊活動は，他の国家機関からの依頼に基づくものであり，国民生活に対する公益性はない。仮に，他省庁の事業それ自体に公益性が認められるとしても，自衛隊活動の公益性は間接的なものにとどまる。第四に，航空測量がある。これは，地図作成のため，国土交通省国土地理院の要請により実施している。この自衛隊活動は，他の国家機関からの依頼に基づくものであり，国民生活に対する公益性はない。仮に，国土地理院の事業それ自体に公益性が認められるとしても，自衛隊活動の公益性は間接的なものにとどまる。

3-142
情報公開
information disclosure

行政機関の保有する情報の公開に関する法律（平成11年法律第42号）第3条は，何人も，この法律の定めるところにより，行政機関の長に対し，当該行政機関の保有する行政文書の開示を請求することが

できる旨規定している。行政文書とは，行政機関の職員が職務上作成し，又は取得した文書，図画及び電磁的記録であって，当該行政機関の職員が組織的に用いるものとして，当該行政機関が保有しているものをいう。ただし，①官報，白書等不特定多数の者に販売することを目的として発行されるもの，②公文書館その他の機関において，歴史的若しくは文化的な資料又は学術研究用の資料として特別の管理がされているものを除く（同法第2条）。防衛庁で②に該当するのは，防衛研究所図書館が保管している戦史史料である（同法施行令第2条及び平成13年総務省告示第202号）。防衛庁における情報公開制度の概要は，次のとおりである（平成14年度政策評価書（総合評価）のうち「防衛庁における情報公開制度」より抜粋）。長官官房文書課内に情報公開室を設け，中央窓口・地方窓口・郵送による受付を全て庁情報公開室で一元的に管理している。情報公開窓口は中央に1か所（市ヶ谷の防衛本庁），地方に7か所（札幌，宮城，愛知，大阪，広島，香川，福岡の各自衛隊地方連絡部）に設け，防衛庁に対する開示請求を受け付けている。同法第17条に基づき開示請求の受付，開示の実施に係る事務及び手数料の徴収事務について，窓口が置かれる自衛隊地方連絡部長への委任を行っている。処理実績としては，平成13年4月の情報公開制度施行以来，平成14年12月末時点で防衛庁においては1,880件（移送受け23件（外数））の開示請求を受け付け，1,839件の開示決定等（開示決定725件，部分開示決定889件，不開示決定225件）を行った。また，不服申立ては114件（うち3件取り下げ）を受け付け，うち決定済み19件（情報公開審査会の答申を受けたもの18件，諮問不要のもの1件），答申後決定準備中1件，情報公開審査会で審議中4件である。防衛庁は，国の安全に係る機微な情報を多く保有しているものの，不開示決定の割合は減少傾向にある。法施行後，法の規定に基づき平成14年12月末までに行った開示決定等のうち87.8％が開示又は部分開示とされたことは，現在，その割合において，平成13年度の全省庁ベースから見ても遜色はないと考えられる。今後の方策として前記文書は，①事務処理の停滞を防止するための進行管理の徹底，②不服申立て処理の迅速化，③長官官房文書課情報公開室による地方窓口の現状把握及び指導，④情報公開制度の運用状況を踏まえた制度の見直しについて，言及している。

⇒ ③自衛隊地方連絡部

郵 便 は が き

料金受取人払

1 1 3 - 0 0 3 3

本郷局承認

2455

東京都文京区
本郷 6 － 2 － 9 － 102

差出有効期間
平成17年2月
28日まで

（切手不要）

信山社出版株式会社　行

※本書以外の小社出版物の購入申込みをする場合に御使用下さい。(5[K]540)

購入申込書	書名等をご記入の上お買いつけの書店にお渡し下さい。		
〔書　名〕		部数	部
〔書　名〕		部数	部

◎書店様へ　取次番線をご記入の上ご投函下さい。

愛読者カード お手数ですが本書の著者名・書名をご記入ください。

[著者名　　　　　　書　名
　　　　　　　　　：
　　　　　　　　　：]

フリガナ ご芳名		年齢　　　　歳	男　女

フリガナ
ご住所

郵便番号　　　　　　　　　FAX：
TEL：　　　　　　　　　　　Eメール：

ご職業	本書の発行を何でお知りになりましたか。 A書店店頭　B新聞・雑誌の広告　C小社ご案内 D書評や紹介記事　E知人・先生の紹介　Fその他

本書についてのご感想・ご意見をご記入下さい。

今後どのような図書の刊行をお望みですか。また、本書のほかに小社の出版物をお持ちでしたら、その書名をお書き下さい。

❷ 基地対策
Measures for Environmental Issues Concerning Defense Facilities and Areas

3-143
環境整備法の体系

framework of the Law Concerning Adjustment, etc. of Living Environment in the Environs of Defense Facilities

防衛施設庁が担当している基地対策の基本となる法律の名称は，防衛施設周辺の生活環境の整備等に関する法律（昭和49年法律第101号）であり，省略して「環境整備法」と呼称する。この法律の目的は，自衛隊等の行為又は防衛施設の設置若しくは運用により生ずる障害の防止等のため防衛施設周辺地域の生活環境等の整備について必要な措置を講ずるとともに，自衛隊の特定の行為により生ずる損失を補填することにより，関係住民の生活の安定及び福祉の向上に寄与することである（同法第1条）。防衛施設とは，自衛隊や在日米軍の基地，演習場，飛行場などを指す。障害の原因が自衛隊等の行動（例えば，演習や訓練）の場合の環境整備法上の施策として，第一に，障害防止工事の助成がある（同法第3条第1項）。これは，例えば，演習場に頻繁に出入りする重車両のために損傷する周辺道路の舗装事業への助成を指す。第二に，航空機騒音対策として，①学校，病院等の防音工事の助成（同法第3条第2項），②住宅防音工事の助成（同法第4条），③移転補償（同法第5条第1項），④土地の買入れ（同法第5条第2項），⑤緑地帯の整備（同法第6条）がある。第三に，事業経営上の損失を補償している（同法第13条）。これは，例えば，漁業権が設定されている海域でミサイルの試射を行う場合の水揚げの減少に伴う損失補填のことである。他方，障害の原因が，自衛隊や在日米軍の個別の活動（演習や訓練）に伴う障害ではなく，自衛隊や在日米軍の基地を始めとする防衛施設の存在それ自体の場合がある。基地などの防衛施設が所在する地方自治体は，防衛施設がまったく存在しない地方自治体に比べ，大きなハンディキャップを背負っている。防衛施設の存在が，周辺住民の生活や事業活動を阻害し，健全な街作りが困難である場合がある。このようなハンディキャップを解消するため，環境整備法上の施策として，第一に，民生安定施設の助成を行っている（同法第8条）。これは，生活環境施設や事業経営安定化施設を地方公共団体が整備する場合において，他省庁の同種の補助金よりも補助率を上乗せして助成するものである。第二に，特定防衛施設周辺整備調整交付金の制度がある（同法第9条）。これは，基地問題が特に深刻な特定防衛施設関連市町村に対して，公共用の施設の整備に充てる費用として，同交付金を交付するものである。有事に役立つ精強な自衛隊を作るために，平時に訓練をすればする程，騒音振動を惹起し，住民の法益を侵害する。特に，防衛施設周辺の住民や地域社会に負担をかける。環境整備法の意義は，

住民の侵害された法益を多少なりとも回復し、基地問題に関する国民負担の公平化を図り、均衡ある地域社会を発展させるという公益上の配慮に基づく法律であるということである。①基地問題と直接関係のない他省庁の同種補助金よりも補助率を上乗せし、②ユニークな制度である周辺整備調整交付金の制度を創設しているのも、公益上の配慮に基づくものと考えられる。

❸ 在日米軍施設・区域
USFJ Facilities and Areas

3-144
地位協定と施設・区域
Status of Forces Agreement and USFJ facilities and areas

日本政府が在日米軍に施設・区域を提供する根拠は日米間の条約である地位協定である。地位協定上、施設・区域に関する定義はないが、「建物、工作物等の構築物及び土地、公有水面」と一貫して解されてきた（昭和48年3月23日参議院予算委員会政府委員答弁）。地位協定第2条第1項（a）は、「合衆国は、相互協力及び安全保障条約第6条の規定に基づき、日本国内の施設及び区域の使用を許される。…（中略）…『施設及び区域』には、当該施設及び区域の運営に必要な現存の設備、備品及び定着物を含む。」と規定している。施設・区域のうち専用施設は、この規定に基づき、在日米軍に提供している。在日米軍の専用施設約313km²のうち、75％が沖縄県に集中している。用途別にみると、演習場が54％、飛行場が19％、倉庫が13％、その他14％となっている（平成14年版『日本の防衛』参照）。また、同協定第2条第4項（b）に基づき、自衛隊の演習場等を在日米軍が一時使用している（2—4—b施設）。一方、在日米軍施設・区域を自衛隊が共同利用する根拠規定は、同協定第2条第4項（a）である（2—4—a施設）。この規定に基づき、米空軍三沢飛行場を航空自衛隊が、米海軍厚木飛行場を海上自衛隊が共同使用している。「個個の施設及び区域に関する協定は、合同委員会を通じて両政府が締結しなければならない（同協定第2条第1項a抜粋）」。施設・区域の返還及び原状回復については、次のとおり規定している。「合衆国軍隊が使用する施設及び区域は、この協定の目的のため必要でなくなったときは、いつでも、日本国に返還しなければならない（同協定第2条第3項抜粋）」。「合衆国は、この協定の終了の際又はその前に日本国に施設及び区域を返還するに当たって、当該施設及び区域をそれらが合衆国軍隊に提供された時の状態に回復し、又はその回復の代りに日本国に補償する義務を負わない（同協定第4条第1項）」。在日米軍が保有する施設・区域の管理・運営に関する権限の一例は、次のとおり。「合衆国は、施設及び区域内において、それらの設定、運営、警護及び管理のための必要なすべての措置を執ることができる（同協定第3条第1項抜粋）」。「合

衆国の軍当局が公認し、かつ、規制する海軍販売所、ピー・エックス、食堂、社交クラブ、劇場、新聞その他の機関は、合衆国軍隊の構成員及び軍属並びにそれらの家族の利用に供するため、合衆国軍隊が使用している施設及び区域内に設置することができる。これらの諸機関は、この協定に別段の定めがある場合を除くほか、日本の規制、免許、手数料、租税又は類似の管理に服さない（同協定第15条第1項a抜粋）」。「これらの諸機関による商品及び役務の販売には、別段の定めがある場合を除くほか、日本の租税を課さない（同協定第15条第2項抜粋）」。これらの規定により、施設・区域内のピー・エックス等で販売する商品には消費税を課さない免税扱いとなっている。

⇒ ②地位協定、③在日米軍駐留経費負担、③日米合同委員会

3-145
SACO設置の経緯
circumstances surrounding the SACO establishment

沖縄県には、平成15年1月現在、36施設、約234km²の在日米軍施設・区域（専用施設）が所在している。これは面積にして、全国で在日米軍に提供している専用施設の約75％に相当する。沖縄県が戦略的に極めて重要なため、米軍基地が集中している実態を表している。沖縄県に所在する専用施設は、県土面積の約10％、沖縄本島の約18％を占める状況となっている（防衛施設庁ホームページ参照）。この状況は、沖縄県に集中する在日米軍施設・区域が、まさに「防衛施設の設置又は運用によりその周辺地域の住民の生活又は事業活動が阻害されると認められる場合（環境整備法第8条参照）」に相当しているといえよう。「平成7年9月に起きた米軍人による女子児童暴行事件や沖縄県知事が駐留軍用地特別措置法に基づく署名・押印を拒否したことなどを契機として、全国的にも基地問題に対する世論の関心が高まった。これらのことから、政府は、更なる在日米軍施設・区域の整理・統合・縮小を進め、長年にわたる沖縄県民の負担を可能な限り軽減することが重要と考え、沖縄県に所在する施設・区域に係る諸問題について協議することを目的として、昨年11月、国と沖縄県の間に『沖縄米軍基地問題協議会』を、日米間に『沖縄に関する特別行動委員会』（SACO：Special Action Committee on Okinawa）を設置した（平成8年版『日本の防衛』より筆者一部修正の上抜粋）」。沖縄米軍基地問題協議会の目的は、沖縄県に所在する施設及び区域に係る諸問題に関し協議することである。その構成員は、外務大臣、内閣官房長官、防衛庁長官及び沖縄県知事であり、内閣官房長官が協議会を主宰する（平成7年11月17日閣議決定）。SACOは、平成7年11月に、日米両国政府によって設置された。「日米双方は、日米安保条約及び関連取極の下におけるそれぞれの義務との両立を図りつつ、沖縄県における米軍の施設・区域を整理、統合、縮小し、また、沖縄県における米軍の運用の方法を調整する方策について、SACOが日米

安全保障協議委員会（SCC）に対し勧告を作成することに合意した（平成8年4月15日 SACO 中間報告より抜粋）」。
　　⇒ ①アジア太平洋における前方展開戦力，②地位協定，③環境整備法の体系，③地位協定と施設・区域，③日米安全保障協議委員会

3-146
SACO 最終報告
SACO Final Report

SACO 最終報告（平成8年12月2日）の骨子は，以下のとおり。

第一に，前文において，次のように述べている。「SACO は，日米合同委員会とともに，一連の集中的かつ綿密な協議を行い，中間報告に盛り込まれた勧告を実施するための具体的な計画及び措置をとりまとめた。本日，日米安全保障協議委員会（SCC）において，池田大臣，久間長官，ペリー長官及びモンデール大使は，この SACO 最終報告を承認した。この最終報告に盛り込まれた計画及び措置は，実施されれば，沖縄県の地域社会に対する米軍活動の影響を軽減することとなろう。同時に，これらの措置は，安全及び部隊の防護の必要性に応えつつ，在日米軍の能力及び即応態勢を十分に維持することとなろう。…（中略）…SCC は，各案件を実現するための具体的な条件を取り扱う実施段階における両国間の主たる調整の場として，日米合同委員会を指定した。地域社会との所要の調整が行われる。…（中略）…SCC の構成員は，SCC 自体と日米安全保障高級事務レベル協議（SSC）が，前記の日米合同委員会における調整を監督し，適宜指針を与えることに合意した。また，SCC は，SSC に対し，最重要課題の一つとして沖縄に関連する問題に真剣に取り組み，この課題につき定期的に SCC に報告するよう指示した」。

第二に，土地の返還については，①普天間飛行場，②北部訓練場，③安波訓練場，④ギンバル訓練場，⑤楚辺通信所，⑥読谷補助飛行場，⑦キャンプ桑江，⑧瀬名波通信施設，⑨牧港補給地区，⑩那覇港湾施設，⑪住宅統合（キャンプ桑江及びキャンプ瑞慶覧）に関し，記述している。第三に，訓練及び運用の方法の調整については，①県道104号線越え実弾砲兵射撃訓練，②パラシュート降下訓練，③公道における行軍に関し，記述している。第四に，騒音軽減イニシアティヴの実施については，①嘉手納飛行場及び普天間飛行場における航空機騒音規制措置，②KC-130ハーキュリーズ航空機及びAV-8ハリアー航空機の移駐，③嘉手納飛行場における海軍航空機及びMC-130航空機の運用の移転，④嘉手納飛行場における遮音壁，⑤普天間飛行場における夜間飛行訓練の運用の制限に関し，記述している。第五に，地位協定の運用の改善については，①事故報告，②日米合同委員会合意の公表，③米軍の施設及び区域への立入，④米軍の公用車両の表示，⑤任意自動車保険，⑥請求に対する支払い，⑦検疫手続，⑧キャンプ・ハンセンにおける不発弾除去等に関し，記述している。

SACO最終報告の詳細な記述の内容，SACO最終報告の進捗状況については，最新版の『日本の防衛』及び防衛施設庁のホームページを参照のこと。

⇒ ③日米安全保障協議委員会，③日米合同委員会，③地位協定と施設・区域

3-147
普天間飛行場の返還
return of Futenma Air Station

普天間飛行場は，宜野湾市の中央部に位置しており，米海兵隊のヘリコプター基地として総合的に整備されている。航空機騒音の発生，航空機墜落の危険性，地域社会の健全な発展などの理由から，平成8年12月のSACOの最終報告において，全面返還が日米間で合意されたが，施設の返還が県内の海上施設への移設を前提としている（沖縄県庁及び宜野湾市のホームページ参照）。大田前沖縄県知事は，海上ヘリポート案の受け入れ拒否を表明した。平成11年11月，稲嶺沖縄県知事は，普天間飛行場の移設に関し，名護市に理解と協力を要請した。これを受け，同年12月名護市長が受け入れを表明した。政府は，平成11年12月28日，「普天間飛行場の移設に係る政府方針」を閣議決定した。その骨子は，以下のとおり。①普天間飛行場代替施設は，軍民共用空港を念頭に整備を図る。②建設地点を「キャンプ・シュワブ水域内名護市辺野古沿岸域」とする。③代替施設の工法及び具体的建設場所の検討を含めて基本計画の策定を行う。④環境影響評価を実施し，自然環境への影響を最小限に止めるための適切な対策を講じる。⑤代替施設の使用に関し，政府関係当局と名護市との間で協定を締結し，沖縄県が立ち会う。⑥代替施設の建設，運用に関する適切な協議機関を設置する。⑦使用期限問題を米国政府との話し合いの中で取り上げるとともに，在沖縄米軍の兵力構成等の軍事態勢につき，米国政府と協議する。⑧SACO最終報告を踏まえ，さらなる米軍施設・区域の計画的，段階的な整理・統合・縮小に取り組む。⑨地位協定の運用改善に努める。⑩普天間飛行場移設先及び沖縄県北部地域の振興について，確実な実施を図る。平成12年8月政府，沖縄県及び地元地方公共団体の間で，①代替施設の規模，工法及び具体的建設場所，②その他代替施設の基本計画の策定に必要な事項を協議するため，代替施設協議会が設置された。平成14年7月29日第9回（最終）代替施設協議会において，「普天間飛行場代替施設の基本計画」が次のとおり，決定された。①滑走路の数は1本とし，長さは2,000メートルとする。代替施設本体の面積は最大約184ヘクタールとし，形状はおおむね長方形とする。②代替施設の建設は，埋立工法で行う。③具体的建設場所は，辺野古集落の中心（辺野古交番）から滑走路中心線までの最短距離が約2.2キロメートル，平島から代替施設本体までの最短距離が約0.6キロメートルの位置とする。④代替施設の建設に当たっては，環境影響評価を実施するとともに，その影響を最小限に止めるための適切な対策を講じる。

基本計画の策定を受け，平成15年1月28日代替施設建設協議会が設置された。その目的は，普天間飛行場代替施設について，地域の住民生活及び自然環境に著しい影響を及ぼすことのないよう最大限の努力を行いつつその円滑な建設を推進することである。協議会の構成員は，沖縄及び北方対策担当大臣，防衛庁長官，外務大臣，国土交通大臣，沖縄県知事，名護市長，東村長及び宜野座村長である。ただし，環境に係る課題を協議する際には，環境大臣の出席を求める。代替施設建設協議会の最新の状況については，総理官邸のホームページ参照のこと。

⇒ ③地位協定と施設・区域

3-148
実弾射撃訓練の本土移転
relocation of artillery live-fire training to mainland Japan

沖縄県の名護市，恩納村，宜野座村，金武町にまたがるキャンプ・ハンセンでは，米海兵隊の演習場として，実弾射撃訓練が実施されてきた。県道104号線を越えて実弾を射撃するため，周辺地域へ与える不安や山火事による自然破壊が危惧されてきた。「沖縄県内で，実弾射撃訓練に伴う山火事が，復帰後から平成13年末までに402件起きている（平成14年4月9日参議院外交防衛委員会政府参考人答弁を筆者一部修正）」。沖縄に関する特別行動委員会（SACO）は，平成8年12月その最終報告で，実弾射撃訓練の本土での分散実施について取りまとめ，日米安全保障協議委員会に報告し，了承された。「本土への分散実施前の（沖縄県における）訓練実績につきましては，キャンプ・ハンセンでおおむね大隊規模以下で年間十数回，延べ三十数日，155ミリりゅう弾砲の実弾射撃訓練が行われていたものと承知（平成14年3月19日参議院外交防衛委員会中谷防衛庁長官答弁）」している。本土で分散実施する訓練は，「平成8年8月29日の合同委員会の合意に基づいて，キャンプ・ハンセンで行われていた訓練と同質同量の訓練を行うこととされている…（中略）…本土で実施される訓練についても，訓練規模は，支援部隊を除き，最大規模で約人員300名強，砲12門，車両60台とし，訓練は年間合計最大35日を年間最大4回，これは各回の射撃日数最大10日に分けて実施をするもの（前出答弁）」である。「なお，訓練の時間帯につきましては，自衛隊の訓練と同様の時間帯の範囲内で訓練することが可能（前出答弁）」である。地位協定第24条に対する特別協定上の施策として，日本政府は，訓練の移転に伴い追加的に必要となる経費を負担するとともに，必要な支援を行っている。「主な経費負担項目は，①人員・物資の輸送費，②燃料購入費，③現地調査費であり，主な米側への支援は，①演習場における安全情報及び技術的支援の提供，②沖縄から移転先演習場への輸送（平成14年3月13日参議院予算委員会政府参考人答弁抜粋）」である。なお，本土においては，矢臼別演習場（北海道），王城寺原演習場（宮城県），北富士演習場（山梨県），東富士演習場（静岡県），日出生台演習場（大

分県)の各演習場で訓練を分散し,実施している。

⇒ ③SACO最終報告,③日米安全保障協議委員会,③在日米軍駐留経費負担

3-149
空母艦載機着陸訓練場
landing practice ground for carrier – based aircraft

航空機騒音問題は,これまでに小松,横田,厚木,嘉手納飛行場の周辺住民から,夜間の離着陸の差止請求,騒音被害に対する損害賠償請求などを内容とする訴訟が提起されてきている。このうち,横田(1~3次),小松(1・2次),厚木(1・2次)及び嘉手納(1~3次)の各基地騒音訴訟については,過去の騒音被害に対する損害賠償請求を認めた判決が確定している(平成13年版『日本の防衛』)。特に,「米海軍厚木飛行場には,米空母キティホークの横須賀入港時にその艦載機が飛来し,NLP(Night Landing Pratice。基地の滑走路を空母の甲板に見立てて行う夜間の離着陸訓練)を中心とした航空機騒音が,周辺地域で大変深刻な問題となっている。人口密集地の中に米軍基地を抱え,このような騒音の被害が100万人以上にも及ぶ県は,全国でもほかに例がない(以上神奈川県のたより2003年7月号より抜粋)」。「空母艦載機が洋上の空母へ着艦するには,非常に高度な技術が要求されるため,空母が入港している間も,パイロットは,飛行場での着陸訓練を十分に行い,その技量の維持に努めなければならない。深刻な騒音問題を解決するため,日本政府は,三宅島に代替訓練場を設置することが適当と考え,そのための努力を続けてきたが,地元の理解が得られていない。さらに,現在,活発な火山活動の影響から全島民が避難している状況にある。一方,厚木飛行場周辺の騒音問題をこのまま放置しておくことができないため,平成元年の日米間の協議により,三宅島に訓練場を設置するまでの暫定措置として,硫黄島を利用することとした。同年から艦載機着陸訓練に必要な施設の整備を進め,平成3年から訓練が開始された(平成13年版『日本の防衛』抜粋)」。「その結果,昨年までの過去5年間の硫黄島での実施率はおよそ80%となっております。しかし,本年の現時点においては,天候上の理由等により硫黄島での実施率は例外的に約25%と低くなっております。政府としては,本年の状況は好ましくないと考えておりまして,今後できる限り多くのNLPが硫黄島で実施されるよう既に米側に申し入れたところでございます(平成12年11月10日参議院本会議河野外務大臣答弁)」。なお,騒音訴訟に関する下級審判決には,第3次厚木騒音訴訟の第1審判決(平成14年10月16日横浜地方裁判所。その後国側は控訴)のように,原告団(騒音被害者)が全面勝訴と評価している注目すべき判決がある。注目点は,次のとおり。①加重等価継続感覚騒音レベル(WECPNL:Weighted Equivalent Continuous Perceived Noise Level)75以上の地域につき,航空機騒音の程度が

受忍限度を超え，違法であることが，厚木基地訴訟史上初めて認められた。②中途から騒音被害地域に転入ないし地域内移動をした原告には損害賠償を認めるべきではないという被告の「危険への接近」の主張はほぼ全面的に退けられた。③判決で救済を認められた住民数は4,951名中4,935名，損害賠償として認容された金額は約27億4,600万円にのぼる。④過去2回にわたり厚木基地周辺の騒音被害につき違法判断がされているのに，国は防音工事助成等の周辺対策をなすのみで，「被害解消に向けて本腰を上げて真摯な対応を取っているようにはうかがわれない」として，国に対する厳しい弾劾がなされている（平成14年10月16日横浜地裁判決に際して原告団と弁護団の声明参照）。

❹ 防衛と環境
Relationship between Defense and Environment

3-150
環境保全
environmental conservation

防衛施設（自衛隊施設と在日米軍施設・区域の総称）を巡る環境問題は，有事においていかに自衛権を効果的に行使できるかという防衛行政上の問題と平時において良い住環境で暮らしたいという基地周辺住民の社会公共の利益（公益）とのバランスの問題である。有事においては，前者に重きが置かれることは，武力攻撃事態対処関連三法のうち，平成15年法律第80号により，防衛出動時に環境規制を含めた関係法律の特例が，自衛隊の活動に対して認める旨規定されたことからも明らかである。ポイントは平時において，本問題にいかに対処するかである。環境問題のうち，特に深刻なのが航空機による騒音問題である。作戦用航空機，特に戦闘機はその任務達成上民間機とは異なり，技術的に低騒音化の限界がある。人口が稠密で，国土が狭隘な日本において，飛行場周辺は既に開発されている所が多い。環境基準を達成するために，緑地帯等の緩衝地帯を十分に確保することも困難を極めている。このような状況から，飛行場周辺の住民が航空機騒音訴訟を提起している。国は環境整備法に基づき，防音工事の助成を中心に周辺対策を実施しているが，抜本的な解決策になっていない。同じ飛行場を対象に数次にわたり訴訟が提起されているケースがあり，住民の受忍限度を超える状態を放置する国の取組に対し厳しい指摘をする下級審判決があり，注目される。なお，環境整備法は，航空機騒音のみならず，自衛隊等の運用や防衛施設の設置に伴う障害にも対応しており，基地対策の基本法である。防衛庁を巡るもう一つの環境問題がある。それは，実力組織としての自衛隊ではなく，他省庁と同様な立場で環境にいかに負荷をかけないで，工業製品等を消費するかということである。すなわち，工業製品等のエンド・ユーザーとしての立場である。平成12年12月22日閣議決定された環境基本計画に基づき，

「防衛庁環境配慮の方針」が策定されている。さらに，国等による環境物品等の調達の推進等に関する法律に基づき，各年度の環境物品等の調達方針が，ホームページで公開されている。さらに，在日米軍施設・区域において環境問題が生起する場合がある。在日米軍には日本国の環境法令は直接適用されないものの，日本国の法令を尊重し，公共の安全に妥当な配慮を払わなければならない（地位協定第16条の解釈）。環境省ホームページ http://www.env.go.jp/air/info/esc.html （環境省環境管理局総務課）によると，日米両国の環境法令を勘案した日本環境管理基準（JEGS：Japan Environmental Governing Standards）が，在日米軍によって環境保全の規範として，作成されている。

⇒ ③防衛出動と関係法律，③環境整備法の体系，③日米合同委員会

第4章　安全保障と経済・金融

関井 裕二

1　国際機構　　5　貿　　易
2　地域機構　　6　経済援助
3　国際経済　　7　資源問題
4　金　　融　　8　地球環境問題

第4章 安全保障と経済・金融

第4章の構成

　本章は，安全保障に関連する経済用語60項目にわたって解説したものである。本来，経済・金融と軍事としての安全保障とは関連性が薄く，従来は日米安保と貿易摩擦問題が関連づけられた程度である。しかしながら，グローバリゼーションの進展，市場経済化の浸透により，安全保障をもはや軍事的視点からのみでなく，総合的な視点から捉える必要が出てきた。

　本章ではそのような意味で，経済・金融と安全保障双方に関係のある用語を選んでいる。したがって，最近の経済事項として重要と思われる用語でも，安全保障に関係のない用語は掲載していない。また，流行語として新聞・雑誌などでよく見かける言葉でもすぐに陳腐化するような用語も省略した。あくまで，現在及び将来において重要性を失わない言葉を選択したつもりである。さりながら，最近の技術進歩の速さ，経済現象の変遷の速さ・複雑化は予想以上のものがあり，慎重に厳選したこれらの用語の意義・重要性が将来，変わることがあるかもしれない。

　用語は，「国際機構」「地域機構」「国際経済」「金融」「貿易」「経済援助」「資源問題」「地球環境問題」と8つの区分に分かれている。区分を越えて関係のある用語も多いため，相互に読んでいただけるとより理解が深まると思われる。

1　国際機構

4-1
主要国首脳会議
Summit Meeting
[略語] サミット

　世界の主要国の首脳が一堂に会して，政治，経済全般に関する話し合いを行う国際会議。1973年の第1次オイルショックの影響で，世界の経済，金融が混乱し，主要先進国の経済が低迷した。そのため，主要先進国の首脳がマクロ経済，通貨，貿易，エネルギーなどの経済問題について，意見を交換する場を設けようということで，フランスのジスカールデスタン大統領，西ドイツのシュミット首相の発案により，75年11月，第1回目のサミットがフランスのランブイエで開催された。初回の参加国は，アメリカ，イギリス，

フランス，西ドイツ，イタリア，日本の6カ国であった。サミットは年1回，各国持ち回りで開かれる。当初，サミットの議題は経済問題が主であったが，政治問題も取り上げられるようになり，現在では，政治，経済の問題全般について幅広く，議論されるようになった。参加国は，第2回のサンファン・サミットからカナダが，第3回ロンドン・サミットからECが加わり，日，米，欧の先進7カ国となった。東西冷戦が終結し，91年のロンドン・サミットでは，ゴルバチョフ大統領がソ連の元首として初めて，サミットへ出席した。これは，「7プラス1」方式と呼ばれ，G7の首脳にソ連の大統領が加わるという構図である。次のミュンヘン・サミットではロシアのエリツィン大統領が招かれ，その後，ロシアを含めた8カ国の構成が定着した。

1970年代のサミットは，第1次オイルショックの影響により，西側先進国が低成長，インフレに苦しんでいた時期だったため，マクロ経済政策に重点が置かれ，景気後退からの脱却とインフレ抑制が主たるテーマとされた。また，通貨の安定，自由貿易体制の維持強化がうたわれた。79年の東京サミットでは，第2次オイルショックにより石油価格が急騰したため，エネルギー問題が主要な議題となった。

1980年代に入ると，79年のソ連のアフガニスタン侵攻により東西緊張が高まったことから，経済問題から政治問題に力点が置かれるようになった。ソ連のアフガニスタン侵攻後最初のベネチア・サミットでは正式に政治問題が議題として取り上げられた。その後，83年のウィリアムズバーグ・サミットでは，議長であるレーガン大統領のイニシアティブもあり，東西関係，とりわけソ連に対する安全保障問題が幅広く議論され，「平和と軍縮に関する政治声明」が出されることとなり，政治サミット化が頂点に達した。80年代後半には，通貨，エネルギー問題の比重は小さくなり，マクロ経済，貿易の問題がテーマの中心となった。また，80年代前半に大きく取り上げられた東西問題は，ゴルバチョフ大統領登場後，米ソの緊張緩和が急速に進んだため，議題となることはなく，再び経済問題が中心となった。

1990年代に入ると，冷戦後の旧ソ連，東ヨーロッパの経済体制の市場経済化の問題，通貨危機（メキシコ，アジア）などの途上国の問題も取り上げられるなど，先進国の問題に限らず，地球的規模の問題についても議論されるようになった。近年では，サミットの政治ショー化，運営方法の硬直化が問題とされ，サミットの運営方法を改善すべきではないかとの批判も出て来ている。

⇒ ④市場経済化，④アジア通貨危機，⑤ソ連のアフガニスタン侵攻

4-2
先進7カ国財務相・中央銀行総裁会議

Group of Seven countries

略語 G7

主要国首脳会議（サミット）に出席する日本，アメリカ，イギリス，ドイツ，

フランス，イタリア，カナダの7カ国の財務相・中央銀行総裁会議。1985年9月，アメリカは貿易収支の悪化を改善するため，ドル高是正を目的とするプラザ合意を，日本，アメリカ，イギリス，西ドイツ，フランスの5カ国の蔵相・中央銀行総裁による会議（G5）で行った。その後，急速にドル高是正が進んだことから，経済・金融政策の協議の場としてのG5の存在が国際的に注目されるようになった。86年の東京サミットにおいては，イタリア，カナダをメンバーに加えることが決められた。GとはGroupの略であり，通常，IMFの春・秋の暫定委員会，総会のときの，年3回開かれる。

国際間の貿易・サービス取引の増大，金融取引の活発化に伴い，各国の経済，金融政策は国内のみならず，他国の経済に無視できないほど大きな影響を与えるようになった。特に，経済力の大きい先進国の政策は，他の諸国に与える影響が大きいため，先進国の政策協調が国際経済・金融の安定のために不可欠となった。この会議では，各国経済の現状や経済政策などについて報告や議論が行われるばかりでなく，世界経済全般に関する問題についても議論される。グローバリゼーションが進み，国際経済の相互依存関係は深化したが，本来，経済，金融政策は国内事項であり，政策の国際協調は国内利害と相反することも多い。会議においては，各国間の利害が激しくぶつかるときもある。また，上記7カ国にロシアを加えた8カ国を，G8と呼び，財務相会議以外の首脳会談，外相会議についても

G7／8会議と称することもある。
　⇒ ④主要国首脳会議，④国際通貨基金

4-3
国際通貨基金
International Monetary Fund
〔略語〕IMF

　国際金融システムの安定のために，1944年7月，ブレトンウッズで開催された会議で創設が決定され，46年3月に発足した国際機関。第2次世界大戦後，アメリカを中心とした戦勝国は，戦前の保護貿易主義を大戦の原因の一つと考え，二度と戦争を引き起こさないためには自由貿易体制を構築しなければならないと考えた。そのためには，各国通貨の安定と自由な国際貿易を推進する専門の国際機関が必要とされた。IMFは前者の目的を達成するために作られたもので，IMF協定第1条に「IMFは国際的通貨協力の推進，国際貿易の拡大とバランスのとれた成長の促進，為替安定の促進，多国間決済システム確立の支援，国際収支上の困難に陥っている加盟国への一般財源の提供をその責務とする」とうたわれている。加盟国は184カ国。IMFの活動はサーベイランス，金融支援，技術支援の3つからなる。サーベイランスは加盟国の経済政策及び為替政策について，加盟国との対話を行い，年1回その評価を行う。金融支援は国際収支に問題を抱える国に信用や融資を提供し，調整と改革の政策を支援する。技術支援は，人的，組織的能力の強化を通して，加盟国のマ

クロ経済政策の策定と実施を支援する。69年には，加盟国の外貨準備資産を補完するものとして，SDR：Special Drawing Rights：特別引出権）が設けられた。第2次世界大戦後，アメリカの経済力を背景とした西側陣営の自由貿易体制は，IMF・GATT体制と呼ばれ，IMFは国際金融安定化の重要な機関と位置づけられた。70年代に入ると固定相場制から変動相場制へ移行したことにより，IMFの主要な役割である為替相場の安定の必要がなくなった。また，G7やサミットの登場により，国際通貨問題を話し合う場としての役割も小さくなり，80年代以降，途上国の累積債務問題への対応にその役割が変貌した。実際，80年代の中南米通貨危機，94年メキシコ通貨危機，97年アジア通貨危機，98年ロシア通貨危機の際は，危機に陥った国に対する経済支援の中心となった。日本は52年にIMF14条国として加盟した。その後貿易の自由化を推進し，64年にIMF8条国になり，OECD加盟を果たし，先進工業国の仲間入りをすることとなる。現在はアメリカに次ぐ2番目の出資国となっている。

⇒ ④関税及び貿易に関する一般協定，④累積債務問題

4-4
関税及び貿易に関する一般協定

General Agreement on Tariffs and Trade

[略語] GATT

第2次世界大戦後，戦前の保護貿易主義への反省から，世界の自由貿易体制を作るための国際的な組織が必要とされた。1946年にアメリカ主導で，国際連合の下部機関として，国際貿易機構（ITO：International Trade Organization）の設立が提案され，47年ハバナで開かれた国連会議において，ITO憲章が採択された。しかしながら，自国産業を保護したいアメリカ議会の反対によりITO憲章の唱える自由貿易主義は頓挫し，自由貿易を推進する強力な機関の設立は賛同を得られなかった。最終的に政府間協定であるGATTが戦後の世界貿易体制の基本的枠組みとして残った。国際機関とはならなかったものの，GATTは貿易自由化のために，ラウンドと呼ばれる多国間交渉を通し，各国の関税率の引下げ，非関税障壁の撤廃に貢献した。

日本は1955年に輸入制限が残るGATT12条国として加盟し，63年にGATT11条国に移行した。64年から67年に行われたケネディ・ラウンドでは，戦後の経済復興を遂げ，経済力の高まってきた日本に対し，関税引下げ，市場開放の要求がなされた。日本は貿易の自由化を推進し，関税率を引き下げることで，西側の自由貿易体制に深く組み込まれることとなった。73年に始まった東京ラウンドにおいては，関税の引下げ問題とともに，非関税障壁（輸入手続き，輸入認証制，政府調達など）の撤廃が焦点となった。86年からスタートしたウルグアイ・ラウンドでは関税などの伝統的分野ばかりでなく，サービス貿易，貿易関連投資，知的所有権の新三分野の自由化に

ついて話し合われた。GATTは94年のマラケシュ宣言により終結し、95年1月により強固な世界貿易機関（WTO：World Trade Organization）に引き継がれた。また、ウルグアイ・ラウンドでは農産物自由化問題が焦点となり、日本のコメも自由化するか否か国内で大きな議論となったが、最終的に関税化でなく、ミニマム・アクセスによる部分開放により、自由化を受け入れた。

　　　⇒ ④国際通貨基金, ④世界貿易機関

4-5
世界貿易機関
World Trade Organization
[略語] WTO

国際貿易の自由化とそのルールの策定を行う国際機関。従来、世界の自由貿易推進の役目はGATTが担ってきたが、投資、サービスなどの物品以外の貿易の急増、知的所有権問題の登場などの新しい動きにより、政府間協定としてのGATTに限界が出て来た。GATTウルグアイ・ラウンドの終結に伴い、その任務を引き継ぎ、組織的に貿易の自由化ならびに金融・財政政策との整合性を進めていくために、1995年1月、発足した。本部はジュネーブ。GATTとWTOの大きな相違点は3つある。①GATTが物品を対象とするのに対し、WTOはサービスや知的所有権なども取り扱う。②GATTが協定であったのに対し、WTOは機関であるため、より強い強制力を持つ。③紛争処理を従来の各国より異議が出なければ処理を進める「コンセンサス方式」から、1カ国でも賛成すれば処理を進める「ネガティブコンセンサス方式」に変わったため、迅速な処理が期待される。WTOの場では、投資、環境、労働基準、一方的貿易制裁、地域主義、競争政策、金融・通貨政策、会社法、国内法の域外適用、開発の10のテーマが討議される。WTOの新ラウンド開催のためにWTO閣僚会議が行われているが、99年11月、アメリカのシアトルで行われた閣僚会議では、先進諸国と途上国の意見の対立、市民・NGO（非政府組織）・労働組合・農民団体・消費者団体のデモによる大規模な抗議行動の圧力により、合意に達せず、新ラウンドは中断となった。その後、2001年のドーハ会議で新ラウンド立ち上げが決定したが、2003年のカンクン会議では加盟国間の合意に到っていない。貿易自由化を求める声がある一方で、先進国対途上国、先進国同士での利害の対立は厳しく、新ラウンド妥結まではまだ多くの時間を要すると思われる。加盟国・地域は146にのぼる。

　　　⇒ ④関税及び貿易に関する一般協定

4-6
中国のWTO加盟
China's joining of the World Trade Organization

2001年ドーハで開かれた世界貿易機関（WTO）閣僚会議で、中国と台湾のWTOへの加盟が認められ、中国は同年12月に、台湾は翌2002年1月に正式加盟

することとなった。中国は1980年にIMF、世銀に加盟し、GATTに82年オブザーバーとして加盟、86年に正式加盟を申請したが、民主化運動を弾圧した89年の天安門事件の影響で交渉が長引き、WTOの加盟に至るまで約15年もの年月を要した。国際貿易体制の枠組み入りを希望する中国はまずGATTへの加盟交渉を進めたが、天安門事件の影響は大きく、特にアメリカが経済制裁を続けている間、加盟交渉は進展しなかった。特に、民主化運動を弾圧したことが、アメリカの議会、世論を刺激し、最恵国待遇（MFN：Most Favored Nation status）の毎年の更新では、議会から大統領に対し、厳しい要求が突きつけられた。しかし、その厳しい状況も90年代後半になって変わり始めた。中国サイドでは、98年3月に経済改革に熱心な朱鎔基首相が誕生し、経済の自由化、市場開放の推進、人権に対する配慮などが徐々に進展した。一方、アメリカでは、中国のWTO加盟に前向きなクリントン大統領が、加盟に難色を示す議会の説得を始めた。ところが、99年の台湾の総統選挙に中国が強硬な立場を取ったことが事態を複雑化させ、再び、WTO加盟が流産する危険が出てきた。最終的に99年11月に米中間の交渉がまとまり、ようやく中国の加盟が決定した。13億近い人口を抱える中国が国際経済の枠組みに入ることは、中国という巨大市場の開放が進み、世界の自由貿易体制の発展につながると期待される一方、中国で作られる低コストの製品の輸出や石油・鉄鉱石などの資源の膨大な輸入が、世界の市場の攪乱要因になるのではないかとの懸念もある。

⇒ ④世界貿易機関

4-7
経済協力開発機構
Organization for Economic Cooperation and Development
[略語] OECD

1948年、アメリカのマーシャル・プランのヨーロッパ側の受入れ体制を整備するためにパリに作られた欧州経済協力機構（OEEC：Organization for European Economic Cooperation）が前身。その後、欧州経済の復興に伴い、自由主義経済の発展のための協力を行う機構としてOEECは発展的に改組され、61年に経済協力開発機構が設立された。OECDの目的は大きく3つある。①各国が財政、金融の安定を維持しながら、高い経済成長と雇用の維持を図り、その生活水準を向上させること。②経済発展が遅れた国、地域の経済成長を図ること。③多角的、無差別な基礎に立った世界の貿易の拡大を目指すことである。加盟国は、日・米・ヨーロッパの先進国30カ国で、世界の経済動向、貿易、開発、援助の幅広い分野にわたる問題に取り組む（日本は64年に加盟）。近年は、環境や企業統治（ガヴァナンス）の問題にも取り組んでいる。毎年春に開催されるOECD閣僚理事会では、1年間の活動の総括及び将来の活動指針について議論され、その際採択されるコミュニケはサミットでの議論にも活用される。開発援助委員会（DAC：Development Assistance Committee）は，貿易委員会，経済政策委員会とともにOECDの3大委員会であり，発展途上国への援助拡大とその効率化を目指して活動がなされる。

⇒ ④主要国首脳会議

4-8
国際決済銀行
Bank for International Settlements

[略語] BIS

BISは，第1次世界大戦の賠償問題の解決を企図したヤング案の実施機関として1930年5月に設立されたが，第2次世界大戦後は，世界各国の中央銀行間の政策協議を行う国際機関となり，「中央銀行の中央銀行」とも呼ばれている。88年，「バーゼル合意」に基づき，銀行の自己資本比率規制いわゆる「BIS規制」を定めた。自己資本比率規制とは，銀行の健全性を示す指標として，各銀行に課されるもので，銀行は総資産額に対し，一定比率の自己資本を維持しなければいけないというものである。92年末以降，国際業務を行う銀行は自己資本比率8％以上，国内業務を行う銀行は4％以上となっている。80年代以降，アメリカをはじめとする先進諸国で金融業における規制緩和，自由化が進んだため，国境を越える国際資本の量が急増し，国際金融市場が拡大した。しかし途上国の累積債務問題，デリバティブ（金融派生商品）などの新商品の出現など，国際金融市場を不安定化，混乱させる恐れが出てきた。そのため，銀行に対する規制を行い，その健全性を強化することで，金融市場を安定化することが必要となった。日本の銀行は，80年代以降急速に海外進出を果たし，低金利の貸出しにより，外国でのシェアを急速に伸ばしたため，日本の海外進出に対する警戒感が高まった。自己資本規制導入の背景には，そのような日本の銀行の動きに歯止めをかけようと，株や土地の含み益に依存し，自己資本比率の低い日本の銀行を狙い撃ちした側面もある。自己資本規制は，一定の資本金のもとでは，貸出金などの総資産の上限を定めるものであるため，銀行は増資か貸出金の圧縮のいずれかを選択せざるを得なくなる。株式市況が低迷する状況では増資はできず，銀行は貸出金の圧縮，いわゆる貸渋りを行い，デフレ不況を招く原因の一つとなった。

⇒ ④BIS規制，④国際資本移動，
④デフレ不況

4-9
世界銀行
World Bank

[別称] 国際復興開発銀行

第2次世界大戦後，荒廃したヨーロッパを復興するために設立された国際復興開発銀行（IBRD：International Bank for Reconstruction and Development）を前身とする国際金融機関。1960年代以降，マーシャル・プランによりヨーロッパの復興が実現すると，活動の中心を途上国の経済援助に移し，現在では途上国援助の中心機関となっている。60年には

途上国への特別融資を取り扱う国際開発協会（IDA：International Development Association）が世銀内に設置された。IDAの融資は，世銀の融資条件を緩和したもので，無利子ないしそれに近い低金利という，非常に有利な条件で途上国に資金を貸し付けるものである。61年には，ケネディ大統領の主唱による「国連開発の10年」構想に基づき，第三世界に対する経済援助の骨格が定まった。この背景には，第三世界に対するアメリカの影響力を強化する意図もあった。

1960年代までの世銀の融資対象は，電力，運輸などの経済インフラを主とする大規模プロジェクト向けが中心だったが，70年代に入ると，途上国の貧困層の問題が重要視されるようになり，医療，食料などの生活関連向け融資が増加していった。現在では，世銀の融資対象は，教育，環境問題，女性問題，人口問題など，より包括的な社会問題の分野にまで広がっている。80年代に入って発生した第三世界の累積債務問題に対して，世銀は，融資対象国の国際収支の不均衡を解決するため，従来の開発プロジェクトとは別に，国際収支の赤字補填などを目的とした構造調整ローンやセクター別に資金援助を行うセクター調整ローンなどを行うようになった。このため，世銀とIMFの役割が重なることとなり，IMFは資金繰りに問題が発生した国に対する金融支援，世銀は，社会資本整備などの支援を中心とすることになった。2000年には，世銀の新しい取り組みとして，包括的開発フレームワーク（CDF：Comprehensive Development Framework）というプログラムが始まった。これは，IMFや他の国際機関，およびNGO（非政府組織）などと協力して，最貧国の実情に合わせて，最も効果的な援助体制を構築する試みである。

⇒ ④国際通貨基金，④累積債務問題

4-10
国連貿易開発会議
United Nations Conference on Trade and Development

[略語] UNCTAD

途上国の経済開発を促進し，貿易と開発を進めることで，南北問題を解決しようとの目的のために設立された国連機関。1960年代に南北問題に対する関心が高まり，62年7月，途上国はカイロに集まり，貿易と開発に関する会議の開催を求める「カイロ宣言」を採択した。これを受けて，同年の国連総会で会議開催が支持され，64年3月から3カ月にわたって，UNCTADがジュネーブで開催された。当初，この会議は常設的なものと考えられなかったが，同年の国連総会はUNCTADを総会の機関とすることを決定した。UNCTADの活動は，途上国に対し，開発と貿易の推進，資金援助，技術供与，投資促進を行うことで，経済成長を進め，世界経済の枠組みに組み込むことを目指している。総会は4年に1回開かれ，その間は，常設執行機関である貿易開発理事会（TDB：Trade and Development Board）が年1回開かれる。

加盟国は192カ国である。UNCTADは、途上国支援の立場をとるため、先進国主導のIMF・GATT体制と利害が衝突することもある。一次産品に対する国際商品協定、途上国製品に対する特恵関税、資金援助の面で実績を上げてきたが、近年、途上国間における経済格差いわゆる南南問題の存在、産油国と非産油国の利害の相違など、途上国のなかでも意見が統一されないことが多くなり、今後のUNCTADの方向性が注目される。

⇒ ④南北問題

4-11
国連食糧農業機関
Food and Agriculture Organization of the United Nations

[略語] FAO

人類の栄養及び生活水準を向上し、食糧及び農産物の生産、流通及び農村住民の生活条件を改善し、世界中の人々を飢餓から解放するために設立された国際機関。1943年に開催された連合国食糧農業会議で、食糧・農業に関する恒久的機関である国連食糧農業機関の設置が決定され、45年、34カ国の署名によりFAO憲章が発効した。加盟国は183カ国とEUで、日本は51年に加盟した。74年に国連世界食糧会議が開催され、世界人口の増加に対し食糧供給が追いつかない可能性があることが警告されたが、具体的な行動には結びつかなかった。96年11月に、22年ぶりに開催された世界食糧サミット（開催地：ローマ）では、栄養不足人口を2015年までに半減させるとの目標が書き込まれた「ローマ宣言」と「世界食糧サミット行動計画」が採択された。宣言は拘束力はないものの、具体的な目標が明示されたことに一定の評価がなされている。

4-12
国際原子力機関
International Atomic Energy Agency

[略語] IAEA

原子力を世界の平和に貢献するように利用すること、軍事転用されないように監視することを目的として設立された国際機関。第2次世界大戦終結後、原子力の平和利用の必要性、核拡散問題に対処する国際協力体制の必要性が高まった。1953年の国連総会で、アイゼンハワー米大統領が「アトムズ・フォー・ピース」の演説を行ったことが契機となり、翌54年国連総会において米国等が、IAEA憲章の草案を提案、56年に憲章草案が採択され、57年7月にIAEAが設立された。IAEAが係る原子力の平和利用は科学、産業、健康、農業などの全ての分野を対象とし、①技術協力と原子力開発計画支援、②原子力の平和利用に関する情報交換、③原子力の安全確保と放射線防護、④保障措置、⑤原子力からの健康、人命、財産の保護、⑥放射線の医学、鉱工業、食品、農業、環境等の分野における応用・利用の促進などの活動を行っている。加盟国は137カ国である。

独自の核開発疑惑がもたれている北朝鮮は、1985年12月に核拡散防止条約

（NPT：Nuclear Non–Proliferation Treaty）に加盟したが，IAEAとの保障措置協定を締結したのは6年後の92年1月であった。しかし，93年2月にIAEAが，未申告施設に対する特別査察を要求すると，同年3月にNPTからの脱退を宣言した。さらに94年5月半ばに，北朝鮮は黒鉛炉の使用済み燃料棒をIAEAの立ち会いのないまま抜き取る作業を開始した。そのため，国連の安保理事会は北朝鮮に対する経済制裁を検討するに至り，北朝鮮は6月にIAEAからの脱退を宣言した。このような緊迫した状況の中，カーター元大統領と金日成主席とのトップ会談で，軽水炉の供与と引き替えに北朝鮮が核開発の凍結を約束することで，一旦危機は回避され，北朝鮮は脱退宣言を保留した。その後10月に米朝枠組合意が成立し，事態は小康状態となった。

しかし，北朝鮮は再び核カードを使った瀬戸際外交を展開し，2003年1月には再び，NPTからの脱退とIAEAの保障措置に拘束されないことを宣言した。今後も，北朝鮮は核カードを使った外交を展開する恐れがあり，その動きを注視する必要がある。また，湾岸戦争後，IAEAは大量破壊兵器を保有しているのではないかとの懸念があるイラクに対しても，原子力施設に対する査察を行っており，北朝鮮問題と合わせ，IAEAの査察内容が世界中の注目を集めることとなった。

⇒ ①核査察／核の検証／保障措置，①国際原子力機関，①朝鮮半島エネルギー開発機構，①朝鮮民主主義人民共和国

2 地域機構

4-13
アジア太平洋経済協力会議
Asia–Pacific Economic Cooperation Conference
[略語] APEC

アジア・太平洋地域の経済発展を目指した地域経済協力機構。1989年，オーストラリアのホーク首相がキャンベラ会議で提唱したのが始まり。ECの発展や米加自由貿易協定などの経済協力に刺激を受け，アジア・太平洋地域においても経済協力の必要性が求められていた。当初の参加国は，日本，アメリカ，カナダ，オーストラリア，ニュージーランド，フィリピン，マレーシア，タイ，インドネシア，ブルネイ，シンガポール，韓国の12カ国だったが，その後，参加国は21カ国に増え，世界でも最大級の経済協力機構となっている。当初，アメリカ，カナダを除外したアジア中心の構成が考えられていたが，経済協議の意義を高めるため，両国を含めアジア・太平洋にまたがる幅広い構成国となった。APECは他の地域統合と異なり，参加国の自主性を重んじ，域外に対しても貿易投資の自由

化を行う「開かれた地域主義（open regionalism）」を標榜しているのが特色である。そのため，APECは国連機関のような公式の組織を持たず，閣僚及び高級事務レベルの政策協議を組織の中心とする。閣僚会議は毎年開催され，参加国間の経済協力，貿易の自由化などについて話し合いが行われる。

1991年のソウル会議では，APECの柱として，「貿易・投資の自由化・円滑化」，「経済・技術協力」の推進が掲げられた。92年には，シンガポールにAPEC事務局を設置することを決定，さらに93年にはシアトルにおいて初の非公式首脳会議が開催され，以降首脳レベルの対話が定例化している。94年のインドネシア会議においては，貿易・投資の自由化，経済・技術協力の方向性について，目標と期限を明示した「ボゴール宣言」が発表され，翌年の大阪会議では，このボゴール宣言を具体化した「大阪行動指針」が発表された。96年のマニラ会議では，各国が個別行動計画を提出するとともに，「共同行動計画」が策定され，「APECマニラ行動計画96」（MAPA96：Manila Action Plan for APEC96）として採択された。97年のバンクーバー会議では，貿易・投資の自由化・円滑化について，15分野の早期自主的自由化分野が指定された。98年のクアラ・ルンプール会議では，前年のアジア通貨危機に関し，各国の改革が進んでいることが宣言され，99年のオークランド会議では，アジアが経済危機から脱したことが確認された。そして，さらなる規制緩和，競争促進，市場機能の強化がうたわれた。また，コンピューターの西暦2000年問題（Y2K）への取り組みが話し合われた。2000年のバンダル・スリ・ブガワン会議では，WTOの新ラウンド支援のメッセージが出された。2001年上海会議では，経済のグローバル化への対応の必要性がうたわれるとともに，アメリカへの同時テロについて，反テロリズム声明が出された。2002年ロス・カボス会議では，北朝鮮の核開発の放棄を求める声明が出された。2003年，バンコク会議では，テロ撲滅，大量破壊兵器の拡散防止について，合意に到った。このように緩やかな結びつきの経済協議であるが，徐々にその実体を具えるようになり，今後，世界の自由貿易体制を進めるものとして期待されている。

⇒ ①④東南アジア諸国連合，④アジア通貨危機，④西暦2000年問題

4-14
東南アジア諸国連合
Association of Southeast Asian Nations

[略語] ASEAN

1967年8月に，タイ，インドネシア，マレーシア，フィリピン，シンガポールの5カ国によって結成された地域協力機構。84年1月にブルネイ，95年7月にベトナム，97年7月にミャンマーとラオス，99年4月にカンボジアが加盟し，現在10カ国で構成されている（ASEAN10）。ベトナム戦争が激化するなか，各国が大国の政策に左右されず，国家建設と経済発展に専念できるようにとの目的から設

立された。設立の際のバンコク宣言では，経済・社会分野における地域協力がうたわれたが，当初は年次の外相会議が中心でその影響力もそれほど大きくなかった。76年2月初めての首脳会議において，「東南アジア友好協力条約（TAC：Treaty of Amity and Cooperation in Southeast Asia)」が採択され，政治協力も視野に入ることになった。80年代後半から，アジアの奇跡といわれる経済発展により，各国の経済力が高まるにつれ対外的な発言力も徐々に強まり，冷戦の終結後，この地域における有力な地域機構としてその役割が注目されるようになった。94年7月には，政治・安全保障問題の対話の場として，ASEAN拡大外相会議を母体とする「ASEAN地域フォーラム（ARF：ASEAN Regional Forum)」が創設された。1996年3月には，EUとの協議の場としてアジア欧州会議（ASEM：Asia–Europe Meeting）ができるなど，ASEANを母体としてその活躍の幅は拡大している。97年のアジア通貨危機，99年のインドネシアの内政不安，東ティモールの独立問題においては，地域内で問題を解決することができず，その力には一定の限界があることが判明した。また，加盟国間の経済格差，民族的・宗教的相違は大きく，まだまだ解決しなければならない課題も多い。しかし，加盟国間の結束は強く，今後各国の経済力の伸張とともにこの地域における国際機構としてその重要性はさらに高まっていくものと思われる。

⇒ ①東南アジア諸国連合，①アセアン地域フォーラム，①アジア欧州会議，④アジア通貨危機

4-15
アジア開発銀行
Asian Development Bank

[略語] ADB

アジア地域の経済開発を支援促進するために設立された国際金融機関。国連のアジア極東経済委員会が中心となり，1966年12月，フィリピンのマニラに設立された。アジア地域の貧困の撲滅，経済開発の支援，人材開発，環境保護などを目的としている。日本はアメリカと並ぶ最大の出資国であり，歴代総裁は日本人が務めている。加盟国は63カ国。加盟国の政府，公共・民間両セクターの企業を対象とする開発プロジェクトへの融資や，各国政府への技術援助が業務の中心である。融資の財源は通常資本財源（OCR：Ordinary Capital Resources），アジア開発基金（ADF：Asian Development Fund）で，OCRは払込資本金，準備金，資本市場からの借入を財源として，比較的経済開発が進んだ国に供与される。ADFは加盟国の拠出金からなり，一人あたり国民所得が小さく，返済資力が限られた国に供与される。技術援助は，開発プロジェクトを策定する能力強化のための助言・研修などを行う。加盟国からの任意拠出である技術援助特別基金（TASF：Technical Assistance Special Fund），日本からの拠出である日本特別基金（JSF：Japan Special Fund），OCR業務からの収入が財源となる。

従来，アジア開発銀行は韓国，台湾などの開発プロジェクト向け融資が業務の中心であったが，これらの国々の経済開発が進むにつれ，より経済開発の遅れている他のアジア途上国へ融資が広がっている。また，近年では，各国の中央・地方政府，民間企業ばかりでなく，NGO，他の国際機関との連携も進めている。

4-16
欧州連合
European Union
略語 EU

欧州共同体（EC：European Community）を基礎にした政治・経済統合体。欧州連合条約（マーストリヒト条約）に従い，域内の経済，通貨統合を進めるとともに，外交，安全保障政策，司法・内務等も共通にして，国際機関から，一つの国家のような共同体になることを目指している。加盟国は現在15カ国（ベルギー，デンマーク，ドイツ，ギリシャ，スペイン，フランス，アイルランド，イタリア，ルクセンブルグ，オランダ，オーストリア，ポルトガル，フィンランド，スウェーデン，イギリス）であるが，統合の深化と拡大は進んでおり，中東欧諸国10カ国（ポーランド，チェコ，ハンガリー，スロバキア，スロベニア，キプロス，エストニア，ラトビア，リトアニア，マルタ）が，2004年5月に加盟予定。また，ルーマニア，ブルガリア，トルコも加盟交渉中である。

1952年に欧州石炭鉄鋼共同体（ECSC：European Coal and Steel Community），58年に欧州経済共同体（EEC：European Economic Community），欧州原子力共同体（EURATOM：European Atomic Energy Community）が設立された。これらの3つの共同体が67年に統合され，欧州共同体（EC：European Community）となった。その後，日本の経済進出，米加自由貿易協定などの地域経済協力の動きを受け，ヨーロッパの経済的地盤低下に対する危機感から，「一つのヨーロッパ」「単一市場化」の動きが起こり始め，87年「単一欧州議定書」が発効し，92年末に域内市場統合が完成した。さらに統合は経済面から政治面に進み，93年11月に欧州連合条約（マーストリヒト条約）が発効し，EUの発足が決定した。そこでは，共通外交安全保障政策（CFSP：Common Foreign and Security Policy），司法・内務協力（PJCC：Police and Judicial Cooperation in Criminal Matters），単一通貨の導入が決定された。99年5月発効のアムステルダム条約では，雇用などの社会政策分野の拡充，共通外交安全保障政策の強化がうたわれた。2001年2月に署名されたニース条約では，欧州委員会の一国一委員制，特定多数決分野の拡張，欧州議会の議席数再配分が議論された。2002年1月には，経済統合の象徴であるユーロ紙幣・硬貨の流通が開始され，経済の統合が完成した。

EUは，欧州連合理事会（閣僚理事会）を最高機関とし，その下に欧州委員会（行政），欧州議会（立法），欧州裁判所（司法）が置かれている。欧州連合理事

会は各加盟国の閣僚によって構成され，会議の議題によってその担当の閣僚が出席する。欧州連合理事会はマーストリヒト条約によって規定された目的を達成するように，加盟国の経済政策の調整を図ったり，欧州委員会の提案に基づき，欧州議会による共通政策に関する主要な決定を採択している。共通外交安全保障政策，司法・内務協力においては，共通の立場の規定，共同行動の採択を行ったり，必要に応じ，採択を加盟国に勧告する。欧州委員会は，EU諸機関の運営や理事会への提案，理事会の決定事項を実施するほか，トップの欧州委員長はEUを代表して主要国首脳会議（サミット）に出席する。今後の欧州の将来像については「EUの将来についてのラーケン宣言」に基づき，「コンヴェンション」を設置して，EUの法人格，各国議会との関係，対外政策とその実施体制，法律の簡素化などについて幅広い議論が行われている。

⇒ ①欧州安全保障協力機構，④欧州通貨統合，④欧州中央銀行

4-17
欧州通貨統合
European Monetary Union
[略語] EMU

欧州連合（EU）の経済市場統合化を強化するため，域内で使用される通貨を統一すること。1993年発効の欧州連合条約（マーストリヒト条約）によって，EUで単一通貨を導入することが決定された。99年の統一通貨ユーロの採用を経て，2002年1月1日，貨幣として，ユーロの流通が開始された。通貨統合は，欧州連合の統合をより強化する施策として，市場統合に続く目標として，長年にわたり取り組まれてきた。欧州連合の経済統合，単一市場化のためには，共通の通貨の導入が不可欠で，これにより，欧州企業の域内での事業展開を容易にし，域内経済の活性化を促進することが期待されている。通貨統合に際しては，参加各国に，①インフレ率が物価水準の最も低い3カ国の平均から1.5％以内にあること，②長期金利が最も低い3カ国の平均から2％以内にあること，③為替相場が2年間，ECの為替相場メカニズム（ERM：European Rate Mechanism）の通常の変動幅にあること，④政府債務残高が対GDP比60％以内にあり，財政赤字が国内総生産の3％以内であること，の4つの基準が課せられた。

通貨統合への動きが具体化したのは，ドロール報告書として知られる「経済通貨同盟に関する報告書」が発表された1989年のことである。ドロール報告では，通貨統合の実現へ向けて，資本移動の自由化，経済的収斂の促進，単一通貨の導入という3段階の手順が示された。99年1月にEU15カ国のうち，イギリス，デンマーク，スウェーデン，ギリシャを除く11カ国が欧州通貨同盟（EMU：Economic and Monetary Union）に参加し，統一通貨ユーロを採用した。ギリシャは2001年1月に加わった。通貨統合に伴い，欧州中央銀行（ECB：European Central Bank）が，ユーロの発行権と，欧州全体の金融政策を担うことになった。

統合に加わらなかったイギリスなどは，参加の是非について国内で議論が進められており，今後の動きが注目される。

⇒ ④欧州連合，④欧州中央銀行

4-18
欧州中央銀行
European Central Bank
[略語] ECB

1993年11月に発効した欧州連合条約（マーストリヒト条約）に基づき，欧州連合内の金融政策の実施機関として発足し，98年6月に業務を開始した。99年1月の単一通貨ユーロの導入，2002年1月には，通貨ユーロの流通が開始し，通貨統合が実現した。

欧州中央銀行は，「物価の安定」を第一の目的として，ユーロ圏における単一金融政策の策定と実施，外国為替操作の実施，EU加盟国の外貨準備の管理と運用を行う。今後，EU経済の発展と物価安定を築くため，金融政策の要となることが期待されている。

1989年4月の「経済通貨同盟に関する報告書（ドロール報告書）」によって，中央銀行制度の基本構想が発表され，93年の欧州連合条約（マーストリヒト条約）における，「欧州中央銀行制度と欧州中央銀行の定款に関する議定書」によって，欧州中央銀行の法的根拠が与えられた。その後，94年1月には欧州中央銀行の前身である欧州通貨機関（EMI：European Monetary Institute）が設立され，98年6月に，欧州通貨機関の業務を引き継ぐ形で，欧州中央銀行が設立され，あわせて欧州中央銀行制度（ESCB：European System of Central Banks）が発足したのである。

欧州中央銀行は，EU加盟国の人口およびGDPを勘案した出資比率に基づいて，EU加盟15カ国の中央銀行が出資している。授権資本金は50億ECU，現在の払込資本金は約40億ユーロである。欧州中央銀行の初代総裁は，欧州通貨機関総裁であったオランダ出身のドイセンベルクである。ECBの意思決定機関は，①ECBの総裁，副総裁および4人の理事で構成される役員会（Executive Board），②役員会のメンバーおよびユーロ参加国の中央銀行総裁で構成され，最高意思決定機関である運営理事会（Governing Council），③ECB総裁，副総裁およびすべてのEU加盟国の中央銀行総裁で構成される一般理事会（General Council）の3つからなる。役員会は，運営理事会による指針および意思決定に従って金融政策を実施し，ユーロ参加国中央銀行に必要な指示を与え，運営理事会によって委任された諸権限を行使する。運営理事会は，欧州中央銀行制度に与えられた任務を遂行するための指針を定め，金融政策の目標，政策金利，外貨準備の管理に関する決定などのEUの金融政策を公式に表明する。一般理事会は，欧州中央銀行制度の諮問機関であり，全てのEU加盟国を対象として，各種統計データの収集・報告，ならびにユーロ未参加国の通貨との為替相場を固定するために必要な準備を行うことを任務としている。

⇒ ④欧州連合，④欧州通貨統合　　　　機関

4-19
北米自由貿易協定
North American Free Trade Agreement
[略語] NAFTA

アメリカ，カナダ，メキシコによる貿易の自由化を目的とする地域貿易協定。1989年1月，まずアメリカとカナダの間で米加自由貿易協定（U.S.-Canada FTA：U.S./Canada Free Trade Agreement）が結ばれ，94年にメキシコが加わり，北米自由貿易協定となった。北米自由貿易協定では，①3国間の貿易における全品目の関税を，10ないし15年の間に原則として撤廃すること，②金融や投資を自由化すること，③知的所有権の保護を図ること，などが目標として掲げられている。2001年4月の米州首脳会議において，キューバを除く米州各国は，2005年までに米州自由貿易圏（FTAA：Free Trade Area of the Americas）を発足させることで合意した。これが実現すれば北米における自由貿易地域が中南米地域にも拡大することとなる。90年以降，このような地域間の自由貿易協定を結ぶ動きが活発になってきている。このような動きは，域外貿易の差別化につながり，GATTやWTOなどの世界的な自由貿易主義の動きに逆行するのではないかとの批判もあり，今後の動向が注目されている。

　　⇒ ④自由貿易協定，④関税及び貿易に関する一般協定，④世界貿易

4-20
自由貿易協定
Free Trade Agreement
[略語] FTA

二国間または複数国間において，関税や輸出入制限などの貿易障壁を撤廃・軽減することで，貿易の拡大，経済の活性化を目指すものである。1990年代以降，自由貿易協定は急速に増加しており，最近では，近隣の国・地域間ばかりでなく，地域を越えて結ばれるものも出てきている。この背景には，GATT，WTOは加盟国が多く，交渉合意まで時間を要するため，多国間交渉より短期間で合意が可能な自由貿易協定を締結する動きが進んでいるものと思われる。また，モノの貿易のみならず，サービス貿易の自由化，知的所有権や紛争解決手続きの取り決めなどを行う協定もあり，WTOの動きを先取りするものもある。自由貿易協定の代表的なものとして，北米自由貿易協定（NAFTA：North American Free Trade Agreement）があるが，その他に，南米南部共同市場（MERCOSUR：Mercado Comun del Sur，加盟国：アルゼンチン，ブラジル，パラグアイ，ウルグアイ），中欧自由貿易協定（CEFTA：Central European Free Trade Agreement，加盟国：チェコ，スロバキア，ハンガリー，ポーランド，スロベニア，ルーマニア，ブルガリア）などがある。WTOが存在する中で，このような地域的枠組みである自由貿易協定の動きが出て来ることは，

地域主義につながるのではないかとの懸念の声が聞かれる。しかしながら，WTOの交渉が遅々として進展しない中，貿易自由化の実利を得ようとする動きは止まらず，今後FTAとWTOとの関係がどうなるのか注目される。

⇒ ④世界貿易機関，④関税及び貿易に関する一般協定，④北米自由貿易協定，④ASEAN自由貿易地域，④アジア自由貿易圏構想

4-21
ASEAN自由貿易地域
ASEAN Free Trade Area

略語 AFTA

ASEAN域内の貿易促進のために，域内関税を引下げ，各国の経済を活性化しようという地域間協定であり，1993年に発足した。共通実効特恵関税（CEPT：Common Effective Preferential Tariff）スキームにより，輸入関税の0-5％への段階的引下げを中心として，非関税障壁の撤廃，外貨規制の廃止を目指している。92年のASEAN首脳会議で，当初2008年とされた関税率引下げの目標年は遂次前倒しされ，2002年には関税の引下げはほぼ完了した。順調に見えるASEAN自由貿易地域もその歩みは必ずしも着実とはいえず，98年のハノイのASEAN首脳会議では，前年のアジア通貨危機の影響を受け，シンガポール，タイ，フィリピンが関税引下げの前倒し，域内経済の活性化を主張する一方，マレーシアは，自国産業保護の立場から，前倒しに消極的な立場を取った。また，シンガポールは日本など各国と二国間自由貿易協定を結ぶ動きをしているが，マレーシアは二国間自由貿易協定に消極的で，ASEAN自由貿易地域を優先している。しかし，2002年にはフィリピン，タイ，インドネシア，マレーシア，シンガポール，ブルネイでは一部の例外品目を除き関税の引下げは完了した。国内経済がまだ整備されていないベトナムは2003年，ラオス，ミャンマーは2005年，カンボジアは2007年までに関税を0-5％に引き下げる予定であり，各国の経済の発展段階により差をつけている。最終的には，2010年に上記6カ国は輸入関税をすべて撤廃することを目標にしている。

⇒ ④東南アジア諸国連合，④アジア自由貿易圏構想

4-22
アジア自由貿易圏構想
Asia Free Trade Area Plan

経済のグローバリゼーションが急速に進展する中，1990年代以降，EU統合，北米自由貿易協定など，地域間で自由貿易協定を結ぶ動きや経済統合が活発化している。これに対し，アジアにおいても自由貿易圏を求める声が高まり，さまざまな構想が出て来ている。アジアにはASEAN自由貿易地域があるが，現在，日本，中国，韓国，台湾などを含む北東アジアには自由貿易協定がないことから，北東アジア自由貿易圏構想が生まれた。さらに，これをASEAN自由貿易地域と統合して，アジア全体に拡大・深化しようという考えが，アジア自由貿易圏構

想である。

　アジアに自由貿易地域をという構想は，1990年にマレーシアのマハティール首相が，東アジア経済協議体（EAEC：East Asia Economic Caucus）という，日本，中国，韓国，ASEANによる自由経済圏構想を打ち出したのが始まりであるが，自国抜きの構想に反発したアメリカの反対によって実現しなかった。その後，この構想が復活するきっかけとなったのは，奇しくも97年のアジア通貨危機である。同年，通貨危機への対応を話し合うため，マレーシアで初めて，ASEAN＋3（日本，中国，韓国）の首脳会談が開かれた。このなかで，日本，韓国，中国が自由貿易協定に関し前向きな態度をとったことがアジア自由貿易圏構想の議論を活発化させることとなった。2002年1月，日本はシンガポールと初めて，二国間自由貿易協定を締結し，中国もASEANと自由貿易協定を締結することに合意した。今後，このような自由貿易協定がアジア全体の自由貿易圏に結びつくかどうか注目されている。

　⇒ ④東南アジア諸国連合，④ASEAN自由貿易地域，④アジア通貨危機

3　国際経済

4-23
グローバリゼーション
globalization

　1980年代以降，直接投資を含む国際間の資本移動が増加した。従来の貿易の拡大に加え，直接投資，海外現地生産の増加は国家間の垣根を低くし，経済の「ボーダレス化」をもたらし，各国経済の相互依存関係が深まることとなった。90年代になると，冷戦の終結により，資本主義経済の社会主義経済に対する優位性が明らかとなり，ロシア，東ヨーロッパを始め，世界中で市場経済化，自由主義化の動きが加速することになった。これにより，一つの国で起こった出来事がすぐに他国に影響を与えるようになり，世界経済があたかも一つの統合体のようになった。このような動きは，「国際化」「経済の相互依存化」と呼ばれたが，90年代半ば以降，「グローバリゼーション」という言葉が普及し，定着した。「グローバリゼーション」には，情報通信技術の飛躍的進歩が大きく影響した。インターネットが普及し，コンピューターの性能が向上したため，以前とは比較にならないほど多くの情報が瞬時のうちに世界中を行き来するようになった。情報の普及は人々の生活を便利にする反面，ハッカーと呼ばれるコンピューター内の秘密情報を盗み出す人間の出現や，コンピューターウイルスといった，コンピューターの機能を破壊してしまうプログラムの出現ももたらした。また，金融の自由化，

市場化の影響で，国際間の資本移動のスピード，量が格段に向上し，各国政府・中央銀行のコントロールの効かない資金が市場を混乱させる恐れがでてきた。97年，アジアに起きた通貨危機は，ヘッジファンドと呼ばれる国際投機筋が，タイ・バーツに大量の為替売りを仕掛けたのがきっかけとなったものである。このように，人，モノ，金，情報が短時間で行き交うグローバリゼーションは，貿易・サービスの自由化を進めて，各国経済を活性化する面もあるが，国際資本取引を管理する有効な国際機関がないため，1つの事件が，国境を越えて拡がり，市場の混乱を引き起こし，国際経済を撹乱する恐れもある。

　　⇒ ①グローバリゼーション，①相互依存，④IT革命

4-24
IT革命
Information Technology Revolution

1990年代に起こった情報通信技術（Information Technology）分野の飛躍的革命が，国家，社会経済，企業などを変革していく現象。産業革命に匹敵する大きな可能性を秘めているため，IT革命と呼ばれている。90年代，マイクロチップ技術の進歩によるコンピューターの高性能化，低価格化が進んだことで，コンピューターが企業，家庭に急速に普及した。さらに，95年にアメリカのマイクロソフト社がウィンドウズ95というコンピューターソフトを発売し，インターネットが広まったことにより，通信の大容量化，高速化が可能となった。これらの情報通信技術の発達が，企業社会に変革をもたらした。具体的には経営のスピードアップ，流通販売経路の変革，間接コストの削減，IT関連のベンチャー企業の出現などである。また，家庭へのコンピューターの普及は，eコマース，ネットバンキングを通して消費者の行動を変えている。情報通信が他国に先駆けて進んでいるアメリカでは，90年代半ば以降，インフレなき景気拡大が長期間にわたり続いており，IT革命は経済の新たな成長や雇用を生み出し，経済，社会体制全体を大きく変える起爆剤になっている。一方，このような技術を利用できる国・人とそうでない国・人との情報格差（デジタル・デバイド）が問題となっている。また，ハードウェアの進歩ばかりでなく，ソフトウェアの進歩・普及も著しいものがあり，新商品・新サービスの出現は新たな消費需要を引き起こしている。まさに，数年前に不可能と思われたことが可能となる状態である。

IT革命は現在も進行中の現象であり，今後どのような方向に行くか，また影響がどこまで拡がるか予想できない部分もあるが，人々の生活・慣習・文化を大きく変えることは間違いない。

　　⇒ ④グローバリゼーション

4-25
市場経済化
capitalization of economy

1980年代以降，アメリカを中心とした

主要先進国で市場経済を重視し，規制緩和を進める動きが起こった。アメリカのレーガニズム，イギリスのサッチャリズム，日本の中曽根首相による民営化が代表的なものである。この背景には，戦後ケインズ主義による需要管理政策が，大きな政府，巨額の国債残高を生み出した反省から，小さな政府，国営企業の民営化，規制緩和により，経済成長を進めようという考えが出てきたためである。

　冷戦が終結して，市場原理に基づく資本主義が社会主義より優れた経済システムであることが判明すると，市場主義的資本主義が万能であり，政府による規制，管理を小さくし，市場化を進めようという動きが全世界的に拡がった。市場メカニズムが最良のシステムであり，最低限の規制以外は市場にゆだねれば，経済は正常に機能するという考え方である。政府の経済政策も公共事業を通したマクロ政策から，市場メカニズムを整備するミクロレベルの構造改革が重視されるようになった。さらに，ＩＴ革命，グローバリゼーションといった現象がこれらの動きを加速し，国境をまたいで自由に人，モノ，金，情報が行き来するようになった。しかしながら，市場メカニズムは必ずしも万能とは言えず，市場の価格調整メカニズムが有効に機能しない場合，市場主義はただの自由放任主義となり，株・土地などの資産価格の乱高下，不規則な景気変動，インフレやデフレといった現象を招く恐れがある。旧ソ連・東ヨーロッパ諸国においては，長い社会主義経済から市場経済への動きが一気に進んだため，インフレ・失業・低成長といった弊害が出た。経済システムはその基礎となる政治・社会制度，法律・慣習，歴史，文化などの広い意味での社会システムの上に成り立つものであり，市場経済化がどこの国にも同じように根づくとは限らないのである。

　⇒ ④グローバリゼーション

4-26
デフレ不況
deflationary recession

　物価の下落が，企業の売上高減少，設備投資の縮小などを通じて経済全体が需要不足となり，景気が低迷すること。物価の下落が長期にわたると需要不足がさらなる物価の下落を招く悪循環，つまりデフレスパイラルとなる。戦後インフレをいかに抑えるかが先進諸国の問題であったが，1990年代以降，株価，地価の下落などの資産価格の下落，途上国からの低価格製品の輸入増加などにより，デフレが新しい経済問題として浮上してきた。特に日本では，銀行の不良債権問題，中国からの低価格製品の輸入，高齢化のスピードが他の先進諸国より早いこともあり，デフレの深刻化が懸念されている。現在，構造改革が進められているが，構造改革の施策の中には短期的には，需要の減少を通して景気回復を遅らせるものもあるため，経済が回復し安定成長路線に戻るには今しばらく時間を要するものと思われる。

4-27
雁行型経済発展
flying geese of Asian economic development

アジアの経済発展のメカニズムを説明するために赤松要博士が作った言葉。「アジアの奇跡」と呼ばれた1980年代のアジアの経済発展が，日本が先頭で，次に韓国，台湾，香港，シンガポール，マレーシア，タイといった新興工業国・地域群（NIES：Newly Industrializing Economies）が続き，さらにその後をASEAN諸国や中国，ベトナムなどが追う構図となっているのを，雁がちょうどリーダーを先頭にV字形となって飛んでいる姿に似ていることから名付けられた。

多くのアジアの国々は自国市場が小さいために，輸出振興により，経済開発を進めた。先発国では賃金などのコスト増により競争力を失った技術が，より低コストで開発できる後発国に徐々に移転することで，後発国は工業化が進み，先発国は余った資源を新しい技術開発に投入することが可能となる。それぞれの国の技術水準，経済の成長段階が異なるために，分業体制が可能となり，ともに経済発展が進んだ。後発国は外国技術，投資，多国籍企業を受け入れることで，労働集約的で低付加価値の製品を作ることから，徐々に資本集約的，高付加価値製品の製造ができるようになり，先発国も新しい技術開発に取り組めることで，先発国が引っ張り，後発国が先発国を追いかける構図で，経済開発が進むメカニズムが働いた。このような経済発展がアジアにおいて可能となった背景として，高い貯蓄率，勤勉で質の高い労働力の存在が上げられる。

⇒ ④東南アジア諸国連合

4-28
新興工業国
Newly Industrializing Countries
[略語] NICS

1970年代後半以降，途上国の中から，工業化に成功し，経済成長を遂げる国々が出てきた。具体的には，ラテン・アメリカのアルゼンチン，メキシコ，ブラジル，アジアの韓国，香港，台湾，シンガポール，南ヨーロッパのギリシャ，ユーゴスラビア，ポルトガルなどの国々である。これらの国々を総称して，NICSと呼んだ。その後，中国，マレーシア，タイを含めて，NIES（NIES：Newly Industrializing Economies，新興工業国・地域群）という用語が使われるようになった。

工業化に成功したという意味では，上記の国々は共通するが，ラテン・アメリカの国々が輸入代替政策をとり，海外からの資本を受け入れて，国内消費を喚起することにより，経済成長を遂げたのに対し，アジア諸国は，国内の高い貯蓄率と質の高い労働力による輸出振興を図ったという点で違いが見られ，その後の行方が異なってくる。1980年代に入ると，ラテン・アメリカの国々は対外債務が巨額に上り，返済に支障が生じ，累積債務問題に苦しむようになった。一方のアジア諸国は，80年代以降も「アジアの奇跡」と称される経済成長を続け，その恩恵は

他のアジア諸国にも伝搬し，地域としてのアジア全体の経済を底上げした。97年のアジア通貨危機によって，その成長路線が一旦止まることとなるが，その後，経済改革を成し遂げ，再び，経済発展路線に戻ることとなった。

⇒ ④雁行型経済発展，④累積債務問題，④アジア通貨危機

4-29
開発独裁
developmental dictatorship

途上国の経済発展の一形態で，軍部や独裁者が政治の実権を握り，政治的には独裁主義を取りながら，上からの指図により経済発展を推進する政治体制。韓国，台湾，インドネシアなどのアジア諸国で顕著であった。

欧米を中心とする西側先進国は，自由主義経済と民主主義とが同時並行的に進み，民主主義の拡大が，国民所得の向上，ひいては国の資本蓄積となって，自立的な経済成長のサイクルで経済発展を達成した。しかしながら，第2次世界大戦後に独立した国々の多くは，国民所得は低くかつ貧富の差が甚だしかったため，民主主義と資本主義を同時に達成することは困難であった。そのため，軍部や独裁者は，工業化による経済開発を進めるにあたって，海外から技術，資本を導入して，財閥などの一部の資本家を優遇し，強権的に経済開発を進め，それに反対する政治勢力を抑圧するという手段をとった。

この政治体制は，人権をないがしろにするものだという批判がある一方，当時の途上国の現状を考えると経済発展のためにはやむを得なかったという見方もある。実際，開発独裁を行っていた国々の中からは，国民所得が増えるにつれ，人権や選挙権などに対する国民の政治的欲求が強まり，議会の普通選挙，大統領の直接選挙，言論・出版の自由化が徐々になされ，民主化が進み始めた国も出てきている。韓国では1987年に大統領が国民の直接選挙によって選ばれ，台湾も88年に登場した李登輝により民主化が急速に進展した。また，インドネシアにおいても，スハルト家の独裁体制から脱却しつつある。経済発展の過程における過渡的な一つの政治体制と見ることもできる。

⇒ ①インドネシア共和国，①台湾

4-30
世界同時不況
global recession

2001年9月11日に起こった米同時多発テロをきっかけとして，世界が同時に不況に陥るのではないかとの懸念が急速に高まった。もともと，テロ前においても世界経済の景気は下降気味であった。日本は1980年代後半に発生したバブル景気が崩壊した影響で，多額の不良債権処理に苦しんでおり，ヨーロッパではEU統合の熱気が冷めた後，徐々に低成長と失業増の兆しが発生していた。また，アメリカにおいても90年代の息の長い好景気のあと，景気は下降気味となっていた。そのような状況のときに，イスラム原理主義のアル・カイダによるニューヨーク

の貿易センタービルなどへの同時多発テロが起こった。ニューヨークの株式市場の暴落は，すぐに世界各国の株式市場に伝搬し，世界同時株安となった。これにより世界経済は景気後退色が強まったが，アメリカの連邦準備制度理事会（FRB：Federal Reserve Board）による利下げやブッシュ政権による減税政策により，景気は失速せず，持ち直しを見せた。今のところ，アメリカの好景気が世界経済を引っ張っている状態である。

日本においては，超低金利政策が続いており，景気回復の兆しが出つつあるが，依然として不良債権処理が重石となり，デフレ不況からの脱却が進んでいない。国債の発行残高が巨額に上るため，公共投資による景気刺激策が使えず，供給サイドの改革を目指す構造改革を進めているが，目立った効果は上がっていない。そのため，株価は低迷し，日本の本格的な景気回復が期待されている。グローバリゼーションが進んだ現代においては，一国の不況がその国だけに止まらず，他国にも伝播することになる。経済規模の大きい日本・アメリカの影響力は大きいため，その経済政策の動向が国内だけでなく，国際的にも注目を浴びることとなる。

　⇒ ①9.11同時多発テロ，①④グローバリゼーション，④デフレ不況

4-31
南北問題
North–South Problem

第2次世界大戦後，アジア・アフリカの数多くの諸国が旧宗主国から独立を達成し，20世紀初期の植民地体制は崩壊した。これら諸国は政治的には独立したが，経済基盤はほとんどなく，未開発のまま放置され，貧困に苦しむこととなった。これら諸国の多くが南に位置し，北の先進諸国との経済格差が拡大したことから，これを南北問題という。

1960年代，南北問題への関心が高まり，途上国の貿易と開発の問題を話し合う国際会議を求める「カイロ宣言」が62年に採択された。これを受けて，64年3月に国連貿易開発会議（UNCTAD）がジュネーブで開催された。同年，UNCTADは国連の機関となり，途上国に対する貿易と開発の推進，資金援助，技術供与などの活動を始めることとなった。70年代になると，中東の産油国は，石油資源の価格決定権を獲得したことで，多額のオイルダラーに潤った。これが契機となり，途上国は天然資源や一次産品を使って先進国に対する発言力を強化しようという資源ナショナリズムの動きが出てきた。その表れが，74年の国連総会における「新国際経済秩序（NIEO：New International Economic Order）」であり，70年代，北の諸国と南の諸国の利害が鋭く対立した。しかし，80年代以降，工業化に成功する新興工業国・地域群（NIES：Newly Industrializing Economies）の出現，産油国による石油値上げが，非産油途上国の経済に打撃を与えるなどして，南の諸国間における経済格差が目立ち始めた。この問題は「南南問題」と呼ばれ，途上国間の新たな問題として注目されて

いる。また，東西冷戦が終結したことにより，経済的にソ連に従属していた東ヨーロッパ諸国では，ソ連から自立し，社会主義経済体制から市場主義への移行が必要となっている。これら諸国の経済開発の問題も新たな「東西問題」として浮上しており，もはや，単純な「南」対「北」の構図で問題を捉えられなくなっている。

⇒ ④国連貿易開発会議，④新興工業国

4-32
西暦2000年問題
　Year 2Kilo Problem
　(略語) Y2K

　従来のコンピューターが，西暦を下2桁で認識する様式を基本としていたために，西暦が変わる2000年においてシステムの誤表示，誤動作あるいは停止等が発生するのではないかという問題。現代の社会生活においては，日常の至るところにコンピューターやマイクロチップが入り込んでおり，社会生活を支える基礎となっている。そのため，たとえ一カ所で起こった誤作動であっても経済の他の主体に影響が伝搬し，経済活動全体が麻痺状態になるのではないかと懸念された。特に電気，ガス，水道などのライフ・ライン，金融，情報通信，原子力発電所などに問題が発生した場合，その影響は計り知れないものがある。

　日本政府を始めとして，各国政府ともＹ２Ｋ問題への対応を数年前から準備し，中央・地方政府，民間企業で使用しているすべてのコンピューターの点検，プログラムの修正を行うとともに，システムに障害が発生したときの代替手段についても準備がなされた。また，テロなどの突発事象への危機管理体制も整備された。西暦が変わる2000年，特に目立った混乱は国内外ともに発生しなかったが，全世界的にこの問題が取り上げられたことは，現代社会がコンピューターなどの高度な機械に依存する脆弱性を持ち，世界中がネットワークで結ばれているグローバリゼーションのもとにおいては，従来，国内問題と考えられていたことも世界的視野から考えねばならない時代に入ったことを示すものである。

⇒ ①④グローバリゼーション

4　金　融

4-33
リスクマネー
　risk money

　株式，為替，債券などの金融商品に投資を行いハイリスク・ハイリターンを目指す投機性の高い資金。ヘッジファンドが代表例である。1980年代以降の世界的な金融の規制緩和，自由化により，事業に投資して収益を得るのではなく，資金

第4章　安全保障と経済・金融

を世界中のさまざまな金融市場の中で動かすことによって，利益を得ようとする動き，人々が出てきた。以前は少額の資金であったが，世界的な金融の自由化により，国境をまたいで資金を動かすことが可能となったため，大量の資金が世界中を駆巡ることとなった。世界中の株式・為替・債券の動きを調べて，売買を行い，利益を上げると，新たな収益機会を求めて，別の市場に向かうという行動をとる。アジア通貨危機はヘッジファンドを中心とするリスクマネーの動きが原因の一つと言われている。

また，ヘッジファンド以外にも，破綻企業・不良債権を買い取る外資系の投資ファンドや，ベンチャー企業に融資を行う資金も広義のリスクマネーと呼ばれる。これらは，ヘッジファンドより小規模であるが，銀行融資などの間接金融では，資金が回らないハイリスクの分野に資金を投下するため，間接金融を補う新たな直接金融の一つとして，新規事業の創出，経済の活性化に役立つ面も持っている。実際，90年代後半のアメリカのベンチャービジネスが成功した背景には，高いリスクをとっても，実現可能性のある事業に投資しようという多額のリスクマネーの存在があった。

⇒ ①④グローバリゼーション，④国際資本移動，④アジア通貨危機

4-34
国際資本移動

international capital movements

1980年代以降の金融の自由化により，国際間で巨額の資金が移動するようになった。資本移動には，外国に工場を建設するなどの直接投資や株式・債券を購入する証券投資の形態がある。途上国にとって，海外からの直接投資は自国の産業の発展に役立つものであり，国内の貯蓄が不足している場合，経済成長を図るため，外資を積極的に導入することが行われる。70年代後半以降のアジアは，このような政策により，驚異的な経済成長を達成した。

最近では，リスクマネーといわれる投機性の高い資金が，国際間を移動するようになり，実体経済を攪乱する恐れも出てきている。現在，このような資金を管理する国際的なレジーム，国際機関が存在しないため，経済規模の小さな国は，リスクマネーの危険にさらされることが多く，通貨危機ひいては経済危機につながることも多い。アジア通貨危機もその一つである。また，通貨の売買が行われる外国為替市場においても，巨額の資金が動き回り，為替レートが大きく変動し，実体経済に影響を及ぼすことがある。通常，為替レートは長期的には各国の実質購買力によって決定するが，日々の動きは為替需給，各国金利差，国内・国際的な事件などの影響を受け，均衡レートから逸脱することもある。国際資本移動にはこのような負の側面があるため，世界的に管理する必要があるという考えがあるが，今のところ，各国の政府・中央銀行の対応に委ねられているのが現状である。

⇒ ④リスクマネー，④アジア通貨

4-35
累積債務問題
debt crisis in developing countries

途上国において，外国から借り入れた債務いわゆる対外債務の返済が経済の悪化などにより困難になる累積債務問題が深刻化している。1980年代の中南米，97年のアジア通貨危機に見舞われたアジア諸国においては，IMFを中心として，対外債務の元利払いを延長するリスケジューリングがなされた結果，経済危機に陥った諸国の経済改革が進み，その後，これら諸国の経済は回復軌道に戻った。途上国の累積債務問題が深刻化することは，債権国である先進国にとっても看過できない問題となってきており，この問題を解決するために，公的債務の繰延交渉を話し合うパリクラブという国際会議の場が作られ，債務処理の方法について話し合われている。また，途上国の中でも特に経済開発が遅れているため，巨額の対外債務の返済がほとんど不可能で，日常の生活物資すら十分にまかなうことができない貧しい国，重債務最貧国（HIPCs：Heavily Indebted Poorest Countries）の問題も出てきた。途上国の中でも最底辺に位置するこのような諸国の問題を解決するため，95年に国連社会開発サミットにおいて，初めてIMF・世銀などの多国間債務を削減して行くことが決議された。その翌年，債務削減の具体的なスキームである「HIPCsイニシアティブ」が決定されたが，債務削減適用の条件が厳しく，効果がほとんど上がっていないとの批判が出ている。累積債務問題は，単純にリスケジューリングや債務を軽減すればいいという問題ではなく，累積債務国の経済開発が不可欠である。しかしながら，途上国の貧困の原因は，国によってさまざまであり，その国の実情に合った包括的なプログラムが必要である。

⇒ ④国際通貨基金，④アジア通貨危機

4-36
アジア通貨危機
Asian currency crisis

1997年5月のタイのバーツ相場下落に端を発し，その後，マレーシア，フィリピン，インドネシア，香港，韓国などのアジア諸国に波及した通貨・経済危機。97年5月に，タイの通貨バーツは投機の対象となり，為替相場において，大量の売りをあびせられた。タイの中央銀行は市場介入によって，バーツの買い支えを行うとともに，周辺各国からの資金援助によって対処しようとしたが，外貨準備高が枯渇し，さらに株式市場が下落し，経済が混乱するに到り，ついに7月2日，ドルとのペッグ制（対ドルの固定為替制度）を放棄し，変動相場制に移行した。7月28日にはIMFからの支援を受けることを決定し，その後，金融機関の閉鎖を含む金融制度の改革，財政支出の削減などの緊縮政策を行い，経済を立て直すこととなった。タイの通貨危機は同国だけに収まらず，マレーシア，フィリピン，

第4章　安全保障と経済・金融

インドネシア，香港，韓国にも拡大した。通貨危機の原因として，ヘッジファンドと呼ばれる国際投機筋が挙げられており，マレーシアのマハティール首相は，ヘッジファンド「クォンタム・ファンド」のファンドマネジャーであるジョージ・ソロス氏を，一連の通貨危機の元凶として非難した。これに対し，ソロス氏は，マレーシア国内の経済体制が市場化の面で遅れており，自由主義経済になじまない規制が多いと反論した。

アジア通貨危機の直接のきっかけは，ヘッジファンドなどの国際投機筋の為替売りであったが，アジア諸国において，経常収支の悪化，その資金をまかなうため，外国の短期資本に大きく依存していたこと，金融機関の不健全経営などのひずみが背景にあり，為替相場の下落はその調整であるとの指摘もある。

⇒ ①タイ王国，①インドネシア共和国，④国際通貨基金，④リスク・マネー

4-37
通貨危機への緊急支援
financial support to currency crisis

1997年のアジア通貨危機に際し，事態を収拾するためにIMFを中心とした国際金融機関が借款を含む多額の緊急融資を行った。インドネシアはIMFから総額330億ドル，韓国は総額570億ドル，タイは170億ドルの緊急融資を受けることになった。その見返りに，IMF支援プログラムと呼ばれる厳しい経済再建計画の実行を要求された。その内容は，変動相場制の維持，増税・歳出抑制による財政の健全化，金融引締めなどのマクロの引締め策である。これにより，各国では経済のマイナス成長，金融機関の閉鎖と清算，企業倒産，失業などの事態が発生し，経済状態は改善しなかった。そのため，98年になると，IMFは支援プログラムを修正し，増大する失業者対策，民間企業の再編，企業債務の解消，金融政策の緩和に重点が置かれ，当初のマクロ重視の政策からミクロ政策重視となった。その年の後半からは，これら3カ国の経済は回復を始め，支援策は軌道に乗り出した。今回のIMFの対応は，80年代の中南米諸国で成功した緊縮財政政策と金融引締め策という従来の政策をそのまま適用したものである。原因が異なるにもかかわらず，各国の実情を把握せずに，同じ処方箋を用いたため，結果的に経済回復を遅らせることになった。そのため，IMFの硬直的な政策運営に批判が寄せられた。

⇒ ①タイ王国，①インドネシア共和国，④国際通貨基金

4-38
金融ビックバン
Japanese "Big Bang"

1996年，橋本首相は「グローバル・フリー・フェアー」の3原則に基づく金融制度改革の実施，いわゆる金融ビックバンを提唱した。その内容は，①外国為替取引の完全自由化，②銀行・証券・保険の相互参入，③金融商品の自由化・多様

化，④株式手数料・保険料率の自由化，⑤投資信託・年金基金などの運用規制の自由化，⑥法律・税制・会計制度などを国際的標準に合わせること，を骨子とする。この金融ビックバンは，世界的な金融の自由化，規制緩和の動きを受け，日本の金融制度を，間接金融中心から直接金融中心に変えることで，市場化という世界の動きに追いつき，日本経済を活性化しようというものである。金融制度を改革することで，経済の構造改革を進めることを目指したのである。

　1986年にイギリスにおいて，金融ビックバンが実施され，それまで低落基調にあったロンドン・シティが復活したことから，日本における金融制度改革は金融「ビックバン」と名付けられた。金融ビックバンの内容はさまざまな施策が多岐にわたり，98年4月に，銀行以外でも外貨の取扱いが可能となる外為法改正が施行されたほか，証券会社の免許制から登録制への変更，銀行での投信窓販の解禁，金融持株会社の解禁などが実施された。その一方，預金のペイオフ（銀行預金1,000万円までは保護の対象）は，金融不安の影響で定期預金など一部の金融商品については実施されたが，完全実施には到っていない。金融ビックバンは，日本の金融制度を市場経済化することを目指したが，その内容は小手先のもので効果を上げぬまま，橋本首相の退陣により終了した。

4-39
BIS 規制

BIS regulation

　1980年代以降，先進国における金融業の規制緩和，自由化の進展により，国際的に金融機関の経営の健全性を高める必要が出てきた。92年末から導入された現行の BIS 規制は，国際業務を行う銀行は，自己資本比率が8％以上，国内業務を行う銀行は4％以上とすることが課せられている。97年に市場リスクを自己資本比率にカウントする改定がなされた。しかし，金融の国際化，自由化の速度は速く，銀行が抱えるリスクはより多様化，複雑化してきたため，従来の BIS 規制を見直すことが必要となった。

　新 BIS 規制の内容の主なものは，信用リスク規制の精緻化である。現行の信用リスクの掛け目は，OECD 加盟国の債権：0％，その他諸国のソブリン債権：100％，OECD 加盟国の銀行債権：20％，事業法人の債権：100％となっているが，これを細分化し，債権の信用リスクを反映したものにしようというものである。しかしながら，信用リスク規制の見直しは，その内容如何によっては，信用収縮，貸渋りなどを招き，実体経済に悪影響を及ぼす恐れもある。

　今回の見直しは，当局管理型から自己責任と市場規律を中心とした監督への移行を目指すものである。当初，この見直しは，2004年実施予定であったが，各国間の利害の調整がつかず，2006年末に実施が延期されることとなった。今後，各国間で協議が続けられることとなるが，直接金融が発達し，規制強化に熱心なアメリカと間接金融中心の国々との間で，

合意までに時間がかかることが予想される。また、アジア通貨危機などの金融危機に対し、BIS規制は何らの効果も発揮せず、逆に民間資本の流出を招いて金融危機を悪化させたとの批判があり、BIS規制自体の有効性に対しても疑問が投げかけられている。

⇒ ④国際決済銀行、④アジア通貨危機

4-40
マネー・ロンダリング
money laundering

別称 資金洗浄

犯罪などで得た"汚れた"資金を、金融機関などを利用して、偽装や隠蔽によりその出所を分からなくし、正当な取引で得た"きれいな"資金であるかのように見せる（洗浄）こと。麻薬、テロ資金が利用されることが多い。犯罪の再発防止、犯罪組織の撲滅のために、その資金源を絶つことは重要であり、マネー・ロンダリング防止が必要となる。もともと、アメリカにおいて麻薬がマフィアの資金源となっていたため、その撲滅のために、1980年代に規制が強化された。その後、89年のアルシュ・サミットにおいて、マネー・ロンダリング対策のための国際協力の呼び掛けが行われ、先進国を中心に世界の多くの国でマネー・ロンダリングを防止する対策が採られている。日本では、92年に「麻薬特例法」によって、金融機関に薬物犯罪に関連する資金の情報を届け出る制度が創設された。2000年に、「組織的犯罪処罰法」が施行され、金融機関での本人確認の実施、届け出の対象を従来の「薬物犯罪」から「一定の重大犯罪」に拡大し、疑わしい取引があった場合の当局・捜査機関への届け出が強化された。2001年のアメリカへの同時多発テロ後は、麻薬のみならず国際的テロ組織の資金源を絶つために、マネー・ロンダリング防止の強化が望まれている。

⇒ ①国際犯罪、①国際テロ組織

5　貿　易

4-41
日米経済摩擦
U.S.–Japan trade friction

戦後、日本が高度経済成長を遂げ、対米貿易黒字が増加するにつれて、アメリカとの間で度重なる経済摩擦が発生した。1980年代以前は、綿製品、鉄鋼、カラーテレビ、自動車といった個別分野について、アメリカからの黒字削減要求に日本が輸出自主規制で対応するという構図であった。しかしながら、日本の貿易黒字が巨額かつ恒常的なものとして定着し続けたことから、80年代以降、個別品目の摩擦から日本の市場の閉鎖性、経済制度、商慣習への批判の段階へと移っていった。

85年のプラザ合意による大幅な円切上げで一旦，貿易黒字が沈静化するかに見えたが，その後も貿易不均衡に著しい改善がみられないことから，90年代初め，ブッシュ大統領の「日米構造協議」（SII：Structural Impediments Initiative）や，クリントン大統領による「日米包括協議」が行われた。これらの経済協議は，それぞれの政権における通商政策を反映し，その性格は若干異なるものの，共通するのは貿易不均衡是正のために，両国国内の経済制度まで踏み込んで議論の対象とすることである。従来，国内制度は国内政治の範疇とされ，それに踏み込むことは内政干渉とされていたが，それらが経済協議の対象となることは，両国経済の相互依存度が深まったことを示すものであると言えよう。

2001年，小泉首相とジョージ・W・ブッシュ大統領の間で「日米新経済協議」が始まった。今回の経済協議は，次官級経済会合，官民会議を創設し，その下に財務・金融，貿易，規制緩和，直接投資の四分野の会合を設置して両国間の経済協力を拡大する方針であり，民間の関与を強く打ち出している点が特徴的である。民主党のクリントン大統領が，結果重視の経済協議を日本に要求してきたのに対し，イラク・北朝鮮問題があることを背景にジョージ・W・ブッシュ大統領は安全保障問題を含む総合的な観点から経済協議を進めている。

⇒ ①内政不干渉，④日米構造協議

4-42
日米構造協議
Structural Impediments Initiative
略語 SII

1980年代，日本の対米貿易黒字の拡大，対米直接投資の増加から発生した日米間の経済摩擦は，85年のプラザ合意による米ドルの対円レート大幅切上げにもかかわらず，容易に解消せず，厳しさを増した。アメリカ世論，議会，産業界を中心としてジャパン・バッシングが高まり，日本はアメリカの資本主義とは異なる経済メカニズムを持つとする「日本異質論」も出てきた。そのため，対日強硬派の多い議会が，88年8月，包括通商法いわゆるスーパー301条を成立させ，日本に対し厳しい市場開放要求が，突きつけられる可能性が出てきた。ブッシュ大統領は，議会の対日強硬圧力を抑えるため，日米双方の構造的問題を協議する場を設け，そこにおいて貿易不均衡問題を解決しようとした。それが翌89年9月から始まった「日米構造協議」である。

当初，日本側の意図としては，アメリカから日本へ一方的な要求がなされる協議ではなく，日米双方の構造問題を協議し，もって貿易不均衡を解決する場とするつもりであったが，協議が始まると議会の圧力の後押しを受けたアメリカから日本への要求が強く，日本に対し，貯金と消費，投資バランス，流通機構，土地利用政策，排他的取引慣行，価格メカニズムの6分野について改善の要求がなされた。1990年6月の最終報告において，日本側の措置として，大規模小売店舗法の見直し，公共投資の拡充（10年間で430

兆円），独禁法の強化，特許審査期間の短縮がうたわれた。一方，アメリカ側も貯蓄・投資バランスの改善を約束するなどして，一応協議は双方向的なものとなった。日米構造協議で取り上げられた問題は，日本の公共投資，土地政策，流通，独禁法，アメリカの財政・貯蓄政策など双方の国内問題に関し多岐にわたるものであった。従来の通商協議は，関税や非関税障壁といった水際の問題を話合う場であった。日米構造協議において，経済・社会構造までも議論の対象にしたことは，内政干渉という向きもあるが，日米の経済関係が相互依存の度合いを深め，世界経済に与える影響もかつてなく大きくなった以上，双方が互いの内政問題にまで立入って話合う機会を持ったという点では意義があるといえよう。

⇒ ①内政不干渉，④日米経済摩擦

4-43
ダンピング提訴
dumping problem

1980年代に起こった日米経済摩擦は，ハイテク分野に広がり，産業のコメと呼ばれる半導体について，大きな争点となった。特に，日本が，意図的に国内市場より安い価格でアメリカに輸出するダンピングを行い，アメリカ市場のシェアを獲得し，アメリカ半導体産業を壊滅させているのではないかとの懸念から，激しい交渉となった。アメリカの半導体業界の労働者数は決して多くはないが，半導体はハイテク技術として注目され，また，国家の安全保障を左右すると考えられたため，議会を動かし，いわゆるハイテク・ナショナリズムを生み出した。

1985年6月，米国半導体工業会は，通商法301条に基づき提訴を行い，さらにアメリカのメーカーによる日本企業のダンピング提訴が相次いだ。これらの提訴を受け，商務省が日本に反ダンピング課税を課した。また，ダンピングの有無を認定する国際貿易委員会（ITC：International Trade Commission）が，日本製品のダンピング認定にクロの判決をした。半導体協定は，アメリカ側のこのような圧力のもとで行われたため，日本側は最終的に譲歩し，86年9月，日米二国間の半導体協定が結ばれた。その内容は，日本の市場開放（日本市場におけるアメリカ製品のシェアを20％以上にすること），外国へ公正な価格で輸出すること，第三国経由の輸出価格についても監視することがうたわれた。ある特定の国に市場シェアを約束する二国間協定は，GATTの精神に反するものであり，ヨーロッパなど他の諸国からは反発の声が上がった。しかし，日本側はアメリカの強い主張を受け入れざるを得ず，最終的に本協定の締結に到った。その後，日本側の市場開放努力，技術進歩により半導体産業の国内での位置づけが変わったことにより，日米半導体協定は，10年後の96年8月に失効し，WTOの多国間協定の枠組みの中に入ることになった。

⇒ ④日米経済摩擦

4-44
通商摩擦と日米安保体制

U.S. – Japan trade friction and U.S. – Japan security arrangements

1980年代に入り、日本の経済力が伸び、技術力が高まってくると、それまでハイテク分野において圧倒的優位であったアメリカの地位が揺らぎ始めるようになった。半導体などのハイテク製品の貿易摩擦問題が単に通商上の問題に止まらず、安全保障に関わってくる問題になり、ハイテク・ナショナリズムを生み出すもととなった。民間企業の技術レベルの向上により、民生用と軍事用との技術レベルに差がなくなってくると、ハイテク分野における技術競争力の喪失は、単に国内産業保護の問題から、自国の安全保障の問題になってくる。

1986年6月に発生した東芝機械ココム違反事件は、貿易と安全保障が密接に関係した事件であった。東芝の子会社である東芝機械は、82～83年にかけて九軸同時プロペラ加工機4台をソ連に輸出したが、この機械はソ連の原子力潜水艦のスクリューのノイズを小さくすることが可能で、ココム違反であった。当時、日米間では貿易摩擦が厳しいおりであり、議会を中心として、対日批判を強める結果となった。

また、FSX共同開発問題も、通商摩擦と安全保障が関係した事件としてあげられる。FSX（FSX：Fighter Support Experimental; Fighter Support X）とは国産の支援戦闘機F1の後継機である。当初、日本側は後継機を国産とすることを決めていたが、アメリカから、貿易不均衡を理由として、戦闘機を購入するか、日米共同で開発するかのどちらかを選択するよう圧力を受けた。防衛庁はF16を母体として日米共同開発とすることを決定したが、日米の費用の分担割合をどうするか、また、アメリカの技術が日本に流出することへの懸念から、交渉が長期化した。1996年に完成したものの、当初のスケジュールは遅れ、開発コストも当初想定していた金額以上となった。

アメリカにおいて、通商問題を担当するのは、商務省と米国通商代表部（USTR：United States Trade Representative）、安全保障問題を担当するのは、国務省、国防総省である。前者は、貿易摩擦を国内産業保護、アメリカの技術力の優位性維持という立場から考えるのに対し、後者は、貿易問題より日米安保体制を重視し、また、国内産業保護の姿勢は前者ほど見せない傾向がある。東芝機械のココム違反事件やFSX共同開発問題においては、これらアメリカ国内の官庁同士の権限争い、意見の相違、および議会の対日圧力の動きもあって、交渉が複雑化することとなった。

⇒ ④日米経済摩擦

4-45
戦略的貿易政策
strategic trade policy

従来、貿易政策といえば、自由貿易か、国内産業を保護する管理貿易のいずれかであった。しかし、1990年代になると、ハイテク分野などの高い技術を用いる産業においては、自由貿易主義の前提となる「収穫逓減の法則」や「完全競争」が

働かず，市場シェアの独占化を招く恐れが出てきた。そのため，自由貿易主義という建前を維持しながら政府は一部の重要産業においては，貿易に介入すべきであるとの「戦略的貿易政策」の考えが出てきた。

従来，アメリカは自由貿易主義をとってきたが，アメリカの国際競争力の低下，日本・アジアからの輸出攻勢による貿易不均衡などといった事態に直面し，クリントン政権は，自由貿易主義から方針を転換し，この政策を取り入れた。日米構造協議後の日米間の経済協議である日米包括協議では，貿易政策に結果重視の考えを採り入れるように日本に要求したが，日本側は管理貿易につながるとして反発した。1990年代半ば以降，アメリカは長期の景気拡大が続いており，また，中国の貿易黒字が急増したこともあり，クリントン政権下における日米間の通商摩擦は80年代ほど厳しいものではなくなった。しかしながら，日米間の貿易不均衡は解決したわけではなく，今後も，日本に対し厳しい要求が出る可能性は否定できない。

⇒ ④日米経済摩擦，④日米構造協議

る。表向きは航空会社の自由化が進むことは，消費者の利便性の向上につながると主張しているが，その背景としては，①米国国内法により外国企業の米国航空企業への投資が25％未満に制限されていること，②外国航空企業の米国国内市場への参入が認められていないことにより，オープン・スカイズ政策はアメリカの国益を反映した政策である。アメリカは1992年から96年にかけてヨーロッパ12カ国とオープン・スカイズ協定を結び，現在，世界30カ国以上とオープン・スカイズ協定に合意している。アメリカとオープン・スカイズ協定に合意した場合にのみ，その国の企業が米国企業との提携に際し，アメリカの独占禁止法の適用免除が受けられ，運賃の共同設定，供給調整，利益配分が可能となる。日本が98年に締結した日米航空協定は，以前と比べて自由化が進んだものの，まだ完全な自由化には到っていない。アメリカは日本にオープン・スカイズ協定の締結を求めているが，アメリカの航空産業が強力な中での締結は，アメリカ企業による独占，寡占の恐れがあるため，日米間においては未だオープン・スカイズ協定の締結はなされていない。

4-46
オープン・スカイズ政策
open skies policy

航空産業を基幹産業と位置づけているアメリカが，航空産業を後押しするために取っている政策で，航空機の運賃，便数，路線，経由地を自由化することであ

4-47
戦略物資
strategic goods

冷戦時代，ソ連を始めとする共産圏の軍事力増強となる物資，技術は戦略物資として，ココム（対共産圏輸出統制委員会，1949年設立，COCOM：Coordinating Committee for Multilateral Strategic Export Controls）による輸出規制の対象となっていた。日本は52年にココムに加盟し，87年には外為法を改正し，国際的な平和及び安全の維持のために，輸出管理の徹底と違反した場合の罰則の強化を図った。

東西冷戦の終結，その後の地域紛争の勃発により，ココムの役割がなくなり，通常兵器関連の輸出を国際的に管理する必要性が出てきた。そのため，ココムは1994年3月に廃止され，現在は地域紛争防止のための通常兵器及び関連資機材の輸出規制を目的としたワッセナー協約が96年に結ばれた。この協約はココムと異なり，ロシアや旧東ヨーロッパ諸国，途上国も参加している。その他に，大量破壊兵器の輸出規制の国際的枠組みとして，化学・生物兵器関連の「オーストラリア・グループ」（85年），ミサイル関連資機材・技術輸出規制（87年，MTCR：Missile Technology Control Regime），核兵器関連の「原子力供給国グループ」（92年），大量破壊兵器等の不拡散のための補完的輸出規制（KNOW（ノウ）規制，96年）が発足し，化学兵器禁止条約が97年に発効している。

従来，戦略物資といえば，兵器ないしその関連製品や，産油国にとっての石油などといったものを指したが，最近では，コンピューターの普及により，コンピュータープログラム，知的所有権などのソフトウェアが，軍事技術力の鍵となっており，戦略物資の中身が変化して来ている。

⇒ ①オーストラリア・グループ，①化学兵器禁止条約，①生物毒素兵器禁止条約，①ワッセナー・アレンジメント，②化学兵器禁止条約，②生物毒素兵器禁止条約

6　経済援助

4-48
政府開発援助

Official Development Assistance

[略語] ODA

途上国向けに支出される援助で，相手国の経済開発や福祉の増進を通じて，国民の生活向上を目的とする。借款ないし贈与の形態をとり，借款は有償資金協力，贈与には無償資金協力と技術協力がある。日本は1954年，コロンボ・プランに加盟し，政府ベースでの技術協力を開始した。そして，同年，ビルマ（現ミャンマー）との平和条約，賠償・経済協力協定を結んだのを皮切りに，58年には，インドに対して初の円借款供与を行い，本格的な経済協力がスタートした。60年代以降，高度経済成長により経済力が高まった日本は，ODAも質・量ともに増加し，69年には一般無償資金協力を開始した。70

年代には対象地域が広がり，アジア諸国以外に中東，アフリカ，中南米諸国にまで拡大した。80年代後半の貿易黒字の急増を受け，黒字減らし，資金環流の形の日本の国際貢献を求める国際世論が高まった。これに対し，88年のトロント・サミットでは，88年から92年の5年間でODAを500億ドル以上にすることを公約した。80年代後半以降，ODA予算額は毎年増加し，89年にはODAの額が世界一となり，ODAに対する政府の方針を対外的に示すことが求められるようになった。

日本のODAは，アメリカと異なり，軍事や政治的な目的を配慮することなく，相手国の状況，ニーズに応じた援助を行ってきたため，1980年代のアジアの急速な経済成長の理由の1つとなっている。日本のODAは量的には世界一となったが，質的には問題も多い。ODA資金が，相手国国民に届かずに，一部の政治家・官僚ないし企業を潤すために使われたり，「ひも付き（タイド）援助」といわれ，日本企業の輸出振興の道具になっているとの批判もあった。しかしながら，ひも付き援助の比率は90年代に入り，急速に低下し，ひもなし援助は，先進国中最高水準にまで来ている。今後は，途上国の環境破壊問題への取組み，市場経済化の推進，NGOとの連携など，ODA予算が厳しくなる中で，より一層の質の充実が求められる。

⇒ ④国際協力銀行，④ODA大綱

4-49
国際協力銀行
Japan Bank for International Cooperaton

[略語] JBIC

1999年10月に，政府の特殊法人改革の一環で，設立された政府系金融機関。海外経済協力業務を行う海外経済協力基金と輸出入金融を扱う日本輸出入銀行が合併したもの。海外経済協力業務は，61年の設立来海外経済協力基金が担ってきた。その業務の中心は，有償資金による援助実施である。無償資金，技術協力は，翌62年に設立された独立行政法人国際協力機構（旧国際協力事業団（JICA：Japan International Cooperation Agency））が担当する。また，65年には青年海外協力隊が設立された。

業務の中心は政府開発援助の二国間貸付で，円借款と海外投融資である。前者は長期・低利の貸付で，主に途上国の電力・ガス，運輸，通信，農業などの経済・社会インフラ整備のためのプロジェクト資金に使われる。最近では地球環境問題，人材育成，貧富の格差是正のために，上下水道，保険・医療，教育などの社会的サービスへの供与も増加している。後者は，民間企業が途上国においてリスクの高い事業を行うのを支援するもので，出資や融資の形態をとる。また，円借款が有効に利用されたかどうかの調査も行っており，有償資金プロジェクトの事後評価を行っている。

⇒ ④ODA大綱

4-50
ODA 大綱
Official Development Assistance Charter

日本のODA戦略の根幹をなす政府開発援助大綱で1992年6月に閣議決定された。80年代後半以降，増加した日本のODAは，89年に世界一となり，その基本理念・原則を国際的に明確にする必要に迫られた。そのため，ODA大綱が策定された。その基本原則は，①環境と開発の両立，②軍事的用途への使用の回避，③途上国の軍事支出，大量破壊兵器・ミサイルの開発・製造，武器の輸出入などへの留意，④民主化の促進，市場志向型経済の導入，基本的人権と自由の保障への留意，というものである。

対象地域としては，日本との歴史的，地理的関係からアジア地域に重点を置くが，他の途上国地域，アフリカ，中近東，中南米，東ヨーロッパ及び大洋州等の地域に対しても相応の配分を行う。特に，経済開発が特に遅れている後発開発途上国（LLDC：Least among Less-Developed Countries）へは配慮を行う。また，環境，人口などの地球的規模の問題への取り組み，基礎生活分野（BHN：basic human needs）に対する支援強化，人材の育成，研究技術協力にも力を入れていく方針である。このような大綱に基づき行われてきたODAであるが，大綱策定から10年が経ち，その間，グローバリゼーションの進展，途上国経済の格差拡大，9.11米同時多発テロ，国内景気の低迷など内外の環境が大きく変化したため，見直しがなされ，2003年8月に新ODA大綱が出来た。新ODA大綱の目的として，国民の利益につながるという点が新たに加わった。景気低迷により国民のODAに対する見方が厳しくなる中で，単にODAが途上国の経済開発・発展に貢献するだけでなく，それが日本国民の利益に還元されるようにとの点が盛り込まれた。今後，更なる透明性や援助効果の評価が求められることになろう。

4-51
環境ODA
Environmental Official Development Assistance

世界的な環境意識の高まり，地球温暖化問題といった一国では解決できない世界的な環境問題の発生に対し，政府開発援助においても取り組んでいこうという考えが生まれた。特に途上国においては，経済開発をするのが精一杯で，環境対策に回せる資金がない国が多いため，援助国の支援が不可欠である。日本は1992年に出したODA大綱において，「環境と開発の両立」を援助の原則として位置付け，ODAにおいて環境問題への取り組み姿勢を示した。具体的には，大気汚染，水質汚濁，廃棄物対策への資金・技術援助，自然環境保全，森林の植林への国際協力，地球温暖化対策である。

開発を行う際には，環境へのアセスメントを行い，開発の前に環境への影響度を調査，予測，評価し，環境への負荷が小さい代替策への変更などの検討を行っている。また，1999年8月に策定された「政府開発援助に関する中期政策」にお

いても，環境問題への取り組みを重点課題の一つに掲げている。また，地球温暖化問題に対しては，97年12月に京都で開催された気候変動枠組条約第3回締約国会議（COP3：Third Conference of Parties）の議長国として，「京都イニシアティブ」を発表し，温暖化対策について，途上国へ積極的な支援を行っていくことを公表した。日本は高度経済成長期に公害を経験したためその対策や省エネルギー技術，ノウハウを持っており，国際的にそのような技術を供与することが期待されている。

⇒ ④ODA大綱，④京都議定書

7　資源問題

4-52
エネルギー安全保障
　　　energy security

　1973年の第1次オイルショックを契機として，それまで石油の安定供給に慣れていた日本において，エネルギー安全保障という考えが浮上してきた。79年に大平首相が設置した総合安全保障についての研究会では，エネルギー安全保障についても検討がなされた。日本のエネルギー源は近年，原子力，風力発電の増加により多様化したものの依然として石油中心であり，しかもその供給源を中東という政情が不安定な地域に依存している。オイルショック後，代替エネルギーの開発，輸入の中東依存度の引き下げ，石油備蓄の強化などの官民一体の政策により，以前に比べ，日本の脆弱性は小さくなった。現在，中東地域は政治的，経済的に安定し，非OPEC産油国の輸出量増加によるOPECの価格支配力の低下により，石油の供給事情は落ち着いている。しかし，中東地域に，埋蔵量も含め，石油資源が偏在していることに変わりはなく，今後，何らかの国際紛争，国家間の緊張が高まった場合，原油価格高騰といった形で日本経済に悪影響を及ぼす可能性がある。実際，91年の湾岸戦争時や2003年のイラク戦争の際，原油価格が上昇した。いずれの戦争も短期間で終結したため，経済への影響は軽微であったが，長期化すれば，原油高からインフレ，経済成長の低下をもたらした危険性があった。今後は，経済成長が著しく，エネルギー消費量が増加すると見られるアジア諸国特に中国の存在によって，世界的な石油の需要・供給構造が変わる可能性があり，日本だけの視点でなく，世界的な視点から，エネルギーの安定的確保を考えるときが来ているといえよう。

⇒ ④石油輸出国機構，④アラブ石油輸出国機構，⑤湾岸戦争，⑤イラク戦争

4-53
石油輸出国機構
Organization of the Petroleum Exporting Countries
[略語] OPEC

1960年9月，バグダッドにおいて，イラン，イラク，クウェート，サウジアラビア，ベネズエラの産油5カ国によって設立された石油輸出国の連盟。カタール，インドネシア，リビア，アブダビ（現在のアラブ首長国連邦），アルジェリア，ナイジェリアが加わり，現在加盟国は11カ国。本部はウィーンにある。

1960年代まで，石油価格の決定権は，アメリカの国際石油資本（メジャー）を中心とする西側諸国に握られていたが，民族意識に目覚めた中東諸国は，それを産油国側に取り戻そうとした。そのためには，加盟国が原油の生産調整，価格調整などを一致して行い，団結した行動を取ることで石油消費国に圧力をかけることが必要であった。73年の第4次中東戦争に際して，親イスラエル国への石油禁輸政策と石油減産，価格引上げを発表し，第1次オイルショックを引き起こした。これにより，日本，西ドイツを始めとする西側先進国の経済は大打撃を受け，景気後退とインフレが引き起こされた。中東からの安い原油への依存度が高かった日本への影響は特に大きかった。インフレ，対外収支の悪化，戦後初のマイナス成長となり，それまでの高度経済成長から安定成長へ移る曲り角となった。しかしながら，政府による緊縮財政，インフレ対策により，他の西側先進国に比べて早く，日本経済は回復軌道に戻り，石油ショック後は安定した成長を取り戻すこととなった。その後，非OPEC諸国の出現，世界的な省エネルギーの進展により，現在では70年代ほどの政治的な影響力を持つことはなくなった。

⇒ ④エネルギー安全保障，④アラブ石油輸出国機構，⑤第4次中東戦争

4-54
アラブ石油輸出国機構
Organization of Arab Petroleum Exporting Countries
[略語] OAPEC

1968年の第3次中東戦争でイスラエルに敗北したアラブ諸国が，石油を武器として西側先進諸国に圧力をかける政治的意図のもとに作った，アラブ人の国による国際組織。加盟国はクウェート，サウジアラビア，リビア，アラブ首長国連邦，アルジェリア，イラク，エジプト，カタール，シリア，バーレーン，リビアで，ほとんどの国がOPEC加盟国であるが，石油を産出していないエジプトやシリアが加盟していることにこの組織の特徴がある。

石油の戦略的重要性が明らかとなったのは1973年の第4次中東戦争のときであった。第4次中東戦争が始まると，OPECは原油価格の一方的引上げを決定し，価格決定権が産油国にあることを明確に宣言した。さらにその翌日にはOAPECが，原油生産の削減とアラブ敵対国に対する輸出禁止措置を実施し，アメリカをはじめとする西側先進諸国へ圧

力をかけたため,石油価格は急騰し,石油輸入量の多いこれら諸国の経済は大打撃を受けることとなった。OAPECは,反イスラエルの姿勢を掲げ,石油減産を「イスラエルがアラブの全占領地から撤退し,パレスチナ人民の復権が認められる」まで継続すると宣言したため,石油問題とアラブ・イスラエル間の紛争は密接に関連することとなった。資源ナショナリズムの台頭である。80年代以降,世界的な原油のだぶつき,アラブ諸国間における対イスラエル政策の違いから,結束力が弱まり,OAPECの影響力は小さくなっていった。

⇒ ④エネルギー安全保障,④石油輸出国機構,⑤第3次中東戦争,⑤第4次中東戦争

4-55
食糧安全保障
food supply security

戦後,日本がGATTに加盟して以来,農産物について徐々に自由化が進んできた。その結果,外国からの安い輸入農産物が入り,その種類が増えるにつれ,食料自給率は低下し続けた。農産物の自由化が進み,農業が衰退していくのに危機感を持った政治家,農業関係者が,1986年,GATTウルグアイ・ラウンドによるコメの自由化要求に対して,コメの自由化反対の立場の根拠として掲げたのが食糧安全保障論(食料安保論)である。それは,日本の食料自給率は極めて低いため,何らかの国際情勢の緊迫化があったとき,食生活の基礎となる食料を輸入に依存していたのでは,国民の食生活に重大な影響を及ぼす。したがって,日本人の主食であるコメは最低限国内での自給体制を整え,輸入自由化は絶対に譲れないというものである。日本は食糧安全保障論に基づき,ウルグアイ・ラウンドにおいて,コメ自由化反対の立場をとり続けた。

日本人の食生活が多様化しており,コメを作るのに必要な農肥料や石油の海外依存度が高い以上,食糧としてのコメの輸入自由化だけを阻止したとしても無意味である。コメ自由化反対は,コメ作りで生計を得ている農民の政府・農林省に対する強い要求が背景にあった。しかし,コメ自由化に反対して,ウルグアイ・ラウンドを失敗させることは,自由貿易体制を壊すことになるため,日本は1993年,最終的には,ミニマム・アクセスの形で部分的にコメの輸入自由化に踏み切った。また,近年では,BSE:Bovine Spongiform Encephalopathy(狂牛病)問題に代表されるように,人体に有害な物質が食品の中に混入したり,輸入されたりする問題が発生しており,新たな食糧安全保障の取組みが必要となろう。

⇒ ④関税及び貿易に関する一般協定

4-56
ローマクラブ
Club of Rome

1968年に世界の科学者,経済学者などが集まって活動を開始した民間組織。環境,人口問題等の地球的規模の問題を研

究することを活動目的としている。ローマクラブは，72年に「成長の限界」というレポートを発表した。これは，ローマクラブがマサチューセッツ工科大学のデニス・メドウズ助教授らに委託したもので，人口増加や環境悪化，資源の消費などが現在のまま続けば，100年以内に地球上の成長は限界に達するとするもので，従来の成長路線から持続可能な均衡路線への方向転換の必要性を示したものである。これは，経済成長が今後も続くと思っていた世界中の人々に衝撃を与え，それまでの大量生産，大量消費の資本主義経済のライフスタイルの在り方に一石を投じることとなった。また，世界的な環境意識を目覚めさせる大きなきっかけとなった。そのような意味で，このレポートの影響力は大きく，ローマクラブの名前が一躍，世界中に知れ渡る契機になった。最近，この「成長の限界」が予測していることがすべて正しいわけではない，との反論も出されているが，70年代当時の工業主義，資本主義経済に警鐘を鳴らしたという点では，その意義は決して小さくない。

8　地球環境問題

4-57
地球環境サミット

United Nations Conference on Environment and Development

略語 UNCED

　1992年6月に，リオデジャネイロで開かれた地球環境問題についての首脳会議。この会議は，環境問題がもはや各国政府が解決できるレベルを超え，全世界的，地球的な問題になりつつあることを受け，89年12月の国連総会で開催が決定された。主要国首脳を含む103カ国の首脳が集まる史上最大の国際会議となった本サミットでは，地球の未来のための個人と国家の行動原理として「地球憲章」がうたわれた（この会議で「リオ宣言」とされた）ほか，地球温暖化問題に関する「気候変動枠組条約」と生物の保護を求める「生物多様性条約」への署名がなされた。また，21世紀に向けた行動計画を定めた「アジェンダ21」，「森林原則声明」も採択された。

　地球環境サミットは，環境問題に対し全世界が取り組むべきことを明らかにしたという意味で画期的なものであった。この背景には冷戦が終了し，東西対立が解消し，アメリカ，ロシアなどの国々が一堂に共通の問題に取り組むことができる環境ができたことがある。また，この会議をまとめる上で，NGO（非政府組織）の存在が欠かせない。従来の国際会議は政府間協議であり，NGOの活動する余地はほとんどなかったが，このサミットでは，主要な会議にメンバーとして参加し，その内容に影響を与えるまでに

なった。しかし，アメリカは，「気候変動枠組条約」の排出権削減枠の設定に反対したり，「生物多様性条約」にただ一国署名しないなど，地球環境問題に消極的な態度を取り，その孤立化が目立った。日本は政府開発援助を92年度から5年間，9千億から1兆円を目処に大幅拡充することを発表した。これにより懸案となっていた資金不足問題が相当程度解決されることになり，日本のこの分野における影響力を示すこととなった。

⇒ ①地球温暖化問題

4-58
京都議定書

Kyoto Protocol to the United Nations Framework Convention on Climate Change

1997年12月に京都で行われた地球温暖化防止会議で採択された「気候変動枠組条約」の議定書。先進各国は2008年〜12年の期間における温室効果ガスを90年の水準より先進国全体で5.2％，国別では日本6％，アメリカ7％，EU8％削減することが目標として決定された。90年代以降，地球温暖化問題の深刻化が世界的に取り上げられるようになり，「気候変動枠組条約」が92年に採択され，94年に発効した。この条約は，大気中の温室効果ガスの濃度の安定化を目的とし，地球温暖化がもたらす悪影響を防止するための枠組みを定めたもので，締約国に温暖化対策の国別計画の策定を義務づけ，特に先進国には，温室効果ガスの排出量を2000年に90年レベルに戻すことなどを課した。しかし，この条約はその名の通り，枠組みを定めただけのものであり，この条約を実効性のあるものとする措置が必要であった。そこで，95年3，4月のベルリンでの第1回目締約国会議（COP1：First Conference of Parties）を皮切りに毎年，地球温暖化防止会議が開かれることになった。京都会議はその第3回目であり，この会議での議定書採択が期待されていた。しかし，アメリカのブッシュ大統領は，京都議定書の内容が途上国に有利なものだとして，議定書交渉からの離脱を宣言した。アメリカに続きオーストラリアも議定書を締結しないことを表明したため，議定書の発効条件である批准国の排出量の合計が55％以上を満たすことが難しくなった。アメリカ抜きで，EUとロシアなど東ヨーロッパ諸国の排出量49.5％と日本の排出割合8.5％が合わされば，発効条件を満たすことになる。地球環境サミットから10年目のヨハネスブルクサミットでは，日本，EUなどの国々が批准し，ロシア，カナダも早期批准の意向表明がなされたため発効への期待が高まったが，その後，ロシアの態度が変化したため未だ発効には到っていない。

⇒ ①地球温暖化問題，④地球環境サミット，④排出権取引

4-59
排出権取引

dealing in emissions rights

地球温暖化防止京都会議において定められた，温室効果ガス削減の方法で，他

の国から排出削減量を買う制度。京都議定書では、温室効果ガスの削減に関し、京都メカニズムといわれる制度を取り入れた。それは、「排出権取引」、「共同実施」、「クリーン開発メカニズム」である。

排出権取引は、各国に割り当てられた排出量の不足する国が、余っている国から排出権を買う制度である。温室効果ガスの削減では、省エネや技術開発によるエネルギー効率化などの国内対策が考えられるが、削減目標を達成できない国が出てくることが予想される。そのため、排出権取引制度を導入することで、目標達成を容易にしようというものである。実際に排出権市場を創設する動きも出つつある。

共同実施は、国内の削減対策だけではなく、先進国同士が共同で温室効果ガス排出削減や吸収の事業を実施するものであり、クリーン開発メカニズムは、先進国が途上国において共同で温室効果ガス削減プロジェクトを実施し、そこで得られた削減分を先進国が、自国の温室効果ガス削減量に当てることができる仕組みである。これらの制度により、各国は自国で温暖化対策を行うより安い費用で排出を削減したり安い排出枠を購入することが可能となり、削減目標の達成を促進することが期待されている。

　⇒　①地球温暖化問題，④京都議定書

4-60
モントリオール議定書
Montreal Protocol on Substances that Deplete the Ozone Layer

1985年に採択された「オゾン層保護に関する国際条約（ウィーン条約）」に基づくオゾン層破壊物質であるフロン規制のための議定書。87年に採択されたが、以後、規制の内容は数年おきに見直され、強化された。この議定書に基づき、95年以降、先進国によるクロロフルオロカーボン類の生産は全廃された。

地球をとりまくオゾン層は、生物に有害な影響を与える紫外線の大部分を吸収しているが、冷蔵庫の冷媒、電子部品の洗浄剤等として使用されてきたクロロフルオロカーボン、消火剤のハロン等は、大気中に放出されるとオゾン層を破壊する。このようなオゾン層破壊のメカニズム及びその悪影響は、70年代中頃より指摘され始め、85年のウィーン条約が作られるに到った。日本においても88年に、オゾン層保護法が制定され、オゾン層破壊物質の規制が開始された。90年の議定書締約国会合（ロンドン会合）においては、モントリオール議定書の規制を自力で実施するのに十分な資金・技術を有していない途上国を援助するための、「オゾン層保護基金（モントリオール議定書の実施のための多数国間基金）」の設立が合意され、91年1月に発足した。

第5章　現代の戦争・紛争

田岡　俊次

1　第2次大戦以前
2　第2次大戦後
3　冷戦後

第5章 現代の戦争・紛争

第5章の構成

　この章では1900年から2003年に到る104年間に発生，あるいはそれ以前から継続中の戦争と一部内戦を含む紛争をとりあげた。その期間は計約5000万人の死者を出した2度の世界大戦を含む大戦乱の時代だった。帝国主義列強の対立の最盛期であったと同時に，それに対抗する民族主義や反植民地闘争が高揚し，さらには伝統的な国家利害を超えた闘争も起きるイデオロギー対立の時代でもあった。

　19世紀末からの急激な技術の発展と工業生産の拡大は戦場を「殺人工場」と化し，銃後の民間人への攻撃を容易ならしめた。実際にはこの時期には先進国では工業，商業，金融が経済の主柱となり，農業の比重が低下して，資本・技術・情報が農地面積より重要となっており，国家間の相互依存関係と経済の「ボーダーレス化」現象は欧州では第1次大戦前に始まっていた。だが，大部分の国ではなお国民の大部分は農民，政治家は土地貴族であるため，領土に執着する心理が強かった。戦争が著しく工業化した一方，政治意識は農業時代と大差なかったことがこの時期に大惨禍を招く戦争が続発した理由ではないか，と考えられる。

　この戦乱の時期，戦争・紛争は数百におよび，その中から「主要な」戦争と紛争を選び，その概要を語るのは容易ではない。本章ではボーア戦争からイラク戦争まで64件を取り上げたが，選択の基準はこの事典の本来の目的である「日本の安全保障」について考える参考資料としての観点に立ち，若干，恣意的に選ばざるをえなかった。地域研究家や各部門の専門家の方々が選択に疑問を抱かれることは覚悟の上で，客観的に見ればこの紛争を扱わなかったのも仕方ないか，と了解して戴くことを願った。

　歴史は自ら体験・目撃することは少ない。35年間，朝日新聞で軍事記者をした私にとっても，戦闘中，あるいは終結後に現場を訪れたのはごく僅かであり，その場面ですらかえって全体像が分らず，後に資料を読み，得心したことが少なくない。したがって歴史を論ずる者の宿命として，多くの先達の著作・記録・研究に依拠せざるをえず，それらの記述の不一致や矛盾に悩むことも多い。本章の執筆中も正確な歴史を簡潔に書くことが不可能に近いことを痛感した。また私が自由に読める外国語は英語だけであるため，資料の視点が米英に偏ることに戒心し，なるべく中立・公平になるよう努めたつもりだ。米国人にと

っては忘れたい，忘れて欲しい事実，例えば米国によるカンボジアのポル・ポト政権支持やイラン・イラク戦争中のサダム・フセイン政権支援，などにも言及したが，日本の親米派には，これに「反米臭」を感じる人がいるかもしれない。

　本章では地名等の表記は読者に分りやすいことを重視し，概して当時の日本で一般化していた呼称によることとした。「満州」(中国東北)，「旅順」(旅大)「奉天」(瀋陽)「京城」(ソウル)などだ。特別に侮辱的でない限り，歴史的呼称を使うことは表現の自由に属すると信ずるからである。

1　第2次大戦以前

5-1
ボーア戦争
Boer War

　ボーア人は17世紀からアフリカ南部に入植したオランダ人農民で，1814年ケープ植民地が英領となり1833年英国が奴隷解放を宣言すると，農場経営が成り立たないボーア人は内陸に大移動しナタール共和国を建設，それも英国に奪われるとさらに奥地にトランスバール共和国，オレンジ自由国を建設し，英軍の侵攻を撃退した。1870年代この両国でダイヤモンド鉱脈が発見され，1886年にはトランスバールで金の採掘が始まると英国は両国征服をたくらみ，ケープ植民地の首相で鉱山王のセシル・ローズは1895年友人のL・スター・ジェームソンが率いる500人をトランスバールに侵入させ在住英国人労働者の反乱を誘発しようとしたが失敗した。英国はトランスバールに対して露骨な内政干渉を行い，英領のナタールに27000人の兵力を集結して圧力を加えた。トランスバールはオレンジ自由国と同盟条約を締結し戦争準備を急いだ。ボーア側は英国に国境付近に集まった英国の撤退を要求する最後通告を行い，英国はそれを無視した。1899年10月11日，ボーア軍は英領に侵攻しキンバレー市やレディスミス市など英側の重要地点を包囲，救援の英軍に次々に大損害を与えた。ボーア兵は全員乗馬し機動力が高く，ドイツ製連発小銃を使い，狙撃が巧みで英軍は敗北を重ねた。英国は帝国全域から集めた18万人の兵力を送って約4万人のボーア軍を押さえ込み，1900年3月にオレンジ自由国の首都ブロムフォンティン，6月にトランスバールの首都プレトリアを占領した。

　だが頑強なゲリラ戦は1902年5月まで続き，英軍は最終的には50万人を展開して農場を焼き払い，12万人の女性，子供を強制収容所に入れてゲリラへの支援を断ち切った。収容所の待遇は悪く2万人

417

が死亡した。英国人の死者は2万人，ボーア軍は約4000人とされる。

英国は当初，作戦期間は6週間と考えていたが戦争は3年近くに及び大苦戦を強いられた。この戦争は，英国の帝国主義的拡張政策に終止符を打つこととなった。

5-2
米国のフィリピン征服
Philippine Insurrection

1898年の米西戦争に乗じ，エミリオ・アギナルドの率いるフィリピン人部隊はスペインからの独立闘争を激化させ，99年1月マニラ市に突入しスペイン軍を降伏させ，独立を宣言した。

だが米国はそれを認めず，1898年12月のパリ条約で獲得したフィリピン，グアム，プエルトリコを支配下に置こうとした。米上院が99年2月4日この条約を批准したため，アギナルドの独立軍は米軍と戦闘状態に入り，マニラにいた21000人の米軍は40000人のフィリピン独立軍に包囲された。装備のすぐれた米軍は独立軍に約3000人の損害を与えて撃退し，米軍の戦死者は250人だった。

米軍はスペイン軍以上の難敵と戦うことになってしまったため，35000人の志願兵を募ってフィリピンへ派遣した。米軍司令官エルウィル・オーティス少将はアーサー・マッカーサー少将らの部隊でルソン島制圧をはかり，4月から5月にかけて同島中央部をほぼ平定し，秋の攻勢で北部・南部も占領したが，アギナルドは捕捉できず，反米闘争はミンダナオ，スル諸島に拡大した。これらの島でのイスラム教住民の抵抗は激しく，ジャングル戦では米軍のガトリング砲（手回し機関砲）や砲兵の効果は乏しいため，1900年5月から01年6月までの間，米軍は大苦戦を強いられた。米軍は，農地を焼き払ってゲリラ・住民を弱体化させる戦略を取った。01年3月アギナルドは米軍の策略に掛かって拘束され，02年5月米軍は「反乱の終息」を宣言したが，南部の諸島でのゲリラの抵抗は05年まで続いた。

この紛争で米軍は戦死・病死者4243人を出し，フィリピン人は16000人が戦死したほか，約10万人が餓死した。フィリピンは日本占領下の1943年10月に独立したが翌年10月米軍が再占領し，46年に3度目の独立を果たした。

⇒ ⑮フク団の反乱

5-3
義和団事件
Boxers Rebellion

別称 北清事変，拳匪の乱

19世紀末，中国山東省で空手に似た武術，義和拳を学ぶ結社が現れ，西欧列強の中国侵略と，その威を借りたキリスト教宣教師と中国人教徒の横暴に刺激され，教会を焼くなど排外的行動を始めた。清朝は当初その暴動を鎮圧しようとしたが，その勢力は強く，また「扶清滅洋」（清を助け外国人を滅す）をスローガンとしている義和団を西太后らは外国の圧力に対抗するのに利用しようとし，1900年に北京に10万人近い義和団が集結した。

5月20日北京駐在の各国公使は清国政府に暴徒鎮圧を要求したが要領を得な

ったため、天津在泊中の各国軍艦から水兵約430人が上陸、6月3日から北京の公使館を警備した。さらに6月10日、日、露、英、独、米、仏、墺、伊の8カ国の連合陸戦隊2000人余が英国東洋艦隊司令官セーモア中将を指揮官として天津から北京へ向かったが、途中で義和団と清国兵により包囲され退却した。また天津付近の太沽（タークー）砲台は6月17日列国軍艦を砲撃、日本陸戦隊の活躍で同砲台が占領された。清国政府は6月21日開戦を宣言し、公然とした戦争となった。

北京では約2km四方の公使館地域を要塞化して各国兵約430人と在留外国人の義勇兵約150人が約450人の外国人非戦闘員と3000人以上の中国人キリスト教徒の難民を守って立て籠り、兵力で100倍以上の清国官兵と義和団の攻撃を撃退しつつ救援軍の到着を待った。日本は福島安正少将を指揮官とする13000人の最大兵力を派遣、露8000人、英5800人、独4500人、米4000人など計33500人の連合軍は8月14日北京に達し、公使館員ら居留民は6月11日の籠城開始以来65日ぶりに解放された。

この救援作戦中、各国の野心と対立が表面化し、露は9月には満州を占領し、日、英との緊張を高めた。一方英はこの事件での日本軍の士気、規律を高く評価し、それが1902年の日英同盟につながった。義和団事件は日露戦争への軌道を敷くこととなった。

5-4
日露戦争

Russo–Japanese War

1894、95年の日清戦争で韓国が独立国であることを清国に承認させ、勢力圏に入れた日本と、1900年の義和団事件後満州を占領したロシアは対立を深めた。ロシアは韓国沿岸に海軍の貯炭場を設置する許可を韓国から獲得し、鴨緑江南岸で森林伐採を行い、その河口南岸の龍岩浦に砲台を築くなど朝鮮半島にも手を伸ばした。02年日英同盟によって英の支援を得た日本は対露戦準備を進めた。

1904年2月9日未明、日本海軍は旅順港外のロシア艦隊を駆逐艦の魚雷攻撃で奇襲、戦艦2隻、巡洋艦2隻に損害を与えた。日本の第1軍は韓国西岸の仁川、南浦に上陸、5月1日、鴨緑江の渡河に成功、同5日、第2軍は遼東半島の塩大澳に上陸し激戦ののち南山を陥し、第1、第2軍は遼陽へ向け北進した。一方第3軍は大連に上陸して南面し、7月末旅順の攻撃を開始した。8月末までに陥落の予定だったが要塞は意外に堅固、ロシア軍の防戦は巧みで、外周陣地を奪ったのち8月19日に本要塞に総攻撃をかけたが撃退され、9月19日、10月30日、11月26日からの攻撃も失敗したため、旅順港内を望見でき砲兵の観測点となりうる203高地だけでも奪取することとし、12月6日にこの高地を確保した。05年1月1日ロシア守備隊は開城を申し出た。日本軍の死傷者は59000人、ロシア側は23000人に達した。

この間、日本の第1、第2、第4軍（新編）は激戦の後遼陽を9月4日占領、10月10日奉天南方の沙河でロシア軍の攻

勢を撃退し大損害を与えたのち対峙していたが，砲弾と下級将校の不足が深刻となっていた。

日本海軍は旅順前面の哨戒を続け，日本陸軍の上陸，補給をロシア艦隊が妨害するのを阻止していたが，ウラジオストクの装甲巡洋艦3隻が霧の中を出港し日本海，玄界灘で常陸丸など輸送船，商船計5隻が撃沈された。旅順のロシア太平洋艦隊の主力，戦艦6隻，巡洋艦5隻など20隻は，日本陸軍の旅順攻撃が始まったため8月10日，ウラジオストクへ脱出をはかったが日本艦隊に追い付かれ大半は旅順に逃げ帰り，7隻は中国などの港に入り武装解除された。またこれを出迎えに出動したウラジオストクの装甲巡洋艦3隻は日本の装甲巡洋艦に韓国東岸蔚山沖で発見され1隻は撃沈，2隻は大破した。

満州ではロシア軍が1月に入って動き出し，25日黒溝台の日本守備隊をロシア軍10万人が襲ったが日本軍は苦戦の末撃退した。ロシア軍は増援が次々と到着し，奉天付近に32万人が集結，日本も旅順攻略を終えた第3軍が駆け付けるなど25万人に達した。2月20日から行動を開始した日本軍は南・西・東の3方向から奉天を包囲する形で前進したが，ロシア軍の抵抗は頑強だった。だが第3軍が西方を回って奉天北方に進出する構えを示すと，ロシア軍は退路を断たれるのを警戒して奉天から脱出を始めた。日本軍は北へ退却しようとするロシア軍の必死の抵抗に阻まれ，完全な退路遮断はできなかったが捕虜22000人を取り，3月10日奉天に入った。

一方，ロシア政府は1904年夏に太平洋艦隊が日本艦隊により旅順に封鎖されたため，バルト海艦隊を第2太平洋艦隊として旅順沖に派遣，港内の艦隊と合わせて制海権を奪回しようとした。同艦隊は10月15日出港し，マダガスカルで旅順の陥落を知ったがウラジオストクを目指して翌年3月16日出港し，戦艦8隻，巡洋艦6隻など37隻の艦隊は5月27日対馬海峡を通ろうとした。日本艦隊は戦艦4隻，巡洋艦22隻と多数の駆逐艦・水雷艇で待ち構え，翌日までに撃沈19隻，捕獲5隻の損害を与え，日本側が失ったのは水雷艇3隻だった。

米国の仲介によるポーツマス講和条約で日本が得た領土はサハリンの南半だけで，日本の死傷者約21万人（戦死46000人余），戦費19億円余にくらべ得た物が少ないと国民に不満が高かったが，遼東半島租借地と南満州鉄道の譲渡を受けて満州のロシアの権益も獲得した。だが，これにより日本は，のちに中国の民族主義との厳しい対立を迫られる結果となった。

5-5
辛亥革命と内戦
Chinese Revolution of 1911 and Civil War

1644年以降中国を統治していた満州族の清朝は，1840～42年のアヘン戦争以来激化する列強の侵略に抗し得ず，清朝の威信は失われ，中国の近代化と漢民族の独立回復を求める革命運動が特に海外留学生の間に拡がった。医師孫文は1894年，

日清戦争での清軍の連敗を知り，ハワイで革命結社「興中会」を組織，1905年に東京で「中国同盟会」を結成して軍人や民族資本家の間に支持者を拡大し清朝打倒を計ったが，決起は次々に失敗した。

1911年清朝政府は民営鉄道として建設中の川漢鉄道などの工事を急ぐため，英米独仏から借款を得て国有化しようとした。だが地元四川省などでは，鉄道敷設権を外国に与えることになる，と反発が強く暴動化し，鎮圧を命じられた武昌の新軍が10月10日反乱を起こして武漢を占拠，旅団長を都督に独立を宣言した。これがたちまち全土に波及し，1カ月のうちに中国本土の3分の2が革命軍の手に帰し，独立した各省の代表者が上海に集まり，急拠米国から帰国した孫文を臨時大総統に選出し，翌12年1月1日南京に中華民国臨時政府が誕生した。

清朝政府は北洋陸軍を統率した漢人袁世凱を危険視し排除していたが，ここに至ると袁に出馬を頼まざるを得ず総理大臣に任命し，袁は軍を派遣してたちまち漢口，漢陽を奪回した。だが袁は孫文らと和平交渉を始め，孫文は袁が清帝を退位させれば臨時大総統の座を譲る密約を交わし，袁は満人貴族を威嚇し宣統帝を退位させた。袁は臨時大総領になると独裁権力を振るい，革命勢力だった国民党を弾圧したため，1913年7月各地で国民党が反旗を翻す「第2革命」が起きたが袁は鎮圧に成功し10月には国会で正式に大統領に選ばれ，1915年12月には翌年1月を「中華帝国洪憲元年」として帝制をしくことを決めた。

これは国民の憤激を買い，西南各省で帝制反対の挙兵があいつぎ，「護国戦争」（第3革命）と呼ばれる内戦となった。袁は16年3月「帝制取消し」を布告し，大総統に戻ったが手遅れで，6月憂悶の余り急死した。

この後北洋軍閥は親英米の直隷派（呉佩孚），親日の安徽派（段祺瑞），傍流で親日の奉天派（張作霖）の3派に分かれ，「安直戦争」（1920），第1次，第2次「奉直戦争」（22，24）など内戦を繰り返し，中国は大混乱となった。一方，孫文らは広東に逃れて政権を作り，北洋軍閥政権と対抗し25年国民政府と称した。同年孫文が死去すると蔣介石が軍権を握り，26年7月北方軍閥打倒の戦いを開始し，翌年6月北京に入って北伐が完了した。

5-6
バルカン戦争
Balkan Wars

オスマン・トルコ帝国は19世紀以降勢力を失いつつも，20世紀なおバルカン半島のアルバニア，マケドニア，トラキアの3地方を保持していた。すでにトルコからの独立を果たしていたブルガリア，セルビア，ギリシャ，モンテネグロは1912年ロシアの斡旋で同盟を結び，10月8日モンテネグロがトルコに宣戦を布告，17日に他の3国もこれに続いてトルコ領に侵攻した。当時反乱を起していたキリスト教徒をトルコが「弾圧」しているというのが口実だった。ブルガリア軍はトルコの首都コンスタンチノープル（現イスタンブール）の西30kmのチャタリアの

要塞地帯に迫り，セルビア軍とギリシャ軍は南北からマケドニアを制圧し，モンテネグロ軍はアルバニアを占領した。1913年5月30日のロンドン条約でアルバニアの独立が認められ，トルコはなんとか守り抜いたチャタリアとガリポリ半島以外のヨーロッパの領土を全て失った。貧しい小国の連合軍に敗れたトルコ帝国は弱体化を露呈した。

ロンドン条約が調印され「第1次バルカン戦争」が終わったその日，今度は勝者同士の分け前争いで「第2次バルカン戦争」が始まった。戦争前の協定でブルガリア領になるはずの中部マケドニアをセルビア軍が占拠して撤兵しようとせず，ギリシアと組んでマケドニア分割を策していることに慣慨したブルガリアがセルビア，ギリシャ軍を突如攻撃したのだ。一時慌てたセルビア，ギリシャは態勢を立て直し，協力してブルガリア軍を食い止め，反撃に転じた。これを見てルーマニアもブルガリアに宣戦を布告し，トルコも参戦して失地回復を狙った。ルーマニアの大軍はブルガリアの首都ソフィアに迫り，トルコはアドリアノープルを奪還する情勢の中，ブルガリアは和を請い，8月13日ルーマニアのブカレストの講和条約で，北・中部マケドニアはセルビア領，南部マケドニアはギリシャ領とし，ブルガリアはルーマニアに対し南ドブジア地方を割譲することとなり，この講和条約に加わっていないトルコもアドリアノープルと周辺を取り返した。

ヨーロッパ人のアジア人に対する最後の独立戦争であるバルカン戦争は，それ自体は成功したものの，共通の敵トルコを退けたことによりバルカン諸国間の対立が表面化し，第1次大戦の序曲となった。またこの戦争で複雑に分割された領土は今日まで続くバルカン半島の紛争の原点でもある。

5-7
第1次世界大戦
World War I / the First World War

1914年6月28日，ボスニアの首都サラエボに響いた2発の銃声，オーストリア（以下墺国とする）皇太子フランツ・フェルディナンド大公とゾフィア妃の暗殺ほど重大な結果を招いたテロ事件はあるまい。その後1カ月間で戦火はヨーロッパの大半に拡がり，さらに中近東や極東，のちにはアメリカも巻き込んだ。この4年3カ月の戦争で軍人，民間人計3500万人が死傷した。

元トルコ領でスラブ系住民が住むボスニアを1908年墺国が強引に併合したことにその南のセルビアは不満であった。サラエボ事件の犯人は自国領内のボスニア人ながらセルビア軍人と関わりの深い民族主義団体「黒手組」に属していたから，墺はセルビアに「反墺宣伝に加わった軍人，官吏の免職」や，「暗殺謀議に加わった者の裁判，それへの墺代表の参加」などを要求，セルビアが大部分の要求を呑みつつ，「外国人裁判官の参加は法的に不可能」と回答すると，墺は7月28日電報で宣戦を布告，セルビア領に侵攻した。当初は2国間の戦争で終わると見られたこの戦争が世界大戦となった背景は，

1 第2次大戦以前

ドイツが急速に経済発展し英国をしのいで米国に次ぐ世界第2の工業国となり、大海軍の建設も進めていることに対する英、仏の脅威感、ロシアがトルコの衰退に乗じ「スラブ民族の団結」を唱えてバルカン半島に地歩を固めるのに対し、国内に多数のスラブ人を抱える多民族帝国の墺国は存立の基盤を崩される、と不安を抱いていたこと、など欧州列強の根本的利害対立があった。

墺を支持する独は、露が友邦セルビアが攻撃されたため7月30日動員令を出したのを知り参戦を決め、8月1日露に、3日に仏に、4日に英に宣戦を布告し、またたく間に欧州主要国は戦火に巻き込まれた。1905年にアルフレッド・フォン・シュリーフェン大将が作ったドイツ軍の作戦計画は、露軍の前進を10個師団で押えておき、対仏戦線では北端の右翼を徹底的に強くし、それが中立国ベルギーを通過し、英仏海峡をかすめるように回り込んでパリに迫る、というものだった。だが、開戦時の参謀総長ヘルムート・フォン・モルトケ（小モルトケ）はバランスを重視して左翼に新設師団を回したり、進撃中の右翼から2個軍団を引き抜いて対露戦線に送るなどの改悪をしたため、パリまで約50kmの地点でマルヌ川を渡ったところで戦線に間隙が生じた。そこにたまたま英軍騎兵隊が入り込んだのをモルトケが案じて後退を命じ、ドイツ軍の短期勝利の夢は潰えた。この後、仏軍は独軍戦線の北側を回って包囲しようとし、独軍は陣地を北に伸ばしつつ仏軍を北から包囲しようとし、海へ向かっての延翼競争が始まり、スイス・フランス国境から英仏海峡まで1000km以上の陣地が向かい合う塹壕戦となった。機関銃、鉄条網、地雷原に向かって歩兵はナポレオン戦争時と同様に横隊を組んで突進したから防御側に有利で、独、英仏軍の総攻撃はいずれも大失敗し、14年末までに英仏軍の死傷者は100万人に達し、独軍もそれに近かった。

西部戦線の膠着状態は基本的には1918年まで続き、両軍の戦線は複雑な稲妻形の壕を幾重にも掘り、鉄筋コンクリート製の機関銃座や地下の待機所、倉庫まで備え、それがさらに何段もあるという大要塞になっていった。16年の独軍のベルダン要塞攻撃で独は43万人、仏は54万人の死傷者を出したが攻撃は失敗し、同年の英仏軍のソンムの攻勢では4カ月で英仏軍は62万人（独軍は45万人）の死傷者を出し13km前進しただけだった。あまりに非合理、拙劣な作戦で双方とも大量の死傷者を出すため、兵の士気は衰え、仏軍が17年4月第3次シャンパーニュ攻勢で5日間に12万人の死傷者を出し失敗したあと、16個軍団の兵が抗命、脱走、任務放棄をし、一時西部戦線の仏軍のほぼ全てが戦闘不能となる大反乱事件も起こった。

膠着状態を打破するため、ドイツ軍は1915年4月22日、ベルギーのイーブルで5000本のボンベから塩素ガスを放出、英仏兵はパニックを起こし逃げ出したため幅6kmの陣地を占領したが、翌日の反撃でこの穴を塞がれた。英仏軍も間もなく毒ガス使用を始め、終戦までに独軍が66400 t、英仏軍が57800 t を使用、英仏

423

側に約100万人，独側に約8万人の死傷者が出たが，ガスマスクなどの防護手段も生まれ，戦局を変えるほどの効果はなかった。一方，英国は陣地突破のため戦車を開発，16年7月，ソンムの攻勢で49輛を使ったが効果は無かった。のち18年8月のアミアンの戦いでは英軍は580輛を集中使用し戦線突破に成功した。独軍は自動小銃，軽迫撃砲装備の精鋭部隊「突撃隊」が敵戦線の弱点を突いて浸透し，その隙間から後続の歩兵部隊が入り込む戦法を採用した。18年3月，ソンムで英仏軍の戦線に大穴をあけるなど，突撃隊（特殊部隊）は戦車をしのぐ活躍を示した。17年4月に米国が参戦し，翌年には200万人の新手が到着したことは決定的で，米軍を指揮下に入れた仏軍は18年7月，マルヌ川付近の攻勢で独軍を圧倒し，8月8日には英軍（オーストラリア，カナダ，米国軍を含む）は戦車，航空機の対地攻撃の効果も伴って，1日に8kmも前進した。これはドイツ陸軍参謀総長ルーデンドルフが「暗黒の日」と呼んだ決定打で，3日後ドイツはオランダを仲介に和平交渉を始めた。

一方，東部戦線では1914年8月，東プロシアに露の第1軍（20万人），第2軍（25万人）が南北2手に分かれて侵攻したが，露軍は暗号化していない無線交信で連絡しながら前進したため，独の第8軍（16万人）は敵の行動を熟知し，まず南方の露第2軍を8月26日－29日にタンネンベルク付近で殲滅（せんめつ）し，ついで北進して9月9日－14日マズール湖畔で露第1軍を襲って大損害を与えた。

独軍は15年2月から東部戦線で大攻勢に出て，墺軍が露軍に降伏した南ポーランドのプシェミスル要塞を6月に奪回，8月にワルシャワを占領，リトアニアまで500kmも前進した。だが露軍は多民族帝国の墺軍よりは強く，翌16年6月のガリシア（現ウクライナ西部）正面で大攻勢に出た露軍は9月までに墺軍35万人を捕虜とし，墺軍は潰滅寸前となった。独軍は仏のベルダン要塞を攻撃中の部隊15個師団を引き抜いて墺軍を救援し，このためベルダン要塞は助かったが，露軍は100万人の死傷者を出し，兵士の不満が高まり，翌年3月に露で2月革命（露は旧暦を使用）が発生しロマノフ王朝は倒れた。11月には10月革命で即時停戦を唱えるレーニンの政権が誕生，12月に独露はブレスト・リトフスクで休戦に合意した。16年8月には墺軍が露軍に大敗した形勢を見たルーマニアが独墺に宣戦布告し墺国領トランシルバニアに攻め込んだが，独軍が馳け付け，同年末までにルーマニアを占領し，独は二正面作戦を迫られることがなくなった。

墺はイタリアの北東端で伊軍とも戦っていたが，ここでも伊軍に押され気味で1917年10月から独軍が支援に乗り出し，カポレットで伊軍の戦線中央を見事に突破，伊軍に死者4万人，捕虜27万人の潰滅的打撃を与え，100km以上も潰走させた。中東ではトルコが露軍のタンネンベルグでの惨敗を見て，14年10月，独側に付き参戦，英仏は黒海経由の対露支援，交易を断たれた。英は，海相W・チャーチルの提唱で15年4月トルコのガリポリ

半島に上陸作戦を行い，ダーダネルス海峡打通をはかったが，英軍の作戦指揮が混乱し，独将校の指導を得たトルコ軍は英軍を断崖下の浜辺に釘付けにし，翌年1月に英軍が撤退するまでの間にアンザック（豪州，ニュージーランド）軍に25万人余の損害を与えた。英軍は開戦後まもなくエジプトを保護領にしてスエズ運河を押え，アラブ人族長らに対トルコ反乱を起こさせてパレスチナ，シリアに進出，また，ペルシャ湾岸からバグダッドに迫った。

極東では日本に対し，英国が「東シナ海の独仮装巡洋艦（商船を改装し通商妨害を行う）の撃破」を要請したのを日本は勢力拡大の好機と見て参戦を決定したが，日露戦争後反日に傾いた米国が警戒心を高めた。英にとっても中立国の米の好意がより重要なため，日本への要請を取り消し，参戦見合わせを求めた。山県有朋ら元老達の慎重論を押し切って参戦を決めた大隈内閣，特に加藤高明外相は窮地に立ったが，強引に最後通牒を独に送り，1914年8月23日宣戦を布告，9月2日中国・山東半島に上陸し独の租借地青島を攻撃，11月7日に陥落させた。日本は太平洋の独領マーシャル群島などの諸島も占領し，15年1月には中国に21カ条の要求を突き付けた。米は，この要求は中国を日本の属国化するもの，と非難し，それまで比較的親日的だった中国人が対日抗議行動を起こす契機となった。

海上では開戦時に英海軍が主力艦（戦艦・装甲巡洋艦）104隻を有し，独の53隻に対し優勢を保っていた。この大戦中最大のユトランド沖海戦（1916年5月31日）では英の主力艦45隻と独の27隻が対決したが，独艦隊の錬度は高く英艦隊は巡洋戦艦3隻，装甲巡洋艦3隻などを失い，独は旧式戦艦1隻，巡洋戦艦1隻などを失った。劣勢の独艦隊の方が敵にはるかに大きな損害を与え，巧みに捕捉を免れて帰港したから戦術的には独の勝利だが，独艦隊は圧倒的に多数の英海軍主力に遭えば叩いて逃げるしかないから英国の制海権はいささかも揺るがず，それによる海上封鎖は独を窮地に追い込んでいった。

これに対し，独は潜水艦で英国経済を崩壊させようとし，1915年2月4日英国周辺海域を戦争水域と告示し，入った船は国籍を問わず撃沈する，と宣言した。英客船ルシタニアが撃沈され死者1198人の中に米国人乗客128人がいたため，米国の反独感情が高まり，独は9月から無制限潜水艦戦を中止し，浮上して警告，身許を調べたのち攻撃する方法に戻った。だがその制約下でも15年末までに英商船の損害は開戦時の船腹の1割，すなわち，110万tに達した。独は手詰まり状況打破のため17年2月に無制限潜水艦戦を再開し，商船の損害は4月は88万tで1月の2，3倍に増大した。米はこれに反発し，2月3日，独と国交を断絶，4月6日に宣戦布告した。英の小麦備蓄は6週間分に減り，7月には尽きる状況になったが，首相ロイド・ジョージは「航路帯哨戒が有効」とする海軍の反対を押し切り，商船数十隻に船団を組ませ，それに護衛艦数隻をつけるコンボイ・システムを5月から採用させ，被害を半減するこ

とに成功し、難局を切り抜けた。航路帯という数千kmの線を守るより、洋上の1点である船団を守る方が楽なのは当然だった。

この大戦前から飛行機は若干が軍に使われていたが、大戦で真価を発揮した。初期は偵察に活躍したが、すぐに小型爆弾を手で投下したり、機関銃を積んで地上や敵飛行機を射撃するようになった。中立国オランダのA・フォッカーはエンジンの回転軸と機銃をカムシャフトでつなぎ撃発のタイミングを調整し、プロペラの回転面を通して機銃を発射できる装置を考案し、1915年登場の独軍フォッカーEⅠは最初の本格的戦闘機となった。初期は飛ぶのがやっとだった飛行機は、大戦末期には時速200kmを超え、機体強度、エンジンの信頼性も高まり、50機以上の大編隊の空中戦も日常化して、独のリヒトホーヘン大尉（撃墜80機）、仏のフォンク大尉（75機）、英のマノック少佐（73機）など「エース」が誕生しもてはやされた。18年8月のアミアンの戦いでは英軍800機、仏軍1100機、独軍360機が参加し、機銃掃射による地上部隊の移動・補給の妨害効果は大きかった。この大戦では独の大型飛行船による英本土爆撃も行われ、末期には1.8t搭載の4発重爆撃機まで現れたが、まだ爆撃の直接的効果は乏しく、灯火管制で夜間の作業が中断され、軍需工場の稼働率が低下する、という間接的効果にとどまった。

1918年8月のアミアンの戦いの後、敗北を覚悟した独では、ほぼ無傷の艦隊を敵に渡すよりは英海軍に一矢を報いよう、と10月28日に出撃準備を命じたが、水兵たちは、負けと決まった戦争で自殺に付き合わされるのはかなわない、とボイラーの火を消し、海軍に反乱が拡がった。英国との対立を招くほどウィルヘルムⅡ世が溺愛し育て上げた独の大海艦隊はかえって革命の発火点となり、皇帝はオランダに脱出、11月11日、パリ北方のコンピエースの列車内で降伏文書が調印された。この戦争では軍人の戦死者802万人、負傷者2122万人、民間人死者664万人に達した。重工業の発展により、機関銃、榴弾砲、戦車、飛行機、化学兵器、潜水艦などが大量使用され、戦場が殺人工場と化す一方、国民も政治家も「領土が何より重要」という農業時代の観念から脱却できていない意識と現実のギャップがこの惨禍を生じさせたと言えよう。工業にとっては土地面積よりは資本、技術、商圏（友好関係）の方が重要な要素だ。また軍上層部が戦場の急速な工業化を認識せず、大戦中期にいたるまで兵を直立させ横隊を組んで機関銃が待ち構える敵陣に向け前進させるような人命軽視の戦法を取っていたのも惨害の一因だ。

この戦争で主戦場となった仏の人的、経済的打撃は大きく、戦場とならなかった英も800万tの商船を失い、国債償還に歳入の半分を充てる財政危機が続いた。英仏が衰退する一方、米は1920年にはGNPは他の上位22カ国の合計をしのぎ、金保有量は世界の38％を占めるようになった。日本も海運業が莫大な利益を得たほか、日本企業は、英仏の輸出余力の低下に乗じ、商圏を中国、東南アジア、イ

ンドにまでに拡大した。露は独に敗れたものの、その結果生まれた共産党政権は強権を振るって工業化を進め、1931年には鉄鋼生産量は米に次ぐまでに発展し、第1次大戦での敗戦は、同国がその後約70年間超大国となる契機となった。独は1320億マルク（1913年のGNPの3倍）もの賠償金を課されて超インフレに苦しみ、またベルサイユの平和条約231条で「戦争の責任は全て独とその同盟国にある」とされたことへの不満が強かった。

1919年に平和条約が成立した際、仏の総司令官だったフォッシュ元帥は「これは平和ではない。20年間の休戦協定である」と述べた。この予言は的中し、ぴたり20年後の1939年、欧州、そして世界は再び大戦に巻き込まれるのである。

5-8
アイルランドの反乱
Irish Rebellion

12世紀以来英国の支配下にあったアイルランドでは幾度も反乱が起き、容赦ない弾圧を受けた。第1次大戦が始まるや、アイルランド共和同盟（独立派）は英軍が対独戦に集中する間に大反乱を起こすことを計画し、1916年4月24日、イースターの日に蜂起した。

独立派は20万人を超えたが武器は少なく、英保安隊（主としてアイルランド人の武装警察）1万人と北アイルランドのプロテスタント（親英派）民兵3.5万人は、機関銃など十分な火力を備えていた。独立派はドイツからの銃の密輸に努めたが、英海軍は暗号解読でUボートからの陸揚げを阻止した。

武器を入手できないまま独立派は自殺的蜂起を決行し、24日正午ダブリン市内の14のビルを占拠したが、英支配の中枢ダブリン城の奪取には失敗した。

英軍、警察隊は同市を包囲し、英本土から増援を要請し、砲艦がリフィー川を上って独立派が占拠したビルを砲撃、陸軍も市内を砲撃し、市内各所に火災が発生した。3日後には英陸軍4個師団が到着した。「アイルランド共和国軍」（IRA：Irish Republican Army）と称した反乱者は私服のため一般市民と区別ができず、英軍は男と見れば全て銃撃し、装甲車でビルに接近、地下室に隠れていた者全てを殺した。脱出した指導者パトリック・パースも29日に投降したが、軍法会議の即決裁判で銃殺された。

だがゲリラ戦は各地に拡がり、アイルランド系米国人の財政支援もあり「シン・フェイン」（我らのみ）という秘密結社が活躍した。英軍は第1次大戦後、軍と警察10万人を投入したが制圧できず、1921年6月英連邦内の自治国として独立を認めることにし、翌年アイルランド自由国が生まれ、37年連邦からも離れた独立国となり、第2次大戦中は中立の立場を保った。だが新教徒（英国系住民）の多い北アイルランドは英国の一部として残り、IRAはなお反英テロ活動に備え、英軍は駐留を余儀なくされている。

⇒ ⑤北アイルランド紛争

5-9
ロシア革命と列強の介入

Russian Revolution and Allied Intervention

[略語] シベリア出兵

　第1次大戦中，露陸軍は1914年にタンネンベルグで独軍に惨敗し，その後も敗北を続け，16年ガリシア正面の攻勢でも100万人の死傷者を出したため，兵士・労働者の間に反乱の気運が高まり，17年3月10日（新暦）ペトログラード（サンクトペテルブルグ）でデモ隊に軍が発砲すると，同27日には軍に反乱が起こり3個連隊が労働者側に合流した。3月15日には臨時政府が作られ，皇帝ニコライⅡ世は退位した。A・ケレンスキー首相の臨時政府は対独戦争を続けたが，露軍はすでに大混乱し，敗北を重ねたため，11月8日即時停戦を求める反乱軍は冬宮などを占拠し，亡命先のスイスから独が送り込んだN・レーニンを指導者とするボルシェビキ政権が生まれた。

　だが農村部では革命に対する反感が強く，特に南ロシア，コーカサス，ウクライナ，シベリアで白軍（反革命軍）が形成され，22年まで激しい内戦が続き，死傷者185万人と数百万人と推定される餓死者が出た。

　独と戦っている英仏米日4カ国は露の単独講和を阻止し，社会主義政権を崩壊させようと対露干渉を決め，日本は1918年1月にウラジオストク，英仏は3月にムルマンスクに軍艦を派遣し圧力を掛けた。7月には英仏軍15000人がアルハンゲリスクに上陸して保守派のチャイコフスキー政権を擁立した。また連合国最高軍事会議は，6月7日に日本にシベリア出兵を要請し，8月からは日本軍6万人がシベリア，1.2万人が北部満州に展開し，日本の単独支配を防ぐために米軍7000人もウラジオストクに上陸した。シベリアでは日本軍に支援されたA・コルチャク提督の軍が一時支配権を握った。

　だが白軍は統一指揮官を欠き，赤軍ではレーニンの政略，L・トロツキーの軍略が徐々に効果を発揮し，当初むしろ優勢だった白軍の攻勢は次々に撃退され1920年2月にはコルチャクも逮捕，処刑された。外国軍の介入に対し，元来反革命色の濃かった農民たちがやむなく赤軍支援に傾いたのもその勝利の一因で，外国の介入はかえって社会主義政権を強化することとなった。米軍は20年4月に撤退し，英仏伊軍もそれに続いたが，日本軍は22年10月までシベリアに残り，日本の領土的野心に対する米国の非難に根拠を与え，反感をさらに強める結果となった。

　日本で「シベリア失敗」と呼ばれたこの出兵の間，1921年に開かれたワシントン軍縮会議では日本の必死の努力にもかかわらず，英は日英同盟の廃棄を求める米の要望を容れ，1921年の期限切れ後更新しないことを決めた。連合国の一員としてその要請に応じた日本のシベリア出兵は皮肉にも日本の孤立化と，米英との戦争への軌道を敷くこととなったのである。

5-10
ソ連・ポーランド戦争
Russo－Polish War

　第1次大戦でロシア帝国が崩壊し，ド

イツは敗れ，オーストリア・ハンガリー帝国も解体したため，独立したポーランド，ハンガリー，チェコスロバキアは互いに民族の一部が他国領に住んでいるため，その地域を自国に取り込もうとして国境紛争を起こし，また同様な理由でソ連，ルーマニアとも戦火を交えた。多くは短期，小規模な紛争だったが，ソ連とポーランドの戦争は双方とも20万人の兵力を投入し，6カ月の戦闘でソ連が敗北する本格的戦争となった。

　ポーランドは1772年，93年，95年の3度の分割で第1次大戦まで独，露，墺3国の統治下にあったが，1918年11月独立を回復した。ロシアのソビエト政権は18年8月には「ポーランド分割の無効」を宣言しており，1772年の第1次分割以前のポーランドは今日の白ロシア，ウクライナ，リトアニアの大部分を含む大国だったから，ポーランドはロシア革命の混乱に乗じ，ウクライナ民主共和国とボルシェビキの戦闘でウクライナを支援し，仏国の後援も得て，ウクライナと白ロシア西部のポーランド系住民の混住地域に兵を進めた。「分割は無効」と一度は言ったソ連もこうなると座視できず，レーニンはポーランドを再併合するしかない，と兵力を集中しはじめた。J・ピルスドスキー元帥の率いるポーランド軍は強気でソ連軍の集結前に先制攻撃し1920年5月7日にキエフを占領したが，M・トハチェフスキー元帥の率いるソ連軍に包囲されそうになり退却した。ソ連軍はワルシャワに迫ったが，それが補給に苦しんでいるのを見たピルスドスキーは，8月16日ワルシャワ前面で反撃に転じ，その南方でソ連軍の戦線を突破し，退路を遮断しようとした。ソ連軍は急拠東に退却したが，ポーランド軍は8月25日までの追撃で捕虜66000人，砲230門を捕獲，ソ連軍の損害は捕虜を含み15万人に達した。ポーランド軍の損害は5万人だった。さらに9月27日まで2度の戦闘で，ソ連軍は捕虜5万人を出し砲160門を奪われて停戦を求め，10月12日停戦となり，21年3月のリガ条約でポーランドの領土要求を全て呑んだ。

　だが1939年9月1日独軍はポーランドに奇襲侵攻し，8月に独と不可侵条約を結んでいたソ連も9月17日東部ポーランドに侵入，同国は再分割され，第2次大戦後も89年まで実質上ソ連の支配下に置かれた。

5-11
伊のエチオピア征服
Ethiopian–Italian War

　1870年に統一を果たしたばかりのイタリアは早速欧州列強の植民地獲得競争を真似て82年にアフリカ紅海岸のエリトリアに植民地を作り，その東のソマリアの南部を保護領とし，内陸のエチオピアに手を伸ばした。だが96年3月1日のアドワの戦いで伊軍は大敗し死傷者6500人（うち伊兵4500人），捕虜2500人（同1600人）もの損害を出した。伊はエチオピアに賠償金を払って講和し，アフリカで敗北した稀な欧州の国となった。

　1922年に伊の政権を握ったB・ムッソリーニは当初エチオピアの国際連盟加盟

を後押しするなど友好的だったが，自国の栄光を唱える彼にとり，アドワの敗北の屈辱はぬぐい去りたいものだった。1934年12月5日ソマリア駐屯の伊軍が国境地帯でエチオピア軍と衝突し，国際連盟が仲裁に入ったが役立たず，35年10月3日伊軍25万人がエリトリア，ソマリアの2方向からエチオピアに侵攻した。国際連盟は7日に伊を侵略国と宣言し，11月18日加盟51カ国が経済制裁を発動したが，輸出禁止品目に石油が入っておらず，兵，補給品を運ぶ伊船舶のスエズ運河の通航も英仏が止めなかったため，制裁の効果は乏しかった。英仏は厳しい姿勢を取ると伊を独との同盟に追い込む，と案じていた。

伊軍の進撃は山地に入るとエチオピア軍の抵抗が強まり12月から停滞した。ムッソリーニは切り札のP・バドリオ元帥を司令官として送り，派遣軍を再編成させ，1936年3月から大攻勢に出た。伊軍は大量の砲兵，航空機を使い，毒ガス「イペリット」の空中散布も行って，3月31日アシェンゲ湖付近の戦いでエチオピア軍主力を撃破，5月5日に首都アディスアベバが陥落，ハイレセラシエ皇帝は英国に亡命し，エチオピアは正式にイタリアに併合された。エチオピアは戦死30万人，餓死30万人の損害を受け，伊軍には死傷者12000人が出た。

この戦争は英仏主導の国際連盟の無力を証明する形となり，経済制裁の不徹底は伊と独の同盟を防ぐ効果も挙げなかった。1933年10月に国際連盟から脱退し制裁に加わらなかった独に対し伊は急接近し，36年10月独は伊のエチオピア支配を承認し，両国は壊に関する協定を結んでローマ・ベルリン枢軸が出現した。

5-12
スペイン内戦
Spanish Civil War

第1次大戦中は中立を守って戦火を免れたスペインでは経済が発展したが，連合軍の勝利によって民主的立憲政治を求める運動が高まる一方，ロシア革命の影響で社会主義運動も強まり，さらに軍人が組合化して権力拡大をはかる，など王制が揺らいだ。1921年7月スペイン領だったモロッコで，原住民の反乱を鎮圧に向ったスペイン軍がアヌアルの山中で大敗し死者2000人，捕虜数千人という潰滅的打撃を受け政府は崩壊し，23年カタロニア総督プリモ・デ・リベラ将軍が国王の支持を得て軍人政権を作りモロッコを平定，独裁的権力を握った。だが29年の世界恐慌による経済混乱でリベラ政権は国民の支持を失って崩壊，31年には共和党政権が生まれて国王アルフォンソⅢ世は亡命した。

だが左派政権が教会の特権を奪おうとしたため地主ら右派，宗教界と政府の対立は激化し，1936年7月モロッコでフランシス・フランコ将軍が反乱を起こし，本国の12市の軍に拡がった。反乱軍は北部を押さえ，政府はマドリッドと東部，南部を確保していたが，8月にモロッコのフランコ軍はスペイン南部に上陸し，南北反乱軍はマドリッドに迫った。独，伊が反乱軍を援助する一方，ソ連・メキ

シコは政府軍を支援したが、英・仏は不干渉政策を取ったため、独・伊空軍の支援を得たフランコ軍が徐々に優勢となり、政府側では入閣した共産党やアナキストなどが内部で抗争を始めるなどの混乱も生じ、36年3月ついにマドリッドが陥落しフランコ政権が確立した。この内戦の死者は60万人と言われる。

フランコ将軍は日独伊防共協定に加わる一方、親英のポルトガルと友好不可侵条約を結んで英独の対立に巻き込まれるのを避け、第2次大戦中も反ソ親独的姿勢を示しながらも、独がジブラルタルの英からの奪還などを唆し参戦させようとする働きかけを巧みに逃げ切って中立を保った。

5-13
スターリンの「大粛清」
'Great Purge' by Stalin

別称 トハチェフスキー事件

1936年から38年にかけてスターリンが行ったいわゆる「大粛清」で処刑されたり、長期収容所で苦しんだ犠牲者は共産党最高幹部から農民まで数百万人とされるが、軍の将校で処刑された者だけでも約35000人に達し、元帥5人中3人、軍司令官16人中14人、海軍大将8人全員、軍団長67人中60人、師団長199人中136人、旅団長397人中221人が殺された。どのような戦争でも高級将校の犠牲がこれほどの高率になることはない。第30師団では残った最上級将校が大尉だったと言う。これは戦争ではないが軍事史上特筆すべき奇怪で重大な事件だ。

レーニンが1924年に死んだ後、スターリンは権力基盤を固めるため、白軍との内戦で功績が大だった軍事人民委員トロツキーを解任し無能な腹心ウォロシーロフに代えた。だが軍内にはトロツキーが任命した将校が多く、スターリンは反乱、テロの幻影に怯えた。36年7月5日トロツキー支持者だったキエフ軍管区の戦車師団長D.シュミート将軍が秘密警察NKVDに逮捕され「軍内部のテロ組織とウォロシーロフ暗殺計画」を自白した、とされる。スターリンから徹底的捜査の命を受けたNKVDは将校を次々と逮捕して拷問し、その中から「国防次官トハチェフスキー元帥は英国のスパイ、自分もトハチェフスキー派による暗殺計画に関与していた」との"供述"が出た。これを察知したドイツ情報部はトハチェフスキー以下、ソ連の有能な将軍たちの署名の入ったドイツ軍との通謀を示す文書を偽造し、巧みにチェコに流し、チェコはこの情報を信じて同盟関係にあったソ連・フランスに伝えた。

スターリンはこれを信じ、当初英のスパイと疑われたトハチェフスキーらは独のスパイとして1937年5月末次々と逮捕され、7月に9人が処刑された。この処刑への報復を恐れてスターリンは海・空軍にも粛清を拡大、NKVDに呼び出された将校は嫌疑を避けたい一心から他の将校の不審な言動を密告することも多く、海軍、空軍総司令官まで処刑された。スペイン内戦に出征中だったマリノフスキー（のち国防相）や政争から遠い極東で日本軍と対峙していたジューコフ（の

ち国防相）らは危うく難を免れた。独ソ戦の初期，ソ連軍が奇怪なほど硬直した戦術を取り大損害を受けたのは，ウォロシーロフとその側近たちの無能と，自発的行動を取って猜疑の的になることを恐れる将校たちの心理が一因とされる。独情報部は独裁者の心に忍び込みがちな猜疑心を利用し，一弾も発せずにソ連軍の優秀将校35000人を処理していたのである。

5-14
ソ芬（フィン）戦争
Finnish – Russian War

別称 Winter War

フィンランドは13世紀以来スウェーデンの属領だったが，ナポレオン戦争中の1807年ロシア帝国の支配下に入り，大公国として自治を認められていた。19世紀末からロシアがその自治を制約しはじめたため反露活動が起こり，1917年ロシア革命を期に独立を宣言し，ソ連も翌年これを承認したが，国内ではソ連の社会主義革命に影響された親ソ左派と親独的保守派の内戦が起こり，帝制ロシア軍の騎兵中将だったG・マンネルヘイムが指揮する白軍の勝利となった。

第2次大戦が始まると，ソ連はフィンランドとの国境からレニングラードが砲兵の射程内にあり，芬国が独軍に占領されれば同市の守りが危ういため，共同防衛条約を提案し，それが拒否されると，バルト海に面したハンコ港とその周辺を租借し代わりにラドガ湖の北で2倍の領土を割譲することを申し出た。軍事委員長となっていたマンネルヘイム元帥はソ連の防衛上この提案に理があることを認め，対ソ戦の危険を説いて戦争に反対したが，世論・政府は強硬で交渉は決裂，1939年11月30日，兵力50万人，戦車・装甲車2000輛，砲2000門のソ連軍は航空攻撃とともに東南と東から侵攻した。だが31万人余（8割は予備役）の芬軍は総司令官に就任したマンネルヘイムの下でカレリア地峡（バルト海とその北のラドガ湖にはさまれた陸地）に築かれた「マンネルヘイム線」と同湖の北の国境陣地でソ連第7，第8軍を阻止し大損害を与え，南岸への上陸作戦も全て撃退した。芬の中部には第9軍が侵攻したが，12月スオムッサルミ村付近の山中で芬軍1個連隊と民兵がソ連軍2個師団の縦隊を分断して各個撃破し，翌年1月初めまでにソ連兵27500人を戦死・凍死させ，2個師団の装備全てを奪う戦果を上げた。

ソ連軍はカレリア地狭に大規模な増援を送って2月に攻撃を再開し猛砲撃と人海戦術でマンネルヘイム線を突破した。芬国は講和を申し出たが，ソ連も激しい抵抗に懲りてか，ほぼ元の要求のままの条件で講和となった。ソ連軍は戦死20万人，負傷40万人を出し，芬軍は戦死2.5万人，負傷4.3万人だった。

この戦いはソ連軍への評価を著しく低下させ，ヒトラーがソ連軍は簡単に撃破可能と判断して1941年6月に対ソ侵攻をする動機となった。芬国政府は独に接近し，独ソ戦開始前に独軍の駐留，海空軍基地使用を認め，独の対ソ侵攻と同時に「継続戦争」を開始し，旧領を回復した

だけでなく，マンネルヘイムの慎重論を抑え対独協力のため，さらにソ連北部に侵攻させた。

だが1943年になると東部戦線での独軍は敗色濃くなり，ソ連軍は44年6月9日カレリア地峡でも反攻を始め，芬軍は押されながら戦線を安定させた。8月4日マンネルヘイムは議会で大統領に選ばれ，ソ連と講和交渉を始めた。駐留独軍と戦うふりをしておおむね平隠裡にノルウェーに撤退させたが一部では激戦も起きた。枢軸国の一つだった芬国がカレリアを失い，賠償を課されはしたが戦後ソ連の占領と支配を免れたのは勇戦と合理的政策の結果であり，この国が敗戦の後，民主体制を保ちつつソ連と協調したことを「フィンランド化」と非難した人々は歴史を知らない，と言うしかない。

5-15
山東出兵
Japanese interventions in Shandong

蔣介石が率いた国民革命軍は1926年6月，北方軍閥を駆逐する北伐を開始，根拠地広東から北上して揚子江沿岸を制圧，27年3月に南京を占領したが，その際，日・英・米などの領事館，外国人住宅を襲い略奪する排外的暴行事件を起し，英米砲艦が南京市内を砲撃する事態となった。これは列国に1900年の義和団事件を想起させ，英国は華北の列国駐屯軍を2個師団に増強することを日本に提案し，在中国の米国外交官も英に同調した。

だが，若槻礼次郎首相，弊原喜重郎外相は内戦への不干渉方針を変えず，蔣介石も比較的親日姿勢を示していた。27年4月成立した陸軍大将・田中義一内閣も当初は派兵に慎重で英国を焦ら立たせたが，北伐軍がいよいよ山東半島に迫ると，この地域の在留邦人約3万人から出兵を求める陳情があい次ぎ，翌28年には初の普通選挙（25歳以上男子が選挙権を持つ衆議院議員選挙）が予定されていたため，与党内で「出兵を拒否して，もし山東で南京と同じ事態が起きれば選挙に勝てない」との声が高く，一面で英米との協調を狙い，一面で選挙対策として，1個旅団約2000人を済南へ派遣することとし，27年6月1日青島に上陸させた。

在北京の米国公使マクマレーは米国務長官あてに「兵力はやや少いが，日本政府が遅まきながらも，予防的軍事手段を取る決意を示したことは新たな光を投ずる」と打電し，英国は北京公使館撤退の方針を変更した。日本軍の済南進出は南北両軍の間に入って，この正面での一時的停戦をもたらし長期在留邦人の保護に成功して9月に撤退，蔣介石は下野して訪日し田中首相らと懇談した。

だが蔣介石が帰国し，翌年27年1月，国民革命軍総司令に再就任し，4月に北伐を再開すると，日本はただちに第2次山東出兵を行った。5月3日済南で掠奪した中国兵と追う日本兵が銃撃戦を始め，日本人居留民12人が殺され，日本軍も中国側の交渉員12人を殺すなど惨虐行為の応酬となり，9日には日本軍が猛砲撃の後済南城を占領する本格的戦闘に発展した。このとき蔣介石は済南から部隊を撤

433

収しつつあり，懲罰のためだけの不要な攻撃だった。日本軍は29年5月に撤退したが，山東出兵は中国人の排日運動を激化させ，当初派兵を求めた英米が逆に日本の「侵略」を非難するという結果を招いた。友好関係を保とうとした蒋介石と田中義一の方針が双方の現地部隊に徹底しえなかったのが一因だが，田中首相が外国の要求と選挙対策に引きずられ，当初の「内戦不介入」の原則に未練を残しつつ，派兵したことが失敗の根本原因だったろう。

5-16
満州事変
Mukden Incident / Manchurian Incident

1931年9月18日夜，関東軍の奉天（今日の瀋陽）独立守備隊の河本末守中尉ら数人が奉天北郊の柳条湖で南満州鉄道の線路を爆破した。関東軍は「暴戻（ぼうれい）なる支那軍は満鉄線を爆破し，我が守備隊を襲い……」と陸軍中央に報告，中国軍の兵営「北大営」を攻撃した。石原莞爾中佐が28年に関東軍参謀に着任して以来準備が進められていた行動で，全満州（中国の東北3省）を占領し日本の支配下に入れることを目標としていた。

関東軍はただちに奉天，長春，吉林を占領したが，政府と陸軍中央（陸軍省，参謀本部）は不拡大方針を決め，関東軍のそれ以上の行動を抑えようとした。だが関東軍は鉄道修理を名目に黒龍江省西部のチチハルを11月19日に占領，翌32年1月には遼東湾北岸の錦州，2月にはハルビンに入城した。中央の方針や命令も関東軍の行動を若干遅らせるだけの効果しかなかった。陸軍中央部も関東軍と時期の差こそあれ，「満蒙問題」の武力解決を考える点では同じであり，さらに世論が関東軍の「自衛行動」を支持したため，政府・議会も関東軍の違法な独断の行動を次々に追認する形となった。

例えば，朝鮮の警備に当る朝鮮軍の林銑十郎司令官は天皇の命令なしに指揮下の1個旅団と飛行隊を奉天に派遣した。参謀本部は驚き，「命令が出るまで新義州（鴨緑江南岸）で待機せよ」と指示したが，結局同旅団は列車で鴨緑江を渡って関東軍司令官の指揮下に入った。これは公然たる天皇の統帥権の干犯だが，閣議で指摘する勇気を持つ大臣はおらず，部隊移動の経費を承認し，天皇の命令も事後に出された。林は「越境将軍」と新聞でもてはやされ，1937年には首相にまでなった。

事件発生後半年に満たない1932年3月1日，満州国の建国が宣言されたが，日本政府は建国どころか満州の統治形態をどうするかもまだ決めておらず，驚くべき関東軍の独走だった。この結果，日本は33年3月国際連盟脱退を余儀なくされ，熱河省など華北や上海，そして中国全土での泥沼の戦いに引き込まれて行った。

軍中央の指令も天皇の権威も公然と無視する軍の一部の行動をとめられない当時の日本は，「軍国主義国」と呼ぶにも値いしない。国家の体をなしていなかった，と言うしかない。

5-17
上海事変
Shanghai Riot and Japanese troops landing

〔第1次上海事変〕 1931年9月18日に満州事変が起ると、上海で日貨不買運動が激化し、「上海抗日救国委員会」が作られ、日本商品を扱う中国商人を拘禁し商品を没収したり、抗日義勇軍が編成される状況となった。一方、在留日本人は何度も居留民大会を開いて「断固膺懲」を求める決議文を日本政府・軍・政党に送り、上海街頭で6000人の日本人が中国民衆と乱闘する騒ぎも起きた。日本海軍は艦隊を増派し、1833人の海軍陸戦隊を送り込んだ。32年1月28日、海軍陸戦隊は中国第19路軍(33500人)と衝突、999人の陸戦隊が増強されたが当然苦戦となり、金沢の第9師団が派遣された。だが戦況は好転せず、さらに第11師団(善通寺)第14師団(宇都宮)が3月初め上陸し、第19路軍を上海から20キロ以上撤退させる目標を達成し、自発的に戦闘を停止した。この事変中の1月29日、上海の米・英総領事は日本が大軍を派遣し中国軍を掃討することを求める声明を発表し、米国務長官スチムソンがたまたま同日、英国に日本の軍事行動に対し対日共同抗議を提案したのと著しい対照を示した。

〔第2次上海事変〕 1937年7月7日北京郊外の蘆溝橋で夜間演習中の日本軍が射撃を受けたのがきっかけで北平(北京)周辺で日中両軍の間に戦端が開かれると、上海付近でも中国軍の動きが活発となり、8月9日には大山勇夫海軍中尉と運転手が射殺される事件が起き、13日には上海の警備に当る日本の海軍陸戦隊(4000人)と上海周辺の中国軍(5万人)の間で戦闘が始まった。日本は第3、第11師団を上海に派遣したが、中国軍の陣地は堅固で攻撃は停滞。このため第9、13、101師団などの増援を送り、11月5日には上海南方の杭州湾に第10軍(3個師団他)を上陸させ中国軍の背後を衝いた。11月9日、上海周辺全域の占領を果たした日本軍は潰走する中国軍を追撃して、12月13日、首都南京を陥落させた。日本ではこれにより「支那事変」が終結したように思い、東京はじめ各地で祝賀の提灯行列が行われた。だが首都陥落が終戦に結びつかなかった戦例は多い。この場合も、武漢、重慶に逃れた蔣介石は抵抗を続け、中国での戦いはその後8年近く、日本の敗戦まで続くことになった。

5-18
日中戦争
Sino–Japanese War of 1937–45 / China Incident

日中間の武力紛争は1928年の第2次山東出兵、31年の満州事変、32年の第1次上海事変、33年の熱河省・華北侵攻とエスカレートしたが、37年7月7日北平(北京)の西郊、蘆溝橋付近の永定河の堤防で、日本の豊台駐屯部隊(この駐兵は義和団事件後の議定書により清国が認めた合法的なもの)が夜間演習中数発の射撃を受け反撃した事件をきっかけに全面的な日中戦争となった。当初は全くの小事件で、局地解決可能と東京では見ていたが、万一に備えて本土や満州・朝鮮

から5個師団相当の派兵を決めた。一方，蔣介石は日本の大動員を知って抗戦の決意を固めた。日本軍は7月28日北平を制圧したが，北平周辺の治安維持のため日本軍が訓練した中国人の保安隊が反乱を起こし，通州で在留邦人210人余が惨殺され，上海も不穏となって日本は不拡大方針を断念せざるをえなくなった。

北支那方面軍は北京・天津から南下して河北省・山西省・山東省を占領，中支那方面軍は上海から西進して南京を12月13日に陥落させた。このとき投降して来る中国兵を捕虜とせず射殺したり，入城式に備えての市内の掃討で便衣隊（ゲリラ）と単なる敗残兵を区別せず，一般市民でも反抗的と見た者を殺したり，それに乗じて掠奪などの行為も起きた。中国側の主張する「30万人の犠牲者」には南京攻略に伴う戦闘の死者も含むと考えられるが，おそらく数万人の不当な死者が発生した可能性は高いと考えられる。

南京陥落前，広田弘毅外相は駐日ドイツ大使に和平斡旋を依頼し，中国駐在のドイツ大使トラウトマンは蔣介石が日本の和平条件を受諾したことを12月7日，広田外相に伝えていた。だが南京陥落で戦勝気分になった広田らは和平条件を釣り上げ，近衛内閣は38年1月16日に「国民政府を相手とせず」との声明を出して和平交渉を打切り，自ら事変解決の手掛りを放棄した。これは致命的失敗で，このとき参謀本部と海軍軍令部が対中戦争の早期終結をめざして交渉継続を主張したことは特筆に値する。

その後日本軍は南京の北西約300kmの敵の拠点徐州を5月に占領，10月に広東と武漢を落し，39年2月には海南島と南昌を占領するなど戦線を拡大したが，当然「点と線」しか支配できず一層泥沼に深入りする結果となった。

日本は国民政府の大物・行政院長（首相）汪兆銘が蔣介石と反目して38年12月重慶を脱出したため，彼を支援して南京に国民政府を作らせ事変解決を狙ったが，期待に反し汪の同調者は少なく，ほぼカイライ政権に終った。

奥地重慶に籠る蔣介石は英領のビルマ，仏領インドシナを経由する米国などの援助を得て力が衰えず，日本はその遮断のためにドイツに降伏したフランスに迫り40年9月北部仏印（ベトナム北部）への進駐を認めさせ，41年7月には南部仏印にも進駐した。このため米国は在米日本資産を凍結して石油輸出を停止したため，日本は「石油確保のためにオランダ領インド（インドネシア）を占領するしかない，その障害となる米艦隊の撃滅が必要」，と真珠湾に打って出ることになったのである。これ以降の日中戦争については「第2次世界大戦」の項目に含まれるが37年7月の盧溝橋事件から45年8月の終戦，戦後の復員まで，中国戦線での日本軍の死者は44万6500人にのぼった。

⇒ ⑤第2次世界大戦

5-19
第2次世界大戦
World War II / the Second World War

「これは20年間の休戦条約にすぎない」。

第1次大戦の連合軍総司令官だったフランスのフォッシュ元帥は1919年6月，ヴェルサイユ宮殿で調印された対独講和条約をこう評した。第2次大戦の勃発は39年だから，不気味なほどこの予言は的中した。ドイツは大戦前の国民総所得の約3年分にも当る賠償金を課され，陸軍10万人，艦艇10万t，戦車・潜水艦・軍用航空機の禁止などの軍備制限を受けたが，独参謀本部はヒトラー政権の登場（33年）より10年以上前から監視の目をくぐって空軍の再建（民間航空に偽装），潜水艦建造（ソ連で行う）など再軍備を進めていた。賠償は支払い能力がないため，次々に減額され，33年にゼロとなり，ヒトラーが政権を取ると陸軍をまず30万人に拡大，35年には空軍の存在を公表し，徴兵制を布いて陸軍は約50万人にするなど公然とヴェルサイユ条約を侵犯した。

当時国際政治を主導していた英国は驚くほどドイツの講和条約違反に寛容だった。ヒトラーが親英・反ソ連で，当時の英保守党政権は思想的に独よりソ連の方に警戒的だったからだ。英国は1935年には単独でドイツと海軍協定を結び潜水艦建造も公認し，36年3月，非武装地帯とされていたラインランドに独軍が進駐したのも弁護した。戦後，ヒトラーのチェコスロバキアの一部併合に対する英首相チェンバレンの「融和的姿勢」が批判されるが，当事の英国は融和どころか反共的ドイツの育成をはかっていた。だが，ドイツがチェコスロバキア全土を占領すると英世論は独を激しく非難し，ヒトラーが次にポーランドにダンツィヒ割譲を求めると英仏はポーランド援助を約束した。

1939年9月1日，ドイツ軍56個師団（150万人）はポーランドに侵攻，27日ワルシャワが陥落した。1500機の独空軍による制空権と対地攻撃の下，機械化師団が時速50kmで進撃する「電撃戦」に旧式のポーランド軍は手も足も出なかった。ソ連は8月23日の独ソ不可侵条約により東部ポーランドに侵攻，同国は分割された。英・仏は9月3日に対独宣戦布告をしたがヒトラーは「英・仏と戦う理由がない」と声明し，英・仏軍も準備不足のため攻撃に出ず，ポーランドが征服されるのを座視した。

独は翌1940年4月デンマーク，ノルウェーを占領し，5月10日フランス，オランダ，ベルギーに打って出た。独の主力A軍集団（45個師団・ルントシュテット大将）はアルデンヌの森林地帯から，フランスとベルギーの国境地帯を西に猛進撃し，22日，英仏海峡のブーローニュに達し，英・仏軍34万人はその北ダンケルクから辛くも脱出，6月22日，フランスは降伏した。孤立した英国にヒトラーは和平を呼びかけたが拒否され，英本土上陸作戦を迫られた。だが第一波の9個師団を運ぶにも船腹が不足だった。さらに8月13日から始まった航空戦「バトル・オブ・ブリテン」（独の「ワシ作戦」）では独の戦闘機1000機，爆撃機1300機に対し，英の戦闘機は800機だったが，英空軍は地上レーダーによる迎撃管制と地元の利（独戦闘機Ｍｅ109Eの英国南部上空での空戦時間は20分，英スピットファイアは1時間以上）を生かし，10月末までに

915機の損害で独の1733機を撃墜，英は独より戦闘機の補充も多く，制空権を取れないヒトラーは英本土上陸をあきらめた。だが独Uボートなどによる封鎖に対抗する「大西洋の戦い」は英国にとり深刻で，40年には428万tの船腹を失い，竣工した商船は120万t，41年は448万tを失い竣工200万tと苦境に立った。だが41年末に米国が参戦しその巨大な造船力で喪失は埋められ，また護衛艦の量産，長距離哨戒機，商船改造の護衛空母の登場も加わり，Uボートの損害も42年は85隻，43年は238隻と急増，英国は危機を脱した。

ヒトラーは英本土上陸に失敗したため，40年にソ連に侵攻する「バルバロッサ作戦」を決定。41年4月反旗を翻したユーゴスラビアを制圧，ギリシャを占領したのち6月22日にソ連侵攻を開始した。ソ連に対し英国などから独の対ソ攻撃を警告する情報は多かったが，スターリンは「独ソ離間の謀略」と警告を信じず，石油などを独に送り協力を続けていた。独の149個師団にフィンランド，ルーマニアも加わり167個師団，320万人，戦車3500輌の大軍がソ連に雪崩れ込み，1カ月で500kmも前進，キエフ郊外では65万人以上のソ連兵が捕虜となった。独軍は11月にはモスクワに50kmまで迫り，レニングラードは9月から包囲されていたが，開戦時に兵力800万人，戦車2万輌で兵器生産能力も高いソ連軍は屈せず，12月6日，モスクワ前面で反攻に転じた。後に思えばこの日が第2次大戦の戦局の転換点で，その翌日（米国で12月7日）に日本は独側に着いて参戦したのだから何とも愚劣だった。42年2月までにモスクワから300km近く押し返された独軍は，6月南部で攻勢に出て黒海北岸のセバストポリを取り，スターリングラードを包囲したが，11月にその外側から逆に包囲され30万人が戦死あるいは捕虜となった。その翌年43年7月，独軍は東部戦線で最後の大攻勢となるクルスク（モスクワの南400km）のソ連戦線突出部の攻撃を試みた。独軍は兵力90万人，戦車2700輌を投入したが，ソ連軍134万人，戦車3600輌が守る厚密な地雷原を備えた陣地を突破できず，兵力50万人，戦車1500輌を失って敗退した。これ以降ドイツ軍は数的に4倍のソ連軍に対し巧みな後衛戦闘を行いつつ退却を続けたが頽勢の挽回は不可能で，1945年4月，ソ連軍はベルリンに突入し，ヒトラーは同30日に自決した。米，西欧，日本では自国軍の作戦に関心が高いのは当然だが，客観的に見れば第2次大戦の主戦場は，戦闘の規模等から，ソ連・東欧であり，他は周辺戦域であったことは認めざるをえない。

イタリアはフランス降伏の直前40年6月10日に仏に宣戦布告したが，伊の35個師団は仏の6個師団に食い止められて前進できなかった。10月には独に無断でギリシャに攻め込んだが大敗し，12月には北アフリカの伊領チュニジアからエジプトに侵攻したが，少数の英軍に逆襲されて潰走し捕虜13万人を取られた。このため独はE・ロンメル少将（のち元帥）の率いる「アフリカ軍団」を送り態勢を建て直して英第8軍を撃破，42年7月には

1 第2次大戦以前

アレキサンドリアへ100kmのエル・アラメインまで迫ったが，地中海の制海権は英海軍が握っており，独・伊軍は補給に悩み，11月には撃退された。41年12月，日本の真珠湾攻撃により参戦した米軍は42年11月，仏領北アフリカに上陸，43年7月シチリア島に侵攻すると，ムッソリーニは失脚。伊は9月に連合国と休戦協定を結んだが，イタリアにいた独軍は伊軍を武装解除して巧みな抗戦を続け，ベルリン陥落までイタリア戦線を保持した。

米・英等の連合軍は44年6月6日，艦艇4000隻，航空機1万1千機を動員，17万6千人を北仏ノルマンディに上陸させ，7月には100万人，車輌15万台に達した。連合軍は速やかに前進し8月25日にパリに入城，独国境に迫った。独軍は12月，24個師団をベルギーのアルデンヌ高地の森林に集中し，連合軍の補給基地アントワープを目指す最後の反撃に出た。吹雪と霧のため連合軍の航空偵察ができず完全な奇襲となり，独軍は90kmも突進したが，連合軍は他の正面から引き抜いた機甲師団や総予備の空挺師団（車輌移動）を投入して防戦し，天候が回復し航空攻撃が可能となると独軍は撃退された。

米・英軍のドイツ爆撃は40年から始っていたが，43年からイタリア南部の基地も使えるようになり連日4発爆撃機（英の「ランカスター」，米のB17，B24など）1000機以上の猛爆撃が行われた。45年2月ドレスデンは爆撃で潰滅し10万人以上が死亡した。3月，連合軍地上部隊がライン河を渡るための航空攻撃では4日間にのべ42000機（戦闘機を含む）がドイツ上空に殺到した。これに対し独はジェット・エンジン付きの無人機Fi103（通称V1号）約3万機，弾道ミサイルA4（同V2号）約6千発を製造して報復しようとしたが，V1号はコースを外れたり撃墜されることが多かった。V2号は射程320km，弾頭1tの立派な弾道ミサイルで，1115発が英国に撃ち込まれ死者2541人，1発当り2.3人だった。これでは大勢に影響はなく連合軍は3月22日ラインを渡河し，5月7日ドイツは降伏した。

一方，日本は，ドイツに降伏した仏のヴィシー政権に圧力をかけ，南部仏印への進駐を41年7月24日に認めさせたが，米国は激しく反発し，7月26日，日本の在米資産を凍結，8月1日には対日石油輸出を全面禁止した。当時日本は石油消費量の90％近くが米国からの輸入で備蓄は2年分以下だったから，日米交渉に期待をつなぎつつ，対米戦争準備を進めた。だが，11月26日，C・ハル米国務長官が提示した「ハル・ノート」は「中国および仏印よりの日本陸海空軍，警察の全面撤退」など，それまでの日米交渉での妥協を否定したものであったため日本は和解をあきらめ，12月1日の御前会議は，米・英・蘭に対し開戦す，と決定した。F・ルーズヴェルト米大統領は40年の大統領選挙で「参戦反対」を公約としたが，41年8月以降米海軍は大西洋の船団護衛を始め，Uボートと交戦して「宣戦布告なき戦争」に入っていた。この矛盾を整理するため，日本に第1弾を撃たせよう

としたらしく，41年12月2日小型船に米海軍士官1人とフィリピン人船員を乗せ，砲1門を積み星条旗を掲げて南部仏印沖を遊弋させることまで命じたが，その役に当った機帆船ラニカイがマニラ出港直後に真珠湾攻撃が行われ非人道的なオトリ任務は不要となった。

ハワイ時間12月7日朝（日本時間8日）の真珠湾攻撃は空母6隻からの2波計354機で行われ戦艦5隻，重巡1隻などを撃沈，戦艦3隻など多数を撃破，航空機188機を破壊する戦果をあげ，損害は特殊潜航艇5隻と航空機29機だけだった。米空母3隻は出港していて難を免れた。日本政府は日米交渉打切りの通告（宣戦布告とは言い難い）を攻撃開始30分前に米国務省に行う計画だったが，ワシントンの日本大使館での暗号解読と清書のタイプが遅れ，攻撃の約1時間半後の通告となった。米国は早くも，攻撃の17時間前に暗号を解読し，それを読んだルーズヴェルトは「これは戦争だ」と叫んだがハワイへの警戒指令は攻撃の6時間後に届いた。米国には日本が何か行動を起こしそうだと分っても，狙うのがまさか真珠湾とは考えていなかったようだ。

10日には日本海軍の陸上攻撃機84機がマレー半島東方で英戦艦2隻を撃沈，制海権・制空権を握った日本軍は翌年1月にマニラ，2月にシンガポールを占領，5月初旬までの半年間に東はソロモン諸島，蘭印（インドネシア）から西はビルマ（ミャンマー）に至る東西8千kmの広大な地域を占領した。

だが米軍は，4月18日，空母ホーネットに陸軍航空隊のB25双発爆撃機16機を搭載して東京などを爆撃して中国，ソ連へ着陸する奇襲攻撃で一矢を報いた。5月8日，ニューギニア東方の珊瑚海の海戦は初の日米空母同士の対決となり，日本は小型空母祥鳳を失い米の大型空母レキシントンを撃沈したが，日本はニューギニア東南岸ポートモレスビーの攻略を延期し，米海軍は日本空母群が無敵でないと知って士気を高めた。日本海軍はミッドウエー島と，アリューシャン列島西部を攻略し，米空母部隊が反撃に来るところを殲滅する大作戦を計画，空母8，戦艦11，巡洋艦21，駆逐艦59などを動員し，6月3日，空母2などでアリューシャンのダッチハーバーを攻撃，4日には空母4を主力とする部隊がミッドウェーを爆撃した。米海軍は暗号解読で日本の計画を知り，太平洋にいた空母3隻をミッドウェー付近に集中し，日本空母部隊に接近した。日本の偵察機が米空母を発見したとき，日本の空母はミッドウェーに対する第2次攻撃を準備中だったが，急ぎ陸用爆弾を外して魚雷や対艦船用爆弾に換装し，発艦を始めたところを米空母の急降下爆撃機に襲われ，3隻が炎上沈没，残る1隻が米空母1隻を沈めたが，この空母ものち沈められ，日本は中核の空母4隻と多数の錬達の搭乗員を失う決定的打撃を受けた。質量ともに優勢の日本艦隊が米海軍に大敗した最大の理由は情報・偵察の軽視だろう。

米海軍は戦艦部隊を真珠湾で失い，初期には空母も少数だったため，潜水艦による日本商船への攻撃に力を注ぎ，特に

タンカーを集中的に狙った。日本はこの戦争中814万tの船腹を失い，燃料・食糧その他の資源の不足で衰弱し敗れたが，うち486万tは潜水艦によるものだった。

米軍は8月7日にガダルカナルに上陸して守備隊を圧倒，反攻を開始した。日米海軍は周辺海域で互角の戦いを続けたが，消耗戦で日本側の輸送船や航空機の損害は大きく，ガダルカナル島への補給は困難を極め，43年2月に全面撤退した。両軍が死力を尽したガダルカナルの戦いは太平洋戦域での天王山であり，消耗戦に敗れた日本は敗戦への道を転り落ちていった。

米軍はソロモン諸島，ニューギニアを攻略し44年6月サイパンに迫った。日本海軍は全力をあげて米艦隊を迎え撃つ「あ号作戦」を事前に準しており，空母9隻の搭載機も新鋭で航続距離は米艦載機より長く，偵察機は先に相手を発見していたため大型空母7，軽空母8の米艦隊に対してもその攻撃可能圏外から攻撃を行えば勝算十分と見られた。だが日本の操縦士の技倆は低下しており米艦隊の上空に達する前に米戦闘機の餌食となるものが多く，米海軍が「マリアナの七面鳥撃ち」と呼ぶこの6月19・20日の海戦で日本は空母3隻，航空機315機を喪失，戦果はほぼゼロだった。サイパンの守備隊は7月6日全滅，米軍はグアム，テニアンも攻略，日本本土爆撃の基地建設を進めた。この敗北により東条内閣は同月18日総辞職した。

米軍は10月にはフィリピンのレイテ島に上陸，日本海軍は残る空母4（搭載機計116機），戦艦9でレイテに向かったが，米海軍は空母16，商船改造の護衛空母18（計1400機），戦艦12隻などで待構えていたから，この「史上最大の海戦」は実は日本艦隊の自殺的出動で，連合艦隊は空母4，戦艦3，巡洋艦10，駆逐艦11を失い，事実上潰滅した。米は軽空母1，護衛空母2，駆逐艦3を失った。ただ一度，日本の主力部隊（戦艦4など）がレイテの米軍上陸地点へ40km余に迫る状況も起きたが，司令官・栗田健男中将ははるか北方で囮となっていた日本空母群が米空母主力の誘い出しに成功していたことも，このときはじめて行われた神風特別攻撃隊の突入がレイテ付近の護衛空母5隻に損害を与えていたことも知らず，反転退却した。制海・制空権を失った側の島の守備隊は絶望的だ。40万人余の日本陸軍は7月までにほぼ全滅した。

米のB29爆撃機は44年6月には中国奥地成都などの基地から九州への爆撃を開始，11月24日にはサイパンのB29が東京爆撃を始めた。だが東京へ2400kmのサイパンからでは護衛戦闘機が付けられず，被弾・故障の際に緊急着陸する飛行場もないため，12月末までにB29を150機を失った。米軍は中間地点にある硫黄島を奪取しようと，45年2月19日，同島へ上陸した。2万3千人の日本軍は堅固な陣地に籠って猛烈に抵抗，米軍に戦死6891人，負傷18070人の損害を与え，3月17日全滅した。その後は同島からP51（ムスタング）戦闘機がB29の護衛に当るようになり，2251機のB29が緊急着陸し24761人の搭乗員が助かったから，米軍

441

第5章　現代の戦争・紛争

第2次世界大戦の死者

	軍　人	一般人
イギリス	264,443人	92,673人
中　国	1,310,224人 (国民党軍のみ)	?
フランス	213,324人	350,000人
アメリカ	292,131人	6,000人
ソ連	11,000,000人	7,000,000人
ユーゴスラビア	305,000人	1,200,000人
ドイツ	3,500,000人	780,000人
イタリア	242,232人	152,941人
日　本	1,300,000人 (直接戦死者)	672,000人

にとっては採算の合う作戦だった。

　米軍は4月1日にはついに沖縄に上陸、日本軍は2867機もの特攻機を出撃させ、米艦船21隻を撃沈、43隻に修理不能の損害を与え、23隻を撃破したが、米軍の艦船1457隻(上陸用舟艇を含まず)の中ではごく一部にすぎず、特攻出撃した戦艦大和も暗号解読でコースを事前に知った米海軍の航空攻撃により途中の徳之島西方で撃沈された。沖縄上陸に投入した米軍の兵力は54万8千人、日本軍は現地義勇兵3万人を含み10万人だから必死の反撃も空しく、主力は沖縄本島南部に圧迫され、6月22日、第32軍司令官・牛島満中将らは自決した。沖縄戦での日本側死者は18万8千人、うち9万4千人が民間人だった。

　北部ビルマでも英軍、中国軍が反攻に出る形勢となり、日本軍は反攻の策源地となる東インドのインパールを抑えようと44年3月から攻勢に出た。だが山岳地帯を越えての補給は困難で、なんとかインパールを包囲したものの相手は航空補給を受けて屈せず、3人の師団長が作戦中止を要求したり、勝手に撤退して全て更迭される事態となり、日本軍は潰走、45年5月にラングーン(ヤンゴン)は陥落、日本のビルマ方面軍は44年春以降20万人を失った。日本陸軍は大戦末期にも主力100万人余が中国に釘付けされ(他に満州に75万人)、治安確保に苦心していたが、44年4月から中国南部の桂林、柳川にある米空軍基地を覆滅すると同時に、仏印(ベトナム)との陸上連絡路を確保する目的で大陸打通作戦を開始し、11月に桂林などを占領してほぼ目的を達し、45年4月まで攻勢を続けた。37年から45年まで日中戦争の日本の死者は44万人余に達した。

　だが、このときすでに米軍は沖縄に上陸、日本本土は猛爆撃にさらされていた。5月7日に独は降伏、日本は本土決戦準備を進めつつ終戦を模索したが、仲介を期待したソ連は4月5日に日ソ中立条約(46年4月まで有効)を延長しないことを通告した。8月6日、広島に原爆が投下され死者約20万人、同9日には長崎にも投下され死者約10万人が出た。この日、ソ連は対日宣戦布告をして満州に侵攻、日本は8月10日の御前会議で7月26日に米英中3国が提示したポツダム宣言を受諾して降伏することを決め、14日最後の御前会議でそれを確認した。

　第2次大戦の死者は軍民合わせて「3500万人から6000万人の間」と『エンサイクロペディア・ブリタニカ』は記述

している。特に中国とソ連の民間人死者数に諸説があるためだ。同百科辞典が示す主要参戦国の死者数は前頁に掲げた通りである。

2　第2次大戦後

5-20
中国の国共内戦
Chinese Civil War between the Kuomintang and the Communists

　日本の敗戦後，蒋介石は日米と協議して，日本軍の降伏は国民党軍に対してのみ行う，という指令を出させ，共産党がその機に乗じて勢力を拡大することを阻止しようとした。蒋介石は戦争中米国から莫大な軍事援助を受ける一方，ソ連とは日本降伏の前日に「中ソ友好同盟条約」を結び，長春鉄道（北満，南満鉄道）の30年間の「共同管理」やソ連等の旅順への駐兵を認めるなどの条件でソ連軍の大部分を撤退させた。

　だが，日本撤退後の東北3省（満州）ではソ連軍が捨て去った旧日本軍兵器を入手した紅軍（共産党軍）が兵力と支配地域を急速に拡大した。米国大使の仲介で蒋介石と毛沢東の会談も行われたが国民党軍と紅軍の紛争は続発，米国は国民党軍の大部隊を海空軍で東北に輸送したり，1945年9月からは米海兵5万3千人が上陸し，最終的には11万人余の米軍が北平（北京），天津，山東半島を抑えつつ，国共間の調停にも努めた。一応停戦協定も結ばれたが実効はなく，米議会は46年6月「対中援助法」を可決，国民党軍に大量の余剰兵器が供与された。

　これにより蒋介石は1946年7月から長江（揚子江）南岸で大攻勢に出た。当時の国民党軍は正規軍57個師団を中核に約200万人と見られ，紅軍は60個縦隊（旅団規模）30万人で装備も貧弱だった。国民党軍は47年3月には共産党の本拠地・延安（陝西省）も陥したが，支配したのは「点と線」だけだった。その間，東北では紅軍がハルビンを取り，長春，四平の争奪戦となった。47年夏には東北の大部分は紅軍の手に帰し，48年11月には遂に瀋陽（奉天）が陥落，この「遼瀋（りょうしん）作戦」で国民軍は47万人を失った。黄河流域でも紅軍（47年3月，人民解放軍と改称）は47年10月から攻勢に転じ，開封の付近で北部の国民軍の主要補給路である鉄道を切断した。48年11月から49年1月にかけての徐州（江蘇省）周辺の「淮海（わいかい）作戦」は双方とも約50万人の兵力を投入する大会戦となったが，国民党軍は25万人の死傷者を出して逃れ，1月21日，蒋介石は国民政府総統を辞任し，22日に北平に人民解放軍が入った。北平，天津付近での戦闘は「平津作戦」と呼ばれ，「遼瀋」「淮海」「平津」の3大会戦に勝った人民解放軍

は長江以北をほぼ支配し，毛沢東は延安から北平に移った。

蔣介石の一時辞任の後，総統代理となった李宗仁は北平に使者を送り，中国を長江の線で分割して国・共が別個に統治する和平案を示したが共産党はこれを拒否して攻勢を再開，4月20日南京と武漢の間の広い正面で長江を渡河した。大勢は決したと見て，国民党軍には「起義」（寝返り）が続発し，人民解放軍は南京（4月22日），武漢（5月17日），上海（同27日），広州（10月15日）と大都市を次々と奪取，蔣介石と国民党軍残存部隊は，12月7日，米海軍艦船で台湾に脱出した。北京では49年10月1日に中華人民共和国政府の成立が宣言された。

人民解放軍は1950年4月に海南島，5月に上海南方の舟山列島も征したが，49年10月25日に行った福建省厦門沖の金門島への上陸作戦は撃退され，今日も同島と福州湾口の馬祖島は台湾側の支配下にある。

蔣介石の国民政府は米国から支援を受けただけでなく，ソ連と同盟関係にあり，内戦中，ソ連は中国共産党を支援しなかった。兵力・装備とも紅軍に対し圧倒的優勢だった国民党軍がかくも大敗したのは内部の腐敗とともに，米・ソに利権を与えて支援を得る方法が民衆の不信を招き，当時は清廉だった紅軍に民心が向ったことが大きいだろう。

⇒ ⑤金門島・馬祖島砲撃

5-21
インドネシア独立戦争
War for Indonesian Independence

インドネシアでは1619年にオランダ東インド会社がバタビア（ジャカルタ）を獲得して以後，オランダが支配地域を徐々に拡大し，蘭領東印度植民地としていたが，1942年2月，日本軍がボルネオ，スマトラなどに侵攻，3月1日に日本の主力部隊がジャワに上陸し，同9日オランダ軍は降伏した。面積は全欧州に匹敵し当時の人口7000万人のこの地域を9日で征服しえたのは，圧倒的制空・制海権だけでなく，オランダ支配を憎む地元民が日本軍を歓迎して協力し，オランダ軍8万5千人中大半を占めた現地人の兵に戦意が無かったのも原因だ。

日本軍は独立運動の闘士A・スカルノらを監獄から救出し，豊富な資金や自動車20台を提供して活動させたが，のち石油など資源豊富な旧蘭印を手放すのが惜しくなり，独立援助の姿勢を変えた。だが敗色が濃くなると再び独立援助に戻り，1945年7月17日，日本政府は独立を認め準備を促進することを決定，8月9日「独立許可」を宣言し，現地日本軍とインドネシア指導者は9月7日に独立，と決定した。

ところが日本が1945年8月15日に降伏したため，両者は急いで協議し予定を早めて同17日に独立宣言を出した。

オランダ軍は1945年9月15日からインドネシアに戻ったがすでに白人に対する盲目的畏怖感は失われていて，10月から暴動がジャワ島東部のスラバヤで発生し，連合軍（英・蘭軍）は日本軍に鎮圧を求めたが日本軍は発砲せず，連合軍の目をかすめて大量の武器（特にオランダ軍か

ら以前接収した兵器)をインドネシア人に引き渡した。日本は戦時中に現地人の防衛義勇軍を作り,幹部養成所(士官学校)も設けたから,日本の訓練を受け,日本製装備を持つ歩兵部隊65個大隊(3万人余)がすでに存在し,それを中核としてスカルノらは正規軍6万人,人民軍14万人を作り,オランダ軍2万人と戦った。また,日本軍人約850人以上が残留し共和国軍を指導した。

本格的戦闘は1945年10月14日に始まり,11月29日,蘭軍は激戦の末,共和国の首都スラバヤを陥したが戦闘は治まらず,翌46年11月,オランダは連邦共和制インドネシアを承認する「チェリボン協定」をインドネシア側と結んだ。だが,これはオランダの支配を確保する狙いだったためすぐに崩れて戦闘が再燃,蘭軍は47年7月ジャワ島で攻勢に出て,48年12月には同島南部の都市ジョグジャカルタを奪取,ジャワ島を一応支配下に置いた。ゲリラ戦は続き,49年1月28日,国連安保理の出した主権委譲の決議もオランダは拒否した。だが高まる国際的圧力,長期化する戦闘にオランダも力尽き,同年5月7日蘭軍はジョグジャカルタ,ジャカルタから撤退し停戦することに同意し,49年11月2日,オランダはインドネシアの完全な主権を承認した。独立戦争でのインドネシア軍の死者は9000人,蘭軍の死者は約3000人と言われる。

独立戦争がベトナムなどと比較して短期で結着したのは相手のオランダが小国だっただけでなく,日本統治下で独立準備が進められ,日本の装備を持ち,訓練も受けた軍隊が存在していたことも一要因と思われる。

5-22
ギリシャ内戦
Greek Civil War

ギリシャは第2次大戦中の1940年12月,イタリア軍の侵攻を独力で撃退したものの,翌41年4月ドイツ軍15個師団の猛攻に屈し,英軍の来援部隊4個師団は海路脱出した。その後,ギリシャでは共産党が対独抵抗運動の中心となり,民族解放戦線(EAM)の指導下に民族派を含む各派のゲリラ数千人が活動し,空輸による英軍の武器援助を得ていた。

独軍は1944年8,9月,ソ連軍がルーマニア,ブルガリアを制圧したため,9月末急拠ギリシャから撤退,その追撃を行ったEAMは特に伊軍から大量の武器を捕獲して勢力を拡大した。同年10月ギリシャ亡命政権(パパンドリオ首相)は英国から戻り,英軍も約1個師団を送り,英軍司令官はゲリラ部隊の解散,武装解除を命じた。だが当時1100万人の人口中,共産党は200万人の支持基盤を持ち,軍にも市町村にも対独抵抗運動以来の協力者が多く,指揮・連絡機構を維持し,海外に逃亡していた政府以上に一般民衆の信用を集めていた。だが,ギリシャは国民の約98%がギリシャ正教の信者で,対独ゲリラ戦には協力しても共産主義に共鳴してはいなかった。

EAMは武装解除を拒否し,左右両派が反政府・反英軍で共闘態勢を組み,12月3日アテネではデモが行われた。警察

本部前で警官が一斉射撃を加えたため暴動となり、ゲリラはアテネに大攻撃を掛けた。英軍・政府軍は市内の一角に包囲され、全滅の寸前に英軍2個師団が到着、航空攻撃も加えてゲリラを駆逐した。英軍とゲリラ各派は45年2月に停戦協定を結んだが情勢は不安定だった。

第2次大戦が終ると、1946年からユーゴスラビア、ブルガリア、アルバニアがギリシャの共産ゲリラへの援助を始めて戦闘は再燃し、ゲリラはギリシャ北部を支配し、全土で戦闘となり、英軍と政府は大都市と一部の地方をやっと守るだけになった。ゲリラは47年12月24日「自由ギリシャ政府」の樹立を宣言するにいたった。英国の財政は戦争で破綻に瀕していて、大規模な出兵・援助は困難だった。48年にはゲリラは2万3千人で、大隊・旅団に編成され、迫撃砲・軽砲も装備していた。政府軍は14万7千人だった。

1947年3月、トルーマン米大統領は「トルーマン・ドクトリン」を声明してギリシャ政府と英軍の支援に乗り出し、国連安保理などを通じて、周辺国に「ゲリラ支援は国連憲章違反」と圧力を掛けた。米からの大量の第2次大戦の余剰兵器や食糧などの供給を受けたギリシャ政府軍は徐々に地歩を回復し、48年1月にはゲリラに包囲されていたアルバニア国境近くの町ユニツァの救援に成功し、49年8月にはその西方グラーモス山地を制圧し、ゲリラは最大の拠点を失った。このため「自由ギリシャ政府」は49年10月16日「これ以上の作戦を行わない」と声明し内戦は終了した。

弱体で国民の信頼も乏しいギリシャ政府が有力なゲリラの制圧に成功した理由としては、米の莫大な援助や「自由ギリシャ政府」をソ連や周辺諸国に承認させず、従って公然たる援助をできなくした米・英の外交圧力も大きいが、独の敗北後、宗教心の篤いギリシャ国民の間で共産ゲリラを支持する動機が薄れたことが基本的要素だろう。

5-23
フク団の反乱
Hukbalahap Rebellion

「フクバラハップ」（略して「フク」とも呼ばれる）は、第2次大戦中の1942年3月、フィリピン共産党の下に生れた抗日人民軍で、中国共産党の指導下にあり、フィリピン農民出身のルイス・タルクが率い、ルソン島中部を基地としてもっとも活動したゲリラだった。米軍は当初フク団を支援したが、フィリピン奪回作戦が進むと、将来の統治、米国の権益回復の障害となると見てフク団の武装解除やタルクの逮捕を強行し、45年3月7日には1個中隊107名のフク団が米軍に処刑される事件も起きた。

フィリピンは1946年7月に3回目の独立を果たすが（1回目は1899年米西戦争での宗主国スペインの敗北を機に独立宣言、米国はこれを認めず武力制圧。2回目は43年日本の承認により独立したが米軍が再征服）、独立後も米国の食品会社や地主が大農場を経営し、過半の民衆は半ば農奴状態という状況は変らず、新政府は47年3月に米国に99年の基地使用権

2 第2次大戦後

を認めたため，反米・反政府感情が高まった。タルクは46年に釈放されると農民の不満を利してフク団を再建し，勢力を拡大した。手法はもっぱら親米的なフィリピン政府要人へのテロ活動で，村落を支配し徴税も行い，50年頃には兵力約2万人に達した。討伐に当る警察は規律が悪く無差別な武力行使を行ったため，フク団に対する支援は強まり，50年8月の一斉蜂起ではルソンの11都市，60町村が同時に攻撃され，警官と市民1300人が死亡した。

1950年にラモン・マグサイサイが国防長官になると，彼は米国が供与した武器・車輌で独立戦闘可能な大隊戦闘団（約1000人）26個を作り，ゲリラ討伐に効果をあげた。53年に大統領になった彼は降伏したゲリラに農地と家を与えて不満を鎮め，54年5月にタルクも降伏した。その後も寛大な帰順策でフク団を孤立させ，野盗集団化させて農民から分離することに成功した。マグサイサイは米軍の展開はかえって民衆をゲリラ支援に向わせる，として自国部隊で対処し成功した。中国は海をへだてていたため，ほとんどフク団を支援できなかったのも制圧成功の一因だった。フク団の残党はその後も細々と活動を続けたが，91年にフィリピン上院は米軍基地存続の条約を否決し，米軍は92年11月にスービック湾の海軍基地を返還して去り，93年12月に最後のフク団が帰順してこの紛争は終結した。

5-24
インドシナ独立戦争
War for Independence in French Indo-China
別称 第1次インドシナ戦争

フランスは1858年に宣教師殺害を理由に今日のベトナムのダナンを占領したのを手はじめに，1900年までに全インドシナを植民地化した。40年に日本軍は仏（ヴィシー政権）との協定で仏領インドシナに進駐したが，44年に連合軍はパリに入りヴィシー政権は崩壊したため，日本軍は45年3月，仏印のフランス軍を武装解除し直接支配するとともに，ベトナム，カンボジア，ラオスの国王に独立を宣言させた。8月に日本が降伏すると権力の空白が生じた。ホー・チ・ミンは41年に中国から戻って共産党を中核とするベトナム独立同盟会（ベトミン）を組織し，米・中の支援でフランス官憲と日本軍に対する抵抗活動を行っていたが，その機に一斉蜂起を命じ，9月2日，ハノイでベトナム独立宣言を行った。

だが，同月，英軍と中国の国民党軍がベトナムを分割占領し，まもなくフランス軍も戻って再植民地化を始め，ベトミン勢力をサイゴンから排除し，南部でのベトミン拠点を制圧した。中部・北部でのゲリラの抵抗は激しく，フランスは1946年3月，ベトナムを仏連合内の1国として独立させる協定を結んだ。中部のクァンガイには，46年4月頃，ベトミンの陸軍士官学校が作られ，元日本陸軍第34旅団参謀・井川省少佐ら日本軍将校・下士官がベトナム軍幹部を養成した。戦後残留して独立戦争に参加した日本軍人は767人で，ヴォ・グエン・ザップ国防相の顧問もいた。8人の日本人指揮官が

447

86年に勲功章を受けている。仏軍は態勢を建て直すと，46年11月北ベトナムのハイフォンを総攻撃し，12月17日にはハノイを占領した。ベトミンはハノイ周辺の農村部や中国国境に近い山岳地でゲリラ戦を展開して仏軍に大損害を与えて撃退し，やむなく仏は南部のサイゴンに，49年7月，バオダイ帝（日本占領下で独立宣言した）を迎えベトナム国を作った。

このころ中国では1949年10月に中華人民共和国が成立し，50年1月中国はベトミンのベトナム民主共和国を承認，ソ連・東欧もそれに続きベトミンに軍事援助が届き始めた。米国は本来フランスの再植民地化に批判的だったが，中・ソが援助を始めたため，仏への武器援助に踏み切った。だが，ベトミン軍は勢力を拡大，50年10月，北部ランソン近くのカオバンで敗れた仏軍は北ベトナムの大部分を棄てハノイ，ハイフォン周辺だけの守りを固めた。また，南ベトナムのメコンデルタも大半がベトミンに握られた。ベトミンはゲリラ戦にとどまらず，大部隊による正規戦を行うようになっていた。

仏軍は挽回を狙ってベトミン軍主力を大きなポケット地帯に誘い込み撃滅する策を考えた。1953年11月から仏軍はハノイの西北西約300km，ラオス国境に近いディエンビエンフーの盆地に飛行場を備えた要塞地帯を造り，1万6000人，砲28門，戦車10輌の兵力で守り，狙い通りベトミン軍2個師団を引き寄せたが，相手が強すぎた。ベトミンは兵力5万1000人，砲100門以上，高射砲80門をひそかに周辺の高地に展開し，10万人以上の農民が馬500頭を引き，自転車2万1000台を押して山地の補給路を確保した。54年3月13日，ベトミンは突如猛砲撃を開始した。高射砲により仏空軍が当時持っていた輸送機420機中62機が撃墜され107機が損傷を受けたため航空補給も乏しく，3月27日にはベトミン軍は滑走路を奪い守備隊の運命は決った。5月7日，ベトミン軍は最後の総攻撃をかけ，飢えた仏守備隊を制圧，生存者約1万人（半数は負傷者）が捕虜となった。

この敗北はフランスのインドシナ支配を終了させた。同1954年4月26日からジュネーブで開かれていた和平会議に仏軍守備隊降伏の報が届き，7月21日調印されたインドシナ休戦協定（別称，ジュネーブ協定）はインドシナからの全外国軍の撤退。2年間，ベトナムを17度線で南北に分け，双方の兵力を引き離す，その後，全土統一選挙を行う，などを定めた。だが南ベトナムのバオダイ政権は翌年統一選挙実施のための会談を拒否した。アメリカは南ベトナムを支持して分割状態を保持しようとし，ベトナム戦争に向って行くことになった。

⇒ ⑤ベトナム戦争

5-25
カシミール紛争
Kashmir territorial conflict

別称 第1次，第2次インド・パキスタン戦争

インド亜大陸は，18世紀後半以降，英国の植民地となり，1858年，英政府が直接統治したが，大小500余の藩王国が残

り、宗教的にもヒンズー・イスラムなどの対立があった。第2次大戦後、英国はインドの独立を認めるに当たり、当初はインド1国として独立させる方針だったが、イスラム教徒は別個のパキスタンの分離独立を要求し、1946年9月から各地でヒンズー教徒とイスラム教徒の衝突が起こり7000人が死亡した。このため英国印度総督はやむなく2国を別個に独立させる法案を作り、英議会が可決、47年8月15日、インド、パキスタンの2国が独立した。両教徒は必ずしも地域的に分かれて居住していた訳ではなかったから、中央部インドのイスラム教徒は東西のパキスタンに移住し、東西のヒンズー教徒はインドに脱出するという大混乱の中で約6週間にわたり宗教的少数派に対する迫害・虐殺が行われ、100万人近くが死亡、1000万ないし1500万人が家を失った。

このときインド北西部の高地カシミールでは藩王ら支配層はヒンズー教徒だが住民の77%はイスラム教徒だったため、藩王はどちらに帰属するか決めかねていた。1947年10月にイスラム教徒は藩王に対し反乱を起こして臨時政府を作りパキスタン帰属を表明、パキスタン軍の同地出身の兵たちが「休暇」で帰省し闘争に参加するのを許した。こうなっては藩王はインドに頼るしかなく、10月27日インドへの帰属を受諾した。

インド軍は空路カシミールに進駐、叛徒と激戦になった。パキスタンも翌48年5月出兵し、インド軍と衝突した。戦況は膠着状態となり、国連は、①停戦ラインの設定、②パキスタン軍全てとインド軍の大半の撤退、③同地の将来は住民投票で決定、とする仲介案を示し、両国はこれを受諾、1949年1月1日に停戦となった。カシミールは停戦ラインで東西に分割されたままで、住民投票はインドの反対で行われず、インド・パキスタン両軍が対峙することとなった。

カシミールを巡るインド・パキスタンの対立は1965年に再燃し「第2次インド・パキスタン戦争」とも呼ばれる。8月5日頃から双方の軍や民兵が停戦ラインを越えて相手側に潜入し襲撃を行ったことから、8月24日、かなりの規模のインド軍が停戦ラインを越え、戦闘が拡大した。この報復に、9月1日、パキスタン軍は大挙停戦ラインを越え、国境付近の都市やインドのニューデリー、パキスタンのカラチにも小規模の空襲が掛けられた。戦車同士の戦闘も起き、インドが優勢とされたが、結局双方手詰りとなり、9月27日、国連安保理の停戦要請を両者が受諾。66年1月10日、ソ連の仲裁によるタシュケント会談で双方が国境付近の紛争地帯から撤兵することとなった。

⇒ ⑤第3次印パ戦争

5-26
台湾の2・28事件
2・28 Riot in Taiwan

台湾は日清戦争後、1895年に清国から日本に割譲されたが、1945年の日本降伏で中国に返還され、「台湾省行政長官兼警備総司令」に任じられた陳儀と国民党軍が同年10月台湾に上陸した。台湾は50年間の日本統治下で発展し、行政・教

育・衛生などで高い水準にあったが，台湾人（大部分が清朝時代に福建省から移住した人の子孫。一部が山岳民族）は進学・昇任などで日本人と差別待遇を受けていたため同胞による統治を当初歓迎した。

だが，国民党軍は極めて規律が悪く，また国民党は官庁の役職，学校の教職から台湾人を追放し，民間企業も国営・省営化して役職は国民党員が独占し私腹を肥した。このため台湾人の多くが失業した。しかも中国本土は国共内戦中で，劣勢の国民政府は紙幣を乱発し，台湾から米などを本土に送ったため悪性インフレが発生，台湾人は生活に苦しみ，日本人が去って本土の中国人が来たことを「犬去豚来」と嘲けった。

この状況の中で1947年2月27日，台北で道端の闇煙草売りの女を専売局員が小銃の銃床で殴って負傷させ，そのことに対して，取り巻いて抗議した民衆に発砲し1人が死んだことが大暴動に発展した。翌28日，「天に代りて不義を討つ」との日本軍歌を合唱する大デモ隊が専売局に乱入し，長官公署に押しかけたところ憲兵が発砲，6人が死亡，多数が負傷した。同日午後，デモ隊は放送局を占拠して全島に蜂起を呼びかけ，「君が代」を歌えない者は本土の中国人と見て暴行を加えた。3月3日以降は武装反乱になり，一部では国民党軍部隊を降伏させた。

だが8日，大陸の国民党軍が北部の基隆と南部の高雄に上陸，12日には中部の嘉義に部隊が空輸され徹底的な武力制圧が行われた。14日までに反乱は鎮圧されたが，その後「危険人物」と見られた台湾人の指導層・知識人・学生などの大量検挙が行われ，裁判なしに多数が殺害された，と言われる。一方，陳儀は免職された。

この事件の死亡者数は諸説があり，2万8000人ともされるが1953年の人口調査で行方不明者が11万人もいるため，亡命者を除き，犠牲者は10万人程度との説もある。

この事件の後，1949年12月国共内戦に敗れた蒋介石は国民党幹部や残存部隊120万人を率いて当時人口600万人の台湾に雪崩れ込み，91年まで戒厳令を布いて統治を続けた。今日も人口の約15％を占める外省人（戦後本土から渡来した人と子孫）と85％の本省人（それ以前からの台湾人）の反目は台湾の政治・社会を動かす底流となっている。

5-27
マラヤの共産党反乱
Communist Revolt in Malaya

英領のマラヤ（マレー半島）では1930年から中国人のマラヤ共産党が生れ，非合法化されたが党員1万5000人と見られた。41年日本軍が侵攻すると英軍は165人の共産党員を訓練し，それを中心にマラヤ抗日人民軍が作られ，英軍はひそかに武器などを送り込んだ。だが中国人はマラヤでは少数派の外来者で，英国の植民地支配の下で利益を得ていた者も多かったから，中国人ゲリラはマラヤ人の支持を得られず，日本軍は簡単に討伐に成功し，ゲリラは活躍できなかった。

日本が降伏すると抗日人民軍は支給さ

れていた英軍の制服を着て森を出て，町村を回って人民委員会を作り，英軍が来る前にマラヤの大半を支配する形勢となった。9月に英軍が着き抗日人民軍を脅して解散させ，6800人のゲリラに戦争中の協力の謝礼として1人350ドルを払い，交換に5500丁の英国製兵器を回収したが，ゲリラは日本軍が残した大量の兵器を隠していた。

英国は1948年2月マラヤを英保護領とし王（スルタン）たちの主権を回復する「マラヤ連邦」を作ったが，これは英国が実質的支配権の継続を狙ったものであったため，マラヤ共産党は武装闘争を開始，約5000人のゲリラが各地でゴム園の樹を伐ったり，錫の採掘機を壊したり，駐在所を襲うなど反英活動を行った。同年6月16日に英当局は「緊急事態」を宣言，英本国やオーストラリア，ニュージーランドから部隊を送り，マラヤ人24000人の特別警察隊がゴム園などの警備についた。また森林地帯の中国人を「新しい村」（強制収容所）に移し，ゲリラと支援者を切り離した。英軍は南から北へと組織的掃討作戦を進め，半島という地形だけにある程度成功したがゲリラは根絶できず，51年10月には統治の最高責任者である英高等弁務官ヘンリー・ガーニー卿が山岳地でゲリラに襲われ死亡する事件も起きた。

英政府は後任にジェラルド・テンプラー卿（大将）を送って在マラヤ連邦軍司令官を兼務させ，1952年2月から正規軍4万人余，警察隊など計30万人余を投入し総攻撃に出た。英軍は数日間もジャングルにひそんで待伏せたり，1週間連続追跡するなど，ゲリラを上回る辛抱強さで徐々に相手を弱らせる一方，一般人に害を加えないよう厳しく指導されていた。2年後の54年2月英現地当局は共産ゲリラの司令部がマラヤからインドネシアのスマトラ島に移動したことを発表し，大勢は決したが掃討は続けられ，緊急事態の終了が宣言されたのは60年7月31日，つまりゲリラ制圧に12年を要した。この間ゲリラに参加した者は計12000人でうち死者6705人，負傷者1286人，投降者2696人に対して英軍，警察隊は死者2384人，負傷者2400人だった。ゲリラ1人を殺すのに平均1500時間を要した。

マラヤは1963年マレーシアとして独立，65年中国人の多いシンガポールが分離独立したが，ベトナム戦争が始まるとマラヤ共産党は60年代に入って勢力を回復し，一時期は6000人に達しテロ活動，襲撃を行ったが50年代ほどの力はなく89年に政府と和解し反政府闘争は終結した。

5-28
第1次中東戦争
First Arab–Israeli War

紀元135年，対ローマ反乱を起こしてパレスチナから追放されたユダヤ人は世界各地へ流浪したが，19世紀末ユダヤ人国家建設を求めるシオニズム運動が起き，第1次大戦が始まる1914年までに6万人のユダヤ人が約400平方キロの土地をパレスチナに買い移住した。アラブ人はこれに寛容でユダヤ人は友好裡に住み付いた。第2次大戦前には37万人に増えたた

めアラブ人との対立が起き，それを防ぐためユダヤ人移民を制限しようとする委任統治に当る英国当局と抗争した。第2次大戦後流入はさらに増え，独立を目指すユダヤ人は英当局へのテロ活動を激化し，46年7月22日には，後にイスラエル首相となるM・ベギンの率いるテロ団IZLがエルサレムの英軍司令部を爆破する事件も起こした。

1947年11月29日，国連総会はパレスチナを2分し土地の55％をユダヤ人に，45％をアラブ人に与える決議を行った。当時同地の人口はユダヤ系65万人，アラブ系120万人だったから当然アラブ人は憤慨した。英軍の撤退は翌48年5月14日と発表されたため，以後の紛争は必至とみてユダヤ側は第2次大戦における歴戦のユダヤ人を米・欧から呼び集め，武器の輸入は禁止されていたが在米ユダヤ人の巨額の寄付金で武器を買い集め密輸入した。パレスチナのアラブ人も，シリア領内でアラブ解放軍を結成し開戦に備えた。

武力紛争は英軍の撤退前に始った。それ以前に有利な地点を抑えようとしたユダヤ側は北方の港町ハイファを襲ってアラブ人7万人を追い出したり，1948年4月にはユダヤ人テロ団IZLとステルンがアラブ人の村を襲い254人のアラブ人を殺し，他の村からアラブ人が逃げるよう仕向けた。アラブ側も反撃し，ユダヤ人入植地に散発的攻撃をかけた。

1948年5月14日，イスラエルは独立を宣言，その夜からレバノン，シリア，ヨルダン，イラク，エジプトの6カ国の部隊計約3万8000人がイスラエルに侵攻した。当時イスラエルは正規軍「ハガナ」3万人，予備役3万人，テロ団4千人で戦車（英軍から盗んだもの）2輌，砲4門。アラブ軍は優勢で，2週間でユダヤ人を地中海に放り出せる，と考えていた。

だが，イスラエル軍は第2次大戦の経験者が多く組織力も高かったため，アラブ諸国軍の前進は，戦車が対戦車ロケットや火炎ビンの攻撃を受けるたびに停滞した。まともに戦ったのは英将校に訓練されたヨルダン軍だけで，エルサレム旧市街で激戦ののちイスラエル守備隊を降伏させた。

国連安保理の仲裁で1948年6月11日に停戦となったが，双方に武器禁輸が掛ったことは密輸に慣れたイスラエルに有利で，武器弾薬を補充したイスラエルは4週間後に先制攻撃を掛けたがヨルダン兵の守りは固く，エルサレム攻撃は失敗，7月18日に再び国連の要請で停戦となった。またイスラエルは停戦を利用して欧米から9万人のユダヤ志願兵を集め，武器を密輸入し，10月15日停戦協定を破って攻勢を開始。レバノン南部の一部を占領，エジプト第4旅団を降伏させ，シナイ半島に侵攻した。エジプトは49年1月7日停戦を申し出て，イスラエルも戦力が尽きつつあったためただちに同意し，第1次中東戦争は一応終了したが，3月10日にイスラエル軍はシナイ半島をさらに南下，紅海に続くアカバ湾に面するエイラート湾を占領した。

イスラエルは国連を巧みに利用し，停戦中に密輸で戦力を充実した。一方，国連の仲介者F・ベルナドット伯（スウ

ェーデン人）が「エルサレムはアラブ側に帰属すべきだ」との勧告を国連に報告しようとしているのを知り，テロ団「ステルン」は同伯爵を暗殺する暴挙に出た。

第1次中東戦争でイスラエルは本来国連が認めたより広い領土を獲得し，国の存在を確実にした。だが，ユダヤ人により故郷を追われたパレスチナ難民100万人をはじめ，アラブ人全体の激しい憎悪を招き，その後イスラエルは，財政・政治・倫理等の重荷を負うことになった。その根源はユダヤ人に55％の土地を与えた国連の偏った決定だったと言えよう。

5-29
ベルリン封鎖
Berlin Blockade / Berlin Airlift
別称　ベルリン空輸

第2次大戦後ドイツは米・ソ・英・仏の4カ国に分割占領されたが，首都ベルリンは4国共同管理だった。ソ連と他の3国の対立は1946年3月5日，英の元首相チャーチルが「鉄のカーテン」を指摘する演説をしたように，戦後1年で表面化し，米国は占領地域で州議会の設立など民主化を進め，ソ連は共産党を中心とする行政組織を作った。48年6月7日ロンドンで調印された6カ国協定（米・英・仏・蘭・ベルギー・ルクセンブルグ）は西独政府の樹立を定め，東西両独の分離の方向は決定的となった。

このためソ連は，西側占領地域との境界線から東へ約150km東にあるベルリンを将来の東独に完全に取り込もうとし，同月21日ベルリンと米・英軍の占領地域を結ぶ道路を閉鎖，23日に鉄道・水路も遮断して西ベルリン駐屯の米・英・仏軍の追出しをはかった。だが幅20マイル（37km）のベルリンへの空路3本はソ連も戦争覚悟でないと閉鎖できないため，米・英・仏は空輸で対抗した。

軍への補給だけでなく，西ベルリン市民214万人も養う必要があり，1日の空輸所要量は4500 tに達した。当初，在欧米空軍が保有した輸送機はC-54（4発，10 t積み）54機，C-47（双発，3.5 t積み）105機で1日1500 tが限界，英軍輸送機が750 tだった。このため米空軍は持っていたC-54輸送機400機中319機をこの任務に投入，海軍も同型24機で支援した。飛行場は米軍がテンペルホフ，英軍がガトウを使い，工兵隊が滑走路を増設，仏軍占領地域のテーゲルにも西ベルリン市民の勤労奉仕で12月7日に新飛行場が完成した。

こうして翌1949年4月16日には最高の1日1398便，1万2940 tの輸送を記録した。ソ連はあきらめて同年5月5日，ベルリン封鎖解除に関する4カ国協定（米・ソ・英・仏）が調印され，同月12日から実施されたが，空輸は9月30日，再封鎖に備えて充分な備蓄が貯るまで続き，計27万7264便，234万 t余が運ばれた。その55％は市民の暖房用石炭，26％が食糧，駐屯軍の補給が14％などだった。経費は米軍だけで2億ドルに達し，ソ連戦闘機のいやがらせ飛行による空中衝突1件を含む事故で米英軍人75人が死亡した。

この間，1949年4月4日に北大西洋条

約機構（NATO）が西側12カ国で調印され、5月23日にドイツ連邦共和国（西独）憲法が制定される一方、同月30日にはドイツ民主共和国（東独）憲法も制定された。その6年後、1955年5月14日にはNATOに対抗してワルシャワ条約機構も生れ、ベルリン封鎖で決定的となった東西の軍事的対決は89年11月9日のベルリンの壁崩壊まで41年余続くこととなった。

5-30
朝鮮戦争
Korean War

第2次大戦後、朝鮮半島では北緯38度を境界に北ではソ連軍、南では米軍が日本軍の降伏受入れに当ることとなった。米・ソ・英は1945年12月モスクワでの外相会議で、最長5年間朝鮮を米・ソ・英・中の4カ国が信託統治し、その間に政府を作る、と決めたが、朝鮮で激しい反対運動が起ったため、米ソはこれをあきらめ南北で別の政府を立てる方向に動いた。米国は国連に問題を付託し、国連は全国で自由選挙を行って政府を作るため「国連朝鮮臨時委員団」を作った。予期されたとおりソ連は反対して委員団が北朝鮮に入ることを認めず、南部だけで

コラム　「日本は米軍に守られている」は本当か？　　　　　田岡俊次

多くの日本人には意外だろうが、在日米軍の各部隊と機能を詳細に見ると、日本の防衛に少くとも直接関わっている部隊は皆無と言わざるをえない。

防空は1959年「松前・バーンズ協定」で航空自衛隊がレーダーサイトや防空指揮施設を米空軍から引き継ぎ、「指揮系統は別個とする」として以来、航空自衛隊（および陸上自衛隊の対空ミサイル「ホーク」部隊）が全面的に責任を負ってきた。航空自衛隊のF15戦闘機200機余を含む戦闘機360機余に対し在日米空軍の戦闘機は80機余にすぎず、日本の対空警戒・管制システム「バッヂ」のデータリンクも搭載していない。防空の任務を負っていないのだからこれも当然だ。嘉手納の戦闘機はかつては韓国の防空部隊で、常時一部の戦闘機を烏山（オサン）基地に派遣し、家族などは安全な沖縄に置いていたが、86年に在韓米空軍が第7空軍として在日の第5空軍から独立してのちはこれも無くなり、嘉手納・三沢の戦闘機はペルシャ湾岸やトルコの基地に派遣されることが多い。

地上部隊では在日米陸軍の僅か1900人はほとんどが補給・情報要員で米陸軍が日本を守っていないのは言うまでもない。沖縄の海兵隊（実力1個連隊と1個大隊）も日本防衛兵力ではなく他所へ派遣されるため、沖縄を待機・訓練基地としてきた。冷戦期に日本を

48年5月10日選挙が行われ，8月15日大韓民国の成立が宣言された。9月9日には北側で朝鮮民主主義人民共和国が生まれ分断が確定した。

朝鮮戦争は南北いずれが起したかについては諸説があるが，1970年に公表された「フルシチョフ回想録」は北朝鮮がソ連に開戦のための支援を求め，スターリンは米国の介入を危ぶんだが結局要請に応じた経緯を述べている。米国のD・アチソン国務長官は，中国の国民党軍が49年12月に台湾へ脱出した直後の50年1月12日，米国の不撤退防衛線はアリューシャン・日本・沖縄・フィリピンの線である，と演説し，ソ連と北朝鮮が，米国に介入の意志なし，と判断した可能性は高い。米軍は49年6月までに韓国から撤退し，軍事顧問団482人が残っていた。

開戦前の韓国では経済困難と政治の混乱の中，1948年10月には軍の大反乱（麗水事件）が起き，その後も南朝鮮労働党のゲリラ活動が活発で，韓国陸軍8個師団（10万人弱）中3個師団は南方でゲリラ掃討に当っていた。その装備は警察軍の水準で，戦車ゼロ，砲89門，軽飛行機12機，装甲車27輌など。持っていた口径60ミリの対戦車ロケット（肩撃ち）はソ連製のT34戦車には無効で，対戦車地雷

守るならソ連の侵攻がありえた北海道に置くべきだったが，海兵隊は遠征部隊だから日本の中で最も安全な沖縄にいた。

米海軍は冷戦期にもソ連海軍に対し圧倒的優位を保ち，いざとなれば空母6，7隻が西太平洋に進出できたからソ連の対日侵攻はほとんど不可能だった。また米海軍の世界的制海権は海上交通の安定を確保し，日本の経済発展に寄与したと言えよう。だがこれは米国が自国のために行ったことが多くの諸国を益したのであり，日本を守るために米海軍が日本に居た訳ではない。米海軍の太平洋艦隊（太平洋・インド洋全域を担当）が持つ水上艦（巡洋艦，駆逐艦，フリゲート）は計52隻（2003年）で海上自衛隊の護衛艦53隻と同等だが，米太平洋艦隊の水上艦はその6隻の空母と海兵隊を運ぶ揚陸艦を護衛するに足る数で，日本の商船を守る余力は全くないがこれも当然だ。日本の生存に不可欠な商船保護は従来から海上自衛隊の任務だった。

97年9月に合意された新たな「日米防衛協力の指針」（ガイドラインズ）は日本に対して武力攻撃があった場合の作戦構想として，自衛隊が「防空」「日本周辺海域における船舶の保護」「着・上陸侵攻の阻止，排除」に関し英文ではPrimary Responsibility（一義的責任）を有す，としている。いざとなった場合，米軍は日本を守らなくても責任を問われることはないのだ。ところがこの部分は邦文では「自衛隊は……主体的に対処する」とあいまいな訳になっている。Responsibilityには「責任」というぴったり適合した日

第5章　現代の戦争・紛争

も無く，戦車に対抗できなかった。一方，北朝鮮の朝鮮人民軍は50年1月から，ソ連の援助で急激に拡大し，兵力13万人，歩兵10個師団，戦車1個旅団（120輌，他に30輌），砲600門，戦闘機・攻撃機120機に達し，圧倒的優勢だった。

1950年6月25日早朝，北朝鮮軍は38度線沿いに一斉に砲撃を開始し，3方向からソウルに迫った。韓国軍は劣勢で奇襲されたにもかかわらずソウル北西の臨津江岸と同北東の春川正面で陣地を巧みに守った。だが北朝鮮軍の主な攻撃はソウルからほぼ真北の議政府回廊に向けられ，ここでは韓国軍陣地が戦車に突破され，北朝鮮軍は28日午前ソウル市内に突入した。このため他の前線で健闘していた韓国軍も総崩れとなり，南へ逃れた。

国連安全保障理事会は戦争が勃発すると，即日北朝鮮軍の撤退と各国の支援を求める米提出の決議案を採択し（ソ連は欠席中），H・トルーマン米大統領は27日極東米軍司令官D・マッカーサー大将に海・空軍による韓国防衛を指示し，30日には地上部隊投入も許可した。真先に出たのは熊本駐屯の第24師団の第21連隊第1大隊（C・スミス中佐，440人）だったが，7月5日烏山付近で北朝軍と遭遇し5時間で潰走した。マッカーサーは

本語があるのに，これを避けて訳したのは「自衛隊がこうした責任を負っているのなら，なぜ米軍が日本に134カ所（980km²）もの基地・施設を持ち，政府は思いやり予算（基地従業員25000人の人件費ほぼ全額や電気・ガス・水道・電話料金など）約2500億円や民有地の地代，基地内の建設費，国有地の推定地代など計6500億円もの負担をしているのか，との疑問が国民に生じることを恐れたためのようだ。

日本が外国軍に頼らず，自国を守るに足る防衛力を持つことは「理想」のように言われがちだが，このガイドラインズの「一義的責任」条項はすでに日本が他国への攻撃力や核抑止力を除けば，防衛に十分な能力を持ち，従来から自衛隊がその責任を負ってきた現実を追認したものと言えよう。少くとも戦術的には沖縄の海兵隊や嘉手納などの米航空基地，横須賀・佐世保の米軍艦は自衛隊の強力な防空戦闘機，対空ミサイル網，他に比類のない密度の対潜水艦哨戒能力などによる手厚い保護の下にあった。

冷戦後も日米双方にとって同盟関係には政治的価値（例えば対立の回避）が大きく，また経済・技術大国である日本が核不拡散条約から脱退し軍事大国となることは米国がもっとも警戒するところである以上，日米の同盟関係は維持され続けるだろう。「在日米軍によって日本は守られており，それが少しでも減ると日本は危険。引きとめのためには何でもやらねば」というような劣等意識を持って対米関係を考える必要はもはやないのである。

日本に「警察予備隊」創設の指令を出し，日本占領中の4個師団のうち3個師団を投入したが押しまくられ，第24歩兵師団長W・ディーン少将が捕虜になる有様だった。国連軍（実質的には米・韓軍）は釜山周辺の北へ約130km，西へ60km程の地域に追い込まれたが，釜山港に米本国と日本から膨大な補給品と増援が流れ込む一方，北部九州など日本の基地からの航空攻撃によって北朝鮮軍は補給が乏しく戦力が低下し，国連軍は陣地を守り抜いた。

1950年9月15日米軍はソウルの西，仁川港に海兵第1師団，陸軍第7師団などで上陸作戦を行い26日にソウルを奪還した。釜山周辺の米軍も16日に陣地を出て攻撃に移り，北進して26日ソウルで上陸部隊と合流した。北朝鮮軍の多くは東側の山地を伝って北に脱出，一部は南部の山地でゲリラとなったが，捕虜も12万人以上となり，北朝鮮軍は壊滅的打撃を受けた。翌27日トルーマンは米軍の北朝鮮進入を許可し，米軍は10月1日，38度線を越えた。10月3日中国の周恩来外相は「韓国以外の軍が38度線を越えるなら中国は出兵する」と在北京インド大使に述べたが，10月7日の国連総会は「朝鮮の平和と治安の回復」に関する決議を可決し，米軍の北朝鮮進攻に許可を与えた形となった。

韓国軍は米軍と競い合って平壌へ急進し，19日，韓国第1師団が大同江を渡渉し，一番乗りで市内に突入した。30歳の師団長白善燁大佐（3年後に大将，陸軍参謀総長）は平壌出身，幼時に大同江で泳いで浅瀬を知っていた。国連軍（米，韓の他，英，トルコ，カナダ，オーストラリア，フィリピン，オランダ，ニュージーランド，タイ，仏，ギリシア，ベルギー，エチオピア，コロンビア，ルクセンブルグ，南アフリカが参戦。スウェーデン，デンマーク，インド，イタリア，ノルウェーが医療部隊を派遣）はさらに北進し，26日に韓国第7連隊は鴨緑江に達した。当時米軍は間もなく戦争は終り，11月に凱旋するつもりで，第2師団は手回し良く仁川に設営部隊を派遣し乗船準備を始めていた。皮肉にも第2師団は21世紀になってもソウルの北，議政府に駐屯している。

中国は声明していた通り派兵し，彭徳懐の率いる4個軍（12個師団，12万人以上）の大部隊が夜間行動で鴨緑江を渡り，いくつもの尾根を伝い，ひそかに南下していた。国連軍は多くの谷間の道を北上するから部隊の間隙は拡がり，その間の峰々は中国軍が埋めているのだから危険極まる形だ。10月25日，ついに雲山などで中国軍と衝突した国連軍の先鋒は潰乱し大損害を受けて清川江南岸まで後退した。だがマッカーサーは「中国は威嚇しているだけで介入しないだろう」との当初の判断にこだわり「新手の敵は中国正規軍ではなく満州の朝鮮人部隊ではないか」とか「兵力は6万人，介入目的は水豊発電所の保護だろう」と楽観的で，東海岸では豆満江めざして米・韓軍は北上を続け，11月24日「クリスマス攻勢」を発起した。

中国軍は11月5日に攻勢を一時中断し，

第3・第4野戦軍主力の集結を待ち，11月25日，30個師団で怒濤のような大攻勢に出た。当時の米・韓軍の前線兵力は半島中央部の山脈の西側に米軍4個師団，韓国軍4個師団，英，トルコの各1個旅団，山脈の東側に米軍3個師団，韓国軍2個師団であったから米・韓軍は再び大潰走し，12月5日平壌を捨て，翌51年1月4日ソウルも放棄，その南約60キロの平沢の線（37度線）まで退いて戦線を建て直した。半島東北部にいた米・韓軍部隊10万人余は退路を断たれ，興南・元山から海路脱出した。鴨緑江岸から平沢まで直線距離で約400km，米軍史上かつてない規模の敗走だった。マッカーサーはこれに狼狽したのか，中国本土の爆撃，海上封鎖，蔣介石軍の中国本土進攻を主張し，全面戦争化に反対したトルーマン大統領と対立。野党（共和党）議員に書簡を出したり，新聞のインタビューで，政府が手を縛っているから勝てない，と政府への責任転嫁を図り，4月11日解任された。

当時，米軍は日本への撤退も考えたが，中国・北朝鮮軍はソウルを取ったのち，補給難と寒波のため追撃を停止，中国軍の衰弱を見た米軍は1月末から反撃に出て3月14日ソウルを再び奪還し，慎重に北進した。中国軍は鉄道兵3個師団を派遣し，大量の対空砲で守るなど補給路確保に力を入れて戦力を回復，4月22日から春季攻勢を開始した。だが米軍の猛烈な砲撃・爆撃で推定16万人の死傷者を出し，6月中旬までに1月の戦線から約100キロ北（大部分は38度線より北）に押し戻された。

1951年6月23日，国連でソ連のマリク国連大使は停戦を提唱，7月から開城で会談が始まり，11月以降は板門店に場所を移して交渉が続いた。この間も戦闘は続き，中国軍は半島を横切る東西248kmの地下要塞を築き，激しい砲・爆撃に耐えて戦線を守り抜いた。もし米軍がこれに攻め掛ると大損害を受けるが，中国軍は陣地を出ると砲・爆撃にさらされるから戦局は膠着状態となり，53年7月27日の停戦調印まで対峙が続き，当時の戦線が南北軍事境界線となった（今日の境界は「38度線」ではない。東岸で約38度38分，西岸で約37度44分と右肩上りに半島を横切っている）。

この戦争での国連軍の損害は死者11.9万人（うち米軍3.4万人），捕虜9.3万人，負傷26.5万人。共産側は死亡，負傷計160万人（6割は中国軍）と米軍は見ている（中国発表では中国軍の死者13.3万人）。米軍は韓国だけで民間人死者300万人と推定しているが，韓国では南北合せ戦死を含め126万人の死者との計算もあり，推定の幅は極めて広い。

5-31
アルジェリア戦争
Algerian War

アルジェリアはトルコのオスマン帝国の属領だったが1830年フランスの遠征隊が「海賊懲罰」を理由に上陸，大守を捕えて以後仏植民地となった。その後，仏からの入植が進んで1958年にはイスラム教徒924万人，非イスラム教徒（ほとん

どが仏人）103万人が住み，仏本国同様に3つの県が置かれたが，現地人は参政権などでフランス市民とは差別的扱いをされ，たびたび暴動が起った。

1945年5月，第2次大戦の戦勝祝賀パレードでアルジェリア民族主義の旗を持った集団がいたことから警察が発砲し，各地に反仏暴動と激しい弾圧が拡がった，仏人の死者88人に対し，仏当局発表で1500人，一説には1万人のイスラム教徒が殺された。

仏軍がディエンビエンフーでベトミン軍に降伏して半年後の1954年11月1日，民族主義者はアルジェリア全域で一斉蜂起し兵舎や鉱山などを襲撃，解放闘争への協力を求めるビラをまいた。この蜂起は51年に結成されたFLN（民族解放戦線）が周到に準備していたもので，FLNはカイロに本部を置き，この当時の兵力は3000人程だが，58年には10万人に拡大，東のチュニジア，西のモロッコ（ともに56年独立）を聖域として新兵を訓練し，武器も両国経由で入手した。

FLNの襲撃は激化したため，現地仏当局は軍人に事実上全権を与え，特殊部隊SASがアルジェ市内などを巡回し，怪し気に見えた者を誰彼構わず捕えて拷問することも許したから，ますます反仏感情が拡がった。仏政府は強硬な世論に押され，駐屯軍を50万人近くに増大し，2万人の外人部隊，5万人の武装入植者とともに弾圧に当った。58年には数千人の仏人労働者を動員し，チュニジア，モロッコとの国境に延々とコンクリート壁・鉄条網・地雷・陣地を備えた防壁「モリス・ライン」を築き，また同年2月8日にはチュニジア領内のゲリラ拠点の爆撃まで行って国際世論の激しい非難を受けた。

大部隊の投入，防壁建設，対地攻撃機に支援されたヘリコプター機動の空挺隊は相当な効果をあげ，1958年にはFLNの戦闘員は一時9000人と見られるまで減少した。だが，戦費は58，59年には仏財政の40％近くを占め，第2次大戦とインドシナ戦争での傷から復興しようとするフランスはこれに耐えられる状態ではなかった。仏本国ではアルジェリアの独立を認めるべきだ，とする世論が高まり，左右の対立で政情は混乱した。これに危機感を抱く現地軍人・入植者は58年5月13日「アルジェリア公安委員会」設立を宣言，「パリにも公安維持政権確立を」とR・J・G・コティ大統領に求めるという反乱的行為に出た。

事態収拾のため1958年6月1日再登場したC・ドゴール将軍は首相（のち大統領）となり，一見現地軍と入植者達に理解を示しつつも，アルジェリア住民による投票で将来を決定する方向に政治を導いた。一方，FLNは9月19日カイロで共和国臨時政府樹立を宣言した。この動きに不満な入植者の秘密軍事組織OASと現地軍の一部は60年1月22日と61年4月22日反乱を起したが，ドゴールに忠誠な主力部隊に鎮圧された。OASの残党は本国に潜入して何度もドゴール暗殺を企てたが失敗した。

1961年1月8日，本国とアルジェリアのフランス人による国民投票では独立承

認が圧倒的多数となり，同年8月からアルジェリア臨時政府と仏政府が秘密交渉を続け，62年3月18日仏のエビアンでアルジェリア停戦協定が調印され，7月3日アルジェリアは独立を果した。

1954年11月から7年半続いたこの戦争での死者は仏当局の公表で，仏側に軍人1万1300人，民間人3100人，FLN側に軍人14万5000人，民間人2万人，とされている。

5-32
第2次中東戦争

Second Arab−Israeli War / Suez Crisis

別称 スエズ動乱

1956年，エジプト大統領となったG・A・ナセル大佐は米国に接近し軍事援助を求めたが，国内に500万人のユダヤ人を抱える米政府はこれを拒否，そのためエジプトがチェコ，ソ連から綿花と交換に戦闘機・戦車を入手すると，米政府はユダヤ人感情に迎合してすでに約束ずみだったナイル川のアスワン・ダム建設への援助も56年7月18日に取り消した。これはナセルの近代化計画の根幹だったため，ナセルは27日にスエズ運河を国有化して収入をダム建設にあてる，と発表した。スエズ運河会社が建設時に得た99年の専有権はまだ12年残っていた。

運河会社の大株主である英・仏は運河占領を計画，イスラエルに頼んでエジプトと戦争を起させ，運河の航行安全確保を口実に出兵・占領する手を考えた。この手前勝手な案にイスラエルが乗った動機は英・仏からの武器供与（当時，米はエジプト・イスラエル双方に供与をひかえていた）だった。また英軍がスエズ運河地帯を占領してくれればイスラエルの安全性も高まる，という計算もあった。

シナイ半島のエジプト軍2個師団，3万人に対しイスラエルは10個旅団，10万人を投入した。1956年10月29日，イスラエル軍第202空挺旅団（A・シャロン大佐・後首相）はスエズの東40kmの要衝ミトラ峠に降下，砲・爆撃に耐えてこの関門を確保した。30日未明，北に回った機甲旅団・歩兵旅団各1はシナイ半島防衛の中心アブ・アゲイラに迫り，偵察隊は敵の側面を回ってイスマイリア街道に進出，補給路遮断に成功した。

この日午後，英・仏は筋書き通り双方に停戦と運河地帯からの撤退，運河沿いの3都市の英仏軍による管理を要求，エジプトが当然拒否すると，31日にカイロと運河周辺のエジプト空軍基地を爆撃，11月5日には，英仏軍空挺部隊はポートサイド空港に降下し，英兵13000人・仏兵6500人が6日上陸，運河を制圧した。

一方，イスラエル軍はミトラ峠付近を完全に制圧できず，アブ・アゲイラでは31日に大損害を受けて撃退され，11月2日にエジプト軍が闇にまぎれて撤収した後，同市に入った。地中海岸を南下したイスラエル軍は2日ガザを占領，イスラエルはシナイ半島北部を制圧する戦争目的をほぼ達成した。また一個旅団はシナイ半島をさらに南下，5日にアカバ湾南端のシャルム・エル・シェイクを占領，その砲台を奪取してアカバ湾から紅海へ

の出口を確保した。

　この戦争では米国（大統領はD・アイゼンハワー）は国連で英・仏・イスラエルを強く非難し、ソ連のN・A・ブルガーニン首相は11月5日、米国に、共同軍事行動を取ることを提案、R・A・イーデン英首相に対する書簡では「あらゆる近代的兵器を有する国が……特にロケットで攻撃すれば英仏両国はどうなると思うか」と核攻撃を示唆した。英仏にとっては米国の激しい反発は予想外だった。当時の米国は英仏の行動がエジプトなど中東諸国をソ連側に追いやる危険を感じていた。

　この米ソの圧力に屈し英仏は12月22日までに撤兵し、イスラエル軍も1957年7月6日撤退を余儀なくされた。英仏はスエズ運河奪回、ナセル打倒の目的を達せず、イスラエルもやっと占領したガザやシャルム・エル・シェイクを放棄せざるをえなかった。内外の激しい非難を浴びた英のイーデン首相は57年1月9日辞任した。この戦争は欧州帝国主義の最後の表れであり、19世紀的な軍事行動を起した英仏と、誘いに乗ったイスラエルの失敗は当然の報いだった。

5-33
金門島・馬祖島砲撃
Bombardment of Quemoy and Matsu Islands/Taiwan Strait Conflict
別称 台湾海峡紛争

　中華人民共和国は1949年10月誕生し、12月蒋介石と国民政府は台湾に逃れたが、大陸沿岸の諸島を巡る戦闘は60年代まで続いた。福建省の厦門の東沖約12km、大陸ともっとも近い場所では7kmにある金門島に対しては49年10月25日、中国軍2個師団、1万7000人が島の西北端古寧頭付近に小型艇で上陸したが、国民政府軍は軽戦車を持つ3個師団3万5000人が陣地を造って待ち構えていたから、中国軍は戦死8000人、捕虜7000人の大損害を受け、2000人が逃げ帰った。中国軍は翌50年7月26日、厦門の東僅か5キロの小島、大胆島に上陸作戦を行い、ここでも撃退された。だが台湾の北約350km、浙江省・台州沖の江山島は守備が手薄で55年1月18日に中国軍が占領に成功した。

　とはいえ厦門港口の金門島、福州湾口の馬祖島を台湾が確保し、台湾海峡に面する2大港の出入りを台湾が管制できるのでは「台湾解放」どころではない。

　逆に両島は大陸に対する工作員の潜入の拠点ともなっていた。このため中国は金門・馬祖の「解放」をあきらめず、1958年8月23日から金門島への猛砲撃を始め、馬祖島にも砲撃を加えた。金門島にはその後40日間に60万発余が打ち込まれた。これにより金門島を封鎖し、衰弱させてから上陸するつもりだったようだ。だが、航空戦では米国製F86F戦闘機に乗る台湾空軍パイロットの練度が高かったため、性能ではほぼ同等の中国のミグ17に対し圧倒的な撃墜比率（31対1、29対0、15対1など諸説がある）を記録した。この台湾海峡上空の航空戦で史上はじめて空対空ミサイル「サイドワインダー」を台湾空軍が使用したことも勝因の一つだった。

　中国空軍が制空権を取れないため、砲

461

撃の中でも金門島への海と空からの補給の流れは絶えず,さらに米第7艦隊も補給に加わった。1958年10月に入ると中国軍の砲弾が乏しくなったのか砲撃は減り,翌年6月にはほとんど途絶えた。だが全く砲撃をやめると失敗が明白となるためか,中国軍は68年まで1日置きなど,散発的砲撃を続けた。58年からの10年間で金門島に計90万発,馬祖島に1万発が発射された。中国側には「金門・馬祖を解放すれば台湾と大陸とのつながりが切れ,独立に向うから解放しなかった」との説明もあるが,それなら砲撃する必要もないはずで,失敗の弁解と聞こえる。

台湾はその後も質的に圧倒的に優勢な空軍を維持し,90年代には海・空軍の急速な近代化を行って差を拡大,台湾海峡の制空・制海権を確保してきた。中国の渡海侵攻能力は「最大1個師団強」と台湾国防部は見て,90年代後半に同島の守備隊を4万5000人から1万人余に削減した。金門島は95年に「国家公園」に指定され1日20便の定期便が飛んでいる。砲撃下で建設された地下の兵営(病院・劇場まである)や海岸の断崖を掘り抜き,船が一方の穴から入り他の穴から出るU字型の水路を設けた地下の港などが戦跡として年間60万人余の観光客に公開され,中国の砲弾を材料とした包丁が同島名産の土産品となっている。

5-34
ハンガリー動乱
Hungarian Revolt and Soviet Suppression

1956年1月,ソ連共産党第1書記N・S・フルシチョフは第20回党大会で,3年前に死去したスターリンの大粛正や個人崇拝を批判する演説を行い,ソ連国民生活のある程度の自由化,政策の柔軟化を行ったが,これは思わぬ影響を東欧に及ぼした。東欧民衆は個人的自由の回復が容認される希望を抱いて反ソ・反政府活動を起こしたのだ。ポーランドでは6月28,29日にポズナンで暴動が発生,ソ連軍も鎮圧に加わり死者50人,負傷者数百人,逮捕者は1000人に達した。ソ連は農業集団化に反対して投獄されていた共産党温健派のW・ゴムルカを釈放させて政権を担当させ,ポーランド国防大臣となっていたソ連のK・K・ロコソフスキーを解任した。ゴムルカはフルシチョフが尚早ではと危ぶむ程の自由化を進め,事態を収拾した。

ところがハンガリーでは騒ぎはもっと尖鋭化した。10月23日,首都ブダペストで市民30万人の「衛星国家反対」デモに治安警察が発砲したため大暴動となり,ハンガリー政府の要請で,同国駐留のソ連軍2個機械化歩兵師団が24日出動したところ,ハンガリー軍も暴徒側に付き,ソ連戦車部隊はビルからの狙撃と火焔ビン・手榴弾攻撃に苦戦した。各地に革命委員会が続々と結成され「祖国人民戦線全ハンガリー協議会」(国会に当る)は右派日和見主義として共産党を追放されていたナジ・イムレを首相とすることを求めた。ナジは非共産党員を含む内閣を組み,秘密警察を解体,企業の民主化,個人農民の育成などの自由化政策を約束し,国連に中立国となったこと,すなわ

ちワルシャワ条約からの脱退，を宣言した。ナジ首相の求めに応じ，ソ連軍は30日に首都から撤退し，郊外の飛行場に移動した。

だがソ連にとって，ポーランドの自由化は苦笑して見逃がせても，ハンガリーはそうではなかった。ソ連軍が解放した反独的なポーランドと異なり，ハンガリーはソ連軍が占領した旧枢軸国であり，同盟から離脱すれば西側に付く可能性が高い。また，ブダペストではハンガリー軍と民衆がソ連軍と戦い，ソ連側にも多数の死傷者が出ている。この反乱を見逃がせば他の東欧諸国も追随すると見たようだ。ソ連軍は一度市外に撤退して時間を稼ぎつつ，本国や，他の衛星国から駐屯部隊を送り，兵力20万人，戦車・装甲車2500輌を集中し，11月4日ブダペストに突入，ハンガリー軍と民衆の抵抗を粉砕し，ナジ首相を逮捕，のち処刑した。各地で抵抗とストライキが続いたが11月中に鎮圧され，反乱関係者の大量処刑，公職からの追放などの粛清が行われた。この動乱の死者はハンガリー人2万5000人，ソ連兵7000人とみられ，10万人が西欧へ脱れた。ハンガリー人は激励するような米国の放送を聞き，立ち上れば米国の支援が来る，と信じていたが，米ソはともに相手の支配地域での弾圧には比較的冷静だった。さらに折悪しく全く同時期，10月29日にイスラエル軍はエジプトのシナイ半島に侵攻，11月5日には英・仏軍がスエズ運河北端のポートサイドに侵攻し第2次中東戦争が始まったため，ハンガリーへの国際世論の関心は削がれた。

ソ連がナジ首相の後任としたJ・カダール労働者党（共産党）書記長は現実主義的で経済改革と自由化を進めてハンガリーの安定化に成功したが，1988年5月，ソ連がアフガニスタンで敗れて撤退が始まると，カダールは解任され，さらに自由化が進められ，1989年6月にはハンガリー動乱を「反革命」ではなく「革命」と見なし，ナジ元首相の名誉回復と改葬式が行われた。それに先立ち5月にハンガリーはオーストリアとの国境を開放し，西側への亡命を求める東独国民がハンガリー経由で大挙脱出した。ベルリンの壁は意味を失い，東独のE・ホーネッカー政権が崩壊，89年11月にベルリンの壁も壊された。1956年にソ連指導部が恐れた通り，東欧の離反とソ連崩壊はまさにハンガリーから始まったのだ。

5-35
キューバ革命とピッグス湾事件
Cuban Revolution and Bay of Pigs Incident

元スペイン植民地だったキューバは1898年の米西戦争で米軍が占領し，3年半の占領統治の後1902年5月に独立したが，その憲法には米海軍基地の提供，適切な政府維持のため米国が干渉することを認める，など米国が押し付けた「プラット修正条項」が含まれ，事実上米国の保護領とするものだった。歴代政権はおおむね腐敗が激しく，そのため米国の内政干渉を受け，経済は砂糖・果物・タバコの輸出が頼りで，米企業が大農場を持ち基幹産業を支配する準植民地状態だっ

1925年以降は軍人の独裁政治となり、33年からはフルヘンシオ・バチスタという軍曹が軍部を掌握、将軍の大統領たちを操っていた。バチスタは40年に自ら出馬し大統領となり、52年には落選しそうになると政府を転覆して政権を握った。この非合法政権を倒そうと法律家出身のフィデル・カストロはサンチャゴ市のモンカダ兵営の武器庫を襲撃して失敗、投獄されたが大赦で釈放され、メキシコに渡って亡命キューバ人の革命軍を組織した。56年11月彼はキューバに潜入、東部のシェラ・マエストラ山中を拠点にゲリラ戦を展開して支持を拡大、58年10月革命軍を率いて山から出て首都ハバナに進軍した。59年1月1日バチスタは国外へ逃亡し、カストロは政権を握った。

米国は早速、1959年1月7日にカストロ政権を承認したほど好意的で、カストロも米国を訪問し友好関係が結ばれたが、カストロが農地改革を始め、同年10月にはグアンタナモ米海軍基地の廃止を求め、アイゼンハワー米大統領が、「基地を守るため必要な措置は何でも取る」と述べたころから亀裂が始まった。60年7月米議会が砂糖輸入枠を他の国に回して実質的経済制裁をかけると、キューバは8月に米国系企業の国有化で応酬し、61年1月3日米国はキューバと断交、4月17日1700人の旧バチスタ派キューバ亡命者がCIA（米中央情報庁）の支援でキューバの西部南岸ピッグス湾（コチノス湾）に侵攻する「ピッグス湾事件」が起きた。貨物船からの上陸は順調だったが、カストロはこれを知ると直属の精鋭1200人を急派し、さらに3000人、続いて4000人の兵を上陸地点に送り、周辺の民兵も駆け付けてキューバ側の兵力は1万人に達し、軽戦車も到着した。亡命者たちが約束されていた米軍の航空支援は行われず、グアンタナモ基地の米海兵隊もこの計画を事前に知らなかったから出動せず、貨物船はまだ上陸していない500人を乗せて逃げ出し、結局上陸した1200人中死者500人、負傷者500人、捕虜200人を出して上陸部隊は全滅、キューバ軍の死傷者は180人にすぎなかった。

CIAと米政府は大恥をかき、この事件後キューバは一層ソ連寄りになる。この米国の失敗の根本的原因は、米国人の性癖である自己中心の情勢判断だろう。

5-36
チベットの反乱
Tibetan Rebellion

1965年以後中国の西蔵（シーワァン）自治区となっているチベットは独自の文化・宗教を持つが、中国清朝の康熙帝時代にその保護国となり、清軍が駐屯していた。19世紀に清国が弱体化するとインド側から英国が手を伸ばし、1904年、英軍はラサに入り交易や賠償金支払いを認めさせた。11年の辛亥革命後の中国の内乱期にチベットは自立し、第2次大戦中は中国の国民政府の圧力にかかわらず中立を保った。

1949年に中華人民共和国政府が成立すると、中国はチベットの支配権回復を目指し、50年10月に出兵した。チベットは

国連の介入を求めたが，当時国連で中国を代表していた国民政府（台湾）は「チベットは中国の一部」と主張し，なんの動議も行われなかった。このため中国軍はチベット全域を支配下に置いた。中国は道路建設に僧侶も動員し，農地改革を進めたため，特に宗教指導者の反感が強く，54年に大暴動が起きたが鎮圧された。その後も各地で不穏な情勢が続き，59年3月10日から大暴動が発生した。それまでダライ・ラマ14世は54年9月の中国全国人民代表大会に出席するなど，中国とおおむね妥協していたが，この反乱鎮圧のためのチベット人部隊の出動を拒否し，3月17日，家族とともにインドに亡命した。

これを知った中国軍は武力行使に転じ，ポタラ宮殿や僧院を砲撃，戦車と歩兵を投入し，チベット「地方政府」の解散を宣言した。ダライ・ラマの脱出を契機に反乱はチベット全土に拡大，ダライ・ラマは「6万5000人のチベット人が殺された」と述べた。亡命政権は再び国連に提訴し59年10月21日，国連総会は「チベット人民の基本的人権，独自の文化的・宗教的生活を尊重する」ことを求める決議を可決したが中国を名指しはしなかった。

その後も1989年1月にパンチェン・ラマが死亡すると，3月に1万人規模の大暴動が起り，また89年度ノーベル平和賞がダライ・ラマに与えられるなどチベット問題は中国にとってノドに刺った小骨のような形になっている。近年，中国は財政的にはチベット優遇策をとり，徐々に近代化が進み，チベット観光を始めて民衆が外貨収入を得られるようにするなど懐柔につとめ，その効果も出ているものの，大量の漢族の流入に対する反発は強まり，民族・宗教感情が何かのきっかけで再燃する可能性は常に存在している。

5-37
キューバ・ミサイル危機
Cuban Missile Crisis

1962年10月14日，米国の高高度写真偵察機U2はキューバ西部にソ連製弾道ミサイルSS4の発射基地が建設されつつある光景を撮影した。22日，ケネディ米大統領はテレビ放映で全国に対し，攻撃用ミサイル陣地がキューバに準備されつつあり，それが西半球の大部分の主要都市を脅かしうること，また核搭載可能なジェット爆撃機の梱包が解かれつつあることを確認した，と発表した。大統領はキューバに対する海上・空中封鎖を命じ，キューバからの核ミサイルの発射があればソ連に対し全面報復措置をとる，と述べた。

米海軍は23日から，空母・巡洋艦・駆逐艦など計183隻を出動させ，キューバから東へ500海里（約900km）の半孤の封鎖線をしき，世界各地（当然日本も含む）で米軍はソ連との核戦争に備えて待機態勢に入りキューバ侵攻の準備も進めた。ソ連軍も同様の待機を発令し，また戦時でないのに海上封鎖をし，公海上の交通を妨げることには国際法上の根拠がない，と指摘した。

この間，米ソの裏交渉が米ABC放送の国務省担当J・スカリ記者と在ワシン

トンのソ連大使館顧問A・フォーミン氏を通じて行われ，その結果24日，さらなるミサイルや機材などを積んで封鎖線に接近していたソ連貨物船25隻は反転し核戦争の危機は一応避けられた。

ケネディ大統領とソ連のフルシチョフ首相は書簡（電信）のやり取りで，米側はキューバへの侵攻は2度と行わないことを約束し，ソ連側はミサイル基地建設を中止し，ミサイルの撤去を国連監視下で行うことに同意した。

このときウ・タント国連事務総長は米国がトルコに配備していた中距離弾道ミサイル「ジュピター」60基を撤去することを，キューバからのSS4撤去の交換条件とすることを提案，ケネディはこれを表面上拒否した。だが，60年に配備されたばかりのジュピターは65年に撤去され，英国に59年に配備された同級の「ソア」も65年に撤去された。もしこれが交換条件であったとすれば，フルシチョフはキューバに配備しようとするSS4と交換に，すでに配備ずみの「ジュピター」「ソア」を撤去させたことになり，ソ連外交の成功となる。

ところが実はこの事件より前，同年8月に米政府がトルコの「ジュピター」の撤去を決めていたことが後日分った。中距離弾道ミサイル「ポラリス」搭載の原子力潜水艦が同年6月には9隻となり，先制攻撃に脆弱な「ジュピター」「ソア」の価値が低下したためだ。それならキューバのSS4と交換にするのは得策のはずだが，ケネディが「ジュピター」撤去を表向きの交換条件とするのを拒否し

たのは，脅し合いでせり勝った，という米国人好みの「強い姿勢」を自国民に示したかったためではないか，という解釈が米国にある。

一方，ソ連も57年までに直接米本土に届くICBM「SS6」を開発していたから，このキューバ・ミサイル危機に際し，マクナマラ国防長官が「ソ連からだろうが，キューバからだろうが発射されたミサイルで死ぬときは同じだ」と言ったのは正しい。ソ連にとってもキューバにSS4を置こうが，撤去しようが核抑止効果に大差はなかった。結局，米ソはともに，「近くに核ミサイルがあると不安」という軍事的には非合理な国民感情を背景にして，核戦争の危機をもたらす対決をするという愚劣なドラマを演じた，と言えよう。

5-38
ベトナム戦争
Vietnam War

別称 第2次インドシナ戦争

1954年7月のインドシナ休戦協定（ジュネーブ協定）は北緯17度線を南北ベトナムの暫定境界線とし，ベトミン軍（ホー・チ・ミン政権軍）はその北に，フランス軍はその南に集結，2年後に統一選挙を行うこと，双方の軍備増強，軍事同盟への加入を禁ずること，などを定めた。これが守られればベトナム戦争は起きなかったろうが，バオダイ帝の南ベトナム政権と米国はこの最終宣言に加わらず，協定確認にとどまり，翌年北が南に対して行った統一選挙のための予備会

談の呼びかけも南は拒否した。選挙になればホー・チミンの勝利はまず確実だったからだ。

米国は1955年10月，バオダイ帝を国外に追放して大統領となったゴ・ディン・ディエムの南ベトナム共和国を承認し，ジュネーブ協定に違反して，56年4月から武器援助や軍事顧問の派遣を始めた。南ベトナムでは反政府闘争が始まり，60年12月に南ベトナム解放民族戦線が結成され，北ベトナムがこれを支援・指導して内戦が激化しベトナム戦争が始まった。

J・F・ケネディが大統領になると米国は南ベトナム支援を強加し，1961年12月からヘリコプター部隊などを投入し戦闘に加わった。「南ベトナムが共産化されると東南アジア全域を失う」という「ドミノ理論」が唱えられ，大量の米国製兵器が南ベトナム軍に供与されたが，南ベトナムでのゲリラ活動は激しくなる一方だった。米国は63年11月のズォン・バン・ミン将軍のクーデタ計画を承認，ゴ・ディン・ディエムは殺害されたが，軍人政権を作っても南政権は安定しなかった。

1964年8月5日，米国は同月2日に北ベトナム沖のトンキン湾で工作員を送り込むなど情報活動中の駆逐艦マドックスと北ベトナムの魚雷艇が交戦，4日にも同種の事件が起きたとして空母2隻の艦載機で北ベトナム海軍基地4カ所を攻撃，7日に米議会は大統領に全権を与える「トンキン湾決議」を行った。米国は65年2月8日から北ベトナム爆撃（北爆）を開始し，3月8日，南ベトナム北部のダナンに海兵1個旅団を上陸させ，本格的に介入した。米軍は急速に増加し69年8月には陸軍44万人など62.5万人を越え，韓国（5万人）など5カ国から7.2万人が加わり，南ベトナム軍は71年には105万人に達した。一方，南ベトナムにいた北ベトナム軍と南ベトナム解放戦線の戦闘員は約20万人（68年）とみられる。

1968年1月30日，北ベトナム軍と解放戦線は，米国で「テト攻勢」と呼ばれた各地での一斉攻撃を掛け，一部は米大使館にまで突入した。ほぼ同時に，1月21日には南ベトナム北部のケサンでは米海兵隊6000人が包囲された。結局，サイゴン突入部隊は大損害を受けて撃退され，ケサンを包囲した部隊も連日の猛爆撃（11万t余）で衰弱し4月にラオスに退いたが，それまで米軍優勢で「ベトコン」は壊滅寸前のように感じていた米国世論は一挙に変り，在ベトナム米軍司令官がさらに20万人余の増派を求めていると知って反戦運動が高まった。L・ジョンソン米大統領は，3月31日，北緯20度以北の爆撃停止を声明し，5月10日からパリで和平会談が始まった。

この会談は1973年1月27日の調印まで5年近く続き，その間，北爆は何度も停止されては再開された。戦略爆撃機B52が多数投入され，空母も常時6隻がベトナム沖から攻撃に当った。この戦争で南北ベトナムに投下された爆弾は740万t（第2次大戦の日本への投下量の約45倍）にも達したが，米軍は固定翼機3600機以上，ヘリコプター4800機以上を失った。また，米軍は北ベトナム軍・解放戦線の

補給路「ホー・チ・ミン・ルート」を断つため，70年5月1日，米軍・南ベトナム軍計4万人の兵力でカンボジア東部に侵攻，補給拠点を破壊し，敵が南ベトナムで数カ月活動できるほど大量の弾薬・食料を奪うことに成功した。だがこれは米国内で「侵略行為」として非難を受け，議会は「トンキン湾決議」を取り消した。また，71年2月8日，南ベトナム軍を主体として同じ狙いで行ったラオス侵攻は待ち伏せを受け，米軍ヘリ108機が撃墜され，損傷68機を出し退却した。

南ベトナムでは常にゲリラ戦が続くほか，双方が大規模な攻勢に出ることも少なくなかった。だが米軍はテト攻勢以後1969年初頭をピークにベトナム駐留兵力を減らし，その穴を南ベトナム兵の増強で埋める「ベトナム化」政策をとり，71年8月からは地上戦闘は南ベトナム軍の責任となった。米軍にとっては上官への反抗や麻薬患者の急増など規律の乱れも大問題だった。

結局，1965年に本格的介入して8年後の73年1月パリでの和平交渉は妥結し，54年のジュネーブ協定の順守，即時停戦，60日以内に米軍の全捕虜を釈放，60日以内に米軍人全員が撤退，南ベトナム軍と解放戦線軍の現状維持，などが合意され1月27日に米国，北ベトナム，南ベトナム政府，南ベトナム臨時革命政府の4者が調印した。だがこの和平協定は米国にとっては米軍の完全撤退で「平和」をもたらすものの，ベトナムにとっては「ジュネーブ協定」が再確認されて17度線は国境ではなくなり，まだ南ベトナムの2つの政府が調印し，南に二重政権が残るのだから内戦の継続は不可避な内容だった。米軍の最後の部隊は73年3月29日に撤退したが，南ベトナム政府軍と北ベトナム軍・解放戦線軍の戦闘は1月末から始まり，秋には本格化した。米国に見捨てられた南ベトナム政府軍は74年に3万人余の戦死者を出し，30万人近くが脱走，士気は著しく低下した。74年8月にニクソン米大統領がウォーターゲート事件で辞職したため，北ベトナムは米国の再介入の可能性はない，と見て，同年12月から大部隊を南下させ，75年1月から攻勢に出た。3月4日には中部山地で大攻勢が始まり，南ベトナム軍は総崩れとなった。北ベトナム軍は9日には東海岸でも17度線を越えて南ベトナム領に突入し，25日にユエ，4月1日ダナンが陥落した。南ベトナム政府は米国に救いを求めたが，G・フォード大統領は「わが国にとっては戦争は終っている」との声明を出し背を向けた。北ベトナム・解放戦線軍は，30日，サイゴンにほぼ無血入城しベトナム戦争は終結し，76年7月ベトナム社会主義共和国が生れた。

この戦争で米国は死者5万6552人，捕虜・行方不明5486人，負傷者15万人余を出し，米の同盟国にも韓国軍5700人など6400人の戦死者が出た。南ベトナム軍は推定26万人の死者を出し，北ベトナム軍・解放戦線軍の死者は110万人とされている。

米国は直接戦費だけで1300億ドル以上を費し，ピークの69年には288億ドル，GDPの3％に達した。このため米国は

第2次大戦で得た圧倒的な経済力を失い、その後世界最大の純債務国に転落する契機となった。だが介入当初論じられたアジアのドミノ現象は起らず，米軍撤退後多くのアジア諸国は経済的離陸をはたした。一方，ベトナムは「独立以外は全て失った」と自ら言う程の大被害を受け，さらに南ベトナムの急速な社会主義化に苦しんだ国民（多くは華僑）がボートピープルとなって脱出，さらにカンボジアのポル・ポト政権打倒のための介入，中国との衝突などが起き，タイ、マレーシア、シンガポールなどと比較し経済発展で立ち遅れた。

⇒ ⑤インドシナ独立戦争

コラム　米国の情報分析能力に疑問符　　田岡俊次

　ブッシュ米大統領がイラク攻撃の「大義」とした大量破壊兵器が占領後血眼になって探しても全く発見されなかったことは米国の情報能力に深刻な疑問を投げかけた。情報能力とは「収集能力」のことと思う人が多いのだが、「分析能力」や「分析姿勢」の方がさらに大事であることを今回の問題は示している。

　実は情報は十分にあった。イラクは査察再開を求めた国連安保理決議1441を2002年11月14日に受諾し、同月末から国際原子力機関（IAEA）と国連監視検証査察委員会（UNMOVIC）の査察団が入り、IAEAは247回、UNMOVICは731回の査察を行ったが何も発見できなかった。しかも、この査察は米・英が提出した情報に基づいて行われ、それらが全て根拠がないと分ったのだから、米・英軍が占領して探しても、よほどの僥倖でもない限り、大量破壊兵器が見付かることはまず考えられなかった。「なお疑いが残るなら査察を続ければよい」とのフランスなどの誠にもっともな提案を振り切り、「我が国が行動するのに国連の許可を得る必要はない」としてイラクを攻撃、パンドラの箱を開けた米国は大義においても、今後の事態収拾についても窮地に立つ結果となった。

　情報分析のおかしさはこれが最初ではない。別稿でも述べたが、99年のユーゴスラビア爆撃の際には米国は「50万人がコソボで行方不明」「10万人の兵役適齢者が殺された可能性あり」とし、その証拠として集団墓地の航空写真を示した。だが写っていたのは整然と並んだ土盛りで、大虐殺の被害者を加害者側がそのように丁重に埋葬するとは考えられず、むしろゲリラ（コソボ解放軍）との戦闘で死んだユーゴスラビア治安部隊の墓地と見る方が妥当だった。はたせるかなユーゴ爆撃と停戦の後、米軍を主体とするNATO軍がコ

第3次中東戦争

Third Arab – Israeli War/Six – Day War

別称 6日間戦争

第1次中東戦争でパレスチナから追い出されたアラブ人約100万人は難民となって他のアラブ諸国へ逃れ，当然イスラエルに激しい憎悪を抱いて一部はゲリラとなった。周辺諸国は彼らに同情し，陰に陽に支援した。

イスラエルの北の隣国シリアにはパレスチナ解放機構（PLO：Palestine Liberation Organization）が本拠を構え，その傘下のゲリラ組織「ファタハ」が国境地帯の農場への迫撃砲攻撃や地雷埋設を行っていた。イスラエルの建国前には

ソボに進駐して捜索しても大虐殺の痕跡は発見できなかった。

アメリカは朝鮮戦争では北朝鮮の攻撃準備を示す多くの兆候を無視して奇襲を受け，ベトナムでは米軍が行けば「ベトコン」を鎮圧できると考えて失敗，カンボジアではポル・ポト政権を支援して面目を失し，イランではパーレビ政権の弾圧を助けて憎しみを買い，イラン・イラク戦争ではサダム・フセインを支援し，湾岸戦争ではフセインが事前にクウェートとの戦争を打診したのに侵攻を予期せず，アフガニスタン攻撃で足を抜けなくなり，イラク攻撃でドロ沼に入る，という誤判断を繰り返してきた。ソ連との冷戦で勝ったのは情報や判断が良かったというより，相手が社会主義（官僚統制）という非効率な体制で東欧諸国を含め多くの民族を軍事的威信を頼りに支配した帝国としての構造的欠陥を抱え，その上アフガニスタンに介入して軍事的威信も失うという大失態を演じたためだろう。

近年のアメリカの情勢判断には，相手側の脅威を過大評価する一方，イラク，アフガニスタン，コソボなどの占領後の問題については驚くほど楽観的という癖がある。また軍事問題については神経過敏（Alarmist）だが，自国の財政・経済に関しては概して楽観的（Optimist）というもの特色だ。それが米国を世界最大の債権国から，対外純債務2兆6000億ドル（2002年）という世界最大の債務国に転落させた一因だろう。米国が1950年以後どこかで戦争・紛争をしていない年はほとんどなかった，という状況が生じた背景にもこれがあるのでは，と思える。

米国の情報収集能力は絶大である。中央情報庁（CIA，1.7万人），国家保全庁（NSA：通信傍受・解読，3.2万人），国家偵察局（NRO：偵察衛星などを運用），国防情報庁（DIA），4軍の情報局，国務省情報研究局（INR）や財務省，エネルギー省（原子力関係），商務省，農務省などの情報部を含め米情報機関の総人員は10万人をはるかに超え，全情報機関の予算は約300億ドルと見られる。

解像力15cmの写真偵察衛星「クリス

IZLやステルンなどユダヤ人のテロ活動が盛んだったが，その後は逆にイスラエルがテロに悩まされる立場となった。1967年4月7日，イスラエル空軍機はシリア領内のゲリラ基地を爆撃・迎撃し，シリア戦闘機6機を撃墜したため緊張が高まった。

1967年4月16日，イスラエルは予備役の動員令を出し，エジプト，シリア，ヨルダン，イラク，クウェート，スーダンも動員令を出しサウジアラビア，アルジェリアも参戦の意向を示し，全アラブ人8000万人と200万人のイスラエルの対決の様相を示した。イスラエルは女性も含め25万人を動員したが，12％余の動員率は経済・社会活動を一時中断すること

タル改」3個や，夜間や雲があっても1m程度の物体が分るレーダー衛星「ラクロス」，直径40m以上もあるアンテナを宇宙に浮べた「オライオン」など通信傍受衛星で宇宙から地球を見張り，青森県三沢など地上の傍受局60カ所や大使館・領事館で電話やコンピュータ通信を盗聴する。そうした米国の技術的手段による情報収集能力は比類がないが，スパイを使ったり，半公然活動で取材するような「人的情報」は苦手，との定評がある。アメリカ文明とその制度の優位を信じて疑わない米国人の一般的性格から，他国の社会に溶け込み，人々の心情・発想を正確に知ることは難しいのだろう。しばしば米国が魂胆のあるイスラエルの情報に頼ったり，自分の気に入ることを言う亡命者の言に引きずられるのも人的情報能力の不足に起因し，その根源はあまりに自国を誇る尊大さにあるのでは，と考えられる。

また米情報機関が巨大すぎ，個々の分析官の発意で報告をまとめていては収拾がつかないため，政府上層部の情報要求や指示を受け，その線に沿ったデータをまとめる方法が一般的と言われる。先に見出しを決めてから取材する日本の低俗週刊誌と似て，思い込みや政治的思惑を補強する「証拠」集めに陥りかねない。指示をする政治家の国際知識が豊富で判断が的確ならこれでも良いが，米国民は一般に海外に対する関心が薄く，イラク攻撃の是非が論じられた02年秋の18～24歳の米国人対象の調査ではイラクの位置を地図上で示せなかった人が87％だった。パスポート保有者が14％（日本は26％）という国民が選ぶ政治家には海外情勢に暗い人も少なくなく，こと情報に関してはトップ・ダウン方式は誤りの元だろう。

日本は情報能力が極度に低く，戦後は米国情報に頼って針路を決めてきた。イラク戦争と大量破壊兵器問題は，日本の情報能力，特に独自の分析能力の向上の必要性を示したものと言えよう。

なり，長くは続けられない。6月1日，イスラエル情報機関モサドの長官メイヤ・アシトは米CIAと国防総省に先制攻撃を黙認するよう求め，マクナマラ国防長官から「成功をお祈りする」との回答をえて，6月4日，開戦を決意した。

6月5日午前7時からイスラエルのミラージュⅢC戦闘機，ミステールⅣ攻撃機など120機が3波に分かれて発進，エジプト空軍基地10カ所を同時に奇襲攻撃し，帰投後1時間以内に燃料・爆弾を積み再発進，攻撃開始後3時間でエジプト機約280機を地上で撃破，8機を撃墜した。エジプト空軍は580機の半数を失い，パイロット350人中100人が死亡，戦力を失った。イスラエルの損害は保有していた354機中32機だった。

通常，奇襲攻撃は払暁に行われるが，この攻撃をエジプト時間8時45分に行ったのは，①警戒が緩みパイロットが朝食をとる時刻，②ナイル河の朝霧が晴れ，攻撃効果が高い，③高級将校は9時に登庁するため，8時45分は出勤途上で連絡がつきにくい，④この朝エジプト軍総司令官と空軍司令官がシナイ半島の部隊の視察に出るため，誤射を警戒し，対空部隊に射撃しないよう命令が出ていた，などによる。いかにも「内部の事情に詳しい者」と言うところだ。イスラエル空軍は同日午後にはヨルダンの空軍基地2カ所とシリアの4カ所を襲い，完全な制空権を確保した。

奇襲航空攻撃から30分後，イスラエル時間で8時15分，イスラエル陸軍はシナイ半島に侵攻した。イスラエルは現役5万人に加え予備役の75％，20万人を動員し，戦車800輌，装甲兵員輸送車1500輌，自走砲150輌を持ち，周辺のアラブ側の兵力は計40万人，戦車2400輌だったが，シナイ半島のエジプト軍は10万人，戦車1000輌だった。エジプト軍の拠点は次々に陥落し，動転したエジプト軍総司令官A・H・アメール元帥は，6日，ナセル大統領にも幕僚にも相談せず独断でシナイ半島から全部隊の撤退を命令した。だが手順の指示はなかったから，われ先に退却して大混乱となった。驚いた幕僚たちは総司令官に迫って命令を撤回させたが手遅れで，イスラエル軍は8日夜までにシナイ半島を制圧した。

東のヨルダン正面に対しては，イスラエル陸軍はシナイ半島の作戦が決着するまで持久の方針だったが，空襲を受けたヨルダンがテルアビブなどに砲撃を始めたため攻撃を決意し，激しい戦闘の末エルサレム旧市街からヨルダン軍を退去させた。ヨルダン河西岸ジェニンなどでも3段の陣地を守るヨルダン軍は互角の戦闘を7日の停戦まで続け，戦死者はイスラエル軍553人，ヨルダン軍696人，失った戦車はイスラエル112輌，ヨルダン179輌で，制空権を持たず激しい対地攻撃にさらされたヨルダン軍の善戦が目立った。

シリア軍も制空権を奪われたため，国境地帯にゴラン高原から猛砲撃を加え，イスラエル軍を陣地地帯に引き込んで叩こうとした。イスラエル軍は策に乗らず8日までは砲撃で応戦し，シナイ半島，ヨルダン正面で手があいた5個旅団を回し，9日朝，10個旅団，2万人，戦車

250輌で攻勢に出て，10日夕刻，ゴラン高原の要衝クネイトラを占領し，双方が国連の停戦要請を受諾した。

6日間の戦争はイスラエルの圧勝に終った。徹底した情報収集，初日の奇襲航空攻撃，将兵の戦意と日頃の訓練が主要な勝因だった。この戦争でイスラエルは領土を4倍に拡大，聖地エルサレムを併合し，シナイ半島，ヨルダン河西岸，ゴラン高原からの脅威を除去して軍事的には安全度を著しく高めた。

だが41万人のアラブ人難民が新たに生れ，さらにこの年11月の国連安保理決議242号がイスラエルに占領地返還を求めたのに，ヨルダン河西岸やシナイ半島のガザ地区，ゴラン高原の一部などの占領を続けていること（一部に自治を認めたのみ）などから，イスラエルに対してはアラブ人だけでなく国際世論も厳しくなった。こののちイスラエルは断え間ないアラブ・ゲリラ，テロとの消耗戦に引き込まれて行く。

5-40
チェコ事件

Czechoslovak Incident/Spring of Prague

別称 プラハの春

チェコスロバキアは第2次大戦前の1938年，ドイツがズデーデン地方の割譲を要求し，同盟国だった英・仏が戦争回避のため，独の要求を認めるよう勧告してチェコを見捨てると，装備の良い45個師団の兵力を持ちながら，無抵抗で独の占領を受け入れた。第2次大戦末期ソ連軍によって解放された同国では，戦前に大統領だったE・ベネシュが戦後大統領に復帰し，共産党員を交えた政権が生れ，ソ連・西欧双方との関係をともに重視する姿勢で東西の橋渡し役を果すと内外から期待された。だが48年に共産党員の内相が警察首脳部を党員警官で固め，警察を使った無血クーデタを起し，さほど抵抗もないままソ連の支配下に入った。

ソ連追随政策による経済の低迷や，政治裁判，検閲に対する国民の不満は高まり，1967年10月，共産党幹部会委員のA・ドプチェクがA・ノボトニー大統領を公然と批判した。ソ連のL・I・ブレジネフ書記長の後押しがあったにかかわらず，ノボトニーは68年1月党第1書記の座から引きずり降され，軍のクーデタによる巻返しにも失敗し，3月，大統領も辞任した。後任には50年にスターリンの指示で国防相の座を追われたL・スボボダが就任し，ドプチェクが党第1書記として実権を握った。

ドプチェクら新指導部は検閲の廃止，政治犯の釈放，市場経済の導入，西側との経済交流の拡大などの改革を進める一方，社会主義国としての立場を堅持し，ワルシャワ条約機構に留まることを表明した。だがソ連はチェコスロバキアが米・西独での外債募集を考えている，との情報や，西独との国境地帯にソ連軍が駐留することを拒否したこと，さらに文化人らがソ連の干渉を拒み武力抵抗も是認する宣言を発表したこと，などから，早晩チェコスロバキアの離反が起きる公算大，と懸念を深めた。さらにソ連に逆

473

らう東欧の社会主義国ユーゴスラビアのチトー大統領が8月9日，プラハを訪問，同15日には同様に反ソ的なルーマニアのN・チャウシェスク大統領も訪れた。ソ連はドプチェクらの改革路線が成功すれば他の東欧諸国やソ連領内のウクライナ等にも波及することは確実と見て，8月16日，介入を決意した。

1968年8月20日，ソ連，東独，ポーランド，ブルガリア，ハンガリーの5カ国は50万人を動員，うち20万人の大部隊がチェコスロバキアに雪崩れ込んだ。1938年と同様，このときもチェコスロバキア軍は戦わず，ソ連などの侵攻軍はほぼ無抵抗で22日までにチェコスロバキア全土を占領し，ドプチェクはソ連に連行され，チェコスロバキアには親ソ派が復活した。ソ連はほぼ損害ゼロで武力行使の目的を達したが，ブレジネフはおそらくこの成功体験に影響され，11年後の79年アフガニスタンに出兵し，反抗的なH・アミン書記長を拘束・解任しようとしてゲリラ戦の扉を開き，ソ連の崩壊を招くこととなった。

5-41
北アイルランド紛争
Northern Ireland Conflict

ケルト人の住むアイルランドは1170年にイングランドに服属したが，17世紀からスコットランドなどの農民の移住が進み植民地化され，1800年には英国に併合された。アングロ・サクソン入植者との民族対立に加え，英国人地主の激しい収奪で不作の年には大飢饉が起き，カトリック教徒のアイルランド人と英国教会などプロテスタントの宗教対立もあって反乱が頻発し，容赦ない弾圧が行われた。第1次大戦中の1916年4月にもドイツの武器支援をあてに20万人のアイルランド独立派が決起する「イースター蜂起」が発生，ダブリン中心部を一時支配したが，英海軍は暗号解読でUボートの行動を知り武器陸揚げを阻止し，無差別攻撃で鎮圧した。

だがその後もゲリラ，テロ活動が続き，これにはアイルランド系米国人の財政支援が大きかったため，英国もあきらめて1922年，英連邦内のアイルランド自由国として独立，37年には英連邦から離れて完全独立し，第2次大戦では中立を保った。49年にはアイルランド共和国と改称した。

だが英国はプロテスタント（英国系住民）の多い北アイルランド6州（人口148万人中カトリック教徒は41万人）は手放さず，経済的に苦しく，社会的に差別されているカトリック教徒（アイルランド系住民）との紛争は断えない。

1955年8月12日にはアイルランド共和軍（IRA：Irish Republican Army）（「共和国軍」と訳すことも多いがアイルランド共和国の正規軍と紛らわしいため「共和軍」の方が良い）が英本土の武器庫を襲って銃100挺と弾薬20万発を奪い，武力闘争が活発化した。北アイルランドでは財産による地方選挙権の資格制限が残っていたため，69年からその廃止を求めるカトリック教徒のデモが起きたが，それにプロテスタントが襲いかかる紛争が続発，4月21日から英軍が警備に付いたが，

8月14日には6人が死亡, 190人が負傷した。アイルランドでもIRAは非合法化されてはいるが, 同国は北アイルランドとの統一を目標として掲げ, 国民感情も当然カトリック教徒に同情的で, IRAはアイルランドに拠点を置いて北へ越境出撃することが多かった。

英軍は当初は英国系プロテスタントとアイルランド系カトリック教徒間の紛争を防止するため展開したが, 越境攻撃を防ぐため国境の監視をするうち, 紛争は英軍対IRAの形となり, 1972年1月30日にはロンドンデリーでカトリック教徒に囲まれた空挺部隊が発砲し, 非武装の民衆13人を殺す「血の日曜日事件」も起きた。IRAは英軍に対する狙撃・放火で報復し, 英軍は戦車を投入しロンドンデリー, ベルファストのカトリック地域に突入, 大量の武器を押収した。

IRAはこの後, 英本国での時限爆弾によるテロ攻撃に力点を移し, 英議会やハイドパーク, 駅, 百貨店などで爆弾事件が続発, 1979年8月29日にはマウントバッテン伯爵のヨットが爆破され同伯が死亡した。93年にはロンドンの金融街シティで爆発があり, 日本人銀行員19人も負傷した。69年以来紛争の死者は3200人以上に達した。

IRAには共産党系でやや穏健な正統IRAと, 69年に分離した民族派の暫定IRAがあり, テロ活動を行うのは暫定IRAだ。その中核的要員は200人から400人とされ, 米国など海外のアイルランド系住民の資金援助を受けていた。これに対し英国は歩兵3個旅団を中心とする正規軍7800人, 民兵4500人を北アイルランドに置いている。

90年代に入って和平への努力が現実化し, 98年4月10日, 全当事者和平交渉は包括的和平合意(「ストーンモント合意」)に達した。これは北アイルランド議会とプロテスタント, カトリック共同の自治政府の設置などを内容とするもので, 暫定的に英国統治を認め, 将来の帰属は住民の意思にゆだねる, という原則を定め, 住民投票で71%余の支持を得て, 98年12月2日自治政府が発足した。だがIRAから分離した「真のIRA」やプロテスタント過激派「アルスター防衛協会」(UDA),「アルスター義勇軍」(UVF)はテロ活動を続け, 情勢はなお不安定だ。

⇒ ⑤アイルランドの反乱

5-42
中ソ紛争
Sino‐Soviet border conflict

同じ共産党を名乗っていてもソ連と中国共産党の関係は当初から友好的では全くなかった。ソ連は1919年に他国に先駆けて中国との不平等条約を廃止したため, 孫文は親ソ容共論者となり, 蒋介石も3665人のソ連人を政治・軍事顧問とした。37年にソ連は中ソ不可侵条約を国民党政権と締結し, 2億5000万ドルの借款を与え, 885機の航空機(パイロット400人付き)など莫大な武器供与を行った。蒋介石が共産党討伐を行っているさなかも中ソ関係は良好で, 日本降伏の前日, 1945年8月14日に蒋介石はスターリンと中ソ友好同盟条約を結び, 日本軍の撤退後に

中国共産党軍が満州に勢力を拡大するのを防ぐため、ソ連軍の撤退延期を要請し、ソ連もそれに応じた。ソ連はイデオロギーより利害を重視したから、得体の知れない「紅軍」の頭目・毛沢頭より、権力を握る蒋介石を抱き込む方が旅順・大連や満州鉄道などの権益確保に得策と見たのだろう。だが米ソの期待に反し国共内戦は紅軍の勝利に終り（西側の新聞が大見出しで報じた紅軍の一連の勝利をプラウダは常に数行の短信で扱った）、49年10月、中華人民共和国が成立するとソ連は翌50年2月、これと中ソ友好相互援助同盟条約を結び直した。

その4カ月後に始まった朝鮮戦争とその直後の数年は表面上は両国関係が比較的良好だったが、ソ連は約束の期限52年がすぎても旅順・大連に居座り、満州を分離しカイライ政権を作るような動きも見せていた。53年にスターリンが死んだ後、54年にソ連は旅順・大連を返還し、中国への広範な技術援助も行われたが、アジア外交では両国が影響力の拡大を図って競合関係になり、また米国との「雪解け」を望むフルシチョフと「台湾解放」をめざす毛沢東の利害は一致しなかった。58年8月、中国が金門島砲撃を始めた際、ソ連は支持を拒否し、中国が米の核に対抗するためソ連の核兵器の供与か、核保障を求めたのに対しソ連側は、ソ連軍の管理下で中国に展開するなら考えても良い、と応じたとされる。

250年間「タタールの軛」（モンゴル支配）に苦しんで東洋人を恐れ、中国を衛星国の一つにとどめたいソ連と、自尊心の強い中国の対立は必至で、1960年4月から中国はソ連の対米融和的姿勢をあげつらい始め、ソ連は同年夏、技術者の引揚げ、一部の部品の持ち帰り、輸入の削減、武器供給の停止などの経済制裁を加えた。ソ連は開戦について自国の責任が大な朝鮮戦争に中国が参戦し、13万人余の死者を出したにかかわらず、この戦争中に中国に供与した武器・車輛・燃料の代金支払いまで要求、中国は苦労して全額を支払った。7500kmの中ソ国境には境界が不明確な地域が多く、特に新疆などロシア人・カザフ人などの多い地域で62年から国境紛争が頻発し、さらに64年10月16日、中国が核実験に成功することにより中ソの対立は決定的となった。

1969年3月2日から15日にかけてはハバロフスクの南で中ソ国境となっているウスリー江の中洲ダマンスキー島（珍宝島）で大規模な衝突が起きた。中国の辺境警備隊が氷結した河を渡って島にいたソ連の国境警備隊を攻撃、31人のソ連兵が戦死したとされる。ソ連軍は15日、砲兵・戦車を集中し、同島と対岸の中国領内に猛砲撃を加え、1個大隊が島に進撃し、中国軍に1130人、ソ連軍に60人の死傷者が出た。

また、同年7月8日と8月13日にはハバロフスク西方の黒龍江のゴルジンスキー島（八岔島）でも衝突があり、中国軍が当初島を占領したが、ソ連軍は13日に連隊規模で反撃し、島にいた中国兵約200人を全滅させた。

当時ソ連は中国に予防戦争を仕掛けることも考え、ワルシャワ条約機構諸国に

打診しており，極東の配備兵力も急増した。中国も対ソ連に備えて防空壕を堀るなど戦備を進めた。米国はそれに乗じて中国と接近し，対ソ連戦略上の「チャイナ・カード」とするため中国軍事力の近代化に協力，かつてソ連の対米融和を批判した中国が逆に親米的になる状態が89年のソ連東欧支配の崩壊まで続いた。だが，ソ連の崩壊と中国の経済優先政策によって91年5月に東部国境，94年9月に西部国境が画定され，国境貿易が拡大して当面は中露関係は史上かつてない程友好的となった。

5-43
第3次印パ戦争
Indo–Pakistani War of 1971

1947年，旧英領インドはヒンズー教徒が多いインドとイスラム教徒主体のパキスタンに分れて独立したが，パキスタンはインドをはさんで1600km も離れた東・西パキスタンからなるという変則的な国家となった。東パキスタンではベンガル語，西パキスタンではウルドウ語が使われ，民族も文化も異り，かつて英領だったこととイスラム教だけが共通点だった。

首都はカラチ，ラワルピンジー，イスラマバードと移ったがいずれも西パキスタンにあり，政策は西パキスタン優先で東西格差が拡大し，当時人口が西より多かった東パキスタンでは不満が高まった。

1958年からパキスタンを支配したアユブ・カーン大将が東西パキスタンの暴動で69年に退陣すると，その跡をついだヤヒア・カーン大将は1年以内に初の普通選挙を行う，と約束し，70年12月に実施された。ところが東パキスタンのアワミ連盟が過半数の162議席を得て，各州に徴税や貿易，通貨発行，準軍隊の保有の権限を与えるよう要求を出したため，これは東パキスタンの事実上の独立を意味する，と見た西パキスタン中心の人民党は議会をボイコットし，ヤヒア・カーン大統領は議会開催を延期，東パキスタンではゼネスト，納税拒否，大デモが発生した。このため，71年3月24日に政府は第1党のアワミ連盟を非合法化し，ムジブル・ラーマン党首を逮捕した。当然，東パキスタンでは暴動が起り，26日にアワミ連盟は「バングラディシュ」の独立を宣言した。西パキスタン出身者主体の軍は東パキスタンに戒厳令を布いて都市を次々と占領し，東パキスタン出身兵の作った「東パキスタン・ライフル隊」など反乱部隊を制圧，1000万人がインドに逃れた。

インドのインディラ・ガンジー首相はこれを宿敵パキスタンに痛打を与える好機と見たのだろう。「難民対策」と称して国境地帯に大部隊を展開，パキスタン軍を引きつけ，ひそかに難民を援助して反乱の拡大を助けた。当時，インドと中国はヒマラヤの国境で対立し，パキスタンは中国と接近していたから，インドはヒマラヤ山脈が雪で閉されるまで慎重に待ち，侵攻準備を整えた。

秋になるとインドは難民が東パキスタンに戻って戦うのを半ば公然と支援し，11月になるとゲリラの大部隊が国境を越えパキスタンと戦うにいたった。国境での印パ両軍の紛争も頻発，砲撃も交され

た。この挑発に乗ったパキスタンは12月3日，主要なインド空軍基地に対し，67年のイスラエルを真似たような先制攻撃を掛けた。だが第1弾を相手に撃たせることを狙っていたインドは十分警戒しており，奇襲攻撃はほとんど効果をあげなかった。

東にいたパキスタン軍4個師団，9万人がゲリラにおびやかされていたのに対し，十分に準備したインド軍12個師団，20万人余は地元民衆の歓迎を受けて破竹の勢いで進撃した。インド空軍は4日中に東パキスタンの制空権を確保，海軍は唯一の軽空母ヴィクラントを巧みに使ってベンガル湾の制海権を握り，艦載機は主要港チッタゴンの空襲も行った。

パキスタン軍はダッカに集結して抵抗を試みたが，インドのアッサム，メガラヤ，トリプラなどの州は東パキスタンよりさらに東と北にあり，ヒマラヤ山麓沿いの回廊でインド中央部とつながっているから，インド軍は西だけでなく，東，北，北東の4方向からダッカに迫り，空挺，ヘリボーン攻撃も行って16日にパキスタン軍を降伏させた。

カシミールでは4日，パキスタン軍が攻勢に出て，停戦ラインからインド側に十数キロ入り数カ所の拠点を占領したが，インド側はこの動きを予見し準備していたため，それ以上進めず，15日には奪還された。

パキスタンのヤヒア・カーン大統領は17日に停戦を受諾し，バングラディシュは独立を果した。

この2週間の戦争の結果，インドはそれ以後東西2正面に備える必要が無くなり，宿敵パキスタンの人口は半減するという永続的で逆転不可能な成果を得た。インド軍は河やクリークの多い地形を短時日で200km余り進撃し，敵を全員捕虜にするというほぼ完璧な電撃的勝利を演じた。

隣国の反乱を支援し，侵攻し，分離独立させるのは法的には侵略だが，インドは相手に奇襲させて開戦の名分を得たうえ，バングラディシュの民衆をパキスタン軍の無差別，残虐な弾圧から救ったとして感謝され，名誉も得た。平凡な指導者ならもっと早く介入したい誘惑にかられる情勢だったが，攻撃の機が十二分に熟するまで，騒乱発生から9カ月も待って万全の準備をした女性首相の辛抱と辣腕は戦争指導の古典と言えよう。

⇒ ⑤カシミール紛争

5-44
第4次中東戦争
Forth Arab–Israeli War / Yom Kippur War

1967年6月の「6日間戦争」（第3次中東戦争）の後もイスラエルと周辺アラブ諸国の間では消耗戦が続き，たがいにゲリラ・コマンド攻撃をかけたり，航空戦や砲兵戦が続いた。海上でも衝突が続発し，イスラエル駆逐艦エイラートが67年10月21日ポートサイド沖でエジプトのミサイル艇が放ったソ連製対艦ミサイル「スティックス」によって撃沈される事件も起きた。67年から70年の間にイスラエル側に死者700人余，エジプト側に死者数千人が出たと推定されている。イスラエルはスエズ運河東岸に高さ20mの土

提を築き，ほぼ5kmおきに拠点を設けた「バーレブ・ライン」と称する長大な陣地を築いて守りを固めた。

一方，6日間戦争で惨敗したアラブ側は敗因を分析して，対空・対戦車ミサイルを強化してイスラエルの航空戦力と機甲部隊の優位に対抗することとし，戦力再建に努めた。エジプトのナセル大統領は70年9月に死去し，A・サダト大統領にその仕事は引き継がれた。

1973年10月6日午後2時5分，イスラエルの休日「ヨム・キプル」（贖罪の日）を期し，まずエジプト軍が攻撃に出た。スエズ運河東岸のイスラエル軍司令部，砲兵陣地に砲2000門による猛烈な砲撃と爆撃を加えつつ，コマンド部隊に続いて歩兵・工兵がゴムボートや水陸両用装甲車で渡河しスエズ運河4カ所に浮橋10本を掛け，対岸の土塁は爆薬と放水で崩し，5個師団，戦車500輌がシナイ半島に侵攻した。優秀なイスラエル情報部もこの攻撃準備は察知できず，ソ連人が急拠エジプトから避難したのを知った5日になっても，すぐ戦争になるまいと判断しており，予備役の全面動員令が出たのは攻撃の2時間後だった。完全な奇襲で頼みのバーレブ・ラインを突破されたイスラエル軍は，航空攻撃で叩いて機甲部隊で制圧，という得意の戦法で反撃した。

だが，エジプトはこれを予期，スエズ運河正面で待ち構えていたソ連製対空ミサイルSA2，SA3（高高度用）800発，SA6（中高度用）184発，SA7（肩撃ち）250挺がイスラエルの米国製F4戦闘機，A4攻撃機を迎撃した。ミサイルを避けるため低空飛行するイスラエル機は230門の高射機関砲で撃たれ，この正面だけで80機が撃墜され，多数が損傷を受けた。また，イスラエル戦車に対しては師団当り50門（10門は装甲車搭載）ものソ連製対戦車ミサイルAT3「サガー」と肩撃ちの対戦車ロケットRPG7が立ち向い，最初に反撃に出たイスラエル軍の戦車旅団は全滅，7日に第252機甲師団だけでも戦車290輌中237輌を喪失するほどの大損害を受けた。パーレブ・ラインの拠点も次々に陥落し，繰り返されるイスラエル軍の反撃は大損害を出し撃退された。

一方，シリアも6日午後2時5分，シリア領のゴラン高原を占領していたイスラエル軍拠点に猛砲撃・爆撃を加え，同高原を見下すヘルモン山のイスラエル観測所をヘリボーン部隊により奪守した。シリア軍はソ連製の新型T62戦車（115ミリ砲）250輌を含む戦車900輌を繰り出し，砲兵の弾幕射撃に続いて前進し，その一部はイスラエル軍の陣地を突破し，イスラエルを見下すゴラン高原西端の崖に達した。だがこの正面では戦車数が5分の1だったイスラエル軍は善戦し，米国製M60，英国製センチュリオン戦車の105ミリ砲は，シリア軍戦車に大損害を与えた。照準装置がソ連製よりすぐれ，乗員の練度が高かったためだ。またシリア軍は補給体制が不備で，折角イスラエルの戦線を突破しながら，戦車を燃料切れで放棄する例も多かった。10日になると増援を得たイスラエルが反攻に転じ，首都ダマスカスに迫る勢いとなった。イ

ラク軍・ヨルダン軍はイスラエル軍の右側面に反撃を掛けたが撃退された。イスラエル軍はダマスカスには入らず、一撃を加えたのち、兵力の多くをより状況の悪いシナイ半島に転用した。

エジプト軍の本来の計画は対空ミサイル網に守られたスエズ運河東岸の陣地にこもって、反撃するイスラエル軍に出血を強いるという、慎重で健全なものだったが、ゴラン高原でシリア軍が圧迫されて助けを求めたため、イスラエル軍をシナイ側に引きつけるため11日から運河西岸の対空ミサイルの傘を出て、シナイ半島奥地へ進撃した。イスラエル空軍は当然襲いかかりエジプト軍戦車は大損害を受けた。16日未明、A・シャロン少将（のちの首相）が率いる第143師団の一部はエジプト第2・第3軍の間隙を突破し大ビター湖北方でスエズ運河の逆渡河に成功した。だがシナイ半島側に渡っていたエジプト軍は渡河点に猛烈な反撃を加え、一時突破口は塞がれ先にゴムボートで渡った空挺部隊は孤立したが、A・アダンの第162師団が17日夜やっと掛った浮橋を渡って西岸に上陸し、エジプト軍陣地の後方を荒し回り多数の対空ミサイル陣地を破壊した。シャロンの師団主力も渡河し北転してイスマイリアに向ったが撃退された。アダンの師団は南進し、22日運河南端の主要都市スエズとカイロを結ぶ街道を遮断、スエズに迫った。

米はイスラエルに、ソ連はエジプト、シリアに対し、開戦後大量の緊急兵器供与を行っていたが、同時にこの戦争が当時進んでいた米ソ間の緊張緩和を損なうのをおそれた両国は、国連安保理決議242号（1967年にイスラエルが占領した地域の返還など）の全面実施を条件に停戦を双方に求め、21日イスラエルもこれを受諾、22日停戦が発効した。しかしながら、イスラエルはその直後に増援をスエズ運河対岸に送り、スエズ市街地に突入した。停戦を装って敵を油断させての攻撃だった。ビルにこもり、「サガー」とRPG7で迎撃するエジプト軍によってイスラエル軍は死者800人、多数の戦車・装甲車を失う大損害を受け、やっと市街地から脱出して退却、24日再び停戦となった。

この戦争ではアラブ側が度重なる対イスラエル戦の中で相当熟達したことが示され、歩兵がイスラエル機甲部隊に一歩もさがらず応戦したが、一方イスラエル軍は柔軟に機動性を発揮して形勢を換回、引き分けに持ち込んだ。停戦を仲介したH・キッシンジャー米国務長官はエジプトのサダト大統領と接近し、エジプトは米の経済・軍事援助を得て親米・和平に傾き、この戦争後、大規模なアラブ・イスラエル戦は起こらなくなった。

5-45
南沙・西沙諸島紛争

conflicts over Spratly and Paracel Islands

南シナ海のベトナムとフィリピンのほぼ中間にある南沙諸島は1919年から日本企業が長島（現太平島）で燐鉱石の採掘を行い、39年に日本が領有宣言をし「新南群島」として平穏裡に台湾・高雄市に

編入した。52年，台北で調印された日華平和条約で日本は「台湾，澎湖諸島ならびに新南群島および西沙群島に関する全ての権利」を，当時日本が中国の正統政権と見ていた国民政府に対して放棄し，以来台湾は南沙群島中最大で唯一水の出る太平島に海兵隊を駐屯させ実効支配してきた。

だが南沙諸島は400余の小島・環礁からなるため，付近海底に石油資源がある可能性が取りざたされると，フィリピン，ベトナム，マレーシアが他の島々に施設を建設したり，領有権を主張。中国は1992年2月「新領海法」を定めて南沙諸島の領有を明記し，ミスチーフ環礁（美済礁）に小部隊を駐屯させ，漁船拿捕や銃撃事件も散発的に発生した。

だが，南沙諸島は急峻な海嶺の先端が海面上に現れたもので，付近の水深はきわめて深いため，石油の出そうな地形ではなく，仮にあったとしても採掘は困難で採算が合わない，との石油開発専門家の指摘もあり，どの国も試掘を行っていない。また，太平島以外は小島で，小部隊は置けても海・空軍基地にはなりそうにない。日本では「同諸島付近で紛争となれば中東方面からの石油輸送路が遮断される」との説もあるが，その際フィリピン東岸を迂回しても輸送コストの増加は1ℓ当り1円以下と考えられる。

海南島の南東約300km（ベトナムのダナンの東約300km）にある西沙諸島は第2次大戦前フランスと中国が領有権を主張，日本は中国領とみなし占領したが，日華平和条約で正式に放棄した。南ベトナムはベトナム戦争末期の1973年9月，同諸島の領有を宣言し，甘泉島に陣地を築いて160人を配置したが，74年1月，中国は海軍を派遣，同月19日には探航島付近で中国のミサイル艇・砲艇14隻と南ベトナムの掃海艇・上陸用舟艇改装砲艦7隻が交戦，南ベトナムは沈没1，損傷2の損害を受け退却，中国側も高速砲艇1隻が大破した。海南島から飛来した戦闘機の対地支援を受けた中国海軍歩兵550人は甘泉島などに上陸作戦を行い，南ベトナム軍は戦死・不明100人を出す激戦の後降伏した。中国の死傷者は海戦を含め60人とされる。統一後のベトナムも西沙諸島の領有をあきらめず，83年にも中・越海軍の衝突が起きた。

5-46
東ティモール紛争
Conflict in East Timor

小スンダ列島の東端に位置するティモール島は白檀の産地として知られ，1515年にポルトガルの宣教師が訪れ，その後植民地化された。17世紀からオランダ人が同島に勢力を伸ばし，1860年と1914年の条約で西半分はオランダ領，東半分はポルトガル領となった。第2次大戦でポルトガルは中立国だったため，オランダ領インド（現インドネシア）に侵攻した日本軍は東ティモールには当初手を付けない方針だった。だが，オランダ・オーストラリア軍が1941年12月に占領したことを知り，42年2月20日から23日にかけてのティモール島攻略の際東ティモールにも上陸作戦を行い，オーストラ

リア軍を駆逐し占領した。

その後、同島ではオーストラリア兵指揮下のゲリラに対する日本軍の討伐や、連合軍の爆撃はあったが、終戦まで大規模な戦闘はなく、戦後ポルトガルが再び古典的な植民地統治を行った。オランダ領の西ティモールは50年に独立したインドネシアの一部となったが、東ティモールでは74年に本国ポルトガルで左傾将校のクーデタが起こり、独裁政権が崩壊、新軍人政権が植民地を全て放棄するまで、圧制が続いた。本国の政変を受けティモールで独立準備が始まり、急進派のフレテリン（東ティモール独立革命戦線）が勢力を伸ばした。漸進派で親ポルトガル的なティモール民主同盟（UDT：Temorense Democratic Union）は75年8月11日クーデタを起し首都ディリを占拠したが、ポルトガル植民地軍のティモール人兵の多くはフレテリン支持で、左翼的ポルトガル将校も彼等に寛容だったため、フレテリン部隊が首都を奪回、UDT幹部は西ティモールへ逃れた。

反共的だったインドネシアはこの情勢に驚き、フレテリンを「共産主義者」と呼んでUDTを支援し、10月初旬から東ティモールへインドネシア軍が侵入を始めた。フレテリンは11月28日に「東ティモール民主共和国」の独立を宣言したが、インドネシアは30日にUDTと東ティモールの合併宣言に調印した。米国のG・フォード大統領とH・キッシンジャー国務長官は12月5日ジャカルタを訪れ、インドネシアのスハルト大統領と協議、その後「米国は東ティモール問題に関するインドネシアの立場を理解する」と報道陣に声明した。米国はNATOの1国であるポルトガルに左翼軍人政権が出現したこと、同年4月30日のサイゴン陥落の直後、東ティモールにも左翼民族主義政権が生れたことに神経を尖らせ、インドネシアの軍事行動を支持した。オーストラリアも同様で、インドネシア軍の西ティモール侵入の際、自国のTV局員5人が全員インドネシア軍に殺されたが抗議もしなかった。

フォード氏らが去った直後の11月7日午前4時、インドネシア軍は空挺部隊をディリに降下させ、艦砲射撃の中、上陸作戦を行って東ティモールに全面侵攻した。だが、旧ポルトガル植民地兵を中核としたフレテリンの抵抗は激しく、特に山岳地帯でインドネシア軍は苦戦した。米国はインドネシアにOV10軽攻撃機16機やLAV150装甲車60輌など対ゲリラ戦兵器を供与、フレテリン討伐を支援した。インドネシアは東ティモールに3万2000人の兵力を投入、76年6月東ティモールを27番目の州と宣言し、79年3月までにフレテリンの組織をほぼ壊滅するのに成功した。だが1500人程と推定されたフレテリンの残党は山地を移動しながら抵抗を続けた。

冷戦が終わり共産主義の脅威が薄れると、「西側先進諸国」では各地の独裁政権の人権抑圧に関心が移り、インドネシアのスハルト政権による東ティモール統治に対する国際世論が一変した。これに力を得て1991年11月14日にはディリで独立を求めるデモが起き、インドネシア軍の発砲で180人が死亡した。奇妙にもか

つて東ティモールで圧制を布いたポルトガルと，75年のインドネシア軍の侵攻を支持した隣国オーストラリアでインドネシアの人権抑圧に対する批判が盛り上り，96年には東ティモール独立運動の指導者J・R・ホルタとC・X・ベロ司教がノーベル平和賞を受けるに至った。

97年にはインドネシアからの急激な米国資本の逃避による通貨危機が発生，スハルトは98年5月に辞任を余儀なくされた。後継ハビビ政権はポルトガルと協議のうえ，99年8月東ティモールで国連管理下の住民投票を行い，独立派が78.5%を得て圧勝した。これに対しインドネシア系住民主体の独立反対派民兵が反乱を起こし，9月20日からはオーストラリア軍を中心とする多国籍軍が進駐，10月になって国連が東ティモール暫定行政機構を設立した。

2001年8月に制憲議会選挙が行われフレテリンが第1党となり，01年4月にはフレテリン軍の司令官シャナナ・グスマオ氏が大統領に当選し，5月20日に国連から行政権限を移譲されて独立した。だが同国の経済基盤は極めて貧弱で従来財政はほとんどインドネシアに頼っていただけに前途は多難だ。日本は02年3月から国連東ティモール支援団に施設群約680人を派遣し，道路・橋などの建設に当っている。

人口約83万人，GDP350億円程度の東ティモールは諸外国のときどきの都合や心情の転変に翻弄され，アムネスティ・インターナショナルの推定で約20万人の死者を出した。インドネシア軍の死者は76年の併合宣言以後の3年で2000人とされ，それ以前の侵攻や討伐でも多数の損害を出したと見られる。

5-47
カンボジア侵攻
Vietnam – Cambodian conflict
別称 ベトナムのカンボジア介入

カンボジアは1863年フランスの保護領となったが王制は維持された。1941年に即位したノロドム・シアヌーク国王は55年に父に王位を譲って首相となり，60年に父王が死去すると「国家元首」として同国を指導，中立政策を取ったが，ベトナム戦争中，北ベトナム軍がカンボジア東部を占拠して補給路・拠点としていたのに対処しえなかったため米国の不満は高く，70年3月18日，親米派のロン・ノル首相がクーデタを起こし，シアヌークは追放された。だが国内では，米軍，ロン・ノル政府に対するゲリラ戦が激化した。米軍は73年にベトナムを撤退，カンボジアの解放勢力はサイゴン陥落の直前75年4月17日に首都プノンペンに入り，シアヌークは帰国し，国家元首に復帰した。

だが，実権はポル・ポトの指導する「クメール・ルージュ」（赤いクメール）の手中にあり，ポル・ポトらは貨幣廃止，都市住民の農村への強制移住，全外国人の国外追放など極端な政策をとり，その集団農場制の失敗が明らかになると，旧ロン・ノル政権の官吏・軍人だけでなく，旧都市住民・知識人など新体制に批判的となる可能性のある人々を大量に殺害した。虐殺と強制労働による死者は約170

万人とみられ，当時の人口約700万人の24％に当たる。クメール・ルージュにはタイ系カンボジア人が多く，一方迫害を受けた都市住民・知識人の多くはベトナム系だったうえ，国境紛争も頻発し，77年12月にベトナムはカンボジアとの国交を断絶した。カンボジア軍の東部方面地方軍のヘン・サムリン第4師団長がポル・ポトに対するクーデタに失敗し，部隊を率いてベトナムに亡命すると，ベトナムは彼を擁護して「カンボジア救国民族統一戦線」を作り，それを支援する形で，78年12月25日，カンボジアに侵攻した。

ベトナム軍とヘン・サムリン軍は160kmを2週間で突破し，早くも1979年1月7日にプノンペンに入り，10日にヘン・サムリン政権が成立し，ポル・ポト派は農村部に逃れてゲリラ化した。ポル・ポトは中国の援助を受けていたため，中国はベトナムのカンボジア侵略を非難し，ベトナム戦争で敗れた米国もこれに同調，米・中と日本，ASEAN（東南アジア諸国連合）諸国，特にベトナムのカンボジア支配をおそれるタイが，極左のポル・ポトを支援する一方，ヘン・サムリン政権をベトナムとソ連が支援する構図となった。82年6月にはポル・ポト派を中心にシアヌーク派，ソン・サン派を加えた「3派連合政権」が作られた。だが，これには「政権」の実態がないのはもちろん，密林にひそむ3派のゲリラは互いに対立抗争を続け，「連合」でもなかった。大虐殺で非難されていたポル・ポト派に覆面を与えたにすぎない3派連合政権を日・米・中などが正統政権として承認・支援し，国連にもポル・ポト派代表が座る状況を続けさせた。

ヘン・サムリン政権とカンボジア駐留ベトナム軍10万人余はカンボジア平定を順調に進め，対ゲリラ戦で起きがちな不祥事もあまりなかったようだ。ベトナム軍はポル・ポト軍の討伐をほぼ果して1989年9月までに撤退した。介入から10年余，同軍の死者は5万5000人とされる。90年1月から国連が調停に乗り出し，同年6月のカンボジア2派東京会議などで政治的解決の動きが進み，91年10月23日のパリ国際会議で和平協定が調印されて「国連暫定統治機構」による停戦処理と選挙実施，などが決った。93年5月，国連監視下の総選挙が実施され，シアヌークを終身国王とする「カンボジア王国」が誕生，ポル・ポト派は96年の幹部の大量投降，98年4月15日のポル・ポトの死去で消滅した。93年の総選挙支援のため，日本は92年9月から初の平和維持活動（PKO：Peacekeeping Operations）部隊として施設（工兵）大隊600人，警察官75人，停戦監視団8人，選挙要員41人を派遣した。

78年12月のベトナムのカンボジアへの介入は国連安保理が認めたものではなく，自国の防衛上不可避の行動とも言えないから，米・中などがこれを「侵略行為」と非難したのにも一理はある。だが自国民の4分の1を虐殺するという史上例のない暴虐な政府を打倒したベトナムの行動が，カンボジア国民を塗炭の苦しみから解放したことも確かで，結果的には後

に米国が唱える「人道的介入」の典型例となった。米・中・日・タイなどがその後約10年間もポル・ポト派に支援・支持を続けたことの方が紛争解決を遅らせたと言えよう。

5-48
中越戦争
Sino – Vietnamese War

1975年4月のサイゴン陥落でベトナム（越南）は統一を果したものの経済は低迷を続け、ソ連の援助に頼らざるをえない状況となり、77年からは毎年200万t、79年からは400万tの食糧援助を受けた。おそらくその代償としてベトナムはソ連にカムラン湾の元米海軍基地などの使用を許し、79年からソ連艦船約20隻や洋上哨戒・爆撃機が駐留することとなった。毛沢東の死去（76年）後の中国は不安定な時期で、新疆ではソ連国境警備隊との衝突も起き、60年代に始まった中ソ対立は続いていたから、ソ連軍の基地がベトナムに出現し、中国南部や南シナ海をうかがう形勢となったことは、ソ連の外洋進出を警戒したアメリカ以上に、中国にとって直接の脅威だったろう。

また、ベトナムは当然ながら南ベトナムを社会主義化したから、市場経済を牛耳っていた華僑は生活手段を奪われ、戦勝によるベトナム民族意識の高揚で迫害を受け、中国に帰国したり、ボートピープルなど難民となる者が多かった。78年5月24日に中国は華僑の大量帰国に関しベトナムを非難し、7月3日にベトナム援助を打ち切った。ベトナム戦争中200万人分の兵器弾薬など200億ドル以上の莫大な援助をし、工兵・対空兵30万人を送って助けたのに、戦争が終るとソ連軍に基地を貸し、中国人を追い出すとは何たる亡恩、と中国が怒ったのも無理はない。だが、ベトナムから見れば、ベトナム戦争は一面で中国をアメリカから守る戦いであり、そのさなかの72年2月にニクソン米大統領が訪中して米中が急接近し、ベトナム停戦の条件などで中国がアメリカ寄りの態度を示した衝撃は大きく、中国に不信感を抱いていたようだ。一方、ソ連は78年6月27日にベトナムをソ連・東欧の経済協力機構である「コメコン」に招き入れ、11月3日にはソ・越友好協力条約を結んで、同盟国網の中に取り込んだ。中国は79年1月1日、米国との国交正常化をはたし、米中連合対ソ越同盟の対決の構図が固まった。

1978年12月25日、ベトナム軍はカンボジアの亡命将軍ヘン・サムリンの率いる「救国民族統一戦線軍」とともにカンボジアに侵攻、親中国的だったポル・ポト政権を倒してヘン・サムリン政権を樹立した。これに対し中国は1120kmのベトナム国境沿いに二十数個師団、40万人近い大兵力を展開しベトナムを威嚇した。ベトナムがこれに対抗するため、カンボジアから兵力を引き揚げることを狙ったもので、中国軍は布陣したものの、すぐ攻勢には出なかった。だが戦争に慣れたベトナムは一向たじろがず、ポル・ポト派を追ってカンボジア全土の平定を進めた。このため中国は上げた拳を振り降さざるをえなくなり、79年2月17日、国境のは

ぼ全域で侵攻を開始した。ゲリラ戦の雄，ベトナム軍が相手だけに，側面，後方を突かれることを警戒して広く浅く入る形を取り，国境から2,30km南の町，東部のランソン，中部のカオバイ，西部のラオカイを目指した。中国は「領土的野心はなく，懲罰作戦だ」と声明した。長期占領の企図がなかったのは事実だろう。

ベトナムは正規軍の多くがカンボジアに出ていたため，正規軍3，4個師団（約3万人）の他は地方軍（予備役民兵）を動員，約10万人の兵力で防戦した。だがこの民兵こそ永年米軍と戦い，サイゴンに突入した歴戦の兵達で，戦後帰郷し予備役になっていた。武器・弾薬はベトナム戦争中に中ソが大量に供与した物が残ったうえ，南越軍から接収した米国製装甲兵員輸送車，火砲等の重装備も余るほどあったから史上最強の民兵だった。中国軍は山岳地帯に道路まで建設し，多数の国産63式軽戦車を先頭に進撃したが，稜線に堅固な陣地を築いて守るベトナム軍の対戦車ミサイル，肩撃ちロケットに戦車は次々と撃破され，砲・迫撃砲の集中射撃で中国歩兵は大損害を出した。だが中国軍はさらに新手を投入，ベトナム兵も撃っても撃っても押し寄せる中国兵の人海戦術に圧倒され，少し後退し，次の陣地線で相手に大損害を与え，また後退する戦法を採らざるをえなくなった。

1979年2月24日までにはトンキン湾岸のモンカイとランソン北方のドンダンで国境陣地が突破され，ドンダンは一時奪回したものの，兵力で3倍以上の中国軍は3月2日激戦の末国境から約30kmのランソンを奪取し，ラオカイ，カオバンも陥落した。中国は「懲罰の目的を達した」として翌日これらの町から撤退し，15日までにベトナム領から完全に撤退をおえた。この戦争で双方は互いに敵に死傷者4万人の損害を与えた，と発表したが，西側情報筋は，双方に戦死者4000〜5000人，負傷者1万数千人，というところではないか，と推定している。ただ当時「西側」（米国）は中国をひいき目で見ていたこと，中国軍が人海戦術を取ったのに対し，歴戦のベトナム軍は装備が良いうえ，ランソン等でも激戦を交えた後，巧みに撤退し大損害を避けていたこと，から考え，中国側の損害の方が多かったと考える方が自然と思える。いずれにせよ兵力で圧倒的な中国軍に対しベトナム軍が善戦したことは，この後中国軍が歩兵突撃に頼るのは時代遅れ，と反省し，82年から軍の近代化に取り組んだことから見ても明らかである。

中国軍はランソンに達してなんとか最少限度の威信は保ったものの，ベトナム軍はカンボジアから引き揚げず，ポル・ポト派は討伐されたのだからベトナム「懲罰」の目的は達せず，かえってベトナム軍に名をなさしめる結果となった。

5-49
ニカラグア内戦
Nicaraguan Civil War

1838年にスペインから独立した中央アメリカのニカラグアは1909年，12年の米国の軍事介入，親米政権擁立で支配下に置かれ，32年まで米軍が占領したが，A・

セサル・サンディノ将軍は反米ゲリラ戦を展開し英雄視された。米軍が作った国家警備隊の司令官A・ソモサ・ガルシア将軍は34年にサンディノを殺し、36年にクーデタを起して権力を握り、37年に大統領に就任、43年間ソモサ一族の親米独裁政権が続いた。だが72年の大地震の際、海外からの義援金を高官たちが着服したことが露見し、反政府感情が拡まった。

1974年の大統領選挙では野党の非合法化、反ソモサ派の大量逮捕の中、一族のアナスタシオ・ソモサが再選されたが、弾圧への反感が高まり、サンディノ将軍にちなむ「サンディーノ民族解放戦線」（FSLN：Frente Sandanista de Liberacion nacional、キューバ革命の影響で62年に結成）の行動が民衆に支持され、さらに78年1月ソモサ政権に批判的だった新聞「ラ・プレンサ」紙のチャモロ社主が暗殺されたことから、上流・中産階級でも「ニカラグア民主同盟」（MDN：Movimiento Democratico Nicaraguense）が作られ、サンディニスタ（サンディーノ主義者）とともに反ソモサ活動を拡大、79年6月、FSLNは臨時政府を樹立した。ニカラグアのキューバ化をおそれた米国は同年7月ソモサを退陣させ米国に亡命させた。

新政権はFSLNとMDNの連合で複数政党体制とし、私企業と国営企業の併存、西側諸国との友好維持と同時にキューバ・ソ連と国交樹立、という折衷政策を採ったが、親米的MDNは対外政策や農地改革に反発して1980年4月に委員を政府から引き上げ、反政府武装勢力（コントラ）を米国の援助で組織し、81年から同国は内戦状態となった。

米中央情報庁（CIA：Central Intelligence Agency）は北隣のホンジュラスに基地を設けてコントラへの補給・訓練を行い、1985年4月から米国は経済封鎖も行った。日本商船がマナグア港内でコントラの仕掛けた機雷に触れる事件も起きた。この秘密活動資金を調達するため、米政府の一部軍人、職員がイランに武器をひそかに売却していた「イラン・コントラ事件」が86年11月に発覚、レーガン政権を揺がせた。

1984年11月、革命後初の大統領選挙ではFSLNのD・オルテガ議長が当選し、87年12月には前年の「イラン・コントラ」事件の発覚で米国の秘密支援が切れたコントラが政府との停戦交渉に応じた。だが、ニカラグアもコントラとの戦費と経済封鎖で財政・経済が行き詰り、冷戦終了でソ連・東欧の援助も減ったこともあり、90年2月の大統領選挙では野党国民連合（UNO）のビオレタ・チャモロ氏がオルテガ大統領に大勝した。このためコントラ約2万人も武装解除に応じ、6月に内戦は終結した。88年末までで内戦の死者は5万7400人とされる。

この内戦は大統領選挙によって終結した点がユニークで、オルテガ政権が公正な選挙を実施し、その結果に従い下野したことは注目される。一方、米国による反乱の支援などの介入は国連憲章2条や米州機構憲章15～18条に照らし違法であることは明らかで、米国が特に中米で主権を無視する行動を繰り返してきたこと

487

は，米国一極化により世界が「カリブ海化」しつつある今日，他国にとって懸念すべき要素であろう。

5-50
イラン革命
Iranian Revolution

長く北隣のロシア帝国の圧迫を受けてきたペルシャでは1905年の日露戦争の日本の勝利に刺激されて立憲運動が起こり，翌年国会が開設されたが，1907年英露は協定を結び，ペルシャ北部を露，東部を英の支配下に置き，独の中東進出を妨げようとした。第1次大戦中，露が革命で戦線から脱落，独・トルコが敗れたため，英がほぼ全土を支配する形となった。21年，ペルシャ軍コサック兵団の将校レザー・カーンがクーデターを起こして首都テヘランを占領，25年には皇帝レザー・シャー・パーレビーとなって，前政府が英国などに与えた権益の回収，内政の近代化に成功し，1935年に国名も「アーリア人の地」を意味するイランに変えた。この経緯からイランは戦前は米・独・日と接近，1939～40年の貿易額は，独，日，米，英の順だった。

だが，第2次大戦中の1941年8月，英ソは中立国のイランが雇っていたドイツ人技術者を追放するよう要求，イランが満足すべき回答をしなかった，として南北から同時に侵攻し再び分割占領し，レザー・シャー皇帝をインド洋のモーリシアス島に流した。

皇太子ムハンムド・レザーが即位し，英ソの強要で独・日に宣戦を布告したが，戦後は米国の勢力が強まり，英ソ軍は撤退した。1951年，イラン国会と内閣が英国系石油会社の国営化を決め，英との危機が高まった際，国王は内閣に対するクーデタを企てて失敗，ローマに亡命したが，軍は再びクーデターを起し国王を帰国させた。当時イランは米国の軍事顧問団を受け入れており，このクーデターの後イラン国王は米国に傾き，55年には中東条約機構（後の中央条約機構・CENTO：Central Treaty Organization）に加入，米国企業に西南部開発も委ねた。経済は順調に発展し，農地改革，教育の普及，婦人参政権など内政改革も進んだ。

だが，73年の石油危機で石油収入が急激に増加したため，オイル・ダラー環流を狙った米・西欧諸国は同国への輸出拡大のため，工業開発計画の加速や軍事力の拡大・近代化を勧めた。イラン政府はそれに乗って石油収入を外国の食い物にされ，経済はブームの中かえって混乱を起こし，農民は現金収入を求めて都市に流入した。政府はそれに対し有効な手が打てず「中東の警察官」となる野望を明らかにしている国王に対し有力なバザール商人・民族主義的学生をはじめ国民の中に不満が募り，西洋化・親米政策に反対する宗教指導者の影響力が高まった。国王は秘密警察「サバク」を用いて政治犯を大量投獄し，一層事態を悪化させた。

1978年1月，テヘランに近いシーア派の聖地コムで，63年に国王の欧米化政策を批判して国外追放されていたR・M・ホメイニ師を擁護するデモが発生，軍が発砲して死傷者が出ると，他の都市にもデモが

波及、9月8日にはテヘランでデモ隊に軍が機銃掃射を加え数千人が死傷した。

このためストライキが石油公社など公営企業や銀行などに拡大し、孤立した国王は、1979年1月16日、国外に去り、2月1日、ホメイニ師がパリから帰国、11日に暫定革命政権が誕生、4月1日、国民の圧倒的支持を得てイスラム共和国樹立が宣言された。

だが米国は1978年8月13日に国王断固支持を表明しており、亡命した国王を迎え入れたため、「サバクの弾圧はCIAが指導した」「米の支持を受けた軍人がクーデターを計画した」などとして反米感情を抱いていたイラン革命派の学生は、米国が国王の復位を狙っている、と見て11月4日米大使館に乱入し、大使館員など米人53人を人質にして国王のイラン送還を要求した。これは一部学生の跳ね上り行動だったが、イラン宗教指導者が支持を表明、イラン政府も時の勢いに押され人質解放のための措置を取らなかった。

米国はこのため1980年4月25日、空母ニミッツから出たRH53D大型ヘリ8機とC130輸送機で人質を救出する「ブルーライト作戦」を強行したが、ヘリ3機が故障、イランの砂漠で給油中にC130とヘリが衝突、8人が死亡し完全な失敗に終った。イランが人質を解放したのは81年1月20日だった。

イラン内部ではソ連寄りの左派「ツデー党」、イスラム左派「ムジヤヒディン・ハルク」などに対してイスラム保守派による弾圧が行われ、ムジヤヒディン・ハルクはこれに対抗し爆弾テロで75人ものイラン指導者を暗殺した。またイラン軍の国王派とみられる将校が弾圧され、将校の51％が処刑、15％が投獄され、経済も大混乱に陥った。イラン軍が革命で弱体化したと見たイラクは1980年9月22日、イラン各地を爆撃、翌23日大部隊がイラン領内に侵攻した。だが、この後8年続くイラクとの戦争でイランの革命政権はかえって安定する結果となった。

→ ⑤イラン・イラク戦争

5-51
ソ連のアフガニスタン侵攻
Soviet Invasion of Afghanistan

標高5000メートル級のヒンズークシ山脈の南北に拡がり平均海抜約1200mのアフガニスタンは、古来中東とインドの交通の要衝だった。イラン高原に発してインドを征服したアーリア人やアレクサンドロス大王の率いるギリシャ軍、ジンギスカーンのモンゴル軍など多くの帝国や征服者が残した部族・守備隊の子孫がこの地に住み、20の言語が使われる国だ。

英国は1838年、ロシアの中央アジア支配に対抗してインドからアフガニスタンに侵攻したが激しい抵抗に遭い、42年にカブールから撤退の途中、カイバル峠近くで全滅した（第1次アフガン戦争）。

英国は1878年、ロシア使節がカブールに滞在したため、露が勢力下に入れてインドへの進出を狙うのではと疑惑を深め再び侵攻し保護国としたが、英国の外交問題の「助言」を聞く代償に英国が貢納金を払う、英国人は居住しない、との条件で英軍は81年に撤退した（第2次アフガン戦争）。

第1次大戦では英の保護国のはずであるのに中立政策をとり，戦後の1919年，アフガニスタンのアマヌーラ国王は完全独立を宣言，英軍の侵攻を撃退して独立を承認させた（第3次アフガン戦争）。一方，1885年には侵入したロシア軍とも戦い，北部国境を確定させている。

第2次大戦でも中立で，戦後は米ソの援助で道路など開発を行ったが，米国よりソ連が投入した額がはるかに大きく，多数の技術者も送り込み，元々反英・親露の傾向があったアフガニスタン王国は親ソに傾いた。1973年に王族で元首相のダウド・ハーンが国王の外遊中にクーデタで王制を廃止，社会主義的改革を行おうとしたが閣内のソ連派と対立し，王族中心の内閣を作ったため，78年4月，左翼勢力がクーデタを起こしてダウド・ハーンとその一族を殺害，人民民主党（共産党）のN・M・タラキを元首とする民主共和国を作ってソ連に接近した。だがこの政権が行った中央集権化と近代化政策は部族を基本とするアフガン社会と相容れず，隣のイランで78年1月からイスラム革命が発生，79年1月にそれが成功するのと軌を一にして，アフガニスタンでも78年夏からイスラムゲリラの蜂起が全土で発生した。首相のH・アミンは79年9月タラキを殺して革命評議会議長（大統領）になり，対ゲリラ作戦を強化したが事態はかえって悪化し，政府軍部隊が顧問のロシア人将校を殺してゲリラに寝返る事件が頻発，29州中21州までがゲリラ支配地域とも言われ，アフガニスタンの社会主義政権は風前の燈となった。

ソ連のブレジネフ政権はアフガニスタンがイランに続き第2のイスラム共和国になれば，それに隣接する自国南部のウズベキスタン，タジキスタン共和国などイスラム地域に波及する公算大と見て介入に踏み切った。これに対し，ソ連軍参謀総長N・V・オガルコフ元帥ら参謀本部は「7万5000人程度の兵力を送っても何の役にも立たない。それ以上送っても地形上補給が困難」と出兵に反対したが，ブレジネフ書記長が「戦争をしようというのではない。アミンを辞任させようとするのに抵抗されると困るから，万一に備えて準備だけはしてほしいという意味だ」と言葉巧みに丸め込んだことがソ連崩壊後に明らかとなった。

ソ連軍は1979年12月8日から，以前からソ連軍が居た首都カブール周辺のバグラム，カブール国際空港などに空挺部隊や空挺装甲戦闘車を空輸し，25日に第105空挺師団の本隊が到着，2日間で1万人規模に達した。27日朝，ソ連特殊部隊はアフガン軍の制服を着て大統領官邸を襲い，アミンは抵抗して戦死した。ソ連はチェコ大使に左遷されていた元副首相B・カルマルを革命評議会議長に据え，カブールに着いたカルマルはまずモスクで祈りをささげ，国旗を赤旗から緑旗に変えるなどイスラム感情を尊重する姿勢を示した。ソ連軍は空挺だけでなく29日から地上部隊（5個師団規模）を北と北西部から侵攻させ，主要都市を確保した。

だが少々宗教への寛容を装っても，無神論者の外国軍が侵入すれば当然イスラム・ゲリラの活動はますます激化する。

ソ連軍は標高3363mのサラン峠でヒンズークシ山脈を越える2車線の道路をカブール方面への主要補給路としていたが，ゲリラの狙撃，地雷，道路破壊などの妨害で450kmをトラックの車列が走るのに2週間かかるのが普通で，冬季には1カ月かかることもあった。運転手は20往復すると勲章を貰うほど命懸けの補給だった。補給難からソ連軍は頻繁に討伐に出ず，たまに出ても燃料・弾薬を使い果すと基地に戻るからゲリラはその間だけ山中に退避すればよく，完全制圧は不可能だった。首都の東北約100kmのパンジシール峡谷は約3000人のゲリラの根拠地で，補給路や首都周辺をおびやかしていたが，ソ連軍は奇妙にも毎年春と秋に「定期的」大攻勢をこの峡谷に掛けてはゲリラの捕捉に失敗，待ち伏せで大損害を受けて基地に戻ることを繰り返した。ソ連軍は平原での軍集団の戦いに備えた編成・装備で，下級指揮官の勝手な判断を認めない教育・訓練だったから，山地でゲリラ相手に小部隊で戦うと全てが裏目に出た。

一方，アフガニスタンでは男子は常に銃を携え，少年が遊びに1000m程離れた山羊を撃つ。部族同士の戦闘も起き，村の長老は練達の小隊長のような国だ。当初は手動5連発の旧式小銃を使っていたが，アメリカ，イスラム諸国がソ連の侵攻に激しく反発し，ゲリラへの資金・武器援助をパキスタン経由で行い，東隣のイランも援助したため，中国やエジプト製自動小銃，対戦車ロケット，迫撃砲，対空機銃，地雷などが大量に流入した。米国はソ連との直接衝突を警戒，米国製兵器はあまり供与しなかったが，1986年になって肩撃ち式の対空ミサイル「スティンガー」約500発を渡し，これはソ連軍の頼りだった攻撃ヘリコプターの行動やヘリボーン作戦を阻害し，戦局に大影響を与えた。

この戦争中，パキスタンに約300万人，イランに200万人（アフガン総人口の約3分の1）の難民が流出し，日本が主として食糧援助を行った。難民キャンプはゲリラの根拠地でもあり，アフガニスタンで戦闘中のゲリラは約10万人，交代で難民キャンプで休養中が20万人，と見られた。ソ連軍は11万人余に達したと見られ，他に政府軍5万人もいたが，戦意は低かった。

アフガン平和交渉は1982年6月からジュネーブで国連事務次長を仲介に，別々の部屋にいるパキスタン（ゲリラ側を代弁）とアフガニスタン（ソ連を代弁）の代表が意見を交換する「間接交渉」の形で行われていたが，86年2月，M・S・ゴルバチョフ・ソ連共産党書記長は党大会ではじめて部隊の帰還に言及，その後間接交渉と米ソ2国間協議が進展し，88年2月ゴルバチョフ氏は「本年5月15日からソ連軍は撤退を開始する。アフガン新政権は純粋の内政問題である」との声明を出した。4月14日，ジュネーブで，アフガニスタン，パキスタン，ソ連，アメリカの外相が，たがいにアフガニスタンの内政に干渉しない，などの合意文書に署名，ソ連軍は5月15日から撤退を開始，89年2月15日に完了した。8年半の戦いでソ連軍は戦死1万0082人，事故等

を含めれば1万3825人の死者を出した。アフガン人の死者は30万人ないし90万人と見られる。

ソ連がアフガニスタンで敗退したことはその軍事的威信を失わせ、それに支えられた東欧支配を崩壊させた。撤退開始の僅か3カ月後の1988年8月、ポーランドでは政府が一時非合法化していた「連帯」と対話を再開、89年9月に非共産党の「連帯」の政権が生れた。ハンガリーでは88年5月に親ソのJ・カダール書記長が失脚、89年10月に西欧型民主主義を採用する憲法改正を行った。チェコスロバキアでも89年から民主化要求デモが続発し、12月に非共産党内閣が誕生した。東ドイツでは89年後半から民主化要求運動が拡大、10月にE・ホーネッカー書記長が解任され、11月9日「ベルリンの壁」が崩れ、90年10月ドイツは統一された。そして、ソ連でも90年2月の共産党大会は「一党独裁制の放棄」、「市場経済制の導入」を決定、91年12月にソ連は解体した。東欧支配の終了については、ゴルバチョフ氏が89年7月欧州会議で各国の「体制選択の自由」を唱えた、などから同氏の「功績」とする見方が多いが、客観的に見ればすでにポーランド・ハンガリー等で起きていた反ソ活動を軍事介入で抑えることはアフガニスタンでの敗北後は不可能となり、現状を追認せざるをえない状況にソ連は置かれていた。

1978年1月イランのコムでの反政府暴動で始まったイスラム革命は隣国アフガニスタンに飛び火し、ソ連がそれに介入して敗北したために起こった大ドミノ現象は、東欧を一巡してついにモスクワに達するに至った。そもそもはアフガニスタンを含む多数の衛星国や国内少数民族を抱え、軍事力で抑えこまざるをえなかったソ連の構造的弱点がついに露呈したと言えよう。

5-52
イラン・イラク戦争
　Iran – Iraq War

イランとイラクは、イラクがオスマン・トルコ帝国の支配下にあった時代から、両国の間を流れてペルシア湾に注ぐシャト・アル・アラブ河の支配権を巡って対立を続けてきた。イランの力が高まった1975年のアルジェ協定では国境は河の「中間線」となったがイラン側が水上交通を支配した。この河は下流200kmは航行可能で両国にとり石油の積出しに極めて重要だった。

イランとイラクは民族（イランはアーリア人、イラクはアラブ人）、宗教（イランはイスラム・シーア派、イラク支配層はスンニ派）、クルド人問題（国境地帯の両側に住み独立を求めるクルド人が反乱を起こすと、たがいに相手国内での反乱を援助したり、討伐に越境する）など対立要因が多く、国境紛争が散発的に起きていた。特にイラン革命でシーア派の原理主義政権が生れると、非宗教的で社会主義的なイラクのバース党政権は、自国南部のシーア派（アラブ人口の60％）に宗教的情熱が伝播することを恐れざるをえなかったし、現実に南部で反政府デモが発生していた。1980年4月にバグダ

ッドでイラン人によるT・アジズ・イラク副首相暗殺未遂事件が起きると両国関係は一挙に緊張、国境紛争が頻発した。

イランの革命による政治・経済の混乱、軍の弱体化、国際的孤立（米国が反米革命に憤っただけでなく、ソ連も自国のイスラム地域やアフガニスタンへのイスラム革命の輸出を恐れ、アラブ諸国の政府の多くも原理主義運動を警戒した）を見たイラクのフセイン大統領は諸懸案の武力解決を狙った。

1980年9月4日からイラク軍は国境地帯で砲・爆撃を行っていたが、22日にイラク空軍はイランの空軍基地・空港10個所を爆撃、23日払暁にイラク陸軍の機甲2個師団、機械化歩兵2個師団、歩兵2個師団（計約6万人）がイラン南部・中部の国境を突破、イラン領内深く侵攻した。だが革命で混乱・弱体化していたはずのイラン軍も外敵の侵入を受けると勇戦し、米国製のAH1J攻撃ヘリやM48戦車がイラクのソ連製T62戦車などに大損害を与え、イラク軍の攻撃は停滞した。イラクは5個師団を南部戦線に展開し国境に近い南部のホラムシャハルを激戦の後、10月末に占領した。その南のアバダンに対する総攻撃は挫折したが、開戦後3カ月でイラク軍はイランとの国境南部から東に約100km前進し、ペルシャ湾岸の産油地帯、フゼスターン州の半分を占領した。

この地域はアラブ系住民が多かったが意外にも彼等はイラク軍を歓迎せず、難民としてイラン側に逃れた。一方、イラク兵の過半はイランと同じシーア派だったが、イラン軍と戦い、この戦争では宗派や民族より国民意識の方が強く示された。国連安保理は1980年9月28日、停戦を求める決議479を満場一致で採決した。これは奇襲侵攻したイラクを非難せず、イランの一部が占領された状態で即時停戦せよ、という妙にイラクに有利な決議だったから、イランはこれを当然拒否した。イランは態勢を立て直し、翌81年1月5日から総反撃を開始した。雨季に入ったため総反撃は中断されたが、雨季後の3月22日、イラン軍は大攻勢を再開、イラク軍は死傷者1.5万人、捕虜1.5万人（イラン側発表）を出して潰走、イランは被占領地5400平方kmのうち2000平方kmを奪回した。この反攻作戦では革命防衛隊（民兵）の活躍が顕著でフランス革命・ロシア革命後の列国の介入に対する仏、露国民の反応と共通した現象が起きた。革命で相手が弱った、と見て手を出すと失敗する一例だ。イラン軍は9月18日から秋の攻勢に出てアバダンの包囲網を解くことに成功し、国境線中部でも11月に反攻に出て成果をおさめた。

1982年になるとイラン軍はさらに強化され、3月22日からの大攻勢でフゼスターン州を占領していたイラク第4軍団に潰滅的打撃を与え、5月24日、ホラムシャハルを奪回、イラク兵3万人を捕虜とした。この敗北で政権が危うくなったイラクのサダーム・フセイン大統領は、6月20日、全軍のイラン領からの撤退を発表し停戦を模索したが、イランは「侵略を調査する国際法廷の設置」、「戦争被害の賠償」を停戦条件としたためフセイ

ンは応じず，イラン軍は7月13日からイラク領内に逆侵攻しバスラに迫った。

だが，イラク軍も自国防衛になると善戦しバスラを守って装備・補給で劣るイラン軍に大損害を与え，1988年まで双方が決め手を欠くまま国境付近のイラク領内で消耗戦が続いた。

圧迫されたイラクはイランに経済的打撃を与えようと，ペルシャ湾を航行する外国のタンカーへの航空攻撃を1982年8月4日から始め，原油積出し地点のカーグ島，バンダル・ホメイニ港などを爆撃した。イラン側は当初報復をひかえたが，84年5月13日からイラクを財政的に支持するクウェート及びサウジアラビアの港に出入りする外国タンカーへの攻撃を行った。84年から87年まででイラクは208隻，イランは145隻の第三国商船（日本関係船19隻）を攻撃し，船員333人が死亡（日本人船員2人），とされるが，それ以前の82年から84年5月まではイラク側だけが攻撃しており，またイラクは航空機による対艦ミサイル，ロケット弾攻撃，イラン側は高速艇からの対戦車ロケット，機銃の射撃が主だったから，大損害を受けたタンカーの大部分はイラク側の攻撃を受けたと考えられる。

また，この戦争は双方が弾道ミサイルを発射しあったはじめての戦争となった。イラクは1982年10月27日からイランのデズフル市へ「スカッドB」弾道ミサイル攻撃を開始，イランは85年3月14日，はじめてバグダッドへ「スカッドB」4発を撃ち込んだ。この戦争中イラクは「スカッドB」（射程300km）とその改良型「アル・フセイン」（同600km）計192発をテヘラン等に発射，イランも「スカッドB」約80発を発射したが，ともに決定的効果はなかった。

イラクは戦争前，英・伊から化学剤を輸入，サマワ郊外に工場を建設，1984年2月からイラン軍に対して使用，3月7日の南部マジヌーン島攻防戦でイペリットと神経ガス「タブン」を大量使用し，イラン兵2700人を死傷させた。また，88年6月，イラク軍が同島を奪還しえたのは，大量の化学兵器の使用でイラン軍の士気を低下させたためと言われる。

米国（R・レーガン政権）はイラクが隣国に侵攻し，中立国商船の攻撃，化学兵器の使用，弾道ミサイル攻撃などを行っていることを知りつつ，イラクを支持し，各国にイランへの武器禁輸とイラクへの財政支援を呼びかけ，1984年11月17日，米国とイラクは17年ぶりに国交を再開した。87年5月17日には米フリゲート艦「スターク」にイラク機が誤射した「エグゾセ」対艦ミサイルが命中，死者37人を出す事件が起き，6月には米政府は艦隊をペルシャ湾に入れたが，それは逆にイランの攻撃からクウェートのタンカーを守る目的だった。米艦隊は88年4月18日からイラン領の島や海上石油基地を砲撃し，艦艇と交戦したが，これは同月16日に始まったイラク軍の地上での反攻作戦と歩調を合わせ，イラン戦力の一部をペルシャ湾東岸に引き付ける狙いがあったと見られる。7月3日にはイラン領空内でイラン航空の旅客機が米巡洋艦ビンセンスの対空ミサイルで撃墜され290人が死亡した。ビンセ

ンスはイラン領海内に出入りして挑発行動をしており，離陸した旅客機を反撃に来たイラン空軍機と誤認したものだった。

米国の軍事介入，日本など西側諸国やアラブ諸国の財政援助，ロシアなど多くの国からの兵器輸入に助けられたイラクは1988年4月からの大攻撃でファオ半島・バスラ東方などからイラン軍を駆逐，力尽きたイランは88年7月18日，国連安保理決議598号を受諾し停戦に応じる旨発表した。この決議は87年7月20日に行われたが，その前の479号（80年9月28日）がイラクの占領地をそのままにした停戦を求めたのに対し，598号はイラン軍がイラクに入った状況の中で，双方が「国際的に認められた国境線へ撤退し停戦」を求めたものだったから，イランは応じなかったが，現実にイラン軍が占領地をほぼ失う事態となったため，イランもこれを受諾し，8月20日に停戦となった。イランの指導者ホメイニ師は侵略者であるサダム・フセインが処罰されないまま停戦に応じたことを「毒を呑むより苦しい思いで決断した」と語り，これは当時はイラクびいきの米欧メディアでイランの敗北宣言として報じられた。だがイラクの侵攻で始まったこの戦争が8年の後，元の国境で終わったことから見て，大局的にはイラクの攻撃の失敗，イランの防衛の成功，と見る方が妥当と思われる。

この戦争の犠牲者はイラン側で戦死12.3万人，行方不明6万人（うち捕虜3万人），民間人死者1.1万人と発表された。イラク側は死者10万人と推定され，負傷者を含めると犠牲者は双方計100万人と推定される。直接戦費はイランが744億～914億ドル，イラクが941億～1122億ドル，これに加えて武器輸入がイラン31億ドル，イラク243億ドル（ストックホルム国際平和研究所推定）と言われ，イラン経済も大打撃を受けたが，イラクは諸外国からの借款と武器輸入が可能だっただけに戦後対外債務に苦しむこととなった（対日債務だけで約7千億円）。また，イラクは戦時の労働力不足を補うため多くのエジプト人など外国人労働者を受け入れたため，100万人に膨脹した兵士を復員させようとしても元の職場は外国人に奪われ，それを追い出そうとする復員兵と外国人労働者が大乱闘を起こす事件も続発し，フセイン政権は復員計画を延期せざるをえなくなった。

また，戦争中にイラクに財政支援をしていたクウェート，サウジアラビア等のイスラム・スンニ派諸国も終戦で援助を打ち切った。払い切れぬ大借金と大軍を抱えて首が回らなくなったフセインは，1990年8月2日，クウェートに侵攻，同国を併合してその資産と油田を接収することにより窮状を打破しようとした。彼は事前に米国の駐イラク大使に間接的表現ながら侵攻に対する米国の反応を打診し，前回同様隣国を侵略しても米国は寛容と誤算したようだ。米国がイラン憎しの感情からフセインをひいきしすぎたことがそもそも誤りだったと言えよう。

5-53
フォークランド紛争
　　Falklands Conflict/Malvinas War

第5章　現代の戦争・紛争

[略語]　マルビナス紛争

アメリカ大陸の南端から北東約600kmにあるフォークランド諸島は1592年に英国人が発見，1765年に西フォークランド島に英国人，67年に東フォークランド島に仏国人が入植したが，英は74年，仏は1806年に放棄し，スペイン領マルビナス諸島となった。1816年，スペインから独立したアルゼンチンはこの諸島の領有権を継承したが，英国は33年，同島を占領しアルゼンチン人を追放，英国植民地としたため領有権論争が続いた。英政府は同島の主権をアルゼンチンに返還し99年間の租借とすることを計画したが，1980年12月に同島の英国人住民1800人を代表する島議会はこれを否決した。

1981年12月にアルゼンチン軍事政権の大統領兼陸軍司令官となったレオポルド・ガルチェリ大将は就任直後から，元来強硬論を唱えていたホルヘ・アナヤ海軍司令官と「マルビナス奪回」を協議し準備を始めた。77年以来の軍事政権下でインフレが激しく国民の不満が高まっていたため，軍事的成果をあげて人気挽回との狙いもあったようだ。フォークランドの英守備隊は海兵隊81人で占領は容易だし，英本国から12000kmも離れて英軍の派遣は容易ではなく，南半球の冬（6〜8月）に付近は暴風圏となり上陸作戦は困難だから晩秋に占領すれば既成事実を固められる，との判断だった。

1982年4月2日，アルゼンチン軍5000人がフォークランドに上陸，英民政官と海兵隊を小戦闘のあと降伏させ，3日には南ジョージア島も占領した。英国はただちに機動部隊の派遣を決定，5日には空母「インビンシブル」と「ハーミズ」が出航し，ジブラルタル沖にいた他の艦と合流，最終的には空母2，駆逐艦8，フリゲート艦15，原潜5，ディーゼル潜1，強襲揚陸艦2，戦車揚陸艦4などの軍艦や徴用商船，トロール船，曳船なども加え総計113隻が南大西洋に向かった。だが，2隻の空母が積む戦闘・攻撃機は亜音速の垂直離着陸の艦載機「シーハリヤー」と空軍の「ハリヤー」計34機にすぎず，上陸部隊は7個大隊3000人だったから，戦闘機・攻撃機約130機を持ち，約1万人を島に送り，重砲を持ち込んで陣地を築いていたアルゼンチン軍に対し量的劣勢は明らかで，訓練と士気が頼りだった。

英艦隊は1982年4月30日，フォークランド海域に接近，その先駆けをしていた英原潜「コンカラー」は5月2日，アルゼンチンの旧式巡洋艦「ヘネラル・ベルグラーノ」を撃沈し1042人の乗員中368人が死亡した。だが5月4日には英駆逐艦「シェフィールド」にアルゼンチン海軍のフランス製攻撃機「シュペール・エタンダール」の放った対艦ミサイル「エグゾセ」（射程50km，弾頭165kg）が命中，同艦は火災を起こし沈没した。英軍はその後フォークランドの首邑ポート・スタンレー周辺に爆撃・艦砲射撃を加えつつ，上陸部隊の集結を待ち，21日に東フォークランドの西岸サンカルロスに本格的上陸作戦を行った。

これに対し，アルゼンチン空・海軍機は激しい攻撃をかけ，この戦争中撃沈さ

れた英艦船は6隻，爆弾が命中したが不発で大・中破ですんだものも6隻に達した。不発が多かったのは元ドイツ急降下爆撃機のエース，ハンス・U・ルデル大佐が戦後指導したアルゼンチンのパイロットがあまりに低高度・至近距離で投弾し，風車式の安全装置が外れる前に命中したため，とされる。全てが爆発していれば英軍の作戦全体が崩れかねないところだった。またアルゼンチン海軍が発注した14機の新鋭「シュペール・エタンダール」攻撃機がまだ5機しか到着しておらず，「エグゾセ」対艦ミサイルも5発しか納入されていなかった。だが，5月25日にも「エグゾセ」でコンテナ船「アトランティック・コンベア」を撃沈，積んでいた大型ヘリ「チヌーク」3機，他のヘリ7機など大量の機材が海没し，英上陸部隊の行動を大いに阻害した。アルゼンチン機にとっては本土の基地からフォークランドまでは約650kmで，行動半径ぎりぎりだったことも苦しかった。

一方，英海軍の「シーハリアー」と，空軍の「ハリアー」は相手の「ミラージュIII」などに比し速度も遅く，航続距離も短かったが，米軍から急拠供与された空対空ミサイル「サイドワインダー」の最新型「AIM9L」により互角以上に戦い，空中戦で20機以上を撃墜したほか，地対空，艦対空ミサイル，対空砲でアルゼンチン機52機以上が撃墜された。英航空機の喪失は「シーハリアー」「ハリアー」計10機を含む36機（他に事故12機）だった。英空母は小型のため米空母の「E2C」のような大型レーダー搭載の早期警戒機を運用できず，低空飛行で水平線の陰から接近する敵機は約50kmの距離に踏み込むまで発見できないため，防空指揮は難しかった。

サンカルロスに上陸した英地上部隊は湿原をほとんど徒歩で前進した。アトランティック・コンベアの撃沈で輸送ヘリを失ったため弾薬など1人60kg近い荷をかついで65kmの距離を踏破し，6月はじめ東岸のホートスタンレーに迫った。6月11日未明から町の西方8kmのロングドン山など町の外周の3つの高地を攻撃して朝までに制圧に成功，13日の第2次攻撃では町を見下ろすワイヤレス尾根などを奪取した。英軍の補給は尽きつつあり，敵陣に着剣突撃し銃剣で刺突した例も少なくなかった。英兵（グルカ兵を含む）は志願兵で長期の訓練を受けていたのに対し，アルゼンチン兵は徴兵であるため練度が低く，接近戦になると手を上げた。14日，同島のアルゼンチン軍司令官メネンデス少将は英地上部隊司令官ムーア少将と降伏文書に署名。ガルチェリ大統領はその後間もなく辞任した。この紛争の死者は英軍256人，アルゼンチン軍645人，艦船沈没は英7隻，アルゼンチン5隻，航空機の損失は英48機，アルゼンチン116機とされる。

「英国は再び偉大な国となった」とサッチャー英首相は誇ったが，羊と昆布しか産業のない島を奪回するための5000億円の戦費に加え，英国は同島警備のため2003年現在も陸軍1個大隊450人，空軍750人，フリゲート艦1隻，戦闘機4機，輸送機2機，ヘリコプター3機などを駐

屯させるをえず，財政上は無益の負担となっている。だが，アルゼンチンの侵攻に対し，もし何もしなければ英国が国際的発言権を失ったことも確実で，1980年に主権返還が住民の反対で実現しなかったことが惜しまれる。

5-54
クルド人の反乱
Kurdish Rebellion

クルド人は古代イラン語系の言語を持つ民族で，総人口約3000万人と推定され，トルコに1500万人，イランに700万人，イラクに500万人のほか，シリア，アルメニア，アゼルバイジャンにまたがる高地に居住して農耕・遊牧で生活し，多くはイスラム・スンニ派に属している。居住地が国境により分断され，どの国でも少数民族であるため，自治・独立の願望が強く，しばしば反乱を起こしたり，利用されたりしてきた。

トルコでは1951年，65～68年に反乱を起こして鎮圧されたが，78年，アブドラ・オジャランが指導するクルディスタン労働党（PKK）が設立され，シリアの支援を得て84年からゲリラ戦を展開，トルコ軍の平定作戦で3000の村が放棄され数百万人の難民が大都市に流入，約50万人はドイツなどへ外国人労働者として移住した。トルコ軍はイラク領内のクルド人ゲリラ拠点を叩くため大部隊をイラクに入れる越境攻撃も行ってきた。オジャラン党首は，99年6月に逮捕され死刑判決を受けたが，武装抵抗放棄の指示を出して無期懲役に減刑された。

イラクでも王制時代から反乱が続発し，1931年にはシェイフ・マフムードがクルディスタン王と称して独立を宣言したり，46年にカーディ・ムハンマドを大統領とするクルド共和国の建設が宣言されたこともある。だがこれらは短命で，バース党政権が68年に成立すると70年3月までにほぼ制圧に成功，74年3月にクルド人に限定的自治権を与える法律が施行された。だがクルド人はこれを拒否して全面的戦闘状態となった。75年3月，反乱軍の指導者マスード・バルザーニ将軍らクルド民主党（DPK）幹部はイランへ亡命，イラン・シリアの援助でイラクへの抵抗活動を続けた。イラン・イラク戦争中は両国が相手国内のクルド人の反乱を支援し，クルド人同士が多くの派閥に分かれて戦い，利用されては見捨てられる昔ながらの形となった。イラクは対イラン戦争停戦後，戦争中にイランと共同作戦を行ってきたクルド愛国者連合（PUK）に総攻撃をかけ，化学兵器も使用した。91年の湾岸戦争後，米国もフセイン政権打倒のためイクラのクルド人の反乱を教唆したが米国は有力な援助は行わず，イラクは鎮圧に成功，クルド人200万人が難民となり，一部はトルコとイランへ逃れた。米英はイラク北部の北緯36度線以北を「飛行禁止地帯」と宣言しイラク軍の鎮圧を妨害する一方，米国の「イラク解放法」（98年10月）によりクルド人に武器供与を行い，2003年3月からの米・英軍のイラク攻撃ではクルド人部隊が米軍特殊部隊の指導下に，その尖兵となって北部のキルクークなどを占

拠した。米国はNATOの一員であるトルコでのクルド人反徒は「テロリスト」としてオジャランの逮捕にも情報などで協力したとされるが，イラク内のクルド人反徒は「自由の戦士」と呼んで支援するこっけいな形となった。

イランのクルド人は総人口の10％でトルコでの25％，イラクでの20％に比し，さらに少数派であるため，これまで多くのクルド人と政府軍の武力紛争が発生したものの，散発的事件にとどまってきた。

5-55
米国のグレナダ侵攻
U.S. Invasion of Grenada

ベネズエラの北約150kmのカリブ海に浮ぶ島国グレナダは人口10万人（黒人が90％）の小国で1974年に英国から独立した。79年にモーリス・ビショップの率いる左派勢力がクーデタを起こし，人民革命政府を樹立，83年10月13日にハドソン・オースチン「軍司令官」がビショップ首相らを殺し20日に革命軍事評議会を樹立，政権を掌握した。

これに対し米国は同月25日未明，首都セントジョーンズの医科大学の米国人学生224人に危険が迫っている，として1個海兵水陸両用戦隊（1250人）と2個レンジャー大隊を上陸させ，空母インデペンデンスを中心とする空母戦闘群の艦載機（約70機）や空軍のAC130対地射撃専用機多数がその援護に当たった。また秘密特殊作戦部隊「デルタ・フォース」や海軍特殊部隊SEALも参加した。グレナダ軍は約1000人で，この他にビショップ首相時代に始まったキューバの援助の一環として国際空港を作るため679人のキューバ人（一部は武装民兵）がいて，少数の装輪装甲車と対空機関銃があるだけだった。

だが米軍は苦戦し，第82空挺師団の一部などの増援を送らざるをえず，結局投入された米兵5900人と「東カリブ諸国連合軍」（バルバドス，ドミニカなど6カ国）の300人が1週間かかって，面積344平方キロ（東京都の16％）の国を制圧した。医大生救出のためならまず大学にヘリコプター急襲部隊を送るはずだが，米軍は島の反対側から戦車・装甲車を上陸させ，米軍部隊が抵抗を排してセントジョーンズ医科大に着いたのは1日半後の26日午後だった。その間，医科大の米国人学生は人質にされることも危害を加えられることもなく，グレナダ兵に守られ全員無事だった。

この作戦で米軍は，死者27人，負傷者116人を出し，ヘリコプター6機が撃墜された。戦闘と誤爆でグレナダ人71人，キューバ人27人も死亡した。この作戦の地上戦の責任者はノーマン・シュワルツコフ少将だったが拙戦の責任を問われず，91年の湾岸戦争で有名となった。小国に対して明白な侵略行為を行って，無意味に近い犠牲を出しても，米国民は「大勝利」に熱狂，レーガン大統領の支持率は一挙に高まった。

3 冷戦後

5-56
米国のパナマ侵攻
U.S. Invasion of Panama

人口300万人弱のパナマは運河建設のために米国が強引に作った国だ。元来コロンビアの1州だったが、運河建設の補償金額を巡ってコロンビア議会が米国との運河条約の批准を否決すると、米国はパナマ住民の一部に独立運動を起させ、1903年11月、艦隊をパナマ地峡両岸に配置してコロンビア政府軍の派遣を阻止、ただちにパナマ共和国の「独立を承認」した。これは「間接侵略」の典型例だ。米国はそのパナマと結んだ条約で運河建設とそれに沿った両岸各8キロの運河地帯の独占管理権をえて工事に着手、1914年8月に運河が完成した。

だが他の中米諸国と同様、パナマでも米国の支配に対する反感は根強く、1940年には反米民族主義のアルヌルフォ・アリアスが大統領に選ばれ、戦争中に米の圧力で失脚したが戦後2度大統領に選ばれたことがある。アリアスは68年国家警察隊（軍）のクーデタで追放され、米国はその指導者オマル・トリホス大佐（のち将軍）の軍事政権を承認した。この政権は78年まで続いたが、親米軍事政権も民族主義の高まりに押されて運河条約の改定を求め、米国は国際世論にも押されて73年から交渉に入り、新パナマ条約が77年1月調印され、79年に発効し、米国は99年末に運河管理権をパナマに返還することとなった。トリホス将軍は78年に国家元首の地位をおりた後も国家警察隊司令官として実権を握ったが、81年航空機事故で死亡、その情報部長だったマヌエル・ノリエガ将軍が後継者となり、83年国防軍最高司令官となった。

ノリエガは情報部長時代からCIAや米軍に協力した親米派だったが、米国では保守派が「1999年に運河条約が期限切れとなった後も米国が運河管理権を保持すべきだ」と主張し、「パナマの運河ではない。アメリカの運河だ」との運動も高まり、米政府も駐兵の継続や米軍の介入権を求めたため、ノリエガも米国に従順ではなくなった。それまで軍事政権を支援してきた米政府はにわかにノリエガの独裁・不正を非難し、88年、米連邦大陪審はノリエガを麻薬取引罪で起訴し、米政府はノリエガ打倒の圧力を強化した。

1989年12月20日、米軍はパナマ運河地帯駐屯の米南方軍1万1000人に加え、米本国から空挺部隊など1万人余と航空戦力を投入し、総兵力4500人のパナマ国防軍を一日で制圧しようとした。このときF117ステルス攻撃機もはじめて使われた。だが弱体と見られたパナマ国防軍は約1万人のパナマ民兵の協力を得て善戦し、5日間抗戦を続けた。この間ノリエガはバチカン大使館に保護を求めたが、ローマ法王庁と米政府の間に妥協が成立、90年1月3日、大使館を出て米軍に投降

した。この間米軍は在パナマのニカラグア大使公邸に踏み込んで家宅捜査を行ったり、バチカン大使館を包囲して大音量でロック・ミュージックを流して嫌がらせをするなど国際法を無視する行動を行い、国連総会も米国の侵攻を強く遺憾とする決議を採択した。

この侵攻でパナマ軍は戦死314人を出し、民間人1200人が爆撃で死亡したとされる。米軍の損害は戦死23人、行方不明1人、負傷322人だった。ノリエガは逮捕され、米国に連行されたが、国際法・米国国内法上多くの疑問が出て裁判はなかなか開かれず、結局1992年7月マイアミの連邦地裁で麻薬密売の罪で禁固40年の判決を受けた。ノリエガが対米協力者として権力を握り、圧制を行い、私腹を肥やした怪し気な人物であったことはまず確かだが、独立国の指導者を他国の軍が侵攻して逮捕、本国に連行することは国際法上不当な行動だろう。

パナマ運河と運河地帯は1999年12月31日、パナマに全面返還され、米南方軍は全面撤退したが、運河の通航が脅かされれば返還後も米国が軍事介入する権利を持つことになり、またパナマは自国通貨を持たずドルが流通するなど、なお米国の属国的色彩が濃い。

5-57
湾岸戦争
  Gulf War
略語 **イラクのクウェート侵攻**
 イランとの8年の戦争で巨額の対外債務を作り、戦前の25万人から100万人余に膨張した大軍を抱え、さらに外国からの財政支援は終戦で打ち切られて極度の財政危機と高まる国民の不満に直面したイラクのサダム・フセイン大統領は、同国が1961年以来「イラクの一部である」と主張し、石油権益を持つ英国と戦争になりかけたこともある隣国クウェートを併合し、その外貨資産と油田を奪取することにより窮状を打解しようとした。米国はイラン・イラク戦争中、イラクの強力な支援国であり、戦後も米国務省が「イラクは米国の中東政策上の最大の資産」と言明するほど親密だったため、フセインはエィプリル・グラスピー駐イラク米国大使を招いて「クウェートが国境近くに油井を掘り、大半がイラク領の地下にあるルメイラ油田の石油を吸い上げて盗んでいる」などとクウェートの非を訴え、クウェート侵攻に関し米国の諒解を得ようとした。米国大使は「米国はそのような紛争に関心を持たないでしょう」と答えたため、米国はクウェート侵攻を黙認する意向と見たフセインは、1990年8月2日未明、7個師団（10万人、戦車350輌）でクウェートに侵攻、夕刻までに全土（約1.8万km²）を占領した。クウェートは国営石油会社の株式の49％を英国のブリティシュ・ペトロリアム社が持つなど、英国が権益を握っており、たまたま訪米中だったマーガレット・サッチャー首相はジョージ・ブッシュ米大統領（先代）にクウェート奪還の共同行動を取るよう訴え、大統領も同意した。米国の石油権益はサウジ・アラビアにあり、フセインが米国を後ろ盾としていた事情

や，補給能力などからして，侵略の手をサウジ・アラビアにも伸ばす可能性は客観的には低かったが，米国政府は「サウジ防衛のため」として出兵を決意した。フセインは米国が何度も利害を超えて英国に尽くしてきた歴史を軽視したようだ。またイラクの侵攻は近年稀なほど露骨な侵略であったため，ソ連など社会主義国も，イスラム諸国もイラクを批判し，国連安保理はただちに2日，侵攻を非難し，イラク軍の即時撤退を求める，との決議を可決し，6日には経済制裁も決議した。

米英はただちに空母を「ペルシャ湾方面」（湾の外のアラビア海）に派遣，仏・独・カナダ・オランダ・スペインも艦艇派遣を決めた。

予期に反し反撃を受ける状況になって驚いたのか，イラクは6日クウェート在住の英・米人を拘束し，イラク本国にいる外国人も拘束あるいは出国禁止とした。その数は1万人に近かった（うち日本人198人）が徐々に解放し，12月6日に残り約2200人全員を解放した。

米軍は中東方面担当の中央軍司令部を平時の所在地フロリダ州タンパからサウジの首都リヤドに8月8日移動し，まずサウジ防衛のための派兵「デザート・シールド」を開始した。11月中旬までに周辺の米空母3隻と空軍・海兵隊の戦闘機・攻撃機は計約800機に達したが，地上兵力は陸軍3個師団，海兵1個師団と支援部隊計18万人で，海上輸送能力の不足で車輌などの到着が遅れ，サウジ防衛がやっとという状態だった。11月8日ブッシュ大統領は「攻撃的行動」を取れるよう在欧米陸軍などから15万人以上の増派を発表，同29日国連安保理は翌年1月15日を期限としてイラク軍のクウェート撤退を求める決議687を採択した。これは事実上の最告通告だった。フセインは「撤退すれば威信を失う。政権がもたない」と訪問し撤退を勧めた中曽根元首相に語り，クウェートに兵力を増強，陣地を固めた。

多国籍軍側はクウェートとイラク南部国境に展開したイラク軍を43個師団，54万人と見積っていたが，戦後33.6万人と判明，2月24日地上戦開始の時点では爆撃による死傷と逃亡で20万人余に低下していたと推定された。イラク空軍は作戦機約400機を持っていた。一方，多国籍軍地上部隊は28カ国の14個師団，57万人（アフガンゲリラも300人いた），戦車3200輌，装甲車5100輌，海・空軍を含む総兵力は38カ国の78万人に達し，うち米軍は陸軍31万人，海兵隊9万人，空軍5万人，海軍8万人，計約54万人を派遣した。海軍は13カ国の186隻，うち米海軍が空母6隻など120隻，航空部隊はヘリを除いて2800機，米空軍1400機，米海軍418機，米海兵隊240機，他の9カ国空軍（英・仏・サウジなど）750機だった。

国連本部のあるニューヨーク時間で最終期限がすぎた1月16日，現地時間で17日の午前3時前，多国籍軍は空襲を開始，巡航ミサイルBGM109C／D「トマホーク」（射程1300km）52発，F117ステルス攻撃機30機でバグダッドの大統領宮殿，バース党本部など政治中枢やイラク，クウェート各地の防空指揮・通信網を狙っ

た。初日の出撃は戦闘機・攻撃機・爆撃機のべ700機（Sortie）とトマホーク116発）（戦争中に計282発）だった。25日には出撃は2700ソーティ（給油機・警戒機なども含む）に達し、当初は航空基地、対空ミサイル、核・生物化学兵器関連施設の破壊に重点を置いた。イラク空軍はMiG29を35機、MiG25を23機、ミラージュF1を65機、など近代的戦闘機を持っていたが、操縦士の練度が低く、指揮・通信網を破壊されてほとんど対抗できず、空中戦でMiG25が米海軍のF／A18を1機撃墜しただけで33機を撃墜され、254機が地上で破壊され、121機が中立国イランへ逃れて抑留された。多国籍軍航空機の損害はヘリを除いて38機で、対空砲で9機、赤外線追尾ミサイルで13機、レーダー誘導ミサイルで10機、戦闘機で1機、その他・不明5機とされる。

多国籍軍の航空攻撃の重点はその後イラク地上部隊・交通網に向けられ、通算3万5085回の攻撃中67.3％が地上部隊を目標とし、米軍だけで27万7822発（9.2万t）の爆弾を投下、うち精密誘導兵器は1万7818発で7.8％だった。戦争全期間の出撃は11万8661ソーティにおよび、うち2万3414ソーティは給油機・偵察機など支援機だった。また米海軍は第2次大戦中に建造した戦艦「ミズリー」「ウィスコンシン」をペルシャ湾に送り、クウェートのイラク軍陣地に83回も艦砲射撃を行い、射程35キロの16インチ砲弾1102発（982t）を発射、爆撃を上回る打撃をクウェートのイラク軍に与えたとされる。戦艦が搭載していた無人偵察機

3 冷戦後

「パイオニア」のテレビ映像による陣地の発見・射撃観測が有効だった。

38日間の爆撃・砲撃ののち、多国籍軍は2月24日地上攻撃を開始、右翼（海岸沿い）の米海兵第1・第2師団とアラブ合同軍はイラク軍の奥行き5kmにわたる対戦車壕、地雷原を設けた陣地帯を簡単に突破し、早くも翌日クウェート市に迫った。中央の米陸軍第7軍団（米第1機甲師団、第3機甲師団、第1駐兵師団、第1歩兵師団、第2装甲騎兵連隊、英第1機甲師団）はクウェートを迂回して、海岸から約300km内陸に展開、サウジ領から直接イラクに攻め込んだ。さらに西では左翼の米第18空挺軍団（米82空挺師団、第101空中強襲師団、第24歩兵師団、第3装甲騎兵連隊、仏第6軽機甲師団）はイラク軍の主要補給路で退却路ともなる国道8号線を、バスラとナシリア、サマワの間で寸断するためヘリコプター約200機（うち輸送ヘリ130機）によるヘリボーンで急進撃し、イラク領内に前進基地を設け、輸送部隊が砂漠を走破して燃料などを運び込み、攻撃を続けた。

イラク軍は一方的航空攻撃を受け続け、補給が切れ、通信系統を寸断され、質量ともにまさる多国籍軍地上部隊の攻撃を受けたため士気は低く、集団投降が相次いだ。海岸沿いにクウェート市に迫った米海兵部隊は、左側の米第7軍団が敵の側面や後方に回り込み包囲網を作るまで進撃速度を落すよう命じられていたが、第7軍団が北西からクウェート領に入って包囲の形となったため、27日クウェート市を解放した。中央の第7軍団は工兵

がイラク国境陣地に突撃路を開いたのち24日から前進，26日夜にイラクの精鋭，共和国防衛隊のメディナ戦車師団の陣地に第１機甲師団が突き当たったがＡＨ64（アパッチ）攻撃ヘリの「ヘルファイア」対戦車ミサイルや，戦車などの熱を感知して画像として出す「サーマル・サイト」を備え，夜間にも3000mで劣化ウラン徹甲弾の初弾を命中させる米軍のＭ１Ａ１戦車にはイラクのソ連製Ｔ72もほとんどなすすべがなかった。

また，西方の第18空挺軍団のうち，もっとも右側の第24歩兵師団（機械化）は東に向かいバスラ方面に逃走したとみられる共和国防衛隊のハムラビ戦車師団を追った。だが28日午前８時ブッシュ大統領は停戦を命じ，ハムラビ師団とその他の残存部隊は脱出に成功した。ブッシュ大統領，コリン・パウエル統合参謀本部議長らには，元々深追いして都市や農村でのゲリラ戦に引き込まれるのは避けたい，とのベトナム戦争の苦い記憶から来る慎重さがあり，イラク軍をクウェートから駆逐する目的は達し，敵に十分な打撃を与え，残る敵は敗残兵にすぎず，フセイン政権も崩壊するだろう，その判断があったようだ。また進撃が速すぎて補給も一時的に困難になりつつあった，とも言われる。だが，あと１，２日はバスラ郊外で攻撃を続け，イラク戦車部隊に徹底的打撃を与えることは可能だったろう。

この100時間の地上戦で米中央軍は「戦車2159輌を破壊した」と発表，それ以前の航空攻撃による1688輌と合せれば3847輌を破壊したことになるが，これは過大で，ＣＩＡは戦後の調査で計2633輌と判定した。１月14日から２月28日まで43日間の戦いで多国籍軍の戦死者は244人（米軍146人，サウジ軍47人，英軍25人，エジプト軍12人など），負傷者894人（米軍467人，サウジ軍220人，エジプト軍95人，英軍45人など）だが，このうち米軍の同士討ちの犠牲は戦死35人，負傷78人だった。米軍の戦車の損失は18輌にすぎず，半数が同士討ちだった。また米海軍の強襲揚陸艦「トリポリ」とイージス巡洋艦「プリンストン」が２月18日機雷に触れ，特にプリンストンは竜骨が曲る大損傷を受けた。

一方，イラク軍は爆撃による戦死が１万人ないし1.2万人，負傷者が２万人～2.4万人と見られ，地上戦での死傷者は５千人ないし１万人と推定されている。捕虜となったのは8.6万人，イラク民間人2278人が死亡，負傷者が5976人，とされる（数字は河津幸英著『湾岸戦争とイラク戦争』アリアドネ企画刊による）。

この戦争中，イラクはソ連製弾道ミサイル「スカッドＢ」の弾頭重量を825kgから135kgに減らし，燃料を増やすことにより射程を元の300kmから600kmにした国産「アル・フセイン」88発を発射した（サウジに43発，イスラエルに42発，バーレーンに３発）。だが，精度が悪くテルアビブに落下した39発で死者４人，とも言われる。だが２月25日サウジ東岸ダーランの米軍兵舎に偶然命中したアル・フセインで米兵28人が死亡，97人が負傷した。米軍はサウジ，イスラエル，トルコに対空ミサイル「パトリオットＰＡＣ２」

発射機206基を配備し，迎撃を試みたがほとんど効果がなかった。対空ミサイルは目標とすれちがう際，先端の小型レーダーのドップラー効果を利用した近接信管で弾頭を爆発させ，破片による航空機撃墜を狙うが，弾道ミサイルは上昇初期に燃料を使い尽し，あとは放物線を描いて落下する。落下中の物体に破片を浴せても効果がないのは当然だった。また米空軍は「アル・フセイン」の発射地域であるイラク西部の上空に戦闘機・攻撃機を常時在空させ「スカッド・ハント」を行ったが，偽装した簡易発射台や移動発射機から発射されるため，発射前に位置を知ることは困難で，発射を知ってかけつけても発射機を破壊するのがやっとだった。発射前の破壊成功は潜伏中の特殊部隊が偶然目撃して通報した1発だけ，と言われる。イラクは神経ガス「タブン」やイペリット（マスタード）など化学兵器を持っていたが，それを弾道ミサイル弾頭に使わなかったのは，秒速2km近くで落下する弾頭を100m以下の低高度で爆発させる信管や，飛沫を広範囲に散布する技術がなかったのが一因と考えられる。

　この戦争の直後，イラク北部ではクルド人が武装蜂起し，南部のバスラ，カルバラ，ナジャフなどではイスラム・シーア派の反政府デモ行進と軽武装の反乱が起きたが，イラク政府軍はシーア派の活動をただちに鎮圧し，北部でも大規模な鎮圧作戦を行い，200万人を超すと言われるクルド難民が発生，一部はイラン，トルコに脱出した。これらの反乱は米国の煽動を受けたものだったが，米国は積極的介入を避けた。米軍は4月から2カ月間，イラク北部に駐屯しクルド人保護に当たり，また米英は北緯36度以北，同33度以南を「飛行禁止空域」と宣言，イラク軍の反乱討伐を妨害しようとした。

　また，3月3日に調印された停戦協定によりイラクは4月に大量破壊兵器（核，生物・化学兵器，射程150km以上の弾道ミサイル）の報告書を国連に出したが，その真実性は疑わしく，国連安保理は決議675を採択し，「国連大量破壊兵器廃棄特別委員会」（UNSCOM）を設けて，弾道ミサイルと生物・化学兵器の査察を行い，また決議687で国際原子力機関（IAEA）による核関連の査察を始めた。その完了までの間，経済制裁は続けることとなったが，のち徐々に緩和された。この査察は98年12月，米軍が3日間バグダッド等を猛爆撃する直前まで続き，査察が中断されたことが03年3月20日からのイラク戦争につながった。

5-58
ユーゴスラビア内戦
Civil War in Yugoslavia

　旧ユーゴスラビア連邦は「6つの共和国，5つの民族，4つの言語，3つの宗教，2つの文字を持つ1つの国」と言われたほど複雑な構成を持つ国だった。人口の90％は南スラブ人種に属するとはいえ，北部は古代西ローマ帝国に属したからカトリック教徒，南部は東ローマ帝国領だったからセルビア（ギリシャ）正教徒が多く，のちオスマン・トルコ帝国の

第5章 現代の戦争・紛争

版図となったためイスラムに改宗した人も多かった。北部の現在クロアチア,スロベニアとなって独立した地域は第1次大戦までオーストリア・ハンガリー帝国領で,南部のセルビア,モンテネグロは露土戦争のトルコの敗北の結果1878年にトルコから独立した。その中間地帯のボスニア・ヘルツェゴビナをオーストリアが支配したためセルビア人の憤りを買い,1914年6月,オーストリア皇太子と同妃がサラエボで暗殺され,オーストリアはセルビアに侵攻,第1次大戦のきっかけとなった。

第1次大戦でドイツ・オーストリアが敗れたため,南スラブ民族を統一したユーゴスラビア王国が1918年に生れたが,40年前から独立していたセルビアが旧オーストリア領のクロアチア,スロベニアを併合する形になったため,ドイツ文化圏で経済力も高いこの地域は,トルコ文化の濃いセルビアが戦勝国として政治・行政を支配することに反感を抱き内紛が続いた。

このため第2次大戦中の1941年4月ドイツ軍がバルカン半島に侵攻すると,クロアチアで戦前から有力となっていたファシスト政党「ウスタシャ」(決起,総裁アンテ・パヴェリッチ)は「独立国家

コラム　戦力としてのメディア　　　　　　　　　　田岡俊次

「サダム・フセインは20年余圧制を布き,2度も隣国を侵略し,化学兵器を使った。その独裁政権を倒したのは正しかった」。こう言ってブッシュ米大統領は当初開戦の理由とした大量破壊兵器が発見されなくても,戦争は正しかった,と主張する。米国人だけでなく,日本人の多くも,一理あり,と感じるかもしれない。だが20年余の圧制の前半,アメリカがフセインをひいきし,彼がイランへの侵略戦争を起して反撃に遭い苦戦した時期,アメリカが必死でフセインを支援した事実を知る者にとって,この主張は喜劇的だ。

当時米国メディアの大部分はフセインを英雄扱いし,侵略の被害者だったイランを狂信者集団のように描いた。日本は地理的,歴史的に反ソ・反英のイランと第2次大戦前から,体制のいかんを問わず強い友好関係があり,イラク軍の爆撃で合弁石油化学工場IJPCが完全破壊されるなど,大損害を被ってもいたが,その日本ですら米国メディアの影響で反イラン・親イラクの雰囲気が生じ,テヘランに日本大使館は残したものの,米国の要請に応じイラクに莫大な援助・融資を行った。化学兵器をイラク軍が使用していることは当時から報じられ,イラン兵が日本で治療を受けたこともあるが,米メディアは化学兵器使用をほとんど問題視せず,アメリカがこの問題でイラク

クロアチア」の樹立を宣言，ドイツの後援でユーゴスラビア北部を領土とし，領内のセルビア人とユダヤ人を収容所に入れ約70万人が虐殺されたとされる。これにはカトリック教会が，セルビア正教との対立から手を貸した。

第2次大戦中，クロアチア人の共産党員チトー（本名ヨシプ・ブローズ）は対独・伊ゲリラ戦に活躍し，伊軍を降伏させて奪った武器で独軍を悩ませ，43年末30万人に達したパルチザンはソ連軍の侵入前に自国の大部分の解放に成功した。このため戦後再統一したユーゴスラビア連邦（6共和国の連邦制）はスターリンの指令に服さず，48年コミンフォルムから追放されたが米・西欧と友好関係を結び，経済も政府の統制ではなく各企業内の労働者評議会が自主管理して利益を分配する方法で急速に発展した。東欧の社会主義国でありながら公然とソ連に逆い，繁栄したユーゴスラビアはソ連の東欧支配にとって不都合な成功例で，威嚇を受けてきただけに，ユーゴスラビアはソ連の侵攻を警戒し，各自治体に武器・弾薬庫を分散し，正規軍25万人のほかに100万人の民兵を作り，得意のゲリラ戦で抵抗する構えを示して抑止力とした。

だが1980年5月，英雄チトー大統領が

を批判したのはイランとの休戦の後だった。

今日でもイスラエルは核兵器（推定200発）を保有していることはまず確実で弾道ミサイルもあり，1967年の国連安保理決議に反してヨルダン河西岸などの占領を継続し，顕著な人権抑圧をしているが，イラクのクウェート侵攻や大量破壊兵器問題に比し，不思議なほど世界の議題とならない。

カンボジアのポル・ポト政権が170万人と推定される自国民を大量虐殺していたときも，米はベトナムのカンボジア侵攻を非難してポル・ポト派主体の「3派連合政権」を承認し日本も追随した。米メディアのポル・ポト追及は弱く，日本の東南アジア専門の記者が大量殺害を報じても反米報道のように日本で言われた時期があった。

98年のコソボ紛争は客観的に見ればセルビア古来の領土内でイスラム・ゲリラが起した反乱を，ユーゴスラビア政府治安部隊が鎮圧したものだが，米国と西欧諸国のメディアは「50万人が殺されつつある」などと報じ，99年国連の承諾なしにNATO軍がユーゴスラビア全土を猛爆撃する事態となった。停戦後NATO軍がコソボをくまなく調べても殺害されたらしき遺体はセルビア人を含め2108体しか発見されず，98年の討伐の際の戦死者と見られる。偽情報と巧妙な宣伝の結果一国が袋叩きにされた例だ。一方，ロシアのチェチェン紛争は，国内の反乱鎮圧である点はコソボ紛争と似ているが，ロシア帝国が侵略で獲得した領土である点はコソボと異る。ところがチェチェンでのロシア軍の行動は米国メディアでは

死去すると民族対立が再燃し，89年に東欧諸国の自立が始まってソ連の侵攻という共通の脅威もなくなると北部のクロアチア，スロベニア共和国と南部のセルビア，モンテネグロ共和国の亀裂が表面化した。スロベニア議会は89年9月「連邦からの離脱権」を定めた共和国憲法改正案を可決，翌年12月クロアチアもそれに続いた。

1991年6月25日，クロアチアとスロベニアは独立を宣言，連邦政府は違法行為として独立を認めず，連邦歳入の重要部分を関税が占めていたため，スロベニアが接収した空港や伊・墺との国境の税関を取りもどそうと27日スロベニア駐屯の連邦軍部隊を派遣したところ，スロベニア地域防衛軍（民兵）の射撃を受け戦闘となった。この後の「10日間戦争」で戦意を欠いた連邦軍は戦死48人，捕虜1500人を出し独立阻止をあきらめた。スロベニア側は戦死12人で独立を確定した。スロベニア，クロアチアの独立を後押しした西ドイツのH・D・ゲンシャー外相は「セルビアがまずスロベニアに戦争を仕掛けた」と主張したが，出動したのは「連邦軍」で兵は全国から徴集されてスロベニアに駐屯し，現地の第5軍管区司令官もスロベニア人だったから「セルビ

比較的批判されず，特に9・11事件後はチェチェン人のテロの方に厳しい。

紛争はどちら側から見るかで正邪・善悪が逆転することが多い。テロについては「一方にとってのテロリストは他方の英雄」と古来言われてきたように，第2次大戦中のフランスやポーランドの「レジスタンス」アフガニスタンでソ連軍と戦ったアフガン・ゲリラ，日本の「勤皇の志士」たちも相手側から見ればテロリストだ。米国は自国にとって危険な集団を「テロリスト」と呼び，利用できる者はFreedom Fighters（自由の戦士）と称して公然と支援してきた。だから時々の米国の都合で「自由の戦士」が一転「テロリスト」になることも間々起きる。

世界的影響力ではCNN，AP，タイム，ニューズ・ウィーク，ニューヨーク・タイムズ，ワシントン・ポストなど米メディアの力は圧倒的で，英国のロイター，BBC，エコノミスト，仏のAFPがやっとそれに続く。米国メディアは国際問題の「議題」を決め，それを論じるための「資料」を提供し，見る角度や「認識」も決める力があるから，フセインのような独裁者が永年同じことをやっても，米政府や米メディアに可愛がられる間は何をしても許容，支援され，一度にらまれると世界の悪玉にされ，法的にはやりすぎと思える程の制裁まで受けることになる。

一国の対外的な力は軍事力（Military）と金（Money）だけでなくメディア（Media）を加えた「3つのM」であることをかつてのアメリカ人にとっての英雄，フセインの末路が物語っている。

ア軍の侵攻」はドイツの宣伝だった。

　スロベニアでは人口の90％がスロベニア人だったから内戦は10日で終ったが，その南のクロアチアでは人口の12％余がセルビア人で南部に集中していた。彼等はクロアチアの独立後の圧迫を恐れて自治権を要求，8月からクロアチア警察隊と武力闘争になり，連邦軍がセルビア人を支援して東部の要衝ヴコバルを占領した。92年3月「国連保護軍」が展開し一応戦火はおさまったが死者1万人，難民（大部分セルビア人）は26万人に達した。

　さらに南のボスニアは人口の31％余がセルビア人，17％余がクロアチア人，約44％がイスラム教徒で，3勢力が拮抗したため，92年3月住民投票（セルビア人は投票拒否）の結果だとしてイスラム教徒主導の幹部会が独立を宣言すると3つ巴の激しい内戦が始まり泥沼化した。セルビア人は東部に「ボスニア・セルビア人共和国」の樹立を宣言，民兵がクロアチア人，イスラム教徒の地域を攻撃，クロアチア人も西部に「ヘルツェグ・ボスナ・クロアチア人共和国」を樹立，民兵同士の戦闘となり，すでにセルビアが主体となっていた「連邦軍」とクロアチア軍双方が出兵し内戦は激化した。クロアチア勢力は当初イスラム教徒（アフガン・ゲリラもいた）と組んでセルビア人を圧迫したが，のち，一時はセルビアと共にボスニア分割へと方針を変えイスラム教徒を襲った。内戦はNATOの介入にもかかわらず，95年12月，パリで紛争当事国首脳が和平協定に調印するまで続き死者20万人以上，難民約250万人が発生した。内戦の激化，長期化の一因は国民皆兵制で，男子全員が小戦闘の訓練を受け，各地に大量の武器弾薬（正規戦で約3カ月分とみられた）が分散備蓄されていたことだ。これはソ連の介入に対する有効な抑止力となったものの，内戦が始まるとまさに裏目に出た。

　ボスニア内戦では3者が互いに残虐行為を行い，各地で互いに多数派が少数派民族の住民を迫害して追い出すなど凄惨な事態が多発した。クロアチアは宣伝戦に力を入れ，アメリカの広報会社ルダー・フィン社と契約，同社は，最初セルビア人側が追放される被害を「民族浄化」と呼んだのを逆用し，セルビア人の行為に「民族浄化」のキャッチ・コピーを付け，セルビア側の蛮行だけに焦点を当てた情報を流し，国際社会に反セルビアの雰囲気を作り上げるのに成功した。これは同社の幹部がのちフランスのテレビで手柄話として語っている。一方，クロアチアで独裁体制を布いたフラニョ・ツジマン大統領は強烈な民族主義者で，第2次大戦中の「独立国家クロアチア」は「クロアチア人民の歴史的抱負の表現だった」などとウスタシャを弁護し，国防相には戦後も海外で活動を続けたウスタシャのトロント支部長が帰国して就任し，再びドイツと軍事協力協定を結んだが，こうしたことは外国では広く報じられなかった。

　その結果，国連は1992年5月22日，スロベニア，クロアチア，ボスニアの加盟を認め，同30日，国連安保理は新ユーゴスラビア（セルビアとモンテネグロ）に

経済制裁を決議，9月22日には国連総会は新ユーゴ追放を決議した。中立・公平に調停しようとした明石康国連事務総長特別代表が米国等から「親セルビア」と非難され辞任に追い込まれる事態も起きた。この経緯は国際社会での広報活動の決定的重要性を示している。イメージ戦略（プロパガンダ）は，ときには軍事力以上に有効なのだ。

1995年12月の和平合意でボスニアは1国の中にイスラム教徒とクロアチア人の「ボスニア・ヘルツェゴビナ連邦」と「セルビア人共和国」の2つが並存する形となり，2000年からは首相には3民族を代表する3人の幹部会員が8カ月輪番で就任することとなった。

6共和国のうちマケドニアはクロアチア内戦中の91年9月18日に独立を宣言したが，セルビア人が人口の2％しかいなかったこともあり，連邦軍は平穏に撤退し唯一無血で独立した。

⇒ ⑤コソボ紛争とNATOの攻撃

5-59
チェチェン紛争
Chechen Rebellion

チェチェン共和国はカフカス（コーカサス）山脈の北に位置し，面積1.5万平方km（岩手県とほぼ同じ），人口約80万人，イスラム教スンニ派が支配的宗教で独自の言語と文化を持つチェチェン人が約7割を占める。18世紀末から併合をはかるロシアに激しく抵抗，ロシアは1818年，今日の首都グロズヌイに要塞を築いて支配を固めたが，1859年イスラム指導者シャミーリが降伏するまで武力闘争が続いた。ソ連時代に石油も年産400万トン程だが出たうえ，カスピ海と黒海の間の地峡にあって交通の要衝であるため重要視された。第2次大戦中ドイツはグロズヌイ油田とその南約500キロのバクー油田を狙ってコーカサス作戦を行ったが1942年11月チェチェン西方でソ連軍に阻止された。この際チェチェン人の少なくとも一部はロシア支配から脱する機会と見てドイツ軍に協力したため，43年から全民族が中央アジアに強制移住させられ，57年になって帰還が許されたがこれも民族の恨みとなった。チェチェン人は機敏で商才に富み，ソ連時代には統制経済の網をくぐる闇商人としてソ連全土で活躍しマフィア界の一大勢力となった。技術能力も高く，特に自動車や部品の密輸・裏取引を得意とし，ソ連の他地域より豊かになった。

1991年8月ゴルバチョフ大統領に対する保守派のクーデタが失敗しソ連解体が始まると，チェチェンではイスラム色の濃い国民会議が実権を握り，10月に旧ソ連空軍少将D・ドゥダエフが大統領に当選，11月に独立を宣言した。

だがロシア政府としてはソ連邦の解体は認めても，ロシア内の自治共和国チェチェンの独立を認めれば他の自治共和国も独立に向かい多くの資源を失うし，チェチェンはロシア本体とバクーの油田を結ぶ鉄道・道路，将来のパイプラインの通過地帯として手放せない。連邦防諜局（旧KGBの一部）がチェチェンの反ドゥダエフ派と接触，親露派は1994年8月同大統領解任と暫定政府樹立を狙いクー

デタを起した。だがドゥダエフは戒厳令を布いて共和国政府軍を掌握、10月19日反大統領派を攻撃、内戦が始まった。ドゥダエフは巧みな作戦で11月26日までに勝利をおさめたが、相手の捕虜の中に連邦防諜局に高給で雇われた元ロシア軍人が20人いて謀略が表面化した。

面目丸潰れとなったエリツィン・ロシア大統領は12月11日から空挺師団や内務省治安部隊3個師団、計約4万人をチェチェンに進攻させ、威嚇で屈服させようとしたが効き目がなく、狙撃を受けて死傷者が続出した。31日からグロズヌイに戦車・装甲車で突入したところ、両側のビルから多数の対戦車ロケットの集中射撃を受け、市内で部隊が寸断され1000人程度の戦死者が出た。

ロシア軍は退却して態勢を再建、航空攻撃と砲撃に支援されつつ慎重に攻撃をかけて翌95年1月19日に大統領官邸を占領したが、グロズヌイの制圧には3月6日まで掛った。チェチェン側はソ連統治を逃れて海外に出て成功した同胞やイスラム諸国からの送金を得て資金が豊富で、得意の闇ルートでロシア軍の兵器を大量に購入、1個小隊に対戦車ロケット「RPG7」弾が30発もある程だったし、独立宣言直後、ロシアと敵対関係になる前に、帰国する駐留ロシア軍から銃器6万丁、戦車40輌、装甲車30両、自走多連装ロケット砲10輌余、砲約100門などの「分配」を受けていた。これはロシア軍の大失策だった。チェチェン側はかつてソ連軍にいた1万人余の兵力（指揮官も元ソ連軍将校）を十分に武装したほかア

フガニスタン、ボスニアなどで戦闘経験を積んだイスラム・ゲリラ約2500人を雇った、とされる。これらがロシア軍が大苦戦した理由だった。

グロズヌイ陥落後もゲリラ戦は続き、ドゥダエフが96年4月に戦死しても抵抗は続いた。ロシアはチェチェン経済・社会復興委員会を設置して民衆の懐柔に努める一方、95年6月までに全チェチェンの主要拠点を制圧、96年8月に停戦合意が成立、選挙が行われて穏健独立派のマスハドフが大統領に選ばれ、97年1月、ロシア軍は撤退した。

ところがロシア側が最大限の自治を認めてロシア連邦内にとどめようとしたのに対し、マスハドフ大統領らチェチェン側は完全独立を求めて独立運動は再び激化、99年9月ロシア軍は爆撃・進攻を開始、2002年2月再びグロズヌイを制圧してマスハドフを追放、親露派のカディロフを行政長官、のち大統領とした。そのため同年8月モスクワ中心部の地下道で爆弾テロが起き60人以上が死傷、2002年10月にはチェチェン人がモスクワの劇場を占拠しロシア軍治安部隊のガスなどで人質120人以上が死亡、2004年2月にモスクワの地下鉄の爆弾テロで39人以上死亡、などテロが頻発し、グロズヌイやチェチェン各地で戦闘が続いている。カディロフも04年5月爆殺された。

これはイスラエルの制圧下のパレスチナやドイツ占領下のフランスでテロ、レジスタンス活動が活発だったと同様、軍事力による圧迫がテロを生む例であり、「テロとの戦争」がしばしば逆効果とな

米国は1994年にロシア軍がチェチェンに入った当初は「国内問題だ」としたが、その後「人権問題だ」としてロシア批判に転じ、さらに2001年9月米国で多発大規模テロ事件が起きるとロシアの「テロとの戦い」に連帯を表明した。これはユーゴスラビアによるコソボ解放軍の制圧に対し武力攻撃を加えた姿勢と矛盾する。チェチェン紛争に対する米国の首尾一貫しない態度は、時々の都合と見る角度によってテロリストと制圧側の善悪が逆転することを示している。

5-60
コソボ紛争とNATOの攻撃
Kosovo conflict and NATO bombing

コソボ紛争は旧ユーゴの共和国間の内戦と異なり、セルビア共和国内のコソボ自治州のアルバニア人が独立を求めた紛争だ。コソボは中世セルビア王国の発祥の地で「古セルビア」とも呼ばれ、日本の大和盆地に当る。1389年トルコ軍との「コソボの戦い」でセルビア軍は敗れ、イスラムに改宗した西隣りのアルバニア人がコソボに入り込んだ。また第2次大戦後も貧しいアルバニアから越境する非合法移民も多く、人口200万人のうち90％をアルバニア人が占めるに到った。

彼らは自治権の拡大を求めて1968年大暴動を起こし、81年の暴動の際には「アルバニアへの併合」を求めた。一方、少数派のセルビア人は、アルバニア人が自治権を得たのを利用してセルビア人を圧迫、脅迫してコソボから追い出す「民族浄化」を行っているとして、87年から反アルバニア人デモを行い、これはセルビア全土に拡大した。これを受けて89年2月セルビア共和国は、憲法を修正し、コソボ自治州の警察・裁判権を取り上げた。このときセルビア民族主義を煽って人気を得たのが共産党党首のスロボダン・ミロシェビッチ（のちの大統領）だった。アルバニア人は抗議行動を激化し、セルビア政府は軍を出してデモを制圧、2月中だけで25人の死者が出る騒乱となった。

ボスニアなどの内戦中、イスラム教徒のコソボ解放軍（KLA）が勢力を拡大、1997年末から武装蜂起し、警察署やセルビア人居住地を襲い、7月にはコソボの3分の1を支配した。KLAにはアフガニスタンのオサマ・ビン・ラーディンのキャンプで訓練を受け、ボスニアでも戦ったイスラム・ゲリラやエジプトなどから来たテロ組織もいたため、当時米国のユーゴスラビア問題特使ロバート・ゲルバルト氏はミロシェビッチ大統領に「米国は世界でテロリストと戦っている。KLAは公然たるテロ組織ではないか」と措置を求め、これに励まされたユーゴ政府（セルビア・モンテネグロ）は軍・治安部隊を大量投入し、9月までにほぼ全てのKLA拠点を制圧した。当時この内戦による死者は約2000人と見られた。

国内（しかも征服した版図ではなく古来の領土）で武装反乱が起きれば鎮圧するのは法的には当然である一方、地域の人口の90％を占める人々が独立を求める

のを認めないことにも問題があり，スロヴェニアの「10日間戦争」以来，ドイツ・クロアチアの宣伝の成功でセルビアを「侵略者」視する風潮が拡がっていたから，独だけでなく，英・仏など西欧・米国のメディアはKLA討伐を「アルバニア系住民に対する迫害」，「民族浄化」として取り上げ，米国政府も態度を逆転した。国連安保理も98年3月ユーゴに対する武器禁輸を採択，9月には双方に停戦を要求する決議をした。KLAは「大量虐殺が進行中」と宣伝し，米国務省も「約50万人が行方不明。死亡の可能性あり」と発表し，コーエン米国防長官も「兵役につきうる男性10万人が殺されたらしい」と述べた。コーエン国防長官は10月2日「ミロシェビッチ大統領が即時停戦，撤兵に応じなければNATOは航空攻撃する」と警告した。KLAのテロ攻撃，アルバニアからの浸透は続き，セルビア警察隊，国境警備隊との戦闘はおさまらず，ユーゴ側は国内のテロ取締りを外国の強要で中止して，NATO主体の平和維持軍を受け入れる訳には行かなかったろう。

1999年3月24日，米・英・独・仏などNATOの11カ国（最終的には13カ国）の250機がイタリアの基地からユーゴ爆撃を開始，のち米空母セオドア・ルーズベルトも加わった。この攻撃は内政問題への介入であるため国連決議も無いし，NATO諸国の自衛でもないから国連憲章・国際法違反の侵略行為で，NATO側も合法性を主張せず「大量殺害という人道上の破局を防止するため」と説明した。爆撃はコソボのユーゴ軍・警察だけでなく首都ベオグラードの政府施設や全土の軍関係施設，工場，石油精製施設，発電所，橋などに対して行われ，6月10日にユーゴ軍がコソボを撤退するまで79日間続き，参加機数は1200機におよび，のべ出撃機数は3万7500機に達した。使用した爆弾等は2万3000発で，うち誘導兵器は8050発（35.8％）だった。この爆撃にはステルス爆撃機B2が初参戦し，ミズリー州のホワイトマン基地から直接往復30時間の飛行をして，GPS（衛星電波による位置表示装置）による誘導爆弾「JDAM」を使い，高空から爆撃している。だが5月7日にB2はベオグラードの中国大使館を誤爆，3発の爆弾が命中，3人を死亡させた。原因は位置情報の誤りで，国防省関連施設と取り違えたようだ。

NATOは地上戦でユーゴ軍と戦えば大損害を出すことを承知し，航空機と「トマホーク」240発による攻撃で短期に屈服させようとした。だがユーゴは簡単に屈せず，かえって爆撃開始後，戦争をおそれて85万人のアルバニア系住民が難民となった。米国との友好関係を利とするロシアは調停と忠告を装って巧みにミロシェビッチ大統領を説得，コソボからの撤退を柱とする米・露・EUの和平案を受諾させ，NATOを窮地から救った。

停戦後コソボに入ったNATO軍はアルバニア系住民の協力を得て「大虐殺」の証拠を探したが11月中旬に捜索を終了するまで2108体の遺体しか発見できず，その前年のKLAとユーゴ治安部隊の戦

闘による双方の推定死者数と合致した。米・西欧諸国はKLAとクロアチアの偽情報に踊らされイスラム・テロ団に協力,違法な攻撃をする結果となった。

NATOの攻撃でユーゴスラビアは民間人に約2000人,軍人546人の死者(同国政府発表)を出したがNATOの側はF117ステルス攻撃機1機が撃墜されたが乗員は脱出し,戦死者(事故を除く)はゼロだった。停戦後のコソボではコソボ解放軍(アルバニア語ではUCK)やアルバニア人住民によるセルビア人に対する迫害が激しく,そのほぼ全て約20万人がセルビアに脱出,NATOの攻撃は「民族浄化」を手助けしたことになった。

この弁解として「ミロシェビッチは独裁者だったから,彼の政権打倒は正しかった」との説も米国で出るが,彼は90年に初の複数政党選挙でセルビア大統領に選ばれ,98年7月にユーゴスラビア大統領となったから民主的に選ばれた指導者であることは疑いない。98年10月のセルビア共和国選挙では野党の民族主義政党「セルビア急進党」が,ボスニア内戦で彼が同胞を十分支援しなかったとして「弱腰」,「裏切り者」と非難して議席を2倍以上にして多数派となっていた。反ミシェロビッチのデモが首都で行われたり,書店で「ミロシェビッチの独裁」を批判する本も売られていた。在任中にかくも公然と自国民から批判され,取締れない「独裁者」は史上例がない。彼は経済官僚出身で,国立銀行のニューヨーク支店長や頭取もつとめ,流暢な英語が自慢で,独裁者というより傲慢で小心な官僚政治家が次々と対応を誤ってドイツ,クロアチアの思う壺にはまり,国を破綻させた,と見る方が妥当と思われる。

⇒ ⑤ユーゴスラビア内戦

5-61
パレスチナ紛争
Palestinian upsising (Intifada)

1973年の第4次中東戦争後,エジプトとイスラエルは米国の調停で78年9月和解し(キャンプ・デービッド合意),イスラエルはシナイ半島を返還したが,第3次中東戦争で占領した地中海岸のガザ地区(元エジプト領)やヨルダン河西岸,東エルサレム(元ヨルダン領),ゴラン高原(シリア領)は返還を求めた安保理決議242(1967年)にかかわらず返還せず入植を進めた。このため87年12月からガザ地区とヨルダン河西岸でイスラエル占領軍に対する投石などの闘争「インティファーダ」が始まった。

ヨルダンは1988年7月,混迷を極めるヨルダン河西岸の放棄を声明し,PLO(パレスチナ解放機構)のヤセル・アラファト議長は11月ヨルダン河西岸とガザ地区を領域とするパレスチナ国家の独立を宣言した。

1992年6月のイスラエルの選挙で労働党が右派政党リクードを破り党首のイザク・ラビン大将(第3次中東戦争時の参謀総長)が再び首相となった。理性的軍人であったラビンはパレスチナ人との和解に熱心で,ノルウェーのホルスト外相らの仲介で,オスロでパレスチナ解放機構(PLO)とイスラエルが秘密交渉し,93年9月両者が相互に承認,つまりパレ

スチナの自治を認める代りに、イスラエルの生存権を認めることで合意、9月13日ワシントンで「パレスチナ暫定自治宣言」（オスロ合意）の調印が行われPLOのアラファト議長とラビン首相が歴史的握手を交わした。このためインティファーダはおさまったが、87年から93年までの間イスラエル軍に殺されたパレスチナ人は1000人を越えた。

1994年5月にはガザの3分の2とヨルダン河西岸のエリコからイスラエル軍が撤退して「先行自治区」が生まれ、パレスチナ自治政府が作られ、95年9月にはイスラエルがヨルダン河西岸の6都市などを引き渡すなど和解が順調に進んだが、95年11月ラビン首相はユダヤ教過激派の青年に暗殺された。96年5月の首相公選でリクードのベンヤミン・ネタニヤフ党首が当選した後も、また99年5月に労働党のエフード・バラク党首が首相となっても、イスラエル軍の撤退はときに停滞しながらも進んだが、2000年9月28日リクードの党首アリエル・シャロン大将（第4次中東戦争の戦車師団長）が、東エルサレムのイスラム教聖地「神殿の丘」を訪れたことで情勢は一変した。この聖地は従来イスラエルの要人が宗教対立を刺激することを警戒して訪れなかった場所で、アラファトを敵視するシャロンが意図的に挑発したと見たパレスチナ人はインティファーダを再開、イスラエル兵は投石した子供も射殺し、パレスチナ警官とイスラエル兵の銃撃戦に発展、11月2日にエルサレムの市場で爆弾テロも起きた。

さらに翌2001年2月シャロンが公選で首相となったため、インティファーダは激化、イスラエル軍の武力制圧に対し3月以降は自爆テロが続発、イスラエル軍は戦車、武装ヘリコプター、戦闘爆撃機まで投入して自治区に侵攻、報復攻撃を行ったり、暗殺も行ってきた。

特に2001年9月、米国で大規模テロが発生しテロへの反感が高まると、イスラエルはそれに乗じて掃討を強化し、12月3日にはパレスチナ自治政府を「テロ支援団体」と宣言し、アラファト議長を軟禁状態に追い込み、02年にはヨルダン河西岸ラマラに侵攻、アラファトを議長府に監禁した。またイスラエルはテロを行うパレスチナ過激派の侵入を防ぐためヨルダン河西岸とイスラエル領の間に8mにも達する壁を築いた。だが弾圧とテロ活動の報復合戦はとどまるところを知らず、2000年9月の「神殿の丘」訪問以来2003年末までの間にパレスチナ人約2560人がイスラエル軍に殺され、パレスチナ人のテロでイスラエル人約880人が死亡した。

ラビン首相がPLOと和解に達した1993年9月から2000年9月までの間、パレスチナ人のテロはほとんど起らず、その後シャロン首相が強硬手段を取れば取るほど自爆テロが起きたことを見れば、この2人の将軍の正反対の戦略のいずれが合理的だったかは明らかである。

5-62
9.11同時多発テロ
Terrorist Attacks on September 11, 2001 in the United States (9-11)

第5章　現代の戦争・紛争

[別称] 同時多発テロ事件

2001年9月11日午前8時45分（米国東部時間）米国ニューヨーク，マンハッタンの世界貿易センター（WTC）ビル（110階建て・高さ420m，南北2棟）の北棟100階付近にハイジャックされたアメリカン航空11便のボーイング767（ボストン発ロサンゼルス行き，乗員・乗客92人）が突入，同9時5分には，ユナイテッド航空175便のボーイング767（ボストン発ロサンゼルス行き，乗員・乗客65人）がWTC南棟90階付近に突入した。さらに9時39分にはアメリカン航空77便のボーイング757（ワシントン発ロサンゼルス行き，乗員・乗客64人）がワシントンの米国防総省に突入，10時10分にはユナイテッド航空93便のボーイング757（ニューヨーク発サンフランシスコ行き，乗員・乗客44人）がペンシルバニア州南部に墜落した。

突入機の各5万7千ℓの燃料により発生した大火災でビルの鋼材の強度が低下し，WTCの南・北両棟が55分と95分後に崩壊，さらにその衝撃でWTC7号ビル（47階建て）も同日夕刻倒壊した。WTCでの死者・行方不明者は当初約6700人と見られたが，調査が進むにつれて減り，2004年1月現在，死者は2749人と見られる。また米国防省での死者は124人だった。旅客機4機の乗員・乗客計265人を加え計3138人（うち日本人24人）が死亡した。このうちハイジャック犯は19人で国籍はサウジアラビア16人，エジプト，アラブ首長国連邦，レバノン各1人でいずれもアラブ親米国の出身だった。政府が反米の国なら反米意識を持つ人は軍や官庁に入ればよいから，これも当然だ。各機に操縦係1人，制圧係4人（乗客の抵抗で墜落したユナイテッド93便は3人）が乗り込んでいた。

実行犯の指導者は最初に突入したアメリカン11便を操縦したエジプト人モハメッド・アタ（33）と見られる。裕福な弁護士の家に生れ，学校では優等生，カイロ大学工学部卒業後，ドイツのハンブルグ工科大に留学してイスラム原理主義者と交友関係が生じ，政治・宗教に関心を抱いてテロ組織に入ったとされる。2000年6月，アメリカに渡ってフロリダの飛行学校で自家用機の操縦免許を取り，シュミレーターで旅客機の操縦訓練もした。アタら操縦係4人を含む集団の中核5人は2000年中に米国に入り飛行訓練を行い，軽飛行機を借りて下見飛行をした。制圧役の14人は2001年5月から米国入りし19人はアパート，モーテルで質素な暮しをして9月11日の朝を迎えた。

アメリカの財力・武力の象徴と言うべきWTCとペンタゴンが攻撃される未曾有のテロで米国民が受けた衝撃は極めて大きく，G・ブッシュ大統領は「これは戦争行為だ」として「テロとの戦争」を宣言，国際テロ組織アルカイダの犯行と断定してその指導者オサマ・ビンラディンら幹部の引渡しをアフガニスタンのタリバン政権に要求した。タリバン政権は「証拠があれば引渡す」と答えたが，米国はそれはテロリストをかくまうものと見なし，10月7日からアフガニスタンを攻撃した。

2003年3月からのイラク戦争に当初米

国民の支持が高かったのも，9.11テロ事件の背後にイラクがいる，と信じた人々が多かったのが一因だ。一方，この事件の本質的原因として，イスラエルのパレスチナでの弾圧政策にもかかわらず続いている米国のイスラエル支援を指摘したり，1998年8月，ナイロビなどの米大使館爆破に対して米国が報復したアフガニスタン，スーダンへの「トマホーク」攻撃への再報復ではないか，などの声は「テロを正当化するもの」との非難でかき消された。

またこの事件後，米国情報機関が航空機によるテロ計画の情報を得ていたり，後に実行犯となった2人とアルカイダとの連絡を傍受していたのに他の政府機関に通報していなかったことも明らかとなった。批判にさらされた米情報機関はその"反省"からイラクの大量破壊兵器保有問題では根拠の乏しいまま脅威を強調することになった。米国では入国管理や航空機乗客の身体検査，アラブ系居住者，イスラム教徒への監視が強化され人権問題も発生した。また，テロ対策のために関係部局を統合した国土安全保障省が2003年1月24日に設置された。

5-63
米国のアフガニスタン攻撃
U.S. war against Afghanistan

アフガニスタンではソ連軍約10万人が1989年2月に撤退を完了した後も，86年5月に政権を握り，ソ連に協力していたナジブラ大統領の統治が続いた。だが，92年4月，反政府勢力が大攻勢をかけナジブラ政権が崩壊，主要ゲリラ8派は暫定評議会を設立してラバニ議長に全権を委ねた。だが94年1月からゲリラ各派間の勢力争いによる内戦が始まり，首都カブールなど全土の荒廃を招いた。

このためパキスタンの支援を受けたイスラム神学生の武装団体タリバーンが1994年夏から南部のカンダハルでゲリラ追放に乗り出し，内戦と掠奪に悩む民衆の支持を得て急速に勢力を拡大，96年9月にカブールを制圧，98年9月までにほぼ全土を支配した。旧ゲリラ各派は北部の山岳地帯に逃れて北部同盟を結成し抵抗を続けた。サウジアラビアの富豪の子息オサマ・ビン・ラーディンはソ連軍のアフガニスタン侵攻に際し義勇兵を率いて参戦し活躍したためアフガニスタンで信望が高く，戦後母国に凱旋したが，米軍のサウジアラビア駐留に反対したため追放され，アフガニスタンに戻り，タリバーンの客人として遇された。

1998年8月7日，ケニヤのナイロビとタンザニアのダルエスサラームで米大使館が爆破され計234人が死亡する事件が発生した。これをビン・ラーディンの卒いるイスラム原理集団アル・カイダの犯行と見た米国は8月20日アフガニスタン東部ホストに近いアル・カイダの訓練場とスーダンのハルツーム郊外のビン・ラーディン系列の薬品工場を巡航ミサイル「トマホーク」で攻撃，アフガニスタンには66発を撃ち込んだ。アフガニスタンに居住した外国人ビン・ラーディンが事件の黒幕であったとしても，アフガニスタン・スーダン両国が国家として米大

使館を攻撃したりさせたりした訳ではない以上，その国にミサイル攻撃を加えることは法律上問題があるが，米国は「自衛権の行使だ」と主張した。この攻撃後タリバーンは反米姿勢を強め，米国のビン・ラーディン引渡し要求を拒否し，米国は経済制裁を発動，内乱の後遺症や干ばつもあって経済的苦境に立ったタリバーンはアル・カイダのもたらすイスラム諸国からの資金に依存するようになった。また，タリバーンの真面目な態度は内戦に疲れた民衆に当初は歓迎されたが，硬直した宗教色の濃い施策は商業活動の停滞と民衆の不満を招いた。

2001年9月11日，ニューヨーク，ワシントンで大規模テロが発生すると米国はこれもアル・カイダの犯行と見て，アフガニスタンがテロリストをかくまっている，として10月7日から英国軍と合同でアフガニスタン各地を爆撃，巡航ミサイル攻撃を加えた。初日の攻撃はB2・B52爆撃機計15機，空母2隻からの艦載機25機，巡航ミサイル50発で行われ，のち空母は4隻に達したが，1日の出撃機数は最大約90機と少なかった（91年の湾岸戦争では初日に1300機）。これはアフガニスタンが海から遠い内陸であること，攻撃すべき目標が少なかったことによる。

米軍は内陸への補給上の問題もあって，当初は地上大部隊を投入せず，12人が1組の特殊部隊計約300人が北部同盟のゲリラ部隊に付いて指導したり，航空攻撃の誘導を行ったようだ。またCIAの特別行動部（Special Activities Division）の150人も参加，無人偵察機プレデターで情報収集するだけでなく，それから対戦車ミサイル「ヘルファイア」を発射してアルカイダ幹部の車を狙うことも行ったと報じられる。

米軍の航空支援にもかかわらず，北部同盟は兵力・装備の不足，内部の対立もあって当初進撃は進展しなかった。だが11月10日，アフガン北部の要衝マザリシャリフを以前そこを根拠地としていたドスダム派部隊が奪還したのち，タリバーン軍の戦意は急に低下し南方へ撤退，13日に北部同盟軍はカブールに入った。

タリバーンは本来の根拠地だった南部のカンダハルに約1万人で籠り，北部同盟にはそれを潰す力はなかったため，11月25日，米海兵2個遠征隊（計約4400人）がインド洋から大型ヘリでカンダハル南方に輸送され，地元のパシュトゥーン人の反タリバーン勢力とともに12月12日，カンダハルのタリバーン軍を降伏・撤退に追い込んだ。

米英の攻撃はタリバーン政権を崩壊させることには成功したものの，その指導者ムフマド・オマール師もビン・ラーディンも姿を消し，大部分が多数派パシュトゥーン人であるタリバーン兵のほとんどは武器を持ったまま故郷の村に戻ったから，カブールを北部同盟が取っても紛争に決着がついたわけではなかった。

翌2002年6月19日には米の後援を受けた元外務次官ハミド・カルザイ（パシュトゥーン人）を大統領とする政権が生れたが，北部同盟の軍閥は各地に割拠し，タリバーンも勢力を回復しつつあって，カルザイ政権の支配権は国のごく一部に

しか及ばない。米軍は2004年にも，なお5000人以上の兵力をアフガニスタンに駐留させビン・ラーディンやアル・カイダの捜索を続けた。

5-64
イラク戦争
Iraqi War

　1991年1月から2月の湾岸戦争はイラク軍の完敗に終わったが，サダム・フセイン大統領は権力を保ち，敗戦によりフセイン政権が崩壊する，との米国の期待は裏切られた。直後に起きたイラク北部のクルド人，南部のイスラム・シーア派教徒の蜂起も短期間に鎮圧された。逆に勝者であるブッシュ米大統領が経済不振のため92年の選挙で落選した。大量破壊兵器（核，生物，化学兵器，射程150km以上の弾道ミサイル）の国連調査団等による査察にもイラク側は当初非協力的で，米国は焦立ちを高め，93年1月にイラク再爆撃を行い，6月にはバグダットの情報機関施設を「トマホーク」で攻撃したり，北部・南部に米・英が設定した「飛行禁止地帯」を警戒中の米・英航空機に地上からレーダー照射があっただけで爆撃することを日常化するなど，軍事的圧力を継続した。

　大量破壊兵器については，95年8月，フセイン大統領の娘婿で，開発の全容を知る立場にいた前工業鉱物資源相のフセイン・カメル中将がヨルダンに亡命したため，イラクは隠すことをあきらめたのか査察に協力的となり，核関連施設は全て破壊された。化学兵器も生産は停止され備蓄された物も劣化していることが分ったが，生産したとされる量と使用されたり，発見された量の間に差があることから隠匿の疑いは残った。また生物兵器は小規模な設備で研究が可能であり，医療用の検査・研究と区別しにくく，査察団はイラク全土で病院・学校・役場などの抜き打ち捜索を行い，イラク国民の反発を招いた。98年になると，まだ捜索を行っていない重要施設として全国に数の多い大統領宮殿やバース党本部の査察が問題となった。イラクは査察団に米情報機関員がいて盗聴も行っているなどの理由（のちこれは事実と判明）でバース党本部への立入りを拒否し，12月17日から19日まで連続70時間の猛爆撃が行われた。「トマホーク」約325発，B52爆撃機からの巡航ミサイル約95発，米英航空機の出撃数は，のべ650機で，防空ミサイル基地32カ所，指揮通信施設20カ所，大統領特別警護隊施設18カ所，大量破壊兵器国連施設11カ所などを攻撃した。その後も米軍はバスラ周辺の油田，精油所の爆撃（99年1月25日）など小規模爆撃を続けた。

　また米議会は98年10月，フセイン政権打倒のため反政府勢力に武器・資金を提供する「イラク解放法」を可決，まず9700万ドルの予算をつけた。米国人はそれまでも各地で自分の側のテロリスト・ゲリラを「自由の戦士」（Freedom Fighters）と呼び支援してきたが，かくも公然と支援を行ったのは珍しい。

　イラクへの経済制裁はまず人道物資購入などに限定した原油輸出が半年20億ド

ル分まで認められ,のち52億ドルに緩和,99年12月には上限が撤廃されて輸出は日産200万バレルとサウジに次ぐ規模となり,ロシア,フランス,アラブ諸国がイラクと接近,対米関係は緊張が続くもののイラクは安定に向かいつつあるかに見えた。

だが2001年9月11日ニューヨークとワシントンで旅客機を乗取り突入する大規模テロ事件が発生,情勢は急変した。ラムズフェルド米国防長官らはこの機にイラクを攻撃することを主張,「何か根拠があるのか」とするパウエル国務長官らと対立した。テロ事件の主犯モハメド・アタらしい人物がチェコのプラハでイラク情報機関員と会っていた,とのチェコ秘密警察からの情報は誤りで,アタと似たパキスタン人と判明した。同年10月の炭疽菌郵送事件も当初イラクとの関連が唱えられたが,鑑定の結果米軍の生物兵器の研究所から出た疑いが濃くなり2004年6月現在犯人は逮捕されていない。結局イラク攻撃の理由となったのは,従来と同じ大量破壊兵器問題だった。

G・ブッシュ大統領(2代目)はイラクが大量破壊兵器をアル・カイダなどテロ組織に渡す危険性を訴えた。実際にはイスラム原理主義のアル・カイダに対し,世俗的・社会主義的なバース党員で,女性を武装させて市中を行進させたり,偶像崇拝を忌む教義に反して自分の銅像や肖像画を国中にならべるサダム・フセインはむしろ対立関係にあった。アル・カイダの一味がイラクに隠れている,との話も北部のクルド地帯のことで,イラクとアル・カイダを結びつける根拠は無かったが,9.11事件で興奮した米国民はこの説を受け入れた。

米国は2003年秋からイラク攻撃を揚言して兵力を徐々にペルシャ湾岸に送る一方,国連にイラク非難決議を求め,02年11月8日国連安保理決議1441が採択された。この決議は「イラクが大量破壊兵器を廃棄し検証に協力する義務に違反している」とし,違反の継続は「重大な結果を招く」と警告した。イラクは査察団を受け入れ,11月25日から4年ぶりに査察が再開された。03年3月7日,国連安保理でIAEA(国際原子力機関)のモハメド・エルバラダイ事務局長は147カ所で247回の査察を行ったが核に関する活動が再開された証拠は無い,とし,「イラクの核能力は1997年までに解体がすんでいる」と報告した。また,生物・化学兵器の査察に当たったUNMOVIC(国連監視検証査察委員会)のハンス・ブリックス委員長は,731回の査察を行ったが米政府の主張した兵器備蓄や活動の証拠は発見できなかった,と報告,イラクはかつて保有していた生物・化学兵器の廃棄について,よりしっかりした説明をすべきだ,とし査察継続の必要性を述べた。

査察団はイラクの申告に嘘があったり,協力を怠れば安保理に報告し,安保理がそれを調べて対応を決めることになっていたが,査察団はそのような内容の報告を行わなかったのだから,米・英が求めた武力行使容認決議を安保理が認めなかったのは当然だった。そもそもこの査察は米国が提供した情報に基づいて行われ,

何も見付からなかったのだから，米英軍が侵攻・占領して調べても大量破壊兵器を発見できる公算は低かった。ブッシュ大統領は「米国が安全保障に必要な行動をとるのに国連の許可を得る必要はない」とし，イラク攻撃に踏み切った。国連憲章では42条の安全保障理事会の決議によるか，51条の武力攻撃が発生した場合の自衛，以外の武力による威嚇や武力行使が禁じられており，米・英の行動はそのどちらにも当らず違法な侵略行為だが，米国をはじめ大国は従来もこのような行動をとることが少なくなかった。

米英軍の地上兵力は陸軍が第3歩兵師団，第101空挺（ヘリ機動）師団，第82空挺師団の第2旅団，米海兵第1師団，英陸軍第1機甲師団で全てクウェートに展開していた。米陸軍第4歩兵師団と第3機甲騎兵連隊はトルコに上陸して北からイラクに入り，バグダットを南北から挟撃する計画だった。トルコ政府は了承したが，議会が米陸軍部隊の駐留・通過を3月1日，ついに否決，第4歩兵師団などの装備はトルコ沖に待機していた船に積まれており，緒戦には間に合わなかった。これらの部隊がクウェートに到着した時点で米陸軍は23.3万人，海兵隊，英陸軍を合せ，約6個師団32万人，戦車834輌となった。

航空部隊は米空軍が863機（うち戦闘機・攻撃機293，爆撃機51），これに米空母5隻の408機，米海兵航空団の372機，陸軍の20機（ヘリを除く），英軍・オーストラリア軍の138機を加え1801機（うち戦闘機・攻撃機・爆撃機計821機），艦船は140隻以上だった。特殊部隊は約1万人とされる。米軍の総人員は25万人と発表されていたが，実は米中央軍（司令官トミー・フランクス陸軍大将）の率いた人員は42.3万人におよんだ。

一方，イラク軍は湾岸戦争時の110万人から23個師団37万人に減り，戦車も5800輌から2200輌など，3分の1程度に減っていたが，なお数は多く，民兵は65万人もいた。精鋭とされた共和国防衛隊は6個師団8万人，うち3個師団が首都周辺50kmから80kmの陣地にいた。

3月19日夜，特殊部隊31チーム（約300人）がイラク領内に潜入した。その何日か後に攻撃を始める計画だったがフセインらイラク政府幹部が会議を開くという情報が入ったため攻撃開始は繰り上げられ，20日午前5時34分ステルス攻撃機F117が誘導爆弾4発をバグダット市内の政府施設に投下，間もなくトマホーク40発も弾着したが，フセイン殺害はカラ振りに終わった。

地上部隊は左翼に米陸軍第5軍団（第3歩兵師団，第101・第82空挺師団），右翼に第1海兵遠征軍（第1海兵師団，第2海兵遠征旅団，英第1機甲師団）を展開し，30日午前6時から同日夜にかけ続々と国境を超え，イラク領内に突入した。第5軍団はユーフラテス河南岸の荒野を高速で北西に進み，軍団主力の第3師団（増強して2万人，戦車317輌，歩兵戦闘車329輌）は2手に分れ，右縦隊の2個旅団は1日で約200km前進しナシリア近くのタリル空軍基地を21日制圧，左縦隊の1個旅団は国境から約300kmのサマワ

を24日確保した。相手に防御態勢を建て直すいとまを与えない高速進撃戦術を米軍は「サンダー・ラン」(雷走)と呼んだ。だが延びた補給線が民兵に攻撃されナシリア付近では輸送車列が待伏せに遭い，死者9人・捕虜5人(ジェシカ・リンチ上等兵を含む)を出した。第3師団の偵察隊である第7騎兵連隊の第3大隊(戦車27輌, 騎兵戦闘車39輌)は24日クウェートから500kmのカルバラに迫った。

一方，右翼の第1海兵遠征軍の主力，第1海兵師団はバスラの西のルメイラ油田を破壊される前に確保したのち，ユーフラテス河沿いのナシリアで2手に分かれ，1隊は北西に進んでチグリス河沿いのヌマニアで河を渡り，その下流のクートを守る親衛隊バグダッド師団を攻撃，他の1隊はナシリアから北東アマーラに進み，そこからチグリス河東岸を北上クートを攻撃，という計画だった。だが海兵部隊もナシリア通過と確保に激戦を強いられた。

陸軍の第3師団はナシリアの上流約40キロのナジャフを補給拠点とするため制圧しようとしたが民兵主体のイラク軍は果敢に抵抗し，その拠点を潰すのに25日から29日まで掛った。開戦前に米軍内ではイラク兵の士気は低く，民衆はフセインの圧制に苦しみ，米軍がイラクに行けば軍は大量投降し，民衆は米軍を解放者として歓迎するはず，との期待があった。亡命者の言を信じた情報だったが，ナシリアでもナジャフでも英軍が担当したバスクでも大量投降は起きず，民兵がトラックに機関銃を付けて自殺的攻撃を仕掛ける例が多く，前途多難を思わせた。

米軍はあまりの快進撃のため首都へ約75kmのカルバラの手前で補給難に直面し，食料不足に陥って1日1食にしたり，弾薬が尽きて，奪った敵のAK47小銃が頼りとなる部隊まであった。機甲師団・機械化歩兵師団は1日に燃料2000t, 弾薬2000t, 水1200tなどの補給を必要とする。5日で500km余も前進し，後方の補給路は民兵に襲われ，そこへ砂嵐が来たから補給が苦しいのは当然だ。米軍は25日から30日まで6日間もほぼ停滞せざるをえなくなった。だが砂嵐で進撃が停っている間に補給部隊は必死で燃料などを追送，ナジャフの補給基地に物資を蓄積することができた。海兵隊も民兵の妨害による補給難に苦しみ，最後の予備として海上にいた第24海兵遠征隊(2000人)を上陸させ補給路を守った。

3月31日，米陸軍は進撃を再開，バグダッド南西約80kmの防衛線を守る共和国防衛隊メディナ師団(増強されて2万人, 戦車270輌)を攻撃，4月3日までに同師団を撃破した。B1・B2・B52爆撃機を含む航空部隊はメディナ師団に誘導爆弾による徹底的な爆撃を加え，陸軍のアパッチ攻撃ヘリも対戦車ミサイル「ヘルファイア」で攻撃し，精鋭メディナ師団は第3師団の攻撃前に戦力の大半を失っていたようだ。ナシリアから北東のスマニアに向っていた第1海兵師団も3日程補給を待った後高速で前進，4月1日スマニアでチグリス河を渡り共和国防衛隊アル・ニダ師団を撃破，すでに航空攻撃で弱体化していた共和国防衛隊バグダ

ット師団も処理した。

米陸軍第3師団の第1旅団は4日に首都の西のバグダット国際空港を奪取，5日には第2旅団の戦車大隊がバグダット都心に突入し空港へ戻った。6日，第3旅団は首都の北側を制圧して首都守備隊の退路を遮断，7日には再び第2旅団が市内に突入，戦車70輛，歩兵戦闘車60輛が大統領宮殿に到達，居座ってしまった。海兵隊も南東から首都に迫り，8日市内南東のラシード空軍基地を制圧した。9日，米陸軍第3師団と第1海兵師団は一気にバグダット市内に突入し，同市を制圧した。

その後米軍は北部のキルクークを特殊部隊と協力したクルド人により占領，北部のモスルも陥し，フセインの故郷ティクリートも14日に第1海兵師団が制圧した。ブッシュ大統領は5月1日，太平洋上の空母リンカーン艦上で「主要な戦闘は終り，我々は勝った」と勝利宣言を行った。米軍が最精鋭のデジタル師団である第4歩兵師団を欠きながら21日の戦闘で首都を攻略できたのは，①航空戦力の絶対的優勢，②精密誘導兵器による攻撃力の飛躍的向上（米軍が使用した爆弾類2万9199発中，誘導兵器は1万9948発で68％に達した。湾岸戦争では7.8％だった），③指揮・通信能力の向上（特に地上部隊から海・空軍の航空機への攻撃要請への対応が，従来の指揮命令系統の多くの結節点を省略したためきわめて早くなった），④無人偵察機による偵察能力の向上（約100機を使用），⑤特殊部隊の大量投入（約1万人）による情報収集，⑥無線傍受・通信妨害能力の発達，⑦路外機動能力を持つ輸送車輛（10輪駆動，500馬力，16.5トン積みの重PLS車など）の配備やインターネットで物流を管理する宅配システムの採用，⑧M1戦車，M2歩兵戦闘車がRPG7対戦車ロケットに耐え，歩兵・民兵が対抗できないこと——などが挙げられよう。

一方，イラクは圧倒的航空攻撃で戦力を破砕されたうえ，通信・指揮系統が精密誘導兵器の攻撃や通信妨害で寸断され，統制のある反撃はできない状態にあった。それが予期される以上，当初からゲリラ戦に持ち込むことを考えて準備すべきだが，中央集権的なフセイン体制の体質からそれも困難だったろう。

だが軍事技術が，いかにすぐれ，敵軍を潰走させることができても，1国を確保するには大兵力が必要だし，また首都を短期間に陥落させても戦争は必ずしも終わるものではない。1937年12月に日本軍は中国国民政府の首都南京を攻略したが日中戦争はその後8年，日本降伏まで続いたし，79年12月ソ連軍はアフガニスタン侵攻初日にカブールを制圧したが戦争は89年にソ連軍が撤退するまで続いた。ロシア軍は95年1月，チェチェンの首都グロズヌイを押えたがなおゲリラ戦とテロ活動が続いているなどその例は多い。

イラクの米軍などに対するゲリラ・テロ攻撃（米国メディアはいまや「テロ」と呼ばず「レジスタンス」と言うことが多い）は5月末から始まり，12月13日にフセインがティクリート郊外の民家で発見・拘束された後も米軍への攻撃は日に

約30件のペースで発生した。3月20日から4月30日までの米軍の死者が事故を含み139人だったのに対し、5月1日の戦闘終結宣言から2004年4月末まで1年間の死者は約595人に達した。

米軍は04年4月で13万8千人の兵力をイラクに貼付けざるをえず、通常の6カ月交代は不可能なため1年以上配置し、多数の予備役・州兵を動員するため不満が高まっている。戦費は4月に03年度予算（03年9月まで）の補正で790億ドル、10月に04年度予算の追加で870億ドル、計1660億ドルを出し、05年度も300億ないし500億ドルが必要と見られている。米財政は03年度に3750億ドル（約40兆円）の記録的赤字を出し、04年度は5210億ドル（約55兆円）に拡大すると見られ、開戦前「戦費は1000億ないし2000億ドル」と語って直ちに更迭された財政担当のローレンス・リンゼー大統領補佐官の見積りどうりとなった。

開戦直前の2003年2月25日、日系人の米陸軍参謀総長エリック・シンセキ大将は「イラク攻撃後は数十万人の兵力を数年間駐屯させる必要があると考えます」と米上院軍事委員会で述べ、主戦論者のラムズフェルド国防長官らの怒りを買い、6月に退役した。ところが後任に擬された後輩の将軍たちは正論を述べて退役した参謀総長の後釜に座るのを嫌がり次々と断って退役し、陸軍のトップが2カ月も不在という異常事態が発生、2年前に退役していたP・シューメーカー大将を引き出して後任に据えることになった。その後のイラクの状況はシンセキ大将の見通しの正しさを示し、優秀な将校は概して戦争に慎重であることを示す、また一つの例となったのである（両軍の兵力，兵器数などは河津幸英著『湾岸戦争とイラク戦争』アリアドネ企画，刊による）。

資料及び索引

1 主要兵器〔田岡俊次〕
2 階級（日英呼称）対照表
　（自衛隊・米軍・英軍）〔今泉武久〕
3 組織用語（日英）対照表〔今泉武久〕
4 自衛隊イラク派遣関連資料一覧〔丸茂雄一〕
5 在日米軍の部隊〔田岡俊次〕
6 英略語表〔今泉武久〕
7 索　　引〔佐島直子〕
8 英語索引〔今泉武久〕

1 主要兵器

陸　戦

1
小　火　器
small arms

　1人ないし2，3人で運搬，使用できる軽量の火器で，拳銃，小銃，短機関銃，機関銃，擲弾発射筒，対戦車ロケットランチャーなどがこれに当る。

　火薬によって弾丸を発射する兵器は13世紀末に中国の南宋で発明され，元の「至順3年（1332年）2月吉日」の銘がある青銅砲（口径10.5cm）は現在する世界最古の火器だ。1人が携帯する銃で残っている最古のものは「至正11年」（1351年）の銘があり，長さ28.9cm，口径3cmだ。火砲は14世紀にヨーロッパに伝わり，1人で使う「手砲」も存在した。だが，片手で銃を構え，もう一方の手に火縄を持って点火したため，実用性は乏しかった。15世紀に火縄を金属製の保持具にはさみ，引金を引くと火縄の先端が銃身側面の火皿に接触，点火薬が発火して銃身内の火薬に引火し発射する機構が発明され，照準可能な銃となった。16世紀には，火打石を用いた発火機構が誕生し，ヨーロッパでは17世紀中に火縄銃にとって代わった。その後小銃の発達はほぼ停滞し，19世紀中期まで歩兵の標準装備として火打石点火の前装式（銃口から装塡する）

滑腔銃（銃身内に施条がなく平滑で，鉛の丸い弾を発射する）が使われた。

　1807年に英国で衝撃で爆発する起爆薬が発明され，雷管が登場，雷管付き薬莢と以前から部分的に使われていたライフル銃（銃身内に螺旋施条があり，弾丸を回転させて飛翔を安定させる）を組み合わせ，銃身の後部から装塡する後装式ライフル銃が19世紀後半には各国陸軍で採用され小火器は飛躍的進歩を始めた。間もなく各種の手動式連発銃が開発され，19世紀末には全自動の機関銃が生れた。この背景には連続発射しても視界が妨げられない無煙火薬の出現があった。

　第2次世界大戦では引金を引くだけで1発ずつ発射する自動小銃や，引金を引き続けると連射する短機関銃（多くは拳銃弾を使用し短射程で精度不良）が大量に使用されたが，ドイツでは両者の特長を生かし1発ずつの射撃（半自動）と連射（全自動）をレバーの切替えで行える突撃銃も誕生，第2次大戦後はこれが歩兵の標準装備となった。銃の口径は黒色火薬を使った滑腔銃で17〜19mm，19世紀後半の後装式ライフル銃で11〜15mm，19世紀末から20世紀前半までは7.62mm（1インチの100分の30）が一般化した。ベトナム戦争中，米軍は口径5.56mm弾を使う軽量のM16小銃を採用しNATOの標準弾薬となった。ソ連はさらに小さい5.45mm弾を使うAK74小銃を制式化した。小

銃が小型軽量化に向かうのはそれが歩兵にとっても主力兵器でなく，自衛火器となっていることが一因だ。

機関銃は19世紀末に登場したときには砲に近い大型で，陣地防御以外には使いにくかったが，第1次世界大戦で使いやすい軽機関銃が普及し，歩兵の主力火器となった。第2次大戦中，ドイツ軍は攻撃にも陣地防御の連続射撃にも使える中機関銃を採用し，戦後各国もそれを真似た。だが小銃弾が5.56mmや5.54mmとなったため，歩兵分隊（約10人）が1，2挺持つ機関銃も同口径でないと補給が複雑化するため米国の「分隊支援火器」等の名で軽機関銃が復活したが，戦車などはなお7.62mmの機関銃を登載している。

一方，冷戦終了後，大国の軍隊が地域紛争に加わることが増えたため，狙撃銃に関心が集まり，長射程を狙って7.62mmだけでなく12.7mm，はては20mmの狙撃銃も生れている。大口径のものは装甲車など装備を狙うのが主目的だ。

擲弾発射筒は第1次世界大戦中，手榴弾を遠くへ飛ばすため小銃の先端に筒を付け，手榴弾を押し込み，空砲の火薬ガスで発射した「小銃擲弾」が作られたのが発達したもので，旧日本陸軍は口径50mm，射程650mと性能は軽迫撃砲に近いが片手で運べる89式重擲弾筒（重量4.5kg）を開発，砲兵が進出しにくい中国の水田地帯や南太平洋のジャングルで活躍，第2次大戦中の世界の傑作兵器の1つと戦後米国で評価された。

米軍はベトナム戦争中に，警察の催涙ガス弾発射機と似た口径40mm，射程400mの擲弾発射機M79を採用，のちM16小銃の銃身下面に付けるM203に発展した。さらにはベルト給弾で1分間に3～400発，射程2kmに達する擲弾発射機も現れたが，これは機関砲に近く小火器とは言い難い物になった。

小火器は地球上に10億挺以上が出回り，それによる死者は発展途上国を中心に年間約50万人と見られるため，2001年7月に国連小型武器会議が開かれ，製造元や流通経路が分かるようメーカー名を刻印し，輸出入承認制度を整備すること，途上国での規制促進のために小型武器基金を創設すること，などが取決められた。

2
重　火　器

heavy weapons

別称　crew-served weapons

小火器に対する言葉で，少人数による人力搬送，使用が困難な火器，すなわち各種の火砲，ミサイル，ロケット砲などを指す。口径12.7mmなどの重機関銃，60mm級の軽迫撃砲をどちらと見るかは微妙だ。また肩撃ち式の小型対空，対戦車ミサイルは1人で使えるが一般には「小火器」とは呼ばれない。

砲は第1次世界大戦までは野砲は馬で曳行し，山砲は分解して馬に乗せるため，口径は75mm級が一般的で旧日本陸軍では105mm級平射砲も「重砲」と呼ばれたが，第1次世界大戦中から自動車，キャタピラ式トラクターによる牽引が一般化し，さらに第2次世界大戦以降トラクター上に砲を載せた自走砲が発達して砲は大口径

になり，かつての巡洋艦の主砲と同等の155mm砲，203mm砲が今日の砲兵の主力となっている。レーダーで砲弾の軌跡をとらえ，コンピューターで発射地点を計算し撃ち返す「対砲レーダー」の発達により，砲兵は短時間射撃したのち素早く別の陣地に移動する必要があり，そのためには自走砲が有利だ。今日の8m余りの長砲身の155mm砲は「ベース・ブリード弾」（砲弾が飛翔中，その後端で火薬を燃焼させ，砲弾の後方に真空状態が生じて抵抗になるのを防ぐ）を使えば大和級戦艦の46cm砲（射程41km）と同等の40kmの射程を持ち，それ以上の射程も計画中だ。発射速度も1分間10発程度を持続するものもある（大和級は2発）。砲弾にGPSを組み込み命中率を飛躍的に向上させることも研究されている。

3
地　雷
mine, landmine

　城壁の下に抗道（mine）を掘り，火薬を詰めて点火する戦法は近世以降ヨーロッパ，オスマン・トルコ，中国で行われたが，ほとんどは爆破よりは抗道の落盤を起こして城壁を崩落させるためで，抗道の支柱を焼くか，綱で引き倒して落盤を起こすローマ時代の抗道戦術と大差なかった。だが中国では明代初期1440年に野戦で地雷（長い竹筒に導火線を入れて埋め，敵の進撃路に仕掛けた爆弾に点火する）が効果を発揮した例があり，16世紀には中国で火打石とスプリング駆動の回転ヤスリを使い，敵兵の重さで止め金が外れてヤスリが回転し火打石の火花で爆発する自動式の地雷も発明され配備も行われている。日本では大阪夏の陣（1615年）で西軍の毛利勝永隊が導火線式地雷を使った記録がある。

　近代的地雷は第1次世界大戦末期，ドイツ軍が英軍戦車の進撃を阻むため，砲弾を現場で改造した地雷を埋めたのが始り，とされる。対戦車地雷（重さ10kg程度）や小型の対人地雷，上陸用舟艇に対する水際地雷などがあり，対人地雷にはワナ線付きのものや，線に触れると1m余り飛び上がってから爆発する跳飛式のタイプもある。また陣地防御用に一方向にだけ散弾を射出する「クレイモア地雷」，道路脇に設置し，成形炸薬弾を発射して車輌を狙う「側面地雷」のように人が管制する地雷もある。対戦車地雷には直接踏まなくても特定の震動を感知して爆発し，戦車の床板を貫くものもある。また除去を妨げるため，掘り出して持ち上げると底の信管が働いて爆発する仕掛けを持つ地雷もある。

　地雷の埋設は自軍の反撃を妨げたり，民間人に犠牲者を出しかねないから，本来は上級司令部の指示で行い，地雷原には標識を立て，埋設パターン，その基点（破壊されない物を選ぶ），発数など厳密な記録を作成，写しを何枚も作って各段階の司令部が保管して，確実に処理，回収できるようにするのが原則だ。だがゲリラに供給すると敵支配地に潜入して適当に埋め，記録も取らないような乱用をするため，戦後も長く被害者が出る。製造には高度な技術を必要とせず，安価

（中国製の小型の対人地雷は数百円）であるため第三世界でも製造，輸出入が盛んだ。金属探知機で発見しにくいよう，外殻はプラスチック製になり，腐食しないため危険性は永続する。

正規軍が使う場合でもヘリコプター，ロケット砲，砲弾などでばらまく撒布地雷は事後の処理が困難だ。タイマーを付け一定期間だけ機能する地雷も開発されたが高価なためあまり普及していない。1980年の「特定通常兵器使用禁止制限条約」では布設から30日以内に自己破壊するか，爆発しなくなるもの以外，遠隔撒布地雷（500m以上の距離で投射，投下するもの）の使用は禁止され，また子供の玩具を装ったり，死体に取付けるような偽装爆発物（ブービー・トラップ）も禁止された。

現在アフガニスタン，カンボジア，アフリカ諸国など世界の60カ国以上に1億1000万発の地雷が埋設され，毎年26000人の死傷者が出ている，とされる。このため97年に「対人地雷禁止条約」が作られ99年に発効した。これは対人地雷の使用だけでなく，開発，生産，取得，貯蔵，移譲を禁止し，廃棄を義務付けた全面禁止条約で，日本を含む141カ国（2003年現在）が加入しているが米，露，中，韓国，北朝鮮，イスラエル，イラン，イラクなど大部分の中東諸国，インド，パキスタンなど，紛争に直面したり，地雷を輸出している国が入っていない。

対戦車地雷は禁止されていないが，それを埋設する際には周囲に対人地雷も埋めて，除去を遅らせるのが従来の一般的使用法で，地雷と機関銃（除去を妨害する）の組合わせだけで，弱者は敵の進撃を長時間食い止められるだけに対人地雷禁止条約は軍事的には攻撃側に有利という点で奇妙な軍縮条約，という面もある。とはいえ対人地雷が乱用されがちで，戦後も長く多数の犠牲者が出ているのは放置できない大問題であることも確かで，日本でも98年9月の批准を前に賛否の論議が激しかったのは当然だった。

4
戦　　車
tank

第1次世界大戦中，塹壕戦で膠着状態となった戦況を打破するため英国陸軍のアーネスト・スウィントン大佐が発案したが，陸軍上層部は「空想の世界」とか「面白い玩具だが戦争はそんな機械では勝てない」と冷淡だった。そのため海軍大臣のW・チャーチルが1915年2月20日に「陸上軍艦（Land Ship）委員会」を海軍省内に設けて検討を始め，1916年2月に20輌，のち150輌が発注された。その際機密保持のため「水槽」と呼んだのが tank の語源だ。

十分な数を揃えて一挙に投入し戦局を変えるのが英政府の狙いだったが英「ヨーロッパ派遣軍」の司令官D・ヘイグ大将は着いたばかりの49輌を9月15日ソンム戦線に投入，故障が続出して11輌しか攻撃に参加できず役に立たなかった。その後も「機動運用兵力」だとして騎兵部隊に配属したため，折角戦車が独戦線に穴をあけたのに，追い付いた騎兵旅団

長が夕方に馬に水を呑ませるために帰投を命じ，戦車も一緒に引揚げた，など新兵器の特性を生かせない失策も起きた。最初に作られたⅠ型戦車は重量28ｔ，全長9.9ｍ，幅4.1ｍの大型で，当時の軍艦の副砲と同様に左右に張り出した砲廓に57㎜砲を積み，機関銃4挺を付けていたが速力は時速6㎞しか出なかった。だが戦車は1918年8月のアミアンの戦いで580輌が投入されて決定的な効果を発揮し11月の独の降状をもたらす一大要因となった。

　当初は塹壕突破のための工兵器材の性格を持ち，ついで歩兵支援の装備と見られた戦車は機動力，火力，防護力の3要素を備えているため，第2次世界大戦では陸戦の主力兵器となり，戦車は敵戦車を撃破することが第一の任務となった。このため砲は短かい37㎜，57㎜砲から長砲身の76㎜，85㎜，88㎜砲へと拡大し，当初は機関銃に耐えられる2,3㎝程度だった装甲も大戦末期には砲塔前面で10㎝を超えるものが多くなった。特に独ソは必死で戦車を量産し，1943年7月のクルスク会戦ではソ連軍は3600輌，独軍は2700輌を投入した。

　第2次大戦後の約30年間，戦車に画期的な進歩は見られず，砲の大型化，馬力の増加が進んだ程度だったが，80年代初期から就役を始めた米のＭ1，独のレオパルドⅡ，英のチャレンジャーなどは鋼板の間に熱に耐えるセラミックなどをはさんだ「複合装甲」を採用し，歩兵の対戦車火器の成形炸薬弾頭（爆圧と熱が前方の1点に集中，鋼板を溶かして穴を開ける）で破壊することが困難になった。旧式戦車も砲塔の周囲などに爆薬を詰めた小箱をタイル状に取付け，成形炸薬弾の高温の爆風を，箱の爆発により吹き戻す「反応装甲」を採用するものも少なくない。またコンピューター化した射撃指揮装置，砲の安定装置，レーザー測距儀，車輌や人体の出す熱を画像としてとらえる暗視装置などにより，夜間，走行中でも3㎞余の距離で劣化ウランなどを使う徹甲弾の初弾命中が可能となった。砲も120㎜級が一般的となっている。だが価格が著しく上昇し日本の90式戦車の場合1輌約10億円にもなり，装備数がどの国でも減少している。

　戦車の天敵は攻撃ヘリコプターと対地攻撃機で，装甲の薄い上面を対戦車ミサイルや30㎜機関砲で狙われると脆弱で，空対地ミサイル，レーザー誘導爆弾，ナパーム弾（ゼリー状にしたガソリンを充填）にも弱い。また戦車は米軍の最新型，Ｍ1Ａ2で69ｔ余もの重量があり，1,500馬力のガスタービン・エンジンを積んでいるため最高で1ℓ当り約250ｍという燃費だ。1912ℓの軽油を積んで航続距離は400㎞以上とされるが実戦では約100㎞ごとに燃料補給の必要がある。米軍の1個機甲師団（戦車360輌，歩兵戦闘車286輌，自走砲・多連装ロケット砲150輌など計9175輌，ヘリ129機）は1日に燃料227万ℓ，弾薬2000ｔ以上を消耗するから，戦車部隊は空から補給車列を叩かれると行動不能になる。空から見えないように隠れていれば戦車は生存しうるが，敵の航空優勢の下で戦車部隊の反撃が成

功した例は無く，一方，航空機の夜間，悪天候時の攻撃力はますます高まっている。日本に対する上陸作戦は航空優勢を確保しないと行えないことを考えれば，日本防衛での戦車の価値には疑問がある。

5
対戦車兵器
anti-tank weapons

第1次世界大戦で英軍戦車が戦場に登場した際，独軍は砲兵射撃で対抗し，1918年8月8日アミアン会戦の初日に英戦車580輌中109輌が砲火で戦闘不能となった。だが独歩兵は戦車に対抗する手段がないためパニックを起こして一斉に逃げ，英軍は1日で8kmも前進した。

歩兵の対戦車火器の必要性は明らかで第1次大戦後には各国で大口径（英の14mm，ソ連の14.5mm，日本の20mmなど）の大型小銃のような対戦車銃が採用されたが重くて反動が強く，3cm以下の装甲しか貫徹できないため第2次大戦初期にはほぼ使われなくなった。

成形炸薬弾（弾に詰める炸薬の前部に逆円錐型の空洞を作り，メガフォン状の銅板などで内張りする。命中して弾底の信管が炸薬に点火すると爆圧で空洞は押し潰され，その勢いで爆風と熱は前方の1点に集中，戦車の装甲板を溶かし，穴から高熱ガスが車内に吹き込み乗員を死亡させたり，車内の弾薬を爆発させる）が第2次世界大戦中に開発された。成形炸薬弾の貫徹力は弾の速度と無関係のため，ロケットや無反動砲（発射薬のガスの一部を砲身後端の穴から噴出させるこ

とで砲にロケットのような前進の動きを与え，弾を射出する際の反動を中和する）のように普通の火砲にくらべ低速でも10cm以上の鋼板に穴をあけられる。楽に携帯できる独の「パンツァーファウスト」（初期型は重量1.5kg，射程30m，無反動）や米の「バズーカ」（重量6kg，有効射程200m，ロケット）は戦車を破壊する力を歩兵に与えた。

また独軍は1940年に75mm無反動砲を採用して軽量の対戦車砲として使い，米軍は57mm，英軍も94mm無反動砲を同大戦末期に使った。英国ではその対戦車砲弾として「粘着榴弾」が発明された。これは薄い弾殻の砲弾内に，金網で包んだ炸薬を入れ，戦車に命中すると炸薬が装甲板に貼り付く形になって爆発するもので，その振動で装甲板の内側が剥離して車内に飛散，乗員を殺傷する仕組みだった。

第2次世界大戦後のバズーカは口径60mmから89mmへと大型化し，パンツァーファウストはソ連でRPG 2，RPG 7に発展した。RPG 7は無反動砲として発射したのち，ロケットが点火し戦車など移動目標に対し300mの有効射程を持つ。大量に輸出，コピー生産され今日もイラク民兵の主要兵器の1つとなっている。パンツァーファウスト自身も戦後ドイツで改良され，日本もパンツァーファウスト3（ライセンス生産）を「110mm個人携帯対戦車弾」と称して使っている。

またドイツは1944年に有線誘導（ミサイルが細いエナメル線を繰り出しつつ飛行し，射手はその電線を通じて信号を送り操縦する）の対戦車ミサイル「X 7」

を開発し，終戦時には部隊に試験配備しつつあったが，戦後フランスはその技術を採り入れて55年に射程1600mのSS10を完成，その後多くの国で有線誘導の対戦ミサイルが開発された。米国も有線誘導の「TOW」「ドラゴン」を製造したが，地上や空から敵戦車をレーザーで照射し，155mm砲弾のレーザー・センサーがその反射源をとらえて突入する「コパーヘッド」やヘリコプターから発射したミサイルが自分のレーダーで戦車をとらえて突入する「ヘルファイア」などさらに高度な対戦車ミサイルも開発した。

戦車が成形炸薬弾や粘着榴弾に耐える複合装甲を採用したため，対戦車ミサイルは戦車のすぐ上を通過し，下向けに成形炸薬を爆発させて装甲が薄い鋼板だけの上面を貫徹する「トップ・アタック」を狙ったり，弾頭を前後方向に2発ならべ，1発目で外側の鋼板とセラミックを貫通し，2発目の成形炸薬弾頭で内側の鋼板を溶かして車内に熱風を吹き込むタンデム（縦列）弾頭にするなど工夫をこらしている。まさに矛と盾の関係だが，戦車の上面まで複合装甲にすれば重くなりすぎるため，誘導迫撃砲弾（赤外線追尾など）で上面から攻撃することが将来の対戦車兵器の方向となりそうだ。

6
迫 撃 砲
mortar

第1次大戦中，敵の塹壕に上から砲弾を落すために開発された軽量の曲射砲で，遮蔽物の背後の目標を射撃できる。人力搬送が可能のため歩兵の支援火器として普及し，口径81，82mmで，射程5km程度のものが一般的だが，1人で使える60mm，4.2kgのものから，車輛で牽引したり装甲車に積み自走化した120mm，射程13kmのもの，さらには240mmの砲もある。榴弾砲などに比し精度の不足が弱点だったが，迫撃砲弾に戦車の赤外線を感知するなどの誘導装置を組み込んだものも現われ，点目標の射撃も可能となりつつある。

7
対空兵器
anti－air weapons

射程100km級の陸上配備の広域対空ミサイルは旧式を別として，米国の「ペトリオット」，ロシアの「S300」（NATO名SA-10）があり，ともに対弾道ミサイル防衛用ヴァージョン（ペトリオットPAC3，S300V）が開発された。ペトリオットは同時に9発のミサイルを誘導できる。日本も「ペトリオット」を使っている。

中射程のものとしては，ロシアの「ウラル」（同SA-17，射程50km），仏・伊共同開発の「アスター30」（陸・海兼用，射程50km級）がある。日・米などは旧式の「ホーク」（射程35km）の誘導システムなどを改良したものを使っている。

射程10km級の短射程のものはロシア・欧州で多くの種類が開発・配備されたが，冷戦終了で影が薄くなり，代わってゲリラが使える携行対空ミサイルが注目される。米国製「スティンガー」はミサイル本体が10kg，発射機を含め15kgで，射程

4.5km，迎撃高度3800mとされる。ロシア製の「ストレラ2」「ストレラ3」「イグラ」（NATO名SA-7，SA-14，SA-16）なども，サイズや性能でほぼ同様。米国がアフガンゲリラに供与した「スティンガー」はソ連ヘリコプターの行動を阻害し，戦局を転換させた。だが，弾頭が小さい（スティンガーで3kg）ため，戦闘機・攻撃機・大型輸送機には損傷を与えるが撃墜にいたらない場合も多い。

対空機関砲もコンピューターの導入で有効性を保ち，米国製の戦闘機用20mmバルカン砲を地上に転用したVADS（ヴァルカン防空システム）は航空自衛隊も採用。スイス，スウェーデンなども新型を開発している。

8
多連装ロケット
multiple launch rocket system

略語 MLRS

ロケットは銃・砲より歴史が古く，1232年に中国の開封に迫ったモンゴル軍に対し金軍が使ったとされる。インド征服の際，インド軍のロケットの大量発射に苦戦したイギリスはこれを研究し，19世紀初期にはロケットを多く用い，1807年英艦隊のコペンハーゲン攻撃では25000発を打ち込み，火災を発生させた。その後，砲の進歩でロケットは忘れられたが，ソ連は第2次大戦前，トラック搭載の82mm，36連装，射程5900mのロケット砲を開発，「カチューシャ」と愛称されたこの兵器はドイツ軍にしばしば大損害を与えた。のちソ連は132mm，射程8500mの12連装ロケット砲を多用した。米軍も114mm，射程4200mのロケットを開発，M4戦車に60連装の発射管を取り付け，特に上陸地点の制圧に効果をあげた。

米軍は今日M26ロケット弾（227mm，射程32km）12発をM270自走発射機に積む多連装ロケットシステム（MLRS）を装備，M26は644個の小爆弾を散布する。

またM26A1ロケットは射程を45kmにのばした。発射機に2発積む陸軍戦術ミサイル（ATACMS）は射程165kmになり小爆弾950発を搭載，これを310個に減らして，射程を330kmにしたタイプもある。

北朝鮮はソウル北西の港湾右岸の陣地に車載の240mm多連装ロケット（推定射程40km）を多数展開していると見られる。これはソウルに届く可能性があるため，北朝鮮の軍事力が全体的に衰弱した中でも，多連装ロケットは韓国にとり現実的脅威となっている。

9
装甲車両
armored vehicle

装甲を施した車両の総称。戦車，歩兵戦闘車，装甲兵員輸送車，指揮通信車，偵察車，装甲自走砲などがある。戦車以外はコスト，重量の関係で複合装甲を採用したのは米のM2歩兵戦闘車など例が少ない。多くは鋼，アルミ装甲で歩兵の対戦車火器に脆弱だ。

10
ヘリコプター

helicopter

回転翼により飛行し，垂直上昇・降下，空中停止が可能。1909年にロシア人シコルスキーが実験に成功したが，実用化したのは1930年代後半のドイツだった。朝鮮戦争では観測，負傷者輸送に使われたが，のち輸送，対地攻撃，救難，対潜作戦，掃海などに分化して進歩した。今日の攻撃ヘリの能力はかつての固定翼の対地攻撃機をしのぎ，大型輸送ヘリの搭載能力は小型輸送機なみとなり，ヘリコプターの重要性はますます高まっている。

11
暗視装置
night vision

わずかな光を増幅し，あるいは車輛・人体等が発する赤外線を画像化し，目標を見る装置。これにより戦場は昼夜の別がなくなり，劣勢の部隊が夜間に行動することは困難となった。

12
無人航空機
unmanned aerial vehicle

[略語] UAV

夜間に地上を撮影できる赤外線テレビカメラや雲を通して地上の車輛をとらえる「合成開口レーダー」，無線傍受装置などをそなえ，敵地上空に長時間滞空して偵察に当る無人機の価値は米軍のユーゴスラビア爆撃，アフガニスタン攻撃，イラク戦争などで示された。米空軍とCIAが運用する「プレディター」（RQ-1A）は翼幅14.5mの大型で60時間滞空可能。翼幅35m余の「グローバル・ホーク」（RQ-4A）もある一方，翼幅15cmの超小型も開発中，対戦車ミサイルを搭載して対地攻撃も行っている。

海　戦

13
ディーゼル潜水艦
diesel－electric submarine

ディーゼルエンジンで水上航走あるいは吸気筒（シュノーケル）を水面上に出して航走して充電，潜航時は電気モーターで走る。蒸気タービンを使う原子力潜水艦に比べ，一般的に静粛性に優れる。だが潜航可能時間が短いため，自国周辺海域での使用に適する。液体酸素と水素を使った燃料電池や，液体酸素で燃料を燃やしピストンを駆動する方式のAIP（空気独立推進機関）が実用化しているが，これは水中での低速巡航時に蓄電池の電力を消耗しないための補助的なもので高速発揮には蓄電池が必要だ。

14
原子力潜水艦
nuclear－powered submarine

1955年に完成した米のノーチラスが最初で，原子炉の熱で蒸気を作り，タービンで航走するため，潜航して世界一周も可能。光ファイバー誘導魚雷や対艦ミサイルを装備して敵潜水艦や水上艦船の攻撃を主任務とする「攻撃原潜」と，核弾道ミサイルを搭載し核抑止力をになう

「弾道ミサイル原潜」がある。近年、前者は巡航ミサイルを搭載して内陸攻撃を行い、後者は特殊部隊輸送用に改装されるものもある。

15
航空母艦
aircraft carrier

満載排水量約10万 t，75機搭載（うち戦闘機・攻撃機約50）の米空母12隻は世界の海を支配するだけでなく，内陸深くまで攻撃する能力を持ち，米国の国際政治力の主柱の１つとなってきた。他にも仏・露が各１隻の中型空母を持ち，英・伊・印・スペイン・タイなど軽空母を持つ国もあるが，米空母とは能力的にかけ離れ，ほとんど象徴的存在にすぎない。英は2010年代に中型空母２隻の建造を検討中。

16
軽 空 母
light aircraft carrier

英が1980年に建造したインヴィンシブル（約２万 t）は垂直離着陸可能な亜音速の戦闘・攻撃機「シーハリヤー」を搭載，近代的軽空母の先駆けとなり，82年のフォークランド紛争で活躍，英はのち２隻を完成，伊・スペインも建造，タイもスペイン製を購入した。インドは英国の旧式空母に「シーハリヤー」を搭載している。１万 t 級でも数機のジェット機とヘリを積み，一応空母らしき艦を持てるが，早期警戒機が使えず攻撃には脆弱。日本も04年度に「ヘリコプター搭載護衛艦」（基準排水量13500 t）の名目で１隻を発注，他に１隻を造る計画。

17
強襲揚陸艦
amphibious assault ship

兵士やその装備，戦車，ヘリコプターなどを乗せて，敵地への上陸を行う艦船。米のワスプ級は満載４万 t 余で海兵隊員1800人余とヘリ約30機，ハリヤー攻撃機６機，上陸用艦艇，戦車５輌，水陸両用装甲車25輌，砲８門などや，補給品を搭載，１個海兵遠征隊の揚陸が可能。日本の「おおすみ」級（基準8900 t）はそのミニ版。

18
イージス艦
Aegis ship

SPY1Dフェーズド・アレイ・レーダーと射程70km余のSM-2 MRミサイルを組み合わせたイージス対空ミサイルシステムを搭載，同時に14の空中目標に対処できる。冷戦中，ソ連の空対艦ミサイルの斉射から米空母を守るため開発され，米は巡洋艦27隻，駆逐艦43隻がイージス艦。日本は４隻（各1200億円）のほか２隻を追加し，SM-3ミサイルを積み，弾道ミサイル防衛を計画中。

19
事前集積船
afloat prepositioning force
略語 ARF

米軍が海外に出兵する際，早期に大量

の装備と補給品を戦域に投入しうるよう，すでにそれを積み込んだ貨物船36隻（2003年）をインド洋のディエゴガルシア，太平洋のグアム，ペルシャ湾のバーレーンなどに待機させている。海兵隊の物資を積む船は maritime prepositioning ships，陸軍のそれは combat prepositioning ships，海軍・空軍のそれは logistics prepositioning ships と呼ばれ，全体は afloat prepositioning ships と称され，Military Sealift Command の下にある。

20
水上戦闘艦
major surface combatant

対水上艦船，対空，対潜水艦を主目的に設計された艦で通常は排水量1000 t 以上の艦をさす。対空，対艦ミサイル，砲，対潜魚雷を装備し，対潜ヘリを積むものも多い。すなわち巡洋艦，駆逐艦，フリゲートがこれに当る。だが，この3種の区別は国によりまちまちで，米国のアーリーバーク級駆逐艦（後期型）のように9200 t を超え，他国の巡洋艦よりはるかに大きいものも出る。本来の任務は，空母，揚陸艦部隊，補給艦船，商船などの護衛で日本は水上戦闘艦を全て「護衛艦」と呼ぶがこれが妥当だ。冷戦後，米軍は沿岸部での作戦が多くなり，水上艦も巡航ミサイル「トマホーク」による内陸攻撃が主要任務と化し，艦砲も陸上砲撃用に127mm砲弾にロケットを付け射程100kmを超えるものが開発されている。

21
機　　雷
mine (sea sea)

第1次大戦までは海底の重りにつながれ，艦船の接触で爆発する係維触発機雷が大部分だったが，第2次大戦中に海底に沈んで上を通る艦船の磁気・音響や水圧の変化で爆発する沈底感応機雷が一般化し，航空機からの投下，潜水艦による布設で敵国の港湾，水路の使用を妨害する攻勢機雷戦が広く行われるようになった。また掃海を困難とするため，投下後一定の日時をへて磁気などのセンサーのスイッチが入るものや，何回目かの感応で爆発するようにし，機雷投下を目撃してすぐ湾内などを掃海しても効果がないようにした性悪の機雷も生れた。米軍のB29は日本の港湾や瀬戸内海などに約13000個の機雷を投下，大陸からの食糧供給を断ち，これが日本降伏の一大要因となった。

戦後も機雷は発達し，カプセルに対潜水艦魚雷を入れて海中深くにつなぎ，マイクロフォンが潜水艦の音を捉えると魚雷が泳ぎ出すものや，沖合の潜水艦から発射し電気モーターで自走して敵の港内に入って沈底機雷となるものなどが生れた。

機雷は沿岸防衛にも有効で，朝鮮戦争では元山湾の機雷で米軍は上陸を事実上阻止され，湾岸戦争では米軍艦2隻がクウェート沖で触雷，船体に大損傷を受けた。

22
掃海艇

minesweeper

　機雷を除去する「掃海」の方法としては，①係維機雷に対しては，掃海艇が水中の凧様のものをワイヤロープで両舷から曳航し，そのロープには火薬で作動するワイヤカッターを付け，機雷を海底につなぐワイヤロープをひっかけて切断，浮上させて銃撃で爆発させる方法が取られる，②沈底感応機雷に対しては掃海艇はディーゼル音に似た音を出す太鼓様のものを入れたブイと，磁場を形成する電気ケーブルを一体化した掃海具を曳航し機雷をだまして爆発させる。最大36回目の感応で爆発する機雷もあるため，同じ場所を何回も通らないと安全にならない，③精密ソナーで海底の凸起を探し，機雷らしいものがあれば潜水員がたしかめたり，無人潜水艇のテレビで調べ爆薬を仕掛ける「マイン・ハンティング」も行う。上陸作戦前の海岸近くの前途掃海は，低速で作業する掃海艇が敵の砲火，対艦ミサイルの射撃を受けるため特に危険が高く，大型ヘリが掃海具を曳行することもあるが，これも危険で，リモートコントロールの無人掃海艇も使われる。掃海艇は磁気機雷に掛らないよう木造，あるいはFRP製で機関や金具もアルミ，ステンレス鋼など磁性の低いものを使用する。一般には400〜500ｔの艇が多いが，深海用掃海具を積み，遠距離へ進出するものには1000ｔを超える「掃海艦」もある。

23
対潜ヘリコプター
anti‒submarine helicopter

　原子力潜水艦は30ノット以上を出すものが多く，実用上の最大速力は水上艦を上回るから駆逐艦は振り切られる。このためヘリコプターを搭載し，対潜魚雷を投下させることが1970年代から一般化した。対潜ヘリは潜水艦のシュノーケルを探知するためのレーダーや，空中停止して海中に吊り下げるソナー，磁気探知装置，敵艦の出す電波を探知する装置などを持って自分でも捜索するようになり，さらにソノブイ（ブイに小型ソナーと無線送信機を入れたもの）を投下，受信する対潜哨戒機なみの機能も持つようになった。だが冷戦終了で対潜作戦の必要性が薄れ，米海軍の対潜ヘリSH-60B/Rなどは小型対艦ミサイルと機銃を付け，高速艇対処を狙っている。

24
対潜哨戒機
anti‒submarine patrol aircraft

　航空機による対潜水艦作戦は第２次世界大戦中，夜間に浮上してディーゼル航走により充電する潜水艦を機上レーダーで捜索する方法で効果をあげたが，食料のある限り潜航可能な原潜相手にはこれは通じず，潜水艦の進行方向にソノブイを連続投下して捜索するのが一般的だ。最初の位置情報は米軍が海底に設置した聴音機網「ソーサス」や，敵潜水艦の出す電波の探知に頼るしかない。浅い海域なら磁気探知（MAD）も使われる。ソノブイも最近は聴音可能距離が，条件がよければ数十kmになった。代表的なものは米国のP3Cで，1959年の開発だが探知

システムの改良を続けて高い能力を持つ。主な兵器は小型ソナーを持つ対潜水艦魚雷だが機雷などの搭載も可能。ソノブイは200本近くを積む。約2500km進出して3時間の哨戒を行える。米海軍の240機に対し，日本は100機を持ち，きわめて高密度の配備だ。だが冷戦終了で対潜作戦の必要度が低下したため，一般的な洋上哨戒が任務の大半となり，対艦ミサイル「ハープーン」を積むこともある。

25
艦対艦ミサイル
ship‑to‑ship missile

[略語] SSM

艦艇から発射し艦船を目標とするミサイルは本格的空母のなかったソ連で発達し，67年10月21日，エジプトのアレキサンドリア沖に迫ったイスラエル駆逐艦エイラートが港内のソ連製オサ型ミサイル艇から発射されたSS-N-2「スティックス」対艦ミサイル4発で撃沈され注目された。ソ連海軍は全長11.7mもあるSS-N-12（射程550km，ターボジェット推進）や超音速のSS-N-22（同120km，ラムジェット）など多種の艦対艦ミサイルを水上艦艇・潜水艦に配備したが，水平線越しの発射には目標探知・中間誘導のための航空機が必要で，米空母が制空権を持つ外洋での効果は怪しかった。

米海軍は77年にRGM-84「ハープーン」（長さ4.6m，射程92km，ターボファン，のちの型では124km，240km）の配備を開始，ほとんどの水上戦闘艦，潜水艦（UGM84，魚雷発射管から射出）に搭載された。日本の護衛艦・潜水艦もハープーンか，国産の「90式艦対艦誘導弾」（射程150km）を搭載する。米国は巡航ミサイル「トマホーク」の対艦型（BGM-109B，射程450km）も84年に配備したが，今日トマホークはほとんど対地攻撃型が占めている。フランスの「エグゾセ」（射程75km），ノルウェーの「ペンギン」（同27km）のように小型のものは固体燃料ロケット推進だが，一般には長射程を求めてジェット推進が多く，誘導方式はアクティブ・レーダー（ミサイルが電波を出し，反射で目標を探知）が主で，赤外線探知やパッシブ・レーダー（敵艦のレーダー波を追尾）と組み合わせるものもある。艦対艦ミサイルは若干の改造を加えて空対艦ミサイルや沿岸防衛用の地対艦ミサイルに転用する（その逆もある）ことが多い。

26
対空ミサイル
ship‑to‑air missile (anti‑air missile)

[略語] SAM

米海軍は日本の特攻機に対処するため1944年夏から対空ミサイルの開発を始め，56年に「テリヤー」が巡洋艦に初配備された。すぐに駆逐艦に積める「ターター」の開発が始まり，68年には「スタンダード・ミサイル」に統一され，ブースター付きの長射程型（SM1ER，射程56km）とそれがない中射程型（SM1MR，同30km）になった。また，これらを改良したSM2MR（同73km），SM2ER（同

137km)も生まれた。いずれも誘導方式は艦からの指令と、艦のレーダーが照射した目標の反射波を追う「セミ・アクティブ・レーダー」誘導だ。日本のこんごう級のイージス艦はSM 2 MRを前後の垂直発射機（計最大90発入り、一部に対潜ミサイル「アスロック」を収容）に納めている。他の日本の対空ミサイル艦はSM 1 MRを積んでいる。弾道ミサイル防衛用にSM 3（射程500km、迎撃高度120km）を開発中だ。スタンダード・ミサイル系列とは別に、より簡易な艦載対空ミサイルとして戦闘機用の空対空ミサイル「スパロー」（セミ・アクティブ・レーダーの誘導）を転用し8連装の箱型発射機に入れた「シー・スパロー」（射程15km）が作られ、個艦防衛用に日・米・伊などで多数の艦に搭載され、垂直発射機に収めたものもある。さらに小型の対空ミサイルRAM（赤外線追尾、射程10km）もある。

ロシアの艦対空ミサイルは最初のSA-N-1（NATO名）が陸上用のSA-3の転用であって以来、ほとんどが地対空ミサイルを艦載にしたもので、キエフ級空母などに積まれたSA-N-3も、陸上のSA-6の艦載型と言われたことがあるが、両者に共通点が見られないから、これは純粋に海軍用に開発したらしい。中国が2隻輸入したソブレメヌイ級駆逐艦に搭載されているSA-N-7は射程35kmで外形も性能も日本の旧式対空ミサイル艦のSM 1 MRに似ている。中国の新型艦はフランス製の陸上・海上兼用の対空ミサイル「クロタール」（射程13km）をライセンス生産したHQ 7を搭載しているが、台湾の航空機の持つ「ハープーン」は射程100km級だからアウト・レンジ（射程外から攻撃）される。中国海軍の防空能力はなお極めて貧弱、と言えよう。

27
対地ミサイル
sea launched land attack missile

帆船時代にも軍艦による対地攻撃は艦砲・初歩的ロケットなどで行なわれ、大口径臼砲を積んだ浅吃水の「ボム・ケッチ」など対地砲撃専用艦艇も造られた。蒸気船の時代に艦砲の口径・射程は著しく増大し戦艦の艦砲射撃は堅固な陣地など地上目標の破壊に効果を発揮し、さらに空母の登場で内陸深くまで艦載機による攻撃が行われるようになった。

第2次大戦後の冷戦時代、米国では空軍の戦略爆撃機と張り合って、海軍も核戦略の一翼をになおうとして艦載の対地攻撃ミサイルを開発、ジェット推進・翼付きの巡航ミサイル「レギュラス」（射程640km）「レギュラスⅡ」（同1600km、全長17m）が専用の潜水艦5隻（1959年以降就役）や巡洋艦に配備され、北京など大型固定目標を狙っていた。だが潜水艦発射の弾道ミサイル「ポラリス」（初期型で射程2200km、600kt 水爆搭載）16基を積む戦略ミサイル原潜「ジョージ・ワシントン」が1960年11月に作戦可能になったため「レギュラス」は一挙に旧式化した。米海軍は41隻のポラリス搭載潜水艦を建造、70年からはうち新しい31隻

539

が「ポセイドン」(射程4600km, 100kt弾頭10発)に換装した。79年には射程が7400kmの「トライデントC4」が完成, 90年には射程12000km「トライデントD5」が配備された。従来, 潜水艦発射の戦略ミサイルは地上発射のICBMにくらべ, 発射地点の誤差があるため敵のICBMサイロなど点目標の攻撃には不適とされ, 都市攻撃を狙ったが「D5」は衛星からの電波をミサイルが受信するGPSを採用し精度が著しく向上, また本国水域(アラスカ南方など)から北半球のほぼ全域を狙えるため生存性が極めて高い究極兵器となった。2003年現在18隻のオハイオ級原潜中10隻が「D5」, 8隻が「C1」(いずれも100kt弾頭8発)を各24基搭載して配備についている。英国のヴァンガード級戦略ミサイル原潜4隻も各16基の「トライデントD5」を搭積している。

一方, 補助的核戦力として, 対艦船攻撃用の原潜が魚雷発射管(直径53cm)から発射できる巡航ミサイルが研究され, 84年に200kt核弾頭付き「トマホーク」が実戦配備についた。「トマホーク」には核付き以外に, 対艦型, 対地通常弾頭型, 地上発射型, 空中発射型, など多くのタイプが開発されたが, 冷戦終了もあり, もっぱら対地攻撃・通常弾頭のBGM109C(射程1300km)が水上艦・潜水艦から発射されることになった。自分の側の損害が出ないため安易に使われがちで「トマホーク外交」という言葉も生れるほど有名となった。「トマホーク」は発射後ロケットで上昇, 翼と胴体下面の吸気口を開いて小型ターボファン・エンジンを始動, 時速885kmで飛行する。地形の凹凸をデジタル化した地図と, ミサイルのレーダーで捉えた地形を照合して目標に向う誘導方式を採用し, 誤差は約50mだったが, 発展型はGPSを使って誤差は10m台になり, 射程も1800kmにのびた。さらに3000kmの次世代戦術トマホークも登場, 別の超音速対地攻撃巡航ミサイルも計画されている。

一方, ソ連は米国に先駆け潜水艦発射弾道ミサイルを開発, 1955年から翌年にかけ7隻のZ型ディーゼル潜水艦を改造, 各2基のSS-N-4核付き弾道ミサイル(射程600km)を搭載した。だが, これは浮上しないと発射できなかった。次に61年頃から配備されたSS-N-5(射程1600km)はのちにH型原潜に3基搭載, 水中発射可能となった。だがすでに米国ではずっと小さくまとめた「ポラリス」を16基搭載する潜水艦が続々就役しつつあった。ソ連も負けじと67年からSS-N-6(初期型の射程2400km)を16基積むY型原潜を34隻建造したが, 石油化学技術の遅れで推力と信頼性の高い固体ロケット燃料開発ができず, 艦内で扱うには危険のある液体燃料ロケットを使っていた。ソ連は71年長射程(7800km)の潜水艦発射ミサイルSS-N-8を登場させ, 米国に衝撃を与えた。オホーツク海・バレンツ海から直接米本土を狙えるためだが, これも液体燃料を使用していた。ソ連はのちSS-N-17, 同20という固体燃料の潜水艦発射ミサイルを作ったが, いずれも失敗だったようで, SS-N-18や最

後に造ったSS-N-23（1985年配備開始）は液体燃料に戻っている。

ソ連海軍は米国の「トマホーク」に似たSS-N-21対地攻撃用巡航ミサイルを作り，87年から潜水艦に配備した。戦略兵器削減条約（START II）に従い核弾頭を外し，通常弾頭にしたものが2003年に11隻配備されているが，誤差が150mなので通常弾頭では効果が乏しいと見られる。ロシアにはこの他にも対艦・対地兼用ミサイル数種があり，一部は対地攻撃型として輸出もされているが，艦船はレーダーや赤外線探知で捉えやすいのに対し，陸上の目標に命中させるのは簡単ではなく終末誘導に疑問が残る。米海軍の対艦ミサイル「ハープーン」も新型はGPSを使っていて沿岸部なら対地攻撃にも使える。イタリアの対艦ミサイル「オトマート」の新型も同様だ。戦略ミサイル原潜用に独自で71年M1を開発したフランスは2003年現在4隻の原潜に各16基のM4あるいはM45（150kt弾頭6発）を搭載している。水上発射巡航ミサイルとしては空対地の巡航ミサイルSCALP－EGを艦載型にしたSCALPナヴァル（海軍用，射程400km）を開発している。

⇒ 主要兵器40 巡行ミサイル

航空戦

28
戦闘機
fighter

主として敵航空機を撃破することを目的として造られた航空機で，防空と攻撃部隊の護衛が本来の任務だが，ジェット戦闘機には出力に余裕があるため爆弾・空対地ミサイルを搭載して戦闘爆撃機として使われることが第2次大戦後，特に米空軍で多い。

ベトナム戦争では爆装した大型の米軍戦闘機F105などが軽量の純戦闘機MiG21などに食われた例が多く，その反省から空対空戦闘に集中した「制空戦闘機」（エア・シュペリオリティ・ファイター）としてF15と軽量のF16A／Bが開発されたが，F16はすぐに兵装取付点を増加したり，C／D型では夜間全天候攻撃能力を与えるLANTIRNポッドを付けるなど攻撃機化し，敵のレーダー，対空ミサイル網制圧用も出現した。日本も200機余を採用したF15は8発の空対空ミサイルを搭載し制空戦闘機の性格を保ってきたが，再設計したF15E「ストライク・イーグル」は爆弾，ミサイル11t余（B-29が9t）を搭載できる事実上の爆撃機となった。

海軍は艦隊防空が重要であるため，艦載戦闘機と攻撃機を別にし，各空母に14機のF14は射程150kmもの空対空ミサイル「フィニックス」6発を搭載し，攻撃能力はなかったが，冷戦後はこれも火器管制装を変更して爆撃能力を持つようになり，その後継機は元から戦闘・攻撃兼用のF／A18Eとなって戦闘機と攻撃機の境界は消滅した。

フランスのミラージュ2000も大部分は戦闘爆撃機で一部は核攻撃専用，その後継「ラファル」も攻撃能力が高い。ロシ

アは冷戦終了までは防空軍と前線空軍が別組織で、防空専用機があり、前線用の軽量の戦闘機も重視していたが、今日では、空軍が統合され、Su（スホーイ）27戦闘機も、対地攻撃能力を付けてSu30、Su35と改名、Su32（元のSu27 IB）にいたってはトイレ・台所まで付け、搭載能力8tの爆撃機に近いものに変った。

米国の最新鋭ステルス戦闘機F22Aも81年に空対空戦闘機として設計が始まったが、93年には多目的戦闘機に変更され、「エア・ドミナンス・ファイター」（空中君臨戦闘機）と自称する。開発中の海・空軍・海兵隊共用の「ジョイント・ストライクファイター」は当然戦闘・攻撃兼用機として設計されている。また米国のAIM120（射程50km）など目視圏外の目標に発射できる空対空ミサイルが一般化したことで空中格闘戦が起きる可能性は低下し、旋回性能よりレーダーに写りにくいことの方が生存に重要な要素となって、旧来の機動性重視の戦闘機の意味は薄れつつある。強大な空軍同士の対決の可能性も消えて戦闘機の「戦闘」が空対空戦闘だけではなく、対地攻撃などあらゆる戦闘を意味する時代に入りつつあるようだ。

29
攻 撃 機
attacker

対地・対艦船攻撃を主な任務として作られた航空機を指すが、実際には戦闘爆撃機や多目的戦闘機、かつてあった軽爆撃機・急降下爆撃機などとの区別は困難だ。日本海軍の96式や1式陸上「攻撃機」は当時としては長距離爆撃機（魚雷攻撃も可能）だったし、4発の重爆撃機「連山」「深山」（ともに試作）まで陸上「攻撃機」と称した。

米軍では「攻撃機」は主として海軍機に使われた呼称で、空軍は「戦闘爆撃機」を使っていたが、空軍もベトナム戦争中海軍の攻撃機A7を採用、72年には空軍用対地攻撃専用機として開発されたA10を採用した。海軍は単発のA1、A4、A7攻撃機のほか双発のA3、A5、A6艦載重攻撃機（爆撃機）を使ったがこれらはすでに廃棄されF／A18戦闘攻撃機に統合された。21世紀に残った「A」（Attackerの頭文字）が最初に付く米軍機として残ったのは空軍のA10（30mm機関砲と爆撃等8.4t搭載）と海兵隊の垂直離着陸攻撃機AV8B（英国製ハリヤーを米国で再設計し能力を飛躍的に向上）だ。A10は最大時速720kmの低速だが、被弾しても帰還できる生存性と対地攻撃能力を追求し、湾岸戦争・イラク戦争で意外なほど活躍した。海兵隊のAV8Bも揚陸艦のヘリコプター甲板や海辺の簡易飛行場から行動し近接航空支援を行える点で価値が高い。また戦闘機を示す「F」の頭文字が付いていても実態は超音速の攻撃機である最初のステルス機F117は常に先陣を切ってレーダーサイトや防空指揮所の攻撃に当ってきた。

日本の国産F1支援戦闘機（71年初飛行）は対艦攻撃と対地支援を目的とした超音速攻撃機で、その後継であるF2（95年初飛行）も攻撃を第1の任務とし

制空戦闘能力も持たせたものだ。英海軍の「シー・ハリヤー」は最大速力がマッハ0.95で戦闘機とは言い難く，軽攻撃機に属するが，82年のフォークランド紛争では当時新型の「サイドワインダー」AIM9L空対空ミサイルを付けて防空戦闘で活躍した。一方，この戦争ではアルゼンチンのフランス製艦載攻撃機「シュペール・エタンダール」が対艦ミサイル「エグゾセ」を積んで陸上基地から行動し英艦「シェフィールド」などを撃沈，米国製の旧式A4攻撃機も英揚陸艦「サー・ガラハッド」などを沈め，海軍攻撃機の本領を示した。

旧ソ連は戦闘機MiG23の対地攻撃型MiG27を造り，また米国のA10計画に刺激されてか低速で兵装と防弾装備重視の対地攻撃機Su25を造った（75年初飛行）。英・仏共同開発の攻撃機「ジャガー」（68年初飛行）や英・独・伊共同の「トルネード」（79年初飛行）は超音速，戦闘機に近い性格を持つ点で日本のF1，F2，ソ連のMiG27と似ている。また欧州諸国は中級練習機（「アルファ・ジェット」など）を基礎にした軽攻撃機を造る例も多い。

だが冷戦後，戦闘機が多用途化してますます攻撃機の分野に入り込む一方，攻撃ヘリコプターの搭載能力，火器管制機能，速度が向上したため，対地攻撃専用機の存在意義は薄れつつある。

30
爆撃機
bomber

第1次世界大戦から1960年代まで爆撃機は空軍（日・米では第2次大戦まで陸軍航空隊）の主力であり，それに対する防御，あるいはその護衛用に戦闘機が発達した。だが今日，1980年代以降に原型が初飛行した新型と言える爆撃機は，米空軍のB2A（初飛行89年）21機，とロシア空軍のTu160（同81年）16機の計37機にすぎない（03年現在）。

米空軍はこのほかB1B（同74年）89機，B52H（同52年）93機を残し，ロシア海・空軍はTu（ツポレフ）22M（同69年）約160機，Tu95（同52年）63機などを持つ。中国はTu16（同52年）を国産したH6をなお140機ほど持つが，50年以上前の時代物だ。

1960年代まで長距離爆撃機は核抑止力の主柱だったが大陸間弾道ミサイル・潜水艦発射ミサイルの登場で徐々に影が薄れ，また対空ミサイルが発達して侵入が危険になり，核付き空対地ミサイルの発射台となるか，大量の通常爆弾を積んでゲリラのいそうなジャングルを爆撃することに活路を求めざるをえなくなった。ソ連の爆撃機には本格的空母がないため，沿岸に接近する米空母群を対艦ミサイルで攻撃するという用法に少し意味があった。また戦闘爆撃機や攻撃機の兵装搭載量が増大し，米国の可変後退翼の戦闘爆撃機F111のように11t余を積むものまで現れ，空中給油で小型機の行動半径が飛躍的に拡大したため大型の爆撃専用機の必要性が薄れ，新型の配備が進まないのも当然だ。その結果超旧式のB52やTu95などがなお一応現役に留る結果と

なっている。さらに近年の精密誘導兵器の発達・普及で絨毯爆撃もほぼ過去の戦法となった。

第2次大戦末期に就役した米海軍のニュージャージ級戦艦と同様、多分「最後の爆撃機」となるであろうB2Aはレーダー反射がB52の約1000分の1とも言われるステルス機で、探知を避けるため低空侵入する必要がなく、燃料消費の少い15000m付近の高々度をマッハ0.8程度の低速で巡航する。爆弾10.9tを積んで航続距離10000km、米本土ミズリー州ホワイトマンの母基地から1回の空中給油でほとんど全世界を爆撃可能とされる。高々度からの爆撃でもGPS誘導爆弾JDAMなら精密爆撃が可能だ。99年5月7日ユーゴスラビア・ベオグラードの中国大使館を誤爆、死者4人、負傷20人が出た際にも、GPSに入力した目標情報が間違いだったものの、狙った目標は見事に直撃していた。だが大型爆撃機の必要性への疑問に加え、冷戦終了もあり、B2Aの生産は試作6機を含む21機で打ち切られ（当初計画132機）開発費を含め1機21億ドル（約2300億円）という法外な価格となった。

31
空中早期警戒機
early warning aircraft

陸上・艦上のレーダーでは山脈や水平線の下に隠れて低空で接近する敵機は当然探知できない。特にこれは海軍にとり大問題で、第2次世界大戦中に日本機の低空攻撃に悩んだ米海軍は艦上攻撃機TBM3（アベンジャー）の胴体下面にレーダードームを取付け早期発見につとめ、また4発旅客機エレクトラを改造し、胴体上面にレーダーを付けたEC121を造り、陸上基地から運用し艦隊周辺の見張りをさせようとした。ソ連が1949年9月原爆実験に成功すると米国では防空に突如関心が集り、アラスカ・カナダに対空レーダー網を設定したほか、洋上からの爆撃機来襲に備えて空軍も海軍のEC121をRC121と改名し採用した。当時は両岸の沖合にもレーダー塔を建てたり、35万人の民間人志願者が15000カ所の監視所で空を見張る騒ぎとなった。

米海軍は1960年から艦上輸送機C1に大型レーダーを付けたE1を配備、64年からはターボプロップのE2A早期警戒機の配備を始めた。だがE2Aはベトナム戦争では故障が頻発して不評で、72年に完成したE2Cで一応安定した能力を持つようになった。その後も外見はあまり変らないが電子装備は何度も近代化されて来た。高々度目標の最大探知距離は600km、低空を飛ぶ巡航ミサイルを約200kmで探知する、と言われる。米空母は各4機のE2Cを搭載している。一方、米空軍は70年からボーイング707旅客機（その元はKC135空中給油機）を改装、直径9.14m、厚さ1.83mの回転式レーダードームを搭載したEC137D（のちE3と改名）の開発を始め、77年から部隊配備した。E3は低高度目標に対し400kmの探知能力があり、相手の電波受信では800kmでも探知するという。単に敵機を早期発見するだけでなく、迎撃機

の管制や，対地攻撃部隊，給油，救難の指揮も行うことから，米空軍は「空中警戒管制システム」（AWACS）と呼んでいる。

　地上・海上から空を見上げて目標を探すのとちがい，空中から地上を見下ろす場合には，レーダー電波が陸地・海面で反射するため，その乱反射の中で目標を探す若干高度な電子技術も必要で，ソ連は1960年代初期から4発ターボプロップのTu114（Tu95爆撃機と同系列）を改造した早期警戒機Tu126「モス」を作ったが信頼性は低かったようだ。その後継としてI（イリューシン）176輸送機を基礎にしたA50「メインスティ」早期警戒機が78年に初飛行したが，これも電子器材の開発に手間取り，84年から配備が始まった。

　2003年現在，米空軍はE3のB／C型32機を保有，海軍はE2C72機を持つ。日本は最新型のE3と同じ電子装備をより大型のボーイング767に積んだE767を4機持つほか，E2C13機を保有する。NATOは共同でE3A18機を購入，他に英（7機），仏（4機）は独自でも導入した。サウジ（5機）も保有する。E2Cは台湾（4機），シンガポール（4機），エジプト（6機）などが持つ。イスラエルは93年に皿型レーダードームではなくボーイング707を改造し，機体表面を「フェーズド・アレー」レーダーのアンテナとした最先端の早期警戒管制機「ファルコン」を開発，配備している。

32
輸送機
transport aircraft

　第2次世界大戦前からソ連，ドイツなどで空挺（パラシュート）部隊の試験的編成や演習が行われ，同大戦では多くの空挺作戦が行われたが，当時の輸送機のほとんどは独の「ユンカース52」3発機や，米のダグラスC47（DC-3旅客機）のように旅客機から発展したものだった。大戦末期になり大型のC46や，胴体後部に大きな扉を持つC119など専用の輸送機が登場した。

　戦後，輸送機は長距離大量輸送を任務とする大型の戦略輸送機と，前線の短くて無舗装の滑走路でも発着できる中型の戦術輸送機に分化して発達した。前者の例としては米空軍のC5（最大搭載量118tでM1A1戦車2輌を輸送可能，人員なら345人，航続距離約5500km，離陸に必要な滑走路は約3000m）やウクライナのAn（アントノフ）124（150tを搭載して航続距離4500km）などがある。後者の例としては1954年以来2200機以上が生産されたC130が典型的だ。米国はじめ60カ国以上で使われ，21世紀にも生産が続いている。同機はターボプロップ4発で搭載量19t，人員なら最大94人，1500m級の滑走路で運用可能だ。最新型のC17は戦略・戦術輸送機を兼ね，貨物78tあるいは人員202人を積んで9800kmの航続距離を持つが，900m級の滑走路で離発着可能だ。

　輸送機は胴体後部に空中でも開閉して重量物を投下できる大型扉を持ち，貨物の積み卸しに便利なよう高翼（胴体上部

に翼を付ける）にするのが一般的で米軍では機体の大小を問わず共通のパレット（463L）に貨物を載せ機内の床にローラーをつけて荷役や投下の迅速化をはかっている。また急旋回などにそなえ機体の強度も旅客機より高く、地対空ミサイルに対する警戒装置（レーダー電波を感知）やレーダーを妨害する「チャフ」（アルミ箔の細片）や「フレア」（発炎筒）の射出機を付け、防弾や4重の電気的操縦系統（C17の場合）を持ち、生存性を高めている。

米空軍は大型輸送機300機余、中型輸送機500機余を持つほか、民間旅客機・貨物機700機近くに補助金を出して「民間予備航空部隊」としており、海外展開では乗船中の海兵隊を除く人員のほぼ全てを航空輸送し、重装備と弾薬などの物資を海上輸送する。だが1個機甲師団が戦闘に必要とする補給物資は1日4000tに達するため、長期の大規模な作戦を航空輸送のみで行うことは、飛行場の便数の限界、貨物処理能力から将来も困難で、陸上、海上の補給路確保が決定的に重要であることは変らない。

33
空中給油機
tanker aircraft

世界初の空中給油（in‐flight‐refueling）の実験は早くも1923年に米陸軍航空隊が行い、37時間15分の滞空世界記録を樹立した。国土の広い米国では大陸横断飛行のためその必要性があったが前方上空の僚機が出すホースを副操縦士が竿で引っかけ、給油口に差し込む方法で、プロペラにホースが当る危険が高く、一種の曲芸飛行だった。

空中給油が実用化したのは第2次大戦後で1949年3月に米空軍のB50（B29改）はKB29（B29のタンカー型）から4回の空中給油を受け無着陸で世界一週飛行に成功した。当初はホースを繰り出す方式だったが、すぐに望遠鏡のように伸縮するアルミ管を給油機の後部下面から出し、後方やや下を平行に飛ぶ受油機の吸油口に給油機の操作員が差し込む効率の良い方法（フライイング・ブーム）が開発され、大型輸送機を改造したKC97が1950年から大量に配備された。これによりジェット戦略爆撃機B47や護衛のF84戦闘機はモスクワなどソ連内陸を米本国から狙えるようになった。

57年からは当初から空中給油機として開発された4発ジェットのKC135が600機も配備され、B52戦略爆撃機600機と組み合されて米核戦力の中核を構成した。KC135は旅客機ボーイング707の原型となった。81年からはKC135の後継としてDC10旅客機を基礎としたKC10の配備が始まった。これは胴体下部と翼内に161tもの燃料（自機用を含む。F15C戦闘機の機内タンク容量は5.8t）を搭載できるだけでなく、胴体上部にパレット23枚分（C130の4倍）の貨物と人員を搭載する十分な容積があり、戦闘機約8機に給油しつつ、その整備員と支援器材を積んで海外に緊急展開させることができる。日本もボーイング767旅客機改造の空中給油機をまず4機導入すること

にしているが、これは主として防空用に戦闘機を空中待機させることを考えている。

米海軍・海兵隊や英、露は「フライイング・ブーム」方式でなく簡易な「プローブ・アンド・ドローグ」方式（ホースを繰り出す）を使っている。中国も旧式のＨ６（旧ソ連のTu16爆撃機のコピー）を改造した給油機を少数保有している。

34
偵察機
reconnaissance aircraft

最初の航空機だった気球の時代以来、偵察は航空機の重要な役目で、飛行機も第１次世界大戦当初は敵軍の移動や配備を知るための目的に使われた。そのついでに小型爆弾を手で投下して爆撃が始まり、偵察機を追い払うため機関銃を付けた戦闘機も誕生した。第２次大戦では列国は戦闘機を改装した偵察機（米陸軍航空隊のＦ４、Ｆ５はＰ38双発戦闘機にカメラ４、５台を搭載、英空軍はスピットファイアＭＫＸＩ）を多く使い、長距離用には爆撃機改装のもの（Ｂ47改装のＦ13など）を使ったが、日本は陸軍の100式司令部偵察機や海軍の「彩雲」など専用の高速偵察機を開発した。

第２次大戦後も米空軍のＲＦ４（Ｆ４戦闘機の偵察型）やソ連のMiG25R（最大速力マッハ3.2）など戦闘機を元にした偵察機が一般的で、米空軍はＢ47爆撃機の偵察型ＲＢ47も使った。今日では一般の戦闘機にカメラなどを収納した偵察ポッドを吊り下げて戦術偵察に使うことが多い。米国は冷戦期にソ連奥地の核・ミサイル開発・配備状況を知ったり、攻撃目標を定めるため1955年８月初飛行の偵察機Ｕ２をＣＩＡの要求で開発した。これはジェットエンジン付きのグライダー状の機体で、巡航速度は690km／ｔの低速だが23000ｍ以上の高空を飛行するため、当時の戦闘機も対空ミサイルもまず届かず、ソ連領空を悠々と横断飛行していた。だが60年５月１日、Ｆ・Ｇ・パワーズの操縦するＵ２がソ連上空で対空ミサイルで撃墜され、操縦士が捕えられて米国は陳謝せざるをえなくなった。

Ｕ２はその後再設計され、より大型のＵ２Ｒとなった。高高度を12時間も飛行できる特性を生かし、電波傍受や側方監視レーダー（「合成開口レーダー」だと１ｍほどの物体も写る）による偵察を行い、また領空の外から斜めに高精度写真撮影をするなどの用途に32機(03年現在)が使われている。米国はマッハ3.3（時速3500km余）も出る高速長距離偵察機ＳＲ71も62年以後24機作ったが90年１月に運用を停止した。冷戦終了も一因だが、偵察衛星の能力向上で、領空侵犯をしてまで上空から写真撮影をする必要が薄れたことが根本だろう。今日の偵察機はＥ８Ｃ（Joint Star, 18機）のように大型の側方監視レーダー（250km余の距離で戦車を探知）を備えたり、RC135V／Ｗ（16機）のように敏感な受信機を揃えて通信情報収集に当たる。戦場上空での偵察は近年能力向上の著しい無人機によることが多くなっている。

ステルス機
stealth aircraft

stealthは「忍び」を意味し，視覚，聴覚，赤外線探知などで発見されにくいことも含むが，特に強力な探知装置であるレーダーによる探知を避けることを指す。第2次世界大戦中，日，独の潜水艦の一部は司令塔の形状を下すぼみにしたり，電波吸収材を塗付，貼付して，水上航走中のレーダー電波の反射を減らそうと試みていた。航空機のレーダー電波の反射を減らそうとする努力は，1962年に米国で初飛行したA11（SR71の原型）で2枚の垂直尾翼を内側に傾けたことなどにも見られるが，ほとんどレーダーに映らない本格的ステルス機となったのは81年6月に初飛行したロッキードF117だ。これは戦闘機を示す「F」の頭文字が付いてはいるが，実際には攻撃機だ。

地上のレーダーからの電波が機体に当って反射しても，まっすぐ地上のレーダーに戻りにくいよう主翼は67°余の鋭い後退角とし，垂直尾翼は外型に大きく傾け，翼も胴体も平面で構成，エンジンも電波を強く反射するため吸気孔に格子を設ける，など特異な外形で，電波吸収材を大量に使用している。これにより，F117のレーダー電波反射はF4戦闘機の200分の1以下とも言われる。レーダー電波の反射が100分の1になると対空捜索レーダーの探知距離は10分の1，1000分の1だと100分の3になる，と言われる。爆弾類は電波を反射しないよう爆弾倉内に搭載するため，通常900kg誘導爆弾2発しか積まないが，精密誘導により高い攻撃効果を発揮し，91年の湾岸戦争では損害ゼロだった。99年のユーゴスラビア爆撃でははじめて1機が墜落したが，その理由は定かではない。

米国はさらに進歩したステルス機であるB2爆撃機，F22戦闘機を完成し，海，空軍，海兵隊が共用するJoint Strike Fighter（統合攻撃戦闘機）F35（開発中）もステルス性能を持つ。海兵隊用はハリヤーと同様，推力方向を変える短距離離陸・垂直離着陸型だ。F22，F35はF117のような奇怪な外形ではなく，速度や操縦性をあまり犠牲にせずに高度なステルス性を得ており，これらのレーダー反射をF15の10万分の1（探知可能距離は約20分の1）とする見方もある。炭素繊維を使った強化プラスチックなど電波を反射しにくい材料を利用しているようだ。

日本のF2攻撃戦闘機も翼は炭素繊維系複合材で，他にも，若干ステルス性を持つものも無くはないが，本格的ステルス機は米国の独占状態が続き，81年にF117が完成して以来20年以上たっても他国は追随できない。射程50km以上の空対空ミサイルが一般化した時代にレーダーにほとんど映らない戦闘機，爆撃機の優位は絶対的であり，米国が他国の意向を軽視し一国主義に走る背景の1つともなっている。

ステルス機を探知する技術としては，遠距離でその熱をとらえる赤外線探知や，レーダー電波の送信機と受信機をかなりの距離をあけて配置して機体からの乱反射電波をつかむ「バイスタティック・

レーダー」，各種の周波数帯域の電波を出す「ブロード・バンド・レーダー」などが有望と見られ，防衛庁技術研究本部も開発を進めている。

ミサイルと弾頭

36
精密誘導兵器

precision‒guided munitions

略語 PGM

誘導兵器は第2次世界大戦中から各国で開発され，特に1943年8月から独空軍が使った無線操縦，固体ロケット推進の空対艦ミサイル FritzＸは，降伏したイタリアの艦隊が9月9日連合軍側に参加するため出港したのを追い，戦艦ローマを撃沈，戦艦イタリアに大損傷を与えたほか，地中海で英戦艦ウォアスパイトを大破，巡洋艦，駆逐艦，商船多数を撃沈した。

ベトナム戦争では米軍は先端にテレビカメラを付けた誘導爆弾と，先端にレーザー光線のセンサーを付け，航空機から目標をレーザーで照射してその反射源に向かわせるレーザー誘導爆弾の2種の「スマート爆弾」を使用した。特に後者は通常の各種の爆弾にセンサーと動翼のキットを取付けるだけで改造でき，価格も安かった。レーザー誘導爆弾「GBU10」(900kg爆弾)は1965年から米軍機のべ700機が攻撃しても破壊に失敗していたハノイ南方130kmのタンホア橋に対し72年4月27日，5月13日に投下され破壊に成功した。

91年の湾岸戦争では米軍は227,822発(92000ｔ)の爆弾類を使用し，その7.8％に当る17818発(8000ｔ)が精密誘導兵器，うち9271発がレーザー誘導爆弾だった。99年のユーゴ爆撃では23000発中8050発が精密誘導兵器，2001年のアフガニスタン攻撃では21000発中12000発，03年のイラク戦争では29199発中19948発(68％)となった。

精密誘導兵器の普及により，少数機でも，かつての大編隊の猛爆撃と同等の効果を発揮するようになったが，レーザー誘導爆弾（愛称「ペーブ・ウェイ」GBU12，225kg爆弾がもっとも一般的）は，他の航空機や地上の特殊部隊員などが爆弾の命中までレーザーで目標を照射し続ける必要がある。一方，ユーゴ爆撃から使用されだしたGPS誘導爆弾(GBU31など)は24個のナヴスター衛星の電波を受信して，指定された地点に落下するため他の誘導は不要で，雨や霧で目標が見えなくても命中するが，固定目標しか狙えない。GPS爆弾は空軍，海軍，海兵隊が共用するため統合直撃弾(JDAM)と称され，遠距離(74km)から投下できる翼付きの滑空爆弾や，ジェットエンジンを付け射程500kmのものも開発されている。また地下壕攻撃用に2.1ｔ爆弾を付けたレーザー誘導爆弾GBU28などもある。テレビ誘導の空対地ミサイルは高価で操作もやっかいだからすたれ気味だが，戦車や艦艇など動きの早い目標を狙うには有効でAGM65「マベリック」などが米海，空軍で使わ

もう1つの系列の精密誘導兵器に対レーダー・ミサイルがある。敵の対空レーダー電波を捉えて突入しレーダの破壊を狙うものだ。米軍の初期の対レーダーミサイル「シュライク」(AGM45)は敵がレーダー電波を止めると迷子になる弱点があったが，現用の「ハーム」(AGM88)は高速化し，また電波を止めてもその地点に突入する。

空対地兵器だけでなく米陸軍などが使っている多連装ロケットシステム(MLRS)にもGPSを使ったり，対戦車攻撃用の弾頭にミリ波レーダーを組込んで，300km以上「陸軍戦術ミサイル」ブロックIAの射程でも精密な射撃を行えるようにしたものが作られている。また対艦攻撃用の爆弾に赤外線センサーを組込んだものもある。

37
空対空ミサイル
air－to－air missile

略語 AAM

この分野でもドイツは先駆者で，第2次大戦中に無線操縦の「ヘンシェル298」や，細いエナメル線を繰り出しつつ飛び，有線指令で操縦される「X4」空対空ミサイルを開発，前者は約300発，後者は運用試験中に数発が敵機に発射された。米国でも同大戦中「ゴルゴン」空対空ミサイルの開発が行われたが成功せず，1956年に「サイドワインダー」(AIM9)，「ファルコン」(AIM4) が配備された。

サイドワインダーは敵機のジェット噴気の熱（赤外線・IR）を追尾する重量70kg級，射程3km余のミサイルで，58年9月24日から台湾空軍のF86は米軍から供与されたサイドワインダーを中国のミグ17に発射，10月には1日に14機撃墜の戦果をあげた。初期の型は敵機の後方からしか発射できず，太陽など他の熱源にまどわされがち，という問題があったが，赤外線センサーの感度の向上や特定の波長の赤外線のみに反応する工夫など改良が進み，前方からの射撃も可能となり，射程も8km級に伸びた。2000年までに20万発以上が作られた成功作で，なお発展型が開発・製造されている。ソ連はこのコピーの「アトール」を生産し，イスラエル，日本などでも派生型が作られた。

赤外線追尾ミサイルは，命中まで誘導を続ける必要がないため戦闘機が発射直後に急激な運動ができて戦闘機同士の戦闘に適し，比較的安価，という利点があるが，霧の中では赤外線が水滴に吸収されて使えないし，赤外線をとらえる距離の限界から射程が短い。一方，ファルコンは当初「セミ・アクティブ・レーダー・ホーミング」(SARH)（戦闘機のレーダーで目標を照射，目標からの反射波を追尾）方式で開発され，のち赤外線追尾型や核弾頭付きの物も作られた。SARH方式の米軍の空対空ミサイルの成功作は「スパローⅢ」(AIM7のC型以降) で重さ200kg級の大型で射程40km級だが，100kmの型もある。この方式では発射前から命中まで戦闘機が目標を数十秒間レーダーで照射し続ける必要があり，大型機相手以外には使いにくい。こ

のためミサイル自身にレーダーを付け、自立して目標に向かう「アクティブ・レーダー・ホーミング」(ARH)方式が長く開発されてきたが、海軍のF14戦闘機用の「フィニックス」(AIM54、73年から配備、射程150km)で実用化し、米空軍もARHの「AMRAAM」(AIM120、射程50km)を91年から装備している。これと同級のものにはロシアのAA10(アラモ)、日本のAAM4などがある。こうした長・中射程空対空ミサイルの普及により空対空戦闘は目視可能な距離の外で行われることが多く、戦闘機は空中のミサイル発射台にすぎなくなりつつある。

38
弾道ミサイル
ballistic missile

ロケットで加速・上昇後、放物線(弾道)を描いて飛び地上目標を攻撃するミサイル。米ソ間の戦略兵器制限条約(SALTⅡ、1979年)では米・ソの大陸部分の最短距離である5500km以上の射程を持つものを「大陸間弾道ミサイル(ICBM)と定義した。また87年の米ソ間の中距離核戦力(INF)条約では射程1000km～5500kmのものを「中距離ミサイル」、500km～1000kmのものを「短距離ミサイル」とした。87年発足の「ミサイル技術管理レジーム(制度)」では射程300km以上、搭載量500kg以上の弾道ミサイルを目的のいかんを問わず原則禁輸としている。また91年の湾岸戦争の停戦協定では射程150km以上の弾道ミサイルを大量破壊兵器に含めて廃棄対象としている。

このように射程がいくら以上のものを「弾道ミサイル」と認め、それ以下を「ロケット砲」とするか、厳密には定まっていない。

世界で最初に、かつこれまでもっとも大量に使用された弾道ミサイルはドイツの「A4ロケット」(通称V2号)だ。これは射程320km、弾頭1tで、ソ連が1960年代に作った「スカッドB」と同等のミサイルだった。ドイツは第2次世界大戦末期に5900発を量産し、3255発が発射され、英国には1115発が落下したが死者は2541人、負傷者5925人で1発あたり死者2.3名、負傷者5.3名だった。「スカッド」とその派生型「アル・フセイン」はイラン・イラク戦争、湾岸戦争、ソ連のアフガン戦争などで使われたが、所詮爆弾1発で「半数必中界」(発射したミサイルの半数が目標から何mの円内に入るか、平均的誤差の指標。CEPと略称される)が500m以上もあるだけに全般的には効果は乏しかった。湾岸戦争時、イスラエルのテルアビブにはアル・フセイン39発が発射され、死者4名とも報じられた。

北朝鮮の「ノドン」(推定射程1300km)、「テポドン」(同2500km以上)もスカッドの発展型で射程を伸ばしただけ誤差も拡大し、ノドンのCEPは約3kmと見られている。この種の弾道ミサイルは戦闘爆撃機等にくらべ製造が容易で安価なうえ、迎撃手段が無いか、あっても防御は困難であるため、航空戦力に乏しい側がその代用にした例が多い。威嚇効果を狙うが実際に発射すれば効果の低いことは民衆

にもすぐ見抜かれ，これまでの戦例では民衆にパニックも生じなかった。核弾頭があるか否か，が焦点で化学弾頭（神経ガス）を使っても汚染は風下数百mとみられる。生物兵器はミサイル弾頭に入れて公然と使用するより，秘かに多くの地点に散布する方が対応が遅れ，効果は大きい。

こうした初歩的弾道ミサイルの対極にあるのが86年から配備された米国のICBM「ピースキーパー」で，3段の固体燃料ロケットを使い，射程9600km。500kt（爆薬50万t相当）水素爆弾付きのMIRV（それぞれ別の目標に向う再突入弾頭）10発を搭載し，CEPは90mとされる。ロシアが87年から配備したSS24は先制攻撃で破壊しにくい鉄道移動式とサイロ配備の2種があり，550ktのMIRV10発を搭載し，CEPは200mとされる。水爆弾頭付きでも，相手のICBMの入ったサイロ（岩盤のたて坑）を破壊しようとするとCEPが重要な要素となる。米国は62年から即時発射が可能で整備の手間も少なくてすむ固体燃料のICBM「ミニットマン」を配備したが，石油化学技術で遅れたソ連は75年に配備を始めたSS19まで貯蔵可能液体燃料を使わざるをえず，しばしば燃料を抜いてタンクやバルブの点検を行うことが必要で稼働率が低かった。スカッド系列のミサイルは液体燃料だが，中国が開発中のICBM「東風31」「東風41」，中距離ミサイル「東風21」や短距離ミサイル「M9」「M11」などは固体燃料とされる。インドの「アグニ2」，パキスタンの「シヤヒーン2」，イスラエルの「ジェリコ2」も固体燃料の中距離ミサイルだ。

弾道ミサイルは潜水艦にも搭載される。米国のオハイオ級原潜18隻中10隻は射程12000km，475kt弾頭付きMIRV7発を積む「トライデントD5」ミサイル24基を搭載，他の8隻は射程7400kmの「トライデントC4」を搭載している。潜水艦発射の弾道ミサイルは地上のICBMにくらべ発射地点の誤差が大きく，都市攻撃にしか使えなかったが，「D-5」はGPSを使って飛行することによりCEPは90mに向上し，サイロ攻撃も可能となった。ロシアの潜水艦用弾道ミサイルは最新型のSSN23でもなお整備がやっかいな液体燃料を使っており，財政危機もあって実動率は著しく低下している。

39
ミサイル防衛
missile defense

特に弾道ミサイルに対する防衛手段の意味で使われる。1957年8月にソ連は米国に届く世界初のICBM，重量約270tの巨大なSS6（NATO名）の試射に成功，これを使って10月に初の人工衛星打揚げに成功したため米国は必死でABM（弾道弾迎撃ミサイル）開発に取り組み，広域防衛用の「スパルタン」（射程748km）と短射程・高速の「スプリント」（同40km）や探知・識別用レーダーが開発された。だがICBMがオトリ弾頭用に宇宙でアルミ箔の風船多数を放出すると，空気が無いため重い弾頭も風船も同じ速度，軌跡で飛ぶからオトリ弾頭と本物を識別

するのが困難だし、多弾頭のICBMを一斉発射されると対処不能、さらにスパルタン、スプリントとも核弾頭を使うため、都市上空で爆発するとその被害が大きい、費用が莫大、などの問題が出た。このため1972年5月に米ソ両国は「SALT-Ⅰ」（第1次戦略兵器制限暫定協定）と同時にABM制限条約に調印した。これは両国が2個所の防衛用にABMを設置することを認めたが、74年に各1個所に改定した。米国はノースダコタ州グランドフォークスのICBM基地防衛用に、上記2種のミサイルを使った「セーフガード」システムを配備し75年10月1日完成を発表したが、その翌日に米議会は廃止を決定した。ソ連はモスクワ防衛用に「ガロッシュ」ミサイル32基を一応配備したが効果は怪しかった。

だが、83年3月レーガン米大統領は宇宙に弾道ミサイルに対する防衛網を構築する「戦略防衛構想」を発表、宇宙に巨大な鏡を浮かべ上昇中の弾道ミサイルにレーザーを集中して破壊するなど多くの壮大な研究が行われた。だが技術的に難点が続出し「実験成功」の報告も作為的だったことが露見した。また経費が当時の米国のGDPの4分の1の1兆ドルに達する見込みとなったこと、冷戦が89年に終結したこと、などにより91年には事実上中止となった。米国では「SDIによりソ連は技術力、経済力で米国に追い付けないと覚ったことが冷戦終結につながった」と主張する人が少なくないが、これはSDIの失敗を弁解するための説で、現実的に見ればソ連は非効率な経済体制のため70年代にはすでに経済力が衰え、アフガニスタン介入で敗北して国内外で軍事的威信を喪失、88年5月のアフガニスタンからの撤兵開始後すぐにハンガリー、ポーランド等東欧諸国が離反を始め、それがベルリンの壁の崩壊と冷戦の終結を招いたことは明白だ。ソ連の東欧支配の終了とソ連の崩壊にはSDIよりムジャヒディン（イスラム戦士）の方が直接的影響を与えたと考えられる。

2度失敗した米国の弾道ミサイル防衛は91年の湾岸戦争でイラク軍がスカッド系列の「アル・フセイン」88発をサウジアラビア（43発）、イスラエル（42発）、バーレーン（3発）に発射したことで蘇生した。対空ミサイル「ペトリオット」は、落下して来るアル・フセインに接近して炸裂、破片を浴びせたがこれは飛行機に対しては有効でも、自由落下して来る弾道ミサイルを止めることは不可能でほとんど効果がなかった。だが当初パトリオットの迎撃が成功のように宣伝され、「戦域（短・中距離）弾道ミサイル防衛」熱が高まり、のち米本土防衛のための「国家ミサイル防衛計画」も再燃、さらに2001年5月1日、米ブッシュ政権はこの2つを統合した「ミサイル防衛計画」を発表した。米国はそれに障害となるABM条約の一方的破棄を01年12月13日にロシアに通告した。

弾道ミサイルの迎撃には、①加速上昇段階（Boost Phase or Segment）、②中間段階（Mid Course Phase or Segment）、③終末段階（Terminal Phase or Segment）の3種があり、米国は全ての段

階での迎撃を考えている。加速上昇中の弾道ミサイルは遅いうえ，複数弾頭やオトリ弾頭を放出する前に破壊できる利点があるため米国はこれに力点を置いている。だが空対空，艦対空ミサイルや，ボーイング747からのレーザー照射（有効距離450kmの構想）で上昇中の弾道ミサイルを破壊するには，航空機や軍艦を常時相手国の領空・領海に接近させ，多分護衛を付けて配備しなければならず，それ自体が紛争を招く危険があり，待機費用も莫大だ。

日本も加わる中間段階の迎撃は大気圏外を弾道飛行中のミサイル（あるいは上昇終了時に放出した弾頭）を海上の軍艦から発射するミサイルやアラスカなどに配備する迎撃ミサイル，あるいは宇宙空間配備の迎撃システム（レーザーやミサイル）で破壊しようとするものだ。日本は4隻のイージス艦に射程約500kmの「SM3」ミサイルを搭載し高度120km付近で迎撃することを狙っている。だがオトリ弾頭と本物の弾頭の区別は容易ではないようだ。

終末段階の迎撃は大気圏に再突入し落下してくるミサイル，あるいは弾頭を破壊しようとするもので米国は高高度（100km以上）用の「THAAD」（サード）ミサイルと低高度用の「ペトリオットPAC3」を開発中でPAC3はイラク戦争中，クウェートに配備されたが，イラクは弾道ミサイルがすでに無く効果は未知数だ。日本はPAC3も配備する計画だが，射程が20km以下と短かいため，日本の大都市だけを守るにも膨大な数が必要となる。海上配備のSM3と陸上配備のPAC3（守るのはごく一部）だけでまず5000億円，その後の改良を含むと1兆円は掛かると見られ，全自衛隊の装備品等購入費1年分（平成16年度で8806億円）を上回る。しかも相当多数の弾道ミサイルを一斉発射されると対抗できず，「気休めにしては高価」との評も出る。

米国以外ではイスラエルが終末段階迎撃用ミサイル「アロー2」を開発，ロシアの大型対空ミサイル「S300」のうち「S300V」は弾道ミサイル迎撃用だが，いずれも実戦で使われたことはない。もし弾道ミサイルが核弾頭付きなら，同時に飛来する多くのミサイルのうち1発でも撃ち洩らせば防御は失敗だ。1944年にドイツの「V2号」が登場して以来60年たっても頼りになる弾道ミサイル防衛システムが完成していないことは，この問題の技術的，財政的困難を物語るようだ。

40
巡航ミサイル
cruise missile

巡航ミサイルはジェット・エンジンなどの空気を吸入する機関を動力とし自動操縦装置を備えた無人飛行機で，第2次大戦中のドイツが29000発も作った。「フィゼラー103」（通称V1号）や1960年代中国への核攻撃のために沖縄に配備されていた「メース」（TM76）など，相当古くから存在したが，風などの影響で精度が不良であるうえ，直線飛行するため，戦闘機，対空ミサイルに撃墜されやすい，などの問題があった。

だが電子技術の発達で、内蔵の小型レーダーで地表の凹凸を捉え、それを磁気テープに入った地図（デジタル・マップ）と照合して目標に向う「地形照合」誘導方式が開発され、小型軽量のジェット・エンジンもできて巡航ミサイルは有力な兵器となった。湾岸戦争で288発、イラク戦争で802発発射されるなど、有名な「トマホーク」（BGM109）は当初潜水艦発射の核ミサイルとして72年に開発が始まり、84年から配備された。長さ6.4m、重さ1.45tで直径53cmのカプセルに入り潜水艦の魚雷発射管から水圧で射出される。10m前方でロケット（7秒間燃焼）に点火して水面上に飛び出すと、折りたたんである主翼、尾翼がバネで開き、下面に空気取入口が出て推力272kgの小型ターボファン・エンジンが始動、まず慣性航法装置で洋上を飛行、時速885kmの低速で目標に向う。敵地の海岸線の地形をレーダーでとらえると磁気地図と対比してコースを修正、さらに内陸上空でも何回か地形照合をして目標に突入する。射程は2500kmもあった。だが誤差（CEP）は80mだったから通常弾頭だと効果は乏しく、W80核弾頭（200kt）を付け戦略核戦力の補助の役割を負っていた。

トマホークには艦船捜索用レーダーを付けた対艦攻撃型、小型爆弾をばらまく地上攻撃型、など多くのバージョンが作られ、精度向上のため目標のデジタル写真と照合して突入する「光景照合」誘導方式も開発された。だが24個の衛星の電波を受信して現在位置を知る「GPS」の採用で精度は誤差10m程度に向上、攻撃目標の変更やコースの選択も容易になった。また初期のトマホークの通常弾頭型は、454kg弾頭が核にくらべ重いため、水上艦発射のタイプで射程1300kmだったが最新型は弾頭を318kgに小型軽量化し（破壊力は同等）、燃料を増して射程を1700kmに伸ばしている。トマホークはなお改良が進むが、同時にその後継としてラム・ジェット推進で速度マッハ4、ステルス性能をもつ「ファースト・ホーク」が開発中だ。

トマホークは海軍用だが、米空軍はB52G/H、B1B爆撃機用に空中発射巡航ミサイル（AGM86C、射程2000km）やその後継としてステルスのAGM129（射程3000km）を配備しており、AGM86Cは湾岸戦争で35発、イラク戦争で153発が発射された。米海軍や海上自衛隊などが採用している艦対艦ミサイル「ハープーン」（RGM84、射程は初期95km、今は240km）や陸上自衛隊の88式地対艦誘導弾（射程150km）もジェット・エンジンを使っている巡航ミサイルだ。

旧ソ連は長く空母が無く、末期に造ったが実用にならないものだったため、米海軍に対抗するため水上艦、潜水艦、航空機、海岸陣地から発射する多種多様の巡航ミサイルを開発配備した。そのほとんどは対艦用で精度不良を補うため核弾頭を付けたものが多かった。1950年代にはミグ15戦闘機を小型にしたような形の空対艦巡航ミサイルASⅠ「ケネル」（NATO名）とその沿岸防衛型のSSC2「サムレット」（同）が配備されたが実用

性は低いと見られた。60年代から配備の対艦巡航ミサイルSSN 3（シャドック）は水上艦，潜水艦，海岸陣地に広く配備され，70年代に登場したSSN12「サンドボックス」（同）は550kmの射程を持ち，キエフ級空母，スラバ級巡洋艦，エコーⅡ型原潜の主兵装だった。80年代にはさらに進歩したSSN19「シップレック」（同）やSSN22「サンバーン」が配備された。特にサンバーンはマッハ2の高速であるため，「米艦の艦対空ミサイルでは対抗しがたい」と騒がれた。99年から中国に輸出された中古のソブレメヌイ級駆逐艦2隻に各8基搭載されているため「中国海軍は米空母群を撃破する力を持った」と言う説も出るが，射程が120kmだから，開戦後なら米艦隊にその距離まで接近する以前にソブレメヌイ級が米艦載機に沈められる。開戦前に何気ないふりをして接近，いきなり発射すれば別だが，それなら漁船に旧式魚雷を積んで近寄っても同じ効果があるから，これは中国の脅威を誇張した説だ。ソ連は「トマホーク」と似た潜水艦発射の核付き巡航ミサイルSSN21「サンプソン」も87年から配備したが，今日それを搭載するロシア原潜の大部分は行動不能となっている。

41
劣化ウラン弾
depleted uranium ammunition

　天然ウランの大部分はウラン238で，核兵器や発電に使われるウラン235は0.72％しか含まれていない。このためウラン235の純度を高める濃縮の過程で大量の劣化ウランが出る。ウランは比重が19余で鉄の2.4倍も重く，きわめて硬く，粉末になると自然発火する，そのうえ廃物で安価だから，戦車の装甲板などを貫徹するための徹甲弾の弾芯の材料にぴったりで，これをモリブデンやチタニウムと混ぜて焼結した弾芯を持つ戦車砲弾，機関砲弾が1970年代末から米，英，ロシアで作られてきた。また接近する対艦ミサイルを確実に撃破したい軍艦の対空・対ミサイル機関砲弾も劣化ウラン弾を使っているが，日本の戦車や護衛艦は高価なタングステン鋼芯弾を使っている。

　残存放射線はごく微量だが，命中すると粉末になるため肺や消化器官を通じて，この重金属が肝臓に蓄積されたり，内部被曝を起す危険が指摘される。

　1991年の湾岸戦争で実戦にはじめて約40tの劣化ウラン弾が使われ，これと米軍兵士の「湾岸戦争症候群」や住民の奇病との関連が疑われた。NATO軍の94，5年の旧ユーゴのボスニア内戦への介入，99年のユーゴスラビア攻撃でも4万2300発の劣化ウラン弾が使われ，イタリア軍兵士などに白血病などのがんが発生し「バルカン症候群」が問題となった。欧州連合（EU）は2001年1月17日使用凍結を求める決議を行ったが，NATOは他の兵士とくらべ帰還兵に白血病が多いとの事実は認められない，と発表した。

　劣化ウラン弾は2003年のイラク戦争でも使用された。日本では95年12月から96年1月にかけ米海兵隊の攻撃機AV8Bが沖縄の鳥島射爆撃場に劣化ウランの25

mm機関砲1520発を発射した。これは弾薬の在庫管理のミスで誤った弾種が配られたためだった。

42
核兵器
nuclear weapons

　第2次世界大戦がドイツ軍のポーランド侵攻で始まったのは1939年9月1日だが、その1カ月前の8月2日、33年に米国に移住していたドイツ生まれのユダヤ人物理学者アルバート・アインシュタインはF・D・ルーズベルト米大統領に書簡を送り、「ウランによって新型の極めて強力な爆弾の製造がごく近い将来に可能であり、米政府が資金を提供し研究を急ぐべきである」との勧告を行った。だが当時は彼も核爆弾が航空機で運べるほど小型化できるとは思わず、船に積み湾内で爆発させ周辺を破壊することを考えていた。

　米政府はこの勧告に従い、20億ドルの巨費を投じて原爆製造のための「マンハッタン計画」を推進、45年7月16日ニューメキシコ州アラモゴルドでプルトニウム原爆の実験に成功、8月6日広島にウラン原爆（爆発力は爆薬約13kt、すなわち1万3000tに相当）を投下し十数万人が死亡、9日には長崎にプルトニウム原爆（同約22kt相当）を投下、6万人以上を死亡させた。広島に落した「リトル・ボーイ」は全長305cm、直径71cm、重量4050kg、長崎の「ファット・マン」は全長365cm、直径152cm、重量4860kgという今日から見ればきわめて大型の物だった。

　戦後の核開発は威力の増大と小型軽量化を追求し、米国は52年10月ビキニ環礁で原子爆弾を起爆装置とし、重水素と3重水素を使った核融合型核兵器である水素爆弾の実験に成功した。ソ連は49年8月に原爆実験に成功、53年8月に水爆実験を行った。これまで造られた最大威力の核爆弾はソ連が61年10月に実験した58メガトン（爆薬5800万t相当）水爆とされるが、ミサイル弾頭として実戦配備されたのはソ連の25メガトン水爆弾頭（SS9、SS18用）、米国の9メガトン（タイタンⅡ用のW53）が最大のようだ。

　一方、起爆用の爆薬や、核分裂を始めさせる中性子発生装置等の改良、核物質を効率良く爆発させる技術の開発（広島型原爆は60kgものウラン235のうち700グラムしか核分裂を起さなかったと言われる）などにより小型で大威力の核爆弾を造れるようになった。例えば巡航ミサイル「トマホーク」の核付き型が使う弾頭W80は重量130kg（広島型の31分の1）、全長80cm、直径30cmで威力は200kt（同15倍余）だ。米国が作ったもっとも小型の核兵器は63年から製造された直径155mm核砲弾W48（厚い鋼製の弾殻を含み重量58kg、威力1kt）やその後継のW82（重量43kg）だ。直径28cm、重量僅か27kgの核弾頭W54を付けたジープ搭載ロケット砲「デービー・クロケット」（射程約3km）や、W54を1人の兵が背負える形にした爆破器材（いわゆるスーツケース爆弾）も作られた。

　60年代の米軍は何でも核弾頭付きが流行し、地対空ミサイル、空対空ミサイル、

魚雷，爆雷にまで核が使われ，米軍の持つ核兵器数はピーク時の66年には3万1700発に達した。ソ連もその後を追い，86年のピーク時に4万0723発を保有していた。だが誘導技術が進歩すると，飛行機や潜水艦に対して核兵器を使用するようなことは有害無益となり，多くの小型核兵器が廃止された。さらに冷戦終了もあり，86年に米，ソ，仏，中，英5カ国で計6万5057発あった核兵器は2002年には2万0150発に減少した。米国は1945年以来約7万発を生産したが冷戦終了前に約4万8000発，その後に約1万2000発を解体，2002年現在約1万0600発を保有，うち7000発が配備状態にあると見られる。ロシアは8600発を保有し，他に解体処分待ちのものが1万発近くあると思われる。

核兵器開発は威力の増大も小型化も米国では60年代にほぼ限界に達し，開発の焦点は核弾頭よりも運搬手段の改良に移った。その後の核弾頭開発は爆発力を抑えて使い易くする威力可変型に向い，203mm核砲弾W79のように威力を爆薬数t相当から1万t相当まで選択できる物も81年から作られた。W79砲弾550発のうち325発は核分裂を起すプルトニウム239の管の中に，重水素ガスを封入したトリチウム管を挿入し，核融合によって大量の中性子を発生させる用法も選択できるようになっていた。この「中性子爆弾」(実は砲弾)は特に西独に侵攻するソ連機甲部隊に対し使用することを考えたもので，威力を抑えて周辺への被害をできるだけ減らし，鋼板を透過する中性子による装甲車輌乗員の殺傷を狙った。

だが中性子はドイツ民間人も殺すから，建物の被害を極限しても意味は乏しく，155mm核砲弾W82，短距離(120km)ミサイル「ランス」用のW70核弾頭でも中性子放出強化型が開発はされたが製造はされなかった。

冷戦終了後，米，ロシアの核兵器開発はほとんど停止状態にあったが，米ブッシュ政権(2代目)は機動的使用に適した小型核兵器(威力は爆薬5千t相当)と，地下深くの司令部などを破壊する地中貫通核兵器の研究費を04年度予算に盛り込み，92年以来凍結してきた地下核実験を再開する準備の経費も計上した。

米，ロシア以外では英国が52年10月，フランスが60年2月，中国が64年10月に原爆実験に成功した。今日英国は弾道ミサイル原潜4隻に各16基の米国製「トライデントD5」ミサイルを搭載，これは最大12発のMIRV核弾頭を運べるが，各3発しか搭載せず，保有核弾頭数は約185発だ。それ以外の核兵器は廃棄した。フランスも弾道ミサイル原潜4隻に国産のM45ミサイル(6弾頭)各16基を搭載するほか，艦載攻撃機「シュベール・エタンダール」28機，空軍の「ミラージュ2000N」60機は空中発射巡航ミサイル「ASMP」(射程250km，300kt核弾頭)を搭載する。合計すると同時に運搬可能な核弾頭は472発だが，フランスの保有核弾頭は約340発で，潜水艦のミサイル弾頭数を減らしている。中国は旧式のICBM「東風5号」24基のほか，新型の「東風31号」8基を保有すると「ミリタリー・バランス03・04年版」は「中国」

の項で記述しているが，一方同号の各国の「運用可能の核弾頭」の表では中国のICBMの核弾頭数を20発としており，こちらは単弾頭の東風5号が20基あるだけ，との評価のようだ。また中国はIRBM「東風3号」「同4号」を約110基持ち，弾道ミサイル原潜1隻に「巨浪1号」ミサイル12基を積んでいるが，この潜水艦は可動状態にない可能性が高い。また計450基の短距離弾道ミサイルの一部（120基？）は核付きと推定されている。中国は旧式爆撃機TU16（中国名「轟炸6号」）を持ち，うち20機は核搭載任務を持つと見られる。中国の保有核弾頭は約400発と推定されている。

1968年調印された核不拡散条約は67年1月1日以前に核を爆発させた上記5カ国のみに核兵器保有を認めているが，インド，パキスタン，イスラエル，南アフリカはこの条約に加盟せず核開発を行った。インドは74年に初の核実験を行い，98年5月11日と13日に5種の核兵器の実験を行った。これに対抗してパキスタンは5月28日と30日に6回の核実験を行った。インドは「アグニII」（射程2500km）など弾道ミサイルを保有し，パキスタンも「ハトフ5」（別名ガウリ・射程1300km）などを持ち，双方約40発の核弾頭を持つと見られる。

イスラエルは米国，南アフリカと友好関係にあったため，自国内で核実験を行わずに核開発を進め，約200発の核弾頭を保有すると見られている。「中東で最初に核兵器を使う国にはならない」と声明し保有を半ば公言している。弾道ミサイル「ジェリコ1」（射程500km）「ジェリコ2」（同1500～2000km）計100基近くを持つほか，戦闘爆撃機にも核を搭載。さらにドイツ製の1900 t級通常推進潜水艦が搭載している対艦ミサイル「ハープーン」（射程130km）の一部は核付きにして（米国で以前提案されたが「トマホーク」があるため開発にいたらず），短射程ながら対地攻撃用巡航ミサイルとしている。

南アフリカは74年からひそかに核兵器を開発，広島型と同等の威力を持つ原爆6個を製造したが90年までに全て解体した，と93年にデクラーク大統領が発表，同国は91年に核不拡散条約に加盟した。同国の核放棄は人種隔離政策の維持が不可能となり，黒人政権の誕生が予期される状況の中で行われた。

北朝鮮は旧ソ連から輸入し寧辺に設置した出力5000kwの小型実験用原子炉を87年から運転し，その使用済み燃料棒を処理して，90年に90 gのプルトニウムの抽出を行ったことをIAEA（国際原子力機関）に申告している。これは試験管レベルの量で，原爆を作るには5 kg程度は必要と見られるが，91年にも一度原子炉を停止した際に燃料棒を抜き出し，5ないし10kgの高純度プルトニウムを抽出し得た可能性があると試算されている。また北朝鮮は03年7月米国に対し，8000本の燃料棒を処理してプルトニウムを抽出する作業を完了した，と通告した。これが虚勢か真実か評価は分かれるが，事実ならさらに5，6発分の高純度プルトニウムを持つことになる。

だがプルトニウムがある，ということと核兵器を持つということの間には相当の隔りがある。今日では爆発させるには「爆縮」（implosion）技術が使われる。これはプルトニウム239（あるいはウラン235）を密度を低く海綿状に成形し，グレープ・フルーツ程の球にし，周囲を爆薬で包んで鋼製の中空の球に入れ，全方向から同時に爆薬に点火すると，溶けたプルトニウムが圧縮され，密度が高まって臨界に達し核爆発が起きる，という原理だ。

実際には圧縮だけでは中性子が不足し，核分裂の連鎖反応が効率良く始らないため，初期の原爆は2種の金属（ポロニウムとベリリウム）の半球を合せたゴルフボール大の金属球（イニシエーター・中性子発生装置）をプルトニウム球の中心に入れた。今日では高電圧で中性子を発生させる装置を外部に設けるのが普通だ。また連鎖反応の初期に核物質が飛び散ると威力は低くなるし，中性子が弾体の外に飛び出すと連鎖反応が不充分になってプルトニウムは「不完全燃焼」するから，爆薬とプルトニウムの球の間に重金属（天然ウランなど）製のタンパー（充填物）とベリリウム製のリフレクター（中性子反射体）を入れ，タンパーの重量でプルトニウムやウランの飛散を100万分の1秒ほど遅らせるとともに，リフレクターで中性子を内側に反射させて連鎖反応を促進する。米軍の戦闘爆撃機用の標準的核爆弾MK61は部品4000点以上から成立っている。核爆発を起すには「爆縮」以外に「ガン・バレル」方式（臨界量の核分裂物質を2つに分けて砲身状の管に入れ，爆薬の爆発により衝突させて一体化して核爆発を起させる）もあるが，効率が極めて低いため，近年では使われることがほとんどない。

北朝鮮が原爆数発分のプルトニウムを抽出したとしても「爆縮」技術の完成を確認するには核実験が必要だが北朝鮮は一度も核実験をしていない。米国は過去1032回，ロシアは715回もの核実験をしたから，そのデータを基にスーパー・コンピューターを使って核爆発に到らない「未臨界核実験」で核開発を行なえるが，北朝鮮にはそれは無理だろう。イスラエル，南アフリカは核実験を公然と行なわなかったが，当時の両国は親密で西側の核技術を比較的容易に入手しえた。また北朝鮮は国内総生産が韓国の30分の1以下で，近代的戦力で大差があるためかえって武力を誇示して攻撃を免れようとする癖がある。国威発揚の性癖から考えれば，もし核兵器（あるいは初歩的爆発装置）を作れば実験して誇示するはず，と考えられる。核兵器は存在を示して抑止力と発言力を増大できる政治的兵器で，北朝鮮が隠し持っていきなり使っても報復攻撃で減亡するだけだ。

北朝鮮が仮に実験なしに核爆発装置を作ったとしても，小型化がもう1つのハードルだ。ノドン・ミサイルの直径は約1.3mで，その弾頭にするには直径1m程度，重量1t程度にする必要があろう。初期の核兵器は大きくなりがちで長崎に投下されたMK3原爆は前述の如く直径152cm，重量約4.9tもあった。米

国にくらべ後発国は小型化技術についてもある程度公刊資料があるだけに有利ではあるが，実験を一度もせずに小型弾頭が作れるか，との疑問もある。

　北朝鮮の核能力については米国でも「核爆弾7，8発がある」と言う高官もいれば，「北朝鮮の核開発を阻止する」と言う指導者もいて，推測には大きな幅がある。北朝鮮がプルトニウムを抽出できることは確実で，1発ないし数発分を持っている可能性は高く，初歩的核爆発装置を作れるかも知れない。だがミサイル用の核弾頭が完成している公算は高くない，というあたりが妥当な見方ではないか，と思われる。

43
化学兵器
　　chemical weapons

　ギリシア時代や中国の戦国時代から有毒な煙を出す物体を敵の城内に投げ込むような戦法は使われたが，近代的化学兵器（毒ガス）は第1次世界大戦で登場し，1914年（開戦の年）から催涙ガスなど非到死性化学兵器が使われ，15年1月31日には独軍がポーランドで露軍に対し到死性毒ガスを使ったが，気温が低かったため効果がなかった。

　本格的に使われたのは15年4月22日，ベルギーのイープルで，独軍は塹壕戦の膠着状態を打破しようと5700本のボンベ（液体塩素計120 t 入り）から塩素ガスを放出，白煙状のガスは北西の微風に乗ってフランス・カナダ軍の塹壕に達した。この技術的奇襲を受けた仏・加軍は何が起きたか分らないまま1万4000人が中毒し，うち死者約5000人，捕虜2500人が出た。独軍は難なく幅6 kmの敵陣地を占領し，突破口を開いたが，そこから雪崩れ込む兵力を準備していなかったため翌日英仏軍は大穴をふさぐことができた。

　英軍も9月25日から塩素ガスの使用を始め，また双方ともガスマスクを開発したが，独側はマスクを無効にするフォスゲンを開発，それに対抗しうるガスマスクができると，皮膚がただれ目をやられる「イペリット」が登場し全身をゴム引き布でおおわないと危険になった。また風に影響されないよう，砲弾に詰めて撃ち込む手段も開発された。この大戦中約30種のガス兵器が使用され，独軍はガスマスクを5回も更新した。使用量は独軍6万6400 t，英仏軍5万7800 t で大差はなかったが，開発競争で常に先手を取った独側は有利で，ガスによる独軍の死傷者は約8万人，連合軍（英，仏，米，露，伊）は約100万人（うち死者7.6万人）と大差があり，独軍の死者は2280人にとどまった。一方露軍は死者5.6万人，戦傷者47万人余を出した。このため「毒ガスはそれに対して十分準備し訓練された部隊に対し決定的効果はない」との戦訓が生れた。同大戦末期にはガス弾と通常の榴弾の混合射撃や炸薬と化学剤を一緒に充填した砲弾が多くなった。ガスマスクを付けると息が苦しく，敵の行動が不自由になることを主として狙ったものだった。

　第2次世界大戦前，独では特にポテトに付くテントウ虫駆除に農業用の有機燐

系殺虫剤が開発され，それから派生してタブン，サリン，ソマンなど対人用の神経ガスが作られた。これは神経の末端と筋肉の間に存在して指令の伝達に重要な役割を果している酵素，コリンエステラーゼの作用を失わせるもので，筋肉が麻痺して窒息死する。サリンの毒性（1 m^3の空気中に10分の1gのサリンが存在する中に1分間いると無防護の人員の半数が死亡）はイペリットの15倍とされる。第2次世界大戦では化学兵器は使用されなかった。互いに相手側の報復的使用を警戒したのが第一の理由で，相互抑止が効いた稀な例だ。

戦後，独を占領した米，ソは神経ガスやその資料，製造設備を入手，国産するとともにさらに進歩させた。米国で開発された神経ガスVXは毒性はサリンの約2倍で，効果が長時間持続し（晴天，微風，気温15度で3日から3週間，零下10度なら最長4カ月），敵の陣地，基地をその間使用不能にすることを狙った。また米国では混合するとサリンになる2種の液体を別の容器に詰めて155mm砲弾に入れ，発射の衝撃で容器が壊れ，砲弾が旋転することにより混合するバイナリー（2元式）化学砲弾を開発し，保管，輸送，廃棄の安全性をはかった。

化学兵器は砲弾に詰めて多数を撃ち込むのが一般的用法で，航空機から化学爆弾を大量投下する方法もある。空中散布も可能だが，低空を水平直線飛行することになり対空火器に脆弱だ。弾道ミサイルは砲弾の2倍以上，秒速2km近い高速で落下するため，高度100m程の低空で弾頭を炸裂させ，化学剤を霧状に散布するには高度の技術を要する。地表に当って爆発するのでは化学剤の大部分は地中に埋没したり，周囲の狭い範囲を汚染するだけだ。クラスター爆弾化して，小型爆弾を一定地域にばらまく以外に有効な用法はあるまい。

冷戦中のソ連の演習の写真では短距離弾道ミサイル「スカッド」やロケット砲「フロッグ」の操作員が防護服を着用している光景もあったため，NATO側は，化学弾頭付ミサイルによる攻撃を想定し被害と対策を研究した。「ミリタリー・バランス1988・89年版」の論文の図によれば，ソマン（サリンより約50％強力）を充填した化学弾頭付きの「スカッド」（1 t 弾頭のB型らしい）が風速5m，中程度の気象条件で使われた場合，落下地点から風下約200mを中心に半径200mの圏内は空気1m^3当り30mgのソマンが漂う。ソマンの半数致死率は70mg／m^3／minuiteだから，野外で無防護の人員が200m圏に2分間余いれば半分が死ぬ計算だ。風下の約1km，幅約500mの地帯では若干が死亡し多数が発症，風下約2km，幅1.2kmで多くの人がある程度発症する，と推定されている。核弾頭だと20ktの小型でも爆心地から2.5kmの円内は火の海となるから効果は大ちがいだ。ところが冷戦終了後になって，ソ軍のミサイル操作員が防護服を着用していたのは推進薬に毒性があったため，と判明しNATOの研究は半ば取り越し苦労と分った。

第1次大戦後，化学兵器はあまり使用

されなかったが、日本軍は中国戦線で催涙ガスだけでなく、イペリットなども使用したと言われている。またイタリア軍は1935,6年のエチオピア戦争でイペリットを使用している。1962年から70年にかけての北イエメンの内戦では、サウジアラビアが支援した王制派に対し、クーデタで政権を握った共和派を支持してエジプト（当時はアラブ連合）が介入し、エジプト軍は63年11月と67年1月と5月に毒ガスを使ったと報じられた。ソ連から入手した、とも、英軍が第2次大戦中にエジプトに持ち込み、戦後廃棄したものを掘り出したのでは、とも言われるが、エジプトは使用を否定した。ベトナム戦争では米軍はゲリラの行動を妨害するため大量の除草剤を輸送機で散布し、68年には8000km^{2}を落葉させ、また有機ヒ素化合物カコジル酸を使用し、意図的に稲作を阻害する作戦も行った。これは毒性が強く人体にも大きな影響をおよぼした。またCSなど催涙ガスも洞窟陣地等の攻撃に使用されたが、これでも濃度が高いと致死性があり、ベトナム民間人が多数防空壕内で死亡した例もあった。アフガニスタンでソ連軍が使用した、と報じられたこともある。

疑う余地のない化学兵器の使用例はイラン・イラク戦争中のイラク軍による使用だ。84年2〜3月のマジヌーン島などの戦いでイペリットと神経ガス「タブン」を使用、88年2〜3月と8月に反政府（親イラン）派クルド人村落に対し化学兵器を使用した。イラクのアジズ外相は「双方が使用した」として自軍が使ったことを認めたが、イランが使った証拠はなかった。イラクは英、伊から化学兵器材料を大量輸入し、米国からも中間製品を輸入したが、当時イラクを支持していた米、西欧諸国はイラクの化学兵器の製造、使用をほとんど批判しなかった。

日本ではオウム真理教団がサリンを製造、94年7月27日に松本市内で放出し死者7人、140人が発症。95年3月20日には東京の地下鉄5列車で11袋を放出し死者12人、3800人が発症した。朝のラッシュ時の地下鉄という密閉空間での使用の割には死者が12人ですんだのは、前年の松本の事件でサリンに関する知識が普及しその経験がすぐ松本から東京の病院に伝えられ、解毒剤（パム、アトロピンなど）もあったのが一因で、対応策の準備がある相手には化学兵器は決定的効果がない、という戦訓を再確認した形となった。5列車で同時に爆薬、ガソリンを使われれば死者は多分1ケタ多かったろうと考えられる。

化学兵器の「使用」は1925年のジュネーブ議定書で禁止されたが日、米は批准せず、英、ソ連も報復使用の権利は留保して批准し、各国は開発、製造を続けた。冷戦終了後、1990年に米ソが化学兵器破棄協定を結んだため、禁止は進展し、93年化学兵器禁止条約が調印され97年発効した。これは使用だけでなく開発、製造、貯蔵も禁止し、現有の化学兵器と製造施設の10〜15年以内の廃棄、査察も決めている。2003年末現在158カ国が加盟しているが、イラク、シリア、北朝鮮は未加盟だ。

化学兵器は農薬，肥料製造など化学工業力のある国なら製造可能だから，北朝鮮も当然製造能力があるはずで，相当量の貯蔵もしていると韓国は見ている。ただしイラクがスカッド用の有効な化学弾頭を開発しえなかったことが示すように，弾道ミサイルで散布するには高度の技術を要することも確かである。

44
生物兵器
biological weapons

古来攻城戦で人や動物の死体をカタパルト（大型の投石機）などで城内に投げ込んだり，城壁の上から糞尿を撒くようなことは行われたが，いやがらせの域を出なかった。今日にいたるまでもっとも有効だった生物（細菌・ウイルス）兵器戦は7年戦争の英仏対立が北米の両国植民地に飛び火した「フレンチ・アンド・インディアン戦争」（1755～63）中，英軍が，フランスと協力していた現住民に天然痘患者の使った毛布，衣類を拾わせるようにして，免疫の無い現住民に天然痘を大流行させ人口減を起させた例である。

日本軍は1931年に細菌兵器研究のため731部隊（関東軍防疫給水部，軍医中将・石井四郎）をハルビン市郊外に設け，人体実験を行ったが，ペスト菌を持つネズミにノミをたからせ，ノミを集めて陶器の壺に入れて飛行機から投下するような原始的な方法だったから，保菌ノミが生存して敵に飛び付き，ペストを感染させる確率は当然ごく低く，石井中将は「期待を裏切られた」と戦後供述したと伝えられる。

米，英などでも第2次世界大戦中から生物兵器の研究が進められ，ボツリヌス毒素，ペスト菌，炭疽菌，オウム病ウイルス，ブルセラ菌，鼻疽菌などの利用が考えられ，昆虫などの媒体を利用する不確実な方法でなく，霧吹きでエアロゾルにし直接敵に吸引させる方法が考案された。対人用に使用しうる細菌，ウイルス，リケッチァ，真菌は計30種以上あるとされる。また農業，畜産業への打撃を狙う生物兵器も研究されている。

だが生物兵器は兵器として重要な「即効性」に欠ける（潜伏期間がある），「信頼性」に欠ける（発病しない人も多く，死亡率も状況で大きく異なる。予防注射，抗生物質が効くものも多い），「安全性」に欠ける（管理，運搬中に味方が感染したり，敵が感染すると捕虜や住民から味方に拡がりかねない）といった問題点があり，核兵器，化学兵器のように制式兵器として砲弾，爆弾などとしてナンバーを付けて採用されたことはない。ただ天然痘は自然界では絶滅したとして近年種痘が行なわれていないが，これはウイルスだから抗生物質が効かず，相手が種痘をして使えば危険が高い。また強烈な毒素を排泄するボツリヌス菌を使って毒素を抽出する方法もある。ボツリヌス毒素は兵器としての特性上は化学兵器に近く，その製造過程で生物が利用される。生物兵器は他の兵器にくらべ使用したことがすぐ敵に知られにくい特性があり，ミサイル弾頭に詰めて使うより，スパイ等に

より秘かに後方地域に拡散させる方が有効だ。

米国では2001年9月から10月にかけ炭疽菌入りの封筒が新聞社，テレビ局，民主党上院議員2人の事務所に郵送され，5人が死亡する事件が発生した。当初イラクとの関係も疑われたが，菌が米国から出たもので，それを細かい粉状に保つため菌にまぶすシリコンも米国製と分り，軍の研究所関係者が捜査線上に浮んだが，捜査はそこで中断状況となった。

生物兵器・毒素兵器の開発，生産，貯蔵の禁止と廃棄は72年に調印され，75年に発効，03年で150カ国が加盟している。有効な兵器の禁止条約は容易に結ばれないことが多いが，これが冷戦たけなわの時期に成立したことは，東西双方が研究をして，恐るべき可能性を持つことは分ったが，実用兵器とするには難点があり，たがいに相手が兵器化しないよう願ったことを示すように思われる。すでに存在していた化学兵器の禁止条約は冷戦後の93年になって調印され，それよりはるかに威力の大きい核兵器の禁止条約はなお論議の対象にもなっていない。ただ生物兵器禁止条約には検証の規定が無く，違反していても分からない。イラクが対イラン戦争中に米国からその菌種を購入し，01年に米国で炭疽菌郵送事件が起きたことは，米国が同条約に違反して開発，生産，貯蔵を行っていたことを示した。

生物兵器の研究・開発は医療，医学研究のための細菌研究や培養と区別しがたく，ごく小規模の施設で行えるため査察がきわめて困難であることも確かで，イラクの大量破壊兵器査察でも核開発については98年までにほぼ終了し，化学兵器生産も化学工場に封印したテレビカメラを取付けるなどの方法でまず抑えられたが，生物兵器研究はどこでも行えるため疑えば最限がなく，査察官はイラク大統領官邸の地下室も調べようとして対立を招き，98年12月バグダットの3日間連続猛爆撃，その結果としての02年11月まで査察の中断，03年3月からの米英のイラク攻撃に発展した。平和のための査察が戦争の原因となるのは本末転倒だが，生物兵器の査察にはそうならざるをえない構造的問題がある。将来北朝鮮など他の国々の大量破壊兵器査察が可能となった場合，細菌の研究と兵器化（これはむずかしい）の間に一線を引くひと工夫が必要と考えられる。

45
ノドン・テポドン
No‒dong：Taepo‒dong

北朝鮮の弾道ミサイルの通称。1993年5月29日，北朝鮮は日本海沿岸の北部，咸鏡北道蘆洞（ノドン）の実験場から日本海中部に向けて弾道ミサイルの発射実験を行った。これは射程が1000kmないし1300kmに達する単段，液体燃料の「ノドン1号」のテストとみられる。だが，その後10年たっても2度目のテストは行われず，実用化には相当数のテストが必要なため，100基，または200基が配備されている，との説もあるが疑問がある。

北朝鮮は98年8月31日，「テポドン（大浦洞）1号」と米国が呼ぶロケットを

日本列島超えで太平洋に発射した。これが北朝鮮の言うように人工衛星打ち上げか，ミサイル実験か，と論議を呼んだが米航空宇宙局（NASA）は第3段の小型ロケット点火を確認し，人工衛星打ち上げを狙って失敗した，と判断した。北朝鮮の「労働新聞」も事前に人工衛星計画を報じていたことから考えNASAの判断が正しいと思われる。ただし第3段の代りに弾頭を付ければ2段ミサイルになるからこの論議は元々意味が乏しい。

テポドンはノドンを第1段に使い，その上にスカッドCを第2段として乗せたもので，弾道ミサイルとして使えば射程2500km程度と推定される。米国では「テポドン2号も開発されつつあり，これはハワイ，アラスカに届く」とする。北朝鮮は80年代から旧ソ連設計のスカッドB（射程約300km）を国産し，さらに，その射程を500kmに伸ばしたスカッドCを造っていた。韓国に対してなら十分の射程である。「ノドン1号」を開発したのは，もっぱら中東への輸出のためとみられるが，日本も射程に入る。スカッド・シリーズの精度は低く，スカッドBで誤差は約500m，射程が長いと一層誤差は大きくなるため，火薬弾頭では軍事的には効果は低い。

46
情報衛星
  intelligence satellite
世界初の偵察衛星となったのは1960年8月18日，カリフォルニア州ヴァンデンバーグ空軍基地から打ち上げられた。

「ディスカバラー14号」で，翌日フィルムのカプセルを放出し，回収に成功した。当時の衛星写真の解像力は15～30mでしかなかったが，一連のディスカバラー衛星の写真から，ソ連のICBM配備が意外に進んでいないことが分かった。60年に米空軍情報部は「61年中期までにソ連はICBM200基を配備，63年には700基になる」と見積っていたが，衛星写真で鉄道，主要道路沿線をくまなく見てもICBMらしきものはほとんど見当らず，61年の見積りでは「10～25基が配備，急増の兆候なし」と修正された。米国民をパニックに陥れた「ミサイル・ギャップ」は存在しなかったのだ。

その後偵察衛星は急速に進歩し，76年12月19日に打ち揚げられた写真偵察衛星KH11「クリスタル」は全長19.5m，直径3.05m，重量13.6tの巨大な衛星で，直径234cmの鏡を使った天体望遠鏡なみの反射望遠鏡を備え，デジタル写真を撮影して無線電送する。これによってフィルム切れの問題が消え，寿命は2年以上になった。空気抵抗による燃料消費（位置保持用）を減らすため，地球への近地点が約300km，遠地点は約600kmという偵察衛星としては比較的高高度で周回するにかかわらず，解像力は15cm程度に向上し，また地上で受信後コンピューターで補正して解像力を大幅に高める技術も生れた。90年からは重さ19.6tの「クリスタル改」が打ち上げられ，さらに26tのものも95年から使われている。スペースシャトルによる燃料（ヒドラジン）補給で寿命は8年になる，とも言われる。03

年時点では「クリスタル改」の各型4機が運用中と見られる。

「写真偵察衛星」は約90分に1回、1日に約16回地球をほぼ南北方向に回り、地球は東に向かって自転するから各地の上を1昼夜に1回か2回通過するだけだ。首振り機能で斜めからも写真を撮ればその2倍程度の撮影の機会はあっても、常時1地点を監視することは不可能だ。夜間は赤外線写真を撮るとしても不鮮明な発熱物体の写真しか撮れないし、雲や砂嵐があれば撮影はできない。夜間、悪天候用には「合成開口レーダー」(直線飛行しつつレーダー電波を出し、地上からの反射波を次々に受信、コンピューターで合成すると1つの巨大なレーダーアンテナを使ったようになり、意外に鮮明な画像が撮れる)を持つ「レーダー偵察衛星」が使われる。米国のものは「ラクロス」「オニッキス」と呼ばれ計2機を運用中だ。解像力は1m程度とされる。

赤道上空約3万6000km(この高度だと地球の自転の角速度と衛星の角速度が等しくなり、1地点の上空で静止したようになる)に浮かぶ米国のDSP(防衛支援計画)衛星3機(他に予備1機が周回中)は、弾道ミサイル発射などの赤外線放射を探知するもので、反撃するとか、ミサイル警報を出して人をシェルターに退避させたり、将来の迎撃に役立つとしても、この高度からでは詳細な画像を撮ることはもちろんできない。

情報衛星には携帯電話などの無線交信やマイクロ回線経由での電話(使う方は有線のつもりだが途中は無線)、衛星経由の国際電話などを盗聴する「通信情報衛星」やレーダー、ミサイル誘導電波などの位置、特徴をとらえるなどの「電子情報衛星」もある。最近は通信情報、電子情報の2つを総称して「信号情報」(SIGINT)と呼ぶこともある。これについての公表情報はごく少ないが75年に打ち上げられた米国の「アーガス」は直径42mのアンテナを持っていたと伝えられる。80年代後半にはスペース・シャトルでより大型のアンテナを宇宙に上げて組立てることが可能となり、新型の通信情報衛星のアンテナはフットボール場より大きい、とも言われる。03年に米国が運用しているのは電子情報収集用が「マーキュリー」1機と「オライオン改」1機、通信情報収集用が「トランペット」2機、名称不明2機と見られる。また海上の艦船の動きをレーダー、赤外線探知で監視する海洋偵察衛星NOSS 3もある。

これら情報衛星はCIAと空軍の協同によるNRO(国家偵察局)が扱い、通信情報に関してはNSA(国家保全局)も加わっている。米国政府は92年までNROの存在すら公けに認めなかったほど情報収集衛星については秘密重視だ。

米国以外ではロシアの「コスモス」、中国の資源探査衛星だが偵察用にも使えると見られる「資源2」、フランスの「エリオス」、イスラエルの「オフェック5」などの情報衛星がある。日本は03年3月28日に解像力1m(高度500km)の光学衛星1機とレーダー衛星1機を1基のHⅡAロケットで同時に打ち上げることに成功したが、03年11月29日の第2回

打ち上げは失敗に終った。

　偵察（光学・レーダー衛星）には，①常に上空に居るわけではないから，固定目標（ミサイル試射場，港湾など）は1日1回は偵察ができても，移動式発射機に乗った弾道ミサイルのような物体は探知しにくい，②上空に来る時間を予測できるから相手は対策を取れる，③当然，屋内や地下のことは分らない，④天候に影響される，などの限界がある。またどこを撮影すべきか，画像は何を意味するか，その影響は，などの判断には公刊情報による豊富な予備知識，通信情報，人的情報などを組み合せた客観的な分析能力を必要とする。新聞社やテレビ局のヘリコプターがやみくもに東京上空を飛び回っても，それだけでは何の情報も取れないのと同様，情報衛星を持っても国の情報能力が突然高まるわけではないことに留意すべきだ。

2　階級（日英呼称）対照表（自衛隊・米軍・英軍）

a　自衛隊（Japan Self-Defense Forces）の階級名

自衛隊員	Members of the Japan Self-Defense Forces
文官	Self-Defense Forces civil official (SDF-C)
自衛官	Self-Defense Forces uniformed regular personnel (SDF-U)
陸上自衛官	Ground Self-Defense Force (GSDF) uniformed regular personnel
個人	階級，GSDF
海上自衛官	Maritime Self-Defense Force (MSDF) uniformed regular personnel
個人	階級，MSDF
航空自衛官	Air Self-Defense Force (ASDF) unifomed regular personnel
個人	階級，ASDF
即応予備自衛官	Self-Defense Forces uniformed ready reserve personnel (SDF-RR)
予備自衛官	Self-Defense Forces uniformed reserve personnel (SDF-R)
予備自衛官補	Candidate for Self-Defense Forces uniformed reserve personnel (SDF-CR)

陸上自衛隊 Ground Self-Defense Force (GSDF)		海上自衛隊 Maritime Self-Defense Force (MSDF)		航空自衛隊 Air Self-Defense Force (ASDF)	
陸上幕僚長		海上幕僚長		航空幕僚長	
陸将	General (GEN) Lieutenant General (LTG)	海将	Admiral (ADM) Vice Admiral (VADM)	空将	General (Gen) Lieutenant General (Lt Gen)
陸将補	Major General (MG)	海将補	Rear Admiral (RADM)	空将補	Major General (Maj Gen)
1等陸佐 2等陸佐 3等陸佐	Colonel (COL) Lieutenant Colonel (LTC) Major (MAJ)	1等海佐 2等海佐 3等海佐	Captain (CAPT) Commander (CDR) Lieutenant Commander (LCDR)	1等空佐 2等空佐 3等空佐	Colonel (Col) Lieutenant Colonel (Lt Col) Major (Maj)
1等陸尉 2等陸尉 3等陸尉 陸准尉	Captain (CPT) First Lieutenant (1LT) Second Lieutenant (2LT) Warrant Officer	1等海尉 2等海尉 3等海尉 海准尉	Lieutenant (LT) Lieutenant Junior Grade (LTJG) Ensign (ENS) Warrant Officer	1等空尉 2等空尉 3等空尉 空准尉	Captain (Capt) First Lieutenant (1st LT) Second Lieutenant (2nd LT) Warrant Officer
陸曹長 1等陸曹 2等陸曹 3等陸曹	Sergeant Major Master Sergeant Sergeant First Class Sergeant	海曹長 1等海曹 2等海曹 3等海曹	Chief Petty Officer Petty Officer First Class Petty Officer Second Class Petty Officer Third Class	空曹長 1等空曹 2等空曹 3等空曹	Senior Master Sergeant Master Sergeant Technical Sergeant Staff Sergeant
陸士長 1等陸士 2等陸士 3等陸士	Leading Private Private First Class Private Recruit	海士長 1等海士 2等海士 3等海士	Leading Seaman Seaman Seaman Apprentice Seaman Recruit	空士長 1等空士 2等空士 3等空士	Airman First Class Airman Second Class Airman Third Class Airman Basic

（　）は階級略語．
陸上，海上，航空幕僚長の階級は陸将，海将，空将であるが，four star の将である．ほかの将は three star の将である．統合幕僚会議議長は，four star の陸，海，空将のいずれかである．

b 米国軍

Pay Scale	Army		陸軍	Navy (Coast Guard)		海軍（沿岸警備隊）
Commissioned Officers			士官			士官
**	General of the Army		元帥（戦時）	Fleet Admiral		元帥（戦時）
O-10	General	GEN	大将	Admiral	ADM	大将
O-9	Lieutenant General	LTG	中将	Vice Admiral	VADM	中将
O-8	Major General	MG	少将	Rear Admiral (Upper Half)	RADM (UH)	少将
O-7	Brigadier General	BG	准将	Rear Admiral (Lower Half)	RADM (LH)	少将
O-6	Colonel	COL	大佐	Captain	CAPT	大佐
O-5	Lieutenant Colonel	LTC	中佐	Commander	CDR	中佐
O-4	Major	MAJ	少佐	Lieutenant Commander	LCDR	少佐
O-3	Captain	CPT	大尉	Lieutenant	LT	大尉
O-2	1st Lieutenant	1LT	中尉	Lieutenant Junior Grade	LTJG	中尉
O-1	2nd Lieutenant	2LT	少尉	Ensign	ENS	少尉
W-5	Master Warrant Officer 5	CW5	上級准尉			
W-4	Warrant Officer 4	CW4	1等准尉	Chief Warrant Officer 4	CWO4	1等准尉
W-3	Warrant Officer 3	CW3	2等准尉	Chief Warrant Officer 3	CWO3	2等准尉
W-2	Warrant Officer 2	CW2	3等准尉	Chief Warrant Officer 2	CWO2	3等准尉
Non-Commissioned Offcers			下士官			
W-1	Warrant Officer 1	WO1	兵曹長	Warrant Officer 1		兵曹長
E-9	Sergeant Major of the Army	SMA	陸軍最先任上級曹長	Master Chief Petty Officer of the Navy	MCPON	海軍最先任上級兵曹
				Master Chief Petty Officer of the Coast Guard	MCPOCG	
	Command Sergeant Major	CSM	最先任上級曹長	Fleet/Command Master Petty Officer		艦隊／部隊最先任上級兵曹
	Sergeant Major	SGM	上級曹長	Master Chief Petty Officer	MCPO	最先任上級兵曹
E-8	First Sergeant	1SG	曹長（先任）	Senior Chief Petty Officer	SCPO	上級兵曹
	Master Sergeant	MSG	曹長			
E-7	Sergeant First Class	SFC	1等軍曹	Chief Petty Officer	CPO	1等兵曹
E-6	Staff Sergeant	SSG	2等軍曹	Petty Officer First Class	PO1	2等兵曹
E-5	Sergeant	SGT	3等軍曹	Petty Officer Second Class	PO2	3曹兵曹
E-4	Corporal	CPL	伍長	Petty Officer Third Class	PO3	4等兵曹
	Specialist	SPC	特技兵			
E-3	Private First Class	PFC	上等兵	Seaman	SN	上等水兵
E-2	Private E-2	PV2	1等兵	Seaman Apprentice	SA	1等水兵
E-1	Private		2等兵	Seaman Recruit	SR	2等水兵

註　1　沿岸警備隊員の階級は米海軍と同じであるが，元帥及び大将級はない。
　　2　米空軍には現在准尉級はない。准尉級は技術専門家あるいは特殊技能者の階級である。
　　3　准尉級のうち最下級の准尉は士官として認められず，W-2に昇進して士官任命となる。

2 階級（日英呼称）対照表（自衛隊・米軍・英軍）

階 級 表

2004.3 現在

Marines		海兵隊	Air Force		空軍	自衛隊（相当級）
		士官			士官	幹部
			General of the Air Force		元帥（戦時）	
General	Gen.	大将	General	Gen.	大将	将
Lieutenant General	Lt. Gen.	中将	Lieutenant General	Lt. Gen.	中将	将
Major General	Maj. Gen.	少将	Major General	Maj. Gen.	少将	将補
Brigadier General	Brig. Gen.	准将	Brigadier General	Brig. Gen.	准将	
Colonel	Col.	大佐	Colonel	Col.	大佐	1佐
Lieutenant Colonel	Lt. Col.	中佐	Lieutenant Colonel	Lt. Col.	中佐	2佐
Major	Maj.	少佐	Major	Maj.	少佐	3佐
Captain	Capt.	大尉	Captain	Capt.	大尉	1尉
1st Lieutenant	1st Lt.	中尉	1st Lieutenant	1st Lt.	中尉	2尉
2nd Lieutenant	2nd Lt.	少尉	2nd Lieutenant	2nd Lt.	少尉	3尉
Chief Warrant Officer 5	CWO5	上級准尉				准尉
Chief Warrant Officer 4	CWO4	1等准尉				
Chief Warrant Officer 3	CWO3	2等准尉				
Chief Warrant Officer 2	CWO2	3等准尉				
						曹士
Warrant Officer 1	WO	兵曹長				
Sergeant Major of the Marine Corps	SgtMajMC	海兵隊最先任上級曹長	Chief Master Sergeant of the Air Force	CMSAF	空軍最先任上級曹長	
Master Gunnery Sergeant	MGySgt	最先任上級曹長	Command Chief Master Sergeant	CCM	最先任上級曹長	
			First Sergent		上級曹長	
Sergeant major	SgtMaj	上級曹長	Chief Master Sergeant	CMSgt	上級曹長	曹長
First Sergeant		曹長（先任）	First Sergeant		曹長（先任）	1曹
Master Sergeant	MSgt	曹長	Senior Master Sergeant	SMSgt	曹長	
Gunnery Sergeant	GYSgt	1等軍曹	First Sergeant		1等軍曹（先任）	2曹
			Master Sergeant	MSgt	1等軍曹	
Staff Sergeant	SSgt	2等軍曹	Technical Sergeant	TSgt	2等軍曹	3曹
Sergeant	Sgt	3等軍曹	Staff Sergeant	SSgt	3等軍曹	
Corporal	Cpl	伍長	Senior Airman	SrA	兵長	士長
Lance Corporal	LCpl	上等兵	Airman First Class	A1C	上等兵	1士
Private First Class	PFC	1等兵	Airman	Amn	1等兵	2士
Private		2等兵	Airman Basic	AB	2等兵	3士

571

c 英国軍階級表 (2004.3現在)

British Army 英陸軍	Royal Navy 英海軍	Royal Marines 英海兵隊	Royal Air Force 英空軍	NATOコード
Field Marshal 陸軍元帥	Admiral of the Fleet 海軍元帥	—	Marshal of the Royal Air Force 空軍元帥	OF10
General 大将	Admiral 大将	General 大将	Air Chief Marshal 大将	OF9
Lieutenant General 中将	Vice Admiral 中将	Lieutenant General 中将	Air Marshal 中将	OF8
Major General 少将	Rear Admiral 少将	Major General 少将	Air Vice Marshal 少将	OF7
Brigadier 准将	Commodore 准将	Brigadier 准将	Air Commodore 准将	OF6
Colonel 大佐	Captain 大佐	Colonel 大佐	Group Captain 大佐	OF5
Lieutenant Colonel 中佐	Commander 中佐	Lieutenant Colonel 中佐	Wing Commander 中佐	OF4
Major 少佐	Lieutenant Commander 少佐	Major 少佐	Squadron Leader 少佐	OF3
Captain 大尉	Lieutenant 大尉	Captain 大尉	Flight Lieutenant 大尉	OF2
Lieutenant／2nd Lieutenant 中尉	Sub Lieutenant 中尉	Lieutenant／2nd Lieutenant 中尉	Flying Officer／Pilot Officer 中尉	OF1
Officer Cadet 少尉	Midshipman 少尉	—	Officer Designate 少尉	OF(D)
Warrant Officer 1st Class 1級准尉	Warrant Officer 兵曹長	Warrant Officer 1st Class 1級准尉	Warrant Officer 准尉	OR9
Warrant Officer 2nd Class 2級准尉	—	Warrant Officer 2nd Class 2級准尉	—	OR8
Staff Sergeant 曹長	Chief Petty Officer 上等兵曹	Colour Sergeant 曹長	Flight Sergeant／Chief Technician 曹長	OR7
Sergeant 軍曹	Petty Officer 兵曹	Sergeant 軍曹	Sergeant 軍曹	OR6
Corporal 伍長	Leading Rate 兵長	Corporal 伍長	Corporal 伍長	OR4
Lance Corporal 上等兵	—	—	—	OR3
Private (Class 1 to 3) 1等兵〜3等兵	Able Rating 水兵	Marine 海兵	Junior Technician／Leading Aircraftman／Senior Aircraftman 上等兵	OR2
Private (Class 4)／Junior 4等兵	—	—	Aircraftman 兵	OR1

3　組織用語（日英）対照表

1　防衛庁・自衛隊の組織・編成に関わる用語日英対照表

内閣総理大臣	Prime Minister
安全保障会議	Security Council of Japan
防衛庁長官（国務大臣）	Minister of State for Defense

＊　行政管理上の「庁」の長官はDirector General of ………Agency　であるが，国務大臣の格と職責から本表記とする。

副長官	Senior Vice Minister for Defense
長官政務官	Parliamentary Secretary for Defense
事務次官	Administrative Vice Minister
防衛参事官	Defense Counselor

＊　各所掌を担当して長官の補佐をすることから職名としてはDirector General for ………

（内部部局）	(Internal Bureau)
官房長	Director General of the Secretariat
長官官房	Secretariat of the Minister of State for Defense
局長	Director General of Bureau of ………
防衛局	Bureau of Defense Policy
運用局	Bureau of Defense Operations
人事教育局	Bureau of Personnel and Education
管理局	Bureau of Finance and Equipment
原価計算部	Department of Cost Accounting
防衛施設庁	Defense Facilities Administration Agency
防衛大学校	National Defense Academy
防衛医科大学校	National Defense Medical College
防衛研究所	National Institute for Defense Studies

573

資料及び索引

技術研究本部	Technical Research and Development Institute
契約本部	Central Contract Office
自衛隊員倫理審査会	SDF Ethics Review Board
防衛施設中央審議会	Central Council on Defense Facilities
防衛人事審議会	Defense Personnel Review Board
防衛調達審議会	Defense Procurement Council
共同機関	Joint Organizations
自衛隊体育学校	SDF Physical Training School
自衛隊中央病院	SDF Central Hospital
自衛隊地区病院	SDF District Hospital
自衛隊地方連絡部	SDF Prefectural Liaison Office
統合幕僚会議議長	Chairman, Joint Staff Council
統合幕僚会議	Joint Staff Council
事務局	Joint Staff Office
情報本部	Defense Intelligence Headquarters
統合幕僚学校	Joint Staff College
陸上幕僚長	Chief of Staff, Ground Self–Defense Force
陸上幕僚監部	Ground Staff Office
方面隊	Army
師団	Division
旅団	Brigade
団	Brigade
連隊	Regiment
群	Group
大隊	Battalion
中隊	Company
小隊	Platoon
分隊	Section or Squad
研究本部	Research Headquarters
補給統制本部	Ground Material Control Center

3　組織用語（日英）対照表

海上幕僚長	Chief of Staff, Maritime Self-Defense Force
海上幕僚監部	Maritime Staff Office
自衛艦隊	Self-Defense Fleet
護衛艦隊	Fleet Escort Force
護衛隊群	Escort Flotilla
護衛隊	Escort Division
航空集団	Fleet Air Force
航空群	Fleet Air Wing
航空隊	Air…Squadron, Air Service Squadron…, Air Station…
潜水艦隊	Fleet Submarine Force
潜水隊群	Submarine Flotilla
潜水隊	Submarine Division
掃海隊群	Minesweeper Flotilla
掃海隊	Minesweeper Division
開発指導隊群	Fleet Development Command
情報業務群	Fleet Intelligence Command
地方隊	Regional District
教育航空集団	Air Training Command
練習艦隊	Training Squadron
システム通信隊群	System Communication Command
海洋業務群	Oceanographic Command
補給本部	Supply Headquarters
航空幕僚長	Chief of Staff, Air Self-Defense Force
航空幕僚監部	Air Staff Office
航空総体	Air Defense Command
航空方面隊	Air Defense Force
航空団	Air Wing
航空警戒管制団	Aircraft Control and Warning Wing
飛行群	Flight Group
飛行隊	Flight Squadron
高射群	Air Defense Missile Group
航空支援集団	Air Support Command

資料及び索引

航空救難団	Air Rescue Wing
輸送航空隊	Tactical Airlift Group
航空保安管制群	Air Traffic Control Service Group
航空気象群	Air Weather Service Group
航空隊	Air Group
航空教育集団	Air Training Command
飛行教育団	Flying Training Wing
航空教育隊	Air Basic Training Wing
航空開発実験集団	Air Development and Test Command
飛行開発実験団	Air Development and Test Wing
電子開発実験群	Electronics Development and Test Group
航空医学実験隊	Aero-medical Laboratory
補給本部	Air Material Command
幹部学校	Staff College
幹部候補生学校	Officer Candidate School
学校	School
	陸上自衛隊では各種学校名がつく。海上の術科学校は Service School といい，航空の術科学校は Technical School でどちらも番号を付して言う。
病院	District Hospital

2　軍隊に関わる常用語日英対照表

軍人	soldier, military personnel, service personnel
軍隊	armed forces, the military
軍種	service
軍団	corps
師団	division
旅団	brigade
連隊	regiment
大隊	battalion
中隊	company

3 組織用語（日英）対照表

小隊	plattoon
分隊	squad
将校・士官	commissioned officer
下士官	non-commissioned officer
文民	civilian, civilian population
文官	civil official, civil service employee
戦闘員	combatant, combat personnel
非戦闘員	non-combatant, civilian
正規軍	regular force
民兵・市民軍	militia
特殊部隊隊員・奇襲隊員	commando
ゲリラ	guerrilla
友軍	friendly forces
援軍	rescue forces
敵軍・敵	enemy, enemy forces, foe
前線	front, front line, battle front
後方	rear
連合軍・同盟軍	allied forces
統合	joint, unify, integrate
連合	ally
協同	cooperation
特殊作戦部隊	special operations force
配備、展開	deployment
演習	exercise. maneuver
駐留（軍事的存在）	presence
三軍	tri-services
基地	base, camp, fort, facility, establishment
徴兵制度	draft system, conscription system
志願制度	volunteer system
現役	active service
予備役	reserve duty
退役	retirement from the service

4　自衛隊イラク派遣関連資料一覧

1　イラク人道復興支援特措法に基づく対応措置に関する基本計画
　（平成15年12月9日閣議決定）

2　内閣総理大臣の談話（イラク人道復興支援特措法に基づく対応措置に関する基本計画）
　（平成15年12月9日）

3　イラク人道復興支援特措法における実施要項の概要
　（平成15年12月18日　防衛庁お知らせ）

4　イラク人道復興支援特措法に基づく対応措置の実施に関する陸上自衛隊，海上自衛隊及び航空自衛隊一般命令の概要
　（平成15年12月19日　防衛庁お知らせ）

5　衆議院本会議における小泉内閣総理大臣答弁（平成16年1月27日）

6　内閣総理大臣訓示
　①イラク復興支援派遣輸送航空隊等派遣行事（平成15年12月24日）
　②イラク復興支援群隊旗授与式（平成16年2月1日）

　　出典　1，2　　　総理官邸ホームページ
　　　　　3，4，6　防衛庁ホームページ
　　　　　5　　　　国会会議録検索システム（国立国会図書館）

1 イラク人道復興支援特措法に基づく対応措置に関する基本計画

平成15年12月9日閣議決定

1 基本方針

平成15年3月20日，米国を始めとする国々は，イラクが国際社会の平和と安全に与えている脅威を取り除くための最後の手段として，イラクに対する武力行使を開始した。その後，イラクにおける主要な戦闘は終結し，国際社会は，同国の復興支援のために，積極的に取り組んできている。

イラクが，主権・領土の一体性を確保しつつ，平和な民主的国家として再建されることは，イラク国民や中東地域の平和と安定はもとより，石油資源の9割近くを中東地域に依存する我が国を含む国際社会の平和と安全の確保にとって極めて重要である。

このため，我が国は，イラクがイラク人自身の手により一日も早く再建されるよう，国際連合安全保障理事会決議1483及び決議1511により表明された国際社会の意思を踏まえ，主体的かつ積極的に，できる限りの支援を行うこととしている。かかる努力の一環として，「イラクにおける人道復興支援活動及び安全確保支援活動の実施に関する特別措置法」（平成15年法律第137号。この基本計画において，「イラク人道復興支援特措法」という。）に基づき，人道復興支援活動を中心とした対応措置を実施することとする。

2 人道復興支援活動の実施に関する事項

（1）人道復興支援活動に関する基本的事項

そもそも四半世紀にわたる圧政により疲弊し社会基盤整備が遅れているイラクにおいては，今次の武力行使を経て，政権が崩壊し，現在，住民が困難な状況に置かれており，人道復興支援の必要性は，極めて大きなものとなっている。特に，医療に関しては，資機材を含め病院の運営・維持管理等の面で不十分な状況にある。また，電力や水の供給に関しては，国全体としての供給網が十分に機能し得る状況になく，地域によっては大きな課題となっている。

したがって，このような分野を中心に，早急な支援が必要であり，さらには，こうした当面の課題の解決のための支援に加え，より本格的な社会基盤の整備につながる支援も必要である。

かかる状況を踏まえ，我が国は，以下のとおり，人道復興支援活動を実施する。

なお，かかる活動を円滑に実施し，現地社会の人々の生活の安定と向上等に寄与するため，自衛隊の部隊等及びイラク復興支援職員は，相互に連携を密にするとともに関係在外公館とも密接に連携して，一致協力してイラクの復興支援に取り組むこととする。

また，現地社会との良好な関係を築くことも復興支援にとって極めて重要であり，派遣される我が国の要員，特に自衛隊の部隊等は，宿営地の所在する地域等において，そのためにできる限りの努力を行うこととする。

(2) 人道復興支援活動の種類及び内容
ア 自衛隊の部隊等による人道復興支援活動

自衛隊の部隊等による人道復興支援活動の種類及び内容は，次のとおりとし，活動の性格，態様等も考慮した安全対策を講じた上で，慎重かつ柔軟にこれらの活動を実施することとする。

(ア) 医療（イラク人道復興支援特措法第3条第2項第1号に規定する活動）

病院の運営・維持管理について，イラク人医師等に対して助言・指導を行うとともに，状況に応じ，地域住民等の診療を実施する。

(イ) 給水（イラク人道復興支援特措法第3条第2項第5号に規定する活動）

河川等の水を浄水し，生活用水の不足する地域の住民に配給する。

(ウ) 学校等の公共施設の復旧・整備（イラク人道復興支援特措法第3条第2項第3号に規定する活動）

学校，灌漑用水，道路等の公共施設の改修を実施する。

(エ) 人道復興関連物資等の輸送（イラク人道復興支援特措法第3条第2項第5号に規定する活動）

航空機により人道復興関連物資等の輸送を実施する。

また，(ア)から(ウ)までに掲げる活動に支障を及ぼさない範囲で，車両及び艦艇により人道復興関連物資等の輸送を実施する。

イ イラク復興支援職員による人道復興支援活動

イラク復興支援職員による人道復興支援活動の種類及び内容は，次のとおりとし，治安状況を十分に見極め，活動の性格，態様等も考慮した安全対策を講じ，活動を実施する職員の安全の確保を前提として，慎重かつ柔軟に実施することとする。

(ア) 医療（イラク人道復興支援特措法第3条第2項第1号に規定する活動）

イラク国内の医療環境を改善するため，イラク国内の主要な病院の機能を立て直すことを目指し，その運営・維持管理について，イラク人医師等に対して助言・指導等を行う。

(イ) イラクの復興を支援する上で必要な施設の復旧・整備（イラク人道復興支援特措法第3条第2項第3号に規定する活動）

浄水場等の公共施設の復旧・整備として，これらの公共施設への発電機の設置等を実施する。

(ウ) 利水条件の改善（イラク人道復興支援特措法第3条第2項第5号に規定する活動）

給水状況，取水源等について調査の上，自衛隊の部隊等によるア(イ)に掲げる給水活動との連携を考慮しつつ，住民自ら維持できる浄水・給水設備の設置等の建設活動を実施する。

（3）人道復興支援活動を実施する区域の範囲及び当該区域の指定に関する事項
　ア　自衛隊の部隊等による人道復興支援活動を実施する区域の範囲及び当該区域の指定に関する事項
　　（ア）自衛隊の部隊等による人道復興支援活動は，現に戦闘行為が行われておらず，かつ，そこで実施される活動の期間を通じて戦闘行為が行われることがないと認められる地域において実施されるものである。また，当該活動の実施に当たっては，自衛隊の部隊等の安全が確保されなければならない。
　　　　このため，防衛庁長官は，自衛隊の部隊等が人道復興支援活動を実施する区域を（イ）に定める範囲内で指定するに当たっては，実施する活動の内容，安全確保面を含む諸外国及び関係機関の活動の全般的状況，現地の治安状況等を十分に考慮するものとする。その際，治安状況の厳しい地域における活動については，状況の推移を特に注意深く見極めた上で実施するものとする。
　　（イ）自衛隊の部隊等が人道復興支援活動を実施する区域の範囲は，次に掲げる場所又は地域に，我が国の領域からこれらに至る地域に所在する経由地，人員の乗降地，物品の積卸し・調達地，部隊の活動に係る慣熟訓練のための地域，装備品の修理地及びこれらの場所又は地域の間の移動に際して通過する地域を加えたものとする。
　　　　なお，これに加え，派遣される自衛隊の部隊等の隊員のうち当該部隊の業務に附帯する業務として部隊の活動の安全かつ適切な実施に必要な情報の収集と連絡調整を行う者は，バグダッドの連合軍司令部施設並びにイラクと国境を接する国及びペルシャ湾の沿岸国並びにこれらの場所又は地域相互間及びこれらの場所又は地域と次に掲げる場所又は地域との間で行われる移動と連絡に際して通過する場所又は地域において，当該業務を実施することができることとする。
　　a　医療，給水及び学校等の公共施設の復旧・整備
　　　　ムサンナー県を中心としたイラク南東部
　　b　人道復興関連物資等の輸送
　　　　航空機による輸送については，クウェート国内の飛行場施設及びイラク国内の飛行場施設（バスラ飛行場，バグダッド飛行場，バラド飛行場，モースル飛行場等）
　　　　車両による輸送については，ムサンナー県を中心としたイラク南東部
　　　　艦艇による輸送については，ペルシャ湾を含むインド洋
　イ　イラク復興支援職員による人道復興支援活動を実施する区域の範囲及

資料及び索引

び当該区域の指定に関する事項
(ア) イラク復興支援職員による人道復興支援活動は、現に戦闘行為が行われておらず、かつ、そこで実施される活動の期間を通じて戦闘行為が行われることがないと認められる地域において実施されるものである。また、当該活動の実施に当たっては、イラク復興支援職員の安全が確保されなければならない。

このため、内閣総理大臣は、イラク復興支援職員が人道復興支援活動を実施する区域を(イ)に掲げる範囲内で指定するに当たっては、実施する活動の内容、安全確保面を含む諸外国及び関係機関の活動の全般的状況、現地の治安状況等を十分に考慮するものとする。その際、治安状況の厳しい地域における活動については、状況の推移を特に注意深く見極めた上で実施するものとする。

(イ) イラク復興支援職員が人道復興支援活動を実施する区域の範囲は、次に掲げる場所又は地域に、我が国の領域からこれらに至る地域に所在する経由地及びこれらの場所又は地域の間の移動に際して通過する地域を加えたものとする。
  a 医療
    イラク国内における病院・医療施設
  b イラクの復興を支援する上で必要な施設の復旧・整備
    イラク国内における浄水場等の公共施設
  c 利水条件の改善
    ムサンナー県を中心としたイラク南東部

(4) 人道復興支援活動を外国の領域で実施する自衛隊の部隊等の規模及び構成並びに装備並びに派遣期間
  ア 規模及び構成並びに装備
  (ア) (2) ア (ア) から (ウ) までに掲げる医療、給水及び学校等の公共施設の復旧・整備を行うための陸上自衛隊の部隊
    この部隊の人員は600名以内とする。ただし、部隊の交替を行う場合は、当該交替に必要な数を加えることができるものとする。
    また、この部隊は、ドーザ、装輪装甲車、軽装甲機動車その他の(2) ア (ア) から (ウ) までに掲げる活動の実施に適した車両200両以内、部隊の規模に応じ安全確保に必要な数の拳銃、小銃、機関銃、無反動砲及び個人携帯対戦車弾及び活動の実施に必要なその他の装備を有するものとする。ただし、装備の交換を行う場合は、当該交換に必要な数を加えることができる。
  (イ) (ア) に掲げる陸上自衛隊の部隊のための輸送、補給等及び(2) ア (エ) に掲げる人道復興関連物資等の輸送を航空機により行うための航空自衛隊の部隊
    この部隊は、輸送機その他の輸

送に適した航空機8機以内とし，その人員は，これらの航空機の運航等に要する数の範囲内とする。

また，この部隊は，部隊の規模に応じ安全確保に必要な数の拳銃，小銃及び機関拳銃及び活動の実施に必要なその他の装備を有するものとする。ただし，装備の交換を行う場合は，当該交換に必要な数を加えることができる。

(ウ) (ア) に掲げる陸上自衛隊の部隊のための輸送，補給等を艦艇により行うための海上自衛隊の部隊

この部隊は，輸送艦その他の輸送に適した艦艇2隻以内及び護衛艦2隻以内とし，その人員は，これらの艦艇等の運航等に要する数の範囲内とする。

また，この部隊は，活動の実施に必要なその他の装備を有するものとする。

イ 派遣期間

平成15年12月15日から平成16年12月14日までの間とする。

(5) 国際連合等に譲渡するために関係行政機関がその事務又は事業の用に供し又は供していた物品以外の物品を調達するに際しての重要事項

イラク復興支援職員が行う公共施設への発電機の設置に係る必要な発電機及び利水条件の改善に係る必要な浄水・給水設備については，政府がこれを調達することとする。

(6) その他人道復興支援活動の実施に関する重要事項

ア 人道復興支援活動を実施する区域の指定を含め，当該活動を的確に実施することができるよう，我が国は，国際連合，人道復興関係国際機関，関係国，イラクにおいて施政を行う機関等と十分に協議し，密接に連絡をとるものとする。

イ イラク復興支援職員による (2) イに掲げる人道復興支援活動については，治安状況を十分に見極め，実施の態様，職員の宿泊場所，警備，携行する器材等も含め安全の確保に十分に配慮し，安全の確保を前提として，平成15年12月15日から平成16年12月14日までの間の必要な期間において，慎重かつ柔軟に実施することとする。

ウ 政府として，イラクの社会基盤の整備について，電力施設，セメント工場等の基幹産業施設及び生活関連施設に関し，安全の確保を前提として必要な調査を行い，その結果を踏まえて，イラク復興支援職員による当該施設の復旧・整備等を目指して努力することとする。

3 安全確保支援活動の実施に関する事項

(1) 安全確保支援活動に関する基本的事項，同活動の種類及び内容，同活動を実施する区域の範囲及び当該区域の指定に関する事項並びに同活動を外国の領域で実施する自衛隊の部隊等の規模及び構成並びに装備並びに派遣期間

ア 我が国は，1に定める基本方針の

とおり，人道復興支援活動を中心とした対応措置を実施することとするが，イラク国内における安全及び安定を回復するために国際連合加盟国が行う活動を支援するため，人道復興支援活動を行う2（4）アに掲げる自衛隊の部隊は，その活動に支障を及ぼさない範囲で，イラク人道復興支援特措法第3条第3項に規定する医療，輸送，保管，通信，建設，修理若しくは整備，補給又は消毒を行うことができる。

イ　安全確保支援活動を実施する区域の範囲は，2（4）アに掲げる自衛隊の部隊が人道復興支援活動を実施するものとして定めた2（3）アに掲げる区域の範囲とする。

　自衛隊の部隊による安全確保支援活動は，現に戦闘行為が行われておらず，かつ，そこで実施される活動の期間を通じて戦闘行為が行われることがないと認められる地域において実施されるものである。また，当該活動の実施に当たっては，自衛隊の部隊の安全が確保されなければならない。

　このため，防衛庁長官は，自衛隊の部隊が安全確保支援活動を実施する区域を上記の範囲内で指定するに当たっては，実施する活動の内容，安全確保面を含む諸外国及び関係機関の活動の全般的状況，現地の治安状況等を十分に考慮するものとする。その際，治安状況の厳しい地域における活動については，状況の推移を特に注意深く見極めた上で実施するものとする。

（2）その他安全確保支援活動の実施に関する重要事項

　安全確保支援活動を実施する区域の指定を含め，当該活動を的確に行うことができるよう，我が国は，国際連合，人道復興関係国際機関，関係国，イラクにおいて施政を行う機関等と十分に協議し，密接に連絡をとるものとする。

4　対応措置の実施のための関係行政機関の連絡調整及び協力に関する事項

　イラク人道復興支援特措法に基づく対応措置を総合的かつ効果的に推進するとともに，同法に基づき派遣される自衛隊の部隊及びイラク復興支援職員の安全を図るため，下記の事項を含め，内閣官房を中心に，防衛庁・自衛隊及び内閣府並びに外務省を始めとする関係行政機関の緊密な連絡調整を図り，必要な協力を行うものとする。

（1）派遣された自衛隊の部隊及びイラク復興支援職員並びに関係在外公館は，活動の実施と安全確保に必要な情報の交換を含め，連絡を密にするように努め，一致協力してイラクの復興支援に取り組むものとする。

（2）関係行政機関は，その所掌事務の遂行を通じて得られた，自衛隊の部隊又はイラク復興支援職員がイラク人道復興支援特措法に基づく活動を実施する区域の範囲及びその周辺における諸外国の活動の全般的状況，現地の治安状況等に関する情報その他の同法に基

づく活動の実施と安全確保に必要な情報に関し，相互に緊密な連絡をとるものとする。
(3) 関係行政機関の長は，内閣総理大臣又は防衛庁長官から，イラク人道復興支援特措法に基づく活動の実施に必要な技術，能力等を有する職員の派遣，所管に属する物品の管理換えその他の協力の要請があったときは，その所掌事務に支障を生じない限度において協力を行うものとする。
(4) 内閣総理大臣は，イラク復興支援職員の採用に当たり，関係行政機関若しくは地方公共団体又は民間の団体の協力を得て，広く人材の確保に努めるものとし，関係行政機関の長は，このために必要な協力を行うものとする。
(5) 外務大臣の指定する在外公館長は，外務大臣の命を受け，イラク人道復興支援特措法に基づく活動の実施と安全確保のため必要な協力を行うものとする。

2　内閣総理大臣の談話
（イラク人道復興支援特措法に基づく対応措置に関する基本計画）

平成15年12月9日

本日の閣議において，「イラクにおける人道復興支援活動及び安全確保支援活動の実施に関する特別措置法」に基づく対応措置に関する基本計画を決定しました。この計画は，自衛隊の部隊やイラク復興支援職員により，イラクの人々を救援し被害を復旧するための医療，給水，施設の復旧整備，物資の輸送等の人道復興支援活動を行うことを定めたものです。また，安全確保支援活動も行えることとなっています。

四半世紀にわたる圧政の下で，国土や国民生活が荒廃したイラクにおいては，今，喫緊の課題はイラク人による自由で民主的な政権を早急に樹立することです。新生イラクを立ち上げるためには，既に40ヵ国近い各国の部隊が種々の支援を行っています。10月16日には，国際社会がイラクの復興と安定の確保に一致団結して取り組むことを確認する国連安全保障理事会決議1511が全会一致で採択されました。来年6月に予定されている統治権移譲までの間は，復興と安定の道筋を作る上で極めて重要な期間となります。我が国としても，国連や国際社会がより積極的な役割を果たすべきと考えており，今後ともかかる議論に積極的に参加し，主張すべきことを主張していきます。

第二次大戦以降，我々の先輩は厳しい耐乏生活と苦難を乗り越えて，日米同盟と国際協調の下で，現在の日本の繁栄を築いてきました。海外に多くを頼る日本にとって，国際社会全体の平和と安定が，我が国自身の安全と繁栄にとって不可欠であり，その実現に向け，積極的に寄与していかなければなりません。

イラクを復興させることは，中東全域，ひいては国際社会の安定に極めて大きな意味があり，我が国の国益にもかなうものです。資金面での貢献に加え，イラク

人に対する目に見える人的な支援を行うことが重要であると考え，累次にわたる現地調査などにより，イラク国民のニーズ，イラクの治安情勢等について調査を行った上で，今回基本計画を決定した次第です。この基本計画に従って我が国が行う人的貢献の中心は，イラクの人たちが自らの国を復興し，再建するのを支援するためのものです。

このようなイラクの復興や，イラク人による自由で民主的な国家の樹立を望まない一部の人々がいます。イラク国内を混乱させようとする試みに対しては，国際社会が断固として対処するとともに，テロを生み出すようなイラク社会の現状や生活を改善するために必要な復興支援を行うことが極めて重要なのです。

復興支援活動を担う自衛隊は，武力行使をするものではありません。組織の力を生かし効果的な人道復興支援を継続的に行い得るのは自己完結性を持った自衛隊をおいて他にはありません。派遣される隊員は皆，命に応え使命感に燃えて自らの意思に基づき任地に赴く決意をしている優秀な人材であり，日頃の地道な訓練の成果を発揮し，必ずや任務を達成してくれるものと信じます。また，専門家としての知識や経験，高い能力と強い意志を持った文民をイラク復興支援職員として現地に派遣する考えです。

自衛隊や復興支援職員をイラク等に派遣し支援活動を行うにあたっては，現地の治安情勢等の関連情報を分析し，それぞれの活動に対応した十分な準備と細心の注意を払うなど万全を期してまいります。

また，政府としては，国内外におけるテロ対策を更に徹底し，国民の安全確保にも万全を期してまいります。

働き盛りで家族を残したまま，非道に斃れた，奥大使と井ノ上書記官の尊い犠牲を忘れることはできません。イラクの復興とイラクの人々に対する支援を，国際社会とともに進めていこうではありませんか。そのことが世界の平和と安定につながることになるのです。

この度の政府の決断について，国民の皆様の御理解と御支援を切にお願い致します。

3　お知らせ
イラク人道復興支援特措法における実施要項の概要

15.12.18　防衛庁

1　状況及び方針
- ○　基本計画の閣議決定（平成15年12月9日）を受け，自衛隊の部隊は，人道復興支援活動の実施を中心としつつ，その活動に支障を及ぼさない範囲で，安全確保支援活動を実施
- ○　自衛隊の部隊は，活動地域における治安状況等を注意深く見極め，慎重かつ柔軟に対応措置を実施

○ 自衛隊の部隊は，イラク復興支援職員及び関係在外公館と連携を密にするとともに，現地社会との良好な関係を構築

2　自衛隊による対応措置の実施期間

平成15年12月18日以降において基本計画に定める対応措置の実施を防衛庁長官が命じた日から平成16年12月14日までの間

3　自衛隊による対応措置の実施区域

（1）陸上自衛隊が対応措置を実施する区域は，基本計画で定められた区域の範囲から，活動の必要性，現に戦闘行為が行われておらず，かつ，活動の期間を通じて戦闘行為が行われることがないと認められること，活動の安全が確保されることを考慮して，以下の場所又は地域を指定

○ イラク南東部ムサンナー県（サマーワ市を中心として活動）

○ クウェート国に所在する人員の乗降地，物品の積卸し・調達地，連絡調整を行う隊員の駐在地

○ バグダッドの連合軍司令部施設（情報収集及び連絡調整を行う隊員が駐在）　など

（2）　航空自衛隊が対応措置を実施する区域は，（1）と同様の考慮をして，以下の場所又は地域を指定

○ バスラ飛行場，バグダッド飛行場，バラド飛行場，モースル飛行場等

○ クウェート国等ペルシャ湾沿岸等に所在する国の領域のうち，人員の乗降地，物品の積卸し地及び装備品の修理地　など

（3）　海上自衛隊が対応措置を実施する区域は，（1）と同様の考慮をして，以下の場所又は地域を指定

○ ウム・カスル港

○ クウェート国の領域のうち，人員の乗降地，物品の積卸し地　など

4　自衛隊による対応措置の種類及び内容

○ 人道復興支援活動としての医療，給水，公共施設の復旧・整備，人道復興関連物資等の輸送

○ 上記に支障を及ぼさない範囲での安全確保支援活動としての医療，輸送，保管，通信，建設，修理若しくは整備，補給又は消毒

○ なお，物品の輸送に際しては，武器（弾薬を含む。）の輸送を行わないこと

5　自衛隊の部隊による業務の実施の方法

（1）陸上自衛隊の部隊による業務の方法

ア　基本計画及び実施要項の範囲内で実施する主な業務

○ 人道復興支援活動としての医療，給水及び公共施設の復旧・整備並びにこれらに支障を及ぼさない範囲での安全確保支援活動としての医療，輸送，補給等

イ　陸上自衛隊の部隊は，ブルドーザ，装輪装甲車，軽装甲機動車等により業務を実施。また，活動の安全を確保するために必要な数の拳銃，小銃，

機関銃，無反動砲及び個人携帯対戦車弾を携行
ウ　陸上自衛隊の部隊は，防衛庁長官が現地の状況等を確認の上，総理の承認を得てその本邦出国の時期を定めた後，本邦を出国
（2）航空自衛隊の部隊による業務の方法
　ア　基本計画及び実施要項の範囲内で実施する主な業務
　　○　人道復興支援活動としての輸送及びこれに支障を及ぼさない範囲での安全確保支援活動としての輸送
　　○　陸上自衛隊の部隊の派遣又は補給等に際しての航空機による輸送
　イ　航空自衛隊の部隊は，輸送機（C-130H），多用途支援機（U-4）及び政府専用機（B-747）により業務を実施。また，活動の安全を確保するために必要な数の拳銃，小銃及び機関拳銃を携行
　ウ　航空自衛隊の部隊は，防衛庁長官が現地の状況等を確認の上，総理の承認を得てその本邦出国の時期を定めた後，本邦を出国
（3）海上自衛隊の部隊による業務の方法
　ア　基本計画及び実施要項の範囲内で実施する主な業務
　　○　陸上自衛隊の部隊の派遣又は補給等に際して行う艦艇による輸送
　イ　海上自衛隊の部隊は，輸送艦又は掃海母艦及び護衛艦により業務を実施
　ウ　海上自衛隊の部隊は，陸上自衛隊の部隊の本邦出国の時期に応じ，防衛庁長官が総理の承認を得て本邦出国の時期を定めた後，本邦を出国
（4）その他の事項
　ア　陸上，航空，海上自衛隊の部隊は，相互に緊密な連絡を確保
　イ　警戒監視や情報収集等により，活動の安全確保に万全を期すとともに，活動を実施している場所の近傍において戦闘行為が行われるに至ったか否か等について早期に発見するよう努力
　ウ　業務を円滑かつ効果的に行うため，住民との良好な関係を維持
　エ　情報の提供等可能な支援をイラク復興支援職員に対して実施
6　活動の一時休止及び避難等に関する事項
　活動を実施している場所の近傍において戦闘行為が行われるに至った場合等は，活動の一時休止，避難等を行うとともに，直ちに防衛庁長官まで報告し，その指示を待つこと
7　実施区域の変更及び活動の中断に関する事項
　　○　実施区域の変更に際しては，速やかに変更後の区域に移動し得るよう配慮
　　○　中断の指示を受けた場合，速やかに活動を中断して部隊の安全を確保。関係国の軍隊及び関係機関等に対して中断を連絡
　　○　活動の中断時，派遣の終了又は

活動の復帰の判断に資する情報の収集及び防衛庁長官への報告を実施
8 その他の重要事項
　○ 自衛隊の部隊は，情報の収集や警戒監視等による現地の治安状況等の把握に細心の注意を払い，業務の実施方法が活動の安全確保の観点から最も適したものとなるよう最大限に考慮すること
　○ 対応措置を実施するに当たり，時宜に応じ，現地の情勢及び活動状況について防衛庁長官に報告
　○ 6及び7のほか，基本計画又は実施要項の変更を必要とする場合には，その理由等必要な事項につき防衛庁長官に報告し，指示を持つこと

4　お知らせ
イラク人道復興支援特措法に基づく対応措置の実施に関する陸上自衛隊，海上自衛隊及び航空自衛隊一般命令の概要
15.12.19　防衛庁

本年12月9日，イラクにおける人道復興支援活動及び安全確保支援活動の実施に関する特別措置法第4条第1項の規定に基づき，基本計画が閣議において決定され，同法第8条第2項の規定に基づき，基本計画に従い定めた実施要項について，同月18日，内閣総理大臣の承認を得た。
これらを踏まえて，本日朝，防衛庁長官から陸上自衛隊，海上自衛隊及び航空自衛隊に対し次のとおり命令を発した。
概要は以下のとおり。

○ 陸上自衛隊一般命令
1　陸上自衛隊の部隊等は，基本計画及び実施要項に従い，対応措置を実施する。
2　各方面総監等は，装備の準備，隊員の教育訓練等，実施区域における人道復興支援活動等を効率的かつ安全に実施するために必要な対応措置を実施せよ。
3　実施部隊の派遣等については別に命ずる。
○ 海上自衛隊一般命令
1　海上自衛隊の部隊等は，基本計画及び実施要項に従い，対応措置を実施する。
2　自衛艦隊司令官は，装備の準備，隊員の教育訓練等，実施区域における陸上自衛隊の部隊の派遣又は補給等に際して行う輸送を効率的かつ安全に実施するために必要な対応措置を実施せよ。
3　実施部隊の出国等については別に命ずる。
○ 航空自衛隊一般命令
1　航空自衛隊の部隊等は，基本計画及び実施要項に従い，対応措置を実施する。
2　航空支援集団司令官は，装備の準備，隊員の教育訓練等，実施区域における人道復興支援活動等を効率的かつ安全に実施するとともに，イラク復興支援派遣輸送航空隊等を編成し，同部隊等から所要の先遣要員を平成15年12月26日以降に出国させよ。

資料及び索引

3　先遣要員を除くイラク復興支援派遣輸送航空隊等の出国については，別に命ずる。

5　衆議院本会議
平成16年1月27日

イラクにおける人道復興支援活動及び安全確保支援活動の実施に関する特別措置法第6条第1項の規定に基づき，自衛隊の部隊等による人道復興支援活動及び安全確保支援活動の各活動の実施に関し承認を求めるの件に対する質疑

○内閣総理大臣（小泉純一郎君）　原口議員にお答えいたします。

イラク派遣に対する基本的認識についてでございますが，イラクの復興に対して世界各国が協力する必要があると思います。イラクの安定というのは，日本のみならず，国際社会全体の平和と安全の観点からも重要であります。こうした考え方に基づきまして，我が国にふさわしい貢献として，自衛隊の部隊が人道復興支援活動を中心とする活動を行うこととしたものであります。

今後とも，情報開示に努めるとともに，国民の理解と協力を得られるよう，できるだけの努力をしていきたいと思います。また，情報開示に努めるとともに，各種手段によりまして広報にも理解を得られるような努力をしていきたいと思います。

今回の自衛隊のイラク派遣はこれまでの国際平和協力のあり方からの転換ではないかという御指摘でありますが，自衛隊は，これまでも世界各地の平和構築努力に積極的に参加して，実績と高い国際的評価を積み重ねてきております。今回も，このような経験を踏まえて，我が国の憲法の枠内において平和的な国際貢献を果たすことができるものと期待しております。

我が国の人的貢献でございますが，これまで途上国に対し，御指摘の青年海外協力隊の派遣も含め，積極的な人的協力を行ってまいりました。イラクにおいては，現下の治安情勢により，邦人の援助関係者が活動できる状況にはありません。こうした状況にあって，人的貢献を通じた人道復興支援を行うため，自己完結性を備えた自衛隊を派遣することを決定した次第であります。（拍手）

イラク監視グループのケイ前団長の発言についてでございますが，ケイ博士の発言についての報道は承知しておりますが，国連査察団の報告等により指摘されている大量破壊兵器に関する疑惑は，今日に至るまで解消されておりません。米国のパウエル国務長官は，同監視グループに任務を続けさせ，大量破壊兵器の存在に関する疑いを解明する旨発言していると承知しておりまして，我が国としてこれを注視していく考えであります。

我が国が米英に対してイラク武力行使を支持した判断についてでございますが，イラクはかつて実際に大量破壊兵器を使用しており，その後も大量破壊兵器の廃棄は立証されておりません。

米国等によるイラクに対する武力行使は，安保理決議に基づきイラクの武装解除等の実施を確保し，この地域の平和と

安定を確保するための措置として行われたものであり，国連憲章にのっとったものであり，我が国がこれを支持したことは正しかったと考えております。

イラクによる大量破壊兵器の生産技術の開発でございますが，昨年三月の国連査察団の報告は，イラクによる大量破壊兵器の開発に外国からの輸入品が使用されている点に言及しておりますが，大量破壊兵器の生産技術をいかなる国から供与されたかについては言及がありません。

自衛隊の派遣期間中の状況に関する判断の根拠についてでございますが，これまでの調査や各種の情報を踏まえ，バグダッド飛行場やバグダッドの連合軍司令部施設については，防護手段がとられた隔離された場所であり，このような場所の中までは攻撃は及ぶことは想定しがたく，活動の期間を通じて戦闘が生じるとは考えておりません。また，サマワ周辺の地域は，これまで，イラクの他地域に比べ全般的に比較的治安が安定しており，こうした情勢は今後も大きく変化するとは見られません。

こうした状況を踏まえまして，サマワやバグダッド飛行場については，非戦闘地域に当たると判断し，実施区域として実施要項において定めたところであります。

政府は，これまで，先般の基本計画の国会報告を含め，国会における議論の場などにおいて，自衛隊派遣に関する詳細な考え方やその前提となった各種の調査結果の概要などを可能な限り示してまいりました。今後とも，国会審議等いろいろな機会をとらえまして，自衛隊の派遣について国民の理解を得る努力を払ってまいります。

イラクの今後の政治プロセスでございますが，イラクの安定のためには，イラク人によるイラク人のための新しい民主的な政府の樹立に向けた政治プロセスが着実に進展し，復興，復旧が進んで民生が安定することが重要であります。

昨年11月15日のイラク統治評議会と連合暫定施政当局の間の合意によれば，本年6月末までに移行行政機構が統治権限を承継し，2月末までに制定される基本法に基づき，憲法制定や新政府の樹立を準備することとなります。

平和で自由な民主国家としてイラクが再建されるためには，イラク内の各派の間で幅広い合意を得ていくことが重要と考えておりまして，我が国を含む国際社会は一致して政治プロセスの着実な進展を支えていくことが重要だと思います。

特使の成果とフランスやドイツのイラクへの関与についてでございますが，我が国は，昨年末の特使派遣を通じ，国際協調の構築に派遣先の理解を得ることができました。特に，橋本特使がフランス，ドイツ両国首脳と協議した結果，3カ国でイラク復興支援についての協力を検討することとなる等，両国の積極的な姿勢を引き出すという重要な成果を上げました。なお，フランス，ドイツは警察官養成等を通じた治安分野の支援等を検討していると承知しております。

国連の役割についてでございますが，中山特使を国連にも派遣いたしました。

我が国は，イラクの復興には国連の十分な関与と国際協調が不可欠と考え，イラクでの本格的活動の早期再開を国連に働きかけております。国連の役割については，当面，選挙問題及び治安問題に焦点を当てて議論が行われていくものと承知しており，我が国としては，国際協調を強化するための外交努力を今後とも継続してまいります。

現在，イラクは戦争状態ではないかというお尋ねでございますが，イラクにおいては，主要な戦闘は終結したものの，治安情勢は予断を許さない状態が続いております。特に，スンニ・トライアングルを中心に，米英軍，外国政府関係者や復興に協力するイラク人等に対する攻撃が継続しております。これに対して，米軍による掃討作戦などが行われており，また，イラク人警察による治安対策も強化されておりますが，戦争状態というべき状況ではないと認識しております。

イラクへの復興支援ですが，基本計画に盛り込んだ自衛隊の活動内容は，累次の政府調査チームの調査結果や，総理補佐官による地元住民の代表との意見交換の結果などの情報を総合的に分析し，現地で我が国に対して要望の強い業務や，支援の必要が認められる業務であり，かつ，我が国にふさわしいと判断されたものを盛り込んでおります。

自衛隊の活動による雇用ですが，イラクにおける活動がいかなる態様で行われるかについては，今後，先遣隊による調査結果も踏まえ，詳細について適切に判断してまいりますが，当面，自衛隊の宿営地内における各種の役務のために現地の方々を雇用することを検討しておりまして，これにより，限定的ではありますが，サマワでの雇用にも貢献できるのではないかと考えております。

サマワの治安についてでございますが，住民の意向を反映した市評議会，穏健な宗教勢力等の存在により，治安は安定し，また，現地の治安維持を担当するオランダ軍も警戒態勢をとっていることから，これまで大きな事件もなく，住民は不審者を通報するなど，治安当局に協力的であると承知しております。ただし，治安状況につきましては，今後とも十分注意を払っていく考えであります。

イラクに対する支援額についてですが，イラクの再建は，イラク国民にとって，また，中東地域及び我が国を含む国際社会の平和と安定にとって極めて重要であります。

このような認識のもと，昨年の10月のイラク復興支援国会議で我が国が表明した支援は，世銀，国連等が行った復興需要調査を踏まえ，電力，水・衛生といった重点分野への協力について検討を行った上で，国際社会における我が国の地位にふさわしい貢献を行うとの観点から決定したものであります。

対イラク債権についてでございますが，イラク復興に向け日本が国際社会で果たしている役割に合致するよう，先般，他の債権国と協調しつつイラクの債務について相当の削減を行うことに関与することを表明いたしましたが，その規模等については，今後，パリ・クラブの場にお

いて議論されることとなります。

　今回の決断は，イラクの再建はイラク国民にとって，また，中東地域及び我が国を含む国際社会の平和と安定にとって極めて重要であるとの認識に基づくものであります。

　対応措置の実施命令でございますが，対応措置の実施に関する命令は，昨年12月19日，防衛庁長官が陸海空各自衛隊の部隊等に対し発出いたしました。これは，基本計画及び実施要項に従い対応措置を実施すること，並びに，装備の準備，教育訓練の実施及び航空自衛隊の先遣要員の出国を命じています。他の部隊の出国については別に命ずることとされています。

　この実施命令に基づいて，各部隊に対しては，この日以後，状況をよく見きわめながら，逐次出国を命じる命令，いわゆる派遣命令を発出してきたところであります。

　国会承認でございますが，国会における意思決定のあり方については，もとより国会の判断によるものと考えますが，一般的に申し上げれば，憲法第56条第2項の規定により，衆議院，参議院，それぞれの出席議員の過半数の賛成をもって承認が決せられるものと考えます。

　イラクの電力分野に対する支援でございますが，イラクの電力不足はイラクの復興にとって重要な問題であり，我が国は過去のODAの経験も生かして，我が国企業が過去にかかわった発電所の緊急の修復等，電力の供給増のため積極的に支援していく考えであります。

　自衛隊の任務の完了についてでございますが，派遣の終了時期については，イラク特措法の期間内において，現地の政治，治安情勢を考慮しつつ，イラク人による国家再建の進展状況を総合的に踏まえて判断してまいります。

　また，活動する場所で戦闘行為が行われるようになるなど，非戦闘地域の要件を満たさない状況が生じた場合には，自衛隊は任務を終了することになると考えます。

　自衛隊の活動と憲法の禁ずる交戦権との関係でございます。

　イラク特措法に基づく自衛隊の活動は，武力の行使に当たるものではありません。また，我が国として主体的にイラクの人道復興支援を中心とした活動に従事するものであり，米英などの占領の一翼を担うとの指摘は当たらないと考えております。

　また，自衛隊が行う安全確保支援の活動も，国連安保理決議第1483において加盟各国に協力を呼びかけているものであり，人道復興支援に支障のない範囲で，そのような要請にこたえる活動をする国が直ちに占領国としての地位を得るというようなことはあり得ません。自衛隊の現地での活動が占領行為に当たるとして憲法違反であるとする指摘は当たらないと考えます。

　自衛隊員の安全確保でございますが，一般市民を巻き込んだ無差別テロのほか，アメリカ軍など駐留する外国の軍隊に対する攻撃も後を絶たないなど，現地の治安情勢は全般として予断を許さない状況

が続いております。自衛隊の派遣に当たっては，こうした現地の治安情勢などについて改めて事前に調査し，また，必要な装備，武器，部隊運用について入念に検討と工夫を加えているところであります。まずは，不測の事態が起こらないよう，このような努力を積み重ねることにより，隊員の安全確保に万全を期することとしております。

また，現地社会との良好な関係の確保が安全対策上，重要であると考えております。このため，事前の準備や訓練において，現地の住民の社会的，文化的慣習を尊重するよう隊員に徹底を図るとともに，自衛隊は戦争のために来るのではなく，イラクの人道復興支援のために駐留するのだということを現地の人々や国際社会にわかってもらえるよう，メディアなどさまざまな手段を通じて広報にも努めてまいります。

万一，活動を実施している場所の近くにおいて戦闘行為が発生した場合などには，その場所から避難したり実施区域を変更するなど，不測の事態へも臨機応変に対応できるよう努めてまいりたいと考えます。

カンボジアPKO派遣に関する当時の私の発言に対するお尋ねでございます。

これは，私は，日本は血を流してまで国際貢献する，そういう状況ではないし，それは憲法で許されないという発言をしたわけでありまして，今回も，米英とともに日本がイラクで戦闘行為に参加するものではございません。人的貢献のために金だけ出せばいいというものではない，汗を流すことが必要であるということで，自衛隊も含めて人的貢献をする，そういうことであります。（拍手）

自衛隊派遣に関する国会の判断の基準についてでございます。

政府は，これまで，先般の基本計画の国会報告を含め，国会における議論の場などにおいて，自衛隊派遣に関する詳細な考え方やその前提となった各種の調査結果の概要などを可能な限り示してまいりました。

今国会では，基本計画に定められた自衛隊による対応措置の実施，具体的には，人道復興支援活動と安全確保支援活動の実施，及び，イラクその他実際に活動を実施したり，あるいは，途中通過する諸外国について国会の御承認をお願いしているところであります。

自衛隊派遣の事前承認についてでございます。

イラク特措法は，イラクにおける主要な戦闘が終わった後において，人道復興支援の目的で，自衛隊等をイラクへ派遣するために必要な法的枠組みを制定したものであります。したがって，同法が国会の審議を経て成立したことにより，自衛隊のイラク派遣について国会の承認が得られたと考えることもできるため，具体的な派遣について事後承認とする仕組みになっている点も特段問題はないと考えております。

また，国会承認の問題を論ずるまでもなく，隊員の安全確保につきましては，不測の事態が起こらないよう万全を期してまいります。

自衛隊員の安全確保でございますが，派遣に当たっては，派遣される自衛隊が憲法の枠内で活動することを確保するとともに，隊員の安全確保に万全を期してまいります。自衛隊は，日ごろから訓練を積んでおりますし，また，厳しい環境においても十分活動できる自己完結性を備えるとともに，憲法上の制約のもとにおいても危険を回避する能力も身につけていると考えております。

以上でございます。（拍手）

（中略）

〇内閣総理大臣（小泉純一郎君）　赤嶺議員にお答えいたします。

イラクの大量破壊兵器についてでございます。

ケイ博士の発言についての報道は承知しておりますが，国連査察団の報告等により指摘されている大量破壊兵器に関する疑惑は，今日に至るまで解消されていません。現在，イラク監視グループが引き続きイラクの大量破壊兵器を捜索しており，我が国としてもこれを注視していく考えであります。

イラクでは戦争が終結していないのではないかということでございますが，現在，主要な戦闘は終結したものの，特にスンニ・トライアングルを中心に，米英軍，外国政府関係者や復興に協力するイラク人等に対する攻撃が継続しており，これら武装勢力に対する米軍による掃討作戦などが行われている状況と認識しております。このように，イラクの治安情勢は予断を許さない状況が続いておりますが，戦争が継続している状況ではないと認識しております。

自衛隊が占領軍の一部と見られるのではないかということでございますが，イラク国民が自国の再建に努力できるようにすることが国際社会の責務であり，国連もすべての加盟国に対し，国家再建に向けたイラク人の努力を支援することを要請しております。我が国は，このような認識に基づき，国際社会の責任ある一員としてイラクを支援するものであります。

また，自衛隊はあくまでも我が国の指揮下において活動いたします。我が国は，いかなる意味においても武力紛争の当事国ではなく，また，占領国に当たりません。

イラクに派遣される自衛隊の法的地位でございますが，自衛隊は，連合暫定施政当局命令第17号における連合の要員の定義のうち，連合国により展開されるすべての部隊に該当いたします。

自衛隊は連合軍司令部の指揮下に入るのかとのお尋ねでありますが，イラクに派遣される自衛隊は我が国の指揮下にあり，連合軍の指揮下に入ることはありません。

イラクに派遣される自衛隊に対する戦時国際法の適用でございますが，安保理決議1483におけるジュネーブ諸条約及びハーグ陸戦規則への言及は，一義的には，米英の占領国としての権限，責任及び義務を改めて確認するものと考えられます。イラクに派遣される自衛隊の活動につい

ては、我が国が武力紛争の当事者とならず、また占領を実施する者でもないことから、この意味で、国際人道法の適用を受けることはありません。

自衛隊員が旧フセイン残党勢力を捕らえた場合、自衛隊員が旧フセイン残党勢力を捕らえる事態はなかなか想定しがたいと考えますが、万が一、残党勢力の構成員の身柄が自衛隊のもとに置かれるような事態が生じた場合には、現地の治安当局に速やかに身柄を引き渡すことになると考えます。

引き渡しまでの身柄の取り扱いに当たっては、普遍的に認められている人権に関する基準並びに国際人道法の原則及び精神にのっとって行うべきことは当然だと思います。

自衛隊員が旧フセイン残党勢力に捕らわれた場合、捕虜の扱いを受けるかということでありますが、国際法上、捕虜となり得るのは紛争当事国の軍隊構成員等であり、武力行使を行わない我が国の自衛隊員が国際法上の捕虜となることはありません。

一方、旧フセイン残党勢力が安保理決議を踏まえて活動する自衛隊員の身柄を拘束することは、国際法上、そもそも許されるものではなく、あってはならないことであります。にもかかわらず、自衛隊員の身柄が拘束される場合には、当該自衛隊員の身柄の即時解放を強く求めることとなります。

イラクにおける自衛隊の輸送業務でございます。

航空自衛隊の部隊は、基本計画及び実施要項に従い、クウェート国内の飛行場施設を拠点とし、イラク国内の飛行場施設との間で、人道復興関連物資を中心に航空輸送を行うこととしております。なお、これらの飛行場間においては、人道復興支援に支障の生じない範囲で、兵員の輸送その他安全確保支援活動を行うことはあり得るものと考えます。

自衛隊が行う輸送については、我が国がいかなる物資を運ぶかにつき、あらかじめ米軍を初めとした関係国軍との信頼関係に基づく調整の上で実施するため、武器弾薬が含まれることはないと承知しており、このような我が国の方針については関係国によく説明し、既に理解を得ております。

いずれにせよ、我が国としては、主体的に輸送任務等を選択して、航空輸送業務を実施してまいります。

非戦闘地域の区分でございます。

イラクの治安情勢は予断を許さない状況が続いておりますが、今までの調査や各種の情報を踏まえると、イラク国内に、イラク特措法で定める、いわゆる非戦闘地域の要件を満たす地域は存在すると考えます。

サマワを含むイラク南東部ムサンナ県については、比較的安定した治安情勢が継続しているものと認識しております。

いわゆるスンニ・トライアングルと呼ばれる地域などを中心にして、ＣＰＡやアメリカ軍、現地警察等に対する攻撃やテロも発生しており、依然として不安定な治安状況が続いています。これらが戦闘行為に当たるかどうかについては、そ

の計画性，組織性，継続性等の観点から，攻撃の主体，対象や態様などを総合的に勘案して判断することになります。これまでの攻撃等の実態はさまざまであり，今のところ，必ずしもこれらのすべてが戦闘行為であるとは考えていません。

他方，これまでの調査や各種の情報を踏まえ，バグダッド飛行場やモスル飛行場については，防衛，防護手段がとられた隔離された場所であり，そのような場所の中までは攻撃が及ぶことは想定しがたく，戦闘行為が生じることは考えていません。

こうした状況を踏まえて，サマワとバグダッド飛行場，モスル飛行場等については，非戦闘地域に当たると判断し，実施区域として実施要項において定めたものであります。

米軍に対する攻撃についてのお尋ねです。

多くのイラク国民が復興と平和を希望している中，米英軍，外国政府関係者や復興に協力するイラク人等に対する攻撃が継続しておりますが，その性格については各事例ごとに個別に判断する必要があると考えます。

自衛官の武器使用についてです。

派遣される自衛官は，万一，自己等の生命，身体の防衛のため必要と認めるやむを得ない場合には，イラク特措法に基づき武器を使用することが可能ですが，これはいわば自己保存のための自然権的権利というべきものであります。

派遣に当たっては，部隊行動の要領等を隊員に示し，訓練を行うことにより適正な武器使用を徹底することとしていますが，武器使用に係るこれまでの政府の考え方に変更はありません。

また，一般論で申し上げれば，イラクにおける自衛隊員の我が国の法律に違反する行為に関し，国外犯の適用がある場合には，刑事責任を免れないことは言うまでもありません。（拍手）

6① イラク復興支援派遣輸送航空隊等派遣行事における内閣総理大臣訓示（聞き取り）

平成15年12月24日

本日，諸君のイラク復興支援に赴く編成完結式，隊旗授与式にあたり一言御挨拶申し上げます。

諸君は，これからイラクに赴いて，イラク人のための，イラク人の政府をつくるために，イラク国民をはじめ，世界各国は今，懸命な努力を続けている。いわゆるイラク復興支援のために皆さんがこれから今までの能力を発揮するために国民の代表としてイラクに赴かれます。

日本は戦後多くの国の援助を受けて今日まで発展して参りました。お陰様で今やアメリカについで世界第2位の経済力を持てるように発展することができました。援助をされる側から，多くの国民の努力によって，また国際社会の協力によって，援助をすることができる立場に立ったわけであります。今や，日本の発展と繁栄は，世界の平和の安定があってこそ成し遂げられるものであります。自国のことのみに専念していいわけじゃありません。他国の平和のために，復興のた

めに力を貸していこう。そこに日本の発展もあるんだと思っております。

諸君は，今イラク人が苦しみながらも自分達の安定した民主的な政権をつくろうとしている。その中にあって，確かにイラクは決して安全とは言えない。危険が伴う，困難な任務であるということを承知しながら，自ら決意して，この任務を立派に達成すると，決意を固めて，使命感に燃えて，これからイラクに赴かれようとしておられると思います。この皆さんの決意を知り，姿を見て，最も誇らしく感じているのは，御家族の皆さんだと思います。私は，強い使命感と自らの任務を立派に通そうと，日々厳しい訓練に耐えてきた，そして日本とは違う，気候も違う，言葉も違う，習慣も違う，厳しい状況を想定しながら，厳しい訓練に耐えてきた諸君の努力と，これからイラクに赴こうとする使命感に思いを致して，心から敬意を表したいと思います。

今後いろいろな困難に遭遇しても，日頃の訓練によって鍛えられた平常心と，そして勇気と自信をもって立派に諸君が任務を果たされることを私は確信しております。御家族とともに，多くの国民とともに諸君がイラクにおいて立派に任務を果たされ無事帰国されることを心から祈念し，激励の言葉に代えます。

6②イラク復興支援群隊旗授与式における内閣総理大臣訓示(聞き取り)

平成16年2月1日

本日，イラク復興支援に赴く陸上自衛隊の隊旗授与式に当たり，一言御挨拶申し上げます。

日頃厳しい訓練を積み重ねてきた諸君の逞しく，また，凛々しい姿を目の当たりにいたしまして大変心強く思っております。

政治で最も大事なことは，我が国の平和と安全を守り，国民生活を豊かにしていくことであります。日本は，第2次世界大戦後，この一国，日本をどのように発展させていくか，平和を確保していくか，国民の皆さんと共に努力を重ねてまいりました。いわゆる日米同盟と国際協調の重要性を認識して，日本として，安全を守りながら発展してゆこうという考え方であります。これからもこの方針に変わりはありません。今，自衛隊の諸君は，ゴラン高原におきましても，東ティモールにおきましても平和維持活動に汗をかいております。いずれも国際社会から自衛隊諸君の規律ある業績が高い評価を得ております。今回，イラク復興人道支援に赴く皆さんは，戦争に行くのではありません。テロ掃討作戦に参加するものでもありません。武力行使もいたしません。戦闘行為に参加もいたしません。諸君の活動は，イラク人が希望を持って，自らの国を再建しようという，そのお手伝いに行くわけであります。いわば日米同盟，国際協調という，日本のこれからの平和と繁栄にとって最も大事な方針を，口だけでなく，行動によって示してくれるのは皆さん方であります。私は，皆さん方ならイラク人の人々から評価され，歓迎される仕事を立派に果たしてくれると確信しております。国際社会，国連は，

全ての加盟国に対して，イラクの復興支援，人道支援に協力を要請しております。必ずしも現在，イラクの国内は，100パーセント安全かというとそうでもない。危険を伴うかもしれない。そういう中で，一般国民には出来得ない，自衛隊なら出来る分野があるであろう，ということで自衛隊の諸君が，この復興支援活動に汗を流してくれる。この自衛隊の活動で最も喜ぶのは，イラク国民でなくてはならない。また，イラクが安定した民主政権になることによって最も利益を受けるのは，イラク周辺国であり，世界各国であり，日本であります。このイラク復興支援は，失敗させるわけにはいきません。将来，自分たちの国が困っているときに，苦しんでいるときに，日本人が手を差しのべてくれたから，日本国が協力してくれたから，ということによって国際社会の中での日本の信頼を高めてくれるでしょう。それを先頭でやってくれるのは，皆さん方であります。

私は，皆さんが強い使命感をもって，そして自信をもって，この大事な国家の仕事に挺身されようとする皆さんのことを一番心配に思っているのは，今日お越しの御家族の方々だと思います。同時に，皆さんを一番誇らしく思っているのも御家族だと思います。自衛隊の諸君をイラクの復興支援に赴かせることに政治的には賛否両論あります。しかし，反対する国民の中にも，心の中では，諸君の活動に声援を送っている人は沢山いると私は信じております。口に出さなくても諸君が立派に日本人として，日本国家としての大事な仕事を果たしてくれる。敬意と感謝の念をもって送り出そうという国民が沢山いると私は信じております。多くの国民と共に，自衛隊の諸君が，日頃厳しい訓練に耐えて，イラクの地において立派に任務を果たし，無事帰国されることを心から祈念し，訓示に代えます。

5 在日米軍の部隊
U. S. forces in Japan

〈司令部〉 東京都の横田空軍基地にあり，司令官は第5空軍司令官（おおむね中将）が兼務する。在日米陸・海・空軍海兵隊（03年現在の人員計40680人）を代表して日本との交渉・連絡に当り，行政面で在日米軍の業務を調整するが，陸・海軍，海兵隊の部隊の指揮はハワイの太平洋軍司令部の下にある各軍司令部（太平洋艦隊司令部など）が行い，在日米軍司令部は第5空軍司令官として在日の米空軍の指揮権を持つにすぎない。

〈陸 軍〉 神奈川県キャンプ座間に司令部があるが，日本の米陸軍は人員1900人にすぎず，第9戦域支援コマンド（補給部隊）と第500軍事情報旅団が主体。戦闘部隊は沖縄トリイ・ステーションの第1特殊作戦群第1大隊の300人余だけだ。

〈海 軍〉 司令部は神奈川県横須賀港にあり，日本の米海軍基地・施設と陸上勤務者5200人を統括する。横須賀には第7艦隊旗艦である揚陸戦指揮艦「ブルーリッヂ」，空母「キティーホーク」，巡洋艦3隻，駆逐艦4隻，フリゲート2隻が常駐し，長崎県佐世保港には強襲揚陸艦「エセックス」など揚陸艦4隻，掃海艦2隻が常駐している。この計17隻の乗組員は11000人余だ。青森県三沢基地に哨戒機P3Cが1個飛行隊（9機余）と沖縄県嘉手納に分遣隊（2〜3機）がいる。

〈空 軍〉 横田基地の第5空軍司令部の下に嘉手納の第18航空団（F15戦闘機48機など）と三沢の第35戦闘航空団（F16戦闘機36機など）および第374空輸航空団（C130輸送機11機など）があり，その他に嘉手納に空軍特殊作戦コマンドに属する第353特殊作戦群（MC130侵入用輸送機など）がいる。人員は14130人だ。

〈海兵隊〉 沖縄のキャンプ・コートニーにある第3海兵遠征軍（3rd Marine Expeditionary Force・防衛庁訳『海兵機動展開部隊』）の下に第3海兵師団，第31遠征隊（31st Marine Expeditionary Unit・同『海兵機動展開隊』），第1海兵航空団（その第12海兵航空群は岩国，第36海兵航空団は普天間），第3海兵役務支援群などがあり，人員は19750人，うち12000人余が沖縄にいる。主力は第3海兵師団だが「師団」とは名のみで，戦闘部隊はキャンプ・シュワブの第4連隊（歩兵）が3個大隊プラスで3000人弱，第12連隊（砲兵）が155mm砲1個大隊18門。戦車はゼロで装甲車17輌，水陸両用兵員輸送車43輌を持つだけだから連隊戦闘団以下だ。しかも第4連隊の3個大隊は本土の第1，第2海兵師団とハワイの第3海兵連隊から6カ月交代で沖縄に派遣され，砲兵の大部分も人員は6カ月交代で来ている。さらにイラク戦争が長期化し交代要員が不足したため，第4連隊に交代で来るはずの大隊は全てイラクへ

投入され，沖縄の第3海兵師団は「戦力なき師団」となった。沖縄に海兵師団を置いても運ぶ船が無く，カリフォルニア州サンディエゴにいる揚陸艦約15隻は近くのキャンプ・ペンドルトンの第1海兵師団の一部を乗せて出動するため，第3海兵師団は有事にすぐ出動できない「遊兵」となるから形だけの師団にしているのだ。ただ師団と別組織の第31海兵遠征隊（歩兵1個大隊にヘリ31機，ハリヤー攻撃機6機，装甲車9輛，砲6門など計約2000人）は佐世保常駐の揚陸艦4隻（常時可動3隻）に乗って出動できる部隊で，これは沖縄に残る。戦争に役立つ規模ではないが，海外在留の米国人の救出には使える兵力だ。

資料及び索引

6 英略語表

A

AAM	air-to-air missile ［空対空ミサイル］	
ABC	atomic, biological and chemical weapons ［核・生物・化学兵器］	
ABM	Anti-Ballistic Missile ［弾道ミサイル迎撃システム］	
ABM Treaty	Treaty on the Limitation of Anti-Ballistic Missile Systems ［弾道ミサイル迎撃システム制限条約］	
ACD	Asia Cooperation Dialogue ［アジア協力対話］	
ACSA	Acquisition and Cross-Servicing Agreement ［日米物品役務相互提供協定］	
ADB	Asian Development Bank ［アジア開発銀行］	
ADF	Asian Development Fund ［アジア開発基金］	
ADIZ	air defense identification zone ［防空識別圏］	
AECF	Asia-Europe Cooperation Framework ［アジア欧州協力枠組み］	
AFTA	ASEAN Free Trade Area ［ASEAN自由貿易地域］	
AG	Australia Group ［オーストラリア・グループ］	
AIDS	acquired immunodeficiency syndrome ［後天性免疫不全症候群、エイズ］	
ANZAC	Australia-New Zealand Army Corps ［オーストラリア・ニュージーランド連合軍］	
ANZUS	Australia, New Zealand and the U.S.A. ［オーストラリア，ニュージーランド，米国］	
ANZUS Treaty	Security Treaty between Australia, New Zealand and the U.S.A. ［アンザス条約］	
AP	anti-personnel ［対人］	
APEC	Asia Pacific Economic Cooperation ［アジア太平洋経済協力会議］	
ARF	afloat prepositioning force ［事前集積船］	
ARF	ASEAN Regional Forum ［アセアン地域フォーラム］	
ASDF	Air Self-Defense Force ［航空自衛隊］	
ASEAN	Association of Southeast Asian Nations ［東南アジア諸国連合］	
ASEAN 10	ASEAN ten ［アセアン10カ国］	

ASEM	Asia–Europe Meeting［アジア欧州会合］
AT	anti–tank［対戦車］
AU	African Union［アフリカ連合］
AWACS	Airborne Warning and Control System［早期警戒管制機］

B

BHN	basic human needs［基礎生活分野］
BIS	Bank for International Settlements［国際決済銀行］
BJP	Bharatiya Janata Party［インド人民党］
BMD	Ballistic Missile Defense［弾道ミサイル防衛］
bps	bit per second［通信速度の単位。1秒間に転送できるビット数］
BSE	bovine spongiform encephalopathy［狂牛病］
BTWC	Bacteriological (Biological) and Toxin Weapons Convention［生物毒素兵器禁止条約］
BWC	Biochemical Weapons Convention［生物兵器禁止条約］

C

C^4ISR	Command, Control, Communications, Computers, Intelligence, Surveillance and Reconnaissance［指揮，統制，通信，コンピュータ，情報，監視，偵察］
CALS	Continuous Acquisition and Life–cycle Support［継続的な調達とライフサイクルを通じての支援］
CBMs	confidence building measures［信頼醸成措置］
CCC	Convention on Cybercrime［サイバー犯罪条約］
CCW	Convention on Prohibitions or Restrictions on the Use of Certain Conventional Weapons Which May Be Deemed to Be Excessively Injurious or to Have Indiscriminate Effects［特定通常兵器（使用禁止制限）条約］
CD	Conference on Disarmament［軍縮会議］
CDF	Comprehensive Development Framework［包括的開発フレームワーク］
CDR	Closer Defence Relations［防衛緊密化協定］
CEFTA	Central European Free Trade Agreement［中欧自由貿易協定］
CENTO	Central Treaty Organization［中央条約機構］
CEP	circular error probable［半数必中界］
CEPT	Common Effective Preferential Tariff［共通実効特恵関税］

資料及び索引

CER	Closer Economic Relations［経済緊密化協定］
CFE Treaty	Treaty on Conventional Armed Forces in Europe［欧州通常戦力条約］
CFSP	Common Foreign and Security Policy［共通安全保障政策］
CIA	Central Intelligence Agency［中央情報庁（局）］
CIS	Commonwealth of Independent States［独立国家共同体］
COCOM	Coordinating Committee for Multilateral Strategic Export Controls［対共産圏輸出規制委員会］
COP1	First Conference of Parties［第1回締約国会議］
COP3	Third Conference of Parties［第3回締約国会議］
CPA	Coalition Provisional Authority［連合国暫定当局］
CSBM	Confidence and Security Building Measures［信頼・安全醸成措置］
CSCAP	Council of Security Cooperation for the Asia Pacific［アジア太平洋安全保障協力会議］
CSCE	Conference on Security and Cooperation in Europe［欧州安全保障協力会議］
CTBT	Comprehensive (Nuclear) Test Ban Treaty［包括的核実験禁止条約］
CTBTO	Comprehensive Test Ban Treaty Organization［包括的核実験禁止条約機関］
CTR Program	Cooperative Threat Reduction Program［協力的脅威提言計画］
CWC	Chemical Weapons Convention［化学兵器禁止条約］

D

DAC	Development Assistance Committee［開発援助委員会］
DHS	Department of Homeland Security［国土安全保障省］
DIA	Defense Intelligence Agency［国防情報庁］
DMZ	Demilitarized Zone［非武装地帯］
DPK	Iranian Democratic Party of Kurdistan［クルド民主党］
DPRK	Democratic People's Republic of Korea［朝鮮民主主義人民共和国］
DVD	Digital Video/Versatile Disk［DVD］

E

EAEC	East Asia Economic Caucus［東アジア経済協議体］
EAM	Ethnikon Apelephtherotikon Metopon［民族解放戦線］

EASR	East Asia Strategy Report [東アジア戦略報告]	
EC	Europe Community [欧州共同体]	
ECB	European Central Bank [欧州中央銀行]	
ECOMIL	ECOWAS Mission in Liberia [西アフリカ諸国多国籍軍]	
ECOWAS	Economic Community of West African States [西アフリカ諸国経済共同体]	
ECSC	Europe Coal and Steel Community [欧州石炭鉄鋼共同体]	
ECU	European Currency Unit [欧州通貨単位]	
EDC	European Defence Community [欧州防衛共同体]	
EEC	European Economic Community [欧州経済共同体]	
EEZ	exclusive economic zone [排他的経済水域]	
EMI	European Monetary Institute [欧州通貨機関]	
EMU	Economic and Monetary Union [欧州経済通貨同盟]	
EMU	European Monetary Union [欧州通貨統合]	
ENMOD	Convention on the Prohibition of Military or Any Other Hostile Use of Environmental Modification Techniques [環境改変技術敵対的使用禁止条約]	
ERM	European Rate Mechanism [EC 為替相場メカニズム]	
ERW	explosive remnants of war [爆発性戦争残存物]	
ESCB	European System of Central Banks [欧州中央銀行制度]	
ETA	Euskadi Ta Azkatasuna [バスク祖国と自由]	
ETIP	East Turkistan Islamic Party [東トルキスタン・イスラム党]	
ETPA	East Timor Public Administration [東ティモール行政府]	
ETTA	East Timor's Transitional Administration [東ティモール暫定政府]	
EU	European Union [欧州連合]	
EURATOM	European Atomic Energy Community [欧州原子力共同体]	
EZLN	Ejercito Zapatista de Liberacion Nacional [サパティスタ国民解放軍]	

F

FAO	Food and Agriculture Organization of the United Nations [国連食糧農業機関]	
FARC	Fuerzas Armadas Revolucianarias de Colombia [コロンビア革命軍]	
FBI	Federal Bureau of Investigation [連邦捜査局]	
FEMA	Federal Emergency Management Administration [連邦緊急事態管理庁]	

FLN	Front de Liberation Nationale［民族解放戦線］
FMS	Foreign Military Sales［有償軍事援助］
FOBS	Fractional Orbit Bombardment System［部分的軌道爆破装置］
FPDA	Five Power Defence Arrangements［五カ国防衛取極］
FRB	Federal Reserve Board［連邦準備制度理事会］
FSLN	Frente Sandanista de Liberacion Nacional［サンディーノ民族解放戦線］
FSX	Fighter Support Experimental; Fighter Support X［次期支援戦闘機］
FTA	Free Trade Agreement［自由貿易協定］
FTAA	Free Trade Area of the Americas［米州自由貿易圏］

G

G7	Group of Seven countries［先進7カ国財務相・中央銀行総裁会議］
G8	Group of Eight countries［主要国首脳会議（先進8カ国）］
GAM	Gerakan Aceh Merdeka［自由アチェ運動］
GATT	General Agreement on Tariffs and Trade［関税及び貿易に関する一般協定］
GCC	Gulf Cooperation Council［湾岸協力会議］
GDP	gross domestic product［国内総生産］
GHQ	General Headquarters of the Supreme Commander for the Allied Powers［連合国軍総司令部］
GNP	gross national product［国民総生産］
GPS	Global Positioning System［汎地球測位システム］
GSDF	Ground Self‑Defense Force［陸上自衛隊］
GUUAM	George‑Uzbekistan‑Ukraine‑Azerbaijan‑Moldova［五カ国グループ］

H

HIPCs	Heavily Indebted Poorest Countries［重債務最貧国］
HIV	human immunodeficiency virus［ヒト免疫不全ウィルス］

I

IAEA	International Atomic Energy Agency［国際原子力機関］
IBRD	International Bank for Reconstruction and Development

	[国際復興開発銀行]
ICAO	International Civil Aviation Organization [国際民間航空機関]
ICBM	intercontinental ballistic missile [大陸間弾道ミサイル]
ICC	International Criminal Court [国際刑事裁判所]
ICJ	International Court of Justice [国際司法裁判所]
ICRC	International Committee of the Red Cross [赤十字国際委員会]
ICTR	International Criminal Tribunal for Rwanda [ルワンダ国際刑事裁判所]
ICTY	International Criminal Tribunal for the Former Yugoslavia [旧ユーゴ国際刑事裁判所]
IDA	International Development Association [国際開発協会]
IDDN	Integrated Defense Digital Network [防衛統合ディジタル通信網]
IFOR	Implementation Force [和平履行部隊]
IHL	International Humanitarian Law [国際人道法]
IISS	International Institute for Strategic Studies [国際戦略研究所]
IJPC	Iran–Japan Petrochemical Complex [イラン・ジャパン石油化学]
ILC	International Law Committee [国際法委員会]
ILSA	Iran–Libya Sanction Act [イラン・リビア制裁法]
IMF	International Monetary Fund [国際通貨基金]
IMO	International Maritime Organization [国際海事機関]
IMU	Islamic Movement of Uzbekistan [ウズベキスタン・イスラム運動]
INF	Intermediate–range Nuclear Force [中距離核戦力]
INF Treaty	Treaty on Intermediate–range Nuclear Force [中距離核戦力条約]
INGO	international non–governmental organization [国際的非政府組織]
INR	Bureau of Intelligence and Research [国務省情報研究局]
INTERFET	International Force in East Timor [東ティモール国際軍(多国籍軍)]
IPKF	Integrated Peacekeeping Force [インドによる平和維持軍]
IRA	Irish Republican Army [アイルランド共和(国)軍]
IRBM	intermediate range ballistic missile [中距離弾道ミサイル]
IRTP	Islamic Revival Tajikistan Party [タジキスタン・イスラム復興党]

ISAF	International Security Assistance Force［国際治安支援部隊］
ISG	Inter-sessional Group［インターセッショナル支援グループ］
IT	information technology［情報技術］
ITC	International Trade Commission［国際貿易委員会］
ITO	International Trade Organization［国際貿易機構］
ITU	International Telecommunication Union［国際電気通信連合］
IZL	Irgun Zvai Leumi［イルグン・テロ団］

J

JBIC	Japan Bank for International Cooperation［国際協力銀行］
JDA	Japan Defense Agency［防衛庁］
JDAM	Joint Direct Attack Munition［GPSを利用した誘導爆弾］
JEGS	Japan Environmental Governing Standards［日本環境管理基準］
JI	Jemaah Islamiah［ジェマー・イスラミア］
JICA	Japan International Cooperation Agency［国際協力機構/国際協力事業団］
JSF	Japan Special Fund［日本特別基金］

K

KDP	Kurdistan Democratic Party［クルド民主党］
KEDO	Korean Peninsula Energy Development Organization［朝鮮半島エネルギー開発機構］
KFOR	Kosovo Force［コソボ国際安全保障部隊］
KLA	Kosovo Liberation Army［コソボ解放軍］
KNU	Karen National Union［カレン民族同盟］
KONGRA	Kurdistan People's Congress［クルド国民議会］

L

LCMS	Laser Countermeasures System［レーザー対抗措置システム］
LIC	low intensity conflict［低強度紛争］
LLDC	Least among Less-Developed Countries［後発開発途上国］

LOC	Line of Control [カシミールの管理ライン]	
LPP	Land Partnership Plan [連合土地管理計画]	
LTTE	Liberation Tigers of Tamil Eelam [タミル・イーラム解放の虎]	
LURD	Liberians United for Reconciliation and Democracy [リベリア和解・民主連合]	

M

MAD	mutual assured destruction [相互確証破壊]
MAP	Military Assistance Program [無償軍事援助]
MD	missile defense [ミサイル防衛]
MDA	Mutual Defense Assistance Agreement [日米相互防衛援助協定]
MDN	Movimiento Democratico Nicaraguese [ニカラグア民主同盟]
MERCOSUR	Mercado Comun del Sur [南米南部共同市場]
MFN	Most Favored Nation status [最恵国待遇]
MILF	Moro Islamic Liberation Front [モロ・イスラム解放戦線]
MIRV	multiple independently-targetable reentry vehicle [複数個別誘導弾頭]
MLRS	multiple launch rocket system [多連装ロケット]
MLSA	Mutual Logistics Support Agreement [相互後方援助協定]
MNLF	Moro National Liberation Front [モロ民族解放戦線]
MODEL	Movement for Democratic Liberia [リベリア民主運動]
MONUC	United Nations Observer Mission in Congo [国連コンゴ民主共和国ミッション]
MOOTW	Military Operations Other Than War [戦争以外の軍事作戦]
MOU	Memorandum of Understanding [了解覚書]
MSDF	Maritime Self-Defense Force [海上自衛隊]
MTCR	Missile Technology Control Regime [ミサイル技術管理レジーム；ミサイル関連資機材・技術輸出規制]
MTDP	Mid-Term Defense Program [中期防衛力整備計画]

N

NAC	New Agenda Coalition [新アジェンダ連合]
NAFTA	North American Free Trade Agreement [北米自由貿易協定]

NASA	National Aeronautics and Space Administration［米航空宇宙局］
NATO	North Atlantic Treaty Organization［北大西洋条約機構］
NBC	nuclear, biological and chemical weapons［核・生物・化学兵器］
NDF	National Democratic Front［民族民主戦線］
NDPO	National Defense Program Outline［防衛計画の大綱］
NGO	non–governmental organization［非政府組織］
NICS	Newly Industrializing Countries［新興工業国］
NIEO	New International Economic Order［新国際経済秩序］
NIES	Newly Industrializing Economies［新興工業国・地域群］
NLD	National League for Democracy［国民民主連盟］
NLL	Northern Limit Line［北方限界線］
NLP	Night Landing Practice［艦載機夜間離着陸訓練］
NMD	National Missile Defense［本土ミサイル防衛］
NPO	non–profit organization［非営利組織］
NPR	Nuclear Posture Review［核体制の見直し］
NPT	Treaty on the Non–Proliferation of Nuclear Weapons［核不拡散条約；核拡散防止条約］
NRF	NATO Response Force［NATO 即応部隊］
NRO	National Reconnaissance Office［国家偵察局］
NSA	National Security Agency［国家保全庁（局）］
NSG	Nuclear Supplier Group［原子力供給国グループ］
NWFZ	Nuclear (Weapon) Free Zone［非核（兵器）地帯］
NZ	New Zealand［ニュージーランド］

O

OAPEC	Organization of Arab Petroleum Exporting Countries［アラブ石油輸出国機構］
OAS	Organization of American States［米州機構］
OAS	Organisation de l'Armée Secrète［秘密軍事組織（フランス）］
OAU	Organization of African Unity［アフリカ統一機構］
OCR	Ordinary Capital Resources［通常資本財源］
ODA	official development assistance［政府開発援助］
OECD	Organization for Economic Cooperation and Development［経済協力開発機構］
OEEC	Organization for European Economic Cooperation［欧州経済協力機構］

OIC	Organization of the Islamic Conference［イスラム諸国会議機構］
OPCW	Organization for the Prohibition of Chemical Weapons［化学兵器禁止機関］
OPEC	Organization of the Petroleum Exporting Countries［石油輸出国機構］
ORHA	Office of Reconstruction and Humanitarian Assistance［復興人道支援庁］
OSCE	Organization for Security and Cooperation in Europe［欧州安全保障協力機構］

P

P5	Permanent Five［国連安全保障理事会常任理事国（5大国）］
PAP	People's Action Party［人民行動党］
PCC	Prague Capabilities Commitment［プラハ能力コミットメント］
PfP	Partner for Peace［平和のためのパートナーシップ］
PG	prisonnier de guerre［捕虜］
PGM	precision-guided munitions［精密誘導兵器］
PIF	Pacific Islands Forum［太平洋諸国フォーラム］
PJCC	Police and Judicial Cooperation in Criminal Matters［司法・内務協力］
PKF	Peacekeeping Forces［平和維持隊］
PKK	Kurd Workers Party［クルド労働者党］
PKO	Peacekeeping Operations［平和維持活動］
PLO	Palestine Liberation Organization［パレスチナ解放機構］
PNAC	Project for the New American Century［新アメリカ世紀のためのプロジェクト］
PNG	Papua New Guinea［パプア・ニューギニア］
PNV	Partido Nacionalista Vasco［バスク国民党］
POW, PW	prisoner of war［捕虜］
PTBT	Partial Test Ban Treaty［部分的核実験禁止条約］
PUK	Patriotic Union of Kurdistan［クルド愛国同盟；クルド愛国者連合］

Q

QDR	Quadrennial Defense Review［4年ごとの国防計画の見直し］

R

REACT	Rapid Expert Assistance and Cooperation Team［緊急専門家支援・協力チーム］	
RMA	revolution in military affairs［軍事革命］	
ROE	Rules of Engagement［交戦規則］	
ROK	Republic of Korea［大韓民国］	
RSO & I	Reception, Staging, Onward Movement and Integration［戦時増援演習］	

S

S&TF	Systems and Technology Forum［日米装備・技術定期協議］
SAM	ship-to-air missile［対空ミサイル］
SAARC	South Asian Association for Regional Cooperation［南アジア地域協力連合］
SACO	Special Action Committee on Okinawa［沖縄に関する特別行動委員会］
SAFTA	South Asian Free Trade Agreement［南アジア自由貿易圏］
SALT	Strategic Arms Limitation Talks［戦略兵器削減交渉］
SARS	Severe Acute Respiratory Syndrome［新型肺炎；重症急性呼吸器症候群］
SCC	Security Consultative Committee［日米安全保障協議委員会］
SCO	Shanghai Cooperation Organization［上海協力機構］
SDC	Subcommittee for Defense Cooperation［防衛協力小委員会］
SDF	Self-Defense Forces［自衛隊］
SDI	Strategic Defense Initiative［戦略防衛構想］
SDR	Strategic Defence Review［戦略防衛見直し］
SDR	Special Drawing Rights［特別引出権］
SEAL	SEA, AIR, LAND［米海軍特殊部隊］
SEANWFZ	Southeast Asia Nuclear-Weapon Free Zone［東南アジア非核兵器地帯条約］
SEATO	Southeast Asia Treaty Organization［東南アジア条約機構］
SFOR	Stabilization Force［安定化部隊］
SHAT	Sharki Turkistan Azatlik Tashkilati［東トルキスタン解放党］

SII	Structural Impediments Initiative［日米構造協議］	
SLBM	submarine launched ballistic missile［潜水艦発射弾道ミサイル］	
SOFA	Status of Forces Agreement［駐留米軍地位協定］	
SOP	Standard Operating Procedures［標準作戦規則］	
SPF	South Pacific Forum［南太平洋フォーラム］	
SSC	Security Subcommittee［日米安全保障高級事務レベル協議］	
SSM	ship–to–ship missile［艦対艦ミサイル］	
START	Strategic Arms Reduction Treaty［戦略兵器削減条約］	

T

TAC	Treaty of Amity and Cooperation in Southeast Asia［東南アジア友好協力条約］
TASF	Technical Assistance Special Fund［技術援助特別基金］
TDB	Trade and Development Board［貿易開発理事会］
TMD	Theater Missile Defense［戦域ミサイル防衛］

U

UAV	unmanned aerial vehicle［無人航空機］
UCK	Ushtria Clirimtare E Kosoves［コソボ解放軍］
UDA	Ulster Defence Association［アルスター防衛協会］
UDT	Temorense Democratic Union［ティモール民主同盟］
UNAMET	United Nations Mission in East Timor［国連東ティモール・ミッション］
UNAMSIL	United Nations Mission in Sierra Leone［国連シエラレオネ派遣団］
UNCED	United Nations Conference on Environment and Development［地球環境サミット］
UNCTAD	United Nations Conference on Trade and Development［国連貿易開発会議］
UNDCP	United Nations International Drug Control Programme［国連薬物統制計画］
UNFK	United Nations Forces in Korea［朝鮮国連軍］
UNHCR	(Office of the) United Nations High Commissioner for Refugees［国連難民高等弁務官事務所］
UNITA	Uniao Nacional Para a Independencia Total de Angola［アンゴラ全面独立民族同盟］

UNITAF	Unified Task Force［統一作戦部隊］
UNMISET	United Nations Mission of Support in East Timor［国連東ティモール支援ミッション］
UNMOVIC	United Nations Monitoring, Verification and Inspection Commission［国連監視検証査察委員会］
UNO	National Opposition Union［野党国民連合］
UNOSOM	United Nations Operation in Somalia［国連ソマリア活動］
UNPROFOR	United Nations Protection Force［国連防護軍］
UNRWA	United Nations Relief and Works Agency for Palestine Refugees in the Near East［国連パレスチナ難民救済事業機関］
UNSCOM	United Nations Special Commission［国連大量破壊兵器廃棄特別委員会］
UNTAC	United Nations Transitional Authority in Cambodia［国連カンボジア暫定機構］
UNTAET	United Nations Transitional Administration in East Timor［国連東ティモール暫定行政機構］
USFJ	United States Forces in Japan; U.S. Forces. Japan［在日米軍］
USTR	(Office of the) United States Trade Representative［米国通商代表部］
UVF	Ulster Volunteer Force［アルスター義勇軍］

W

WA	Wassenaar Arrangement［ワッセナー・アレンジメント］
WAC	Women's Army Corps［陸上女性自衛官］
WAF	Women in the Air Force［航空女性自衛官］
WAVE	Women's Appointed Volunteer Emergency Service［海上女性自衛官］
WECPNL	Weighted Equivalent Continuous Perceived Noise Level［加重等価継続感覚騒音レベル］
WEU	Western European Union［西欧同盟］
WHO	World Health Organization［世界保健機関］
WMD	weapons of mass destruction［大量破壊兵器］
WPO	Warsaw Pact Organization［ワルシャワ条約機構］
WTC	World Trade Center［世界貿易センター］
WTO	World Trade Organization［世界貿易機関］

Y

Y2K the Year 2000 problem［西暦2000年問題］

Z

ZOPFAN Zone of Peace, Freedom and Neutrality［東南アジア平和・自由・中立地帯条約］

7 索　引

* 現代の安全保障を考察する上で重要と思われる語句を選び五十音順に配列し，掲載ページを掲げた。
* 五十音順配列にあたって，語句中における「・」「，」「（）」及び音引きを示す「ー」の記号は無視し，拗音・促音については，通常の大きさのものと同格の扱いとした。また，濁点・半濁点は配列上は無視した。
* 「ABC兵器」のように英略語から始まる語は，「わ行」の後にABC順で掲載した。
* 一部の語句はキーワードを見出し語として，その下に関連する語句をまとめて掲載した。

あ　行

愛国主義教育……………………………………95
アイスランド …………………………………129
アイゼンハワー大統領………41,380,461,464
アイデアリズム………………………………6,23
曖昧さ……………………………………………17
アイルランド……………………………………41
アイルランド共和国軍（IRA）………31,131
アイルランド独立（自治領）………………131
アイルランドの反乱…………………………427
アウン・サン・スー・チー女史……………104
アオテアロア…………………………………108
赤の獅子と太陽…………………………184,185
赤松要博士……………………………………392
アキノ政権………………………………………98
アキレ・ラウロ号………………………141,152
アグニ…………………………………………112
悪の枢軸…………………………30,54,83,118
アケメネス朝ペルシア………………………118
アザデガン油田………………………………118
アジア安全保障会議……………………………90
アジア欧州会合（ASEM）…………85,91,383
アジア欧州協力枠組み（AECF）……………91
アジア欧州協力枠組み2000（AECF2000）…91
アジア開発基金………………………………383
アジア開発銀行………………………………383
アジア協力対話（ACD）……………………101
アジア極東経済委員会………………………383
アジア系移民…………………………………126
アジア自由貿易圏構想………………………388
アジア諸国………………………………107,116
アジア太平洋安全保障協力会議（CSCAP）
　　　………………………………………13,90
アジア太平洋経済協力会議（APEC）……13,
　　　　　　　　　　　　　　　　　　381
アジア太平洋国際組織犯罪対策会議………27
アジア・太平洋諸国安全保障セミナー…282,
　　　　　　　　　　　　　　　　356,357
アジア・太平洋諸国海軍大学セミナー…356
アジア太平洋地域………………………………9
アジア太平洋地域後方補給セミナー……356
アジア太平洋地域における前方展開戦力…50
アジア・太平洋地域防衛当局者フォーラム…
　　　　　　　　　　　　　　　　356,357
アジア太平洋防衛分析会議…………………356
アジア通貨危機…77,85,97,375,383,389,397
アジア2000基金………………………………108
アジアの奇跡…………………………………392
アジェンダ21…………………………………411
アスペン国防長官………………………………38
アセアン（ASEAN）…7,70,84,85,86,90,
　　　　　　　　241,382,383,388,484
アセアン地域フォーラム（ARF）……85,90,
　　　　　　　　　　　　　　　　241,383
アセアン方式（ASEAN way）…………………7
アセアン・リージョナル・フォーラム……85
アゼルバイジャン………………………119,132
新しい種類の戦争…………………………24,30
アチェ州…………………………………97,101
アッシリア……………………………………116
アッバス首相…………………………………121
亜東協会………………………………………217
アトムズ・フォー・ピース…………………380
アナコンダ作戦…………………………………30
アパルトヘイト政策……………………124,200,205
アパルトヘイト犯罪抑圧処罰条約…………208
アフガニスタン………………76,77,87,93,114,118
アフガニスタン侵攻…………………………373
アフガニスタン・スーダン爆破事件………154
アフガニスタンの復興…………………………46
アブ・サヤフ………………………26,27,31,67,98
アブドッラー皇太子…………………………120

7　索　引

アブドッラー提案 …………………………120
アフリカ ……………………………116,126
アフリカ統一機構（OAU）……123,124,179
アフリカ統一機構テロ行為防止条約 ……153
アフリカの紛争 ……………………………122
アフリカ非核兵器地帯条約…………………44
アフリカ連合（AU） ………………124,179
アボリジニ ……………………………………107
アミアン条約 ………………………………112
アムステルダム条約 ………………………384
アムネスティ・インターナショナル………17
アメリカ →米国
アメリカ大陸 ………………………………126
アユタヤ王朝 ………………………………101
アライド・ハーモニー作戦 ………………127
（アラビア）半島の盾………………………122
アラブ ………………………………………118
アラファト議長 ……………………120,514,515
アラブ首長国連邦 …………………………122
アラブ首脳会議 ……………………116,120
アラブ諸国 …………………………………120
アラブ石油輸出国機構 ……………………409
アラブ民族 …………………………………115
アラブ連盟 …………………………………115
アラブ連盟テロ防止アラブ条約 …………153
アリスティド大統領 ………………………125
アル・カイダ……24,25,26,29,30,75,76,393
アル・カイダ兵 ……………………180,207
アル・カイダ兵とタリバーン兵の捕虜待遇
　問題 ………………………………………180
アルジェリア ………………………………177
アルジェリア戦争 …………………………458
アルスター義勇軍（UVF）…………………31
アルスター防衛協会（UDA）………………31
アルゼンチン ………………………89,126
アルバニア救出作戦 ………………………169
アルメニア …………………………119,132
アロヨ政権……………………………………98
アロンドラ・レインボー号事件……………77
アングロアメリカ …………………………126
アンゴラ ……………………………………123
アンゴラ政府軍 ……………………………124
アンゴラ全面独立民族同盟（UNITA）　124
アンコール朝 ………………………………100
アンザス（ANZUS）条約 …25,65,107,109,
　　　　　　　　　　　　　　　　　153
アンザス（ANZUS）同盟 …………15,107
暗視装置 ……………………………………534
安全地域 ……………………………………187
安全地帯 ……………………………………187
安全保障会議 ………………230,271,275,285,287
安全保障関係…………………………………11

安全保障義務…………………………………66
安全保障協議 …………………………………82
安全保障協力 …………………………………90
安全保障専門家，有識者登録制度…………86
安全保障対話……8,12,83,128,236,239,241,
　　　　　　　　245,266,271,282,355,357
安全保障対話・防衛交流 …………………8,354
安全保障理事会 →国連安全保障理事会
安定化部隊（SFOR）………129,164,165
アンリ・デュナン …………………………200
イエメン ……………………………31,115
イエメン・アデン港での対米海軍駆逐艦攻
　撃 …………………………………………26
医科・歯科幹部自衛官 ……………………292
医科・歯科，薬剤科幹部候補生 …………291
医官 …………………………………280,291
遺棄化学兵器 …………………………………35
域内経済統合 ………………………………126
イギリス →英国
イージス艦 …………………………260,262,535
イージス巡洋艦 ………………………………63
イスラエル……………40,55,116,117,119
イスラエル・エジプト平和条約 …………139
イスラエル国 ………………………………116
イスラム解放党………………………………26
イスラム革命…………………………………55
イスラム過激派 ……………………30,110
イスラム教 …………………………104,106,116
イスラム教徒……96,101,104,112,114,117
イスラム系過激派組織………………………26
イスラム系テロ組織…………………………26
イスラム系難民 ……………………………108
イスラム原理主義……25,58,59,87,98,116
イスラム国際旅団……………………………26
イスラム国家 ………………………………102
イスラム国教 ………………………………105
イスラム首脳会議 …………………………117
イスラム商人 ………………………………102
イスラム諸国 ………………………………114
イスラム諸国会議機構 ……………105,117
イスラム諸国会議機構対国際テロ条約 …153
イスラム新主党………………………………26
イスラム聖戦機構……………………………25
イスラム組織 ………………………………115
イスラムの政治運動…………………………25
イスラム武装勢力 …………………………111
イスラム復興主義運動………………………25
イスラム法……………………………………25
イタリア ……………………………129,130
イタリアの赤い旅団…………………………31
一次休止………………………………………39
一極化 ………………………………………78,81

617

資料及び索引

一般海曹候補学生 …………………… 300
一般課程（防衛研究所）……… 281,358
一般幹部候補生 ……… 291,299,300,301,302
一般教育 ……………………… 279,301
一般教書演説 ………………… 54,83,118
一般競争契約 ……………………… 307
一般空曹候補学生 ………………… 301
一般術科教育 ……………………… 300
一般曹候補学生 …………………… 292
一般物件費 ………………………… 271
一般陸曹候補学生 ………………… 299
イーデン（首相）………………… 461
移動式警戒監視システム ………… 269
意図と能力 …………………………… 4
イドリス王国 ……………………… 121
伊のエチオピア征服 ……………… 429
イバディー派 ……………………… 122
イベロアメリカ …………………… 126
イベロアメリカ・サミット ……… 125
違法性阻却事由 …………………… 167
移民帰化局 ………………………… 54
移民問題 …………………………… 109
イラク ……… 15,29,30,33,54,77,84,115,118,
119,122,129
イラク空爆 ………………………… 213
イラク暫定統治評議会 …………… 116
イラク情勢 ………………………… 79
イラク人道復興支援特別措置法 …… 226,232,
339,350,351,352,353
　　──に基づく活動 …………… 353
　　──の基本原則 ……………… 350
　　──の手続 …………………… 351
　　安全確保支援活動 ……… 351,352
　　イラク特別事態 …………… 350
　　イラク復興支援職員 ……… 353
　　イラク人道復興支援等手当 …… 353
　　人道復興支援活動 …… 350,351,352
イラク戦後の復興支援 …………… 93
イラク戦争 …… 62,65,66,81,108,109,213,214,
408,519
イラクにおける軍事作戦 ………… 53
イラクに対する軍事作戦（経緯）…… 55
イラクに対する軍事作戦（評価）…… 57
イラク飛行禁止空域 ……………… 212
イラクへの先制攻撃 ……………… 19
イラク問題 ………………………… 117
イラン ……… 29,30,33,54,61,83,118,119,122
イラン・イスラム共和国 ………… 118
イラン・イラク戦争 …… 37,191,203,492
イラン革命 …………………… 25,118,488
イラン・コントラ事件 …………… 487
イラン・リビア制裁法（ILSA）…… 118

イリアン・ジャヤ州 ……………… 97
医療協力 …………………………… 358
医療法 ……………………………… 321
イルクーツク声明 ……………… 71,78
インターオペラビリティ（相互運用性）…… 53,
304
インターセッショナル支援グループ（ISG）
…………………………………… 86
インターネット ……………… 389,390
インド …… 33,39,40,61,74,78,89,96,103,110,
111,112,113,114,115
インド・ASEAN首脳会議 ……… 111
インド・アーリヤ族 ……………… 110
インド系 …………………… 102,103
インド国民会議派 ………………… 110
インドシナ ……………… 64, 85, 99, 101
インドシナ休戦協定 ……………… 189
インドシナ独立戦争 ……………… 447
インドシナ連邦 …………………… 99
インド人民党（BJP）……………… 110
インド人労働者 …………………… 102
インドによる平和維持軍（IPKF）…… 113
インドネシア …… 70,75,76,77,84,89,96,98,
101,105
インドネシア・オーストラリア安全保障維
持協定 →オーストラリア・インドネシ
ア安全保障維持協定
インドネシア共和国 ……………… 96
インドネシア語 ……………… 96,106
インドネシア国軍（国防治安軍）…… 97
インドネシア独立戦争 …………… 444
インドネシアの建国5原則 ……… 34
インド洋 …………………………… 63
印パ核実験 ……………………… 115
印パ関係 ………………………… 111
インフラ防衛 …………………… 54
ヴァヌアツ ………………………… 88
ヴィエトナム ……………………… 99
ウィークリー・スタンダード …… 55
ウイグル人 ………………………… 76
ヴィジョン・グループ …………… 91
ウィルソニズム …………………… 19
ウィンドウズ95 ………………… 390
ウィーン文書 …………………… 35
ウィーン文書1992 ……………… 36
ウィーン文書1994 ……………… 36
ウィーン文書1999 ……………… 36
ウェークフィールド植民会社 …… 108
ウェストファリア条約 ………… 9,14
ウェストミンスター法 ……… 107,108
ウォーターゲート事件 …………… 468
魚釣島 ……………………………… 69

7 索引

ウォーラースティン ……………………………9
ウォルフォヴィッツ国防副長官……………55
ウガンダ ……………………………………123
ウクライナ …………………………………132
ウズベキスタン……………………87,132,133
ウズベキスタン・イスラム運動（IMU）26
ウズベク人……………………………………76
疑わしい兵器（燃料気体爆薬小口径兵器・
　劣化ウラン弾集束爆弾）………………196
ウ・タント国連事務総長……………………37
宇宙救助返還協定…………………………146
宇宙空間 ……………………………………145
宇宙システム…………………………………53
宇宙条約 ………………………………142,145
宇宙損害責任条約…………………………146
宇宙物体登録条約…………………………146
宇宙ロケット…………………………………46
鬱陵島…………………………………………82
ウラル…………………………………………72
ウラン濃縮計画………………………………92
ウルグアイ …………………………………126
ウルグアイ・ラウンド ………375,376,410
ウルドゥー語………………………………114
宇和島水産高等学校…………………………64
運搬手段 ……………………………33,40,46,53
運用 …………………………………………321
英　→英国
英語 ……………………………103,106,112,114
英国 …………40,52,56,66,70,77,86,89,90,
　102,103,104,106,113,119,124,127,
　129,130,131
　英国軍…………………………………………86
　英国国教会…………………………………108
　英国人……………………………102,106,108
　英国の国防政策………………………………61
　英国領……………………………………110
永住許可……………………………………219
衛生学校……………………………………302
英蘭協定……………………………………102
英領インド…………………………103,111,114
英連邦…………………………86,105,106,112
エヴィアン協定……………………………177
エクアドル…………………………………126
エジプト……………………………41,115,116
エジプト・イスラエル和平条約…………116
エストニア…………………………………130
エストラダ大統領……………………………98
エスノ・ナショナリズム……………………34
エチオピア…………………………………123
択捉島………………………………71,146,218
エネルギー安全保障………………………408
エネルギー外交……………………………132

エネルギー供給………………………………81
エネルギー・燃料資源……………………132
エビアン・サミット…………………………28
えひめ丸事件…………………………………64
エリコ ………………………………………120
エリツィン大統領………………43,60,373
エリトリア …………………………………123
エルサルバドル……………………………126
エルサレム…………………………116,117,120
遠隔散布地雷………………………………194
沿岸監視隊…………………………………322
沿岸警備隊……………………………………54
円借款………………………………………406
演習（自衛隊）…………………………301,361
演習場…………………………303,361,362,366
エンテベ空港事件…………………………168
応急仮設建築物……………………………321
王国軍（カンボジア）……………………100
欧州……………………………………107,127,128
欧州安全保障協力会議（CSCE）…8,36,127,
　354
欧州安全保障協力機構（OSCE）…36,127,
　128,143
欧州安全保障憲章…………………………128
欧州委員会…………………………………384
欧州共同体（EC）……………………86,384
欧州軍…………………………………………62
欧州経済共同体（EEC）…………………384
欧州経済協力機構（OEEC）……………377
欧州原子力共同体（EURATOM）……384
欧州時効不適用条約………………………201
欧州石炭鉄鋼共同体（ECSC）…………384
欧州中央銀行………………………………386
欧州中央銀行制度（ESCB）……………386
欧州通貨機関（EMI）……………………386
欧州通貨統合………………………………385
欧州通貨同盟（EMU）……………………385
欧州通常戦力条約……………………………36
欧州評議会…………………………………155
欧州防衛………………………………………61
欧州防衛共同体（EDC）…………………130
欧州連合（EU）…………13,83,127,130,384
欧州連合条約（マーストリヒト条約）…384,
　385,386
欧州連合理事会（閣僚理事会）…………384
王城寺原演習場……………………………366
王制復古（ネパール）……………………113
王政擁護（ブルネイ）……………………105
オウム真理教…………………………………32
大阪行動指針………………………………382
大平首相……………………………………408
沖縄……………………………………………63

619

資料及び索引

沖縄イニシアティブ……………………88
沖縄県知事……………………363,366
沖縄駐留部隊……………………………66
沖縄米軍基地問題協議会……………363
沖縄返還協定……………………69,147
オサマ・ビン・ラーデン……24,26,153,154
オジャラン党首…………………………119
オーストラリア…65,66,75,76,86,88,89,97,
　　　　　　　102,103,106,109,113
オーストラリア・インドネシア安全保障維
　持協定………………………………87,107
オーストラリア・グループ（AG）…36,405
オーストラリア軍を主体とする多国籍軍
　（INTERFET）……………………105
オーストラリア連邦……………………106
オスロ合意………………116,119,515
オスロ条約交渉会議……………………43
オゾン層保護基金………………………413
オゾン層保護に関する国際条約（ウィーン
　条約）…………………………………413
オタワ条約………………………43,195
オタワ・プロセス………………43,195
囮……………………………………183
オバサンジョ大統領……………………124
オブザーバー参加………………………65
オープン・スカイズ条約………36,143
オープン・スカイズ政策………37,404
オペレーション・センター………128
覚書（CPA）………………………215
オマーン………………………116,122
思いやり予算……………………149,262
親爆弾…………………………………197
オランダ…………70,77,96,105,129,130
オランダ人…………………………102,112
オルブライト国務長官…………………83
音楽科（自衛隊）………………289,290
温室効果ガス……………………………28

か　行

加　→カナダ
海外経済協力基金………………………406
海外派兵と海外派遣（自衛隊）………226
「改革・解放」政策………………………95
海岸管理者……………………………320
海岸法…………………………………320
海岸保全区域…………………………320
戒急用忍…………………………………73
外局………………………230,273,274,285
海軍（米国）……………………………63
海軍審問委員会…………………………64
海軍力………………………………73,77

会計科（自衛隊）………………290,303
外交………………………………………38
外交関係条約…………………………147
外交官等保護条約……………………152
外交的庇護権…………………………148
外交特権………………………………147
外国軍事顧問団………………………179
外国による占領……………………177,178
海士………………289,291,292,297,300
海自の教育訓練の体系………………300
海上技術幹部候補生…………………291
海上境界協定…………………………101
海上軍事境界線…………………………75
海上警備行動……………275,328,329,331,339
海上交通の保護………………………247
海上自衛隊………………………………83
海上自衛隊幹部…………………………64
海上自衛隊技術幹部…………………292
海上自衛隊の組織……………………278
海上人命安全条約……………………184
海上阻止行動…………………………211
海上配備型迎撃ミサイル………………52
海上配備型上層ウェポンシステム………262
海上配備型上層システム……………269
海上武力紛争法サンレモ・マニュアル…203
海上保安庁…………………78,329,330,347
海上保安庁巡視船………………………92
海上保安庁長官………………………350
海上保安庁法………318,325,326,327,328
外人志願兵……………………………179
外人部隊………………………………179
改正地雷議定書…………………194,195
開戦条約………………………………175
開戦宣言………………………………175
開戦法規……………………………203,204
海曹……291,292,297,300,318,325,326,327,
　　　　328
海曹候補士……………………………300
海曹候補者……………………289,291,292,300
海賊行為……………………………77,141,149
海賊対策アジア協力会議………………77
海賊対策国際会議…………………77,141
華夷秩序…………………………………94
害敵手段（兵器）…………………191,198
害敵手段・方法…………………171,172
ガイドライン　→日米防衛協力のための指針
海南島……………………………………80
介入………………………………………21
開発援助委員会（DAC）………………377
開発区域………………………………321
開発独裁………………………………96,393
外部標識………………………………176

海兵隊‥‥‥‥‥‥‥‥‥‥‥‥‥‥‥‥63
解放（チベット）‥‥‥‥‥‥‥‥‥‥73
解放闘争‥‥‥‥‥‥‥‥‥‥‥‥‥165
開放都市‥‥‥‥‥‥‥‥‥‥‥‥‥188
解放の神学‥‥‥‥‥‥‥‥‥‥‥‥125
外務大臣‥‥‥‥229,257,286,334,350,363,366
外洋海軍‥‥‥‥‥‥‥‥‥‥‥‥80,96
海洋航行不法行為防止条約‥‥‥‥‥152
海洋調査活動‥‥‥‥‥‥‥‥‥‥‥96
海洋調査活動の相互事前通報の枠組み‥‥‥80
海洋調査船‥‥‥‥‥‥‥‥‥‥‥‥80
海洋の安全保障秩序‥‥‥‥‥‥‥‥77
海洋の科学的調査活動‥‥‥‥‥‥‥80
カイロ‥‥‥‥‥‥‥‥‥‥‥‥‥115
カイロ会談‥‥‥‥‥‥‥‥‥‥‥‥74
カイロ宣言‥‥‥‥‥‥‥‥‥‥379,394
ガヴァナンス‥‥‥‥‥‥‥‥‥14,18,377
ガウリ‥‥‥‥‥‥‥‥‥‥‥‥‥112
カオダイ教‥‥‥‥‥‥‥‥‥‥‥‥99
加害条項‥‥‥‥‥‥‥‥‥‥‥‥151
化学学校（陸上自衛隊）‥‥‥‥302,333,357
科学的合理主義‥‥‥‥‥‥‥‥‥‥23
化学兵器‥‥‥‥17,29,30,33,36,46,119,324,325,
331,332,561
化学兵器禁止機関（OPCW）‥‥37,191,333,357
化学兵器禁止条約（CWC）‥‥35,37,190,191,405
化学兵器禁止特別委員会‥‥‥‥‥‥37
化学兵器（C兵器）‥‥‥‥‥‥‥190
化学兵器の開発，生産，貯蔵及び使用の禁
　止並びに廃棄に関する条約‥‥‥‥‥37
化学防護‥‥‥‥‥‥‥‥‥‥‥‥282
化学防護部隊‥‥‥‥‥‥‥‥‥‥333
科技練兵‥‥‥‥‥‥‥‥‥‥‥‥96
核‥‥‥‥‥‥‥‥‥‥‥‥17,82,111
核開発凍結‥‥‥‥‥‥‥‥‥‥‥‥83
核科学者や技術者の流出‥‥‥‥‥‥40
核拡散‥‥‥‥‥‥‥‥‥‥‥‥‥35
核拡散防止条約（NPT）→核不拡散条約
核カード‥‥‥‥‥‥‥‥‥‥‥‥381
核関連施設‥‥‥‥‥‥‥‥‥‥‥‥82
核軍縮‥‥‥‥‥‥‥‥‥‥‥‥‥41
拡散対抗措置‥‥‥‥‥‥‥‥‥‥‥38
核実験‥‥‥‥‥‥‥30,33,35,45,111,114
核実験場‥‥‥‥‥‥‥‥‥‥‥‥‥45
核実験モラトリアム‥‥‥‥‥‥39,114
各種事態への対処‥‥‥‥‥‥‥‥323
確証‥‥‥‥‥‥‥‥‥‥‥‥‥‥‥5
核・生物・化学兵器‥‥‥266,271,331,332
核戦略‥‥‥‥‥‥‥‥‥‥‥‥2,50
核戦力‥‥‥‥‥‥‥‥‥‥‥‥61,72

核態勢の見直し（NPR）‥‥‥‥‥50
拡大抑止‥‥‥‥‥‥‥‥‥‥‥‥‥2
核弾頭‥‥‥‥‥‥‥‥‥‥‥‥‥46
核燃料‥‥‥‥‥‥‥‥‥‥‥‥‥45
核の傘‥‥‥‥‥‥‥‥‥‥2,62,229
核の検証／査察／保障措置‥‥‥‥‥38
核爆発‥‥‥‥‥‥‥‥‥‥‥‥‥45
カークパトリック元国連大使‥‥‥‥55
核不拡散‥‥‥‥‥‥‥‥‥‥‥41,126
核不拡散条約（NPT）‥‥33,37,38,39,45,60,
89,110,111,114,137,380
核不拡散条約再検討・延長会議‥‥‥39
核不拡散体制‥‥‥‥‥‥‥‥‥41,44
核物質‥‥‥‥‥‥‥‥‥‥‥‥38,40
核物質防護条約‥‥‥‥‥‥‥‥‥152
核兵器‥‥‥‥‥‥‥30,33,40,45,95,557
核兵器開発‥‥‥‥‥‥‥‥‥‥‥111
核兵器開発疑惑問題‥‥‥‥‥‥‥‥74
核兵器国‥‥‥‥‥‥‥‥‥‥‥‥39
核兵器使用の敷居‥‥‥‥‥‥‥‥51
核兵器の威嚇又は使用の合法性に関する勧
　告的意見‥‥‥‥‥‥‥‥‥‥‥197
核兵器の保有‥‥‥‥‥‥‥‥‥‥225
核兵器用ウラン濃縮計画‥‥‥‥82,84,90
核ミサイル‥‥‥‥‥‥‥‥‥‥‥46
革命ガード‥‥‥‥‥‥‥‥‥‥‥118
革命暴力主義者‥‥‥‥‥‥‥‥‥‥31
核問題‥‥‥‥‥‥‥‥‥‥‥80,81,83
核抑止‥‥‥‥‥‥‥‥‥‥‥‥24,43
核抑止戦略‥‥‥‥‥‥‥‥‥‥2,107
核抑止力‥‥‥‥‥‥‥‥‥‥60,62,110
過激派組織‥‥‥‥‥‥‥‥‥‥‥‥26
ガザ‥‥‥‥‥‥‥‥‥‥‥‥‥‥120
カザフスタン‥‥‥‥‥‥‥‥78,87,132
カザフスタン人‥‥‥‥‥‥‥‥‥‥76
下士官‥‥‥‥‥‥‥‥‥‥‥‥‥180
カシミール‥‥‥‥‥‥‥‥110,111,114
カシミールの管理ライン（LOC）‥‥‥112
カシミール紛争‥‥‥‥‥‥‥‥‥448
華人‥‥‥‥‥‥‥‥‥‥‥‥‥96,101
華人労働者‥‥‥‥‥‥‥‥‥‥‥102
カストロ‥‥‥‥‥‥‥‥‥‥‥‥464
河川管理者‥‥‥‥‥‥‥‥‥‥‥320
河川区域‥‥‥‥‥‥‥‥‥‥‥‥320
河川法‥‥‥‥‥‥‥‥‥‥‥‥‥320
画像情報‥‥‥‥‥‥‥‥232,276,287,310
仮想敵国‥‥‥‥‥‥‥‥‥‥‥‥163
可塑性爆薬識別条約‥‥‥‥‥‥‥152
カダフィ‥‥‥‥‥‥‥‥‥‥121,124
カーター大統領‥‥‥‥‥‥‥89,119,381
カタール‥‥‥‥‥‥‥‥‥‥116,117,122
ガダルカナル人‥‥‥‥‥‥‥‥‥106

資料及び索引

ガダルカナル島 ……………………… 106
加重等価継続感覚騒音レベル（WECPNL）
 ……………………………………… 367
各個訓練（自衛隊） ………… 299,303
カットオフ条約 …………………… 39,40
活仏 …………………………………… 74
カトマンズ ………………………… 114
カトリシズム ……………………… 125
カトリック ……………… 99,106,108
カトリック教徒 …………………… 112
カトリック系住民 ………………… 131
カナダ ……………… 67,89,113,127,128,129
火砲 ………………………… 282,303,357
カムラン湾 ………………………… 99
カモフラージュ …………………… 183
火薬取締法 ………………………… 303
樺太・千島交換条約 ………… 71,146
カリブ海 …………………………… 126
ガリポリ …………………………… 107
カルギル検討委員会 ……………… 110
カルギル紛争 ……………………… 111
カルマパ17世 ……………………… 74
枯葉剤 ……………………………… 191
枯葉作戦 …………………………… 189
カレン族 …………………………… 104
カレン民族同盟（KNU） ………… 104
韓 →韓国
環境 ………………………………… 109
環境ODA …………………………… 407
環境改変技術敵対的使用禁止条約 … 189
環境サンプリング ………………… 118
環境整備法 ………… 284,361,363,368
環境大臣 ……………………… 320,366
環境破壊 …………………………… 45
環境破壊兵器 ……………………… 189
環境分科委員会 …………………… 258
環境保全 ……………………… 368,369
関係行政機関の長 ……………… 253,350
雁行型経済発展 …………………… 392
看護学生 …………………………… 299
韓国 ………… 68,74,81,83,84,89,93,105
韓国艦艇 ……………………… 75,83
韓国軍合同参謀議長 ……………… 67
韓国と日本の皇室のゆかりに関するお言葉 …
 ……………………………………… 82
監視（軍事演習） ………………… 36
関税及び貿易に関する一般協定 … 375
間接雇用 ……………… 263,284,285
間接侵略 ………………………… 239,323
間接武力侵略 ……………………… 165
艦船補給処 ……………………… 278
観測ロケット ……………………… 46

艦対艦ミサイル …………………… 538
環太平洋空軍作戦部長会議 ……… 356
間諜 ………………………………… 180
官庁間協力 ……………………… 332,359
艦艇の相互訪問 …………………… 79
幹部 ………………… 299,300,301,302,307
幹部学校 ……………………… 277,279,302
幹部候補者 ………………… 299,300,301
幹部候補生学校 ……… 277,278,279,280,291,302
幹部自衛官 …279,280,281,289,290,291,294,
 298,300,301,309,356,358
幹部術科教育 ……………………… 302
カンボジア …………… 84,98,100,111,160
カンボジア王国 …………………… 100
カンボジア侵攻 …………………… 483
カンボジア内戦 …………………… 85
カンボジア（PKO）→UNTAC
カンボジア紛争 …………………… 100
漢民族 ……………………… 74,76,94
関与 ………………………………… 49
緩和 ………………………………… 38
議会制民主主義 …………………… 113
技官 …………………………… 288,294
機関銃 ……………… 40,324,325,329,331
基幹部隊（自衛隊） ………… 265,266
危機管理 …………… 3,127,129,130,233,287,354
危機管理センター ………………… 287
企業統治（ガヴァナンス） ……… 377
奇計 ………………………………… 183
危険な威力を内蔵する工作物 … 184,186
機甲科 ……………………… 290,303
機甲師団 …………………………… 276
気候変動枠組条約 ………… 408,411,412
旗国 …………………… 140,141,149,255
基軸通貨 …………………………… 6
技術援助特別基金 ………………… 383
技術海曹 …………………………… 292
技術教育 …………………………… 301
技術研究開発 ………… 269,271,283,306
技術研究本部 …………… 271,282,288,307
技術の拒否 ………………………… 38
偽装 ………………………………… 183
規則 ………………………………… 215
基礎生活分野（BHN） ………… 407
北アイルランド議会執行委員会 … 132
北アイルランド紛争 ……………… 474
北アイルランド問題 ……………… 131
北大西洋条約機構（NATO） …… 23,36,129,
 143,453
北朝鮮 …… 29,30,33,46,54,67,74,81,83,91,
 95,108,118,232,257,328,329,330,332
北朝鮮艦艇 ………………………… 75

622

北朝鮮軍	166
北朝鮮工作船	80
北朝鮮の核開発問題	90
北朝鮮問題	80, 81
北富士演習場	366
基地	269, 304, 323, 361, 368
基地業務	253, 338
基地業務群	279
基地警備	295, 304
基地支援	260
基地周辺対策	284
基地周辺対策経費	272
基地隊	278
基地対策	361
議長府	120
キッシンジャー	482
議定書Ⅱ	193
議定書Ⅳ	195
機動打撃力	247
技能検定	300, 301, 302
宜野湾市	365
基盤的防衛力構想	234, 238
キプロス	34
基本教育	299, 300, 301
欺瞞	183
金日成	89, 381
金正日	81, 82, 83, 92
金大中	75, 82, 93
義務兵役	117
義務兵役制度	103
逆重要事項方式	158
ギャネンドラ国王	113
キャロライン号事件	167
キャンプ・デービッド合意	119, 514
キャンプ・ハンセン	364, 366
9.11同時多発テロ	16, 24, 25, 26, 30, 32, 33, 49, 53, 61, 64, 65, 66, 67, 75, 76, 80, 85, 87, 92, 93, 102, 103, 108, 109, 111, 114, 118, 120, 123, 128, 129, 131, 153, 393, 515, 520
9.11同時多発テロ（国際法的視点から）	153
救援	130
旧スペイン領西サハラ	123
休戦	175
休戦旗	183, 184
休戦協定	67, 74, 175
旧ソ連	91, 116
義勇隊	176
旧敵国条項（敵国条項）	158
旧日本軍遺棄化学兵器	80
給油	253, 269, 338, 353
旧ユーゴ国際刑事裁判所	205, 206, 207, 208
旧ユーゴスラビアの大セルビア主義	34
旧ユーゴ地域	129
キューバ	29
キューバ革命とピッグス湾事件	463
キューバ危機	3, 24, 48, 465
脅威	3
教育訓練	299, 301, 302, 358
教育航空群	278
教育航空集団	278
教育航空隊	303
教育隊	292
脅威対応論	233, 234
教官	288, 294, 356
協議	156
京義線	75
狭義の戦争犯罪	205
狂牛病	410
業計	270
強行規範（ユスコーゲンス）	163
強襲揚陸艦	535
協商	14
強制移動	119
行政機関・公共機関の責務及び国民の協力	312
強制収容	207
強制措置	123
強盛大国	75, 91
協調的安全保障	8, 12, 63
協調的レジーム	11
共通安全保障	8, 12
共通外交安全保障政策（CFSP）	384
共通実効特恵関税（CEPT）	388
共通第3条	168, 173, 208
共同演習	86
共同機関	277, 302
共同実施	29
共同対処	66
共同パトロール	111
共同防衛条項	153
共同防衛能力	67
京都議定書	28, 29, 412
京都メカニズム	29
恐怖の均衡	24
協力的脅威低減計画	40
共和国防衛隊	56
共和制	112, 113
共和制移行問題	108
虚偽の情報	183
極右政権	126
局地戦	95
局地戦争	60
極東	72
極東国際軍事裁判所	216

極東国際軍事裁判所条例	210
極東ロシア	72
居中調停	157
拒否	5
拒否権	159, 164
距離の暴虐	107
機雷	304, 536
機雷除去	249, 250, 358
ギリシア	129, 130
ギリシャ内戦	445
キリスト教	104, 108, 117
キリスト教徒	96, 106, 114
キリバス	88
キルギス	78, 87, 132
キルギス人	76
ギロチン	31
義和団事件	418
緊急移動（自衛隊）	318
緊急事態	54
緊急状態	169
緊急専門家支援・協力チーム（REACT）	128
緊急展開基地	49
緊急展開部隊	132
緊急発進（スクランブル）	322
緊急避難	239, 253, 256, 317, 318, 322, 324, 325, 329, 335, 336, 339
キン族（越人）	99
緊張緩和	24
金門島・馬祖島砲撃	461
金融ビッグバン	398
グアテマラ	126
グアテマラ合意	126
グアム	50, 63
クアラ・ルンプール宣言	84
グアンタナモ米軍基地	180
空域封鎖決議	212
クウェート	117, 122
クウェート政府と自衛隊の法的地位に関する交換公文	148
空軍（米国）	63
空軍基地使用（タイ）	64
空軍力	73
空港不法行為防止議定書	152
空士	289, 291, 292, 297, 301
空自の教育訓練の体系	301
空襲	182
空戦規則	181, 182
空曹	291, 292, 297, 301
空曹候補者	289, 291, 292, 301
空対空ミサイル	550
空中給油機	62, 228, 269, 546
空中給油・輸送機	269

空中早期警戒機 →早期警戒機	
空母	63, 535
空母艦載機着陸訓練場	367
空母群	62
空母戦闘群	50
9月30日事件	96
駆逐艦「ブキャナン」	109
クック	106, 108
クック諸島	88
国後島	71, 146, 218
国等による環境物品等の調達の推進に関する法律	369
区別原則	197
クムチャンニ地下核施設建設疑惑	83
クメール	100
クメール・ルージュ	100
クラーク労働党政権	109
クラスター爆弾	196
グラスノスチ	24
クラスノヤルスク合意	146
クラッキング	156
クリル諸島	71
クリーン開発メカニズム	29
クリントン政権	51, 80, 83, 404
クリントン大統領	40, 65, 68, 120, 377, 401
グルカ	105, 179
グルジア	31, 132
クルド	8, 15, 32, 34, 56, 119
クルド愛国同盟（PUK）	119
クルド人	56, 212, 492
クルド人の反乱	498
クルド民主党（KDP）	119
クルド労働者党（PKK）	119
クレイ首相	121
グローバリズム	4
グローバリゼーション	4, 17, 27, 34, 374, 389
グローバル化	28
グローバル・ガヴァナンス	14
グローバル・スタンダード	4
グローバル・マース号事件	77
軍艦	137, 140, 141, 148, 149, 176
軍管区	60
軍官警察隊	61
軍規則	206
軍高官の相互交流	81
軍事委員	127, 130
軍事演習	36, 354
軍事援助	65
軍事援助条約	65
軍事革命（RMA）	14, 16, 52, 57
軍事活動	36, 37
軍事技術協力	78

7 索引

軍事技術協力協定·················61
軍事休戦委員会·················74
軍事境界線·······················74
軍事教範·················199, 201, 202
軍事クーデター·················65
軍事交流··························8
軍事顧問団·······················64
軍事情報·····················36, 176
軍事大国·························11
軍事提要························202
軍事的競争························4
軍事的対峙························4
軍事的必要性··················181
軍事的幇助····················182
軍事的優位·····················47
軍事バランス·····················4
軍事プレゼンス·················65
軍事法廷規則···················180
軍事法廷(軍律法廷)···180, 198, 206
軍事目標·················181, 192, 211
軍事目標概念··················203
軍事目標主義···············172, 181
軍縮······················35, 44, 109
軍縮委員会······················37
軍縮会議(CD)················35, 37
軍種制····························60
軍事力··························10
軍事力の役割······················5
軍政·························94, 230
軍隊····························148
軍隊の傷病者··················171
群島基線·······················139
群島航路帯····················140
群島航路帯通航権···············140
群島水域··················139, 203
軍の変革·················30, 52, 57
軍備管理···········37, 38, 44, 52, 61
軍備管理・軍縮········17, 24, 35, 38, 357
軍部大臣現役武官制···········230
軍法会議········181, 198, 206, 230, 273
軍法制度·························64
群民蜂起·······················176
軍民両用技術····················47
軍用航空機···140, 141, 144, 145, 148, 149, 176
軍用伝書鳩·····················193
軍律法廷······················206
軍令·······················94, 180, 230
訓練移転(在日本軍)············263
訓練空域······················304
警戒解除宣言··················327
警戒監視活動···············322, 323
警戒群·····················268, 279

警戒宣言······················327
警戒隊···················268, 279
警戒態勢解除·····················3
軽空母························535
軽減事由·····················201
警護出動·············275, 335, 339
警護任務······················344
経済援助······················82
経済危機···················65, 101
経済協力······················88
経済協力開発機構···············377
経済協力方式···················82
経済制裁···············30, 248, 249
経済制裁決議··················211
経済制裁措置··················123
経済的困窮····················74
経済的相互依存関係·············11
警察官職務執行法···318, 325, 326, 327, 328, 335
警察機関······················330
警察消防機関····318, 325, 326, 327, 328, 332, 336
警察署長······················320
警察力···················323, 332
軽水炉··················83, 89, 92
継続追跡権····················140
携帯用対戦車ミサイル············40
警備区域·····················278
警備所······················322
警務科·················289, 290, 303
契約上の債務回収のためにする兵力使用制
  限条約(ポーター条約)·········163
契約本部············283, 285, 288, 308
ケインズ主義···················391
劇場占拠事件(モスクワ)······26, 32
ケニア、タンザニアの米国大使館爆破事件···
  26
ケネディ大統領···········379, 465, 467
ケネディ・ラウンド··············375
ケマケザ政権··················106
ゲーム理論······················7
ケリー国務次官補···············82, 84
ゲリラ······14, 31, 92, 105, 119, 176, 247, 266,
  268, 271, 331, 332
ゲリラ兵··················172, 178
ゲーリング····················207
権威主義······················21
原価計算···········274, 283, 285, 308
研究開発費················272, 305
研究交流······················90
研究本部·················277, 302
原国家························178

625

現実主義……………………………6,9,22
現実の戦争…………………………………23
拳銃…………………………………………40
検証…………………………………………36
憲章外の国連軍…………………………165
検証手段……………………………………37
憲章上の国連軍…………………………165
検証制度……………………………………37
検証措置………………37,42,333,357
原子力供給国グループ（NSG）……46,405
原子力緊急事態解除宣言………………328
原子力緊急事態宣言……………………327
原子力災害対策特別措置法……………327
原子力災害派遣……………275,327,328
原子力潜水艦……………………………534
原子力発電所…………………………45,184
建設的協力関係……………………………81
建設的な戦略的パートナーシップ………10
建築基準法…………………………254,321
限定核戦争…………………………………3
限定戦争…………………………………235
限定的小規模侵略…………………235,239,243
原爆投下…………………………………210
原爆判決（下田事件）…………………210
憲法第9条……………………224,340,347
憲法と自衛権……………………………223
憲法と自衛隊……………………………223
小泉首相………………………………80,82
豪　→オーストラリア
合意された枠組み…………………………89
公園管理者………………………………320
公海…………6,138,139,140,225,248,251,
　　　253,255,337,351,353
航海手当…………………………………293
交換公文…………………………………261
高貴な鷲作戦………………………………25
広義の戦争犯罪…………………………206
高強度紛争…………………………………13
航空医学実験隊…………………………279
航空開発実験集団………………………278
航空学生…………………………………291
航空学校…………………………………302
航空気象群………………………………279
航空機騒音問題…………………………367
航空機内犯罪防止条約（東京条約）…151
航空機不法奪取防止条約（ハーグ条約）…152
航空救難団………………………………279
航空教育集団……………………………278
航空教育隊………………………………303
航空機用掩体……………………………321
航空群……………………………………278
航空警戒管制団…………………………279

航空混成団………………………………278
航空自衛隊の組織………………………278
航空支援集団……………………………278
航空集団…………………………………278
航空侵攻…………………………………246
航空総隊…………………………………278
航空総隊司令官…………………………341
航空隊………………………………268,278
航空団………………………………278,303
航空保安管制群…………………………279
航空法………………………320,321,326,327
航空方面隊………………………………278
航空母艦　→空母
航空補給処………………………………278
航空優勢……………………………………57
攻撃…………………………………………38
攻撃型空母…………………………224,228
攻撃機……………………………………542
攻撃着手時………………………………167
攻撃的兵器…………………………224,226,228
工作船………………………………92,328,329
公示………………………………………215
高射学校…………………………………302
高射群……………………………………279
豪州　→オーストラリア
交渉………………………………………156
公正審査会………………………………285
向精神薬条約………………………………27
厚生労働省………………………………332
交戦規則（ROE）………………161,202
交戦権……………………………………223
交戦資格…………………………………176
交戦団体……………………………172,177
交戦法規…………………………………173
構造改革……………………………391,394
構造的暴力……………………………5,125
江沢民…………………………79,80,81,95
抗たん性……………………………235,342
公知…………………………………198,199
高等看護学院（自衛隊）…………281,292
合同軍事演習………………………………98
合同防衛軍………………………………122
高度情報通信ネットワーク社会形成基本法…
　　　309
高濃縮ウラン………………………………40
後発開発途上国（LLDC）………………407
降伏旗………………………………183,184
公平義務…………………………………173
後方支援……235,243,247,250,259,277,295,
　　　356
交流協会…………………………………217
港湾管理者…………………………254,320

港湾区域 …………………………………320
港湾法 ……………………………………320
護衛艦 ………………………268,305,323,329
護衛艦隊 …………………………………278
護衛隊 ………………………………268,278
護衛隊群 ……………………………269,278
5 カ国グループ …………………………133
五カ国防衛取極（FPDA）…61,86,102,103,
107,109
小型（低威力）核兵器 …………………198
小型武器規制 ……………………………40
5 月事件 …………………………………101
国益 …………………………6,22,47,59
黒鉛減速炉 ……………………………89,92
国外犯 ……………………………………310
国際海峡 …………………………137,138,203
国際海事機関 ……………………………152
国際開発協会 ……………………………379
国際海洋法裁判所 ………………………157
国際協調主義 ……………………………19
国際協力機構（旧国際協力事業団）……406
国際協力銀行 ……………………………406
国際緊急援助活動 ………………………349
国際緊急援助隊法 ……………………226,349
国際軍事裁判 ……………………………199
国際経済システム ………………………5
国際警察軍 ………………………………108
国際刑事裁判所…157,201,202,204,205,206,
208,210
国際刑事裁判所規程 …………………179,201
国際刑事裁判所設立条約（ローマ条約）208
国際決済銀行 ……………………………378
国際原子力機関（IAEA）……38,41,56,83,
152,214,380,505
国際公共財 …………………………6,7,19
国際航空防衛教育セミナー ……………356
国際貢献 …………………………………343
国際士官候補生会議 ……………………356
国際事実調査委員会 …………………172,199
国際システム ……………………………23
国際シーパワーシンポジウム …………356
国際司法裁判所（ICJ）……157,168,197,229
国際資本移動 ……………………………396
国際情勢認識 …………………………234,235
国際人権規約 ……………………………33
国際審査 …………………………………157
国際人道法 ……………………170,198,209
国際人道法の履行確保手段 ……………198
国際赤十字委員会 ………………………17
国際石油資本 ……………………………409
国際選挙監視団 …………………………106
国際戦略研究所（IISS）…………………90

国際組織犯罪 ……………………………27
国際治安支援部隊（ISAF）……30,164,166
国際秩序 …………………………………18
国際通貨基金 ……………………………374
国際的圧力 ………………………………38
国際的孤立 ………………………………74
国際的に認められた保護標識・標章 ……184
国際的武力紛争 ………………172,173,177,192
国際テロ ………………………………61,87
国際テロ組織 …………………………26,92
国際テロ・ネットワーク ………………30
国際テロリスト集団 ……………………26
国際テロリズム …………………………59
国際電気通信連合（ITU）………………333
国際犯罪 ……………………………27,204
国際復興開発銀行 ………………………378
国際紛争の平和的解決原則 ……………156
国際平和維持活動（ドイツ）……………130
国際平和協力業務……227,238,239,275,298,
343,346,347,348
国際平和協力法…226,236,237,339,343,347,
348,354
国際平和協力本部長 ……………………348
国際法委員会 …………………………204,208
国際防衛学セミナー ……………………356
国際貿易委員会（ITC）…………………402
国際貿易機構 ……………………………375
国際法主体 ………………………………177
国際法廷 …………………………………101
国際民間航空機関 ……………………144,151
国際輸出管理機構 ………………………174
国際レジーム …………………………7,16
国際連合安全保障理事会 →国連安全保障理
事会
国際連合平和維持活動（国連 PKO）→国連
平和維持活動
国際連盟 ………………………32,163,164,434
国際連盟規約 …………………………163,164
国政調査権 …………………………230,357
国土安全保障局 ………………………30,53
国土安全保障省（DHS）…………………53
国土安全保障戦略 ………………………53
国土防衛 ………………………………49,76
国土保全・国家統一 ……………………97
国内総生産（GDP）……………………93,553
国賓等の輸送 ………………227,334,359
克服し得ざる無知理論 …………………162
国防アップデート ………………………108
国防委員会委員長 ………………………92
国防会議 ………………227,233,264,272,285
国防基盤 ………………………………51,52
国防権限法 ………………………………198

627

資料及び索引

国防産業……………………………………62
国防授権法…………………………………49
国防省…………………………………24,50,53
国防戦略白書………………………………97
国防大学……………………………………281
国防長官………………………………49,257,258
国防に関する重要事項………………230,285
国防の基本方針………………227,233,264,286
国防白書……………………………………86
国防法……………………………………94,96
国防報告……………………………………53
国民会議派…………………………………111
国民党………………………………………94
国民党政府…………………………………158
国民と自衛隊………………………………358
国民評議会…………………………………105
国民保護法制…………………………314,315
国民保護法制整備本部……………………316
国民民主連盟（NLD）……………………104
国務大臣………230,273,274,286,314,316,330
国務長官……………………………………257
国連…6,11,12,18,57,59,101,105,121,128,
159,348,352
国連安全保障理事会……8,16,20,56,89,105,
120,121,123,225,249,255,314,336,337,
343,351
国連安保理決議…………………………8,123
国連安保理決議第1368号……………25,336
国連イラク・クウェート監視団…………189
国連外交……………………………………109
国連開発の10年……………………………379
国連海洋法条約……69,77,137,138,139,140,
141,149,150,203
国連監視検証査察委員会…………………213
国連カンボジア暫定機構（UNTAC）……100
国連軍………………………74,93,164,165,166
国連軍後方司令部…………………………166
国連軍司令部………………………………166
国連軍地位協定……………………148,161,166
国連軍備登録制度…………………………41
国連経済社会理事会……………………17,27
国連憲章第51条……………………………225
国連小型武器会議…………………………41
国連コンゴ民主共和国ミッション（MONUC）………………………………………123
国連シエラレオネ派遣団（UNAMSIL）…124
国連事務総長…………………………157,348
国連食糧農業機関…………………………380
国連世界食糧会議…………………………380
国連総会…………40,45,116,336,337,343,351
国連ソマリア活動（UNOSOM）…………123
国連大量破壊兵器廃棄特別委員会………213

国連通常兵器登録制度……………………41
国連特別委員会……………………………56
国連難民高等弁務官事務所(UNHCR)…32,
343
国連パレスチナ難民救済事業機関（UNRWA）…………………………………………32
国連東ティモール暫定行政機構（UNTAET）…………………………………………105
国連東ティモール支援ミッション（UNMISET）…………………………………………105
国連東ティモール・ミッション（UNAMET）…………………………………………105
国連平和維持活動………………………6,343
国連貿易開発会議…………………………379
国連防護軍（UNPROFOR）………………187
国連麻薬特別総会（麻薬特総）…………27
国連薬物統制計画（UNDCP）……………27
国連要員等安全条約…………………152,162
ココム（対共産圏輸出統制委員会）…174,404
5条事態……………………………………129
個人訓練（自衛隊）………………300,302,303
コソボ…………………………………32,160
コソボ安全保障部隊（KFOR）……………129
コソボ紛争……………………………………8
コソボ紛争とNATOの攻撃………………512
小平学校……………………………………303
固着特殊標章………………………………176
ゴー・チョクトン首相……………………103
国家…………………………………………22
国家安全保障………………………………45
国会の承認…230,252,313,317,337,347,352
国家機関……………………………………147
国家警察軍…………………………………104
国家憲兵隊…………………………………61
国家公安委員会……………324,325,335,350
国家公安委員会委員長……………………286
国家支援テロ………………………………154
国家主権…………………………………11,59
国家転覆罪……………………………172,177
国家非常事態宣言…………………………24
国境警備隊…………………………………54
国境線確定提案……………………………146
国境線標識…………………………………79
国境地帯における軍事分野の信頼強化に関する協定…………………………………78
国共内戦………………………………94,443
国境兵力削減協定…………………………78
国境問題……………………………………110
国交……………………………………81,82
国交回復宣定書……………………………216
国交回復協定………………………………216
国交正常化30周年…………………………79

7 索引

固定式3次元レーダー ……………269
固定翼哨戒機（P－3C） ………268,270,283
五島通航秩序 ……………………75
コートジボワール ………………123
子ども兵士 ………………………178
子爆弾 ……………………………197
コブラ・ゴールド ………64,65,66,99
個別的自衛権 ……………………167
コマンド・ジハド ………………75
コミットメント（関与） ………49
ゴムの栽培 ………………………102
孤立主義 …………………………19
ゴルカル …………………………96
ゴルバチョフ ………24,43,373,491,492
コロナウイルス …………………28
コロンビア …………………125,126
コロンビア革命軍（FARC） …126
コロンボ・プラン ………………405
混血社会 …………………………126
コンゴ民主共和国（旧ザイール） …123
コンコルディア作戦 ……………127
コンスタンチノープル条約 ……138,139
コンストラクティビズム ………7
混成団 ………………………266,277
コンセンサス ……………………89
コンセンサス方式 …………7,129,376
コンセンサス・ルール …………128
コンタドーラ・グループ ………126
コンタドーラ支援グループ ……126
コントラ …………………………167
コンバウン王朝 …………………103
コンピュータウィルス ……155,169,389
コンピュータ・ネットワーク攻撃 …169
コンフロンタシ …………………96

さ 行

在外華人 …………………………94
災害救援 …………………………268
再会事業 …………………………75
在外自国民保護のための武力行使 …168
災害対策基本法 ……………326,328
災害派遣 ……236,266,270,275,298,326,332
在外邦人の輸送 ……227,270,334,339
在韓米軍 ………………………67,93
細菌兵器（生物兵器）及び毒素兵器の開発,生産及び貯蔵の禁止並びに廃棄に関する条約 …………………………42
最恵国待遇 ………………………377
罪刑法定主義 ………………207,210
再検討会議 …………………192,198
最高指導者 ………………………118

最後通牒 …………………………175
最後の機会 ………………………214
再就職援護 ………………………277
歳出化経費 ………………………271
在日朝鮮人 …………………218,219
在日米軍施設及び区域 …………335
在日米軍施設・区域 ……257,362,363,368
在日米軍地位協定 ………………148
在日米軍駐留経費 ………257,262,271,272
再任用（自衛官） ………………289
サイバー攻撃 …16,49,266,271,309,333,334
サイバースペース ………………169
サイバー戦・サイバー攻撃 ……169
サイバー・テロ ……………32,334
サイバー犯罪条約 ………………155
在比米軍基地撤去 ………………98
砕氷艦 ……………………………359
サウジアラビア ……25,115,117,120,122
サウジアラビアの米軍基地爆弾テロ …26
搾取 ………………………………107
作戦指揮権 ………………………161
作戦用航空機 ………………305,368
査察 …………………38,257,333,357
査察飛行 …………………………37
ササン朝ペルシャ ………………118
差し迫った脅威 …………………48
サダト大統領 ………………119,479,480
サッカーW杯 ……………………82
サッチャリズム …………………391
砂漠の嵐作戦 ……………………212
砂漠の狐作戦 ……………………213
サバ・サラワク問題 ……………70
サバ州 …………………………70,102
サパティスタ国民解放軍（EZLN） …126
サハリン1・2プロジェクト …79
サービス拒否攻撃 ………………156
サービスプロバイダー …………156
サミット →主要国首脳会議
サモア ……………………………88
サラフィーヤ運動 ………………25
サラワク州 ……………………70,102
サリ・クラブ ……………………75
サリン ………………………32,33,37
3尉候補者 …………………299,301
3海里 ………………………137,138
山岳少数民族 ……………………101
産業等の調整計画 ………………286
サンクト・ペテルブルグ宣言 …173,196
38度線突破承認 …………………166
サンタクルス事件 ………………105
三通 ………………………………73
暫定自治原則宣言 ………………116

629

資料及び索引

サンディニスタ左翼革命政権 ……… 125, 167
山東出兵 …………………………………… 433
サンフランシスコ講和会議 ……… 215, 216
サンフランシスコ平和条約 →対日平和条約
サンマロ宣言 ……………………………… 127
シアヌーク国王 …………………………… 100
シーア派 …………………………………… 212
自衛艦隊 …………………………………… 278
自衛艦隊司令官 …………………………… 341
自衛官の階級・定年 ……………………… 289
自衛官の心がまえ ………………………… 294
自衛官の採用（幹部候補生） …………… 291
自衛官の採用（曹士，選考） …………… 291
自衛官の処遇 ……………………………… 293
自衛官の武器使用規定 …………………… 339
自衛権 …55, 167, 178, 224, 225, 273, 322, 339,
　　　　368
自衛権行使 ………………………………… 142
自衛権行使の地理的範囲 ………………… 225
自衛権発動の要件 ………………………… 224
自衛隊員 …… 280, 288, 289, 293, 294, 298, 307,
　　　　309, 335, 339, 354, 358
自衛隊員倫理規程 ………………………… 295
自衛隊員倫理審査会 ………………… 288, 295
自衛隊員倫理法 …………………………… 294
自衛隊施設 ………… 249, 303, 335, 339, 368
自衛隊生徒 …………………………… 179, 292
自衛隊体育学校 ……………………… 277, 302
自衛隊地方連絡部 ………… 277, 293, 360
自衛隊中央病院 ……………………… 280, 292
自衛隊と文民統制 ………………………… 229
自衛隊の衛星利用 ………………………… 232
自衛隊の学校 ……………………………… 302
自衛隊の教育課程 ………… 281, 299, 300, 301,
　　　　302, 358
　陸自の教育課程 ……………… 299, 302
　海自の教育課程 ……………… 300, 302
　空自の教育課程 ……………… 301, 302
　防衛研究所一般課程 ……………… 281, 358
　防衛研究所特別課程 …………………… 281
自衛隊の協力（軍備管理・軍縮） ……… 357
自衛隊の組織 ……………………………… 273
自衛隊の手当 ……… 293, 296, 297, 298, 353
　イラク人道復興支援等手当 ………… 353
　教育訓練招集手当 …………………… 298
　訓練招集手当 ………………… 296, 297
　航海手当 ……………………………… 293
　航空手当 ……………………………… 293
　即応予備自衛官手当 ………………… 297
　特殊作戦隊員手当 …………………… 293
　特別警備隊員手当 …………………… 293
　乗組手当 ……………………………… 293

防衛出動手当 …………………………… 293
　予備自衛官手当 …………………… 296
　落下傘隊員手当 …………………… 293
自衛隊のPKO活動 ……………………… 343
自衛隊病院 ………………………………… 292
自衛隊離職者就職審査会 ………………… 285
自衛力の限界 ……………………………… 224
ジェノサイド（集団殺害）罪 ……… 200, 205
ジェノサイド条約 ……… 200, 205, 207, 208
ジェファーソニズム ……………………… 19
ジェマー・イスラミア（JI） …26, 27, 75, 97,
　　　　103
支援戦闘機（F-2） …………………… 268
シオニズム運動（ユダヤ人国家建国運動） …
　　　　116
歯科医官 …………………………………… 291
市街戦 ……………………………………… 56
シカゴ国際民間航空条約 …………… 142, 149
士官学校 …………………………………… 279
志願制 ……………………………………… 62
次期支援戦闘機 …………………………… 260
指揮所演習 ………………………………… 304
識別不明機 ………………………………… 143
資金援助 …………………………………… 79
資金洗浄 …………………………………… 27
資金の封鎖・凍結 ………………………… 30
自決 ………………………………………… 178
自決権 ………………… 163, 172, 177, 179
資源ナショナリズム ……………………… 410
自己完結性 ………………………………… 353
自国民不引渡しの原則 …………………… 151
自己資本比率 ……………………………… 399
自己資本比率規制 …………………… 378, 399
色丹島 …………………………… 71, 146, 218
自己保存権 ………………………………… 167
自己保存のための自然権的権利 ………… 340
事後立法 ………………………… 204, 207, 210
事実認定 …………………………………… 157
自主・自助 ………………………………… 107
自主派遣 …………………………………… 326
自助 ………………………………………… 167
市場経済化 ………………………………… 390
地震観測 …………………………………… 38
地震防災派遣 ………………………… 275, 327
ジスカールデスタン大統領 ……………… 372
施設学校 …………………………………… 302
施設・区域 ……… 241, 249, 258, 262, 284,
　　　　362, 364, 365
施設特別委員会 …………………………… 258
事前許可制 ………………………………… 149
自然公園法 ………………………………… 320
事前集積船 …………………………… 63, 535

7 索引

事前通告……………………36, 149
「氏族」集団……………………123
事態対処専門委員会………………286
事態対処法制………………………315
師団…………………………266, 276
自治区…………………………………74
市町村長 ………318, 325, 326, 327, 328, 336
実弾射撃訓練の本土移転…………366
質的な競争……………………………73
実動訓練……………………304, 331
失明をもたらすレーザー兵器に関する議定
書Ⅳ……………………………193
質問主意書…………………………357
自動警戒管制組織…………………269
児童権利条約………………………178
児童権利条約選択議定書…………177
自動触発機雷敷設条約……………168
児童兵士………………………178, 196
シドニー宣言…………………………66
自爆テロ……………………………25, 120
ジハード運動…………………………25
シビリアン・コントロール………94, 203
ジブチ………………………………115
シベリア………………………………72
シベリア抑留者……………………218
司法協力………………………………27
司法的解決…………………………157
司法・内務協力（PJCC）…………384
資本主義経済体制……………………9
島根県告示……………………………69
市民防衛……………………………187
事務官 …276, 288, 289, 293, 294, 299, 300, 301
下田条約………………………………71
下関条約……………………………69, 147
社会主義市場経済……………………95
社会主義人民リビア・アラブ国…121
社会主義政権（ミャンマー）……104
社会福祉協定問題…………………109
ジャクソニズム………………………19
若年定年制……………………277, 293
若年定年退職者給付金……289, 290, 293
謝罪……………………………………82
シャナナ・グスマン………………105
シャハブ3・ミサイル……………118
ジャパン・バッシング……………401
ジャマリ政権………………………114
シャルガム外相……………………122
シャロン・リクード党首（後首相）……116,
120, 515
ジャワ…………………………………96
ジャワ語………………………………96
ジャワ島………………………………97

上海……………………………………87
上海協力機構（SCO）……………87
上海事変……………………………435
上海ファイブ…………………………87
自由アチェ運動（GAM）……………97
周恩来………………………………457
重火器………………………………527
銃器や薬物の密輸……………………27
宗教……………………………………17
宗教紛争………………………………14
従軍記者……………………………180
銃撃戦…………………………………75
重債務最貧国（HIPCs）…………397
自由市場………………………………47
自由主義（ジェファーソニズム）…19
自由主義者……………………………23
重症急性呼吸器症候群（SARS）……28, 331
就職援護………………………277, 293
周旋…………………………………156
重層性…………………………………19
集束爆弾……………………………196
充足率……………………………72, 330
重大緊急事態……………285, 286, 287
重大な違反行為……………………200, 205
集団安全保障体制………………129, 163, 164,
174, 203, 205, 207
集団殺害（ジェノサイド）………202
集団殺害防止処罰条約……………208
集団的安全保障………………………12
集団的自衛権……………14, 66, 167, 168, 211
集団レイプ…………………………205
12海里…………………………137, 138
自由品………………………………174
周辺事態………………230, 244, 246, 247, 248, 249,
250, 251, 252, 253, 255, 260, 334, 339
――安全確保法……………………339
――安全確保法に基づく自衛隊の活動 252
――安全確保法の体系……………251
――における協力事例……………249
海上運航調整……………………250
空域調整……………………249, 250
航空交通管制……………………250
後方地域支援…230, 248, 249, 251, 252, 253,
255
後方地域捜索救助活動…230, 251, 252, 253
地方公共団体・民間の協力……253
自由貿易………………………………47
自由貿易協定（FTA）……………101, 387
自由貿易体制…………………………6
住民投票………………………………73
重油……………………………………89
重油提供………………………………83

631

重要事項方式	158
主権国家	9, 136, 163
主体思想	91
術科学校	279, 303
術科教育	300, 302
主敵	93
取得改革	305
ジュネーヴ・ガス議定書	190, 191
ジュネーヴ議定書	37, 563
ジュネーヴ協定	99
ジュネーヴ諸条約	171, 173, 175, 180, 199, 200, 201, 205, 209, 216
ジュネーヴ諸条約第1追加議定書	181, 183, 184, 188, 189, 190, 192, 198, 201, 210
ジュネーヴ諸条約追加議定書	171, 172, 203
ジュネーヴ第1条約	184, 187
ジュネーヴ第3条約	184
ジュネーヴ第4条約	184, 187
ジュネーヴ法	171, 172
首脳会議	85
守秘義務	309
需品学校	302
需品供給者	180
シュミット首相	372
朱鎔基首相	79, 377
主要国	11
主要国首脳会議	12, 27, 28, 372
主要先進8カ国（米・英・仏・独・伊・日・加・露）（G8）	12
シュレーダー首相	131
准尉曹士術科教育	302
準軍隊	117
巡航ミサイル	554
準正規国連軍	165, 166
準中距離核ミサイル	44
準同盟関係	46, 94
準同盟国	61
准陸尉	289, 299
焼夷兵器に関する議定書Ⅲ	193
哨戒機（E-2C）	322
蔣介石	443, 444, 450, 461, 475, 476
哨戒ヘリコプター	268, 269
小火器	526
将官	290
上官	201, 293, 298, 339, 348, 354
償還金	280
上官責任	201
上官命令	201
小規模緊急事態	49
上級戦技教育	302
上級操縦教育	302
消極的な平和	5
条件付戦時禁制品	174
将校	180
小口径兵器	196
小口径兵器体系決議	196
小三通	73
勝者の裁き	210
小銃	324, 325, 331
仕様書	307
小職域	290
少数民族	104
常駐外交使節	147
常任理事国	159
少年工科学校	277, 303
常備自衛官	266, 277, 296
傷病兵	176, 183, 187
情報	62, 308
情報RMA	341
情報衛星	566
情報格差（デジタル・デバイド）	390
情報公開	277, 357, 359
情報交換・連絡手続策定に関する合意	98
情報収集衛星	233, 287
情報セキュリティ	54, 266, 269, 271, 308
情報セキュリティ対策推進会議	308, 333
情報セキュリティ対策推進室	308
情報セキュリティポリシー	308
消防法	254, 321
情報保全	309
情報保全隊	309
情報本部	276, 309
情報優位	52
消防用設備	321
正面装備費	305
条約	38
書記官	288
初級戦技教育	302
初級操縦教育	302
職業軍人	62, 117
職種	277, 290, 302
職種・職域	289, 290, 303
植民地時代	34
植民地支配	177, 178, 205
植民地主義	70
植民地体制	12
植民地独立付与宣言	178
食糧安全保障	410
食糧支援	81
ジョージ・ソロス	398
ジョージ・W・ブッシュ政権	10, 19, 44, 45, 46, 55, 56, 80, 83, 111, 118
ジョージ・W・ブッシュ大統領	24, 30, 46, 47, 51, 53, 54, 58, 83, 120, 401

女性参政権	108
女性自衛官	292, 299
所要防衛力論	233, 234
ジョンソン大統領	467
地雷	43, 44, 193
地雷危機	194
地雷議定書	194, 195
シリア	29, 115, 119, 120
自力救済権	167
白旗	184, 186
新アジェンダ・イニシアティブ	41
新アジェンダ連合（NAC）	39, 41
新アメリカ世紀のためのプロジェクト（PNAC）	55
辛亥革命と内戦	420
新型肺炎（SARS）	27, 65, 95, 159
シンガポール	64, 65, 70, 77, 84, 86, 90, 91, 102, 103, 107, 111
シンガポール共和国	103
シンガポール・米国物品役務相互提供協力	64
新規装備	230, 269
新疆ウィグル自治区	26, 76, 95
新疆ウィグル紛争	75
人権	81, 109
新現実主義	23
人権の侵害	107
人権の保護	128
人権法	171
人権問題	80
人件・糧食費	271
新興工業国	392
新興工業国・地域群（NIES）	392, 394
新興（指定）感染症	28
清国	69
新国際経済秩序（NIEO）	394
深刻な結果（イラク問題）	213, 214
新国防政策（ニュージーランド）	109
新コンセプト（ロシア）	59
新思考外交	218
人事制度	288
人種差別体制	177, 178
真珠湾攻撃	175
新植民地主義	96
新世界秩序	16
新戦略概念（同盟の戦略概念）	129
新秩序（オルデ・バルー）	96
新テロリズム法	113
神殿の丘	116, 120
人道援助	30, 130
人道援助活動	8, 49
浸透訓練	75, 92
人道支援活動	124
人道的イニシアチブの権利	200
人道的介入	7
人道的精神	181
人道的な国際救援活動	242, 245, 259, 343, 347, 348
人道に対する罪	200, 201, 202, 205, 206, 207, 208, 209, 210
人道復興関係国際機関	352
人道法国際研究所	203
新ドクトリン（ロシア）	59
シンド人	114
真のIRA	31
新バビロニア	116
ジンバブエ	123, 124
シンハラ語	112
シンハラ人	112
シン・フェイン党	31, 132
新兵器	197
新保守主義	55
人民解放軍	95, 96
人民革命	98
人民行動党（PAP）	103
人民戦争	95
人民党（カンボジア）	100
人民闘争	113
人民武装警察部隊	96
瀋陽総領事館事件	148
信頼・安全醸成措置（CSBM）	8, 36
信頼醸成	41, 78, 86, 90, 128, 129
信頼醸成措置（CBMs）	8
侵略罪	205
侵略戦争	204
侵略の罪	204, 206, 209
侵略の定義	154, 164, 204
新領海法（「領海及びその隣接区法」）	69, 70
森林原則声明	411
森林法	320
人類の平和と安全に対する犯罪法典草案	201, 204, 205, 208
新冷戦	24
随意契約	307
水上戦闘艦	536
「水平的」米韓関係	93
スウェーデン	41
枢軸国	158
スエズ運河	138
スエズ運河の自由航行に関する条約	138
スカルノ大統領	70, 96, 444, 445
スコータイ王朝	101
鈴木宗男	71

資料及び索引

錫の鉱脈 …………………………………102
スター・ウォーズ計画………………………51
スターリン …431,438,462,473,475,476,507
スーダン ……………………………29,123
スッチンダ将軍……………………………65
ステルス爆撃機……………………………56,548
スパイ（間諜）……………………………205
スーパー301条……………………………401
スハルト………………75,105,393,482,483
スハルト政権………………………………96
スプラット・ファース条項 ………………198
スペイン ………119,125,126,129,130,131
スペイン人…………………………………106
スペイン内戦………………………………430
スリランカ ……………………………112,115
スリランカのタミル人……………………34
スリランカ民主社会主義共和国 …………112
スリランカ・ムーア人……………………112
スルタン ………………………70,102,104
スロバキア…………………………………130
スロベニア……………………………41,130
スンダ………………………………………96
スンダ語……………………………………96
スンニ派イスラム教徒 ……………119,122
西欧同盟（WEU）…………………………130
西欧連合……………………………………130
西岸ガザ……………………………………116
税関局………………………………………54
正規軍 ……………………13,16,31,117,118
正規国連軍…………………………………165
制限主権論…………………………………137
制限戦争……………………………………235
政策協調……………………………………19
政策対話……………………………………88
政策評価 ……………………309,355,357,360
西沙諸島……………………………………70
政治・安全保障委員会 ……………127,130
政治経済システム…………………………16
政治対話……………………………………78
精実案………………………………………94
政治犯不引渡しの原則……………………151
青少年・スポーツ交流……………………83
正戦論…………………………………162,170
成長の限界…………………………………411
正当防衛……253,256,317,318,322,324,325,
329,335,336,339
制度調査……………………………………308
西南戦争……………………………………209
青年海外協力隊……………………………406
青年協力隊…………………………………88
整備…………………………………………5
整備補給群…………………………………279

政府開発援助………………………………405
政府間協議…………………………………90
政府専用機……………………………150,334
生物・化学兵器…………………………92,110
生物(細菌)兵器 …17,30,33,36,46,190,268,
324,325,331,564
生物多様性条約……………………………411
生物テロ…………………………………30,190
生物毒素兵器禁止条約（BWC）……42,190
精密誘導兵器……………………………52,57,549
政務次官……………………………………285
勢力均衡 ………………………4,9,14,23,163
西暦2000年問題 ……………………382,395
セイロン……………………………………112
世界銀行……………………………………378
世界システム論……………………………9
世界食糧サミット…………………………380
世界人権宣言………………………………33
世界秩序……………………………………16
世界同時不況………………………………393
世界貿易機関（WTO）…………4,6,95,376
世界貿易センター（WTC）………………24
世界貿易センター（WTC）爆破事件（1993
年）…………………………………………26
世界保健機関（WHO）…………28,159,197
赤十字………………………………184,185
赤十字国際委員会 …171,181,199,200,209
赤十字・赤新月社…………………………200
赤新月………………………………184,185
石油…………………………………………104
石油危機…………………………………3,488
石油輸出国機構……………………………409
「積極開放，有効管理」 ……………………73
積極的平和…………………………………5
積極的防御…………………………………95
接受国………………………………………147
接受国支援…………………………………241
接続水域……………………………………139
絶対的戦時禁制品…………………………174
説得…………………………………………38
瀬戸際外交………………………………84,92
セーニー内閣………………………………64
セーブル条約………………………………119
戦域ミサイル防衛（TMD）………………38,51
尖閣諸島（列島）………………………69,147
選挙監視活動……………………………343,348
先軍政治…………………………………75,92
潜在的な敵…………………………………3
戦時海軍力砲撃条約………………………184
戦時禁制品…………………………………174
戦時国際法 ……………………163,170,173
戦死者………………………………………321

7 索引

戦時重罪 ………………………………205
戦時占領 ………………………………215
戦時増援演習（RSO＆I）……………67
戦史叢書 ………………………………282
戦時反逆罪 …………………………205,206
戦時犯罪 ………………………………205
戦時復仇 …………………………198,199
戦時無線通信取締規則 ………………182
戦車 …………269,270,283,303,305,357,529
戦車連隊 ………………………………276
先住民 …………………………………126
戦術 ……………………………………10
戦術核兵器 ……………………………60
専守防衛 ……………228,238,244,262,287
先進精鋭国防 …………………………93
先進7ヵ国財務相・中央銀行総裁会議 …373
潜水艦 ……138,149,150,174,203,268,293,330
潜水艦教育 ……………………………300
潜水艦隊 ………………………………278
潜水艦発射弾道ミサイル（SLBM）…51,543,
　　552
潜水船 …………………………………137
潜水隊群 ………………………………278
専制 ……………………………………21
先制攻撃 …………………………48,55,108
先制自衛 …………………………154,167
先制不使用政策 ………………………110
宣戦布告 ………………………………175
戦争以外の軍事作戦 ……………162,202
戦争犠牲者保護条約 …………………171
戦争犠牲者保護条約追加議定書 ……172
戦争区域 ………………………………203
戦争の違法化 ……………162,167,174,175
戦争の開始と終了 ……………………175
戦争犯罪 …179,200,201,205,206,207,208,209
戦争犯罪及び人道に対する罪に対する時効
　　不適用条約 ……………………200,205
戦争法 ………………163,170,171,173,209
戦争放棄 ………………………………223
戦争放棄に関する条約（不戦条約） …163
船体回収作業 …………………………64
全体主義 ………………………………21
戦闘員 …………………………172,176,191,201
戦闘機 ……………228,269,305,322,368,541
戦闘機部隊 ……………………………279
戦闘行為 …………………251,253,337,351,353
戦闘作戦行動 …………………253,338,353
戦闘参加者 ………………251,253,337,338
戦闘終結宣言 …………………………214
戦闘ヘリコプター ……………………268
船舶検査活動 …………………230,251,255
船舶検査活動法 ………………254,255,339

全般的休戦 ……………………………175
全方位外交 …………………………99,101
前方展開戦略 ……………………………62,63
前方展開戦力 ……………………49,50,53
前方抑止 ……………………………49,50
全民防衛 ………………………………94
全面講和 ………………………………216
専用施設 …………………………362,363
戦利品 …………………………………183
戦略核兵器削減に関する条約 ………58
戦略機動 ………………………………62
戦略情報 ………………………………276
戦略的安定 ……………………………2
戦略的関係 …………………………9,52
戦略的競争相手 ………………………80
戦略的パートナー ……………………80
戦略的パートナーシップ ……………78
戦略的パートナーシップ宣言 ………110
戦略的パートナーシップの一層の強化に関
　　するデリー共同宣言 ………………110
戦略的貿易政策 ………………………403
戦略爆撃機 ……………………………51
戦略物資 ……………………47,402,404
戦略文化論 ……………………………7
戦略兵器削減交渉（SALT）……42,58,553
戦略兵器削減条約（START）………42
戦略兵器制限交渉 ……………………52
戦略防衛構想（SDI）………………44,553
戦略防衛見直し（SDR）………………61
戦略ロケット軍 ………………………60
占領 ……………………………………214
占領法規 ………………………………214
戦力 …………………10,53,223,224,341
戦力投射能力 …………………………10
騒音訴訟 ………………………304,367,368
掃海 ………………………………282,304
掃海隊 …………………………………278
掃海隊群 ……………………………268,278
掃海艇 …………………………………536
掃海部隊 ……………………………268,278
掃海・輸送ヘリコプター ………268,270
総加入条項 ……………………………173
早期警戒管制機（E-767）……………322
早期警戒機（E-2C）………………322,544
早期警戒レーダ ………………………52
争議権 …………………………………298
双極化 …………………………………10
相互依存 ………………………7,11,17,23
総合安全保障 …………………………6
装甲車両 ………………………………533
総合調整 ……………287,308,314,316
曹候補士 ………………………………292

635

資料及び索引

曹候補者 ……289,291,292,298,299,300,301
総合臨床医 …………………………………280
相互運用性………53,129,242,250,306,342
相互運用能力……………………………………62
相互確証破壊（MAD）……………3,48,50
相互後方援助協定（MLSA）………67,98
相互兵力削減…………………………………78
相互防衛援助協定………………………284
相互訪問…………………………………………83
捜索救助活動…………………230,337,338
騒擾………………………………………………323
総司令部覚書…………………………………69
装備品…225,265,268,269,271,272,274,276,
277,282,283,306,307,309,357
双務的……………………………………………66
総力戦…………………………………174,187
ソウル……………………………………………91
ソ・越友好協力条約………………………485
ソガワレ政権……………………………………106
測遠機……………………………………………195
即応性……………………………………………61
即応態勢…………………………………………72
即応予備自衛官………266,277,288,294,296,
313,318,326,327,328
即応予備自衛官雇用企業給付金………297
即時・無条件・無制限…………………213
組織の抵抗運動団体……………………176
組織的犯罪処罰法………………………400
ソ芬（フィン）戦争……………………432
ソマリア………………………8,115,123,161
素養教育（自衛隊）……………………300
ソ連…………………………………………72,74
ソ連のアフガニスタン侵攻……24,55,489
ソ連の崩壊………………………………………48
ソ連・ポーランド戦争…………………428
ソロモン諸島………………76,88,106,108
ソロモン諸島の治安維持部隊…………109
損失補償……………284,304,317,318,319,361
ソンミ村事件……………………………203

た 行

タイ ………64,65,78,84,98,99,100,101,104
第1次オイルショック…………372,408,409
第1次世界大戦………………………32,164,422
第1次中東戦争…………………………451
第1正面…………………………………………62
第1条約………………………………………171,187
第1追加議定書…………172,173,188,199,
200,201,205,215
対イラン制裁……………………………………118
対イラン貿易・投資禁止措置大統領令…118

対インド経済制裁…………………………111
大インドネシア構想………………………70,97
隊員保全…………………………………………309
タイ王国…………………………………………101
対応措置………227,251,275,337,351,353
対外開放路線……………………………………95
対外主権（独立権）……………………137
対外民主化支援政策………………………19
大学評価・学位授与機構…………279,281
大韓航空機撃墜事件……………………144
大韓航空機爆破事件（87年）……………31
大韓民国（ROK）………………………74,93
対北朝鮮制裁決議………………………………89
大規模演習……………………………………………67
大規模災害等各種の事態への対応………237,
238,239
大規模作戦…………………………………………62
大規模地震対策特別措置法……………327
大規模戦争…………………………………………60
対共産圏輸出規制委員会（COCOM）……47,
174
対空兵器………………………………………532
対空ミサイル…………………………………538
対決政策（コンフロンタシ）……………96
対抗拡散…………………………………………38
大国………………………………………………11,62
第5空軍…………………………………………50
大国間関係………………………………………10
大国間協調………………………………………12
第3艦隊…………………………………………50
第3次印パ戦争………………………………477
第3次中東戦争…………………………409,470
第3条約…………………………………………171
第三世界…………………………………………379
第3歩兵師団……………………………………521
対車両地雷………………………………………195
大粛清……………………………………………431
対処……………………………………………5,38
大職域……………………………………………290
対人地雷…………………………………………194
対人地雷禁止条約（オタワ条約）…43,195,
529
対人地雷の使用，貯蔵，生産及び移譲の禁
止並びに廃棄に関する条約……………43
対戦車地雷………………………………………193
対戦車兵器………………………………………531
対戦車ヘリコプター……………………303
対潜哨戒機（P-3C）……………………330,537
対潜ヘリコプター……………………………537
タイ族……………………………………………101
代替エネルギー………………………………89,92
対タイ支援………………………………………65

636

7 索引

代替施設協議会 ……………………… 365
代替施設建設協議会 ………………… 366
対地ミサイル ………………………… 539
対中 ODA ……………………………… 79
対中接近策 …………………………… 59
対テロ戦支援 ………………………… 66
対テロ戦争 ……………… 81,109,154,180
対テロ戦争「不朽の自由」作戦 ……… 25
対(反)テロ対策 ……………………… 30
対テロ武力行使 ……………………… 154
対内主権(領域権) …………………… 137
第7艦隊 …………………………… 50,63
第7空軍 ……………………………… 50
対南工作 ……………………………… 75
第2次オイルショック ……………… 373
第2次世界大戦 ……………………… 436
第2次戦略兵器削減条約(STARTⅡ) …59
第2次中東戦争 ……………………… 460
第2正面 ……………………………… 62
第2条約 ……………………………… 171
第2段階 ……………………………… 31
対日占領政策 ………………………… 69
対日文化開放政策 …………………… 82
対日平和条約 ……… 69,71,210,215,216,217
第2追加議定書 …………… 172,173,208
第二の対人地雷 ……………………… 197
貸費学生 ……………………………… 291
代表なきところに課税なし ………… 159
対米関係 ……………………………… 82
対米協調策 …………………………… 64
対米協力 ……………………………… 61
対米武器技術供与 …………………… 231
対米武器技術供与取極 ……………… 261
太平洋 ………………………………… 63
太平洋軍 ……………………………… 50
太平洋軍司令官 ……………………… 257
太平洋・島サミット ………………… 87
太平洋条約 …………………………… 65
太平洋諸国フォーラム(PIF) …13,88,109
太平洋諸島各国 ……………………… 109
太平洋地域空軍参謀総長等会議 …… 356
太平洋地域陸軍管理セミナー ……… 356
太平洋地域陸軍参謀総長等会議 …… 356
太平洋パイプライン・プロジェクト …79
太平洋フロンティア外交 …………… 88
第4次中東戦争 ………………… 409,478
第4条約 …………………… 171,178,187
タイ・ラオス友好橋 ………………… 101
大陸間弾道ミサイル(ICBM) ……51,52,
　145,224,226,228,543,551,552,553,558
代理制度 ……………………………… 199
対リビア制裁 …………………… 121,155

対領空侵犯措置 ………………… 321,339
大量破壊兵器(WMD) …16,17,30,33,38,
　40,46,47,48,49,53,54,58,60,80,84,
　118,145,190,236,237,238,239,241,
　　　　　　　　　　257,262,270
大量破壊兵器開発計画廃棄 ………… 122
対レバノン和平交渉 ………………… 120
対話及び交流の発展のための基盤構築に関
　する覚書(日露関係) ……………… 79
台湾 …………………… 70,72,73,80,94,106,217
台湾安全強化法 ……………………… 68
台湾海峡問題 ………………………… 72
台湾関係法 ……………………… 15,68,94
台湾独立 ……………………………… 72
台湾の2・28事件 ………………… 449
台湾白書 ……………………………… 72
台湾への武力行使 …………………… 68
タウングー王朝 ……………………… 103
多極化 ……………………………… 10,81
タクシン首相 ………………………… 65
タクシン政権 ………………………… 101
竹島 ……………………… 68,82,143,146,219
多国間安全保障対話 ………………… 356
多国間演習 …………………………… 65
多国間協調 …………………………… 12
多国間軍事協力 ……………………… 65
多国間主義 ……………………… 11,19
多国間同盟 …………………………… 62
多国間による地域協力 ……………… 77
多国間レジーム ……………………… 12
多国籍企業 …………………………… 9
多国籍軍 ……………… 53,164,211,212,214
多国籍軍(狭義) ……………………… 165
多国籍軍(広義) ……………………… 165
多国籍軍の分類 ……………………… 165
他国との協力活動(米国) …………… 47
タジキスタン …………………… 78,87,132
タジキスタン・イスラム復興党(IRTP)　25
タジク人 ……………………………… 76
多数講和 ……………………………… 216
タスマン ……………………………… 108
戦いの中にも慈悲を ………………… 200
立ち入り査察 ………………………… 213
ダビデの赤盾 …………………… 184,186
ターミナル段階 ……………………… 51
タミル・イーラム解放の虎(LTTE) …31,
　　　　　　　　　　　　　　112
タミル語 …………………………… 103,112
タミル人 ……………………………… 112
ダムダム弾 …………………………… 196
ダライ・ラマ14世 ……………… 74,465
タリバーン ……………… 25,26,29,30,76,114

637

資料及び索引

タリバーン政権 …………………153,154
タリバーン兵 ……………………180,207
多連装ロケット ………………………533
単一欧州議定書 ………………………384
単一経済圏 ……………………………132
短距離弾道ミサイル ………………73,557
短距離地対空誘導弾（短SAM）………304
団結権 …………………………………298
男女共同参画推進本部 ………………298
男女雇用機会均等法 …………………298
炭疽菌 …………………………………25
炭疽菌事件 …………………………42,331
団体交渉権 ……………………………298
タンデム・スラスト …………………66
弾道ミサイル ……33,49,92,95,111,261,551
弾道ミサイル攻撃 ……………………43
弾道ミサイル防衛（BMD）…240,242,257,
　　　　　　　　261,262,269,270,283,552
弾道ミサイル迎撃システム（ABM）制限
　条約 ……………………………19,43,52
単独行動主義 ……………………19,55,57
ダンピング提訴 ………………………402
弾薬 ……………………………………40
弾薬庫 …………………………………303
治安 ……………………………………126
治安維持 ……………………………61,62
治安維持軍 ……………………………118
治安協力 ………………………………80
治安出動 …………275,318,323,324,332,339
治安出動下令前に行う情報収集……324,331,
　　　　　　　　　　　　　　　　339
地域安全保障 …………………………45
地域化 …………………………………13
地域主義 ………………………………12
地域主義的アプローチ ………………107
地域戦争 ………………………………60
地域大国 …………………………12,95,110
地域の安全保障 ………………………242
地域の副保安官 ………………………108
地域反テロ機構に関する協定 ………87
地域紛争 …………………………47,129
地域兵器 ………………………………196
地位協定 …………………………67,148
地位協定改正要求 ……………………93
地位協定と施設・区域 ………………362
小さな政府論 …………………………23
チェイニー副大統領 …………………55
チェコ ……………………………89,129
チェコ事件 ……………………………473
チェチェン …………………………34,76
チェチェンの武装勢力 ………………26
チェチェン紛争 ………………………510

チェンバレン首相 ……………………437
地下核実験 ……………………………45
地下貫通型核兵器 ……………………198
地下鉄サリン事件………32,191,237,239,332
力の均衡 ………………………………17
力の空白 ………………………………4
地球温暖化防止京都会議 …………28,412
地球温暖化問題 ……………………28,407,412
地球環境サミット …………………28,411
地球環境問題 …………………………411
地球憲章 ………………………………411
遅浩田中国国防部長 …………………81
知識共同体 ……………………………13
千島列島 ………………………………216
地上配備型下層ウェポンシステム …262
地上配備型迎撃ミサイル ……………52
地対空誘導弾（パトリオット）…268,532,
　　　　　　　　　　　　　　　　553
知的共同体 ……………………………13
知的所有権 …………………………376,387
チトー …………………………………507
チベット ……………………………34,95
チベット族 ……………………………74
チベットの反乱 ………………………464
チベットの平和解放に関する協定 …74
チベット問題 ……………………73,110
地方公共団体……247,249,252,311,313,314,
　316,318,325,326,327,328,334,336,361,365
地方公共団体・民間の協力 …………253
地方総監部 ……………………………278
地方隊 ……………………………268,278
地方調達 ………………………………284
チーム・スピリット …………………67
チーム・チャレンジ …………………66
チャイナ・カード ……………………59
着上陸侵攻 …………………73,247,268
チャーチル ……………………………424,453
チャックリー王朝 ……………………101
チャベス政権 …………………………125
チャレンジ査察 …………………37,191
チャンド政権 …………………………113
チュアン首相 …………………………65
チュアン文民政権 ……………………65
中越関係 ………………………………79
中越戦争 ………………………………485
中越陸上国境協定 ……………………99
中央アジア …………………30,81,87,128
中央アジア協力機構 …………………132
中欧自由貿易協定（CEFTA）………387
中央省庁等改革 ………………283,284,285,287
中央省庁等改革基本法 …………273,285
中央情報局（CIA）……………………54

中央政府	177	中東問題	46
中央調達	283	中東和平プロセス	119
中央捕虜情報局	180	中南米通貨危機	375
仲介	156	中米5カ国	126
中華系	103	中立貨	174
中華思想	94	中立義務	173
中華人民共和国	94,158,217	中立法規	173,203
中華民国	72,94,158,217	駐留軍用地特別措置法	284,363
中韓の軍事交流	81	駐留経費特別協定	149,257,263,366
中期防衛力整備計画	239,264,265,266, 267,268,269,270,272,283,286,331,332	駐留米軍地位協定（SOFA）	67,148
基幹部隊の見直し	265,266	中露関係	78
計画の方針	265,266,331,332	チュニジア	116
主要事業	264,265,268	懲戒処分権	161
新中期防策定の背景	265	長距離戦略爆撃機	224,228,543
中強度紛争	13	調査（国際紛争の平和的解決）	157
中距離核戦力条約	44	朝鮮休戦協定	166,189
中距離核ミサイル	44	朝鮮国連軍	165,166
中距離弾道ミサイル「アグニュ」	112	朝鮮戦争	66,67,166,175,202,215,218,454
中継基地	49	朝鮮半島	63,74,107
中国	40,46,49,52,58,61,65,70,72,73,74, 78,79,80,81,84,87,89,94,96,99,101, 103,110,113,114	朝鮮半島エネルギー開発機構（KEDO）	83,89,92
		朝鮮半島情勢	79
中国遺棄化学兵器廃棄処理事業	333,357	朝鮮半島の非核化	81
中国海軍のJ-8II（F-8II）	80	朝鮮半島の平和のためのソウル宣言	91
中国艦艇	81	朝鮮民主主義人民共和国（北朝鮮）	74,91
中国義勇軍	166	朝鮮労働党総書記	92
中国共産党	95	超大国	11
中国軍	98	調達実施本部（調本）	283,285,307
中国軍艦	79	調達制度改革	307
中国系	102,104,106	調停	157
中国語	103	徴兵	118
中国人民解放軍	73	徴兵忌避者	72
中国人民（志願）軍	74	徴兵制	62,93,130
中国大使館「誤爆」事件	80	趙明録国防委員会第一副委員長	83
中国代表権問題	158,166,216,217	長老派	108
中国統一	72	直接侵略	239,243
中国の海軍艦艇	80	直線基線	137
中国の国防	95	チリ	89,126
中国のWTO加盟	376	陳水扁総統	73,94
中国文化圏	99	通貨危機への緊急支援	398
仲裁裁判	157	通過通航権	138
駐在武官	309	通常査察	38
中ソ紛争	475	通常資本財源	383
中台関係	72	通常戦力	33,51
中台間の軍事バランス	73	通常兵器	47,60,72
中朝・中韓関係	81	通常兵器の移転登録制度	41
中朝友好協力及び相互援助条約	81	通商法301条	402
中東	76,107	通商摩擦と日米安保体制	402
中東欧地域	129	通信学校	302
中東戦争	119	通信基地	45
中東紛争	175	通信情報	289
		通報・査察・制限	36

639

通例の戦争犯罪 ……………205,206,210
月協定 ………………………………146
ツチ族 ………………………………208
ディエゴ・ガルシア …………………50
ディエン・ビエン・フー ……………448
低強度紛争（LIC） ……………13,14
偵察衛星 ………………………………38
偵察機（RF-4） ………………269,547
低次限定戦争 …………………………14
ディーゼル潜水艦 ……………………534
停戦 …………………………………176
停戦監視委員会 ……………………113
低速航行 ………………………………77
低地ラオ族 …………………………100
定年延長 ……………………………318
ティモール島 ………………………105
テイラー大統領 ……………………123
低烈度紛争 ……………………………13
敵 ………………………………………3
敵貨 …………………………………174
敵基地攻撃 …………………………225
敵軍幇助罪 …………………………206
敵対関係 ………………………………4
デコイ ………………………………183
デタント ………………12,24,233,235
鉄のカーテン ………………………453
テトゥン語 …………………………106
デーニッツ提督裁判 ………………150
デフレ不況 …………………………391
テヘラン人質事件 →米国大使館占拠人質
　事件
テポドン・ミサイル ……………92,565
デリバティブ（金融派生商品） ……378
テロ ……………………………………49
テロ関連条約 ………………………151
テロ規制法 …………………………113
テロ行為 ……………………………335
テロ行為防止欧州条約 ……………153
テロ攻撃 ………………………336,337
テロ支援 ………………………………84
テロ支援国家 ……29,30,48,54,92,123
テロ資金供与防止条約 ……………152
テロ事件 …………………………31,141
テロ対策 ………………………54,79,90
テロ対策特別措置法 ……226,227,230,232,
　　　　　　　336,337,338,339,354
　──に基づく活動 ………………338
　──の手続 ………………………337
　──の目的 ………………………336
　協力支援活動 ………227,230,337,338
　捜索救助活動 …………230,337,338
　被災民救援活動 ………230,337,338

テロ対策に関する OSCE 憲章 ……128
テロ対策に関する決定及び行動計画 …128
テロ対処 ………………………………61
テロとの闘い …30,46,52,54,58,80,108,122
テロリスト ………………17,31,41,48
テロリスト訓練キャンプ ……………29
テロリスト爆弾使用防止条約 ……152
テロリスト・リスト …………………29
テロリストを支援している国家 ……54
テロリズム ………………14,31,115
テロリズムへの取組 ………………335
天安門事件 …………………………377
電気通信事業法 ……………………320
電気通信設備 ………………………320
電撃戦 ………………………………341
電子開発実験群 ……………………279
電子署名及び認証業務に関する法律 …309
電子戦データ収集機（EP-3） ……269
伝統的友誼 ……………………………81
天然ガス ……………………………104
天皇陛下 ………………………………82
電波情報 …………………………276,310
デンマーク …………………………129
テンユウ号事件 ………………………77
ドイセンベルク ……………………386
ドイツ …………56,62,81,127,129,130
ドイツ連邦共和国 …………………130
ドイモイ（刷新） ……………………99
統一作戦部隊（UNITAF） ……164,165
トゥヴァル ……………………………88
東欧 …………………………57,91,116
灯火管制 …………………………187,188
東京裁判（極東国際軍事裁判） ……201,206,
　　　　　　　　　　　　　　　210
東京サミット ……………………373,374
東京条約 …………………………151,152
東京宣言 …………………………71,78
東京ラウンド ………………………375
等距離外交 …………………………102
統合運用（自衛隊） ……271,275,303,340
統合強化条約 ………………………132
統合軍 …………………………………50
統合作戦 ………………………………53,61
統合参謀本部 …………………………52
統合戦闘能力 …………………………61
統合幕僚会議 ……251,259,274,275,276,282,
　　　　　　　288,303,304,340
統合幕僚会議議長 ……270,275,286,289,355
統合幕僚会議事務局 ………………355
統合幕僚学校 ………………………303
統合ビジョン2010 ……………………52,341
統合ビジョン2020 ……………………52,341

7 索引

統合部隊 …………………53,275,340
投降兵 ………………………………176
統合防衛システム ……………………86
東西関係 ……………………………373
東西ドイツ統一 ……………………130
東西問題 ……………………………373
東西冷戦 →冷戦
同時多発テロ →9.11同時多発テロ
東芝機械ココム違反事件 …………403
投射 ……………………………………10
同種復仇 …………………………197,199
島嶼国家 ………………………………96
統帥権 ………………………………230
動態に関する情報 …………………276
統治機能 ………………………………14
東突恐怖 ………………………………76
東南アジア条約機構（SEATO）……64
東南アジア諸国連合（ASEAN）…7,13,84,
96,382
東南アジア非核兵器地帯条約（SEANWF-Z） ………………………………44,85
東南アジア平和・自由・中立地帯構想……84
東南アジア友好協力条約（TAC）……85,383
動物兵士 ……………………………192
同盟 ……………………………11,14,47
同盟関係 ……………………11,62,163
ドゥルーズ教 ………………………117
道路管理者 …………………………320
道路交通法 …………………………320
道路法 ………………………………320
独 →ドイツ
特技 …………………………………300
特技職 ………………………………290
特殊な国と国との関係 ………………72
特殊部隊 ……………56,57,92,247,266,268,
271,330,331,332
特殊部隊「コパスス」 ………………75
特定査察 ………………………………38
特定通常兵器（使用禁止制限）条約（CCW） ……………………44,172,191,198
特定非営利活動促進法（NPO法）……17
特定防衛施設周辺整備調整交付金 …284,361
独島（ドクト）………………………68
特別円借款 …………………………79
特別課程（防衛研究所）……………281
特別警戒隊 …………………………329
特別裁判所 …………………………273
特別使節 ……………………………147
特別防衛秘密 ………………………261,310
特別保護標章 ………………………183
特別保護文化財国際登録簿 ………183
独立（台湾）…………………………73

独立行政法人国際協力機構 ………350
独立行政法人国駐留軍等労働者労務管理機構
 ………………………………284,285
独立権 ………………………………137
独立国家共同体（CIS）………13,59,132
独立国家共同体加盟国間対テロ協力条約 153
独立戦争（ベトナム）…………………99
ドゴール ……………………………459
都市計画法 …………………………321
都市公園法 …………………………320
都市緑地保全法 ……………………320
トータル・ディフェンス（シンガポール）103
土地区画整理事業施行地区 ………321
土地区画整理法 ……………………321
土地収用法 …………………………284,320
土地の使用 …………………………317,319
特科 ……………………………290,303
都道府県知事 ……317,318,319,320,323,325,
326,327,328,332,335
ドプチェク …………………………473,474
土木工事の受託 ……………………358
トマホーク巡航ミサイル ……………56
ドミニカ共和国 ……………………126
ドミノ理論 …………………………467
トラックⅠ ……………………………90
トラックⅡ ……………………………90
トラテロルコ条約 ……………………44
ドラビダ族 …………………………110
度量衡基準 ……………………………6
トルクメニスタン …………………132
トルコ …………………57,118,119,127,129
トルコ帝国 ……………………………32
トルーマン大統領 ……………446,456,458
トルーマン・ドクトリン …………446
奴隷 …………………………………126
ドロール報告書 ……………………385,386
トンガ …………………………………88,106
トンキン湾決議 ……………………467,468
トンキン湾の領海確定に関する協定 …79,99
トンブリー王朝 ……………………101

な 行

内閣 …………………………………285
内閣衛星情報センター ……………287
内閣官房 ………………285,287,308,334
内閣官房長官 ……231,286,287,316,363
内閣官房と安全保障 ………………287
内閣官房副長官（事務）……………308
内閣官房副長官補 ……286,287,308,316
内閣危機管理監 ……………………287,308
内閣情報調査室 ……………………287

641

内閣総理大臣……230,231,236,241,251,252,
　256,257,273,275,285,286,287,308,313,
　314,316,317,318,319,323,324,325,327,
　328,330,335,337,338,346,347,352,353
内閣府 ………230,273,274,285,353,357,359
内在的権限 …………………………………212
ナイジェリア ……………………………123,124
内政干渉 ………………………………168,177,178
内政不干渉 ……………………………8,15,84,106
内政問題 ……………………………………72
内戦 …………………………14,19,172,177,178
内部部局………259,273,276,283,285,288,
　341,356
内乱 ……………………………………172,323
内乱条項 ……………………………………172
ナウル ……………………………………77,88
名護市長 …………………………………366
ナショナリズム………………………………19
ナショナル・インタレスト…………………6,22
ナセル ……………………………460,472,479
ナパーム弾…………………………………44
ナミビア ……………………………………123,160
ならず者国家 ……………………………29,48,58
ナングル・アチェ・ダルサラム州…………97
南沙群島 ……………………………………70
南沙諸島 …………………………………70,86,99
南沙・西沙 …………………………………96
南沙・西沙諸島紛争 ………………………480
難船 ……………………………………184,186
難船者 ………………………………………171
南々協力 …………………………………102
南南問題 ………………………………380,394
南米南部共同市場（MERCOSUR）………387
南北首脳会談 ……………………………75,92
南北統一 ……………………………………99
南北の錨 …………………………………66,107
南北問題 …………………………………125,394
難民の地位に関する議定書………………32
難民の地位に関する条約 ……………32,101
難民問題 …………………………32,104,129
ニウエ ………………………………………88
2月革命 ……………………………………98
ニカラグア ………………………………125,126
ニカラグア事件 ……………………………167
ニカラグア内戦 ……………………………486
ニクソン ……………………………………468,485
2国間 ………………………………………62
2国間主義……………………………………11,19
2国間同盟……………………………………66
2国間防衛交流……………………………355
二国論 ………………………………………72
西アフリカ諸国経済共同体（ECOWAS）…123

西アフリカ諸国多国籍軍（ECOMIL）…123
西サハラ …………………………………124
西サハラ紛争 ……………………………123
西太平洋海軍シンポジウム………………356
西ティモール ………………………………105
西ドイツ ……………………………………129
西ドイツ赤軍派………………………………31
虹の戦士号事件（85年）……………………31
西ベルリン・ディスコ爆破事件 …………154
21世紀最初の戦争 …………………………24
21世紀における安全保障及び安定への脅威
　に対応するためのOSCE戦略に関する決
　定 ……………………………………………128
21世紀に向けた新たな日韓パートナーシッ
　プ共同宣言 …………………………………83
24海里 ……………………………………139
二正面 ………………………………………30
ニース条約 …………………………………384
日　→日本
日英同盟 ……………………………………419
日独伊防共協定 ……………………………431
日米安全保障関係……………………………64
日米安全保障協議委員会…242,244,245,250,
　256,258,364,366
日米安全保障高級事務レベル協議（SSC）…258
日米安全保障体制 …………………………240
日米安保 …………………………………66,240
日米安保共同宣言 ………………………241,243
日米安保条約 ……………………………147,217
日米間の安全保障協議 …………………256,258
日米韓防衛実務者協議 ……………………356
日米（旧）安保条約 …………………………216
日米行政協定 ………………………………148
日米共同訓練 ………………………………259,304
日米共同研究 …………………………242,261,283
日米経済摩擦 ………………………………400
日米航空協定 ………………………………404
日米構造協議 ………………………………401
日米合同委員会 ………………………148,257,364
日米新経済協議 ……………………………401
日米相互防衛援助協定 ……………………260,261
日米相互防衛援助協定等に伴う秘密保護法
　…………………………………………261,310
日米装備・技術定期協議（S&TF）………261
日米ソホットライン協定 …………………145
日米同盟 ……………………………………15
日米犯罪人引渡し条約 ……………………151
日米半導体協定 ……………………………402
日米物品役務相互提供協定……231,241,245,
　255,259,261
日米防衛協力のための指針（ガイドライン）
　………242,243,244,245,246,247,248,249

　　　　　　　　　　　　　250,251,254,260
　　海上交通の保護……………………247
　　旧指針の見直し……………………243
　　旧日米防衛協力のための指針…242,243
　　作戦構想及び作戦に係る諸活動 …246
　　新日米防衛協力のための指針……244,254,
　　　　　　　　　　　　　　　　260
　　　日米共同調整所……………247,248,251
　　　武力攻撃事態等における協力の基本 …246
　　　平素から行う協力………………244,245
　　　包括的なメカニズムと調整メカニズム…250
　日米防衛首脳会談……………………258
　日米包括協議………………………401,404
　日露海上事故防止協定…………………79
　日露関係…………………………………78
　日露行動計画……………………………78
　日露通好条約………………………71,146
　日露戦争…………………175,209,419
　日露東京宣言…………………………218
　日露防衛交流……………………………79
　日華平和条約……………………216,217
　日韓関係…………………………………82
　日韓基本条約………………………69,218
　日韓漁業協定………………………139,218
　日韓国民交流年…………………………82
　日韓首脳会談……………………………83
　日韓新漁業協定…………………………69
　日韓請求権協定……………………218,219
　日韓捜索・救難共同訓練………………83
　日韓犯罪人引渡し条約………………151
　日韓文化財協定………………………218
　日韓法的地位協定………………218,219
　日清戦争………………………………209
　日ソ共同宣言…………71,78,175,216,217
　日ソ国交正常化交渉…………………217
　日ソ中立条約……………………………71
　日中外相会談……………………………80
　日中関係…………………………………79
　日中共同声明………………79,175,216,217
　日中共同宣言……………………………79
　日中漁業協定…………………………139
　日中経済パートナーシップ協議………79
　日中国交正常化交渉…………………217
　日中首脳会談……………………………79
　日中戦争………………………………435
　日中平和友好条約…………………79,217
　日朝国交正常化交渉……………………82
　日朝首脳会談……………………………92
　日朝平壌宣言……………………………82
　2島先行返還論……………………71,146
　200海里………………………………139
　日本 …29,57,64,65,66,71,80,83,84,88,89,

　　　　　　　　　　　101,105,107,118
　日本異質論……………………………401
　日本環境管理基準（JEGS）………258,369
　日本軍………………99,100,102,103,105,106
　日本国憲法………223,227,228,230,294,312
　日本赤軍派………………………………31
　日本赤十字社…………………………209
　日本・太平洋諸国フォーラム首脳会議……88
　日本特別基金…………………………383
　日本における国際人道法の適用………209
　日本の植民地支配………………………82
　日本輸出入銀行………………………406
　ニュージーランド（NZ）…41,65,77,86,88,
　　　　　　　　　　　89,103,107,108
　ニュールンベルグ原則 ……200,204,207,210
　ニュールンベルグ裁判……200,201,204,206,
　　　　　　　　　　　　　　　207,210
　任期制自衛官……277,289,290,291,292,293,
　　　　　　　　　　　　　　　　318
　人間環境宣言…………………………189
　人間の安全保障…………………………15
　人間の尊厳の追求………………………47
　任用期間（自衛官）………………289,296,318
　抜き打ち査察……………………………37
　ネオ・コン………………………………55
　ネオ・コンサーバティブ …………55,56
　ネオ・リアリズム………………………23
　ネオ・リベラリズム……………………23
　ネガティブ・コンセンサス方式 ………376
　ネタニエフ……………………………120
　ネパール王国……………………113,115
　ネパール共産党毛沢東派（マオイスト）…32,
　　　　　　　　　　　　　　　　113
　年次交換…………………………………36
　年度業務計画……………………264,270,341
　燃料気体爆薬…………………………196
　ノウ・ハウ………………………………57
　ノドン・ミサイル………………92,118,560,565
　盧武鉉大統領…………………………83,93
　ノルウェー………………………113,119,129

は 行

　拝火教徒………………………………114
　排出権取引…………………………29,412
　賠償交渉…………………………………64
　背信行為………………………………183
　排他的経済水域……………………80,139,203
　ハイチ…………………………………125
　ハイテク・ナショナリズム……………402
　ハイテク犯罪……………………………27
　背任事件…………………………283,307

643

バイラテラリズム（2国間主義）‥‥‥‥19
破壊工作‥‥‥‥‥‥‥‥‥‥‥‥‥‥‥92
パガン王朝‥‥‥‥‥‥‥‥‥‥‥‥‥103
パキスタン‥‥30,33,39,40,110,111,114,115
パキスタン・イスラム共和国‥‥‥‥‥114
爆撃機‥‥‥‥‥‥‥‥‥‥‥‥‥‥‥543
迫撃砲‥‥‥‥‥‥‥‥‥‥‥‥‥‥‥532
白豪主義‥‥‥‥‥‥‥‥‥‥‥‥‥‥107
ハーグ条約‥‥‥‥‥‥‥‥‥‥‥‥‥152
ハーグ宣言‥‥‥‥‥‥‥‥‥‥‥‥‥191
爆破事件‥‥‥‥‥‥‥‥‥‥‥‥‥‥‥97
爆発性戦争残存物（ERW）に関する議定
　書‥‥‥‥‥‥‥‥‥‥‥‥‥‥‥‥197
爆発物‥‥‥‥‥‥‥‥‥‥‥‥‥‥‥‥40
爆破テロ‥‥‥‥‥‥‥‥‥‥‥‥‥‥100
ハーグ法‥‥‥‥‥‥‥‥‥‥‥‥171,172
ハーグ陸戦規則‥175,181,182,183,184,214
ハーグ陸戦条約‥‥‥‥‥‥‥‥‥‥‥199
幕僚監部‥‥‥‥‥‥‥‥251,274,275,309,341
幕僚長‥‥‥‥‥270,274,275,299,300,301,
　　　　　　　　　　　　304,340,355
幕僚部（EU）‥‥‥‥‥‥‥‥‥‥127,130
幕僚副長‥‥‥‥‥‥‥‥‥‥‥‥274,275
覇権安定論‥‥‥‥‥‥‥‥‥‥‥‥‥7,16
覇権国‥‥‥‥‥‥‥‥‥‥‥‥‥‥‥‥16
派遣国‥‥‥‥‥‥‥‥‥‥‥‥‥‥‥147
覇権システム‥‥‥‥‥‥‥‥‥‥‥‥‥18
覇権主義‥‥‥‥‥‥‥‥‥‥‥‥‥‥217
函館戦争‥‥‥‥‥‥‥‥‥‥‥‥‥‥209
バジパイ首相‥‥‥‥‥‥‥‥‥‥‥‥110
橋本首相‥‥‥‥‥‥‥‥‥‥‥‥‥‥398
バシラン島‥‥‥‥‥‥‥‥‥‥‥‥‥‥67
バスク‥‥‥‥‥‥‥‥‥‥‥‥‥‥‥‥34
バスク国民党（PNV）‥‥‥‥‥‥‥‥131
バスク祖国と自由（ETA）‥‥‥‥31,131
バスク民族運動‥‥‥‥‥‥‥‥‥‥‥131
バーゼル合意‥‥‥‥‥‥‥‥‥‥‥‥378
ハタミ政権‥‥‥‥‥‥‥‥‥‥‥‥‥118
パターン人‥‥‥‥‥‥‥‥‥‥‥‥‥114
ハッカー‥‥‥‥‥‥‥‥‥‥‥‥‥‥389
ハッキング‥‥‥‥‥‥‥‥‥‥155,156,169
バッジシステム‥‥‥‥‥‥‥‥‥262,269
パナマ‥‥‥‥‥‥‥‥‥‥‥‥‥‥‥126
パナマ運河‥‥‥‥‥‥‥‥‥‥‥‥‥138
パナマ運河条約‥‥‥‥‥‥‥‥‥‥‥139
パナマ運河の永久中立と運営に関する条約
　‥‥‥‥‥‥‥‥‥‥‥‥‥‥‥‥‥139
バニヤン‥‥‥‥‥‥‥‥‥‥‥‥‥‥‥68
ハビビ副大統領‥‥‥‥‥‥‥‥‥‥97,105
パプア州‥‥‥‥‥‥‥‥‥‥‥‥‥‥‥97
パプア・ニューギニア（PNG）‥‥‥76,88
ハブ・アンド・スポークス‥‥‥‥‥62,63,66

パフラヴィ（パーレビ）朝‥‥‥‥‥‥118
歯舞群島‥‥‥‥‥‥‥‥‥‥‥71,146,218
ハマス‥‥‥‥‥‥‥‥‥‥‥‥‥‥25,27
ハメネイ大統領‥‥‥‥‥‥‥‥‥‥‥118
パラオ‥‥‥‥‥‥‥‥‥‥‥‥‥‥‥‥88
パラグアイ‥‥‥‥‥‥‥‥‥‥‥‥‥126
バラク左派政権‥‥‥‥‥‥‥‥‥‥‥120
バランス・オブ・パワー‥‥‥‥‥‥‥9,23
バリカタン‥‥‥‥‥‥‥‥‥‥‥‥66,67
パリ協定‥‥‥‥‥‥‥‥‥‥‥‥‥‥100
パリクラブ‥‥‥‥‥‥‥‥‥‥‥‥‥397
パリ国際航空条約‥‥‥‥‥‥141,144,145,149
パリ宣言‥‥‥‥‥‥‥‥‥‥‥‥‥‥174
バリ島爆弾テロ事件‥‥‥‥‥26,32,75,108
パリ和平会議‥‥‥‥‥‥‥‥‥‥‥‥100
パリ和平協定‥‥‥‥‥‥‥‥‥‥‥‥‥99
バルカン症候群‥‥‥‥‥‥‥‥‥‥‥196
バルカン戦争‥‥‥‥‥‥‥‥‥‥‥‥421
ハル国務長官‥‥‥‥‥‥‥‥‥‥‥‥439
バルーチ人‥‥‥‥‥‥‥‥‥‥‥‥‥114
バルト三国‥‥‥‥‥‥‥‥‥‥‥‥‥132
ハル・ノート‥‥‥‥‥‥‥‥‥‥‥‥439
パル判事‥‥‥‥‥‥‥‥‥‥‥‥‥‥210
パレスチナ移住‥‥‥‥‥‥‥‥‥‥‥116
パレスチナ解放機構‥‥‥25,31,116,119,178,
　　　　　　　　　　　　　　　470,514
パレスチナ国家‥‥‥‥‥‥‥‥‥‥‥121
パレスチナ暫定自治政府‥‥‥‥‥‥‥116
パレスチナ人‥‥‥‥‥‥‥‥‥‥117,120
パレスチナ紛争‥‥‥‥‥‥‥‥‥‥‥514
バーレーン‥‥‥‥‥‥‥‥‥‥‥118,122
ハワイ‥‥‥‥‥‥‥‥‥‥‥‥‥‥‥‥50
ハワイ州オアフ島‥‥‥‥‥‥‥‥‥‥‥64
パワー主体（国家）‥‥‥‥‥‥‥‥‥‥22
ハワード首相‥‥‥‥‥‥‥‥‥‥‥‥108
汎アラブ会議‥‥‥‥‥‥‥‥‥‥‥‥115
反核意識‥‥‥‥‥‥‥‥‥‥‥‥‥‥‥66
ハンガリー‥‥‥‥‥‥‥‥‥‥‥‥‥130
ハンガリー動乱‥‥‥‥‥‥‥‥‥‥‥462
反共‥‥‥‥‥‥‥‥‥‥‥‥‥‥55,66,96
バングラデシュ‥‥‥‥‥‥‥‥‥104,115
反グローバリズム‥‥‥‥‥‥‥‥‥4,126
バンコク条約‥‥‥‥‥‥‥‥‥‥‥‥‥44
バンコク宣言‥‥‥‥‥‥‥‥‥‥‥‥‥84
犯罪組織‥‥‥‥‥‥‥‥‥‥‥‥‥‥‥41
犯罪人引渡し‥‥‥‥‥‥‥‥‥151,156,201
犯罪人引渡し条約‥‥‥‥‥‥‥‥‥‥151
パンジャブ人‥‥‥‥‥‥‥‥‥‥‥‥114
阪神・淡路大震災‥‥‥‥‥‥‥‥‥‥‥3
反政府運動‥‥‥‥‥‥‥‥‥‥‥‥‥‥41
反政府軍‥‥‥‥‥‥‥‥‥‥‥‥‥‥‥41
反政府武装勢力‥‥‥‥‥‥‥‥‥‥‥126

7 索引

反ダンピング課税‥‥‥‥‥‥‥‥‥402
パンチェン・ラマ‥‥‥‥‥‥‥‥‥74
汎地球測位システム‥‥‥‥‥‥‥145
ハンチントン‥‥‥‥‥‥‥‥‥‥‥18
反テロ共同宣言‥‥‥‥‥‥‥‥‥‥85
反テロの国際的連帯‥‥‥‥‥25,29,30
叛徒‥‥‥‥‥‥‥‥‥‥‥‥‥‥177
半導体協定‥‥‥‥‥‥‥‥‥‥‥402
反覇権条項‥‥‥‥‥‥‥‥‥‥‥217
反米感情‥‥‥‥‥‥‥‥‥‥‥‥‥93
板門店‥‥‥‥‥‥‥‥‥‥‥‥‥‥74
汎用品‥‥‥‥‥‥‥‥‥‥‥‥‥‥47
被害発生時‥‥‥‥‥‥‥‥‥‥‥167
非核国‥‥‥‥‥‥‥‥‥‥‥‥‥‥41
非核三原則‥‥‥‥‥226,228,238,242,244
非核地帯‥‥‥‥‥‥‥‥‥‥‥‥‥45
非核兵器国‥‥‥‥‥‥‥‥‥‥‥‥39
非核（兵器）地帯（NWFZ）‥‥35,44,45
非核（兵器）地帯条約‥‥‥‥‥‥‥38
非核法‥‥‥‥‥‥‥‥‥‥‥‥‥109
東アジア‥‥‥‥‥‥‥‥‥‥‥‥‥81
東アジア経済協議体（EAEC）‥‥‥389
東アジア戦略概観‥‥‥‥‥‥‥‥282
東アジア戦略報告（EASR）‥‥‥‥50
東シナ海‥‥‥‥‥‥‥‥‥‥‥‥‥80
東ティモール‥‥8,15,21,32,34,76,87,97,
　　　　　　　　　　　　　105,108,160
東ティモール行政府（ETPA）‥‥‥105
東ティモール国際軍（INTERFET）‥‥105,
　　　　　　　　　　　　　108,164,165
東ティモール暫定政府（ETTA）‥‥105
東ティモールの独立問題‥‥‥75,85,383
東ティモール紛争‥‥‥‥‥‥‥‥481
東ティモール民主共和国‥‥‥‥‥105
東トルキスタン‥‥‥‥‥‥‥‥‥‥76
東トルキスタン・イスラム党（ETIP）‥76
東トルキスタン・ウィグル戦線組織‥‥26
東トルキスタン解放党（SHAT）‥‥‥76
東トルキスタン・テロ‥‥‥‥‥26,76
東トルキスタン問題‥‥‥‥‥‥‥‥75
東富士演習場‥‥‥‥‥‥‥‥‥‥366
非関税障壁‥‥‥‥‥‥‥‥‥‥‥375
非強制的手段‥‥‥‥‥‥‥‥‥‥128
飛行開発実験団‥‥‥‥‥‥‥‥‥279
飛行幹部候補生‥‥‥‥‥‥‥300,301
飛行教育‥‥‥‥‥‥‥‥‥300,302,303
飛行教育団‥‥‥‥‥‥‥‥‥279,303
飛行群‥‥‥‥‥‥‥‥‥‥‥‥‥279
飛行場‥‥‥‥‥‥‥‥321,361,362,367,368
飛行隊‥‥‥‥‥‥‥‥‥‥‥268,279
非国際的武力紛争‥‥‥‥‥‥172,173
庇護権‥‥‥‥‥‥‥‥‥‥‥‥‥149

非5条任務‥‥‥‥‥‥‥‥‥‥‥129
非国家集団‥‥‥‥‥‥‥‥‥‥‥‥17
非国家主体‥‥‥‥‥‥‥‥‥‥16,45
非殺傷兵器‥‥‥‥‥‥‥‥‥‥‥161
避止義務‥‥‥‥‥‥‥‥‥‥‥‥173
日出生台演習場‥‥‥‥‥‥‥‥‥366
非常事態‥‥‥‥‥‥‥‥‥‥‥‥‥3
非常任理事国‥‥‥‥‥‥‥‥‥‥159
ヒズボラ（神の党）‥‥‥‥‥‥25,27
非脆弱化‥‥‥‥‥‥‥‥‥‥‥‥‥3
非政府間での協議（トラックⅡ）‥‥90
非政府組織（NGO）‥9,16,17,236,379,411
非戦闘員‥‥‥‥‥‥‥‥‥172,176,180
非戦闘員退避活動‥‥‥‥‥‥‥‥‥49
非戦闘地域‥‥‥‥‥‥‥‥‥‥‥351
非対称的脅威‥‥‥‥‥‥‥16,49,50,76
非対称的軍拡競争‥‥‥‥‥‥‥‥‥39
非中立的役務‥‥‥‥‥‥‥‥‥‥182
非同盟‥‥‥‥‥‥‥41,103,105,110,112,114
非同盟中立‥‥‥‥‥‥‥‥‥‥96,113
人質行為防止条約‥‥‥‥‥‥‥‥152
ひとつの中国‥‥‥‥‥‥‥‥‥‥‥72
「一つの中国の原則と台湾問題」白書‥72
人の不法出入国‥‥‥‥‥‥‥‥‥‥27
ヒトラー‥‥‥‥‥‥‥‥‥‥437,438
避難民‥‥‥‥‥‥‥‥‥‥‥‥‥‥32
非武装地帯（DMZ）‥‥‥‥74,166,189
秘密保全（自衛隊）‥‥‥‥‥266,309
ひも付き（タイド）援助‥‥‥‥‥406
病院‥‥‥‥‥‥‥‥‥277,278,279,319,361
病院・安全地帯‥‥‥‥‥‥184,185,187
病院船‥‥‥‥‥‥‥‥‥‥‥‥‥150
病院地帯‥‥‥‥‥‥‥‥‥‥‥‥187
病院地帯・地区‥‥‥‥‥‥‥‥‥187
標準作戦規則（SOP）‥‥‥‥‥‥162
剽盗‥‥‥‥‥‥‥‥‥‥‥‥‥‥205
ビルマ‥‥‥‥‥‥‥‥‥‥‥‥‥103
ビルマ族‥‥‥‥‥‥‥‥‥‥‥‥103
ビルマ独立義勇軍‥‥‥‥‥‥‥‥103
ピレネー山脈‥‥‥‥‥‥‥‥‥‥131
ビレンドラ国王‥‥‥‥‥‥‥‥‥114
貧困問題‥‥‥‥‥‥‥‥‥‥125,126
貧者の核兵器‥‥‥‥‥‥‥‥‥‥191
ヒンドゥー教‥‥‥‥‥‥‥‥‥‥113
ヒンドゥー教徒‥‥‥‥‥‥96,112,114
ヒンドゥー語‥‥‥‥‥‥‥‥‥‥110
ファーゴ太平洋艦隊司令官‥‥‥‥‥64
ファリンティル‥‥‥‥‥‥‥‥‥105
不安定の弧‥‥‥‥‥‥‥‥‥49,58,76
フィジー‥‥‥‥‥‥‥‥‥‥76,88,106
フィリップ海軍大佐‥‥‥‥‥‥‥106
フィリピン‥‥‥‥‥31,67,70,77,84,89,98

645

資料及び索引

フィリピン共和国……………………98
フィリピンの米軍基地…………………63
部員（防衛庁）………………288,295
フィンランド……………………89
フォークランド紛争………175,203,495
フォーリン・アフェアーズ……………18
フォール・イーグル……………………67
不確実性……………………49,76
不可侵権………………149,150,174
不可侵条約……………………84,92
不干渉義務………………172,173
武器移転………………………78
武器拡散………………………33
武器学校………………………302
武器・弾薬………………253,338,353
武器等防護のための武器使用…339,348,354
武器売却……………………68,80
普及義務………………………199
武器輸出三原則と例外………………231
「富強」「民主」「文明」………………95
複数の国にまたがった国際的な団体（INGO）………………………17
フク団の反乱………………………446
服務（自衛隊）………………294,309
服務規律………………………266
服務の宣誓………………288,293,294
服務の本旨………………288,294
ブーゲンビル………………………88
ブーゲンビル島……………………77
ブーゲンビル島の平和監視グループ……109
富士学校………………………303
負傷兵救護国際委員会……………200,209
婦人（女性）自衛官…………………298
不審船………82,271,287,322,324,328,329
ブースト段階………………………51
不正アクセス行為の禁止等に関する法律…309
不正規型の攻撃……………………247
フセイン………………214,493,495,501,502
フセイン・イラク元大統領の拘束………122
フセイン政権………………56,119
不戦構造………………………19
武装解除………………………4
武装工作員………………324,330,352
武装派グループ……………………104
部隊間交流……………………79,83
部隊訓練（自衛隊）………299,300,302,303
部隊行動基準……………………161,203
ブータン………………………114,115
プーチン政権………………………46
プーチン大統領……………………58,60
プーチン大統領代行…………………59
仏　→フランス

普通科………………………290,303
普通科連隊………………………276
復仇………………180,182,191,199
仏教………………………104,112
仏教徒………………99,100,101,112
物件費…………………………271
復興人道支援庁……………………214
物資協力（PKO）…………………348
ブッシュ（ジョージ・W）→ジョージ・W・ブッシュ
ブッシュ大統領（父）………………43
フツ族…………………………208
仏・ラオス条約……………………99
仏連合…………………………99
普天間飛行場……………………364,365
不透明性・不確実性…………………17
不透明・不確実………………………72
プノンペン……………………100
不発弾処理………………………358
不必要な苦痛……………………211
不必要な苦痛を与える兵器……………191
不必要な苦痛を与える兵器の使用禁止原則
　………………………197,198
ブービートラップなどに関する議定書Ⅱ…193
部分講和………………………216,217
部分的核実験禁止条約（PTBT）………45
部分的軌道爆破装置………………145
部分的休戦……………………175
不法な戦闘員……………………180
ブミプトラ政策……………………102
プーミポン国王……………………101
ブライアン条約……………………163
プラザ合意………………………374,401
ブラジル………………41,125,126
プラットフォーム不法行為防止議定書…152
プラハ能力コミットメント（PCC）………129
フランコ独裁政権…………………131
フランス………40,56,81,89,99,100,123,127,
　129,130,131
フランス革命……………………31
フランス軍の近代化計画……………61
フランスの国防政策…………………61
フランスの直接行動…………………31
フランスUTA航空機爆破事件………155
フランス領のニューカレドニアやタヒチ…77
ブリュッセル条約…………………130
俘虜………………………180
武力攻撃………………………167,253
武力攻撃事態対処法…246,286,293,311,312,
　313,314,315,316,317,318,319,320,330,
　331,339
――の目的及び基本理念………………311

7 索引

行政機関・公共機関の責務及び国民の協
　力 ···312
指定行政機関 ··311, 313, 314
指定公共機関 ··311, 313, 314
対処基本方針 ··311, 313, 314
対処措置 ··311, 313, 314, 315
展開予定地域 ··313, 316, 339
武力攻撃事態 ·············246, 311, 312, 313, 315
武力攻撃事態対処関連三法 ·············286, 293,
　　　　　　　　　　　　　316, 317, 318, 319, 320
武力攻撃事態等対策本部（対策本部）　314
武力攻撃予測事態 ····································311, 313
武力行使 ·······················72, 225, 226, 317, 350
武力南侵 ···74
武力不行使原則 ··································156, 168
武力紛争時文化財保護条約 ···········199, 210
武力紛争の際の文化財の保護のための条約
　　··182
武力紛争への児童の関与に関する児童権利
　条約選択議定書 ·····································179
武力紛争法 ··171
武力容認型多国籍軍 ·································165
ブルガリア ··130
フルシチョフ ·······························462, 466, 476
プルトニウム ···40, 89
ブルネイ ·······························70, 84, 102, 104
ブルネイ・ダルサラーム国 ··············104
ブルンジ ··122
ブレア政権 ···61
ブレジネフ ·······························473, 474, 490
ブレジネフ・ドクトリン ····················137
フレテリン ···105
ブレトンウッズ ··374
プロテスタント系住民 ·····························131
ブロードバンド ··333
文化財保護 ·································184, 185, 186
文化財保護条約 ····································183, 184
文化体系 ···9
フンシンペック党 ··100
フン・セン首相 ··100
紛争解決 ···86
紛争防止 ···127
紛争予防 ··18, 128, 129
分担金（UN）··159
文民収容所 ······································184, 185
文民統制 ···94
文民保護 ···171
文民保護条約 ·······················181, 187, 215
文明の衝突 ···18
分離主義 ···87
米　→米国
米印共同宣言 ··111

兵役 ··92
米越通商協定 ··99
米海軍のEP-3電子偵察機 ············80
米加自由貿易協定 ·····························384, 387
米華相互防衛条約 ································68, 94
米韓関係 ···93
米韓合同軍事演習（チームスピリット）···67
米韓合同大規模野外機動演習···············67
米韓相互防衛条約 ························67, 74, 93
米艦艇 ···81
兵器調達計画 ··38
兵器用核分裂性物質生産停止条約············40
米軍 ···67, 99, 106
米軍艦艇の寄航 ···64
米軍基地 ···363
米軍顧問団 ···67
米軍のアクセス ···47
米軍のプレゼンス ················50, 63, 81
米原子力潜水艦「グリーンビル」··········64
米豪安全保障関係 ···66
米豪安保共同宣言（シドニー宣言）········66
米豪合同軍事演習 ··66
併合条約 ···218
米国 ·······29, 38, 46, 62, 64, 65, 66, 67, 73, 78, 80,
　　82, 83, 84, 87, 89, 93, 94, 96, 101, 103, 105,
　　107, 109, 110, 111, 113, 114, 118, 119, 120,
　　　　　　　121, 123, 125, 126, 127, 128, 129
米国・国家安全保障戦略 ·······················47
米国大使館占拠・人質事件 ·········118, 169
米国大統領 ···241
米国通商代表部（USTR）·············403
米国的国際主義 ··47
米国のアフガニスタン攻撃 ·············517
米国の価値観 ··47
米国のグレナダ侵攻 ·······························499
米国の台湾防衛の意思 ·····························68
米国のパナマ侵攻 ····································500
米国のフィリピン征服 ···························418
米国防報告 ···341
米国陸戦訓令 ··202
平時国際法 ··173
米州機構（OAS）·······································125
米州自由貿易圏 ··387
米州首脳会議 ··387
米州相互援助条約 ·····························153, 168
米州テロ行為防止処罰条約 ···············153
米ソ対立 ···74
米・タイ安全保障関係 ···························64
米・タイ軍事援助協定 ···························64
米・タイ経済技術協力協定 ···············64
米台（中華民国）関係 ···························68
米太平洋軍 ··63

647

資料及び索引

兵站 …………………………………10
兵站支援 ……………………………53
米中関係 ……………………………80
米中軍事交流 ………………………81
米中軍用機接触事件 ………………81,145
米中朝協議 …………………………81,84
米中の国交樹立 ……………………68
米朝協議 ……………………………83
米朝共同コミュニケ ………………83
米朝枠組み合意 ……………………83,92,381
米統合参謀本部 ……………………341
米同時多発テロ →9.11同時多発テロ
米パンナム機爆破事件 ……………121,155
米比合同軍事演習 …………………31,67
ヘイ・ビュノー・ヴァリヤ条約 …139
米民間航空機（TWA）爆破事件 …154
兵力提供協定 ………………………161
兵力の削減 …………………………130
米露戦略核兵器削減条約 …………45
米露の新たな戦略的関係 …………57
米露の海軍のプレゼンス …………77
平和維持 ……………………………129,130
平和維持活動（PKO） ……………65,109,129,159,165
平和維持隊本体業務（PKF） ……343,346,347,348
平和構築 ……………………………238,239,282
平和条約 ……………………………71,116,175
平和条約交渉 ………………………78
平和と発展のための友好協力パートナーシップ …………………………79
平和に対する脅威 …………………153
平和に対する罪 ……………………204,205,206,207,210
平和のための課題 …………………157,161
平和のための課題・追補 …………161
平和のためのパートナーシップ（PfP） 129
平和利用 ……………………………41
北京 …………………………………81
ベギン首相 …………………………119
ペータースベルク宣言 ……………130
ペータースベルク任務 ……………130
ヘッジファンド ……………………390,395,398
ベトナム ……………………………61,70,79,84,99,100,101,107
ベトナム国 …………………………99
ベトナム社会主義共和国 …………99
ベトナム戦争 ………………………64,66,189,191,196,466
ベトナムのカンボジア侵攻 ………64
ベトナム民主共和国 ………………99
ペトリオットシステム ……………262,532,553,554
ベナン ………………………………102
ベネズエラ …………………………125,126
ヘブロン ……………………………120
ベラルーシ …………………………132
ペリー北朝鮮政策調整官（元国防長官） …83
ヘリコプター ………………………533,535,537
ヘリコプター搭載護衛艦（DDH） …268,269
ペリー報告 …………………………83
ペリンダバ条約 ……………………44
ペルー ………………………………126
ベルギー ……………………………129,130
ペルシャ ……………………………118
ヘルシンキ欧州理事会 ……………127
ヘルシンキ宣言 ……………………8
ペルー日本大使公邸人質事件 ……32
ベルリン封鎖 ………………………453
ペレス首相 …………………………120
ペレストロイカ（改革） …………24
ベロロージ宣言 ……………………132
片面講和 ……………………………216
ボーア戦争 …………………………417
保安林 ………………………………320
砲 ……………………………………324,325,331,366
防衛医学研究センター ……………281
防衛医科大学校 ……………………277,280,288,291,298,358
防衛医科大学校学生 ………………294
防衛医科大学校病院 ………………358
防衛外交 ……………………………8,12,61
防衛関係費 …………………………265,271,283
防衛行政と公益 ……………………358
防衛協力小委員会（SDC） ………259
防衛計画の大綱 ……………………233,234,235,237,238,239,240,243
　基盤的防衛力構想 ………………234,238
　旧大綱策定の経緯 ………………233
　旧大綱との比較 …………………238
　現大綱策定の背景 ………………237
　限定的小規模侵略 ………………235,239,243
　新防衛計画の大綱 ………………240
防衛研究所 …………………………281,356,360
防衛交流 ……………………………8,12,61,79,83,86
防衛産業 ……………………………305,306,307,309
防衛参事官 …………………………230,288
防衛施設 ……………………………284,361,363,368
防衛施設地方審議会 ………………288
防衛施設中央審議会 ………………288
防衛施設庁 …………………………258,271,284,285,288,361,363,365
防衛施設庁業務部 …………………288
防衛施設庁長官 ……………………258,295
防衛事務次官 ………………………288,309
防衛出動 ……………………………225,230,275,313,316,317,318,319,320,330,332,339,368
　──後の権限 ……………………317
　──と関係法律 …………………320

── と展開予定地域 ……………316
　　業務従事命令 ………………319
　展開予定地域 …………313,316,339
　土地の使用、物資の収用 …317,319
　防衛施設構築 ……………317,320
防衛首脳クラスなどのハイレベルの交流…83
防衛人事審議会 ………………285,288
防衛政策指針（ドイツ）…………131
防衛生産・技術基盤 ………………305
防衛大学校 …277,279,288,291,298,356
防衛大学校学生 ……………………294
防衛庁規格 …………………………307
防衛庁・自衛隊の法的側面 ………273
防衛庁情報保全委員会 ……………309
防衛調達改革本部 …………………307
防衛調達審議会 ………………284,285,288
防衛調達制度調査検討会 …………307
防衛庁長官 …91,230,233,237,252,256,257,
　258,270,274,275,278,284,286,288,295,
　297,300,301,304,307,317,318,319,320,
　321,323,324,325,326,327,328,329,331,
　335,338,340,347,350,353,355,363,366
防衛庁長官政務官 ……………285,288
防衛庁副長官 …………………285,288
防衛的武器の供与 …………………68
防衛当局間の定期協議（日露）……79
防衛当局間のハイレベルの交流………79
防衛当局者間の定期協議（日韓）……83
防衛統合ディジタル通信網（IDDN）……269
防衛白書 ……………………………357
防衛秘密 ……………………………310
防衛問題懇談会 ……………………236
防衛力の在り方検討 …………237,341
防衛力の役割 …………………238,342
防衛を考える会 ……………………233
貿易開発理事会 ……………………379
貿易黒字 ……………………………400
法王庁 ………………………………125
包括通商法 …………………………401
包括的開発フレームワーク ………379
包括的核実験禁止条約（CTBT）…19,39,45,
　　　　　　　　　　　47,59,110,111
包括的核実験禁止条約機関（CTBTO）……45
包括的テロ防止条約案 ……………152
包括的な相互理解と友好を企図した安全保
　障上のアプローチ ………………8
包括的和平 …………………………121
防御 …………………………………38
防御施設構築 ……………………317,320
防空 …………………………228,246,268,304
防空演習 ……………………………86
防空軍 ………………………………60

防空壕 ………………………………187
防空識別圏 ……………………142,147
防空法 ………………………………187
冒険主義（ジャクソニズム）………19
防護 …………………………………38
防止 …………………………………38
防止義務 ……………………………174
法執行プロジェクト ………………27
放射性物質 …………………………45
防守都市 ………………………181,188,211
邦人保護 ……………………………80
防勢作戦 ………………………243,246
暴徒鎮圧剤 …………………………191
亡命者 ………………………………32
方面総監 ………………………277,278,341
方面総監部 …………………………276
方面隊 ……………………276,278,304
訪問米軍の地位に関する米比協定………67
包容（太陽）政策 ………………74,93
法律顧問 ………………………198,199
法輪功 ………………………………95
補給処 ……………………277,278,279
補給統制本部 ………………………277
補給本部 ………………………278,279
北欧諸国 ……………………………113
ホーク首相 …………………………381
北進統一 ……………………………74
北東アジア …………………………76
北東アジア自由貿易圏構想 ………388
北東アジア非核兵器地帯構想………44
北部同盟 ……………………………30
北米自由貿易協定 …………………387
保健に関するG8行動計画 ………28
母国語を忘れた山岳トルコ人 ……119
保護条約 ……………………………218
ボゴタ憲章 …………………………125
保護貿易主義 …………………374,375
ポゴール宣言 ………………………382
保守連立政権 ………………………107
保障措置 ………………………38,39,41
補償問題 ……………………………82
ポスト覇権システム ………………18
ポスト4次防 ………………………227
ボスニア ……………………………8
ボスニア紛争 ………………………61
ボスニア・ヘルツェゴビナ ………161
ポーター条約 ………………………163
ボーダレス化 …………………52,389
墓地、埋葬等に関する法律 ………321
ホー・チ・ミン ……………………466
ポツダム宣言 ……………71,210,217
ホットライン ………………………8

649

北方限界線（NLL） ……………………… 75
北方四島 …………………………………… 71
北方四島周辺水域における韓国漁船のサンマ漁問題 …………………………………… 82
北方四島住民支援事業 …………………… 78
北方領土 ………………………… 71,72,78,146
ポーツマス講和条約 ……………………… 420
ホーネッカー ………………………… 463,492
ボフ神父 …………………………………… 125
ホメイニ師 ……………… 25,118,488,489,495
ポーランド …………………………… 89,129
ポリサリオ戦線 …………………………… 123
ポリネシア系 ……………………………… 106
ボリビア …………………………………… 126
捕虜 ………………………………………… 179
捕虜資格 ……………………………… 172,180
捕虜収容所 …………………………… 184,185
捕虜情報局 ………………………………… 180
捕虜条約 ………………………… 180,181,183
捕虜待遇 ………………………… 171,180,181
ポルトガル ……… 77,97,105,125,126,129,130
ポルトガル語 ……………………………… 106
ポルトガル人 ………………………… 102,112
ボルネオ島 ………………………………… 70
ポル・ポト政権 …………………………… 100
ポル・ポト派 ……………………………… 100
本土ミサイル防衛（NMD） …………… 38,51

ま　行

マイクロ・ステーツ ……………………… 106
マイナー自衛権 …………………………… 167
マウンテン・ライオン作戦 ……………… 30
マオイスト ………………………………… 113
マオリ ……………………………………… 108
マクナマラ …………………………… 466,472
マケドニア ………………………………… 127
マーシャル諸島 …………………………… 88
マーシャル・プラン ………………… 377,378
マッカーサー ………………… 166,456,457,458
マッカーサー・ライン …………………… 69
松島 ………………………………………… 68
マネー・ロンダリング ………………… 27,400
マハティール首相 …………………… 389,398
マフィリンド構想 ………………………… 70
麻薬 ………………………………………… 87
麻薬委員会 ………………………………… 27
麻薬新条約 ………………………………… 27
麻薬単一条約 ……………………………… 27
麻薬特例法 ………………………………… 400
麻薬取引 …………………………………… 14
マライタ人 ………………………………… 106

マラケシュ宣言 …………………………… 376
マラッカ …………………………………… 102
マラッカ海峡 ……………………………… 77
マラヤ共産党 ……………………………… 102
マラヤの共産党反乱 ……………………… 450
マラヤ連邦 ………………………………… 102
マルク地方 ………………………………… 97
マルク問題 ………………………………… 101
マルコス独裁政権 ………………………… 98
マルコス副司令官 ………………………… 126
マルチラテラリズム ……………………… 19
マレー系 ………………………… 96,102,103,104
マレー語 …………………………………… 103
マレーシア … 61,65,70,77,84,86,89,98,102,103,107
マレーシア構想 …………………………… 70
マレーシア連邦 ……………………… 96,102,103
マレー主義 ………………………………… 104
マレー族 …………………………………… 101
マレー半島 …………………………… 102,107
満州事変 ……………………………… 163,434
マンデラ政権 ……………………………… 124
マン・パワー ……………………………… 57
ミグ25事件 ………………………………… 144
ミクロネシア系 …………………………… 106
ミクロネシア連邦 ………………………… 88
ミサイル ……………… 46,225,238,239,282,303,322,361
ミサイル関連資機材・技術輸出規制 …… 405
ミサイル技術管理レジーム（MTCR） …… 46
ミサイル攻撃能力 ………………………… 73
ミサイル護衛艦（DDG） ………………… 268
ミサイル艇 ………………………………… 329
ミサイルの拡散 …………………………… 17
ミサイル発射事案 ………………………… 83
ミサイル防衛（MD） ………… 19,40,44,46,51,52,54
ミサイル問題 ……………………………… 82
ミスチーフ環礁 ………………………… 70,98
3つの代表 ………………………………… 95
ミッド・コース段階 ……………………… 51
密輸 ………………………………………… 87
南アジア自由貿易圏（SAFTA） ………… 115
南アジア地域協力機構のテロ防止条約 … 153
南アジア地域協力連合（SAARC） ……… 112,114,115
南アフリカ ………………………………… 41
南アフリカ共和国 ………………………… 124
南シナ海 …………………………………… 70
南シナ海行動規範 ………………………… 70
南シナ海宣言 ……………………………… 70
南太平洋諸国 ……………………………… 107

650

7 索 引

南太平洋の島嶼部……………………………76
南太平洋非核地帯条約………………………44
南太平洋フォーラム（SPF）…………13,88
南ベトナム（共和制）………………………99
ミニマム・アクセス………………………376
宮崎イニシアティブ…………………………88
ミャンマー…………………61,84,101,103
ミャンマー連邦……………………………103
未臨界核実験……………………………45,46
ミロシェビッチ……………208,512,513,514
民間航空機不法行為防止条約（モントリオ
　ール条約）…………………………152,155
民間人乗船プログラム………………………64
民間防衛…………………172,184,185,187
民間防衛軍…………………………………117
民間防衛団体………………………………188
民主改革……………………………………74
民主化要求…………………………………104
民主カンプチア……………………………100
民主主義……………………………………47
民主主義の促進……………………………128
民主的平和論………………………………19
民進党………………………………………94
民政移管プロセス…………………………114
民生協力……………………………………358
民生用核関連施設……………………………38
民生用核物質…………………………………38
民族…………………………………………17
民族解放運動…………………………………31
民族解放戦線（EAM）……………………445
民族解放戦争……172,173,176,177,178,192
民族解放団体………………………………177
民族解放闘争………………………………172
民族浄化………………………………34,205,207
民族対立………………………………14,34
民族のアイデンティティー………………34
民族紛争……………………………34,87
民族民主戦線（NDF）………………………98
ミンダナオ島…………………………67,70
ミンダナオ紛争………………………………98
民兵……………………………………96,104
民兵隊………………………………………176
民用物…………………172,182,192,205
無害通航権………………………137,140,149
ムガベ政権…………………………………124
無差別攻撃…………………………181,205,211
無差別攻撃禁止原則………………………172
無差別戦争観………………………163,170,173
無差別の効果を及ぼす兵器の使用禁止原則
　………………………………………198
無差別的な効果を及ぼす兵器……………192
無差別砲爆撃………………………………211

ムシャラフ大統領…………………112,115
ムシャラフ陸軍参謀長……………………114
無償軍事援助（MAP）……………………260
無人航空機……………………………46,534
ムスリム運動………………………………111
無制限潜水艦戦……………………………150
ムハンマド・オマル師……………………25
ムベキ政権…………………………………124
無防守都市…………………………181,188,211
無防備地域…………………………………188
命令（自衛隊）…230,288,293,295,296,297,
　313,317,318,323,324,325,327,328,329,
　336,339,348,354
　教育訓練招集命令………………………297
　訓練招集命令……………………295,296
　災害招集…………………………………327
　災害招集命令……………………………295
　災害等招集………………………327,328
　災害等招集命令…………………………296
　上官の職務上の命令……………………325
　上官の命令（上官，その命令）…288,293,
　　339,348,354
　治安出動待機命令………………………324
　治安招集命令……………………………296
　部隊指揮官の命令………318,325,329,336
　防衛出動待機命令………………313,317
　防衛招集…………………………………318
　防衛招集命令……………295,296,313
　命令による治安出動……………230,323,325
命令（CPA）………………………………215
命令服従関係………………………………201
メガワティ大統領…………………97,111
メキシコ……………………41,125,126
メキシコ通貨危機…………………………375
メソジスト派………………………………108
メデジン会議………………………………125
メラネシア系………………………………106
免責事由……………………………………201
毛沢東…………………95,443,444,476,485
盲目化レーザー兵器………………………195
盲目化レーザー兵器議定書………………195
黙示の権ったい……………………………212
黙認義務……………………………173,174
目標区域爆撃………………………………181
目標指示機…………………………………195
モスクワ劇場テロ事件 →劇場占拠事件
モスクワ条約…………………………46,58
モスクワ宣言………………………………207
モスリム同胞団………………………………25
モハマッド…………………………………104
もはや無効（日韓基本条約）……………218
モラトリアム（一次休止）………………110

651

資料及び索引

モーリタニア ……………115,116,123
モルディブ ……………………………115
モルドバ ………………………………132
モロ・イスラム解放戦線（MILF）……98
モロッコ ………………………116,123,124
モロ民族解放戦線（MNLF）…………98
モンゴル ………………………………118
モンゴロイド族 ………………………110
モントリオール議定書 ………………413
モントリオール条約 …………………152
モンローイズム…………………………19

や 行

矢臼別演習場 …………………………366
薬剤官 …………………………………291
薬物対策 ………………………………27
靖国神社参拝 ………………………80,82
野戦病院 ………………………………321
野党リクード …………………………120
ヤヒア大統領 …………………………478
ヤルタでのルーズベルトとスターリンの非
　公式会談………………………………74
ヤルタ秘密協定 ………………………146
ヤング案 ………………………………378
唯一の超大国 …………………………47
友好関係宣言 ……………………172,204
友好国……………………………………47
「友好抑止，防衛固守」………………94
有事の作戦統制権………………………67
有事法制 ………………………………311
有償軍事援助（FMS）………………260
有志連合 …………………………56,57
有人航空機 ……………………………46
有線電気通信法 ………………………320
ユーゴ …………………………………15
ユーゴスラビア内戦 …………………505
ユス・アド・ベリウム ………………170
ユス・イン・ベロ ……………………170
輸送学校 ………………………………302
輸送機 …………………………………545
輸送機（C-1）……………269,270,283
輸送航空隊 ………………………279,303
輸送事業の受託（自衛隊）…………358
ユダヤ王国 ……………………………116
ユダヤ教 ………………………………116
ユダヤ人難民……………………………32
ユダヤ人入植地 ………………………120
ユダヤ人と十字軍に対する聖戦のための国
　際イスラム戦線………………………25
ユダヤ民族 ……………………………116
輸入代替政策 …………………………392

ユニラテラリズム……11,12,19,55,57
ユニラテラル……………………………16
ユネスコ ………………………………182
ユーラシア経済共同体 ………………132
ユーロ ……………………………384,385,386
要撃戦闘機 ……………………228,268,322
陽動作戦 ………………………………183
傭兵 ……………………………177,179,180
傭兵国際条約 …………………………179
抑圧的体制 ………………………19,20,74
抑止（力）…2,4,5,10,17,38,48,50,63,110
与那国島 ………………………………143
4年ごとの国防計画の見直し（QDR）…49,
　50,53,76
予備役 …………………………………117
予備自衛官…267,277,288,294,295,297,313,
　318,327
予備自衛官補 ……………………277,294,297
予防外交 ……………………………18,86,128
より安定した安全保障環境の構築への貢献
　……………………237,238,239,282,355
ヨルダン ……………………115,116,120
ヨルダン川西岸 ………………………120
ヨーロッパ系 …………………………106
ヨーロッパ人 …………………………126
4島一括返還論 ………………………146
ヨンビョン ……………………84,90,92

ら 行

ライス大統領補佐官（国家安全保障担当）
　………………………………………53
ライセンス国産 ………………………305
ライフサイクルコスト ………………301
ラオス ……………………………84,99,101
ラオス人民民主共和国…………………99
ラオスにおける平和の回復及び民族和解に
　関する協定……………………………99
ラーケン欧州理事会 …………………127
ラーケン宣言 …………………………385
ラジャ …………………………………102
拉致問題 ……………………………82,88,92
ラテンアメリカ ……………………125,126
ラテン・アメリカ核兵器禁止条約………44
ラテンアメリカ司教会議 ……………125
ラテンアメリカ諸国の紛争 …………125
ラテンアメリカニズム ………………126
ラトビア ………………………………130
ラナリット派軍 ………………………100
ラビン首相 ………………………120,515
ラビン政権 ……………………………119
ラフサンジャニ政権 …………………118

7 索引

ラムズフェルド国防長官 …………53,55
ラロトンガ条約 ……………………44
ラングーン事件 (83年) ……………31
ランサーン王国 ……………………99
ランブイエ …………………………372
リアリスト ……………………………22
リアリズム ………………………6,9,22
利益保護国制度 ……………………199
リオ・グループ ……………………126
リオ宣言 ……………………………411
リオデジャネイロ …………………411
リー・クァンユー首相 (現上級相) …103
陸軍 (米国) …………………………63
陸軍兵站実務者交流 ………………356
陸軍力 ………………………………73
陸士 (階級) ……………289,292,296,297,299
陸上国境条約 ………………………79
陸上自衛隊看護学生 ………………292
陸上自衛隊の組織 …………………276
陸戦規則 ……………………………188
陸戦法規 ……………………………203
陸曹 ……………………289,292,296,297,299
陸曹候補者 ……………………289,292,499
陸曹候補生 …………………………299
履行確保手段 ………………………172
李承晩 ………………………………74
李承晩ライン …………………146,219
リスクマネー ………………………395
リスボン条約 ………………………105
理想主義 …………………………6,23
リーダーシップ ……………………18
立憲革命 ……………………………101
立憲君主制 …………………………113
利敵行為 ……………………………205
リトアニア …………………………130
李登輝総統 ……………………72,80,393
リーバー法 …………………………202
リビア …………………………29,124,155
リビア・アラブ共和国 ……………121
リビア空爆事件 ……………………154
リビアの国際社会復帰 ……………121
リビア連邦王国 ……………………121
リベラリズム ………………………23
リベラル ……………………………23
リベリア ……………………………123
リベリア民主運動 (MODEL) ………123
リベリア和解・民主連合 (LURD) …123
略奪 …………………………………183
領域権 ………………………………137
領海 …………………………………137
了解覚書 (MOU) ……………………261
領海法 ………………………96,137,139

領空 …………………………………141
領空侵犯 ……………………………142
領事関係国際約束締結 ……………80
領事関係条約 ………………………148
領事機関 ……………………………147
陵水飛行場 …………………………80
領土問題 ………………………63,218
両罰規定 ……………………………320
緑地保全地区 ………………………320
旅団 ………………………266,276,277
リヨン・グループ …………………27
臨界前核実験 ………………………46
リン鉱石の採掘問題 ………………77
倫理監督官 (防衛庁) ………………295
累積債務問題 …………………379,397
ルクセンブルグ …………………129,130
ルーズヴェルト, F大統領 …439,440,557
ルーマニア …………………………130
ルワンダ ………………………32,122
ルワンダ国際刑事裁判所 …205,206,207,208
ルワンダのツチ族とフツ族の関係 …34
冷戦 ……………2,23,34,44,49,50,62,63,66,128
冷戦後 ……………………62,78,395,405
冷戦の終焉 (終結) ……24,48,77,91,119,
395,405
レイプ ……………………………205,207
レーガニズム ………………………391
レーガン大統領 ……………………373
歴史教科書問題 …………………80,82
レーザー ……………………………195
レーダー ……………………………38
劣化ウラン弾 …………………196,550
レーニン ………………………428,431
レバノン ………………………115,120
レーリッヒ条約 ………………182,184,186
連合 …………………………………14
連合軍司令官 ………………………215
連合国 ………………………………158
連合国暫定当局 (CPA) …………214,215
連合国暫定当局による占領 ………214
連合土地管理計画 (LPP) …………67
練習艦隊 …………………………278,355
練習隊 ………………………………278
練成訓練 (自衛隊) ………299,300,301,303
連隊 …………………………………276
連邦緊急事態管理庁 (FEMA) ………54
連邦憲法裁判所の判決 ……………130
連邦国家創設条約 …………………132
連邦準備制度理事会 (FRB) ………394
連邦捜査局 (FBI) …………………54
露 →ロシア
労賃 …………………………………180

653

資料及び索引

労働安全衛生法 …………………………298
労働関係調整法 …………………………298
労働基準法 ………………………………298
労働組合法 ………………………………298
労働3権 …………………………………298
労働党政権 ………………………………107
労務費特別協定 …………………………149
6章半（国連憲章）………………………160
ロシア……30,38,40,46,52,65,71,78,81,84,
　　　　　　　　　　　　　87,121,127,133
　ロシア革命 ……………………………32
　ロシア革命と列強の介入 ……………427
　ロシア軍基地 …………………………99
　ロシア軍の改革と武器輸出 …………60
　ロシア軍の各国駐留 …………………132
　ロシア通貨危機 ………………………375
　ロシア難民 ……………………………32
　ロシア連邦軍事ドクトリン（新ドクトリン）
　　　　　　　　　　　　　　　…59,60
　ロシア連邦国家安全保障コンセプト…59
ロジックボム ……………………………169
露中善隣友好協力条約 …………………78
6カ国協議 ………………………………81,84
ロッカビー航空機事故事件 ………121,155
ロード・マップ …………………………121
ローマ ……………………………………116
ローマ・ウィーン両空港襲撃事件 ……154
ローマクラブ ……………………………410
ローマ条約 …………………………208,209
ローマ宣言 ………………………………380
ロメ合意 …………………………………124
ロンギ労働党政権 ………………………109
ロンドン …………………………………91,130
ロンドン議定書 …………………………150
ロンドン協定 ……………………………207
ロンドン・シティ ………………………399
ロンドン宣言 ……………………………174
ロンノル …………………………………100

わ　行

ワイタンギ条約 …………………………108
和解 ………………………………………64
枠組み合意　→米朝枠組み会議
ワシントン ………………………………119
ワシントン軍縮会議 ………………182,428
ワッセナー・アレンジメント（WA）……46,
　　　　　　　　　　　　　　　47,174
ワッセナー協約 …………………………405
ワッハーブ ………………………………25
ワドル元艦長 ……………………………64
ワヒド ……………………………………97

和平履行部隊（IFOR）……………129,164,165
ワルシャワ条約 …………………………463
ワルシャワ条約機構（WPO）……23,36,129,
　　　　　　　　　　　143,454,473,476
湾岸危機 ……………………………37,211
湾岸協力会議（GCC）…………………122
湾岸戦争……56,57,61,96,116,117,119,164,
　　　　　　　　191,196,211,213,408,501
湾岸戦争症候群 …………………………196

A～Z

ABC兵器 …………………………………190
ABM条約 ………………………19,43,52,58
ANZAC軍 ………………………………107
ANZUS（アンザス）危機 ……3,66,107,109
ANZUS条約 ………………25,65,107,109,153
APECマニラ行動計画96 ………………382
ARF国防学校長会議 ……………………86
ASEAN外相会議 ……………………70,85
ASEAN拡大外相会議 ………………85,86,383
ASEAN自由貿易地域 …………………388
ASEAN対テロ特別閣僚会議 …………85
ASEAN地域フォーラム ……85,90,241,383
ASEAN10 ………………………………382
ASEANトロイカ ………………………85
ASEAN＋3 ………………………………389
B兵器 ……………………………………190
BC級裁判 ………………………………209
BIS規制 …………………………………399
C⁴ISR（指揮・統制・通信・コンピュータ・
　情報・監視・偵察）の構築 ………53,57
EC原加盟国 ……………………………130
EU緊急展開軍 …………………………130
EU緊急展開戦力 ………………………127
EU緊急展開部隊 ………………………62
EU首脳会議 ……………………………8
FAO憲章 ………………………………380
FSX共同開発 …………………………403
GATT 11条国 …………………………375
GATT 12条国 …………………………375
G8 ………………………………………374
IAEAの特別査察要求 …………………92
IAEA保障措置協定 ……………………89
IMF 8条国 ………………………………375
IMF 14条国 ……………………………375
IMF・GATT体制 …………………375,380
INF条約 …………………………………44
IT革命 ……………………………344,390
KNOW（ノウ）規制 …………………405
NATO域外への派遣 …………………130
NATO軍機 ……………………………80

654

7 索 引

NATO 即応部隊（NRF） …………129
NATO 弾 ………………………………196
NATO の東方拡大 …………………59
NATO・ロシア首脳会議 ……………129
NATO・ロシア理事会 ………………129
NBC 防護能力 …………………………61
NPO 法 …………………………………17
NPT 再検討会議 ………………………42
OAU 傭兵撤廃条約 …………………179
ODA 大綱 ……………………………407

PKO 活動 ………………………………49
PKO 国連軍 …………………………165
PKO 5原則 ……………………………345
SAARC 首脳会議 ……………………112
SACO 最終報告 ………………………364
SACO 設置の経緯 ……………………363
SDI 構想 …………………………44,51
X 線で検出不可能な破片を利用した兵器
　（例えば，プラスチックやガラス片）に
　関する議定書Ⅰ ……………………192

655

資料及び索引

8 英語索引

* 略語の日本語訳は英略語表を参照されたい。
* 表記は基本的に米国式英語としたが，当該国固有の語（綴り）はその限りではない。
* 正式名称に the のあるもの，また意味上定冠詞を要するもの以外は定冠詞を省略し，検索の便宜を考慮して内容を最も反映すると思われる語の順に掲載してある。
* 頻出する語句及び関連語句は，キーワードを見出し語として掲げ，その下に1字下げで関連語句を一括して掲載した。一括して掲載された関連語句中の見出し語（キーワード）に該当する部分は――で示した。ただし，見出し語が大文字（たとえば，A）で始まる場合において一括して掲載される関連語句中で当該部分が小文字であるときには――の前に小文字（たとえば，a）を掲げた（例，a――のように）。大文字，小文字の関係が，見出し語，関連語句中で逆の場合もまた同様である。

A

AAM：air‐to‐air missile ……………550
abandoned chemical weapons［遺棄化学兵器］………………………………35
ABC：atomic, biological and chemical weapons ………………………190
ABM：Anti‐Ballistic Missile……19, 43, 52, 58, 552
Abu Sayyaf［アブ・サヤフ］…………26, 98
ACD：Asia Cooperation Dialogue………101
ACSA：Acquisition and Cross‐Servicing Agreement between Japan and the United States………………………259
　Singapore‐the United States――：Singapore‐the United States Acquisition and Cross Service Agreement ………64
ADB：Asian Development Bank ………383
ADF：Asian Development Fund ………383
ADIZ：air defense identification zone …143
Advisory Group on Defense Issues［防衛問題懇談会］………………………236
AECF 2000：Asia‐Europe Cooperation Framework 2000 ………………91
AECF：Asia‐Europe Cooperation Framework ………………………………91
Aegis ship［イージス艦］……………535
Aerial Incident at Lockerbie［ロッカビー航空機事故事件］………………155
afloat prepositioning force［事前集積船］…535
AFTA：ASEAN Free Trade Area ……388

AG：Australia Group ………………36
AIDS：acquired immunodeficiency syndrome ……………………………15, 88
air defense identification zone［防空識別圏］…………………………………142
aircraft carrier［航空母艦］……………535
airspace incursion［領空侵犯］…………142
air‐strike in Iraq［イラク空爆］………213
air‐to‐air missile［空対空ミサイル］…550
Algerian War［アルジェリア戦争］……458
alliance［同盟］…………………………14
al Qaeda［アル・カイダ］……24, 25, 30, 180
already null and void［もはや無効］（日韓基本条約）………………………218
ambiguity［曖昧さ］……………………17
amphibious assault ship［強襲揚陸艦］…535
annual plan［年度計画］………………270
annual project［年度業務計画］………270
anti‐air weapons［対空兵器］…………532
anti‐personnel (AP) landmine［対人地雷］…………………………………194
anti‐submarine helicopter［対潜ヘリコプター］…………………………………537
anti‐submarine patrol aircraft［対潜哨戒機］…………………………………537
anti‐tank (AT) landmine［対戦車地雷］…193
anti‐tank weapons［対戦車兵器］………531
Anti‐Terrorism
　activities under the ―― Special Measures Law［テロ対策特別措置法に基づく活動］………………………………338
ANZAC：Australia‐New Zealand Army

656

Corps ……………………………………107
ANZUS : Australia, New Zealand and the
　U.S.A. ………………3,15,25,65,66,107,109
APEC : Asia Pacific Economic Coopera-
　tion ……………………………………13,109,381
Arab‐Israeli
　First ── War［第１次中東戦争］…451
　Second ── War［第２次中東戦争］…460
　Third ── War［第３次中東戦争］…470
　Fourth ── War［第４次中東戦争］…478
arbitration［仲裁裁判］………………………157
arc of instability［不安定の弧］……………76
archipelagic waters［群島水域］……………139
area weapons［地域兵器］……………………196
ARF : afloat prepositicning force ………535
ARF : ASEAN Regional Forum……63,85,86,
　　　　　90,109,241,282,354,356,383
armed spy agents［武装工作員］……………330
armistice［休戦］………………………………175
armored vehicle［装甲車両］………………533
arms control and disarmament［軍備管理・
　軍縮］…………………………………35,357
arms proliferation［武器拡散］………………33
ASDF : Air Self-Defense Force ………301
ASEAN 10 : ASEAN ten ……………84,382
ASEAN way［アセアン方式］…………………7
ASEAN : Association of Southeast Asian
　Nations ……7,13,70,71,84,85,86,96,99,
　　　100,101,102,104,105,107,111,382,388,
　　　　　　　　　　　　　　　　　　484
ASEAN＋3［アセアン・プラス・スリー］85
ASEM : Asia-Europe Meeting …85,91,383
Asia Security Conference［アジア安全保障
　会議］……………………………………………90
Asian currency crisis［アジア通貨危機］397
Asia-Pacific Economic Cooperation Con-
　ference［アジア太平洋経済協力会議］…381
assurance［確証］…………………………………5
asymmetrical threat［非対称的脅威］………16
attacker［攻撃機］……………………………542
AU : African Union …………………124,179
authoritarianism［権威主義］…………………21
authorities during the execution of public
　security operations［治安出動後の権限
　等］……………………………………………325
AWACS : Airborne Warning and Control
　System …………………………213,545
Axis of Evil［悪の枢軸］………………………54

B

bacteriological or biological weapons［生物（細菌）兵器］………………………………190
balance of power［勢力均衡］……………9,163
Balikatan exercise［「バリカタン」演習］…67
ballistic missile［弾道ミサイル］……………551
Basic Policy for National Defense of 1957
　［国防の基本方針］……………………………227
Basic Principles of Defense Policy［防衛政
　策の基本原則］………………………………227
basic response plan［対処基本方針］………313
basics of cooperation in situations of arm-
　ed attack against Japan［武力攻撃事態
　等における協力の基本］……………………246
Basis of Defense Capability［防衛基盤］…273
Basque nationalist movement［バスク民族
　運動］…………………………………………131
belligerency［交戦団体］……………………177
belligerent reprisals［戦時復仇］……………199
Berlin Airlift［ベルリン空輸］………………453
Berlin Blockade［ベルリン封鎖］……………453
BHN : basic human needs ………………407
bilateral defense exchanges［２国間防衛
　交流］…………………………………………355
biological weapons［生物兵器］………331,564
bipolarization［双極化］………………………10
BIS : Bank for International Settlements
　………………………………………378,399
BIS regulation［ビス規制］…………………399
BJP : Bharatiya Janata Party ……………110
blinding laser weapons［盲目化レーザー
　兵器］…………………………………………195
BMD : Ballistic Missile Defense……239,262
Bombardment of Quemoy and Matsu Is-
　lands［金門島・馬祖島砲撃］………………461
bomber［爆撃機］………………………………543
booty of war［戦利品］………………………183
Boxers Rebellion［義和団事件］……………418
bps : bit per second ………………………333
Brunei Darussalam［ブルネイ・ダルサラ
　ーム国］………………………………………104
BSE : bovine spongiform encephalopathy
　………………………………………………410
BTWC : Bacteriological (Biological) and
　Toxic Weapons Convention ; Biological
　Weapons Convention……………………190
building［整備］…………………………………5

C

C⁴ISR : Command, Control, Communica-
　tions, Computers, Intelligence, Surveil-
　lance and Reconnaissance ………53,57
Cabinet［内閣］………………………………285
Cabinet Secretariat and national security

［内閣官房と安全保障］……………287
CALS：Continuous Acquisition and Life-cycle Support ……………………306,308
Camps de Prisonniers de Guerre［捕虜収容所］………………………………………184
Cambodian Vietnam-—— conflict［カンボジア侵攻］…………………………………483
Canada
U.S.-—— Free Trade Agreement［米加自由貿易協定］……………………387
capitalization of economy［市場経済化］……………………………………………390
case of Tibet［チベット問題］………73
category of the multinational forces［多国籍軍の分類］………………………165
CBMs：confidence building measures ……8
CCC：Convention on Cybercrime ……155
CCW：Convention on Prohibition on the Use of Certain Conventional Weapons ……………………………44,191,194
CD：Conference on Disarmament ………35
CDF：Comprehensive Development Framework ……………………………………379
CDR：Closer Defence Relations…………109
cease-fire［停戦］………………………176
CEFTA：Central European Free Trade Agreement ……………………………387
center［中心］……………………………9
CENTO：Central Treaty Organization…488
Central Contract Office［契約本部］……283
central government reform［中央省庁等改革］……………………………………285
CEP：circular error probable …551,552,555
CEPT：Common Effective Preferential Tariff ……………………………………388
CER：Closer Economic Relations ………109
CFE Treaty
——：Treaty on Conventional Armed Forces in Europe ………………36,72
CFSP：Common Foreign and Security Policy …………………………………384
Chechen Rebellion［チェチェン紛争］…510
chemical weapons［化学兵器］……332,561
Chemical Weapons
—— Convention［化学兵器禁止条約］37,190
Chief of Staff, Ground/Maritime/Air Self-Defense Force［陸上・海上・航空幕僚長］……………………………………274
child soldiers［児童兵士（子ども兵士）］……………………………………………178

China
——Incident［日中戦争］……………435
———Japan relations［日中関係］……79
———North and South Korea relations［中朝・中韓関係］………………81
———Russia relations［中露関係］……78
——'s joining of the World Trade Organization［中国のWTO加盟］………376
———Vietnam relations［中越関係］…79
Joint Communique of the Government of Japan and the Government of the People's Republic of ——；Treaty of Peace and Friendship between Japan and the People's Republic of ——［日中共同声明・日中平和友好条約］………………………………217
Mutual Defense Treaty between the United States of America and the Republic of ——［米華相互防衛条約］……………………………………………68
People's Republic of ——［中華人民共和国］……………………………………94
Republic of ——［中華民国］………94,158
Treaty of Peace between Japan and the Republic of ——［日華平和条約］…216
U.S.-—— relations［米中関係］……80
Chinese
—— Civil War between the Kuomintang and the Communists［中国の国共内戦］………………………………443
—— representative problem［中国代表権問題］……………………………158
—— Revolution of 1911 and Civil War［辛亥革命と内戦］…………………420
U.S.-—— Military Planes Collision Incident［米中軍用機接触事件］………145
CIA：Central Intelligence Agency…54,168,464,470,472,487,500,504,518,534,547,567
circumstances surrounding the SACO establishment［SACO設置の経緯］……363
CIS：Commonwealth of Independent States………………………………13,59,132
civil defense［民間防衛］………………187
Civil War
——［内戦］……………………………172
—— in Yugoslavia［ユーゴスラビア内戦］………………………………………505
Chinese —— between the Kuomintang and the Communists［中国の国共内戦］443
Greek ——［ギリシャ内戦］…………445
Nicaraguan ——［ニカラグア内戦］…486

civilian control of the SDF［自衛隊と文民統制］ 229
civilian objects［民用物］ 182
clash of civilizations［文明の衝突］ 18
Club of Rome［ローマクラブ］ 410
cluster bombs［集束爆弾］ 196
coalition［連合］ 14
Cobra Gold Exercise［「コブラ・ゴールド」演習］ 65
COCOM : Coordinating Committee for Multilateral Strategic Export Controls 47, 404
Cold War［冷戦］ 23
collective defense［集団的自衛権］ 14
collective security［集団的安全保障］ 12
Collective Security Pact［CIS 集団安全保障条約］ 132
collective security system［集団安全保障体制］ 163
combatants［戦闘員］ 176
command responsibility［上官責任］ 201
Commander of the Coalition Forces［連合軍司令官］ 215
commencement and termination of war［戦争の開始と終了］ 175
Commonwealth of Australia［オーストラリア連邦］ 106
Communist Revolt in Malaya［マラヤの共産党反乱］ 450
comprehensive mechanism and coordination mechanism［包括的なメカニズムと調整メカニズム］ 250
computer network attack［コンピューター・ネットワーク攻撃］ 169
Concept of Basic Defense Force［基盤的防衛力構想］ 234
concert diplomacy［大国間協調］ 12
conciliation［調停］ 157
Conflict
    ―― in East Timor［東ティモール紛争］ 481
    c―― prevention［紛争予防］ 18
    ethnic c――［民族紛争］ 34
    Kashmir territorial ――［カシミール紛争］ 448
    Vietnam－Cambodian ――［カンボジア侵攻］ 483
    Xinjiang-Uygur ――［新疆ウィグル紛争］ 75
conflicts
    ―― in Africa［アフリカの紛争］ 122
    ―― in Latin American and Caribbean countries［ラテンアメリカ諸国の紛争］ 126
    ―― over Spratly and Paracel Islands［南沙・西沙諸島紛争］ 480
Sino-Soviet border ――［中ソ紛争］ 475
consensus system［コンセンサス方式］ 7
Constitution
    the ―― of Japan and the Right of Self-Defense［憲法と自衛権］ 223
    The ―― of Japan and the Self-Defense Forces［憲法と自衛隊］ 223
constitution and the right of self-defense［憲法と自衛権］ 223
constructivism［コンストラクティビズム］ 7
consultation［協議］ 156
contiguous zone［接続水域］ 139
Continuous Acquisition and Life-cycle Support［継続的な調達とライフサイクルを通じての支援］ 306, 308
contraband of war［戦時禁制品］ 174
contribution to national life［民生協力］ 358
Convention
    ―― for the Protection of Cultural Property in the Event of Armed Conflict［武力紛争の際の文化財の保護のための条約］ 182
    ―― on Anti-Personnel Mines and on Their Destruction［対人地雷禁止条約］ 43
    ―― on Cybercrime［サイバー犯罪条約］ 155
    ―― on Prohibitions or Restrictions on the Use of Certain Conventional Weapons Which May Be Deemed to be Excessively Injurious or to Have Indiscriminate Effects［特定通常兵器（使用禁止制限）条約］ 44, 191
    ―― on the Non-applicability of Statutory Limitations to War Crimes and Crimes against Humanity［戦争犯罪及び人道に対する罪に対する時効不適用条約］ 200
    ―― on the Prohibition of Military or Any Other Hostile Use of Environmental Modification Techniques［環境改変技術敵対的使用禁止条約］ 189
    ―― on the Prohibition of the Use, Stockpiling, Production and Transfer of Anti-Personnel Mines and on Their Destruction［対人地雷禁止条約］ 43
BWC : Biochemical Weapons ―― 42, 190

CCC：—— on Cybercrime 155
Chemical Weapons ——［化学兵器禁止
　条約］..................................37, 190
Kyoto Protocol to the United Nations
　Framework —— on Climate Change
　［京都議定書］............................412
cooperation from local government and pri-
　vate sector［地方公共団体・民間の協力］
　...253
cooperation under normal circumstances
　［平素から行う協力］.....................245
CO_2［二酸化炭素］.........................29
COP1：First Conference of Parties 412
COP3：Third Conference of Parties 408
Council of Europe［欧州評議会］.........155
counter-proliferation initiative［拡散対抗
　措置］......................................38
Court Martial［軍法会議］..................206
CPA：Coalition Provisional Authority...214,
　215
crew-served weapons［重火器］.........527
crime against humanity［人道に対する罪］
　...205
crime against peace［平和に対する罪］...204
crimes against the peace and security of
　mankind［人類の平和と安全に対する犯
　罪］......................................204
crisis management［危機管理］..............3
cruise missile［巡航ミサイル］............554
CSBM：Confidence and Security Building
　Measures 8, 36
CSCAP：Council of Security Cooperation
　for the Asia Pacific 13, 90
CSCE：Conference on Security and Coope-
　ration in Europe 8, 36, 127, 354
CTBT：Comprehensive Nuclear Test Ban
　Treaty 19, 39, 45, 59, 110, 111
CTBTO：Comprehensive Test Ban Treaty
　Organization 45
CTR Program：Cooperative Threat Reduc-
　tion Program 40
Cuban Revolution and Bay of Pigs Incident
　［キューバ革命とピッグス湾事件］......463
CWC：Chemical Weapons Convention...37,
　190
cyber
　—— attack［サイバー攻撃］............333
　—— security［情報セキュリティ］......308
　—— warfare, cyber attack［サイバー戦・
　サイバー攻撃］............................169
Czechoslovak Incident［チェコ事件］......473

D

DAC：Development Assistance Committee
　...377
dealing in emissions rights［排出権取引］
　...412
debt crisis in developing countries［累積債
　務問題］..................................397
defence
　—— diplomacy［防衛外交］..........8, 61
　D—— Policy of France［フランスの国防
　政策］......................................61
　D—— Policy of the United Kingdom［英
　国の国防政策］............................61
　SDR：Strategic D—— Review............61
defense
　D—— Administration and Public Intere-
　sts［防衛行政と公益］....................358
　D—— Buildup［防衛力整備］...........264
　D—— Facilities Administration Agency
　［防衛施設庁］............................284
　—— industry［防衛産業］...............305
　D—— Intelligence Headquarters［情報
　本部］....................................276
　—— operations and the expected deploy-
　ment area［防衛出動と展開予定地域］...
　316
　D—— Policy［防衛政策］...............227
　D—— Production and Technological
　Bases［防衛生産・技術基盤］..........305
　——-related expenditures［防衛関係
　費］......................................271
　authorities during the execution of ——
　operations［防衛出動後の権限等］...317
　bilateral d—— exchanges［2国間防衛
　交流］....................................355
civil ——［民間防衛］....................187
DIA：D—— Intelligence Agency 470
exclusively ——-oriented policy［専守
　防衛］....................................228
legal characteristics of the Japan D——
　Agency and the Self-Defense Forces
　［防衛庁・自衛隊の法的側面］..........273
MD：missile d——.................51, 552
Relationship between D—— and Envir-
　onment［防衛と環境］..................368
relevant laws during the execution of ——
　operations［防衛出動と関係法律］...320
roles of —— capability［防衛力の役割］
　...239
SDC：Subcommittee for D—— Coopera-

tion ……259
SDI：Strategic D―― Initiative …44,51,553
Defense Treaty
　Mutual ―― between the United States of America and the Republic of China［米華相互防衛条約］……68
　Mutual ―― between the United States of America and the Republic of Korea［米韓相互防衛条約］……67
Definition of Aggression［侵略の定義］…164
deflationary recession［デフレ不況］……391
demilitarized zone［非武装地帯］……189
democratic peace theory［民主的平和論］19
Democratic Socialist Republic of Sri Lanka［スリランカ民主社会主義共和国］……112
denial［拒否］……5
depleted uranium ammunition［劣化ウラン弾］……196,556
despotism［専制］……21
deterrence［抑止］……5,10
developing［整備］……5
developmental dictatorship［開発独裁］…393
DHS：Department of Homeland Security …53
DIA：Defense Intelligence Agency …470
Diaoyu Island［魚釣島］……69
diesel－electric submarine［ディーゼル潜水艦］……534
diplomatic privileges［外交特権］……147
disaster
　dispatch for ―― relief［災害派遣］…326
　dispatch for earthquake ―― relief［地震防災派遣］……327
　dispatch for nuclear ――［原子力災害派遣］……327
dissemination［公知］……199
DMZ：Demilitarized Zone……74,92,93,189
doctrine of military objectives［軍事目標主義］……181
DPK：Iranian Democratic Party of Kurdistan……498
DPRK：Democratic People's Republic of Korea……91
Draft Code of Crimes against the Peace and Security of Mankind［人類の平和と安全に対する犯罪法典草案］……204
dubious weapons［疑わしい兵器］……196
dumping problem［ダンピング提訴］……402
DVD：Digital Video／Versatile Disk …345

E

EAEC：East Asia Economic Caucus……389
EAM：Ethnikon Apelephtherotikon Metopon ……445
early retirement severance pay［若年定年退職者給付金］……289
early warning aircraft［空中早期警戒機］……544
EASR：East Asia Strategy Report ……50
East Turkistan problem［東トルキスタン問題］……75
EC：European Community ……86,107,108,130,381,384
ECB：European Central Bank ……385,386
ECOMIL：ECOWAS Mission in Liberia ……123
ECOWAS：Economic Community of West African States……123
ECSC：European Coal and Steel Community ……384
ECU：European Currency Unit ……386
EDC：European Defence Community …130
education and training［教育訓練］……299
　―― system of ASDF［空自の教育訓練の体系］……301
　―― system of GSDF［陸自の教育訓練の体系］……299
　―― system of MSDF［海自の教育訓練の体系］……300
educational institutions of SDF［自衛隊の学校］……302
EEC：European Economic Community …384
EEZ：exclusive economic zone ……139
Ehime Maru incident［えひめ丸事件］…64
Emergency Legislation［有事法制］……311
EMI：European Monetary Institute ……386
EMU：Economic and Monetary Union …385
EMU：European Monetary Union ……385
encountering［対処］……5
Enduring Freedom［不朽の自由］……25
energy security［エネルギー安全保障］…408
ENMOD：Convention on the Prohibition of Milirary or Any Other Hostile Use of Environmental Modifucation Techniques ……189
entente［協商］……14
environmental conservation［環境保全］……368
Environmental Official Development Assistance［環境ODA］……407

資料及び索引

epistemic community ［知識共同体］ ……13
ERM：European Rate Mechanism ……385
ERW：explosive remnant of war ………197
ESCB：European System of Central
　Banks …………………………………386
ETA：Euskadi Ta Azkatasuna………31,131
ethnic cleansing ［民族浄化］ ……………34
ethnic conflict ［民族紛争］ ………………34
ETIP：East Turkistan Islamic Party ……76
ETPA：East Timor Public Administration…
　　　………………………………………105
ETTA：East Timor's Transitional Administration ……………………………………105
EU Rapid Deployment Force ［EU 緊急展
　開力］……………………………………127
EU：European Union ……8,12,13,29,62,89,
　121,124,127,128,130,383,384,385,386,
　　　　　　　　　　　393,513,556
EURATOM：European Atomic Energy
　Community ……………………………384
European Central Bank ［欧州中央銀行］
　…………………………………………386
European Union ［欧州連合］ ……………384
exclusive economic zone（EEZ）［排他的
　経済水域］………………………………139
Executive Board ［役員会］ ………………386
ex-enemy states provisions（enemy clauses)［旧敵国条項（敵国条項）］ ………158
extradition ［犯罪人引渡し］ ……………151
EZLN：Ejercito Zapatista de Liberacion
　Nacional ………………………………126

F

fact-finding ［事実認定］ ………………157
facultas bellandi ［交戦資格］ …………176
Falklands Conflict ［フォークランド紛争］
　…………………………………………495
FAO：Food and Agriculture Organization
　of the United Nations ………………380
FARC：Fuerzas Armadas Revolucianarias
　de Colombia …………………………126
FBI：Federal Bureau of Investigation …54
Federal Republic of Germany ［ドイツ連邦
　共和国］…………………………………130
FEMA：Federal Emergency Management
　Administration …………………………54
female SDF uniformed regular personnel
　［婦人（女性）自衛官］ ………………298
fighter ［戦闘機］ …………………………541
financial support to currency crisis ［通貨
　危機への緊急支援］……………………398

First World War ［第 1 次世界大戦］ ……422
Fissile Material Cut-off Treaty (Convention Banning the Production of Fissile
　Material for Weapon Purposes)［カット
　オフ条約］………………………………40
FLN：Front de Liberation Nationale……459
flying geese of Asian economic development ［雁行型経済発展］ …………………392
FMS：Foreign Military Sales ……………260
FOBS：Fractional Orbit Bombardment
　System …………………………………145
Food and Agriculture Organization of the
　United Nations ［国連食糧農業機関］…380
food supply security ［食糧安全保障］ …410
FPDA：Five Power Defence Arrangements ……………………………………61,86
FRB：Federal Reserve Board……………394
Free Trade
　── Agreement ［自由貿易協定］ ……387
　ASEAN ── Area ［アセアン自由貿易
　　地域］………………………………388
　Asia ── Area Plan ［アジア自由貿易圏
　　構想］………………………………388
　FTA：── Agreement …………101,387
　FTAA：── Area of the Americas ……387
　North American ── Agreement ［北米
　　自由貿易協定］………………………387
Freedom Fighters ［自由の戦士］ ………519
FSLN：Frente Sandanista de Liberacion
　Nacional ………………………………487
FSX：Fighter Support Experimental: Fighter Support X ……………………………403
fuel air explosives ［燃料気体爆薬］ ……196

G

G7：Group of Seven countries …………373
G8：Group of Eight countries ……12,27,28
GATT：General Agreement on Tariffs and
　Trade ……375,376,377,379,387,402,410
GAM：Gerakan Aceh Merdeka …………97
GCC：Gulf Cooperation Council ………122
GDP：gross domestic product …73,93,95,
　100,104,117,346,385,386,468,483,553
General Council ［一般理事会］ …………386
general participation clause ［総加入条項］…
　　　………………………………………173
Geneva
　── Conventions for the Protection of
　　War Victims ［ジュネーヴ諸条約（戦
　　争犠牲者保護条約）］ ………………171
　Additional Protocols to the ── Con-

ventions［ジュネーヴ諸約追加議定書（戦争犠牲者保護条約追加議定書）］ 172
geographical scope of the exercise of the right of self-defense［自衛権行使の地理的範囲］ 225
GHQ：General Headquarters of the Supreme Commander for the Allied Powers 146
global recession［世界同時不況］ 393
Global Warming［地球温暖化問題］ 28
globalization［グローバリゼーション］ 4, 389
GNP：gross national product 426
good office［周旋］ 156
governance［統治機能］ 14
Governing Council［運営理事会］ 386
GPS：Global Positioning System 145, 513, 540, 541, 544, 549, 550, 555
great power［大国］ 11
'Great Purge' by Stalin［スターリンの「大粛清」］ 431
Ground/Maritime/Air Staff Office［陸上・海上・航空幕僚監部］ 274
Group of Seven countries［先進7カ国財務相・中央銀行総裁会議］ 373
GSDF：Ground Self-Defense Force 299
guarding operations［警護出動］ 335
Guidelines
　　for Japan-U.S. Defense Cooperation（"Guidelines"）［日米防衛協力のための指針］ 242
　　of 1978［旧日米防衛協力のための指針］ 242
　　of 1997［新日米防衛協力のための指針］ 244
　　review of the　　of 1978［旧指針の見直し］ 243
guiding principles［計画の方針］ 265
Gulf Crisis［湾岸危機］ 211
Gulf War［湾岸戦争］ 211, 501
GUUAM：George-Uzbekistan-Ukraine-Azerbaijan-Moldova 133

H

Habomai, Shikotan, Kunashiri and Etorofu［歯舞島、色丹島、国後島、択捉島］ 71
Hamas［ハマス］ 25
heavy weapons［重火器］ 527
helicopter［ヘリコプター］ 534
high seas［公海］ 139
HIPCs：Heavily Indebted Poorest Countries 397
HIV：human immunodeficiency virus 15, 88
hospital and safety zone［病院・安全地帯］ 184, 187
hot war［現実の戦争］ 23
hub and spokes［ハブ・アンド・スポークス］ 62
Hukbalahap Rebellion［フク団の反乱］ 446
human security［人間の安全保障］ 15
humanitarian aid activities［人道援助活動］ 8
humanitarian intervention［人道的介入］ 8
Hungarian Revolt and Soviet Suppression［ハンガリー動乱］ 462

I

IAEA：International Atomic Energy Agency 38, 41, 56, 83, 89, 92, 118, 152, 214, 380, 469, 505, 559
Iberoamerican Summit［イベロアメリカ・サミット］ 125
IBRD：International Bank for Reconstruction and Development 378
ICAO：International Civil Aviation Qrganigation 144, 151
ICBM：intercontinental ballistic missile 43, 51, 145, 466, 540, 551, 552, 553, 558, 566
ICJ：International Court of Justiee 197
ICRC：International Committee of the Red Cross 171, 200
IDDN：Integrated Defense Digital Network 269
idealism［理想主義・アイディアリズム］ 23
IFOR：Implementation Force 129, 164, 165
implosion［爆縮］ 560
IHL：International Humanitarian Law 170
IISS：International Institute for Strategic Studies 90
ILC：International Law Committee 204
ILSA：Iran-Libya Sanction Act 118
IMF：International Monetary Fund 65, 101, 374, 377, 379, 397, 398
IMO：International Maritime Organization 152
IMU：Islamic Movement of Uzbekistan 26
India［インド］ 110
INF Treaty：Treaty on Intermediate-range Nuclear Force 44, 551
information

―― and intelligence［情報］ ……………308
―― disclosure［情報公開］ ……………359
I―― Technology Revolution［アイティ革命］ …………………………………390
――-based RMA［情報RMA］ ……341
――-gathering prior to the order of public security operations［治安出動下令前に行う情報収集］ …………………324
Agreement on, I―― Exchange and Establishment of Communication Procedures［情報交換・連絡手続策定に関する合意］ …………………………98
INGO：international non-governmental organization ……………………………17
inquiry［国際審査］ ……………………157
INR：Bureau of Intelligence and Research …………………………………………470
inteligence satellite［情報衛星］ ………566
intellectual community［知的共同体］ ……13
interdependence［相互依存］ ……………11
interdiction at sea［海上阻止行動］ ……211
INTERFET：International Force in East Timor …………………105, 108, 164, 166
Internal Bureau［内部部局］ ……………273
international
―― capital movements［国際資本移動］… 396
I―― Committee of the Red Cross［赤十字国際委員会］ …………………171, 200
―― contribution［国際貢献］ …………343
―― crime［国際犯罪］ …………………27
I―― Criminal Court［国際刑事裁判所］… 208
I―― Criminal Tribunal for Rwanda［ルワンダ国際刑事裁判所］ ……………207
I―― Criminal Tribunal for the Former Yugoslavia［旧ユーゴ国際刑事裁判所］ ………………………………………207
I―― Disaster Relief Operations ……349
I―― Fact-Finding Commission［国際事実調査委員会］ ……………………199
I―― Humanitarian Law［国際人道法］ ………………………………………170
I―― Monetary Fund［国際通貨基金］… 374
―― peace cooperation activities［国際平和協力業務］ ……………………343
―― public goods［国際公共財］ …………6
―― regime［国際レジーム］ …………7, 16
―― straits［国際海峡］ …………………138
―― terrorist organization［国際テロ組織］ ……………………………………26

ensured measures of enforcement of the I―― Humanitarian Law［国際人道法の履行確保手段］ …………………198
ICTR：I―― Criminal Tribunal for Rwanda …………………………………207
ICTY：I―― Criminal Tribunal for the Former Yugoslavia ………………207
IDA：I―― Development Association 379
ITC：I―― Trade Commission ………402
ITO：I―― Trade Organization ………375
peaceful settlement of ―― disputes［国際紛争の平和的な解決］ ………156
return of Libya to the ―― community［リビアの国際社会復帰］ …………121
revision of the ―― Peace Cooperation Law［国際平和協力法の見直し］ ……348
internationally recognized protective emblems and signs［国際的に認められた保護標識・標章］ ……………………184
Internment Camps［文民収容所］ ………184
investigation［調査］ ……………………157
invulnerability［非脆弱化］ ………………3
IPKF：Integrated Peacekeeping Force …113
IRA：Irish Republican Army …31, 121, 131, 427, 474
Real ―― ［真のIRA］ ………………31
Iran
―― ［イラン］ …………………………118
――-Iraq War［イラン・イラク戦争］492
――ian Revolution［イラン革命］ ……488
Islamic Republic of ―― ［イラン・イスラム共和国］ …………………………118
IJPC：――-Japan Petrochemical Complex ……………………………………506
Iraq
―― War［イラク戦争］ ………………519
―― i War and its aftermath［イラク戦争とその後］ ……………………213
Irish Rebellion［アイルランドの反乱］ …427
IRTP：Islamic Revival Tajikistan Party …26
ISAF：International Security Assistance Force …………………………30, 164, 166
ISG：Inter-sessional Group ……………86
Islamic
―― Fundamentalism［イスラム原理主義］ ……………………………………25
―― Jihad［イスラム聖戦機構］ ………25
―― Republic of Pakistan［パキスタン・イスラム共和国］ ……………………114
IT：information technology……14, 169, 271, 306, 344, 390
ITU：International Telecommunication

664

Union ……333
IZL：Irgun Zvai Leumi ……452

J

Japan
——–Pacific Islands Forum Summit Meeting［太平洋・島サミット］……87
——'s cost sharing for U.S. Forces in Japan［在日米軍駐留経費負担］……262
——'s northern territories［北方領土］……146
——–South Korea relations［日韓関係］……82
——–U.S. Joint Committee［日米合同委員会］……257
——–U.S. Joint Declaration on Security［日米安保共同宣言］……241
——–U.S. joint exercise［日米共同訓練］……304
——–U.S. joint research［日米共同研究］……261
——–U.S. Security Arrangements［日米安全保障体制］……240
——–U.S. security relations［日米安保］……240
Broad Security Cooperations between —— and the United States［日米間の広汎な協力］……259
Policy Consultations on Security between —— and the United States［日米間の安全保障協議］……256
Russia–—— relations［日露関係］……78
other ——–U.S. policy consultations［その他の日米間の協議］……258
significance of the ——–U.S. security arrangements［日米安全保障体制の意義］……240
Treaty of Peace between —— and the Republic of China［日華平和条約］……216
Treaty of Peace with ——［対日平和条約］……215
Treaty on Basic Relations between —— and the Republic of Korea［日韓基本条約］……218
U.S.–—— trade friction and U.S.-Japan security arrangements［通商摩擦と日米安保体制］……403
U.S.–—— trade friction［日米経済摩擦］……400
Japanese
——"Big Bang"［金融ビックバン］398

—— interventions in Shandong［山東出兵］……433
JBIC：Japan Bank for International Cooperaton……406
JDAM：Joint Direct Attack Munition ……513,544,549
JEGS：Japan Environmental Governing Standards……258,369
JI：Jemaah Islamiah……26,27,75,97,103
JICA：Japan International Cooperation Agency……406
joint
—— operations［統合運用］……340
—— Staff Council［統合幕僚会議］……275
Joint Communique of the Government of Japan and the Government of the People's Republic of China［日中共同声明］……217
JSF：Japan Special Fund……383
judicial settlement［司法の解決］……157
jus ad bellum（law into war）［ユス・アド・ベリウム］……170
jus in bello（law in war）［ユス・イン・ベロ］……170

K

KDP：Kurdistan Democratic Party ……119
KEDO：Korean Peninsula Energy Development Organization ……83,89,92
KFOR：Kosovo Force ……129
Kingdom of
—— Cambodia［カンボジア王国］……100
—— Nepal［ネパール王国］……113
—— Thailand［タイ王国］……101
KLA：Kosovo Liberation Army……512
KNU：Karen National Union……104
KONGRA：Kurdistan People's Congress ……119
Korea
Mutual Defense Treaty between the United States of America and the Republic of ——［米韓相互防衛条約］……67
reaty on Basic Relations between Japan and the Republic of ——［日韓基本条約］……218
Korean
—— Peninsula［朝鮮半島］……74
—— War［朝鮮戦争］……454
Kurd［クルド］……119
Kurdish Rebellion［クルド人の反乱］……498
Kuril Islands［クリル諸島］……71

L

landing practice ground for carrier-based aircraft ［空母艦載機着陸訓練場］ ……367
landmine ［地雷］ ……………………193, 528
Lao People's Democratic Republic ［ラオス人民民主共和国］ ……………………99
laser ［レーザー］ ……………………195
Law
　―― Concerning Measures to Ensure National Independence and Security in a Situation of Armed Attack ［武力攻撃事態対処法］ ……………………311
　―― Concerning Measures to Ensure the Peace and Security of Japan in Situations in Areas Surrounding Japan ［周辺事態安全確保法］ ……………251
　―― Concerning the Dispatch of International Disaster Relief Teams ［国際緊急援助隊法］ ……………………349
　l―― of armed conflict ［武力紛争法］ …171
　l―― of neutrality ［中立法規］ …………173
　l―― of war ［戦争法］ ……………………171
activities under the ―― Concerning the Special Measures on Humanitarian and Reconstruction Assistance in Iraq ［イラク人道復興支援特別措置法に基づく活動］ ……………………353
Amendment to the Self-Defense Forces ―― ［自衛隊法の改正］ ……………316
application of the International Humanitarian ―― in Japan ［日本における国際人道法の適用］ ……………209
basic principles of the ―― Concerning the Special Measures on Humanitarian and Reconstruction Assistance in Iraq ［イラク人道復興支援特別措置法の基本原則］ ……………………350
framework of the ―― Concerning Adjustment, etc. of Living Environment in the Environs of Defense Facilities ［環境整備法の体系］ ……………361
ILC: International ―― Committee …204
procedures of the Anti-Terrorism Special Measures ―― ［テロ対策特別措置法の手続］ ……………………337
procedures of the International Peace Cooperation ―― ［国際平和協力法の手続］ ……………………347
procedures of the ―― Concerning the Special Measures on Humanitarian and Reconstruction Assistance in Iraq ［イラク人道復興支援特別措置法の手続］ ……………………351
purposes and fundamental principles of the ―― Concerning Measures to Ensure National Independence and Security in a Situation of Armed Attack ［武力攻撃事態対処法の目的及び基本理念］ ……………………311
purposes of the Anti-Terrorism Special Measures ―― ［テロ対策特別措置法の目的］ ……………………336
scheme of the ―― Concerning Measures to Ensure the Peace and Security of Japan in Situations in Areas Surrounding Japan ［周辺事態安全確保法の体系］ ……………………251
scheme of the Ship Inspection Operations ―― ［船舶検査活動法の体系］ ……………………254
Ship Inspection Operations ―― ［船舶検査活動法］ ……………………254
LCMS: Laser Countermeasures System 196
League of Arab States ［アラブ連盟］ …115
legal advisers ［法律顧問］ ……………199
legislation
　―― for responses to situations of armed attack and other situations ［事態対処法制］ ……………………315
　―― to protect the people ［国民保護法制］ ……………………315
liberalism ［リベラリズム］ ……………23
liberation theory ［解放の神学］ ………125
LIC: low intensity conflict …………13, 14
light aircraft carrier ［軽空母］ …………535
limited and small-scale aggression ［限定的小規模侵略］ ……………………235
LLDC: Least among Less-Developed Countries ……………………407
LOC: Line of Control ……………112, 115
localization ［地域化］ ……………………13
LPP: Land Partnership Plan ……………67
LTTE: Liberation Tigers of Tamil Eelam ……………………31, 113
LURD: Liberians United for Reconciliation and Democracy ………123

M

MAD: mutual assured destruction ………3
major

―― programs［主要事業］ ……………268
―― surface combatant［水上戦闘艦］…536
Malacca Strait［マラッカ海峡］…………77
Malaysia［マレーシア］ ……………102
Malvinas War［マルビナス紛争］……495
Manchurian Incident［満州事変］……434
MAP：Military Assistance Program ……260
Manila Action Plan for APEC96［APEC
　マニラ行動計画96］………………382
maritime security operations［海上警備行
　動］………………………………328
MD：missile defense ………19,51,54,552
MDA：Mutual Defense Assistance Agree-
　ment ………………………………260
MDN：Movimiento Democratico
　Nicaraguense ……………………487
Measures for Environmental Issues
　Concerning Defense Facilities and Areas
　［基地対策］………………………361
mediation［仲介］ ……………………157
memorandum［覚書］ ………………215
mercenaries［傭兵］ …………………179
MERCOSUR：Mercado Comun del Sur …387
MFN：Most Favored Nation status ……377
Middle East peace process［中東和平プロ
　セス］……………………………119
Mid-Term Defense Program
　　　―― 2001～2005
　　［新中期防衛力整備計画］……………265
　background of the ―― 2001～2005［新
　　中期防策定の背景］………………265
　MTDP：―― ……………………264
Mid-Term Program［中期計画］……264
MIG-25 Incident［ミグ25事件］………144
MILF：Moro Islamic Liberation Front …98
military
　―― aircraft［軍用航空機］……………149
　―― balance between China and Taiwan
　　［中台間の軍事バランス］………………73
　―― capability［軍事力］………………10
　M―― Commission［軍事法廷］…180,206
　M―― Commission Order No.1［軍事法
　　廷規則］……………………………180
　M―― Doctrine of the Russian
　　Federation［ロシア連邦軍事ドクトリ
　　ン］………………………………59
　―― manuals［軍事教範］ …………202
　M―― Operation against Iraq
　　(assessment)［イラクに対する軍事作
　　戦（評価）］……………………57

M―― Operation against Iraq (process
　and progress)［イラクに対する軍事作
　戦（経緯）］………………………55
―― order［軍令］……………………180
―― power［軍事大国］…………………11
―― reform and arms exports of Russia
　［ロシア軍の改革と武器輸出］………60
M―― Regulation［軍規則］…………206
mine (land mine)［地雷］………………528
mine (sea mine)［機雷］………………536
minesweeper［掃海艇］………………537
MIRV：multiple independently-target-
　able reentry vehicle ………………558
missile
　cruise ――［巡航ミサイル］…………554
　Cuban M―― Crisis［キューバ・ミサイ
　　ル危機］……………………………465
　ICBM：intercontinental ballistic ――
　　………43,51,145,466,540,551,
　　　　　552,553,558,566
　IRBM：intermediate range ballistic ――
　　…………………………………559
　MTCR：―― Technology Control
　　Regime …………………………46,405
　NMD：National ―― Defense ……38,51
　ship-to-air ――(anti-air)［対空
　　ミサイル］…………………………538
　ship-to-ship ――［艦対艦ミサイル］
　　…………………………………538
　TMD：Theater ―― Defense ………38,51
MLRS：multiple launch rocket system
　…………………………………533,550
MLSA：Mutual Logistics Support Agree-
　ment ……………………………67,98
MNLF：Moro National Liberation Front
　…………………………………98
MODEL：Movement for Democratic
　Liberia ……………………………123
modern world system［世界システム論］…9
money laundering［マネー・ロンダリン
　グ］…………………………………400
Montreal Protocol on Substances that
　Deplete the Ozone Layer［モントリオー
　ル議定書］…………………………413
MOOTW：Military Operations Other Than
　War …………………………162,202
mortar［迫撃砲］………………………532
MOU：Memorandum of Understanding……
　…………………………………261
MSDF：Maritime Self-Defense Force …300
Mukden Incident［満州事変］…………434
multilateral

667

―― cooperation［多国間協調］………12
―― regime［多国間レジーム］…………12
―― security dialogues［多国間安全保障対話］……………………………………356
multiple launch rocket system［多連装ロケット］……………………………………533
multipolarization［多極化］……………10
Muslim Brotherhood［モスリム同胞団］…25

N

NAC：New Agenda Coalition…………39, 41
NAFTA：North American Free Trade Agreement ……………………………387
National
　―― Council［国民評議会］…………105
　―― Defense Academy［防衛大学校］279
　―― Defense Medical College［防衛医科大学校］…………………………280
　―― Defense Program Outline of 1976［旧防衛計画の大綱］………………233
　―― Defense Program Outline of 1995［現防衛計画の大綱］………………236
　―― Institute for Defense Studies［防衛研究所］……………………………281
　n―― interest［国益］……………………6
　n―― liberation movements［民族解放団体］…………………………………177
　n―― liberation war［民族解放戦争］…178
　―― Security Concept of the Russian Federation［ロシア連邦国家安全保障コンセプト］………………………59
　―― Security Strategy of the United States of America ［米国・国家安全保障戦略］……………………………47
　―― Stratagy for Homeland Security［国土安全保障戦略］…………………53
NASA：―― Aeronautics and Space Administration ……………………566
NDPO：―― Defense Pragram Outline …………………………………………238
NMD：―― Missile Defense ………38, 51
NLD：―― League for Democracy …104
process of formulation of the ―― Defense Program Outline of 1976［旧大綱策定の経緯］………………………233
process of formulation of the ―― Defense Program Outline of 1995［現大綱策定の背景］………………………237
NATO
　Kosovo conflict and ―― bombing［コソボ紛争とNATOの攻撃］……………512

―― : North Atlantic Treaty Organization
 …15, 23, 25, 36, 56, 59, 60, 61, 62, 80, 127, 128, 129, 130, 143, 148, 153, 196, 203, 213, 454, 469, 482, 499, 507, 509, 513, 526, 532, 539, 552, 555, 556, 562
　NRF：―― Response Force ………129
NBC：Nuclear, Biological and Chemical Weapons ……………………61, 268, 333
NDF：National Democratic Front ………98
NDPOs
　comparison between the '76 and '95 ―― ［旧大綱との比較］……………238
necessity［緊急状態］……………………169
negotiation［交渉］………………………156
neo conservative［ネオ・コンサーバティブ］……………………………………55
New
　―― Agenda Initiative［新アジェンダ・イニシアティブ］……………………41
　―― Cold War［新冷戦］………………24
　n―― equipment［新規装備］…………269
　―― Strategic Relationship between the United States and Russia［米露の新たな戦略的関係］…………………57
　n―― weapons［新兵器］………………198
NICS：――ly Industrializing Countries …………………………………………392
NIEO：―― International Economic Order ……………………………………394
NIES：――ly Industrializing Economies …………………………………………392, 394
NGO：non-governmental organization ………9, 16, 17, 18, 43, 236, 376, 379, 384, 406, 411
Nicaragua
　―― Case［ニカラグア事件］…………167
　―― Civil War［ニカラグア内戦］……486
night vision［暗視装置］…………………534
NLL：Northern Limit Line ………………75
NLP：Night Landing Pratice ……………367
Noble Eagle［高貴な鷲］…………………25
No-dong：Taepo-dong［ノドン・テポドン］……………………………………565
non
　―― defended localities［無防備地域］188
　――-fly zone in Iraq［イラク飛行禁止空域］……………………………………212
　――-intervention［内政不干渉］………15
　――-lethal weapons［非殺傷兵器］…161
　――-nuclear weapon state［非核兵器国］……………………………………39
NPO：――-profit organization ………17

668

Three N――-Nuclear Principles［非核三原則］……228
normalization of diplomatic relationship between Japan and North Korea［日朝国交正常化交渉］……82
North
　―― American Free Trade Agreement［北米自由貿易協定］……387
　――-South Problem［南北問題］……394
Northern
　―― Ireland problem［北アイルランド問題］……131
　―― Ireland Conflict［北アイルランド紛争］……474
　―― Territories［北方領土］……71
North Korea
　U.S.-―― negotiations［米朝協議］…83
NPT
　―― Review and Extension Conference［核不拡散条約再検討・延長会議］……39
　―― : Treaty on the Non-Proliferation of Nuclear Weapons …33,37,39,42,45, 60,83,84,89,92,110,111,114,137,381
NRO : National Reconnaissance Office ……470,567
NSA : National Security Agency …470,567
NSG : Nuclear Supplier Group ……46
nuclear
　―― deterrence［核抑止］……2
　―― inspection［核査察］……38
　―― strategy［核戦略］……2
　―― verification［核の検証］……38
　―― weapon state［核兵器国］……39
　―― weapons［核兵器］……557
　――-powered submarine［原子力潜水艦］……534
　advisory opinion on legality of the threat or use of ―― weapons［核兵器の威嚇又は使用の合法性に関する勧告的意見］……197
　moratorium on ―― weapon test explosions or any other nuclear explosions or any other explosions［核実験モラトリアム］……39
　non-―― weapon state［非核兵器国］……39
NPR : N―― Posture Review ……50
NWFZ : N―― (Weapon) Free Zone …44
　possession of ―― weapons［核兵器の保有］……225
　SEANWFZ : Southeast Asia N―― Weapon Free Zone ……85

Three Non-N―― Principles［非核三原則］……228
Nuremberg Trial［ニュールンベルグ裁判］……207
NZ : New Zealand ………88,102,106,108

O

OAPEC : Organization of Arab Petroleum Exporting Countries ……409
OAS : Organization of American States…125
OAS : Organisation de l'Armée Secrète…459
OAU : Organization of African Unity ……123,124,179
Occupation by the Coalition Provisional Authority［連合国暫定当局による占領］……214
occupational area and position［職種・職域］……290
OCR : Ordinary Capital Resources ……383
October 2002 Bali bombings［バリ島爆弾テロ事件］……75
ODA
　―― : official development assistance ……79,236,405,407
Official Development Assistance Charter［―― 大綱］……407
OECD : Organization for Economic Cooperation and Development ……377,399
OEEC : Organization for European Economic Cooperation ……377
official notices［公示］……215
OIC : Organization of the Islamic Conference ……117
opacity and uncertainty［不透明性・不確実性］……17
OPCW : Organization for the Prohibition of Chemical Weapons ……37,191
OPEC : Organization of the Petroleum Exporting Countries ……408,409
open
　―― city, open town［開放都市］……188
　―― regionalism［開かれた地域主義］……382
　―― skies policy［オープン・スカイズ政策］……404
　Treaty on O―― Skies［オープン・スカイズ条約］……37,143
operational command［作戦指揮権］……161
Operations
　――［運用］……321
　concept of o―― and diverse activities

for operations［作戦構想及び作戦に係る諸活動］……………246
　　　in Peacetime［平時の活動］……321
　　Peacekeeping —— by SDF［自衛隊のPKO活動］………………………343
　　SOP : Standing —— Procedures…162, 203
order［命令］……………………………215
Organization
　　—— of Arab Petroleum Exporting Countries［アラブ石油輸出国機構］………………………………409
　　—— of the Air Self-Defense Force［航空自衛隊の組織］…………278
　　—— of the Ground Self-Defense Force［陸上自衛隊の組織］………276
　　—— of the Maritime Self-Defense Force［海上自衛隊の組織］……278
　　—— of the Petroleum Exporting Countries［石油輸出国機構］…409
　　—— of the SDF［自衛隊の組織］……273
ORHA : Office of Reconstruction and Humanitarian Assistance ……………214
OSCE : —— for Security and Cooperation in Europe ……………36, 127, 143
outer space［宇宙空間］………………145
outlawry of war［戦争の違法化］………162

P

P5 : Permanent Five ……………………11
Pacific
　　SPF : South —— Forum ………13, 88
　　—— Islands Forum［太平洋諸国フォーラム］……………………………88
Palestinian upsising (Intifada)［パレスチナ紛争］………………………………514
Panama Canal［パナマ運河］……………138
PAP : People's Action Party ……………103
Paracel Islands［西沙諸島］………………70
PCC : Prague Capabilities Commitment…129
perfidy［背信行為］……………………183
periphery［周辺］…………………………9
Personnel System［人事制度］…………288
PfP : Partner for Peace …………………129
PG : prisonnier de guerre ………………179
PGM : precision-guided munitions ……549
Philippine Insurrection［米国のフィリピン征服］…………………………………418
piracy［海賊行為］……………………141
PJCC : Police and Judicial Cooperation in Criminal Matters ……………………384
PKF : Peacekeeping Forces ………230, 343
PKK : Kurd Workers Party ………119, 498
PKO
　　—— : Peacekeeping Operations…49, 107, 109, 159, 165, 179, 203, 239, 343, 345, 484
　　Five Principles for —— participation［PKO 5原則］……………………345
PLO : Palestine Liberation Organization ………25, 31, 115, 116, 119, 121, 470, 514
PNAC : Project for the New American Century ………………………………55
PNG : Papua New Guinea ……………88, 106
PNV : Partido Nacionalista Vasco ………131
post-hegemonic system［ポスト覇権システム］………………………………18
POW, PW : prisoner of war ……………179
power
　　——［戦力］…………………………10
　　—— projection capability［戦力投射能力］………………………………10
precision-guided munitions［精密誘導兵器］……………………………………549
prevention［防止］………………………38
Primary Responsibility［一義的責任］455
prisoner
　　—— of war［捕虜］…………………179
　　P—— of War Camps［捕虜収容所］…184
　　P—— of War Status regarding al Qaeda Fighters and Taliban［アル・カイダ兵とタリバーン兵の捕虜待遇問題］…180
prisonnier de guerre［捕虜］……………179
procurement system reform［調達制度改革］……………………………………307
projection［投射］………………………10
protecting power system［利益保護国制度］……………………………………199
protection［防護］………………………38
protection of classified information［秘密保全］…………………………………309
PTBT : Partial Test Ban Treaty …………45
PUK : Patriotic Union of Kurdistan ……119

Q

QDR : Quadrennial Defense Review……49, 50, 53, 58, 76

R

range finder［測遠機］…………………195
REACT : Rapid Expert Assistance and

Cooperation Team ……………………128
realism［現実主義・リアリズム］…………22
reconnaissance aircraft［偵察機］………547
recruitment of enlisted men and technical experts［自衛官の採用（曹士、選考）］ ……………………………………………291
recruitment of officer candidates［自衛官の採用（幹部候補生）］……………291
Red Crescent［赤新月］………………184
Red Cross［赤十字］……………………184
Red Lion and Sun［赤の獅子と太陽］…184
refugee problem［難民問題］………………32
regional power［地域大国］………………12
regionalism［地域主義］……………………12
regulation［規則］……………………215
regulation of small arms［小型武器規制］… 40
relations between India and Pakistan［印パ関係］……………………………111
relocation of artillery live-fire training to mainland Japan［実弾射撃訓練の本土移転］…………………………………366
reorganization of major units［基幹部隊の見直し］…………………………266
repressive regime［抑圧的体制］…………20
Republic
—— of China［中華民国］…………94,158
—— of Indonesia［インドネシア共和国］ …………………………………………96
—— of Korea［大韓民国］…………………93
—— of Singapore［シンガポール共和国］ ………………………………………103
—— of the Philippines［フィリピン共和国］……………………………………98
Socialist —— of Viet Nam［ベトナム社会主義共和国］………………………99
Responses toward Various Situations［各種事態への対処］……………………323
responsibilities of governmental organs and public institutions and cooperation of the people［行政機関・公共機関の責務及び国民の協力］……………………312
return of Futenma Air Station［普天間飛行場の返還］……………………365
right of
—— hot pursuit［継続追跡権］………140
—— innocent passage［無害通航権］…137
—— self-defense［自衛権］……………167
—— transit passage［通過通航権］ …138
Rio Group［リオ・グループ］……………126
risk money［リスクマネー］……………395
RMA : revolution in military affairs …14,16,
52,57,341
ROE : Rules of Engagement …161,202,203
rogue state［ならず者国家］……………29
ROK : Republic of Korea ………………93
role of military forces［軍事力の役割］……5
RSO & I : Reception, Staging, Onward Movement and Integration …………67
rules of
—— air warfare［空戦規則］……………182
—— R—— Engagement［交戦規則］………202
ruse of war［奇計］………………………183
Russian（Russo）
—— Far East［極東ロシア］……………72
—— Revolution and Allied Intervention ［ロシア革命と列強の介入］…………428
（—— –）Japanese War［日露戦争］…419
（—— –）Polish War［ソ連・ポーランド戦争］……………………………428

S

SAARC : South Asian Association for Regional Cooperation ………112,114,115
Sabah and Sarawak problem［サバ、サラワク問題］……………………………70
SACO
—— Final Report［SACO最終報告］…364
—— : Special Action Committee on Okinawa ………………257,271,363,366
safeguards［保障措置］……………………38
safety area［安全地域］…………………187
SAFTA : South Asian Free Trade Agreement ……………………………115
SALT : Strategic Arms Limitation Talks …
42,551,553
SAM : ship-to-air missile………………538
San Remo Manual on International Law Applicable to Armed Conflicts at Sea ［海上武力紛争法サンレモ・マニュアル］ ……………………………………203
SARS : Severe Acute Respiratory Syndrome …………28,65,88,95,159,331
SCC : Security Consultative Committee ………………………………256,364
SCO : Shanghai Cooperation Organization ……………………………………87
SDF : Self-Defense Forces ………226,229, 232,293,294,295,296,297,298,302,303, 339,357
candidate for —— uniformed reserve personnel［予備自衛官補］………………297
cooperation of ——［自衛隊の協力］…357

dispatch of —— to foreign countries with/without the purpose of using force［海外派兵と海外派遣］………226
Organization of the —— ［自衛隊の組織］……………………………………273
Peacekeeping Operations by —— ［自衛隊のＰＫＯ活動］………………343
People and the —— ［国民と自衛隊］…358
remuneration for —— uniformed regular personnel［自衛官の処遇］………293
restrictions on —— unit training［部隊訓練の制約］………………………303
—— activities under the Law Concerning Measures to Ensure the Peace and Security of Japan in Situations in Areas Surrounding Japan［周辺事態安全確保法に基づく自衛隊の活動］…252
—— activities under the Ship Inspection Operations Law［船舶検査活動法に基づく自衛隊の活動］………………255
—— members［自衛隊員］……………288
—— Members Ethics Code［自衛隊員倫理法］……………………………………294
—— Prefectual Liaison Office［自衛隊地方連絡部］………………………277
—— uniformed ready reserve personnel［即応予備自衛官］………………296
—— uniformed reserve personnel［予備自衛官］……………………………295
statutory provisions regarding the use of weapons by —— uniformed regular personnel［自衛官の武器使用規定］………………………………………339
utilization of satellite functins by —— ［自衛隊の衛星利用］……………232
SDF's cooperation in peacekeeping operations［国際連合平和維持活動］………343
SDR：Special Drawing Rights …………375
sea launched land attack missile［対地ミサイル］………………………………539
SEAL：SEA, AIR, LAND ……………499
SEANWFZ：Southeast Asia Nuclear Weapon Free Zone …………………………85
SEATO：Southeast Asia Treaty Organization ……………………………………64
Second World War［第２次世界大戦］…436
security
common —— ［共通安全保障］………8,12
comprehensive —— ［総合安全保障］…6
cooperative —— ［協調的安全保障］8,12
public —— operations［治安出動］…323
Reform of the S—— Council［安保理改革］………………………………159
S—— Consultative Committee［日米安全保障協議委員会］…………………256
S—— Council of Japan［安全保障会議］…285
S—— Dialogues and Defense Exchanges［安全保障対話・防衛交流］………354
SSC：S—— Subcommittee［日米安全保障高級事務レベル協議］………258,364
The National S—— Strategy of the United States of America［米国・国家安全保障戦略］…………………………47
The National Strategy for Homeland S—— ［国土安全保障戦略］…………53
self-defense
conditions for the exercise of the right of —— ［自衛権発動の要件］………224
legal characteristics of the Japan Defense Agency and the S—— Forces［防衛庁・自衛隊の法的側面］………273
limitations of the —— capability［自衛力の限界］………………………224
rank and retirement age of S—— Forces uniformed reguler personnel［自衛官の階級・定年］…………………289
semi-periphery［中間層］………………9
Senkaku Islands［尖閣諸島］………69,147
serious consequences［深刻な結果］……214
service regulations［服務］……………294
severest consequences［最も深刻な結果］…213
SFOR：Stabilization Force ……129,164,165
Shanghai Five［上海ファイブ］………87
Shanghai Riot and Japanese troops landing［上海事変］………………………435
SHAT：Sharki Turkistan Azatlik Tashkilati ……………………………………76
Shimoda Case［原爆判決（下田事件）］……210
SII：Structural Impediments Initiative …401
Sino
——-Japanese War of 1937-45［日中戦争］……………………………435
——-Soviet border conflict［中ソ紛争］…475
——-Vietnamese War［中越戦争］…485
Situations in Areas Surrounding Japan［周辺事態］………………………………247
Six-Day War［６日間戦争］……………470
SLBM：submarine launched ballistic missile ……………………………………51
small arms［小火器］……………………526

small caliber weapons［小口径兵器］……196
Socialist People's Libyan Arab Jamahiriya
　［社会主義リビア・アラブ国］…………121
Solomon Islands［ソロモン諸島］………106
sovereign state［主権国家］………………136
Soviet
　Joint Declaration by Japan and the Union of ── Socialist Republics［日ソ共同宣言］……………………………217
　── downing of KAL Incident［大韓航空機撃墜事件］……………………………144
　── Invasion of Afghanistan［ソ連のアフガニスタン侵攻］……………………489
Special Activities Division［特別行動部（CIA）］……………………………………518
specified examples of cooperation in Situations in Areas Surrounding Japan［周辺事態における協力事例］…………………249
Spratly Islands［南沙諸島］ ………………70
Spring of Prague［プラハの春］…………473
SSM：ship−to−ship missile ……………538
START：Strategic Arms Reduction Treaty………………………………42, 46, 59
state agents［国家機関］……………………147
State of Israel［イスラエル国］…………116
state−sponsored terrorism［テロ支援国家］……………………………………………29
Status
　── of Forces Agreement［地位協定］…
　　　　　　　　　　　　　　　　148
　── of Forces Agreement and USFJ facilities and areas［地位協定と施設・区域］…………………………………362
　SOFA：── of Forces Agreement …67, 148
stealth aircraft［ステルス機］……………548
straits used for international navigation（通称 international straits）［国際海峡］…
　　　　　　　　　　　　　　　　138
Strategic
　s── culture［戦略文化］…………………7
　s── goods［戦略物資］…………………404
　s── relations［戦略的関係］……………10
　s── trade policy［戦略的貿易政策］…403
　SDI：── Defense Initiative …44, 51, 553
　SDR：── Defence Review ……………61
　Treaty between the United States of America and the Russian Federation on ── Offensive Reductions［米露戦略核兵器削減条約］………………………45
Strategy
　The National Security ── of the United States of America［米国・国家安全保障戦略］………………………………47
　The National ── for Homeland Security［国土安全保障戦略］…………………53
structural violence［構造的暴力］…………5
sub−critical experiments［未臨界核実験］…
　　　　　　　　　　　　　　　　45, 46
sub−limited warfare［低次限定紛争］……14
submarine［潜　水　艦］…………………150
Suez Canal［スエズ運河］…………………138
Suez Crisis［スエズ動乱］…………………460
Summit Meeting［主要国首脳会議］……372
superior's order［上官命令］………………201
superpower［超大国］………………………11
support activities to other central government organs［官庁間協力］……………359
Support for Humanitarian Relief and the Reconstruction of Iraq［イラク復興支援］……………………………………350
S&TF：Systems and Technology Forum …
　　　　　　　　　　　　　　　　261

T

Taepo−dong［テポドン］…………………565
Taiwan
　──［台湾］………………………………94
　2・28 Riot in ──［台湾の2・28事件］…
　　　　　　　　　　　　　　　　449
　── Relations Act［台湾関係法］………68
　── Strait［台湾海峡問題］………………72
　── Strait Conflict［台湾海峡紛争］…461
Takeshima［竹島］…………………………146
Takeshima：East Island (Onnajima) and West Island (Otokojima)［竹島］………68
Taliban［タリバーン］………………………25
Tandem Thrust Exercise［「タンデム・スラスト」演習］……………………………66
tank［戦車］…………………………………529
tanker aircraft［空中給油機］……………546
target designator［目標指示機］…………195
TASF：Technical Assistance Special Fund………………………………………383
"Task Force" for Situations of Armed Attack［対策本部］………………………314
TDB：Trade and Development Board …379
Technical Research and Development Institute［技術研究本部］……………………282
technological research and development［技術研究開発］…………………………306
territorial
　── airspace［領空］……………………141

資料及び索引

―― sea［領海］ ……………………137
terror［恐怖］ ………………………31
Terrorism
  t――［テロリズム］ ………………31
  Conventions on ――［テロ関連条約］…151
  counter (anti–) t―― measures［対（反）テロ対策］ ………………………30
  purposes of the Anti–―― Special Measures Law［テロ対策特別措置法の目的］ …………………………………336
  Response to International ――［テロリズムへの取組］ ……………………335
  use of force against t――［対テロ武力行使］ ……………………………154
terrorist ――
  ――［テロリスト］ ………………31
  ―― attack ［テロ事件］ …………31
  ―― Attacks on September 11, 2001 in the United States［9.11同時多発テロ］ ……………………24,153,515
Thailand
  U.S.–―― security relations［米・タイ安全保障関係］ …………………64
the Constitution of Japan and the Right of Self–Defense［憲法と自衛権］ ………223
The Constitution of Japan and the Self–Defense Forces［憲法と自衛隊］ ………223
the Pentagon［国防省］ ………………24
theory of hegemonic stability［覇権安定論］ ……………………………………16
threat［脅威］ …………………………3
Three Principles and Exceptions on Arms Export［武器輸出三原則と例外］ ……231
Tibetan Rebellion［チベットの反乱］ …464
Timor
  Democratic Republic of ――–Leste［東ティモール民主共和国］ ……………105
  East ――［東ティモール］ …………105
  UNTAET : United Nations Transitional Administration in East ―― …101,105
Tokyo Trial（International Military Tribunal for the Far East）［東京裁判（極東国際軍事裁判）］ ……………210
totalitarianism［全体主義］ ……………21
transformation［軍の変革］ ……30,52,57
transnational organized crime［国際組織犯罪］ …………………………………27
transport aircraft［輸送機］ …………545
transport of Japanese nationals overseas［在外邦人の輸送］ …………………334
Treaty
  ―― between the United States of America and the Russian Federation on Strategic Offensive Reductions［米露戦略核兵器削減条約］ …………………45
  ―― of Peace and Friendship between Japan and the People's Republic of China［日中平和友好条約］ …………217
  ―― of Peace between Japan and the Republic of China［日華平和条約］…216
  ―― of Peace with Japan［対日平和条約］ ……………………………………215
  ―― on Basic Relations between Japan and the Republic of Korea［日韓基本条約］ ……………………………………218
  ―― on Open Skies［オープン・スカイズ条約］ ……………………37,143
  ABM ―― : Treaty on the Limitation of Anti–Ballistic Missile Systems ……43
  ANZUS Treaty : Security ―― between Australia, New Zealand and the United States of America ……………65
  CFE ―― : ―― on Conventional Armed Forces in Europe ………………36,72
  Fissile Material Cutt–off ――［カットオフ条約］ ………………………40
  INF ―― : ―― on Intermediate–range Nuclear Force ……………………44
  NPT : ―― on the Non–Proliferation of Nuclear Weapons ……33,37,39,42,45, 60,83,84,89,92,110,111,114,137,381
  SEATO : Southeast Asia ―― Organization ……………………………………64
  START : Strategic Arms Reduction ―― ……………………………42,46,59
  TAC : ―― of Amity and Cooperation in Southeast Asia ……………85,383
truce［停戦］ ………………………176
trust building measures［包括的な相互理解と友好を企図した安全保障上のアプローチ］ ……………………………………8

U

UAV : unmanned aeril vehicle …………534
UCK : Ushtria Clirimtare E Kosoves …514
UDA : Ulster Defence Association …31,475
UDT : Temorense Democratic Union …482
undefended places［無防守都市］ ……188
understanding of the international situation［国際情勢認識］ ……………………234
unidentified boats［不審船］ …………329
unilateralism［ユニラテラリズム］ ……19
Union of Myanmar［ミャンマー連邦］…103

UNITA : Uniao Nacional para a Independencia Total de Angola 124
UNITAF : Unified Task Force 165
United Nations
—— Conference on Environment and Development［地球環境サミット］…411
—— Conference on Trade and Development［国連貿易開発会議］............379
—— Forces in Korea［朝鮮国連軍］…166
—— Register of Conventional Arms［国連通常兵器登録制度］....................41
MONUC : —— Observer Mission in Congo 123
Secretary-General of the ——［国連事務総長］..157
UNAMET : —— Mission in East Timor … 105
UNAMSIL : —— Mission in Sierra Leone 124
UNCED : —— Conference on Environment and Development..............411
UNCTAD : —— Conference on Trade and Development 379, 394
UNDCP : —— International Drug Control Programme 27
UNFK : —— Forces in Korea 166
UNHCR :（Office of the）—— High Commissioner for Refugees..........32, 33
UNMISET : —— Mission of Support in East Timor 105
UNMOVIC : —— Monitoring, Verification and Inspection Commission …213, 469, 520
UNOSOM : —— Operation In Somalia 123
UNPROFOR : —— Protection Force 187
UNRWA : —— Relief and Works Agency for Palestine Refugees in the Near East 32
UNSCOM : —— Special Commission 212, 213, 214, 505
UNTAC : —— Transitional Authority in Cambodia..............................101, 107
UNTAET : —— Transitional Administration in East Timor 100, 105
unmanned aerial vehicle［無人航空機］…534
UNO : National Opposition Union 487
U.S.
—— - Canada Free Trade Agreement ［米加自由貿易協定］......................387
—— - China relations［米中関係］......80
—— - Chinese Military Planes Collision Incident［米中軍用機接触事件］……145
—— Forward Deployment Force in the Asia-Pacific Region［アジア太平洋地域における前方展開戦力］.................50
—— Invasion of Grenada［米国のグレナダ侵攻］..499
—— Invasion of Panama［米国のパナマ侵攻］..500
—— - Japan trade friction［日米経済摩擦］..400
—— - Japan trade friction and U.S.-Japan security arrangements［通商摩擦と日米安保体制］..............................403
—— - North Korea negotiations［米朝協議］..83
—— - Thailand security relations［米・タイ安全保障関係］..........................64
—— war against Afghanistan［米国のアフガニスタン攻撃］......................517
presence of —— forces［米軍のプレゼンス］..63
significance of the Japan-—— Security Arrangements［日米安保体制の意義］..240
use of
—— force against terrorism［対テロ武力行使］..154
—— force to protect nationals abroad ［在外自国民保護のための武力行使］......168
—— land and expropriation of properties, etc.［土地の使用、物資の収用等］…319
USFJ : United States Forces, Japan; United States Forces in Japan 362
USFJ Facilities and Areas［在日米軍施設・区域］..362
US Forward Deployment Force in the Asia-Pacific Region［アジア太平洋地域における前方展開戦力］.................50
USTR :（Office of the）United States Trade Representative 403
UVF : Ulster Volunteer Force 31, 475

V

Vienna Document［ウィーン文書］..........35
Vietnam
—— War［ベトナム戦争］................466
—— - Cambodian conflict［カンボジア侵攻］..483

675

W

WA：Wassenaar Arrangement……………47
WAC：Women's Army Corps ……………298
WAF：Women's in the Air Force………298
War
　w―― against terrorism［テロとの闘い］
　………………………………………………30
　w―― crimes［戦争犯罪］……………205
　―― for Independence in French Indo-
　　China［インドシナ独立戦争］………447
　―― for Indonesian Independence［イ
　　ンドネシア独立戦争］…………………444
　w―― zones［戦争区域］………………203
　Algerian ――［アルジェリア戦争］…458
　Balkan ――［バルカン戦争］…………421
　Boer ――［ボーア戦争］………………417
　Cold ――［冷戦］…………………………23
　Ethiopian-Italian ――［伊のエチオピア
　　征服］………………………………………429
　Finnish-Russian ――［ソ芬（フィン）戦
　　争］…………………………………………432
　First Arab-Israeli ――［第1次中東戦
　　争］…………………………………………451
　Fourth Arab–Israeli ――［第4次中東
　　戦争］………………………………………478
　Gulf ――［湾岸戦争］……………211,501
　hot w―― ［現実の戦争］………………23
　Indo-Pakistani ―― of 1971［第3次印
　　パ戦争］……………………………………477
　Iran-Iraq ――［イラン・イラク戦争］…492
　Iraqi ――［イラク戦争］………………519
　Iraqi ―― and its aftermath［イラク戦
　　争とその後］………………………………213
　Korean ――［朝鮮戦争］………………454
　MOOTW：Military Operations Other
　　Than ――………………………162,202
　Prisoner of ―― Status regarding al Qa-
　　eda Fighters and Taliban Fighters［ア
　　ル・カイダ兵とタリバーン兵の捕虜待
　　遇問題］……………………………………180
　prisoner of w――, prisonnier de guerre
　　［捕虜］……………………………………179
　Prisoners of ―― Camps［捕虜収容所］…
　　………………………………………………184
　Russo–Japanese ――［日露戦争］……419
　Russo-Polish ――［ソ連・ポーランド戦
　　争］…………………………………………428
　Second Arab–Israeli ――［第2次中東
　　戦争］………………………………………460
　Sino–Japanese ―― of 1937–45［日中

　　戦争］………………………………………435
　Sino–Vietnamese ――［中越戦争］…485
　Six–Day ――［6日間戦争］……………470
　Spanish Civil ――［スペイン内戦］…430
　The First World ――［第1次世界大戦］
　　………………………………………………422
　The Second World ――［第2次世界大
　　戦］…………………………………………436
　Third Arab–Israeli ――［第3次中東戦
　　争］…………………………………………470
　U.S. ―― against Afghanistan［米国の
　　アフガニスタン攻撃］……………………517
　Vietnam ――［ベトナム戦争］………466
　World ―― I［第1次世界大戦］………422
　World ―― II［第2次世界大戦］……436
warning and scrambling activities against
　violations of territorial airspace［対領空
　侵犯措置］…………………………………321
warning and surveillance activities［警戒監
　視活動］……………………………………322
warship［軍艦］……………………………149
WAVE：Women's Appointed Volunteer
　Emengency Service……………………298
weapons
　BWC：Biochemical W―― Convention
　　…………………………………………42,195
　Chemical W―― Convention［化学兵器
　　禁止条約］……………………………37,190
　nuclear ――［核兵器］…………………557
WECPNL：Weighted Equivalent Continu-
　ous Perceived Noise Level……………367
WEU：Western European Union………130
white flag［白旗］…………………………184
WHO：World Health Organization……28,
　159,197
WMD：weapons of mass destruction…33,
　190
World
　――Bank［世界銀行］…………………378
　w―― order［世界秩序］…………………16
　―― War I / the First ―― War［第1次
　　世界大戦］…………………………………422
　―― War II / the Second ―― War［第
　　2次世界大戦］……………………………436
　WHO：―― Health Organization……28,
　　159,197
　WTC：―― Trade Center……24,26,516
　WTO：―― Trade Organization…4,6,73,
　　95,345,376,387,402
　WPO：Warsaw Pact Organization…23,36,
　　129,143
　WTC：World Trade Center……24,26,516

X―Z

Xinjiang-Uygur conflict［新疆ウィグル紛争］…………………………………………75

Y2K：Year 2Kilo Problem ……………382, 395
Yom Kippur War［第4次中東戦争］……478
ZOPFAN：Zone of Peace, Freedom and Neutrality ………………………………84

編者・執筆者・

佐島直子 さじま なおこ
編集代表，第 1 章「安全保障情勢を読む」担当，英語監修。
専修大学経済学部助教授。
1955年東京生まれ。青山学院大学大学院国際政治経済学研究科修士課程修了。防衛庁国際室渉外専門官，防衛研究所主任研究官を経て現職。英国国際戦略研究所（IISS）会員。米国女性国際安全保障協会（WIIS）日本代表。日本ニュージーランド学会副会長。専門は，アジア太平洋地域の同盟関係，戦略文化など。著書に『誰も知らない防衛庁』（角川書店），『東アジア地域主義と日本外交』（共著，日本国際問題研究所）ほか。

岩本誠吾 いわもと せいご
第 2 章「安全保障と国際法」担当。
1956年生まれ。神戸大学大学院博士後期課程（単位取得満期退学）。防衛研究所所員を経て，鈴鹿国際大学国際学部講師，助教授，教授の後，2004年 4 月より京都産業大学法学部教授。専攻は，国際法，特に人道法（戦争法）。主著として，『海上武力紛争法サンレモ・マニュアル解説書』（共訳，東信堂，1977年），「地雷規制の複合的法構造」『国際法外交雑誌』（第97巻第 5 号，1998年）。

丸茂雄一 まるも ゆういち
第 3 章「防衛政策・防衛行政」担当。
防衛庁防衛研究所総務課長。
1955年東京生まれ。東京大学法学部卒業。1980年防衛庁入庁。内部部局を中心に勤務。防衛施設庁，通商産業省勤務を経て，1994年防衛研究所一般課程修了。1997年防衛研究所企画官。2000年防衛医科大学校総務課長。2002年現職。主要論文に「防衛行政と公益」『公益学研究』（第 3 巻第 1 号，2003年，日本公益学会）。

編者・執筆者・英語監修者紹介

英語監修者紹介

関井裕二　せきい　ゆうじ
第4章「安全保障と経済・金融」担当。
金融アナリスト。
1964年生まれ。東京大学工学部卒業（1988年3月）。
青山学院大学大学院国際政治経済学研究科修士課程修了（1993年9月修了）。
日本債権信用銀行を経て，日興アセットマネジメント株式会社勤務。

田岡俊次　たおか　しゅんじ
第5章「現代の戦争・紛争」及び資料編［主要兵器］担当。
軍事ジャーナリスト。
1941年京都生まれ。1964年早稲田大学政経学部政治学科卒業。朝日新聞社入社・防衛庁担当。
ジョージタウン大学戦略国際問題研究所主任研究員，朝日新聞編集委員，ストックホルム国際平和問題研究所客員研究員，筑波大学客員教授，AERA スタッフライターなど。主要著書として『戦略の条件──激変する極東の軍事情勢』（悠飛社），*Superpowers at Sea*（オックスフォード大学出版局）ほか。

今泉武久　いまいずみ　たけひさ
英語監修及び資料編担当。
安全保障用語研究家。
1938年生まれ。1961年学習院大学政経学部経済学科卒業後米国ヴァージニア州ブリッジウォーター大学給費生として留学・卒業。1966年防衛庁入庁，1982年ジョージタウン大学院・スクール・オブ・フォーリン・サーヴィスへ派遣留学，1987年長官官房国際室長，防衛大学校教官。
主要著書として，「カーター政権とレーガン政権の対中国政策と台湾」（論文），「安全保障援助政策とデモクラタイゼーション」（論文），『国防英語の解説書』（共訳・大森敬治，学研）ほか。

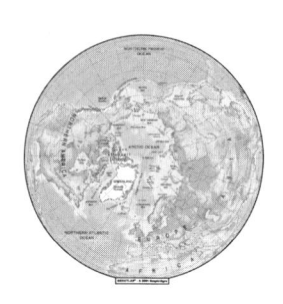

編者・執筆者・英語監修者

佐島直子　さじま なおこ

岩本誠吾　いわもと せいご

関井裕二　せきい ゆうじ

田岡俊次　たおか しゅんじ

丸茂雄一　まるも ゆういち

今泉武久　いまいずみ たけひさ

現代安全保障用語事典

初版第1刷発行　2004年6月20日

編　者　佐島直子

発行者　袖山　貴＝村岡俞衛

発行所　信山社出版株式会社
　　　　113-0033　東京都文京区本郷6-2-9-102
　　　　TEL 03-3818-1019　FAX 03-3818-0344

印刷・製本　亜細亜印刷株式会社
Ⓒ2004　佐島直子　ISBN4-7972-5321-5　C3531